U0928415

珍藏本

纪念版

汉译世界学术名著丛书

美 学

第三卷 下册

〔德〕黑格尔 著

朱光潜 译

2017年·北京

目　　录

第三卷(下)　各门艺术的体系(续)

第三部分　浪漫型艺术(续)

第 三 卷（下）

各门艺术的体系（续）

第三部分

浪漫型艺术（续）

第三章　诗

序　　论

1. 古典建筑的庙宇要有一个神住在里面，于是雕刻就把具有造型艺术美的神放在庙里，供雕神所用的材料获得在本质上并非外在于精神的形式，亦即既定内容本身所固有的形象。但是雕刻形象的躯体和感性外貌以及观念性的普遍理想既不宜于表现主体内心生活，又不宜于刻画个别事物的特殊面貌，因此就必须有能运用这两方面因素的新型艺术，才能体现宗教生活和世俗生活的内容意蕴。这种既能表达内心生活又能刻画个别事物特征的表现方式，按照造型艺术的原则来说，就要由绘画提供，因为绘画把形象的实在外表转化成为观念性较强的颜色现象，而且把内在心灵当作描绘的中心。以上三种艺术，第一种是象征型的，第二种是造型艺术中的理想型（即古典型）的，第三种是浪漫型的，它们都在精神和自然界事物的感性外在形象这个共同范围里活动。

但是精神性内容在本质上属于意识界内心生活，对于这种内容，外在形象提供观照的一些纯然外在现象的因素却是一种异质的东西，所以艺术必须把它的构思从这种异质的东西解脱出来，移到一种在材料内容和表现方式两方面都较为内在即观念性较强

的领域里去。我们前已说过,这就是音乐在艺术发展中向前迈进的一步,因为音乐把单纯的内心生活和主体情感,不是表现为可以眼见的形象,而是表现为专供心领神会的震动的声音图案。但是音乐也因此走到另一极端,走到未经明确化的主体凝神状态,其内容在音调里只获得一种仍然是象征式的表现。因为音调本身并无内容意义,它的定性只能从数量比例上见出;而精神内容的质的方面虽然也大体适应这种数量关系及其展现出的重要差异,矛盾对立与和解,而它的质的定性却仍不能通过音调而完满地表现出来。为着表现这种质的定性,为着克服音乐的片面性,就必须求助于文字的较精确的陈述,就要有一种歌词,才能表达内容中特殊的和见出特征的方面,才能使迸发于音调的那种主体因素得到较明确的充实。由于这种借助文字来表达观念和情感的方式,音乐所抽象地表现的内心生活固然得到一种较清楚和较明确的展现,但是由音乐这样构成的却不是观念本身及其符合艺术的形式,而是观念所伴随的内心生活;另一方面,音乐也经常抛弃它和文字的结合,以便无拘无碍地在自己所特有的音调领域里自由发展。因此,观念的领域也分离出去,不再与单纯的抽象的内心生活结合在一起,而要形成它所特有的具体的现实世界,这样它也就离开了音乐,让自己在诗的艺术里获得一种符合艺术的存在。

诗,语言的艺术,是第三种艺术,是把造型艺术和音乐这两个极端,在一个更高的阶段上,在精神内在领域本身里,结合于它本身所形成的统一整体。一方面诗和音乐一样,也根据把内心生活作为内心生活来领会的原则,而这个原则却是建筑、雕刻和绘画都无须遵守的。另一方面从内心的观照和情感领域伸展到一种客观世界，既不完全丧失雕刻和绘画的明确性，而又能比任何其它艺术都更完满地展示一个事件的全貌，一系列事件的先后承续，心情活动、情绪和思想的转变以及一种动作情节的完整过程。①

2. 继绘画和音乐之后，诗更确切地形成了浪漫型艺术的第三方面。

2a）这一部分是因为诗的原则一般是精神生活的原则，它不像建筑那样用单纯的有重量的物质，以象征的方式去表现精神生活，即造成内在精神的环境或屏障；也不像雕刻那样把精神的自然形象作为占空间的外在事物刻画到实在的物质上去；而是把精神（连同精神凭想象和艺术的构思）直接表现给精神自己看，无须把精神内容表现为可以眼见的有形体的东西。另一部分也是因为比起音乐和绘画来，诗不仅在更丰富的程度上能把主体的内心生活以及客观存在的特殊细节都统摄于内心生活的形式，而且能把广泛的个别细节和偶然属性都分别铺陈出来。

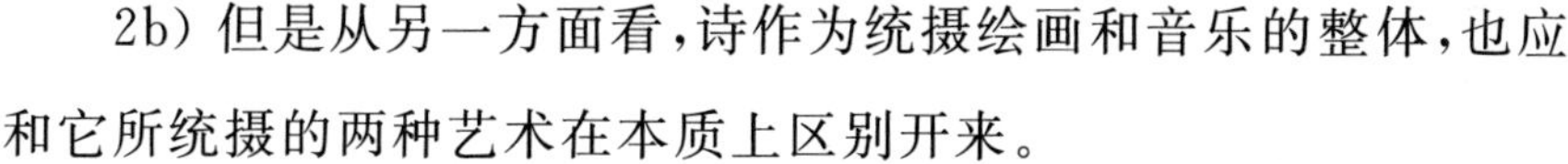

2b）但是从另一方面看，诗作为统摄绘画和音乐的整体，也应和它所统摄的两种艺术在本质上区别开来。

2b1）从这个观点来看绘画，凡是要按照外在现象去把一种内容提供观照的地方，绘画总是占优势。诗固然也能运用丰富多彩的手段去使事物成为可供观照的鲜明形象，因为艺术想象的基本

① 以上第一段说明诗在历史发展中的地位。诗与绘画和音乐同属于浪漫型艺术，是绘画和音乐两极端在更高阶段上的统一。绘画提供明确的外在形象，但在表现内心生活方面还有欠缺，于是才有音乐；音乐在表现内心生活的特殊具体方面又欠明确，于是才有诗。作为语言的艺术，诗既能像音乐那样表现主体的内心生活，又能表现客观世界的具体事物，所以诗是艺术发展的最高峰，是抽象普遍性和具体形象的统一。

原则一般都是要提供可供观照的形象;但是诗特别要在观念或思想中活动,而观念或思想是精神性的,所以诗要显出思想的普遍性,就不能达到感性观照的那种明确性。此外,诗为着使一种内容成为可供观照的具体形象,所使用的那些不同的项目细节却不能像在绘画中那样统摄于一个平面整体,使一切个别事物都同时并列地完全呈现于眼前,而是分散开来的,以致观念中所含的许多事物,须以先后承续的方式,一件接着一件地呈现出来。不过这只是从感性方面看才是一个缺点,而这个缺点是可由精神(心灵)来弥补的;因为语言在唤起一种具体图景时,并非用感官去感知一种眼前外在事物,而永远是在心领神会,所以个别细节尽管是先后承续的,却因转化为原来就是统一的精神中的因素而消除了先后承续的关系,把一系列形形色色的事物统摄于一个单整的形象里,而且在想象中牢固地把握住这个形象而对它进行欣赏。此外,如果拿诗和绘画来对比,在感性现实和外在定性方面的这种欠缺在诗里却变成一种无可估计的富饶,因为诗不像绘画那样局限于某一定的空间以及某一情节中的某一一定的时刻,这就使诗有可能按照所写对象的内在深度以及时间上发展的广度把它表现出来。真实的东西只有在一种意义上才是具体的,那就是它统摄许多本质的定性于一个统一体。但是就显现出来的来说,这些定性不仅展现为空间上的并列,而且展现为时间上的先后承续,成为一种历史,而这种历史的过程如果让绘画来表现,却只能使用不适合的方式。就连每一棵树或每一个枝条在这个意义上都有它的历史,都有一种转变和先后承续,都有许多不同情况结合成的完备的整体。精神领域的情况尤其是如此。精神只有作为实在的、显现于现象的精神，才可以完备地表现出来，要做到这一点，就必须使它的历史过程呈现于我们的观念里。①

2b2）上文已经说过，诗所用的外在材料（媒介）是音调，这是它和音乐所共同的。随着各门艺术逐渐上升的次第，完全外在的东西，即就坏的意义来说的客观物质，在逐渐消失，以至最后消失在声音这种主观因素里，声音摆脱了可以眼见性，用外在的东西（媒介）去使内在的东西（内容）成为可以感知的。音乐的基本目的是把音调仅仅作为音调去构成形象。心灵在乐调及其和谐的基本关系发展中所感受的尽管是对象的内在的东西或是心灵自身的内在的东西，使音乐具有它的独特性格的却不是单纯的内在的东西，而是与音调最密切地交织在一起的心灵，是音调这种音乐的表现手段所构成的形象。由于这个缘故，在音乐里占主要地位的愈是由内在的东西灌注生气的音调，而不是单纯孤立的内在的东西，音乐也就愈是音乐，愈是独立的艺术。但是正是由于这个缘故，音乐只是在相对的或有限的程度上才能表现丰富多彩的精神性的观念和观照以及广阔的意识生活领域，而且就表达方式来说，不免停留在它所采为内容的那种对象的抽象普遍性上，只表达出模糊隐约内在心情。等到心灵愈能把这种抽象的普遍性展现为具体的观念，

① 第二段总题是诗与绘画和音乐的区别和优劣。这第一节就诗和绘画进行对比，可以说是就莱辛在《拉奥孔》里所提的诗画异质说加以批判的接受。莱辛认为画较宜于描绘在平面上同时并列的静态，诗较宜于叙述在时间上先后承续的动作，黑格尔基本上承认了这个分别，但是认为诗不像绘画那样能使同时并列的事物一目了然地呈现出来，这只是从感性方面去看，才是一个缺点，但是诗主要诉诸精神而不只是诉诸感官，精神可以“统摄许多本质定性于一个统一体”，因而弥补了上述缺点。更重要的是诗能显示事物的历史发展过程而画不能，所以诗高于画。

目的，动作和事件的整体，而且在这种展现中逐步加上个别化的认识，它也愈要抛弃单纯情感的内心生活，凭着想象把这种单纯情感的内心生活转化为客观现实世界，而且由于这种转化，它也就愈要放弃完全用音调为媒介的办法去表达由转化而获得的新的精神财富。正如雕刻所用的材料(媒介)太贫乏，不足以表达出绘画能表达得很生动鲜明的那种较丰满的现象，音调关系和乐调的表达方式也不能完全体现诗凭想象所创造出来的那些形象。因为这些形象不仅具有意识到的观念的明确性，而且是用外界现象铸成，来供内心观照的。因此，心灵不用单纯的音调而用文字作为表达工具。文字固然没有完全抛弃声音因素，但是已把音调降低为只供传达用的单纯外在的符号。这就是说，由于受到精神性观念的充实，音调变成了语调，而文字也从本来有自在目的的东西变成失去独立性的表现精神的工具。像我们前已确定了的，这就是音乐和诗的基本区别。语言艺术的内容是由丰富想象所造成的全部观念(思想)领域，这个领域如果单就它本身来看，纯粹是精神性的，而且从来不越出精神性范围，但是当这种精神性的东西表现于一种外在的东西上面时，它也只把这种外在的东西当作一种与内容本身有别的符号。在音乐里艺术已不再让精神性的东西淹没在一种感性的可以眼见的就在目前的形象里去(像在绘画里那样)；在诗里艺术也放弃了音调这个对立因素及其感觉，至少是不把音调当作适合的外在媒介或表达内容的唯一工具。在诗里内在的东西当然也表现出来了，但是它不愿在虽然也是观念性的而同时却也是感性的音调里去找它的真正的客观存在(体现)，它的真正的客观存在只有在它本身上才找得到，这样才能把精神内容，按照它在纯粹想象中的模样去表现出来。[①]

2c）第三，如果我们从诗与音乐，绘画以及其它造型艺术的区别来看诗的特性，那就可以看出：诗的特性就在上文提到的感性表现方式的降低以及一切诗的内容的明确展现。这就是说，如果在诗里声音不能像在音乐里那样，颜色也不能像在绘画里那样，用来表达全部内容，音乐按照拍子，和声与旋律去处理内容的方式就不适用于诗了，剩下来的大体上就只有字和音节的时间长短的配合以及节奏和声韵之类，这些因素并不是特别适合于表达诗的内容的，而是一种偶然的外在因素，但仍采取艺术的形式，只是因为艺术不能让作品的外在方面任意采取任何偶然的形式。

2c1）这样把精神内容从感性材料（媒介）中抽回来，马上就要引起一个问题：诗所特有的外在客观因素既然不是音调，它究竟是什么呢？我们可以简单地回答说：那就是内心中的观念和观感本身。这些精神性的媒介代替了感性的媒介，成了诗的表现所用的材料，其作用就像大理石、青铜、颜色和音调在其它艺术里一样。我们在这里不应发生误解，认为观念和观感应该看作诗的内容。这种看法当然也有正确的一面，下文还要详谈，不过同时却要指出一个要点：观念、观感和情感等等是诗用来掌握和表达任何内容的特有的形式，——既然传达所用的感性媒介（声音）只起辅助作用，这些形式就提供要由诗人加以艺术处理的独特的材料（媒介）。在诗里，主题或内容固然也要成为对心灵是客观的或对象性的东西，

① 这一节说明音乐与诗的基本区别在于：音乐是单纯的声音艺术，诗却是语言艺术。诗是音乐进一步的发展，单纯的音调变成语调，在内容方面音乐所表现的是内心生活的抽象的普遍性，诗所表现的却是想象所创造的远较深广也远较明确具体的思想境界。

不过这种客观对象是用内在于心灵的东西代替前此其它艺术所用的外在现实中的事物,它只有意识本身中作为心灵所观照出和想象出的纯然精神性的东西,才获得一种客观存在。这样,心灵就在它的主位变成自己的对象,[1]把语言因素只当作工具,既用来传达,又用来直接显现于外在事物,这种外在事物仿佛是一种单纯的符号,心灵一开始就要从这种外在事物中抽脱出来而回到它本身。[2]因此,对于真正的诗来说,接受诗作品的方式是听还是读,并无关宏旨;诗可以由一种语言译成另一种语言或由韵文改成散文,尽管音调变了,诗的价值却不会受到严重的损害。[3]

2c2)**其次**,还有一个问题:在诗里这种作为材料和形式的内在观念究竟运用到**什么**上去呢?回答是:应该运用到一般精神旨趣方面的绝对真实的东西上去。这不仅包括绝对真实事物的实体性,即象征型艺术所暗示的或古典型艺术所加以具体化的那种普遍性(理念),而且还要包括体现这种实体性的一切特殊的和个别的东西,因而几乎全部包括凡是精神(心灵)所关心和打交道的事物。因此,语言的艺术在内容上和在表现形式上比起其它艺术都

① 意识到自己的内心活动,这种内心活动就变成自己的对象。心灵既是认识主体,又是认识对象,这样它才是自觉的。

② 照原文直译,意思艰晦。依黑格尔的辩证逻辑,精神外化于外在事物,这外在事物否定了精神的抽象性,但是同时因结合到精神意蕴,又否定了外在事物的纯然外在性,这种否定的否定,又使精神返回它本身,以精神与物质的统一体(作品)呈现于观照。

③ 这一节进一步说明诗是语言的艺术。语言的声音是凭感官接受的,只是标志意义的符号,不像在音乐里作为唯一的传达媒介,而只是传达媒介中的次要素。诗的主要媒介是字音所标志的意义或观念,所以观念在诗里既是内容又是传达媒介。观念是精神性的、内在的,所以黑格尔认为诗是用精神性的媒介传达精神性的内容,外在的感性物质的作用降低了,因此诗成为最高的艺术。

远较广阔，每一种内容，一切精神事物和自然事物、事件、行动、情节、内在的和外在的情况都可以纳入诗，由诗加以形象化。①

2c3）但是这样最丰富多彩的材料并不因为一般都可形成观念而就成为诗的，因为日常的意识也能用完全同样的内容来形成观念和个别具体化为一些零星的知觉，但不能因此就成为诗的。我们在上文就是着眼到这一点，才把观念称为材料和因素。这种材料只有通过艺术才获得一种新的形象，一种适合于诗的形式。这就像颜色不直接成为绘画的颜色，声音也不直接成为音乐的声音一样。这种区别可以概括为一句话：使一种内容成其为诗的并不是单作为观念来看的观念，而是艺术的想象。这就是说，如果艺术的想象把观念掌握住，用语言、用文字及其在语言中的美妙的组合，来把这观念传达出去，而不是把它表现为建筑的雕刻的或绘画的形象，也不是使它变成音乐的音调而发出声响。

由此必然要产生的最迫切的要求就只有两方面：一方面内容既不应理解为理智性的思辨性的思想，也不应理解为未经语文表达的情感或纯然外在事物的鲜明和精确；另一方面内容也不应以有限事物的那种偶然的、零散的和相对的形式呈现于观念。因此，诗的想象有两个特点：第一，它应该介乎思维的抽象普遍性和感觉的具体物质性这二者之间，像我们在论造型艺术作品时已经说明过的。其次，诗的想象应该满足我们在第一卷里对每一种艺术作品所提的要求，这就是：诗的想象在内容上必须有独立的自觉的目的，把它表现成为从纯粹认识的兴趣来看是一种独立自足的完整

① 这一节说明诗应表现绝对真实的理念的普遍性和体现普遍理念的一切具体事物的特殊性，所以它的内容包括全部精神界和自然界的事物。

的世界。内容只有这样通过适合它的表现方式才形成艺术所要求的有机整体,其中各部分显出紧密的联系和配合。它和相对的有限世界相反,是独立自由的,只为它本身而存在的。①

3. 关于诗和其它各门艺术的区别,我们最后还要讨论的一点是诗的想象把它所造的意象表现于外在材料(语言媒介)时所处的与其它艺术不同的情境。

前此所讨论过的那些艺术都极其认真地对待它们所运用的感性因素(媒介),因为它们给内容所造的形象只能是用青铜、大理石、木材之类有体积和重量的物质以及颜色和声音所能表现的。在某种意义上,诗要完成的任务当然也与此类似,因为在诗的创作过程中诗人也必经常考虑到所创造的形象是要通过语言的媒介去传达给心灵领会的。但是整个情境就因此改变了。

3a) 这就是说,在造型艺术和音乐里,感性媒介起着重要的作用,而这种材料(媒介)又各有特殊定性,能完全靠石头、青铜、颜色,或声音去获得具体的实际存在(获得表现)的东西就要局限于比较小的范围里了,所以前此所讨论过的那些艺术在内容上和在艺术构思方式上都不免局限在一种框子里。因此我们前此曾把每一门艺术和一定的艺术类型紧密地联系起来,每一类型所特有的表现方式只对某一门艺术才适合,对其它各门艺术却不适合,例如建筑与象征型艺术,雕刻与古典型艺术,绘画和音乐与浪漫型艺术,都是紧密联系在一起的。当然,每门艺术在它的这一边缘或那一

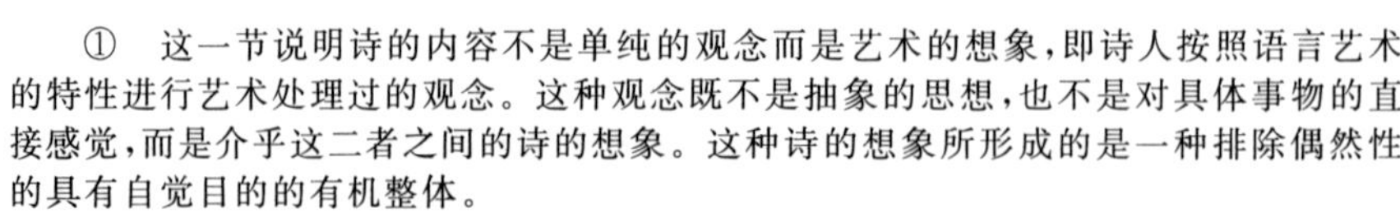

① 这一节说明诗的内容不是单纯的观念而是艺术的想象,即诗人按照语言艺术的特性进行艺术处理过的观念。这种观念既不是抽象的思想,也不是对具体事物的直接感觉,而是介乎这二者之间的诗的想象。这种诗的想象所形成的是一种排除偶然性的具有自觉目的的有机整体。

边缘，也有越界侵犯到其它艺术类型里去的情况，因此我们曾有可能谈到古典型和浪漫型的建筑，象征型和基督教型(浪漫型)的雕刻，乃至还必须提到古典型的绘画和音乐。但是这些反常越界的现象并不能达到各门艺术所特有的最高成就，时而只是某门艺术开始分出旁支时一种准备性的探索，时而标志某门艺术的转变的开始，这门艺术所掌握的内容的处理材料的方式只有等待艺术的进一步发展，才可以形成完全适合于它的艺术类型。大体说来，在内容的表现方式上最贫乏的是建筑，雕刻已较丰富，而绘画和音乐的范围则可能推广到很大。随着外在材料的观念性日益上升，①随着每门艺术向多方面专门化的倾向日益增长，内容本身以及表达内容的形式也就日益多样化了。至于诗则一般力求摆脱外在材料(媒介)的重压，因而感性表现方式的明确性并不至迫使诗局限于某一种特定的内容以及某些特定构思方式和表现方式的窄狭框子里。因此，诗也可以不局限于某一艺术类型；它变成了一种普遍的艺术，可以用一切艺术类型去表现一切可以纳入想象的内容。本来诗所特有的材料就是想象本身，而想象是一切艺术类型和艺术部门的共同基础。

在另一部分(第二卷)讨论各种艺术类型结束时，我们就已得过与此类似的结论：艺术类型发展到了最后阶段，艺术就不再局限于某一类型的特殊表现方式，而是超然于一切特殊类型之上。在各门艺术之中，只有诗才有可能这样向多方面发展。这种可能性在诗的创作过程中以两种方式得到实现：一种是通过对每一种特

① 外在材料(媒介)的感性方面(如木石铜之类)的作用日益降低，观念性媒介(如声音和语言)的作用就日益上升。

殊类型的实际加工,使其尽量发展;另一种是通过解放束缚,不再受某一类型的特殊内容和构思方式的限制,无论它是象征型的、古典型的,还是浪漫型的。①

3b)从以上所说的看来,我们所已确定的诗在科学发展中的地位也可以得到证实。诗比任何其它艺术的创作方式都要更涉及艺术的普遍原则,因此,对艺术的科学研究似应从诗开始,然后才转到其它各门艺术根据感性材料的特点而分化成的特殊支派。但是根据我们在各种艺术类型方面所已见到的情况来看,哲学阐明过程就应分两方面,一方面是对精神内容的深入研究,另一方面要证明艺术开始只在寻找适合的内容,然后找到它,最后就要越出它的范围。美和艺术的这种概念或原则也应在各门艺术本身上得到证实。所以我们曾经从建筑开始,建筑还只是在努力寻求怎样用一种感性材料来充分表现一种精神内容,只有通过雕刻,艺术才达到内容与形式的真正的统一,到了绘画和音乐,由于要显出内容意蕴的内在性和主体性,已经达到的统一又开始分裂了,无论从构思方面看还是从感性表达方面看,都是如此。这种情况在诗里显得最突出,因为诗在它的艺术体现中基本上要脱离和降低现实感性因素,绝不是还不敢贸然进入外在现实去施展身手和体现艺术的一种创作态度。如果要对这种解放②进行科学的解释,首先就要弄清楚艺术所要设法摆脱的究竟是什么。这个问题和诗能采取一

① 这一节说明诗在艺术发展中达到了最高阶段。诗作为语言的艺术,所用的材料或媒介是观念性的而不是单纯感性的,所以不受造型艺术和音乐所受到的感性材料的局限。诗凭想象而诉诸想象,而想象是一切艺术类型的共同基础,所以诗是"普遍的艺术",不专属于某一艺术类型。但是黑格尔实际上却把诗和绘画和音乐同归到浪漫型艺术里讨论。

② 指诗从外在感性材料中解放出来。

切内容和一切艺术形式这一情况是有密切联系的。我们也应把这种情况看作争取整体的成就，从科学[①]眼光来看，这种成就只应看作对局限于个别特殊这一情况的否定或扬弃。要理解这一点，我们就必须先研究由整体所否定冒充为唯一有效的那些片面性的表现。

只有通过这样的研究，才可以看出诗也是这样一种特殊的艺术：到了诗，艺术本身就开始解体。从哲学观点来看，这是艺术的转折点：一方面转到纯然宗教性的表象，另一方面转到科学思维的散文。我们前已说过，美(艺术)这世界的界线之外一边是有限世界和日常意识的散文，艺术力求从这种散文领域里挣脱出来，走向真理；另一边是宗教和科学的更高的领域，到了这里艺术就越界转到用一种尽量不涉及感性方面的方式去掌握绝对。[②]

3c) 因此，尽管诗用精神的(观念性的)方式把美的事物的整体再现得很完满，这种精神性毕竟也造成诗这最后一个艺术领域的缺点。为着说明这一点，我们从艺术体系中挑出建筑来和诗对比。建筑艺术还不能使精神内容统治客观材料，还不能用客观材

① 黑格尔把哲学也包括在科学里，往往用“科学”称呼哲学，特别是辩证哲学。

② 这一节讨论艺术哲学的两种可能的研究程序。就诗是最高的艺术，具有一般艺术的普遍原则和共同基础来说，艺术哲学似应从诗开始，然后由一般转到特殊，即其它各门艺术；但是黑格尔所采取的不是这种从概念出发的程序，而是由低级到高级的历史发展的程序，高低是以精神内容与感性表现方式是否相适合为标准的。顺历史发展程序，黑格尔从建筑开始，经过雕刻转到绘画和音乐，最后终结于诗。到了诗，艺术就要解体，精神活动于是上升到宗教和哲学的领域。黑格尔想借此说明艺术发展的历史过程是精神因素逐渐上升而感性因素(实际就是物质因素)逐渐降低的过程，亦即精神逐渐从物质的局限中解放出来的过程。从他的辩证观点看，这也就是统一体或整体否定片面的个别特殊事物的过程。这种观点是以精神外化为自然(物质世界)，对立面经过调和而达到较高阶段的统一这种黑格尔式的客观唯心主义辩证法为基础的。

料造成适合于精神的形象。诗却不然,它在否定感性因素方面走得很远,把和具有重量占空间的物质相对立的声音降低成为一种起暗示作用的符号,而不是像建筑那样用建筑材料造成一种象征性的符号。因此,诗就拆散了精神内容和现实客观存在的统一,以至于开始违反艺术的本来原则,走到脱离感性事物的领域,而完全迷失在精神领域的这种危险境地。在建筑和诗这两极端之间,雕刻以及绘画和音乐站在一种不偏不倚的中间地位,因为这几门艺术还能把精神内容充分体现于一种自然因素(感性材料)里,而且既可以用感官去接受,也可以用精神去领会。尽管绘画和音乐,作为浪漫型艺术,已经运用较富于观念性的材料,它们毕竟还显出客观存在的直接性(使客观存在直接显现于感官),而这种直接性随着观念性的强化,就开始消失。另一方面这两门艺术由于运用颜色和声音,比起建筑所用的材料来,能更丰富地显示出特殊细节的全貌和多种多样的形状构造。

诗当然也要找出一个弥补缺陷的办法,这就是使客观世界呈现到眼前,达到连绘画(至少是单幅画)也不能达到的广度和多样化。不过诗所表现的永远只是一种内在于意识的现实,如果诗也要凭艺术的体现去产生强烈的感性印象,它就只有两条路可走,一条是借助于音乐和绘画,运用不属于它本行的手段,另一条是坚守真正的诗的地位,只用音乐和绘画这两门姊妹艺术作为助手,把精神的观念,即向内心的想象说话的那种诗的想象,作为诗应特别关心的主要任务,提到突出的地位。

诗和其它艺术的基本关系大致如上所述。关于诗艺本身的较详尽的研究,我们须按照下列几个观点来进行。

上文已经说过，内在观念本身既提供了诗的内容，又提供了诗的材料（媒介）。但是在艺术范围以外，观念已是意识活动的最通常的形式，所以我们首先要把诗的观念和散文的观念区别开来。诗也不能停留在内心的诗的观念上，而是要用语言把臆造的形象表达出来。在这方面诗又有两件事要做：第一，诗必须使内在的（心里的）形象适应语言的表达能力，使二者完全契合；其次诗用语言，不能像日常意识那样运用语言，必须对语言进行诗的处理，无论在词的选择和安排上还是在文字的音调上，都要有别于散文的表达方式。

尽管诗用语言的表达方式，诗却最不受其它各门艺术所必受的特殊材料所带来的局限和约束，所以诗具有最广泛的可能去尽量运用各种不同的艺术的表现方式，却不带任何一门其它艺术的片面性。诗的种类因此也显得最完备。

按照这个观点，我们在下文将讨论：

1. 诗的一般意义和诗的艺术作品；
2. 诗的表现；
3. 诗的分类：史诗、抒情诗和戏剧体诗。[①]

A. 诗的艺术作品和散文的艺术作品的区别

凡是写过论诗著作的人几乎全都避免替诗下定义或说明诗之

① 这一节讨论诗由高度观念化，脱离感性材料所产生的缺陷在于破坏精神内容与客观现实的统一，补救的办法在于借助其它艺术，同时却保持诗诉诸想象的特点；最后给诗的全部题材画了一个轮廓。

所以为诗。事实上如果一个人事先没有研究过什么才是一般艺术的内容和表象方式,一开始就谈诗之所以为诗,就想确定诗的真正本质,那确是很困难的。这种困难会显得更大,如果从一些个别作品的特殊属性出发,就想根据这方面的认识去确定可以适用于各种诗的一般原则,这样做就会把许多性质极不相同的作品都算作诗了。如果人们接受了这种办法,然后再追问有什么理由要承认这些作品是诗,马上就会碰到上文所说的困难了。很幸运,我们在自己所站的立场上就可以克服这种困难。就一方面来说,我们一般并不是从个别现象出发去找到关于事物本质的普遍概念,而是设法从概念中抽绎出概念的实际体现,因此我们无须把一般人所称为诗的一切作品都放在我们现在所研究的范围里,都纳入我们的诗的概念里,先要知道诗的概念,然后才能确定一部作品是不是诗。就另一方面看,我们现在也无须说明诗的概念,因为诗的概念就是我们在第一卷里关于一般美和理想所已阐明过的道理。诗的本质在大体上是和一般艺术美和艺术作品的概念一致的,因为诗的想象并不像在造型艺术和音乐里那样受到材料(媒介)的限制和创作中的多方面的约束,被迫落到片面性里去,而是只要服从一种观念性的符合艺术的表现方式的基本要求就行了。所以我在这里从许多适用于诗的观点之中,只挑选下面几个最重要的:

1. 诗的掌握方式和散文的掌握方式的区别;
2. 诗的艺术作品和散文的艺术作品;
3. 关于创作主体〔即诗人〕的一些看法。

1. 诗的掌握方式①和散文的掌握方式

a)　两种掌握方式的内容

首先关于适合于诗的构思的**内容**，我们可以马上把纯然外在的自然界事物排除在外，至少是在相对的程度上排除。诗所特有的对象或题材不是太阳、森林、山水风景或是人的外表形状如血液、脉络、筋肉之类，而是精神方面的旨趣。诗纵然也诉诸感性观照，也进行生动鲜明的描绘，但是就连在这方面，诗也还是一种精神活动，它只为提供内心观照而工作。对这种内心观照，精神性的事物比起具体显现于感官的外在事物毕竟是较亲切较适合的。所以在全部事物之中，只有那些可以向精神活动提供动力或材料的才可以出现在诗里。例如作为人的环境或外在世界的那些外在事物本身并没有什么意义，只有在和人的意识中精神因素发生联系时，它们才有重要的意义，才成为诗所特有的对象，适合于诗的对象是精神的无限领域。它所用的语文这种弹性最大的材料（媒介）也是直接属于精神的，是最有能力掌握精神的旨趣和活动，并且显现出它们在内心中那种生动鲜明模样的。语文这种材料就应用来完成它所最胜任的表现，正如其它各门艺术各按自己的特性去运用石头，颜色或声音一样。从这个观点来看，诗的首要任务就在于使人认识到精神生活中各种力量，这就是凡是在人类情绪和情感中回旋动

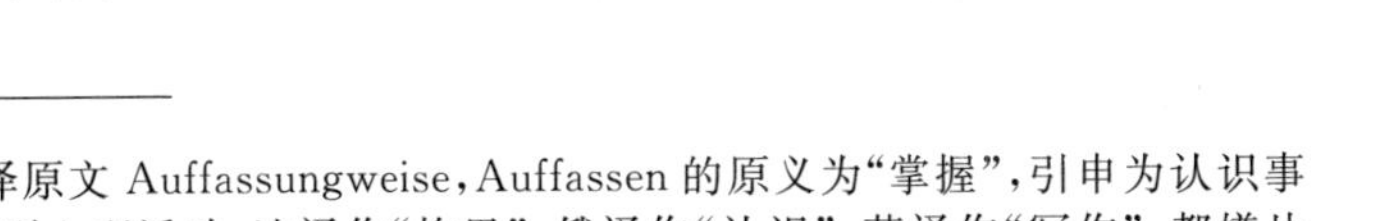

① 掌握方式译原文 Auffassungweise，Auffassen 的原义为“掌握”，引申为认识事物，构思和表达一系列心理活动，法译作“构思”，俄译作“认识”，英译作“写作”，都嫌片面，实际上指的是“思维方式”。下文提到“观念方式”，是把它和“掌握方式”看成同义词。

荡的或是平静地掠过眼前的那些东西，例如人类思想、事迹、情节和命运的广大领域，尘世中纷纭扰攘的事务以及神在世界中的统治。所以诗过去是，现在仍是，人类的最普遍最博大的教师，因为教与学都是对凡是存在的事物的认识和阅历。星辰，动物和植物都不能认识和阅历它们本身的规律，但是人只有在认识他自己和他周围的事物时，才是符合他本身的存在规律而存在着。人必须认识到推动他和统治他的那些力量，而向他提供这种认识的就是形式符合实体内容的诗。①

b)　两种掌握方式的区别

但是散文的意识也可以掌握上文所说的内容，也能教人认识到普遍规律，也会就五光十彩的现象世界的分散的个别现象来进行区分，整理和解释。这就引起了一个问题：内容既可能类似，散文和诗在观念方式上究竟有什么基本区别呢？

1. 比起艺术发展成熟的散文语言来，诗是较为古老的。诗是原始的对真实事物的观念，是一种还没有把一般和体现一般的个别具体事物割裂开来的认识，它并不是把规律和现象，目的和手段都互相对立起来，然后又通过理智把它联系起来，而是就在另一方面(现象)之中并且通过另一方面来掌握这一方面(规律)。因此，诗并不是把已被人就其普遍性认识到的那种内容意蕴，用形象化的方式表现出来；而是按照诗本身的概念，停留在内容与形式的未经割裂和联系的实体性的统一体上。

① 这一节说明诗所掌握的内容主要是精神性的而不是单纯感性的，其作用是教育人认识他本身和周围世界的客观规律，使人可以自觉地生活着。

1a）由于运用这种观照（认识）方式，诗把它所掌握的一切都纳入一个独立自足的整体里，这种整体固然内容丰富，可以包括范围广阔的情境、人物、动作、事迹、情感和思想，但是这些广泛复杂的东西却是紧密联系在一起的，是由一个原则产生和推动的，其中每一个别事物都是这一原则的具体表现。所以在诗里凡是普遍性的理性的东西并不表现为抽象的普遍性，也不是用哲学证明和通过知解力来领会的各因素之间的联系，而是一种有生气的，现出形象的，由灵魂贯注的，对一切起约制作用的，而同时表达的方式又使得包罗一切的统一体，即真正灌注生气的灵魂，暗中由内及外地发挥作用。①

1b）在诗里这种掌握，塑造形象和表达还是纯粹认识性的。诗的目的不在事物及其实践性的存在，而在形象和语言。人一旦要从事于表达他自己，诗就开始出现了。有表达出来的话就是因为有表达的需要。人一旦从实践活动和实践需要中转到认识性的静观默想，要把自己的认识传达给旁人，他就要找到一种成形的表达方式，一种和诗同调的东西。姑且只举一个例子，希罗多特在他的《历史》里载过一首两行体的短诗，歌颂因守卫托莫庇莱关口而牺牲的将士们，诗的内容很简单，只是一句枯燥的叙述：三百个斯巴达人在这里和四千敌军进行过战斗，但是有意思的是要刻个墓碑铭，使当代人和后世人知道这一英勇事迹，所以碑铭采取了诗的表达方式，这就是说，碑铭要显得是一种"制作"（诗），让内容保持它

① 这一节强调诗应表现精神内容的普遍性和繁复具体现象之间未曾分裂的原始的统一体。这统一体是诗的灵魂，对全诗各部分起统摄作用，约制作用，以及灌注生气的作用。

原有的简单面貌,而表达出来的话却是着意制作出来的:这样表达观念的语文着意要使自己有别于寻常的话语,造成了一首两行体短诗,因此就具有较高的价值。①

1c) 从此可见,就连单从语言方面来看,诗也是一个独特的领域,为着要和日常语言有别,诗的表达方式就须比日常语言有较高的价值。总之,无论从语言来看,还是从一般观照方式来看,我们都必须把在寻常的艺术性散文还未发展成熟之前就已存在的原始的诗,和在散文的生活情况和语言都已完全发展成熟时发展出来的诗的掌握和语言,区别开来。前者在思想和语言两方面之成为诗是无意的或自发的,后者为着要跨进自由的艺术领域,有意地要脱离前一个领域,所以有意地或自觉地要和散文对立起来。②

2. 其次,诗所要脱离的那种散文意识要有一种和诗不同的思想和语言。

2a) 这就是说,从一方面看,散文意识看待现实界的广阔材料,是按照原因与结果、目的与手段以及有限思维所用的其它范畴之间的通过知解力去了解的关系,总之,按照外在有限世界的关系去看待。因此,每一个特殊事物时而被错误地看成独立的,时而又

---

① 这里所举的例来自公元前5世纪希腊历史家希罗多特的《历史》第七卷,所叙述的是希腊人抵御波斯入侵战争中一段英勇事迹。托莫庇莱关口是波斯入侵必经的要塞,守卫这个要塞的是三百个斯巴达人,他们至终不屈,由于寡不敌众,全部牺牲了。希腊诗人西蒙尼德斯替他们写了一首只有两行的墓碑铭是有名的,意译如下:

"过路人,请传句话给斯巴达人,
为了听他们的嘱咐,我们躺在这里。"

以上一节说明人从实践活动转到静观默想,有意要用一种艺术性的语言把自己的认识传达给旁人,于是就开始有诗,所以说诗的活动是认识性的。

② 这一节说明诗的特征之一是自觉性,诗愈向前发展,自觉性就愈高。黑格尔把"自觉"、"自为"和"自由"都看成同义的。"自由的艺术"就是自觉的艺术。

被简单地联系到其它事物上去，因而也就只按照它的相对性和依存性来认识的，不能达到一种自由的统一。这种自由的统一在它的一切派生和具体化（分化）中始终还是一个完整的自由的整体，其中各个方面（因素）都只是这一个内容所特有的开展和显现，这一个内容就是中心和起融合（联系）作用的灵魂，实际上起灌注生气于整体的作用。所以上述通过知解力的思维方式只能得出一些关于现象的特殊规律，既要使特殊事物与普遍规律之间的割裂和简单的联系僵化起来（成为死板的），又要使这些规律本身互相分裂成为一些固定的特殊现象，它们的关系也只能以外在有限事物的形式被人认识。①

2b）从另一方面看，日常的（散文的）意识完全不能深入事物的内在联系和本质以及它们的理由、原因、目的等等，它只满足于把一切存在和发生的事物当作纯然零星孤立的现象，也就是按照事物的毫无意义的偶然状态去认识事物。诗的观照把事物的内在理性和它的实际外在显现结合成的活的统一体在散文意识里固然也并非由于知解力加以割裂而完全被消灭，但是散文意识所缺乏的正是上文所说的对事物的内在理性和意义的洞察，因而这种内在理性和意义对于意识就成为空洞的，不能满足理性方面的兴趣。这样，对世界及其各种关系融贯一致的理解就被对一些并列杂陈无关轻重的事物的浮面认识所代替。这些事物固然也可以显出外

① 这一节说明散文意识的思维方式是单凭知解力的，看不到活的统一体，只能得出一部分特殊事物的特殊规律，实际上是割裂规律与现象的统一，而且把这种割裂固定下来。这种思维方式把事物看成片面孤立的和静止的，实际上就是形而上学的方式。注意：黑格尔把“知解力”看成比“理智”或“理性”低一级，参看第一卷 67 页注②。

表方面的丰富生动,却终不能满足更深刻的需要。因为正确的观照和纯洁的心智只有在从现象中确实可以看到和感到现象所体现的本质与真理时,才获得满足。外在的有生命的事物如果不能显现出独特的意义丰富的灵魂,对于较深刻的心灵来说,就还是死的。①

2c)第三,玄学的思维②可以克服凭知解力的思维和日常散文意识的观照方式的上述缺陷,就这一点来说,它与诗的想象有血缘关系。因为理性认识既不单看偶然的个别特殊现象而忽视现象的本质,也不满足于上文所说的凭知解力的观念和感想所犯的割裂和简单联系的毛病,而是要把有限的观察(凭知解力的思维)所视为彼此分散孤立的或是没有形成统一体而简单联系在一起的事物结合成为自由的整体。但是玄学的思维只以产生思想为它的结果,它把实在事物的形式变成纯概念的形式。纵使它也能按照现实事物的基本特殊性和客观存在去认识事物,也毕竟要把这些特殊性相提升为一般的观念性的因素,它只有靠这种一般的观念性的因素才能自由活动。因此,玄学的思维就造成一个和现象世界对立的新的世界。这个新的世界固然也显出现实世界的真理,但是这种真理在现实世界本身里却显不出自己就是它所特有的灵魂或使它成其为它的那种力量。玄学思维只是真理和现实世界在思维中的和解,诗的创造活动却是真理和现实世界在现实现象本身中的

① 这一节说明散文意识不如诗的意识,不能见出事物的内在联系和本质,达不到内在理性和外在现象的统一,因此不能满足理性的要求。

② "玄学的思维"即辩证的思维,黑格尔把自己的辩证逻辑称为"玄学",即最高的哲学。

和解，尽管这种和解所采取的形式仍然只是精神性的。①

3. 从此可见，诗和散文是两个不同的意识领域。在古代，还没有一种依据宗教信仰和其它范围知识的明确世界观来形成一套有条有理的观念和知识的体系，也还没有规定人类实际活动要符合这套知识体系，诗就比较轻而易举地发挥它的作用。因为当时散文还没有作为内心世界和外在世界的一种独立的领域而与诗对立，即还没有成为诗首先要克服的一个领域。诗的任务还只限于就寻常意识进行加工，使它的意义深化，使它的形象明朗化。等到散文已把精神界全部内容都纳入它的掌握方式之中，并在其中一切之上都打下散文掌握方式的烙印的时候，诗就要接受彻底重新熔铸的任务，它就会发现散文意识不那么易听指使，而是从各方面给诗制造困难。诗就不仅要摆脱日常意识对于琐屑的偶然现象的顽强执着，要把对事物之间联系的单凭知解力的观察提高到理性，要把玄学思维仿佛在精神本身上重新具体化为诗的想象，而且为着达到这些目的，还要把散文意识的寻常表现方式转化为诗的表现方式，在这种矛盾所必然引起的意匠经营之中，还必须完全保持艺术

① 这一节说明诗的想象与玄学的思维的类似和区别：类似在于二者都不满足于散文意识单凭知解力的思维方式把事物看成分散孤立的或只有偶然的和相对的联系，而重视事物的本质和内在联系以及由此形成的统一体；分别在于玄学思维只产生一些普遍概念，诗的想象却产生具体的艺术形象，用黑格尔的原话来说，“玄学思维只是真理和现实世界在思维中的和解，诗的创造活动却是真理和现实世界在现实现象本身中的和解”。依黑格尔的客观唯心主义的辩证法，矛盾都由对立达到和解，即达到较高阶段的统一（正→反→合），“和解”就是“统一”或“合”。从本章可以见出，黑格尔把思维方式分成三种，第一种是散文所用的日常意识的单凭知解力的思维方式，第二种是哲学所用的凭理性的玄学思维方式，第三是用形象显现真理的诗的思维方式。他在本章概括说明诗的想象既不同于散文的单凭知解力的思维方式，又不同于单凭理性的玄学思维方式。从此可见，黑格尔虽强调形象思维，却也不排除诗也用近乎哲学的理性思维（与一般知解力的抽象思维有别），诗要在形象思维中显出理性。

所应有的自然流露和原始状态的自由。[①]

c) 诗的观照向特殊方面分化

我们已经极概括地讨论了诗的内容,并且把诗的形式和散文的形式也区别开来了。最后还要提到的第三点就是诗向特殊方面的分化。在这一点上比起其它发展不那么丰富的艺术来,诗的发展就较为丰富。建筑固然是许多不同的民族都有的而且持续到许多世纪之久的,雕刻却只在古代已由希腊人和罗马人发展到它的最高峰,绘画和音乐则到近代才由信基督教的各民族发展到它们的高峰。诗却不同,它几乎在一切民族中和一切时代中都很繁荣,只要那些民族和时代有什么艺术成就的话。因为诗是包罗全部人类精神的,而人类向特殊方面的分化是很复杂的。

1. 因为诗的题材并不是科学抽象的一般,而是体现于个别具体事物的理性,所以诗始终要受民族特性的约制。诗出自民族,民族的内容和表现方式也就是诗的内容和表现方式,这就导致诗向许多特殊方面分化。东方诗、意大利诗、西班牙诗、英国诗、罗马诗、德国诗等等在精神、情感、世界观、表现方式等方面都各不相同。

诗也随时代的不同而出现与此类似的复杂的差别。例如现代德国诗是不会在中世纪乃至三十年战争时代出现的。目前使我们感到最大兴趣的一些具体问题都是和整个现代历史发展分不开的。每个时代各有它的较宽或较窄的,较高尚自由或较低劣的观

① 这一节说明诗在古代还没有散文和它对立,任务比较轻松;等到散文发展成为一个独立领域时,诗在克服散文意识和改变散文表现方式方面就会遇到种种困难的任务。

感方式，一般都有它的特殊的世界观，正是要由诗尽可能地运用表达人类精神的语言，最明确地最完善地表达于符合艺术的意识。

2. 在这些民族特性、时代观感和世界观之中又有某一些比另一些更适宜于诗，例如东方的意识方式比起西方的（希腊的是例外）就较适宜于诗。在东方，未经分裂的、固定的、统一的、有实体性的东西总是起着主导作用，这样一种观照方式本来就是最真纯的，尽管它还不具有理想的自由。西方却不然，特别是在近代，出发点总是由无限（绝对真理）分裂出来的无限个别特殊的东西，由于这样把事物划分成为一些孤立的点，每种有限事物在意识中就获得一种独立性，尽管如此，有限事物毕竟还是逃不脱相对性的。对于东方人来说，没有什么东西是真正独立的，一切显得是偶然的东西都要还原到太一和绝对，都要在太一和绝对中找到它们的不变的中心和完备的形式。

3. 尽管各民族之间以及许多世纪的历史发展过程的各阶段之间有这些复杂的差别，但是作为共同因素而贯串在这些差别之中的毕竟一方面有共同的人性，另一方面有艺术性，所以这民族和这一时代的诗对于其它民族和其它时代还是同样可理解、可欣赏的。在上述两方面，希腊诗特别不断地重新受到许多民族的欣赏和摹仿，因为在希腊诗里，纯粹的有关人性的东西无论在内容上还是在艺术形式上，都达到最完美的展现。[①] 再如印度诗，不管其中世

① 希腊诗何以在不同时代和不同民族中长久“给我们以艺术享受，而且就某方面说还是一种规范和高不可及的范本”的问题，马克思在《政治经济学批判导言》里也提出过。黑格尔的答案是希腊诗的人性内容和艺术形式都达到最完美的程度，马克思的答案是希腊诗写出了“发展得完美的”“历史上人类童年时代”。这问题似还值得进一步的批判和探讨。

界观和表现方式和我们的有多么大的隔阂,对于我们却不是完全陌生的。我们可以看出近代一个主要的优点就在吸收艺术和一般人类精神财富的敏感日益发展起来了。

诗既然在上述几方面经常趋向个别特殊化,我们在这里就一般来讨论诗艺,这种可以单作为一般来确定下来的一般,就不免很抽象、很枯燥。所以如果我们要谈真正具体的诗,就必须按民族和时代的特点来理解观照的精神所创造的形象,而且连诗人的主体方面的个性也不应忽视。

以上就是我对于一般诗的掌握方式所要提出的一些观点。①

2. 诗的艺术作品和散文的艺术作品

诗不能停留在单纯的内心观念上,它必须表现于既有四肢五官而又构成整体的诗的艺术作品。这个新题目所要求的多方面的研究可以按下列次序来总结和排列:

第一,提出诗的艺术作品一般所必有的最重要的因素。

其次,划分散文表现的主要种类,这只就可以用艺术处理的那部分散文来说。

第三,只有从此出发,我们才可以详论自由的艺术作品这个概念。

① 这第三段说明诗在发展中经常受时代特性和民族特性的约制,所以不同时代和不同民族的诗显出很复杂的差异。但是尽管有这些差异,在普遍人性和艺术性两方面毕竟有共同点,所以某一民族和某一时代的诗对于其它民族和其它时代还是可了解、可欣赏,甚至可仿效的。黑格尔在这里提出了普遍人性论。

a）诗的艺术作品的一般性格

就一般来讨论诗的艺术作品，我们只须复述已经提过的要求：像一切其它自由想象的产品一样，诗的艺术作品必须表现成为一个完满自足的有机的整体。这个要求只能用以下的方式来满足：

1. 第一，贯串一切的内容本身就应是一个统一体，不管这内容是一种动作和事件的明确目的，还是一种情感和情欲。

1a）一切部分都要依存于内容的这种统一体，才显得出具体的自由的融贯一致。要达到这一点，就只有一个办法：所选的内容不是抽象的一般，而是人的行动和情感，人的目的和情欲，这些因素属于某一具体个人的精神，心情和意志，是从这个人的个性本身这种特殊土壤中生发出来的。

1b）因此，应该表现出来的一般和通过性格事件和动作来使这一般达到诗的表现的个别人物这二者之间既不应彼此脱节，又不应只有个别人物仅为抽象一般服务的联系，这两方面必须生动具体地交融在一起。例如《伊利亚特》史诗里希腊人和特洛伊人的战争以及希腊人的胜利都是与阿喀琉斯的狂怒分不开的，这位希腊将领的狂怒成了在全诗中起联贯作用的中心。① 我们当然也看到一些诗作品，其中基本内容时而只是一般性的，时而这一般性也获得较具体的展现。例如但丁的伟大史诗《神曲》所写的是整个神的世界，却也写出极多种多样的个别人物在受地狱的惩罚，净界的洗罪和乐园的幸福。但是就连在《神曲》里一般和个别也并没有抽象地割裂开来，个别具体人物也不是只为一般（神）服务。因为在

① 参看第一卷270页注①，以及下文论史诗动作起点和终点部分。

基督教的世界里,主体(个别人物)并不是被理解为神性的一种纯粹偶然的体现,而是被理解为本身就是一种无限的(绝对的)目的。所以在这里普遍的目的,即在降灾与降福中所显示的神的公道,都显现为个别人物本身所固有的东西,本身的永恒旨趣和生命。在这种神的世界里占重要地位的是个人:在国家政权下,个人可以被牺牲,以便拯救一般,即国家政权;但是在对神的关系上,在神的领域里,个人却是自在自为的目的。①

1c) 第三,向人类情感和动作提供内容的那种一般也应该表现成为本身就形成一种独立自足的完整的世界。例如我们在现代听到人提起某一个武官,将军,职员或教授之类人物,就会想起这类人物在他们的地位和环境中想做些什么事和能做些什么事,我们对这类人物的旨趣和活动就只能想到一种空洞的内容,这种内容有时本身不是一个独立自足的完整体,而是和外在事物有千丝万缕的牵连和依存关系,有时这种内容只是一个抽象的整体,即和本来完整的人格个性割裂开来的一般,例如"义务"之类。另外也有一种与此相反的情况,内容比较真实,本身也形成一个独立自足的整体,却只用一句话就可以说完,没有进一步地发挥,没有运动,很难说这种内容属于诗还是属于散文。例如《旧约》中的"上帝说要有光,于是就有了光"那句伟大的话,从它的纯真品质和深刻意义来看,既是最雄伟的诗,也是很好的散文。此外还有"我是主,是你的上帝,我以外你不能有别的上帝"和"你应该孝敬父母"之类神

① 个人是自在自由的,本身的存在就是一种绝对的目的。但丁(毋宁说是黑格尔)认为在世俗政权之下,个人处在服从的地位,在神的世界里个人却是完全自由的。这反映近代资产阶级个人主义的开始。

谕，以及毕达哥拉斯的金箴和梭罗门的格言也属于这一类。像这类意味深长的语句仿佛是存在于诗和散文尚未分开之前的。但是这类语句纵使有许多结集在一起，也很难说就是诗的艺术作品，因为一篇独立自足的完整的诗须有发展，须有部分的结构，因此须是这样一个统一体：它按照本质从自身中产生出它的不同方面和部分的实际具体化。这一要求在造型艺术中，至少是从形象方面来看，是显而易见的，在诗的艺术作品中尤其重要。①

2. 从这里我们就要转到第二点，即有机的肢体结构，亦即艺术作品分化为一些个别特殊部分，为着要构成一个有机的统一体，这些个别特殊部分就须显得是各自独立地形成的。

2a）这个重要的特色有一个根由：一般说来，艺术有留恋个别特殊事物的倾向。它和知解力不同，知解力总是急忙地跑着，它对待繁复的现象不外取两种方式：一种是认识的方式，从一般观点出发，把繁复的现象摆在一起来看，把它们抽象成为感想和范畴（概念）；另一种是实践的方式，使它们服从某些具体的目的，因而使个别特殊的东西不能充分行使它们的独立自在权。从知解力的角度来看，个别特殊的东西都只有相对的价值，在它们上面多操心，是徒劳无益、令人厌倦的。但是从诗的掌握和创作的角度来看，每一个部分和每一个细节都有独立的兴趣和生动性，所以诗总是喜欢在个别特殊事物上低徊往复，流连不舍，带着喜爱的心情去

① 以上三小节说明诗的艺术作品必须是一个完满自足的有机整体，特别是它的内容本身应该是一般（主旨）与特殊（具体个别人物的性格、心情、行动、事迹等）的融贯一致，不能彼此脱节，也不能只是用具体的人物事件来说明抽象的一般。特殊应该是由一般本身生发出来的，不是附加到一般上去的，作为艺术作品，诗也应有各部分的划分和结合，要有发展和运动，不是一两句话就可以表现诗的内容。

描写它们,把它们看成各自独立的整体。无论诗用作艺术作品中心的旨趣或内容意蕴多么重大,它毕竟要通过细节来使这种旨趣具体化,正如人体上每一个组成部分乃至每一个指头都以最精巧的方式构成一个完满的整体一样;一般说来,现实中每种个别特殊事物都各自形成一个独立自足的世界。所以比起追求断语和结论的知解力来,诗的前进步伐要迟缓些。对于知解力(无论就认识性的观察还是就实践性的目的和意图来说),关键在于最后的结果而不大在于达到结果所经历的过程。

至于诗留恋细节的描绘,究竟应该达到多么大的程度,我们已经说过,诗的任务并不在于按照显现于感官的形状,去详细描绘纯粹外在的事物。如果诗以此为主要任务而不使这种描绘反映出外在事物的精神联系和旨趣,它就变成冗长乏味了。诗尤其要避免在描绘细节上和自然界现实事物比赛详细的程度。就连绘画在描绘细节上也应谨慎,不要超过绘画所应做到的限度。在诗方面还要考虑到两点:一点是诗只能在内心观照上起作用,另一点是诗要把一眼就能看遍和认识清楚的事物分散为一些陆续呈现于意识的运行行列,过分详细的细节描绘必然使对整体的认识遭到混乱和破坏。所以诗如果要把在现实中同时发生而且因此互相联系的许多不同的行动和情节展现在我们的眼前,它就要克服它所特有的困难,因为它只能把同时发生的动作和情节当作先后承续的序列来描述。——关于这一点以及上文所说的留恋细节和步伐迟缓之类情况,不同种类的诗却有不同的要求。例如就史诗来说,它在描写个别特殊的外在事物上所花的工夫既不同于戏剧体诗,也不同于抒情诗,因为戏剧体诗的进展速度较快,抒情诗只涉及内心生活。①

2b）其次，通过上述办法，艺术作品的各个特殊部分就成为独立的。这种情况好像和我们原先定为首要条件的统一就要直接发生矛盾，但是这种矛盾其实只是一种假象。因为各个特殊部分达到独立，并非通过它们之间的互相割裂，而只是由于表现方式能显示出各个不同的方面和部分之所以被描述出来，正因为它们各有自己所特有的生气，都站在各自特有的自由的立足点上。如果各个特殊部分没有各自特有的生气，这种作品就会变成枯燥的、死板的，因为艺术通常都要把一般表现于实在的特殊事物，才能使一般获得客观存在（生命）。②

2c）但是这些个别特殊部分尽管各有独立性，毕竟还是要互相联系，使它们所展开和表现的那个单整的基本主题思想显现为对全部个别特殊因素起统摄和结合的作用的统一体。如果诗不能站在它所应站的高度上，它就经受不起这一要求的考验，很容易遭到失败，使作品由自由想象的境界退到散文的领域。使各部分结合在一起的那种联系不应该只是一种单纯的符合目的的要求。因为从目的论的观点来看，目的就是单就它本身而被人设想和愿望的一般，这种一般固然也要使它所借以实现的那些个别特殊因素和它自己（一般，即目的）相符合，但是毕竟把这些特殊因素只当作

① 这一节说明诗有留恋个别特殊细节的倾向，不像知解力那样只追求最后的结果（认识上的结论或实践上的目的实现），不很关心达到结果的过程，所以诗的步伐较慢。诗留恋细节，因为诗是一般与特殊的统一，一般要通过特殊才能显现，而且在诗里每一个特殊细节就是一个独立自足的整体。但是细节描绘要表现出精神的联系和意蕴，不能为单纯的外在事物而描写外在事物，要避免浮面的逼真。

② 这一节说明艺术作品各个部分的独立性和整体的统一（融贯一致）并不矛盾。

一种手段或工具来利用,这样就剥夺了它们各自的独立自由,因而也就剥夺了它们的生气。在这种情况下,个别特殊因素只是着意地(人为地)联系到一个目的上去,而这个目的须作为唯一的能发生效用力量而被突出地摆出来,如果把一切其它因素都隶属于目的而抽象地加以利用,自由的艺术美对这种基于知解力的不自由的情况是要抗拒的。①

3. 因此,艺术作品中各部分所应显示出的统一和上文所说的那种人为的统一不能相同。我们现在可以把艺术统一的两重特性分述如下:

3a) 第一,每一部分都要保持上文所要求的各自特有的生气,如果我们追问个别特殊因素一般有什么理由被纳入艺术作品,那么,我们就说:这种理由就在艺术作品所要表现的那个单整的基本主题思想,所以一切个别具体的东西都应以这个主题思想为它们的真正的根源。这就是说,一部诗作品的内容本身应该不是抽象的而是具体的,因而凭内容(主题思想)本身就足以导致各个不同方面的丰富多彩的展现。这些不同方面在实现中尽管好像互相矛盾,却都以本身统一的主题内容为基础。情况也只能是这样,如果主题内容本身,按照它的概念和本质,就是一种由各个特殊方面所组成的本身完满的协调一致的整体。所以这些特殊方面本来就是主题内容所特有的,只有通过它们,内容的独特意义也才能真正展现出来。总之,只有本来就属于主题内容的这些特殊部分才应在

① 在这一节里黑格尔以艺术整体的独立自由名义,反对诗从抽象的一般(目的)出发,利用个别特殊因素来为目的服务,使一般与特殊只有人为的联系。依黑格尔看,一般必然要显现于特殊,特殊也必然从一般生发出,二者是不可分割的。

艺术作品中表现为实在的、本身能发挥效用的和有生命的东西，而且它们一开始就有一种植根于本质的隐藏的（潜伏的）协调一致，尽管它们在展现出各自的特性时，可能显得好像互相矛盾。①

3b）其次，艺术作品既然表现于实在现象的形式，为着不至损害对实在事物的生动的反映，艺术的统一就应只是一种内在的联系，把各部分联系在一起，成为一个有机的整体，而且没有着意联系的痕迹。只有这样由精神灌注生命的有机的统一体才是真正的诗。这和散文的符合目的性的统一是对立的。这就是说，只要个别特殊的因素还显得只是服务于某一具体目的的手段，它们就只是为另一事物（即所想望的目的）而存在，就没有而且也不应有它们本身所特有的价值和生命。这种符合目的性显示出它对客观事物的统治，客观事物就是被利用来实现目的，但是艺术作品却可以使它用来展现中心内容的那些个别特殊因素显得是独立自由的，而且它也必然要这样，因为这些个别特殊因素就只是上述内容本身采取了和它相适应的那种实际客观存在的形式。

我们可以因此回想玄学思维的活动。玄学思维也是一方面要从本来不具体的一般中推演出特殊，使它具有独立性，但是另一方面也要明确地证明：在由特殊所构成的整体之内，只有本来就已含在一般里的特殊才展现出来，因而恢复到一般与特殊的统一，只有这样，才成为真正具体的统一，才是通过它本身所含的差异及其和解而实现的统一。用玄学思维的哲学通过这种处理方式也能创造

① 这一节说明艺术统一的特点之一在于它的单整的基本主题思想是基础，表现这主题思想的各个特殊部分本来就是从主题思想中生发出来的而不是后来人为地附加上去的。这种“具体的统一”保证许多不同的特殊部分纷然杂陈而不互相矛盾。

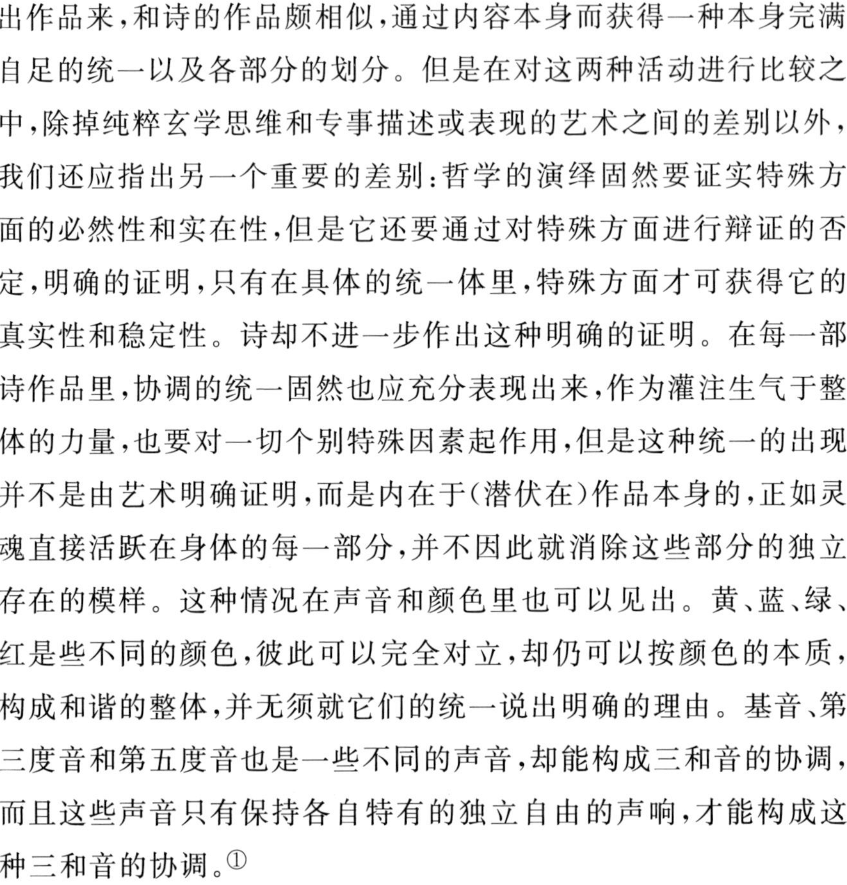

出作品来,和诗的作品颇相似,通过内容本身而获得一种本身完满自足的统一以及各部分的划分。但是在对这两种活动进行比较之中,除掉纯粹玄学思维和专事描述或表现的艺术之间的差别以外,我们还应指出另一个重要的差别:哲学的演绎固然要证实特殊方面的必然性和实在性,但是它还要通过对特殊方面进行辩证的否定,明确的证明,只有在具体的统一体里,特殊方面才可获得它的真实性和稳定性。诗却不进一步作出这种明确的证明。在每一部诗作品里,协调的统一固然也应充分表现出来,作为灌注生气于整体的力量,也要对一切个别特殊因素起作用,但是这种统一的出现并不是由艺术明确证明,而是内在于(潜伏在)作品本身的,正如灵魂直接活跃在身体的每一部分,并不因此就消除这些部分的独立存在的模样。这种情况在声音和颜色里也可以见出。黄、蓝、绿、红是些不同的颜色,彼此可以完全对立,却仍可以按颜色的本质,构成和谐的整体,并无须就它们的统一说出明确的理由。基音、第三度音和第五度音也是一些不同的声音,却能构成三和音的协调,而且这些声音只有保持各自特有的独立自由的声响,才能构成这种三和音的协调。①

3c) 关于艺术作品的有机统一和各部分的划分,还有些重要差别是由艺术作品所属的**特殊的艺术类型**和所用为表现方式的**诗的种类**所造成的。例如象征型的诗由于内容的意义比较抽象,不

---

① 这一节说明艺术统一的特点之二在于它的各个组成部分之间的联系是内在的。在这一点上它和玄学思维显然不同。玄学思维也是从一般中推演出特殊,也是一般起统摄作用而各个特殊因素仍保持其独立性的统一体,但是重要的差别在于玄学思维对整体的统一和各特殊因素之间的互相联系,是通过辩证法推演出来而且说出明确的理由来。诗却不用推演和证明,所以诗的统一中的各部分的联系是**内在的**或隐含的。

大明确，就达不到古典型的诗所能达到的那样高度纯真的有机结构。我们在第一卷里已经说过，在象征型艺术里，普遍意义的内容与体现内容的实际现象之间的联系是比较松散的，因此，个别特殊因素时而保持较大的独立性，时而像在崇高风格里那样，特殊遭到否定（抹煞），以便使所要表现的那种独特的力量和实体较易于掌握，时而把自然界和精神界的一些彼此异质或互不相干的个别特殊因素打谜语似地结合在一起。在浪漫型艺术里情况就不同，内心生活内省默察它本身，只向心灵揭示它本身，让个别特殊的外在现实事物有较广阔的独立展现的余地，所以浪漫型艺术固然也必须显出全体各部分的联系和统一，却不能像在古典型艺术里那样清楚、那样牢固。

与此类似，史诗对外在事物可以进行范围较广的描绘，在情节和事迹的穿插上也可以多花些工夫，因此，各部分的独立性加强了，整体的统一也就不那么贯彻到底。比起史诗来，戏剧体诗却要有较紧凑的联系，不过浪漫型的诗在运用戏剧体时也允许有许多穿插，对内心世界和外在世界的具体事物特征也进行详细的描绘。抒情体诗有各种各样，所用的表现方式最为繁复，它时而叙事，时而只是表达情绪和观感，时而平静地向前发展，较严格地遵守起贯串作用的统一，时而纵情奔放，毫无约束，见不出统一。①

以上就是诗的艺术作品的大概情况。

b）诗与历史写作和演讲术的区别

其次，为着更明确地指出由上述有机方式形成的诗和散文的

① 这一节说明诗的统一随艺术类型和门类不同而显出差别。

描述之间的差别,我们想专谈两种散文,这两种散文在各自的界限之内是最能接近艺术的,它们主要是历史写作的艺术和说话修辞的艺术。

1. 关于历史写作,它至少在一个方面容许艺术活动有充分发挥作用的余地。

1a) 人类宗教生活和政治生活的发展以及在这些领域里积极活动,实现伟大目的于事业,或在事业中遭到失败的那些最杰出的人物和民族的事迹和命运,这些就是历史叙述的对象和内容。这些对象和内容本身就是有重大意义的、真实的、引人入胜的,但是历史家尽管要竭力忠实地再现真人真事,他却仍应把这些真人真事的丰富多彩的内容摆在心里想一想,纳入自己的观念体系里,然后把这种内容加以再造和表现。在这种改造中,历史家还不能满足于个别史实的单纯的正确,而是要把所理解的忠实加以排比和整理,使一些分散的个别的情况和事件互相联系起来,组织成为一个联贯的整体;一方面使读者可以根据这种叙述,对有关的民族,时代以及当事人物的外在环境和内心的伟大或弱点,形成一幅明确的显出性格特征的图景,另一方面也可以看出全体各部分之间的联系以及它们对一个民族或一个事件的内在的历史意义。就是在这种理解上我们现在还常谈到希罗多特、图什第德斯、克塞诺芬①以及其它少数几位历史家的艺术,并且把他们的记载当作语言艺术的经典作品来赞赏。②

① 这三人都是著名的希腊史学家。

② 这一节说明具有艺术性的历史著作须就史实加以思索、排比和整理,显出各部分之间的联系和历史意义。

1b）尽管如此，连最完美的历史著作毕竟不属于自由的艺术，甚至用诗的辞藻和韵律来写成历史著作，也不因此就变成诗。因为历史著作不仅在写作方式上，尤其在历史内容上，都是散文性的。我们现在更仔细一点来看看这个问题。

最初要求用诗和艺术去表现的是英雄时代的事迹，只有到英雄时代终止时，在题材和本质上都真正是属于历史的东西才开始：因为到了那个时候，生活的明确性和散文气味的实际情况以及理解和表现这种实际情况的能力都才开始出现。例如希罗多特所描述的不是希腊人对特洛伊的远征而是波斯战争，他从多方面进行过辛勤的研究和审慎的考察，以便对他想要叙的那段历史掌握住充分的知识。印度人，一般地说，东方人（几乎只有中国人是例外）都没有真正历史写作所必需的散文感觉，他们对当前事物不是凭宗教观念就是凭幻想作出歪曲的解释和穿凿附会。①

一个民族的历史时期的散文因素可以分述如下：

第一，要有历史，就要有一个基于宗教的或世俗政权的公团（社会），其中有法律和制度之类，这些是特别制定的，或是已作为普遍的法律而生效，或是将使其生效。

其次，这种公团为着维持或改革它的现状，就要采取一些具体的行动，这种行动可能是一般性的，形成当时所要涉及的主要任务。要决定和执行这些行动，就必然要有些相应的个别人物。这些个别人物如果能证明自己的个性适应当前情况的内在规律所提

① 这一节说明历史毕竟不是诗，因为二者最初出现是在两个不同的时代，内容不同，诗的开始出现是在英雄时代，英雄时代终止时才有散文气味的生活情况，也才开始有历史。西方所谓“英雄时代”又称“史诗时代”，指一个民族还未开化时只有少数伟大人物做出令人惊赞的奇迹的时代，例如荷马史诗时代。

出的共同目的,他们就是伟大的杰出的人物;如果他们没有能力去实现这种共同目的,他们就是些庸人;如果他们不为当时大事业而奋斗,只听他们自己的那种与共同目的不相容的个性去摆布,他们就是些坏人。如这几种情况之中有哪一种出现,我们在第一段(A1)里对真正的诗的内容和世界情况所要求的那些条件就还不存在。就连伟大人物所要实现的那种有实体性的目的也还多少是既定的,强加于他们的,因此他们就还没有达到普遍目的①和整个个性完全相等的那种个性的统一,普遍目的和个性还没有融合成为一种完满自立的整体,成为一种自为的本身就是目的的目的。纵使这些个别人物由自己定出自己的目标,形成历史对象的毕竟不是个别人物的精神和心情自由或不自由;不是他们个人的生动的面貌,而是原已存在的不依存于个人的现实世界对所追求的目的所起的作用。此外,在历史的情况中偶然因素的作用也常出现。一方面是本身具有实体的东西,另一方面是个别现象和事件的相对性以及人物在他们的情欲,意图和命运中所显示的主体性,这两方面发生了破裂脱节。这种情况在散文式的生活里比起诗中的奇迹还更离奇莫测,诗总是要抓住带有普遍性的东西。

第三,历史的动作(情节)和真正诗的动作(情节)在实现方式上也有差别,在实现历史的动作之中,散文生活所特有的人物主体的特性和实现普遍目的时所必需的关于法律,原则和箴规之类的思想意识之间常发生分裂;此外,要实现预定的目的,就要做许多准备工作,而这些准备工作所要用的外在手段范围很广,和许多其它事物有牵连和依存关系,当事人须运用知解力,机智和散文性

① 在黑格尔的客观唯心主义的体系里,"目的"并不是个人的主观方面的意图,而是世界情况和有实体性的理想所决定的任务和所走的方向,所以是客观的、普遍的。

的观点，根据所采取的行动目的，对这些准备工作手段加以调节和利用。这并非一伸手就可以做到的事，往往要经过周详的准备。因此，为达到一个目的所采取的许多实现措施在内容上往往是完全偶然的，没有内在的统一；或是只从对目的的见解出发，只着眼到那些措施的实际效用，它们并不是从直接的独立自由的生命灌注来的。①

1c) 历史家没有理由抛开他所处理的内容中的散文性的性格特征，或是把它们转变为诗的。他须如其本然地描述摆在面前的事实，而不加以歪曲或是用诗的方式去改造。尽管历史家可以努力把他所描述的那个时代，民族或具体事迹的内在意义和精神作为他所叙述的内容的内在核心和联系各个环节的纽带，他却不应强使摆在面前的情境、人物和事迹来削足就履似地牵就他所悬的这个目标。他纵然可以抛掉完全偶然和毫无意义的东西，仍然应该保持情境，人物和事迹本来就有的那种偶然性、依存性和盲目任意性。在传记里情况略有不同，传记当然有可能显出个别人物的活生生的性格和独立的统一，因为在传记里个别人物是叙述的中心，一方面是从他发出的言行，另一方面是对他发生影响的外在事

① 以上三小节说明产生历史的散文生活情况的三个特征。第一是宗教性或政治性的公团（社会）生活；其次是公团为维持或变革现状所采取的行动须由个别人物来实现，这些行动的目的往往是当时社会情况决定的，不是由当事的个别人物决定的，因此主体方面的个性和客观决定的共同目的不能完全统一而发生分裂，偶然因素常起作用；第三是在实现共同目的中也出现主客观的分裂，实现目的所采取的手段和措施也往往带有偶然性，不是由主客观统一的当事人所决定的。

物。但是一个历史人物显出两个不同极端中的一个[①]。因为一个历史人物尽管也显出一种主体的统一,另一方面却也要碰到许多事件和情况,它们彼此并无内在联系,或是不由当事人的意志而把他牵连进去的。例如亚历山大当然是他那个时代的最杰出的人物,他是凭他那种与当时世界情况合拍的个性,去决定远征波斯皇帝的,但是他所征服的那部分亚洲却只是由许多民族拼凑起来的一种偶然的整体,他所经历的那些事件只是一些外在于他的而他直接面临的客观现象。——最后,如果历史家凭主观的见解,替这类事情找出绝对的根由,把一切归原到神,在神的面前,一切偶然的东西都消失了,一种较高的必然性就被揭示出来了。有这种想法的历史家应该考虑到事情的真实情况,不能侵犯诗的特权。对于诗,这种实体性的方面才是主要的,只有诗才有改造现成材料的自由,使外在事物符合内在的真理。[②]

2. 其次,演讲术[③]显得是较接近自由的艺术。

2a) 因为演说家虽然也要从现实世界某些实际情况和意图中取得他说话的机会和内容,但是他所说出来的东西首先出自他的自

① 一个极端是人物的统一的个性,另一个极端是他所牵连进去的许多没有内在联系的事件和情况,黑格尔强调诗侧重前者,历史侧重后者。他把传记中人物和历史人物对立起来,传记以人物为中心,历史以事件为中心。

② 这一节重申历史与诗的差别。诗以精神内容或实体性的主旨为中心,可以自由处理现成的材料,使外在事物符合内在的真理。诗的具体的整体不容许有偶然性的东西。历史却不然,它应如其本然地描述客观事实,尽管它也须找到客观事实的内在联系,对客观事实有所剪裁和整理,却不能抛弃客观事实本来就有的偶然性,尤其不能歪曲客观事实去证实主观偏见。

③ 演讲术(Redekunst)和一般所谓“修辞学”(Rhetorik)意义不同,前者是一种艺术,重在达到实践目的,后者是一种科学,重在获得系统知识。在西方演讲术主要用在教会的布道,法庭的申诉和辩护和议会的报告和辩论。

由判断，他所特有的思想方式以及他这个主体固有的，他可以全心全意地坚决拥护的目的（宗旨）。其次，他对选择内容和处理内容两方面都有绝对的自由，所以往往给人一种印象，仿佛他的话语是一种完全独立的精神产品；第三，演说家不能只针对我们的科学的或其它单凭知解力的思维来说话，他要说服我们相信某些信念，为了达到这个目的，就要设法影响整个的人，如情感和观点等等。所以他的内容不能只是他想我们发生兴趣的那个主旨以及他想我们去实现的那个目的这两方面的抽象概念，而是在绝大部分也要根据一定的现实情况，使他的陈述一方面含有实体性的普遍真理，另一方面又采取具体现象的形式，把它输入我们的具体意识。所以他不能单凭逻辑推理和下结论的方式去满足我们的知解力，而是也要激发我们的情感和情欲，震撼我们的心灵，充实我们的认识，总之，通过心灵的一切方面来感动听众，说服听众。①

2b）从正确的角度来看，演讲术尽管有这种表面的自由，却仍在最大程度上受实践方面的目的性规律的管辖。

第一，一篇演讲的真正的感动力并不在于演讲当前所针对的那个目的（个别具体事例），而在个别事例可以纳入的法律，规则，原则之类普遍规范。这些规范作为国家的现行法，或是作为伦理的，法律的或宗教的箴规、情操、教义等等，原已采取普遍的形式而独立存在。作为演讲出发点的那种具体情况和目的和这些普遍规范本来就是分裂开的而且还要分裂下去。演说家当然有意图要把

① 这一节说明演讲术在演说家能凭自己的意志去选择内容和处理方式，不仅有普遍原则的根据，也要有具体事实的佐证，不仅诉诸理智，也要诉诸情感这几点上与诗有接近之处。

个别事例和普遍规范统一（结合）起来，但是在诗里（正因为诗总是诗）一开始就是现成的那种统一，在演讲术里却只是演说家所企图实现的主观目的，至于这个目的的实现却不是演讲词本身范围以内的事。所以演说家所能采取的唯一办法就是纳特殊于一般，这样就使得演讲的个别具体事例并不是凭它本身自由发展而达到与普遍规范结成直接的统一，而是被摆到原已独立存在的法律道德习俗之类普遍规范之下，才显出它的意义。演讲术的基本类型不是在具体显现中的主题思想所显出的自由生命，而是对概念（普遍原则）与实际存在（个别事例）的分裂进行简单的联系以及对统一的要求。

举例来说，传教士往往就须采取上述纳特殊于一般的方式去布道。他的依据就是一般性的教义以及这教义所派生的伦理政治等方面的基本原则和行为规范，碰到各种各样的个别事例，就把它们摆在这类教义和原则下面去看，因为这类教义在一般人的宗教意识中原已作为实体性的东西而存在，应该在一切个别事例中得到运用、信仰和承认。传教士当然可以向心灵申诉，先让神的法律从自己的心灵中涌现出来，然后把听众引导到也从这种源泉里去认识神的法律；但是神的法律并无须靠个别的具体事例得到体现，而是要作为命令、规章和信条，以它们的统摄一切的形式被输入听众的意识。

这种情况在法庭的演说里更为明显。法律也涉及两方面：一方面主要是一个具体的案件，另一方面是把这具体案件摆在普遍观点和法律之下去看。关于第一方面，对案件中实际发生的事情进行必要的审查，以及就一切个别情境和偶然事件进行搜集和排比参较之类工作，这种工作就已具有散文性。比起自由创造的诗艺来，这种法律程序就不同，既迫切需要对实际情况的知识，而掌握和传达这种知识又很费事。具体事实要经过分析，不仅要分析涉及的各个方面，而且还要把每个方面以及整个案情都结合到原已独立存在的固定的法律前提去看。——不过就连在法律事务之中，打动人心和激发情感的工作也还有发挥作用的余地。因为对所审案件中的是非曲直可以描绘得很生动，这样就不会导致单靠单纯的判断和一般说服。生动具体的描绘可以使听众对全部案件有亲领身受之感，不会漠然无动于衷，而会从案件中看到切身的利害关系。①

其次，一般说来，演说家在演讲里的最高终极旨趣并不在于艺术的描述和完美的刻画，他还有一个越出艺术范围的目的，他的演讲的形式结构毋宁说只是一种最有效的手段，利用来实现一种非艺术性的目的或旨趣。从这个观点来看，他感动听众，也不单是为感动而感动，听众的感动和信服也只是一种手段，便于达到演说家想要实现的意图。所以对听众来说，演说家的描述也不是为描述而描述，也只是一种手段，用来使听众达到某一种信念，做出某一种决定，或采取某一种行动。

由于这些缘故，演讲术就丧失了它的自由面貌，变成了一种有意图的东西，一种履行职责的号召，而这种意图的实现并不是演讲

① 这一节说明演讲术有一个实践目的：要说服人。主要的办法是把当前的具体事例纳入原已独立存在的普遍原则，来揭示这个具体事例的性质和意义。一般与特殊不像在诗里那样，始终融成一个活生生的有机的统一体，而是始终分裂的，勉强联系在一起的。而且演讲术不像诗那样自由创造，它要做些调查研究分析综合之类散文性的工作。

及其艺术处理的结果——这是我们要提的第三点。诗的艺术作品却只有一个目的:创造美和欣赏美;在诗里,目的和目的的实现都直接在于独立自足的完成的作品本身,艺术的活动不是为着达到艺术范围以外的某种结果的手段,而是一种随作品完成而马上就达到实现的目的。在演讲术里却不然,演讲术只把艺术当作一种听用的助手;它的真正目的却和艺术不相干,而是实践方面的教训,鼓舞和政治情况和法律规定之类,因此,演讲术只着眼到一种要采取的行动或决定,但是这种行动或决定并非随演讲而终结和完成,而是还有待于许多另样的活动。一篇演讲往往在结束时还留下一种不协调或矛盾,要由听众作为裁判人去解决,然后按照这个解决去行事。例如宗教方面的布道就往往一开始就针对着听众的矛盾心情,让听众对自己和自己的内心状态进行裁判。传教士的目的是要提高听众的宗教意识,但是这种提高和目的的实现并不是他的演讲本身所能办到的,不管他的滔滔雄辩多么娓娓动听,而是还要有待于许多与演讲本身不相干的情况。①

2c)从这一切方面来看,演讲术的基本原则不在于艺术作品所应有的诗的自由组织,而更多地在于寻求单纯的符合目的性,演说家的主要着眼点应该是他的主观意图,这是他的作品的根源,全篇和各部分都要服从这个意图,因此就要放弃描述方面的独立自由,以便服务于一个明确的非艺术性的目的。既然要产生一种活

① 这一节着重说明演讲术和诗的区别。诗的目的在创造美和欣赏美,作品完成了,目的也就达到了,所以诗本身就是目的,也就是目的的实现。演讲术的目的不在演讲本身,而在说服人相信一种看法和采取一种行动。这种实践目的实现并不靠演讲本身,而要听众自己的判断和许多与演讲无关的现实情况。从此可见,黑格尔的艺术观点否认了艺术对实践的作用,把艺术的价值限于认识方面和审美方面。

的实践效果，演说家首先就要充分考虑到演讲的场合以及听众的理解力和一般性格，否则他的语调就会由于对时间、地点和听众都不适合而不能达到所想望的实践效果。既然这样受到外在的情况和条件的束缚，他的作品无论在全篇还是在各部分，就不可能出自艺术家的自由心灵，全篇和各部分之间就只能有一种符合目的性的联系，而这种联系须受制于原因与结果以及理由与结论之类知解力方面的范畴。①

c）自由的诗艺术作品

既已说明了真正的诗一方面与历史写作，另一方面与演讲术之间的差别，现在就可以转到第三点，对于真正诗的艺术作品确定下列几个观点。

1. 历史写作的散文性主要见于这一事实：尽管历史写作的内容意蕴也可以具有内在的实体性，并且发生真正的效力，显现这内容意蕴的实际形象却往往牵连到相对的（有限的，依存于其它事物的）情境，受到一些任意性的、偶然性的事物的干扰和捣乱。历史家没有权去改造直接现实中所固有的这类实在情况。

1a）如果诗艺在题材方面走进历史写作的领域，进行上述改造正是它的主要任务。在这种情况下，诗艺要找出一个情节或事件，一个民族的代表人物或一个杰出的历史人物的最本质的核心和意义，把周围同时发生作用的一些偶然因素和不关要旨的附带

① 这一节说明演讲术要服从非艺术性的实践目的，就不能有充分的艺术自由。为了更好地达到实践目的，演说家还须考虑到时间、地点和听众，这也是实践方面的事。

情节以及只是相对的情境和人物性格都一齐抛开，只用能突出地显现主题内在实体的那些人物和事迹，这样就会使得上述最本质的核心和意义通过对外在事物面貌的改造而获得适合的客观存在。只有这样，诗才能把自在自为的(绝对的)理性概念具体展现于和它绝对相适应的现实事物。只有通过这种办法，诗才能使具体作品围绕着一个固定的中心点来界定它的内容范围，使内容展现为一个完满的整体，一方面使各部分紧密地联系起来，另一方面又使各部分既不危害整体的统一，而又各有正当权利去使人感到它们本身也是独立的印象。

1b) 诗在运用历史材料这个方面还可以走得更远，它用作主要内容的不是实际历史事迹的内容和意义，而是某一个与这种内容和意义多少有点联系的基本思想(这一般是人间的冲突)，至于历史的事实，人物和地点之类被利用，更多地是作为刻画个性的装潢或手段。这就要产生双重困难：不是纳入作品中的人所熟知的史实并不能完全适合上述基本思想，就是一种与此相反的情况，诗人部分地保留史实，部分地改动其中要点去牵就他的目的，从而使在我们脑中原已根深蒂固的知识和诗所新创的东西发生矛盾。要消除这种分裂和矛盾，建立真正的协调一致，这个任务是困难的，但是必要的，因为现实在它的本质性的现象里也有无可否认的权利。

1c) 与上述类似的要求还可以适用于范围更广的诗。凡是诗就外在的地点、人物、情境、冲突、事迹、情节和命运所描述的东西，全部都已存在于生活的现实中，这要超过人们通常所能置信的程度。在这里诗也还是在一种历史领域里活动，它在这方面所作的变更和改造也根据事物的理性以及要替内在意义找到最恰当的表现这一要求，而不是由于缺乏对实际情况的深刻的认识和体验，或是主观武断以及标奇猎新的企图。①

2. 其次，演讲术由于追求实践性的目的，所以属于散文，为着要实现这种实践目的，它的职责就是要自始至终都按照这个目的行事。

2a）从这个观点来看，诗如果要避免流于散文，就要谨防艺术和艺术欣赏范围以外的目的闯进来干扰。如果诗让这类外在目的占重要地位，因而影响到全部构思和表现的方式，诗作品就会马上从它自在自为的崇高领域，降落到有限事物的领域。这就会导致两种结果之一，不是艺术的要求与非艺术性的意图之间的分裂脱节，就是违反艺术的本质，用艺术作为一种手段，因而降到为本身以外的目的服务的地位。例如教会中许多虔诚的颂圣诗歌就有这种情况，其中某些观念之所以被采用，只是因为它们在宗教上可起作用，而表现的方式却与诗的美背道而驰。一般说来，诗作为诗，绝不应从宗教方面而且只从宗教方面去提高人，实际上这是把人带到一种与诗和艺术既有关联而又有差别的领域。这番话也适用于说教劝世，宣扬道德，政治宣传乃至提供消遣娱乐之类作品。诗比其它一切艺术固然都更能有助于实现这类目的，但是如果诗只

① 以上三小节就诗与历史的关系说明诗的本质。对历史的真实情况，历史不能加以改造而诗却应加以改造。纵使诗运用历史题材，它也要把一个主题思想定作中心点，根据这个中心点来界定内容，抛开一切偶然的不说明问题的东西，只挑选最能显出“最本质的内核和意义”的东西。诗还可以运用历史人物事迹作为表现一个带有普遍意义的主题思想的手段，但也不能违反历史的实际情况。就较广的意义来说，诗所描述的都是历史，也都是现实，都要根据理性，对历史和现实加以改造，形成一般与特殊的有机的统一体。

应在它自己所特有的领域里自由活动,它就不应担负做这种助手的任务,因为在诗的艺术里应该作为明确目的而起统治作用的只有在本质上是诗的东西,而不是诗以外的东西。事实上旁的目的用旁的手段去实现,结果会更为圆满些。

2b) 但是从另一方面去看,诗的艺术却也不应在具体现实世界里要求保持一种绝对孤立的地位。诗本身既是有生命的东西,就应深入到生活里去。在第一卷里我们已经说过,艺术同艺术以外的客观存在有很多的联系,艺术所用的内容和形式正是客观存在的内容意蕴和显现的方式。在所谓“即兴诗”(随机应景的诗)里,这种诗与当前现实生活以及其中个别事件和公私事务的生动联系显得最为丰富多彩。就“即兴诗”这一词的广义来说,大多数诗作品都可以用这个称呼;就这一词的狭义或本义来说,它就只能包括由当前某一事件所引起的而且作者有意要提高、美化和颂扬这一事件的一类诗。但是这样与现实生活交织在一起,诗也不应落到依存或不独立的地位,所以人们往往认为“即兴诗”这类作品只有一种次要的价值,尽管其中有一部分,特别是抒情诗,是最享盛名的。

2c) 这里就发生了一个问题:诗怎样才能在上述冲突中还保住它的独立地位?办法很简单:诗用外在的现成事件(机缘)不是作为基本目的而是作为手段,而且对吸收进来的现实材料,要运用想象力的权利和自由去加以塑造和琢磨。这样办,诗就不是临机应景和处于依存地位的,现实材料对诗人是一种外在机缘,诗人在这种机缘推动之下,就对这种材料进行深刻的体验和精细的洗练,从而从他自己心灵里创造出在当前情况下没有他这位诗人就不能有

以这样自由的方式表现出来的作品。①

3. 总之，每一件真正的诗的艺术作品都是一个本身无限的（独立自由的）有机体：丰富的内容意义展现于适合的具体现象。它是统一的，但是统一体中的个别特殊因素并不是抽象地服从形式和符合目的性，而是各个部分都现出有生命的独立，而整体则把它们联系成为融贯的圆满结构，表面却不露出意匠经营的痕迹。它的材料是从现实生活中搜来的，但它并不对这种内容及其客观存在（实际体现）乃至任何生活领域处于依存关系，而是凭它自己自由造型，来使事物的本质达到正确的表现，使外在的事物和它的最内在的本质经过和解而达到协调。②

3. 关于诗创作主体〔即诗人〕的一些看法

第一卷已详细谈到艺术家的才能和天才以及灵感和独创性等等，所以现在只就诗与造型艺术和音乐这几个领域里的主体（创作者）的活动进行对比，指出以下几个要点：

1. 建筑家、雕刻家、画家和音乐家所运用的都是完全具体的感性材料（物质媒介），他们须通过这类材料来表现他们的内容。

① 以上三小节说明诗不应流于散文性的为外在目的服务的演讲术，要维持它应有的自由独立地位，但这种“独立”也不等于“孤立”，作为有生命的东西，诗必须深入生活，不能脱离现实。“即兴诗”与现实生活的联系最为密切。要点在于诗运用现实材料，要凭诗的想象加以洗练和铸造，显出它们的内在意蕴，这样才能保持诗的独立地位。

② 这最后一节总结全段关于“自由的诗的艺术作品”的一些观点。最后一句就是应用黑格尔式辩证法的公式：一般与特殊的对立经过和解而达到统一。

这类材料的局限性就要决定他们各自的那门艺术的全部构思方式和艺术处理方式。所以艺术家所要集中全力去掌握的那门艺术的特定方式愈专门(特殊),表现那种特定方式所需要的才能以及连带的创作技巧也就随之愈专门。诗既然无须通过一种特殊物质媒介,诗的才能也就比较不大受到上述媒介条件的局限,因而也就较为一般的和没有依存性的。一般说来,诗所需要的只是凭想象力去塑造形象的才能。诗只受到一种限制:由于它用来表现的是语言,所以一方面不应要求达到造型艺术艺术家用外在形象表现内容时所能达到的那种感性的圆满鲜明,另一方面也不能停止在音乐运用发自内心的声音时所能达到的那种非文字可表达的须由心领神会的妙境。从这方面来看,诗人的任务比起其他艺术家的任务较容易,也较困难。说它较容易,因为对语言进行诗的处理固然也需要一种有修养的敏捷才能,但是毕竟不须克服那么多的技巧方面的困难。说它也较困难,因为诗愈能把内容意蕴体现于具体外在事物,也就愈需要以艺术的真正内核(即深刻的想象和真正的艺术构思方式)之中去找到对感性方面缺陷的弥补。①

2. 其次,诗人因此能深入到精神内容意蕴的深处,把隐藏在那里的东西搜寻出来,带到意识的光辉里。尽管其它各门艺术凭躯体形式也能有效地显现出内心世界,但是语文毕竟是最易理解的最适合于精神的手段,能掌握住而且表达出高深领域的一切意识活动和内心世界中的一切东西。从此也可以看出诗人所遭到的

---

① 这一节说明诗和其它艺术相较,因为用的是语言,不受其它艺术的物质媒介的局限,不需要其它艺术所需要的那种专门知识和技能,所以诗的才能是一般人都可以有的。诗人需要的是想象力,语言的修养和真正的艺术构思方式。

困难，上述情况给他带来了一些要克服或解决的任务。这些任务在其它各门艺术里都不像在诗里那样迫切。正由于诗只在内心观念世界里活动，无须把它的意象体现于、独立于内心世界之外的具体事物，它就不免要和宗教的、科学的之类散文意识处在同一个活动范围里，因而也就要避免闯入这些意识领域及其构思方式，或是和这些意识领域混淆起来。这种越界或混淆现象在每门艺术里固然也都会发生，因为凡是艺术作品都出自同一来源，即精神，而精神要包括一切自觉生活的领域，但是在其它艺术里，整个构思方式是不同的，因为它们在打腹稿时就已随时考虑到要用各自特有的感性材料（媒介）去进行创作，这种构思方式一开始就和宗教表象，科学思维以及凭知解力的散文式区别开来了。诗却不同，它和宗教，科学和散文都运用同一种传达手段（媒介），即语言。在运用语言这一点上诗不同于造型艺术和音乐，是另用一种构思方式和表现方式的。①

3. 第三，诗既然能最深刻地表现全部丰满的精神内在意蕴，我们就应该要求诗人对他所表现的题材也有最深刻、最丰富的内心体验。这种体验随各门艺术的不同而不同：造型艺术主要通过建筑的雕刻的或绘画的外在形象，音乐家则通过集中的情感和情欲的内在灵魂以及其迸发于旋律的音调，总之，无论是造型艺术还是音乐，都要让内容的内在意义和实体渗透到作者自己的心灵里。诗人所要深入体验的事物在范围上却远较广阔，他不仅要掌握心

① 这一节说明在运用语言为媒介这一点上，诗与宗教和科学之类散文意识相同，所以诗人须克服诗易闯入散文意识领域的危险。

情和自觉的观念这一内心世界,而且还要替这种内心世界找到一种适合的外在显现,通过这种外在显现,诗比其它艺术表现方式能更充分、更圆满地表现出上述理想的完整体。诗人必须从内心和外表两方面去认识人类生活,把广阔的世界及其纷纭万象吸收到他的自我里去,对它们起同情共鸣,深入体验,使它们深刻化和明朗化。为着从他这个主体个性出发(尽管这要受到一种窄狭的特殊范围的局限),去创造出一种不像由外因决定的自由整体,诗人就必须摆脱这种题材的实践方面或其它方面的约束,对这种题材以巡视内心世界和外在世界的自由眼光去临高俯视。从这方面的天生资禀来看,我们要特别赞扬东方的伊斯兰教徒诗人们。他们从来就生活在这种自由气氛里,就连在情绪之中也能超然于情绪之外,在人生的繁复的旨趣之中,他们始终都抱定唯一个实体,作为一切旨趣的真正核心,和这个实体相较,其它一切都显得渺小和幻变无常,值不得引起情感和欲念。这是一种着眼于认识的世界观,是精神对待世间事物的态度。这种世界观和态度对老年人比对青年人较相宜,因为在老年时期,各种生活旨趣固然也还存在,但是已没有青年时期的那种强烈情欲的驱遣力,老年人的生活旨趣仿佛像一种镜花水月,比较容易发展成为艺术所要求的那种着眼于认识的态度。通常的看法是炽热的青年时期是诗创作的黄金时代,我们却要提出一个相反的意见,老年时期只要还能保持住观照和感受的活力,正是诗创作的最成熟的炉火纯青的时期。以荷马的名字流传下来的那些美妙的诗篇正是他的晚年失明时期的作品。我们对于歌德也可以说这样的话,只有到了晚年,到了他摆脱了一切束缚他的特殊事物以后,歌德才达到他的诗创作的高峰。①

B. 诗的表现

第一部分（A）已涉及诗的一般性质，诗的内容以及体现内容于诗的艺术作品的构思和组织。这方面的范围是无限广阔的，我们在第一部分只能满足于指出一些带有普遍性的特征。现在要谈到诗的第二方面，即诗的表现，亦即用本身就是内在的客观的东西，即用作观念符号的文字和文字的音乐，作为表现观念的手段。

关于诗的表现和其它艺术表现的一般关系，我们可以从第一部分关于诗的性质所已提出的那些看法中推演出来。文字和字音只是一种单纯的符号，既不是表现精神观念的一种象征，又不是适合于表现内心生活的占空间的外在形象，像雕刻和绘画所用的肉体形状那样，或是像表现整个灵魂的音乐的音调那样。此外，作为诗的观念的传达手段，文字这个因素也和用在散文表现里的有所不同，它在诗里本身就是目的，应该显得是精炼的。

关于诗的表现可以较精确地区分三个要点：

第一，诗的表现用文字，好像只涉及语言。但是文字本身既然只是观念的符号，诗的语言的真正根源就不在于个别词汇的选择和用词汇组成词组和语句的安排，也不在于和谐，节奏和押韵之类，

① 这一节说明诗人要深入体验生活，要“让内容的内在意义和实体渗透到作者自己的心灵里”，“把广阔的世界及其纷纭万象吸收到他的自我里去，对它们起同情共鸣，深入体验”。这需要摆脱实践方面的束缚，建立一种着眼于认识的世界观，用自由的眼光临高俯视一切。这种境界老年人比青年人较容易达到，所以荷马和歌德都是到了晚年才做出他们的最好的诗篇。

而在于观念本身的种类和性质。所以精炼的表现要从精炼的观念中去找根源或出发点。我们的第一个问题就是:观念应采取什么样形式才能成为诗的表现?

其次,诗的观念本身只有通过文字才能变为客观的东西,所以我们要先单从语言的角度去研究语言的表现,以便把诗的文字和散文的文字以及诗运用语言的方式与散文思维中运用语言的方式区别开来。我们暂时还不谈文字对于听觉的效果。

第三,诗实际是一种语言,发出声音的文字要按它的时间长短和音质来构成,因此就要谈到时间尺度(音节)、节奏、音质、韵之类。①

1. 诗的观念方式②

造型艺术通过石头和颜色之类造成可以眼见的感性形状,音乐通过受到生气灌注的和声和旋律,这就是按照艺术方式显现一种内容的外表。诗却不然,它只能通过观念本身去表现③,这一点是我们要经常回顾的。所以诗人的创造力表现于能把一个内容在心里塑造成形象,但不外现为实在的外在形状或旋律结构,因此,诗把其它艺术的外在对象转化为内在对象。心灵把这种内在对

① 这个提纲首先强调语言不能离开语言所表达的思想来看,研究诗的语言就要研究诗的思想(黑格尔所谓"观念"),其次是要区别诗的语言和散文的语言,先要研究语言的表现方式本身,最后是要研究诗的音律。

② "观念"这个词前已屡见,在德文是 Vorstellung,原义是摆在心眼前的一个对象,作为动词,就指在心中见到或想到一个对象,所以在中文里通常译为"观念"是正确的。观念应包括在广义的"思想"里,所以观念方式也就是思维方式,所不同者"思想"可以是抽象的,经过推理的,诗的"观念"一般是具体的意象,是想象活动的产物。

③ 观念对于诗既是内容又是表现内容的媒介,文字只是观念的符号。

象外现给观念本身去看，就采取它原来在心灵里始终要采取的那个样式。①

我们前已指出原始的诗与后来从散文意识出发所改造成的诗这二者之间的差别，现在还要再涉及这个差别。

a）原始诗的观念方式

原始的表现观念的诗还没有分裂成为日常意识所表现的两个极端：一个极端是把一切对象都按照直接呈现的因而是偶然的个别现象的原有的样式带到意识里来，而不去掌握其中的内在本质及其现象；另一个极端是时而把具体的客观事物拆散为不同因素去看，然后抽出它们的抽象的普遍性，时而就这种抽象品凭知解力去进行联系和综合。观念如果要成为诗的，却只有一条路可走，使这两个极端处于尚未分裂的和解②，所以诗的观念方式介在日常直觉和思维之间。

一般说来，诗的观念功能可以称为制造形象的功能，因为它带到我们眼前的不是抽象概念而是具体的现实事物，不是偶然现象而是显现实体内容的形象，从这种形象我们可以通过外貌本身以及尚未和外貌割裂开来的个性，就直接认识到实体，也就认识到事物的本质（概念）及其实际存在（现象）是内心观念世界中的一个整体。从此可见，使我们见到形象的观念方式和不用形象而单凭知解力的表现方式之间的巨大差别。与此类似的差别在阅读中也可

① 诗的内容，媒介和表现方式都是观念性的。

② 即一般与特殊的统一。

以见出,我们眼睛看到用作语言符号的字,马上就懂得字的意义,无须用耳朵去听字音。只有没有流畅阅读能力的人才有必要把所阅读的文字逐句念了出来才了解其中的意义。这是一种不熟练的现象,它在诗里却是一种美好的优异的品质,因为诗不满足于抽象的了解,不满足于把对象仅按照它在思考中或记忆中的那种无形象的普遍概念的样式带到意识里来,它所应做的是把本质(概念)及其客观存在(现象),即类性及其具体个性,这两方面的统一体揭示给我们看。凭日常的知解力,我听到或读到一句话,马上就懂得它的意义,无须想到它的形象。例如说到"早晨"或"太阳",我们就明白这是什么意思,不必想到"早晨"和"太阳"的具体形状。但是当诗人说"当晨曦女神伸出玫瑰色的手指向上升起的时候",他就把早晨的太阳形象化了。诗的表现所提供的还不止此,它要对所理解的对象除掉理解以外还要加上一种观照或直觉,或则毋宁说,它把单纯的抽象理解推开,让位给实在具体的东西。例如说,"亚历山大征服了波斯帝国",就内容来说,这句话也表达了一个具体的观念,但是用"征服"这个词来表达的许多具体的征服事实却总结为一个毫无形象的抽象概念,并没有能使我们把亚历山大的实际成就的本质和现象都看得一目了然。一切与此类似的表现方式都有同样情况:我们了解了,但是所了解到的东西是苍白暗淡的,从个别对象来看,是不明确的、抽象的。所以诗的观念方式要展示现实界现象的丰富完满,把事物和事物的内在本质融成一种原始的(未经分裂的)整体。

直接由此产生的结果就是诗的观念方式对事物外表留恋不舍的兴趣,它把外表看作本身值得描绘和重视的,因为它表现出事物的真实情况。所以诗的表现方式一般是解释性的，不过用“解释”这个词还不妥，因为我们通常把大量不是诗人本意的东西也叫做“解释”，好比抽象的定义所界定的内容没有这种定义还是可以理解的，所以从散文的观点看，诗的表现方式可以被看成走弯路或是说无用的多余的废话。不过对于诗人来说，他对所要做的事是带着偏爱的心情，凭他的想象把他所写的真实现象铺开来加以描绘。例如荷马就是用这种方法，在他所写的每一个英雄人物的名字前面加上一个形容词，例如“捷足的”阿喀琉斯，“穿着明亮的护腿甲”的希腊人，“头盔闪闪发光的”赫克忒，“各部落的统帅”阿迦麦农等等。一个名字固然标志着一个人物，不过单凭名字对于想象不能提供更多的内容，要产生一种明确的印象，就还要比名字更多的东西。此外，还有一些本身就可以产生具体印象的东西，例如海、船、刀等等，荷马也要加上形容词，抓住所写对象的某一重要属性把它描绘出来，成为一个鲜明的形象，使我们可以想象到对象的较具体的面貌①。

其次，上述表现特性的形象化和不表现特性的形象化之间也有差别，因为表现特性的形象按照所写事物本身固有的实在情况把对象表现出来，而不表现特性的形象则不在所写对象本身上留恋，却转而描绘另一个对象，使我们更能明白所写对象的意义，得到更具体的印象。属于这种表现方式的有隐喻、显喻、比拟等等。这

① 这一节说明起源比散文较早的诗所用的观念方式处于直接观感和抽象思维之间，是内容意蕴与现实现象的统一。诗的功能就是制造型象的功能。制造型象的方式首先是用一种具体形象描绘所写对象本身固有的某种特性。因此，诗有留恋事物外表的倾向。

种表现方式在所写内容上蒙上一层不同于内容的面纱,只是作为装饰,想把内容描写得更精确一点,却不能充分做到,因为它只是在某一点上才与内容有些联系。例如荷马把不肯逃跑的希腊将领阿雅斯比作一条顽强的驴子。东方诗在运用图景和比喻方面特别显得辉煌富丽,这一方面是由于东方诗的象征倾向必然要使诗人在周围寻找可以比拟的类似现象,一个普遍意义本来就可以涉及范围很广的类似现象,这就使得东方诗把世间一切最辉煌、最庄严的五光十色的事物都被用来装饰心中的唯一值得歌颂的对象。诗的观念方式所用的比喻和图像,依我们看来,只在一种主观的臆造和比拟,本身并不真实。不过东方诗人却不这样看,他把由一切客观事物转化成的,由想象掌握住和构成形象的那种理念的显现,看成就是一切,此外就没有什么实际独立存在或有独立存在权的东西。我们凭知解力用散文眼光来对待的对世界的信念就被转化为对想象的信念,对于这种信念,只有由诗的意识所创造的那个唯一的世界才是存在的。

与此相反的是浪漫型的想象,它也爱用比喻来表现,因为具有这种想象的收视返听的主体来说,外在事物只是一种附赘悬瘤,没有充足的实在性。用深刻的情感,对丰富细节的观照,或是诙谐离奇的拼合,来把这种仿佛没有特性的外在事物塑成形象的企图就成为一种推动力,促使浪漫型的诗不断有新的发现。浪漫型的诗所要做的并不是把事物表现得很明确,一目了然,而是把对疏远现象进行隐喻式的运用看成本身就是一个目的。情感成了中心,巡视自己的丰富多彩的周围,就把它吸收到这中心里来,很机巧地把它转化为自己的装饰,灌注生气给它,而自己就在这种翻来覆去中,这种体物入微，物我同一的境界中得到乐趣[①]。

b）散文的观念方式

其次，与诗的观念方式相对立的是散文的观念方式。在散文的观念方式里，关键不是形象而是用作内容的那种单纯的意义，因此，观念成为认识内容的单纯手段。所以散文的观念方式既没有必要把对象的明确的实在形状展现在眼前，也无须像上文所说的不表现本身特性的方式，在所写对象之外还引起另一对象的观念。散文固然也要把对象的外貌写得很明确，但目的不在唤起具体形象而在达到某一特殊目的。所以一般地说，散文的规范是精确，鲜明和可理解性，而用图像比拟的观念方式则较不精确鲜明。诗用来唤起意象的那种根据所写对象本身特性的观念方式却要使单纯的事物跳开它的直接意义转到实际存在的现象，因为在诗里事物是要凭这种实际现象来认识的。至于诗用不根据对象本身特性的观念方式则利用一种与内容意义本不相干的只有某些关联的现象来起图解比拟的作用，所以对诗作品用散文进行诠释的人要费很大的事才能通过凭知解力的分析，把形象和意义割裂开来，从活生生的形象里抽绎出它的抽象的内容意义，从而使人凭散文的意识去了解用诗的观念方式所表现的东西。诗的主要规范不是精确，不是把内容联系起来的那种简单的妥帖。如果散文及其观念方式

① 这一节说明诗制造型象的另一方式是不表现所写对象本身固有的特性，转到与这对象略有关联的另一对象上去描写，其目的有二，一是有助于更好地表达所写对象的意义，一是用作装饰，即我国古代修辞家所说的“藻绘”。这种方式一般是比拟，有隐喻、显喻之类分别，即“先言他物以引起所兴之词”。黑格尔认为东方象征型诗人和西方浪漫型诗人都爱用这种比拟方式。

在题材类似诗的范围里须谨守内容意义的界限和抽象的精确,诗却与此相反,要把人引导到另一境界,即内容意义的具体显现或其它有关现象。因为在诗里应该独立出现的正是这种实际具体事物,一方面固然是要借此表现内容意蕴,一方面也是要借此摆脱抽象内容意义的拘束,把注意力引到显现内容意义的实际具体事物上去,使生动的形象对认识性的兴趣成为主要目标。①

c)从散文气氛中恢复过来的诗的观念方式

如果在散文观念方式的单纯精确已变成常规的时代,提出上文向诗提出的那些要求,诗和它的形象性就会处在一种难境。因为在这种散文时代里,到处占上风的意识方式是情感和感觉与凭知解力的思考之间的割裂,而这种思考对待情感和感觉的内在和外在的材料,都是把它只用来发动知识和意志,或是使它服务于研究和行动。在这种情况下,诗就要有一种自觉的努力,才能使自己跳出散文观念的惯常的抽象性,转到具体事物的生动性。如果诗要达到这个目的,它就不仅要避免以一般为对象的思考与只掌握特殊的感觉和情感之间的割裂,而且使感觉和情感及其材料内容摆脱为实践目的服务的地位,胜利地达到它与一般的和解或统一。不过这是把诗和散文的两种观念方式和世界观在同一种意识里结合在一起,这里就不免露出互相妨碍和干扰甚至互相冲突的痕迹。就拿德国现代诗来说,只有极大的天才才能使这种冲突达到和解,此外

① 这一节就诗的观念方式与散文的观念方式的区别进一步说明诗的特征,散文诉诸知解力,目的不在制造形象而在阐明内容的抽象意义;诗诉诸想象,目的不在因形见义,而在"借形象摆脱抽象的意义,把注意力引到显现内容意义的实际具体事物上去"。

还有其它困难，我在这里只想指出有关具体形象的几点。如果散文的知解力已代替了原始的诗的观念方式，诗的观念方式的重新苏醒（恢复），在根据本身特性和不根据本身特性的两种表现方式方面，都不免有些矫揉造作。就连在它仿佛并非有意如此的时候，它也很难恢复到诗所应有的两种自然流露的真实，在过去时代里许多本来是新鲜的东西，经过重复地沿用，就变成了习惯，逐渐习以为常，转到散文领域里去了。如果在这种情况下诗要追求新奇，它在辞藻和描绘等方面，纵使没有达到夸张和堆砌，总不免不由自主地流于人工造作、雕饰、尖酸、纤巧、弄姿作态之类毛病。这些毛病都不是出自健康的感觉和情感，而是出自勉强追求效果的意图。这些毛病在下面的情况中特别突出：用隐喻式的表现方式来代替根据对象本身特性的表现方式，想以此胜过散文，显得不平凡，这就很容易流于尖新和追求还不太陈腐的效果。①

2. 语言的表现

诗人的想象和一切其它艺术家的创作方式的区别既然在于诗人必须把他的意象（腹稿）体现于文字而且用语言传达出去。所以他的任务就在于一开始就要使他心中观念恰好能用语言所提供的手段传达出去。一般说来，只有在观念已实际体现于语文的时候，诗才真正成其为诗。

① 这一节说明诗到了散文时代，困难在于把既已割裂的一般内容意蕴与特殊具体事物的统一恢复过来，这就要“把诗和散文的两种观念方式和世界观在同一意识里结合在一起”。近代很少有诗人能克服这个矛盾，其结果是矫揉造作、追求新奇、流于雕饰、尖酸、纤巧之类弊病。

诗的语言方面可以提供无限广阔复杂的研究资料，因为要节省篇幅去讨论一些尚待讨论的重要问题，这里只能略谈几个要点。

a）泛论诗的语言

艺术在一切方面都要把我们带到一个不同于日常生活，宗教观念和行动乃至科学思考的崭新领域，所以诗不仅一方面要防止表现方式降落到平凡猥琐的散文领域，另一方面要避免宗教信仰和科学思考的语调。诗尤其要避免可以破坏形象鲜明性的凭知解力的生硬的割裂和联系以及下判断作结论之类哲学形式，因为这类形式会立即把我们从想象的领域里搬到另一个领域里去。不过在所有这些考虑中，诗到哪里止和散文从哪里起的界线毕竟很难划定，一般不可能很精确地下普遍性定义。

b）诗的语言所用的手段

诗在完成它的任务之中所用的特殊手段有如下几种。

1. 首先是诗所特有的一些单词和称谓语。它们是用来提高风格或是达到喜剧性的降低或夸张的，这也适用于不同的词的组合和语形变化之类。在这方面，诗有时可以用古字，即在日常生活中不常用的字；有时也可以铸新词，从而显出大胆的创造性，只要不违反民族语言的特性。

2. 其次是词的安排，属于这一类的有所谓辞藻，也就是语言的装饰。辞藻的运用很容易产生修辞和宣讲（用这两词的坏意义）的味道，破坏语言的具体生动性，特别是在用刻板通套的表现方式来代替情感的自然流露的时候。这种通套的表现方式是和亲切，简练，零星片段[①]的表现方式相反的。深刻的心情本来用不着说很多的话，特别是在浪漫型的诗里，凝炼的心情宜于用亲切简练的方式，才会产生巨大的效果。总之，词的安排是诗的一种最丰富的外在手段。

3. 第三还要提一下复合长句的结构。它把其它语言因素都包括在内，它用或简或繁的衔接，动荡的回旋曲折，或是静静地流动，忽而一泻直下，波澜壮阔，所以最适宜于描述各种情境，表现各种情感和情欲。在这一切方面，内在的（心灵方面的）东西都须通过外在的语言表现反映出来，而且决定着这种语言表现的性质。[②]

c）运用语言手段的差异

上述语言手段的运用方式也可以区分为在上文谈到诗的观念方式时所已指出的那些不同发展阶段。

1. 诗的用语产生于一个民族的早期，当时语言还没有形成，正是要通过诗才能获得真正的发展。当时诗人的话语，作为内心生活的表达，通常已是本身引人惊赞的新鲜事物，因为通过语言，诗人把前此尚未揭露的东西揭露出来了。这种新创像是出自一种人们所不经见的神奇的本领和能力，能使隐藏在深心中的东西破天荒地第一次展现出来，所以令人惊异。在这种情况下，关键不在语言的形成和发展的繁复程度，而在表现的魄力和语言创造这件事本身。所以语句的用法还是很简单的。在那样古老的时代既不

① 例如箴言语录体。

② 以上关于诗的语言手段的三小节只涉及诗所特有的遣词造句的方式，通常是在修辞学里讨论的。

能有思想的敏捷,也不能有表现方式的丰富多彩和迂回曲折。凡是要表现的东西都表现于一些朴质无文的符号,还没有后来艺术技巧所用浓淡阴影以及起承转合之类方便法门。当时诗人仿佛是第一个人在教全民族把口张开来说话,使思想转化为语言,使语言又还原到思想。当时说话这件事还不是共同生活中的一件寻常事,诗利用这种共同生活的语言加以提高,使它产生新鲜的效果。例如荷马的表现方式对于我们近代人来说,已成为习以为常的东西:每一个观念都有一个它所特有的字,不根据本义的字句[①]还是稀少的,就连在详细描述时,语言本身还是极简单的。与此类似的还是但丁,他在替意大利民族创造出一种活的诗的语言,[②]也显出创造天才的大胆和魄力。[③]

2. 其次,随着反省思索的出现,观念的范围就日益扩大,观念的结合方式就复杂化起来,驾御观念的能力就逐渐增长,语言的表现也就日益流畅了。这时一个民族已经掌握了一种发展成熟的表达日常生活的散文语言。为着要引起兴趣,诗的表现就须背离这种散文语言,对它进行更新和提高,变成富于精神性的。在日常生活里,语言的起因是眼前的临时偶然事物,但是艺术作品就不能根据这种对个别事物的临时观感,就连在精神振奋中的热情也应受到节制,精神的产品必须从艺术的宁静气氛中生展出来,在心灵的神智清醒中塑造成形。在诗的最早期就可以从诗作品和语言本身

① 例如"引申","假借",比喻之类。

② 但丁不用拉丁文而用意大利土语写成《神曲》,还用拉丁文写过《论光辉的土语》替他的实践进行理论的辩护。

③ 这一节说明诗的语言比散文的语言起源较早,"诗人是第一个人在教全民族张口说话"。黑格尔举荷马和但丁为例,说明诗人是民族语言的缔造者。

中见出这种宁静气氛和凝神状态，但是在较晚的时代里，诗创作却须显出诗的表现不同于散文的表现，散文发展成熟时代的诗和各民族原始时代的诗之间的基本差别就在于此。

诗创作在追求诗的用语这方面可以走得很远，以至把这种特殊表现方式看成一种主要任务，着眼点很少在内心生活的真实情况，而更多地在语言方面的美妙、光润、文雅及其效果。于是诗就降落到修辞和演讲的地位。我前已说过，这种表现方式对于诗的内在生命会起破坏作用，因为诗创作中的清醒理智转到着意安排，真正的诗的效果应该是不着意的，自然流露的，一种着意安排的艺术就会损害真正的诗的效果。有一些民族几乎就只会产生这种修辞式的诗作品。例如拉丁语言在西赛罗①的作品里还是够纯朴自然的，但是在维吉尔和贺拉斯之类诗人的作品里，读者就感觉到它们都是人为的，着意雕琢的。在这种作品里内容实际是散文性的，只是配搭上一些外在的装饰；这种诗人缺乏独创才能，设法在语言技巧和修辞效果方面寻求一些东西去弥补他在创造才能和真正效果方面的缺陷。法国人在他们的所谓古典文学时期②也有过这样的诗。这种诗特别适宜于教训诗和讽刺诗两种体裁，其中大量修辞性的辞藻占最突出的地位，但是所陈述的内容却完全是散文性的，只是语言极端富于形象和雕饰，颇类似赫尔德和席勒的语言风格。这两位诗人也运用这种表现方式来描绘散文性的内容，不过他们会通过思想的深刻和表达的美妙，使这种描绘博得读者的容忍和许可。连西班牙人也不是完全没有着意雕琢的诗歌所常有的华丽辞

① 西赛罗（公元前106—?），罗马的最大的演说家；不以诗闻名。
② 指17世纪和18世纪。

藻,一般说来,南方各民族,例如西班牙人和意大利人以及他们之前信伊斯兰教的阿拉伯人和波斯人,都爱用广泛的繁芜的图像和比喻。在古代人特别是在荷马的作品里,语言的表现总是很柔和平静的,而在上述那些民族作品里,语言所表现的观感却像一般积蓄过满的泉水,四面扩散喷溅,知解力忙于进行理论性的工作,时而进行严格的区别和琐碎的分类,时而进行滑稽的巧妙的游戏似的拼凑或结合,而内心里却不动情感。①

3. 真正的诗的表现既要避免上述纯粹宣讲式的修辞,也要避免用语的铺张堂皇和凭巧智的文字游戏(尽管这也可以显出自由创造的美妙乐趣)。如不避免这些毛病,那就会危害内心世界的自然真实,忘去内容意义在遣词造句中所应起的决定作用。诗的用语不应独立,变成诗的唯一的重要因素。一般说来,用心雕琢的作品不应丧失自然流露的面貌,应该给人以它仿佛是从主题内核中自己生长出来的印象。

3. 诗的音律

这是诗的表现方式中第三个因素。它之所以必要,是因为诗的观念不仅要体现于文字,而且要用实在的话语说出来,因而涉及语调和字音这些感性因素。因此我们要跨进诗的音律领域。用音律的散文不能算是诗,只能算是韵文,正如用散文来创作诗,也只能产生一种带有诗意的散文。至于诗则绝对要有音节或韵,因为音节和韵是诗的原始的唯一的愉悦感官的芬芳气息,甚至比所谓富

① 这一节说明诗在散文时代容易降落到修辞和演讲的地位,专在辞藻上下功夫,缺乏实在的内容,也缺乏创造的天才。我国过去的四六骈文就是典型的例子。

于意象的富丽辞藻还更重要。

如果对音律这种感性因素进行艺术刻画，就立即置身于诗所要求的另一领域和另一种土壤。要进入这一境界，我们要先抛开日常生活和日常意识中的那种认识性和实践性的散文观念，同时对音律的艺术刻画也迫使诗人跨过日常语言的框框之外去活动，只按照艺术的规律和要求去说他所要说的话。有人认为音律不自然，应该废除，这种看法是极肤浅的。莱辛由于反对法国的那种表达虚伪激情的亚历山大格而主张在悲剧里用散文的表达方式，认为这比较合式；席勒和歌德在他们的早年作品里由于侧重内容和诗创作的自然倾向，也采用了用散文写戏剧的原则。但是莱辛本人在他的《智者讷坦》里毕竟回到用抑扬格的音律；席勒写《唐·卡洛斯》，也就已放弃前此所走的散文道路；而歌德对他在早年用散文写《伊菲琪尼》和《塔梭》两个剧本也极为不满，把它们的表达方式和音律都重新加以艺术刻画，使它们获得不断博得赞赏的那种较纯真的形式。

人工造作气味很重的诗的音节和韵律当然像是在内在观念和感性因素之间造成一种不易驾御的关系，比颜色对于绘画还更不易驾御。因为外在事物和人的形体在自然界就是有颜色的，无色的东西只是一种勉强的（不自然的）抽象品，至于观念与只用来传达的人为的语音符号之间却只有很疏远的关系，甚至毫无内在的关系，所以诗的音律的严格要求仿佛很容易对想象成为一种桎梏，使诗人不能按照他心里所想的样子，把他的观念传达出来。因此有人就认为节奏的抑扬顿挫和韵脚的铿锵和谐尽管确实有一种悦人的魔力，但是如果对音律方面要求过多，就往往不免由于追求感官的快感而使最美好的情感思想受到牺牲。其实这种指责是站不住脚的。第一,说诗的音律妨碍自然流露,这是不正确的,一般说来,真正有才能的诗人对于诗的感性媒介(音律)都能运用自如,感性材料对他不但不是阻力或压力,而且还能起激发他和支持他的作用。事实上我们看到过凡是伟大的诗人在自己独创的时间尺度,节奏和韵脚之中都很自由地有把握地回旋自如,只有在把诗从原文译成外国文时,拘守原诗的音节和韵律等等,才会显得勉强生硬,引起不快感。其次,在自由诗里,要把思想表现得回旋荡漾,时而凝炼,时而波澜壮阔,这种强制性的音律要求还能激发诗人"因文生情",获得新的意思和新的独创,如果没有这种冲击,新的东西就不会来。除掉音律的这些优点不算,感性的客观因素(这在诗里就是语言)也本来就是艺术的重要因素,所以不能像听命于直接的偶然事物的日常语言那样没有形式,没有定性,而是要经过艺术加工,显得既精炼而又生动。尽管语音在诗里听起来只是一种外在手段,它毕竟是应当看作本身就是目的来处理的,要具有明确而谐和的轮廓。对这种感性因素的注意在一切艺术里都在严肃的内容之外添上一个特色,通过这种特色,内容的严肃就立即显得仿佛推远(或冲淡)了,使诗人和听众都摆脱这种严肃的束缚,置身于一种超越严肃内容之上的更高、更优美的境界①。在绘画和雕刻里,艺术家用来就人体、岩石、树林、云彩和花卉之类对象进行素描和着色的方式本来就有感性空间的限制;建筑也要适应建筑物的目的要求,

① 这句原文比较艰晦,意思其实很简单。主要有两点:1. 音律这种感性因素是严肃内容之外的一种因素,2. 这种因素对严肃内容起着推远或冲淡作用,使人能更好地欣赏艺术美而不是把注意力集中到内容一方面。

去规定墙壁和屋顶的形状。音乐也是如此，它要服从和声学的一些绝对必要的基本规律，才能获得明确固定的轮廓。诗却不然，语言的感性声响在配合结构方面本来没有拘束，因此诗人的任务就在于在这种无规律之中显出一种秩序、一种感性的界限，因而替他的构思及其结构和感性美界定出一种较固定的轮廓和声音的框架。

正像在音乐的表现里节奏和旋律须取决于内容的性质，要和内容相符合，诗的音律也是一种音乐，它用一种比较不太显著的方式去使思想的时而朦胧时而明确的发展方向和性质在声音中获得反映。从这一点看，诗的音节须表现出全诗的一般调质和精神性的芬芳气息，例如用的是抑扬格还是扬抑格，是八行一节还是用其它划分章节的方式，并非无关宏旨的。[①]

涉及较详细的题材划分，主要有两个体系，现在先说明这两个体系的区别。

第一个体系是根据节奏的诗的音律，它要按音节的长短形成不同类型的见出回旋的组合和时间上的承续运动。

第二个体系是由突出单纯的音质来形成的，它要考虑个别字母是母音（元音）还是子音（辅音），也要看整个音节和整个字的音质，有时有规则地重复同一个或类似的音质，也有时按照对称的轮换的原则。双声、叠韵、半谐音[②]和韵脚等等都属于音质体系。

这两个体系和民族语言本身的音律密切相关，有些语言的音

---

① 诗是否可废除音律而专用散文在近代是一个争论纷纭的问题。黑格尔特别强调诗与散文的分别，替诗的音律作了颇有力的辩护。马克思给拉萨尔论《弗兰茨·封·济金根》悲剧的信所指出的缺点之一是“应该把音律安排得更艺术一点”，恩格斯为同一目的写给拉萨尔的信也指出他在音律方面过于自由，给朗诵和上演都带来麻烦，足见马克思主义创始人都很重视诗的音律。

② “半谐音”(Asonnanz)用同母音，不同子音押韵，例如 an 和 am 就是半谐音，英法古诗中有时用这种韵。

律一开始就以音节的自然长短为基础，也有些语言的音律却以单靠意义决定的便于理解的重音为基础。

第三，按节奏的进展和按音质的组合这两个体系也可以结合在一起。不过在这种结合中如果韵脚的集中而又突出的回声使耳朵听起来过分强烈，它就会压倒时间长短的进展运动，也就是说，节奏就被冲淡，不大能引起注意了。

a) 根据节奏的诗的音律

这里指的是不用韵只根据节奏的体系，其中最重要的有以下几种：

第一是音节有固定的时间尺度(这里还只说单纯的长音和短音的分别)以及由长音和短音组合成的各种各样的比例关系和诗的音节尺度。

其次是由重音、顿，以及诗的重音与语言的重音之间的冲突所形成的生动化的节奏。

第三是由在节奏运动中由字的音质所形成的悦耳的音调，但这里还不包括押韵。

1. 节奏的形成不是靠一些单纯的孤立的字音而是靠时间的长短和运动。

1a) 这种节奏的简单出发点是音节的自然的长和短，这种自然长短的差别取决于民族语言的发音方式本身，是由字母、子音和母音这些因素形成的。

自然的长音是ai、oi、ae之类复母音，不管近代音律理论家怎么说，复母音毕竟是一种具体的由两个母音复合在一起的双音，就像颜色中的绿色是复合色一样。响声很长的母音也是如此。此外还要加上各种字音所处的位置，这在梵文、希腊文和拉丁文里都是在不同的位置就可以产生不同的效果。如果两个母音之间夹着两个或两个以上的子音，在说话中发音前后承续就有些困难，就会拗口；发音器官为着从多子音转到母音就须花较长的时间，这就要产生一种停顿。尽管母音是短音，这一停顿就会使子母音合成的那个音节显得很长。例如我读 mentem nec secus 这几个音节，从一个母音转到另一个母音时，例如在读 menten 和 nec 时就比读 secus 就较为困难。近代各民族语言并不严格重视这个差别，在计算音的长短时却用一些其它标准。但是不管所占的位置如何而当作短音来用的那些音节往往至少显得生硬，阻碍或延宕了本来要求的那种运动速度。

和上述由复母音和长母音以及由位置而形成的那些长音不同，**自然的短音**的音节是由短母音形成的，第一个母音和第二个母音之间不夹着两个或两个以上的子音。

1b）文字有时由于是多音节的，一个单字本身就有几个长音和短音，有时尽管是单音节的，却由于和前后其它的字联在一起，就产生了不同的音节和单字偶然交替出现的现象，不能按一个固定的音的尺度。诗的任务就和音乐的任务一样，要调整这种偶然现象，用时间长短尺度的单位去使一些时间长短本无规律的个别的音见出足够的规律。所以诗把长音和短音的一些规定的排列方式定为规律，来显出前后承续的各字音的时间比例。例如在扬抑抑格和抑抑扬格里，两个短音按照一定的规律可以合成一个长音，成为扬扬格。① 其次,一个长音和一个短音并列在一起,时间长短的差别就更为显著,尽管形式最简单,抑扬格和扬抑格就是如此。如果一个短音夹在两个长音之间,成了扬抑扬格,或是一个短音放在两个长音之前成了抑扬扬格,这种排列就较为复杂了。②

1c) 但是这些**孤立**的音步单位的时间比例的关系(即抑与扬的关系)如果不管彼此不同而任意拼凑成先后承续的系列③,它就会形成不规则的偶然排列,一方面要破坏原来要使这些时间比例关系见出规律性的目的,不能形成长音节和短音节的有规律的先后承续的系列了;另一方面整段诗的开头,中间和结尾就会毫无明确的界限,这就会导致随意任性,也就违反了我们在讨论音乐的时间尺度和拍子时所指出的听者和声音长短尺度之间的关系。听者要求聚精会神,不愿在声音不断地向前流转中受到干扰,这只有一个办法,就是要有一定的时间单位以及这些时间单位的显著的开始以及有规律的承续和终结。就是因为这个缘故,诗还要把个

① 扬代表长音或重音,抑代表短音或轻音:

扬抑抑格一般用-˘˘表示
抑抑扬格一般用˘˘-表示
扬扬格用--表示

抑扬近似中文诗的平仄,但不完全相同,因为仄声的上去入在轻重短长上又各不相同。

② 这一小节只说明节奏体系的诗律的最低单位是一个音步,其中长音和短音依格式不同而各有固定的位置。

③ 一个单位音组叫做“音步”,一行诗通常有几个音步。如果一个五音步的诗行中抑扬关系排成:

-˘|˘-|-˘˘|˘-˘|--|

就会造成本节所说的任意拼凑的情况。

别孤立的时间比例关系排列成为诗行[①]。诗行是诗律的第三个因素，每一行诗在音步的种类和数目上以及在开始，进展和终结上都要按照一定的规则。例如三韵格的抑扬格诗行包括六个抑扬格的音步，其中每两个音步形成一个抑扬格的双音步；六音步的诗行包括六个扬抑抑格的音步，在一定的位置上扬抑抑格要缩成扬扬格。这些诗行既然可以按照同一个或类似的方式反复重复下去，这种先后承续的序列就不免一方面很难确定诗行究竟到哪里终止的现象，另一方面显得单调，使人感到缺乏一种内部多样化的结构。为着弥补这个缺陷，诗终于发展到发明章节及其多样化的结构，特别便于抒情的表现方式。例如希腊的挽诗格律，阿尔赛乌斯和莎佛两位诗人所创的章节格式，以及品达和一些著名的戏剧体诗人在抒情诗和合唱队的歌唱里所创造的一些章节格式。[②]

尽管在时间尺度上，音乐和诗都要满足同样的需要，我们却不应忽视音乐和诗的差别，最重要的差别在于拍子。古希腊诗律是否把真正相等的时间段落定成拍子，让它重复地出现，这还是一个争论不休的问题。大体上可以这样说，诗把文字作为单纯的传达手段来用，在这种传达所占的时间上就不能定出一个绝对固定的尺度（时间的长度），去抽象地支配语言的前进运动，像音乐中的拍子那样。在音乐里，声音是一直响下去的，流动不定的，所以绝对需要拍子所带来的固定性。语言却不需要这样固定点，因为语言

---

① 西方诗以“行”为单位，一行不一定是一句，一句话的意思往往要由上行跨到下行才完止。每行分几个音步，每个音步包含两个或三个音节，用抑扬相间见节奏。

② 这一小节说明集音步成行，集行成章节都需要一定的格律，但是寓变化于整齐，既不能无规律，也不能呆板单调。诗章（Strophe）大半出现在抒情诗里，全篇分几个章节，每个章节有一定的行数和音律，各章之间往往有对称呼应的关系，颇类似我国《诗经》的章法。

本身在思想内容上就可找到停顿点,语言并不完全等于外在的声响,它的基本的艺术因素在于内在的思想或意义。事实上诗在它用语言所明白表达出的思想和情感里就已可以直接找到实质性的界定方式,作为停止,继续,流连,徘徊,犹疑等等运动形式的依据。就连在音乐里,轮到朗诵(说白)部分也就不再用呆板一律的拍子,也就是这个道理。所以诗的音节如果完全要受拍子规律的约束,至少就用拍子这一点来说,音乐和诗的差别就会完全消失了,时间因素在诗里所占的比重就要超过诗的本质所能允许的程度了。我们可以根据这个理由提出这样主张:在诗里尽管有一种时间尺度在起重要的作用,但是并不用拍子,对诗方面起决定性作用的是文字的意义。如果从这个观点对古代诗律进行较细致的研究,六音节格式当然像是最能严格地按拍子进展的,例如老浮斯[①]就有这种看法,但是六音步格式中最后一个音步的缩短就足以驳倒这种看法。浮斯还认为读阿尔赛乌斯和莎佛的诗章时也要按这样抽象的整齐一律的拍子,那就只能说是任意武断,把诗句勉强加以割裂了。浮斯有这种看法,因为我们德国人习惯把德文诗的抑扬格看作整齐一律的音节和时间尺度。其实古代六音步的抑扬格诗行之所以美,并不是因为每行都有在时间尺度上整齐一律的六个抑扬格音步,而主要是因为每行开始时换用扬扬格,收尾时换用扬抑抑格或抑抑扬格,这样就避免了同一时间尺度的毫无变化的复现,也就是说,不至于形成拍子。抒情诗的格律变化就更多,如果要证明拍子

① 浮斯(Voss),18 世纪德国诗人,已见前注。他曾把荷马史诗译成德文,他主张沿用希腊诗节奏体系的音律。黑格尔在这一节批驳了他的诗的时间尺度等于音乐的拍子的主张,诗的音节长短虽有一定的规律,但由于意义的影响,还不能形成可以精密测量的拍子。他强调意义的重要,反对格律过分形式化。

在这里也绝对必要，那就只能是根据先验而不是根据经验。

2. 只有重音和顿才能使节奏的时间尺度（长短）获得真正的生动化。这两个因素相当于我们在音乐里所说的拍子节奏。

2a）这就是说，在诗里每一个特定的时间比例也有一个特别的重音，即按诗律在一定位置上应该突出的音[①]，牵连到其它这样突出的音，才形成一个完整体。因此，由于各个音节的价值不同，多样化就有很大的发挥作用的余地，一方面长音节比短音节一般较突出。如果诗律重音也落在这个长音节上，它就比短音节加倍地突出，比不是重音的长音也较突出。但是另一方面诗律重音也可落在短音节上，效果就与上面所说的相反。

但是特别重要的是我在上面已提过的情况，个别音步的开头和收尾与个别单字的开头和收尾并不是一律吻合。如果多音节的单字须由前一音步的收尾跨到下一音步，这个单字在音节上就拆开了，而在节奏上前后两半还是联起来的。其次，如果重音落在跨到下一音步的那个字尾音上，就会产生比只有重音时更为明显的时间段落，因为字尾本来一般都要停顿，这一停顿再加上重音，就在不断的时间之流中划出一个可以感觉到的段落了，这就叫做“顿”，顿在每个诗行里都是不可少的，因为尽管明确的重音就足以使一些个别的音步见出较清楚的差别，因而也见出一定的多样性，但是这种变化毕竟时而是完全抽象的，呆板单调的，时而使各个音步之间彼此无联系，只是呆板地一步接着一步复现，像我们德国诗的抑扬格那样整齐一律地重复同一格式的音步，这种毛病尤其显著。顿的功用就在于防止这种枯燥的单调，在整齐一律，毫

① 黑格尔说的“重音”一般指诗律重音，以别于由意义决定的重音。

无变化,呆板复现的音步之中,放进一种联系和一种较活跃的生气。由于顿可以在各种不同的地位出现,就使音调见出变化,而同时由于顿受规律的约制,也就不致于回到无规则的随意状态。

最后,诗律的重音和顿之外,还要加上第三个因素,即语言本身的重音[①],这是文字离开在音律中的运用本来就有的。这第三种重音又使各音节的抑扬起伏的性质和程度显出更多的变化,因为一方面它可以和诗律的重音和顿叠合,这样就加强诗律的重音和顿的效果;另一方面它也可以不和诗律的重音和顿叠合,即落在按诗律不宜突出的音节上,但是从意义的观点看,它仍须保留重音,这样它就仿佛与诗律的节奏发生冲突,从而使整个节奏获得一种新的助长生动性的因素。

对于我们近代人来说,要从上述几个因素听出节奏的美,那是一件很难的事,因为在近代语言中,须结合在一起才见出古代诗律优点的上述几种因素已不很明显固定。我们近代人为着满足另样的艺术要求,就用另样的手段来代替那些因素。[②]

2b) 比字和音节在诗律的地位更重要的是字和音节从诗的观念(思想内容)方面所获得的价值。正是这种文字和音节本身所固有的意义才使诗律中那些因素的效果显出不同程度的突出,如果没有意义或是音义不大,音律因素的效果也就要减弱。只有通过

① 语言本身的重音和诗律的重音有时一致,也有时不一致。上文所说的“顿”也是如此,它是诗律所要求的,不一定就是语言中的顿。这在法文诗中特别清楚。

② 以上说明西方古代诗律中节奏三个重要因素:韵律的重音,顿和语言本身的重音。近代西方诗各国不一致,例如诗律重音在英德诗里还很重要,顿在法文诗中作用也很大。诗律重音与语言重音的矛盾在近代诗中也还存在,但不像在古代诗里那样突出。西方古今诗律的差异颇近似我国律诗与语体诗的差异。

意义，诗在音律方面才获得最高度的精神方面的生气。不过诗在着重意义这一点上也不宜太过，免得和诗的节奏规律发生冲突。

2c）特别是从节奏运动方面来看，诗的格律的性质是和内容的具体性质相对应的，尤其是在这内容是特殊情感运动的时候。例如六音步格式的音节进展颇似轻波荡漾，特别宜于史诗叙述的平顺流畅。如果六音步格式和五音步格式及其固定的对称的顿结合在一起，变成划分章节的，但仍见出简单的规律性，就宜于用在挽歌体诗里。抑扬格进展轻快，特别适合于戏剧的对话；抑扬扬格雄壮，则宜表现凯旋的欢乐情绪。其它格式也很容易见出各有特性。①

3. 在根据节奏的音律里要求并不只限于按时间段落来构成格式和加强生动性，而是还要考虑到字和音节的实际的音质。在音质这方面，以节奏为主要因素的古代语言和特别宜于用韵的近代语言之间就有一个重要的差别。

3a）例如在希腊文和拉丁文里，通过语法上字首和字尾的变化，字根所含的音节就派生出许多丰富多彩的音质不同的音节，不过这些派生的音节仍只是字根音节的变格，所以字根音节尽管对派生的变格提供基本的意义，而在音质上却不一定就仍然保持主要的乃至唯一的统治地位。例如我们听到 amaverunt 这个字时，就听到在字根上加上了三个音节，由于这些附加的音节的数目和延长程度，重音就不落在字根上了，尽管三个附加的音节之中并没有自然的长音，因此字的基本的意义和被突出的重音就不是落在

① 以上两节强调语言的意义在诗律中的重要性。抒情诗的格律还应符合所表达的情感。

同一个音节上了,彼此分开了。在这种情况之下,重音既然不是落在主要意义所在的音节上而是落在仅表达派生意义的音节上,听者的耳朵仍可以听出各音节的起伏呼应的运动过程,仍保持充分的自由去从这种运动过程中听出自然的长音和短音所形成的节奏来。①

3b) 近代德语的情况却完全不同。希腊文和拉丁文加字头和字尾的派生新字的方式在近代语言里,特别是在动词里,派生音节却从字根音节分离开来了,因此从前由一个字变格而展现出来的许多次要的或派生的意义,已变成由独立的字来表达了。属于这一类的有常用的助动词(表示时态的词),独立表示愿望或希求的动词以及分开独立的代名词等等。因此,从一方面看,从前一个字根派生出几个音节的音,以至表达基本意义的字根的重音就消失了,而现在这种派生的音节却自身形成一字简单的整体(字),不像从前那样合成一个多音节的字了。这些音节既然只是派生的,就不能单凭它们的意义而引人注意,也就不致使听者的耳朵无暇去倾听它们的自由独立的声响和时间上的运动。从另一方面看,由于这种派生音节各自凝成整体的情况,基本意义就获得很大的重量,迫使重音完全落在自己的(字根)音节上。正因为重音和基本意义紧密联系在一起,其余派生音节的自然长短就显不出来,被结合基本意义的重音压下去了。大多数字根照例都是很短小精悍的,由一个或两个音节组成的。如果这些字根几乎垄断了重音,例如在近代德语里这种情况特别突出,这种重音就是主要意义的重音,而不是一

① 这一节说明在古代诗中字根和派生的音节连在一起,诗律重音和语言重音不一致,听到的节奏是自然的长音和短音所形成的节奏,意义的作用较小。

种不管内容而单凭音节的长短和轻重而允许自由规定的声音媒介了。这样就不再有脱离字根音节及其意义的按时间运动和人为的重音而形成的那种节奏组织格式了。和上文所说的古代语言让人可以听出长音和短音的多种多样的组合的情况不同,在近代语言里,耳朵只能从在意义上须重读的主要音节上听出一般性的节奏了。此外,像上文已经说过的,字根在变格中所派生的那些音节都已变成了独立的字,也就各有独立的音义和重要性,因此又使人听出意义与重音的叠合一致,和它们所自出的字根一样了。这就迫使我们把注意力集中到每个字的意义上,不注意自然的长音和短音和它们在时间上的运动和感性的(自然的)重音,而只听到由基本意义决定的重音了。[①]

3c) 在近代语言里,节奏已不起多大的作用,或则说,心灵已没有多大的自由去摸索节奏了,因为时间上的长短和通过时间运动而有规则地复现的各音节的声音节奏已被一种观念性的关系即字的意义淹没下去了,因此,脱离意义而按格式独立形成的节奏也就失去它的效力了。

我们可以拿根据节奏原则的诗律和造型艺术进行比较。这种音律和造型艺术一样,还不能使精神性的意义独立表现出来,文字的意义还不能凭它本身去决定音节的长短轻重之类感性媒介,而是和自然的字音长短及其声响混合在一起,以便在较爽朗舒畅的气氛中让这种外在感性媒介有充分发挥作用的权利,只要有一种

① 这一节说明西方近代语言里字头字尾已脱离字根而独立,尽管主要意义仍由字根表达,派生部分也各有独立的意义,所以诗律节奏和语言节奏的矛盾较小,意义的作用较大。近代诗的节奏不像古代诗那样一种偏重形式的比较单调一律的节奏。

观念性的形象和节奏运动就行了。

但是如果按照艺术有必要一方面放弃节奏原则,而同时仍让感性因素作为一种对等重量,和单纯地凭精神意义去决定音节长短轻重的办法保持平衡,那么,上述按照自然的长音和短音而不按照意义去定节奏规律那种造型艺术的方式既已遭到破坏了,为着迫使耳朵注意,可利用的材料(媒介)只有着意孤立某些语音而把它们复现定成一定格式的声音呼应了。①

这就要涉及韵,这是诗的音律中第二个因素。

b)韵

语言在感性因素方面何以需要采取一种新的处理方式的问题,人们可以用古代语言在外族影响之下的退化来解释,②但这是一种根据表面现象的解释,其实这种发展的原因却在事物的本质。诗要使外在媒介符合内在意义,最简便的办法就是运用不依存于音节意义的长音和短音及其配合。长短音的配合以顿之类的规则乃是由艺术制定的,在大体上固然也要符合每次所要表达的内容的性质,但是在具体细节上诗律所要求的长音短音和加重音却不是单凭精神性的意义来决定的,而只是抽象地(若即若离地)隶属到精神意义下面的。但是随着观念愈向内心深入和愈经过精神化,它也就愈要脱离自然界外在因素,因为这种观念性的内容不再能

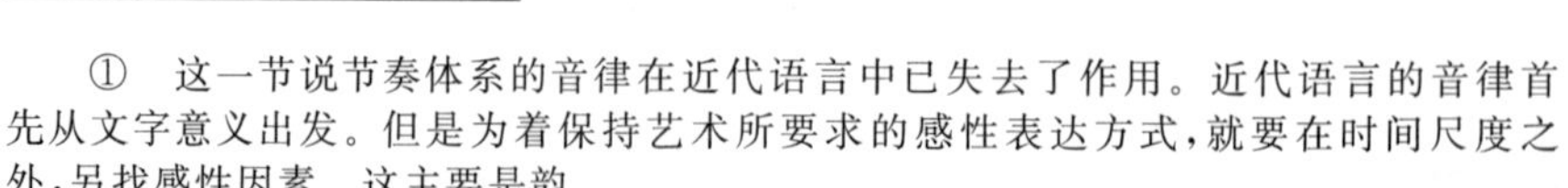

① 这一节说节奏体系的音律在近代语言中已失去了作用。近代语言的音律首先从文字意义出发。但是为着保持艺术所要求的感性表达方式,就要在时间尺度之外,另找感性因素。这主要是韵。

② 在英国17世纪,诗人密尔顿和一些诗论家都以韵是蛮族带到西方的为理由,反对西方诗用韵。

以造型艺术的方式用外在感性媒介去表达。这样，观念从此就凝聚在观念本身上（返躬内省），以至把语言的躯体方面部分地抛弃掉，只挑出足以传达精神性意义的那一部分，其余部分则作为无意义的东西扔到旁边去。

浪漫型艺术在构思方式和表现方式上都标志着精神凝聚于它本身的这种转变，所以它就从声音里去找最适合于表达主体内心生活的材料（媒介）。浪漫型诗一般着重感情的“心声”，所以专心致志地沉浸在字母、音节和字的独立音质的微妙作用里；它发展到对声音的陶醉，学会把声音各种因素区分开来，加以各种形式的配合和交织，构成巧妙的音乐结构，以便适应内心的情感。从此可见，韵在浪漫型诗里得到发展并不是偶然而是必然的。心灵要倾听自己的声音这个需要更充分地突出了，它在同韵复现中获得了满足。这种同韵复现的音质于是就把过去依音律调节的固定的时间尺度的节奏推到无足轻重的地位了。通过同韵复现，韵把我们带回到我们自己的内心世界。韵使诗的音律更接近单纯的音乐，也更接近内心的声音，而且摆脱了语言的物质方面，即长音和短音的自然的长短尺度。①

关于这方面，我只想略谈几点一般看法：

第一，韵的起源；

第二，韵和根据节奏的诗律的差别；

第三，韵的种类。

① 以上说明韵是相同或相似的音质在一定位置的复现，最宜于表达主体在静观内省中对自己情感生活的认识，所以浪漫型诗与韵是分不开的。

1. 我们已经说过,韵适宜于浪漫型诗,浪漫型诗之所以要求突出一种单根据音质独立形成的韵律,是因为主体内心活动要从这种声音媒介中听出它自己的运动。当这种"返听"的需要出现时,浪漫型诗就有两种办法可选择:一种是一开始就利用一种近代语言,只要这种语言能满足上文所提到的用韵的条件;另一种是利用一种古代语言,例如拉丁。古代语言和近代语言性质不同,要求用根据节奏的诗律,浪漫型诗要按照新的原则来运用古代语言,就得把它改造为一种新的语言,使节奏消失掉,韵变成主要因素,意大利语和法语都是如此。

1a) 我们看到基督教很早想把韵勉强纳入拉丁诗的音律里,尽管拉丁诗的音律是根据不同的原则的。这些原则是从希腊文沿袭来的,但是并显不出希腊文的根源,由于经过语言的变革,反而更接近浪漫型的原则。一方面罗马(拉丁)诗的音律在最早的时期就不以自然的长音和短音为基础,而是以重音为测定音节的标准。因此,只有到了罗马人对希腊诗有较精确的知识和摹仿时,拉丁诗才开始采用了希腊诗律的原则。另一方面罗马人把希腊诗律的流畅爽朗的悦耳性加以硬化了,特别是在六音步格式及其它格式用比较固定的顿,显出轮廓更突出的结构和更严格的整齐一律。此外,就连在罗马文学繁荣时期,在最有修养的诗人们的作品里,就有不少的用韵的例子,例如贺拉斯的"论诗艺"第99—100行:

Non satis est, pulchra esse poëmata: dulcia *sunto*,

Et quocunque volent, animum auditoris *agunto*.

如果诗人在这里不是有意要用韵,我们毕竟认为这种巧合是罕见的:正当他强调诗应柔和悦耳的地方,他就用了韵。在奥维德[①]的作品里,类似这样的韵出现得更多。纵使假定这是偶然的,从此毕竟可以见出韵对于有修养的罗马诗人们并不是不悦耳的,所以有时不知不觉地韵就冒出来,尽管只是些零星的例外。不过这种声音游戏还见不出浪漫型诗的韵的深刻意义,这就是说,韵所突出的并不是单纯的音质而是这种音质中的精神意义。拿古代印度诗的韵和近代印度诗的韵相比,也可以见出这个差别。

在蛮族入侵之后,由于古代语言的重音的衰退以及基督教带来的情感的主体因素的上升,较古老的根据节奏的诗律体系就将变为根据韵的诗律体系了。在圣安布洛修斯[②]的《颂圣诗》里音律已按照口语的重音,并且用韵。圣奥古斯丁[③]在第一篇反对端拿提派的作品里也是一首用韵的歌。所谓里俄宁诗格[④]是有意用韵的六音步格和五音步格,和上文所说的偶然用韵就大不相同了。这些以及类似的例子都足以说明韵是由较古老的节奏体系本身中演变出来的。

1b) 此外,也有人到阿拉伯人中间去找新的诗律的起源。但是阿拉伯诗的发展成熟比韵在西方基督教世界里的出现为时较晚,至于伊斯兰教以前的阿拉伯艺术对西方并没有发生过影响。在阿拉伯诗里一开始就已见出一种与浪漫原则很契合的精神,这是十字军东征时代中西方骑士们早就熟悉的。东方伊斯兰教诗和西方

① Ovide(公元前 43—公元 16)拉丁诗人,《变形记》的作者。

② 圣安布洛修斯(St. Ambrosius)公元 4 世纪米兰大主教。他的“诵圣诗”在天主教会中广泛采用。

③ 圣奥古斯丁(St. Augustine)公元 2 世纪的神父,端拿提派是当时天主教会中的“异端”。

④ 里俄宁诗格(Leoninischen Uerse)指中世纪流行的一种在用六步格的行内也用韵的诗格。

基督教诗既然各自独立地发源于不同的精神土壤,一种新的诗律在这两种诗里的初次出现也就可以不是交互影响的结果。

1c) 韵的起源还有第三个因素,其中既没有古代语言的影响,也没有阿拉伯的影响,那就是古代日耳曼族语言,这种语言最早在斯堪的那维亚地区发展时就可以见出韵的因素。古"爱达"诗歌[①]就是一个例证。这些诗歌的搜集虽是较晚的事,它们的起源很早却是不可否认的。我们将来还会看到,这些诗歌中所用的还不是真正发展成熟的韵,而是某些个别语音的特别加重和有规则的复现。[②]

2. 其次,比起源还更重要的是古今两个音律体系在特征上的差别。上文已约略涉及这方面的要点,现在再说详细一点。

根据节奏的诗的音律在希腊诗里就已达到最美和最丰富的发展阶段,我们从此可以抽绎出整个节奏体系的最重要的特征,兹略举如下:

第一,这个体系用作材料的并不是字母、音节和单字的单纯的音质,而是每个音节按照时间长短来划分的声响,所以注意力不应单放在某些个别的音节和字母上,也不应单放在单纯的音质的类似或等同上。与此相反,这种声响和它的固定的时间长短处于紧密的统一体,耳朵既要听到每一音节的音量,又要听到所有音节的节奏运动所含的规律。其次,长音和短音的标准,节奏上的抑扬的标准以及通过明显的顿和段落划分所形成的多样的生动图案,都

---

① 爱达(Edda)是北欧的民间神话传说,近似史诗。

② 这三小节说明在西方拉丁诗里就已偶尔用韵,但是韵的发展主要从基督教时期浪漫型诗的出现开始。日耳曼古诗也有用韵的痕迹,但不同于近代诗的韵。阿拉伯诗比西方诗成熟较迟,对西方诗律没有影响。

要根据语言的自然因素，不能由文字的精神意义来影响字音的轻重。这种诗律在安排音步，轻重音和顿等等方面可以像语言本身一样享有独立性。语言本身在不是用在诗里的时候，也就有一种根据自然的长音和短音以及长短先后承续的系列，而不是根据字根音节的意义来划分轻重音的方式。第三，由此产生的结果是：某些音节受到生动化和重读，取决于两个因素，一个是按诗律的重音和定型的节奏，另一个是其它重读或强调的方式。这两个因素的结合加倍地增强全体的丰富化而又不至互相妨碍。这样就使诗可以通过字音的排列和运动，保证在精神意义上比较重要的字显出应有的重量。①

2a）用韵的音律对节奏的音律体系首先改变了自然音量的未曾被辩驳过的价值。因此时间尺度如果还要保留，用韵的音律就不能像过去那样仍在自然的音长上找到量的快慢基础，而是要从另一个领域，即精神的因素或音节和字的意义方面去找了。假如音节的量的尺度还有必要，最后起决定作用的正是意义。既然要由意义去决定音量，标准就不再是语言的外表方面及其自然的性质，而是转变成为内在实质了。

2b）由此还产生另一个重要的结果。上文已经指出，这种把重音集中到意义重要的字根音节上的情况就要破坏上述那种多样化的派生的变格形式的独立扩展，而在根据节奏的音律体系里，还没有必要把这些派生形式看成比起字根就是无足轻重的，因为节

① 这一节说明节奏体系按照自然的长音和短音（或重音和轻音）来定出格律，所谓“自然的”是说依发音本身的必要，不受文字意义的决定。

奏体系本来就不根据精神的意义来决定音的长短尺度和突出重音。但是如果派生的变格形式的扩展和按音节的固定的自然音量来安排音步的办法都不存在了,根据时间尺度及其规则的整个节奏体系也就势必随之垮台了。例如意大利和法国的诗的音律就属于这种情况,古代诗所用的音步和节奏完全消失了,只要求一个诗行之内用一定数目的音节就行了。

2c) 唯一能补偿这种损失的就是韵。因为一方面构成音律格式的已不再是时间长短,各音节的音质也不再按照时间长短自然地有规则流转下去;另一方面精神的意义霸占了字根的音节,无须经过进一步的有机的发展,就已和字根的音节处于紧密的统一体,所以剩下来的就只有音节的单纯的音质作为最后的感性材料,而这种感性材料是可以离开时间尺度和字根音节的突出重音而自由独立的。

这种音节的音质如果要单凭它本身而引起注意,它首先就要比古代诗律里所见到的那种使不同的语音轮流出现的办法远较强烈才行,而且比日常语言中音节的音质所应有的语势也远较宏壮才行,因为音质现在不仅要代替划分段落的时间尺度,而且还有另一个任务,就是要使这种感性因素显得不同于过去那种突出重音和让意义压倒一切的方式。事实上观念一旦深入到精神的内在的深刻的方面,语言的感性因素就变成无关重要的,音质如果要引起注意,它就必须更响亮地从内心深处迸发出来。所以比起节奏的和婉,韵是一种粗重的声响,不需要有听希腊诗的音律所必有的那种锐敏的有教养的耳朵就可以听出来。

其次，韵固然也不是脱离字根音节和一般观念的精神意义而独立的，不过它究竟有助于使感性的音质起相对独立的作用。要做到这一点，唯一的办法就是使某些占确定位置的字的音质和其它字的音质分别开来，通过这种孤立化，获得一种独立的存在，便于凭它的宏壮和沉重，使感性因素恢复它在诗中的地位。总之，韵不同于节奏的和婉，它是一种孤立化的特别加以突出的一种声响。

第三，上文已经说过，这种音质是在主体的内心方面在聚精会神默察观念中才迸发出来而且使主体感到满足的。如果上文所说的节奏体系中那些音律手段及其丰富多彩的变化已不再发生作用，在感性方面剩下来可使主体听出自己的"心声"的因素就只有使相同或类似的一些音质的重复出现这一比较侧重形式的原则了。从精神方面来说，主体就用这种音质复现的办法组成韵律，把有关的意味突出和联系起来。比起节奏体系的格律用多种方式来划分和组织各种长音和短音而形成的结构，韵一方面固然较偏重物质方面，另一方面在运用物质上却也比较抽象：韵只是让心灵和耳朵注意到一些相同或相似的音质及其意味的往复回旋，主体从这种往复回旋中意识到他自己，意识到自己在进行既发出声音而同时又在倾听这种声音的活动，并且感到满足。①

3. 韵这个主要属于浪漫型诗的新的音律体系分成一些特殊的品种，这里只约略地谈一下其中最重要的三种，即字首韵，母音

① 这一节说明由于语言变革，节奏体系所用音长，和音势（轻重）已日渐丧失其在音律中的作用，但是诗不能完全脱离感性因素，而现在感性因素中唯一剩下来的只有音质，韵就是相同或类似的音质在一定位置上往复复现。韵适宜于诗创作主体在聚精会神内省自己的内心活动时的状态，所以韵是浪漫型诗歌所特有的音律。

韵和正式韵。[1]

3a) 第一，字首韵在古代斯堪的那维亚的诗里得到最充分的发展，成为它的一个主要的音律基础，至于母音韵和韵脚也起着次要的作用。字首韵或字母韵是一种最不完全的韵，因为它只要求字首的字母用韵，而不要求整个音节的复现。这种字首韵有两个弱点，一个是用来押这种韵的字就必须第一个音节本身原已带重音，另一个是押这种韵的字还不能相隔太远，否则耳朵就不易听到字首的音质相同。此外，押字首韵的字母可以是单子音或双子音，也可以是一个母音，但是按照字首韵占优势的语言的性质，用子音是主要的。例如冰洲的诗就定下一条主要规则：凡是押字首韵的字母都须在带重音的音节里，这个音节的第一个字母不能在同一诗行里其它第一个音节带重音的名词里复现，而且在押字首韵的三个字之中须有两个字在前一行，第三个字须摆在后一行的开始，成为字首韵中主导因素。[2] 此外，由于这种字首字母同音质的抽象性，用来押字首韵的字主要是同时意义重要的字，所以字音和字义还是有联系的。

3b) 其次是母音韵，它不落在字首的字母，它是同音字母在字

---

① 字首韵(Alliteration)，类似中文的“双声”，但两个同“声母”的字音不一定联在一起，例如 lisp of leaves 中 l 复现，这叫做字首韵。母音韵(Assonanz)，类似中文的“叠韵”，母韵同或相近，子音不同，例如 Sweet sleep 里，ee 双母音复现。正式的韵就是押“韵脚”，韵落在诗行的末一个音节上，例如：

The long light shakes
across the lakes.

这里两行短诗中 shakes 和 lakes 押韵，不但母音 a 同，后面的子音也相同，都用 kes。这两行诗中 l 出现三次，就是“双声”。

② 原注：参看腊斯克的《冰洲诗律》；慕尼克的德文译本 14—17 页，1830 年柏林出版。

的中部或结尾的复现，所以它已接近正式的韵。押母音韵的字倒不一定都要在行尾，也可以在其它位置，不过主要是在行尾最后一个音节，和字首韵出现在行首正相反。母音韵在拉丁民族中得到最丰富的发展，特别是在西班牙人中间，他们的响亮的语言特别宜于同一母音的复现。母音韵一般固然限于母音，但是偶尔也可以和子音结合在一起。

3c）最后，正式的韵使字首韵和母音韵只以不完备的方式表现出来的东西达到最成熟的显现。因为在正式韵里除字首字母以外，所有字根都是完全同音质的，它们正是因为同音质才被有意地联系在一起的。音节的数目多寡并不重要，单音节，双音节乃至多音节的字都可以成韵，因此韵就有限于单音节的“阳性韵”，涉及双音节的“阴性韵”和涉及三四个音节的“流滑韵”之分。北欧语言侧重“阳性韵”，南欧语言例如意大利语和西班牙语则侧重“阴性韵”。德语和法语处在这二者之间。至于“流滑韵”只有在少数语言里才大量出现。

韵的位置在行尾，行尾押韵的字虽然不一定在每一个场合下都集中表现出字义的加强，但是凭音质却可以引起注意。全章各行可以一韵到底，遵守一种抽象的同音复现的原则，也可以通过较精巧的形式换韵，使多种不同的韵有规律地交错和配合，或合或离，或前后呼应，这就显出韵的丰富多彩。这些韵时而直接相遇，时而互相逃避，时而互相追寻，这就使倾听和期待的耳朵时而立刻感到满足，时而被较长久的停滞所嘲弄、欺骗和勾引，但是终于发现到有规则的安排和往复回旋而感到快慰。

在各种诗之中，抒情诗由于所表现的是主体的内心生活，最倾向于用韵,使语言本身变成一种感情的音乐和谐和对称的音律。这种音律不是取决于时间尺度和节奏运动,而是取决于音质,这种音质的音乐是和"心声"对应的。这种用韵的方式形成了诗章的或繁或简的结构,每章自成完满的整体,例如十四行诗体,意大利诗的分段小曲体、情歌体、八行叠句体都是运用音质的玩艺儿,时而情感深厚,时而意味隽永。很少掺杂抒情因素的史诗就不分章,踏着整齐的步伐前进。例如但丁在史诗《神曲》里从头到尾都用三行韵组体,不同于他的用分段歌曲体和十四行体的抒情诗。①

c)节奏的音律和韵的结合

第三,我们在上文把根据节奏的音律和韵区别开来,显出这两个体系互相对立,现在要问:这两个体系的结合是否可能或是实际发生过呢?对于回答这个问题,某些近代语言的情况是重要的。在这些近代语言里,确实有恢复节奏体系以及节奏和韵相结合的现象。单就德语来说,关于恢复节奏体系,我只须提到克洛普斯托克,他不大爱用韵,无论在叙事诗还是在抒情诗里,他都极认真地努力摹仿古代的音律。浮斯和其他诗人步他的后尘,设法按固定的规律,对德国语言进行节奏式的处理,歌德却不大擅长于运用古代音节格律。他在诗里曾问得很对:"我们是否能像古代人,还爱看这样宽广的皱纹呢?"

1. 我在这里只须再提一下我在上文关于古代语言和近代语言的区别所说过的话。根据古代的节奏音律,要凭文字音节的自然

① 这一节说明字首韵,母音韵以及正式韵三种韵的区别和技巧以及近代语言中不同的民族在用韵上的差别。

的长音和短音，一开始就已有一个固定的尺度，字义的力量对这个尺度不能加以制约、改变或动摇。对近代语言来说，这种自然的长短尺度是不适合的，因为在近代语言里，只有意义决定的重音才使一个音节比另一个音节长。这样加重语气的方式并不能很恰当地代替自然的长短尺度，因为它使长短本身变成摇摆不定的，一个因意义而加重语势的字可以使另一个本来带重音的字语势减弱，所以既定的尺度只是相对有效的。例如 Du liebst（你爱）这两个字可以随语气的不同而把重音摆在前一个字或后一个字上，甚至使两个字都带重音，也就是两个字可以随便构成扬抑格、抑扬格或扬扬格。固然也有人在力图在德语里也恢复音节的自然的长短，并且定下一些规则，但是字义及其所突出的重音终于使这些规则行不通。事实上这是符合事物本质的。因为如果要把自然的长短定为音律的基础，就势必失去近代语言所必需的精神化（对精神意义的侧重），但是近代语言既已发展到使精神意义上升到统治感性材料（自然的音节长短）的地位，决定字的音节价值的就不再是感性的或自然的长短，而是文字所标志的意义了。精神方面的情感自由不容许语言的时间尺度独立地以它的客观自然状态而发生作用。①

2. 这并不是说，我们在德语里就必须完全抛弃用韵而只根据音节长短尺度定节奏的方式，我们只是要指出一个重要的事实：按照近代语言的本质，就不可能使音节格律达到古代人所达到的那种造型艺术式的稳实，所以就必须有另一种因素作为代替品，而

① 这一节重申近代语言对精神意义的侧重，反对在近代语言中恢复古代凭自然的长音和短音的配合而成的节奏系统的音律，拥护根据音质的押韵体系，因为这较符合近代语言的本质。

这种因素要比固定的音节自然长短更能符合精神意义才行。这种因素就是诗行中的重音和顿。这些都不再离开字义的重音而独立运行而是和它协调一致,因而获得一种虽较抽象而却较明显的突出语势。由于这种协调一致,我们在古代音律中所看到的那种三重强调方式所产生的复杂情况就势必消失了。由于同样理由,现在我们也很难成功地摹仿古代的节奏音律,可摹仿的只有其中听起来比较明显的那些因素,至于按固定的量的基础所形成的比较微妙的差别和比较复杂的配合却无法摹仿。我们没有节奏体系的量的基础,近代代替节奏而起决定作用的比较粗重的加强语势的方式也不能弥补这个缺陷。①

3. 节奏体系和韵的实际结合是可以允许的,但是比起在近代诗律里参用古代诗的长短尺度还更不适合。

3a) 因为由字的重音所决定的差别并不完全是一个充分根据实质内容的原则,从感性方面来说,这种长短差别并不是使耳朵听得足够分明。凡是诗的精神意义占优势的地方,就没有必要去利用字和音节的起伏呼应作为补充的表现手段。

3b) 但是从音节长短尺度的规律来看,却有必要找出一个对等力量,来和韵的强烈声响保持平衡,不致为它所淹没。但是现在应该分列和起统治作用的并不是音乐的自然长短的差别极其复杂变化,所以关于时间长短比例就只有一个办法,就是让同样的时间长短比例以整齐一律的方式一直复现下去,从而使拍子开始发生

① 这一节说明节奏体系中只有音律重音和顿在近代诗中仍起次要的作用,至于长短尺度所产生的复杂微妙的变化则在近代语言中无法摹仿。

比节奏体系所能允许的远较强烈的效果。例如德文诗中用韵的抑扬格和扬抑格时就有这种情况。在朗诵这种诗时所现出的拍子比朗诵古代不用韵的抑扬格时还更整齐划一，尽管在顿的地位稍停，可以突出某些按意义应强调的字，而且在这些字上的停顿也可以略微打破抽象的整齐划一，产生一种较生动的多样化。在这种情况下，像在一般诗里一样，用在诗里的拍子也不像用在音乐的那样严格固定。

3c）一般说来，韵只有在一种情况下才可以与节奏体系的音律结合，那就是这种节奏音律由于单靠长音和短音的、简单的轮流交替以及同样的、音步的不断复现，这种办法在近代语言里不能单靠它本身就足以使感性因素显得足够强烈，于是韵就可用来助势，弥补这个缺陷。但是在摹仿古代阿尔塞乌斯和莎佛诸人所创的那种较丰富多彩的节奏格律里，用韵就不仅是多余的，而且还会成为一种无法解决的矛盾。因为用韵的音律体系和按节奏的音律体系所根据的是两种对立的原则，如果勉强把它们结合在一起，那就只能是既结合而仍对立，所以这种矛盾是无法解决的、不可允许的。从此可见，只有在古代音律原则已成为一种强弩之末，比较疏远，而且在用韵的音律体系影响之下已发生过根本变化的情况下，才可以用韵。[①]

以上就是诗的表现方式不同于散文的一些带本质性的

① 黑格尔在这一节里基本上反对古代节奏体系和近代用韵体系的结合，认为近代语言运用长短尺度容易流于呆板的整齐划一，在这种情况下，用韵和顿的配合稍可打破呆板的整齐划一。但是这种韵与节奏的结合，原来的对立矛盾仍没有克服，因为侧重节奏形式与侧重内容意义是两个根本对立的原则。

要点。①

C. 诗的分类

1. 前此我们已就两个主要方面来研究诗的艺术:一方面是诗的一般原则,涉及诗作品的观照方式和组织方式以及诗创作主体的活动;另一方面是诗的表现,涉及诗用语文去掌握的观念,语言的表现方式本身以及诗的音律。我们要说的要点可以概括如下:诗须用精神性的东西作为内容,不过在对内容进行艺术加工之中,诗不能像造型艺术那样仅满足于提供感性观照的形象,也不能满足于像音乐那样从内心迸发出的声音,只让心灵去领会,此外也不能采取抽象思维的形式,而是要处在直接凭感官形象的生动性和情感思想的主体性这两极之间。由于诗的观念方式处在这种中间地位,诗就同时分属于左右两极的领域:诗从思维里取得精神方面带有普遍性的东西,这就是从直接呈现于感官的分散的事物之中抽出它们的较单纯的定性;诗在观念方式方面还保留着造型艺术所用的在空间中同时并列的关系。观念和思维的差别主要在于观念以感性观照为出发点,让所观照到的事物仍照原来的样子不相联系地同时并列;思维却要显出各有定性的事物互相依存,具有交

① 这个诗的音律部分比较偏重技术,而且专就西方语文来看,一般读者不必在这部分上纠缠。黑格尔的基本论点是古代诗的音律偏重语言长短轻重相间的节奏,近代诗偏重根据音质的押韵。希腊拉丁诗不用韵,中国古诗一般用韵,中国的平仄既有音长和音势的差别,也有音质的差别。这些都由于汉语和西文在本质上有些不一致。不过中国古诗(以《诗经》《楚辞》为代表)较重节奏,近代律诗较重音质和韵,似与西方诗仍有相类似处。

互的关系，作为下判断下结论之类推理活动的根据。所以诗的观念在艺术作品里要有可能把分散的个别的东西结合成为有内在联系的统一体，但是由于观念一般都不免带有松散性，所要求的统一本来是隐藏着的，这就使诗有可能使内容的各个部分和方面融成一个生动的有机体而同时在表面上又好像各自独立。这就是说，诗有可能使所选定的内容时而较多地朝思想方面发展，时而较多地朝外在现象方面发展。所以诗既不排除哲学的最高思辨，也不排除外在的自然现象，只要它不把哲学思想按照推理或科学论断的方式揭示出来，也不把自然现象按照原来的见不出意义的样子描绘出来。总之，诗要提供一个完整的世界，其中实体本质要以艺术的方式展现于人类动作、事件和情感流露所组成的客观现实。[①]

2. 但是要得到这种完整世界的展现，并不是通过木石和颜色而是只通过语言。语言的音律、重音之类，正如语言的表情姿势，通过它们精神内容意蕴才获得表现。如果要问这种表现方式的材料基础（媒介的担当者）何在，我们就可以回答说，语言并不像造型艺术作品那样独立自在，不依存于艺术创造的主体，而是只有活的人，即说话的人，才是一篇诗作品的感性现实存在的担当者。所以诗作品必须通过活的人去朗诵出、唱出或表演出，就像音乐作品离不开音乐家那样。我们固然习惯了默读史诗和抒情诗，只有在戏剧体诗里才听到说话，看到做姿势；但是诗在本质上是有声的，如果要使诗尽量地作为艺术而出现，它就不可没有声响，因为诗只

① 这一节总结上文第二部分的要点，说明诗处在造型艺术和哲学思考两极之间，和它们既有区别，又有牵连。所以诗既不排除哲学思想，也不排除对自然事物的描绘，它的任务在把内外两种因素统一成为有机整体。

有通过声响才真正和客观存在发生联系。印刷的或书写的字母当然也是客观存在的,但只是任意用来标志语言和文字的符号。我们前已说过,文字只是标志观念的手段,诗至少还要就这种符号的时间因素(音长)和声响(音质)进行加工,把它提高到成为受到它所标志的那种精神意义灌注生命的材料(媒介);至于印刷只使文字符号成为可以眼见的,见不出这种生命灌注,也不再与精神内容有联系,只让我们按习惯去把眼睛见到的符号转化为具有时间长短和声响的因素,并不是真正让我们听到有声的和占一定时间的字。所以如果我们满足于默读,那是一半由于我们很容易把所阅读的东西想象为听人说出的东西,一半也由于诗在各门艺术之中,它的一些重要方面都已在心灵中刻画成形,它的精髓是既不单凭目见,也不单凭耳闻而沁入意识的。但是正由于诗具有这种精神性,诗作为艺术就必不可完全抛弃它的实际表现的一方面。腹稿比起外现的作品,就像一幅简单的素描比起着色大师的彩绘一样,是很不完满的。①

3. 作为艺术的整体,诗不再由于材料(媒介)的片面性而只限于某一种创作方式,它一般可以把各种艺术的各种创作方式用作它自己的方式。因此,诗的品种和分类标准就只能根据一般艺术表现的普遍原则。

1. 第一,从这种普遍原则来看,诗一方面把外在现实事物的形式当作把在精神世界已发展成的整体展现给内在观念去领会的

① 这一节说明诗的特殊媒介是语言,而语言是由活的人说出来的,是有声的。木石颜色之类媒介可以独立存在,语言的声音却不能离开说话的人而独立存在。所以说话的人就是语言这种媒介的负担者,诗不能凭默读而充分发挥作用,必须通过朗诵、歌唱,甚至通过姿势去表演。

手段，在这方面诗采用了造型艺术的原则；另一方面诗把观念中这种雕塑成的形象展现为是由人和神的行动所决定的，所以凡是发生的事物一部分来自神或人的外在伦理上独立的力量，一部分则来自外在阻力所引起的反响或反作用；它的外在显现方式就是一件事迹，其中事态是自生自发的，诗人退到台后去了。史诗的任务就是把这种事迹叙述得完整。它按照诗的方式，采取一种广泛的自生自展的形式，去描述一个本身完整的动作以及发出动作的人物。人物之所以发出动作，时而是根据某种实体性动机，时而是由于碰到外在的偶然事变。这样，史诗就是按照本来的客观形状去描述客观事物。

歌诗人在歌唱这种供精神观照和感受的客观化的世界时所采取的方式并不是要借它来发泄他自己的活的思想情感。诵诗人一般用机械的方式去背诵，用一种整齐而单调的节拍，就像一般河流那样平静安稳地流下去。因为他所叙述的无论在内容上还是在外表形式上都应该显得是一个独立自足的现实世界，和作为主体的诵诗人隔得很远，所以诵诗人无论就内容本身来说，还是就诵的方式来说，都不应主观地使自己和所歌诵的独立自足的世界统一（混同）起来。①

2. 其次，与史诗相对立的是抒情诗，抒情诗的内容是主体（诗人）的内心世界，是观照和感受的心灵，这种心灵并不表现于行动，毋宁说，它作为内心生活而守在自己的家里。所以抒情诗采取主

① 这一节强调史诗用客观实在形式叙述客观世界的人物和事迹，无论是歌诗人（作者）还是诵诗人（以口诵史诗为职业者）都应严格保持史诗的客观性，不应渗入自己的主观情感和思想。

体自我表现作为它的唯一的形式和终极的目的。它所处理的不是展现为外在事迹的那种具有实体性的整体,而是某一个返躬内省的主体的一些零星的观感、情绪和见解。抒情诗人把最有实体性的最本质的东西也看作是他自己的东西,作为他自己的情欲、心情和感想,作为这些心理活动的产品而表达出来。要表达这种内心活动,就不能用背诵史诗时所宜用的那种机械的单调的语言,歌诗人就必须把抒情作品中的观念和思想方式看作他自己人格的体现,看作亲身的感受而表达出来。应当使抒情诗的歌诵显出生气的正是这种亲切感,表现这种亲切感特别要靠音乐方面的歌唱声调的抑扬顿挫,以及有时是可以允许的有时还是必要的乐器伴奏。①

3. 最后,第三种表现方式把以上两种表现方式结合成为一个新的整体,在其中我们既看到一种客观的展现,也看到这种展现的根源在于个别人物(角色)的内心生活,所以客观的事物被表现为属于主体的,反过来说,主体的性格一方面在向客观表现转化,另一方面诗的结局使人看到主体的遭遇是主体的行为所必然引起的后果。在这里像在史诗里一样,展现在我们眼前的是一个动作(情节)从斗争到结局的过程,一些精神因素在起作用,互相冲突,一些偶然因素又闯进来引起纠纷,而人的活动又联系到决定一切的命运或是主宰世界的神的意志作用;但是它和史诗毕竟不同,动作(情节)却不是按照实际发生时的外在形式,作为一件本已过去而仅凭叙述才复活过来的事迹而展现在我们眼前,而是我们亲身临

① 这一节说明抒情诗是史诗的对立面,它的内容是主体的情感思想,纵使这主体是旁人,歌诗人和诵诗人也应设身处境,把旁人的思想情感当作自己的而把它充分表达出来,这就有时要借助于音乐的伴奏。

场看到动作来自某种特殊的意志，来自某些人物性格中的道德的或不道德的品质，因此个别人物性格成为中心，这就是按照抒情诗的原则了。但是与抒情诗仍有分别，这些个别人物并不是按照他们的单纯内心生活而表现自己，而是在实现凭情欲抉择的目的中把自己显现出来，并且按照史诗突出坚固实体性的原则，来衡量上述情欲和目的的价值，看它们是否符合客观情况和具体现实中的理性规律。用这样衡量出来的价值和作出决定时所处的情境为标准，去指导行动，来决定他们自己的命运。这种出自主体的客观事物，也就是表现于实现过程和客观价值的主体性格，总之，就是处在整体状态的精神（内在精神与客观事物的统一）；它作为动作，向戏剧体诗既提供形式，也提供内容。

这种具体的整体本身也是主体的，因为它是主体性格的客观表现，所以戏剧体诗的描述方式，除掉要使地点之类因素具有绘画式的鲜明性之外，还要由歌诵者或表演者用整个人身去体现真正的诗，这就是说，戏剧表现所用的材料（媒介）就是活的人。因此，戏剧中的人物一方面要把他内心中的东西作为他所特有的东西（性格特征）而表现出来，像在抒情诗里那样；另一方面又须在实际生活中发出动作，作为一个完整的主体而与其他人物对立，也就要有些外表活动，要做些姿势。姿势像语言一样，也是一种内心生活的表现，也要求艺术的处理。在抒情诗里已可以看出近似戏剧的办法，它分配不同的人物在不同的场面表现不同的情感。在戏剧体诗里主体的情感须外现于动作，所以可以眼见的姿势动作就成为必要的。姿势把文字的一般意义表达得更生动具体，通过站相、面相、手势等等显出各人各样的表情，使文字所表达的一般意义达到个性化和完满化。如果通过艺术处理,使姿势达到高度的发展,就可以不用语言了,哑剧就是这样产生的。哑剧把诗的节奏运动转化为肢体的节奏和绘画式的运动,在这种身体姿势和运动的造型性的音乐里,冷静的雕刻作品受到生气灌注,就变成了舞蹈,所以舞蹈把音乐和雕刻统一起来了。[①]

1. 史诗

"史诗"在希腊文里是 Epos,原义是"平话"或故事,一般地说,"话"要说出的是事物是什么,它要求有一种本身独立的内容,以便把内容是什么和内容经过怎样都说出来。史诗提供给意识去领略的是对象本身所处的关系和所经历的事迹,这就是对象所处的情境及其发展的广阔图景,也就是对象处在它们整个客观存在中的状态。

在这里我们首先要确定史诗的一般性质,

其次要指出真正史诗的特别重要的特点,

第三要列举一些不同的史诗作品在史诗形成的历史过程中实际采用过的一些特殊的表现方式。

a)史诗的一般性质

(一)箴铭、格言和教科诗

最简单的史诗表现方式由于抽象的凝缩,是片面的、不完备

① 这一节说明戏剧体诗是史诗与抒情诗的统一。史诗的特点是客观性,抒情诗的特点是主体性,戏剧体则以事迹(动作情节)为内容,要表现主体的性格、情欲和理想于客观的情境和行动。戏剧体诗的特点是用活的人(演员)做媒介、动作之外还有姿势。姿势一方面发展成为哑剧,另一方面发展成为舞蹈,舞蹈是音乐和雕刻的统一。

的。它从具体的世界和丰富多彩而变化无常的现象中挑出某种本身有根由和必要性的东西,用史诗的文字把它集中表现出来。

1. 研究这种表现方式可以从箴铭这第一种开始。箴铭实际是写或刻在石柱、器具、纪念碑、礼品等等上面的。它就像指向某一种东西的手指,用写刻在对象上面的话去说明没有文字描述时原已摆在眼前的地方性的雕塑出形状的东西,只简单地标出这件东西是什么。在这里人还没有说出他的具体的自我,他环视四周,看到一个引起他兴趣的对象或地点,于是就在上面写上一点简练的话把对象的核心说出来。

2. 进一步就是消除既有实物摆在眼前而又加上箴铭的这种屋上架屋的办法,即对象不在眼前,诗把对象的观念说出来。属于这种的有古老的格言或道德箴规。它们用凝炼的语言写下了比感性事物更坚固,比纪功坊更持久和更有普遍意义,比祭祀礼品、石柱和庙宇还更不可磨灭的东西。它们涉及人生职责、生活智慧以及关于在精神界形成人类知识行为的牢固基础和联系绳索之类东西的看法。这种掌握方式之所以具有史诗性质,是因为这类格言所揭示的不是主体的情感和纯粹个人的感想,而且目的也不在打动人心、激起情感,而在使人认识到它对于人类就是职责,就是光荣,就是正当道理的那种意义深远的东西。古希腊史诗有时就带有这种史诗的语调,例如流传下来的梭伦①的某些挽歌就往往用劝诫的口吻和风格,内容大半是关于社会公共生活、法律和道德之

① 梭伦是公元前 7 世纪雅典立法者;毕达哥拉斯是公元前 6 世纪希腊哲学家和数学家,一个神秘学派的开山祖。

类的教训和告诫。传说是毕达哥拉斯写的《金言》也可以归到这一类,不过其中作品全是混合种,大体上虽用某一种体裁的语调,但由于题材的缺陷,却不能使这种体裁达到完满的发展,不免掺杂其它体裁例如抒情诗的语调。

3. 第三,我前已提到过,这类表达方式可以把原来零星的各自独立的片段联系成为较大的完满的整体。这就简直是史诗的体裁了。因为在这里形成统一体和提供中心的不是单纯的抒情诗的情调,也不是一件戏剧的动作(情节),而是某一确定范围的现实生活,诗人把这种现实生活的本质在整体上和在各个特殊因素方面(例如完善、职责等等)都带到意识里来。按照这一发展阶段的史诗的性质,它所要揭示的内容是本身永恒普遍的东西,都带有一种最富于伦理意味的目的,例为告诫、教训和促进道德生活之类。所以这类作品一般都带有教科诗的语调,由于这类金科玉律还是新鲜的,人生观是新颖的,观点是天真素朴的,比起近代干燥无味的教训诗却有天渊之别。而且这类诗让描绘因素发挥必要的作用,教训和描绘所形成的整体就显得在实质上是直接根据经历过而且理解透的现实生活本身的。作为一种便当的例子,我只想举赫希俄德的《工作和日令》,[①]这部史诗用素朴的风格进行教训和描绘,从诗的方面也使人得到乐趣,和维吉尔的田园诗[②]的那种典雅渊博、条理井然,但是跟枯燥的风格相比,风味就大不相同了。

① 赫希俄德是公元前8世纪希腊诗人,他的《工作和日令》是一部农事诗,内容颇似中国的《四民月令》,写农村生活,也包括政治和道德方面的格言。他还写了《神谱》,见下文。

② 罗马史诗家维吉尔也写过一些田园诗和牧歌体诗,大半是古希腊田园诗和牧歌的摹仿,以宫廷诗人而写农村生活,当然没有现实生活的基础。

（二）哲学的教科诗、宇宙谱和神谱

上述箴铭、格言和教科诗之类品种都取材于某些特殊领域的自然现象和人类生活，用简练的语言，把某一对象、情境和范围中带有永恒意义和真正本质的东西比较零星地或比较完整地表现出来，使人可以认识到。由于当时诗还比较密切地结合现实生活，诗的艺术就成为起实践作用的工具。此外也还有一种诗形成第二个系统，比前一种有时较深刻，有时对教训和促进道德较少注意。属于这种的有宇宙谱、神谱和还没有完全放弃诗形式的哲学作品。

1. 例如克赛诺芬和巴门尼德①叙述爱利亚派哲学的诗篇，特别是巴门尼德在他的哲学著作的导言部分就采取了诗的形式。诗的内容是变化无常的个别特殊现象和永恒不朽的太一之间的对立。个别特殊的东西不能满足心灵的要求，心灵要追求真理，要用思维的意识去掌握真理的抽象的统一和完满。心灵面对这种对象的伟大而感到开阔，就和它的威力进行搏斗，在心情振奋之中，就倾向于采取抒情诗的语调。不过对深思过的内容进行阐述仍带有实事求是的史诗性质。

2. 在宇宙谱里提供内容的是事物，特别是自然事物的变化，是它们在火热的活动中的压力和斗争，这种变化激发了诗的想象把发生的动作和事迹表现得更丰富更具体，所采用的方法是对纷

① 这两人都是公元前6世纪希腊爱利亚派哲学家，这个学派代表怀疑主义，较知名的成员是芝诺。克赛诺芬写过一篇诗，叫做《事物的本性》。巴门尼德的主要著作是《论自然》，是用诗的形式写的，仅流传下一些断简残篇。

纭万状的自然力量隐约地或明确地加以人格化和象征化,使它们具有人类动作和事迹的形式。这种史诗的内容和表现方式特别适宜于东方的一些自然宗教,首先是印度诗最擅长于对世界起源以及在世界中起作用的各种力量,想象出和描绘出往往是离奇怪诞的神话。

3. 神谱也有些类似情况。要使神谱获得正当的地位,须有两个条件:第一,多种多样的神不应专以自然生活为他们威力和创造力的主要内容而排除其它,第二也不能有独一的神恁思想和精神去创造世界,抱着妒忌的一神教的态度,不许有其他的神在他周围。希腊宗教观正是处在这种恰到好处的中间地位。它以天神宙斯家族抗拒不受控制的原始自然力量所得到的解放,以及对这些原始自然力量所进行的斗争中,替神谱找到了一种永恒不变的题材,这题材就是变化和斗争。这正是希腊史诗中的那些永恒的神的真实起源史。流传下来的赫希俄德的《神谱》就是这种史诗现念形式的著例,其中凡所发生的事都采取人类事迹的形式。随着召唤来进行精神统治的那些神愈获得解放而达到符合他们本质的显出精神个性的形象,神谱也就愈来愈少用象征的方式,因为有理由把神当作人来处理和描述了。

但是这种史诗(神谱)还缺乏诗所应有的圆满刻画,它所能描述的一系列行动事迹虽显出必然的先后次第,但是没有哪一个个别事迹或动作是从某一个中心出发而且从这中心找到它的统一和完整。此外,这种史诗的内容在本质上还不能提供一个本身完满的整体的观念,因为它在本质上还缺乏真正是人类的现实生活,而只有这种现实生活才能提供真正具体的材料去表现神力的统治。所以史诗如果要获得完满的形式，就还要克服这种缺点。①

（三）正式的史诗

在我们称之为正式的史诗里，这种缺点才得到克服。在上述那些一般不加讨论的史诗品种里，语调虽是史诗的，内容却不真正是诗的。因为从确定的材料来看，道德箴规和哲学格言都还停留在抽象的一般上，而真正是诗的内容却须把具体的精神意蕴体现于具有个性的形象。至于史诗以叙事为职责，就须用一个动作（情节）的过程为对象，而这一动作在它的情境和广泛的联系上，须使人认识到它是一个与一个民族和一个时代的本身完整的世界密切相关的意义深远的事迹。所以一种民族精神的全部世界观和客观存在，经过由它本身所对象化成的具体形象，即实际发生的事迹，就形成了正式史诗的内容和形式。属于这个整体的一方面是人类精神深处的宗教意识，另一方面是具体的客观存在，即政治生活、家庭生活乃至物质生活的方式，需要和满足需要的手段。史诗把这一切紧密地结合到一些个别人物身上，从而使这一切具有生命，因为对于诗来说，普遍的具有实体性的东西只有作为精神的活生生的体现，才算存在。这样一种把整体和个体结合在一起的世界在实现过程中须以平静的步伐前进，不是像在实践行动和戏剧里那样匆忙地达到目的和结果，这样就便于我们在所发生的事情上流连，对事变过程中某些个别的画面深入玩索，对描述的周密鲜明进行

① 以上 a、b 两段约略列举箴铭、格言、教训诗之类雏形史诗。黑格尔在这里提出了神是原始自然力量的人格化的观点。费尔巴哈在《基督教的本质》里，马克思在《政治经济学批判》里都发挥了这个观点。

欣赏。全部描述的进展在它的客观形象之中就是连成一片的，但是这种连贯的基础和界限却由已定的史诗题材的内在本质来定，只是不把这种基础和界限明显地指出来。史诗尽管有较多的节外生枝，并且由于各部分有较大的独立性，联系是比较松散的。我们却不能因此就设想史诗可以无休止地一直歌唱下去，史诗像其它诗作品一样，也须构成一个本身完满的有机整体，只是它的进展却保持着客观的平静，便于我们能对个别细节以及生动现实的图景发生兴趣。

1. 作为这样一种原始整体，史诗就是一个民族的“传奇故事”，“书”或“圣经”。每一个伟大的民族都有这样绝对原始的书，来表现全民族的原始精神。在这个意义上史诗这种纪念坊简直就是一个民族所特有的意识基础。如果把这些史诗性的圣经搜集成一部集子，那会是引人入胜的。这样一部史诗集，如果不包括后来的人工仿制品，就会成为一种民族精神标本的展览馆。不过并不是所有的民族圣经都具有史诗所应有的诗形式，也不是把所有宗教和世俗生活中最神圣的东西表现于雄伟的史诗作品的民族都有基本的宗教经典。举例来说，《旧约》固然包含许多传说故事，实在的历史乃至一些零星的诗歌，但就整体来说，却不能算是一部艺术作品。《新约》和《古兰经》同样地局限于宗教生活，这些民族的宗教以外的生活是宗教生活的后来的结果。另一方面，希腊人有荷马史诗作为他们在诗方面的圣经，却没有印度人和波斯人所有的基本的宗教经典。不过在有原始史诗的地方，我们须把一个民族的原始史诗和后来的经典作品区别开来，后者不再能反映全民族精神的全部观点，而只是较抽象地反映其中某些个别方面。例如印

度的诗剧或是梭福克勒斯的悲剧就不能像印度的《腊玛雅那》和《摩诃婆罗多》两部史诗或是荷马的《伊利亚特》和《奥德赛》那样显示出民族精神的全貌。①

2. 正式的史诗既然第一次以诗的形式表现一个民族的朴素的意识，它在本质上就应属于这样一个中间时代：一方面一个民族已从混沌状态中醒觉过来，精神已有力量去创造自己的世界，而且感到能自由自在地生活在这种世界里；但是另一方面，凡是到后来成为固定的宗教教条或政治道德的法律都还只是些很灵活的或流动的思想信仰，民族信仰和个人信仰还未分裂，意志和情感也还未分裂。

2a）后来个人的自我和全民族的精神信仰整体以及客观现实情况，以及所用的思想方式，所做的事及其结果都分裂开来了，个人本身的情感和意志也分裂开来了，只有到了这样的时代，史诗才让位给抒情诗和戏剧体诗，让这两个诗品种达到最成熟的发展。这种情况到一个民族的较晚的生活时代才会充分实现，当时人们定下来指导行动的普遍规定已不再从属于全民族的情感思想体系，而是独立地显现为一种固定的法律，政治制度和道德规范之类散文性的安排，这就使得遵行的义务对于人成为不是内在固有的而是外来的，与人对立的，人被迫要服从的一种必然的约束。面对着这种本身已成定局的现实情况，人的心灵有时就转向由主体情感思想所形成的一种仿佛是独立自在的世界，不使情感思想之类因

① 这一节说明正式史诗是在诗的历史发展最初的阶段，通过神和人的事迹，来表现一个民族和一个时代的民族精神（特别是宗教意识）和客观现实生活的艺术形式。各民族的史诗就是各民族的圣经，但是有史诗的民族不一定就有宗教经典，例如希腊人；有宗教经典的也不一定有史诗，例如犹太人。

素表现于行动,而只是在它们上面流连玩索,于是就表现个人的内心生活于抒情诗;另一种情况是心灵把实践性的欲望提升到首位,要在行动中去实现它自己的独立,要剥夺客观情境和事迹在史诗中所享受的独立权。导致产生戏剧体诗的就是这种人物性格和目的在行动方面所表现的个性尊严的加强。但是史诗却不然,它却要求情感与行动的统一以及内心所要实现的目的与客观世界事态的统一,这种尚未分裂的原始的统一只有在民族生活的最初期和诗的发展的最初阶段才会出现。

2b) 但是我们不能因此就认为一个民族在他们的英雄时代即史诗的摇篮期,就已有用诗来描述自己的艺术了,因为一个在实际生活上已具有诗的性质的民族是一回事,而对诗的材料有意识地要去表现而且有艺术本领能去表现,却另是一回事。对世界进行描述的要求,即艺术的形成,必然要比自由自在地直接享受诗的生活的那种精神出现得较晚。荷马和传说出于荷马之手的诗篇要比所歌咏的特洛伊战争晚几百年。特洛伊战争是一件实际发生过的事,正如我所相信的荷马本人也确是一个历史人物。奥森(假如用他的名字流传下来的那些诗歌真正是他写的话)① 也是歌颂过去的一个英雄时代的,这个英雄时代的已沉没的光辉使人感到有必要用诗来表现它和纪念它。

2c) 不过民族的诗的生活和民族史诗的出现尽管在时间上有间隔,诗人和他的题材之间仍必须有紧密的联系。诗人必须完全熟悉他所描述的情况,观照方式和信仰,对他基本上仍是现实的题材只须提供诗的意识和描述的艺术。如果当前现实所强加于诗人

① 《奥森的诗》,已见第一卷325页注。

的那种正起作用的信仰、生活和习惯观念和诗人以史诗方式去描述的事迹之间毫无亲切的联系，他的作品就必然是支离破碎的。因为一方面是诗人所要描述的内容，即史诗的世界，另一方面是原来离开这内容而独立的诗人自己的时代意识和观念的世界，这两方面虽然都是精神性的，却依据不同时代的原则而有不同的特征。如果诗人自己的精神和他所描述的民族生活和事迹所由产生的那种精神根本不同，那就会产生一种分裂现象，使人感到不合式乃至不耐烦。因为一方面我们看到过去世界情况的各种场面，另一方面又看到毫不相同的诗人所处时代的形状，思想方式和对待事物的方式，其结果是从文化较发达时代的眼光去看这种对过去信仰的描述，就感到枯燥无味，简直是迷信，是诗人所虚构的无聊装饰，这就使原始心灵所特有的那种生命力完全丧失了。①

3. 这就牵涉到诗人在正式史诗里所应处的地位。

3a) 尽管史诗须客观地实事求是地描述一个有内在理由的，按照本身的必然规律来实现的世界，尽管诗人自己的观念方式还接近这个世界并且还能使自己和这个世界等同起来，描述这个世界艺术作品却还是他个人的一部自由创作。关于这一点，我们可以回忆希罗多特的一句名言：荷马和赫希俄德替希腊人创造了神。希罗多特称赞这两位大史诗作者所具有的这种自由创造的大胆也

① 第2段三节说明史诗的产生时代，民族精神已觉醒，但是关于宗教道德法律等观念，还没有固定成为对个人有约束力的教条和规章制度，民族理想和个人理想还没有分裂。到了后来民族与个人在意识形态上分裂了，个人本身的情感和意志也分裂了，于是史诗就让位给偏重主体情感的抒情诗和偏重表现主体性格于客观事迹的戏剧体诗。史诗的出现比史诗所写的生活时代较晚。但史诗作者与他所写的过去时代相隔也不能太远，否则诗人的时代意识和所写的史诗的时代意识有本质的差别，作品就会显出这种分裂，不能表现过去史诗时代的真正的民族精神。

可以说明史诗在一个民族中必然是古老的,它所要描述的却还不是最古老的情况。几乎每一个民族在它的最早的起源时代都或多或少地接受过某一种外来文化和异族宗教崇拜的影响。正是这种外来影响导致精神方面的奴役,导致迷信和野蛮状态。在这种情况之下,精神对最崇高的对象不感到家常亲切而感到陌生,不是由本民族和个人的意识所产生出来的。例如印度在它的伟大的史诗时代以前,在宗教观点和其它情况方面就已经历过多次大革命。希腊像我曾经提到过的,也要在埃及、腓尼基和小亚细亚等外来文化基础上进行改革。罗马人沿袭了希腊文化的一些因素,民族大迁徙中一些蛮族也接受了罗马的和基督教的影响,如此等等。只有到了诗人凭自由的精神抛弃了这种外来桎梏,对事物有自己的独立看法,重视自己的精神,因而克服了意识领域的混乱,这时才能开始产生真正的史诗。另一方面,在一个时代里,如果已出现了抽象的信仰,定得很完备的教条,固定的政治的和道德的基本原则,那也就已离开史诗所要求的具体(一般与特殊尚未分裂)而家常亲切(摆脱了外来文化的束缚)的精神状态了。真正的史诗作者所处的情况却与此不同,尽管他在创作上享有自由独立,他对所描述的世界,从在个人内心中起作用的那些普遍力量,情欲和旨趣到一切外在事物,却都要了如指掌。例如荷马描述他的史诗世界就亲切如道家常,对旁人家常亲切,对我们也就家常亲切,因为我们从这里看到真实情况,看到生活在那个史诗世界里而感到自在的精神,又看到诗人自己和他的全副心思和精神都显现在诗里,这就使我们更感到心情舒畅。这样一个时代可以处在文化发展的较低阶段,但是仍然处在诗和美的阶段,所以我们可以从内容意蕴上领会到真正的人的高尚要求——即每一个英雄人物的荣誉，思想和情感，计谋和行动——并且欣赏这些描绘得很详细的，既高尚而又生动鲜明的人物形象。①

3b）为着显出整部史诗的客观性，诗人作为主体必须从所写对象退到后台，在对象里见不到他。表现出来的是诗作品而不是诗人本人，可是在诗里表现出来的毕竟还是他自己的，他按照自己的看法写成了这部作品，把他自己的整个灵魂和精神都放进去了。他这样做，并不露痕迹。例如在《伊利亚特》这部史诗里叙述事迹的有时是一位卡尔克斯，有时是一位涅斯特，②但是真正的叙述者还是诗人自己。就连在人物角色的内心变化诗人也往往借神来加以客观的描述，例如阿喀琉斯发怒时，雅典娜女神就出现在他面前，劝他息怒保持镇静。这是诗人的意造，但是所叙述的毕竟是客观事实而不是诗人自己的内心世界，所以创作主体的因素应完全退到后台，正如诗人也不应在他展示给我们看的那个世界里露面一样。从这个观点看，伟大史诗风格特征就在于作品仿佛是在自歌唱，自出现，不需要有一个作家在那里牵线。③

3c）但是史诗作为一部实在的作品，毕竟只能由某一个人生产出来。尽管史诗所叙述的是全民族的大事，作诗者毕竟不是民

① 这一节说明史诗作者的地位：他应该保持客观态度，但是史诗还是他个人的自由创作。史诗起源于民族早期但不是最早期。因为在最早期民族文化一般都要受外来文化的干扰或奴役，只有诗人摆脱这种奴役，真正能代表本民族的精神和意识，他才有自由创作的可能，他的作品也才显得家常亲切，能得到听众的同情共鸣和欣赏。

② 卡尔克斯是一位星相家，涅斯特是一位老谋士，《伊利亚特》里有些故事片段是由他们叙述的。

③ 这一节重申史诗的客观性，诗人不应在史诗里露面，但这并不是说，他的作品不是他的整个灵魂和精神的体现。

族集体而是某某个人。尽管一个时代和一个民族的精神是史诗的有实体性的起作用的根源,要使这种精神实现于艺术作品,毕竟要由一个诗人凭他的天才把它集中地掌握住,使这种精神的内容意蕴渗透到他的意识里,你为他自己的观感和作品而表现出来。因为诗创作是一种精神生产,而精神只有作为个别人的实在的意识和自意识才能存在。按一定语调写成的作品既已存在,它就成了一种现存的榜样,可以供人摹仿,按照类似的或相同的语调去歌唱。例如我们现在听到一大批一大批的诗人都在摹仿歌德的语调歌唱。但是许多首诗都按照同一个语调歌唱下去,并不形成一部首尾联贯完整的作品,这种完整的作品只有从某一个人的精神中才能产生出来,这一点对于荷马史诗乃至于《尼伯龙根歌》[①]的认识都特别重要。《尼伯龙根歌》的作者是谁,并没有确凿的历史根据。关于《伊利亚特》和《奥德赛》却有一种众所周知的意见,认为实际上并没有荷马这样一个人作出这两部史诗的全体,而是先由一些个别的作者作出其中一些个别的部分,然后这些部分被结集成为两大部作品。[②] 涉及这个看法,首先就要问:这两部史诗之中是否每一部都自成一部史诗的有机整体,还是像现时流行的主张所说的,这两部史诗都没有必然的开头和结尾,所以可以无休止地歌唱下去?荷马史诗的结构在本质上固然比较松散,不像戏剧体诗那样紧凑,其中各部分不免显得彼此独立,乃至还有一些题外的穿插和

① 《尼伯龙根歌》是中世纪日耳曼民族的史诗,上文已屡见。详见下文“正式史诗的特征”2b 节注。

② 关于荷马史诗的看法,西方文学史家至今还没有定论。比较可信的是史诗起源于民间歌唱,后来才由文人结集起来,加工整理过。现存的荷马史诗是公元前 7 世纪才结集的,而荷马却传说是公元前 10 世纪左右的以唱诗为职业的盲人。

异文；但是它们毕竟各自形成一个有内在联系的整体，而这样的整体只能出于一个人的手笔。如果说荷马史诗缺乏整一性，只是由一些用同一个语调的史诗片段拼凑成的，这种看法是粗陋的，不符合艺术性质的。如果这种看法所指的只是诗人作为主体在他的作品里不曾露面，那倒是对他最高的表扬；那就等于说，人们从这些史诗里看不出诗人自己的主体的思想和情感，这倒是荷马史诗的真实情况。其中所表现的只是事实，只是全民族的客观的观照方式。不过就连民族诗歌也要一张口或一副喉舌，从充满民族情感的内心里放声歌唱出来。一部本身整一的艺术作品就需要某一个人的整一的精神。①

b）正式史诗的特征

上文讨论史诗的一般性质时，我已约略提到一些雏形的史诗品种。它们尽管用的是史诗语调，却还不是完整的史诗，因为它们并没有把一种民族情况和一种整体世界中发生的具体事迹表现出来，而只有这种情况和事迹才是完整史诗的适合的内容，完整史诗的基本特点和条件上文已经指出了。

在这番回顾之后，我们现在就要研究可以从史诗艺术作品的本质中抽绎出来的一些特殊的要求。这里马上碰到的困难在于就特殊的方面进行一般性的讨论，就没有多少话可说，我们就不得不研究历史发展以及各民族的个别史诗作品，而各民族和各时代在

① 在这一节里黑格尔举荷马史诗为例说明一部首尾联贯的完整作品必须由某一个作者作出。他还没有集体创作的概念，也不明白真正的原始的民族史诗一般都起源于民间歌唱，在流传中陆续增删修改成的。

这方面有很大的差异,就很难得到适用于一般的结论。不过这种困难倒有一种解决办法,这就是从许多民族的史诗经典中挑出一种来,把它作为正式史诗的标本或例证。荷马史诗就可以作这种标本。所以我想主要地根据荷马史诗来找出一些我认为符合史诗本质的基本定性。这种基本定性可以总结如下:

第一,我们要研究一般世界情况具有什么样性质,才可以使史诗的事迹得到恰当的表现;

其次,我们要研究这种个别的史诗事迹本身的性质;

第三,我们要看看用什么形式才可以使上述两方面在一部艺术作品里达到统一,形成史诗的完整体。

(一) 史诗的一般世界情况

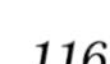

我们开始时就已经说过,在真正的史诗事迹里要完成的因而要描述的并不是一件孤立的偶然的事,而是一件从时代与民族情况的整体中派生出来的动作(情节),所以只有把这个动作放在一个较广大的世界里才能把它认识清楚,在描述中也要求反映出这种结合在一起的实际情况。——我现在只能约略提一提这种一般世界情况基础所应有的正确的诗的形状,因为在第一卷讨论理想的动作情节所要求的一般世界情况时,已指出这方面的要点了①。现在我只谈对史诗特别重要的几点。

1. 史诗用为背景的最适宜的世界生活情况可以略述如下:这种生活情况对于个别人物已成了现成的具体现实,但是和原始生活气息还有紧密的联系,如果让高高在上的英雄们去开创一种世

① 见第一卷223—250页。

界情况，决定什么才存在或什么才应该存在，这种决定就带有主观性，不能显现为客观现实，这就不符合史诗的性格。

1a) 在史诗的世界情况里，伦理生活的关系，家庭的结合乃至全体人民在战争时期和在和平时期作为一个民族的团结，都应该已经建立起来而且经过了发展；但是同时也还没有固定的道德规章和法律条文之类普遍生效的东西，不顾个人主观方面生动具体的特殊情况，即使违反个人意愿，对个人还是有严格的约束力。与此相反，在史诗的世界情况里，应该成为唯一根源和支柱的是是非感，正义感，道德风俗，心情和性格，而这些因素还没有由知解力固定下来成为散文现实的形式，和人心或个人思想情感相对立。一个社会如果已发展成为组织得很周密的具有宪法的国家政权，有制定的法律，有统治一切的司法机构，有管理得很好的行政部门，有部长，参议员和警察之类人物，它就不能作为真正史诗动作（情节）的基础。客观的道德习俗情况固然是意志和实现意志的结果，但是起意志和实现意志都只能靠行动的人物和他们的性格，并不是由于道德习俗本已普遍生效而且本身有存在理由，它就能获得客观存在（实现）。我们在史诗里固然看到客观的生活和行动具有根本的共同一致性，但是也看到这种生活和行动中毕竟还有自由，这种自由就显出个人的主观意志①。

1b) 这番话也适用于人对周围自然的关系，人从自然中所取得的满足需要的手段以及这种满足的性质。关于这一点，我第一

① 这一节说明在史诗的世界情况中还没有出现与个人相对立的固定的严格的道德法律等等的规章制度，个人还有凭主体的情感和意志去行动的自由。在近代国家政权之下，个人与社会分裂对立，就不可能产生史诗。

卷谈理想从外在世界得到定性时也已讨论得很详细。凡是人在物质生活方面所需要的东西,例如居房和园地、帐篷、床、刀矛、航海的船、载人去打仗的车、烹调、屠宰、饮食等等,没有哪一件对人只是一种死板的手段,而是每一件都必使人感到其中有他的全部聪明才智,有他自己。所以本来是外在的东西因为和人有紧密的联系而就打下了人的个性的烙印。从这个观点来看,我们近代的机器工厂及其产品以及一般满足物质生活需要的方式,正如近代国家机构一样,也完全不宜于做原始史诗所要求的那种生活背景。正如知解力及其抽象普遍概念以及完全不依存于个人心愿的统治权在真正史诗的世界观里还不能起作用一样,人在史诗世界里也还没有脱离和自然的生动的联系,还与自然在一起过着时而友好时而斗争的强烈而新鲜的共同生活。①

1c) 这就是我在第一卷(229—246 页)所说的与牧歌时代不同的英雄时代(史诗时代)的世界情况。我们看到荷马用最优美的诗歌和丰富多彩的人物性格把这种英雄时代的世界情况描绘出来了。在他的史诗里,家庭生活和社会生活既没有野蛮时代的那种实在情况,也没有家庭关系和国家秩序都已固定下来时那种单凭知解力的散文气息的生活,而是处在我所指出的原始诗的那种中间状态。这里有一个基本要点:人物形象都现出自由的个性。例如在《伊利亚特》里,阿迦门农固然是王中之王,其余的将领都在他的王杖指挥之下,但是他的统辖权并不是主奴之间命令与服从的

① 这一节说明史诗时代人与自然和物质生活的紧密联系,自然向人提供满足需要的手段而人的性格和行动也在这种手段上打下了自己的烙印。马克思在《政治经济学批判》里讨论文艺与物质生产的紧密联系时所谈的也是这个问题,读者最好仔细参较。

死板关系。他要考虑到许多方面，谨慎从事，因为他下面的那许多君主并不是一些招之即来的将官，而是和他享有同样的独立自主权。他们都凭自愿团聚在他的麾下，或是由于各种机缘前来参加这次远征。他遇事要和他们商量，如果他们不听话，就会像阿喀琉斯那样离开战场，拒绝参战。正是这种自由参加，凭自己的意志作抉择，保证了个性的独立不遭到损害，也使整个局面具有诗的模样。同样的情况在《奥森的诗》也可以见到，熙德①这位代表浪漫的骑士风的民族史诗的英雄和随从他的那些将领之间的关系也是如此。就连在阿里奥斯陀和塔梭的史诗作品里，②这种自由的关系也还没有遭到损害，特别是在阿里奥斯陀的作品里，那些分散的英雄们彼此几乎没有什么联系，各自独立地进行冒险事业。其中人民对领袖的关系也正和希腊将领们对阿迦门农的关系一样，并没有人民要被迫服从的法律；他们服从是根据荣誉感，崇敬心，在能用暴力的强汉面前的羞耻以及英雄性格令人折服的力量等等。家庭内部的秩序也不是靠固定的主仆关系而是靠情感和道德习俗来维持的。一切都仿佛本来就是如此。例如荷马叙述希腊人和特洛伊人在一次战役中，希腊人固然也损失了一些英勇的战士，但是伤亡没有特洛伊方面那么多，因为（荷马说）希腊人总是想到在危急中互相救援，他们有互助的风格。如果我们今天要确定一个纪律严明的军队和一个没有文化的军队之间的差别，我们也会认为

① 熙德是同名的中世纪西班牙民族史诗中的主角，叙述他领导西班牙人抗拒非洲伊斯兰教徒摩尔族入侵的战争事迹。

② 阿里奥斯陀（1474—1533）的史诗作品是《发狂的罗兰》，塔梭（1544—1595）的史诗作品是《耶路撒冷的解放》。两人都是意大利诗人，所写的都是中世纪基督教徒与伊斯兰教徒的战争。

有教养的军队的本质特征在于这种团结一致,这种自己和旁人处在统一体中才好发挥效能的意识。野蛮的军队只是些乌合之众,其中没有人能依靠旁人。但是在我们现代须凭辛苦的严格军事训练才能得到的结果,像是在督促和命令之下苦练成的一种秩序,在荷马史诗里却是一种自生自长的道德习俗,很有生气地体现在每一个人身上。

由于同样的缘故,荷马对外在的事物和情况进行了丰富多彩的描绘,他并不在近代小说所喜欢描写的自然风景上浪费工夫,但是对一根手杖、一根王笏、一张床、武器、衣服、门柱之类却描绘得极细致,甚至把户枢也描绘出来。这些东西对于我们近代人好像琐屑不足道,我们受了近代教养的影响,对许多外在事物和表达方式都抱着傲然不屑一看的态度,而把衣服器皿和陈设之类事物的等级却划分得很细密。此外,近代满足需要的手段都是分成许多零件,由许多不同的工艺行业分途制造,这样拼凑起来的成品中每一特殊部分都降到附属品的地位,我们就觉得它们不值得注意和列举。古代英雄生活中的器具及其制造都很原始简朴,他们之所以肯花工夫去描绘它们,是因为人们还不曾把这一切事物分出高低等级,它们都是有使用价值的。人们也还不曾使整个生活脱离有实用的具体事物而转到纯粹理智的领域,所以他们还能从这些原始简朴的器具及其制造中看到自己的熟练手艺,财富和正当的兴趣而感到光荣。屠宰、烹调、斟酒之类工作还要由英雄们自己去干,他们把这类工作当作目的和享受来进行。至于我们近代人哪怕吃一餐午饭,要使它显得不是一件日常琐事,就不仅要有佳肴,还要搞一点有风趣的谈话。荷马对日常事物的详细描绘并不应

看作对枯燥事物所附加上的一种诗的装饰，而是符合所写人物和情况本身的精神。这正如我们现代农民不厌其详地谈琐碎事，我们的骑兵们谈到马厩、马、马靴、踢马刺、马裤之类也就津津有味地谈个不休一样。比起较高贵的知识分子的生活，这类日常事物当然就显得枯燥无味。

史诗世界还不应局限于只在一个既定场所发生的特殊事迹的有限的一般情况，而是要推广到包括全民族见识的整体。最好的例证是《奥德赛》，这部史诗不仅使我们认识到希腊将领们的家庭生活以及他们的奴仆和僚属，而且还详细描述了外国人的生活、海上的危险遭遇、隐士的住所等等。在《伊利亚特》里也是如此，按照题材的性质，这部史诗中事迹发生的场所比较窄狭，在战场上不会出现和平生活的场面，荷马却仍然在阿喀琉斯的盾牌[①]上对整个大地和人类生活，例如婚礼、法庭审判、耕种、牛羊群、城市中的内战之类，用高明的艺术手腕作出令人惊赞的描绘，这种描绘就不应看作题外的穿插。与此相反，在据说是奥森创作的那些诗篇里，所写的世界就太窄狭，太不明朗，像是抒情诗了。但丁的天使和魔鬼们所居住的世界也不是一个与我们人类相干的独立的世界，而只是对人类进行奖惩的一种手段。在《尼伯龙根歌》里更看不出一个明确的实在的形象鲜明的背景场所，故事的叙述带有街头卖唱人的调子，叙述尽管够详细，但是很像一个卖艺的学徒把路上听到的东西复述一遍，自己又在里面添油加醋。我们感觉不到所描述的事迹如在目前，只感觉到诗人的无能和使劲卖力。这种冗长软弱的

① 《伊利亚特》中很有名的一个穿插。这面盾牌是火神替阿喀琉斯铸造和雕刻的，雕刻题材涉及各方面的生活，颇近似中国画中的《清明上河图》。

情况在德国流行的一些英雄传记里当然还更糟,直到最后落到地道的艺徒们即工匠歌者①的手里,就每况愈下了。②

2. 史诗作为艺术,既然要表现出一个在各个特殊方面都界定得很明确的世界,这个世界就必然有它所特有的个性,史诗所反映出来的就是某一确定的民族的世界。

2a) 从这个观点来看,一切真正原始的史诗对表现在伦理的家庭生活,战争与和平时期社会生活情况,乃至需要、技艺、习俗和兴趣等方面的民族精神,也就是一个民族在整个历史阶段的意识方式,都要描绘出一幅图画。要对史诗进行评价、钻研和分析,就等于用心灵的眼睛去检阅各民族的各具个性的精神。如果把各民族史诗都结集在一起,那就成了一部世界史,而且是一部把生命力,成就和勋绩都表现得最优美,自由和明确的世界史。例如我们如果想学会认识希腊的民族精神和历史,或是至少他们在起源时所凭借的基础以及他们用些什么办法去进行使他们自己的历史继续下去的斗争,那么,荷马史诗就是最生动最单纯的资料来源了。③

2b) 民族的实在情况有两种:第一种是某一民族处在某一确定的时代和某一确定的地理气候,山川林野之类自然环境之中形成特殊习俗的那种完全实实在在的世界,第二种是宗教、家庭和社

① "工匠歌者"(Meister sänger)德国14至16世纪城市工匠们所发展成的一个诗派,受到前期宫廷情诗歌手的影响,在格律形式上很拘谨,题材也很陈腐。

② 这一节主要举荷马为例,说明史诗对一个时代和一个民族的全部生活情况都提供生动鲜明的图画,要点在于英雄时代人物虽有民族感和集体感,服从民族的道德习俗,但还不受死板的法律规章制度的约束,还能自由地抉择自己的行动。黑格尔在这里提到近代分工制以及体力劳动与脑力劳动的脱离对个人和社会的影响。读者可参较马克思在《经济学哲学手稿》里论分工和"异化"部分所作的更明确更正确的发挥。

③ 这一节说明史诗表现一个民族的独特精神,各民族的史诗汇集起来,就成为一部生动的世界史。

会等方面的精神意识中的民族实体(理想)。如果原始史诗应该像我们前已提出的要求那样,要成为有永久价值的全民族的经典,过去时代的第一种实在情况只有在和民族生活的真正实体(第二种实在情况)有内在联系而成为确实的性格特征时,才可以用在史诗里,才能引起持久的生动的兴趣;否则它就成为完全偶然,可有可无的。例如本乡本土的地理固然是属于民族的,但是使一个民族具有特殊性格的并不是地理因素。异方的另样的自然环境只要不违反本民族的特性,就不至有什么妨害,甚至对想象还有某种吸引力。直接看到本乡本土的山河当然可以引起青年时代的回忆,但是它们如果和观照方式与思想方式的整体没有较深刻的联系,光是引起回忆这一点联系也就是题外的不大相干的东西。此外,像在《伊利亚特》所写的远征,就不可能写希腊本土的地方色彩,异域的自然环境在这部史诗里还是有很大的吸引力。

如果一个民族在许多世纪的过程中精神意识和生活情况的改变很大,以至较近的时代和远古出发点之间已完全割断联系,一部在这种情况之下写出的史诗就会更没有持久的生命力。例如克洛普斯托克在诗的另一个领域里企图建立一种民族宗教诗,而在后来又把赫尔曼和吐丝涅达搬上舞台,就是如此。[①]《尼布龙根歌》[②]的

① 克洛普斯托克(1724—1803),德国浪漫派诗人,曾花了三十年仿效密尔顿的《失乐园》,写了一部史诗《救世主》。赫尔曼和吐丝涅达是他后来写的德国民族历史剧中的人物。

② 《尼伯龙根歌》这部日耳曼民族史诗起源于北欧民间传说,以西格佛里特为主角,他夺得了由仙鬼守卫的一批黄金珍宝,和布根第公主克里姆希尔达结了婚,后来被她的家奴杀死。她改嫁了厄泽尔王(即侵入西欧的匈奴酋长阿惕拉)。她的弟兄们劫去了西格佛里特赠给他妻子的黄金珍宝,把它投到莱茵河里。她为着报杀夫之仇和夺回黄金珍宝,把她的弟兄们和家奴骗到厄泽尔的朝廷,把他们杀死。她自己也被一位骑士希尔德布朗特杀死。后来德国音乐家瓦格涅根据这个传说创作出他的几部有名的歌剧,如《西格弗里特》、《莱茵河的黄金》等等。

情况也类似,其中所写的布根第人,克里姆希尔达的报仇,西格弗里特的事迹,全部生活情况,全族覆灭的命运,北欧的人情风俗,厄泽尔王等等,都和我们现在家庭、政治、法律等方面的生活以及规章制度没有任何活的联系。比起《尼泊龙根歌》中事迹来,基督的传记、耶路撒冷、伯利恒、罗马法乃至特洛伊战争,对我们都还有较多的现实联系。在德意志民族意识中,尼泊龙根之类传说事迹都已一去不复返了。如果今天还有人想根据这种传说事迹去创作一部有民族意义的作品或经典,那就简直是一种最荒谬的幻想了。在幼年热情仿佛重新燃起的日子里,就可以看出一个时代的老年期的征兆,就像临死前的返老还童一样,这种征兆就在于企图靠死亡衰朽的东西来恢复元气,从其中获得情感和现实感,而且还期望旁人也这样办。①

2c) 如果一部民族史诗要使其他民族和其它时代也长久地感到兴趣,它所描绘的世界就不能专属某一特殊民族,而是要使这一特殊民族和它的英雄的品质和事迹能深刻地反映出一般人类的东西。例如荷马史诗在直接的宗教伦理的题材,优美的人物性格和一般生活,以诗人把最崇高和最猥琐的事物都写得活灵活现的艺术手腕这种几方面都显得是一部永远有现实意义的不朽著作。不过在这方面各民族之间有很大的差别。例如《腊玛雅那》当然生动地表现了印度民族精神,特别是宗教方面的,但是全部印度生活却极特殊,使人不能凭真正是人所特有的东西去冲破这种特殊性的

① 这一节说明史诗时代既已过去就不能再写史诗。过去史诗事迹要和今天现实有活的联系,否则就不能再引起兴趣。黑格尔痛斥当时德国诗人克洛普斯托克用与德国现实无关的过去传说写史诗,说这种"靠死亡衰朽的东西来恢复元气"是"临死前的返老还童"。这种看法还是反对复古倒退。

框框来理解它。以史诗方式描述出来的整个基督教的世界却完全不同。例如《旧约》，特别是描述宗法社会的部分，所显示的世界一开始就是土生土长的，而且是通过事迹生动鲜明地表现出来的，所以永远不断地重新受到欣赏。歌德在回忆童年时期时就说过，“尽管他的生活和学习都很分散零乱，可是他的精神和情感都集中在这一点(《旧约》)上，从而获得心情的宁静”，直到晚年他还谈到这一点，“在东方漫游的全部途程之中，我们总是不断地回到这些著作，就像回到最凉爽的清泉一样，尽管这里的水也有时是浑浊的，也有时转到地下潜流，但是马上又喷出来，纯洁而清鲜。”①

3. 第三，一个特殊民族不能凭民族个性中的静止的一般情况提供真正史诗的题材并且把它独立地描绘出来。这种一般情况只能是一种基础，要有一件自发展的事迹在这基础上发生着，联系到民族实际生活的各个方面，使它们都自然而然地牵涉进来。这种事迹不能只是一种外在的偶然事件，它必须有一个根据实体精神而通过意志去实现的目的。民族的一般情况和个别的动作情节既然不应互相脱节，一个具体事迹就必须在一般情况这个基础里找到它的动因，而且在这个基础上进行着。这就等于说，上文说的史诗世界必须就个别具体情境去掌握，史诗所要叙述其实现过程的那个具体目的必然是由这个情境产生的。我们在第一卷里(253—267页论“冲突”的部分)泛论理想的动作情节时就已指出，理想的动作情节首先要有这样一种情况或情境：它要能导致冲突，引起纠

① 这一节说明某一民族史诗要使其他民族和其它时代发生兴趣，就要在民族性中表现出普遍的人性。作者认为荷马史诗和基督教的《旧约》都能做到这一点。印度史诗《腊玛雅那》的生活内容就太特殊，不易理解。黑格尔在这里还是从普遍人性论出发，去解释过去古典作品何以还有持久的吸引力。

纷的动作以及必然跟着来的反动作。所以能揭示某一民族的史诗世界情况的那种具体情境必须是本身导致冲突的。因此,在冲突这一点上史诗和戏剧体诗处于同一领域,我们在这里首先要确定史诗的冲突和戏剧的冲突之间的差别。①

3a) 一般地说,战争情况中的冲突提供最适宜的史诗情境,因为在战争中整个民族都被动员起来,在集体情况中经历着一种新鲜的激情和活动,因为这里的动因是全民族作为整体去保卫自己。这个原则适用于绝大多数史诗,荷马的《奥德赛》和许多宗教诗好像是例外。但是《奥德赛》所描述的冲突事件也是用特洛伊战争为基础的,就连俄狄修斯航海回家的航程和他回家后在故乡伊塔卡的情况尽管不是叙述希腊人和特洛伊人的战争,却仍是叙述这次战争的后果。实际上《奥德赛》所写的还是一种战争,因为希腊将领们再经过十年离乡别井之后回家时发现他们的家乡领土已变了样子,要重新征服②。关于宗教史诗,我们要研究的主要是但丁的《神曲》。这里基本冲突仍然是导源于战争,即恶魔背叛上帝那场原始的斗争,由此在人世现实领域里便派生出反抗上帝和崇敬上帝两种势力之间的不断的内外战争,其结果是惩罚、净化和降福三种报应,也就是地狱、净界和乐园。③在克洛普斯托克的《救世主》里中心也是反对耶稣基督的战争。但是最生动最适宜于史诗描述

① 这一大段的导言说明世界一般情况只是史诗事迹进行的一个基础,还必须有一个具体情境作为史诗事迹所由发生的动因,这种情境必须是能导致冲突的。

② 《奥德赛》是《伊利亚特》的续编,后者叙述希腊人远征小亚细亚的特洛伊的十年战争,前者叙述战争结束后希腊人乘船回国,其中俄狄修斯所带领的官兵在海上遭大风浪迷失方向,在海上浪游了十年,经历了许多险境和奇遇,终于回到故乡伊塔卡,发现他的妻子被许多求婚者包围,情形很严重。俄狄修斯设计战胜了那些求婚者,才把秩序恢复过来。

③ 《神曲》叙述诗人但丁自己灵魂冒险的历程,他先入地狱,次登净界,最后登天国乐园,描述沿途所见所闻,宣传基督教的因果报应和关于个人修行的教义。

的还是一场实际发生过的战争，例如我们在《腊玛雅那》里特别是在《伊利亚特》里所见到的。此外，奥森、塔梭、阿里奥斯陀以及卡曼希[①]诸人的名著也可以为证。在战争中主要兴趣在于英勇，而英勇这种心灵状态和活动既不宜于抒情诗的表现，也不宜于用作戏剧的情节，但特别宜于史诗的描绘。因为在戏剧体诗里主要关键在人物内心里精神性的刚强或软弱，从伦理观点有理由可辩护或可鄙弃的情致；在史诗里主要关键却是人物性格中的自然（本性）方面，所以在民族战争里英勇却有正当的地位。英勇本来就不是一种伦理的品质，因为伦理的品质是由意志作为精神的意识和决断力来决定的，而英勇却要靠人物性格中的自然方面（本性），它要和精神方面融合起来，达到平衡，才能实现实践性的目的。这类目的比起抒情诗的情感和观感来，较宜于用史诗方式去描述。这番关于英勇的话也适用于战争中的行动及其后果。意志的作用和外在事件的偶然性这两方面也要平衡起来。在戏剧里却不然，单纯的事件及其外在的（偶然的）阻碍是要被排除的，外在的东西也要和人物的目的和意图发生因果联系；否则无权独立存在；如果偶然因素也闯进来对后果起决定作用，那也只是表面现象，实际上这种偶然因素归根到底还要来自人物性格和目的中的内在本质以及冲突及其必然的结果。[②]

① 卡曼希（Camoëns，1525—1580）葡萄牙诗人，他写了一部史诗《露西阿德》，叙述葡萄牙人伽玛航海的冒险经历和发现东印度的经过。

② 这一节说明最适宜的史诗情况是战争，荷马史诗可以为证。在战争中主要兴趣在英勇，而英勇由史诗表现比由戏剧表现较好，因为戏剧的关键在人物内心里精神性的伦理目的，而英勇只是自然的本能，本身不是精神性的或伦理的。自然的本能却正是史诗人物性格主要方面。此外，戏剧须紧凑，须排除与本题无密切关系的偶然事故和外在因素，史诗可以铺开来写，只要偶然因素和外在事故能和精神性的意志目的融合一致就可纳入题材。

3b）用战争情况做史诗情节的基础，就有广阔丰富的题材出现，有许多引人入胜的事迹都可以描述，其中起主要作用的是英勇，而环境和偶然事故的力量也还有它的地位，不致削弱。不过这种史诗题材的局限性也不应忽视，只有一个民族对另一个民族的战争才真正有史诗性质。改朝换代的斗争，内战和市民骚动则只宜用作戏剧题材。亚里士多德在《诗学》第十四章曾劝告悲剧诗人选用弟兄之间的斗争作题材。属于这一类的有《七英雄进攻忒拜》。① 进攻忒拜的就是本国王子，而保卫忒拜的敌手就是他的弟兄。这里敌对行动并没有绝对道理，只是由于互相斗争的两弟兄的特殊性格。只有和好协调才是他们之间的合理的关系，而破坏这和协调一致的原因只是个人的恩怨和各自以为是的理由。同样的例子在莎士比亚的历史悲剧里可以找出很多，其中当事人物本来理应和睦相处，他们却单凭情欲和自私的动机，引起了冲突和战争。关于用这种有缺点的情节来作史诗的例子我只举一个，即路康的《法沙利亚》。② 尽管这部史诗里互相冲突的两种目的好像都很重大，交战的双方毕竟都是罗马人，有同胞的关系。这就使得他们之间的斗争不是全民族的斗争而只是派系之间的侵轧。派系的侵轧总要破坏民族的实体性的统一，使主角陷到悲剧性的罪过和毁灭，同时也使客观方面的事迹不够简单明了而显得混杂错乱。伏尔泰的《亨利歌》也有同样的情况。③

① 《七英雄进攻忒拜》见第一卷 264 页及注①。

② 路康(Lucan)公元 1 世纪罗马诗人，写过一部史诗《法沙利亚》叙述罗马两巨头庞培和恺撒争权的内战。

③ 伏尔泰的史诗是歌颂法王亨利四世的，他的野心是要写一部近代法国民族史诗，但是连法国多数文学史家也公认《亨利歌》是枯燥无味的作品。

至于不同民族之间的敌对行动却具有实体性。每一个民族都形成一个独立的整体，和其他民族区别开来而且对立。如果这些民族互相敌视，伦理的联系并不因此遭到破坏，绝对有价值的东西并不因此受到损害，必须有的整体也并不因此遭到割裂。与此相反，这种斗争正是为着保卫这种整体及其存在权，所以这种异族之间的敌对行动完全符合史诗的实体性（理想）。①

3c）但是也不是互相敌视的民族之间的每一场普通战争都有史诗的性质。这里还要加上第三个因素，这就是要有世界历史的辩护理由，一个民族才可以对另一个民族进行战争。只有在这种情况之下，展现在我们面前的才是一个新的崇高事业的画面，这种事业显得并不是出于主观私图或是奴役其他民族的动机，而是根据一种本身绝对的高度必然性，尽管表面的动机一方面像要侮辱对方，另一方面像要报复。印度史诗《腊玛雅那》就有这种情况，但是在《伊利亚特》里表现得最明显。这里是希腊人远征亚洲人，为着解决巨大矛盾而进行了最早的传奇式的斗争。这些战役形成了希腊历史在世界史中的转折点。西班牙民族英雄熙德反对伊斯兰教徒摩尔族人的斗争也有类似的性质。此外还有前已提到的塔梭和阿里奥斯陀所写的基督教徒反抗伊斯兰教徒萨拉森族人的战争，卡曼希所写的葡萄牙人反对印度人的斗争。我们看到几乎所有的欧洲大民族都曾由于伦理、宗教、语言、内心和外表都不同而互相斗争，使我们感到安慰的是这些斗争的结果总是在世界史里有辩护理由的较高的原则对较低的原则的胜利，义勇占了上风，不让被征服的民族保存任何东西。过去时代的史诗都描绘出西方对

① 这一节说明战争情况之中以两敌国之间的战争提供最理想的史诗情境。

东方的胜利,也就是欧洲人的权衡力和受理性节制的个性美对亚洲的组织简陋,联系松散,貌似统一而经常濒于瓦解的那种宗法社会的耀眼浮华的胜利。如果我们根据这些过去的史诗去设想欧洲未来可能出现的史诗,那就很可能是描述未来的美洲人的生动活泼的理性对禁锢在永无休止的衡量计算和向特殊分配之中的那种精神的胜利。因为在今天的欧洲,每一个民族都被其它民族所限制住,不能单凭自己的力量去和另一个欧洲民族进行战争,如果人们想跳出欧洲这个框框,那就只有面向美洲。①

(二)个别的史诗动作(情节)

其次,在两方全民族冲突的基础上发生着史诗的事迹,我们现在就要确定这种事迹的一般定性,关于这方面可以提出以下几个观点:

第一,我们要指出史诗动作的目的尽管要以一般情况为基础,却必须在个别方面生动具体地表现出来;

其次,史诗动作既然只能由个别人物发出,我们就要研究史诗人物性格的一般性质;

第三,客观现实事物不能只作为单纯的外在现象,而是还要见出它们本身的必然性和实体性意义,才能出现于史诗的动作情节,所以我们也要确定事迹的这种实体性以什么形式出现,无论它是

① 这一节说明两敌国之间的战争也要以从世界历史观点来看有正当理由的一种为最理想的史诗题材。根据欧洲从古希腊到文艺复兴的一些有名的史诗,黑格尔得到文明的欧洲人战胜了野蛮的亚洲人和非洲人的这一反动的"西方中心"的结论。最后他对欧洲情况很失望,把史诗的未来的希望寄托在新兴的美洲,这不但是纯粹的幻想,而且也在自打耳光,因为他曾坚持近代的世界情况不宜于做史诗的题材。

隐藏的内在必然性，还是显露的永恒的力量或神的意旨。

1. 我们在上文曾要求有一种民族事业作为史诗世界的基础，在这种民族事业中，处在英雄时代情况具有原始新鲜活力的全部民族精神都可以表现出来。但是此外还要有一个特殊的目的从这种基础上涌现出来。这个目的必须和当时全部现实情况有密切的联系，才能达到实现，所以在这实现过程中，民族的性格，信仰和行动的一切方面都会呈现出来。

1a）上述目的是整个动作情节的归宿，要从某些个别人物身上获得它的生命。我们前已说过，这种目的在史诗里须以某一件事迹的形式出现，所以我们要研究意志和行动一般以什么明确的方式变成事迹。动作和事迹这两方面都发源于精神的内在生活，这种内在生活的内容意蕴不仅以认识方式表现于思想情感之类，而且还要在实践中获得实现。这种实现有两方面：第一是经过考虑而预定下来的目的，当事的个别人物对这目的的一般性质和后果必须有了认识，起了意志，抉择了它，决定为它负责；其次是周围的精神界和自然界的客观现实情况，人只有在这种客观现实情况里才能行动。这种情况之中有一些偶然因素对人有时起推动作用，有时起阻碍作用，所以他或是由于偶然因素对他有利而顺利地达到目的，或是他如果不肯向阻碍屈服，就要凭自己个性的力量去克服它。如果把意志世界理解为内外两方面的不可分割的统一，双方都同样有存在的理由，那么，最内在的内容意蕴就会立即获得实现，使行动获得事迹的形式。在事迹中原来内在的意志连同它的计谋，主体动机和情欲，原则和目的都不再是主要因素了。在动作里，一切都要回溯到内在的性格，责任感，见解和意图之类；在事迹

里却不然,外在因素也享有不可侵犯的权利,因为正是客观现实一方面赋予整个事迹过程以形式,另一方面也形成了内容本身的主要因素。就是由于考虑到这一点,我在上文曾说过史诗的任务在于描述一个动作情节的发生经过,所以它不仅要把握住实现目的所涉及的外在因素,而且要分配给外在环境,自然情况以及其它偶然事故在动作情节中和内在因素中享有同样发挥作用的权利。①

1b) 如果要进一步探讨史诗以事迹的形式去叙述其实现过程的那种特殊目的的性质,那么,根据上文所说的,这种目的不能只是一个抽象概念,而应该有完全具体的定性。它既然要在具有实体性的民族生活整体里实现,就不能只是主观任意的。例如政权机构,祖国,或是某一政权机构或国家的历史都是本身带有普遍性的,由于这种普遍性,它就不能表现为某某主体的个别存在,也就是说,不能和个别的活人处于不可分割的密切联系。所以一个国家的历史,政治生活和规章制度的发展以及它的命运尽管都可以通过事迹去叙述,但是凡所发生的事如果不是作为某些具体的英雄人物的具体行动、内在目的、情欲、苦难和成就的结果,不是由他们的个性向所叙述全部现实情况提供了形式和内容,事迹也就会以自己向前流转下去的呆板形式表现为一个民族或国家的历史了。从这个观点来看,精神的最高动作就会是世界史本身,人们就可以把普遍精神的战场上所发生的普遍行动写成绝对的(包罗万象的)史诗,其中主角就会是全人类的精神,就会是全人类从意识的混沌状态

① 这一节说明史诗事迹的特征之一在于它须有一个特殊目的,这个目的实现一方面要靠人物性格中的主体因素,一方面也要靠环境中的客观因素。实现以后,主体的目的和计谋所导致的行动便变成了客观的事迹。黑格尔把动作和事迹区分开来,还是要强调史诗的客观性。

把自己提升到世界史里去。不过正由于这种抽象的人类普遍性，这种材料就不能达到艺术所要求的个别具体化。因为这种史诗根本就缺乏一种确定的背景和世界情况，既没有外在的活动场所，又没有道德习俗之类情况。唯一可设想的基础就是普遍的世界精神本身，它不可能作为一种特殊具体情况而呈现于观照，而且要以整个大地为它的活动场所。纵使这种史诗所实现的目的也就是世界精神的目的，而这种世界精神却只能由思想去掌握，由思想按照它的真正意义加以确定和阐明。尽管如此，如果还硬要用诗的形式来表现这种世界精神，为着使整体具有恰当的意义和融贯一致，那就只能假设这种世界精神由自己独立地发出动作。对于诗来说，这只有在两种情况下才有可能，一种是假定创造历史的内在的（精神的）匠人，即须由全人类来实现的那种永恒的绝对理念，显现为活跃的既指挥而又执行的某一个体；另一种是这种绝对理念显现为一直在暗中起作用的必然。但是就前一种情况来说，这种内容的无限性会永远冲破由个别诗人来用艺术表现的窄狭的框框，或是为着避免这种局限性，这种无限的内容也就势必降到用一种枯燥的寓言来表现对人类的使命和教养、目的和道德完善，或其它固定的世界史目的的一般感想。就后一种情况来说，不同的民族精神须由相应的不同的英雄人物来表现，这些不同的英雄人物的斗争生活就各自为政地造成历史及其进展。但是各民族精神如果要以诗的形式显现于现实，那就只有使实在的世界史里以行动或事迹的形式陆续展现于我们眼前。那么，我们就会看到一系列的个别具体人物以纯然外在的次序，涌现出来接着又消失去，这样他们这些个别人物之间就缺乏统一和联系，因为引着世界走的世界精神，作为一

种内在的自在之物和命运主宰,就不应作为一个本身也在行动的人物而处在首位。如果我们也要按照它的普遍性来掌握民族精神,让它凭这种实体性(普遍性)去行动,那也会产生像上文所说的那样一系列的个别人物,他们就会像印度的借尸还魂,只有一种客观存在的假象。这种虚构尽管披着诗的外衣,比起在真实历史中实现的那种世界精神的真相,就暗淡无光了。①

1c) 由此可以得出一条带有普遍性的规则:特殊的史诗事迹只有在它能和一个人物最紧密地融合在一起时,才可以达到诗的生动性。正如诗的整体是由一个诗人构思和创作出来的,诗中也要有一个人物处在首位,使事迹都结合到他身上去,并且从他这一个形象上发生出来和达到结局。不过这里还有其它重要的条件。我们在上文关于世界史所说的那番话现在似乎可以反过来说,用诗的形式来写的一个具体人物的传记似乎可以成为最完美的正式史诗的材料了。其实并不然。在传记里尽管个别人物始终都是同一个人,牵涉到他的各种各样的事件却可以各自独立,互不相干,而主体和这些事件只是完全外在地偶然地结合在一起的。但是史诗如果本身须是一个整体,它用作内容来描述的事迹也就应本身具

① 这一节说明史诗事迹所实现的目的不能是抽象的,只能是具体的。所谓"具体"是指目的须根据一个民族的实际生活情况。黑格尔认为只能有民族史诗,不能有世界史诗或全人类史诗。因为假如有世界史诗,它就应表现世界精神,而世界精神是绝对普遍的,无限的,既没有个别具体的活动场所(它的活动场所是整个大地),又没有具体的真人真事为道德习俗之类实际情况,不符合艺术所要求的个别特殊化。黑格尔哲学的基本出发点是精神性的理念,是第一性的,理念否定自己才转化为物质世界,物质世界只是精神世界的"另一体"或"异化"。世界精神就属于理念范畴,它既是无限的,就不能由有限的知解力或有限的艺术去掌握,只能由包罗万象的哲学思考去掌握。所以在人类精神发展中哲学处于最高阶段。"精神的最高动作就是世界史本身"这句名言就是说"哲学与历史的统一"。"精神的最高动作"就是哲学思考。

有整一性。主体和客观事迹这两方面的整一性必须互相协调结合起来;但是像西班牙民族英雄熙德的生平事迹那种传记的兴趣中心固然在于以西班牙为背景的一个始终忠实于自己性格的伟大人物,他的发展,英雄气概和结局;他的事迹在他眼前掠过,就像在一个雕刻的神眼前掠过一样漠然无动于衷,而且这个人物本身终于对于我们成为过去的了,对于他自己也成为过去的了;描述熙德的那些诗篇却也只是一些押韵的编年纪事而不是真正的史诗。至于后来叙述熙德事迹的那些传奇故事,按照这种体裁的要求,只是把这位民族英雄的生平分裂成为若干零星片段,根本无须结合成一个具有整一性的事迹。上述条件在荷马的两部史诗里却实现得最好,其中阿喀琉斯和俄狄修斯是中心人物。印度史诗《腊玛雅那》也是如此。从这个观点来看,但丁的《神曲》处在一种值得注意的特殊地位。在这部史诗里,诗人自己就是上文所要求的一个人物,诗中一切都结合到他在地狱,净界和乐园中的游历,所以他可以把自己凭想象所创造出来的那些画面当作他自己的经历来描述,因而有权做一般史诗所不宜做的事,把自己的情感和观感穿插到一部客观的作品里去。①

2. 史诗的任务一般在于叙事,所以客观事物同时向它提供了内容和形式,但是另一方面事迹就是在我们眼前掠过去的动作,所

① 这一节说明史诗不但要有人物的整一性,还要有动作情节的整一性。熙德的传记只有人物的整一性,却没有动作情节的整一性,所以不能算是史诗。史诗需要一个英雄人物做主角,却不等于一部英雄人物的传记,因为传记中许多个别事物可以是各不相关的。文艺复兴以后的文艺批评家根据亚里士多德的《诗学》,要求戏剧要有动作,时间和地点的“三一律”(称作“三整一”较好,因为强调的不只是“一个”而且更重要的是“整体”)。黑格尔要求史诗有动作和人物的两种整一性。

以个别人物及其行动和遭遇就成了真正突出的东西。只有个别人物,无论是人还是神,才能真正发出行动,他们愈是活跃地和眼前发生的事交织在一起,也就愈有理由引起较大的兴趣。从这一点来看,史诗与抒情诗和戏剧体诗的基础是相同的,所以现在要做的重要的事就是确定在描绘个别人物方面有什么特别属于史诗的方式。

2a) 如果要使史诗人物特别是主角显出客观性,他们就要本身是许多特征的整体,是完整的人,从他们身上可以见出一般心灵的各个方面,特别是全民族的已发展出来的思想和行动的方式。关于这一点,我们已在第一卷(293—295 页)里提到荷马的英雄人物们,特别是阿喀琉斯,在他一个人身上集中地而且生动地表现出多方面的人性和民族性,《奥德赛》的主角俄狄修斯对于阿喀琉斯也是一个丰富多彩的陪衬人物。西班牙民族英雄熙德也表现出类似的多方面的人物性格和情境:我们可以看出他怎样当儿子、当英雄、当情人、当丈夫、当父亲、当家主以及他对国王、朋友和敌人的关系。中世纪一些其它史诗在描绘人物性格方面就比较抽象,特别是其中英雄们只为骑士阶层利益而奋斗,脱离真正带有实体性民族内容的生活理想。

由此可见,史诗人物性格描绘的主要任务是使上述整体在各种场合和情境中展现出来。戏剧的情况就不同,悲剧人物和喜剧人物固然也可以有内在的丰富性,但是在他们身上发生的尖锐冲突只限于一定范围和目的之内的某一种片面的情致和对立方的某一种有同样局限性的情欲之间的冲突,就是这种冲突形成戏剧的主题。所以这里人物性格的多方面性时而是一种偶来的假如不是多余的富裕，时而是被其中某一种情欲及其根由为伦理观点之类所压倒，在描绘中被挤到后面去了。在史诗的整体里，一切方面却都有各自独立地广阔发展的权利。这一方面是根据史诗的一般原则，另一方面是由于史诗人物根据当时整个世界情况有权按照他本来是什样人就做那样人，作为那样人而存在和发生作用，因为他之所以是那样人，所以他那一种个性，是由他所处的时代决定的。例如阿喀琉斯的狂怒，人们固然可以从道德观点来看它所造成的灾祸和损失，从而得出结论，否认他的优异和伟大，责备他不是一个完全的英雄和完全的人，因为他不只一次狂怒，没有足够的温和气和自制力。但是这种责备对阿喀琉斯是不对的，我们并不是因为他有些伟大的品质而就宽恕他的狂怒，而是因为他本来是那样人，就做那样人，从史诗的观点来看，这就够了。对他的贪功好名，我们也可以这样看，因为这类伟大人物的特长就在于他们的彻底实现自己的魄力，他们的特殊同时代表了一般；而寻常的道德却表现于对自己的人格缺乏自尊心，而且尽全力去克服这种自尊心。请试想亚历山大凭多么深厚的自尊心而高出于他的朋辈乃至于成千成万的人之上。报私仇和残酷也是英雄时代所特有的魄力。从这个观点来看，阿喀琉斯作为一个史诗人物是不应受到苛责的。①

2b）正因为他们都是些完整的个体，把民族性格中分散在许多人身上的品质光辉地集中在自己身上，使自己成为伟大、自由、

① 这一节说明史诗人物的客观性表现于形成许多特征的整体，能代表史诗时代全民族的一般的思想和行动的方式，不能凭近代的道德观点去衡量。例如阿喀琉斯的狂怒并不损害他的伟大。

显出人性美的人物，他们才有权处在首位，当时大事都要联系到他们的个性来看。全民族都集中到他们身上，成了有生气的个别主体，所以他们在主要战役中战斗到底，承受着事变的命运。举例来说，塔梭的《耶路撒冷的解放》里的高特弗里特·封·布扬[①]尽管因为在十字军战士中是最聪明正直而勇敢的人被选为全军的统帅，他却赶不上阿喀琉斯那样卓越的人物，阿喀琉斯这位风华正茂的少年体现着全希腊民族的精神；他也赶不上俄狄修斯。希腊人如果没有阿喀琉斯参战就不能战胜；他战胜了特洛伊的统帅赫克忒，也就战胜了特洛伊。至于俄狄修斯，他一个人的还乡反映了希腊全军的还乡，《奥德赛》全诗所描述的那些灾难，人生观和情境的整体都在他一个人身上得到充分的表现。拿戏剧体诗来比较，人物就不是作为本身完整的个体而单独地出现在一个集团的首位，使集团精神在他们身上成为客观的(得到体现)，而是更多地坚持他们个人的目的，而这种目的又只取决于他们个人的性格或是与他们的个性合拍的一些原由。[②]

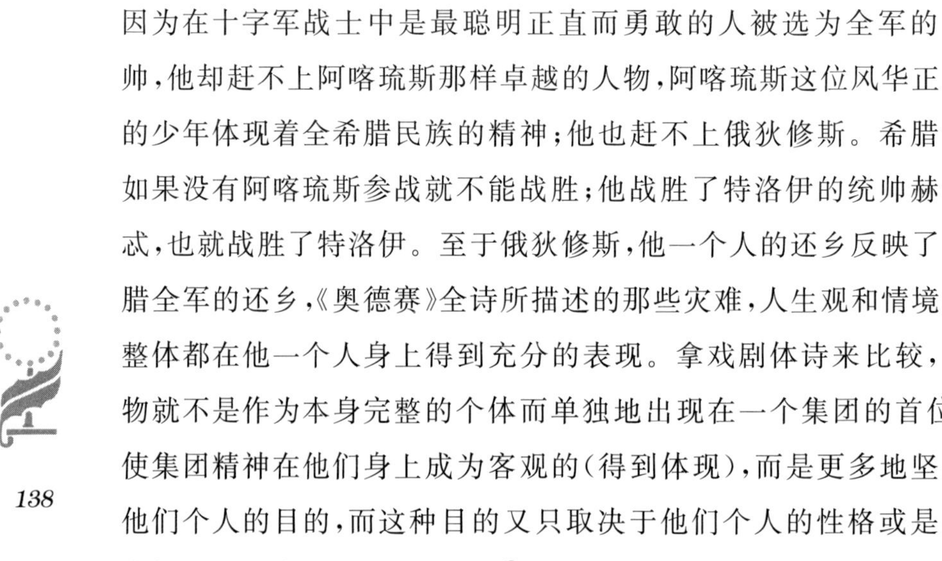

2c) 史诗不是把一个动作单作为一个动作来描述，而是把它当作一个客观的事迹，这就使史诗人物具有第三个特征。在戏剧里个别人物须显出有力量去实现他自己的目的，戏剧正要表现出他在这方面的活动及其后果。在史诗里却没有个别人物这样专心致志地实现某一目的。史诗人物固然也各有愿望和目的，但是要

---

① 布扬是塔梭的史诗中的主角，在11世纪左右领导十字军东征，攻下了耶路撒冷，即基督的墓所在的“圣地”。

② 这一节说明人物性格在史诗中与在戏剧中的差异，史诗人物须体现全民族的精神，须是多方面的整体，不能突出个人的特殊个性和目的。戏剧体诗中人物却突出个人的特殊个性和目的。

点不在于他们是否有力量去实现自己的目的，而在于他们在当时场合中的一切遭遇。环境也在发生作用，往往比他们自己所发生的作用还更大。例如俄狄修斯的实际企图是回到伊特卡故乡，而《奥德赛》让我们看到的却不只是他怎样努力去实现这个既定的目的，而是关于他在迷途中全部遭遇的叙述；他所碰到的阻碍，他所克服的艰险以及他的心情所受到的搅扰。而这一切经历并不是像在戏剧里那样是他的行动的后果，而是大半和主角毫不相干的而在航途中却难免的一些事故。在食忘忧果的人们①，独眼巨人，吃人的人们之中经历了一些艰险之后，他被仙女柯尔克留在她身边住了一年之久，接着他游历了阴曹地府，遭遇了沉船之险，他在卡立普梭家里住下，后来他思念家乡发愁，这位仙女不能再引起他的欢心，他举起泪眼望着苍茫的大海，最后由仙女本人供给他器材，让他造了一只船，她还给他准备了粮食、酒和衣服，很体贴地友爱地同他分了手。最后，他在西极的斐艾斯人那里住了一些时候之后，自己也不知道在睡梦中怎样就被运送到他的家乡岛国海岸上。如果用这方式去实现一个目的，就不符合戏剧的性质了。再如在《伊利亚特》里，阿喀琉斯的狂怒及其一切后果就是所叙述的题材，但是这根本不是一个目的而只是一种情况。阿喀琉斯因被夺去女俘的侮辱就狂怒起来，以后就没有参与什么戏剧性的事件。他袖手不动和帕屈罗克鲁斯留在军舰旁边海滩上，为统帅不尊重他而衔恨在心。接着就见出他拒绝参战的后果（希腊人打了败仗）。只有等到赫克忒打死了他的挚友（帕屈罗克鲁斯），他才积极投入战斗。

① 忘忧果传说是像莲藕的植物，其效果等于鸦片烟。以下都指俄狄修斯在十年航程中的经历。

特洛伊的将领伊涅阿斯在特洛伊陷落后逃到意大利,也有一个待实现的目的,维吉尔在他的史诗里所叙述的也是一系列的事故多方阻挠了目的的实现。①

3. 关于史诗事迹的形式,我们还须提到第三个重要方面。我前已说过,戏剧中一切事迹的基本决定因素和长久基础是内在的意志以及意志所要求实现和应该实现的目的,所发生的事须显得完全是由人物性格及其目的来决定的。因此,戏剧的主要兴趣在于在既定的情境及其冲突的范围之内,所采取的行动是否有辩护的理由。纵使外在环境在戏剧里也起作用,这种作用的意义也仅在它们对心情和意志的影响以及人物对它们所起的反应。但是在史诗里,环境和外在偶然事故跟主体的意志都同样发生作用,人所做的事和外界发生的事都同样呈现在我们眼前,人的行动实际上也要受到环境纠纷的制约和促成。因为史诗人物并非自由自为地行动,而是置身于一个整体,这个整体的目的和客观存在与一种本身完整的内在世界和外在世界都有广阔的联系,就是这种整体的目的和客观存在形成每一个别人物的不可移动的基础。史诗里的一切情欲,决断和执行都要保持住这个类型。外在环境和其中独立发生的偶然事故既然和主体意志具有同等价值,这就好像让一切任意偶然的东西都可以起决定作用了。其实不然,史诗所应表现的客观存在都是真正客观的,本身具有实体性的。要克服这种表

① 这一节说明戏剧以动作为主,动作是为着实现主角个人的目的,与此无关的其它事迹就要抛开;史诗以事迹为主,客观事迹不是为着实现个别人物的目的,而主要是周围客观情况演变的结果,因此就要涉及大量的偶然事故。最后伊涅阿斯的例子见罗马诗人维吉尔的史诗《伊涅意特》,叙述主角伊涅阿斯在特洛埃城陷落后航行到意大利开创罗马的种种遭遇。

面的矛盾,就只有使一切发生的事都显出必然性。

3a)就这个意义来说,在史诗里,命运在统治着,并不像人们所常说的只有在戏剧里才是如此。戏剧中的人物凭他在认识到的既定的情境之下克服冲突去实现自己的目的,按照这种目的的性质来看,他就是使自己成为自己的命运的主宰。史诗人物却不然,对于他命运是既定的,环境的力量正是命运的统治力,它使事迹具有它所特有的个别形状,决定人物行动所导致的终局,分配给人物他所应得的一份。凡是发生的事都是应该发生的,必然发生的。抒情诗让人听到情感、感想、个人兴趣和惆怅的声音;戏剧把动作的内在的道理翻到外面来,使它成为客观的;史诗所表现的却是本身必然的完整的客观存在的环境,对于这种具有实体性的实际存在的客观事物,史诗人物处在受制约的地位,不是服从,就是违反,从而遭遇到必然的后果。总之,凡是应当发生和实际发生的事都是命运决定的,个别人物本身是有伸缩性的,因而他所得到的结果,成功和失败,生和死,也是有伸缩性的。展现给我们的真正的东西是一种宏伟的一般情况,其中人物的行动和命运都显现为零散的来去无常的现象。这种宿命是伟大的公道。它不能在戏剧的意义上成为悲剧性的,因为在戏剧里个别人物是按照他的人格而受到审判的;它只有在史诗的意义上才是悲剧性的,因为在史诗里人物是按照他的事业而受到审判的。悲剧性的报应正在于这种事业太大,不是个别人物所能胜任的。因此,史诗在整体上总不免荡漾着一种悲哀的音调。我们看到最美好的人死得很早;阿喀琉斯还在活着就为他的死而哀叹;在《奥德赛》结尾部分我们看到阿喀琉斯和阿迦门农,作为居在阴曹地府里的阴魂,还意识到自己不过是

阴魂。特洛伊陷落了,老国王普莱亚姆在自家祭坛下被屠杀了,妻女们都当了女俘;只有伊涅阿斯听从神诏,离开特洛伊到拉丁去建立一个新的王国(罗马)。至于取得胜利的英雄们也只有在经历许多灾难之后才回到本乡本土,结局有幸运的也有惨痛的。①

3b) 事迹的这种必然性可以有各种不同的表现方式。

最简朴的方式是只把事迹摆出来,诗人并不放进一些操纵的神,用永恒神力的决定,干预和合作去解释个别事件及其一般结果的必然性。在这种情况下,叙述的语调要使人感到所叙述的个别人物乃至全家族的事迹及其命运并不是来自人类生活中的一些来去无常的偶然因素,而是来自本身有理由的命运,不过这种命运的必然性还只是一种暗中起作用的力量,还不曾具体化为某一种神的统治力,也不曾由诗把它的活动表现出来。例如《尼伯龙根歌》就始终维持着这种语调,没有把一切事迹的血腥终局推原到基督教的上帝或是邪教的神。关于基督教,《尼伯龙根歌》只偶尔提到做礼拜和行弥撒典礼,还有在英雄们想访问厄泽尔王国时,斯庇尔主教向美丽的乌提(Ute)说过"愿上帝保佑他们"一句话。此外还有梦中的警告,多瑙河妇女们向哈根说的预言之类,但是并不曾说到有什么操纵和干预的神。这种情况就使全诗的描述显得严峻拘束,不是畅所欲言,还有一种很客观的符合史诗的哀伤气氛。《奥森的诗》就与此完全相反,一方面没有出现神,另一方面对全族英雄们的死亡和毁灭的哀悼却表现为伤心的诗人的主体痛苦和对凄凉往事的

① 这一节说明戏剧人物凭自己的意志,决定自己的行动,因而接受到应得的结果,是自己命运的主宰;史诗人物却更多地受环境影响,即客观世界必然规律的制约,所以在史诗里统治的力量是命运。史诗人物所担任的任务是他力不胜任的,成败不完全由他自己决定的,所以史诗的音调总是悲惨的。

酸辛回忆。①

与此不同的掌握方式是把人类命运和自然现象和多神世界以及神的决断、意旨和行动完全交织在一起，例如伟大的印度史诗以及荷马和维吉尔诸人的作品都是如此。关于诗人用神的出现和干预来对表面像是偶然的事迹进行多方面的解释，我前面（第二卷第二部分第二章第一节）已经谈过，并且从荷马史诗里举例来说明过。现在要特别提出一个要求：神的行动和人的行动之间在诗中应该保持住各自独立的关系，这样才使神不至于成为无生气的抽象品，而个别人物也不至于降落到只听神指使的地位。至于怎样才可以避免这种危险，我在上文（第一卷，285—297 页）也已详细讨论过。从这个观点看，印度史诗还不能彻底表现出神与人的真正理想的关系，因为它处在象征式想象阶段，其中人这一方面尽管过着自由而美好的现实生活，却被挤到不重要的地位，人的个别行动时而表现为神的体现，时而表现为一种终归消逝的次要因素，除非是人凭苦行节欲而提升到神的地位，享有神的威力。——与此相反的是基督教的情况。一些人格化的特殊力量，例如情欲，人的护神、天使之类大半没有各自独立的性格，因而容易变成枯燥的抽象品。伊斯兰教也有类似的情况。它把人和自然的世界和神完全割裂开来，在意识里一切事物都只有一种散文式（枯燥）的秩序。这种世界观，特别是当它表现为神话和仙界故事的时候，很难避免一种危险：就是把外在环境中一些绝对偶然的无足轻重的现象，即只是作为人的活动场所和展现人物性格的机缘才摆在那里的一些

① 这一节说明在表现史诗事迹必然性的各种方式之中，最简朴的一种还见不出神力的操纵，尽管见出暗中起作用的命运，例如《尼伯龙根歌》。

现象,都解释为具有神奇意义的,没有任何根据和理由。这就使普遍生效的因果律遭到破坏,而各种环境的这种散文式的因果锁链中许多环节本来无法联系在一起,却一霎就结合在一起而成了统一体,这种结合丝毫没有必然性和内在的理性。所以这种表现方式,就像在《天方夜谭》故事中往往发生的那样,显得只是一种幻想的游戏,凭这类虚构把本来不可置信的东西表现成为可能发生而且实际发生过的。

在这方面,希腊史诗也处在一种恰到好处的中间地位,因为按照它的基本观点,它使天神们与英雄和人们都有并行不悖的独立个性的力量和自由。①

3c)我前已指出史诗中神的世界有一点值得注意,那就是原始史诗和后世人工造作的史诗之间的矛盾对立。这种差别在荷马和维吉尔两人作品中最为突出。荷马史诗所自出的那个文化教养阶段和题材本身还处在很好的和谐状态;而维吉尔的作品里每一行诗都令人想起诗人的观照方式和他所描绘的世界完全脱节了,其中神们尤其没有新鲜的生命。他们不是过着自己的生活,不能使人相信他们确实存在,而是一些单纯的虚构和外在手段,无论是诗人自己还是听众,都不能认真对待他们,尽管诗人给人一种他在认真的假象。在维吉尔的全部史诗里,始终都是由一种寻常的日光照耀着,古老的传说,英雄故事,诗中仙境气氛,都以散文式的明白晓畅地出现在明确的知解力所定的框框里。《伊涅意特》这部史

① 这一节说明史诗事迹应表现出人和神交织在一起而同时保持各自的独立自由,希腊史诗做到了这一点。印度史诗把人降到全凭神力操纵的地位。基督教和伊斯兰教的神都是抽象概念的人格化,相信奇迹,破坏了普遍有效的因果律。

诗正像李维写的《罗马史》一样[1]，其中古代的国王和执政们发表演说，气派正和李维时代的演说家在罗马广场上或是在修辞家的学校里一样。在保存古老传说的时候，例如阿格里巴[2]的胃的寓言那一个穿插保存了古代的修辞风格，与全书其它部分却不伦不类。但是在荷马史诗里，神们却飘荡在诗与现实之间的神奇光辉里。他们离我们的观念既不太远，我们还可以把他们想象成为和日常现实人物一样具有完整的形象，同时他们的形状也还不太明确，看起来又不像现实生活中的人物。他们所作所为也可以按照凡人在行动时的内心动机去解释，所以能使人相信他们也和凡人一样根据实体性的意旨去行事。在这一点上诗人是在认真对待他们的，但是在描绘神们的形状和外在实际情况时，却露出一种暗讽态度。古代人好像也相信神们所显现的这种外在形状只是一种艺术创作，通过诗人才获得它的实际意义。神们凭这种凡人的新鲜爽朗的外貌，才显得近乎人情、合乎自然，正是在这里可以见出荷马的一个主要功绩。至于维吉尔所写的神们只是些枯燥的、虚构的奇迹和出自人巧的机械，在日常实际生活范围里上升到天或下降到地。维吉尔尽管认真，可是正因为这种认真的外貌，他不免流于滑稽。十八世纪德国诗人布鲁茂把交通神写成了一个通信员，穿着马靴和踢马刺，手里提着马鞭，倒还有些道理。荷马的神们用不着旁人改写成为滑稽可笑，他自己的描写就已经够滑稽可笑了。[3]

① 李维（Li-Vius，公元前59—公元后17），他的《罗马史》从罗马建国写起，所以与维吉尔的史诗有些联系。

② 原注：见《罗马史》卷二，第三十二节。

③ 布鲁茂（Blumauer，1755—1798）德国滑稽诗人，著有《伪装过的伊涅意特》，以滑稽的口吻摹仿维吉尔的史诗。

在他的作品里,像跛腿的火神,战神和女爱神睡在一幅精巧的网里,她挨到了耳光,而他跌落下去时放声号叫之类形状,神们自己看到也会哂笑取乐。诗人就通过这种轻松愉快的自然气氛,使我们不受他所描绘的外在形状的拘束,把他所揭示的这种生活现象丢开,从而保持住本身必然的具有实体性的力量以及对这种力量的信心。

再举一两个例子。狄多的悲剧性插曲[①]很有些近代色彩,所以引起意大利诗人塔梭去摹仿,甚至部分地抄袭了他。现在法国人对这段插曲五体投地,实际上它比起荷马所写的柯尔克和卡立普梭[②]的故事那样平易近人、朴素天真,就大为逊色了。荷马写俄狄修斯游历阴曹地府的插曲也是如此。这种阴魂寄宿的幽暗境界仿佛烟雾弥漫,是一种幻想与现实的杂糅,对我们有一种奇妙的魔力。荷马并不是让俄狄修斯下到一个现成的阴曹地府,而是让他本人在地下挖一个洞,宰了一头羊,把血灌到洞里去召唤亡魂,于是亡魂才不得不跑到他身边来,他叫一些亡魂喝了恢复元气的血,以便能够和他交谈,向他报告一些消息,至于其他挤上来要喝血的亡魂却被他用剑驱走。这里凡所发生的事都通过主角本人而显得生动活跃,俄狄修斯并不像伊涅阿斯和但丁游地狱时那样低声下气。在维吉尔的史诗里,伊涅阿斯逐级下降,台阶、守门的恶狗、常渴的汤塔路斯以及其余一切都像一个管理得井井有条的住家人户,像一部干枯的神话词典里所写的那样。

① 狄多(Dido)是维吉尔史诗中一个最有名的女角色。特洛伊陷落后她逃到非洲迦泰基,遇到伊涅阿斯和他发生了爱情,在一起同居,伊涅阿斯服从神诏,抛弃了她,她愤而自杀。

② 这两个女仙已见前注。俄狄修斯在航行途程中先后同这两个女仙同居过。

如果所描述的故事在它的实际发生时的新鲜形式或是在历史事实里的形式，原已为人所熟知，诗人凭人工造作的作品就会更显得矫揉造作而不根据事实。属于这一类的有密尔顿的《失乐园》，波德卯的《挪亚的后裔》，克洛普斯托克的《救世主》，伏尔泰的《亨利歌》等等①，其中都不难看出内容与诗人的感想之间的裂痕，诗人是凭他的感想去描述客观事迹、人物和情境的。例如在密尔顿的《失乐园》里我们看到十七世纪的想象方式和道德观念所产生的一些近代人的情感和观感。在克洛普斯托克的《救世主》里我们所看到的一方面是上帝、基督的生平、教长们、天仙们等等，另一方面却是十八世纪德国的文化教养和沃尔夫派的哲学概念。这样双重性格在每一行诗里都可以认出。在这些例子里题材内容本身当然有许多困难，因为基督教的上帝、天国和天使们不像荷马的神们那样容易凭自由想象去加以个别具体化。荷马的神们在外貌上颇似阿里奥斯陀的作品中那些凭幻想虚构的部分，如果他们不是（像荷马所写的那样）作为人类动作的动因，而是只作为各自独立和互相对立的个体而出现，他们的外貌就会马上显得滑稽可笑。克洛普斯托克由于他的观点，落到一个悬空的世界里，想凭泛滥的幻想把这种世界点染得光辉灿烂，从而要求我们一切人都要像他自己那样认真对待他所写的一切。这种情况在他写天使和魔鬼时特别糟。如果他们能像荷马所写的神们那样，动作（情节）材料是根据人情和现实生活的，例如当他们作为某个人或某城市的护神而受到尊敬的时候，克洛普斯托克的这种虚构也可以具有若干内容和个别

① 波德卯（Bodmer）是18世纪瑞士诗人，他的史诗据旧约创世记叙述人类始祖挪亚得了上帝的指示，造船逃过洪水之灾。余已见前注。

具体的本地风光。但是既然没有这种具体的意义,愈认真对待这种天使和魔鬼,他们也就愈显得只是空洞幻想的产品。例如忏悔的魔鬼阿巴多那(《救世主》第二章,627—850行)既没有真正的寓言的意义(因为作为固定的抽象品,这个魔鬼的改邪归正是不合情理的),也没有本身实在的具体形象。如果阿巴多那是一个凡人,他皈依上帝倒还可以有理由,但是他既然代表抽象的恶,他的皈依就只是一种庸俗的道德情操的表现。克洛普斯特克所沾沾自喜的正是虚构这样不真实的人物、情况和事迹,不让它们植根于客观存在的世界及其所含的诗的内容意蕴。当他以世界审判人的身份去谴责宫廷荒淫生活时,他也不见得高明,特别在但丁面前就相形见绌。但丁把当时一些名人打下地狱,却显出克洛普斯托克所缺乏的现实感。同样缺乏诗的现实感的还有他写亚当、诺亚、闪、雅弗等人[①]的灵魂超生,围绕在上帝身旁而狂喜大乐那部分,这些人到了第十一章又奉天使加百列的命令,又回到他们的坟墓。这一切都是毫无理性根据的。这些人的灵魂在上帝面前生活过,现在又回到大地,可是和大地没有发生任何新的关系。他们最好能显现在世间凡人面前让凡人看见,可是他们没有一次同凡人打过交道。诗里也并不缺乏美妙的情感和引人入胜的情境,特别是对灵魂重新结合到肉体那一段描绘是颇动人的,但是内容却是一种不能令人置信的虚构。比起这种抽象的表现,荷马所写的阴魂们喝了血就恢复了生命以及记忆和说话的能力,具有远较深刻的诗的真实和现实感。单从想象方面来看,克洛普斯托克的这类描绘也是装饰得很富丽的,但是其中最重要的部分总是天使们的抒情的修辞,

① 人类的远祖,见《旧约·创世记》第五章。

而这些天使显得只是一些工具和听使唤的仆人，否则就是教长们和主教们的演说，他们的言论又不符合我们所熟知的这些人物的性格。玛斯（战神）和阿波罗（文艺神），战争和知识之类力量，在内容意义上既不像天使们那样纯属虚构，又不像教长们那样有历史实据的历史人物，而是一些永久存在的力量，只有他们所显现的形状才是由诗创造出来的。在《救世主》里却不然，尽管它有纯洁的心情和光辉的想象力之类优点，但是正由于这种想象的方式，就出现了没有底止的凭主观意图勉强塞进去的空洞抽象的知解力的产品，再加上内容的零乱和表现方式的抽象，就使这部诗很快就成为被人遗忘的过去的东西。因为只有本身融贯一致，用新鲜方式表现新鲜生活和活动的作品才会享长久的寿命。所以我们如果要欣赏和研究各民族的原始的世界观或这类伟大精神的自然史，我们就必须掌握住原始的史诗，要把那些违反当前现实的观点和错误的美学理论的要求完全抛开。但愿我们可以为我们的这个时代和我们德国民族祝福，祝我们为着达到上述目的，能冲破以往的窄狭知解力的桎梏，从一些狭隘的观点中解放出来，使我们能接受我们作为个人所必须接受的观点，个人要有按照本来是什么样人就做什么样人的权利，要体现已证明为正确的民族精神，使这种民族精神的意义和事业由史诗来展现在我们面前。①

（三）　史诗作为统一的整体

上文已就两方面讨论了正式史诗所要满足的要求：一方面是

① 这一节以荷马和维吉尔、密尔顿、克洛普斯托克一类诗人的史诗作品为例，说明原始史诗的朴素自然风格和仿制的史诗的矫揉造作的风格之间的差别。

一般的世界背景,另一方面是在这一般背景的基础上所发生的个别的事迹以及在神和命运的指引之下行动的个别人物。现在要讨论的第三点是这两个主要因素必须结合成为一个史诗的整体。关于这一层,我想只谈以下几点:

第一,对象的整体;为着把特殊的动作(情节)和它的实体性的基础联系起来,就必须表现出对象的整体;

其次,史诗在展现方式上与戏剧体诗和抒情诗的本质差别;

第三,史诗作品尽管有广泛的派生枝节,仍应熔铸成为具体的整一体。

1. 上文已经说过,史诗的内容是发生某一个别动作(情节)的那个世界的整体,所以其中要包括和这一世界的观点、事迹和情况有密切联系的最多种多样的对象(事物)。

1a) 抒情诗固然也要涉及具体的情境,主体在这种情境之中可以把各种各样的内容纳入他的情感和观感里,但是决定抒情诗这个基本类型的是内心生活,所以抒情诗不容许对外在现实进行广泛的描绘。另一方面,戏剧作品要把人物和动作过程表现得和在实际生活中一样生动,所以根本不能描述动作发生的地点,剧中人物的外表形状和不关紧要的事故,而是要把重点摆在内在的动机和目的上,不是摆在和广大世界的联系和人物的实际情况上。在史诗里却不然,除掉要写动作所根据的广泛的民族现实生活之外,内心世界和外在世界具有同样重要的地位。所以史诗所要表现的是一切可以纳入人类生活诗篇中的那些分散的事物的整体。这里我们一方面要把自然环境计算进去,当然不仅限于发生动作的那个具体地点,而是要见出自然的全貌。就像上文引过的《奥德赛》的例子，从这部史诗里我们可以看出希腊人在荷马时代对大地和环绕大地的海洋的形状是怎样想的。但是这些自然因素并不是主要的题材而只是一种基地或背景。更重要的一方面是要展现出对整个的神的世界以及神们的生活、作用和行动的看法。在这两方面之间，还有第三个因素，即单纯的人这个因素的整体，包括家庭生活、社会生活、和平时期和战争时期的情况、道德习俗、人物性格和事迹之类，对这些当然都要从两方面来看，既要看到个别的事迹，也要看到民族生活和现实生活中其它方面的一般情况。最后，关于精神的内容，所表现出来的不只是一些外在的客观事迹，还要使人能从此认识到内心的情感、目的、意图以及个别行动有无可辩护的理由。所以史诗并不完全排除抒情诗和戏剧体诗的题材，不过不把这两种诗的题材形成全部作品的基本形式，而只是让它们作为组成部分而发生作用，不能因为采用它们而就使史诗丧失它所特有的性格。如果全部史诗的语调和色彩都是抒情式的，像在《奥森的诗》里那样，或是抒情的表现方式成为诗中的突出部分，诗人在这部分尽量发挥了他的最大本领，例如塔梭的作品有时就是这样，在密尔顿和克洛普斯托克的作品里这种情况尤其突出，在这两种情况之下，作品就不应看作史诗了。在史诗里，抒情诗的情感和观感应像客观事物一样，当作已经发生过的事，已经说过的话和已经想过的思想来叙述，不应破坏史诗所应有的平静的稳步前进的语调。所以情感迸发的嘈杂叫喊，特别是发自内心的歌唱，为着要表现主体自己，就泛滥横流的那种表现方式在史诗里没有地位。史诗也不肯用戏剧里那种生动的对话，其中人物按照当前直接现实情况说话，主要目的在于揭示人物之间显出性格特征的辩论，互相说服、吩咐和迫胁,或是热情奔放地各自陈述理由。①

1b) 其次,史诗之所以展示上述各种内容,并不是只让我们看到它们各自独立的客观面貌,而是使这些内容能形成史诗所必有的个别事迹。如果这种本已界定的个别动作应当和后来要加上去的材料结合在一起,就要使这种范围较广的材料与这个别事件的发生过程经常发生联系,不应脱离这个别事件而独立。个别事件与其它材料交织得最好的典范是《奥德赛》,其中希腊人家庭生活的和平情况,关于一些野蛮民族和地区以及关于阴曹地府之类观念都和俄狄修斯回国迷航以及他的儿子离家寻父这种个别事件紧密地交织在一起,没有任何材料离开这种个别事件而独立,不像悲剧中的合唱队那样不参加剧中动作而只在旁观,发表一般性的感想,而是要参加进来影响事件的进展。此外,自然界和神的世界也不是单为它们本身而独立出现,而是因为和某一具体动作有联系(神的职责本来就在指引凡人的动作),才获得一种有个性的生活的表现。只有在这种情况下,故事才会显得不是对一些彼此各自独立的对象的描绘,而是诗人对他所选为贯串全诗的线索的那件事迹的叙述。但是另一方面,个别事迹也不能把它所倚为枢纽的那种具有实体性的民族基础整体都全盘吸收,以至使自己丧失一切独立性而显得只是处于服从的地位。举例来说,亚历山大远征东方的事迹,从这个观点来看,就不是写史诗的好材料,因为这件英雄事业在决策和执行两方面都只靠亚历山大一个人物,只有

① 这一节说明抒情诗以写内心生活为主,戏剧体诗以写人物性格、动机、目的和动作及其结果为主,都要避免写世界情况和具体情境的派生枝节;史诗既可写内心生活,又可写人物动作,但是重点在用客观态度描述事迹,从事迹进展中见出全部客观世界情况。

他个人的精神和性格才起作用，而民族基础，希腊大军和将领们都完全没有上文对史诗所要求的那种独立地位。亚历山大的军队是对他唯命是听的人，只能服从他，并且不是自愿地追随他。但是正式史诗的生命就在于个别动作和发出动作的个别人物与一般世界情况这两个主要方面既要经常处于统一中，又要在这种交互联系之中各自保持必要的独立，才算得上一个凭自己而挣得独立存在的人。①

1c) 我们已对史诗的实体性的基础提出了两点要求：一点是这种基础要产生一种个别的动作，就须是含有冲突的，另一点是这种一般基础不应表现为独立的，应采取一个具体事迹的形式，而且要和这个具体事迹联系起来，所以这个个别事迹就是全部史诗的出发点。这一点对于情境应从哪里开始的问题特别重要。在这方面还是《伊利亚特》和《奥德赛》提供了范例。在前一部史诗里，特洛伊战争是一般的背景，它只是在与阿喀琉斯的狂怒结合在一起的那个具体事迹的范围之内，才展现在我们眼前，所以史诗以引起主角阿迦门农愤恨的情境为起点，就把一切摆得很清楚。在后一部史诗里，有两个不同的情境可以作为全诗的起点：一个是俄狄修斯的迷路的航行，一个是他的伊特卡故乡的家庭纠纷。荷马把这两个情节摆得很接近，先约略叙述俄狄修斯在归途中被仙女卡里普梭留住下，耽搁一些时候，然后马上就转到他的妻子所遭遇的痛苦以及他的儿子离家去寻父。因此，我们马上就可以看出是什么延误了他的归程以及他回国以后原来留在家乡的人们使他有必要

① 这一节说明史诗叙述的以个别事迹为主，关于全部世界情况，民族精神以及一般外在事物的描述都必须与这一个别事迹有经常的密切联系，不应是各自独立的。

采取哪些措施。①

2. 其次,从这种起点出发,史诗的进展方式既不同于抒情诗,也不同于戏剧体诗。

2a) 首先要考虑的一点是史诗在派生枝节方面的广度,其原由在史诗的内容和形式两方面。我们前已说过,完全发展出来的史诗世界是由多种多样的对象(事物)来形成的,它既包括精神的内在力量、动机和希求,又包括外在的情境和环境。这一切因素既然都采取客观实在现象的形式,其中每一因素就形成一种本身独立的、内在的或外在的形状,史诗的作者在描写和叙述中应该在这种形状上多花工夫,而且应该展现它们的客观外在性相。至于抒情诗却把它所掌握的一切集中成为亲切的情感或转化为概括的一般性的感想。客观事物直接呈现出多种多样的特征,彼此分散的情况和五光十彩的丰富性。就凭这一点,史诗就已比其它种类的诗都更有节外生枝的权利,甚至可以使每一枝节都显得是自由独立的。但是上文已经说过,对客观实在事物及其形状的爱好也不宜过分,以致把与本题情节及其基础毫不相干的情况和现象都扯进诗里;派生的枝节必须对事迹的进展起促进或阻碍的作用。尽管如此,由于要如实地反映客观事物的形状,史诗各部分的衔接是比较松散的,因为在客观事物之间起中介或结合作用的是内在本质的联系,而单从外表来看,个别特殊方面却各有独立的存在。由于史诗各部分之间缺乏这种谨严的统一和明显的联系,而且由于史诗起源于原始时代,它的形式也是原始的,史诗比起抒情诗和戏剧体诗一方面较容易有后来的增删,另一方面可以吸收过去一些

① 这一节讨论史诗应以导致冲突的情境为起点。

独立的已经具有某种程度的艺术形式的传说故事，作为它的组成部分，形成一种新的兼容并包的整体。①

2b）其次，就史诗给予事迹生展以动力时所采取的方式来看，凡所发生的事既不应只导源于主体的心情，也不应只导源于人物的个性，因而侵犯到抒情诗和戏剧体诗的领域。在这方面史诗也要保持客观事物的形式，这是形成史诗基本类型的。关于这方面我已说过多次。对于叙事的表现方式来说，外在环境之重要并不亚于人物内心生活的特性。在史诗里，人物性格和客观事物的必然性二者是以同等重要性而并列在一起的。所以史诗人物可以服从外在环境而不至损害他的诗的个性，他的行动可以显得是环境情况的结果，所以环境情况在史诗里是强大的动力，不像在戏剧体诗里那样，只有人物性格在起主导作用。例如在《奥德赛》里事迹的发展几乎始终伏因于外在环境。阿里奥斯陀以及其它取材于中世纪的史诗所叙述的奇遇也是如此。再如在维吉尔的史诗里，伊涅阿斯奉神诏去建立罗马的事迹及其广泛的派生枝节，如果从戏剧的观点来看，对事迹提供动力的方式就很不高明。塔梭的《耶路撒冷的解放》也是如此，其中基督教的十字军不仅遭到伊斯兰教军的英勇抵抗，而且还碰到许多自然界事故的阻碍。几乎一切著名的史诗都可以提供类似的例证，事实上史诗作者选择这种材料正是因为它使叙事的表现方式成为可能和必要的。

这番话也适用于行动结果应该导源于个别人物的实际决断的

① 这一节说明史诗既容许有广泛的旁生枝节，所以结构比较松散。但是史诗反映客观事物，客观事物在表面上虽仿佛是各自独立的，却仍有内在本质的联系，史诗的各部分也是如此。

情况。这里所应突出表现的也不是戏剧意义的人物性格,按照以片面方式来激发他的那种目的和个人的情欲,利用环境情况,去针对外在事物和其他个别人物来保持他自己的个性;史诗的人物性格既要排除这种取决于主体性格的行动,也要排除单纯的主体心情和偶然情感的流露,而是一方面要紧紧掌握住环境及其实际情况,另一方面要使事迹的动力来自具有绝对价值和普遍意义的伦理观点。在这方面特别是荷马的作品提供了取之不竭的研究资料。例如特洛伊的老王后赫库巴对她的儿子赫克忒的哀悼,阿喀琉斯对他的挚友帕屈罗克鲁斯的哀悼之类在内容完全可以用抒情诗的方式去处理,荷马却从来不离开史诗的语调。荷马史诗中也有许多情境可以用戏剧的方式去表现,例如将领会议中阿迦门农和阿喀琉斯的争吵,赫克忒向他的妻子安竺若玛克的告别之类,可是荷马在这些场合从来不用戏剧的风格。举上述告别的场面为例,这一段叙述在这部史诗里算是最美的。就连在席勒的戏剧作品《强盗》里,阿玛利亚和卡尔的唱和也是夫妻告别,本来是应当全用抒情方式处理的题材,我们却还可以听出摹仿荷马史诗的韵味。荷马在《伊利亚特》第六卷里写上述告别场面,所产生的史诗效果多么美妙!赫克忒在家里没有找到妻子,后来在到城墙的斯康门的路上才碰见她。她急忙地走上前来,到了他身边。他带着安静的微笑,看着她怀里抱着的小男孩,她就说,“神奇的人啊,你的英勇会终于使你遭到毁灭啊!你既不怜惜这弱小的儿子,也不怜惜我这个不幸的女人,我不久就要成寡妇了。希腊人就要把你杀掉,他们集合起来围攻你一个人。如果我失去你,我宁可埋到黄土里去。如果你死了,留给我的就没有什么安慰,就只有痛苦了!我既没有父亲，又没有母亲。”接着她详细地叙述她父亲的遭遇和她的七个弟兄都死在阿喀琉斯手里，她母亲也成了俘虏，赎回来就死去了。然后她又向赫克忒哀求，要这位既是她父母又是她弟兄的丈夫，这位还在青春鼎盛时期的丈夫，留在城堡上，不要让儿子成为孤儿，妻子成为寡妇。赫克忒怀着同样沉痛的心情回答了她，“我也在为这些事忧虑，妻子，但是我也很担心特洛伊人民，如果我留在这里逃避战斗，做一个懦夫。我也不会受暂时激动心情的驱遣，因为我一向惯于奋不顾身地站在特洛伊军队的最前列战斗，保卫我父亲的荣誉，也保卫我自己的荣誉。我在深心里也预感到有朝一日，神圣的祖国都要陷落，神矛手普列亚姆、我的父亲，以及他的人民都要同归于尽。但是我最难忘怀的倒不是特洛伊人民的灾难，也不是我父母的灾难，也不是我的同胞弟兄，他们终会在敌人的压力之下倒到尘土里，而是你，将来终会有一个身披铁甲的希腊人把你这个泪流满面的寡妇拖走，剥夺你的自由，你就得在希腊替另一个家庭纺纱，或是辛苦地挑水。你不情愿，但是强有力的必然会压在你身上，你不干也得干。那时会有人看到你啼泣，就说，‘瞧，这就是在为保卫特洛伊而战斗的特洛伊人中间最英勇的战士赫克忒的妻子！’也许会有人这样说，那时你会痛心，想到你失去了这样一个丈夫，失去了一个本来可以使你不当奴婢的人。我宁愿埋在尘土里，也不愿听到你哀啼，看到你被人拖走。”赫克忒的这番话是沉痛的、动人的，但是表达的方式既不是抒情诗的，也不是戏剧的，而是史诗的，因为他对这种灾难的辛酸描绘一方面表现出当时的环境和单纯的客观情况，而另一方面也显出推动他的力量不是个人的意愿或主观的决断，而是一种必然，这种必然并不等于他自己的目的和意志。

以同样的史诗的方式来打动情绪的还有战败者用环境之类理由向战胜者恳求饶命的情节,因为一种内心的激动如果只是由环境引起的,如果只是企图用客观情况和情境去产生感动人的效果,那就不是戏剧性的,尽管近代悲剧作者也往往利用这种产生效果的方式,例如席勒在他的悲剧《奥莲女郎》[①]里所写的英国骑士蒙歌玛利和姜·达克在战场上的一景(第二幕第六景),像旁人早已正确地指出,就是史诗性多于戏剧性的。这位英国骑士在危急关头丧失了一切勇气;当他遭到勇猛的法国战士塔尔博(他用死亡惩罚怯懦)和姜·达克(她能战胜最勇敢的人)两人追逐时,他不逃跑,却大声叫喊说:

……但愿我不曾乘船过海,
我真倒霉!让虚荣置我于死地,
妄想在法国战争中建立勋名,
而今毁灭人的命运竟把我带到
这场血战中。但愿我远离这战氛,
回到花香草绿的家乡赛芬河滨,
回到安全的家乡,那里我留下了老母
和温柔的未婚妻,正在为我伤心。

这不是男子汉大丈夫的话,使得这位骑士的形象既不适合于真正的史诗,也不适合于悲剧,而是更多地流于喜剧。姜·达克骂他说:

① 奥莲女郎即姜·达克。她是法国奥莲区农村中一位少女,在15世纪曾率领法军抵抗英国侵略者,屡立大功,但终于落到侵略者手里,以妖女的罪名被烧死。

你这该死的，亏你是英国母亲养的！

接着就向他冲去，他放下刀和盾，跪倒在她脚下恳求饶命。他详细地陈述理由，想博得她的同情，说他手无寸铁，他父亲是个富翁，会拿黄金来赎他；说姜·达克作为一个少女，应有女性的温和；说他很爱他的未婚妻，她在流着眼泪盼他回家；而且家里还有父母，都很为他伤心；说死在他乡异域，没有人哀悼，这是多么悲惨的命运，如此等等。这一切理由就它们涉及客观情况来说，也有点意义和价值，此外，他陈述这些理由时所用的平静语调也是史诗性的。诗人也以同样平静的语调叙述姜·达克不得不听他说下去的理由，他手无寸铁，就不能杀他。如果从戏剧观点来看，她就应毫不迟缓地一看到他就把他杀掉，因为她对一切英国人都有刻骨的仇恨，而且曾用沉痛的语言表达出这种仇恨，她的理由就是她对阴曹地府所曾立下的庄严誓约：

我要用利剑杀死一切活的人，

只要战神把他们送到我手里。

如果问题只在于蒙歌玛利不应在手无寸铁的情况下遭到屠杀，她既然已停了一段时间听他哀诉，他就有了一个极好的活命办法，那就是放下武器。但是她告诉他如果想活命，就得跟她打一仗，她自己也是一个不朽的凡人，他于是又拿起武器，一下子就被姜·达克打死了。这一幕剧情的进展，如果没有这些广泛的史诗式的陈述，就会更适合戏剧的体裁①。

① 这一节主要谈史诗事迹生展的推动力既不是主体的心情，也不是人物的性格，而是环境情况，特别是当时具有绝对价值和普遍意义的伦理观点。接着黑格尔举荷马史诗和席勒的悲剧作品为例，说明史诗在运用抒情诗题材时，也还是保持着史诗所特有的客观态度和平静语调。

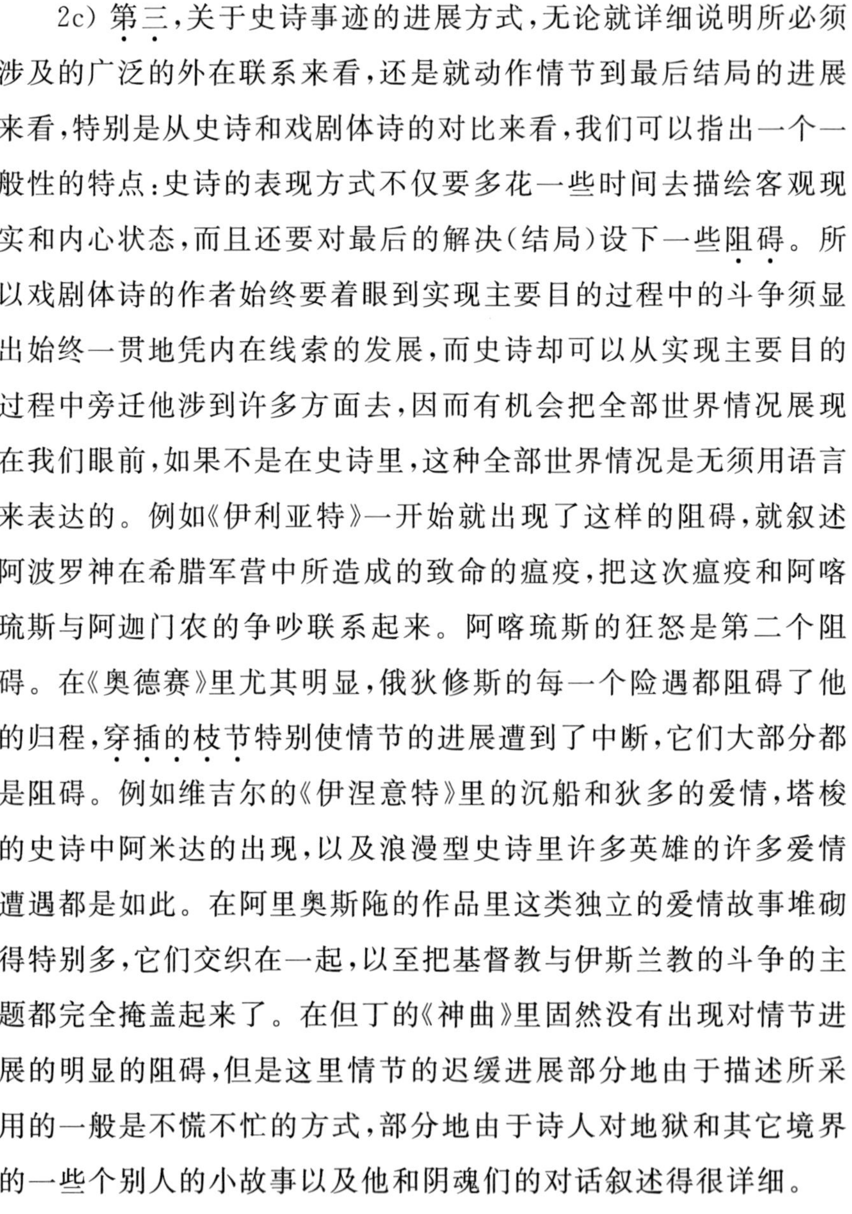

2c)**第三**,关于史诗事迹的进展方式,无论就详细说明所必须涉及的广泛的外在联系来看,还是就动作情节到最后结局的进展来看,特别是从史诗和戏剧体诗的对比来看,我们可以指出一个一般性的特点:史诗的表现方式不仅要多花一些时间去描绘客观现实和内心状态,而且还要对最后的解决(结局)设下一些**阻碍**。所以戏剧体诗的作者始终要着眼到实现主要目的过程中的斗争须显出始终一贯地凭内在线索的发展,而史诗却可以从实现主要目的过程中旁迁他涉到许多方面去,因而有机会把全部世界情况展现在我们眼前,如果不是在史诗里,这种全部世界情况是无须用语言来表达的。例如《伊利亚特》一开始就出现了这样的阻碍,就叙述阿波罗神在希腊军营中所造成的致命的瘟疫,把这次瘟疫和阿喀琉斯与阿迦门农的争吵联系起来。阿喀琉斯的狂怒是第二个阻碍。在《奥德赛》里尤其明显,俄狄修斯的每一个险遇都阻碍了他的归程,**穿插的枝节**特别使情节的进展遭到了中断,它们大部分都是阻碍。例如维吉尔的《伊涅意特》里的沉船和狄多的爱情,塔梭的史诗中阿米达的出现,以及浪漫型史诗里许多英雄的许多爱情遭遇都是如此。在阿里奥斯陁的作品里这类独立的爱情故事堆砌得特别多,它们交织在一起,以至把基督教与伊斯兰教的斗争的主题都完全掩盖起来了。在但丁的《神曲》里固然没有出现对情节进展的明显的阻碍,但是这里情节的迟缓进展部分地由于描述所采用的一般是不慌不忙的方式,部分地由于诗人对地狱和其它境界的一些个别人的小故事以及他和阴魂们的对话叙述得很详细。

但是有一点特别重要,事迹生展进程中的这种阻碍不应成为诗人故意拖延的一种手段。史诗世界的运行基地即一般世界情况只有在它是自生自长而不由外力形成的时候，才具有真正的诗的性质。史诗也是如此，它的事迹在环境和原始命运中的进展也必须由它本身生发出来，不应该使人觉得它是诗人凭主观意图来安排的；事迹愈是如此自生自展，史诗所表现的客观态度，无论从实际现象来看，还是从实体性内容来看，也就愈能使诗的整体及其各部分都各凭自己而处在各自的恰当地位。假如在这种世界的顶峰上还另安置一个控制世间进程的神的世界，诗人自己就必须真正从对神的信仰中获得了新鲜的生气灌注，因为在大多数事例中正是神们设置了上述各种阻碍，如果诗人对神没有真正的信仰，没有从这种信仰中获得生气，神力就会弄成一种毫无生命的机械，实际上只是诗人凭主观意图的一种虚构。①

3. 我们既已约略谈到史诗把个别事迹和民族的一般世界情况交织在一起所展示的客观事物整体，现在就要讨论第三个问题，就是在事迹在展现方式中所涉及的史诗作品的整一性和完满的熔铸过程。

3a) 这一点前已提到，现在显得特别重要，因为近来流行着一种看法，以为史诗可以任意在哪一点上结束，也可以任意继续下去。就连一些聪明的渊博的学者，例如哲学家沃尔夫，也尽力支持这个看法。但是这个看法毕竟是粗陋的，因为它无异于否认完美的史诗具有艺术性。史诗之所以成为自由艺术的作品，就单凭它本身就是一个完满的整体，通过这种整体来描述一个独立自足的

① 这一节说明在史诗事迹达到结束之前，往往发生一些障碍，造成进程的停顿和缓慢。这种障碍或停顿不应是诗人的主观意图，而应是在情节的自生自展中有它的内在原因或必然性。

世界。它不同于现实世界那样时而纷纭错乱,时而是依存关系和因果关系永无休止地承续流转下去。当然要承认:在真正的原始史诗里主要任务并不在对各部分的设计和组织,穿插故事的安排和完满性之类问题进行审美的判断,因为在原始史诗里压倒一切的因素是这种民族圣经里所表现的世界观、宗教信仰,总之,内容的丰富意蕴,这种情况比在较晚起的抒情诗和戏剧体诗里显得还更明显。不过话虽如此说,在《腊玛雅那》、《伊利亚特》、《伊涅意特》乃至《尼伯龙根歌》之类民族圣经里,绝不应抹煞美和艺术赋予它们的那种艺术作品的尊严和自由,正是从美和艺术出发,它们才能把一个情节的完满整体表现出来。

3b) 就一般意义来理解的"整一性"这个词对于悲剧已变成一种老生常谈而导致许多流弊。实际上每一个事例,无论是过去的还是未来的,都可以沿着因果线索而无穷尽地承续流转下去,而且还要牵涉到数不尽的特殊环境和情节,所以定不出界限来,说从这些情况和零星事物中究竟有哪些应该摆进史诗里来而显出它们之间的联系。如果我们采取这种系列观点,史诗在过去和未来两个方向都是永远唱不完的,而且还可以有各种增删窜改。不过这样的系列就变成了散文。例如希腊的纪事本末派诗人曾歌唱过一切有关特洛伊战争的事迹,因此写过一些荷马史诗的续编,还上溯到列达的卵①重新开始。但是由于这个缘故,这类作品和荷马史诗相比,就成了画蛇添足的散文。其中人物不能形成史诗的中心,像我们在上文所要求的,因为这些可以做出和遭遇到各种各样的事件,而这些事件之间并没有什么联系使它们成为一个事迹。所以

① 列达见第一卷 277 页注①。

我们应该找出另一种整一性。为此我们必须约略确定一个单纯的事件和一个事迹或动作情节之间的区别。这个区别就在于一个动作情节以史诗方式叙述出来就成了一个事迹；至于一个单纯的事件却只是任何人的行为的外在事实，其中并不用实现任何具体的目的。一般说来，凡是实际存在的东西在形状和现象上偶有变动，都可以叫做事件，例如一个人触了电就是一个单纯的事件，一个外在的偶然事故。又如夺得敌方的一个城市却不只此，因为它实现了一个自觉的目的。像耶路撒冷从伊斯兰教徒和异教徒的桎梏下解放出来，或则用更好的例子来说，像阿喀琉斯的狂怒这样一种动机及其满足，才能以史诗事迹的形状熔铸成为一个本身完满的整体。但是只有人才能发出动作和贯彻目的，所以从这一点来看，和目的与动机在一起成长起来的个别人物就站上了顶峰。如果整个英雄人物性格（目的和动机都导源于此）的动作情节和目的的实现只有在完全具体的情境和机缘下才可发生，而这种情境和机缘又朝过去方向派生出广泛的联系，如果目的实现又朝未来方向既产生多种多样的原因，又产生多种多样的结果，这些旁支派生的原因、结果和所写的具体情节就没有诗所要求的紧密联系了。例如阿喀琉斯的狂怒和海伦的私奔或巴里斯对三美女的评判，尽管后两件事对于前一件事是一个发生在前的条件，却说不上有什么直接联系，就和它和特洛伊的实际陷落没有什么联系一样。如果依某些人的看法，说《伊利亚特》既没有必然的起点，也没有必然的终点，这种看法就没有明确地认识到《伊利亚特》所歌唱的主题是阿喀琉斯的狂怒。就是这个主题提供了全诗的整一性的中心点。如果我们牢牢地掌握住阿喀琉斯的形象，把阿迦门农所引起的他的狂怒

当作全诗的贯串线索,我们就找不出荷马可用的还有更好的起点和终点了。上文已经说过,这次狂怒的直接起因就是起点,而此后所叙述的都是这次狂怒的后果。反对者固然提过不同的意见,说如果是这样,诗的最后几章就没有用处,大可以删掉了。但是就全诗来看,这个反对的意见是站不住脚了,因为阿喀琉斯拒绝参战而在海滩战船边袖手旁观,这件事就是他的狂怒的后果之一,因为他的袖手旁观不久就导致特洛伊对希腊的优势,这又导致他的挚友帕屈罗克鲁斯的战死。这件事又引起他的哀悼和发誓报仇,接着就是他战胜和打死了特洛伊的主将赫克忒。这些都是一环套着一环的。还有人认为人一死就完了,就可以走开不管了。说这种话的人就只能证明他思想粗鄙。人死了,完了的只是自然(肉体),并不是人本身,不是道德习俗,而道德习俗却要求为死在战场上的英雄们举行葬礼。因此接着上文就加上在帕屈罗克鲁斯墓旁举行的葬礼游戏,普里亚姆哀求还赫克忒的尸体,阿喀琉斯的和解和应允,这就使死亡者获得了葬礼。这是最美的圆满收场。[①]

3c) 我们既已把个别的具体动作详细地溯源到自觉的目的或主角的性格,并且说明了史诗整体就从这个具体动作里找到它的整一性和圆满结构的中心点了,现在还要回答一个问题:这是否把史诗的整一性和戏剧的整一性混淆起来了呢?因为戏剧也是由自觉的目的和人物性格所引起的一个具体动作及其冲突为中心点的。为着不要使这两种诗有哪怕是表面的混淆,我有必要再提一

① 这一节举《伊利亚特》为例,说明史诗事迹应有它所必有的起点和终点,不能因为因前有因,果后有果,就顺这种因果系列而永无休止地歌唱下去。《伊利亚特》全诗事迹都围绕着阿喀琉斯的愤怒发展下去,所以应以这场愤怒为起点,以这场愤怒的解除和特洛伊的陷落和死亡者的葬礼为终点。

下我在上文关于动作和事件的区别所说过的话。此外，史诗的兴趣并不局限于某一个导源于人物性格，目的和情境的具体动作本身，这种动作的冲突和解决的全部过程在史诗里还要能在一个民族社会及其整套实体性理想的大范围里去找更广泛的起因，所以这种民族社会所包含的多种多样的人物性格、情况和事件也要纳入史诗叙述里去。从这个观点看，史诗的圆满结构就不限于某一具体动作的特殊内容，而是更多地要涉及当时的**全部世界观**，史诗所要叙述的就是这全部世界观的客观实际情况。史诗的整一性就要靠两方面，一方面所叙述的具体动作本身应该是完满自足的，另一方面动作进展过程中所涉及的广阔世界也要充分表现出来，使我们认识到。这两方面还要融贯一致，处于不可分割的整一体。①

这些就是我们所约略指出的正式史诗的一些本质性的特征。史诗这种偏重客观性相的形式还被用来描述一些内容意蕴并没有真正客观性相的其它题材。这类史诗变种会使理论家们难于应付，如果有人要求他们进行分类，把一切诗包括变种在内都摆进一类，他们应付这些变种就要感到困难。因为符合类概念的事物才能纳入这一类；至于在内容和形式上都不完全符合类概念的事物，摆在一类就不很合适，所以关于史诗的变种我在结束本部分之前只准备约略地提几种。

属于史诗变种的首先有近代意义的**田园诗**。田园诗只描述处在纯朴天真状态中的人，至于精神生活和道德生活中一切带有普

① 这节说明史诗与戏剧不同，在整一性问题上关键还不在少数主角的性格、目的、动作和结局的发展过程的统一，而在表现出一定时期和一定民族的全部生活情况和它所根据的世界观，所以事迹应和当时物质和精神两方面范围广阔的客观存在统一起来。关于“整一性”，下文论戏剧体诗部分还要着重地讨论。

遍意义值得深切关心的东西则一律抛开。这种纯朴天真的生活只能意味着吃喝以外一无所知,只满足于很简单的饮食,例如山羊奶、绵羊奶,在必要时至多有牛奶、青菜、植物根、栗、果、鲜酪之类,我相信吃肉还是允许的,因为田园诗中的牧夫牧妇饲养牲畜,并不完全用作敬神的牺牲。牧夫牧妇的职务就是整天带着一条忠实的狗去看心爱的牛羊,照顾它们吃草喝水。他们也谈情说爱,这种温柔情感在平静安逸生活中还没有遭到腐化,他们有他们所特有的虔敬和温柔。他们吹芦管吹笛、爱唱歌,特别是纯朴天真地互相友爱。古希腊人的田园诗却不如此。他们在造型艺术中所描绘的是一个较热闹的世界:酒神、林神和牧神的信徒们无忧无虑地围绕着一个神,以和近代田园诗完全不同的方式把兽性提高到人类的欢乐情感,既生动而又真实,不像近代田园诗那样虚伪的空洞的纯朴和虔诚。在希腊的牧歌里,例如提俄克里特[①]所写的,我们可以看到处理原始民族生活题材所表现的生动的观照和真实的典型。无论是描绘渔夫和牧夫的生活实况,还是描绘较为广阔的生活环境的事物,用的是史诗的、抒情诗的还是表面像戏剧的方式,都现出同样的既生动而又真实的生活画面。维吉尔的《牧歌》就已经干燥无味了。格斯纳[②]就简直令人生厌了,现在已没有人读他了。真奇怪,格斯纳过去很合法国人的口味,被他们捧为德国最大的诗人。这种偏好可能一方面由于法国人既想逃避现实而又不甘心毫不活动的虚浮心情,另一方面也由于他们完全缺乏高尚的兴趣,没有接

① 提俄克里特(Theokrit),公元前4世纪希腊诗人,传世的有《田园诗集》,《箴言集》,西方田园诗的始祖。

② 格斯纳,见第一卷243页注①。

受到德国文化教养中震动人心的东西。

属于这个混种的还有像在英国流行的一种半描绘半抒情的诗，大半取材于自然界和四时节令之类。此外还有多种多样的教科诗，例如物理歌诀，医学歌诀，天文歌诀，棋艺，钓艺，猎艺乃至恋爱艺术之类手册，大半是散文性的内容穿上诗的外衣。在希腊晚期和罗马时代，这类书就已出现，在近代法国，这种教科诗特别受到艺术的锤炼，其中语调一般是史诗的，有时也用抒情诗的方式。

传奇故事[①]和民歌虽然是诗，但没有明确的类性特征。它们是中世纪和近代的产物。民歌的内容有一部分是史诗的，而表现方式却大半是抒情诗的，所以既可以属于史诗，也可以属于抒情诗。

至于近代市民阶级的史诗，即小说，却完全不同。在这种体裁里，一方面像史诗叙事一样，充分表现出丰富多彩的旨趣、情况、人物性格、生活状况乃至整个世界的广大背景；但是另一方面却缺乏产生史诗的那种原始的诗的世界情况。近代意义的小说要以已安排成为具有散文性质现实世界为先行条件，在这种基地之上，在既定的前提许可之下，小说在事迹生动性方面和人物及其命运方面，力图恢复诗已丧失的权利。所以小说最常用的而且也适合于它的一种冲突就是心的诗和对立的外在情况和偶然事故的散文之间的冲突。这种冲突可以用悲剧的或喜剧的方式解决，或是在下列两个方式中之一达到了结：一个是个别人物起初反抗当时流行的世界秩序，继而承认其中真正有实体性的东西，于是和现实情况妥协起来，积极参加进去活动；另一个是个别人物从所创造和成就

① 传奇故事(Romanz)在中世纪产生，例如《列那狐》、《亚述王之死》、《愁斯丹和伊瑟》、《罗兰之歌》之类。这种体裁是近代小说的先驱，所以至今法国人仍把小说叫做Roman。《浪漫主义》这个词也起源于 Romanz。

的事物之中剔除它们的散文形状,用一种凭美和艺术转化过来的友好世界来代替原已存在的那种散文世界。关于描述方式,正式小说也和史诗一样,也要求要有一个世界观和人生观的整体,其中多方面的题材和内容意蕴也要在一个具体事迹的范围之内显现出来,这个事迹就对全部作品提供了中心点。关于构思和创作细节,作者可以发挥作用的范围愈大,他也就愈难免沉没到对现实生活散文的描绘中去,而自己却不投身到散文性的日常生活中去。①

c)史诗的发展史

我们回顾一下我们对其它各门艺术的发展所采取的研究方式。我们一开始就追溯了建筑艺术精神及其三个发展阶段:从象征型经过古典型,然后到达浪漫型。关于雕刻,我们却没有这样办,而是把完全符合这门古典型艺术概念的希腊雕刻定为真正的中心点,从希腊雕刻中找出雕刻这门艺术的特征,所以我们对雕刻的历史发展就只消作一个简略的叙述。绘画由于基本属于浪漫型艺术,情况也是如此。但是绘画在内容和表现方式上随着不同的民族和不同的时期演变出许多流派,所以有必要对绘画的历史发展作较详细的叙述。对于音乐,关于绘画所说的话本来也应适用,但是我对于音乐的发展史既没有多少外国文献可利用,自己也没有足够的知识,所以只能顺便提出一些零星的见解。谈到史诗的历史发展本题,上文关于雕刻的话大致也可适用。史诗的表现方式也派生出许多变种,随着民族和时代的不同,发展也不同。但是只有在希

① 黑格尔在这里顺便提到近代小说,只是在渊源上把小说和史诗联系起来,他对小说显然没有下过工夫,近代小说在当时才初露头角。

腊才有完备的或正式的史诗，它的实际作品也最符合艺术的要求。大体说来，史诗和雕刻的造型艺术及其侧重客观性相上有一种最密切的亲属关系，无论就实体性的内容意蕴来说，还是就运用实际现象的表现方式来说，都是如此。所以史诗和雕刻都在希腊原始时代达到过去没有人超过，将来也不会有人超过的高度完美。这并不是偶然的。但是这一顶峰上下两方面都有些中间过渡阶段，这些阶段并非仅有从属的次要的意义，对于史诗来说，却是必有的阶段。因为史诗的范围包括全民族，它要把民族生活的实体性内核表现为可以眼见的。因此史诗在全世界历史发展里具有比雕刻更重要的意义。

全部史诗艺术，特别是正式史诗，基本上分成下列三个重要的发展阶段：

第一是东方史诗，其中心是象征型的；

其次是希腊古典型史诗以及罗马人对希腊史诗的摹仿；

第三是基督教的各民族的半史诗半传奇故事式诗歌的丰富发展。这类诗开始出现在日耳曼异教民族中。另一方面也有一批诗，除掉中世纪所特有的骑士诗以外，也借鉴于古希腊罗马，或是用古典作品作为提高文艺趣味的一般教养工具，或是用它们作为模范。最后，正式史诗便让位于小说了。

既然要提到一些史诗作品，我们也只能挑出一些最重要的代表作。整段的讨论只是一种简略的概括。

（一）　东方的史诗

上文已经提到，在东方各民族中，诗的艺术一方面一般是很原始的,因为它还采用专门着眼实体的观照方式,个人意识还凝聚在"太一"和整体上面;因此,另一方面戏剧体诗还不发达,因为主体还没有发展出戏剧体诗所必须要求的人物性格目的及其冲突的独立性。所以我们在东方诗里所碰到的最本质的东西,除掉一些优美动人的抒情诗以及歌颂不可言说的唯一的神的诗以外,就只有一些可列入史诗类的诗篇。只有在印度和波斯,我们才看到真正的史诗,不过都还很粗枝大叶的。

1. 中国人却没有民族史诗,因为他们的观照方式基本上是散文性的,从有史以来最早的时期就已形成一种以散文形式安排的井井有条的历史实际情况,他们的宗教观点也不适宜于艺术表现,这对史诗的发展也是一个大障碍。但是作为这一缺陷的弥补,比较晚的一些小说和传奇故事却很丰富,很发达,生动鲜明地描绘出各种情境,充分展示出公众生活和私人生活,既丰富多彩而又委婉细腻,特别是在描写女子性格方面。这些本身完满自足的作品所表现的整个艺术使我们今天读起来仍不得不惊赞。①

2. 印度史诗却向我们展示一个与中国完全对立的世界。就流传到现在的一小部分吠陀经典来判断,印度的最早的宗教观念就已包含了一种可供史诗描述的肥沃的神话内核。在公元前许多世纪(确切时期没有确实的史料可凭),这个神话内核就已和一些人类英雄事迹杂糅在一起而形成了实在的史诗,其中一部分还根据纯粹的宗教观点,一部分也根据自由艺术观点。特别是《腊玛

① 中国没有流传下来的史诗,这是事实。但古书中所载的史诗材料仍很丰富。中国元明时代小说在18世纪有些传到西方,如《风月好逑传》《玉娇梨》之类颇受到西方人(例如歌德)的赞赏。

雅那》和《摩诃婆罗多》这两部最著名的史诗把印度的世界观展现得很辉煌壮丽，充满着错综复杂、变化无常、妄诞无稽的幻想，另一方面却也有些痛饮狂欢的动人美景，显出情感和思想的具有个性的优美特征，这一切使精神界具有植物界的蓬勃生气。传说的人类事迹展现为天神化身的行动，使这些行动具有半神半人的性质，不易划定界限；人物的形象和行动本来具有的个性和有限性被夸大成为无限的。对于我们西方人的世界观来说，如果不放弃自由与道德的最高要求，我们对于印度史诗的实体性基础就不能感到满足或表示同情。诗中各部分的整一性是松散的，无数互不相干的故事、神的传说、节欲苦行及其功效的说教，对一些哲学教条和流派的永无休止的诠释，以及许多其它内容都杂糅在一起，看不出部分对部分以及部分对整体的联系。所以人们往往觉得其中有许多部分是后来的增补。这些宏伟的诗篇所根据的精神和所表现的想象力不但是处在散文的观照方式之前，而且也是一般散文性的知解力所无法理解的。只有这种想象力才能把印度意识的基本方向作为统摄一切的完整的世界观，用原始史诗的方式表现出来。后来的印度史诗，叫做《菩腊拿斯》，亦即所谓《古诗》，颇类似荷马以后的希腊纪事本末派的作品。它们用枯燥的散文方式，把某一系统的神话故事顺序排列在一起，从世界和神的起源说起，往下一直说到一些英雄和王侯的家谱，结果使古代神话核心蒸发消散掉，同时使出自梦境的幻想奇迹，以诗的辞藻和形式，表现为寓言式的格言，其主要任务在于宣扬一些关于道德和人情世故的教训。

3. 希伯来、阿拉伯和波斯可以列入东方史诗的第三个体系。

3a）在创世的观念、长老的传记、埃及沙漠中的流亡、迦南的征服以及后来民族事业的发展,加上生动鲜明的直觉力和忠于自然的掌握方式,固然向犹太人的崇高的想象力提供许多原始史诗所需要的因素,但是宗教的旨趣在犹太人中间压倒了一切,所以他们所成就的不是真正的史诗,只有一些半宗教半诗艺的传说故事和历史以及一些带有宗教教训的故事。

3b) 阿拉伯人一开始就显出诗才,而且很早就有些从事写作的诗人。抒情而兼叙事的英雄歌集《牟尔拉卡特》[1]中有一部分在先知穆罕默德以前的世纪里就已出现,描述所用的语调有时大胆夸张,有时很有节制、平静柔和,所描述的还是阿拉伯人还处在异教时期的原始情况,例如部落的光荣、复仇的怒火、爱情、冒险探奇的热望以及欢欣愁苦之类题材都写得很有魄力,其中有些特色令人回想起中世纪西班牙骑士的浪漫风格。这在东方原始生活中是一种真正的诗,其中没有妄诞的幻想,没有散文气味,没有神话,没有牛鬼蛇神之类东方怪物,有的是真实的独立自足的形象,尽管在辞藻比喻方面偶尔有些怪诞和近乎游戏,还是近乎人情的,形式完整的。近来才搜集的《哈玛莎》的以及还待编辑的侯德赛里特[2]的诗集也使我们看到类似《牟尔拉卡特》里所写的那种英雄世界。但是在伊斯兰教阿拉伯民族进行广泛的成功的征战以后,这种原始的英雄人物性格就逐渐消失了。在许多世纪的过程中在史诗这个领域里就只出现了一些教训式的寓言,表现清醒智慧的格言,《天

① 《牟尔拉卡特》(*Moallakat*)又名《珍珠链》是阿拉伯民族最早的史诗。

② 《哈玛莎》(*Hamasa*),阿拉伯原义为"英勇",是公元9世纪的一部著名的阿拉伯诗选,大半歌颂伊斯兰教兴起以前的阿拉伯民族英雄的战斗事迹。

侯德赛里特(Hudseilit):待考。

方夜谭》之类神奇故事以及哈里里的《玛卡门》[1]之类冒险故事。这后一种已由鲁柯特译成德文,在音韵和意味上的巧妙精工都可与原作比美。

3c)与阿拉伯相反,波斯的繁荣却出现在伊斯兰教已把波斯语言和民族生活加以改革而形成一种新的文化教养时期。在这个时期的开始,我们就已看到一部史诗,至少就题材来说,这部史诗追溯到远古时期波斯的传说故事和神话,顺着英雄时代一直叙述到萨桑尼德王朝的末日。[2]这部宏编巨制的作者是吐斯地区一个园丁菲尔都什,诗的名字是《夏拿默》,[3]是仿效《巴斯塔拿默》的。但是这部诗还不能算是正式的史诗,因为它没有一个完整的动作情节作为中心,各世纪的更迭在时间和地点两方面也没有明确的界定,特别是最古老的神话人物和一些混乱的传说都在一种幻想世界里飘浮着。从这种模糊的描述中不易看出所写的是个别的人还是整个部落。但是另一方面也出现了一些真实的历史人物。作为伊斯兰教徒,诗人在处理题材方面是够自由的,正是这种自由使作品缺乏原始阿拉伯史诗所具有的轮廓鲜明的有个性的人物。由于远古传说故事时代距现在已经很远,从这部诗里也嗅不出民族史诗所必需的现实生活的新鲜气味。在后来的发展过程中,波斯的史诗艺术扩展成为一些变种,例如使尼沙米享盛名的高度柔和深挚的爱情史诗,沙地所擅长的根据实际生活经验的教训诗,以及后

① Makamen des Hariri:哈里里(1054—1122)阿拉伯诗人;《玛卡门》原意是“会谈”,其中包含五十个故事,据说是由一位在十字军东征中的受难者所谈出来的。用的大部分是散文,偶尔有韵。

② 波斯萨桑尼德王朝统治时期公元226—632年。

③ 参看第一卷238页注⑤,《夏拿默》叙述父亲在无知中和儿子决斗,把儿子打死的故事。

来泛神论和神秘主义的信徒鲁米所宣扬的那种故事诗和传说演义。①

(二) 希腊罗马的古典型史诗

其次,希腊人和罗马人的诗艺才初次把我们带到真正史诗的艺术世界。

1. 我前已摆在顶峰的荷马史诗就是这种真正的史诗。

1a) 不管人们怎么说,荷马的两部史诗中每一部都是一个具体的意味隽永的整体。有些人认为这两部史诗是由许多诵诗的艺人陆续歌唱和创作出来的。我认为要对这两部史诗作出正确的评价,就要认识到它们的叙述语调始终是民族的、真实的,就连个别部分也都熔铸得很完美,各自成为独立自足的整体。东方人在用象征的或教训的方式把所观照到的实体性和普遍意义的东西表现于人物性格及其目的和事迹时,总不免加以歪曲,在荷马史诗里我们却第一次看到诗所写的世界很巧妙地在家庭、国家和宗教信仰的普遍伦理生活基础与人物的个性和目的之间,维持住恰到好处的平衡,其中精神和自然、有目的的行动和客观事态、事业的民族基础和个别人物的意图和行为这些对立面也是如此。尽管个别英雄们在他们的活泼自由的行动之中好像起着主导作用,他们却仍然受到明确目的和严肃命运的节制,所以全部描述对我们还有极高的价值,博得我们欣赏和喜爱。就连和这些勇敢正直的原始英雄们相

① 尼沙米(Nisami)是公元12世纪波斯诗人,著有诗集名《五宝》;沙地(Saadi)是公元13世纪波斯诗人;鲁米(Rumi)是13世纪波斯诗人,著有《精神教训诗》六卷。

对立或协作的神们,我们也要按照他们的意义而表示敬意。这些神们所显现的既是神又是凡人的天真形象,作为为热闹的喜剧性艺术,也还是令人开心的。

1b) 荷马以后的纪事本末派的诗人们就逐渐离开了这种真正的史诗表现方式,因为他们一方面把民族世界观的整体打得七零八落,另一方面又不注意诗的整一性和每一动作情节的独立自足性,而专致力于把事迹本末从头说到尾,或是以某一人物为中心来取得统一性,从而导致用速写法写历史著作的倾向。

1c) 最后,亚力山大时期以后的希腊史诗时而回到较窄狭的牧歌体,时而使真正史诗转变为炫耀学问的精巧制作或教训诗,日益丧失原始史诗的朴素和新鲜的生气。

2. 其次,希腊史诗末日的这些特征变成了罗马史诗的主导因素。像荷马史诗那样的民族圣经在罗马已找不到了,尽管直到近代还有人企图把古罗马史编成史诗。维吉尔的《伊涅意特》还是罗马史诗的最好范例。此外很早就出现过一些历史诗和教科诗,都只能证明罗马所发展的诗种已是半散文性的。这也说明罗马人何以把讽刺诗发展到最完善的程度,成为他们的家常便饭。

(三) 浪漫型的史诗

在这种情况下,只有通过新民族的形成,用新民族的世界观和宗教信仰以及其动作情节和结局,才能对史诗灌注一种元气和精神。日耳曼民族和罗马系民族[①]就是这种新兴民族;前者指在原

① 日耳曼民族在中世纪初期泛指从东北入侵到欧洲落户的蛮族,包括北欧诸国,德国和英国;罗马系民族指罗马帝国统治下的原有民族,大半也受到入侵民族的血源的和文化方面的影响,主要指拉丁民族,包括法、意和西班牙。

始异教时期和皈依基督教以后时期而言,后者后来分化为很多支派。在他们的后来的发展阶段中,基督教的世界观和现实情况日益得到多方面的发展,他们的影响也愈来愈大。不过正是由于这种多方面的发展和纵横交错,就很难对他们作出很简短的评论,所以我只能就几个主要倾向提出以下一些要点:

1. 第一组可以看作古诗的遗迹,它们大部分还是由基督教以前时期通过各新兴民族口传下来的,所以遭到了一些损坏。

这里首先要提据说是奥森写的那些诗歌。[①]尽管英国著名的批评家约翰生和萧[②]都认为这些诗歌是麦克浮生的伪制品。但是任何现代诗人也不能凭空杜撰出那样古老的民族情况和事迹,所以这里必有一些原始诗做基础,尽管其中所表现的整个语调和观感方式很可能在许多世纪过程中遭到了近代化。《奥森的诗》的年代不能确定,但是很可能上溯到一千年到一千五百年以前,在这个期限中很可能还在民间口头流传着。全书的语调主要是抒情的。奥森是一个年老盲目的歌诗人和主角,他用哀怨的心情回忆光荣的过去,把它召唤到眼前。尽管这些诗歌出自哀怨,内容意蕴却具有史诗的性质。它们所叙述的是过去发生过的事,描绘出一个刚消逝的、最年轻的世界以及其中英雄人物,爱情遭遇,事业,海上和陆地上的远征,战争的成败,命运和灭亡。这些描述都是史诗性的,真实的。尽管穿插了一些抒情的语调,那也正如荷马让他的英雄们为阿喀琉斯,俄狄修斯,地阿默德等人谈他们自己的事迹和遭遇时也偶尔用抒情的语调一样。但是在整个民族实际生活的精神方面发展

① 关于奥森的诗,参看第一卷 325 页注。

② Samuel Johnson,1709—1784,第一部《英语词典》编者;William Shaw,1749—1831,英国教育家,学者。

2b）第二个主要因素是中世纪的宗教诗，其内容涉及基督、圣母、使徒、圣徒和殉教者的传记以及最后审判之类。但丁的《神曲》是这一领域中最纯真，内容最丰富，表现中世纪天主教特色这一伟大题材的最伟大的史诗。这部结构谨严的作品固然不是一部寻常意义的史诗，因为没有贯串全诗广阔基础的本身完整的动作情节，但是实际上它并不缺乏既坚实而又融贯完整的结构。它的对象不是某一个特殊事迹，而是永恒的动作，绝对的目的，显现于不朽事迹的上帝的慈爱；它的场所是地狱、净界和天堂，人类的行动和遭遇的世界，特别是个别人物的行动和命运，都沉没在这个永恒不变的客观存在里。在一切事物的这种终极目的和伟大目标的面前，一切个别特殊的旨趣和目的都消逝了，但是同时这生动的世界中一切本来可消逝的幻变无常的事物却以史诗的形式转化为客观存在，牢固地建立在最内在的原则上面，有价值还是无价值，都凭最高概念或上帝的审判来决定。凡是尘世人物的希求和遭遇，意图和实现，都按原来的样子在这部史诗里变成化石似的铜像而永远存在着。这样，这部史诗包含了最客观的生活整体：地狱、净界和天堂的永恒情况。在这个不可磨灭的基础之上，尘世人物各按照自己的特殊性格在活动着，或则毋宁说，他们曾经活动过，而现在则连同他们的所作所为，都在永恒正义中变成僵化不动了，他们自己也从此永远不朽了。荷马的英雄们通过女诗神而在我们的记忆中变成不朽，但丁的这些人物是通过他们自己，他们的个性，而招致他们的处境；他们不是在我们的观念中不朽，而是他们本身就是不朽的。通过诗神之母①而达到的这种不朽在《神曲》里由于经过

① 希腊九诗神之母叫做 Mnemosyne，掌记忆的女神。

上帝自己的审判而具有客观的价值,因为在上帝的名义下,当时这位最大胆的诗人[①]对全部过去和现在进行了谴责或祝福。——诗的叙述也就应按照这种对象的性质进行,它只能采取叙述在永远固定的境界中游行的形式。这种境界像赫希俄特和荷马所描绘的神们一样,是由诗人凭自由的想象来发现,构成形象和分配地位的,但是同时所描述的场面和故事却仍根据实在的见闻。地狱充满着暴烈的骚动,在苦痛中仍有造型艺术的严峻,到处放射着恐怖的微光,但是诗人对阴魂们的同情冲淡了这种恐怖气氛。净界的气氛比较温和,描绘仍然很周密。最后,天堂全是一片灿烂的光辉,绝对没有具体形象,一切都沉浸在思想的永恒以太中。这位天主教诗人所创造的世界固然也反映出古代影响,但是其作用只限于提供了人类智慧历程的引路人和陪伴[②],在教义和教条方面则全是中世纪经院派神学和慈爱。

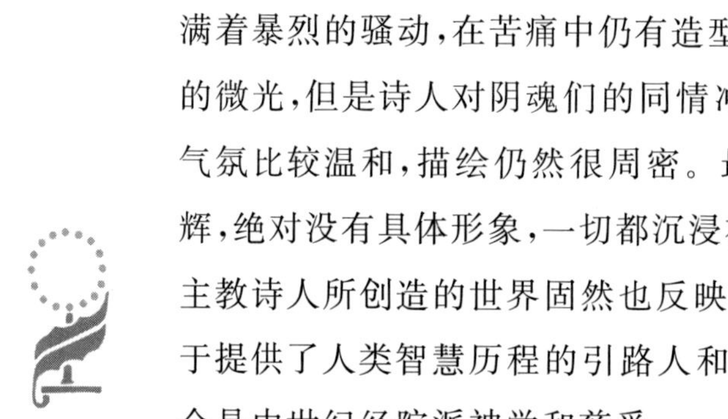

3c) 中世纪史诗的第三个领域是表现**骑士风**的作品,它们用的是爱情奇遇和保全荣誉的决斗之类世俗生活中的浪漫性的内容,同时带有宗教的目的,即基督教的骑士阶层的神秘主义。这类史诗的动作情节和事迹与民族的旨趣无关,只涉及个别人物。上文谈骑士的传奇故事诗时已提到,只有单纯的主体(个人)的事迹才形成这种诗的内容。当时还没有形成固定的散文性的社会秩序,这种世界环境就产生了一个新的英雄阶层。这些英雄人物还是完全独立自由的,他们根据宗教幻想和世俗观点,只关心纯粹私人方面的旨趣,缺乏希腊英雄们在集体地或单独地参加斗争以及

① 这位大胆的诗人就是但丁,他以上帝的名义把一些人打下地狱,另一些人遣到净界洗罪。

② 引导但丁游地狱和净界的是罗马诗人维吉尔,陪伴是比阿屈理契。

战胜或战败时所依据的那种实体性的现实情况。骑士诗的这种内容虽然也产生过多样的史诗描述，但是它的情境、冲突和纠纷的冒险性质在这类描述里只能采取传奇故事的方式，其中各种奇遇不能融合成为严格的整一体，同时又还没有建立得很牢固的市民社会秩序和一种散文性的世界情况作为现实基础。不过当时诗人的想象力也并不满足于创造一些完全脱离现实的骑士英雄和他们的奇遇，它经常把这些骑士的事迹和当时的巨大传说中心和杰出的历史人物和影响广泛的战争联系起来，这样就使骑士诗也获得了史诗所不可少的一种广义的基础。但是在大多数情况下这种基础被想象过分夸张了，这就使得这类传奇故事缺乏在荷马史诗里特别突出的那种生动鲜明的具体描述。此外，这种有关骑士风的题材在法、英、德和西班牙各国都被使用过，这种情况就使真正的民族性至少是相对地消失了，而民族性却是印度、波斯、希腊、居尔特[①]等民族的史诗内容和表现形式的最坚实的核心。在这里我们不能叙述和评论这类史诗的个别作品，只约略提到一些较重要的体系及其题材来源。

第一个体系的主要形象是由查理大帝及其臣僚抵抗萨拉逊人和异教徒的战争提供的。这个法兰西传说体系以封建骑士制度为主要基础，派生出很多诗篇。内容主要是当时十二个英雄中某一个的丰功伟绩，例如罗兰，曼茵斯的杜陵等等。特别是法王奥古斯特·腓力普的统治时期这类史诗出现很多。[②]——传奇故事诗的

① 居尔特族是中世纪民族大迁徙中侵入欧洲的一个日耳曼民族，他们的后裔散居在苏格兰、爱尔兰、威尔士以及法国诺曼底等区域。

② 腓力普二世统治时代在12世纪末和13世纪初。

第二个体系发源于英国,主题是亚述王及其圆桌会议的成员们的功绩[①],其中传说故事,英格兰·诺曼第的骑士阶层,妇女崇拜,封建臣仆的忠贞以及基督教神秘主义的寓言之类幻想的混乱拼凑。这些骑士的主要企图是寻找据说盛过基督血液的圣杯。寻找过程中发生种种奇遇,直到全部人马最后逃到阿比细尼亚去依附传教士约翰为止。上述两类题材在法国北部,英国和德国特别达到丰富的发展。——最后,骑士诗的第三个体系在表现方式上更任意地驰骋幻想,在内容意义上也更单薄,把骑士的英雄气概夸张过分,并且采用了东方神仙故事和寓言中的一些观念。它发源于葡萄牙和西班牙,主要的英雄人物出自阿玛第斯大家族[②]。

其次是在十三世纪在法国北部特别盛行的比较抽象的更近于散文的长篇寓意诗。我可以举《蔷薇传奇》[③]为例。与此对立的有各种各样的长篇逸史,寓言和故事,大半取材于当时日常现实生活,涉及骑士、牧师、市民,特别是恋爱和奸淫的故事。语调时而是喜剧的,时而是悲剧的,语言时而是散文的,时而参用韵律。这一种诗在一个文化教养较高的薄迦丘[④]手里达到了高度完美。

这类诗的最后一个体系的作者们对荷马和维吉尔的史诗以及古代传说和历史较熟悉,接受了古代的影响,用骑士史诗的表现方

① 流传下来的有《亚述王之死》(Le morte d'Arthur)。描述亚述王及其骑士们搜寻圣杯(据说盛过基督的血)的故事。

② 阿玛第斯(Amadis),流传下来的一部有名的传奇故事有《高卢的阿玛第斯》,是一半用西班牙文一半用法文写的,用的是散文。

③ 《蔷薇传奇》是13世纪法国的传奇体诗,分两部分,前部分叙述骑士追求爱情(蔷薇就是爱人的象征),后部分由另一作者续成,涉及当时各方面生活的感想和寓意式的教训。

④ 薄迦丘(Boccaccio,1313—1375),意大利诗人和文艺复兴先驱,最著名的作品有《十日谈》和《斐洛斯屈拉特》(爱情传奇)等。

式去歌唱特洛伊英雄们的战功，伊涅阿斯建立罗马的经过以及亚力山大东征的奇遇。

3. 剩下来还要讲的是浪漫型史诗的第三类。这类诗的出发点是对古代文学的渊博而影响深远的研究所培养起来的一种新文化修养和较纯真的艺术趣味；但是在学习、吸收和熔化的过程中我们所惊赞的印度，阿拉伯以及荷马和中世纪作品中那种原始朴素的风格却往往找不到了。在文艺复兴的影响之下，民族文学，宗教，国家制度，道德风尚，社会关系等等实际情况在多方面发展之中日益趋于完善，史诗在内容和形式上也丰富多彩了。关于这个历史过程，我在这里只提出以下几个主要特征。

3a）第一，提供题材的仍然是中世纪，不过这种中世纪题材是用古代文化教养彻底渗透过的精神去理解和描述的。在这方面史诗特别显出两个方向。

从一方面来看，进步的时代意识必然倾向于以嘲笑的态度去对待中世纪的那些离奇的冒险事迹，信任幻想过分夸张的骑士风以及处在民族情况和民族旨趣已日趋丰富的现实环境中还企图脱离现实，孤立自己的英雄们的迂腐气味；它对于这整个世界，是站在喜剧立场上把它描述出来供人观照，尽管对其中真正可取之处仍区别对待，对它持严肃的甚至偏爱的态度。我在上文已把阿里奥斯陀和赛万提斯二人摆在对整个骑士生活持这种聪明态度的诗人中的最高峰了。① 现在只须指出，阿里奥斯陀的诗仍然遵守中世纪诗的目的，用光辉的敏捷才智，优美动人的魔力和内在的天真纯

① 见第二卷第三部分第三章 2b。

朴,以比较隐蔽的滑稽方式,使离奇的幻想由于本身的荒谬而流于瓦解。至于赛万提斯的比较深刻的传奇故事把骑士制度看成已经过去,除非孤立生活的幻想和离奇的疯狂才会企图使它在近代散文式的现实生活中复活过来。但是它也显示出这种过去也有它的伟大高贵方面,使它超出凡庸猥琐,没有意义的散文现实,把散文现实的缺点生动地暴露出来。①

塔梭是另一种倾向的著名的代表,从他的《耶路撒冷的解放》里我们可以看出他和阿里奥斯陀的差别在于他用的题材是基督教骑士阶层要解放基督墓地这一伟大共同的目的以及十字军东征的胜利。他在处理这种题材方面丝毫不带喜剧性的幽默。他用荷马和维吉尔为模范,凭热情和勤学苦练,写成了一部应和他的模范比美的史诗。它不仅部分地涉及民族的实在的宗教旨趣,而且在整体的展现和熔铸上也见出上文所要求的整一性,它的和谐的音律至今还在人民口中荡漾着。但是尽管如此,这部史诗却很缺乏民族圣书所必有的原始的纯朴,它不能像荷马和一切真正的史诗那样找到恰当的语言,来表现出全民族的事迹。它是一部人工造作的诗,一种以诗的方式制造出来的事迹,首先要满足的是美的艺术修养。用的语言和形式是半抒情诗半史诗的。所以塔梭在处理史诗题材方面尽管奉荷马为典范,而在构思和创作的整个精神方面他所受到的却主要是维吉尔的影响,我们不认为这种影响对这部诗是有利的。

第三在以古典文化教养为基础的巨大史诗之中还有卡曼希的

① 这主要是对《堂吉诃德》的评价。

《露西阿德》。[1]这部作品的题材完全是民族性的，它所歌颂的是葡萄牙人的英勇的航海事迹，已脱离了真正的中世纪而转到标志着新时代的一些旨趣。尽管这部作品里燃烧着炽热爱国情绪，大部分根据作者的亲身经历，而且在结构方面也见出史诗的整一性，人们毕竟感觉到民族题材和古代艺术修养这两方面之间的矛盾分裂。这就破坏了原始史诗的天真纯朴的印象。

3b）近代生活中宗教信仰和现实情况的一些重要的革新都导源于宗教改革的原则。这种人生观的变革所产生的整体倾向尽管较利于抒情诗和戏剧体诗而不利于正式的史诗，但是在史诗领域里毕竟也开过一些半宗教半艺术的史诗的晚花，主要的有密尔顿的《失乐园》和克洛普斯托克的《救世主》。关于密尔顿，他也是凭勤学古代而得来的文化教养和正确典雅的语言而成为当时值得表扬的模范，但是在内容意蕴的深度，独创性的创作魄力，特别是在史诗的客观态度这些方面，他都远不如但丁。从一方面看，《失乐园》所写的冲突及其灾难性的结局是戏剧性的；从另一方面看，像上文已指出过的，这部作品的主要特征是抒情诗的奔放和道德教训的倾向，这就使题材远远脱离了原始史诗的形式。至于克洛普斯托克，我前已指出他所写的题材与所反映的时代文化教养之间也有类似在《失乐园》里所见到的分裂。此外，他还经常地现出专致力于修辞的倾向，想借此达到崇高风格，使读者也能感到诗人自己对所写题材所感到的那种令人鼓舞的尊严和神圣的品质。——就另

① 已见本章前注。这部传奇故事和上述一些歌颂基督教徒和伊斯兰教徒战争的史诗都已表现出“西方中心”的思想。《露西阿德》可以说是西方最早的歌颂殖民主义的史诗。

一种意义来说,伏尔泰的《亨利歌》在一定程度上也有类似的毛病。这部史诗至少是更加矫揉造作的,因为像上文已说过的,这种题材对原始史诗是不适合的。

3c) 如果我们要在最近时期寻找真正的史诗描述,那就只能在正式史诗的范围以外去找。因为整个现代世界情况是受散文似的秩序支配的,和我们对史诗所要求的必不可少的条件完全背道而驰。至于各国各民族的实际情况所经历的变革为时还太近,还作为眼前事实而牢记在心里,不能以史诗的艺术形式去描述。因此史诗已脱离了近代各民族的巨大事迹,而逃到乡村和小城市的家庭生活的窄狭范围里去找材料。于是史诗变成了田园生活的史诗,特别在德国是如此,而这是在温柔甜蜜的正式田园诗已经完全消失之后。这种田园生活的史诗的最近的例子有浮斯的《路易斯》,[①]特别是歌德的《赫尔曼和多罗蒂亚》。[②]在歌德的这部诗里固然看到背景中的一些现代世界大事,和诗中所写的家主及其家庭以及牧师和药剂师的生活情况有直接的联系。但是由于对乡村小城市的政治情况没有交代,所以我们觉得有一个不应有的裂缝,没有起联系作用的媒介,正是由于没有这个中间环节,全诗就显出一种特殊的性质。歌德以巨匠的手腕把法国大革命推到远远的背景里去,同时却知道怎样很好地用它来扩大诗的视野,只采用它中间一些凭单纯的人类关系就自然而然地要影响到家庭和城市的生活情况的因素,把它们纳入到诗的情节中去。但是主要点在于歌德

① 浮斯(Voss)主要是古典文学作品翻译者,已见前注,他也写了一些诗,其中写田园生活的《路易斯》算是比较好的。

② 见第一卷 244 页注。

在这部作品里善于描述从近代现实生活中挑选出来的一些特点、画面、情况和人事纠纷，在小城市家庭范围里复活了《奥德赛》和《旧约》里关于宗法社会的描述中所表现的那种原始人类系的不朽的动人的魅力。

最后，关于现代民族生活和社会生活，在史诗领域有最广阔天地的要算长短程度不同的各种小说。对于这些艺术品种我们在这里不能叙述它们从起源到现在的发展史，就连描绘粗线轮廓也不可能。

2. 抒情诗

序　论

诗的想象，作为诗创作的活动，不同于造型艺术的想象。造型艺术要按照事物的实在外表形状，把事物本身展现在我们眼前；诗却只使人体会到对事物的内心的观照和观感，尽管它对实在外表形状也须加以艺术的处理。从诗创作这种一般方式来看，在诗中起主导作用的是这种精神活动的主体性，即使在进行生动鲜明的描绘中也是如此，这是和造型艺术的表现方式正相反的。史诗和造型艺术还较接近，无论它表现给我们看的是对象的实体性和普遍性，还是按照雕刻一般绘画刻画出来的生动的现象，观照和观感的主体（诗人）在他所创造的客观性的作品里就要消失掉，自己不露面，至少在史诗达到高度完美时是如此。在外化[1]中如果要完全抛开诗人的主体性这个因素就要有两个条件，一个是要把整个客

① “外化”即“对象化”或化为外在的对象，亦即表现。

观世界及其情况吸收到主体本身里来,让它深受到个人意识的渗透;另一个是打开凝聚在心灵深处的情感,睁开耳目,把原来还仅仅朦胧感到的东西提升到成为观照和观念的对象(即成为可看可想的对象),然后借助于文字语言,把这样充实明确起来的内心生活中最亲切的东西表现出来。这种传达方式愈抛开史诗实事求是的客观态度,表现主体的诗也就因此愈不依存于史诗而获得独立的地位。这时心灵就从对象的客观性相转回来沉浸到心灵本身里,观照它自己的意识,就出现了要满足表现的要求,要表现的不是事物的实在面貌,而是事物的实际情况对主体心情的影响,即内心的经历和对所观照的内心活动的感想,这样就使内心生活的内容和活动成为可以描述的对象。但是这种表达如果不只是单纯的主体凭他的直接的情感和观感偶然随意说出的话,它就要有诗性的内心活动的语言,使这种观照和情感虽是诗人个人所特有的而且作为他自己的东西表现出来的,却仍有普遍的意义,这就是说,它们必须是真实的观感和情感,而且是由诗用恰当的语言生动地表现出来的。如果寻常的哀乐情绪经过寻常语言掌握住,描绘和表现出来,都可以使心情舒畅起来,那么,它们迸发于诗歌,当然更可以使心情舒畅了,因为用的已不是日常语言了。此外,诗的表现还有一个更高的任务:那就是诗不仅使心灵从情感中解放出来,而且就在情感本身里获得解放。情感的盲目驱遣在意识里形成混沌一团,幽暗无光,心灵不可能自拔出来,达到对事物进行观照和表达。诗固然可以把心灵从这种幽禁中解放出来,因为诗使心灵这个主体又成为它自己的对象(以心观心),但是诗却不仅是从主体和内容(对象)的一团混沌中把内容拆开抛开,而且把内容转化为一种清洗过的脱净一切偶然因素的对象，在这种对象中获得解放的内心就回到它本身而处于自由独立，心满意足的自觉状态。另一方面这种对象化也就应止于此，不再前进到使主体的心意和情欲导致实践的活动和行动，即不使主体性格表现于实际事迹。因为内心世界的最切近的现实毕竟是内心生活本身，所以主体从本身中走出来的意思只是说心灵从既不能自觉又不能自表现的混沌状态中解放出来，变成能认识自己和表现自己的自觉状态。这就是抒情诗在范围和任务上既不同于史诗又不同于戏剧体诗的主要特征。①

关于进一步研究这个新领域的划分或构成部分，我们还是按照研究史诗时所采取的程序。

第一，抒情诗的一般性质；

其次，抒情诗人，抒情诗艺术作品以及抒情诗的种类这几方面的一些特殊定性（特征）；

第三，关于抒情诗的历史发展的一些看法。

在大体上我们只能谈得很简略，这有两个原因：第一，我们必须留下足够的篇幅去讨论戏剧体诗；其次，我不得不完全局限于一般性的讨论，因为抒情诗在特性和多样化方面，比起史诗所涉及的细节更多，如果详细讨论，就必须用历史的方法去处理，而这并不

① 关于抒情诗的这段导言说明抒情诗的基本特点在于主体心灵观照外界事物所引起的心灵本身的观感和情感，既不同于接近造型艺术的史诗持纯粹客观态度描述对象的外在形状，也不同于戏剧体诗虽也依据人物的主体性格，却使主体性格表现于实践性的动作，造成事迹。抒情诗所依据的是主体性原则。主体返躬内视，察觉了原来混沌一团的朦胧的情感和观感，因而可以用诗的语言把它表现出来。这样就使心灵从情感的压力下解放出来，感到舒畅，“处于自由独立，心满意足的自觉状态”。

是我们在本书的任务。

a）抒情诗的一般性质

史诗所要满足的要求是要倾听一个自生自发而成为完满自足的整体，而与主体相对立的动作情节；抒情诗所要满足的却是一种与此相反的要求，那就是要表现自己，要倾听自己的“心声”。关于这种心声，要研究的有以下几点：

第一是内容，在这种内容里心灵感知心灵自己，把所感知的形成观念；

第二是形式，通过这种形式，内容就表现成为抒情诗；

第三是抒情诗的主体(诗人)表现情感和思想的出发点，即他所处的意识和文化教养的发展阶段。

(一)　抒情的艺术作品的内容

抒情诗的内容不能是一种扩展到和整个世界各方面都有联系的客观动作情节的展现，而是个别主体及其涉及的特殊的情境和对象，以及主体在面临这种内容时如何把所引起的他这一主体方面的情感和判断、喜悦、惊羡和苦痛之类内心活动认识清楚和表现出来的方式。由于抒情诗所倚为基础的是向特殊分化的原则，它的内容可以是多种多样的，可以涉及民族生活的各个方面，但是它和史诗却有本质的区别。史诗把民族精神的整体及其各种实际现象都纳入同一部作品中，抒情诗却只涉及这一整体的某一特殊方面，不能像史诗那样包罗万象。所以只有通过全民族的抒情诗的全部作品，而不是通过某一首抒情诗，才能把全民族的旨趣、观念和目的都表现无遗。和史诗不同，从抒情诗中不能指出一部诗的圣经。抒情诗却享有一个便利，正式史诗只能出现于原始时代，而抒情诗却在民族发展的任何阶段中都可以出现。

1. 在这种向特殊分化的抒情诗领域里，人类的信仰、观念和认识的最高深的普遍性的东西（其中包括宗教，艺术甚至科学思想的重要内容意蕴）却仍巍然挺立，只要这些因素适合观念和观照的形式，就能引起感情。所以普遍性的观点，世界观中的实体性因素以及人生观中的深刻理解都是抒情诗所不排斥的，我在上文讨论不完备的史诗时所提到的内容大部分都很适合抒情诗。[①]

2. 其次，特殊因素本已包含在普遍性之中，它一方面可以和实体性的东西交织在一起，从而使个别的情境、情感、观念等等可以按照它们的深刻的本质去理解，而且以实质性方式获得表现。举例来说，席勒的正式抒情诗和歌谣体诗里都有这种情况。关于这一点，我特别想到希腊诗人伊布库斯的《鹤》[②]里复仇女神合唱曲中那段宏伟的描述，这既不是戏剧，也不是史诗，而是抒情诗。此外，这种特殊与普遍的结合也可以用来把多种多样的特点，情况、心情、事迹等等引来证明包含万象的思想和格言，从而以生动的方式阐明普遍性的道理。例如一般在挽歌和书信体诗里常遇到的关于世界的感想，就是运用这种特殊和普遍的结合。

3. 最后，抒情诗既是个别主体的自我表现，所以满足于运用极平凡的内容。这就是说，它所特有的内容就是心灵本身，单纯的

① 指史诗部分所举的田园诗，传奇故事诗和民歌之类史诗变种。

② 伊布库斯（Ibukus；Ibykus）公元前6世纪的希腊诗人，他的《鹤》本来是一部戏剧，其中合唱部分是抒情的。

主体性格,重点不在当前的对象而在发生情感的灵魂。一纵即逝的情调,内心的欢呼,闪电似的无忧无虑的谑浪笑傲、怅惘、愁怨和哀叹,总之,情感生活的全部浓淡色调,瞬息万变的动态或是由极不同的对象所引起的零星的飘忽的感想,都可以被抒情诗凝定下来,通过表现而变成耐久的艺术作品。在诗领域里的这种情况颇类似我在讨论风俗画时所说过的那种情况。它的对象和内容都是完全偶然的,它之所以引人入胜,全在于主体的掌握方式和表现方式,抒情诗的这方面的乐趣有时是来自心情的一阵清香,有时由于新奇的观照方式和出人意外的妙想和隽语。①

(二)　抒情的艺术作品的形式

其次,使上述那种内容成其为抒情的艺术作品的形式,关键一般就在个别人物及其思想情感。所以全诗的出发点就是诗人的内心和灵魂,较具体地说,就是他的具体的情调和情境。内容所展现出来的特殊因素的意蕴和关联并不是客观上本身就是实体性的内容,也不是个别事迹的本身独立自足的外在现象,而是来自主体方面的意义。所以个别主体本身就要具有诗的意味,富于想象和情感,或是具有宏伟而深刻的见解和思想,本身就是一个独立自足的完满的世界,摆脱了散文生活的依存性和任意性。因此,抒情诗获得了一种不同于史诗所应有的那种整一性:抒情诗的整一性来

① 这一段说明抒情诗的内容不是史诗所表现的某一时代某一民族的全部情况,而是诗创作主体的内心活动。因此抒情诗与史诗一个基本区别在于史诗所依据的是客观原则而抒情诗所依据的是向特殊分化的主体原则,抒情诗所表现的就是诗人自己。但特殊总是与一般结合的,个人的观感和情感可以反映带有普遍意义世界观和人生观。但是由于抒情诗表现个别主体,所以内容可以是平常的琐细的带有偶然性的,全凭诗人的掌握方式和表现方式而引人入胜。

自心情和感想的内心世界，这种内心世界自生自发，自反映于外在世界，描述自己，或是此外还和某种对象打交道，也还是凭主体的旨趣，这就使它保持任意在哪里开始或终止的权利。例如贺拉斯往往把终点放在依通常观念方式和表现方式应该是起点的地方，他描写一次宴会只描写他自己情绪和吩咐人准备宴会的情况，对宴会本身却只字不提。此外，各种情调的性质，心情的个别情况，情欲的强度、激烈、急躁、踌躇徘徊，或是心平气和，缓慢的静观默索等等也可以显出内心生活的进展和联系有极其繁复的规范。由于内心生活这样变化多方，我们对此很难作出固定的普遍适用的结论。我现在只就抒情诗和史诗的区别提出以下几点。

1. 上文已经说过，有几种史诗可以采用抒情诗的语调，抒情诗也可以采用按内容和形式应属于史诗的事迹，因而侵入史诗的范围。例如英雄诵歌，传奇故事和歌谣都属于这一类，这类诗的整体在形式上是叙事的，因为所描述的是一种情境和事迹的发展过程，一个民族命运中的转折点等等；但是另一方面这类诗在基本语调上仍完全是抒情的，因为占主要地位的不是对一件事进行丝毫不露主体性的（纯客观的）描述，而是主体的掌握方式和情感，即响彻全诗的欢乐或哀怨，激昂或抑郁。此外，这类诗从效果看也是抒情的。诗人着意在听众心中引起的正是所叙事迹在他自己心中所引起的因而把它完全表现在诗里的那种心情。他用来表现对所叙事迹的哀伤、愁苦、欢乐和爱国热情等等的方式也正足以说明中心点并不是那件事迹本身而是它在他心中所引起的情绪，因为他所突出的并且带着情感去描述的主要是和他的内心活动合拍的那些情节，这些情节描述得愈生动，也就愈易在听众心中引起同样的情感。所以内容虽是史诗的,而表现方式却仍是抒情的。

属于这类诗的有以下几种:

1a) 第一是箴铭,如果箴铭不仅是用作标签,简短地客观地标明这是某某事物,而且还联系到某一种情感,内容因此就离开客观事实而转到内心生活了。在这种情况下,主体就不再在对象面前消失掉,而是正在这个对象里表现出他自己,他对这对象的愿望,他的诙谐态度,巧妙的配合和出人意外的奇想了。《希腊诗选》①里就已包括大量的富于幽默意味而不坚持史诗语调的箴铭。在近代,法国人也常用意味隽永的双行押韵体写箴铭,插在小舞剧里。我们德国人的格言诗和讽刺诗也属于这一类。就连情感占优势的墓铭也具有这种抒情诗的性质。

1b) 其次,抒情诗也可以用上述方式扩展成为描述性的故事。最简单的形式是传奇故事诗。这种故事诗把一件事迹分成若干景,对每一景都附上一首短诗略述其中要点并表现诗人的同情。这种诗主要在西班牙盛行,它对一种情境的特征显出明确的掌握,突出地表现出诗人的同情,使故事正文获得巨大的效果。它是投到抒情的画面上的一朵灿烂的光彩,主要来自明确的观察力,亲切的情感尚在其次。②

1c) 歌谣虽仅在较小程度上属于正式史诗,却往往包含一个本身完整的事迹,挑出其中最突出的因素,以最简练的方式把和事

① 《希腊诗选》(Die Griechische Anthologie)搜集公元前5世纪到公元6世纪一千多年的希腊箴铭和短诗,主要稿本在1607年才在海德堡图书馆发现,到1794—1814年才由德国学者雅柯伯(Jacob)编注出版,共十三册。英法各国都有译本和选本。

② 这种诗颇类似中国章回体小说和曲在每段开始和收尾时所附加的几句诗。

迹交织在一起的内心深处的各种情调如哀愁欢乐之类表现出来。特别是英国人从很早的诗的原始时期就有大量的这种民俗歌谣。一般说来，民间诗最爱叙述的历史故事和冲突总是悲惨的，语调也往往是沉痛的，仿佛胸膛梗塞住，声音在震颤。在近代，我们德国人中间最擅长于民歌体的诗人有毕尔格[①]，特别是歌德和席勒。毕尔格的特点是亲切纯朴；歌德的特点是来源于爽朗心灵的晶亮透明，这种特点在他的全部抒情诗里都可以见出；席勒的特点主要是主题思想所引起的雄伟崇高的情感虽同，而事迹的形式，表现方式却仍是抒情的，便于在听众心中引起同情共鸣。

2. 其次，抒情诗的主体因素表现得更明显的是诗人把某一件事作为实在的情境所提供的作诗的机缘，通过这件事来表现他自己。这就是所谓"即兴诗"或"应景诗"。例如卡里弩斯[②]和图尔特乌斯[③]在他们的战争挽歌里就已用实在的情况作为他们自己鼓舞振奋的出发点，不过还没有明显表现出他们的主体性格和思想感情。品达[④]的颂歌大半以某些战役的胜利及其特殊情况为作诗的机缘。贺拉斯的许多赋体诗也是如此，无论从意图上还是从主题思想上都可以看出。他自己仿佛说：我也要像这位有教养有名望的人，碰到这样场合就要做一首诗。在近代，歌德特别爱好这种体裁，对于他，生活中发生任何一件事，都要立刻写成诗。[⑤]

① 毕尔格（G. A. Bürger，1747—1794）德国民歌体诗人。

② 卡里弩斯（Kallinus）公元前7世纪希腊最早的抒情诗人，擅长用挽歌体写战歌。

③ 图尔特乌斯（Turtëus）公元前7世纪希腊抒情诗人，他的战歌曾鼓舞过斯巴达人打胜仗。

④ 品达（Pindar）希腊颂体诗人，前已屡次见过。

⑤ 这种"即兴诗"或"应景诗"（Gelegenheit Gedicht）特别值得我们注意，因为过去中国绝大部分诗都是即兴应景，例如游览、赠答、咏史、歌功颂德之类。长处在于从现实生活出发，短处在于把诗变成的应酬勾当乃至文字游戏。

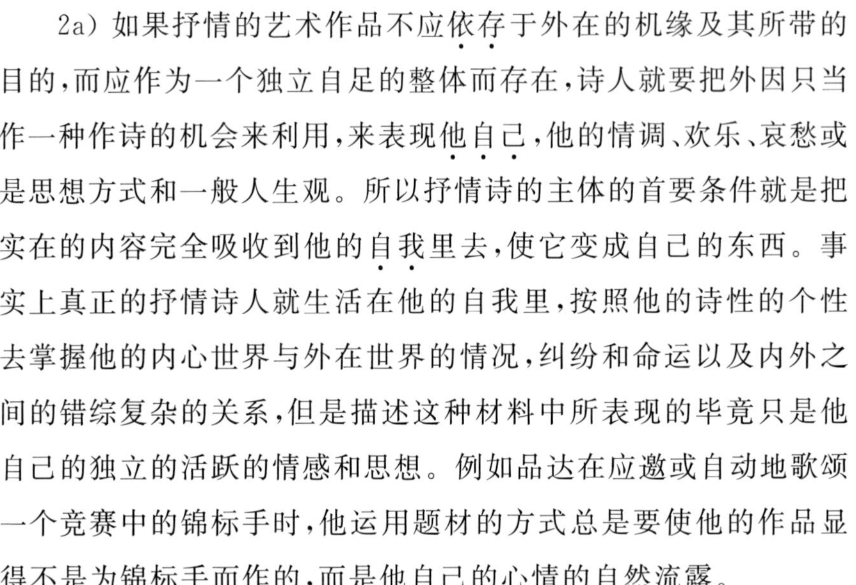

2a) 如果抒情的艺术作品不应依存于外在的机缘及其所带的目的,而应作为一个独立自足的整体而存在,诗人就要把外因只当作一种作诗的机会来利用,来表现他自己,他的情调、欢乐、哀愁或是思想方式和一般人生观。所以抒情诗的主体的首要条件就是把实在的内容完全吸收到他的自我里去,使它变成自己的东西。事实上真正的抒情诗人就生活在他的自我里,按照他的诗性的个性去掌握他的内心世界与外在世界的情况,纠纷和命运以及内外之间的错综复杂的关系,但是描述这种材料中所表现的毕竟只是他自己的独立的活跃的情感和思想。例如品达在应邀或自动地歌颂一个竞赛中的锦标手时,他运用题材的方式总是要使他的作品显得不是为锦标手而作的,而是他自己的心情的自然流露。

2b) 这种应景诗的更好的表现方式当然是下列两种。一种是从用作题材的那件事或那个人物的真正的实际情况中既吸取具体的材料和性格,又吸取艺术作品的内在组织(结构)。因为诗创作的心情正是由这种内容激发起来的。我想只举席勒的《钟的歌声》作为一最明显的极端的例子①。这首诗用铸钟的工作程序作为全诗发展过程的基本支柱,使铸钟的阶段和诗的发展阶段平行前进,联系到相应的情感流露以及各种关于生活的感想和人类情况的描绘。品达用的是另一种方式,他也利用锦标手的出生地点,家族名望或其它生活情况作为作诗的机缘,说明他为什么只歌颂某些神而不歌颂其他神,为什么只提到某些事迹和结局,只提出某些观点,只总结出某些格言,如此等等。第二种表现方式就是抒情诗人

① 关于席勒的《钟的歌声》,参看下文的节译,见第 227—228 页。

在作应景诗时还完全保持住他的自由。因为他的真正对象不是单纯的外在机缘,而是他自己和他的内心生活。所以他只有凭他的特殊意图和诗的心情,才能抉择对象的某些方面,某种进展程序和纵横交织去达到表现。至于究竟是外在机缘及其事实内容还是诗人自己的主体性格应该占优势,或是这内外两方面完全融合在一起,我们对这个问题也不能根据固定的标准,去作先验的判断。

2c)但是真正抒情诗的整一性不在于外在机缘及其实际情况,而在于主体的内心活动和掌握方式。事实上外在机缘以诗的方式所引起的特殊心情或一般观感才是中心点,不仅决定着全诗的色调,还决定着展现出来的各种特殊因素的范围,发展和联系的方式以及诗作为艺术作品所应有的坚实性和融贯性。例如品达就是用他所歌颂的锦标手的客观生活情况作为诗的发展和结构的真正核心,但是在某些诗里诗人也经常描述一些其它观点和心情,如警戒、安慰、振奋等等,尽管它们只是属于诗创作主体的,却正是它们使他决定某些方面应该写,某些方面应该删,以及对于有助于产生抒情效果的某些因素应该怎样阐明和贯串起来。

3. 第三,真正的抒情诗人并无须从外在事件出发,满怀热情地去叙述它,也无须用其它真实环境和机缘去激发他的情感。他自己就是一个主体的完满自足的世界,所以无论是作诗的推动力还是诗的内容都可从他自己身上去找,不越出他自己的内心世界的情境、情况、事件和情欲的范围。抒情诗人凭他的内心世界本身就成了艺术作品,不像史诗作者那样须用素不相识的英雄及其事业作他的诗的内容。

3a)不过在抒情诗里也用得着叙事的因素,例如在希腊的所谓"享乐派"[①]诗人歌集里就有许多爱情故事的精炼而明媚的小画面。但是这些小故事只是用来表现一种内心的情境。贺拉斯在他的《内心生活》[②]里也曾用过遇到一只狼的故事,但全诗并不能算是应景诗,遇狼的事只是全诗的头一句,是用来证明末句所说的爱情不朽的。

3b)一般说来,诗人表现自己所用的情境也不应局限于单纯的内心生活,而应该是具体的,因而也应显示出外在的整体,因为诗人就连在主体地位也还是一个客观存在的人。例如在上文已提到的享乐派诗人的歌集里,诗人把自己描写为处在蔷薇花和美女俊童中饮酒跳舞,尽情享受欢乐的生活,无忧无虑,无事务牵扰,也无更高尚的目的,就像一位毫无牵挂的英雄,根本不知局限和欠缺为何事。他本来是这样人就做这样人:他这样人就是一件道地的表现主体的艺术作品。

在哈菲斯[③]的爱情歌里也可以看到诗人在内容,姿态和几乎在有意开玩笑的表情各方面的经常变化中表现出他的整个的生动个性。他的诗里没有什么特殊的主题,没有客观事物的描绘,没有神,没有神话。读到这种轻松的自然流露的作品时,人们就会感觉到东方民族不可能有绘画和造型艺术。他从一个对象跳到另一个对象,四方八面地转来转去,但是场面还是一样,这位诗人摆出他的全副面貌,连同他的美酒、少女、小酒店和庭院等等,出现在我们眼前,态度十分坦率,毫无自私的欲念,沉浸在纯粹的享受里,眼对

① "享乐派"诗(Anakreontischen Lieder),公元前6世纪希腊诗人安那克列昂以歌咏醇酒妇人著名,他是享乐派的始祖。

② 《内心生活》(Integer vitae),贺拉斯的一首诗的题目。

③ 哈菲斯(Hafis,1320—1389)公元14世纪波斯诗人,著有《胡床集》,歌德的《西东胡床集》是在哈菲斯的影响之下写成的。

着眼，灵魂对着灵魂。这种既显出内心状态又显出外在情境的描绘方式可以有无穷的变化。如果诗人专从主体方面来描述自己，我们就未必乐于倾听他的那些奇怪幻想，爱情纠葛，家庭琐事，堂表兄弟姊妹的历史之类，像克洛普斯托克所写的艾地李和芬妮那样的货色。我们要求的是某种有关普遍人性的，能使我们以诗的方式去同情共鸣的东西。从这个观点看，有些人认为单写主体的特殊因素就足以引起兴趣，这种看法是错误的。歌德所写的许多“社交”(应酬)诗(尽管歌德并不是为应酬而写的)就是反证。在社交场合，人们并不谈自己，一般把自己藏起来而漫谈某个第三者，或某一段逸史，带着幽默的意味用旁人的语调乃至摹仿不同角色的不同声音。在这种情况下，诗人既不是他本人而又是他本人。他并不表现自己，他活像一个演员，能扮演各种各样的角色，一会儿在这里，一会又到了那里，他有时瞥眼注视某一幕情节，有时又瞥眼注视某一群人，但是无论他扮演什么，他总是同时把他所特有的艺术家的内心生活，他的情感和生活体验生动地摆到戏里去。

3b) 但是抒情诗的真正源泉既然就是主体的内心生活，它就有理由只表现单纯的心情和感想之类，而无须就外表形状去描述具体外在情境。从这个观点来看，就连空洞无意义的歌调“咿呀呵嗨嗨”之类单凭放声歌唱就足以产生抒情诗的乐趣。对于表达哀乐情感的语言，文字不是一种无足轻重的工具，没有文字还是可以用声音代替。特别是民歌往往就专用这种表现方式。在歌德的一些短歌里，表现方式虽然已经比较明确丰富，所涉及的内容往往也只是某一瞬间的诙谐风趣，一种飘忽心情的音调，被诗人抓住来写成一首短歌，供片时的吹啸。在另一些歌里，歌德却用比较详尽的甚至系统的方式，来处理一些与上述类似的心情。例如在《我把我的事物摆在虚无上》里，金钱、财产、女人、游历、荣誉以至斗争和战争都作为可消逝的东西在我们眼前陆续掠过去，可是重复出现的章尾叠句的调子却始终表现出自由的无忧无虑的爽朗心情。但是从另一方面，主体的内心生活也可以提高到高瞻远瞩的精神境界，深广化到包罗万象的思想。席勒的大部分诗就有这种情况，激发这位诗人心胸的是伟大的理性的东西，但是他并不用颂体诗的方式去歌唱宗教的或实体性的对象，也不像即兴诗的作者那样借助外在事件的推动力，而是从心灵出发，心灵的最高旨趣才是他的人生理想，美的理想，才是人类的不朽的公理和思想。①

（三） 产生抒情诗的文化教养水平

关于抒情诗的一般性质，最后要谈的第三点是产生个别作品的意识和一般文化修养阶段问题。

在这方面抒情诗和史诗也有很大的差别。如果正式史诗的繁荣时代是在民族情况大体上还未发展到成为散文性现实情况的时代，而最适宜于抒情诗的却是在生活情况的秩序大体上已经固定了的时代，因为这时个别人物才开始把自己和外在世界对立起来，反省自己，把自己摆在这个外在世界之外，在内心里形成一种独立绝缘的情感思想的整体。向抒情诗提供内容和形式的并不是全部客观事物和个别人物的动作情节，而是单纯的主体。这个主体也不

① 论抒情诗的表现方式这一段着重说明抒情诗的复杂性，但是形式变来变去，万变不离其宗：即创作主体总是抓住事物或外在机缘来表现自己，重点总是抒自己的情感。因此抒情诗的整一性来自主体性格的整一性。抒情诗人自己就应该是一件艺术作品。

应理解为由于要用抒情诗表现自己，就必须和民族的旨趣和观照方式割断一切关系而专靠自己。与此相反，这种抽象的独立性就会丢掉一切内容，只剩下偶然的特殊情绪，主观任性的欲念和癖好，其结果就会使妄诞的幻想和离奇的情感泛滥横流。真正的抒情诗，正如一切真正的诗一样，只表达人类心胸中的真实的内容意蕴。作为抒情诗的内容，最实在最有实体性的东西也必须经过主体感觉过，观照过和思考过才行。**其次**，抒情诗的任务并不在于个人内心生活的单纯的自我表现，也不像史诗那样用不经推敲的语言进行朴直的叙事，而是要用不同于日常说话的由**诗的**心情产生的**艺术的**语言。正是由于抒情诗要求打开心胸的凝聚幽禁状态而去容纳多种多样的情感和进行更广阔的考察，而且处在一种已经用散文方式安排成的世界里还要对诗的内心生活具有自觉性，抒情诗也愈需要一种用力得来的艺术修养。这种艺术修养既是一种优点，同时也是主体的自然资禀经过锻炼和完善化的结果。也正是由于这个缘故，抒情诗并不局限于一个民族精神发展的某一特定阶段，而是在极不相同的时代都能达到繁荣，特别适合于抒情诗的是近代，因为近代每个人都享受到情感和思想方面的独立自由。①

对抒情诗各阶段的根本区别可以提出以下几个一般性的观点。

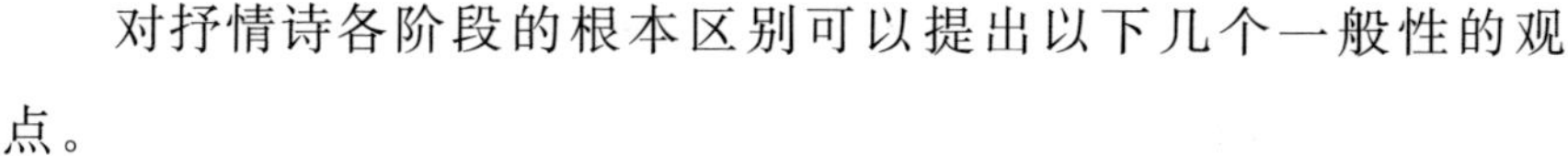

1. **第一**是**民间诗歌**的抒情的表现形式。

① 这一节说明抒情诗的内容虽以表现主体的情感和观感为主，却不能脱离民族精神。创作主体须对自己的情感有自意识，能把情感化成对象，要运用诗的艺术语言，要有艺术的熟练技巧。抒情诗适合于民族精神的各个发展阶段，但特别适宜于近代。

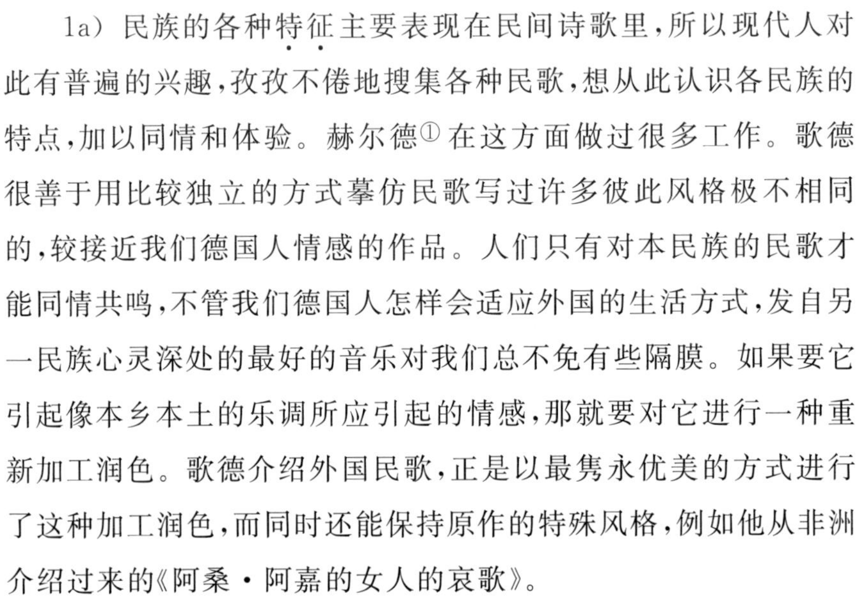

1a) 民族的各种**特征**主要表现在民间诗歌里，所以现代人对此有普遍的兴趣，孜孜不倦地搜集各种民歌，想从此认识各民族的特点，加以同情和体验。赫尔德① 在这方面做过很多工作。歌德很善于用比较独立的方式摹仿民歌写过许多彼此风格极不相同的，较接近我们德国人情感的作品。人们只有对本民族的民歌才能同情共鸣，不管我们德国人怎样会适应外国的生活方式，发自另一民族心灵深处的最好的音乐对我们总不免有些隔膜。如果要它引起像本乡本土的乐调所应引起的情感，那就要对它进行一种重新加工润色。歌德介绍外国民歌，正是以最隽永优美的方式进行了这种加工润色，而同时还能保持原作的特殊风格，例如他从非洲介绍过来的《阿桑·阿嘉的女人的哀歌》。

1b) 抒情的民间诗歌与原始史诗有一点相似，那就是诗人作为创作主体在诗里并不露面，而是把自己淹没到对象里去。因此民歌尽管也把心灵中最凝聚的亲切情感表现出来，我们见到的却不是某一个人用艺术方式来表现主体个人的特性，而是这个人完全能代表一种民族情感，因为个人当时还没有脱离民族生活及其旨趣的特属于他个人的思想情感。这样一种个人与民族之间的尚未分裂的统一所需要的前提就是个人还没有独立的观感和教养，于是诗人就退到后台去了，成了一个单纯的喉舌；通过这种喉舌，民族生活及其情感和观照方式才得到表现。这种原始素朴性格赋予民歌以一种不假思索的新鲜风格和惊人的真实，往往产生极大的效果。但是民歌也因此易流于零散破碎，过分简练以至于晦涩。

① 赫尔德(Herder，1744—1803)德国诗人和哲学家，近代历史家派思想家的先驱，在西方开了研究民歌和东方文学的风气，《论人类历史》的作者。

情感隐藏很深，本来就不易尽情吐露出来。此外，民间诗歌在形式上一般是抒情的，也就是表现主体的，它所缺乏的正是上文所说的主体的个性，而抒情诗的主体却要把所表现的形式和内容当作他自己的心胸和精神的所有物和他自己的艺术修养的产品[①]。

1c) 因此，凡是只产生民间诗歌而既没有达到抒情诗的更高阶段，也还没有产生史诗和戏剧作品的民族，大半还是些半粗鲁半野蛮的民族。他们还处在斗争频繁，命运飘忽不定的那种未开化的现实情况。如果这些民族在英雄时代就已形成了丰富多彩的整体，而且在各方面也已缔造成一种独立的融贯一致的社会秩序，替个别的自成整体的具体事业提供了土壤，他们就会在抒情诗之外还产生史诗。这种只产生民歌作为民族精神的唯一的诗的表现方式的社会情况因此大半局限于家庭生活，聚成了部落，但还没成熟到形成较高级的社会组织，没有建立英雄时代的那种政权机构。如果他们回忆起民族的功勋，场合往往是抵抗外族侵略的斗争、劫掠性的远征、野蛮反对野蛮的行动，或是同族之中个人与个人的私斗。叙述这类事迹的作品往往发泄失败者的哀怨或是胜利者的欢庆。这种民族的实际生活还没有发达到能使人有必要的独立性去聚精会神地回顾自己的大体上也还不很发达的内心情感生活，纵使能够达到这一点，他们所能用的内容也往往还是粗鲁野蛮的。我们对这类民歌是感到兴趣还是起反感，就要看它们所描述的那种情境和情感究竟如何。这个民族认为顶好的东西，在另一个民

① 这一节说明抒情诗的原始形式是民歌，民歌是表达民族精神的喉舌，所以一，它的影响一般限于本民族，二，它不露诗创作主体，还不完全适合抒情诗表达创作主体性的基本原则。

族看来也许是乏味的、可怕的、令人起反感的。例如有一首民歌叙述一个女人被丈夫囚禁在一间四壁不通风的土牢里。经过她哀求,她丈夫才只准在墙上凿一个洞,洞口小得只能让她把奶头伸出来给她的婴儿喂奶,并且只准她活到婴儿能断奶的时候。这种情况是野蛮残酷的。此外,盗劫、私斗之类野蛮行为绝对不能引起文化修养不同的异族人民的同情共鸣。因此,民歌的内容往往顶特殊,没有固定的标准来衡量它们,因为离开普遍人性太远了。所以我们如果在现代把北美伊洛夸人和爱斯基摩人以及其他野蛮民族的民歌弄得很熟悉,对诗的欣赏范围也未必就因此扩大了。①

2. 抒情诗既然是内在精神的全部表现,它在内容和表现方式上就不能停留在真正民歌和后来民歌仿制品的水平上。

2a) 抒情诗的关键一方面在于精神要从凝聚幽禁状态中解放出来而获得自由表达自己的能力。上面已经讨论过的那些事例都不能完全达到这个要求。另一方面这种精神还应扩展到一种包含各种思想、情感、情况和冲突的丰富多彩的世界,把人心所能掌握的一切在心中加以思索玩味,整理安排,把它作为精神的产品表现出来和传达出去。全部抒情诗必须尽诗所能及的最大限度以诗的方式把全部内心生活表达出来,所以抒情诗是精神教养的一切发展阶段所共有的。

2b) 其次,自由的自觉性和忠实于自己的艺术自由是紧密联系在一起的。民歌是直接出自深心的自发的自然音调,但是自由的艺术是自觉的,它对于自己所创造的作品要有一种认识和意志,

① 这一节重申极原始的民歌的局限性。

要经过一番文化修养才能达到这种认识，也要有一种创作方法方面的熟练技巧。在史诗里诗人须把自己的形象和活动隐藏起来，或是按照原始史诗的性质来说，这种形象和活动根本就还看不见，因为史诗以民族生活为对象，而民族生活并不是由诗人产生出来的，所以在诗里也不能显现为诗人的产品，而必须显现为自生自发的产品。在抒情诗里却不然，创作和内容都是出自诗人这个主体的，所以须把主体性格如实地表现出来。

2c）就是根据这个观点，比较晚起的抒情的艺术诗跟民歌就很明确地区分开来了，固然也有一种民歌是与真正艺术性的抒情作品同时并存的。不过这种民歌所自出的个别作者或集体对上文所说的文化修养还没有掌握，而且也没有和素朴的民族意识脱节。但是民间抒情诗和艺术诗之间的这种区别并不应理解为只有在反省力，艺术的知解力以及自觉的熟练技巧这三者的结合最主要的因素都结合在一起了，抒情诗才能达到它的顶峰。这就无异于说，例如贺拉斯和一般罗马抒情诗人应该算作最卓越的抒情诗人，或则说，他们比起前一代真正的爱情歌师还更伟大了。从上述关于民歌与艺术诗的区别并不应作出这种极端离奇的结论。正确的理解应该是：正是为着保持抒情诗表现独立主体的原则，主体的想象和艺术必须在观念（思想）方面有受过教养锻炼的自由的自觉性和艺术创作的才能作为前提和基础，才可达到抒情诗的真正完美。①

① 以上三小节说明真正抒情诗遵照主体原则要求诗人首先对内心所能掌握的一切内容须有自由的自觉性，即能清楚地认识到，其次要有自由艺术所必有的文化修养和熟练技巧，即有艺术创造的能力，第三要在内容和表现方式上都见出主体的独创，不能单靠摹仿。

3. 最后关于上文提到的区别还有一点要指出。在民歌出现的时代,散文性现实情况的意识还没有形成,真正抒情的艺术诗所面临的却是一种已经形成的散文性现实情况,它要摆脱这种散文性现实情况,凭主体的独立想象,去创造出一种内心情感和思想的新的诗性的世界,通过这个新的世界,艺术才会有效地产生人类内心方面的真正的内容和真正的表现形式。此外还有第三种精神形式,即哲学思维。从某一方面来看,这比情感和观感所涉及的想象所处的地位还更高,因为它可以使它的内容以更彻底的普遍性和更必然的融贯性呈现于自由的意识,而这是艺术从来不能做到的。不过另一方面哲学思维这种精神形式也有缺点,它和抽象概念打交道,使思想因素作为纯然理想的普遍性来阐发,使具体的人被迫要用具体的方式,把他的哲学意识中的内容和结果表现为被心情和观感,想象和情感所渗透的东西,才能使全部内心生活获得完整的表现。

在这方面主要有两种不同的掌握方式可用,一种是想象力力图越出自己的境界而侵入思考活动的领域,但终不能达到哲学阐述的明晰和谨严。在这种情况下,抒情诗大半就成了灵魂在内心斗争中的表现。这种灵魂在它的意匠经营中对艺术和思想两方面都不免要施加暴力,因为它越出艺术领域而在思想领域又感到不那么自在,但是另一方面冷静的哲学思考却能使情感灌注生气给明确掌握住和按系统推演出的思想,通过表现变成可用感官接受,使从科学观点看来是明显的必然的那些过程和联系变成是由各具体因素的自由组合所发生的作用,例如席勒在许多诗里就是这样处理的。在这种自由的组合中,抒情诗愈力图把它的内在协调隐藏起，也就愈易流于教训议论的干枯语调。[①]

b）抒情诗的几个特殊方面

既已讨论了抒情诗的内容的一般性质，表现这种内容的一些形式以及在不同程度上适合抒情诗的不同的文化教养阶段，现在进一步的任务就是按照抒情诗的几个主要的**特殊方面**和关系来阐明上文的一般性的论点如何适用。

这里我也还要提到上文所指出的史诗和抒情诗的区别。在研究史诗时，我们首先注意的是原始的民族史诗，把次要的史诗变种和史诗创作主体都丢开了不谈。对于抒情诗我们却不能采取这种方式。在抒情诗里一方面是诗创作主体，另一方面是各种派生的变种，都是最重要的研究对象。所以我们依下列程序提出一些较详细的看法。

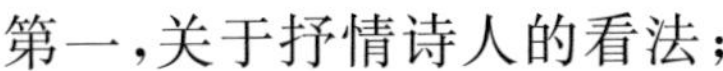

第一，关于抒情诗人的看法；

第二，抒情的艺术作品作为主体想象的产品；

第三，抒情表现的总概念所派生的各种抒情诗。

（一）　抒情诗人

1. 上文已经说过，抒情诗的内容一方面是对广泛的客观存在及其情况的一般性的观感，另一方面是丰富多彩的个别特殊事物。但是纯粹一般性的观感和个别特殊的观点和情感这两方面都是抽

① 这一节说明抒情的艺术诗所面临的是在散文性现实情况已经形成的世界，它必须摆脱散文现实情况和散文意识，凭想象力去创造一种内心生活的新的世界。诗人还可以把哲学思考表现为想象，观感和情感所渗透，因而转化为诗的内容。席勒就是一个例。

象品,要互相结合起来,才能形成生动具体的抒情诗的主体性,而这种结合又必须是内在的,也就是说,在主体身上的结合。因此,抒情诗的中心点和特有的内容就是具体的诗创作主体,亦即**诗人**。但是抒情诗主体并不投身到实际动作情节中去造成事迹,也不展现于戏剧冲突的运动,他的唯一的外化(表现)和成就只是把自己的心里话说出来,不管对象是什么,说出来的话表达了主体的情感,即把自表现的主体的心情展示出来,在听众心中引起同情共鸣。

2. 尽管这种表现也着眼到听众,它毕竟是愉悦或痛苦的心情的自由流露,有了这种心情,要把它歌唱出来,心里才舒服。抒情诗还有一种更深的动机,即不肯把最亲切的情感和最深远的思想据为私有,秘而不宣。只要谁**能**歌**能**诗,谁就有唱歌作诗的天职,就**应该**唱歌作诗。抒情诗人还有其它作诗的根源,例如应人邀请,但是伟大的诗人在这种场合会毫不迟疑地离开本题而表现他自己。举一个屡次举过的例子来说,品达往往被邀请歌颂竞赛中的锦标手,还为此得到润笔金,可是他以歌者的身份设身处在所歌颂的英雄的地位,凭他的想象自由联系,歌颂起先代人物来,回忆起古代的神话,谈起自己对于人生、财富、权力以及一切值得敬重的伟大事物,女诗神们的庄严优美,特别是诗人的尊严之类的深刻见解。这样,品达在他的诗里并不是替那位锦标手传播声誉,而是要让人倾听他这位诗人自己。抒情诗人的高尚处就是这种突出的心灵伟大。荷马在他的史诗里尽量隐藏起他自己,以至现代人们竟一再不愿肯定荷马这个人存在过,可是他所歌颂的英雄们却永远活在人们心里,变成不朽的。品达所歌颂的英雄却不然,他们现在对于

我们只是些空洞的姓名，而歌唱自己替自己博得声誉的品达自己却仍是一个难忘的诗人，那些英雄只是凭借诗人而得名。

在罗马人中间，也还有一部分抒情诗人保持住这种独立地位。据苏厄通的记载①，奥古斯都大帝曾写信给贺拉斯说："你难道不怕后世人责备你和我好像有过交谊吗?"但是贺拉斯除掉他"由于职位关系"而写的恭维奥古斯都的话以外，大部分是很快地离开奥古斯都而回到他自己。例如，他的第十四首颂诗从歌颂奥古斯都战败西班牙康塔布勒部落后凯旋开始，下文大部分都只歌颂奥古斯都给世界带来和平，使诗人自己能安安静静地享受闲散生活，从事诗创作；接着就吩咐人准备桂冠香膏和美酒来开庆祝宴会，并且差人去邀请他的情妇。关于这个爱情小插曲，他已不像少年时代那样热情了，他向差人说得很明白："如果那个看门的坏蛋不让你进去见她，怎么办？——走开呗！"

克洛普斯托克也有可尊敬的特点。他在当时还感觉到歌师的独立尊严。他认为诗人不应做宫廷诗人，不应做某个人的诗人，如果浪费时间去帮闲听差遣，就会把一个人毁掉。他说到也就做到了，但是他终不免做了出版商的诗人。哈勒市的他的出版商人付给他的《救世主》的稿费是每页两元德国银币，外送他一件背心和一条裤子，把他带到交际场所来显示这套衣服是他这位书商替诗人置的。据泡桑尼阿斯②的记载（较晚的但是可靠的权威）雅典人曾替品达建立过一座雕像，来酬劳他在一首诗里对雅典人的赞扬。

① 原注："卷二，51页，沃尔夫编辑"。苏厄通（Gaius Suetonius Tranquillus，69—140?）是公元2世纪左右的罗马史学家，著有《十二凯撒传》。

② 泡桑尼阿斯（Pausanias）公元2世纪希腊地理学家和史学家，著有《游记》，记载他遍游希腊罗马世界所见到的艺术作品和人情风俗。

此外,品达前此也因为过分颂扬过一个外邦而被忒拜人罚了款,雅典人现在还送给这位诗人以两倍于罚款的酬金。据说文艺神亚波罗就通过德尔斐女巫之口说过,品达所得到的礼物应当相当于全希腊送给德尔斐宗教典礼的游艺会的一半。①

3. 第三,整个抒情诗领域所表现的都是某个人在诗方面的内心生活整体。抒情诗人都不得不用诗的方式把他的心情和意识中的一切熔铸成形,表达于歌词。这里应该特别提到歌德。他在丰富多彩的生活中始终保持住诗人的身份。从此也可以见出他的高尚的人格。很难想象出像他那样的人,那样积极关心一切事物和每个方面,尽管兴趣这样广泛,却始终独立自在地生活着,而把他所接触到的一切都转化为诗的观照。他的外表生活,他在日常生活情境中心胸既坦白而又沉默的特点,他的科学活动和研究成果,他的修养深厚的实践精神所产生的一些经验之谈,他的伦理格言,错综复杂的时代动态给他留下来的印象以及他所得到的结论,少年时代的热情和勇气,壮年时代的修养成就的魄力和内心的优美,老年时代的包罗万象,心旷神怡的智慧——这一切都流露于他的抒情诗。在这些诗里他既表现出他游戏人间的最轻松愉快的心情,也表现出精神上最严峻最痛苦的冲突,通过表现就使他从这些冲突中得到解放。②

① 这些小故事说明黑格尔对宫廷诗人的鄙视,也说明文艺对钱袋的依存关系自古有之。黑格尔对此也不同情,因为他宣扬的是文艺的独立尊严。

② 这一节主要颂扬作为抒情诗人的歌德,特别颂扬他"在丰富多彩的生活中始终保持住诗人的身份",足见他的高尚的人格。关于这一点应对照马克思恩格斯对歌德的德国市侩庸俗气的批判(见《诗歌和散文中的德国社会主义》一文)。

（二） 抒情的艺术作品

其次，关于抒情的艺术作品，很难作出一般性的论断，因为抒情诗在掌握方式和表现形式上差别极繁复，而且内容的项目也多至不可胜数。它的整个范围都涉及主体性，尽管它也受到美与艺术的一般规律的制约，它在表现方面辞藻和音调却可以有广阔的变化余地，完全不能一概而论，所以我们的目的只能限于研究在类型上抒情诗和史诗的区别。对这个问题提出以下的几点看法。

第一，抒情诗的整一性；

第二，抒情诗的展现方式的特点；

第三，抒情诗的音律和朗诵的外在因素。

1. 像上文已指出的，史诗对于艺术的重要性，见于艺术形式的完整刻画方面的较少，而见于同一部作品所展现的民族精神整体方面较多，在原始史诗里尤其如此。

1a）真正的抒情的艺术作品却不能揭示民族精神整体。主体性固然可以综合一些普遍性的东西，但是既然要作为本身完满自足的主体而发挥作用，它就不免要现出向特殊分化的原则。这并不是要否认抒情诗也可以反映出对自然环境的多种多样的观察，对自己和旁人的生活经验的多方面的记忆以及神话和历史事迹之类材料。但是这些广泛的内容却不像在史诗里起于民族精神的根源，属于一个时代世界情况的整体，而是凭主体的记忆和活跃的联想或结合，才会变成有生气的东西。

1b）所以抒情诗的整一性的关键在于主体的内心生活。不过单纯的内心生活的整一性只能是自我与自我同一这种形式上的整一性。这种整一性可以分裂和分化成为观念，情感、印象和直觉等等互相差别的杂多状态，这些杂多因素唯一的贯串线索就是它们的共同容器，即自我。如果要使主体能提供整篇抒情诗的贯串线索，它就必须转入某种有具体定性的心情和情境，而且又要使这些有特殊定性的因素和自我（主体）紧密结成一体，仿佛在这些特殊因素里感到自己和见到自己的形象。只有这样，主体才能成为本身受到定性的主体方面的整体，才能表现由这种定性所突出的因素而且把它和自己结合起来。①

1c) 因此，最完美的抒情诗所表现的就是凝聚（集中）于一个具体情境的心情，因为感受的心灵是主体性中最内在最亲切的因素，而着眼于一般的思索和观察却最易流于采取教训诗的语调，或是用史诗的方式把内容中实体性方面和客观事实单挑出来表现。

2. 其次，关于抒情诗的展现方式也很难得出一般性的明确的结论，这里只能提出几个较带根本性的看法。

2a) 史诗的进展比较缓慢，一般是铺开来描写现实世界及其杂多现象。在史诗里诗人把自己淹没在客观世界里，让独立的现实世界的动态自生自发下去；在抒情诗里却不然，诗人把目前的世界吸收到他的内心世界里，使它成为经过他的情感和思想体验过的对象。只有在客观世界已变成内心世界之后，它才能由抒情诗用语言掌握住和表现出来。所以抒情诗与史诗在展现方式上正相反。抒情诗的原则是收敛或浓缩，在叙述方面不能远走高飞，而是首先要

① 这一小节说明抒情诗虽表现零散的情感和观感，却仍须有整一性。这种整一性不像在史诗里见于动作情节的首尾贯串，而是来自诗人的主体性，所表现的主体的情感和观感跟他的整个性格一致。他把这种具体的情感和观感与他的人格等同起来，这是一种亲切的感受，所以他在表现这种情感和观感之中就表现了他自己。

达到表现的深刻。不过在抒情诗人几乎缄默的聚精会神状态和经过精敲细打的表现的鲜明性这两极之间，毕竟还有许多过渡阶段和浓淡差别的丰富广阔的领域，可任抒情诗施展本领。抒情诗也并不排除对外在对象的鲜明描绘。真正具体的抒情作品要求把主体摆在他的外在情境里，因而也要把自然环境和地方色彩之类采纳进来，甚至有些抒情诗只在这方面下工夫。但是就连在这种情况下，真正的抒情因素也不是实际客观事物的面貌，而是客观事物在主体心中所引起的回声，所造成的心境，即在这种环境中感觉到自己的心灵。所以触动我们的意识和同情的也并不是这个或那个对象被描绘出来的那些特点，而是寄托在该对象上的心情。传奇故事诗和民歌提供了极明显的例证。上文已指出过，这两个诗种愈近于抒情诗，也就愈在所叙述的事迹中只突出与诗人心情协调的那些特点，而且在表现方式上也产生引起我们同情共鸣的效果。正是由于这个缘故，在抒情诗里凡是虽有丰富情感，而对外在事物乃至内心情境的细节进行冗长的描绘，效果总比不上简练含蓄的作品。①

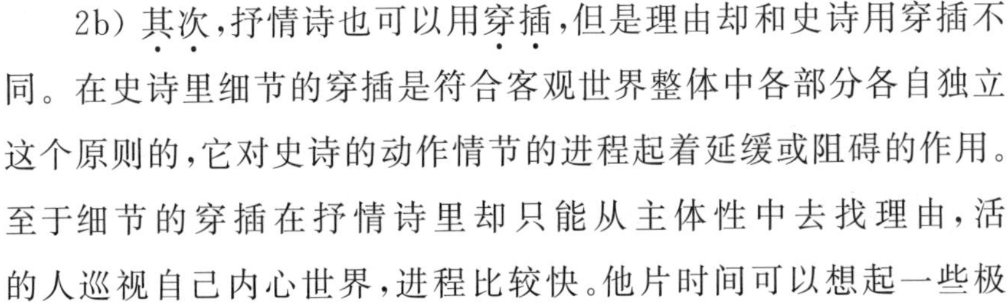

2b）其次，抒情诗也可以用穿插，但是理由却和史诗用穿插不同。在史诗里细节的穿插是符合客观世界整体中各部分各自独立这个原则的，它对史诗的动作情节的进程起着延缓或阻碍的作用。至于细节的穿插在抒情诗里却只能从主体性中去找理由，活的人巡视自己内心世界，进程比较快。他片时间可以想起一些极

① 这一节说明史诗以客观态度描述外在世界事物自生展，抒情诗虽也可以涉及外界事物，但是重点不在外界事物而在它们在主体内心中所引起的情感和观感，作为主体的东西表现出来。

不同的场合中的极不同的事物,凭自己的思想线索的指引东奔西窜,把各色各样的事物联系在一起,但是他并不因此就离开他所特有的基本情调或所思索的对象。*诗的*内心世界也有这种生动活泼的情况。尽管在多数情况下很难断定这一点或那一点是不是穿插,但是一般说来,只要不是破坏整一性的节外生枝,尤其是出人意料的变化,巧妙的结合以及突如其来的几乎是暴烈的转折都是抒情诗的特点。

2c) 抒情诗的进展和联系在性质上有时彼此不同,有些甚至互相对立。大体说来,抒情诗和史诗一样,既不容许日常意识的随意任性,又不容许单凭知解力所依据的因果关系,或是哲学和科学的思维所依据的必然规律,而是要求它的各个部分都有自由和独立。如果在史诗里这种各别部分的相对孤立是由于所表现的实际现象原已如此,而在抒情诗里却是诗人使他所要表现的具体的情感和思想具有经过自由的孤立化的性质,因为这些情感和思想之中每一种虽然都出自同一主体的心情和观察方式,都按照它的特殊性,在某一个时间里占领住整个心灵,心灵就集中在它这一点上,直到其它情感或思想起来代替它。在这种情况下,先后承续的联系就会是一个陆续不断的平静的过程。但是也有一种抒情的飞跃,从一个观念不经过中介就跳到相隔很远的另一个观念上去。这时诗人就像一个断了线的风筝,违反清醒的按部就班的知解力,趁着沉醉状态的灵感在高空飞转,仿佛被一种力量控制住,不由自主地被它的一股热风卷着走。这种热情的动荡和搏斗是某些抒情

① 这一节说明抒情诗也可用穿插或节外生枝,其原因在于主体的情感和想象本有东奔西窜的特点。

诗种的一种特色。例如贺拉斯在许多诗里就力图用精巧的办法去人为地制造这种破坏全诗融贯性的飞跃。在明显的融贯性和平静的进程与凭热情和灵感控制的飞跃这两极之间还有许多中间阶段，这里就不能详谈了。①

3. 最后还要谈一下抒情诗的外表形式和实际面貌，主要涉及音律和音乐伴奏。

3a）六音步格由于有规则有节制而同时生动地向前流转，所以最适宜于用在史诗里的一种音律。抒情诗却要求极复杂的变化多方的音律和多种多样的内部结构。抒情诗的题材既然不是按照其实际展现的外在现象，而是诗创作主体的内心运动，所以这种内心运动是有规则还是变化多方，是激动还是平静，是风平浪静还是波涛汹涌，都要在传达内心生活的字音在时间上的运动中得到表现。心情的状态和整个掌握方式都要表现于诗的音律，抒情诗比起史诗还更要依靠时间作为传达的外在媒介，因为史诗的叙述把实在的现象摆在过去，更多地依靠空间的伸延的方式把许多实在现象并列起来或交织在一起，而抒情诗却要把瞬息涌现的情感和思想按生展次序表现为时间上的先后承续，所以须把时间运动本身加以艺术的处理。属于这种差别的首先有较多样的长音和短音的交错，使有节奏的音步经常出现不等量的现象，其次是较多样的“顿”的方式；第三是诗章的完整结构在个别诗行的长短交错上以及在全章各诗行的节奏图案上，都可以有较丰富多彩的变化。

3b）其次，比这种时间长度及其节奏运动的艺术处理还更适

① 这一节说明抒情诗有两种先后承续的进展方式，一种是比较清醒的平静的顺流，一种是听任热情支配的飞跃。

合于抒情诗的是单词和音节的音质本身。属于这方面的主要有双声,押韵和半母音韵。在这种音律体系中起主导作用的,像上文论诗的音律部分中已指出过的,一方面是音节的精神意义,意义上的强调,这种单凭精神意义来确定字音的长短轻重的方式就把寻常自然字音的固定长短取消掉了;另一方面是对某些字母、音节和字的音质有意识地加以集中,使它们独立地突出地发挥作用。这种通过内在意义而使字音精神化以及突出某些音质的办法都是完全适合抒情诗的,因为抒情诗一方面对于凡是存在和显现的事物都只按照它们对于内心的那种意义来理解和表现的,另一方面它主要是把音质和语调当作它所特有的传达媒介来使用的。抒情诗当然也可以把节奏和韵结合起来,但是这种结合如果实现了,它就会更接近于音乐的拍子。严格地说,双声,押韵和半母音韵只能用在抒情诗里,因为尽管中世纪史诗适应近代语言的特性[①],也离不开这些音律因素,其原因却主要在于抒情诗的因素已逐渐渗透到史诗领域了,特别是在英雄颂歌,传奇故事诗和民歌方式叙述里是如此。同样的情况在戏剧体诗里也出现过。抒情诗的特征一开始就在于韵的错综组合,这种组合或是借相同的字母,音节或音质的重复出现,或是借不同的字母,音节或音质的错综变化,构成多样的经过划分和限定的诗章。史诗和戏剧体诗也运用这种诗章的划分,其原因在于凡是没有放弃用韵的诗一般都要分章。例如西班牙人在他们的戏剧发展成熟时期就用这种并不适合戏剧的音律作

① 对希腊文和拉丁文来说,中世纪语言已是近代民族语言,例如意大利文、法文和北欧各族语言。

为表达情绪的方式，把八行体，十四行体等等和戏剧体诗常用的节奏体系音律交织在一起。在运用这种韵脚和半母音韵等因素方面可以见出他们对于语言音调的偏好。

3c) 第三，抒情诗如果兼用音乐，比起单用韵在效果上就强得多，因为有音乐陪伴，文字就变成了真正的乐词和歌调。用音乐陪伴的倾向是完全合理的。因为抒情诗的题材和内容本身来自单纯的主体内心世界，很少具有独立性和客观性，所以如果要把这种内容传达出去，就需要一种外在的客观的支柱，它的独立性和客观性愈少，也就愈需要便于传达的明确的外在媒介。当主体的思想情感还是内在的观念性的时候，它就必须运用某种具体的媒介才能传达出去，打动旁人的情感。只有音乐才能提供这种从感性方面打动情感的力量。

因此，在歌诵给旁人听时，抒情诗经常要用音乐伴奏。这种音乐与抒情诗的结合也经历过一番很重要的发展过程。实际上真正与乐调结合的最早是浪漫型的尤其是近代的抒情诗。在以心情为主要因素的歌体诗里，音乐须把这种“心声”加以强化，塑造成为乐曲，例如民歌就爱用音乐伴奏。反之，近代很少有作曲家去替分章的歌词、挽歌、书信体诗乃至十四行体诗之类体裁作乐曲。观念，感想乃至于情感只要在诗的文辞本身就已完全表达出来了，因而就已渐脱离心情的凝聚幽禁状态，另一方面也就已脱离艺术的感性媒介了，抒情诗作为语言的表达也就获得了较大的独立性而无须结合到音乐上去了。反之，凡是内心生活愈不易表达于语言的地方，抒情诗也愈需要音乐的协助。至于古代人为什么在诗的文词本身很透明时仍用音乐伴奏朗诵，这种伴奏究竟有无多大的必要,我们以后还有机会要谈到这个问题。①

(三)　真正的抒情诗的种类

第四,关于抒情诗所派生的特殊种类,我在讨论由史诗的表现方式到抒情诗的表现方式的转变过程时,已经提到几种了。从相反的方向看,人们也可以在抒情诗里指出戏剧体诗的起源。但是抒情诗中这种接近戏剧的生动性的倾向基本上只局限于它也用对话形式这一点上,而这种对话在抒情诗里却还没有发展成为一种包含冲突的持续下去的动作情节。我们现在且不谈这种过渡阶段的抒情诗的混种,只略谈完全符合抒情诗原则的那些种类。抒情诗不同于其它诗种的主要在于诗创作主体在意识上对所歌唱的对象的态度。

1. 这就是说,从一方面看,主体不再为他个人的特殊情感思想所束缚住,而把自己沉没在对一神或多神的观照里,神的伟大和威力渗透了他的整个心灵,使它作为个别主体的存在都消失掉了。属于这一类有颂圣诗,酒神颂歌,亚波罗神赞歌和《旧约》中的《诗篇》。我想最概括地指出这类诗的几个特点。

1a) 诗人把自己提高到超越出他自己的内心世界和外在世界的情况和情境以及涉及这两方面的一切观念,把他个人和他的民族所奉为绝对神圣的东西作为对象,首先替它塑造成一个客观的形象,用这个供内心观照而铸成的形象摆在旁人的心眼前,来歌颂神的威力和光荣。属于这种的有传说出于荷马之手的颂神歌。这

① 以上三小节说明史诗的音律比较平整,抒情诗的音律则最变化多方,一般地说以音质和韵为主的音律逐渐代替根据节奏的音律,文字的意义逐渐成为决定字音长短轻重的决定因素,音乐的伴奏在抒情诗也用得较多。

些颂神歌主要包括一些神话材料，不是只以象征方式来理解的，而是以史诗的形式把所歌颂的神们的情境和历史描写成为生动鲜明可以目睹的。

1b）其次，与此相反而抒情性较强的是酒神颂歌，这是主体在敬神典礼中的一种奋发飞扬的激昂情绪，主体被酒神的威力所震慑，处于神魂颠倒状态，以至不能把迷离恍忽的心情表现于客观的形象，而只停留在迷醉狂欢状态。主体从本身中跳出来了，一直就跳上绝对（神），浑身渗透了神的本质和威力，于是唱出激昂的歌调来颂扬他所沉没进去的那个无限（神）以及神所显现的华严的现象世界。

希腊人在他们的敬神典礼中并没有长期停留在这种单纯的呼号赞叹的方式上，而是从这种情感直接迸发之中发展到参用某些神话的情境和动作情节的叙述。后来掺杂在这种抒情诗之中的叙述便逐渐发展成为诗的主要部分；所叙述的如果是生动完整的动作情节，而且独立地作为动作情节的描述而出现，那就形成了戏剧体诗，而戏剧体诗又采用合唱队的抒情歌唱作为它的组成部分。

我们在《旧约》中许多雄伟的《诗篇》里看到比酒神歌颂更彻底的奋发鼓舞的向神的飞扬。《诗篇》是心灵向往“太一”（神）所发出的更深刻的礼赞，主体在这“太一”身上看到了他自己意识中的最高目标，体现一切威力和真理的值得崇敬和赞美的对象。姑举第33首《诗篇》为例：

> 正直的人们呀，为上帝而欢乐吧，虔诚的人都应赞美他呀，
> 弹琴来感谢上帝，弹十弦琴来唱对他的赞歌，
> 歌要用新的，琴要弹得高妙，歌要唱得洪亮，

因为上帝的话就是真理,他的话全是正确的。
他爱的是正义和公道,大地全布满了他的慈恩。
诸天是上帝吩咐造成的,诸天的队伍是上帝一口气吹成的。

再如《诗篇》第二十九首:

天使们,把光荣和威力归给上帝呀,
把上帝名下应得的归给他,
礼拜他要穿圣洁的服装。
上帝的声音在水上震荡,
光荣的上帝在打雷,他走在大海洋上,
他的声音既猛烈而又威严,
他的声音劈开了香柏,黎巴嫩的香柏,
他叫黎巴嫩像小独角兽一样跳跃,
上帝的声音把熊熊的烈火劈开,
上帝的声音叫荒沙漠嘶吼……[①]

这样的激昂情绪和抒情诗的崇高风格显出一种忘我而存在[②]的状态,因此不大适宜于使自我深入到具体内容里去,使想象力平静地心满意足地掌住内容要旨,而是更适宜于达到一种不明确的或朦胧的激情,力求把本来不可言说的对象勉强带到情感和观照的领域里来。处在这种朦胧的激情中的主体心灵不可能观照到观照本来达不到的对象及其静穆的美,也不可能享受对象在艺术作品中的表现。想象力既塑造不出一种静穆的形象,于是以混乱的支离

① 参照《新旧约全书》"官话"译本改译。

② "忘我而存在"原文是 Aussersichsein,直译为"外在于自我的存在"或"没有自我的存在"。

破碎的方式把它所掌握的外界现象随意拼凑在一起。由于它既不能对一些外界现象的观念作出明确的区分，所以在表现方式上就不得不用一种任意的吞吞吐吐的节奏。

和当时希伯来群众相对立的“先知”们的基调大部分是对民族处境的苦痛和哀怨，在流亡生活中的没落情绪，对宗教信仰的炽热虔诚以及对政治形势的愤怒之中，“先知”们创造出告诫式的抒情诗的作品。①

在近代的摹仿品中，崇高的热烈情感变成了一种出于人工造作的温汤热，很容易冷却而且抽象。例如克洛普斯托克所写的许多颂神歌式和诗篇式的作品既缺乏思想的深度，又缺乏任何宗教内容的平静展现，它们所表现的主要是向无限（神）表示崇敬的一种企图。对于近代开明的意识来说，这种无限只是神的空洞不可测量的不可思议的威力，伟大和光荣，而且它和诗人自己的完全可以理解的无能和自甘退让的有限生存这两方面之间的对立和分裂。

2. 站在另一种立场上的另一种抒情诗一般叫做“颂体诗”（用这个名词的近代意义）。它与上文所说的那些颂神诗的差别在于颂神诗出于忘我的精神状态而颂体诗则以诗人的主体性为独立的主要因素而把它放在优先地位。这种主体性可以同时在两方面表现出来。

2a）在这个新诗种及其表现方式的范围之内，诗人一方面可以像过去颂圣诗那样，选择一种本身重要的内容，例如对神、王侯、爱情、美、艺术、友谊之类的赞颂，诗人的心灵好像被这种内容意蕴渗透了、充实了、占领了；仿佛在心情的激昂振奋之中，这种对象成

① 指《旧约》中《以赛亚书》以下各先知书。

了唯一的明确的力量,统治着他的整个心灵。如果情况完全如此,主题就会凭这种独立地位,获得像史诗和造型艺术中的生动鲜明、完满自足的形象了。如果情况并不完全如此,诗人所设法表现和塑成形象的就会正是诗人自己的主体性及其伟大。那就不是对象占领着他,而是他占领着对象。他在惨淡经营,力图借对象来表现他自己,因此在这种独立自由的地位,他任自己的情感思想去打断主题的客观发展进程,从主体的观点去阐明它,乃至改造它。这样,占统治地位的并不是主题内容,而是主体内容所充实和激发的主体的激昂情绪。这里有两种不同的甚至相反的因素,即内容的鼓舞力量和主体的诗艺自由,后者对前者进行斗争,要控制住前者。这种矛盾对立的压力主要表现于语言词藻的生硬勉强,内在结构和发展进程的崎岖突兀、毫无规则、节外生枝、漏洞,突然的转折之类毛病;同时这种压力也显示出诗人的内在的高度诗艺本领,凭这副本领他用艺术的完美去消除上述矛盾对立,创造出一个本身完整的整体,作为他的作品,这就显出他比他的对象更伟大。

在这种激昂振奋的抒情诗之中最杰出的是品达的许多颂体诗,其中昂扬的内在的庄严表现于变化多方而仍有规则的节奏。贺拉斯却没有能做到这一点,特别是在他最使力达到崇高风格的地方显得枯燥乏味。他在摹仿方面的矫揉造作只是设法掩盖写作方面玩弄纤巧的虚伪。克洛普斯托克的激昂情绪也不尽是真实的,往往是矫揉造作的,尽管他的一部分颂体诗也确是出于真实的情感,而表现方式也很庄严,很有魄力。

2b)另一方面是第二种表现方式,其中内容本身不一定要有重大意义,诗人却可以凭自己的个性而获得重大意义,赋予他用来作诗的微不足道的内容对象以高贵和尊严或是至少一种较高的旨趣。贺拉斯的许多颂体诗就属于这一种，克洛普斯托克和其他诗人也是站在这个立足点上的。在这一种颂体诗里诗人所努力争取的并不是内容的意义，而是把外在机缘和平常琐事等等中本身没有意义的东西提升到能使他自己感到自己和表现自己的高度。

3. 抒情诗的无限繁复的心情和感想最后发展到歌的阶段。在歌里民族的特性和诗人自己的个性都可以充分表现出来。歌有多种，很难加以严格的分类，大体说来，可以区分如下：

3a）第一种是正式的歌，这是写来供诗人自己或在社交场合歌唱或吟诵的。歌并不需要很多的内容，也不需要心灵的伟大崇高；不仅如此，尊严、高贵，思想丰富这些优点反而会妨碍兴致的自然流露。宏伟的感想，深刻的思考以及崇高的情感都会迫使主体脱离他的直接个性以及兴趣和心情，而歌所要表现的却正是这种直接的、亲切的，毫无拘束的哀乐情绪，所以每一个民族对本民族的歌都感到亲切有味。

歌这个领域尽管内容极广，声调极多，它和上文提到的那些诗种相比，却有一个总的特点，这就是它在题材，展现过程，音律，语言和形象等方面都很简单朴素。它是从心灵中自发出来，并不是在兴致焕发中从一个对象转到另一个对象，而是一般把全神贯注到同一个内容上，无论这个内容是一个独特的情境或是哀乐情绪的某一种具体表现，只要它能感动人就行。在这种情境或心情中，歌总是平静安稳地顺流下去，没有突兀的跳跃，也没有生硬的转折，只有观念的安静的流转，自成一个整体，时而有些不连贯，过分简练，时而比较舒展，一气呵成；在音律方面，节奏总是便于歌唱的，韵总是容易记住的，没有复杂的变化。如果歌大半用本身容易消逝的东西为内容，我们就绝不设想一个民族在几百年乃至几千年之中都唱同样的老歌。一个多少已经开化的民族不会贫乏到只有一次产生过作歌的诗人。歌不像史诗，它永不会死亡，总是不断地获得新生。这个花园里的花卉逢季就更生。只有那些被压迫的割断前进机会的民族，才无力获得诗的更新的欢乐，才保持一些古老的甚至最古老的歌。每一首歌就像每一种心情一样随生随灭，开始时使人感动和欣赏，接着就被人遗忘。举例来说，五十年前还是家喻户晓，人人喜见乐闻的歌，今天有谁还熟悉和歌唱呢？每个时代都重新调弦奏新歌，以前的歌调的声音就逐渐微弱以至于完全听不见了。只表现作歌者本人个性的歌毕竟比不上具有普遍意义的歌，因为后者的听众较广，打动的人较多，引起同情共鸣也较容易，会由众口流传下去。凡是当时就不是一般人都歌唱的歌根本就很少是真正的艺术。

关于歌在表现方式上的重要特征，我只想提出两种，都是上文已经说过的。一种是诗人把他们的内心世界及其活动，特别是欢乐的情绪和情境，坦率地随便地说出来，这样就会把凡是在他内心里出现过的东西尽情吐露出来。另一种是诗人处在另一极端，用哑嗓子把他们收视返听，凝聚于本身的心灵隐约暗示出来。前一种方式主要属于东方诗，特别是伊斯兰教系统的诗。这种诗所表达的是无忧无虑无欲望的舒畅心情，用的是光辉灿烂的景象，巧妙的组合和低徊往复的节奏运动。后一种方式比较适合北欧各民族的那种屏息内省的心情。心灵在这种沉静状态中往往只抓住一些纯然外在的对象，利用它们来暗示压在深心里说不出来吐不出来的东西，结果就像《魔王》[①]那首歌谣里的小孩跟他父亲在黑夜里冲风骑马奔跑，终于窒息而死一样。以上两种方式的区别也适用于一般的抒情诗，例如民间诗和艺术诗之间的区别，实际上就是心情和广泛感想的区别。就歌的范围来说，上述两极端之中又有很多浓淡差别和过渡阶段。

最后，歌所派生的诗种，现在只提以下几种。

第一种是**民歌**，由于它的直接性，它主要还是站在歌的立足点上，大多数是可以歌唱的，甚至还用音乐伴奏。民歌有时保存住民族功勋和事迹的记忆，从这些功勋和事迹中，一个民族可以认识到本民族所特有的生活；它有时也表现不同社会阶层的情感和情境以及他们与自然界和附近亲邻的共同生活，所用的音调极其繁复，便于表现欢乐和愁苦的各种不同的情调。

其次，与民歌相对立的是一种文化已相当发达的情况所产生的歌。这种歌为社交娱乐提供最丰富多彩的滑稽戏谑，漂亮词藻，意外事故以及饶有风趣的装饰，或是带着对自然和穷苦人的生活的敏感，描写这些对象和所涉及的情绪。在这种情况下，诗人爱返躬自省，吐露出自己的主体性和心情激动。如果这种歌只局限于单纯的描写，特别是对自然界事物的描写，它就易流于猥琐，缺乏创造的想象力。对情感的描写往往也不比描写自然事物强。在对事物和情感的描写中，诗人首先应该摆脱私人的切身愿望和欲念，以认识性的自由态度把自己提高到能克服私人利害计较的高度，只满足于纯粹的想象所给予他的乐趣。举例来说，希腊享乐

① 《魔王》(Erlkönig)是德国民间一个老传说，歌德曾根据这个传说写了一首歌，这首歌很著名，情节在正文里一句话就说明了。

派诗人阿那克里安和伊斯兰教诗人哈菲斯的许多诗歌以及歌德的《西东胡床集》之所以显出精神的自由和最优美的风趣,就是因为他们都具有这种毫无拘束的自由,心腑的开展和从想象的形象中享受乐趣的心习。

第三,抒情诗到了这个阶段并不排除较高的和较有普遍意义的内容。新教的赞圣歌大多数属于这一种。它们表现了新教徒对上帝的向往、祈祷和谶悔、希望、信心、疑虑、宗教信仰等等。它们固然出于某些个别心灵的切身的心情和情境,却仍具有普遍性,每个新教徒多少都可能处在类似的情境,发生类似的情绪。

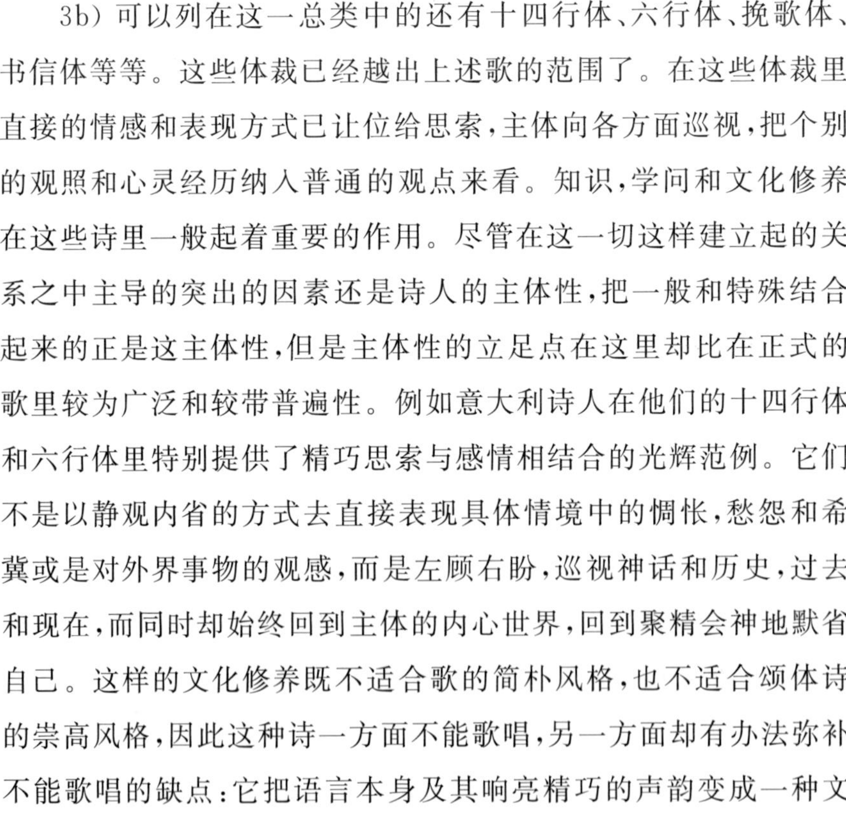

3b)可以列在这一总类中的还有十四行体、六行体、挽歌体、书信体等等。这些体裁已经越出上述歌的范围了。在这些体裁里直接的情感和表现方式已让位给思索,主体向各方面巡视,把个别的观照和心灵经历纳入普通的观点来看。知识,学问和文化修养在这些诗里一般起着重要的作用。尽管在这一切这样建立起的关系之中主导的突出的因素还是诗人的主体性,把一般和特殊结合起来的正是这主体性,但是主体性的立足点在这里却比在正式的歌里较为广泛和较带普遍性。例如意大利诗人在他们的十四行体和六行体里特别提供了精巧思索与感情相结合的光辉范例。它们不是以静观内省的方式去直接表现具体情境中的惆怅,愁怨和希冀或是对外界事物的观感,而是左顾右盼,巡视神话和历史,过去和现在,而同时却始终回到主体的内心世界,回到聚精会神地默省自己。这样的文化修养既不适合歌的简朴风格,也不适合颂体诗的崇高风格,因此这种诗一方面不能歌唱,另一方面却有办法弥补不能歌唱的缺点:它把语言本身及其响亮精巧的声韵变成一种文字的和谐的乐调。此外，挽歌体在它的音节、感想，以及对情感的描述等方面都接近史诗。

3c）抒情诗这个领域的第三个发展阶段是以表现方式为特征的，在近代德国人中间突出地显示出这个特征的是席勒。他的大多数抒情诗，例如《恬退》、《理想》、《阴魂的国土》、《艺术家》、《理想和生活》等等既不是本来意义的歌，也不是古代人所理解的颂体诗、书信体诗、十四行体诗，或挽歌体诗；它们和这一切都站在不同的立足点上。它们的特点主要在于内容具有宏伟的基本思想，诗人既没有为这种内容弄得神魂颠倒，像古代酒神颂歌所表现的那样，也没有受激昂情绪的压迫和他的伟大的对象进行搏斗，而是始终是这种内容的绝对主宰，从各方面把它充分展现出来，显出他所特有的诗的思索，昂扬的情感和全面的观察，以及他在运用意象高华而音调铿锵的词藻和既简单而又动听的节奏和韵方面所显出的惊人的魄力。这些宏伟思想和基本旨趣是席勒毕生献身来宣扬的，所以显得是他的精神中最珍贵的财富。但是他并不是独自微吟或是像歌德那样在社交场合歌诵，而是像一位歌手，把胸中蕴藏的最有价值的内容意蕴传达给一群聚会在一起的最杰出的人物。他的歌调的声音就像洪钟，就像他自己在《钟的歌声》那首诗里所说的：

荡漾在蔚蓝的天空，
凭高俯视下界的众生，
钟声啊，你这雷霆的近邻，
你响彻了诸天的星辰。

你该是天上来的声音，
像组成合唱队的星群，
歌唱创世主的光荣，
引导戴花的太岁运行。

祝你的金口玉音，
只歌颂庄严和永恒，
时时刻刻奔波摆动，
标志出飞驶的时辰。①

c）抒情诗的历史发展

上文关于抒情诗的一般性质和较详细的特征，抒情诗人，抒情诗的艺术作品以及抒情诗的种类这些问题的讨论已足以说明，特别在诗的这个领域里，只有用历史方法才能进行具体的研究。因为几乎没有任何其它诗种在内容和形式上所受到的民族和时代的特点以及诗人的个性和才能的影响，比在抒情诗里更深刻，所以就抒情诗所能作出的一般性结论不仅不能应用到其它领域，而且只能具有抽象价值。但是我愈感觉到抒情诗派生种类的复杂性，也就愈觉得事实迫使我不能在这方面进行历史的研究。所以我只能就我对抒情诗的一些认识作一个简短的概述。

就许多民族和个别诗人的抒情诗的作品进行分类，我所依据的分类原则还是和在史诗里所用的一样，就是艺术的发展一般采取象征型、古典型和浪漫型三个阶段，所以我们在这里也就按照这

① 原文是席勒的《钟的歌声》最后一章中的摘录，由译者试译出。

三个基本类型来叙述抒情诗的发展阶段，首先是东方的，其次是希腊罗马的，最后是斯拉夫民族、罗马系民族和日耳曼民族的。

（一）　东方的抒情诗

第一，就东方抒情诗的较具体的情况来说，它和西方抒情诗的最本质的差别在于东方诗按照它的一般原则既没有达到主体个人的独立自由，没有达到对内容加以精神化，正是这种内容的精神化形成了浪漫型艺术的心情深刻性。与此相反，东方诗中的主体意识完全沉浸在内容的外在个别对象里，所表现的就是这种不可分割的内外统一的情况和情境。从另一方面来看，这种主体意识在它本身上找不着一个稳固的支柱，从而在面对着它所认为自然和人类生活中具有力量和实体性的那个对立面之中，否定了自己，在思想情感上努力去获得这种力量和实体性，发现这些对它有时较消极，有时较自由，但总是可望不可即。——所以从形式方面看，我们在东方抒情诗里很少看到对事物和情况有独立见解的那种诗的表现方式，而碰得较多的却是对与思索无关的亲身体验的直接描述；因此主体所显出的不是返躬默省的凝聚的内心状态，而是在与外在事物和情境的对立中对自己的否定。在这一点上东方抒情诗特别与西方浪漫型诗不同，往往采取一种比较客观的语调，诗人往往不是把外在事物和情况表现为他所想的那个样子，而是表现为它们本身原来的样子，这样，诗人就赋予它们以一种独立的有灵魂的生命，例如哈菲斯[①]有一次这样召唤：

> “啊，来啊，夜莺从哈菲的心灵里，

① 《胡床集》的作者已见前注。

又飞回到欢乐的玫瑰香中去啦。”

此外,这种抒情诗在使主体摆脱他自己和自己的全部个性和特殊性之中,一般使心灵进入一种原始的四面伸展状态,这样就很容易在漫无边际的领域中丧失掉自己,不能把它选为内容的对象明确地表现出来,实际上这种内容本身就是一种无法表现的实体性的对象。因此,东方的,特别是希伯来,阿拉伯和波斯的抒情诗在大体上都采取崇高的颂诗体。主体的想象力把被创造的世间事物的全部伟大,威力和光荣都奢豪地展现出来,为的就是使这种华严世界消失在不可言说的更高的上帝的庄严气象的对照中。另一个表现方式就是孜孜不倦地把世间一切美好的事物都串织成一串珍贵的项链,去献给诗人眼中唯一有价值的对象,一个国王或酋长,一个心爱的女子或是一家小酒店。

最后,在这种诗里主要的表现形式是显喻隐喻和意象。有时是由于主体还没有达到内心生活的自由独立,就只能用比喻把自己和某一外在对象同一起来;有时是由于一般的实体性的东西还是抽象的,就不能形成一种明确的有个性的形象,所以单就主体来说,也只有用一些特殊的外界现象进行比喻,才达到表现自己,而这些对象之所以有价值,也就单凭它们多少能和诗人心中唯一的一个有意义的值得赞颂的那个对象进行比拟这一点作用。但是这种显喻,隐喻和意象虽然使始终力求表现的内心生活有外在事物可凭依,毕竟不是所要表现的情感和对象本身,而只是一种由诗人主观臆造的用来暗示情感和对象的表现方式。这里是抒情诗人用表现方式的自由来代替他所缺乏的具体的内在自由,而这种表现方式的自由从自发地无拘束地运用各种意象和比喻开始,可以逐渐发展到运用最妄诞的大胆和最敏捷的巧智去进行出人意外的新奇配搭。

最后，在对东方抒情诗方面有卓越成就的个别民族之中，首先应该提到中国人[①]，其次是印度人，第三是希伯来人、阿拉伯人和波斯人。他们的抒情诗的特点在这里就不能详谈了。

（二）　希腊和罗马的抒情诗

希腊人和罗马人的抒情诗处在第二个发展阶段，它们的基本特征是古典型的个性。按照这个原则，表达于抒情诗的个人意识既没有消失在外在客观事物里，也没有提高到能超越自己，向一切被创造的事物发出“凡是有气息的都来赞美上帝啊”这种庄严的呼吁，也没有在欢乐地摆脱尘世事物的束缚之后，把自己沉浸到渗透一切和灌注生气于一切的那个“太一”里去。实际情况是主体把有普遍意义的东西当作他自己的精神实体，和它自由地紧密结合成为一体，把这种统一纳入自己的诗的意识里去。

希腊和罗马的抒情诗不仅和东方抒情诗不同，而从另一方面看，也和浪漫型抒情诗不同。因为古典型抒情诗并不把特殊具体的心情和情境深化到亲切的程度，而是把内心生活及其个别的情欲，观感和见解全都清清楚楚地亮出来。所以希腊罗马抒情诗就连在表现内心生活时也还是尽可能地保持着古典艺术中造型艺术的类型。它在人生观，处世哲学等方面所提出的看法尽管具有明

---

① 黑格尔对中国抒情诗显然很隔膜，他关于东方诗缺乏主体性和精神性的一番话很难适用到屈原、阮籍、陶潜、杜甫、李白这些代表诗人的抒情作品。《诗经》主要属于象征型倒是确实的。

显的一般性,却仍不失其为自由个人的独立见解和掌握方式。它并不用富丽的辞藻和比喻,而是直率地切实地把话说出来;至于主体情感的表现方式则有时只是一般化,有时也用生动鲜明的形象。由于从这种个性出发,在构思、表现、辩证发展、音律等方面,各种体裁之间彼此差别很大,因此才能保证各以独立自足的方式达到完善化的最高点。像内心生活及其观念一样,表现方式也具有造型艺术的性质。造型艺术的表现方式在音乐方面把重点不大摆在情感的内在运动的旋律上而是更多地摆在字音的抑扬顿挫的节奏上,同时还加上舞蹈的低徊往复的复杂组合。

1. 希腊抒情诗在它的原始的最丰富的发展阶段完全实现了这种艺术特性。起初是史诗色彩还比较浓。颂体诗就沿用史诗的音律,不大表现内心的激昂情绪,而是像上文已经提到的,塑造出鲜明的神的形象供心灵观照。从音律看,挽歌体是进一步的发展[①]。挽歌的以音节为准的音律把五音步格和原先的六音步格进行有规则的交错,而且在等距离间歇的地方用顿。这就标志着诗章的完整结构的开始。它在整个音调上就带有抒情的性质,政治性的挽歌和爱情的挽歌都是如此,不过格言式的挽歌在突出表现实体性本身这一点上还近于史诗,这就说明了格言式挽诗何以只在伊奥尼亚人中间流行,因为那里占优势的观照方式是客观的。从音乐观点看,格言式挽歌主要只发展了节奏因素,与挽歌相近的还有第三种体裁,它发展了抑扬格的音律,经常用于尖锐的讽刺,所以已有主观的倾向。

① 西方的“挽歌”并不是都用于送葬的,这个名称主要从体裁形式着眼,颇类似词牌曲牌。

但是真正抒情的感想和情欲只有在所谓米罗斯体[①]抒情诗里才达到充分的发展。它的音律是比较变化多方的，诗章的结构很丰富多彩，由于采用的音调的回旋起伏，音乐的伴奏也比较完备。每个诗人可以按照自己情感的性质而自造一种根据节奏的音律。例如莎佛为着表现她的既温柔而又热烈的情绪，就用了一种雄壮有力的音律，而阿尔克乌斯[②]却用了颂诗体去表现他的大丈夫英勇气概，尤其是斯柯林派[③]运用多种多样的内容和音调，在辞藻和音律两方面都显出很精微的浓淡差别。

最后是合唱队的抒情诗在观念和感想的丰富性，转折和衔接的奇特性以及外在传达媒介的运用等方面都达到最完满的发展。合唱队的歌唱可以随各个歌手的口音而变化，语言的节奏、音乐的抑扬起伏还不足以充分表达内心运动，还要借助于舞蹈的低徊往复运动这个造型艺术的因素，所以在合唱诗歌里，抒情诗的主体因素通过表演的具体化而获得一种和它保持平衡的客观的对称力量。合唱队的激昂诗章在内容对象上是最有实体性和重要性的。所歌颂的是神或游艺竞赛中的胜利者，从这些歌颂里，在政治上往往分裂的希腊公民可以看到民族统一的客观图景。所以就从内心的掌握方式来看，合唱队的诗歌也不缺乏史诗的客观因素。例如品达在这方面就已达到完美的顶点，像我在上文已指出的，品达总

① 米罗斯体抒情诗产生于米罗斯岛。这是希腊最大的女诗人莎佛(Sapho)的故乡。

② 阿尔克乌斯(Alkäus)，公元前6世纪希腊抒情诗人，和莎佛很接近，写过诗歌颂她。

③ 斯柯林派(Skolien)，早期希腊写宴饮歌的作者们，据说起源于音乐家托潘德(Terpander，公元前700—前650左右的诗人)。

是从外界提供的某种机缘出发，轻巧地转到对伦理宗教各方面的带有普遍意义的深刻思考，或是转到英雄们及其功绩，城邦之类的重大问题。他对造型艺术的鲜明的表现方式和主体方面想象的奔放都同样驾御得很好。所以关键不在以史诗方式写自生自展的客观事物，而在被内容对象所激发的激昂情绪，结果这种对象反而显得是从心灵孕育出来的。

较晚的亚历山大城时代[①]与其说是进一步的独立发展，毋宁说是一种根据学识的摹仿，专致力于词藻的典雅和正确，后来一些纤巧和滑稽的表现方式盛行，流于支离破碎；或是在一些俏皮的格言箴语里凭情感和幻想把原已存在于艺术和生活中的花卉集锦似地拼凑在一起，企图凭巧智的颂扬或讽刺使那些花卉重新鲜艳起来。

2. 其次，到了罗马时代，抒情诗这块土壤已经过多次耕种过，不像原始时期那样丰产了。它的繁荣时期主要限于奥古斯都大帝朝代，当时它是作为精神方面的认识性活动和从文化修养出发的欣赏趣味而得到钻研的，只是一些熟练的翻译者和抄袭者的勾当，一种勤学苦练和特殊文艺趣味的产品，而不是新鲜情感和有独创性的艺术构思的产品。但是同时也应承认，罗马抒情诗尽管摹仿亚历山大城时代的特别枯燥的样本，卖弄学问和贩运外来的神话，却也独立地表现出一般罗马人的特性和个别诗人的个性和精神。如果我们把诗和艺术的最深湛的灵魂暂时丢开不谈，罗马人在颂体

① 亚历山大城时期指亚历山大东征在埃及建立的亚历山大城，中晚期希腊文化得到发展时期，约在公元前四世纪到公元后3世纪。这种文化中心并不在希腊而在埃及。

诗，讽刺诗挽歌体诗这几种体裁方面也确实达到相当高的完美程度。这里也可趁便提一下罗马以后的讽刺诗。它们对当时社会的腐败情况进行了辛辣的讽刺，抱着满腔义愤劝人行善的教训，很难归到真正的诗的行列。除掉这种满腔义愤和抽象的劝世箴言以外，诗人们对他们所痛骂的现实并没有提出什么具体措施。

（三）　浪漫型抒情诗

像史诗一样，抒情诗也因为一些新民族的出现而获得一种较原始的内容意蕴和精神。这些新民族就是日耳曼民族，拉丁民族和斯拉夫民族。他们在异教时期，特别在皈依基督教以后，从中世纪到以后几个世纪之中，代表着抒情诗的第三个主要倾向，在一般性质上是浪漫型的。这个倾向从此得到日益丰富的发展。

在这第三个范围里，抒情诗变得特别重要，以至它的原则起初影响到史诗，而在它的较晚的发展阶段又更深刻地影响到戏剧（这种情况在罗马时代就不可能）——甚至在一些民族中真正的史诗因素也完全用叙事的抒情诗方式来处理的，因而产生了一些作品，很难断定它们应属于哪一个诗种。抒情诗的掌握方式的这种越界的倾向有一个基本原因，那就是上述新兴民族的全部生活方式都是按照从主体出发这一原则发展出来的。这种主体原则势必把有实体性的客观因素当作本来就是主体自己的，是从主体本身中产生出来而且由主体赋予形式的。后来主体就日渐自觉到这种向自己心灵专注和深入的情况。这种主体原则在日耳曼民族中发挥着最纯粹最充分的作用，而斯拉夫民族则一开始就挣扎摆脱了东方人沉浸在实体性和普遍性中的状态。处在日耳曼人和斯拉夫人中间阶段的罗马系民族[①]在被罗马帝国征服的各行省区，不仅有罗马文化的残余摆在面前，而且还有各方面都很完备的现成的社会情况和关系。他们既然要适应这些已有的基础，就必须放弃他们的一部分原始性格。——关于内容，浪漫型抒情诗包括几乎全部发展阶段的民族的和个人的客观生活情况，而这些情况在宗教和世俗生活方面经过许多世纪和许多民族的发展而日益丰富化，它们是作为主体的情况和情境反映在内心世界而表现出来的。关于形式，它所表现的有时是聚精会神于它本身的心灵(纳入心灵的是民族和其它方面的事迹，或是自然和外在环境，或是心灵活动本身)，有时是由主体加以深化的关于心灵本身及其经过推广的教养的感想，这些就是它的基本类型。关于形式的外在因素，先前那种造型艺术性较强的根据节奏的音律正在让位给音乐性较强的侧重韵和音质的音律。这些新因素的运用有时是简单素朴的，有时是经过熔铸琢磨的，有时还用歌唱和乐器伴奏这两种音乐陪伴。

最后关于这个广大范围的分类，我们基本上还是按照处理史诗时所采取的程序：

第一，新兴民族还在原始异教时期的抒情诗，

第二，中世纪基督教时期抒情诗的丰富发展，

第三，古代艺术复兴的研究以及近代宗教原则对抒情诗的重要影响。

现在我不能就主要阶段的特征进行详细的研究，只能突出地讨论一位德国诗人作为这一部分的总结。这位诗人使得我们祖国

① 主要是拉丁民族。

的抒情诗在近代重新获得一次巨大的飞跃，他的功劳到现在还没得到足够的评价。我指的是《救世主》的作者克洛普斯托克。他是开辟德国民族新艺术时代的伟大人物之一。他这个高大形象以英勇的热情和深心的尊严感把诗艺从毫无意义的高特雪特时代[①]的影响之下解放出来了（高特雪特派以他们的僵化透顶的平庸风格把德国民族精神中仅有的一点高尚尊严气质都彻底冷却了），他满怀诗的使命尊严感，用精炼的尽管也是严峻的形式创造出一些诗篇来，其中大部分是将会成为经典的。他的少年时代的颂体诗有一部分歌颂高尚的友谊，对于他来说，这种崇高，坚贞而光荣的友谊就是他的灵魂的自豪对象和精神的庙宇，另外一部分歌颂深挚的爱情，但正是在这一部分里有些诗简直可以看成散文，例如《塞尔玛尔和塞尔玛》写两个情人之间凄惨无聊的争论，为着他们两人究竟谁先死这样无聊的问题竟流了许多热泪，遭受很大痛苦，怀着空洞的怅惘和伤感。但是他的作品中最突出的是各种形式的爱国情绪。作为一个新教徒，他对基督教的神话和圣徒传记之类感到既不能满足他在艺术方面的严肃的道德感，也不能满足他对健旺生活的要求和他的反对单纯哀伤的卑躬的真正虔诚的崇高个性（天使们的传说仿佛要除外，他从诗的观点很尊敬天使们，尽管在他的有现实意义的诗篇里他们是抽象的没有生命的）。但是作为一个诗人，他却感到迫切需要一种神话，所需要的当然是一种本乡本土的神话，其中人物形象可以提供想象创造的现成的坚实基础。希腊的神也不能充当德国的神，出于民族的自尊心，他就企图

① 高特雪特（Gottsched，1700—1766），德国守旧派诗人和哲学家，崇拜法国的新古典主义，不久就成为莱辛和后来的浪漫派的攻击对象。

复活关于俄丁和赫尔陀之类古老的神话[①]。但是这些神话过去虽是日耳曼民族的而现在却不是德意志民族的了，所以无法利用它们来发挥客观现实的作用，正如从前累根斯堡的国民议会[②]不能当作今天德国政治生活的理想一样。所以克洛普斯托克尽管非常需要一种一般的民族神话，可是上述那些已经死亡的神们却是完全不真实的空洞的东西。如果认为凭理性和民族信仰就要认真地相信一套神话，那就未免是幼稚的自欺。如果单从想象着眼，希腊神话中那些神的形象比起俄丁和赫尔陀之类就有天渊之别，刻画得远较可爱，爽朗，显出大丈夫的自由而且变化多方。但是在抒情诗里所表现的是歌者自己，而作为一个歌者，克洛普斯托克对祖国需要的关心和努力是值得我们尊敬的，他的努力是卓著成效的，导致后来开花结果的，在诗的领域里也把方向扭转到学识渊博方面。最后，他的爱国情绪的真纯，优美和巨大影响突出地表现于他对于德国语言和德国历史人物(例如赫尔曼，特别是一些作过诗歌来替自己博得荣誉的德国皇帝)的光荣和价值的热情。他一向对德国诗艺及其日益增长的魄力感到正当的自豪——德国诗艺很早就自意识到可以和希腊人、罗马人和英国人的作品比美。他寄托希望于德国君主的倾向也是出于现实考虑和爱国热诚，他希望他们能提倡一般光荣感、艺术、科学、公众事业以及伟大的精神旨趣。他一方面对德国君主表示过鄙视，说他们“一向坐在软席上受臣僚馨香顶礼，现在已不那么光荣了，将来还会更不光荣”；另一方面他想到腓

① 俄丁和赫尔陀(Wodan und Hertha)，前者是北欧神话中最高尊神，后者是北欧神话中掌和平与丰产的女神。

② 1808年拿破仑在累根斯堡打败奥国时曾在此地博物馆召集一个御用的国民议会。

列德里希二世[①]，也伤心地说他——

看不到德国的诗艺在飞跃上升，

它的茁壮的树干有着坚牢的根，

它的枝叶向四面广布绿荫。

他曾希望在德皇约瑟夫[②]的统治下看到精神和诗艺的新纪元，这个希望终于破灭了，他也感到痛苦。最后，他在老年时对法国革命深表同情，这不能不算是他的光荣。一个民族撕毁了一切锁链，千载以来不正义的东西都被践踏在脚底下了，政治生活第一次要建筑在理性和正义的基础上了，他欢呼这个新的光明：

我连在梦里也没见过的太阳睡醒了啊！

我祝福你，你照着我这老年人的头发，

照着我的生命力，我活了六十岁了，

愿这副精力还会健旺，因为正凭着它

　我才活着看到今天啊！

他向法国人说：

宽容我吧，法兰西人(这个名称

就是光荣)，我曾苦劝过德国人

逃开我今天苦劝他们

应追随，应摹仿的法国弟兄。

当他看到这美丽的自由曙光变成了血腥凶残的蹂躏自由的大白天，他的痛苦也同样激烈，但是他并没有把痛苦表现于诗，却表现

① 腓列德里希二世(1712—1786)，普鲁士是在他的统治下强大起来的，颇爱好文学科学，吸收了当时欧洲一些有名望的人为伏尔泰之流到他的“无愁宫”。

② 约瑟夫二世在1765—1790年时期当德国皇帝，受启蒙运动的影响，企图采用一些改良措施，但没有成功。

于一种软弱无力的散文语言,因为在这次希望破灭之后,他在现实中已找不到什么更高的理想来医治创伤,他的心灵也提不出什么更高的理性要求了。①

凭他对民族、自由、友谊、爱情和对新教的坚贞信仰这些方面的思想和心愿,克洛普斯托克是伟大的,他的高尚的灵魂和诗艺,他的努力和成就都是值得敬仰的。尽管他在许多方面都还有他的时代的局限性,写过许多专注意批评,语法和音律的枯燥的颂体诗,但是除掉席勒以外,在严肃勇敢的思想品质方面,从他以后德国还没有再出现过像他那样卓然独立的高大形象。

和克洛普斯托克不同,席勒和歌德都不仅是他们时代的歌手,而是范围更广泛,意义更深刻的诗人,特别是歌德,他的歌体诗是我们近代德国所产生的最优秀,最深刻,影响最大的作品,因为他的那些歌是完全属于他自己和他的民族的,是在德国土生土长的,所以和我们德国民族精神的基调完全合拍。②

3. 戏剧体诗

序 论

戏剧无论在内容上还是在形式上都要形成最完美的整体,所以应该看作诗乃至一般艺术的最高层。在艺术所用的感性材料之

① 这段关于克洛普斯托克对法国资产阶级革命的态度实际上也就是黑格尔自己对这次革命的态度,所以他在这一点上对克洛普斯托克深表同情。

② 在处理浪漫型抒情诗的这一大段中黑格尔并没有按照他说要采取的程序,根本没有谈第一、第二两阶段,只拿克洛普斯托克作为第三阶段的代表而大加颂扬了一番。黑格尔指出他的成功和失败,其用意似在于对下一代德国诗人指点方向。

中，语言才是唯一的适宜于展示精神的媒介，和木，石，颜色和声音之类其它感性材料不同；而在各种语言的艺术之中，戏剧体诗又是史诗的客观原则和抒情诗的主体性原则这二者的统一，这就是说，戏剧把一种本身完整的动作情节表现为实在的，直接摆在眼前的，而这种动作既起源于发出动作的人物性格的内心生活，其结果又取决于有关的各种目的，个别人物和冲突所代表的实体性。① 这种把史诗因素和主体的内心生活统一于现在目前的动作情节中的表现方式却不容许戏剧用史诗方式去描述地点环境之类外在细节以及动作和事迹的过程，因此为着使整部艺术作品达到真正的生动鲜明，就要通过完整的舞台表演。最后，戏剧动作情节作为实际内心和外在世界的整体，可以有两种简直相反的掌握方式，即悲剧的方式和喜剧的方式。这两种掌握方式的基本原则在戏剧体诗的种差上又产生了第三种主要剧种，即正剧。

从这些一般观点出发，我们可以按照下列程序进行研究：

第一，就戏剧的艺术作品与史诗和抒情诗两种艺术作品的区别来研究戏剧的一般性格和特殊性格；

第二，舞台表演以及它的必要因素；

第三，各种戏剧体诗的具体的历史实际情况。

a）戏剧作为诗的艺术作品

首先我们可以从戏剧作品中把纯粹属于诗的方面单提出来进行较确切的研究，不管它是否为直接观看而搬上舞台。主要的研

① 前者内心生活是抒情诗的对象，后者客观存在的实体性的理想是史诗的基础。

究项目如下：

第一，戏剧体诗的一般原则；

第二，戏剧的艺术作品的特殊定性；

第三，这两项对观众的关系。

(一) 戏剧体诗的原则

戏剧的任务一般是描述如在眼前的人物的动作和情况来供表象的意识观照，因此它就用剧中人物自己的话语来表达。但是戏剧的动作并不限于某一既定目的不经干扰就达到的简单的实现，而是要涉及情境、情欲和人物性格的冲突，因而导致动作和反动作，而这些动作和反动作又必然导致斗争和分裂的调解。因此我们眼前看到的是一些个别具体化为生动的人物性格和富于冲突情境的抽象目的，这些目的在显示自己和实现自己的过程中互相影响，互相制约，——这一切都要在瞬息间陆续地外现出来。这里还要加上人物在超意志和实现意志之中各自活动，互相冲突，但终于得到解决，归于平静的这一整套齿轮联动机器的出自内因的终极结果，它也要展现在眼前。

对这种新内容的掌握方式，像我已经说过的，戏剧应该是史诗的原则和抒情诗的原则经过调解(互相转化)的统一。①

---

① 在戏剧导论的这一节中，黑格尔把他的辩证法应用到戏剧理论里。戏剧表现人物动作，而动作的生展必通过矛盾对立(冲突)。由于他的辩证法是唯心主义的，虽提出矛盾对事物发展的重要性，却又强调矛盾必须通过和解或调和来解决。对立两方面依他看各有片面性，都须否定掉，但是否定的方式不是由这一方面克服另一方面，而是两方面的片面性都要否定掉，经过和解，各有所弃，各有所存，统一起来就达到发展的较高阶段。

1. 这里首先可以确定的就是戏剧体诗在什么时代才可以成为一个主要诗种而发挥作用。戏剧是一个已经开化的民族生活的产品。事实上它在本质上须假定正式史诗的原始时代以及抒情诗的独立的主体性都已过去了。戏剧之所以要把史诗和抒情诗结合成一体，正是因为它不能满足于史诗和抒情诗分裂成为两个领域。要达到这两种诗的结合，人的目的、矛盾和命运就必须已经达到自由的自觉性而且受过某种方式的文化教养，而这只有在一个民族的历史发展的中期和晚期才有可能。所以一个民族的早期的伟大功业和事迹一般都是史诗性多于戏剧性的，它们大半是对外族的征讨，例如特洛伊战争，中世纪民族大迁徙的浪潮，十字军东征之类；或是民族对外敌的防御战，例如波斯战争。只有到了较晚时期，才出现比较独立的单枪匹马的个别英雄人物，由自己独立地定出目的和实现这个目的。[①]

2. 其次，关于史诗原则和抒情诗原则的统一，我们可以提出以下一些看法。

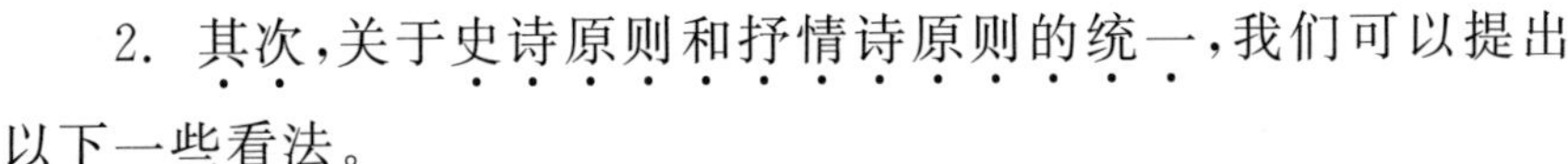

史诗就已经把一个动作（情节）摆在我们眼前，但是把这动作当作一个民族精神的实体性的整体所采取的客观的具体的行动和事迹的形式，其中主体的意志和个别目的与环境的外在情况及其阻力保持着平衡。在抒情诗里却不然，是主体凭它的独立的内心活动自己站出来表现自己。

2a）戏剧如果要把史诗和抒情诗这两方面因素都结合在它自己身上，它首先就要像史诗那样，把一件事、行为或动作摆在眼前

① 这一节说明戏剧既是史诗和抒情诗的统一，它就只能产生于一个民族历史发展的中期和晚期，其时人们对行动已有自觉性。

供观照,但是特别重要的是要把外在因素剔除开,用自觉的活动的主体来代替外在因素,作为行动的原由和动力。事实上戏剧不能落到抒情诗只顾到内在因素而和外在因素对立起来的地位,而是要把一个内在因素及其外在的实现过程一起表现出来。因此,事件的起因就显得不是外在环境,而是内心的意志和性格,而且事件也只有从它对立体的目的和情欲的关系上才见出它的戏剧的意义。但是个别人物(主体)也不能停留在独立自足的状态,他必须处在一种具体的环境里才能本着自己的性格和目的来决定自己的意志内容,而且由于他所抱的目的是个人的,就必然和旁人的目的发生对立和斗争。因此,动作总要导致纠纷和冲突,而纠纷和冲突又要导致一种违反主体的原来意愿和意图的结局。在这种结局中人物的目的、性格和冲突的真正内在本质就揭示出来了。这种在凭自己独立发出动作的个别人物身上发生作用的实体性因素原是史诗原则中的一个方面,现在在戏剧体诗的原则里也很活跃地起作用。①

2b)所以不管个别人物在多大程度上凭他的内心因素成为戏剧的中心,戏剧却不能满足于只描绘心情处在抒情诗的那种情境,把主体写成只在以冷淡的同情对待既已完成的行动,或是寂然不动地欣赏、观照和感受,戏剧必须揭示出情境及其情调取决于个别人物性格,这个别人物抉择了某些具体目的作为他的起意志的自我所要付诸实践的内容。因此,在戏剧里,具体的心情总是发展成为动机或推动力,通过意志达到动作,达到内心理想的实现,这样,

① 这一节说明戏剧体诗和史诗的区别和联系,区别在于个别人物的主体因素在史诗里不起作用而在戏剧里则起重要的作用,联系在于史诗和戏剧都必须表现客观的实体性的因素。实体性即事物的内在本质,用普通话来说,就是行动所依据的道理或理想。

主体的心情就使自己成为外在的，就把自己对象化了，因此就转向史诗的现实方面。但是这种外在的显现却不只是出现在客观世界里的一个单纯的事件，其中还包含着个别人物（主体）的意图和目的。动作就是实现了的意志，而意志无论就它出自内心来看，还是就它的终极结果来看，都是自觉的。这就是说，凡是动作所产生的后果是由主体本身的自觉意志造成的，而同时又对主体性格及其情况起反作用。全体现实对自决的个别人物（主体）的内心生活的这种持续不断的关系（这种个别人物既是这种现实的基础，反过来又把现实吸收进来）正是在戏剧体诗中起作用的抒情诗的原则。①

2c）只有这样，动作才能成为戏剧的动作，才能成为内在的意图和目的的实现。主体和这些意图和目的所面对的现实融成一片，使它成为他自己的一部分，要在其中实现自己，欣赏自己，而且以整个人格对凡是由自我转化于客观世界的一切负完全责任。戏剧中的人物摘取他自己行动的果实。

但是戏剧的旨趣既然只限于内在目的，而这内在目的的主体也就是发出动作的个别人物，那么，就只有与这种自觉决定的目的有本质关系的外在材料才能用在戏剧的艺术作品里，所以戏剧首先比史诗较抽象（有选择）。这可以从两方面来看。第一，动作既然是由人物自己决定的，即从他的内心源泉流出的，它就无须有史诗所要有的那种要向四面八方伸展的广阔的完整的世界观作为先决

① 这一节说明戏剧与抒情诗的区别和联系：区别在于抒情诗只流露主体的内心生活而戏剧则须使主体内心生活发展成为意志和行动，行动又必有结果；联系在于戏剧所写的全部现实毕竟与主体内心生活有着持续不断的关系。最后一句括弧中的插句原文很晦涩，英法俄三种译法又各不相同，这里从俄译。用简单话来说，插句的意思只是“剧中人物和客观世界互相影响”。

条件,它的动作却集中在主体定下目的和实现这目的时所处的比较确定的简单环境里。其次,戏剧中的个别人物的性格也不像史诗中的那样把全部民族特性的复合体都展现到我们眼前,而是只展现与实现具体目的的动作有关的那一部分主体性格,这个目的即剧中的主旨要超出个别人物所特有的广度,个别人物显得只是这个目的的活的器官和灌注生气的承担者。如果个别人物性格要向许多方面广泛地展现出来,而这些方面与动作这个集中点毫无关系或是只有很疏远的关系,那就会成为赘疣。所以就发出动作的个别人物性格来看,戏剧体诗也比史诗较单纯、较集中。这种差别在人物的数目多少和彼此之间的差异上也可以见出。像上文已说过的,戏剧的发展并不以一个民族的全部现实情况为基础,所以无须揭示这种情况中多方面的差异如社会地位、性别、年龄和职业等等,但是必须使观众的眼光集中到某一个具体目的及其实现上,与此不相干的客观方面的节外生枝,不但惹人厌烦,而且有害。[①]

其次,一个动作的目的和内容只有在下述情况下才能成为戏剧性的:由于这种目的是具体的,带有特殊性的,而且个别人物还要在特殊具体情况中才能定下这个目的,所以这个目的就必在其他个别人物中引起一些和它对立的目的。每一个动作后面都有一种情致在推动它,这种推动的力量可以是精神的、伦理的和宗教的,例如正义,对祖国、父母、兄弟姊妹的爱之类。这些人类情感和活动的本质意蕴如果要成为戏剧性的,它(本质意蕴)就必须分化

---

① 这一节说明就人物性格来看,戏剧比史诗较抽象、较集中。史诗人物须代表一个民族各个方面的性格特征,而且他们的行动要涉及广泛的世界情况。戏剧则从个别人物的目的与动作及其结果着眼,与此无直接关系的一概抛开。

成为一些不同的对立的目的，这样，某一个别人物的动作就会从其他发出动作的个别人物方面受到阻力，因而就要碰到纠纷和矛盾，矛盾的各方面就要互相斗争，各求实现自己的目的。真正的内容，真正普遍发生作用的动力所以是一些永恒的、自在自为的（绝对的）伦理的力量，是生动的实在界中的一些神，总之，它就是神性和真理，——但不只是静止的、像雕刻出来的那样寂然不动、泰然自得地停留在福慧中的神，而是在社会中作为人类个性的内容和目的，作为具体存在物而号召行动的处在运动中的神。

不过神性的东西如果形成动作的客观外在情况中最内在的客观真实（像上文所说的），我们就要提到第三点：决定上述纠纷和冲突的过程及其终局的就不是那些互相冲突的个别人物，而是自成整体的神性本身；所以不管哪一种戏剧都要显示出一种必然性在起活跃的作用，单凭它本身就足以解决每一种斗争和矛盾。①

3. 所以对创作主体（即诗人）所提出的首要的要求就是：他必须彻底洞察到人的目的、斗争及其终局是以内在的普遍的力量为根据的。他应该意识到在哪些矛盾和纠纷里，按照事物的本质，会有某种动作出现。这可以从两个方面来看，一是剧中人物主体方面的情欲和个性，二是一般人的计谋和决定的内容与外界具体情况和环境。同时他还应认识到究竟是哪些统治的力量对人所完成的事分配理所应得的一份。在人胸中动荡的推动人动作的那些情欲究竟是正确的还是错误的，这对戏剧体诗人应该是一目了然

① 这一节是黑格尔戏剧理论的中心：戏剧必须有冲突（矛盾）才能发展。冲突的根源在于普遍永恒的理想（即所谓"实体性的东西"，"神性的东西"）分化成为由不同的个别人物所抱的具体特殊目的，导致不同的具体特殊动作，因此导致矛盾对立和冲突，结果对立各方的片面性都以调和的方式被否定掉，因而显出永恒正义的胜利。

的。这样,普通眼光所视为由黑暗、偶然和混乱统治着的东西对于诗人却显示出绝对理性在实在界的自我实现。所以戏剧体诗人不应对人类心灵深处只有模糊的认识,而在思想方式和世界观方面也不应片面固执任何排他性的心情和狭隘的偏私态度。他应该有最开朗最广阔的胸襟。事实上在神话史诗里,性质有区别的,而因为经过多方面的实际的个别具体化,在意义上就变得模糊不清的那些精神力量,在戏剧里却按照它们的单纯的实体性的内容,作为个别人物的情致而互相对立地出现着,而戏剧的任务就是解决或消除这些在不同的个别人物身上各自独立化的那些精神力量的片面性。这些片面的精神力量在悲剧里以敌对的方式彼此对立,在喜剧里则直接由它们自己互相抵消来取得解决。①

(二) 戏剧的艺术作品

其次,关于戏剧作为具体的艺术作品,我要提出的要点约略如下:

第一,戏剧的整一性,在这方面戏剧与史诗和抒情诗的区别;

第二,戏剧各部分的结构和发展;

第三,戏剧的外在因素:语文、对话和音律。

1. 关于戏剧的整一性方面可以确定出来的最重要最普遍的原则,我们要联系到上文已提到的戏剧体诗要比史诗较紧凑这一事实来研究。史诗尽管也用某一个别事件作为达到整一性的关键,

① 这一节要求戏剧作者彻底认识到剧中人物在定下目的、采取行动以至达到结局的过程都依据普遍的精神力量,以及不同人物各依普遍精神力量的某一片面所导致的矛盾冲突,戏剧的结局要消除坚持某一对立面的片面性。

这一个别事件却以广泛的民族实际情况作为它向多方面伸延的广阔基础，所以它可以分散成为许多穿插的事件，各有客观的独立自在性。某些种类的抒情诗由于相反的原因，也可以现出与史诗类似的松散结构。但在戏剧体诗里却不然，一方面由于上文所说的那种史诗民族基础已经消失，另一方面由于剧中人物不是以纯然抒情的孤独的个人身份表现自己，而是若干人在一起通过性格和目的的矛盾，彼此发生一定的关系，正是这种关系形成了他们的戏剧性存在的基础，这就使全部作品必然比较紧凑。这种较紧凑的结构在性质上既是客观的也是主体的：说它是客观的，是就个别人物们在斗争中所要实现的那些目的的主要内容来看；说它是主体的，因为本身有实体性的内容意蕴在戏剧里是作为一些个别人物的情欲而显现的，所以成功或失败、幸福或灾祸、胜利或覆灭，按照他们的目的来看，都基本上是这些个别人物本身的事。

这方面定得较详细的规则就是以往文献所提出的著名的关于地点、时间和动作的三种整一性。①

1a）一个动作（情节）只能有一个不可更动的固定的地点，这是法国人从古代悲剧和亚里士多德的言论中抽绎出来的严格规则之一。但是亚里士多德只就悲剧说过（《诗学》第五章），悲剧的动作至多不能超过一天的时间，他并没有涉及地点的整一性，就连古代

① 三种整一性过去都译为“三一律”，德文 Einheit 只译为“一”不甚确切，因为这个词包括“单一”和“完整”两个意义，所以改译为“整一性”。关于地点、时间和动作（情节）的三种整一性，西方戏剧理论家历来争论不休，可参看亚里士多德，高乃伊和莱辛等人关于这个问题的论著。黑格尔的看法是比较辩证的。他只侧重动作（情节）的整一（亚里士多德也是如此），把它结合到戏剧的冲突来看，动作的整一性要求写出冲突的产生、转化和解决的全部发展过程。同时，黑格尔指出古典型的戏剧和近代浪漫型的戏剧在整一性问题上的差异及其原因。

诗人们也没有按照法国人的严格意义去遵守这条规则,例如埃斯库洛斯的《复仇的女神们》里和梭福克勒斯的《阿雅斯》里,剧景场所都更换过。近代戏剧体诗要表现的一般是一系列的丰富的冲突、人物性格、穿插的次要人物和派生的事件,总之,是一种由于内在的丰满性而需要扩展外在环境(场所)的动作,所以尤其不能屈从抽象的地点整一性的约束。按照浪漫型的创作方法来说,近代诗一般在外在情境方面比较丰富多彩,也比较任意,所以就让自己从这个规则中解放出来了。但是如果动作真是集中到很少几个巨大动因上,因而在外在环境上也就可以很简单,不需要更换许多表演地点,在这种情况下,不更换地点就是对的。这就是说,不管纯然刻板式的地点规定多么错误,其中毕竟至少还有一个正确的看法:没有理由而经常反复更换地点,就必然不恰当。因为一方面戏剧动作的集中也应该在外在因素方面表现出来,戏剧与史诗相反,在史诗里地点应该有较大的随宜处理和较多的更换;另一方面戏剧不像史诗那样只诉诸内心的想象,而是要使观众亲眼直接看到。在想象里搬动地点比较容易,在实际看戏中我们却不应过分给想象力制造麻烦,要求它接受与亲眼见证相冲突的东西。例如莎士比亚在他的悲剧和喜剧的作品里都经常换景,在舞台上立一块牌子标明某一场是在某个地点,这只是一种很笨拙的办法,而且经常是一种干扰。因此,地点的整一性至少在易于理解和方便合式这两点上是值得推荐的,它可以避免一切不清楚的地方。但是想象力在很多的地方当然也有权不受纯凭经验的看法和描写要逼真这一原则的约束。在地点问题上最妥当的办法是采取中庸之道,既不歪曲现实,也不拘泥于现实。

1b）这种中庸之道也适用于时间的整一性。在观念里固然不难把一些长段落的时间摆在一起来想，而在肉眼观看中却不能把几年的时间那样飞快地阅历遍。所以动作如果在它的全部内容和冲突上都很简单，它从斗争到结局所占的时间也最好要紧凑些。但是动作如果需要许多不同的人物参加，而这些人物的发展阶段又需要许多在时间上先后隔开的情境，那就绝对不可能遵守一种形式上的时间整一性，规定出一种刻板式的期限。如果一部剧本因此破坏了时间整一性就被排斥出戏剧的领域，那就无异于把感性的实际情况的散文观点提升为对诗的真实进行最后裁判的标准了。有人说，戏剧的观众一场只能看上几个小时，戏的情节也就只能发生在几个小时以内，才能使观众一口气就看遍，这是一种单凭经验的似是而非的看法，是最不足为凭的。事实上凡是费最大气力去按照时间的整一性写剧本的诗人往往在其它方面陷入最坏的不近情理的毛病。

1c）真正不可违反的规则却是动作的整一性。不过这种整一性指的究竟是什么，可以引起很多的争论。所以应详细说明它的意义。一般说来，每一个动作都必有一个它所要实现的具体的目的，因为只有在动作中，一个人才积极地投入具体的现实界，而在这现实界中连最普遍的东西也马上就要经过凝聚和界定，转化为特殊的现象。所以动作的整一性的关键就在动作目的的实现，这个目的本身是确定的（具体的），是在特殊的环境和情况之中具体地达到终点目标的。但是我们已经说过，戏剧动作的情境使个别人物的目的要从其他个别人物方面受到阻力，有一个同样要求实现的对立的目的在挡住它达到实现的路，于是这种对立就要产生互相冲突和纠纷。因此,戏剧的动作在本质上须是引起冲突的,而真正的动作整一性只能以完整的运动过程为基础,在这个运动过程中,按照具体的情境、人物性格和目的的特性,这种冲突既要以符合人物性格和目的的方式产生出来,又要使它的矛盾得到解决。这种解决必然也像动作本身一样既是主体的,又是客观的。这就是说,一方面互相对立的目的之间的斗争得到了平衡,另一方面个别人物们把他们的整个意志和生存或多或少地放在他们所要完成的事业里,使得这事业的成功或失败,全部或部分的实现,所导致的必然的毁灭或和显然对立的目的达成和平协调,也就是决定当事人应得的一份,①因为他原已把自己和他被迫要做的事业紧密联系在一起了。因此,戏剧的真正结局,只有在剧中人物和全剧的关键即动作的目的和旨趣完全等同起来,紧密结合在一起的情况下才有达到的可能。

动作的整一性应该谨严还是松散,要看发出动作的各种人物之间的差异和矛盾是简单还是复杂(即包含许多穿插的动作和次要的人物)来决定。例如喜剧有多方面的错综复杂的情节,就无须像悲剧那样紧凑,悲剧的情节发展大半是比较单纯的。不过浪漫型的悲剧要比古典型的悲剧情况较为复杂,在整一性上也较为松散。但是就连在浪漫型的悲剧里穿插的事件和次要的人物彼此之间的联系也应该是一目了然的,和戏剧的结局也应该在题旨制约之下紧密配合而形成圆满的整体。例如莎士比亚的《罗密欧与朱丽

① 应得的一份原文为Los,这个词也有“命运”的意思,黑格尔向来反对宿命论,所以从这个词的本义译为“应得的一份”,全句的意思是剧中人物对于最后的结果是“自作自受”的。

叶》中的动作背景固然是两个家族的不和，而这种不和却是处在两个恋爱的男女及其目的和结局之外的，并不是动作所围绕的中心，莎士比亚在全剧收场时对两家不和的结局却仍与以应有的尽管是轻淡的注意。同理，在《哈姆雷特》里，丹麦王国的结局也只是一种次要的题旨，但是通过浮丁伯拉斯的上场，它还是得到照顾而达到圆满的结局。

在某些解决冲突的收场里当然也有可能产生新的题旨和冲突，但是剧情所围绕的那个冲突却必须在已完成的作品里得到解决。索福克勒斯根据忒拜神话体系所写的悲剧三部曲就属于这种情况。头一部内容是俄狄普发现自己在路上所杀害的人就是他自己的父亲，第二部是写他平静地在复仇女神的林园里死去，第三部是写安蒂贡的遭遇，这三部曲中每一部都不依存于另外两部而独立地自成一个完整体。①

2. 第二，关于戏剧的艺术作品的具体的展现方式，我们要提出的是戏剧体诗与正式史诗和抒情诗歌在广度、进展过程和场与景的划分这三点上的主要差别。

2a）我们已经说过，戏剧不宜扩展到史诗所必有的那样广度。上文已提出两点基本差别：一种是戏剧不像史诗那样描述整个世界情况，另一种是戏剧只突出它的基本内容所产生的单纯的冲突，此外还要加上另一个基本差别：这就是一方面史诗作者为着便于读者观照所必须以缓慢步伐详细描述的情节在戏剧表演里却大半要省略去，另一方面戏剧的主要因素不是实际行动而是内心情欲的展现。内心生活和广阔的实际现象不同，它凝聚于一些单纯的

① 索福克勒斯的三部曲参看第一卷 240 页注；289 页注①；和 280 页注①。

情感、判断和决定之类,在另一点上戏剧也和史诗不同,它不把许多事件互相外在地并列起来,也不把它们看作过去的事,它运用了抒情诗的原则,以集中的方式描写情感和思想在现在时的生展,而且由剧中人物亲口说出来。此外,戏剧体诗也不满足于只揭示一个情境,它要展现出心情和精神的荒谬背理的因素也在作为各种人物的各种情况和目的的整体中的一部分而起作用,这些人物在他们的行动中同时把内心活动表现出来,所以比起抒情诗来,戏剧又以大得多的广度使不同时因素同时并现而结合成为圆满的整体。一般说来,这三种诗之间的关系是戏剧处在史诗的广泛伸展和抒情诗的集中紧凑之间。①

2b) 其次,这种外在的宽窄比例还有一层较深的意义,那就是戏剧和史诗在进展的方式上是对立的。上文已经说过,史诗着重客观世界的原则,一般要求以较慢的速度进行描述,而且还要由于实际阻力而进行更慢。乍看起来,戏剧体诗在描述过程中要使某一个人物性格及其目的与其他人物性格及其目的互相对立,好像在原则上也须遇到这种停顿和阻碍;但事实却正与此相反,真正戏剧性的进展是奔向最后结局的不断前进。简单的理由就在冲突形成了突飞猛进的转折点。所以一方面一切进展都奔赴冲突的爆发,另一方面互相对立的心情,目的和活动的决裂和矛盾也急需达到一种和解,急需达到最后结局。但是这并非说,戏剧的美就在于进展步伐飞快,与此相反,戏剧体诗应该让自己不慌不忙地把一个情境及其所包含的一切动机都仔细描述出来,但是不能帮助动作情

① 这一节说明戏剧在广度上比史诗较窄,比抒情诗又较宽。

节进展反而阻挡进展的穿插场面却是违反戏剧性的。[1]

2c）最后，戏剧作品发展过程的划分要很自然地依据戏剧运动这个概念本身所划分出的主要阶段。关于这一点，亚里士多德在《诗学》第七章里早就说过："一个整体要有头，有中部，有尾。头就是本身必然的，不依存于其它部分，而其它部分却都要从头产生出来，要依存于头；尾与头对立，它依存于其它部分而成为必然的，而它本身却不须再继续下去。至于中部则是既从其它部分产生出来而又产生其它部分的。"但是在经验性的实际情况中，每一个动作都有许多先行条件，所以很难断定真正的开头究竟从哪一点起。不过就戏剧动作在本质上要涉及一个具体的冲突来说，合式的起点就应该在导致冲突的那一个情境里，这个冲突尽管还没有爆发，但是在进一步发展中却必然要暴露出来。结尾则要等到冲突纠纷都已解决才能达到。落在头尾之间的中部的则是不同的目的和互相冲突的人物之间的斗争。在戏剧里上述三个不同的部分就是动作情节本身的三个阶段，整个大动作情节中的小动作情节，所以用Akte来称呼它们很合式。[2]现在人们有时又把它们叫做Pausen（停顿），有一位国王看戏要不断地一气看下去，一遇到"停顿"就责备他的剧团总管。

关于幕的数目，每部戏剧分三幕最合式，第一幕揭示冲突的苗头，第二幕生动地展现互相差异的旨趣的互相冲突斗争和纠纷，最后第三幕到矛盾的顶点就必然达到解决。古代戏剧体诗人一般都采取这样自然的划分。埃斯库洛斯的三部曲可以用来作为一种

① 这一节说明在动作情节的进展速度上史诗较慢而戏剧较快。

② 西文Akte有两个意义，一个是"动作"，另一个就是整部戏剧所分成的"幕"。

类比,其中每一部曲各自形成一个完满的整体。在近代戏剧体诗中,西班牙人主要分三幕,英、法、德三国人却大半分五幕,其中第一幕照例用来说明剧情,中间三幕详细揭示各种冲击和反冲击以及对立各方的纠纷和斗争,最后第五幕则达到冲突的完全解决。①

3. 最后,我们还要讨论戏剧体诗所要运用的外在手段(媒介),这只就剧本本身来说,还不谈实际上演。这些外在手段只有三种,第一是一般对戏剧合式的特种语言,其次是独白和对话之类的区分,第三是音律。上文已屡次说过,戏剧的主要因素不是实际动作情节,而是揭示引起这种动作的内在精神,这不仅涉及发出动作的人物及其情欲、情致和决定的互相影响和调解,也要涉及动作在斗争中和结局中所带有的普遍意义的性质。这种内在精神,就它在诗里作为诗而表现出来的来说,最好用诗的语言来表达,因为诗的语言是表达情感和思想的最富于精神性的工具。

3a) 戏剧体诗既然是史诗与抒情诗的综合,戏剧的语言也就要同时运用这两种诗的语言因素,特别在近代戏剧里宜于用抒情诗的语言因素,尤其是因为主体性格沉浸于返躬内省,在作出决定和发出动作中对自己的内心生活始终是自觉的。不过内心生活的吐露如果是戏剧性的,就不只是捉摸飘忽不定的情感、回忆和感想,而是始终要保持内心生活与动作的联系。

与这种主体情致相对立的还有作为史诗因素的客观存在的情致②,特别是针对听众的那种展现各种关系、目的和人物性格中的

① 这一节论戏剧进程段落的划分,黑格尔引用了亚里士多德的剧情分头尾中三段的论断而把自己的戏剧冲突论穿插进去。他认为戏剧最好分为三段:冲突的起源,冲突的爆发,冲突的解决。

② 客观存在的情致指普遍理想,即个别主体情致的依据。这是客观唯心主义哲学才有的东西。

实体性因素。但是这一方面大半也可以采取抒情诗的语调，只要不脱离动作而独立出现，它还是戏剧性的。此外，戏剧还可以保留史诗的第二种遗迹，例如叙事中夹报告，战争屠杀只凭口头描述而不如实地展现在目前之类，不过这类穿插在戏剧里既要紧凑生动，又要显出对动作情节进展本身的必要性。

最后，真正的戏剧性在于由剧中人物自己说出在各种旨趣的斗争以及人物性格和情欲的分裂之中的心事话。正是在这种话中抒情诗和史诗的两种不同的因素可以渗透到戏剧里而达到真正的和解。有些本来在情节之外发生的事件也可以参进来，也用相应的语言来表达，例如人物入场和出场的预报、人物的外貌和仪表往往由旁人点出之类。

在上述这些方面都有一个主要的差别，即所谓自然主义的表现方式与遵循陈规的戏剧语言及其修辞伎俩的对立。在近代，狄德罗、莱辛以及少年时期的歌德和席勒都特别主张真实自然，莱辛凭他的渊博的文化修养和精微的观察，席勒和歌德则凭他们对粗鲁而坚强的自然生动的作风的偏爱。他们都指责人和人的交谈竟像在希腊悲剧和喜剧以及法国戏剧里那样不自然（对法国戏剧的指责倒是正确的）。但是从另一方面看，这种真实自然如果走到依样画葫芦的极端，也很容易流于枯燥的散文气息，因为这样就不能使人物把他们的心情和动作中的实体性的意蕴展现出来，而所表现的只是人物个性中直率粗鲁的方面，对自己和自己的情况没有较高的意识，所以不能有较高的表现方式。剧中人物愈是停留在自然状态里，他们也就愈干燥无味。因为人在自然状态在谈话和争论中的仪表主要是出自一些分散孤立的人身，如果按照这种人的直率的特殊的样子来描绘他们,他们就显不出什么实体性的形象了。按照事物的本质来说,这里所讨论的问题涉及粗陋和拘谨的分别。这就是说,如果粗陋出自分散孤立的人,这些人听任一种无文化教养的思想感情的直接驱遣来表达自己;拘谨则与此相反,拘谨的人对待有关对人格的承认和尊敬以及爱情、荣誉之类事项,只凭抽象的一般性和形式主义,而不管它们是否表现出某种客观内容。在这种专重一般性的形式主义与上述无教养的分散孤立的人们的自然表现这二者之间,还有一种既不专重形式又有个性的真正的一般性,这种真正的一般性综合了人物性格的具体性与思想和目的的客观性,[①]所以真正的诗要把直接现实中具有特征和个性的东西提高到起净化作用的普遍性领域中去,而且特殊与一般这两方面互相和解(达到统一)。对于诗的语言,我们也觉得它既不能脱离现实生活及其真实的特征,又要提高到另一领域,即艺术的理想领域。希腊戏剧,歌德的晚年作品以及席勒的部分作品所用的语言,就符合这个标准。莎士比亚的语言也以他所特有的方式做到了这一点,尽管莎士比亚遵照当时英国舞台的实际情况,在语言方面往往不得不听任演员的自由创造力。[②]

3b) 其次,戏剧的表现方式还细分为合唱、独白、对话三种。合唱和对话的区分特别是在古代戏剧中形成的,近代戏剧已放弃了这个区分,在古代戏剧中由合唱队表达的东西在近代戏剧中已由剧中人物自己来说出了。合唱队和剧中人物及其内心的和外在的

① “客观性”指具有客观存在的实体性因素或民族的宗教伦理或政治的理想。

② 这一节说明戏剧的语言应是诗的语言,既要有现实生活的基础,又要提高到艺术的普遍性和理想性。自然主义和形式主义的两极端都是黑格尔所反对的。

斗争不同，它所表达的是一般性的感想和情感，时而具有史诗所表现的实体性因素，时而具有抒情诗的奔放激昂的情绪。在独白里剧中人物在动作情节的特殊情况之下把自己的内心活动对自己表白出来。所以独白特别在下述情况中获得真正的戏剧地位：人物在内心里回顾前此已发生的那些事情，返躬内省，衡量自己和其他人物的差异和冲突或是自己的内心斗争，或是深思熟虑地决策，或是立即作出决定，采取下一个步骤。

但是全面适用的戏剧形式是对话，只有通过对话，剧中人物才能互相传达自己的性格和目的，既谈到各自的特殊状况，也谈到各自的情致所依据的实体性因素。这种针锋相对的斗争促使实际动作向前发展。在对话的表现中可以区分出主观情致和客观情致。主观情致较多地属于偶然性的特殊情欲，有些是隐而未发的，很简略地暗示出来的，有些是尽情倾吐出来的。要用动人的场面来激发情感的诗人特别爱利用这种主观情致。但是不管诗人多么费力尽量描绘私人的痛苦和粗野的情欲或是未经调解的内心斗争，他的真正打动人类情感的力量却远不如通过同时揭示出客观内容意蕴的那种客观情致。举例来说，歌德的早年作品尽管内容很深刻，场面对话很自然，但是就大体来说，给人的印象却很浅。同理，如果爆发出来的是未经调解的激烈的内心冲突和毫无节制的狂怒也很难打动一个感觉健全的人，特别是恐怖情景的效果不是使人感到温暖，而是使人灰心丧气。诗人尽管把情欲写得淋漓尽致，也是枉然，他只能使人肝胆俱碎，只好掉头不顾，因为他的描绘缺乏艺术所不能缺乏的实在的积极的东西，即矛盾的和解。古代诗人却不然，他们在悲剧作品里主要通过客观情致来产生影响。根据古

人的要求,这种客观情致也不能不顾人物的个性。席勒的戏剧作品也表现出这种伟大心灵的情致,让这种情致渗透到诗的整体,成为动作情节的基础而表现出来。特别由于这个缘故,席勒的悲剧作品在舞台上演获得了持久的效果,就连在今天也还没有衰退。凡是能产生普遍的、深刻的持久效果的作品都要专靠动作情节中的实体性因素——作为明确内容的是伦理的力量,作为形式的是心灵和性格的伟大,在这方面出类拔萃的还是莎士比亚。①

3c)最后,关于音律,我只约略提几点看法。戏剧所用的音律最好是处在平静的有规则的流畅的六音步格和抒情诗所用的比较断断续续的崎岖突兀的,以音节为基础的格律这二者之间②。在这方面最好的是抑扬格。因为抑扬格是前进运动的节奏,要把步伐放慢时就参用抑抑扬格,要显得沉重时就参用扬扬格,所以它是动作进展过程的最适合的陪伴,而且六音步格特别能使高尚的有节制的情绪表现于较庄严的音调。在近代西班牙诗人中常用的是四音步的平静缓慢的扬抑格,时而结合错综复杂的字首韵和脚韵,时而不押韵,最适宜于表达丰富茂盛的想象以及微妙的辩论分析,这些场合都倾向于放慢而不是加速动作情节的进展。此外,他们还参用十四行体和八行体,这很宜于表达隽妙的抒情韵味。法国人所用的亚历山大格③也很适宜于在形式拘谨的应酬场合用演说式的修辞来表达时而是有节制的时而是激昂的情绪。法国戏剧作者

① 这一节说明合唱、独白和对话在戏剧中的作用,特别指出主观情致和客观情致的分别,专靠私人痛苦和粗野情欲这种主观情致因素来激发情感,其效果远不如具有实体性的客观情致的效果那样普遍,深刻而持久。

② 参看本卷“诗的音律”部分。

③ 亚历山大格(Alexandriner),每行十二音的抑扬格。

就致力于用巧妙的方式来发展这种拘守陈规的表达方式。现实主义的英国人却不同，还固守他们的抑扬格。在这一点上我们德国人也在仿效英国人。关于抑扬格，亚里士多德早就说过(《诗学》第五章)，它是最适合于谈话(口语)的格律，但是英国人没有沿用希腊人的三音步格，他们比较自由地处理抑扬格，使它的调子不那么哀伤。

(三)　戏剧的艺术作品对听众的关系

诗的语言和音律的好坏对于史诗和抒情诗固然也重要，对于戏剧体诗则起着决定性作用。因为戏剧所涉及的是情思、性格和动作，这些都要以生动的实际情况出现在我们眼前。例如西班牙诗人卡尔德隆有一部喜剧充满着辞藻意象的游戏，时而玩弄巧智，时而虚浮夸张，在音律上用的是变化多端的繁复的抒情诗的格律，单凭这种表现方式就很难引起听众的普遍的同情共鸣。由于戏剧所描绘的是可以感官接受的近在目前的情景，它在内容和形式的其它方面都和听众有远较直接的关系。现在也约略地谈一下这种关系。

科学著作与史诗和抒情诗都同样要有一种本行的听众，否则著作或诗是为谁写的问题就无关重要，听诸偶然。一个读者如果对一本书不喜欢，他就可以把它扔到旁边去，正如一幅画或一座雕像如果不合他的口味，他也就掉头不顾一样。在这种情况下，作者可以自宽自解地说，他的书本来就不是为这种人或那种人写的；对戏剧的听众却不能这么说。写剧本所针对的听众却在场看它上演，作者对他们就有一种义务。听众既有权鼓掌，也有权喝倒彩；因为他们是一个坐在目前的集体,剧本就是为他们上演的,规定在这个地点和这个时间,来享受一番生动的场面。他们是作为一个集体聚会在此,为着进行裁判的,而这个集体的成员又是非常复杂的,在文化教养、兴趣、习惯的文艺趣味、嗜好等等方面都各不相同。所以如果要面面讨好,往往就要有一种恶劣作风和不顾羞耻的本领来对待真正艺术的纯洁要求。对于戏剧诗人就只剩下一条出路:不顾听众。可是这样就永远达不到戏剧所应达到的目的,就不能以戏剧这个特殊方式对听众产生一种特殊的效果。特别是在我们德国人中间,从梯克① 的时代以来,这种对听众的鄙视已成为风尚。德国作家们要按照各自的特殊个性来表现自己,而不是要拿他的货色去讨好听众和观众。按照德国人的顽强性格,每个作者都想与众不同,来显出自己的独创性,例如梯克和许来格尔兄弟就是如此。他们都抱着一种滑稽玩世的态度,故意不去掌握他们的民族和时代的精神和心情。他们还特别提到席勒,说席勒为着讨好群众,才弹出真正德国人的调子。我们的邻家法国人却与此相反,他们是为目前效果而写作,眼睛经常盯住听众,而听众也是一些毫不留情的尖锐的批评家,因为在法国已经奠定了一种明确的艺术鉴赏的趣味,而在我们德国占上风的却是无政府主义,每个人都像想行就行、想站就站一样,按照他的偶然的、个人的见解、情绪或癖性去赞赏或是诋毁。

但是起决定作用毕竟是戏剧作品本身所特有的性质,它本身要有生气,才能博得它的民族的赞许。所以戏剧作者首先要服从能保证他以艺术方式获得必要的赞许的一些要求,不管其它偶然

① 梯克,参看第一卷86—87页及注,他也写过一些剧本。

的倾向和时代情况究竟如何。在这方面我只能提出一些一般性的看法。

1. 第一，在戏剧动作情节中由互相冲突斗争而达到解决的那些目的一定要是对人类具有普遍意义的旨趣，或是要有在本民族中广泛流行的一种有实体性的情致做基础。但是在冲突的实体性这一点上，普遍人类和某一特殊民族的看法可能彼此相差很远。所以处在某一民族戏剧发展顶峰的某些作品对于其它时代和其他民族却是不可欣赏的。举例来说，我们西方人今天对许多印度抒情诗还感到优美可爱，觉得它们和我们的抒情诗并没有多大差别，但是印度剧本《莎恭达娜》的动作情节的冲突却不是这样①。婆罗门教徒因为莎恭达娜没有看见他们而不向他们敬礼，就愤怒起来，向她发出恶咒。这在我们看来就简直是荒谬，因此这部奇妙的诗尽管有许多优点，我们对它的动作情节的本质性的中心出发点毕竟不能感到兴趣。西班牙剧作家们用私人荣誉为主题的那种尖锐的因果衔接方式与此也类似，那种阴森恐怖的场面使我们在思想感情深处受到伤害。我回想起一个事例，过去曾有人企图在德国上演一部德国人素不熟习的卡尔德隆的剧本《秘密的侮辱，秘密的报复》，正是为上述原因而遭到彻底失败。属于同类性质但描述了人类深刻冲突的另一部悲剧《医生治疗他自己的荣誉》，经过改编，换了名称叫《坚贞的王子》，观众还是不能欣赏，拦路虎就是它所依据的那种僵化的抽象的天主教的教义。代表与此相反方向的是莎

① 《莎恭达娜》(Sakountala)，印度最著名的剧本，作者是卡立达莎(Kalidasa)，公元前一世纪人物。剧中女主角是一个王后，因为无意中触犯了婆罗门教徒，受到宗教的诅咒，就被国王遗弃，逃到深山野林，教养儿子。后来她找到了一度遗失掉的国王和她定情的礼物(一个环子)，终于和国王言归于好。全剧抒情色彩很浓。

士比亚的悲剧和喜剧,这些作品的听众日益增广,因为它们尽管具有民族的特点,其中占很大优势的却是普遍人类的旨趣。凡是在莎士比亚不受欢迎的地方,那里民族艺术的清规戒律总是既狭隘而又特殊,所以人们对莎士比亚的作品不是干脆排斥,就是横加摧残。关于古代戏剧,如果除掉舞台上演方面古代一些习惯方式已经改变和某些民族的观照方式和现在的不同以外,我们不去向古人去要求近代的主体内心生活的深度和描写性格特征的广度,那么,莎士比亚的那些优点在古代悲剧中也就会可以看到,在题材方面古代戏剧在任何时代都不会丧失它们的效果。一般说来,一部戏剧作品如果所写的愈不是具有实体性的人类旨趣,而只是由某一民族的时代风尚所决定的非常特殊的人物性格和情欲,那么,不管它有多少其它优点,它也就愈易消逝。①

2. 其次,上述普遍人类的目的和动作必须以诗的方式加以个别具体化为有生命的实际存在。戏剧作品不仅要表现观众也应该有的那种生命意识,而且还要使作品本身成为由情境、情况、人物性格和动作情节形成的一种有生命的实际存在。

2a) 关于摆在目前的动作情节所涉及的地点环境、风俗、习惯以及其他外在因素,我在上文②已经详细谈过,戏剧的个别具体化不外采取两种方式:或是完全用诗的方式写得生动有趣,使我们把凡是题外的东西都掠过不看,让这种有生命的东西完全吸引住我们的兴趣;或是让上述那些外在因素只以外在形式发生作用,但是

① 这一节强调戏剧应该面向群众,斥责德国剧作家鄙视群众,滑稽玩世,只图表现自我的恶习。面向群众,特别要在题材方面选择人类普遍关心的有实体性的内容。在这里黑格尔又一度用普遍人性论来解释古典作品的广泛吸引力。

② 第一卷第三章 B 三 3,即理想的艺术作品的外在方面对听众的关系。

终于要让其中所含的精神性的普遍的因素占压倒优势。

2b）比这些外在因素更重要的是人物性格的生动具体。人物性格不应该只是一些抽象旨趣的人格化，像我们现代剧作家所惯用的那样，这种确定的情欲和目的的抽象化简直不会产生效果。但是表面的个别具体化也不济事，因为那就会成为寓言式的人物形象，其中内容与形式是互相脱节的。深刻的思想情感和堂皇雄伟的意图和语言也并不能弥补这个缺点。戏剧人物必须显得浑身有生气，必须是心情和性格与动作和目的都互相协调的定型的整体。这里的关键并不在于特殊性格特征的广度，而在把一切都融贯成为一个整体的那种深入渗透到一切的个性，实际上这个整体就是个性本身，而这种个性就是所言所行的同一泉源，从这个泉源派生出每一句话，乃至思想、行为举止的每一个特征。把许多不同的特征和活动串在一起，尽管也形成一种排列成的整体，却不能显出一个有生气的人物性格。有生气的人物性格只能凭诗人的有生气的想象力才能塑造出来，例如梭福克勒斯的悲剧人物就是如此，尽管他们还比不上荷马史诗中的人物那样描绘出丰富的个别具体的特征。在近代最擅长塑造有生气的人物性格的要推莎士比亚和歌德。至于法国剧作家们特别在他们的早期作品中却满足于对某种类型的人物和某些情欲加以抽象化和公式化，没有写出真正有生气有个性的人物。

2c）第三，单是描绘出有生气的人物性格也不能就算完事。例如歌德的《伊菲琪尼》和《塔梭》在人物性格这方面也写得很出色，但是在最严格的意义上却没有达到戏剧人物所应有的那种生动性。席勒曾批评《伊菲琪尼》，说在这部作品里，伦理的因素，从内心生出来的东西即心理活动，变成了（代替了）动作，栩栩如在目前，而实际上对在具体情境下的个别人物的内心世界的描绘和表达还不算尽了戏剧的能事，戏剧应该突出不同的目的冲突自己挣扎着向前发展。因此，席勒认为《伊菲琪尼》的发展过程太平静，停顿太多，以至明显地越界到史诗的领域去了。这不符合悲剧的谨严概念。以戏剧方式起作用的是动作情节本身，而不是展现脱离目的及其实现的单纯的人物性格。在史诗里人物性格的广度和多方面性以及环境、偶然事故和遭遇都可以尽量描绘出来，而戏剧却应尽量集中在具体冲突和斗争上。在这一点上亚里士多德说得很对（《诗学》第六章），“在悲剧里，动作有两个来源，思想状态和性格，但是最重要的还是目的，人物发出动作，并不是要表现自己的性格，而是为着动作的缘故，才把性格带进来。”①

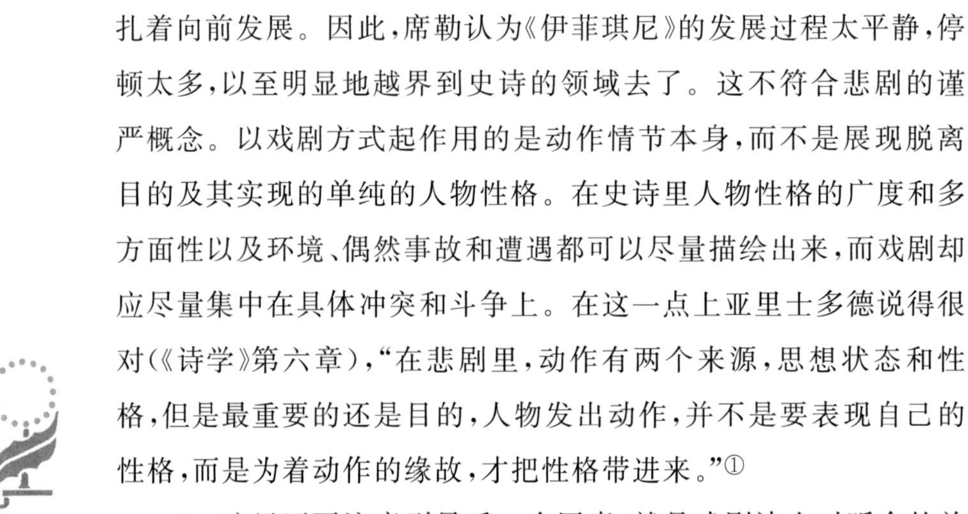

3. 这里还要注意到最后一个因素，就是戏剧诗人对听众的关系。史诗在它的真正原始状态中要求诗人在他的客观描述中不露出作为创作主体的自己，只向我们叙述事迹演变的经过；抒情诗的歌者却不然，他们所表现的正是他自己的心情和自己作为主体的世界观。

3a) 戏剧既然把动作情节按照如在目前的感性形状展现在我们面前，剧中人物都各以自己的身份说话和行事，那么，诗人在戏剧里似乎比在史诗里更应该藏在台后了，史诗作者至少还是以叙

① 这一段三小节说明戏剧的主题实体性应以诗的方式具体化为外在情况、人物性格和动作情节，外在情况不应过分描绘，写有生命的人物性格却是较重要的，但最重要的还是动作情节。黑格尔追随亚里士多德，把戏剧的重点摆在动作情节上而不摆在人物性格上。他举席勒对歌德的《伊菲琪尼》的批评为例，说明其中只有人物性格而没有动作情节，毕竟不符合戏剧的原则，戏剧的原则是要表现不同的目的互相冲突斗争及其最后的解决。

述故事的身份出现。这种看法其实只有一部分道理。我们一开始就已说过，戏剧的产生是在文化已高度发展的时代，其时诗人无论在世界观还是在艺术修养方面，自觉性都已达到高度的发展。因此戏剧作品不应像史诗那样只从单纯的民族意识产生出来，而诗人只不过是为主题服务而不是表现主体的工具；戏剧作品却应是自觉性和独立创作的产品，因而要见出创作主体的艺术本领和熟练技巧。只有通过创作主体的这个因素，戏剧的创作才可以和史诗对实际动作情节的直接叙述区别开来，达到戏剧所特有的生动具体的艺术高峰。所以对原始史诗作者究竟是谁常有争论，戏剧作者是谁却没有那么多的争论。

3b）但是从另一方面看，如果听众本身保持住艺术的真正意义和精神，他们也就不会接受只表现某一主体的飘忽的幻想和心情、私人的特殊倾向和片面世界观的戏剧作品，他们有权要求悲剧和喜剧的动作情节在发展到结局的过程中要显出绝对理性和真理的实现。在这个意义上，我在上文已向戏剧体诗人提出过一个首要的要求：他必须既能深刻地认识到人类行动和上帝统治世界的本质，又能生动鲜明地表现出一切人类性格、情欲和命运所依据的这个永恒实体。诗人有了这种深刻的认识和独具个性的艺术魄力，他在某些情况之下往往还会要和他那个时代和民族的狭隘的违反艺术的观念发生冲突。但是在这种情况下，冲突的罪过就不在诗人而在群众。诗人自己就只有一个任务，这就是服从推动着他的真理和天才，只要它是真实的，就会保证他获得最后的胜利，因为真理总是会胜利的。

3c）戏剧诗人作为一个人来和他的听众对立，究竟应该有什么样的限度呢?关于这个问题不能把话说得很死,我只能就一般情况来提醒人们一件事实:在某些时代里,戏剧也曾被利用来积极干预政治、伦理、诗艺、宗教等方面的新时代的观念。亚理斯陀芬在早年戏剧作品里就已反对当时雅典内部情况和帕罗奔尼斯战争;伏尔泰也屡次在戏剧作品里传播启蒙运动的原则,特别是莱辛在《纳丹》里竭力宣扬他自己的道德信条来反对狭隘的天主教的教义,在较近的时期里歌德在早年作品里也竭力和德国的生活和艺术的枯燥庸俗气息进行斗争,在这方面梯克也多次响应过歌德。如果诗人自己个人的观念确实是站在一个较高的立场上,而不是越出所写动作情节之外的独立意图,即不是把动作情节降低为工具,这对于艺术就没有什么损害。但是诗的自由如果因此受到损害,他所表现的倾向本身尽管是正确的,但是与艺术作品毫不相干,尽管在观念中产生了很大的印象,那么,他所引起的兴趣就只限于题材而不是艺术的。最坏的情况是诗人有意要讨好听众,于是就宣扬在听众中占优势的而却完全错误的倾向,他就对真理和艺术犯下了双重罪过。

最后,对这方面还可以提出一个较具体的看法。在各种戏剧体诗之中,悲剧比起喜剧更不容许诗人主体性格有自由占优势的余地。在喜剧里,一般原则就是要有主体方面的偶然的任意的因素。例如亚理斯陀芬在他的“巴腊霸斯”里[①]就多次涉及雅典听众,有时对当时事件和情况发表他个人的政治见解,对雅典公民进行忠告,有时针对他的政敌和艺术上的论敌对他自己的攻击进行

① 巴腊霸斯(Parabasen)是古希腊喜剧中合唱队走到台前向观众发表意见或就剧情进行评论的部分,实际上就代表作者自己说话。

辩护，甚至不惜畅谈自己和暴露自己的偶然任性的地方①。

b）戏剧艺术作品的表演

在一切种类的艺术中，只有诗才不需要用完全外在现象的感性现实。戏剧既不是叙述过去的事迹供人心领神会，又不是表现主体的内心世界中的思想和情感，而是要把摆在眼前的动作情节按照它们现实情况描述出来，所以戏剧不能局限于一般诗所用的表达手段，否则就要和戏剧所特有的目的发生矛盾。眼前的动作情节当然完全出于内心世界，就这一点说，它也就可以完全用语言来表达。但是从另一方面看，动作情节也要在外在现实世界里进行，它就要求用整个人，他的肉体存在及其举止动静、肢体的运动以思想情感现在体肤方面的表现作为表达的手段——来表达人对人的影响以及可能引起的反响。这个把自己摆在现实世界中的人物为着活动，还需要一种外在的环境，即一个具体的场所，所以戏剧体诗对这些外在因素也不能让它们保持原来的偶然状态，而是要把它们看作艺术的素材加以艺术的琢磨。戏剧的场所有时是一座庙宇或其它建筑，有时是露天的，这两种场所都要按绘画的形式来设计和布置。在这种场所里展现一些活的雕刻式的人物形象，他们既通过富于表情的台词，又通过身体各部分的绘画式的姿态和反映内心的姿势和运动，把他们的意志和情感变成客观的（可以目

① 这一节说明戏剧体诗人与听众的关系。戏剧在文化高度发展时代才产生，诗人已有自觉的世界观和艺术观，所以在作品中不能不表现主体方面的观点。这就可能导致诗人与听众在思想上的冲突。黑格尔举亚理斯陀芬、莱辛、伏尔泰和歌德等人为例，说明戏剧可以干预政治宗教及其它方面，进行宣扬或批评，只要紧密结合动作情节，对艺术就不会妨害，不过诗人如果为着讨好群众，宣扬在群众中盛行的错误观点，就对真理和艺术犯了双重罪过。

睹的)。

在这方面可以出现一种差别,近似我在讨论音乐时所曾提到的宣讲和乐曲的矛盾①。在宣讲性的音乐里主要方面是表达精神意义的词,乐曲要服从歌词的显出特征的语言。至于乐曲当然也可以吸收歌词的内容意义,但是要按照乐曲所特有的方式独立自由地生展。戏剧体诗也是如此,它一方面借助于姊妹艺术来烘托出感性基础和环境,起自由统治作用的中心点还是诗的语言(台词);但是另一方面,起初只作为助手和陪伴发生作用的姊妹艺术后来就发展成为本身就是目的,自成一种独立的美;宣讲变成歌唱,动作变成表情的舞蹈,而表演场面凭它的富丽堂皇的绘画式的吸引力也就有权利要求独立达到艺术的完美。我们现在按照特别在近代经常发生的情况,把戏剧的舞台表演和单纯的诗的方面(剧本中的语言)区别开来。进一步的研究可以分为以下几个立足点:

第一,就戏剧体诗单作为诗来看,暂不管作品在舞台上演的情况;

第二,真正的戏剧表演的艺术,只涉及朗诵台词以及面貌表情和动作的方面,诗的语言始终显得起着决定作用的统治力量;

第三,最后是运用舞台场面、音乐和舞蹈这一切手段的戏剧表演,这些手段已离开诗的语言而独立。

(一) 戏剧作品的阅读和朗诵

上文已经说过,戏剧体诗所特有的感性材料不仅是人的声音和说出来的词,而是整个的人,这个人不仅要表现出他的思想情

① 参看上卷讨论音乐的部分。

感，而且要被卷入具体动作情节中，用他的整个存在去影响旁人的观念、意图、行为和仪表，并且接受或抗拒旁人的类似的影响。

1. 这是戏剧体诗的由本质决定的一个原则，但是在现代，特别在我们德国，流行着一种相反的看法，认为从表演的观点来安排一部戏剧的结构，仿佛只是一种无足轻重的额外负担。戏剧作家们尽管以漫不经心的甚至鄙视的态度看待表演，心眼里却仍愿意甚至希望自己的作品能上演。我们近代戏剧作品大多数都没有上演，原因很简单，它们根本不是戏剧。这当然并不是说，戏剧作品单凭它的内在价值就不足成为诗；我们只是说，提供内在的戏剧的价值的主要是一种便于上演的动作情节。希腊悲剧作家们对这一点提供了最好的证据。希腊悲剧在今天固然不大上演了，但是细加研究，就足以见出希腊悲剧之所以还能使我们完全满意，部分的原因就在他们在当时就是为上演而写出的。它们在近代不上演，主要原因不在于戏剧结构，不在于运用了合唱队，它们在结构上和我们的习惯不同，而更多地在于它们的内容所依据的民族情况和条件对我们是生疏的，我们凭今天的意识不能感到家常亲切。例如梭福克勒斯所写的斐罗克特的病况，足流臭脓，不断的呻吟哀号，都使我们看不下去，听不下去。而且他的病源在挨了赫库勒斯的毒箭，这也引不起我们的兴趣。再如《伊菲琪尼》中用人做牺牲去祭神的野蛮风俗在改编成歌剧后虽然仍博得我们欣赏，但是在悲剧里这类野蛮的因素就应该彻底改掉，像歌德那样改是对的。①

2. 我们近代习惯是对某些剧本只拿来阅读，某些剧本却得到

① 歌德的《伊菲琪尼在陶芮斯》散文剧是根据希腊悲剧改写的，他把一些野蛮成分改掉了。参看第一卷 269 页注①。

整部的生动的表演。这个差别导致一种偏差:诗人自己也有写出只供人阅读的剧本,仿佛以为这样做不会影响到作品的性质。在这方面当然有些个别因素是只属于外在表演方面的,即所谓舞台知识,一部作品对这些因素即使有些忽略,单从诗的观点来看,它的价值也不会因此就降低。例如在舞台布景方面要注意到换幕换景时有很大的更动,演员要有足够的时间去换装和休息,如此等等。像这类知识和阅读并不足以影响到诗的优缺点。但是另一方面也有些其它因素却是诗人想达到真正的戏剧效果就不能不注意的。例如他在进行写作时必须着眼到生动的表演,描绘人物性格要考虑到表演,人物所言所行都必须符合摆在眼前的实际动作情节。从这方面看,舞台表演确实就是作品好坏的试金石。在健康的或艺术趣味高的听众这个最高裁判官的面前,单凭所谓漂亮的辞藻,铿锵的声调而没有戏剧的真实,那是徒劳的。当然有些时期的听众是受到高抬市价的教养腐化过的,这所谓教养就是一批鉴赏家和批评家的首足倒置的偏见和幻想。只要一个人稍微有点头脑,有点常识,他看剧中人物说话行事都恰像生动的现实生活所常见的而且和艺术性所要求的那样,就会感到心满意足了。如果与此相反,诗人只想着为某些个别的读者而写作,他就很容易让剧中人物的言语和仪表都像在写信里那样。如果有人要写信向我们说明他的意图和行动的理由或是倾吐衷曲,我们在收信和回信之间就有足够的时间去考虑回信应该说些什么或不说什么。这时在思想上就有许多可能性。临时的实际谈话却不然,它就有一个前提,这就是人的意志和心思,激动和判断都是直接表现出来的,一般没有反复考虑的余地,只是眼对着眼,口对着口,耳对着耳,直接把当时心里话说出来。在这种场合，动作和话语都是从人物性格中生动活泼地流露出来的，不去在多种可能性之中进行选择。这一点对于诗人和他的作品并非不重要，他应该想到在舞台上的表演所要求的正是这种生动活泼。我认为任何剧本都不应正式印行，应该像古代那样，把稿本藏在剧场的剧本库里，尽量少流通。这样我们至少就看不到那么多的剧本，用的是有文化修养的精炼语言，表达的是高深微妙的感想和深奥的思想，可是所缺乏的正是使戏剧成其为戏剧的那种动作情节和活泼的生气。

3．只拿戏剧作品来阅读和朗诵是否可以收到实际上演的效果，仿佛很难断定。就连歌德在晚年有那样少有的极丰富的舞台经验，对这个问题也没有定见，特别是我们近代艺术趣味很混乱，人们对性质极不相同的作品都一样欣赏，不分皂白。如果剧中人物的性格和目的本身就是伟大的、有实体性的，那就会比较容易掌握；但是单凭阅读而不看表演，那就很难对剧中旨趣的活动、动作情节的发展阶段、情境的伸展和曲折变化、人物互相影响的正确尺度，以及他们的语言和行动的尊严和真实之类问题，就很难作出明确的判断。至于朗诵也只能提供比阅读稍好的帮助。因为在戏剧里话要由不同的人物说出，只用一种语调不行，尽管这一种语调经过艺术琢磨，也可以见出多样化，分清细微的浓淡差别。此外，朗诵总会遇到一个麻烦问题：每当换一个人物说话时，是否要报他的名字，报与不报都有它的缺点。如果用同一种语调朗诵，报名对于听众的理解就是不可缺少的，但是对于情感的表现总不免起干扰作用；反之，如果朗诵要表现出戏剧的生动性，要把听众完全引到实际情境里去，那就会产生一种新的矛盾：耳朵满足了，眼睛也要

提出要求。我们听到动作情节的叙述了,就要想看到剧中人物及其面貌姿态的表情以及周围情况等等。眼睛要求的是一幅完整的图景而不是一个在私人社交场合里安静地站着或站着的朗诵者。所以朗诵不过是自己默读(把戏剧的实际情况完全丢掉,只凭想象去捉摸)和完整的表演这二者之间的一种不圆满的折衷办法。①

(二)演员的艺术

和实际舞台表演相结合的,除音乐之外还另有一种应用的艺术,即演员的艺术。这门艺术只有到近代才达到完满的发展。它的原则是:它固然要用容貌姿态的表情、动作、朗诵、音乐、舞蹈和布景,但是压倒这一切的力量却在于语言及其诗性的表达。单就诗作为诗来看,这是唯一正确的关系。表演术或是歌唱和舞蹈一旦开始变成本身独立的艺术,单纯的诗的艺术就会降低地位而失去它对这些原来只是陪伴的艺术的统治权。在这方面可以区分出以下几个立足点:

1. 处在最初发展阶段的是希腊的演员艺术。它一方面是语言艺术和雕刻的结合:发出动作的人物以整个身体作为一种客体形象出现。但这是一座生气贯注的雕像,把诗的内容吸收进来而又表达出去,既渗透到内心里每一种情绪的运动,又把这种运动变成语言和音调。这种表现方式比每一座雕像或每一幅画都更富于

① 以上三节反复说明戏剧必须上演而不能单凭阅读或朗诵。第一节说明诗人在写剧本中首先就要经常考虑到便于上演。第二节说明从表演的观点看,诗人不仅要懂得舞台技巧,最重要的是要想到"人物所言所行必须符合摆在眼前的实际动作情节",不能只"凭漂亮的辞藻和铿锵的声调而丢掉戏剧的真实"。在语言方面,戏剧要用临时的实际谈话,不能像写书札那样字斟句酌,要生动活泼。第三节指出只阅读或朗诵而不表演的缺点。

生气，在精神意义上更为鲜明。这种生气贯注的表现中可以区分出两个方面。

1a）第一个方面是对艺术语言的朗诵。这在希腊还不很发达，当时主要的要求还只是可理解性，而我们近代人却要求心情的全部客观面貌，人物性格的特征在极细微的浓淡差别和转变上，以及在极尖锐的矛盾和对比中，都要在声音腔调和朗诵方式中表达出来。古代人却时而用突出节奏的办法，时而用还占优势的语言表达在抑扬顿挫上有较多的变化，来使音乐陪伴着朗诵。不过对话部分表面上还像日常谈话，或是只有轻微的音乐陪伴，合唱队部分则用抒情的音乐方式来表达。歌唱也可能通过加强音调来使合唱的乐章便于理解，否则我们至少就很难懂得希腊人怎么可能理解埃斯库洛斯和梭福克勒斯所写的合唱乐章了。纵使他们不像我们那样对乐章的意义斤斤计较，我还是要说，尽管我懂得德文，多少能掌握它，可是如果用合唱乐章的风格写的抒情诗放在德国舞台上朗诵或歌唱，我就会不知所云。

1b）第二个方面是身体姿态和运动。在这方面值得注意的是希腊人完全不用面貌表情，因为希腊的演员都戴假面具。从面貌方面看，希腊演员完全像一座屹立不动的雕像，既不表现特殊心情的瞬息万变，也不表现发出动作的人物性格，希腊人在戏剧性的斗争中所要贯彻的只是一种一般性的固定的情致，而这种情致既没有深化到近代情感生活的那种亲切感，也没有扩展到近代戏剧人物那样各有各的特点。希腊戏剧的动作情节也是很简单的，因此我们没有听说希腊有什么著名的滑稽哑剧家。希腊诗人有时亲自上台表现，梭福克勒斯和亚理斯陀芬就是如此。有时不以演员为专业的普通市民也参加表演悲剧。合唱队却与剧中人物不同,他们的歌唱照例有舞蹈陪伴。我们德国人嫌舞蹈轻浮而加以鄙视,而希腊人则认为舞蹈是戏剧表演的感性整体中不可缺少的一个因素。

1c) 总之,在古代戏剧表演中具有实体性的情绪所用的语言和精神性的表现还使诗有充分的权利,同时外在现实也通过音乐的陪伴和舞蹈而获得充分的完满的表达。这种具体的整一体完全表现出一种造型性的性格,因为精神性的因素并没有向内心里深化,没有特殊分化的主体性格可以表达,而是让精神性因素和同样有存在理由的感性现象的外在因素完全结成姊妹关系而达到和解。

2. 在音乐和舞蹈的陪伴之下,语言毕竟不免遭到损害。因为语言是心灵的精神性的表现,所以近代的演员认识到要从音乐和舞蹈之类陪伴因素中解放出来。于是诗人和专业演员只保持这样一种联系:演员通过朗诵,面貌表情和身体姿态把诗人的作品化成感性现象。作家比起其他艺术家在对外在材料的关系上是很独特的。例如在绘画和雕刻里,艺术家自己用颜色、青铜、大理石之类外在材料来把心中的意象表现出来,音乐演奏尽管也要借助于旁人的手和喉嗓,但是占优势的多少还是机械的艺术才能和技巧,当然也要表达出灵魂。演员却不然,他应该渗透到艺术作品里整个人物性格里去,连同他的身体形状、面貌、声音等等都了然于心,他的任务就是把自己和所扮演的人物融成一体。

2a) 在这方面诗人有权要求演员完全渗透到所演角色的深心里,按照诗人所设计和塑造的原样表演出来,不掺杂任何他自己的东西。演员仿佛成了诗人所吹弹的乐器，又像一枝画笔，吸进什么颜色就画出什么颜色。对于古代演员来说，这倒比较容易办到，因为朗诵主要是表达意义，节奏之类因素有音乐去管，此外面具又把面孔遮起，没有多少动作的余地。因此，演员不难表达出一般性的悲剧情绪。在表演喜剧时演员尽管也要描绘出苏格拉底，尼基阿斯，克勒安之类活人形象，这些形象的特征有时就画在面具上，实际上并不需要细致的个性化。亚理斯陀芬写这类人物，只是利用他们来代表的一些普遍倾向。

2b）近代戏剧表演就不同，面具和音乐伴奏都不用了，代替它们的是面貌表情，多种多样的姿态和手势以及朗诵语调的复杂而微妙的变化。一方面就情绪来说，尽管诗人原来表现的只是某种某类人物的一般化的性格特征，演员却仍须把情绪作为主体的内心活动生动地表现出来；另一方面就人物性格来说，在近代戏剧中大多数人物都有远较繁复的特殊个性，演员也要按照生动的实际情况把它们展现在我们眼前。特别是莎士比亚所写的人物都是些完满自足的整个人。我们对演员的要求就是他也要拿出这种完满的整体供我们观照。声音腔调、朗诵方式、手势和面貌表情都要适合所演人物身份的特色。因此，除语言之外，在多方面显出微妙差别的姿态就有比过去较重要的意义；诗人把古代人用语言来表达的东西现在要由演员用姿势来表达了。例如席勒的《华伦斯坦》的收场部分。① 奥克特微阿老头基本上参加过谋害华伦斯坦，他看到这位英雄被拨特勒所唆使的人暗杀了；正当这个时刻托兹基伯爵夫

① 参看第一卷 249 页注③。

人也说她服了毒药，皇帝的诏书来了；戈登看过诏书就把它递给奥克特微阿，向他使了一个谴责的眼色，然后说，“送给毕哥罗米尼侯爵”。奥克特微阿马上惊慌起来，带着苦痛的神情朝天空望了一眼。这个老奸巨猾接受到他在这个血腥案件中做主谋的酬劳时的心情在剧本中本来没有用语言表达出来，诗人是要把它留给演员用表情的姿势去表达的。

由于对近代戏剧表演艺术有这些要求，诗在表现材料(媒介)方面往往可能遇到古代人所不曾经历过的困难。演员作为活人，在器官、形状、姿态表情等方面，每个人有每个人生下来就有的一些特点；有时为着表达一般性的情绪和某种某类人的一般特征，他就要把自己的这些个人特点消除掉；有时又有必要使这些个人特点牵就剧本中个性较丰富，形象较完满的人物，以求达到这两方面的协调一致。

2c) 现代人把演员称作艺术家，对他这行艺术职业表示十分尊敬；按照我们今天的舆论，当演员并不是道德上的堕落或社会地位的降低了。这是很合理的，因为表演艺术需要很大的才能，知解力、坚持的毅力、勤学苦练和广泛的知识，乃至要达到顶峰还需要一种丰富的天才。演员不仅要深入体会诗人和所演人物的精神，才可以使自己内心和外表的个性完全和这种精神相称，而且还要凭他自己的创造性去弥补缺陷，填塞漏洞，找出剧情的转变。总之，要通过演员的表演，诗人的意思才会明白，诗人的一切最深奥的意图和一眼不易看出的巨匠手腕才会揭示出来，成为可以理解的生动现实。①

① “演员的艺术”部分主要说明表演艺术从希腊到近代的发展。古代表演艺术

（三）较不依存于诗的舞台艺术

最后达到了第三个阶段，前此被利用的那几种辅助艺术现在脱离了诗的统治，从多少只处在陪伴地位转变到自成独立的目的，独立地发展起来了。音乐和舞蹈乃至演员艺术本身都在这种发展过程中获得解放了。

1. 就大体来说，表演艺术的转变形成了两个体系。按照第一个体系，演员更多地成了诗人在精神和肉体两方面的活的乐器（或工具），这一点在上文已经说过了。法国人很重视角色的专门化和派别，舞台表演方式一般较有定型，特别在悲剧和"高级喜剧"里忠实地遵循这个体系。另一个体系则采取相反的立场，凡是诗人所提供的更多地成为一种附属品或框架，让演员按照自然，习惯和艺术的要求去任意自由支配。人们常听到演员的要求说：诗人是为演员而写作的，写出来的诗对于演员只提供一种机缘，便于他（演员）把他的灵魂和他的艺术的这种主体性显示出来，使它达到最光辉的展现。这就是意大利人在"艺术的喜剧"里所遵循的体系。在这个体系里丑角，医生之类人物固然都有定型，情境和一幕接着一幕的次序也是固定的，此外一切几乎完全听任演员随宜处理。在我

的重点在诗的语言，音乐和舞蹈是陪伴的，演员都戴面具，不能有个性化的细致表情，因为古代戏剧只描绘某一类型的情致和性格。近代表演艺术的重点在表达个性特征和情绪的微妙差别和变化，所以表演的功夫主要见于姿态表情和朗诵方式的变化。因此，近代演员比过去任务较重，地位较高，要求也愈严格。他成了真正的艺术家，要揭示诗人和所演人物的精神奥妙，甚至把诗人没有用语言表达出的东西用姿势腔调等表达出来。

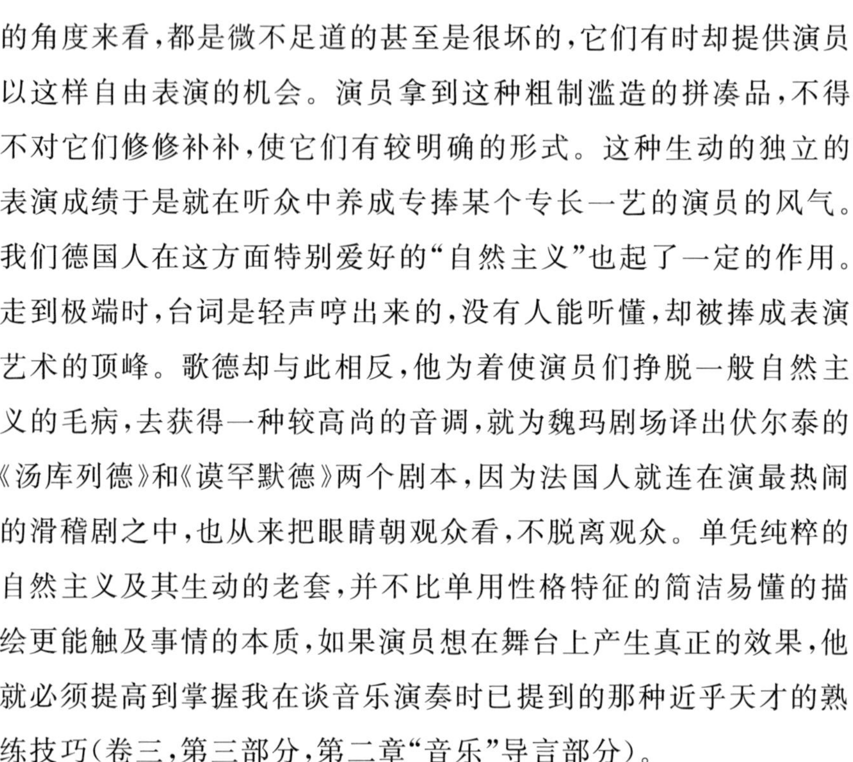

们德国,伊夫兰和考兹布[①]的剧本以及许多其它这类作品,专从诗的角度来看,都是微不足道的甚至是很坏的,它们有时却提供演员以这样自由表演的机会。演员拿到这种粗制滥造的拼凑品,不得不对它们修修补补,使它们有较明确的形式。这种生动的独立的表演成绩于是就在听众中养成专捧某个专长一艺的演员的风气。我们德国人在这方面特别爱好的“自然主义”也起了一定的作用。走到极端时,台词是轻声哼出来的,没有人能听懂,却被捧成表演艺术的顶峰。歌德却与此相反,他为着使演员们挣脱一般自然主义的毛病,去获得一种较高尚的音调,就为魏玛剧场译出伏尔泰的《汤库列德》和《谟罕默德》两个剧本,因为法国人就连在演最热闹的滑稽剧之中,也从来把眼睛朝观众看,不脱离观众。单凭纯粹的自然主义及其生动的老套,并不比单用性格特征的简洁易懂的描绘更能触及事情的本质,如果演员想在舞台上产生真正的效果,他就必须提高到掌握我在谈音乐演奏时已提到的那种近乎天才的熟练技巧(卷三,第三部分,第二章“音乐”导言部分)。

2. 不依存于诗的舞台艺术还有第**二种**,即近代**歌剧**,歌剧的明确倾向是日渐脱离诗。如果歌剧的主要因素是音乐,这里也接受了诗和语言的内容意义,但是却按音乐的目的来处理和表达这种内容意义。在近代,特别在我们德国,歌剧已变成一种炫耀奢华的玩艺,其中一些附属品如舞台装饰的辉煌,服装的艳丽,全班合唱队及其组合图案都已变成占优势的独立因素,“喧宾夺主”了。西赛罗对罗马悲剧摆出这种阔绰排场早就发出哀叹,在今

① 伊夫兰(Iffland,1759—1814),普鲁士国家戏院经理,写过一些粗制滥造的剧本。考兹布(Kotzebue,1761—1819)魏玛戏院经理,写过近二百种喜剧,其中较著名的有《仇恨人类和忏悔》,《德国小市民》等。他攻击过歌德和席勒,他代表近代派。

天人们也常嘲笑歌剧的这种阔绰排场。在悲剧里，关键应该始终是诗，在感性外表上这样浪费当然不合式，尽管席勒在《奥莲女郎》(即姜·达克)里也显出了这种偏差。在歌剧里，配合着嘹亮的声乐与和谐的器乐的合奏，这种外表排场和表演方式所产生的高度乐趣是可以允许的。舞台装饰既然辉煌，为着加强效果，服装也就要富丽，其余一切也就应有适当的配合。这样感性方面的富丽堂皇当然往往是已经到来的真正艺术衰颓的标志，同时这也适合它所反映的内容，特别是凭巧智拼凑起来的神奇妄诞的童话式的内容，莫扎特在他的《魔笛》里给我们提供了一个在艺术上经过精工雕琢的范例。但是如果在布景、服装、器乐这些艺术上费尽了全力，真正的戏剧内容就不会受到认真对待，我们也就会觉得自己仿佛置身于《天方夜谭》的气氛里了。

3. 这番话也适用于近代**芭蕾舞**，这也是适合于表达童话式的神奇内容的。同时它也是一方面在人物组合图案和场面的绘画美以外，吸引人的主要因素是舞台装饰，服装和灯光的千变万化的富丽堂皇，使我们置身于一个把散文性常识和日常生活的忧虑和压力都远远抛开的空幻世界；另一方面鉴赏家们为之心醉神迷的是最熟练的伶巧轻捷的双腿，在近代舞蹈中起主导作用的就是这双腿。如果从这种到现代已走到极端的意义空洞和精神贫乏的熟练技巧之中还要找出一点精神表现的话，那就是在完全战胜技巧困难之后，还能在舞蹈运动上见出一种节制和灵魂的和谐，一种自由活泼的娴雅风度，可惜这些是极少见的。舞蹈在芭蕾舞里代替了歌剧的独唱和合唱，作为舞蹈的另一个因素而正式表现动作情节的是**哑剧**，但是随着近代舞蹈技巧的日益复杂化，近代哑剧也在日渐消亡，于是近代芭蕾舞势必日渐消失掉唯一可以使它列入自由艺术领域里的那个因素。①

c) 戏剧体诗的种类及其主要历史阶段

回顾一下我们已走过的研究过程，我们已讨论过三个问题。第一，按照各种戏剧的一般性和特殊性以及它们对听众的关系，把戏剧体诗的原则定下来了；其次，戏剧的任务是按照它的实际发展把一个完整自足的动作(情节)在我们眼前展现出来，所以它在本质上需要一种完全的感性表现，这只有通过艺术性的实际舞台表演才能达到。但是要把动作(情节)纳入这种外在现实里，就有必要在诗的构思和创作中已经把这动作完全想好了，写定了，然后才能拿出来表演。第三，要达到这个结果，就要把戏剧体诗的种类区别开来。这些种类或是互相对立，或是从差异中达到对立的统一。这些差异不仅要表现于动作目的和人物性格，也要表现于冲突斗争和整个动作的结果。从这些差异产生出来而且经过多方面历史发展的主要剧种是悲剧和喜剧以及这两种掌握方式的结合。② 这

① 在“较不依存于诗的舞台艺术”这一段里，黑格尔叙述了并且批判了近代西方舞台艺术的一些新花样。首先是法国的表演体系里演员成了诗人的传声筒，一些类型的人物性格都已有定型，某个演员演某个角色都已成了专门化，不断地机械地复演这个角色，很少有独创和更新。与此相反的是意大利体系，演员只把诗人的作品当作一种框架，可以自由地随宜处理，添油添醋。这种“自然主义”也影响到德国，歌德曾力图纠正这种坏风气。其次是歌剧，专在场面的富丽堂皇上下工夫，内容没有受到严肃对待，往往是神奇妄诞，童话式的。黑格尔认为西方近代歌剧是真正艺术衰颓的标志。他还没有来得及看到瓦格纳的歌剧，否则他对近代歌剧会有更严厉的批判。芭蕾舞也是如此，专在双腿的熟练技巧上下工夫，少有精神表现。只有哑剧以舞蹈表现动作情节，还保持真正艺术的唯一因素，但哑剧随着舞蹈技巧日益复杂化，也在日渐丧失它的自由艺术性。

② 悲剧和喜剧的结合是正剧。

三个剧种提供了戏剧分类的基础，所以对于戏剧体诗是最重要的。

现在就这几个剧种进一步进行较具体的研究。

第一，提出悲剧喜剧和正剧的一般原则；

第二，指出古代和近代戏剧的不同性质；

第三，在结尾部分研究各剧种（特别是悲剧和喜剧）在古今对立中可采取的具体形式。

i 悲剧、喜剧和正剧的原则

各种史诗的基本分类的基础只在一个区别上：即史诗所描述的那种本身具有实体的内容是就它的普遍性表现出来的，还是用人物性格，行动和事迹的客观形式报告出来的。抒情诗却根据内容与由内心生活表现出来的主体性格之间的结合是紧密的还是松散的程度来划分为一系列的不同的表现方式。至于戏剧体诗则以目的和人物性格的冲突以及这种斗争的必然解决为中心，所以它的分类基础只能是个别人物及其目的与内容主旨这两方面之间的关系。这就是说，这种关系的具体情况对于戏剧的冲突及其解决的特殊方式也起着决定性作用，因此提供了全部剧情进程在生动的艺术表现中所具有的基本类型。这里所要研究的就是找出通过和解而形成每个真正的动作内容中的本质性的因素。这有两方面，一方面是在实质上合乎道德的伟大的理想，即在人世中实际存在的那种神性的基础，亦即个别人物性格及其目的中所包含的绝对永恒的内容意蕴；另一方面是完全自由自决的主体性格。绝对真理在戏剧中当然也要显示出来，不管戏剧用什么样形式把动作情节（这是一切戏剧所特有的因素）表现出来；但是把真理的作用

显示出来的具体剧种却有不同的甚至对立的形状,要看在个别人物,动作和冲突中起决定作用的是实体性的因素还是主观任意性,愚蠢和乖僻。[①]

现在我们来研究下列几个剧种的原则。

第一,关于悲剧,根据它的具有实体性的原始类型来研究;

第二,关于喜剧,其中表现于意志和行动的单纯主体性以及外界的偶然性成为决定一切关系和目的的主宰;

第三,关于正剧,这是严格意义上的"近代剧",[②]处在悲剧和喜剧之间的阶段。

1. 关于悲剧,我在这里只约略地提到它的最普遍的基本定性,至于这些定性的较具体的分化只有从历史发展阶段中所现出的差异才见得出来。

1a) 形成悲剧动作情节的真正内容意蕴,即决定悲剧人物去追求什么目的的出发点,是在人类意志领域中具有实体性的本身就有理由的一系列的力量:首先是夫妻、父母、儿女、兄弟姊妹之间的亲属爱;其次是国家政治生活,公民的爱国心以及统治者的意志;第三是宗教生活,不过这里指的不是不肯行动的虔诚,也不是人类胸中仿佛根据神旨的判别善恶的意识,而是对现实生活的利益和关系的积极参与和推进。真正的悲剧人物性格就要有这种优良品质。[③]他们完全是按照原则所应该做到而且能做到的那样人物。他们不是像在史诗里那样只是许多分散因素并列在一起的整

① 前者指悲剧,后者指喜剧。

② 原文为 Schauspiel,一般就指戏剧,这里指有别于古代悲剧和喜剧的近代正剧。

③ 原文是 Tüchtigkeit,法译作"这种积极性,这种活力"。

体，而是每个人物尽管本身是活的具有个性的，却只代表这种人物性格的某一种力量，凭这种力量，他按照他的个性把自己和真纯的生活内容的某一特殊方面紧密结合成为一体，而且负责维护它。在这样高度上，直接的（原始自然的）个性中纯粹的偶然性都已消失，戏剧艺术中的英雄才仿佛提高到雕刻作品的地位，无论是把他们作为实体性生活领域的活的代表来看，还是把他们作为凭自由信任自己而显得伟大和坚定的人物来看。所以本身抽象的雕刻中的人像和神像，比起任何其它方式的阐明和解释，都更好地说明希腊悲剧的人物性格。

所以大体上可以说，原始悲剧的真正题旨是神性的东西，这里指的不是单纯宗教意识中那种神性的东西，而是在尘世间个别人物行动上体现出来的那种神性的东西，不过在这种实际体现里他的实体性的性格既没有遭到损害，也还没有转化到对立面上去。在这种形式里意志及其所实现的精神实体就是伦理性的因素。这种伦理性的因素就是处在人世现实中的神性的因素，如果我们对伦理性的因素是按照它的直接的真正意义来理解，而不是按照主观思索作为形式的道德教条来理解，这种神性的因素也就是实体性，其中本质的方面和特殊的方面都对真正的人类动作提供引起动作的内容，同时也就在动作本身中展现出它的本质，使自己达到实现。①

1b）一切外化为实际客观存在的概念都要服从个别具体化的原则。根据这个原则，各种伦理力量和各种发出动作的人物性格，

① 这一节说明悲剧人物性格和动作情节所遵循的目的是一种神性的伦理力量（理想）在人世现实生活中的体现。

无论在内容意蕴上还是个别显现形式上，就得互相区别开来，各不相同。按照戏剧体诗的要求，这些互相区别开来的力量就须显现于活动，追求某一种人类情致所决定的某一具体目的，导致动作情节，从而使自己获得实现。在这个过程中，所涉及的各种力量之间原有的和谐就被否定或消除掉，它们就转到互相对立，互相排斥：从此每一动作在具体情况下都要实现一种目的或性格，而这种目的或性格在所说的前提之下，由于各有独立的定性，就片面孤立化了，这就必然激发对方的对立情致，导致不可避免的冲突。这里基本的悲剧性就在于这种冲突中对立的双方各有它那一方面的辩护理由，而同时每一方拿来作为自己所坚持的那种目的和性格的真正内容的却只能是把同样有辩护理由的对方否定掉或破坏掉。因此，双方都在维护伦理理想之中而且就通过实现这种伦理理想而陷入罪过中。

关于这种冲突的必然性及其一般辩护理由，我在上文已经提到了。作为一个具体的统一体，伦理性的实体是由各种不同的关系和力量所形成的整体，而这些不同的关系和力量还只是处于寂然不动的状态，作为有福的神们，在享受平静生活中完成精神的工作。但是另一方面，也正是这种整体概念本身要求这些不同的力量由抽象概念转化为具体现实和人世间的现象。由于这些因素的性质，个别人物在具体情况下所理解的各有不同。这就必然要导致对立和冲突。只有在神们住在奥林普山峰上那种想象和宗教观念的天空中，我们才可以认真地把他们当作神来对待；而现在他们下凡了，每个神体现为一个凡人个性中某一种情致了，尽管他们各有辩护的理由，他们也就由于各有特性或片面性，也必然要和他们的同类处于矛盾对立，要陷入罪过和不正义之中了。[①]

1c) 与此同时也就产生了一种未经调解的矛盾冲突，这个矛盾尽管成为实际存在的东西，却不能作为实体性的和真正实在的东西而保持住自己，它只有在作为矛盾而否定自己，才能获得它的存在权，悲剧的目的和人物性格各有辩护的理由和必然性。悲剧的第三个因素，即悲剧的冲突导致这种分裂的解决，也是如此。这就是说，通过这种冲突，永恒的正义利用悲剧的人物及其目的来显示出他们的个别特殊性（片面性）破坏了伦理的实体和统一的平静状态；随着这种个别特殊性的毁灭，永恒正义就把伦理的实体和统一恢复过来了。悲剧人物所定下的目标，单就它本身来看，尽管是有理可说的，但是他们要达到这种目标，却只能通过起损害作用的片面性引起矛盾的悲剧方式。因为真正实体性的因素的实现并不能靠一些片面的特殊目的之间的斗争（尽管这种斗争在世界现实生活和人类行动中可以找到重要的理由），而是要靠和解，在这种和解中，不同的具体目的和人物在没有破坏和对立的情况中和谐地发挥作用。所以在悲剧结局中遭到否定的只是片面的特殊因素，因为这些片面性的特殊因素不能配合上述和谐，在它们的活动的悲剧过程中不能抛开自己和自己的意图，结果只有两种，或是完全遭到毁灭，或是在实现目的过程中（假如它可实现），至少要被迫退让罢休。

关于这一点，像众所周知的，亚里士多德曾认为悲剧的真正作

① 这一节说明抽象的普遍伦理力量原来处于和平统一状态，作为“有福的神”，在悲剧中它分化为不同的人物性格及其目的，显出差异和对立，导致矛盾斗争。对立双方各坚持片面的伦理力量，要否定对方才能肯定自己，所以都有罪过。

用在于引起哀怜和恐惧而加以净化。他所指的并不是对自我主体性格协调或不协调的那种单纯的愉快或不愉快的情感,即好感和反感。这是最肤浅的一种看法,只有到近代才有人把快感或不快感看成悲剧成功或失败的原因。艺术作品的任务只是把精神的理性和真理表现出来。在这方面如果要研究出一个原则来,就必须抛弃上述肤浅的观点而把注意力引到正确的方向。因此,对于亚里士多德的说法,我们必不能死守着恐惧和哀怜这两种单纯的情感,而是要站在内容原则的立场上,要注意内容的艺术表现才能净化这些情感。人感到恐惧不外两种原因,一是碰到外界有限事物的威力,一是认识到自在自为的绝对真理的威力。人应该感到恐惧的并不是外界的威力及其压迫,而是伦理的力量,这是人自己的自由理性中的一种规定,同时也是永恒的颠扑不破的真理,如果人要违反它,那就无异于违反他自己。像恐惧一样,哀怜也有两种对象。一种就是对于旁人的灾祸和苦痛的同情,这是一种有限的消极的平凡感情。这种怜悯是小乡镇妇女们特别容易感觉到的。高尚伟大的人的同情和怜悯却不应采取这种方式。因为就只突出灾祸的空虚的消极方式,其中就含有贬低受灾祸者的意味。另一种是真正的哀怜,这就是对受灾祸者所持的伦理理由的同情,也就是对他所必然显现的那种正面的有实体性的因素的同情。这种哀怜当然不是流氓恶棍所能引起的。所以悲剧人物的灾祸如果要引起同情,他就必须本身具有丰富内容意蕴和美好品质,正如他的遭到破坏的伦理理想的力量使我们感到恐惧一样,只有真实的内容意蕴才能打动高尚心灵的深处。因此,对于悲剧结局所感到的兴趣是一回事,对于一种单纯灾祸或一个悲惨故事所引起的同情时那种单调的满足感却另是一回事，不应把这二者混淆起来。这种单纯灾祸不是由受害人招致的或应负责的，而是外在的偶然事故与环境的凑合，例如疾病，财产损失，死亡等等，无辜地碰到他身上的，这种场合所应引起的兴趣只是一种设法营救和援助的迫切愿望。如果救援不可能，那种苦痛和灾难的情景只能使人痛心。真正的悲剧苦难却不然，它落到剧中人物身上，只是作为他们自己所作所为的后果，他们是全心全意投入这种动作的，既有辩护的理由，又由于导致冲突而有罪过。

因此在单纯的恐惧和悲剧的同情之上还有调解的感觉。这是悲剧通过揭示永恒正义而引起的，永恒正义凭它的绝对威力，对那些各执一端的目的和情欲的片面理由采取了断然的处置，因为它不容许按照概念原是统一的那些伦理力量之间的冲突和矛盾在真正的实在界中得到实现而且能站住脚。

按照这个原则，悲剧情感主要起于对冲突及其解决的认识，所以只有戏剧体诗才能凭它的全部表现方式，把悲剧性的情节按照它的完整的范围和展现过程，作为艺术作品的原则，把它完全表现出来。因此我到现在才有机会来讨论悲剧的观照方式，尽管这种观照方式在较小程度上也多方面推广到其它艺术领域去发挥作用。①

① 在这一节里黑格尔提出了他的著名的悲剧和解说。出发点仍是他的客观唯心主义的“理念”和以和解结局的辩证法。理念是实体性因素，伦理力量等都属这个范围。这理念一分为二，具体化为客观世界；在悲剧里混整的抽象的伦理力量分化为不同的人物性格及其目的，导致不同的动作和对立冲突，否定了抽象理想的和平统一。冲突必须解决，这解决就是否定的否定，冲突否定了理念的和平统一，悲剧最后解决又否定冲突双方的片面性。实际结局是悲剧人物的毁灭或退让甘休，而黑格尔却把这个叫做“和解”。为什么要和解呢？据说恢复理念的统一，是永恒正义（这也是一种理念）的

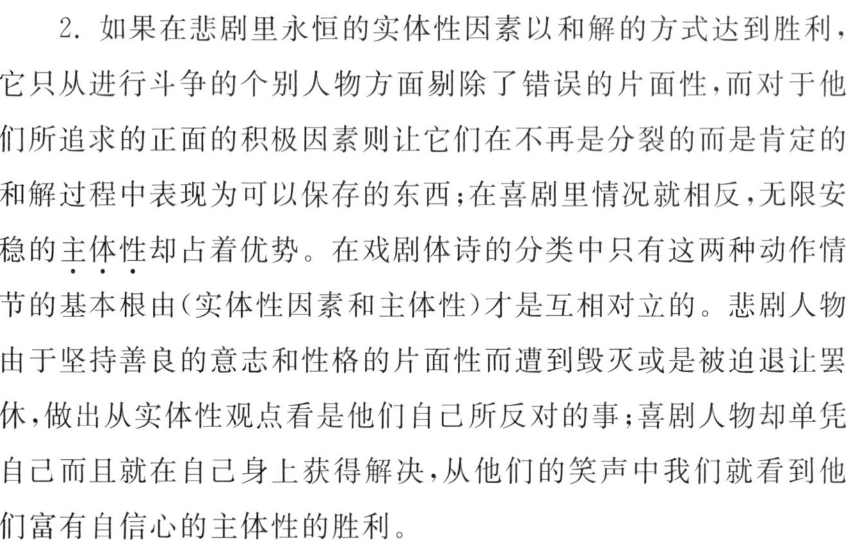

2. 如果在悲剧里永恒的实体性因素以和解的方式达到胜利，它只从进行斗争的个别人物方面剔除了错误的片面性，而对于他们所追求的正面的积极因素则让它们在不再是分裂的而是肯定的和解过程中表现为可以保存的东西；在喜剧里情况就相反，无限安稳的**主体性**却占着优势。在戏剧体诗的分类中只有这两种动作情节的基本根由(实体性因素和主体性)才是互相对立的。悲剧人物由于坚持善良的意志和性格的片面性而遭到毁灭或是被迫退让罢休，做出从实体性观点看是他们自己所反对的事；喜剧人物却单凭自己而且就在自己身上获得解决，从他们的笑声中我们就看到他们富有自信心的主体性的胜利。

2a) 所以喜剧的一般场所就是这样一种世界：其中人物作为主体使自己成为完全的主宰，在他看来，能驾御一切本来就是他的知识和成就的基本内容；在这种世界里人物所追求的目的本身没有实质，所以遭到毁灭。例如在一个实行民主制度的民族中，如果公民们都自私，爱争吵，轻浮，好虚荣，没有信仰和知识，爱说闲话，说大话，这样一个民族就是不可救药的，它只有由于愚蠢而土崩瓦解。这并不是说，每一个没有实体性的动作单凭它的这种空虚就

胜利，这胜利表现于代表理念某一片面的人物的毁灭或失败，而理念(永恒正义)却仍保持住它的普遍效力。黑格尔把悲剧情节看作对立矛盾和冲突斗争的发展过程，这是应该肯定的贡献。他认为导致冲突斗争本身就是一种罪过，冲突的解决必然是和解，悲剧英雄的毁灭都是罪有应得，他们的毁灭就是永恒正义的胜利。这些观点都是错误的，反动的。就辩证法来说，黑格尔的辩证是以"一分为二"开始，却以"合二而一"告终。

联系到悲剧效果，黑格尔援引了亚里士多德的"悲剧引起哀怜和恐惧"的著名论断而加以迁就冲突和解说的解释。恐惧起于看到伦理力量的破坏，哀怜是对受灾祸者的伦理理想的同情。但是黑格尔认为在这两种悲剧情绪之上还有一种更重要的"和解的感觉"，即看到永恒正义胜利的欢慰。

变成喜剧性的。在这方面，人们往往把可笑性和真正的喜剧性混淆起来了。任何一个本质与现象的对比，任何一个目的因为与手段对比，如果显出矛盾或不相称，因而导致这种现象的自否定，或是使对立在实现之中落了空，这样的情况就可以成为可笑的。但是对于喜剧性却要提出较深刻的要求。例如人的罪恶行为并没有什么喜剧性。讽刺在这方面提供了一个枯燥的例证，尽管它用刺眼的颜色描绘出现实世界与善良人应该有的样子之间的矛盾，它毕竟见不出喜剧性。笨拙或无意义的言行本身也没有多大喜剧性，尽管可以惹人笑。一般说来，没有比惯常引人笑的那些事物显出更多的差异对立。人们笑最枯燥无聊的事物，往往也笑最重要最有深刻意义的事物，如果其中露出与人们的习惯和常识相矛盾的那种毫无意义的方面，笑就是一种自矜聪明的表现，标志着笑的人够聪明，能认出这种对比或矛盾而且知道自己就比较高明。此外也还有一种笑是表现讥嘲、鄙夷、绝望等等的。喜剧性却不然，主体一般非常愉快和自信，超然于自己的矛盾之上，不觉得其中有什么辛辣和不幸；他自己有把握，凭他的幸福和愉快的心情，就可以使他的目的得到解决和实现。头脑僵硬的人却做不到这一点，在他的行为仪表显得最可笑的地方，他自己却一点也笑不起来。

2b）关于可以成为喜剧动作对象内容，我在这里只约略谈几点带有普遍性的项目。

第一，喜剧的目的和人物性格绝对没有实体性而却含有矛盾，因此不能使自己实现。例如贪吝，无论就它所追求的目的来看，还是就它所采取的卑鄙手段来看，都显出它本身根本是无意义的。事实上贪吝者把财产的死的抽象标志即金钱看作再现实不过的东西而死守着它,而且放弃一切其它具体的使人满意的东西,来追求这种无聊的享受;同时因为他在目的和手段上都毫无力量去防御阴谋诡计和拐骗之类,也就不能达到他的目标。但是贪吝者如果认真地把这种本身空虚的内容看作他的生活的全部意义,把自己的主体性和这种内容紧密结合成为一体,以至如果这块垫脚石从他脚底下被抽掉,而他愈要坚守这块垫脚石,他也就会愈痛苦地倒塌下去。像这样一种情况就缺乏真正的喜剧核心。凡是一方面情况应引起痛感而另一方面单纯的嗤笑和幸灾乐祸都还在起作用的地方,照例就没有喜剧性。比较富于喜剧性的情况是这样:尽管主体以非常认真的样子,采取周密的准备,去实现一种本身渺小空虚的目的,在意图失败时,正因它本身渺小无足轻重,而实际上他也并不感到遭受到什么损失,他认识到这一点,也就高高兴兴地不把失败放在眼里,觉得自己超然于这种失败之上。

其次是一种与此相反的情况:个别人物们本想实现一种具有实体性的目的和性格,但是为着实现,他们作为个人,却是起完全相反作用的工具。因此那种具有实体性的目的和性格就变成一种单纯的幻想,对他们自己和对旁人却造成一种假象,仿佛所追求的确有实体性的外貌和价值。但是正因为这是假象,它就造成了目的和人物以及动作和性格之间的矛盾。这就使所幻想的目的和性格不能实现。亚理斯陀芬的喜剧《妇女专政》就是一个例子,在这部作品里,想建议建立一种新政体的妇女们还照旧保留妇女们的全部情趣和情欲。

此外还有第三种情况,即运用外在偶然事故,这种偶然事故导致情境的错综复杂的转变,使得目的和实现,内在的人物性格和外在情况都变成了喜剧性的矛盾而导致一种喜剧性的解决。

2c）但是喜剧性既然一般都自始至终要涉及目的本身和目的内容与主体性格和客观环境这两方面之间的矛盾对立，喜剧动作情节比起悲剧动作情节就更为迫切地需要一种解决了。这就是说，在喜剧动作情节里绝对真理和它的个别现实事例之间的矛盾显得更突出更深刻。

在这种喜剧性解决之中遭到破灭的既不是实体性因素，也不是主体性本身。

因为作为真正的艺术，喜剧的任务也要显示出绝对理性，但不是用本身乖戾而遭到破灭的事例来显示，而是把绝对理性显示为一种力量，可以防止愚蠢和无理性以及虚假的对立和矛盾的现实世界中得到胜利和保持住地位。例如亚理斯陀芬对雅典人民生活中真正符合伦理的东西，真正的哲学和宗教信仰以及优美的艺术，从来就不开玩笑，他开玩笑的对象只是雅典民主制度下的一些流弊，例如古代信仰和古代道德的败坏、诡辩、悲剧中的哭哭啼啼、无聊的闲言蜚语和争辩之类。这些正是与当时政治，宗教和艺术的真理相抵触的。亚理斯陀芬所描绘出来的也正是这些东西，他使我们看到这类蠢人所干的蠢事，以自作自受的方式而得到解决。只有到了我们这个时代才有考茨布这样的喜剧家把卑鄙写成美德，使应该毁灭的东西得到涂脂抹粉而维持住地位。

但是单纯的主体性在喜剧里也不应遭到破灭。尽管喜剧所表现的只是实体性的假象，而其实是乖戾和卑鄙，它却仍然保持一种较高的原则，这就是本身坚定的主体性凭它的自由就可以超出这类有限事物（乖戾和卑鄙）的覆灭之上，对自己有信心而且感到幸

福。喜剧的主体性对在实际中所显现的假象变成了主宰。实体性的真正实现在喜剧世界里已消失掉了。如果本身没有实质的东西消灭了它本身的假象存在,主体性在这样的解决中就仍然是主宰,它自己仍然存在着,并没有遭到损害,所以倘佯自得。[①]

3. 处在悲剧和喜剧之间的是戏剧体诗的第三个主要剧种。这个剧种没有多大的根本的重要性,尽管它力求达到悲剧和喜剧的和解,或至少是不让这两方完全对立起来,各自孤立,而是让它们同时出现,形成一个具体的整体。

3a) 例如古代的林神戏[②]就属于这一类,其中主要动作虽不是悲剧性的却仍然是很严肃的,至于林神的合唱却是用喜剧的方式来处理的。悲喜混杂剧也可以列入这一种。普劳图斯[③]在《安斐屈若》里提供了一个实例,这在序曲里由交通神向观众念出这样一段诗:"你们为什么皱眉头呢?因为我预告过演的是一部悲剧吗?我是一位神,如果你们情愿,我可以把悲剧彻底改掉,把悲剧改成喜剧,还用完全同样的诗句,我要把它改成一种悲喜混合剧。"他对这种混合找到了一个理由,说一方面走上舞台发出动作的角色之中有神们也有国王们,另一方面奴隶莎西亚却是一个喜剧性的人

① 第二段三小节说明喜剧主角所追求的不是真正有意义有价值的东西而是虚妄和卑鄙的东西,所以结局必然失败,但是他有能驾御喜剧世界的信心,而且在失败时认识到他所追求的是假象,失败对他并无损失,所以乐意地接受失败,一笑置之。黑格尔在这里指出喜剧性和可笑性是两个不同的审美范畴。

② 林神戏(Satyrspiel):林神是酒神随从,林神戏一般是半讽刺半诙谐的,林神在其中并不是主角,只组成合唱队。

③ 普劳图斯(Plautus)公元前三世纪罗马的主要喜剧家。《安斐屈若》的主角安斐屈若是忒拜国王子,和玛西尼国公主阿尔克弥娜订了婚。天帝宙斯却爱上了这位公主,趁王子出去打仗,乔扮王子去和她结了婚,生下了大力神赫库勒斯。

物。在近代戏剧里，悲剧性和喜剧性就更多地交错在一起了，因为原来在喜剧是自由发挥作用的主体性原则在近代悲剧中也一开始就成为首要的原则，而伦理力量的内容中的实体性因素反而被挤到次要地位了。

3b）但是把悲剧的掌握方式和喜剧的掌握方式调解成为一个新的整体的较深刻的方式并不是使这两对立面并列地或轮流地出现，而是使它们互相冲淡而平衡起来。主体性不是按喜剧里那种乖戾方式行事，而是充满着重大关系和坚实性格的严肃性，而同时悲剧中的坚定意志和深刻冲突也削弱和刨平到一个程度，使得不同的旨趣可能和解，不同的目的和人物可能和谐一致。特别是近代戏和正剧就是由这种构思方式产生出来的。这种原则的深刻处在于它根据的观点是：尽管各种旨趣，情欲和人物性格现出差异和冲突，通过人类的行动，毕竟可以变成一种协调一致的实际生活。古代就已有过一些悲剧，采取了与此类似的结局，其中个别人物们并没有被牺牲，而是把自己保全住了。例如埃斯库洛斯的《复仇的女神们》里①，最高法庭判决了阿波罗和复仇的女神们都有受到崇拜的权利。在《斐罗克特》里情形也是如此。尼阿托勒牟斯和斐罗克特之间的冲突也由于赫库勒斯的神诏和劝告而得到了解决，言归于好，同去攻打特洛伊。② 不过这次和解不是由于双方的内因而

① 在这部悲剧里，主角俄瑞斯忒为报父仇，杀死自己的母亲，复仇的女神要惩罚他，阿波罗却要营救他，劝他逃到雅典娜女神庙里求庇护。雅典娜女神下令叫雅典最高法庭判这件案，最高法庭判决俄瑞斯忒免罪，复仇女神们和阿波罗都可以各有祭坛，受人礼拜。

② 斐罗克特事迹已见第一卷 287 页注②。

是由于神诏之类外来力量。在近代戏剧里,和解的根源却在个别人物们本身,他们通过自己的动作过程,就达到冲突的解决以及目的和性格的妥协。在这方面歌德的《伊菲琪尼》就是近代戏的典范,比他的《塔梭》还更典型。[①] 在《塔梭》里,一方面塔梭与安东尼的和解毋宁说是感情方面事,起于塔梭的主观认识,他承认安东尼有他自己所没有的对人生的真正认识;另一方面塔梭在和现实生活和社会习俗发生冲突中所坚持的那种理想生活的权利获得观众的赞许主要地也只是主观的,至多也只是诗人对塔梭的宽恕和同情。

3c) 但是大体说来,这种中间剧种的界限有时比悲剧和喜剧的界限较为摇摆不定,有时有越出真正戏剧类型而流于散文的危险。由于须通过分裂对立而达到和平结局的冲突双方一开始就不像在悲剧里那样尖锐地对立,因此诗人就很容易倾向于尽全力去描绘人物性格的内心生活,把情境的演变过程变成只是这种描绘的手段;否则就是过分重视时代情况和道德习俗之类外在因素。如果这两种办法都太难,诗人就要单凭紧张情节的错综曲折来吸引注意力。大批的近代剧本都属于这一类,它们不大要求写好诗,而更多地要求戏剧性的效果。结果不外两种:或是不大经心诗的好坏而专努力打动单纯的情感,或是一方面提供娱乐,一方面着眼对听众的道德教益,从而在绝大多数情况之下对演员们提供了显

① 《伊菲琪尼》已屡见,在《塔梭》里,歌德写意大利诗人塔梭在厄斯特(I'Este)宫廷中精神苦闷,隐射他自己在魏玛宫廷的情况。

示熟练技巧的机会。①

ii　古代戏剧体诗与近代戏剧体诗的差别

我们划分戏剧体诗为悲剧和喜剧所依据的原则现在对我们划分戏剧体诗的历史发展的基本阶段仍然适用。根据这个原则，戏剧发展过程只有到以动作情节为基础的那些基本阶段都已陆续出现和彻底完成时，才可以展现出来。所以一方面全部构思和创作要揭示出目的，冲突和人物性格中的实体性因素，另一方面要使主体的内心生活和特殊性相成为戏剧的中心点。

1. 我们在这里既不是要写出一部完备的艺术史，就可以把东方戏剧艺术抛开。尽管东方诗和某些种的抒情诗方面也相当发达，东方的世界观却一开始就不利于戏剧艺术的完备发展。因为真正的悲剧动作情节的前提需要人物已意识到个人自由独立的原则，或是至少需要已意识到个人有自由自决的权利去对自己的动作及其后果负责。至于喜剧的出现还更需要主体的自由权和驾御世界的自觉性。这两个条件在东方都不存在，伊斯兰教诗艺的雄伟崇高特别是如此，其中一方面个人的独立性尽管已在积极地发挥作用，可是喜剧表现的尝试还相差很远；另一方面东方人相信实体性的力量只有一种，它在统治着世间被制造出来的一切人物，而且以毫不留情的变幻无常的方式决定着一切人物的命运；因此，戏剧所需要的个人动作的辩护理由和返躬内省的主体性在东方都不

① 这一节说明正剧(Drama)是处在悲剧与喜剧之间的剧种，虽然古已有之，它主要是近代的产物。悲剧与喜剧混合，冲淡了悲剧和喜剧两剧种各自的特色，悲剧人物的意志坚定，喜剧人物的乖戾卑鄙都被刨平了，冲突也不像从前那么尖锐了。

存在。而且抽象的普遍的“太一”愈被视为统治一切的力量，愈不容许有丝毫特殊性相的存在余地，主体服从神旨这一条伊斯兰教教义也就愈抽象。在东方，只有在中国人和印度人中间才有一种戏剧的萌芽。但是根据我们所知道的少数范例来看，就连在中国人和印度人中间，戏剧也不是写自由的个人的动作的实现，而只是把生动的事迹和情感结合到某一具体情境，把这个过程摆在眼前展现出来。①

2. 因此，戏剧体诗的真正起源要在希腊去找。在希腊人中间，自由的主体性这一原则才有可能采取的古典艺术形式第一次获得奠定。不过古典类型中主体性在动作情节中发挥的作用也比较有限，它也只要求人的目的中的实体性内容能现出自由和生气就行。因此，在古代戏剧，悲剧和喜剧中起主要作用的是人物所要实现的那个目的所体现的普遍的实体性因素；在悲剧中是对具体动作情节所意识到的伦理要求以及动作本身的绝对理由，在古代喜剧中所突出表现的至少也是一般的公众利益，例如政治家及其处理国事的方式，战争与和平，人民及其道德习俗，或是哲学的衰颓。因此希腊戏剧对内心状态和人物性格特征的详细描绘以及错综复杂的情节都不能充分发挥作用；戏剧的兴趣也不在个别人物的命运，不在个别特殊细节，而首先在于对不同的人生本质力量之间，即人性中各种神性之间的单纯的斗争和结局的同情共鸣。作为这些力量的代表人物而出现的是悲剧英雄和喜剧角色，不过喜剧人

① 这一节说明戏剧在东方民族中不发达的原因在戏剧须以个人自由独立的意识为前提，而这个前提在古代东方不存在。

物所表现的是现实社会生活中一些基本倾向的颠倒错乱。[①]

3. 在**近代**浪漫型诗中，私人情欲及其满足只涉及某一主体个人的目的，一般是以某一具体人物及其性格在某一种具体情境中的遭遇为主要内容。

从这方面来看，近代诗的兴趣在于人物性格的伟大，这种人物凭他们的想象力或见识和才能，既提高到超出他们的情境和动作情节之上，又显出他们的全部真实的内心生活的丰富。他们往往只是由于环境和所牵涉的纠纷，才显得有可能要遭受到摧残和覆灭，但是由于他们性格本身的伟大，终于获得一种冲突的和解。因此，按照这种掌握方式，动作情节的具体内容并不是伦理的辩护理由和必然性，而是我们兴趣所在的那个具体人物及其关心的事情。从这个观点看，提供主要动机的是爱情和功名心之类，甚至不排除犯罪行为。但是犯罪行为容易导致不易排除的障碍。事实上纯粹的犯罪者，特别是像缪尔纳[②]在《罪行》里的主角那样十足的软弱卑鄙，只会惹人嫌恶。所以这里人物性格首先必须至少在形式上是伟大坚强的，有能力抵挡住一切消极因素，有勇气接受他的命运，既不否认自己所做的事，也不因此就垮塌下来。此外，这种人物也绝不忽视祖国，家庭，王室和王权之类实体性目的。尽管不是着眼到实体性而只着眼到他个人的利益。这些实质性目的在大体上还是向他提供了具体基地，让他按照他个人的性格去在这块基

① 这一节说明古希腊是西方戏剧的发源地。当时人们一方面相信统治世界的是一些实体性的伦理力量，它们具体地体现在人物的性格目的和动作里；另一方面人们已有个人自由独立的意识，要为自己的动作负责。这两条是戏剧的基本前提。

② 缪尔纳(Müllner，1774—1829)德国剧作家，以专写所谓“命运悲剧”著称，只图博取舞台效果。

地上立足和卷入斗争，总之，它们还是对他的意志和行动提供了正式的终极内容。

和这种主体性并行的还有内心世界和外在环境情况两方面的无数特殊细节，动作情节就是在这些特殊细节范围之内生展的。因此，我们在近代戏剧中所看到的不是古代戏剧中的那种简单的冲突，而是丰富多彩的人物性格，离奇的错综复杂的纠纷，令人迷惑的曲折情节，突如其来的偶然事故，这一切都有权到处发挥作用。这种自由泛滥的情况与全剧贯注着重大内容的实体性之间差别就是浪漫型艺术形式与古典型艺术形式之间的差别。

但是尽管有这些明显的放荡不羁的特殊细节，就连从近代戏剧的观点来说，作品整体毕竟还要符合戏剧和诗的特性，一方面要突出某一个坚持到底的冲突，另一方面，特别在悲剧里，要通过具体动作情节的发展过程和结局揭示出一种统治世界的至上威力，无论把这种威力看作神旨还是看作命运。①

iii 戏剧体诗及其种类的具体发展

在上文所讨论的构思和创作的一些基本差别之中还要出现各种剧种之间的差别。这些剧种只有在先后不同的阶段上才达到真正完满的发展。因此，我们在结尾部分还要研究一下这具体形成(发展)的方式。

1. 我们如果按上述理由把东方的戏剧萌芽除开，摆在我们眼

① 这一节说明近代浪漫型戏剧把人物性格提升到首位，实体性内容的作用日渐降低减弱，所以特别着重内心世界和外在世界中的特殊细节和偶然因素，因此戏剧的动作情节变得错综复杂，有自由泛滥的现象。

前达到最完备的阶段的就要算希腊的戏剧体诗。希腊人才第一次清楚地意识到悲剧和喜剧的本质究竟是什么，根据这两剧种对立的看法，把悲剧和喜剧清楚地严格地区分开来，然后在有机的发展过程中，先是悲剧，后是喜剧，都达到完美的高峰。至于罗马的戏剧艺术只是希腊戏剧艺术的一种微弱的回光返照，甚至还比不上后来受过罗马帝国统治的各民族在史诗和抒情诗两方面的成就。现在对希腊阶段进行进一步的研究，我也只能根据埃斯库洛斯和梭福克勒斯悲剧观点以及亚理斯陀芬的喜剧观点约略提出几个要点。①

1a）首先，关于悲剧，上文已经说过，决定悲剧全部组织结构的基本形式就是揭示目的及其内容以及人物性格及其冲突与结局这两方面的实体性因素。

悲剧动作情节的一般基础，也和在史诗里一样，是由当时世界情况提供的，我在上文曾把它称之为英雄时代（史诗时代）的世界情况。只有英雄时代，普遍的伦理力量才以新颖的原始形态作为各种神而出现，因为当时这些伦理力量既没有固定成为国家法律，也没有固定成为道德职责的戒律和教条。这些神所代表的伦理力量或是在他们自己的活动中互相对立，或是显现为凡人自由个性中有生命的内容。如果伦理力量一开始就形成实体性的基础，个别人物要在这个基础上先吐露分裂的萌芽，然后又从这个分裂运动中回到统一，我们面前就有两种不同的动作情节中的伦理因素。

第一种就是这样一种简单的意识：它还把实体只看作尚未分

① 以上说明戏剧体诗起源于希腊，希腊人最初把悲剧和喜剧两种表现方式严格地区别开来，并且使它们达到充分发展。

裂为特殊方面的统一体，还处在未经破坏的平静状态，对自己和对旁人都还是无害的，中性的。这种简单的意识处在崇敬，信仰和幸福的状态，还未经具体化为特殊因素，还只是浑然一体的一般的意识，所以还不能导致具体的动作。它对动作所必然带来的分裂对立感到一种畏惧。尽管它自己寂然不动，它还认识到能由自己定出目的并且使目的实现于行动的那种精神勇气毕竟要比寂然不动较高明；但是它自己不能参与到这种动作里，只能作为背景和旁观者；所以它面对着那些因为较高明而受到崇敬的行动人物只有一个办法，那就是把别人的果决斗争的精力和自己的智慧对象，即伦理力量的实体性理想对立起来。

第二种形式就是个别人物的情致，它驱遣某些发出动作的人物各据伦理原则，和其他发出动作的人物互相对立起来，因而导致冲突。具有这种情致的个别人物既不是我们近代人所说的人物性格，也不是单纯的抽象概念的化身，而是处在这二者之间，表现为坚定的人物，本来是什么样的人，他就做那样的人，没有内心的冲突，也没有摇摆，不承认旁人的异样的情致。就这一点来说，他们所代表的是近代的滑稽态度的反面，他们是一些高尚的绝对明确的人物，只要在某一特殊的伦理力量中找到自己性格的内容和基础的。只有这样各有理由来行动的一些个别人物之间的矛盾对立才形成悲剧性，所以悲剧性只有在人类实际生活中才显得出来。事实上只有人类实际生活中才有这种情况：某一种特殊品质既然形成某一个别人物的实体，他就全心全意地投入到这种实体内容里，使它成为自己的贯串一切的情致。但是享福的神们却不然，他们的本质就是无差别性，他们对与此相反的态度从来不认真对待，而是抱着一种溶解矛盾的暗讽态度，像我们在讨论荷马史诗时已经提到的。①

以上两种形式对于悲剧整体都是同样重要的。一方面是神性的未经分裂的浑整意识，另一方面是斗争的但是仍以神的威力和事业为根据的动作情节，即伦理目的的抉择和实现。这两种形式形成了悲剧的主要因素，在希腊悲剧中就以合唱队和发出动作的人物的形式表现于艺术作品。②

希腊的合唱队的意义在近代才引起很多的讨论，在讨论中发生了一个问题：近代悲剧是否能够和应该沿用合唱队？人们确已感觉到这种实体性的基础的需要，但是没有认识到怎样正确地把它拿来放进近代悲剧里，因为他们没有深刻认识到，从希腊悲剧的观点看，真正的悲剧性究竟是什么以及合唱队的重要性究竟在哪里。从一方面看，根据人们所说的，他们对合唱队的认识大致是这样：合唱队的任务就是对悲剧整体进行冷静的玩索，而发出动作的人物则局限于他们的特殊目的和情境，从合唱队的观感里可以获得评价他们自己性格和动作的标准，正如观众把合唱队看作他们自己在艺术作品中的代表，代表着他们自己对眼前演变过程的观感。这种看法有它的正确的一面，合唱队确定代表一种较高的实体性意识，对虚伪的冲突提出警告，对结局进行思索。尽管如此，合唱队并不是像观众那样只是一个置身局外，袖手旁观，爱高谈道德教训的人物，他们并不是只凭他们的感想才放在剧中的一些干

① 滑稽态度(Ironie)，参看第一卷79页注①。

② 以上说明悲剧和史诗都起于希腊"英雄时代"，指出悲剧中两个主要因素(实体性的伦理力量和个人自由原则)在人们意识中的发展过程。代表实体性因素的是合唱队，代表自由个性的是发出动作的人物。

燥无味的人,与此相反,合唱队所代表的就是带有伦理性的英雄们的生活和动作中的真正实体性;和个别英雄们不同,合唱队代表人民,人民就是丰收的大地,英雄们像是从大地里长出来的花朵和树干,他们的整个的生存是要受这种土壤制约的。所以合唱队在本质上所站的立足点是这样:当时还没有确定的国家法律和固定的宗教教条来对抗伦理方面的纠纷,而伦理力量只有在直接的(自然的)实际生活中才显现出来,而且只有平静生活的平衡才能防止个别人物行动中不同的力量的对立所必然引起的那种可怕的冲突。合唱队使我们意识到这种保证安全的庇护所就在目前。所以合唱队不以实践的方式参与到动作情节里去,不行使什么职权去反对戏剧中互相斗争的英雄们,而只是凭认识下判断,提出警告,表示同情,或是向神们的法律和内在良心的力量申诉,这些力量由想象力表现为一系列的统治世界的神。上文已经说过,合唱队的这种表现方式是抒情的,因为他们既不发出动作,又不像史诗叙述事迹,但是他们同时在内容上也还保持史诗的一种性质,即实体的普遍性,所以他们的抒情方式不同于真正的颂歌而往往较近似凯歌和酒神赞歌。合唱队在希腊悲剧中这样的地位是应该特别强调的。就像剧场本身有它的外在场所,布景和环境一样,合唱队实际上就是人民,也就是一种精神性的布景,可以和建筑中的神庙相比。神庙原来围绕着神像,在我们近代,雕像却在露天里站着,没有神庙作为背景了;近代悲剧也是如此,它用不着合唱队作为背景了,因为它的动作情节不是以这种实体性力量为基础,而是以主体的意志和性格以及事迹和环境的显然外在的偶然因素为基础了。

从这个观点看，如果把合唱队看作一种从希腊悲剧起源时代偶然遗留下来的附赘悬瘤，那就是一个完全错误的看法。合唱队的外在根源当然要追溯到酒神祭典的情况。在酒神祭典中，从艺术观点来看，合唱队的歌唱是主要的项目，到后来才插进去一位叙述者，在中途打断合唱队的歌唱来叙述情节。他由这种叙述者的身份经过演变，后来又提升为正式发出动作的人物。到了希腊悲剧的繁荣时代，合唱队之所以还保存下来，并不是对祭神节和酒神祭典中的一个项目表示尊敬，而是因为合唱队本身就是戏剧动作情节中一个不可缺少的项目，它在发展过程中形式愈来愈优美，内容范围愈来愈宽广。后来悲剧的衰颓主要表现在合唱队的退化上，它变成不再是整体中一个不可分割的组成部分而降低为一种可有可无的装饰品了。从这一点上就可以看出合唱队对动作情节的重要性了。对于浪漫型悲剧来说，合唱队并不合式，浪漫型悲剧并不起源于合唱队，它的内容也另是一回事。所以每次在近代悲剧中援用希腊合唱队的尝试都必然以失败告终。因为浪漫型悲剧的起源要追溯到中世纪的奇迹剧、①道德剧以及滑稽剧，而这些老剧种就已不表现原始希腊意义的动作，也不表现世俗生活和宗教生活中未经分裂的单纯意识现象。骑士风和君主专政时代题材也不宜于用在合唱队里，因为当时人民处在服从的地位，偶尔牵涉到动作情节里站在某一边，也只是为自己个人祸福利害打算。大体说来，只要所用题材涉及个人情欲目的和性格乃至阴谋诡计，合唱

① 奇迹剧起源于基督教，主题都是基督和圣徒的奇迹。

队就不适用。①

与合唱队相对立的第二个主要因素是互相冲突的发出动作的个别人物。在希腊悲剧里造成冲突的根源不是恶意，罪行，卑鄙或是单纯的灾祸，盲目性之类，而是对某一具体行为的伦理的辩护理由。事实上抽象的罪恶本身既无真实性，也不能引起兴趣。但是另一方面人们也不应纯然故意地把一些伦理品质强加于发出动作的人物身上去，他们的辩护理由必须是绝对本质性的。所以像在近代常见的那些犯罪案件，庸碌的乃至自夸道德高尚的罪犯们以及他们关于命运的那套废话在古代悲剧里很少见的，同样少见的是单凭单纯主体方面的旨趣和性格，如统治欲、恋爱、荣誉乃至其它情欲之类去抉择行动，而这类动机只有从个别人物的特殊性格和自然倾向中才找得出辩护理由。但是这种根据目的内容为理由来抉择行动，因为所要实现的是片面特殊的东西，在本身已含有冲突的真正可能性的具体情况之下，就会危害对立人物，这个对立人物也根据他的实际情致坚持和力图实现另一个领域中的伦理原则，从而使同样有辩护理由的一些伦理力量和个别人物之间的冲

① 以上说明合唱队起源于希腊酒神祭典，只有歌唱而无动作。后来加进一个或两个叙述情节的人物，于是才有动作也才有戏剧。悲剧既产生而合唱队仍保留，代表当代人民，从尚未分化的单纯实体意义出发，处在旁观的地位对剧情发展发表抒情性的观感。近代浪漫型悲剧不宜恢复希腊的合唱队，因为它不起源于合唱而起源于中世纪的民间剧种即奇迹剧，重点已移到个别人物性格上，不能代表时代思潮了。

合唱队的作用以及近代剧应否保留合唱队的问题在德国启蒙时代曾引起热烈讨论，歌德和席勒都发表过意见。黑格尔在这些讨论的基础上作了进一步的发挥。合唱队所涉及的不只是形式技巧问题，更重要的是戏剧思想性的问题。我们的社会主义时代的戏剧也偶尔用合唱队，但是更常见的是合唱队的作用由剧中人物兼任，主要原因是剧中人物和剧作者都代表当代人民的思潮而不是站在旁观地位和它对立，像希腊悲剧中的合唱队那样。

突就充分发动起来了。①

这一系列的内容尽管可以有复杂的具体分化，按照它们的性质来说，数量也并不很多。梭福克勒斯继埃斯库洛斯之后处理得最好的主要矛盾都是城邦政权所体现的带有精神方面普遍意义的伦理生活和家庭所体现的自然伦理生活这两方之间的矛盾。城邦和家庭是悲剧所描述的两种最纯粹的力量，因为这两方面之间的和谐和在实际生活中协调一致的行动就构成最完满的伦理生活的现实。我只须提到埃斯库洛斯的《复仇的女神们》，特别是梭福克勒斯的《安提贡》②就可以说明这个道理。安蒂贡尊重家庭骨肉关系和阴曹地府的神，而克里安却只尊重天神宙斯，城邦公众生活和社会幸福的统治力量。在埃斯库洛斯的《伊菲琪尼》、《阿迦门农》、《递献奠酒的女人们》和《复仇的女神们》以及梭福克勒斯的《厄勒克屈娜》等悲剧里我们也看到城邦与家庭之间的类似的冲突。阿迦门农作为国王和统帅，为了希腊人和远征特洛伊大军的利益，牺牲了自己的女儿，因而破坏了父女爱和夫妻爱的关系，而他的妻子作为被牺牲的女儿的母亲，则深心维护这种家庭关系，就使刚回家的丈夫遭到可耻的屠杀去替女儿报仇。国王的太子俄瑞斯特本来尊重母亲，却不得不维护他父王的权利，杀死了亲生母。③

这种内容对于一切时代都会同样发生效力，对它的描述，不同

① 以上说明悲剧第二个主要因素，即导致冲突的个别人物。人物导致冲突并不是由于单纯的罪行或缺点而是各持片面的伦理的辩护理由。

② 参看第一卷280页注①，关于希腊悲剧可参看罗念生译的《埃斯库洛斯的悲剧二种》和《索福克勒斯的悲剧选辑》（人民文学出版社）。

③ 参看第一卷269页注①。

的民族都会同样感到人与人的同情和艺术的同情。①

另一类主要冲突是偏于形式方面的,是希腊悲剧家们特别爱用俄狄普的遭遇来描绘的。最完美的例子是梭福克勒斯所遗留下来的《俄狄普王》和《俄狄普在柯洛诺斯》。这些悲剧所处理的是人凭清醒的意识和自觉的意志所做出来的事与人不是凭意志和自觉而是由神旨的决定所做出来的事这两方面的矛盾,问题在于双方是否都有辩护的理由。俄狄普杀死了父亲,娶母亲做了妻子,在这种乱伦的婚姻关系中生下了儿女,但是他犯了这种罪行是毫不自觉的,不是出于他的意志的。按照我们近代人的较深刻的意识来判断,这种不出于自己的认识和意志的罪行就不应该由当事人自己负责;但是造型的希腊人②却要人为他自己所做出来的事负责,并不把人分成两截,一方面是偏于形式的自觉的主体性,另一方面是客观存在的人。

最后还另有一些次要的冲突,其中涉及个别人物行动与希腊人所了解的命运之间的一般关系或是它与一些特殊情况的关系。

在这一切悲剧冲突中我们首先必须抛弃关于有罪和无罪的错误观念。悲剧英雄们既是无罪的,也是有罪的。如果认为一个人本来有选择余地而他却任意选上了他所做的那件事,只有在这种情况下他才是有罪的。如果这个看法正确,古代那些造型人物就是无罪的;他们从这种性格和这种情致出发去发出动作,因为他们

① 以上说明希腊悲剧中最常见的冲突起于城邦政权与家庭两种不同的伦理关系之间的矛盾。这种基本冲突在任何时代和任何民族中都会引起同情。

② “造型的希腊人”和下文“造型人物”指带有造型艺术特征的古代希腊史诗和悲剧中的人物,提“造型”也是侧重悲剧人物的客观面貌。

正是这种性格和这种情致，这里并无所谓犹疑和抉择。伟大人物性格的力量正在于他们并不进行选择，他们自始至终就完全是他们所愿望和要实现的那种人物。他们本来是什么样的人，就是什么样的人，而且永远如此。这就是他们的伟大处。事实上动作方面的软弱完全由于单纯的主体性和它的内容割裂开来了，因此使性格，意志和目的就不像绝对作为一个统一体生长起来的。这样的个别人物既然没有一个坚定的目的作为他个性中的实体，作为他的全部意志中的情致和力量，而活在他的灵魂里，所以他就左右摇摆，犹豫不决，他的选择也就会是随意任性的。造型人物决没有这种摇摆不定，对他们来说，主体性格和意志的内容之间的联系是不可分割的。推动他们去行动的正是他们自己的在伦理上有辩护理由的情致，而他们辩护这种情致时，就连在他们在互相交锋的动人的雄辩中，也从来不运用倾吐心曲的主观语调和由情欲支配的诡辩，而是作为有修养的客观人物，义正辞严地进行辩论。最擅长于描绘这种人物的深湛，节制和生动优美形象的是梭福克勒斯。但是另一方面，这种孕育冲突的情致却仍把悲剧人物推向破坏性的有罪的行动。对于这种罪行，他们并不愿推卸责任。反之，他们做了他们实际上不得不做的事，这对他们还是一种光荣，说这种英雄犯了不能由他们负责的罪行，这就是莫大的诽谤。对自己的罪行负责正是伟大人物的光荣。他们并不愿引起怜悯和感伤。事实上使人感动的并不是具有实体性的东西，而是主体方面的人格深化，即主体的苦难，他们的坚强性格和本质性的情致是处于统一体的。这种不可分割的协调一致所引起的并不是感伤而是惊羡。悲剧引起感伤是从幼里庇德斯才开始的。

最后,悲剧纠纷的结果只有一条出路:互相斗争的双方的辩护理由固然保持住了,他们的争端的**片面性**却被消除掉了,而未经搅乱的内心和谐,即合唱队所代表的一切神都同样安然分享祭礼的那种世界情况,又恢复了。真正的发展只在于对立面作为**对立面**而被否定,在冲突中互图否定对方的那些行动所根据的不同的伦理力量,得到了和解。只有在这种情况之下,悲剧的最后结局才不是灾祸和苦痛而是精神的安慰,因为只有在这种结局中,个别人物的遭遇的必然性才显现为绝对理性,而心情也才真正地从伦理的观点达到平静,这心情原先为英雄的命运所震撼,现在却从主题要旨上达到和解了。只有牢牢地掌握住这个观点,才能理解希腊悲剧。因此,我们也不应把这种结局理解为一种善有善报,恶有恶报那种单纯的道德上的结果,如常言所说的,“罪恶在呕吐了,道德坐上筵席了。”这里的问题绝对不在返躬自省的人格的主体方面怎样看待善和恶,而在冲突如果已完全发展了,人们就会认识到互相斗争的两种力量获得了肯定的和解,双方还保持住原有的价值或效力。这种结局的必然性也不是一种盲目的命运,即古代人常提到的那种无理性的不可理解的命运主宰;而是命运的合理性(尽管这种合理性还没有显现为自觉的神旨,神对世界及个别人物所预定的终极目的对神和人都还没显现出来),这种合理性就在个别的神和人之上还有一种最高的权力①,它不容许片面的,孤立化的,越出自己权力界限的力量以及它们所产生的冲突可以长存下去。盲目的

---

① 最高的权力指“理性”,即“永恒正义”,亦即黑格尔所谓“命运的合理性”。他虽沿用 Schicksal(命运)这个词,实际上是否定了宿命论。本来这个词在西文里除“命运”的意义以外,还有“遭遇”和“结局”的意思,黑格尔倾向于用后一个意义。

命运却不然，它把个别人物推回到他们的局限去，把他们毁灭掉。这是一种无理性的强迫力量，一种无辜的灾祸，它在观众心灵里引起的不是伦理的平静而是愤怒。①

因此，**悲剧**的和解和**史诗**的和解也有分别。例如在荷马的两部史诗里，主角阿喀琉斯和俄狄修斯都达到了各自的目标，这是理所当然的，但这并不是由于他们的好运气，他们也曾经历过有限生存的苦楚，遭遇过许多困难，损失和牺牲，然后才完成了他们的斗争过程。事实上真理一般都要求在生活过程和事态的客观演变中，就连有限事物的空幻也要跟着显现出来。阿喀琉斯的狂怒平息了，他从阿迦门农那里取回了被夺去的女俘，他向赫克忒报了仇，替挚友帕屈罗克鲁斯举行了葬礼，他被人推尊为最光荣的英雄；但是他的狂怒及其平息却使他失去了最亲爱的朋友；为着帕屈罗克鲁斯的丧命，要向赫克忒报仇，他不得不抛开愤怒，重新投入攻特洛伊城的战斗；他虽然被尊为最光荣的英雄，自己却有早死的预感。俄狄修斯也是如此。他终于回到伊特卡故乡，偿了他的心愿，但是他是孤零零一个人回去的，在多年期待和奋斗之后，精疲力竭，他的伙伴和特洛伊的胜利品都丧失得干干净净了。从此可见这两位史诗英雄都为有限生存的罪过而付了代价，而在特洛伊的毁灭与希腊英雄们的厄运中司命女神都显示了她的威权。但是司

① 结合到人物性格，黑格尔讨论了悲剧人物有罪无罪问题，即对他们的冲突所造成的灾祸应否负责问题。依黑格尔看，就坚持伦理的理想来说，他们是无罪的；就所坚持的只是片面性的因而是错误的伦理理想来说，他们也是有罪的。悲剧的结局是必然的，其所以是必然的，因为它是合理的。黑格尔既驳斥了善恶报应观点，又驳斥了盲目命运观点。悲剧的结局毁灭了坚持片面的伦理力量的个别人物，但恢复了伦理力量的固有效力。这就是理性或永恒正义的胜利。所以它在观众中引起的不是悲伤而是惊赞和心灵的平静。

命女神所体现的是一种古老传统观念的公道,她一般只把太高的降低,通过祸来恢复福与祸的抽象的平衡,只触及有限生存而没有更深的伦理意义。这就是史诗在人世遭遇中所显示的公道,即由单纯的平衡而达到一般的和解。但是更高的悲剧的和解却是一些明确的伦理上的实体性因素摆脱矛盾对立所达到的真正的和谐。这种和谐一致是通过多种方式达到的。我在这里只指出一些主要的。①

首先应该特别提出:说情致的片面性是冲突的真正基础,就等于说这片面性的情致已进入了生动的动作情节而成为某一具体人物的唯一的情致。如果要否定这种情致的片面性,就必须消除那个具体人物,因为他只根据这一个情致发出动作。事实上那个具体人物就只代表一种生活,就不可能作为这一种生活而单独地获得实现,所以他这个人物也就要遭到毁灭。

最完备的发展方式在下列情况下就有实现的可能:互相斗争的个别人物们按照他们的具体生活,每个人都作为整体而出现,所以各自要碰到斗争对方的势力,要损坏对方按照他的生活方式所应尊重的对象。例如安蒂贡生活在克里安政权之下,自己就是一个公主,而且是克里安的儿子希蒙的未婚妻,所以她本应服从国王的命令。另一方面克里安也是父亲和丈夫,他也本应尊重家庭骨肉关系的神圣性,不应下违反骨肉恩情的命令。所以这两个人物所要互相反对和毁坏的东西正是他们在各自生活范围以内所固有

① 以上悲剧的和解要比史诗的和解较高一级。史诗的和解是由恢复福与祸的抽象的平衡而达到的,没有更深的伦理的意义,悲剧的和解则是通过伦理力量的冲突和斗争,消除了斗争双方的片面性,恢复了伦理力量的原来的和谐和统一才达到的,所以是绝对理性的体现。

的东西。安蒂贡还没有欢庆自己的婚礼就遭到死亡，而克里安则丧失了自己的儿子和妻子，儿子因为未婚妻的死而自杀，妻子又为儿子的死而自杀。我对古代和近代的优美的戏剧杰作几乎全都熟悉，每个人也都能够而且应该熟悉，我认为从冲突这一方面来看，《安蒂贡》是其中一部最优秀最圆满的艺术作品。①

但是悲剧的结局也不应总是通过有关人物的毁灭而消除双方的片面性，使双方获得同等的尊敬。例如人所周知的埃斯库洛斯的《复仇的女神们》在结局时俄瑞斯忒和复仇的女神们双方都没有死亡。这些要惩罚弑母罪行和维护骨肉恩情的女神们是和阿波罗对立的，阿波罗要维护家长和国王的尊严和应得的崇敬，曾唆使俄瑞斯特弑母。但是这部悲剧并没有使俄瑞斯特受到惩处，却使阿波罗和复仇的女神们都受到崇敬。从这个裁决的结局中，我们也看得很清楚，希腊人在描绘神们互相争斗时是怎样看待神的。对于实际生活的雅典人来说，神只是维护完全和谐的伦理秩序的力量。当时最高法庭的投票结果，双方的票数相等；代表雅典实体性理想的女护神雅典娜投了最后的决定票，赦免了俄瑞斯忒，但是允许了复仇的女神们和阿波罗双方都可以设立祭坛，受人礼拜。②

其次，在这种来自客观方面的和解之外，平衡也可以是来自主体的，这就是发出动作的人物们终于放弃了自己的片面性。但是既然放弃了他们的实体性的情致，他们就会显得没有性格了，这正是与造型人物的坚定性不相容的。所以个别人物在这里只能屈服

① 参看第一卷 280 页注①。黑格尔把《安蒂贡》放在希腊悲剧的顶峰，因为它最能说明他的悲剧冲突的理论。

② 参看本章上文 3b 注。

于一种更高的力量的意旨和命令,因而就他本人来说,他还是坚持了他的情致,不过遭到一种神把它破坏了。在这种情况下,结子并没有打开,而只是用一种"机械降神"的方式把它抛开了,像在《斐罗克特》悲剧里那样。[①]

最后,比这种凭外因达到的结局较好的是内在的和解,动因就是主体自己,所以已接近于近代悲剧的和解方式了。最完善的古代例证是永远令人惊赞的《俄狄普在柯洛诺斯》。俄狄普在无意中杀了自己的父亲,取得了忒拜国的王位,娶了自己的母亲,这些不自觉的罪行没有使他感到痛苦。但是这位善解谜语的老人终于窥测到自己的从前在暗中发生的遭遇,以恐怖的心情认识自己所处的境地。自己的谜语既已解出,他就像亚当,正当他认识到善恶之分时,他就失去幸福了。这位预见者把自己的眼睛弄瞎了,离开了忒拜国,像亚当和夏娃被逐出乐园一样,从此他这位伶仃孤苦的老人就过着流浪生活了。怀着沉重的心情他到了柯洛诺斯,服从一位神的命令,不听他儿子请他回到忒拜的央求,宁愿让复仇的女神们陪伴他。因此他使自己身上从前的分裂达到和解,净化了自己。他的瞎眼睛又重见光明了,他的肢体疾病也痊愈了,成了接待他作客的城邦的安全保障。[②] 这种在死亡中的大彻大悟,对于他自己和对于我们来说,都显得是在他的个性和人格本身中所达到的和解。有人想在这里发现一种基督教的色彩,把俄狄普看作一个天神保佑的罪人,他在有限生存中所遭到的厄运凭神恩在死亡中得到赔偿了。但是基督教式的和解却是一种灵魂上的大彻大悟,灵魂已

① 参看第一卷262—263页关于斐罗克特的剧情。

② 参看第一卷289页正文和注①。

在永恒幸福的圣泉中受过洗礼，就把自己提升到超越自己的实际生活和所作所为之上，把心本身转化为心的坟墓（这是精神所能办到的事），用自己在尘世间的个性来赎偿自己在尘世间所犯的罪过，然后确信自己处在纯洁的永恒精神幸福中，受不到尘世罪过的侵袭。至于俄狄普的大彻大悟却不是这样，它只是从伦理力量互相冲突和破坏中恢复到这些伦理力量的统一与和谐那种古代人的和解意识。①

在这和解里还有一个因素，就是主体方面的满足感，从此我们就可以转到与悲剧对立的喜剧领域。

2. 我们已经说过，喜剧性一般是主体本身使自己的动作发生矛盾，自己又把这矛盾解决掉，从而感到安慰，建立了自信心。因此喜剧用作基础的起点正是悲剧的终点：这就是说，它的起点是一种绝对达到和解的爽朗心情，这种心情纵使通过自己的手段，挫败了自己的意志，出现了和自己的原来目的正相反的事情，对自己有所损害，却并不因此灰心丧气，仍旧很愉快。但是另一方面，主体之所以能保持这种安然无事的心情，是因为他所追求的目的本来就没有什么实体性，或是纵然也有一点实体性，而在实质上却是和他的性格相对立的，因此作为他的目的，也就丧失了实体性；所以现时遭到毁灭的只是空虚的无足轻重的东西，主体本身并没有遭

① 以上通过梭福克勒斯的《安蒂贡》和《俄狄普在柯洛诺斯》（黑格尔最推尊的两部理想的悲剧）以及埃斯库洛斯的《复仇的女神们》为例证，说明希腊悲剧中几种不同的和解方式。一种像《安蒂贡》是代表不同伦理力量的人物通过冲突斗争，在所遭受的灾祸中否定了各自的片面性而恢复到伦理力量的和谐与统一。这是黑格尔所认为最理想的。另一种像《复仇的女神们》是通过神诏这种外因来达到和解的，斗争双方都没有遭到毁灭。黑格尔认为这不如通过人物的内因而达到和解的《俄狄普在柯洛诺斯》，主角通过对自己罪行和尘世生活的大彻大悟，抛弃过去，重新做人。

受什么损害,所以他仍安然站住脚。

我们从亚理斯陀芬的作品里所认识到的希腊古典喜剧的概念大体上就是如此。在这方面我们必须把这种喜剧性是由剧中人物本身感觉到的,还是由听众感觉到的,这两层区别清楚。只有前一种才是真正的喜剧性,亚理斯陀芬就是处理这种真正的喜剧性的大师。按照这个观点,剧中人物只有在自己并不严肃地对待严肃的目的和意志时,才把自己表现为可笑的人物。所以对于喜剧人物自己来说,他的严肃就意味着他的毁灭。因为他本来就没有抱定什么较高的具有普遍意义的,而且可以导致严重冲突的旨趣;如果他抱定了这种旨趣,那也只能暴露出他是这样一种性格,凭这种性格的现实存在,就已使他好像在追求的那个目的归于幻灭,从此人们就可以看出他实际上并没有真心真意地要实现那个目的。所以喜剧性更多地出现在社会下层的实际生活中,具有喜剧性的人们本来是什么样,就只能是那么样,不能也不愿改变现状,根本不能有什么真正的情致,可是对自己所作所为却毫不怀疑。他们同时却显得具有一种好像较高明的性格,对投生其中的那种有限生存并不认真重视,超然于有限生存之上,藐视一切挫折和失败,保持着坚定的安全感。亚理斯陀芬让我们看到的正是这种精神上的绝对自由,这种随遇而安,逍遥自在的态度,这种主体方面爽朗心情的世界。凡是没有读过亚理斯陀芬的人就很难懂得人怎能那样轻松愉快。

这种喜剧的题材范围并不必限于对立的伦理,宗教和艺术的领域;古希腊喜剧固然都谨守这些客观的实体性的范围,但是人物的主观任意性,一般情况的乖讹和颠倒错乱,却使本来好像是为追

求某种较高旨趣而发出的动作归于失败了。在这方面亚理斯陀芬展现了丰富恰当的材料，有些是关于希腊诸神的，有些是关于雅典人民的。实际上对神加以人格化，使神具有凡人的个性。这种表现方式及其具体细节就根本不符合神的崇高性格及其意义，因为神并不是凡人，本来没有凡人所有的那些特殊面貌，现在却把这些特殊面强加于神，这就变成空洞妄诞的描绘了。但是亚理斯陀芬所特别爱嘲笑的还是雅典公民的愚蠢，演说家和政治家的暴戾，战争的荒谬，特别是毫不留情地嘲笑攸里庇德斯在悲剧中所倡导的革新倾向。在这些方面他所用的方式都最滑稽而同时却有最深刻的思致。对体现这些宏伟喜剧内容的人物，他一开始介绍他们，就用无穷无尽的幻想和幽默，把他们描写成为傻瓜，使人一看到就知道这种人干不出什么聪明事来。斯屈列什亚德[①]就是这样一个傻瓜，为着要逃债，他去请教哲学家；苏格拉第也是这样角色，他竟接受这个逃债户和他的儿子当学生；酒神也是如此，诗人派他下阴曹地府去找出一个真正的悲剧作家把他带回人间[②]；克里安和希腊的男男女女也都是些傻瓜，他们要从深井里把和平女神捞上来[③]，如此等等。这些人物使我听到的一个基调就是他们愈显得没有能力去实现他们在着手进行的事，也就愈坚信自己有这种能力。傻瓜们都是那样天真的傻瓜，就连在有点头脑时，也要露出一点动机与效果的矛盾，他们都有一种自信，不管客观情况怎样，他们的那股自信

① 斯屈列什亚德(Strepsiades)是亚理斯陀芬的喜剧《云》里一个主角。这部喜剧把苏格拉第作为一个诡辩家而加以嘲讽。

② 见亚理斯陀芬的喜剧《群蛙》，酒神闯进了阴曹地府，要找一个真正的悲剧诗人带回人间，埃斯库洛勒斯和欧锐庇德斯争着要当选，前者得胜。

③ 见亚理斯陀芬的喜剧《和平》，雅典和斯巴达久战不休，一个农民骑甲壳虫上天，去找和平女神，听说她被战神沉到深井里去了，便组织人去捞，居然捞起来了。

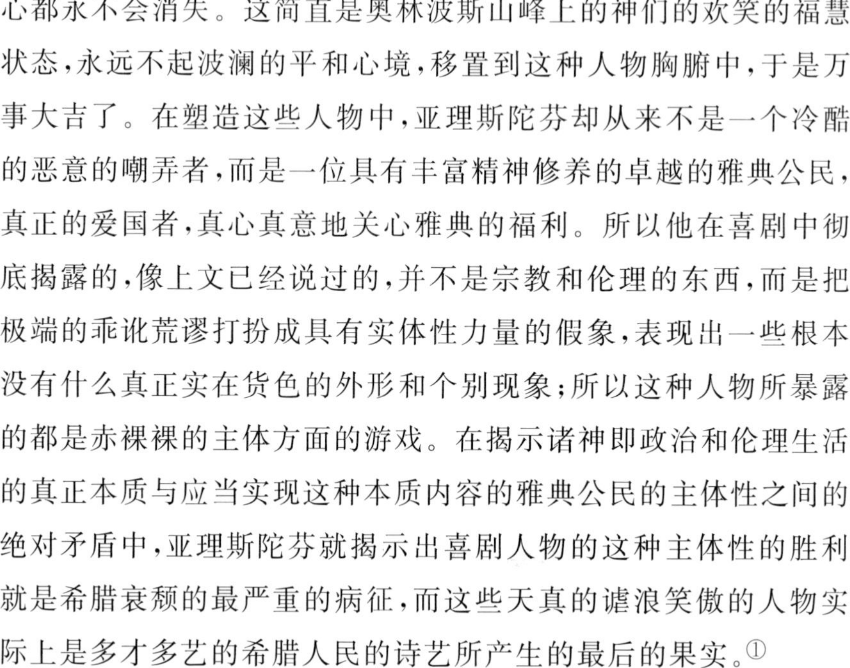

心都永不会消失。这简直是奥林波斯山峰上的神们的欢笑的福慧状态,永远不起波澜的平和心境,移置到这种人物胸腑中,于是万事大吉了。在塑造这些人物中,亚理斯陀芬却从来不是一个冷酷的恶意的嘲弄者,而是一位具有丰富精神修养的卓越的雅典公民,真正的爱国者,真心真意地关心雅典的福利。所以他在喜剧中彻底揭露的,像上文已经说过的,并不是宗教和伦理的东西,而是把极端的乖讹荒谬打扮成具有实体性力量的假象,表现出一些根本没有什么真正实在货色的外形和个别现象;所以这种人物所暴露的都是赤裸裸的主体方面的游戏。在揭示诸神即政治和伦理生活的真正本质与应当实现这种本质内容的雅典公民的主体性之间的绝对矛盾中,亚理斯陀芬就揭示出喜剧人物的这种主体性的胜利就是希腊衰颓的最严重的病征,而这些天真的谑浪笑傲的人物实际上是多才多艺的希腊人民的诗艺所产生的最后的果实。①

2. 在转到**近代**戏剧艺术中,我还是就大体上进一步指出悲剧,普通戏剧和喜剧三方面的一些古与今的重要差别。

2a) 悲剧在古代造型艺术的崇高阶段,仍片面地侧重以伦理的实体性和必然性的效力为基础,至于对剧中人物性格的个性和主体因素方面却不去深入刻画。至于喜剧则用颠倒过来的造型艺

① 这一节是黑格尔对于希腊喜剧的看法。他举亚理斯陀芬为例,说明喜剧的出发点在于人物本身的谑浪笑傲,随遇而安的精神。他所追求的目的或是毫无实体性,或是虽有点实体性,却和他的性格不符合,他这种人根本不能实现这种目的。实际上他对严肃的目的,从来就不抱严肃的态度。他只是在游戏,自己制造矛盾,露出可笑的乖讹和颠倒错乱,自己挫败了自己的意志和行动,也终于自己解决了矛盾。解决的方式是很单纯的。他本来就不曾严肃对待他所追求的目的,目的达不到,对他也毫无损失,所以他跌倒了就爬起来,毫不灰心丧气,一笑置之,仿佛反而增强了自信心。喜剧人物的喜剧性并不仅在对旁人可笑,主要是对自己可笑。黑格尔认为喜剧人物大半来自社会下层。其实西方喜剧一向嘲笑社会下层人物已成了惯例,是一种阶级歧视。

术方式来充分补充悲剧的欠缺,突出主体性在乖讹荒谬中自由泛滥以至达到解决。

近代悲剧却一开始就在自己的领域里采用主体性原则。所以它用作对象和内容的是人物的主体方面的内心生活,不像古典艺术那样体现一些伦理力量。在近代悲剧里,动作情节也通过环境的偶然因素而导致冲突并且决定(或是像在决定)结果。在这方面我们要讨论的有下列几个要点:

第一,人物用作内容去实现的各种目的的性质;

第二,悲剧人物性格本身以及他们所卷入的冲突;

第三,和古代悲剧不同的结局和悲剧和解方式。

1. 尽管浪漫型悲剧的中心点是主体方面的苦难和情欲(用这两个词的本义),人类动作毕竟不能脱离家庭,国家和教会这些领域的具体基础。事实上人一旦发出动作,他一般就要牵涉到一系列的现实特殊事项。但是现在人物的旨趣既然不在上述那些领域的单纯的实体性因素,而是要把它具体分化成多种多样,而且在个别具体分化之中,真正实体性因素就往往被冲淡到使人认不出。此外,这类目的在近代已改变了形状。例如宗教范围的主要题材已不是凭想象把一些伦理力量加以人格化而形成的一些个别的神,和凡人一模一样,体现于人类英雄的情致,作为贯注一切的内容意蕴,而是基督和圣徒之类传记;国家范围的主要题材是君权,封建贵族的势力,各王朝之间或同一王朝各派成员之间的斗争,以及后来的市民私人之间的法权和其它方面的关系;家庭生活中也出现了古代戏剧中所不曾出现的新因素。在上述几个领域里主体性原则既然都要起作用,于是各个领域里都出现了一些新的动机,近代人就有必要把这些新动机当作目的和动作的标准。

另一方面,主体方面的权利既被看成排他性的内容,于是爱情和个人荣誉等等就被选定为唯一的目的,至于其它一切或是只形成主体的外在背景,或是和主体心情处于矛盾对立。意义较深刻的题材是违反正义和罪行,尽管剧中人物不一定就把违反正义和犯罪作为目的,但是为着达到既定的目的,他就不避免这些。

第三,跟这种个性化和主体性相对立,人物所抱的目的有时也可能具有普遍意义和涉及较广泛的内容,有时也可能被主体看作本身具有实体性而力图实现。关于前一情况的例子我想举歌德的《浮士特》这部绝对哲学悲剧。这里一方面是对科学知识的失望,另一方面又有尘世生活享乐的活跃气氛。在大体上这部悲剧企图对主体的有限知识与绝对真理的本质和现象的探索这两方面之间的矛盾找出一种悲剧式的和解。这个主题提供了极其广阔的内容,把这种内容放在同一部作品里处理,除歌德以外,过去还没有一个戏剧体诗人能办到这一点。席勒的卡尔·慕尔[①]也同样攻击当时整个市民社会秩序和整个世界人类生活情况。在这个一般意义上席勒和他那个时代是不同调的。他的《华伦斯坦》[②]也同样涉及一个具有普遍意义的宏伟目的,即德意志的统一与和平。主角不能达到这个目的,因为他所用的那些手段是勉强凑合的,只有外在联系的,正当危急的时候就遭到破坏,不中用了;此外,他的目的不能实现也由于他反抗当时皇帝的威权,皇权的势力就必然要粉碎他的企图。像卡尔·慕尔和华伦斯坦所追求的对世界有普遍意义

① 卡尔·慕尔,席勒的剧本《强盗》中的主角。参看第一卷 248 页及注②。

② 《华伦斯坦》,参看第一卷 249 页及注③。

的目的一般不是由某一个人物所能实现的，而所采取的办法又是把旁人当作驯服工具，而旁人却要凭多数人的意志来达到他们自己的目的，有意或无意地要反对他。卡尔德隆的一些悲剧作品也可以作为对实体性目的的掌握方式的例证。在这些作品中人物把爱情和荣誉等等所涉及的义务和权利看成和法典一样固定不移。席勒的悲剧人物尽管从完全不同的立足点出发，往往也有同样的看法，认为自己所追求的目的就是为维护普遍绝对的人权而斗争。在他的早年作品《阴谋与爱情》① 里，斐迪南少校要反对当时流行的时髦风尚而维护人的自然权利特别是向波沙侯爵要求一种不可侵犯的人权，即思想自由。

但是大体说来，近代悲剧人物所依据的指导行动和激发情欲的动力并不是目的中的什么实体性因素，而是思想和感情方面的主体性格，他们要力求满足自己性格中的某些特殊因素。就连在上文所引的那些例子里，像追求荣誉和爱情的西班牙悲剧英雄们也是把他们的目的内容看作完全属于主体性格的，所以它们所涉及的权利和义务都直接吻合他们自己深心中的希望。至于席勒的早年作品中对自然和人权的拥护和改良世界的号召都更多地是主体方面的热情和幻想。席勒在晚年作品里固然企图使较成熟的情致发挥效用，那也只是想把古代悲剧的原则在近代戏剧中恢复过来。为着进一步说明古代悲剧和近代悲剧在这方面的差别，我想举莎士比亚的《哈姆雷特》为例。这部悲剧的基本冲突很类似埃斯库洛斯在《递献奠酒的女人们》里和梭福克勒斯在《厄勒克屈娜》里所用的那种冲突。哈姆雷特也是父亲遭到谋杀，母亲改嫁了凶手。

① 《阴谋与爱情》参看第一卷 248 页及注③。

但是希腊诗人们对所处理的这类冲突有一个伦理的辩护理由,而莎士比亚却把这类冲突处理成为一种凶杀罪行,其中母亲是无罪的,所以哈姆雷特复仇,只把矛头针对着行凶的国王,这个凶手身上看不出丝毫值得尊敬的品质。所以真正的冲突不在于哈姆雷特在进行伦理性的复仇之中自己也势必破坏这种伦理,而在他本人的主体性格,他的高贵的灵魂生来就不适合于采取这种果决行动,他对世界和人生满腔愤恨,徘徊于决断,试探和准备实行之间,终于由于他自己犹疑不决和外在环境的纠纷而遭到毁灭。①

2b) 其次,如果从此转到近代悲剧的最重要的一个方面,即人物性格及其冲突,我们可以把我们的出发点总结如下:

古代古典型悲剧中人物的处境大致如下:如果人物抉择了一种唯一符合他们已定型的本质的伦理性的情致,他们就必然要和另一种同样有辩护理由但是互相对立的伦理力量发生冲突;浪漫型悲剧人物却一开始就置身于复杂的偶然关系和情况之中,可以这样行动也可以那样行动,所以由外在情况提供机缘的冲突基本上是由人物性格产生的。人物在他的情欲方面何去何从,并不依据某种实体性辩护理由,而是因为他生下来就是那种性格,就必然要服从那种性格。希腊英雄们在发出动作时当然也依据他们的个性,但是前已说过,这种个性要达到古代悲剧的高度,它本身就必代表一种伦理性的情致,而近代悲剧中人物不管是做了本身有辩护

① 这一节说明近代悲剧不同于古代悲剧,在于目的内容已由实体性的伦理力量转到带有偶然性的人物思想情感的主体性。黑格尔在本章里特别推尊莎士比亚。他对哈姆雷特的性格分析是就歌德的评论作了进一步的发挥。经过英国诗人柯洛芮基以及后来英国哲学家布腊德莱介绍到英国,近百年来在莎士比亚研究中产生了广泛深刻的影响。

理由的事，还是做了违反正义和犯罪的事，都是事出偶然，只取决于自己主体方面的愿望和需要以及外来影响。在这种情况之下，伦理性的目的和人物性格当然也可能融合在一起，不过由于目的，情欲和主体内心生活的个别具体化，这种融合并不能构成悲剧性的深刻和优美所必有的重要基础和客观条件。

关于人物性格本身的差异很难作出带有普遍性的结论，因为它是五花八门的，因此这里只能提出以下几个要点。一眼就可看到的差异是抽象的亦即形式的人物性格与现实世界中活着的具体的人物性格之间的对立。作为抽象人物性格的例证可举法国和意大利的一些悲剧角色。他们都是由摹仿古代悲剧产生出来的，都是爱情、名誉、光荣、权力欲和专制之类具体情欲的人格化。他们的行动和动机乃至情欲的品种和深度都是尽量用宣讲式的堂皇辞藻和精巧的修辞技巧渲染出来的，但是这种展览方式使人回想起的并不是希腊戏剧杰作，而是罗马剧作家辛涅卡[①]的失败的作品。西班牙的悲剧也爱描绘这种抽象的人物性格。但是其中与荣誉，友谊，君权等等发生冲突的爱情本身就极端抽象主观，而且把所涉及的权利和义务分辨得那么斩钉截铁，如果把这种爱情突出成为主体的实体性的旨趣，人物性格就不大可能有充分个别具体化的余地了。不过西班牙悲剧人物往往具有法国悲剧人物所没有完整性（尽管内容不充实）和拘谨的特色。此外，法国悲剧一般很简单冷淡，西班牙悲剧与此相反，会凭巧智去创造一些引人入胜的情境和纠纷，来弥补内心生活的贫乏。

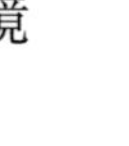

① 辛涅卡（Seneka）公元1世纪罗马哲学家，一位有名的修辞学家的儿子，写过《麦德》、《特洛伊人》、《阿迦门农》之类摹仿希腊戏剧作品的悲剧。

最擅长于描绘比较丰满的人物性格的是英国人,首屈一指的仍然是莎士比亚。纵使主体的全部情致集中在一种单纯的形式的(抽象的)情欲上,例如麦克白的政权欲,奥赛罗的妒忌,莎士比亚也不让这种抽象的情致淹没掉人物的丰富的个性,而是在突出某一种情欲中,使人物还不失其为一个完整的人。莎士比亚在无限广阔的世界舞台中对丑恶和荒谬接触得愈深远,也就愈能使这种丑恶和荒谬的人物显得并不缺乏诗的修养。他赋予这些人物以智力和想象力,通过形象,使他们把自己当作一种艺术品,对自己进行客观的认识性的观照,也就是使他们自己成了自由的艺术家。通过这种魄力充沛的真实的性格描绘,莎士比亚使我们观众对罪犯们乃至极平庸的粗鲁汉和傻瓜也感到津津有味。莎士比亚对悲剧人物的描写方式的特点是:具有个性的、现实的、生动的、高度多样化的。在必要时他们的语言就显得崇高雄壮,显出内心的深度和创造才能,他们一眨眼就来一个形象和比喻。这里有一种修辞术,但不是学院式的修辞术,而是出自人物的真实情感和锐敏观察的修辞术。就描绘直接生活的生动鲜明与伟大心灵的这种统一性来看,近代戏剧体诗人之中很难找到另一个人能和莎士比亚媲美。歌德在早期固然也显出类似的对自然的忠实和描绘特征的细致,但是在情绪的内在魄力和崇高方面终比不上莎士比亚。至于席勒,他也是在勉强造作中失败的,在狂飙似的奔放洋溢中没有抓住真正的内核。①

---

① 以上说明近代悲剧人物本身的第一个差异是抽象的形式的性格与具体的丰满的性格之间的差异。代表抽象性格的是法、意、西、德各国的近代悲剧;代表丰满性格的是莎士比亚的悲剧作品。这里所涉及的正是马克思所强调的莎士比亚化和席勒化的问题。

近代悲剧人物性格的第二个差异是坚定性和摇摆性之间的差异。犹疑不决，反复思索，作一个决定先仔细衡量正反两面的理由，这种弱点在古代就已常出现，特别是在攸里庇德斯的悲剧作品里。不过攸里庇德斯已放弃了希腊早期悲剧在人物和动作情节的描述上所用的那种圆满的造型艺术风格而转到激发主体情绪方面去了。摇摆不定的人物形象在近代悲剧中更经常出现，特别是他们本身有一种双重化的情欲，牵引他们从一个决定转到另一个决定，从一种行动转到另一种行动。我在上文（卷一，第三章“人物性格”这一节）已经谈过这种摇摆性，现在只补充一点：如果悲剧动作情节离不开冲突，同一个人身上出现了分裂，他总会感到为难和犹疑。对立旨趣的分裂有多种原因，有时是神志不清，有时是脆弱和幼稚。在歌德的早年作品中我们还看到魏伊斯林根以及《斯特娜》剧中的斐南多，特别是克拉维哥[①]之类软弱性格。他们是一批双重化的人物，不可能有一种定型的和坚定的个性。另一种情况是人物对自己本有信心，但是碰到两种对立的生活领域或两种对立的义务之类，双方都具有同等的神圣性，而他却被迫要在其中抉择一种而排除另一种。这种情况之下的犹疑不决只是过程中一点曲折，并不是由于神经系统的毛病。此外，还有一种悲剧情况，尽管用心是好的，但在情欲驱遣之下，却被推到与原来目的相反的一个目的上去，例如席勒所写的姜·达克[②]就是如此。在这种情况下，出路只有两条：不是凭自己去克服内心的分裂，恢复平衡，就是由分裂

① 魏伊斯林根是歌德的《葛兹·封·伯力兴根》剧中一个骑士，与葛兹为敌；《斯特娜》是歌德的反映自己爱情遭遇的一部悲剧，克拉维哥是歌德的《克拉维哥》剧中的主角，他为着往上爬而抛弃了所爱的女子。

② 即《奥莲女郎》，参看第一卷 352 页注③。

走到毁灭。如果用这种内心分裂作为悲剧的杠杆,结果就会引起怜悯,苦痛甚至愤怒,诗人最好避免这种主题而不去找它或用它。

但是最坏的情况是把性格乃至整个人的这种摇摆和犹疑不决当作全部悲剧的描述原则,仿佛要证明世间根本没有坚定的人物性格就是真理。这是一种错误的艺术辩证法。某种特殊情欲和情欲所决定的片面性目的固然不能不经过斗争就达到实现,而在实际生活中环境情况和对立人物的压力固然会迫使这种坚持片面性目的的人物体验到这种片面性目的是有限制的,不能坚持的,但是这种出路应该是客观事态发展的必然结局,而不应该当作一种辩证机械一开始就放进人物本身里去发挥作用;如果这样办,代表这种主体性的人物就成了只是一种空洞的不确定的形式,他并没有把确定的目的和确定的性格生动地结合在一起。此外也还有另一种情况,整个人物的内心情况的转变正是他所特有的那种性格本身的必然结果,这就是一开始就潜在于性格本身中的因素现在才显露出来而得到发展。莎士比亚的《李尔王》就是一个例子。这位老人固有的痴顽发展成了疯狂,正如他的忠臣格洛斯托也由精神上的盲目转变成了肉体的盲目一样,直到他认出他的两个儿子中究竟谁孝谁不孝时,他的瞎眼才又睁开,重见光明。——莎士比亚的描绘方式与上述专用摇摆不定,本身分裂的人物性格的方式恰恰相反,他向我们提供了始终一致的坚定的人物性格的范例。这些人物遭到毁灭,正是由于他们坚定顽强,始终忠实于自己和自己的目的。他们并没有伦理的辩护理由,只是服从自己个性的必然性,盲目地被外在环境卷到行动中去,就凭自己的意志力坚持到底,即使他们迫于需要,不得不和旁人对立斗争,也还是把所做的事做到

底，或则说，“一不做，二不休”。本身符合他们性格的那种情欲的苗头，前此没有吐露，现在却出土了：这样一种伟大心灵的生展过程，它的内在的发展，对它跟环境情况所进行的毁灭自己的斗争及其结局的描绘，这就是莎士比亚的许多最能引人入胜的悲剧作品的主要内容。①

3. 我们现在还要谈的最后一个要点涉及近代悲剧人物性格所要趋赴的悲剧结局以及近代悲剧所能达到的悲剧性的和解。在古代悲剧里，悲剧性的和解是永恒正义，作为命运的绝对威力，在主宰伦理的实体与本身独立化的因而互相冲突的特殊的伦理力量这二者之间的协调。由于永恒正义的权力的合理性，我们在看到有关人物的毁灭时仍然感到安慰(庆贺永恒正义的胜利)。近代悲剧里如果也出现类似的正义，这种正义就时而由于人物性格和目的的具体分化而显得比较抽象，时而由于人物坚持要贯彻自己的目的，就不免违反正义和犯罪，这种正义就具有刑法的性质。例如麦克伯、李尔王的两个长女和女婿、理查德三世以及席勒的《阴谋与爱情》里的主席以及许多其他类似的人物都由他们暴戾而受到的应得的惩罚。这种结局通常都是当事人物为实现自己的特殊目的而被置之不顾的那种现实存在的力量所粉碎。例如华伦斯坦是在牢固的皇权基础上撞死的；而毕哥罗米尼老汉为着维护皇权法统，不惜出卖朋友，损害友谊，也受到丧子的惩罚。葛兹·封·伯立兴根也是由于攻击一个有牢固基础的政治制度而一败涂地，而拥

① 以上说明近代悲剧人物本身的第二个差异是摇摆的软弱的性格与坚定的性格之间的差异。前一种的实例是歌德和席勒的早年作品，后一种的实例是莎士比亚的《李尔王》。黑格尔不赞成悲剧用软弱的人物性格。

护这个合法政权的魏伊斯林根和阿德尔海德也由于违反正义和背叛诺言而遭到悲惨的下场①。由于着重人物主体性,近代悲剧还要求当事人物显得和自己的命运达到了和解②。这种和解有时可以是宗教性的,即从内心里认识到尘世的个人肉体的毁灭保证了一种更高的不可毁灭的神福;有时可以是世俗性的,偏于形式的,即人物凭自己的坚强和镇定,虽遭到毁灭也不屈服,面对一切灾难而仍尽全力去保持他的主体的自由。最后,这种和解也可以有较深刻的意义,即承认灾难是由他自作自受的。

此外,悲剧结局有时也可以只是由不利的环境和外界偶然事故所引起的,这种环境和偶然事故只要稍微改变一下,就可能导致圆满的结果。这种情况只能使我们感到近代人物由于性格的具体分化,以及环境和事态的偶合就得听任尘世事物无常性的摆布,接受有限事物的命运。但是这是一种空洞无意义的悲观,它把一切归原到一种可怕的外在的必然性,特别是在我们看到一个高尚优美的心灵在和这种外在的偶然的灾祸进行斗争中遭到毁灭的时候,情况更是如此。事态的这种演变也可以深深地打动我们,但是只能使我们感到阴森恐怖,马上就使我们祝愿外在的偶然事故要能和这种高尚优美人物的内在本质协调一致才好。只有从这个观点看,我们才能在哈姆雷特和朱丽叶的死亡中感到和解。单从表面看,哈姆雷特的死亡是偶然的,由于在他和拉尔提斯角斗中,误换了毒剑。但是事实上在哈姆雷特的心灵深处一开始就已潜伏了死机。有限事物所立足的沙滩并不能使他满意:从他的哀伤和软

① 关于华伦斯坦和葛兹,参看第一卷 249 页正文和注。
② 英译作“当事人物本身还必须显得承认他们的命运是合乎正义的”。

弱，忧愁和愤世嫉俗的表现，我们一开始就看得出他生在这种残暴世界中是一个死定了的人。在死神还没有袭击他以前，内心的厌倦就早已把他撕得粉碎了。朱丽叶和罗密欧两人也是如此，这两朵柔嫩的鲜花都种植在不相宜的土壤里，我们只有哀悼这样一场美好的爱情竟如此可悲地消逝了，就像一枝含苞的蔷薇生在这个偶然世界里还未破蕊，就被狂风暴雨在好心肠好心眼的无力的营救计谋中一扫而空了。落到我们头上的只是一种酸辛的和解感：一种在灾祸中的**不幸超度到极乐世界的过程**①。

2b）正如诗人们用偶然的方式处理剧中人物的死亡一样，他们也可以用偶然的方式处理情节的发展，使情况和当事人物达到圆满的结果，用此来引起我们的兴趣，尽管情况的其它因素并不像会导致这样圆满的结果，幸运至少和灾祸有同等的权利可以出现。如果问题只在幸运和灾祸的差别，我倒比较喜欢幸运或圆满的结果。为什么不该这样呢？我看不出有什么理由说，单纯的灾祸，只因为是灾祸，就胜于幸运的收场，除非世间有那么一些敏感的先生们欣赏的就是苦痛和灾祸，觉得苦痛和灾祸比他们日常看到的那种不太苦痛的情况还更有趣些。如果兴趣就是这样货色，那就大可不必费力把剧中人物弄死，放到兴趣的祭坛上去作牺牲品。

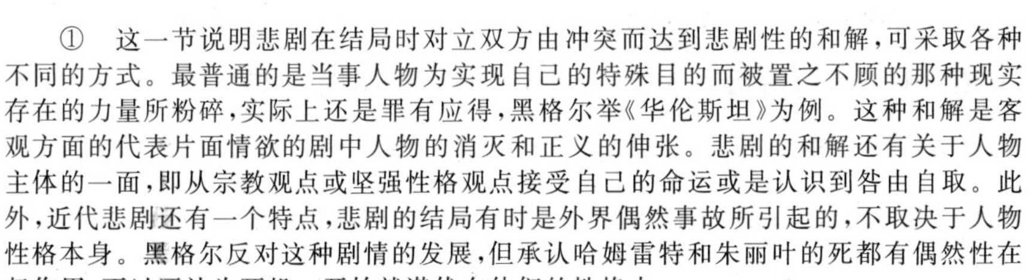

① 这一节说明悲剧在结局时对立双方由冲突而达到悲剧性的和解，可采取各种不同的方式。最普通的是当事人物为实现自己的特殊目的而被置之不顾的那种现实存在的力量所粉碎，实际上还是罪有应得，黑格尔举《华伦斯坦》为例。这种和解是客观方面的代表片面情欲的剧中人物的消灭和正义的伸张。悲剧的和解还有关于人物主体的一面，即从宗教观点或坚强性格观点接受自己的命运或是认识到咎由自取。此外，近代悲剧还有一个特点，悲剧的结局有时是外界偶然事故所引起的，不取决于人物性格本身。黑格尔反对这种剧情的发展，但承认哈姆雷特和朱丽叶的死都有偶然性在起作用，不过还认为死机一开始就潜伏在他们的性格中。

剧中人物本来并不要牺牲自己就可以抛弃他们所追求的目的,或是彼此言归于好,用不着造成悲剧的结局。冲突和解决的悲剧性只有在维护较高理想的时候才有必要。如果没有这种必要,单纯的痛苦和灾难就没有什么辩护理由。这就是介乎悲剧和喜剧之间的普通戏剧和正剧的自然基础。

普通戏剧和正剧的真正的诗的立足点我在上文已经谈过了。在我们德国,这种中间剧种有时以市民生活和家庭范围里动人的情景为主题,有时描绘骑士风,从《葛兹》出现以来就已成为时髦了。它的主要题旨经常是道德的胜利。它往往触及金钱和财产,等级的差别,不幸的恋爱,下层社会小人物的毛病和气质,总之,每天到处都摆在我们眼前的事物,不在舞台上也可以看到,所不同者在这种有道德倾向的剧本里,善人总是胜利,恶人总是遭到谴责和惩罚,否则就是悔过,所以戏剧的和解就在这种道德的结局,使人皆大欢喜。这种戏剧的主要兴趣在于主体方面的观点和心肠的好坏。但是抽象的道德观点愈成为兴趣的中心,结果一方面人物性格所结合的那种情致和目的就愈不是本身具有本质性的,另一方面人物也就愈不能坚持和实现自己的性格。因为如果把一切都归原于道德观点和心肠,在这种主体方面的道德考虑以外,人物性格的其它具体特点或是至少是他的特殊目的的具体特点就不复有支柱了。心肠是可以破裂的,观点是可以改变的。像考兹布的《仇恨人类和忏悔》和伊夫兰的剧本中许多道德场面之类动人的戏剧,严格地说,结局既不能说是好的,也不能说是坏的,因为它经常是恕罪和悔罪。这就涉及革面洗心,脱胎换骨,而这只有高尚性格和伟大心灵才能做到。像考兹布的大多数主角以及伊夫兰的某些主角

都是一些流氓小伙子，二流子之类，本来就什么事也干不了，现在陡然间发誓要“放下屠刀，立地成佛”。这种改变只能是伪善的或表面的。事情只是暂时对付过去的，但是他会抓住头一个机会再走回头路，走到更坏的角落里去。①

2c）最后，关于近代喜剧，这就特别涉及我在上文谈古代喜剧时所已提到的那个带有本质性的重要差别，这就是剧中人物所表现的愚蠢和片面性是逗听众笑还是逗他自己笑的差别。真正的喜剧家亚理斯陀芬的基本原则是喜剧人物逗自己笑。不过在较晚期的希腊喜剧以及罗马时代普劳图斯和特林兹②的作品里所采取的就是对立的方向，专逗听众笑了。近代闹剧把这个倾向又推到极端，以至大多数喜剧作品变成单纯的散文气味的笑柄，甚至刻毒到引起反感。举例来说，法国莫里哀③的一些较精妙的喜剧作品里就有这种毛病。剧中人物都非常严肃地追求他们的目的，这就说明了他们的散文气味。他们用尽了这种严肃态度和热心毅力去追求他们的目的，到结局时发现希望落了空，不能自由自在地接受失败而一笑置之，他们成了受欺骗的人，任人加以恶意的嘲笑。莫里哀的《伪君子》（《塔吐夫》）就是如此，其中真坏人的假面具揭穿了，这并不是逗人笑而是一件相当严肃的事，奥干认识到自己受了骗后，感到受了一场大灾难的痛苦，最后只有借“机械降神”的伎俩来

① 这一节说明介乎悲剧与喜剧之间的正剧一般都宣扬道德的胜利（即善有善报，恶有恶报），所以结局总是圆满的。正剧中的人物一般不能坚决维护什么较高的理想，所以比较容易妥协，即令犯罪，也往往得到宽恕或是表示悔过自新，但是由于性格的软弱，悔过也是虚伪的。黑格尔对这种“中间剧种”相当鄙视。

② 普劳图斯已见本章前注。特林兹（Terenz，公元前194—159）罗马喜剧家，名著有《兄弟们》，《杀自己的刽子手》等。这两人对莫里哀的影响很大。

③ 参看《莫里哀选集》，李健吾译，人民文学出版社出版。

解决,警官最后向他说:

> 不用那样痛哭流泪,阁下,
> 我们的国王恨透了欺诈,
> 他看透了人们的心,
> 一切骗术都骗不过他的眼睛。①

就连莫里哀的《悭吝人》那样顽固的性格也是可厌的抽象品,他那样极端严肃地执着他的狭隘卑鄙的情欲,使他没有可能从这种桎梏里把自己的心灵解放出来,像这种性格没有任何真正喜剧性的因素。

在这种喜剧里弥补缺陷的方式主要是人物性格的精致描绘和剧情发展的巧妙安排所显示出的熟练技巧和高明的巨匠手腕。大多数的情节发展是这样:剧中人物设法欺骗旁人去实现自己的目的,冒充帮助旁人促进他们的利益,而实际上却把他们引上错路,结果是伪装的揭穿导致他自己的毁灭。他的对方往往也使用一种反欺骗的欺骗手段,伪装真正相信行骗者的诚实,把他放在同样受骗的地位:一个骗来,一个骗去,这样就产生出无数顶有趣的颠来倒去的情境。特别擅长于制造这种情境的是西班牙作家们,他们在这方面提供了许多引人入胜的优秀作品。其中内容不外爱情和荣誉之类,这类题材在悲剧中导致深刻的冲突,而在喜剧中却一开始就没有实体性,因而以喜剧的方式遭到了否定,例如骄傲,不愿承认实际久已感到的爱情,而到结局时正由于先不承认而暴露出来。

① 《伪君子》第五幕最后一景。“机械降神”是戏剧情节到了不可开交时就用神来解决困难。这里的国王就执行了机械降神的任务,赦免了罪人。莫里哀在喜剧方面类似席勒在悲剧方面,都是与“莎士比亚化”对立的。

最后，在浪漫型喜剧里，设置和推进这种曲折情节的往往是些奴隶，而在近代喜剧里则往往是仆人和侍婢。这些仆婢们对他们主子所追求的目的本来就瞧不起，只凭自己的利益打算就去帮助或陷害主子，这样就出现一种可笑的场面：主子变成了仆婢，仆婢变成了主人，或是由于外因或明确意图而出现其它喜剧场面。我们观众是知道其中秘密的，在看到可尊敬的父亲或叔伯成为诡计和谎言的牺牲品时，我们就由于察觉这种欺骗中的每一个潜伏的或显露的矛盾而感到很可笑。

一般说来，近代喜剧就以上述方式，时而通过人物性格的描绘，时而通过剧情的喜剧性的曲折纠纷，把喜剧人物及其私人旨趣的偶然的乖讹，可笑的行为，失常的习惯和愚蠢的表现描绘给观众看。这种喜剧里没有亚理斯陀芬的那种爽朗的谑浪笑傲的精神作为和解因素而贯串全部作品使之具有生气了。它们往往使本身恶劣的事情终于获得胜利，这就引起了听众的反感，例如仆人用诡计骗了主人，子弟用诡计骗了父亲和导师，这些老人们本身并没有什么很坏的成见或乖僻的性格，也就没有理由让旁人把他们年老昏聩当作笑柄，牺牲自己来让旁人取乐。

不过除了这种散文气息的喜剧之外，近代世界也发展出一种与此相反的真正符合喜剧和诗的本质的喜剧观点。心情的和悦，接受一切失败和灾祸的谑浪笑傲，在本身愉快的傻瓜丑角的言行和主体性格之中所表现的豪放气概在近代又恢复到喜剧基调的地位，因而表现出深刻，丰满和亲切的幽默精神。尽管在范围上有宽窄之分，在内容意义上有深浅之分，我们在这种喜剧里又看到古代亚理斯陀芬以最完美的方式开创出来的那种喜剧风格。作为这方面的光辉范例,我只想在这结尾部分再一次举出莎士比亚,却不能进行详细的分析。①

到了喜剧的发展成熟阶段,我们现在也就达到了美学这门科学研究的终点。我们原来从象征型艺术开始,其中主体性在挣扎着试图把它本身作为内容和形式寻找出来,把自己变成客观的(表现出来)。进一步我们就跨进了古典型的造型艺术,这种艺术把已认识清楚的实体性因素体现于有生命的个体。最后我们终止于浪漫型艺术,这是心灵和内心生活的艺术,其中主体性本身已达到了自由和绝对,自己以精神的方式进行活动,满足于它自己,而不再和客观世界及其个别特殊事物结成一体,在喜剧里它把这种和解的消极方式(主体与客观世界的分裂)带到自己的意识里来。到了这个顶峰,喜剧就马上导致一般艺术的解体。一切艺术的目的都在于把永恒的神性和绝对真理显现于现实世界的现象和形状,把它展现于我们的观照,展现于我们的情感和思想。但是喜剧把这种精神和物质的同一割裂开来了,于是要外现于现实世界的绝对真理就无法外现了,因为,现实世界中一些旨趣(目的内容)都变成独立自由了,都在受偶然性和主体性支配了,这就破坏了体现绝对真理于有限现实世界的企图了。因此,绝对真理在现实情况下不再和

① 这一节说明近代喜剧的结局大致有三种。一种是法国莫里哀所代表的主角专逗听众笑而自己却极严肃的喜剧,这种喜剧人物的结局大半是假面具的揭穿,他没有真正喜剧人物那种逍遥自在的爽朗精神,不能接受失败或毁灭,所以没有真正的喜剧性,也不能有真正喜剧性的和解。第二种是西班牙人所代表的专以喜剧人物性格的描绘和剧情的巧妙穿插见长的作品,能逗观众笑,因为观众能看出喜剧人物自己所看不出的矛盾,所以感到可笑。但是这两种喜剧都见不出古代喜剧的那种喜剧人物的爽朗精神和丰满性格。具有这种优点的只有莎士比亚的喜剧。

现实生活中的人物性格及其目的达成积极的同一了，而是只以消极的方式发生效力，凡是不符合绝对真理的事物就会否定（消灭）自己，只剩下单纯的主体性在这种否定中还显出安全感和自信心。

这样我们现在就已达到了我们的终点，我们用哲学的方法把艺术的美和形象的每一个本质性的特征编成了一种花环。编织这种花环是一个最有价值的事，它使美学成为一门完整的科学。艺术并不是一种单纯的娱乐、效用或游戏的勾当，而是要把精神从有限世界的内容和形式的束缚中解放出来，要使绝对真理显现和寄托于感性现象，总之，要展现真理。这种真理不是自然史（自然科学）所能穷其意蕴的，是只有在世界史里才能展现出来的。这种真理的展现可以形成世界史的最美好的方面，也可以提供最珍贵的报酬，来酬劳追求真理的辛勤劳动。因为这个缘故，我们的研究不能只限于对某些艺术作品的批评或是替艺术创作方法开出方单。它的唯一目的就是追溯艺术和美的一切历史发展阶段，从而在思想上掌握和证实艺术和美的基本概念。

但愿在这种基本观点上我的这部著作能满足你们的要求。在研究美学这个共同目的上如果你们和我已建立起一种联系，而现在就算结束了，我的最后一个愿望就是美与真这种较高的，不可磨灭的理想的联系，把我们永远牢固地结合在一起。①

① 在这段简短的结束语中黑格尔一方面说明戏剧到了喜剧发展成熟阶段，一般艺术便已解体，因为艺术的任务就在使绝对真理显现于客观现实事物的形象，喜剧情节主要是片面地受到外界偶然事故和主体对某一情欲的追求，已破坏了艺术所要求的绝对真理与现实事物形象的统一。另一方面黑格尔说明了自己用的哲学方法是“追溯艺术和美的一切历史发展阶段，从而在思想上掌握和证实艺术和美的基本概念”，“使美学成为一门完整的科学。”他最后祝愿读者或听众和作者在美与真的理想上建立一种“不可磨灭的联系”。这番话也回答了离开历史发展而追求“美的本质”或“美的概念”的读者们。

译 后 记

黑格尔的《美学》原是作者在十九世纪二十到三十年代在海德堡大学和柏林大学授课的讲义。他死后由他的门徒霍托根据他亲笔写的提纲和几个听课者的笔记编辑成书，于一八三五年出版。本译文根据一九五五年柏林出版的由巴森格重编的新版本。

本译文第一卷早已在一九五九年由人民文学出版社印行。后来译者忙于其它工作，接着在“四人帮”对知识分子实行法西斯专政时期，又搁了十年左右，直到一九七〇年冬才动手续译。译完后把全书(包括已出版的第一卷)从头到尾校改了一遍。除德文版以外，译者参较了英译本(鲍甲葵译的全书绪论部分，奥斯玛斯通译全书)，俄译本(斯托尔卜纳译第一第二两卷，巴波夫补译完全书)和法译本(姜克勒维希译)。原书分三卷，柏林新版合订成一厚册。本译文依英俄法三种译本分四卷，把原来第三卷分为上下两卷。

黑格尔的《美学》是难读的，主要原因在于这部著作是从作者的客观唯心主义哲学体系及其辩证法出发的。这套体系极端抽象和艰晦，而且有很多矛盾和漏洞。抽象艰晦的思想体系就必然表达于抽象艰晦的语言，黑格尔所用的并不是一般德国人所习用的语言。此外，原书既根据提纲和笔记编成，未经作者亲自校改，遗漏、重复和错误就在所难免。英俄法三种译文不但和原文都有些出入，而且在原文艰晦的地方，三种译文彼此悬殊也很大。所以看不懂原文时求救于这些译本，也不一定就能解决问题。译起来既有困难，读起来就不会很容易。

但是难懂并不等于不可懂。如果对黑格尔的哲学体系有一种大致正确的认识，多动点脑筋，《美学》这部著作还是可以读懂的。反过来说，对《美学》的钻研也有助于理解黑格尔的哲学体系，因为《美学》是用艺术发展的具体事例来阐明客观唯心主义及其辩证法的，比起黑格尔的《精神现象学》、《逻辑学》之类著作就较具体易懂。黑格尔在谈具体问题时也能写出简明流畅的文章，《美学》里有不少的章节可以证明这一点。恩格斯在一八九一年十一月写信给康·斯米特说，“为消遣计，我劝你读一读黑格尔的《美学》，如果你对这部书进行一点深入的研究，你就会感到惊讶”。细读《美学》，就可以体会到恩格斯的这句经验之谈，发现这部著作里足供消遣的东西不少，启发深思的东西更多。

对于深入学习马克思主义理论的人，《美学》这部书是值得细读的。在马克思主义以前，西方美学和文艺理论的书籍虽是汗牛充栋，真正有科学价值而影响深广的也只有两部书，一部是古希腊的亚里士多德的《诗学》，另一部就是十九世纪初期的黑格尔的《美学》。在哲学方面黑格尔总结了他以前二千多年的西方思想发展，在美学和文艺理论方面也是如此。马克思、恩格斯早期都属于青年黑格尔派，他们所创立的辩证唯物主义和历史唯物主义是在工人运动蓬勃发展的新形势之下批判继承黑格尔和他的门徒费尔巴哈等人的结果。这一点恩格斯在《费尔巴哈和德国古典哲学的终结》里说得最清楚。马克思、恩格斯在《德意志意识形态》、《神圣家族》、《反杜林论》、《费尔巴哈论纲》以及《费尔巴哈与德国古典哲学的终结》里，对黑格尔哲学体系进行了系统的彻底的批判。关于黑格尔哲学体系应该批判的是什么，这个问题可以说已经基本解决了。至于美学这个领域，马克思、恩格斯早期都极为关心，进行过一些工作，发表过一些卓越的见解。但是由于他们后来转到更重要更迫切的经济学研究和工人运动，虽没有完全抛弃美学和文艺理论，却没有来得及就黑格尔《美学》这部著作进行过系统的批判，或是把他们自己关于美学和文艺理论的一些极其重要的教导加以汇总和总结。后来普列汉诺夫、李夫习兹、路卡契、多列斯和柯赫等人虽作过一些粗浅的尝试，其中不免有些修正主义色彩。① 所以对黑格尔《美学》的批判以及对马克思主义美学和文艺观点与黑格尔《美学》渊源关系的清理工作仍有待于今后的马克思主义者。希望这部《美学》的中译本可以提供一些必要的资料。

译者在本书第一卷译文出版后，即着手编写《西方美学史》，其中第十五章专门介绍了黑格尔的美学基本观点，也试图进行一些粗浅的不完全正确的批判。这些年来一直在思考这方面的问题，日益认识到这项批判工作的迫切必要性和艰巨性。但自量思想水平和暮年精力，都不能把这项工作做好。在这篇译后记中，为一般读者方便起见，只能提供一些掌握黑格尔美学概要的线索。

① 普列汉诺夫对《费尔巴哈与德国古典哲学的终结》作过注释。李夫习兹编过《马克思恩格斯论艺术与文学》，有中译本。多列斯编选过法文本《马克思恩格斯论文艺》，附有长篇序文。路卡契写过长文评介黑格尔的《美学》，作为东德出的一卷本《美学》全书的序论。柯赫著有《马克思主义美学史》，50 年代柏林出版。

一、 客观唯心主义的"绝对"和历史辩证发展的矛盾

《美学》和黑格尔的其它著作一样，最突出的一点是历史发展观点，这也是马克思、恩格斯首先给以高度评价的一点。《反杜林论》里有一段评语说：

> 黑格尔第一次——这是他的巨大功绩——把整个自然的、历史的和精神的世界描写为一个过程，即把它描写为处在不断的运动、变化、转变和发展中，并企图揭示这种运动和发展的内在联系。

较晚的更为人所熟知的论断是在《费尔巴哈与德国古典哲学的终结》里：

> ……精神哲学又分成各个历史部门来研究，如历史哲学、法哲学、宗教哲学、哲学史、美学等等，——在所有这些不同的历史领域中，黑格尔都力求找出并指出贯串这些领域的发展线索；同时，因为他不仅是一个富于创造性的天才，而且是一个学识渊博的人物，所以他在每一个领域中都起了划时代的作用。

这里所说的"运动和发展的内在联系"和"贯串这些领域的发展线索"就是辩证法的线索。黑格尔辩证法的出发点是任何事物都含有本身的对立面或内在矛盾，就是这种内在矛盾在推动事物的发展。这个出发点是马克思、恩格斯所肯定的黑格尔辩证法的"合理内核"。用黑格尔的逻辑术语来说，事物本身和它所含的对立面是"正"与"反"的关系。由于正和反各有片面性，有片面性就不真实。正本身含着反，要为反所否定，反也有片面性，不能静止于反，也要为正所否定。否定不等于消灭，只有消除两对立面的片面性，使正

与反统一于较高一级的肯定，这种“否定的否定”就是“合”，又叫做“对立面的统一”，这比原来各有片面性的正与反就较为真实，就有了发展。但是发展还不静止于此，这低一级的合又变为高一级的正，又有它的内在矛盾或对立面，又要经过否定和否定的否定，上升到更高一层的统一，这种由低级到高级的发展过程是理应不断地进行下去的。

这种辩证法主要有四个优点。第一，它否定了形而上学的静止观点和永恒不变观点，肯定了事物的不断发展。其次，它肯定了发展的推动力是事物本身的内在矛盾，亦即内因，明确地提出了有矛盾就有斗争，有斗争才有发展。第三，它肯定了“凡是现实的都是合理的，凡是合理的都是现实的”，这就是说，一切事物的产生、发展和消灭都有必然性和合理性，因为都是符合辩证规律的。这也就是肯定了凡是合理的就必然变成现实，不合理的现实也必然终归灭亡。第四，它肯定了世界历史发展不断地由低级向高级上升，永远是在向上前进的。这种乐观的看法实际上是达尔文的生物进化论以前的社会进化论。

不过黑格尔在哲学思想上是个承先启后的人物，他虽然有进步的甚至革命的一面，旧时代的保守思想在他身上毕竟留下很深的烙印。这两对立面在他思想上经常在互相矛盾而没有得到真正的解决。单就他的辩证法来说，就有很多这样没有解决的矛盾。第一，他虽承认矛盾冲突斗争是历史发展的推动力，却特别强调妥协调和在解决矛盾中的作用。他从来不承认两对立面斗争中有甲消灭乙或乙消灭甲的可能，而是认为甲和乙各有所长也各有所短，截长补短才有上升的发展。他所谓“否定的否定”实际上是对各有片面性的两对立面各打五十大板。各有所“弃”，各有所“扬”，然后才能达到较高一级的统一或较高一级的真理。他明确地说过矛盾的解决就是调和，他在悲剧论里曾不厌其烦地企图说明这个道理。所以他的辩证法是以“一分为二”（事物本身包含否定自己的对立面）开始，以“合二而一”（两对立面由互相否定而达到妥协性的统一）告终的。其次，他既肯定事物不断发展，却又承认有所谓“永恒正义”和“普遍人性”。第三，他既强调一切现实事物的必然性和合理性，却在这个借口之下歌颂当时普鲁士君主专制。这一切矛盾都是由黑格尔的市民阶级地位和政治态度决定的。他热情地赞扬过法国资产阶级革命，实际上他的思想从这次革命受到了很大的启发。但是到了雅各宾专政时期他就忍受不住了，表现出绝望和徬徨。这个事实就足以说明他的市民阶级的摇摆性和不彻底性。像马克思和恩格斯关于歌德所说的一样，黑格尔还没有摆脱当时德国“庸俗市民”的习气。

黑格尔辩证法的最大矛盾还在于他在肯定事物不断向前发展这个基本原则上发生了摇摆。这个基本原则本是黑格尔辩证法的基本合理内核。恩格斯在《费尔巴哈和德国古典哲学的终结》里曾这样肯定了它：

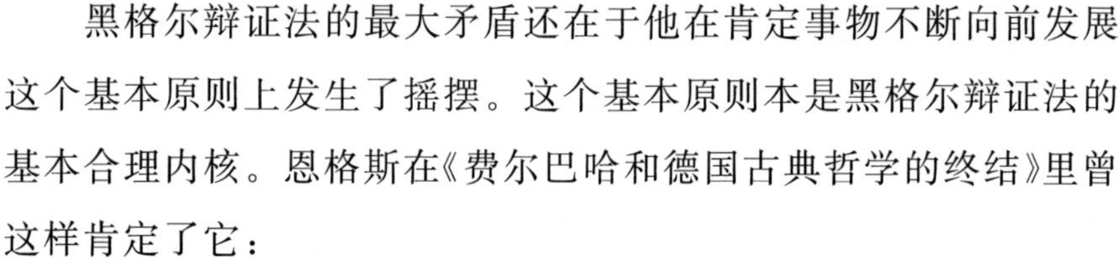

> 这种辩证哲学推翻了一切关于最终的绝对真理和与之相应的人类绝对状态的想法。在它面前，不存在任何最终的、绝对的、神圣的东西；它指出所有一切事物的暂时性；在它面前，除了发生和消灭、无止境地由低级上升到高级的不断的过程，什么都不存在。它本身也不过是这一过程在思维着的头脑中的反映而已。

这是不断发展这个大前提所应得出的结论，这也是马克思主义所得出的结论。但是黑格尔本人并没有得出这样的结论，在他的著作中（包括《美学》在内）到处讲的正是所谓“绝对真理”或“最终的绝对的神圣的东西”。他一方面肯定事物的不断发展，另一方面又认为这种发展达到“绝对”便算达到止境，因为“绝对”就不再有和它相对的对立面，就不能再有辩证发展了。在他的思想体系里，人类精神的发展终止于哲学所认识到的涵盖一切的“绝对”，也就是终止于他本人的哲学体系；在绝对精神表现于艺术的发展终止于浪漫型艺术，也就是终止于十九世纪西方资产阶级中所流行的那种艺术；在绝对精神表现于社会政治的发展终止于启蒙运动所吹嘘的“理性王国”，也就是终止于德国威廉二世的“开明专制”。一句话，世界历史各个领域的发展都在黑格尔时代的德国就已达到了顶峰和终点。

黑格尔何以得出这样荒谬的结论呢？这是理解乃至批判黑格尔哲学体系的关键要害所在。一语道破这个关键要害所在的还是恩格斯，他的话是这样说的：

> 原因很简单，因为他不得不去建立一个**体系**，而按照传统的要求，哲学体系是一定要以某种绝对真理来完成的。

这就是说，黑格尔哲学体系要求一种涵盖一切的“绝对”作为认识的最高峰和终止点，也就是作为历史发展的终止点，就是这个“绝对”或终止点扼杀了黑格尔辩证法本来应有的革命因素，这就是黑格尔哲学体系与辩证法之间不可调和的矛盾。

所谓黑格尔哲学体系就是黑格尔所特有的一种客观唯心主义体系。哲学基本问题是思维与存在的关系，亦即精神与物质或思维主体与客观世界的关系。问题在于:这两个对立面,究竟哪个是第一性,哪个是第二性的?是思维产生存在还是存在产生思维呢?对这个基本问题过去有各种不同的答案,就形成了各种不同的哲学派别。最主要的派别实际上就是唯心主义和唯物主义两家,前者认为"心"或"精神"是第一性的,而后者则认为"物","存在"或客观世界是第一性的。唯心主义又分为主观唯心主义和客观唯心主义两派,前者认为主体认识造成了客观世界,后者认为客观存在的"理"或规律具体化为客观世界。黑格尔属于客观唯心主义而同时又是集过去各种唯心主义之大成的。他的出发点是"精神"或"心灵",不过他所谓"精神"或"心灵"并不是某个人或人类中某一部分人的头脑的作用或活动,而是超然于"有限的"具有肉体的人类之外、弥漫宇宙、涵盖一切的客观存在的"理"或"理念"(Idcc[①])。客观物质世界就是由这"理"外化或具体化出来的。"理"是一般,具体事物是特殊。黑格尔的这种客观唯心主义还是按他的辩证法演化出来的。他认为抽象的普遍的"理"本身中就含有它的对立面即具体的个别事物。这具体个别事物就是"理"所外化的另一体。"理"在未外化为具体事物时,只有抽象的普遍性;事物在未受到"理"灌注生气时,也只有抽象的个别特殊性,都还不算真实,须互相否定、互相成全,才形成算得真实的统一体。每一事有每一事的理,顺辩证发展的上升次第,理与事各有高低等级,到了最高级,便是涵盖一切理与事的"绝对"。未外化为具体事物的抽象的理叫做"概念"。在外化中具体个别事物否定了"概念"的抽象普遍性,事

① 这个词本义是"印象"或"观念",引申为柏拉图的"理式"和黑格尔的"理念",客观唯心主义实际是唯理主义。

物同时也受到概念的否定，二者统一，成为具体的“理念”，理才成为真实的理，事物也才成为真实的事物。“绝对”或最高理念便是万物万理的统一，又叫做“太一”。黑格尔替理念下的定义是：“理念不是别的，就是概念，概念所代表的实在，以及这二者的统一”，就是这个意思。从此可见，黑格尔的客观唯心主义实即唯理主义，其要义是理与事的统一，一般与特殊的统一，亦即思维与存在的统一以及哲学与历史的统一。它否定了康德的不可知论，肯定了一切事物的必然性和合理性以及人类认识的不断发展。

不过这只是问题的一个方面，问题的关键还在于思维决定存在还是思维反映存在。黑格尔不从具体客观现实出发，而从一整套逻辑概念出发，企图从逻辑概念推演出客观世界，实际上是“首足倒置”，显然是与马克思主义的反映论相对立的。马克思在《神圣家族》里用一个简明例子一针见血地驳斥了黑格尔的理念产生客观世界的谬论，他说，“要从现实的果实得出‘果实’这个抽象的观念是很容易的，而要从‘果实’这个抽象的观念得出各种现实的果实就很困难了。”所以上文引过的恩格斯肯定黑格尔的辩证哲学的那句话：“它本身也不过是这一过程（指客观历史发展过程——译者注）在思维着的头脑中的反映而已”，这虽是从黑格尔的辩证发展大前提出发本应得出的结论，而实际上黑格尔却得出了相反的结论。从他的辩证发展大前提得出应得的结论的是马克思主义创始人。

由于这种“首足倒置”，黑格尔既未解决思维与存在关系的问题，也没有真正摆脱康德的不可知论。思维与存在的关系既然“首足倒置”了，而思维所能得到的概念由低级到高级的上升又终止于“绝对”或最高理念。这就对历史发展和人类认识都划了止境。止境以内是“此岸”，一切都仿佛可知，止境以外便是“彼岸”，一切便不可知了。有人说，黑格尔的辩证法只能应用于过去，不能应用于未来，也就是指他把未来划到不可知的“彼岸”。从此可见，黑格尔哲学体系的致命伤就是“绝对”这个概念。这个“绝对”就把他的本来带有革命性的辩证发展观点扼杀了，教人安于现存秩序，对未来极端悲观。辩证发展是无限的，不能说到了时间上某一阶段就达到“绝对”的高峰或终止点。“绝对”与“相对”是统一的，不能离开“相对”而有所谓“绝对”。世界历史不断向前发展，人类认识也就不断提高和深入。这个道理恩格斯在《费尔巴哈与德国古典哲学的终结》里反复阐明过，毛主席在《实践论》里也作过精辟的发挥：

> 马克思主义者承认，在绝对的总的宇宙发展过程中，各个具体过程的发展都是相对的，因而在绝对真理的长河中，人们对于在各个一定发展阶段上的具体过程的认识只具有相对的真理性。无数相对的真理之总和，就是绝对的真理。……客观现实世界的变化运动永远没有完结，人们在实践中对于真理的认识也就永远没有完结。

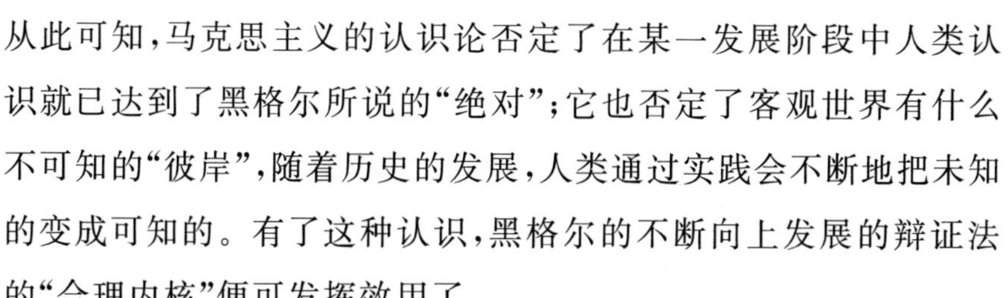

从此可知，马克思主义的认识论否定了在某一发展阶段中人类认识就已达到了黑格尔所说的“绝对”；它也否定了客观世界有什么不可知的“彼岸”，随着历史的发展，人类通过实践会不断地把未知的变成可知的。有了这种认识，黑格尔的不断向上发展的辩证法的“合理内核”便可发挥效用了。

二、《美学》的结构，美的定义："理念的感性显现"，理性内容提到第一位

以上我们费了一些篇幅说明黑格尔辩证法的合理内核与他的

客观唯心主义哲学体系的基本矛盾，因为这是理解和批判黑格尔的《美学》都必须抓住的纲，因为《美学》是他的辩证法和客观唯心主义哲学体系的具体运用。

《美学》是从概念或基本原则出发，来推演出艺术发展具体情况的。第一卷讲的便是艺术美的基本原理。第二卷从艺术类型观点追溯象征型、古典型和浪漫型三种艺术的特征及其历史发展。第三卷从三种类型中代表艺术门类出发，讨论建筑、雕刻、绘画、音乐和诗(包括戏剧)这些门类艺术的特征及其历史发展。原第三卷的论诗部分在本编中划入第四卷。论诗部分特别重要，因为黑格尔认为诗是一切艺术的共同因素，一切艺术里都必有诗，一切艺术发展阶段都必出现诗；诗也是黑格尔本人研究较深的一门艺术，所以论诗部分是《美学》这部著作的精华所在，与第一卷有同等重要性。黑格尔所理解的诗其实就是文学或"语言的艺术"。

黑格尔的全部美学思想都是从艺术用感性形式表现理性内容这一基本原则推演出来的。艺术的特征是美，所以他替美下的定义也就是艺术的定义，原文如下：

> 真，就它是真来说，也存在着。当真在它的这种外在存在中直接呈现于意识，而且它的概念直接和它的外在现象处于统一体时，理念就不仅是真的，而且是美的了。美因此可以下这样的定义：美就是理念的感性显现。

这里"理念"就是"意蕴"，也就是内容；"感性显现"是不假抽象思考而直接呈现于感官的具体形象，也就是形式。这两方面的统一，就成了美的艺术。美必同时是真，但艺术的真与哲学的真不同；哲学的真是凭哲学思维从个别具体事例中推演出普遍原理而得来的；

艺术的真却是直接凭感官从具体形象感知的。这种分别主要来自抽象思维与形象思维的分别，抽象思维属于理性认识，形象思维属于感性认识。黑格尔没有看到感性认识与理性认识的密切联系，把二者划分得过死。仿佛艺术就绝对排除抽象思考，这是近代西方一般唯心主义美学家的通病，这一点下文谈哲学取代艺术时还要谈到。

艺术的首要因素是理性内容，这是黑格尔一贯坚持的。问题在于这种理性内容如何产生，又如何出现于艺术。黑格尔把这种理性内容追溯到他所说的“世界情况”。在他看，一般世界情况就是“艺术中有生命的个别人物所借以出现的一般背景”，是“把心灵现实的一切现象都联系在一起的”，即“教育、科学、宗教乃至于财政、司法、家庭生活以及一切其它类似现象的情况”的总和，总之，一般世界情况就是某特定时代的社会文化背景。一个时代的社会文化背景就形成当时流行的精神方面的“普遍力量”，黑格尔把它称作“神”，也就是一个时代中大多数人所共有的宗教、道德、政治等方面的准则或人生理想。他认为世界情况须结合具体情境，具体化为人物性格，体现于动作，揭开矛盾，导致冲突和解决。普遍力量在人物性格上所形成的主观情绪或人生态度叫做“情致”。“情致”就是“存在于人的自我中而渗透到全部心情的那种理性内容”。这种内容为数不多，就是“恋爱、名誉、光荣、英雄气质、友谊、亲子爱之类的成败所引起的哀乐”。例如莎士比亚的《哈姆雷特》悲剧所表现的“一般世界情况”是文艺复兴时代社会文化背景，“情境”是这位王子的母亲和他叔父通奸，杀害了他父亲，“情致”是王子在企图报仇中在当时流行的人生观和伦理观所形成的

那种错综复杂的心情。在具体情境中,不同的人物性格可以代表不同的理想,例如这人代表政权王法,那人代表家庭骨肉恩爱,就会发生矛盾冲突,推动情节的发展。

三、 在改造自然中实现自我,环境的"人化"和人的"对象化";实践观点的萌芽

马克思和恩格斯说过,"黑格尔常常在思辨的叙述中作出把握事物本身的、真实的叙述",这就是说,他根据客观唯心主义逻辑推演出来的论断往往符合客观事实。他对于文艺反映一定时代社会文化背景的看法就是一个例子。从理念推演出客观世界,这当然是"首足倒置",但其中也还含有一方面的真理。列宁在《哲学笔记》里曾肯定了这一点:"观念的东西转化为实在的东西,这个思想是深刻的,对于历史是很重要的,并且就是从个人生活中也可看到,这里有许多真理"。列宁在这里是从"意识反过来影响存在"或"精神转化为物质"这个马克思主义的观点来看问题的。这个问题涉及黑格尔的主体与客观世界统一的看法,也涉及他对实践与文艺关系的看法,值得特别注意。他在叙述人作为主体与客观世界的关系时说:

> "有生命的个体一方面固然离开身外实在界而独立,另一方面却把外在世界变成为他自己而存在的:他达到这个目的,一部分是通过认识,即通过视觉等等,一部分是通过实践,使外在事物服从自己,利用它们,吸收它们来营养自己,因此在他的'另一体'里再现自己"。"只有在人把他的心灵的定性纳入自然事物里,把他的意志贯彻到外在世界里的时候,自然事物才达到一种较大的单整性。因此,人把他的环境人化了,使那环境可以使他得到满足,对他不能保持任何独立自在的力量。"

人还通过实践的活动，来达到为自己，因为人有一种冲动，要在直接呈现于他面前的外在事物之中实现他自己，而且就在这实践过程中认识他自己。人通过改变外在事物来达到这个目的，在外在事物上面刻下他自己内心生活的烙印，而且发现他自己的性格在这些外在事物中复现了。

这里几段引文代表黑格尔的主客体统一的中心思想，他是从认识与实践的密切关系来考虑这个问题的。人在认识和实践中就和外在世界打成一片，按自己的意志和性格来改变外在事物，使它们变成为自己服务的，这样就使环境人化了，在客观世界上打下人的烙印了。同时人就在这实践过程中认识自己、再现自己、肯定自己。值得注意的是在马克思主义以前，黑格尔已把实践的观点提到重要的地位，马克思在《关于费尔巴哈的提纲》里曾指责费尔巴哈派唯物主义对事物“不从主体方面和实践方面去理解，却让唯心主义抽象地发展了能动的(即实践的、主体的)方面”。这里所说的唯心主义当然也包括黑格尔。他确实开始认识到主体方面实践的重要性，隐约见到马克思所说的“环境的改变和人的活动的一致”。他的美学思想确有实践观点的萌芽，他举过一个浅显的例子，说明艺术如何使人在外在事物中进行自我创造：

例如一个男孩把石头抛在河水里，以惊奇的神色去看水中所现的圆圈，觉得这是一个作品，在这作品中他看出他自己活动的结果。这种需要贯串在各种各样的现象里，一直到艺术作品里的那种样式的外在事物中进行自我创造。

所谓“自我创造”就是“自我肯定”或“自我实现”。马克思在《为〈神圣家族〉写的准备论文》里把这种自我创造和劳动联系起来说：

黑格尔把人的自我产生看作一种过程……这就是说，他看出了劳动

> 的本质，他把对象性的（客观的）人，真正现实的人，看作他自己劳动的产品。

这就是说，他看出劳动的本质在于人在改变自然中产生自己，实现自己。这种思想黑格尔在谈“英雄时代”最适合理想艺术时说得更清楚：

> 英雄们都亲手宰牲畜，亲手去烧烤，亲自训练自己所骑的马，他们所用的器具也或多或少是亲手制造出来的，犁，防御武器，盔甲，盾，刀，矛都是他们自己的作品，或是他们都熟悉这些器具的制造方法。在这种情况之下，人见到他所利用的……一切东西，就感觉到它们都是他自己创造的，因而感觉到所要应付的这些事物就是他自己的事物，而不是在他主宰范围之外的异化了的事物。……
>
> 总之，到处都可见新发明所产生的最初欢乐，占领事物的新鲜感觉和欣赏事物的胜利感觉，……在一切上面人都可以看出他的筋力，他的双手的灵巧，他的心灵的智慧或英勇的结果。……

不过这种重视劳动的思想在《美学》中只偶露萌芽，黑格尔的基本思想还是把人的自我实现看成是“理念”的自生发展或“外化”，所以马克思在上引论文里指出了这个局限性说：“黑格尔只知道而且只承认劳动的一种方式，即抽象的心灵的劳动”。①

四、《美学》作为艺术史大纲：三大历史阶段和三种艺术类型

《美学》不仅是一部美学理论著作，也是一部艺术史大纲。黑格尔把人类文化发展史看作人类精神逐渐征服自然的历史。在原始时代，人类处在蒙昧状态，精神还未醒觉，与自然一样只是“自

① 关于这一节，请参看拙著《西方美学史》“结束语”部分为新版补写的《形象思维：从认识和实践的观点来看》一文。

在”的。文化开始发展以后，人才逐渐有自意识，感觉自己与自然的分别和对立，要凭自己的认识和意志去影响自然、改变自然，这时人才成为不仅是“自在”的，而且是“自为”亦即“自觉”的。精神达到自觉，不但外在事物成为人类认识和实践的对象，而且人本身也由认识的主体变为认识的对象，亦即变为客观存在的一部分。随着文化的发展，人类精神在自觉方面也在发展，主要在于驾驭自然的能力日渐提高。理想的境界是精神能得心应手地运用自然，使精神与自然（亦即主体与客体）融合成为和谐的统一体。艺术处在精神发展中的初级阶段，与艺术对立的是宗教，宗教处在中间阶段，这两对立面的统一便构成最高阶段的哲学。艺术既然是“理念的感性显现”，也就是精神与自然统一的一个事例，因为理念或理性内容来自精神方面，而感性形式来自感官所接触的自然方面。这两方面的关系可以处理得恰到好处，达到理想，也可以有所偏重，时而偏重感性自然即形式方面，时而偏重主体精神即内容方面。黑格尔就根据这些差异把艺术发展分为三种类型，亦即三个阶段。

最初的阶段是象征型艺术。在这个阶段，人类刚摆脱蒙昧状态，精神还没有完全达到自觉，对于理性内容还只有一种朦胧的认识，因而找不到适合的感性形式去表达它，只能采用符号来象征朦胧认识到的精神内容。例如印度婆罗门教的“梵”只是一种没有任何定性的浑然太一，由它本身推演不出任何具体形象来，于是就凭偶然的联系，把牛猴之类动物当作“梵”来崇拜。内容既不明确，就很难说形式对内容是否适合。典型的象征艺术是印度、埃及、波斯等 东方民族的建筑，如神庙、金字塔之类。这种艺术一般是用形式离奇而体积庞大的东西来象征一个民族的抽象理想，所产生的印象往往不是内容与形式和谐的美，而是巨大物质压迫心灵的那种“崇高风格”。总之，象征型艺术在理性内容方面是不明确的，在感性形象方面是不适合的，而二者的结合所用的象征方式是牵强的，所以不符合艺术的理想。这种缺陷终于导致象征型艺术的解体，过渡到较高类型的古典型艺术。①

古典型艺术的特征就在理性内容和感性形象达到了完满的和谐一致，内容中没有什么没有表现出来，而形象中也没有什么不是表现内容的。其原因在于人类已达到完全的自觉，对自己和对客观世界都有了明确的认识。最典型的古典型艺术是希腊雕刻，在希腊雕刻里，神总是作为人而表现出来的。人首先从他本身上认识到神或绝对，人体既是精神的住所，所以也是精神的最适合的感性显现形式。雕刻只表现静态而不表现动作，它所表现的精神一般是静穆和悦的。黑格尔把这种古典型艺术尊为理想的艺术。但是精神是无限的、自由的，而古典型艺术用来表现精神的人体形式毕竟是有限的、不自由的。这种矛盾终于导致古典型艺术的解体和浪漫型艺术的产生。

黑格尔所理解的浪漫型艺术就是从中世纪开始的在基督教统治之下的西方资产阶级的艺术，不限于十八九世纪之交的浪漫运动。在浪漫型艺术里，精神回到它本身，有自意识的人回到他的“自我”，沉没到自己的内心生活中去，因而和外在客观世界对立起

① 象征（Symbolismus）即我国诗论中“比”的一种用法，是文艺用形象思维的一种起点，所以第二卷论象征型艺术部分是研究形象思维的一种重要资料。象征型艺术与原始神话分不开，和近代象征主义流派有关联而实质不同。

来，采取了藐视现实的态度，凭创作主体个人的意志和愿望对客观世界的感性形象任意摆弄，这样就失去了艺术内容与形式两方面应有的和谐一致，同时，由于出发点是自我中心和个人主义，浪漫型艺术中的人物性格就不再像古典型人物性格那样体现伦理、宗教和政治的普遍理想，而只体现主体个人的意志情感和愿望。近代人的灵魂是一种分裂的灵魂。近代艺术中的冲突也主要是人物性格本身分裂的冲突，情感的激动和怅惘，不再有古典型艺术的那种静穆和悦气象。古典型艺术经常避免的罪恶、痛苦、丑陋之类消极现象在浪漫型艺术里却占了很大的地位。

这种精神本身的分裂以及它与客观世界的分裂，依黑格尔看来，不仅要导致浪漫型艺术的解体，而且要导致艺术本身的解体。从此人类就不能满足于从感性形象去认识理念，精神就要进一步脱离物质，专注于精神本身，以哲学的方式去认识理念了。黑格尔虽不曾明说艺术终将灭亡，但他对于艺术的未来是极其悲观的，他的话是这样说的：

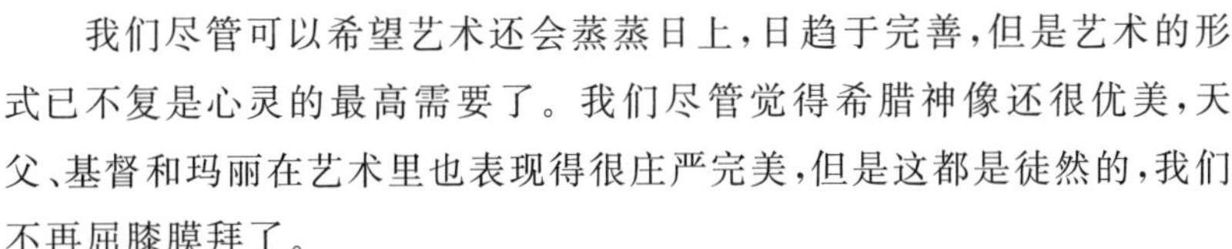

> 我们尽管可以希望艺术还会蒸蒸日上，日趋于完善，但是艺术的形式已不复是心灵的最高需要了。我们尽管觉得希腊神像还很优美，天父、基督和玛丽在艺术里也表现得很庄严完美，但是这都是徒然的，我们不再屈膝膜拜了。

这种声调毕竟是替艺术唱挽歌的声调！

五、 哲学取代艺术说，唯心史观与唯物史观的对立

黑格尔何以把艺术导致死胡同里呢？这是由于他始终只能从

资产阶级的唯心史观看问题，他处在西方资产阶级上升时代，当时资本主义的祸害已开始暴露，在生产关系方面劳资对立日益尖锐化；在生产方式方面日益精密的分工制阻止了个人的全面发展，年复一年地拘守某一零件的机械操作，尝不到创造事物和改变世界的乐趣；在社会关系方面，人，从自私自利的个人主义出发，尔虞我诈，闹得个人与社会完全脱节。这些情况都不利于文艺的发展。关于这一点黑格尔是认识得很清楚的，他对于近代“工业文化”作过如下的描绘：

> 需要与工作（即劳动——译者注）以及兴趣与满足之间的宽广关系已完全发展了，每个人都失去他的独立自足性而对其他人物发生无数的依存关系，他自己所需要的东西或是完全不是他自己工作的产品，或是只有极小一部分是他自己工作的产品。还不仅此，他的每种活动并不是活的，不是各人有各人的方式，而是日渐采取按照一般常规的机械方式。在这种工业文化里，人与人互相利用、互相排挤，这就一方面产生最酷毒状态的贫穷，一方面产生一些富人。

从工业文化中的严格分工，利己的个人主义以及贫富悬殊这些弊病见出资产阶级文艺势必趋于解体，黑格尔大体上是正确的。马克思和恩格斯后来也着重地指出过资本主义社会情况不利于文艺的发展，把这一点看作资本主义必须推翻而代以共产主义的理由，并且展望到在共产主义社会中文艺将达到空前的繁荣。黑格尔却从资产阶级文艺的解体就断定文艺本身也就必然解体。这种论断是不能成立的。首先这种论断就否定了黑格尔本人的辩证发展由低级逐渐上升到高级的观点。象征型艺术和古典型艺术不是也都有过解体阶段而过渡到较高一级的新型艺术吗？何以浪漫型的资产阶级艺术解体之后就不能过渡到更高一级的新型艺术呢？黑格尔的答案是艺术从此就要让位于更高级的精神活动即哲学。他显然忘记了他所奉为理想的希腊古典艺术是和同样繁荣的希腊古典哲学并存过的。他想象不到资产阶级文艺解体之后还会有更高一级的社会主义文艺,和他看不到资本主义社会解体之后还会有更高一级的新型社会,理由是一致的,都要推原到他的唯心史观。这种唯心史观是和马克思主义的唯物史观直接对立的。依马克思主义的唯物史观,推动历史向前发展的首先是经济基础或生产关系的总和,其次是法律的政治的上层建筑,第三是艺术、宗教、哲学、伦理教条和政法观点之类意识形态,是适应经济基础与上层建筑的,虽然也对经济基础起重要的反作用,毕竟是第二性的。几千年来的世界历史发展都证实了这种辩证唯物史观的正确性。黑格尔的唯心史观则与此相反,推动历史发展的不是生产实践和经济基础而是精神基础,历史发展就是抽象概念或人类理想"外化"或"具体化"为客观世界的过程,而这过程终止于绝对理念,如上文已经解说过的。艺术发展之有止境,正因为黑格尔眼中的人类精神的发展有止境。艺术发展在人类精神发展中只处在初级阶段而且是局限于初级阶段的。整部世界文艺史已彻底推翻了这种荒谬的悲以论调。

毛主席教导我们说:"在阶级社会中,每一个人都在一定的阶级地位中生活,各种思想无不打上阶级的烙印。"黑格尔的思想体系的阶级烙印是很明显的。他始终是站在德国具体社会情况下的资产阶级立场来歪曲历史发展的。他继承启蒙运动所鼓吹的理性和自由的余绪,幻想资产阶级的理性和自由这层外衣所掩盖的个人主义在任何时代都是最高准则。他眼看当时资产阶级现实生活并没有所谓理性和自由，而只有个人主义所产生的种种丑恶现象，于是又幻想过去希腊时代曾经有过这种理性的自由。他所景仰的德国诗人席勒曾经把古希腊作为他逃避现实的避风港。他本人也是如此，不但把希腊古典文艺悬为理想，而且认为荷马所写的“英雄时代”（亦即奴隶制开始的时代）的英雄人物性格都以他所说的“独立自足”（亦即自由）为特征。“英雄时代”的好处据说就在社会理想还没有僵化为束缚个人自由的呆板的政法制度和道德信条，个人还可以凭自己的认识和意志去行事，能替自己的行为负责。黑格尔的英雄人物当然只限于奴隶主。即使奴隶主也还要依靠剥削奴隶的劳动。个人“独立自足”这种反社会的口号，在任何社会里都是反动的，而且也不可能成为事实的。

六、 自然美和艺术美的区别

接着还要约略提一下艺术美与自然美是否对立的老问题。黑格尔把他的《美学》看作“艺术哲学”，艺术以外的美当然不在他的讨论范围之内。他并没有完全抹煞自然美。《美学》第一卷第一章就专门分析自然美，而且美的定义“理念的感性显现”中的“感性”因素就属于自然，为艺术表现所必不可少的。不过他轻视自然美却是事实。他说得很明白：

> 艺术美高于自然美，因为艺术美是由心灵产生而且再生的（心灵就自然材料加工，表现为艺术作品——译者注），心灵及其产品比自然及其现象高多少，艺术美也就比自然美高多少。

> 自然美只是属于心灵的那种美的反映，它所反映的只是一种不完全、不完善的形态。

举例来说，荷兰的风景画和风俗画所反映的只是平凡的自然。这种平凡的自然并不是因为它本身有美的价值，而是因为它反映了荷兰人民和自然与外来侵略作过长期英勇斗争才获得自由和繁荣后所感到的欣慰和自豪感。在这个意义上，自然美其实还是一种雏形的艺术美，也必须含有精神因素。黑格尔还认为人类愈向前发展，精神（即心灵）也随之发展，标志之一是自觉性愈来愈高，标志之二是艺术愈来愈降低物质作用，提高精神作用，例如建筑、雕刻、绘画、音乐和诗这些主要艺术门类的演进，就是逐渐贬低物质因素而提高精神因素的过程。关于自然美与艺术美这个久经争论的问题，黑格尔的看法是片面的，毛主席《在延安文艺座谈会上的讲话》中指出，“人类的社会生活虽是文学艺术的唯一源泉，……虽然两者都是美，但是文艺作品中反映出来的生活却可以而且应该比普通的实际生活更高、更强烈、更有集中性、更典型、更理想，因此就更带普遍性。”这才是马克思主义对自然和艺术关系的正确的辩证的看法。从表面看，除第一句以外，上引毛主席的一段话似是黑格尔也会赞同的；但是基本差别正在“唯一源泉”问题。毛主席坚持马克思主义的反映论，认为艺术是反映物质基础的，而黑格尔则坚持他的客观唯心主义，认为艺术中起决定作用的是精神性的“理念”，这正是“首足倒置”。

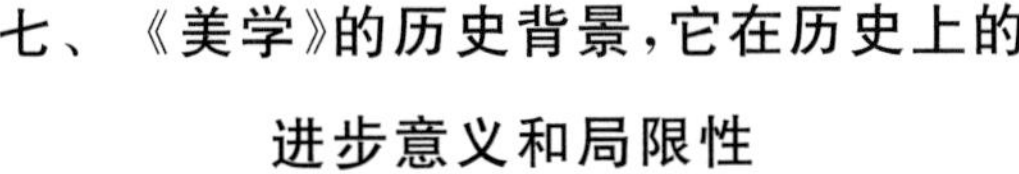

七、《美学》的历史背景，它在历史上的进步意义和局限性

以上是黑格尔思想体系特别是美学思想的一些主要线索，我们看到其中矛盾重重，有成功的方面也有失败的方面，有积极的方

面也有消极的方面。这些都不能孤立地看,须结合当时社会背景来看。黑格尔处在十八和十九世纪之交,在西方历史上是一个大转变、大动荡的时代。最大的事件是法国启蒙运动及其直接后果,法国资产阶级革命。黑格尔从这一伟大时代潮流受到了积极的影响,帮助他形成了辩证发展的历史观和资产阶级的自由和理性的理想。他所出生的德国在政治经济方面都还很落后,在长期封建小朝廷割据纷争之后,普鲁士才开始统一德国,逐渐建成军事帝国。社会基本上还处于封建型,资产阶级还在依附封建力量,极为软弱。农工商各业都远远落后于英法,到十九世纪三十年代即黑格尔死后,德国才开始有大工业和工人运动。黑格尔当然不可能瞭望到未来的工人运动和无产阶级革命。在阶级地位上他属于软弱的资产阶级,但力求迎合普鲁士王国的政治制度和理想。这就说明了他在思想上有很大的保守性和妥协性。在文化方面当时德国处境也很特殊。马克思在《政治经济学批判》导言里在提到物质生产和艺术生产不平衡时说过:“某些有重大意义的艺术形式只有在艺术发展的不发达阶段上才是可能的,……在整个艺术领域同社会一般发展的关系上〔也〕有这种情形”,古希腊是一个例证,近代德国也是一个例证。德国当时政治经济状况尽管很落后,哲学和文艺的繁荣都达到了近代西方的高峰。这种不平衡状态曾引起过一些疑问和争论,其实马克思主义创始人早已作了解答。恩格斯在《德国的局势》一文里是这样说的:

> 一切都已腐朽,衰颓,在迅速崩溃,连最微细的好转希望也没有。……唯一好转的希望在文学。(“文学”和下文“世界文学”都泛指一般文献。——引者)

这就是说，一般德国知识分子在当时社会落后状态之下，只有文化事业一条出路，这方面还有美好的希望。

此外，上述不平衡的发展单在德国本身还得不到完满的解答，还要结合到德国以外的世界情况。马克思、恩格斯在《共产党宣言》里也就世界市场的形成情况对此作了解答：

> 过去那种地方的和民族的自给自足和闭关自守状态，被各民族的各方面的互相往来和各方面的互相依赖所代替了。物质的生产是如此，精神的生产也是如此。各民族的精神产品成了公共的财产。民族的片面性和局限性日益成为不可能，于是由许多种民族的和地方的文学形成了一种世界的文学。

世界文学既已形成，研究一个作家及其作品，不能片面孤立地从他所出生的那个国家和时代着眼，必须研究他所受到的全世界范围的文化及其历史的影响。黑格尔和歌德一样，都是当时德国最渊博而且最敏感的学者，即是说，他受到了世界范围的文化影响既广且深，是文艺复兴的继承人，启蒙运动的参与者，过去西方哲学的集大成者。当时已开始进入帝国主义时代，资产阶级正在进行地理探险和殖民扩张，西方知识分子也日益放眼世界，到处寻求精神食粮，接触到埃及、印度、波斯、中国乃至北美印第安族的文化，进行了大量翻译和介绍。这方面德国学者的贡献是很突出的。民歌和中世纪文物搜集和研究对当时浪漫运动也起了促进作用。文克尔曼、莱辛和希尔特诸人对古代造型艺术（特别是希腊雕刻）的研究掀起了崇拜希腊古典的风气，把十五六世纪文艺复兴运动推进了一步，由此把拉丁古典文艺复兴推进到希腊古典文艺复兴。当时百家争鸣风气空前活跃。例如长达百年之久的古今优劣之争到黑

格尔时代还没有结束。总之,黑格尔是在欧洲政局大动荡,学术空气极浓厚的形势中培育出来的,在哲学、历史哲学、文艺作品及其理论各方面都有比前此学者远较广阔的视野和远较强大的促进动力,否则《美学》这部著作是写不成的。他的成就是历史发展理应达到的结果。

《美学》这部著作的基本矛盾和局限,上文在讨论各个问题中已约略指出,它究竟有没有值得借鉴和批判继承的地方呢?

要解答这个问题,最稳妥的途径是细心钻研马克思主义创始人关于文艺方面的论著。他们都细心阅读过黑格尔的《美学》,对黑格尔进行过深刻的批判,肯定了他"把世界描写为处在不断的运动变化、转变和发展中,并企图揭示这种运动和发展的线索",《美学》就是把艺术描写为辩证发展过程并揭示其发展线索的范例。它不仅是一部美学理论,尤其重要的是一部艺术发展史。他的基本错误在把物质与精神(存在与意识)的关系首足倒置的唯心史观。马克思主义的唯物史观正是由批判黑格尔的唯心史观而吸收其辩证法中的合理内核而建立起来的。在这个意义上,黑格尔对马克思主义唯物史观毕竟是有所贡献的。马克思主义文艺理论中有许多观点都可以溯源到黑格尔的《美学》,例如人在劳动过程中改造客观世界中同时肯定自己和改造自己的实践观点,人的全面发展观点,"外化"[①] 和"异化"观点,资本主义社会不利于文艺发展

① "外化"可能有两个不同的意思,一个是"对象化",即把主体方面的精神因素转化为客观的物质的东西,另一个是"异化"(Entfremdung, Alienation)或"疏远化",私有制就是"异化"的结果,例如劳动产品从工人"异化"到资本家手里;由于分工制,工人得不到全面发展,他本来有的才能遭到了摧残或凋萎,他的劳动本身对他也成为和他自己相对立的"异化"了的活动。到了私有制废除的共产主义社会,"异化"就不再存

的观点，典型环境和典型性格的观点等等都是如此。译者初读马克思的《经济学·哲学手稿》这部对美学极为重要的著作时，深以其艰晦难懂为苦，到译完黑格尔的《美学》以后再读这部手稿，比过去就稍懂得多一点，因此深信学习《美学》有助于深入学习马克思主义文艺理论。当然反过来说，更是如此，即深入学习马克思主义文艺理论就能更正确地理解黑格尔的《美学》。此理愿与美学界同志共参之，作为一种入门练习，不妨把上引黑格尔《美学》关于实践观点的引文和马克思《资本论》第一卷第三编第五章论“劳动”的一段话细心参较一下：

> 劳动首先是在人与自然之间所进行的一种过程，在这种过程中，人凭他自己的活动作为媒介，来调解和控制他跟自然的物质交换。人自己也作为一种自然力来对着自然物质。他为着要用一种对自己生活有利的形式去占有自然物质，所以发动属于身体的各种自然力，发动肩膀和腿以及头和手。人在通过这种运动去对外在自然进行工作，引起它改变时，也就在改变他本身的自然（本性），促使他的原来睡眠着的各种潜力得到发展，并且归他自己去统制。我们在这里姑不讨论最原始的动物式的劳动，……我们要研究的是人所特有的那种劳动。蜘蛛结网，颇类似织工纺织，蜜蜂用蜡来造蜂房，使许多人类建筑师都感到惭愧，但是即使最庸劣的建筑师也比最灵巧的蜜蜂要高明，因为建筑师在着手采用蜡来造蜂房之前，就已经在他的头脑中把那蜂房构成了。劳动过程结束时所取得的成果已经在劳动过程开始时就存在于劳动者的观念中，已经以观念（或理想）的形式存在着了，他不仅造成自然物的一种形态改变，同时

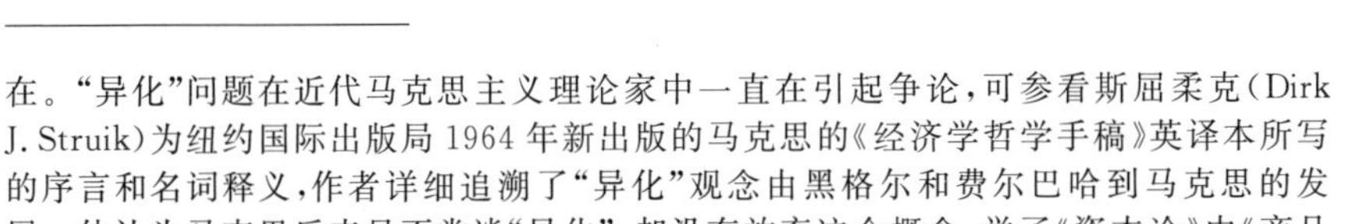

在。“异化”问题在近代马克思主义理论家中一直在引起争论，可参看斯屈柔克（Dirk J. Struik）为纽约国际出版局1964年新出版的马克思的《经济学哲学手稿》英译本所写的序言和名词释义，作者详细追溯了“异化”观念由黑格尔和费尔巴哈到马克思的发展。他认为马克思后来虽不常谈“异化”，却没有放弃这个概念，举了《资本论》中《商品的拜物教》和第三卷引用过“异化”这个词作为例证。

> 还在自然中实现了他所意识到的目的。这个目的就成了规定他的动作的方式和方法的法则(规律),他还必须使自己的意志服从这个目的。这种服从并不是一种零散的动作而是在整个劳动过程中,除各种劳动器官都紧张起来以外,还须行使符合目的的意志,这种活动表现为注意。劳动的内容和进行方式对劳动者愈少吸引力,劳动力愈不能从劳动中感到自己运用身体和精神两方面的各种力量的乐趣,他也就愈需要更多的注意。(参照原文对中译文略有校改。——引者注)

马克思在这里从实践观点出发,把精神的生产活动和物质的生产活动看作是统一的,都是人在改造客观世界,从而体现自己和改造自己的实践过程。因此,这段关于劳动生产的教导不仅限于物质生产,而且也适用于文艺创造。文艺创造活动正如物质生产一样,涉及整个人的精神和身体两方面的各种力量,涉及自我意识,形象思维,也涉及由目的约制的理性考虑;涉及意志和情感,也涉及运动器官以及高度紧张中的聚精会神(即马克思所强调的"注意")。无论是文艺创作还是物质生产都可以产生美感,即"从劳动中感到自己运用身体和精神两方面的各种力量的乐趣"。因此,审美活动绝不限于康德所说的不涉及目的和利益计较,也不涉及理性概念的那种抽象的光秃秃的对于形式的感性观照。如果研究美学的人都懂透了这个道理,便会认识到这种实践观点必然要导致美学领域里的彻底革命,也就会对黑格尔的实践观点的萌芽作出正确估价和批判。

就黑格尔奉希腊古典艺术为理想而对近代资本主义社会的文艺深致不满来说,他似是厚古薄今;但是他认识到每一历史阶段的文艺特征都是历史发展的必然结果,取决于当时"一般情况"和"普遍 力量",希腊古典艺术绝不能在近代复活,所以他明确地反对复

古倒退，反对德国著名诗人克洛普斯托克在近代企图复活已死的北欧原始宗教，赞成歌德用不同的方式来处理希腊悲剧家所用过的材料。

由于从历史发展观点出发，重视每个时代的世界情况和具体情境，黑格尔很少脱离现实。他的文艺观点大半是针对当时资产阶级文艺的流弊而提出的。这特别表现在把内容提到第一位，把形式看成由内容决定的。“理念的感性显现”这个美（即艺术）的定义就含有理性内容决定感性形式的意思。所谓“理性”并不是抽象概念而是与具体形象融成一体的生活理想。对于今天我们社会主义文艺来说，内容决定形式是家喻户晓的大道至理，对于当时西方资产阶级文艺来说，这个提法却是对风靡一世的形式主义和颓废主义痛下针砭的。资本主义一登上历史舞台就日渐暴露出它的弊病和危机，文艺上的反映就是消极的浪漫主义。消极浪漫派都表现出厌恶现实而又看不到出路的怅惘心情。这派在德国代表的人物是梯克、许莱格尔兄弟、甲可比和霍夫曼等人。他们根据康德门徒菲希特的唯我哲学，标榜所谓“滑稽”或“暗讽”，从自我中心出发，以玩世不恭的态度对待客观世界的一切事物，把它们当作玩具，任自我尽情游戏，随意创造也随意毁灭。他们认为这种滑稽态度就是艺术家的人生态度。他们的作品大半已为群众所厌弃了，只有黑格尔一再批判过的霍夫曼（《谢皮拉翁兄弟》的作者）在斯大林时代的苏联还有影响，所以又受到日丹诺夫的批判。消极浪漫主义的另一种表现就是感伤抑郁，因为主体既然没有坚实的明确的理想，把世界一切都看成空虚的，自我也就必然空虚，因此也就往往产生黑格尔所说的“精神上的饥渴病”。这种人物性格表现在作品里必

然是软弱的。黑格尔曾举歌德的“少年维特”为例,说明“长久在德国统治着的那种感伤主义的软弱”,接着还举甲可比的作品的人物为例,对这种软弱性格作了逼真的描绘和深刻的分析,说这种人“抱着自我优越感来看现实世界,以为其中一切都值不得他关心”,“他只孤坐默想,像蜘蛛吐丝一样,从自己肚子里织出主观幻想”,并且“要求世上一切人……都能了解和尊敬他的这种孤独的灵魂美。如果旁人办不到,他就伤心刺骨,一辈子不平”。这是许多消极浪漫派诗人和一般颓废派作家的忠实写照。

黑格尔一贯主张艺术内容的严肃性,认为这种“滑稽”态度和“主体的幽默”是近代资本主义浪漫型艺术解体的征兆,正如亚理斯陀芬的喜剧和罗马时代讽刺诗文的出现标志着古典型艺术的解体是一样道理。这道理就在于理想的艺术必须有“丰富而真实的旨趣以及坚持人生重大理想的性格”。这种真实旨趣和重大理想是来自一定历史阶段的“一般世界情况”通过具体情境而体现为个别具体人物的“情致”,来推动他发出动作的。黑格尔把人物性格看作“理想艺术表现的真正中心”,关于人物性格,黑格尔除反对软弱要求坚强以外,还反对片面性或抽象化,要求丰富性或完整性。他说:

> 每个人都是一个整体,本身就是一个世界,每个人都是一个完满的有生气的人而不是某种孤立的性格特征的寓言式的抽象品。

为着说明丰富性与抽象化的分别,黑格尔举莎士比亚和莫里哀为例。依他看,在描绘丰满的人物性格方面,在近代当推莎士比亚为首屈一指,他从来“不让某一抽象的情致(例如麦克伯的政权欲,朱丽叶的爱情或奥赛罗的妒忌）去淹没掉人物的丰富的个性，而是在突出一种情欲中，使人物还不失其为一个完整的人”，他的人物性格的特点是“具有个性的、现实的、生动的、高度多样化的”。至于莫里哀在喜剧里，只片面地写出人物的某一种抽象性格，如“悭吝”“伪善”之类，这类“顽固的性格也是可厌的抽象品”。黑格尔在这里要区别的正是马克思和恩格斯分别写给拉萨尔论悲剧信里都提到的莎士比亚和席勒的分别。马克思在信里说：“你应该更加莎士比亚化，我认为你现在最大的毛病就是把个别人物变成时代精神的单纯传声筒的席勒方式。”恩格斯也指责拉萨尔的戏剧观点“太抽象而不够现实主义”，接着说，“依我的戏剧观点，我们不应为了观念性的东西而忘掉现实的东西，为了席勒而忘掉莎士比亚……”这些观点对文艺创作都是有益的教导，是对“主题先行”“三突出”之类谬论的有力批判。

趁便可以说明恩格斯的《费尔巴哈与德国古典哲学的终结》这部经典著作，因译文一字之差，在一般人心中可能引起的误解。恩格斯在这部著作里正要说明马克思是在批判继承费尔巴哈和黑格尔所代表的德国古典哲学的基础上，才建立起辩证唯物主义和历史唯物主义的，并非说德国古典哲学到了马克思时代就“终结”了。马克思在举世都把黑格尔看作“死狗”时郑重声明过“我是黑格尔的学生”，而且恩格斯在上述著作里的最后一句话是“德国的工人运动是德国古典哲学的继承者”。怎么能认为德国古典哲学到了马克思时代就已“终结”呢？原来“终结”是译原文 Ausgang 的。过去英、法、俄三种译本也都把这个词译为“终结”或“终点”，中译因此也以讹传讹。查1962年柏林德国科学院新出版的多卷本《现代德语大词典》在 Ausgang 的 44 项下正引恩格斯的上述著作为例来解释这个词有“一个时间段落”的意思。再查 1964 年美国纽约国际出版局印行的马克思的《经济学哲学手稿》新译本在 230 页注文里引恩格斯的上述著作标题用 Outcome 译 Ausgang，Outcome 是“结果”或“成果”，两书都没有用“终结”，“结果”显然较妥。

关于译注

以上是理解和批判黑格尔《美学》所应抓住的一些要点。其它值得注意的问题在这里不能详谈，只在各章注脚中趁便点出。《美学》德文原文版的编者没有加注，只附载词汇的简介和引得，英译本偶尔有注，法译本和俄译本都基本上没有加注。为了大多数读者的方便，译者加了一些译注。译注分三种：(1)较难章节的释义和提要，(2)点明从马克思主义观点看值得注意的一些问题，(3)词汇和典故的简介。译者从事这项翻译工作时断时续，基本上是单干，很难得有寻师问友的机会，经常以孤陋寡闻为苦。译文和译注虽屡经易稿或修改，不妥或错误的地方一定还很多，衷心请求认真的读者指出或提意见寄编辑部，备将来修改时参考。在此应趁便感谢一些读者对早出版的本译本第一卷所提的意见，这次复校第一卷时已尽量吸收。

朱光潜　1975 年 10 月初稿

1978 年 9 月校改

图书在版编目(CIP)数据

美学/(德)黑格尔著;朱光潜译.—北京:商务印书馆,2017
(汉译世界学术名著丛书:120年纪念版:珍藏本)
ISBN 978-7-100-14853-5

Ⅰ.①美… Ⅱ.①黑… ②朱… Ⅲ.①美学 Ⅳ.①B83 ②B516.35

中国版本图书馆CIP数据核字(2017)第160073号

汉译世界学术名著丛书
(120年纪念版·珍藏本)
美 学
(全三卷)
〔德〕黑格尔 著
朱光潜 译

商 务 印 书 馆 出 版
(北京王府井大街36号 邮政编码100710)
商 务 印 书 馆 发 行
北 京 冠 中 印 刷 厂 印 刷
ISBN 978-7-100-14853-5

2017年12月第1版 开本710×1000 1/16
2017年12月北京第1次印刷 印张98
定价:490.00元

珍藏本
纪念版

汉译世界学术名著丛书

美　学

第一卷

〔德〕黑格尔 著

朱光潜 译

商务印书馆
SINCE 1897
The Commercial Press
2017年·北京

Georg Wilhelm Friedrich Hegel
ÄSTHETIK
Aufbau-Verlag, Berlin, 1955
本书据柏林建设出版社 1955 年版译出

汉译世界学术名著丛书
（120 年纪念版·珍藏本）
出 版 说 明

2017 年 2 月 11 日，商务印书馆迎来 120 岁的生日。120 年前，商务印书馆前贤怀揣文化救国的理想，抱持“昌明教育，开启民智”的使命，立足本土，放眼寰宇，以出版为津梁，沟通中西，为中国、为世界提供最富智慧的思想文化成果。无论世事白云苍狗，潮流左右激荡，甚至战火硝烟弥漫，始终践行学术报国之志，无改初心。

迻译世界各国学术名著，即其一端。早在 20 世纪初年便出版《原富》《天演论》等影响至今的代表性著作，1950 年代后更致力于外国哲学和社会科学经典的译介，及至 1980 年代，辑为“汉译世界学术名著丛书”，汇涓为流，蔚为大观。丛书自 1981 年开始出版，历时三十余年，迄今已推出七百种，是我国现代出版史上规模最大、最为重要的学术翻译工程。

丛书所选之书，立场观点不囿于一派，学科领域不限于一门，皆为文明开启以来，各时代、各国家、各民族的思想与文化精粹，代表着人类已经到达过的精神境界。丛书系统译介世界学术经典，引领时代思想，为本土原创学术的发展提供丰富的文化滋养，为推动中国现代学术和现代化进程做出了突出的贡献。

为纪念商务印书馆成立120周年，我们整体推出“汉译世界学术名著丛书”120年纪念版的珍藏本，寄望既利于文化积累，又便于研读查考，同时向长期支持丛书出版的译者、编者和读者致以敬意。

两甲子后的今天，商务印书馆又站在了一个新的历史时间节点上。我们不仅要铭记先辈的身影和足迹，更须让我们的步伐充满新的时代精神。这是商务人代代相传的事业，更是与国家和民族的命运始终紧密相连的事业。我们责无旁贷，必须做好我们这代人的传承与创造，让我们的努力和成果不仅凝聚成民族文化的记忆，还能成为后来人可以接续的事业。唯此，才能不负前贤，无愧来者。

商务印书馆编辑部

2017年10月

目　　录

全书序论

第一卷　艺术美的理念或理想

全　书　序　论

这些演讲是讨论美学的；它的对象就是广大的美的领域，说得更精确一点，它的范围就是艺术，或则毋宁说，就是美的艺术[①]。

对于这种对象，“伊斯特惕克”(Ästhetik)[②]这个名称实在是不完全恰当的，因为“伊斯特惕克”的比较精确的意义是研究感觉和情感的科学。就是取这个意义，美学在沃尔夫学派之中[③]，才开始成为一种新的科学，或则毋宁说，哲学的一个部门；在当时德国，人们通常从艺术作品所应引起的愉快、惊赞、恐惧、哀怜之类情感去看艺术作品。由于“伊斯特惕克”这个名称不恰当，说得更精确一点，很肤浅，有些人想找出另外的名称，例如“卡力斯惕克”(Kallistik)[④]。但是这个名称也还不妥，因为所指的科学所讨论的并非一般的美，而只是艺术的美。因此，我们姑且仍用“伊斯特惕克”这个名称，因为名称本身对我们并无关宏旨，而且这个名称既已为一般语言所采用，就无妨保留。我们的这门科学的正当名称却是“艺术哲学”，或则更确切一点，“美的艺术的哲学”。

---

① 旧译为“美术”；“美术”一般不包括诗歌文学，甚至不包括建筑，而“美的艺术”却包括这些。

② “美学”在西文为“伊斯特惕克”。

③ 沃尔夫(Christian von Wolff，1679—1754)，德国理性派哲学家，他的门徒鲍姆嘉通(Alexander Gottlieb Baumgarten，1714—1762)在1750年出版“美学”，首先用“Ästhetik”这个名称。

④ 希腊文 Kallos 即“美”。

一 美学的范围和地位

1. 自然美和艺术美

根据“艺术的哲学”这个名称，我们就把自然美除开了。从一方面看，我们这样界定对象的范围，好像有些武断，好像以为每一门学科都有权任意界定它的范围。但是我们把美学局限于艺术的美，并不应根据这种了解。在日常生活中我们固然常说美的颜色，美的天空，美的河流，以及美的花卉，美的动物，尤其常说的是美的人。我们在这里姑且不去争辩在什么程度上可以把美的性质加到这些对象上去，以及自然美是否可以和艺术美相提并论，不过我们可以肯定地说，艺术美高于自然。因为艺术美是由心灵[①]产生和再生的美，心灵和它的产品比自然和它的现象高多少，艺术美也就比自然美高多少。从形式看，任何一个无聊的幻想，它既然是经过了人的头脑，也就比任何一个自然的产品要高些，因为这种幻想见出心灵活动和自由。就内容来说，例如太阳确实像是一种绝对必然的东西，而一个古怪的幻想却是偶然的，一纵即逝的；但是像太阳这种自然物，对它本身是无足轻重的，它本身不是自由的，没有自意识的；我们只就它和其他事物的必然关系来看待它，并不把它作为独立自为的东西来看待，这就是，不把它作为美的东西来看

① Geist，法译作“精神”(Esprit)，英译有时作“精神”(Spirit)，有时作“心灵”(Mind)。

待[1]。

如果我们只是普泛地说：心灵和它的艺术美高于自然美，这就等于还没有说出什么，因为所谓“高于”还是完全不确定的说法，还是把自然美和艺术美左右并列地摆在同一观念范围里，所指的还只是一种量的分别，因此，还只是一种表面的分别。心灵和它的艺术美“高于”自然，这里的“高于”却不仅是一种相对的或量的分别。只有心灵才是真实的，只有心灵才涵盖一切，所以一切美只有在涉及这较高境界[2]而且由这较高境界产生出来时，才真正是美的。就这个意义来说，自然美只是属于心灵的那种美的反映，它所反映的只是一种不完全不完善的形态，而按照它的实体，这种形态原已包含在心灵里。

此外，把美学局限于美的艺术也是很自然的，因为尽管人们常谈到各种自然美——古代人比现代人谈得少些——从来却没有人想到要把自然事物的美单提出来看，就它来成立一种科学，或作出有系统的说明。人们倒是单从效用的观点，把某些自然事物提出来研究，成立了一种研究可用来医病的那些自然事物的科学，即药物学，描绘对医疗有用的矿物、化学产品、植物和动物；但是人们从来没有单从美的观点，把自然界事物提出来排在一起加以比较研究。我们感觉到，就自然美来说，概念既不确定，又没有什么标准，因此，这种比较研究就不会有什么意思。

① 黑格尔所谓“绝对”、“自由”、“无限”、“自在自为”，其实都是一回事，即一个独立自在的整体，不受与其他事物的关系所限制，只有把一个对象看作一个独立自在的整体，即理念与现象的统一体，它才是绝对的、无限的、自由的、自在自为的，也才是美的。“自为”就是自觉，与存在而不自觉的“自在”对立，是心灵的特征。

② “较高境界”即指心灵。

以上这番话讨论自然美和艺术美，它们之间的关系，以及我们何以要把自然美排除于美学范围之外，这番话的用意在消除一种误解，以为我们对美学作这样的界定是任意武断。目前我们还不能就这些关系加以证明，因为这就是美学本身所要做的事，所以只有待将来再去讨论和证明。

2. 对一些反对美学的言论的批驳

如果我们暂把研究对象局限于艺术美，这头一步就要使我们碰上一些新的困难。

首先我们就遇到这样一个疑问：美的艺术是否值得作为科学研究的对象？在生活的一切活动中，美和艺术诚然像一个友好的护神，把内外一切环境都装饰得更明朗些，对生活的严肃和现实的纠纷可以起缓和作用，以娱乐的方式来排除厌倦，虽然不能带来什么好的东西，至少可以代替坏的东西，这究竟还是聊胜于无。但是尽管艺术到处都显出它的令人快乐的形象，从野蛮人的粗糙的装饰到庄严华丽的庙宇，这些形象本身究竟还是与人生的真正目的无关。艺术形象虽然也无害于这些严肃的目的，甚至于至少就消除丑恶这一点来说，还有助于这些严肃的目的，但是说到究竟，艺术不过是精神的松弛和闲散，而人生重要事业却需要精神的紧张。因此，要想以科学的严肃来对待本身无重要性的东西，就未免不很合适而且有些学究气。照这样看来，纵使玩赏美所可引起的心灵的软化不是一种有害的使人软弱的影响，艺术究竟是一种多余的东西。既然假定了美的艺术是一种奢侈，人们就常感到有必要去就这些艺术与实践方面的需要的关系，特别就它们与道德和宗教的关系，去替它们辩护。既然不能证明这些艺术完全无害，至少也得叫人相信这种精神方面的奢侈究竟是利多于害。从这个观点出发，人们就认为艺术也自有严肃的目的，往往称许艺术可以调和理性与感性、愿望与职责之类互相剧烈斗争和冲突的因素。但是人们也可以说，纵使艺术有这样严肃的目的，理性与职责也不能从这种调和的企图得到什么好处，因为按照它们的不夹杂质的本质，理性与职责是不容许有这种调和的，它们要求维持它们本身固有的纯洁性。而且艺术也不能因为有这种调和的作用，就值得成为科学研究的对象，因为艺术究竟要同时服侍两个主子，一方面要服务于较崇高的目的，一方面又要服务于闲散和轻浮的心情，而且在这种服务之中，艺术只能作为手段，本身不能就是目的。最后，纵使艺术真是服从较严肃的目的，发生较严肃的效果，它用来达到这种目的的手段却总是有害的，因为它用的是幻相。美的生命在于显现（外形）[①]。很容易看到，一个本身真实的目的不应该通过幻相去达到，尽管用幻相有时可以达到某种目的，那究竟只可偶一为之，即使在偶一为之的场合，幻相也还不能算是好的手段。手段应该配得上目的的尊严。产生真实的东西本身就必真实，不能只是显现或幻相。科学也是如此，它也应该按照现实的真实情况和理解现实的真实方式，去研究心灵的真实旨趣[②]。

从此可以看出：美的艺术似不配作为科学研究的对象，因为它

---

① Schein 亦可译“现形”或“形象”。依黑格尔，理念“显现”于现象，成为具体的统一体，才有美。译“显现”似较妥，因为它含有动词意味。

② Interesse 一般译“兴趣”，意指“利害攸关的事”、“关心的事”。

们只是一种愉快的游戏；纵然它们也有些较严肃的目的，实际上它们却和这些目的的严肃性相矛盾。它们对上述游戏和严肃的目的，都只是处于服务的地位，而且，它们之所以成为艺术，以及它们用来产生艺术效果的手段，都只能靠幻相和显现（外形）。

其次，我们还可以这样看：纵使美的艺术可以供一般的哲学思考，却仍不是真正科学研究的适宜对象。因为艺术美是诉之于感觉、感情、知觉和想象的，它就不属于思考的范围，对于艺术活动和艺术产品的了解就需要不同于科学思考的一种功能。还不仅此，我们在艺术美里所欣赏的正是创作和形象塑造的自由性。无论是创作还是欣赏艺术形象，我们都好像逃脱了法则和规律的束缚。我们离开了规律的谨严和思考的阴森凝注，去在艺术形象中寻求静穆和气韵生动，拿较明朗较强烈的现实去代替观念的阴影世界。最后，艺术作品的源泉是想象的自由活动，而想象就连在随意创造形象时也比自然较自由。艺术不仅可以利用自然界丰富多彩的形形色色，而且还可以用创造的想象自己去另外创造无穷无尽的形象。在这种丰富无比的想象和想象的产品的面前，思考就好像不得不丧失它的勇气，不敢把这样丰富的东西完全摆在自己面前去研究，把它们纳入一些普遍公式里。

就另一方面说，人们都承认科学按照它的形式来说，只能就无数个别事例进行抽象思考，因此，从一方面看，想象及其偶然性和任意性，——这就是艺术活动和艺术欣赏的功能——是不能归入科学领域的；从另一方面看，艺术既灌注生气于阴暗枯燥的概念，弥补概念对现实所进行的抽象和分裂，使概念再和现实成为一体了，这时纯粹思考性的研究如果闯入，它就会把使概念再和现实成

为一体的那个手段本身取消了，毁灭了，又把概念引回到它原有的不结合现实的简单状态和阴影似的抽象状态了。其次，按照它的内容来说，科学所研究的是本身必然的东西。美学既然把自然美抛开，我们就不仅显然得不到什么必然的东西，而且离开必然的东西反而愈远了。因为自然这个名词马上令人想起必然性和规律性，这就是说，令人想起一种较适宜于科学研究、可望认识清楚的对象。但是一般地说，在心灵领域里，尤其是在想象领域里，比起自然界来，显然是由任意性和无规律性统治着的，这些特性就根本挖去了一切科学的基础。

从这些观点看来，美的艺术按照它的起源、效果和范围各方面来看，都不适宜于科学的努力，而且像是和思考的控制根本抵触，不宜作为真正科学研究的对象。

对美的艺术进行真正的科学研究所引起的这一类的顾虑是从一些流行的见解、观点和研究中搜来的。这些意见的较详尽的阐述，在一些论美和论美的艺术的旧著作里（特别是法国的）是读不完的，令人读得腻味的。这里面有一部分也包含一些相当确实的事实，也有一部分包含乍看似很言之成理的论证。例如以下就是一个事实：美的形象是丰富多彩的，而美也是到处出现的；从这个事实出发，人们就可以推论：人类本性中就有普遍的爱美的要求；还可以进一步推论：对于美的看法是非常复杂的，几乎是各人各样的，所以关于美和审美的鉴赏力，就不可能得到有放皆准的普遍规律。

在回到我们的本题之前，我们有必要先解决一个任务，就是对上述那些见解和顾虑作一番简短的初步的讨论。

第一，关于艺术值不值得作为科学研究的对象。毫无疑问，艺术确实可以用来作为一种飘忽无常的游戏，为娱乐和消遣服务，美化我们的环境，给生活情况的外表蒙上愉快的气氛，把一些其他事物装饰得更辉煌。就这个意义说，艺术确实不是无所依赖的、自由的，而是服从于某种目的的。但是我们所要讨论的艺术无论是就目的还是就手段来说，都是自由的艺术。艺术一般地固然可以服从其他目的，可以只是一种游戏，但是这种情形是艺术与一般思考所共同的。因为从一方面看，科学，作为服从其他目的的思考，也是可以用来实现特殊目的、作为偶然手段的；在这种场合，它就不是从它本身而是从对其他事物的关系得到它的定性[①]。从另一方面看，科学也可以脱离它的从属地位，提升到自由独立的地位，达到真理，在这种地位，它就无所依赖，只实现它自己所特有的目的。

只有靠它的这种自由性，美的艺术才成为真正的艺术，只有在它和宗教与哲学处在同一境界，成为认识和表现神圣性、人类的最深刻的旨趣以及心灵的最深广的真理的一种方式和手段时，艺术才算尽了它的最高职责。在艺术作品中各民族留下了他们的最丰富的见解和思想；美的艺术对于了解哲理和宗教往往是一个钥匙，而且对于许多民族来说，是唯一的钥匙。这个定性是艺术和宗教与哲学所共有的，艺术之所以异于宗教与哲学，在于艺术用感性形式[②]表现最崇高的东西，因此，使这最崇高的东西更接近自然现

① Bestimmung，确定某物之所以为某物的性质。概念体现于具体事物，与其他事物发生关系，因而受这种关系的限定，这就是受到定性。

② Sinnlich，指可用感官察觉的，为简便起见，本书一律译为“感性”。与精神性对立，实即物质的。

象，更接近我们的感觉和情感。思想所穷探其深度的世界是个超感性的世界，这个世界首先就被看作一种彼岸，一种和直接意识和现前感觉相对立的世界；正是由于思考认识是自由的，它才能由“此岸”，即感性现实和有限世界，解脱出来。但是心灵在前进途程中所造成的它自己和“此岸”的分裂，是有办法弥补的；心灵从它本身产生出美的艺术作品，艺术作品就是第一个弥补分裂的媒介，使纯然外在的、感性的、可消逝的东西与纯粹思想归于调和，也就是说，使自然和有限现实与理解事物的思想所具有的无限自由归于调和。

至于说到一般艺术的要素，即显现(外形)和幻相是无价值的，这种指责只是在把显现看成无实在性时，才有些道理。但是显现本身是存在所必有的，如果真实性不显现于外形，让人见出，如果它不为任何人，不为它本身，尤其是不为心灵而存在，它就失其为真实了。所以一般显现(外形)是无可非议的，所可非议的只是艺术表现真实时所取的那特殊形式的显现(外形)。如果说艺术用来使它的意匠经营的东西具体化为客观存在的那种显现(外形)就是幻相，这种非议也只有在拿显现和外在现象世界的直接的物质性作比较，并且考虑到显现和我们自己的情感的，即内在感性世界的关系时，才有意义。在经验生活中，在我们自己的现象生活中，我们把这外在现象世界和内在感性世界通常称之为“现实”、“真实”和“实在”，以为艺术却不然，它就没有这种实在和真实。但是这整个的外在和内在的经验世界其实并不是真正实在的世界，比艺术还更名副其实地可以称为更空洞的显现和更虚假的幻相。只有超越了感觉和外在事物的直接性，才可以找到真正实在的东西。因

为真正实在的东西只有自在自为的东西①，那就是自然和心灵中的有实体性的东西，这种有实体性的东西虽是现前的客观存在，而在这种客观存在中仍然是自在自为的东西，所以只有它才是真正实在的。艺术所挑出来表现的正是这些普遍力量②的统治。日常的外在和内在的世界固然也现出这种存在本质，但它所现出的形状是一大堆乱杂的偶然的东西，被感性事物的直接性以及情况、事态、性格等等的偶然性所歪曲了。艺术的功用就在使现象的真实意蕴从这种虚幻世界的外形和幻相之中解脱出来，使现象具有更高的由心灵产生的实在。因此，艺术不仅不是空洞的显现(外形)，而且比起日常现实世界反而是更高的实在，更真实的客观存在。

也不能说艺术的描绘，比起历史著作的所谓更真实的描绘，显得是一种较虚幻的显现。因为历史著作所描绘的因素也并不是直接的客观存在，而是直接的客观存在的心灵性的显现，它的内容也还是不免于日常现实世界以及其中事态、纠纷和个别事物等等的偶然性。至于艺术，它给我们的却是在历史中统治着的永恒力量③，抛开了直接感性现实的附赘悬瘤以及它的飘忽不定的显现(外形)④。

又有人说，比起哲学思想，以及宗教的和道德的原则，艺术形象的表现方式就是一种幻相。思想领域中一种内容所获得的表现方式固然是最真实的实在，但是比起直接感性存在的显现以及历

① Anundfürsichseiende，自在自为的东西，只有具有心灵的人类才是既自在又自为的，自为就是自觉，自然事物只是自在的。

② “普遍力量”指有实体性的人生理想，详见第三章第二部分。

③ 即上文所谓“普遍力量”。

④ 黑格尔的这个看法和亚里士多德的“诗比历史更真实”的看法一致。

史叙述的显现，艺术的显现却有这样一个优点：艺术的显现通过它本身而指引到它本身以外，指引到它所要表现的某种心灵性的东西；至于直接的现象虽不是看作虚幻而是看作真实的，不过这真实却被直接的感性因素所污损了，隐蔽了。比起艺术作品，自然和日常世界有一种坚硬的外壳，使得心灵较难于突破它而深入了解理念。

我们一方面虽然给予艺术以这样崇高的地位，另一方面也要提醒这个事实：无论是就内容还是就形式来说，艺术都还不是心灵认识到它的真正旨趣的最高的绝对的方式。按照艺术的形式来说，艺术不免要局限于某一种确定的内容。只有一定范围和一定程度的真实才能体现于艺术作品；这种真实要成为艺术的真正内容，就必须依它本有的定性转化为感性的东西，使这感性的东西能恰好适合它自己，例如希腊的神就是这样。此外，对真实还有一种较深刻的了解，在这种了解中，真实对感性的东西就不再那样亲善，不再能被这种感性的材料很适合地容纳进去并且表现出来。基督教对于真实的了解就是属于这一种；特别是我们现代世界的精神，或则说得更恰当一点，我们的宗教和理性文化，就已经达到了一个更高的阶段，艺术已不复是认识绝对理念的最高方式。艺术创作以及其作品所特有的方式已经不再能满足我们最高的要求；我们已经超越了奉艺术作品为神圣而对之崇拜的阶段；艺术作品所产生的影响是一种较偏于理智方面的，艺术在我们心里所激发的感情需要一种更高的测验标准和从另一方面来的证实。思考和反省已经比美的艺术飞得更高了。欢喜抱怨谴责的人可以把这种现象看成一种衰颓，把它归咎于情欲和自私动机的得势，说这种情欲和

自私动机使艺术丧失了它原有的严肃和喜悦。人们也可以把现时代的困难归咎于社会政治生活中的繁复情境，说这种情境使人斤斤计较琐屑利益，不能把自己解放出来，去追求艺术的较崇高目的，连理智本身也随着科学只服务于这种需要和琐屑利益，被迫流放到这种干枯空洞的境地。

不管这种情形究竟是怎样，艺术却已实在不再能达到过去时代和过去民族在艺术中寻找的而且只有在艺术中才能寻找到的那种精神需要的满足，至少是宗教和艺术联系得最密切的那种精神需要的满足。希腊艺术的辉煌时代以及中世纪晚期的黄金时代都已一去不复返了。我们现代生活的偏重理智的文化迫使我们无论在意志方面还是在判断方面，都紧紧抓住一些普泛观点，来应付个别情境，因此，一些普泛的形式、规律、职责、权利和规箴，就成为生活的决定因素和重要准则。但是艺术兴趣和艺术创作通常所更需要的却是一种生气，在这种生气之中，普遍的东西不是作为规则和规箴而存在，而是与心境和情感契合为一体而发生效用，正如在想象中，普遍的和理性的东西也须和一种具体的感性现象融成一体才行。因此，我们现时代的一般情况是不利于艺术的①。至于实践的艺术家本身，不仅由于感染了他周围盛行的思考风气，就是爱对艺术进行思考判断的那种普遍的习惯，而被引入歧途，自己也把更多的抽象思想放入作品里，而且当代整个精神文化的性质使得他既处在这样偏重理智的世界和生活情境里，就无法通过意志和决心把自己解脱出来，或是借助于特殊的教育，或是脱离日常生

① 参看马克思在《剩余价值学说史》里关于资本主义的生产方式不利于诗和艺术的话。

活情境，去获得另一种生活情境，一种可以弥补损失的孤独。

从这一切方面看，就它的最高的职能来说，艺术对于我们现代人已是过去的事了。因此，它也已丧失了真正的真实和生命，已不复能维持它从前的在现实中的必需和崇高地位，毋宁说，它已转移到我们的观念世界里去了。现在艺术品在我们心里所激发起来的，除了直接享受以外，还有我们的判断，我们把艺术作品的内容和表现手段以及二者的合适和不合适都加以思考了。所以艺术的科学在今日比往日更加需要，往日单是艺术本身就完全可以使人满足。今日艺术却邀请我们对它进行思考，目的不在把它再现出来，而在用科学的方式去认识它究竟是什么。

在愿意接受这种邀请的时候，我们就碰到上文已经提到的那种顾虑，就是认为艺术虽或可供一般哲学思考，但是作为系统科学研究的对象却不适宜。这种顾虑首先就包含一个错误的观念，仿佛以为哲学思考可以是非科学的。关于这一点，只消这样简单地说：不管旁人对于哲学和哲学思考怎样看，我却认为哲学思考是完全不能和科学性分开的。因为哲学要按照必然性去研究一个对象，当然不仅是按照主观方面的必然性或是表面的序列和分类等等，而是要按照对象的内在本质的必然性，去就对象加以阐明和证明。一般说来，只有这样的阐明才能使一种研究具有科学价值。但是因为对象的客观必然性基本上在于它的逻辑的和形而上学的性质①，对艺术所进行的孤立的研究就不免要放松科学的谨严，因为艺术在它的内容方面和在它的媒介因素方面，都须假定许多先

① 黑格尔所谓“形而上学的”指“从哲学原理看的”，与我们现在所了解的“形而上学的”不同。

决条件，这就使艺术常落到偶然现象的边缘。因此只有揭示艺术内容和表现手段的内在本质的发展，才能见出艺术形象构成的必然性。

有人说，美的艺术作品不能作为科学思考的对象，因为它们起源于无规律的幻想和心情，而且以无限错综复杂的方式，专门对情感与想象发挥它们的作用。这种非难好像也有些道理，因为艺术美实际上是用一种显然和抽象思考相对立的方式来表现，抽象思考为着要按照它所特有的方式去活动，对这种艺术美的形式就不得不破坏。这个看法和另一个看法是一致的，就是认为一般实在界，即自然和心灵的生命，通过理解就会遭到损坏；理解性的思考不但不能使实在界和我们更接近，反而使它和我们更疏远，所以人用思考为**手段**去理解生命，简直就不能达到目的。关于这种看法，我们在这里不能详细讨论，只指出一个论点来消除这个困难，这个麻烦。

人们至少要承认，心灵能观照自己，能具有意识，而且所具有的是一种**能思考的**意识，能意识到心灵本身，也能意识到由心灵产生出来的东西。构成心灵的最内在本质的东西正是思考。在这种意识到自身又意识到自身的产品的能思考的意识里，心灵就是按照它自己的本性在活动，尽管这些产品总不免有很大的自由性和任意性，只要它们里面真正有心灵存在，情形就是如此。艺术和艺术作品既然是由心灵产生的，也就具有心灵的性格，尽管它们的表现也容纳感性事物的外形，把心灵渗透到感性事物里去。照这样看法，艺术比外在的无心灵的自然就较接近于心灵和它的思想；在艺术作品里心灵只是在做它本身的事。艺术作品虽然不是抽象思想和概念，而是概念从它自身出发的发展，是概念到感性事物的外化[①]，但是这里面还是显出能思考的心灵的威力，不仅以它所特有的思考认识它自己，而且从它到情感和感性事物的外化中再认识到自己，即在自己的另一面（或异体）中再认识到自己，因为它把外化了的东西转化为思想，这就是使这外化了的东西还原到心灵本身。能思考的心灵这样忙于思索它自己的另一面，并非不忠实于自己，忘去自己或是抛开自己，它也并非那样无能，认识不到和它自己相异的东西，而是认识到自己，又认识到自己的对立面。因为概念就是普遍性，这种普遍性就含在它自己的特殊事例里，统摄了它自己和自己的另一面，所以它有能力活动，去取消它所转入的外化。艺术作品是由思想外化来的，所以也属于领悟的思考领域，而心灵在对艺术作品进行科学研究时，其实只是满足自己的最基本的本质的需要。因为心灵的本质和概念就在思考，所以只有当心灵用思考深入钻研了自己活动的一切产品，因而把它们第一次真正变成它自己的东西时，它才终于得了满足。但是，我们将来还会看得更清楚，艺术还远不是心灵的最高形式，只有科学[②]才真正能证实它。

此外，艺术也不因为它具有无规律的任意性，就不能作为哲学研究的对象。因为像上文已经说过的，艺术的真正职责就在于帮助人认识到心灵的最高旨趣。从此可知，就内容方面说，美的艺术不能在想象的无拘无碍境界飘摇不定，因为这些心灵的旨趣决定

① 外化（Entäusserung），黑格尔所了解的概念虽是普遍性的东西，但须在个别事物中表现出来，才有真实性。概念实现于现象，便是概念的“外化”，所以现象或感性事物就是概念的“另一面”或“异体”（Ander），亦即“外化了的东西”，亦即下文的“对立面”。“外化”亦即“外现”。过去也有译为“异化”的。

② 黑格尔所谓“科学”就是“哲学”。

了艺术内容的基础,尽管形式和形状可以千变万化。形式本身也是如此,它们也并非完全听命于偶然现象。不是每一个艺术形状都可以表现和体现这些旨趣,都可以把这些旨趣先吸收进来而后再现出去;一定的内容就决定它的适合的形式。

根据上述理由,我们在好像多至不可驾御的艺术作品和形式中,仍然可以按照思考的需要而找到正确的方向。

我们这样就已说明我们所要专门讨论的这门科学的内容了,同时也就说明了美的艺术并非不配作哲学研究的对象,而且这种哲学研究也并非不能认识到美的艺术的本质。

二　美和艺术的科学研究方式

谈到科学研究的方式,我们就遇到两个相反的方式,每一个方式好像都要排除另一个方式,都不能让我们得到圆满的结果。

一方面,我们看到艺术的科学只围绕着实际艺术作品的外表进行活动,把它们造成目录,摆在艺术史里,或是对现存作品提出一些见解或理论,为艺术批评和艺术创作提供一些普泛的观点。

另一方面,我们看到艺术的科学单就美进行思考,只谈些一般原则而不涉及艺术作品的特质,这样就产生出一种抽象的美的哲学。

1. 经验作为研究的出发点

前一种研究方式是把经验作为出发点。每个人要想成为艺术学者，都必须走这条路。现在每个人尽管不是专门学物理学，却仍然想要获得一些物理科学的基本知识，一个有文化教养的人也是如此，他多少需要有一些艺术的知识，想有资格做一个艺术爱好者和鉴赏家的要求是相当普遍的。

a）如果这种知识真正足够使一个人配称为学者，它就必须是方面很多，范围很广的。首先的要求就是对范围无限的古今艺术作品有足够的认识，这些作品有些实际上已经丧亡了，有些是属于外国或地球上辽远角落的，因而是我们无法亲眼看到的。还不仅此，每种艺术作品都属于它的时代和它的民族，各有特殊环境，依存于特殊的历史的和其他的观念和目的，因此，艺术方面的博学所需要的不仅是渊博的历史知识，而且是很专门的知识，因为艺术作品的个性是与特殊情境联系着的，要有专门知识才能了解它，阐明它。最后，艺术方面的博学不仅需要有很好的记忆力，像其他每门学问一样，而且还需要有锐敏的想象力，才能紧紧掌握住艺术形象的一切特色，尤其重要的是：才能拿它和其他艺术作品比较。

b）在这种主要是历史的研究里，会出现不同的观点，在研究艺术作品时，为着要根据它们来下判断，就不能忽视这些观点。像在其他从经验出发的科学里一样，这些观点经过挑选和汇集之后，就形成一些一般性的标准和法则，经过进一步的更侧重形式的概括化，就形成各门艺术的理论。这种文献无须在这里详述，只消极概括地提到一些著作。例如亚里士多德的《诗学》，其中关于悲剧的理论在现在还是可以引起兴趣的，在古人之中，贺拉斯的《诗学》和朗吉努斯的《论崇高》更可以概括地说明这种理论工作是如何进行的。这些著作中所作出的一些一般性的公式是作为门径和规则，来指导艺术创作的，特别是在诗和艺术到了衰颓的时代，它们就被人们奉为准绳。但是这些艺术医生的处方对于艺术所收的治疗功效还不如一般医生所开的。

关于这些理论，我只消这样说：在细节方面它们虽然含有许多有教益的东西，但是它们的根据却是一个很狭小范围的艺术作品，这些作品尽管是最好的，在艺术领域中却只是一小部分。此外，这些公式之中有一部分只是很琐屑的感想，由于一般化，不能解决个别具体问题，而解决具体问题却是真正要做的事。例如上文所已提到的贺拉斯的书简[①]就充满着这样的公式，因此，它成为人人必读的书，但是也正因此而包含许多不重要的东西，例如：

> 得到普遍赞赏的是融会实益和乐趣的人，
>
> 他叫读者同时得到快感和教训。

这就像“安居乐业，老实过活”之类格言，看作一般化的话，倒是很正确的，可是没有指出具体的办法，而具体的办法才是行动的根据。另一种艺术论著用意并不在帮助产生真正的艺术作品，而在用这些理论来培养对艺术作品的判断力，特别是培养鉴赏力，例如荷姆的《批评要素》，巴托的论著以及冉姆勒的《美的艺术引论》[②]，在当时都因为这个缘故而为许多人所传诵。这里，所谓“鉴赏力”要注意的事就是安排、处理、分寸、润色之类有关艺术作品外表的东西。在鉴赏力原则之外，又加上一些当时流行的心理学的观点，即关于心灵的功能和活动，各种情绪及其可能的强度，承续次第等

---

① 贺拉斯(Horace)的《诗学》原名《给庇梭斯的书简》。

② 荷姆(Henry Home，1696—1782)，苏格兰心理学家，他的《批评要素》在1762年出版。巴托(Charles Batteaux，1713—1780)，法国批评家，著有《文学原理》。冉姆勒(Karl Wilhelm Ramler，1725—1798)，德国诗人。

等的经验性的观察。但是一般情形总是这样：每个人都按照他的见解和胸襟的深度与宽度，去了解人物、行动和事件，上述鉴赏力的培养既然只关艺术的外表和不重要的方面，而且所定的规则又只根据狭小范围的作品和狭隘的思想和情感的教养，它的影响范围也就很小，不能深入了解艺术的内在的与真实的方面，不能使了解这些方面的眼光更加锐敏。

像一切其他非哲学性的科学一样，上述理论都是按照普泛方式来建立的。它们所研究的内容是从现成的流行观念吸收来的。于是进一步就要追问这些观念的性质，就有必要把它们弄得更加明确，替它们下一些定义。但是要这样做，我们就处在一种不稳实的争辩多端的境地。乍看起来，美好像是一个很简单的观念。但是不久我们就会发现：美可以有许多方面，这个人抓住的是这一方面，那个人抓住的是那一方面；纵然都是从一个观点去看，究竟哪一方面是本质的，也还是一个引起争论的问题。

要解决这些问题，有人认为要把各种关于美的定义都加以介绍和批评，才算达到科学的完备。我们在这里既不想追求历史的完备，把许多微妙的定义都加以研究，也不想去满足历史的兴趣，只想就最近的一些较有意义的看法之中略举数例，这些看法对于美的理念究竟是什么这个问题的答案是较近于真理的。抱着这样的目的，我们首先应提到歌德的美的定义。迈约[①]在他的《希腊造型艺术史》里曾采用了这个定义，同时也介绍了希尔特[②]的看法，

① 迈约（Hans Heinrich Meyer，1760—1832），瑞士艺术家，歌德的朋友，他的《希腊造型艺术史》于1824年出版。

② 希尔特（Hirt，1759—1839），德国文人，古代艺术研究者。

不过没有提到希尔特的名字。

希尔特是现代一位最大的艺术鉴赏家，他在《论艺术美》一文（见"Horen"杂志[①]，1797年第七期）里，在讨论了各种艺术的美之后，作总结说，正确地评判艺术美和培养艺术鉴赏力的基础就在于特性的概念[②]。他替美下的定义是："美就是'完善'，可以作为，或是实在作为眼、耳或想象力的一个对象。"再进一步他又替"完善"下了这样的定义："完善就是符合目的，符合自然或艺术在按照一个事物的种类去造成那个事物时所悬的目的。"因此，要下美的判断，我们必须把一切注意力都投到组成本质的那些个别标志上去。因为正是这些标志组成那个别事物的特性。所以他把作为艺术原则的特性了解为"形式、运动、姿势、仪容、表现、地方色彩、光和影，浓淡对照，以及体态所由分辨的那种确定的个性，这种分辨当然要按照所选事物的具体条件。"比起其他定义，这个定义是比较切实的。如果我们追问这种特性究竟是什么，我们就会看到它首先包含一种内容，例如某种情感、境界、事件、行动、个别人物；其次它包含表现内容的那种方式。"特性"这个艺术原则所涉及的正是这种表现的方式，因为它要求表现方式中一切个别因素都要有助于明确地显出内容，成为这表现中的一个组成部分。所以希尔特对于特性所下的抽象的定义所指的就是：艺术形象中个别细节把所要表现的内容突出地表现出来的那种妥帖性。如果把这个意思加以通俗的说明，我们可以把它所包含的界定说成这样：姑举戏剧为例，组成内容的是动作（或情节），戏剧要表现出这种动作是如何发

① "Horen"，《时神》，是诗人席勒主编的月刊。

② Charakteristische，或译"特征"，近于"典型的"。

生的。人们有各色各样的举动，交谈、吃饭、睡觉、穿衣、说这话、说那话，诸如此类等等。但是在这些举动之中，凡是和作为剧本真正内容的那个动作没有直接关系的，就应该一律抛开不要，这样才能使剧中一切对于那个动作都有意义。就连某一顷刻的场面也可以包括外在世界的错综复杂中的许多环境、人物、情境和事件。但是它们在这一顷刻中与剧中动作毫无关系，就不能有助于显示这动作的特性。根据上文特性的定义，只有适合于照实表现恰恰某一确定内容的东西才应该纳入艺术作品，不应该有什么显得是无用的或是多余的。

这个定义是很重要的，而且从某一个观点看，它是有道理的。迈约在上述著作中却以为希尔特的这种看法已完全消逝了，并且以为它的消逝对艺术只有好处，因为这种看法很可能导致漫画作风。迈约的这种批评包括一种谬见，仿佛以为替美下这样的定义就可以“导致”什么。其实艺术哲学没有任务要替艺术家开方剂，而是要阐明美一般说来究竟是什么，它如何体现在实际艺术作品里，却没有意思要定出方剂式的规则。关于这种批评，不错，希尔特的定义确实包括漫画作风在内，因为漫画作风也可以是具有特性的；但是另一方面我们必须这样反驳这种批评：在漫画里所写的特性是被夸张了的，简直可以说是特性的泛滥。但是这种泛滥却不是为着表现特性所正当要求的，它成了一种累赘的重复，使特性本身受到歪曲。还有一层，漫画作风所表现的是丑的特性，丑总是一种歪曲。就它本身来说，丑更与内容有关，所以我们可以说，特性原则也要包括丑和丑的表现作为它的基本属性的一部分。关于在艺术作品中什么才应该受到特性化，什么不应该，这就是说，关于

美的内容，希尔特的定义却没有明确地解释，他在这方面只提出一种形式的定义，里面也有些真理，不过是用抽象的方式表达出来的。

还有一个问题：迈约既然反对希尔特的艺术原则，他自己拿什么来代替它呢？他所谈的首先只是古代艺术的原则，这里面当然要包含美这一个要素。他趁便提到了孟斯[①]和文克尔曼[②]两人关于"理想"(Ideal)的定义，并且说他对于这个美的原则既不否定，也不完全接受，但是他毫不迟疑地赞成一位有教养的艺术大师(歌德)的看法，因为它是很明确的，而且好像能更精确地解决问题。歌德说，"古人的最高原则是意蕴，而成功的艺术处理的最高成就就是美。"[③]如果我们细看一下这句话的意义，就会看到这里也有两方面，即内容或题材和表现的方式。遇到一件艺术作品，我们首先见到的是它直接呈现给我们的东西，然后再追究它的意蕴或内容。前一个因素——即外在的因素——对于我们之所以有价值，并非由于它所直接呈现的；我们假定它里面还有一种内在的东西，即一种意蕴，一种灌注生气于外在形状的意蕴。那外在形状的用处就在指引到这意蕴。因为一种可以指引到某一意蕴的现象并不只是代表它自己，不只是代表那外在形状，而是代表另一种东西，就像符号那样，或则说得更清楚一点，就像寓言那样，其中所含的教训就

① 孟斯(Mengs，1728—1779)，德国名画家。

② 文克尔曼(Winckelmann，1717—1768)，德国研究希腊艺术的学者，他的《古代艺术史》对德国文艺思想的影响很大。

③ "意蕴"原文是 das Bedeutende，意思是"有所指"或"含有用意"的东西，近于汉语"言之有物"的"物"，因译"意蕴"。黑格尔在本书中通常把它叫做"内容"(Gehalt)。

是意蕴。文字也是如此，每个字都指引到一种意蕴，并不因它自身而有价值。同理，人的眼睛、面孔、皮肉乃至于整个形状都显现出灵魂和心胸，这里意蕴总是比直接显现的形象更为深远的一种东西。艺术作品应该具有意蕴，也是如此，它不只是用了某种线条、曲线、面、齿纹、石头浮雕、颜色、音调、文字乃至于其他媒介，就算尽了它的能事，而是要显现出一种内在的生气、情感、灵魂、风骨和精神，这就是我们所说的艺术作品的意蕴。

所以这种要求艺术作品要有意蕴的看法是和希尔特的特性原则没有多大分别的。

按照这种理解，美的要素可分为两种：一种是内在的，即内容，另一种是外在的，即内容所借以现出意蕴和特性的东西。内在的显现于外在的；就借这外在的，人才可以认识到内在的，因为外在的从它本身指引到内在的①。

在这里我们对这一点暂且不能再加详论。

c）上述那些建立理论和制定实践规则的方式在目前德国已被人断然抛弃了——这主要地由于有一种真正有生命的诗歌兴起来了——人们把天才的权利、天才的作品以及天才作品的效果捧出来，反对那些规则的专横和理论的空泛。由于这个本身真正具有心灵性的艺术，以及人们对这种艺术的同情和钻研，就产生了一种敏感和自由，使人们能够认识而且欣赏近代、中世纪乃至于古代外族人民（例如印度人）的久已存在的伟大艺术作品。这些作品由

① 在这节里，黑格尔用希尔特的特性说和歌德的意蕴说来印证他自己的“美是理念的感性显现”说。理念就是内容；感性显现就是直接呈现于感觉的外在形状，就是表现的方式。这两方面——理性的和感性的——统一，才能见出美。

于时代久远或是国度辽远，对于我们固然总是有些生疏奇异，但是它们使全人类都感到兴趣的内容却超越了而且掩盖了这生疏奇异的一面，只有固执理论成见的人才会诬蔑它们是野蛮低劣趣味的产品。这些作品都是超出过去理论抽象化所根据的那些作品的范围和方式的，对于这些作品的承认首先就造成对于一种特别类型的艺术——即浪漫艺术——的承认，因此就有必要把美的概念和本质了解得比上述那些理论所了解的更深刻些。与此相联系的还有一个因素：概念作用本身，思考的心灵，在哲学里也得到了更深刻的认识，这就直接使它能更深刻地理解艺术的本质①。

由于一般历史演变中的这些因素，上述那些对于艺术的思想，那种理论方式所得到的原则以及那些原则的实施都已变成陈腐了。只有艺术历史方面的学问还保留它原有的价值，特别是由于上述心灵接受力的进步在各个方向都扩大了这门学问的视野。它的任务在于对个别艺术作品作审美的评价，以及认识从外面对这些艺术作品发生作用的历史环境。这种评价，如果是用全副心灵和感觉作出来的，如果又有历史的知识可为佐证，就是彻底了解艺术作品个性的唯一途径，例如歌德关于艺术和艺术作品所写下的许多见解。这种研究方式的目的并不在真正建立理论，尽管它也往往涉及抽象原则和范畴，不自觉地落到建立理论的窠臼里。不过我们如果不停留在这种窠臼里而把眼光专放在具体作品上面，我们至少可以对艺术哲学提供一些眼睛可以见到的证据，至于其中个别事例的历史细节却不是哲学所应研究的。

① 这段说明艺术理论的转变是由于浪漫主义文艺和德国古典哲学的兴起。

以上所说的就是艺术研究的第一个方式。它是从现存的个别作品出发的。

2. 理念作为研究的出发点

另一种研究方式和上述方式基本不同而且相对立，这就是完全运用理论思考的方式，它要认识美本身，深入理解美的理念。

大家都知道，柏拉图是第一个对哲学研究提出更深刻的要求的人，他要求哲学对于对象（事物）应该认识的不是它们的特殊性而是它们的普遍性，它们的类性，它们的自在自为的本体。他认为真实的东西并不是个别的善的行为，个别的真实见解，个别的美的人物或美的艺术作品，而是善本身、美本身和真本身。美既然应该从它的本质和概念去认识，唯一的路径就是通过思考的概念作用，无论是一般理念的逻辑的和形而上学的性质，还是美这种特殊的理念，都要通过这种思考的概念作用才能进入思考者的意识。但是柏拉图的这种从美的理念或美本身出发的研究方式很容易变成一种抽象的形而上学，尽管他被认为理念研究的奠基人和引路人，他的抽象的方法已不复能满足我们，就连在美这个逻辑理念究竟是什么的问题上也是如此。我们对于美这个逻辑理念必须更深刻地更具体地去了解，因为柏拉图式的理念是空洞无内容的，已经不复能满足我们现代心灵的更丰富的哲学要求。不错，我们在艺术哲学里也还是必须从美这个理念出发，但是我们却不应该固执柏拉图式理念的抽象性，因为那只是对美进行哲学研究的开始阶段

的方式①。

3. 经验观点和理念观点的统一

要至少是初步地说明美的哲学概念的真正性质是什么，我们就必须把美的哲学概念看成上述两个对立面的统一，即形而上学的普遍性和现实事物的特殊定性的统一。只有这样，我们才是按照它的真实性来理解它。因为从一方面看，美的哲学概念与空洞的片面抽象的思考相反，它本身是丰产的，因为按照它的概念，它须发展为一些定性的整体，而它的概念本身及其在生发中所得到的定性，都含有一种必然性，它必然要有它的特殊个体以及这些特殊个体的发展和互相转化。从另一方面看，转化所成的这些特殊个体也包含着概念的普遍性和本质，它们就作为这普遍性和本质所特有的特殊个体而出现。上述两种研究方式都离开了这两方面，因此只有这里所说的完整的概念才能导向实体性的必然的和统摄整体的原则②。

① 在黑格尔哲学里，"概念"(Begriff)指事物的普遍性和本质，但是片面的，抽象的。普遍性与特殊性统一，本质与现象统一，成为具体的客观存在之后，概念才变为"理念"(Idee)，理念是主观理解的，也是客观存在的。柏拉图的"理念"虽也是客观的，却仍是抽象的，它与现象对立。黑格尔的"理念"是具体的，即概念与现象的统一。例如抽象的人之所以为人的特性是概念，体现于感觉的人是感性现象，感性现象和概念统一成为具体的人，才是人的"理念"。

② 经验派美学从经验出发，着重个别感性现象而忽视普遍概念；理性派美学从逻辑或概念分析出发，着重普遍概念而忽视个别感性现象。黑格尔认为真正的美学须把这两种片面的研究方式统一起来，因为按照他对于理念的看法，普遍概念必然体现于个别感性现象，个别感性现象也必包含普遍概念。这就是"理在事中"而"事亦在理中"的看法，也就是理性与感性统一的看法。

三　艺术美的概念

在这些初步讨论之后，我们现在就可以进到本题，即艺术美的哲学了。我们要用科学的方法去进行研究，所以我们就必须从研究艺术美的概念开始。只有把这个概念阐明了之后，我们才能把这门科学的各部分划分开来，因而把它的全部计划定出。这种划分如果要避免非科学性的研究那样只从表面进行，我们就应该从对象的概念本身找出这种划分的原则。

根据这样的要求，我们马上就碰到一个问题：我们从哪里得到这种概念呢？如果我们从艺术美的概念本身开始，这个概念马上就变成一个前提和纯然假定，可是纯然假定是哲学方法所不容许的；按照哲学方法，必须证明这个概念是真实的，这就是说，必须证明它是必然的。

对每门哲学进行孤立的研究，在序论中都必定遇到这个困难，我们在这里只准备很简略地谈一谈。

就对象来说，每门科学一开始就要研究两个问题：第一，这个对象是存在的；其次，这个对象究竟是什么。

关于第一个问题，在普通的科学里这并不发生多大困难。例如在天文学和物理学里如果有人要求把太阳、星群、磁性现象等等的存在加以证明，这就一望而知其为可笑的。在这些研究感性事物的科学里，对象都是从对外在界的经验中取来的，没有必要去证明这些对象的存在，只消把它们指出就够了。不过即使在非哲学性的科学里，某些对象是否存在仍是引起怀疑的，例如在心灵的科学即心理学里，人们很可以怀疑心灵或精神是否存在，是否确有一种不同于物质而独立自在的主观的东西。在神学里人们也可以怀疑神是否存在。还有一层，如果那些对象是主观性的，即只存在于心灵，而不是作为外在界的感性事物而存在的，那么，我们知道，在心灵中存在的只有心灵通过它的活动所产生的东西。因此就有这样一个揣测：人们是否制造了他们心里这种观念或知觉？如果是他们制造的，人们还可以有这样的疑问：他们是否使得这种观念产生之后又消逝，是否至少把它贬低成为一种纯然主观的观念，其内容并非一种自在自为的存在[①]？例如美就是如此，人们就往往把美看作在观念里并不是自在自为地必然的[②]，而是一种纯然主观的快感，一种完全偶然的感觉。就连我们对于外在界的直觉、观察和知觉，也往往是虚幻的，错误的，对于内在界的观念更是如此，尽管它们是非常生动的，能激发起我们无法抵抗的那样强烈的情欲。

一般内在界的观念和知觉的对象是否存在？这种对象是否由主观意识创造的？主观意识把这种对象摆在自己面前省视的方式是否符合对象的自在自为的实质？正是像上文已经说过的，这种疑问和揣测引起了人们提出一个更高的科学要求，这就是：纵然我们好像觉得一个对象是存在的，或是有这么一个对象，我们还必须按照这个对象的必然性来把它加以说明或证明。

这种证明如果真正是按照科学方法作出的，就会同时回答另

① 鲍申葵英译本作："没有自然的独立的存在。"意谓主观的观念不是客观存在的东西。

② 鲍申葵英译本作："在我们的观念里不是自然地独立地必然的。"

一个问题:对象究竟是什么?在这里我们还不能详细剖析这个道理,暂且指出以下几点。

如果要说明我们的对象(即艺术美)的必然性,我们就必须证明艺术或美是某些前提或先行条件的结果,这些先行条件,如果按照它们的真实概念来推演,就会以科学的必然性生发出美的艺术的概念。但是我们现在是从艺术、艺术的概念以及这概念的实在性出发,而不是从艺术概念按其本质所必用为推演根据的先行条件出发,所以对于我们,艺术作为一种特殊科学对象,须先有所假定,这个假定却不在我们的研究范围之内,而是另一种科学的内容,属于另一个哲学部门的。因此,我们没有别的办法,只好阙疑待查式[①]地采用艺术的概念。一切个别部门的哲学如果孤立地研究,都不免有这种情形。只有全体哲学才是对宇宙作为一个有机整体的知识,这整体是从它自己的概念中自生发出来的,并且由于它的自对自的必然性,又还原到它自己而成为一个整体,这样就把自己和自己结在一起,成为一个真实世界[②]。在这种科学必然性的花冠上面,每一个别部分都一方面是一个回到自己的圆圈,另一方面也和其他部分有必然联系——这种必然联系是一种向后的联系,从这向后的联系里它自己生发出来;也是一种向前的联系,从这向前的

① Lemmatisch,采用一个字,暂不问其本义,待将来查考。

② 全体哲学把整个宇宙按照概念自生发的原则,把它的各部分各阶段说清楚,然后再就所生发的各部分各阶段,按照必然的内在联系贯串起来,还原到整个宇宙。按照黑格尔的哲学,这种生发和还原的辩证过程不仅在人的思考里而且在现实界进行着,这才是真实的世界。“自对自的必然性”即宇宙整体中各部分的内在联系,“自己和自己结合在一起”即一个整体中各对立面的统一,例如概念与现象的统一。这个看法肯定了思维与存在的统一。

联系，它自己推动自己①，因为它很丰富多产地从它本身又产生出其他东西，这样就让科学认识一直进展下去。因此，我们现在的目的不在证明我们所用为出发点的美的概念，这就是说，不在说明这概念所自生的娘胎，不是从它的假定，它的先行条件，按照它的必然性把它推演出来。这种工作属于综合哲学及其各个部门的百科大全式的发展。对于我们来说，美和艺术的概念是由哲学系统供给我们的一个假定。我们现在既然不能讨论这个哲学系统以及它和艺术的关系，我们就还不能以科学方式来认识美的概念，我们所掌握的只是这个概念的一些因素和一些方面，像现在和过去一般人对于美和艺术的观念所了解的。从这里出发，我们以后再对这些观念作较深刻的研究。这样做我们可以得到这样一个好处：首先可以对我们的对象得到一种普泛的观念，其次借简短的批判，初步地认识到我们在下文所要研究的一些较高的原则。这样办，我们的最后一部分序论就会成为正式讨论本题的序曲，对本题的讨论可以揭示一个大轮廓和方向。

A. 一些流行的艺术观念

我们所知道的流行的关于艺术作品的观念可分以下三项：

（1）艺术作品不是自然的产品，而是由人的活动所造成的。

（2）它基本是为人而作的，而且是诉之于人的感官的，多少是

① 作者把宇宙整体的内在必然性的关系网比成一个花冠，其中每一部分既独立自足，又与其他部分密切联系。向后的联系是来因，向前的联系是去向。简单地说，科学的必然性前有所继承，后有所生发。

从感性世界吸取源泉的。

（3）它本身有一个目的。

1. 艺术作品作为人的活动的产品

第一个论点，即艺术作品是人的活动的产品，产生了以下几种看法：

a）这种活动既然是产生一种外在对象的有意识的创作，它就可以认识和说明，就可以由旁人学习和仿效。因为一个人所做的，另一个人只要学会了做的方法，好像也就可做或是跟着做（摹仿），一般人只要知道了艺术创作的规则，他们就都可以随意依样画葫芦，制造出艺术作品来。上文所说到的那些制定规则的理论以及它们为实际摹仿所开的方剂都是从这种想法产生出来的。但是凡是按照这种指示作出来的东西只能是拘泥形式的、机械的。因为这样只关外表的东西只能是机械的，要了解它和应用它，只消有完全空洞的意志力和熟练技巧就行了，不需要具体的东西，或是一般规则所不能规定的东西来补充。如果把这种方剂不只用在外表的和机械的方面，而且还扩充到真正艺术的意蕴和丰富的心灵活动方面去，这里所说的道理就最为明显了。在这方面，规则只包括一些含糊的空泛的话，例如说，“主题应该是有趣的，每个人物说话，都应该符合他的地位、年龄、性别和情况”之类。如果规则在这里能适用的话，它所开的方剂就应该十分明确，不消用什么心灵活动，只要完全按照这些规则所规定的办法去办就行了。但是这种规则在内容方面既是抽象的，它们就完全不能像人们所吹嘘的那样，可

以支配艺术家的意识，因为艺术创作并不是按照这些规定而进行的形式的活动；作为心灵的活动，它就必须由它本身生发，把抽象规则所无法支配的那些更丰富的内容和范围更广的个别艺术形象拿到心眼前观照。如果这种规则是明确的，它们固然也有一些实用，但是至多也只适用于艺术作品的外表方面。

b）因此，人们就完全放弃了上面所说的方向，而走到另一极端。艺术作品不是看作一种尽人皆有的活动的产品，而是看作完全是资禀特异的心灵的创作。这种心灵只消听任它的特殊天赋力量的特质，不但完全无须服从普遍规律，无须让有意识的思考渗入它的本能的创作过程，而且还应该防备这些，因为这种意识对它的创作只能发生污染和歪曲的作用。根据这个看法，人们把艺术作品看作才能或天才的产品，特别强调才能和天才的自然方面[①]。这个看法也有一部分真理，因为才能是某个别方面的能力，天才是普遍的能力，都不是人单靠自觉的活动所能得到的。关于这一点，我们将来还要更详细地讨论。

这里我们只要指出这个看法的错误方向，就是以为在艺术创作中一切对于自己的活动的意识不仅是多余的，而且是有害的。天才和才能的创作过程好像只是一种状态，或是说得更确切一点，灵感状态。据说天才有时可以由一个对象激发到这种状态，有时又可以凭意志达到这种状态，例如酒的作用也没有被人忘掉。在德国，这个看法流行于所谓“天才时代”，这是由歌德的早期诗篇开始而后又由席勒的作品推波助澜的。这两位诗人在他们的早期作

① “自然”在西文中有“天生的”意思。

品中①抛开了过去制造的一切规则，故意破坏那些规则，一切都重新开始，而成绩却远远超过了旁人。我不准备更详细讨论过去盛行的关于灵感和天才两概念以及现在还盛行的单靠灵感就可以解决一切的看法所造成的一些混乱。我们只要紧紧抓住一个真正重要的看法：那就是艺术家的才能和天才虽然确实包含有自然的因素，这种才能和天才却要靠思考，靠对创造的方式进行思索，靠实际创作中的练习和熟练技巧来培养。因为除才能和天才以外，艺术创作还有一个重要的方面，即艺术外表的工作，因为艺术作品有一个纯然是技巧的方面，很接近于手工业；这一方面在建筑和雕刻中最为重要，在图画和音乐中次之，在诗歌中又次之。这种熟练技巧不是从灵感来的，它完全要靠思索、勤勉和练习。一个艺术家必须具有这种熟练技巧，才可以驾御外在的材料，不至因为它们不听命而受到妨碍。

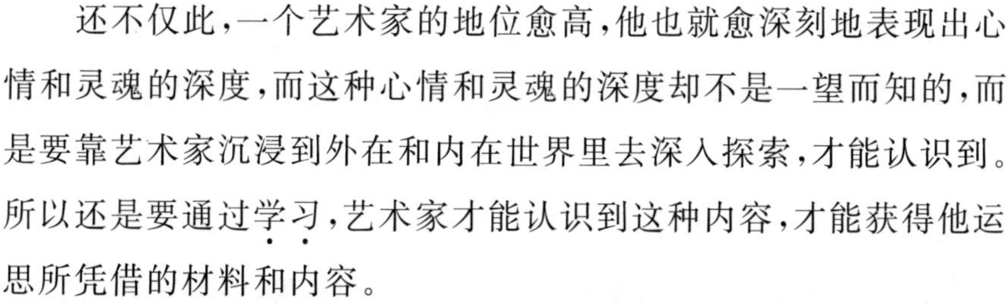

还不仅此，一个艺术家的地位愈高，他也就愈深刻地表现出心情和灵魂的深度，而这种心情和灵魂的深度却不是一望而知的，而是要靠艺术家沉浸到外在和内在世界里去深入探索，才能认识到。所以还是要通过学习，艺术家才能认识到这种内容，才能获得他运思所凭借的材料和内容。

各种艺术需要有意识地掌握内容的程度当然彼此不同。例如音乐，它所要做的只是用好像不掺杂思想的那种情感的音调，去表现很游离恍惚的内在心灵的动态，所以不很需要或完全不需要意识到什么心灵性的内容。因此，音乐的才能往往在头脑空洞、心情

① 这个时代即浪漫主义的初期的“狂飙突进”时代，其中重要的作品是歌德的《葛兹·封·伯利兴根》(1773)和席勒的《强盗》(1781)。

还未很发动的幼年就已显现，甚至在心灵和生活都还没有什么经验的时候，就已达到很显著的高度；我们常看到在作曲和演奏方面都达到高度熟练的音乐家在心灵和性格方面却非常凡庸贫乏。在诗歌方面，情形却不如此。诗歌要靠内容，要靠对于人，人的深心愿望，以及鼓动人的种种力量，作出内容充实意义丰富的表现，所以理智和情绪本身都必须经过生活经验和思考的锻炼，经过丰富化和深湛化，然后天才才可以创造出成熟的、内容丰富的、完善的作品。歌德和席勒的早年作品就有些不成熟，甚至有些生硬粗野，不免令人生厌。这些早年尝试大部分简直是干燥无味的，有时是很平凡呆板的。这个事实就足以证明灵感与少年热情不可分的看法是错误的。只有当他们成熟的年龄，歌德和席勒这两位天才才替德国创造出第一流诗歌，才成为德国的民族诗人，才拿出他们的深刻的、纯正的、真正出于灵感而形式又完美的作品作为礼物送给我们德国人民。荷马也是到了老年才作出他的不朽诗篇的。

c）还有一种第三个看法也把艺术作品看作人的活动的产品。这个看法特别着重艺术作品和自然中外在现象的关系。在这方面一般人认为人的艺术作品要低于自然的产品，因为艺术作品本身没有什么情感，不是一种通体贯注着生命的东西，作为一种外在事物看，它是死的。我们通常把活的东西看得比死的东西高。我们当然应该承认：艺术作品本身没有生命，不能运动。自然界活的东西在内外一切大小部分都形成一种有机的组织，而艺术作品只是在外表才有生气的显现，至于内部却是普通的石头、木料或画布，或是像在诗里，只是用语言文字表现出来的观念。但是这外在的方面并不足以使一个作品成为美的艺术作品，只有从心灵生发的，仍继续在心灵土壤中长着的、受过心灵洗礼的东西，只有符合心灵的创造品，才是艺术作品。艺术作品抓住事件、个别人物以及行动的转变和结局所具有的人的旨趣和精神价值，把它表现出来，这就比起原来非艺术的现实世界所能体现的，更为纯粹，也更为鲜明。因此，艺术作品比起任何未经心灵渗透的自然产品要高一层。例如一幅风景画是根据艺术家的情感和识见描绘出来的，因此，这样出自心灵的作品就要高于本来的自然风景。一切心灵性的东西都要高于自然产品。此外，艺术可以表现神圣的理想，这却是任何自然事物所不能做到的。

心灵不仅能把它的内在生活纳入艺术作品，它还能使纳入艺术作品的东西，作为一种外在事物，能具有永久性。个别的有生命的自然事物总不免转变消逝，在外形方面显得不稳定，而艺术作品却是经久的——尽管艺术作品所以真正优于自然界实在事物的并不单靠它的永久性，而且还要靠心灵所灌注给它的生气。

但是一般人还有一种反对把艺术作品摆在较高地位的看法。据说自然和它的产品都是神的作品，是按照神的美德和智慧而创造出来的，而艺术作品却只是一种凡人的作品，是用人手按照人的见识而制造出来的。这是把自然事物看作神的创造，把人的活动看作只是有限的东西，又把它们二者对立起来，这种看法是由于一种误解，以为神的活动范围只限于自然，他不是就在人身上而且凭借人来施行他的威力。我们如果想深入了解艺术的真正概念，就必须抛弃这个错误的见解，而且坚信与此相反的论点，那就是：从心灵所创造的东西，比从自然所产生和形成的东西，神还能得到更高的光荣。因为不仅人有神性，而且神性在人身上比在自然中所取的活动形式也更高，更符合于神的本质。神就是心灵，只有在人身上，神性所由运行的媒介才具有自生自发的有意识的心灵形式，而在自然中，这种媒介却只是无意识的、感性的、外在的，这在价值上就远逊于意识。在艺术作品中，神的活动方式是和在自然现象中一模一样的，但是在艺术作品中所见出的神性，因为是从心灵产生的，却替它的存在获得了一种符合它本性的显现，至于自然界无意识的感性的客观存在却不是一种符合神性的显现形式。

d）如果把艺术作品看作人的心灵的产品，我们为着要从上文的话得出更深刻的结论，最后还要问：是什么需要使得人要创造艺术作品呢？从一方面看，艺术创造可以看成一种可有可无的偶然事件和幻想的游戏，因为艺术所要达到的目的还有其他较好的手段可以去达到，而且人也还有比艺术所能满足的更高更重要的旨趣。但是从另一方面看，艺术又好像出于一种较高尚的推动力，它所要满足的是一种较高的需要，有时甚至是最高的，绝对的需要，因为艺术是和整个时代与整个民族的一般世界观和宗教旨趣联系在一起的。关于艺术的需要不是偶然的而是绝对的这个问题，我们在这里还不能详答，因为它比我们在现阶段所能回答的较为具体。所以目前我们只能提出以下几点。

就它的形式方面[①]来说，艺术的普遍而绝对的需要是由于人是一种能思考的意识，这就是说，他由自己而且为自己造成他自己是什么和一切是什么。自然界事物只是直接的、一次的，而人作为心灵却复现他自己，因为他首先作为自然物而存在，其次他还为自

① “即从一般来看，不涉及个别艺术家的愿望乃至于私人的目的。”（鲍申葵英译本注）

己而存在，观照自己，认识自己，思考自己，只有通过这种自为的存在，人才是心灵。人以两种方式获得这种对自己的意识：第一是以认识的方式，他必须在内心里意识到他自己，意识到人心中有什么在活动，有什么在动荡和起作用，观照自己，形成对于自己的观念，把思考所发现为本质的东西凝定下来，而且在从他本身召唤出来的东西和从外在世界接受过来的东西之中，都只认出他自己。其次，人还通过实践的活动来达到为自己（认识自己），因为人有一种冲动，要在直接呈现于他面前的外在事物之中实现他自己，而且就在这实践过程中认识他自己。人通过改变外在事物来达到这个目的，在这些外在事物上面刻下他自己内心生活的烙印，而且发现他自己的性格在这些外在事物中复现了。人这样做，目的在于要以自由人的身份，去消除外在世界的那种顽强的疏远性，在事物的形状中他欣赏的只是他自己的外在现实①。儿童的最早的冲动就有要以这种实践活动去改变外在事物的意味。例如一个小男孩把石头抛在河水里，以惊奇的神色去看水中所现的圆圈，觉得这是一个作品，在这作品中他看出他自己活动的结果。这种需要贯串在各种各样的现象里，一直到艺术作品里的那种样式的在外在事物中进行自我创造（或创造自己）。不仅对外在事物人是这样办的，就是对他自己，他自己的自然形态，他也不是听其自然，而要有意地加以改变。一切装饰打扮的动机就在此，尽管它可以是很野蛮的、丑陋的，简直毁坏形体的，甚至很有害的，例如中国妇女缠足或是穿耳穿唇之类。只有到了有教养的人，形状举止以及外表一切样式

① 外在事物的形状只是他自己实践活动的结果，所以可以看成他自己的外在现实，在这里面他可以认识到自己。

的改变才都是从精神文化出来的。

艺术表现的普遍需要所以也是理性的需要,人要把内在世界和外在世界作为对象,提升到心灵的意识面前,以便从这些对象中认识他自己。当他一方面把凡是存在的东西在内心里化成"为他自己的"(自己可以认识的),另一方面也把这"自为的存在"实现于外在世界①,因而就在这种自我复现中,把存在于自己内心世界里的东西,为自己也为旁人,化成观照和认识的对象时,他就满足了上述那种心灵自由的需要。这就是人的自由理性,它就是艺术以及一切行为和知识的根本和必然的起源②。关于拿艺术比政治的和道德的行为,比宗教观念和科学知识,艺术所以异于它们的那种特殊需要是什么,我们待将来再讨论。

2. 艺术作品作为诉之于人的感官的,从感性世界吸取源泉的作品

以上我们讨论艺术作品,专就它是人所造作的那一方面来说,现在我们要进一步来讨论第二方面:它是为人的感官而造作的,因此它多少要从感性世界吸取源泉。

a) 这个想法引起了这样一个考虑:美的艺术用意在于引起情感,说得更确切一点,引起适合我们的那种情感,即快感。从这个

① "自为的存在"即客观世界在意识里的反映,亦即思想。把思想实现于外在世界,就是实践,也就是黑格尔所谓"自我复现"或"自我创造"。

② 这一节的要义在证明艺术的需要是理性的,不仅是情感的。艺术对于认识和实践的意义在这里很明确地指出来了。可以参较马克思、恩格斯和毛主席关于认识与实践所说的话。

观点出发，人们把关于美的艺术的研究变为关于情感的研究，并且追问：哪些情感才是艺术所应该引起的，例如恐惧和哀怜；这些情感怎么能成为快感？例如看到灾祸怎么能使人满意？特别是从摩西·曼德尔生[①]以来，这种想法就已流行，人们在曼德尔生的著作里就可以找到许多这样的论调。但是这种研究是走不到多远的，因为情感是心灵中的不确定的模糊隐约的部分；所感到的情感只是蒙在一种最抽象的个人的主观感觉里，因此情感之中的分别也只是很抽象的，而不是事物本身的分别。例如恐惧、焦急、忧虑和惊惶都是同一类型的情感所现的各种变化，一部分只是深浅程度的差别，一部分只是无关内容的形式上的差别。例如在恐惧里，现前有一种事物是当事人所感到兴趣的，但是同时他看到有一种反面的东西临近了，势将消灭那个事物，于是他立刻发现他的兴趣和否定他的主观愿望的那个反面的东西混在一起。这种恐惧，单就它本身来说，却不是取决于某一定内容的，极不同的乃至极相反的内容都可以引起恐惧。情感就它本身来说，纯粹是主观感动的一种空洞的形式。诚然，这种形式有时本身可以是很复杂的，例如希望、哀伤、欢乐和欣慰；有时这些复杂的情感可以涉及种种不同的内容，例如正义感、道德的情感、崇高的宗教情感等等；但是这种内容尽管出现于不同形式的情感，它的基本的确定的性质却不因此就显现出来，仍然仅仅是我的一种主观感动，在这主观感动里面，具体的内容消逝了，就像跻在最抽象的圆里一样[②]。因此，关于艺术

① 摩西·曼德尔生（Moses Mendelssohn，1729—1786），德国犹太籍哲学家，莱辛的朋友。

② “我的私人情感比作一个小圆，道德，正义等等可以在这小圆里存在，但是没有地位可以显出它们的性质。情感不是可以下定义的。”（鲍申葵英译本注）

所引起或应引起的情感的研究就停留在不明确的状态,只是一种抽象研究,把真正的内容和它的具体本质和概念都抛开了。因为关于情感的思索只满足于观察主观感动及其特点,不能深入研究所应研究的对象,即艺术作品,而在研究所应研究的对象时,也就必得抛开单纯的主观状态及其情境。在情感里,这种空洞的主观状态不仅是被保持住,而且被摆在主要的地位,所以人们很乐意发生情感。因此,这种研究不免由于它的不明确和空洞而使人厌倦,由于它注意琐屑的主观方面的特点而令人嫌恶。

b）艺术作品之所以为艺术作品,既然不在它一般能引起情感(因为这个目的是艺术作品和雄辩术、历史写作、宗教宣扬等等所共同的,没有什么区别),而在它是美的,所以过去就有些人想到替美找出一种特别的审美的情感,还要找出一种特别的审美的感官。后来不久人们就看出:这样一种感官并不是生来就很确定的盲目的本能,单靠这本能是不能辨别出美的。所以人们又说这种审美的感官需要文化修养,把这种有修养的美感叫做趣味或鉴赏力,这种鉴赏力虽然要借修养才能了解美,发现美,却仍应是直接的情感①。我们在上文已谈到尽管抽象的理论怎样设法培养这种鉴赏的感官,而这种感官却还是外表的和片面的。在这种鉴赏感官说流行的时代,批评在普遍原则上既有缺点,而对个别艺术作品所作的具体批评,其目的与其说是要从原则上证明一个更明确的判断——当时还没有这种条件——还不如说是要提高一般鉴赏力的修养。因此,这种鉴赏力的修养也还是停留在不明确的状态,只忙于通过思考去把情感作为审美的感官来培养,以为无论何时何地,

① 直接的情感,对象直接引起的情感,如修养发生作用,那便是间接的。

只要有美存在，就可以凭这审美的感官去直接发现它。但是事物的深刻方面却仍不是单凭这种鉴赏力所能察觉的，因为要察觉这种深刻方面所需要的不仅是感觉和抽象思考，而是完整的理性和坚实活泼的心灵，而当时的鉴赏力只涉及外在的浮面，各种情感也只在这种外在的浮面上活动，片面的规箴在这上面也就行得通。因此，所谓好的鉴赏力一碰到艺术的较深刻的效果就张皇失措，一遇到真正重要的东西成为问题的关键，而外表的次要的东西消失的时候，就哑口无言了。因为一遇到伟大心灵的深刻的情绪和激动显示出来的时候，我们就无暇计较鉴赏力所分辨出的细微分别和琐屑细节了；鉴赏力就会觉得天才远远越过了这种范围，在这天才威力的面前，自惭形秽，往后退缩，不知所措了。

c）因此，人们又改变看法了，在艺术作品研究中不只注意鉴赏力的培养和说明鉴赏力本身了，凭借鉴赏力的艺术批评家的地位就被艺术学者取而代之了。我们前已说过，艺术学问的积极方面，就其对于一件艺术作品的全部个别特点[①]须有深刻的认识而言，对于艺术研究确是必要的。因为艺术作品在本质上既是物质的个别的，基本上是从多种多样的特殊条件产生出来的，特别是产生的时间和地点，艺术家的特有的个性，更重要的是那门艺术在当时所已达到的技巧修养。为着对于一件艺术作品有明确的深刻的认识乃至于能欣赏，所有这些方面都是必须考虑到的。艺术学问主要地就要研究这些方面，它在这些方面的成就是应该以感激的心情去接受的。但是这种学问尽管应该看作基本的东西，却还不

① “艺术作品的一切积极的方面或关系，例如时代，阶段，艺术家生平等等。”（鲍申葵英译本注）

应看作心灵对一个艺术作品以至对一般艺术的唯一的乃至最重要的因素。因为就它的缺点来说，这种学问可能停留在仅仅是对外表方面的认识，例如技巧的和历史的细节等等，而对于艺术作品的真正性质则只有模糊的认识，甚或毫无所知；它甚至可以低估较深刻的研究的价值，以为它比不上一些纯粹关于事实的、技巧的和历史的知识。但是尽管如此，如果艺术学问走的路是正确的，它至少要有明确的根据、见闻，以及有见识的判断，用来对于一件艺术作品的各个不同的，尽管有些是外表的方面，作较精确的分析和适当的评价。

d）艺术作品作为感性对象，它和作为感觉主体的人有一个基本的关系，上述研究方式就是从这个关系方面来看。关于这种研究方式我们已经作了一些说明，现在我们要研究这一方面对艺术本身的更基本的关系，这可以分为两部分：(i)一部分就艺术作为对象来看，(ii)一部分就艺术家的主观方面的情形，例如他的天才、才能等等来看。凡是只有从对于艺术的普遍概念的认识才能推演出来的东西，我们现在还不能涉及，因为我们目前还不是真正站在科学的基础上，还刚达到仅就外表来思考的范围。

d1）艺术作品当然是诉之于感性掌握的。它是诉之于外来的或内部的感觉，诉之于感性的知觉和想象的，正如我们周围的外在自然，或是我们自己的内在的情感生活诉之于感性知觉和想象那样。比方说，就连一篇演说也可以诉之于感性的想象和情感。尽管如此，艺术作品却不仅是作为感性对象，只诉之于感性掌握的，它一方面是感性的，另一方面却基本上是诉之于心灵的，心灵也受它感动，从它得到某种满足。

艺术作品诉之于心灵这个道理，可以说明它绝不是一种自然产品，不是按照它的自然方面而具有自然的生命①，不管我们把自然产品看作比仅仅是一件艺术品的东西（人们用这种鄙夷的口气称呼艺术作品）较高还是较低。

艺术作品中的感性因素之所以有权存在，只是因为它是为人类心灵而存在的，并不是仅仅因为它是感性的东西而就有独立的存在②。

如果我们更仔细地研究一下感性的东西是怎样为人而存在的，我们就会发现感性的东西对于心灵可以有以下各种不同的关系。

d1a）最低级的而且最不适合心灵特色的掌握方式就是单纯的感性掌握。这种掌握首先只是单纯的看、单纯的听、单纯的触之类，就像在精神紧张的时候，走来走去，心里什么也不想，在这里听一听，在那里看一看，如此等等活动对于许多人通常是一种娱乐。但是心灵并不停留于只凭视听去从外在事物得到单纯的感性掌握，还要使这些事物成为心灵内在本性的对象，这心灵内在本性于是被迫以相应的感性形式，在这些事物里实现它自己，换句话说，使它自己以欲望的身份和这些事物发生关系。在这种对外在世界起欲望的关系之中，人是以感性的个别事物的身份去对待本身也是个别事物的外在对象，他不是以思考者的身份，用普遍观念来对待这些外在事物，而是按照自己的个别的冲动和兴趣去对待本身

① 艺术作品的自然方面就是雕像用的石头、绘画用的颜色线条之类媒介。一座雕像不是按照它所用的石头的性质而具有石头的那种自然生命。

② 例如雕像所呈现的人形是感性因素，这人形有权存在，是因为它是一件艺术作品而不是因为它真正是一个人。

也是个别的对象，用它们来维持自己，利用它们，吃掉它们，牺牲它们来满足自己。在这种消极的关系之中，欲望所需要的不仅是外在事物的外形，而是它们本身的感性的具体存在。欲望所要利用的木材或是所要吃的动物如果仅是画出来的，对欲望就不会有用。同理，欲望也不可能让对象自由存在，因为欲望的冲动就是要消灭外在事物的独立存在和自由，要表明这些事物之所以在那里，就是为着被消灭被利用的。但是同时主体（人）自己既然被欲望的一些个别的窄狭的庸俗的兴趣所束缚，他本身也不是自由的，因为他不是根据他的意志中本质应有的普遍性和理性来决定自己的欲望。其次，就他对外在世界的关系来看，他也是不自由的，因为欲望基本上是被事物决定的，与事物发生关系的。①

人对艺术作品的关系却不是这种欲望的关系。他让艺术作品作为对象而自由独立存在，对它不起欲望，把它只作为心灵的认识方面的对象。因此，艺术作品尽管有感性的存在，却没有感性的具体存在，没有自然生命；它也不应该停留在这种水平上，因为它只应满足心灵的旨趣，必然要排除一切欲望。从此可知，从实践欲望出发的人为什么把有机界和无机界中可以利用的自然事物看得比艺术作品较高，因为艺术作品是不能供欲望利用的，而是满足心灵的其他方面要求的。

d1b）外在现实对于心灵还可以有第二种关系，和个别的感性观照与实践欲望是相对立的，那就是它对于理智的纯粹的认识性

① 在这段里，黑格尔指出人对外在事物的最低级的感性关系是欲望的关系。人按照他的本能需要，要消灭或利用外在事物来维持生命。在这种关系中，外在事物丧失了它的存在和自由，而人本身受欲望驱遣，也是不自由的。下段说明人对艺术作品的关系不如此。

的关系。对事物的认识性的观照并无意要消灭事物的个体或是从事物得到感官的满足，或是利用它们来维持自己的生命，而是要学会认识事物的普遍性，找出它们的本质和规律，理解它们的概念。因此，这种认识性的兴趣让个别事物依旧存在，不管它们的感性方面的特殊细节，因为这些并不是理智所要寻求的。理性的理智并不像欲望那样只属于单纯的个别主体，而是属于既是个别的而又含有普遍性的主体。人在按照这种普遍性对事物发生关系时，那就是他的普遍的理性在设法在自然中找到它自己，从而把事物的内在本质重新显示出来[①]，感性存在虽然是根据这种内在本质，却不能把它直接显示出来。这种认识性的兴趣就是靠科学的工作来满足的，就它的这种科学形式来说，它与艺术很少有共同处，正如艺术与对普通事物的单纯实践性的欲望冲动很少有共同处一样。科学固然也可以从个别的感性事物出发，对于个别事物如何以它的特殊颜色、形状、大小等等直接呈现出来，先获得一个观念。但是这种孤立的感性事物，就其为孤立的感性事物而言，对心灵就没有进一步的关系，因为理智所探求的是对象的普遍性、规律、思想和概念，所以它不仅把个别事物丢在后面，而且把它转化为内在的，从一个感性的具体的东西转化为一种抽象的思考的东西，这就是把它转化为和感性现象根本不同的东西。艺术的兴趣和科学不同，它不这样做。正如艺术作品借颜色、形状、声音等方面直接的感性的个别定性，显现为外在对象一样，艺术观照也不离开它所直

① 人以个别主体的身份对事物起欲望，他所希求的不是人人都希求的，没有普遍性；人以普遍主体（有理性的主体）的身份认识事物的普遍性，他所认识的是人人可以认识的，有普遍性。认识到事物的普遍性，就是认识到它们的理性或内在本质，就是理性在事物中找到它自己，找到了就把它显示出来。

接接触的对象,不去把对象作为普遍概念来理解,像科学那样。

由此可知,艺术兴趣和欲望的实践兴趣之所以不同,在于艺术兴趣让它的对象自由独立存在,而欲望却要把它转化为适合自己的用途,以至于毁灭它;另一方面,艺术观照和科学理智的认识性的探讨之所以不同,在于艺术对于对象的个体存在感到兴趣,不把它转化为普遍的思想和概念。

d1c) 从此可知:艺术作品固然要用感性事物,但是这种感性事物只应以它们的外表或外形显现出来。因为心灵在艺术作品中的感性事物之中所要寻找的既不是物体的具体物质,即欲望所要求的那种经验性的内充实而外有体积的有机体,也不是普遍性的纯然观念性的思想,而是感性事物现形的显现(外形),这显现虽仍是感性的,却不应还是单纯的物质。因此,艺术作品中的感性事物,比起自然物的直接存在,是被提升了一层,成为纯粹的显现(外形);艺术作品所处的地位是介乎直接的感性事物与观念性的思想之间的。它还不是纯粹的思想,但是尽管它还是感性的,它却不复是单纯的物质存在,像石头、植物和有机生命那样。艺术作品中的感性事物本身就同时是一种观念性的东西,但是它又不像思想的那种观念性,因为它还作为外在事物而呈现出来。如果心灵让对象自由存在,不去深入探索它的内在本质(这样做,对象对于心灵就完全失其为个别外在的东西了),感性事物的这种显现(外形)就会以形色声音等等面貌从外面现给心灵看。因此,艺术的感性事物只涉及视听两个认识性的感觉,至于嗅觉、味觉和触觉则完全与艺术欣赏无关。因为嗅觉、味觉和触觉只涉及单纯的物质和它的可直接用感官接触的性质,例如嗅觉只涉及空气中飞扬的物质,味

觉只涉及溶解的物质，触觉只涉及冷热平滑等等性质。因此，这三种感觉与艺术品无关，艺术品应保持它的实际独立存在，不能与主体只发生单纯的感官关系。这三种感觉的快感并不起于艺术的美。从艺术的感性方面来说，它有意要造出只是一种由形状、声音和意象所组成的阴影世界，我们却不能因此就说，在创造艺术作品之中，人由于他的无能和局限性，才只会表现出感性事物的外表，只会拿出一种示意图。在艺术里，这些感性的形状和声音之所以呈现出来，并不只是为着它们本身或是它们直接现于感官的那种模样、形状，而是为着要用那种模样去满足更高的心灵的旨趣，因为它们有力量从人的心灵深处唤起反应和回响。这样，在艺术里，感性的东西是经过心灵化了，而心灵的东西也借感性化而显现出来了。

d2）因此，只有通过心灵而且由心灵的创造活动产生出来，艺术作品才成其为艺术作品。这就引起另一个有待解答的问题：艺术所必需的感性因素在作为创造主体的艺术家身上怎样发挥作用呢？这种创造，就其为主体活动而言，正是包括我们已经发现客观存在于艺术作品的那些定性；它必须是一种心灵的活动，而这种心灵的活动又必须同时具有感性和直接性的因素。它一方面既不是单纯的机械工作，例如单凭感觉的熟练手腕所达到的那种漫不经心的轻巧操作，或是按照学来的规矩所达到的那种熟练动作，另一方面它也不是从感性事物转到抽象观念和思想，完全运用纯粹思考的那种科学创造。在艺术创造里，心灵的方面和感性的方面必须统一起来。拿诗的创作为例来说，人们可以把所要表现的材料先按散文的方式想好，然后在这上面附加一些意象和韵脚，结果这些意象就好像是挂在抽象思想上的一些装饰品。这种办法只能产生很坏的诗，因为本来只有统一起来才可以在艺术创造中发生效用的两种活动，在这里却拆散为两种分立的活动了。真正的创造就是艺术想象的活动。这种活动就是理性的因素，就其为心灵的活动而言，它只有在积极企图涌现于意识时才算存在，但是要把它所含的意蕴呈现给意识，却非取感性形式不可。所以这种活动具有心灵性的内容（意蕴）[①]，但是却把这种内容放在感性形式里，因为这种内容（意蕴）只有放在感性形式里，才可以被人认识。这可以拿这样一个人的情形来作譬喻。这人很有生活经验，也很聪明伶俐。尽管他完全了解生活的要素是什么，使人与人团结在一起的是什么，驱遣人的是什么，人有什么内在的力量，但是他自己既没有把这类内容了解成为普遍的规律，也不会用普遍思想形式把它解释给旁人听，而总是要借真实的或是假造的个别事例以及适当的例证，才能把他所意识到的东西说清楚，让自己和旁人知道；在他的观念里一切东西都须形成有一定时间和地点的具体的意象，所以不能没有名称和其他一切外在的情况。但是这种方式的想象只是追忆已往生活过的情境和经历过的事物，而它本身并不是创造性的。这种记忆把发生过的个别事故的外貌以及一切相关的情境都保持住，并且可以重新回想起来，但是不能把普遍性显示出来。艺术家的创造的想象却不如此，它是一个伟大心灵和伟大胸襟的想象，它用图画般的明确的感性表象去了解和创造观念和

① 德文 Gehalt 和 Inhalt 都有“内容”的意思，所以英译和俄译一律作“内容”，但 Inhalt 所指的内容比 Gehalt 所指的较具体，Gehalt 有“意蕴”的意思，因译“内容（意蕴）”，以别于 Inhalt（“内容”）。它所指的就是艺术作品的主题思想，黑格尔往往把它叫做“有实体性的东西”、“普遍力量”、“神性”等等，详见第三章。

形象，显示出人类的最深刻最普遍的旨趣。从此可知，这种想象，从一方面看，当然要靠天生资禀，要靠才能，因为它的创造方式要用感性的媒介。我们固然也常提到科学的"才能"，但是科学只需要普遍的思考能力，这种思考能力不像想象那样运用天生的本领，而是要抛开一切天生本领的活动，所以我们可以说，天生资禀意义的科学才能并不存在。想象却不然，它有一种本能式的创造力，因为艺术作品的基本特质，即形象鲜明性和感官性，必须与艺术家主体方面的天生气质和天生冲动的形式相适应，这些特质是以无意识的方式起作用的，所以必然要靠人类天生资禀来掌握。才能和天才当然也并不是全靠天生资禀组成的，实际上艺术创造同时也是运用智力的自觉的活动，但是这种智力却必须含有天生的善于创造画境和形象的本领。因此，虽然几乎每一个人都可能在某种艺术上达到一定的水平，但是要想超过这个水平——这其实只是艺术的真正的起点——较高的天生艺术才能却是必要的。

作为天生资禀，这种才能大半早在年轻的时代就显现出来，它在主体身上表现为一种骚动不宁的心情，使得他要凭借某一种感性材料，来鼓足干劲，创造形象，并且抓住这种表现和传达的方式作为他的唯一的或最适合的方式。而这种早熟的，在一定程度上不费力的技巧熟练也是一种天生才能的标志。对于一个雕刻家，一切都转化为形象，他马上就抓住石膏把它雕塑出来。一般说来，有这种才能的人一遇到心中有什么观念，有什么在感发他，鼓动他，他就会马上把它化为一个形象、一幅素描、一曲乐调或是一首诗。

d3）第三，艺术内容在某种意义上也终于是从感性事物，从自然，取来的；或则说，纵使内容是心灵性的，这种心灵性的东西（例如人与人的关系）也必须借外在现实中的形象，才能掌握住，才能表现出来。

3. 艺术的目的

现在还有一个问题：人们在创造这种内容并且把它纳入艺术形式时，他抱有怎样的旨趣或目的呢？这就是我们对于艺术作品所提出的第三个观点，对这方面的仔细讨论就会终于使我们能转到艺术的真正概念本身。

如果我们看一看关于这方面的普通见解，就会想到下面的这个流行的看法：

a）摹仿自然说

按照这个看法，艺术的基本目的就在摹仿，而所谓摹仿就是完全按照本来的自然形状来复写，这种酷肖自然的表象如果成功，据说就可以完全令人满意。

a）这个定义首先只提到一个纯是形式的目的，就是由人把原已在外在世界里存在的东西，按其本来面貌，就他所用媒介所可能达到的程度，再复制一遍。

a1）这种复制可以说是多余的，因为图画、戏剧等等用摹仿所表现出来的东西——例如动物、自然风景、人的生活事件之类——在我们的园子里、房子里或是远近熟习的地方都是原来已经存在着的。

a2）要仔细地看一看，这种多余的费力也可以看成一种冒昧的游戏，因为它总是要落在自然后面。艺术在所用的媒介方面是有局限性的，它只能产生片面的幻相，比方说，只能把现实的外形提供给某一种感官。而且如果艺术的形式方面的目的只在单纯的摹仿，它实际所给人的就不是真实生活情况而是生活的冒充。所以土耳其人——因为他们是穆罕默德信徒——不准有图画和人物画像之类。哲姆士·布鲁斯[①]到阿比西尼亚游历的时候，拿一幅画的鱼给一个土耳其人看，那人首先大为惊讶，不久就问："到了最后审判的日子，如果这条鱼站起来控诉你，说'你替我造了尸体，却没有给我一个活的灵魂'，那时你准备怎样替自己辩护呢？"根据伊斯兰教圣经外书所传的，先知者穆罕默德本人听到娥米·哈比巴和娥米·塞尔玛两位妇人谈述爱提阿庇亚教堂里的图画之后，就向她们说，"这些图画到了最后审判的日子会起来控诉创作它们的人。"完全使人误信以为真的摹仿确实是有例证可举的。宙克什斯[②]画的葡萄从古到今都被公认为艺术的胜利，同时也被公认为摹仿自然原则的胜利，因为真有活的鸽子啄食这些画的葡萄。除掉这个古老的例子，我们还可以引一个新近的例子：毕特涅[③]的猴子把洛色尔的《昆虫乐趣》一书中画的甲壳虫咬成碎片。猴子的主人看到他的珍本书籍这样遭到损坏，却没有惩罚它，因为这足以证明插图的精工。这些以及其他类似的例证可以马上使我们想到：

① 哲姆士·布鲁斯（James Bruce，1730—1794），英国探险家，著有《尼罗河穷源记》。

② 宙克什斯（Zeuxis），纪元前四世纪希腊大画家。

③ 毕特涅（Büttner，1716—1801），德国昆虫学家；洛色尔（Rösel，1705—1759），德国昆虫学家，著有《昆虫乐趣》，以插图著名。

这种连鸽子、猴子也欺骗到的艺术作品值不得赞赏，而那些只会把这样庸俗的效果捧为艺术最高成就，认为这样就可以抬高艺术的人都理应受到谴责。总之，我们应该说：靠单纯的摹仿，艺术总不能和自然竞争，它和自然竞争，那就像一只小虫爬着去追大象。

a3）仿本既然经常比不上自然的蓝本，艺术要造出逼肖自然的东西来，那就只可供娱乐了。人们用自己的工作，熟练技巧和勤勉去复制原已存在的东西，固然也可借此得到一些乐趣。但是仿本愈酷肖自然的蓝本，这种乐趣和惊赏也就愈稀薄，愈冷淡，甚至于变成腻味和嫌厌。有人说得很俏皮，有些画像逼真得讨人嫌。关于这种单纯从摹仿得来的快感，康德还举了这样一个例子：我们对于摹仿夜莺的歌声完全逼真的人——确有这样的人——很快地就感到腻味，因为一发现唱的是人，这种歌声马上就显得讨厌。我们在那里面所认识到的既不是自然的自由流露，又不是艺术作品，而只是一种巧戏法；我们绝不指望人的自由创造力就产生这样一种音乐，这种音乐，例如夜莺的歌声，只有在从莺自己的生命源泉中不在意地自然流露出来，而同时又酷似人的情感的声音时，才能使人感到兴趣。一般地说，摹仿的熟练所生的乐趣总是有限的，对于人来说，从自己所创造的东西得到乐趣，就比较更适合于人的身份。就这个意义说，每一件微细的技术品的发明在价值上也要比摹仿高，一个人发明了斧头钉子之类的东西，比起做了一个摹仿的巧戏法，也应该更值得骄傲。这种在摹仿上争一技之长的勾当就好比一个人学会百无一失地把豆粒掷过小孔的那种把戏。这人有一次在亚历山大面前献技，亚历山大为了酬劳他的这种空洞无用的把戏，就赏了他一斗豆子。

b）还有一层，摹仿原则既然纯粹是形式的，如果把它看作目的，它里面就无所谓客观的美了。因为既以摹仿为目的，问题就不在于所应摹仿的东西有怎样的性质，而在于它摹仿得是否正确。美的对象和内容就被看成毫不重要了。如果人们还可以就动物、人、地点、行动、性格等等作美丑的分别，那么，按照摹仿原则，这种分别就是一种与艺术本身无关的分别，因为对于艺术，人们只留下抽象的摹仿一个原则。因此，在选择对象并就对象分别美丑时，由于缺乏一个标准，可以适用于自然的无穷形式，主观趣味就成为最后的标准了，这种主观趣味的标准是既不能定为规律，又不能容许争辩的。事实上如果人们按照他们的趣味，从他们所认为美或丑，认为值得艺术摹仿的东西之中，去选择表现的对象，那么，整个自然界就无须什么挑选，就没有什么东西找不到一个爱好者。人们之中往往有这种情形，所以假如不能说每个丈夫都觉得他的妻子美，至少可以说每个未婚夫都觉得他的未婚妻美，而且世上只有她美；关于这种美的主观趣味是没有严密规则的，这对于男女双方可以说都是巧运。如果我们丢开个别的人和他们的偶然性的兴趣，推广一点去看看各民族的趣味，我们也会发现差别和对立是很大的。我们常听人说，一个欧洲美人不会叫一个中国人乃至非洲霍腾套特族人喜爱，因为中国人的美的概念和黑人的不同，而黑人的美的概念和欧洲人的又不同，如此等等。如果我们看一看欧洲以外各民族的艺术作品，例如他们的神像，这些都是作为崇高的值得崇拜的东西由他们想象出来的，而对于我们却会是最凶恶的偶像。他们的音乐在我们听来会是最可怕的噪音，反之，我们的雕刻、图画和音乐在他们看来也会是无意义的或是丑陋的。

c）如果我们不承认艺术有一个客观的原则，如果美仍然要借个人主观趣味来决定，我们不久就会发现，即使从艺术本身来看，摹仿自然虽然像是一个普遍的原则而且是许多伟大权威人士拥护的原则，却至少是不能就它的这样一般的完全抽象的形式来接受的。因为我们如果看一看各门艺术，我们就会发现绘画和雕刻所表现的对象虽然像是逼肖自然的或是基本上是从自然假借来的，而建筑（这也属于美的艺术）和诗却都很难看作自然的摹仿，因为这两种艺术都不限于单纯的描写。无论如何，如果我们坚持这个摹仿观点也适用于建筑和诗，我们就势必绕些大弯路，替这个原则定出各色各样的条件，说在某些条件下它才适用，于是所谓摹仿的真实就至少要变成或然的。谈到或然，我们在判定什么是或然的和什么不是或然的时候，还是要遇到很大的困难，而且还不仅此，人们总不愿而且也不能把一切完全随意任性的、想象的虚构都从诗里排除出去。

因此，艺术的目的一定不在对现实的单纯的形式的摹仿，这种摹仿在一切情况下都只能产生技巧方面的巧戏法，而不能产生艺术作品。艺术作品当然也要靠自然形状为它的一种基本要素，因为它要用外在形状来表现，也就是要用自然现象来表现。例如绘画，一个重要的功夫就在充分认识到而且精确地摹仿出各种颜色中的相互关系、光线效果、返光等等，乃至于对象形状的极细微的分别。就是在绘画这方面，特别是在近代，自然摹仿和逼肖自然的原则又普遍流行起来了，其目的在于把这门堕落成为软弱模糊的艺术引回到自然界的生动和明确，或则说，在于提倡自然界中的整齐、直截了当，以及融贯那些特点，借以摆脱艺术所已陷入的迷途，就是那种既不艺术又不自然的纯粹任意的装腔作势和死守陈规。应该承认，这种企图有它的正确的一方面，但是它所要求的逼肖自然，就其本身来说，并不是艺术基础中首要的东西。所以尽管自然现实的外在形态也是艺术的一个基本因素，我们却仍不能把逼肖自然作为艺术的标准，也不能把对外在现象的单纯摹仿作为艺术的目的。

b）激发情绪说

因此，须进一步追问：艺术的内容究竟是什么？为什么目的要把这内容表现出来？这里我们就想到一种流行的见解，以为艺术的任务和目的就在把一切在人类心灵中占地位的东西都拿来提供给我们的感觉、情感和灵感。据说艺术应该在我们身上实现“凡是属于人的东西对我都不生疏”那句格言[①]。因此艺术的目的就被规定为：唤醒各种本来睡着的情绪、愿望和情欲，使它们再活跃起来；把心填满；使一切有教养的或是无教养的人都能深切感受到凡是人在内心最深处和最隐秘处所能体验和创造的东西，凡是可以感动和激发人心的最深处无数潜在力量的东西，凡是心灵中可以满足情感和观照的那些重要的高尚的思想和观念，例如尊严、永恒和真实那些高贵的品质；并且还要使不幸和灾难、邪恶和罪行成为可理解的；使人深刻地认识到邪恶、罪过以及快乐幸福的内在本质；最后还要使想象在制造形象的悠闲自得的游戏中来去自如，在赏心娱目的观照和情绪中尽情欢乐。艺术据说应该掌握这四方八

① 拉丁成语，出于喜剧家普洛图斯，是一句著名的人道主义的信条。

面的丰富的内容，一方面为着要弥补我们对客观存在的自然经验，另一方面也为着要普遍激发上文说过的那些情绪，使得我们对人生经验不至无动于衷，而是对一切现象都有灵敏的感受力。但是这种情绪的激发不是通过现实现象本身，而是通过现实现象的外形，这就是通过艺术所用以代替现实世界的幻相作品。通过艺术的外形来产生幻相之所以可能，是由于一切现实必须借知觉和观念才可以达到人的脑里，此外就无法浸润到人的情感和意志里。这过程可以有两种情形：或是由直接外在现实本身引起人的注意，或是通过另一个途径，就是通过包括而且表现这种现实内容的图画、符号和观念，来引起人的注意。人能够把本来不实在的东西想象成为好像是实在的。因此，使我们认识到一种情境、一种关系或任何一种生活内容的东西是外在现实本身，还只是它的外形，对于我们的情绪来说，这两种途径都是一样的，都可以按照内容的性质使我们忧，使我们喜，使我们感动或震惊，使我们亲历身受愤怒、痛恨、哀怜、焦急、恐惧、爱、敬、惊赞、荣誉之类的情绪和热情。

按照上述见解，一切情感的激发，心灵对每种生活内容的体验，通过一种只是幻相的外在对象来引起这一切内在的激动，就是艺术所特有的巨大威力。

但是依这样看，艺术拿来感动心灵的东西就可好可坏，既可以强化心灵，把人引到最高尚的方向，也可以弱化心灵，把人引到最淫荡最自私的情欲，所以上述见解替艺术所规定的任务仍然完全是形式的，艺术还是没有一个确定的目的，对一切可能的内容和意蕴就只能提供一种空洞的形式。

c) 更高的实体性[①]的目的说

艺术确实也有这个形式的方面，这就是说，它确实能把一切可能的材料都穿上艺术的外衣，呈现给知觉和情感，就像推理的思考也可以运用一切可能的对象和行动方式，替它们找到根据和理由。但是这种内容的复杂性马上就使我们看出：艺术所应激发或巩固的各种不同的情感和观念不免彼此交叉，互相矛盾，乃至于互相抵消。从这方面去看，艺术愈唤起彼此对立的情绪，它也就愈扩大各种情绪和情欲彼此之间的矛盾，把人弄得如醉如癫，昏头转向，或是就像思辨一样，使人陷入诡辩和怀疑主义里去。因此，这种材料的复杂性本身就逼得我们不能满足于上述那样的形式的[②]定义，因为理性在深入到这种五花八门的复杂内容时，不免要求从这些互相矛盾的因素中找出一个更高更普遍的目的，并且知道怎样去实现这个目的。正如人们也说社会和国家的目的在于使一切人类的潜能以及一切个人的能力在一切方面和一切方向都可以得到发展和表现。但是这种形式的看法不久就会引起这样的疑问：有什么统一体能把这些复杂的构造集中起来呢？它们应该有怎样的单一的目的作为它们的基本的概念和最终的目的呢？艺术的概念正如国家的概念一样，既需要有一个为各个别方面所共同的目的，又需要有一个较高的实体性的目的。

谈到这样实体性的目的，人们首先就会想到一个看法，就是以

① “实体”(Substang)，即推动人物行动的普遍的力量或理想，参看下文252页注①。

② “‘形式的’在这里如同平常一样，意指空洞的或一般的，不考虑到形式所依附的内容多么复杂。”(鲍申葵英译本注)

为艺术有能力也有责任去缓和情欲的粗野性。

a）关于这第一个看法，要解决的问题是：艺术有哪一种特性，使它能够消除粗野性，驯服并且涵养冲动、愿望和情欲呢？粗野性的根源在于情欲一般是完全自私的，一纵即发，不顾一切，只顾自己得到满足。情欲愈专注，愈狭隘，愈占领着整个的人，它也就愈粗野蛮横，使得当事人失去控制，没有能力把本有普遍人性的自己和这强烈的情欲分开，意识不到自己是一个具有普遍人性的人。在这种情形之下，当事人往往说，"情欲比我自己还更强有力"，从这句话虽然可以看出在他的意识里抽象的"我"是和那个情欲分开来了，但是这只是形式地分开，因为这种分开只不过表明：作为有普遍人性的"我"毫没有力量抵抗那情欲的势力。所以情欲的粗野性就在于作为有普遍人性的"我"和情欲的狭隘内容合而为一，以至当事人除掉为满足那种特殊情欲以外，不再能行使意志。艺术对于情欲的这种粗野性和未经驯服的暴力首先就起着缓和的作用，因为艺术把当事人在这种情况下所感所行化为意象摆在他面前，使他可以看到。尽管艺术仅限于把情欲的图形摆在当事人面前，让他观照，尽管那图形是奉承他的，那里面也还是有一种缓和的力量，至少是它使当事人因此意识到他不借这种图形就意识不到的他自己的直接存在[1]。他因此就观察到他的冲动和意向，本来这些冲动和意向驱遣着他，使他无暇反省，现在他已经看到它们作为外在对象和自己对立，因而获得了自由，不再受它们控制了。因为这个缘故，艺术家常遇到这样情形：他感到苦痛，但是由于把苦痛表现为形象，他的情绪的强度就缓和了、减弱了。甚至在眼泪里也藏

① 直接存在，没有自意识的生活，指情欲中的生活。

着一种安慰；当事人原来沉没在苦痛里，苦痛完全占领了他，现在他至少可以把原来只在内心里直接感受的情感表现出来。如果用文字、图画、声音和形象把内心的感受表达出来，缓和的作用就会更大。因此，有一个很好的老风俗，在丧葬的时候雇用一些代哭丧的妇人，以便把痛苦显现为外在形象，可以观照。旁人对他表示同情，也可以把当事人的苦痛的内容摆在他面前，使他重复地省察和思索，因此苦痛也就缓和下去了。所以自古以来，尽量哭出来和说出来都被看成解除愁苦的沉重负担或是至少是暂时宽慰心胸的一种办法。情欲的力量之所以能缓和，一般是由于当事人解脱了某一种情感的束缚，意识到它是一种外在于他的东西（对象），他对它现在转到一种**观念性的**关系[①]。艺术通过它的表象，尽管它还是在感性世界的范围里，却可以使人解脱感性的威力。当然，人们常爱说：人应与自然契合成为一体。但是就它的抽象意义来说，这种契合一体只是粗野性和野蛮性，而艺术替人把这契合一体拆开，这样，它就用慈祥的手替人解去自然的束缚。人对艺术品的专心致志纯粹是认识性的，因此尽管艺术首先只培养人注意所表现的形象，后来却进一步培养人注意那些形象的意义，培养他拿它们和其他内容作比较，就它们作全盘考虑以及认识全盘考虑时可采取的各种观点的能力。

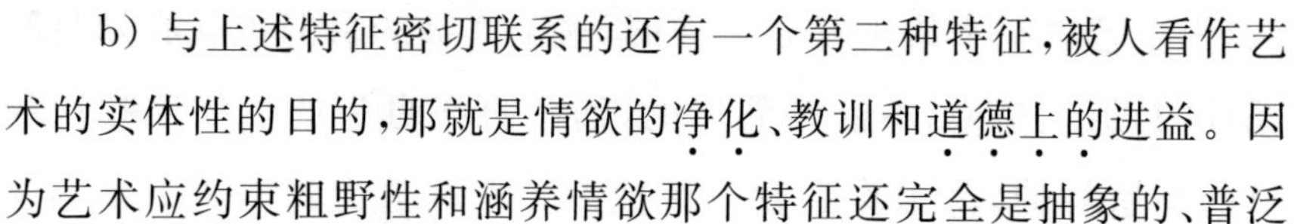

b）与上述特征密切联系的还有一个第二种特征，被人看作艺术的实体性的目的，那就是情欲的**净化**、教训和**道德上**的进益。因为艺术应约束粗野性和涵养情欲那个特征还完全是抽象的、普泛

① 情感在当事人的心里成了一种观念，所以失去原来的热辣性，对于艺术功用的这种看法基本上就是尼采和叔本华的看法。

的，这种教养究竟有什么明确的形式和实体性的目的也就成为还待解决的问题。

b1）这个净化情欲说[①]和前一个缓和欲望说固然有同样的缺点，但是它至少更突出地表明艺术的表现需要一个标准来衡量它是否有价值。这个标准就在艺术表现能否在情欲中把纯与不纯的部分分别开来。因此，这个标准需要有一种能起净化作用的内容，产生净化效果既然看作艺术的实体性的目的，这产生净化效果的内容究竟有什么普遍性和实体，也就应该被人认识到才行。

b2）因此，人们常说艺术的目的在教训。这样就有两方面的看法：从一方面看，艺术的特征在于情绪的激动以及这种激动——纵使是恐惧、哀怜、苦痛和震惊等的激动——所产生的满足，这就是在于情绪和情欲的满足，也就是说，在于对艺术品及其表现和效果所引起的快慰和欣赏；但是从另一方面看，这种目的据说却只有在教训，在“有教训意义的寓言”，在艺术作品对人所发生的效益里，才能找到它的更高的标准。在这方面，贺拉斯的“诗人既求教益又求娱乐”一句言简意赅的箴言[②]到后来经过无穷的推演和冲淡，以至变成一种最俗滥最肤浅的艺术论。关于这种教训说，我们要问：这教训应该是直接地还是间接地、明说地还是暗寓地含在艺术作品里呢？如果所谈的一般是一个普遍的而不是偶然的目的，那么，由于艺术在本质上是心灵性的，这个终极的目的也就必须是心灵性的，那就是说，不能是偶然的，而是自在自为的。如果教训的目的是这样的，艺术作品就应该把一种自在自为的本质上是心灵

① 净化说起于亚里士多德的悲剧净化恐惧和哀怜说，在欧洲有悠久的历史。

② 罗马诗人贺拉斯在《诗学》（即《与庇梭斯的书简》）里所说的话。

性的内容摆在意识面前，使它认识。从这个观点看，应该说，艺术愈高，它就愈须采用这样的内容，而且只有从这内容的本质上才可以找到判断艺术表现是否妥当的标准。实际上艺术是各民族的最早的教师。

但是如果把教训的目的看成这样：所表现的内容的普遍性是作为抽象的议论、干燥的感想、普泛的教条直接明说出来的，而不是只是间接地暗寓于具体的艺术形象之中的，那么，由于这种割裂，艺术作品之所以成为艺术作品的感性形象就要变成一种附赘悬瘤，明明白白摆在那里当作单纯的外壳和外形。这样，艺术作品的本质就遭到歪曲了。因为艺术作品所提供观照的内容，不应该只以它的普遍性出现，这普遍性须经过明晰的个性化，化成个别的感性的东西。如果艺术作品不是遵照这个原则，而只是按照抽象教训的目的突出地揭出内容的普遍性，那么，艺术的想象的和感性的方面就变成一种外在的多余的装饰，而艺术作品也就被割裂开来，形式与内容就不相融合了。这样，感性的个别事物和心灵性的普遍性相就变成彼此相外（不相谋）了。

还不仅此，如果艺术的目的被窄狭化为教益，上文所说的快感、娱乐、消遣就被看成本身无关重要的东西了，就要附庸于教益，在那教益里才能找到它们的存在理由了。这就等于说，艺术没有自己的定性，也没有自己的目的，只作为手段而服务于另一种东西，而它的概念也就要在这另一种东西里去找。在这种情形之下，艺术就变成用来达到教训目的的许多手段中的一个手段。这样，我们就走到了这样一种极端：把艺术看成没有自己的目的，使它降为一种仅供娱乐的单纯的游戏，或是一种单纯的教训手段。

b3）如果我们追问：要净化情欲和教训人类，究竟是为了怎样一种最高的目的呢？这时上述极端就显得最突出了。在近代人看，这最高的目的就在道德的提高，艺术的目的据说是涵养各种情绪和冲动，使它们便于达到道德的提高。这个看法就把教训和净化合而为一了，因为艺术使人认识真正的道德的善，这就是说，通过教训，就同时产生净化；因此，只有改善人类才是艺术的用处，才是艺术的最高的目的。

关于艺术改进人类道德的说法，上文对艺术目的在教训说的批评也可以适用到这里。不难看出，艺术在原则上不应以追求不道德和提倡不道德为目的。但是把追求不道德看作艺术表现的明确目的是一回事，不把追求道德看作艺术表现的明确目的却另是一回事。从每一件真正的艺术作品里都可以抽绎出一个很好的道德教训，但是这要看对它所作的解释是怎样，也要看抽绎这道德教训的人是谁。我们常听到人替不道德的描绘作辩护说，我们要认识罪恶，才能依道德行事；可是也有人说过相反的话：对于先犯罪而后忏悔的抹大拉的马利那位美人①的描绘曾经引诱过许多人犯罪，因为艺术把忏悔表现得那么美，要忏悔就要先犯罪。但是道德教训说，如果按照逻辑推演，还不只是要求从一个艺术作品里可以抽绎出一种道德教训，而且要求把阐明彰明较著的道德教训看作艺术实体性的目的，而且只准有意地描写道德的事物、道德的性格、行为和事件。因为艺术有选择对象的自由，不像历史或科学只能运用既定的材料。

① 见《马太福音》二十七章和《路加福音》第八章。传说她原是妓女，后来改过自新，成为耶稣的虔诚的信徒。欧洲绘画中常用她为题材，赞扬忏悔。

如果要从根本上来批判这个艺术以道德为目的的说法，我们就要追问这个说法所依据的道德观点究竟是什么。如果按照现代所用的这个名词的最好的意义来了解道德观点，我们马上就会发现：道德概念并不完全就是我们通常所说的"德行"、"正派"、"正直"之类。一个德行好的正派人并不一定就是一个道德的人①，因为道德要靠思考，要明确地认识到什么才是职责，要按照这种认识去行事。职责本身就是意志的法律，是人凭自己自由地建立的法律，人决定要完成这职责，就依据这职责和它须完成的道理，这就是说，他先有这是善事的信心，然后才去做这善事。这种法律——这种依据自由的信心和内在的良心，为着职责的缘故，选择来作为生活准绳而去完成的职责——就它自身来说，就是意志的抽象的普遍性，它是和自然、感性的冲动、自私的旨趣、情欲以及凡是人们统称之为情绪和情感的东西直接对立的。在这对立中，对立的两面是看作互相否定的，因为对于主体来说，两面都存在他身上而却互相对立着，所以他须自作决定，在两面中选择一面来服从。所以按照这里所说的观点，这样的决定以及按照它而发出的行为之所以是道德的，只是因为一方面它是出于对职责的自由的信心，另一方面它不但克服了个别的意志、自然的冲动、倾向、情欲等等，而且也克服了较高尚的情绪和较高级的冲动。因为近代伦理学说的出发点是意志的两方面的坚强对立，一方面是它的心灵性的普遍性，另一方面是它的感性的自然的特殊性，道德并不在于这两对立面的完全调和，而在它们的互相斗争，这斗争就产生这样一个要求：

① "道德（Moralität）几乎等于良心或道德顾虑。"（鲍申葵英译本注）。黑格尔意谓从原则出发，自觉地奉行道德的人才算是道德的人。

各种和职责相冲突的冲动都应屈服于职责。

这种对立不仅在道德行为的窄狭范围里可以看到，而且在一切自在自为的真理与外在现实存在之间的那种本质的分别和冲突中也可以看到。抽象地去了解，这就是普遍性与特殊性的对立，普遍性要保持独立存在，不依存于特殊性，特殊性也要独立存在，不依存于普遍性；更具体地说，这种对立在自然界中就是各有特性的抽象规律与杂多个别现象之间的对立，在心灵界中就是人的心灵性与感性的对立，灵与肉的冲突；为职责而职责的要求，即冷静的道德意志的命令，与个人的利害打算、情欲、感官倾向和冲动，以及一般个人癖性之间的对立；内心的自由与外在自然界的必然性之间的尖锐矛盾；也就是本身空洞的死的概念和具体的活生生的现实之间的矛盾，即认识和主观思维与客观存在和客观经验之间的矛盾。

这些对立或矛盾都不是由精微的思考或是经院派哲学见解所发明的，而是从古以来就以各色各样的方式占领着并且搅扰着人类的意识；不过只有近代文化教养才把它们推演成为最尖锐最剧烈的矛盾。偏重知解力的文化教养，或则说，近代的知解力，在人心中造成了这种对立，使人成为两栖动物，因为他要同时生活在两种互相矛盾的世界里，所以连意识本身在这种矛盾里也徘徊不定，从一方面被抛掷到另一方面，在任何一方面都找不到满足。因为从一方面看，我们看到人囚禁在寻常现实和尘世的有时间性的生活里，受到需要和穷困的压迫，受到自然的约束，受到自然冲动和情欲的支配和驱遣，纠缠在物质里，在感官欲望和它们的满足里。但是从另一方面看，人却把自己提升到永恒的理念，提升到思想和自由的领域；把普遍的法则和定准定为自己的意志，把世界的生动繁荣的现实剥下来，分解成一些抽象的观念；因为心灵只有在虐待自然和剥夺自然的权利中才能维持它自己的权利和价值，他须把从自然方面所受到的压迫和暴力去回敬自然。生活和意识之间的这种分裂替近代文化和近代知解力带来了一个要求，就是这种矛盾必须解决。但是理解还不能使自己从这些顽强的矛盾中解放出来，所以对于意识来说，矛盾的解决还只是一种单纯的“应该”，而现实还是永远来回动荡不宁，想找到一种和解而找不到。于是问题就来了：这种到处存在的本质上的矛盾既然还只是停留在“应该”解决和假定可以解决的情况里不能自拔，它是否就是自在自为的真实[①]，就是一般的最高的目的呢？如果一般文化都落到这种矛盾里，解决这种矛盾就成为哲学的任务了，这就是说，哲学就应该指出：矛盾的任何一方面，只要还是抽象的片面的，就还不能算真实，但是矛盾两方面本身就已含有解决矛盾的力量；只有在双方面的和解与调停里才有真实，这种调停并不只是一种假定或要求，而是一种既已自在自为地实现，并且永远在实现的过程中。事实上这个看法是和一般天真的信念和意愿相符合的，因为天真的信念和意愿总是着眼到这种解决了的矛盾，在行动中把它作为目的来实现。哲学所要做的事只是就这种矛盾的本质加以思考的洞察，指出真实只在于矛盾的解决，所谓解决并非说矛盾和它的对立面就不存在了，而是说它们在和解里存在[②]。

① 鲍申葵英译本作：“真正的完全的真实。”“自在自为的”即“绝对的”。

② 黑格尔在这一节里扼要说明他的辩证逻辑和形式逻辑的区别。形式逻辑是思维的初级阶段，根据亚里士多德的同一、矛盾、排中三律，只能见出等同和差异，不能见

前面所说的最终目的，即道德教益，既然要涉及一种更高的观点，我们现在就要说明这种更高的观点也可应用到艺术方面。从这更高的观点看，我们上文所提到的那个错误的观念就不能成立了；按照那个观念，艺术要作为一种手段，借教训和改善，去达到道德的目的以及世界的一般的道德目的，这样，艺术的实体性的目的就不在它自身而在另一种事物上面。这个观念既然不能成立，我们如果还继续谈什么目的，我们首先就必须抛开“目的在哪里？”以及附带的“用处在哪里？”这些问题所包含的谬见。其所以为谬见，是由于它把艺术作品看成追求另一件事物，这另一件事物是作为本质的于理应有的东西而呈现于意识的；这样一来，艺术作品的意义就仅在于它是一个有用的工具，去实现艺术领域以外的一个自有独立意义的目的。与此相反，我们要肯定的是：艺术的使命在于用感性的艺术形象的形式去显现真实，去表现上文所说的那种和解

出对立面的统一，即只能见出静止状态，不能见出发展变化过程。它只是常识和经验科学的武器，所用的只是分析事物的知解力（Verstand），是低一级的理智功能。辩证逻辑用的是与知解力相对立的理性（Vernunft），是哲学思考的武器，是思维的最高阶段。它以对立面统一为基础，能见出事物的内在联系和发展变化。事物本身都含有自己的对立面，即都有内在矛盾。例如概念本身就含有体现它的实际客观存在，单是概念还只是抽象的普遍性，个别客观存在也还是抽象的特殊性，二者统一才成为含有普遍性的具体特殊事物，即否定了原来的抽象的片面的普遍性和特殊性，却又在较高阶段保存了双方的本质。这才是真实，才是理念。这个过程第一步是否定，即事物本身的对立面否定事物本身的片面性。第二步是否定的否定，即双方统一又否定了对立面的片面性，理体现于事，事表现了理，相反相成。黑格尔把这否定过程称为 Aufheben，含有“弃”与“扬”两层意思，“弃”是否定，“扬”是否定的否定，即“自肯定”。黑格尔又把这过程分为正（事物本身）、反（对立面）和合（统一）三阶段。他又把“合”叫做“矛盾的解决”，又叫做“和解”。黑格尔的这种辩证逻辑的合理内核在肯定事物本身有内在矛盾，发展全由内因决定；其错误在于他虽认识到有矛盾就有斗争，却坚持这斗争必以和解来解决，所以他的辩证法以一分为二开始，以合二而一告终。这是不符合马克思主义辩证法的，反映了剥削阶级畏惧斗争鼓吹妥协的心理。

了的矛盾，因此艺术有它自己的目的，这目的就是这里所说的显现和表现。至于其他目的，例如教训、净化、改善、谋利、名位追求之类，对于艺术作品之为艺术作品，是毫不相干的，是不能决定艺术作品概念的[①]。

B. 从历史演绎出艺术的真正概念[②]

从上文用思考性的研究所揭发的观点来看，我们要理解艺术的概念，就必须按照艺术的内在必然性来理解，而从历史看，对艺术的真正欣赏与了解也正是从这个观点[③]开始。因为上文所提到的那种矛盾不仅在一般偏重思考的文化里令人感到，而且在哲学本身里也令人感到，哲学只有在懂得怎样根本地克服这种矛盾之后，它才能理解哲学本身的概念，因此也才能理解自然与艺术的概念。

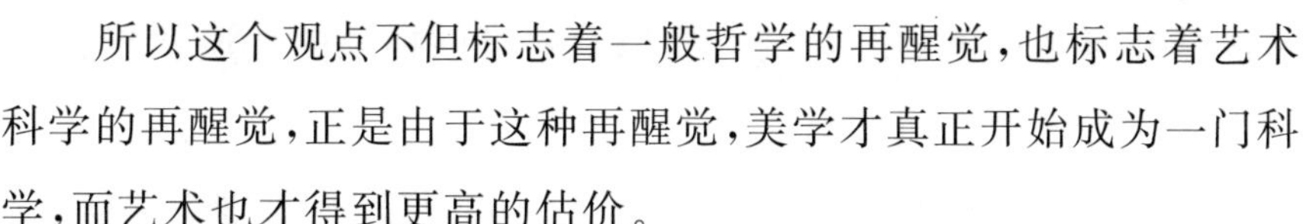

所以这个观点不但标志着一般哲学的再醒觉，也标志着艺术科学的再醒觉，正是由于这种再醒觉，美学才真正开始成为一门科学，而艺术也才得到更高的估价。

因此，我想约略谈一下这个转变[④]的历史，不仅因为它有历史的重要性，而且也因为这样办就可以更清楚地说明我们用作研究

---

① 黑格尔在批判艺术目的在道德教训说的基础上，从辩证的观点提出了他的基本论点：艺术自有内在的目的，即在具体感性形象中显现普遍性的真实，亦即理性与感性的矛盾统一。这是“为艺术而艺术”论。

② 在这一节里，黑格尔所说的“历史”主要地指近代德国古典哲学史。

③ 即黑格尔在上节所说的辩证观点。

④ 即转变到辩证的观点。

基础的一些重要的观点。按照它的最一般性的定义来说，这个基础就是这样一个原则：艺术美要看作几种手段中的一种手段，去解决单就本身看都是抽象的心灵与自然之间的对立和矛盾，使它们归到统一，无论这种矛盾是在外在现象中，还是在主观的情感与情绪的内在现象中。

1. 康德哲学

康德哲学不仅早就感觉到这种统一观点的需要，而且对这观点有明确的认识，把它阐明了出来。一般地说，康德无论是对于理智，还是对于意志，都把自相融贯的合理性，自由，以及自己认识自己为无限的那种自意识看作基础。尽管康德哲学还有些缺陷，这种对理性本身绝对性的认识——这是近代哲学的转折点——这种绝对出发点，却是应该承认而不容批驳的。但是因为康德依旧把主观思维与客观事物之间的对立以及意志的抽象的普遍性与意志的感性的特殊性之间的对立看成是固定不变的，所以他把上文所提到的道德方面的对立①推演到极尖锐的限度，因为他还把心灵的实践方面看得比认识的方面更高，在这种通过知解力而认识到的固定的对立面前，康德没有别的办法，只好把统一说成只取理性的主观观念的形式，没有一个恰当的实在界和这形式对应②，此外康德还把这种统一看作基于一些"假定"(Postulate)，这些假定，依

① 即上节所提到的意志的抽象的普遍性与感性的特殊性的对立，亦即"无条件的命令"(有理性的最高的道德意识)和个别欲望之间的对立。

② 康德把对立的统一看成只是主观观念上的统一，实在界却没有这种统一。

康德看，固然是可以从实践理性推演出来的，但是它们的内在本质却是不能通过思考去认识的，它们在实践方面的实现也还止于一种单纯的“应该”①，可以推延到无限的未来才实现。因此，康德虽然使和解了的矛盾成为可理解的观念，他对于这和解了的矛盾的本质却没有加以科学的阐发，也没有把这和解了的矛盾看成是真正的唯一的真实。康德在他所谓“直觉的知解力”②中重新找到了所要求的统一，就这一点来说，他确实是推进了一步；但是在这一点上他还是停留在主观与客观的对立，因此他虽然抽象地提到概念与现实、普遍性与特殊性、知解力与感觉这些对立面之间的矛盾的解决，因而接近于认识到理念，但是他还是把这种解决与和解看成只是主观的，而不是自在自为真实的③。关于这一点，他的《判断力的批判》一书——在这书里他讨论了美感判断力和目的判断力——是很有启发性的，值得注意的。由于把自然和艺术中美的对象，和适应目的的自然产品联系起来，康德接近于了解到有机体与生命的概念，不过他考虑这些对象和产品，却纯粹从判断它们的主观方面的思考着眼。康德替判断力下了一个一般的定义，说它是“把个别的东西附属在普遍的东西之下而去思考它的一种能力”，“如果只知道个别的东西，判断力要据此去推求它所附属的那

① 康德在认识论方面，“假定”了一些先验范畴如时空因果之类，在实践理性或伦理学方面“假定”了一种“应该”(Sollen)，即责任感或“无条件的命令”，亦即人心中凭普遍理性在某种情境觉得“应该”怎样做才合理的道德感。

② 依康德，知识的内容来自感觉，知识对象的形式是知解力凭先验范畴对感性材料加以综合而成的。所谓“直觉的知解力”则介乎感觉力与知解力之间，它不但创造对象的形式，而且创造对象的内容。

③ 鲍申葵英译本作：“不是在它的本质上而且按照它本身的价值而成为真实与现实的。”“自在自为真实”即“绝对真实”。

普遍的东西”，这种判断就叫做“反思的判断”。要做到这一层，判断力须有一个由自己加在自己身上的法律或原则，康德把目的性看作这种法律。关于实践理性的自由概念，目的的实现仍然停留在单纯的“应该”；但是谈到对有生命的东西所下的目的判断，康德开始从这样的原则去看有生命的东西：在有生命的东西里，概念或普遍性包含特殊性在内。作为目的，这普遍性不是自外而是自内决定着个别的和外在的东西，决定着有机体各部分的构造，这就是说，个别的方面自然而然地就适应目的。但是用这种判断仍不能使人认识到对象的客观性质，它只表现一种主观的反思方式。康德对于审美的判断也是这样了解的，审美的判断既不单纯地出自知解力，即不出于概念的功能，又不单纯地出自感觉和感觉到的丰富多彩的东西，而是出自知解力与想象力的自由活动。就在这两种认识功能的这种协调一致里，对象就和主体以及主体的愉快和满足的情感发生了关系①。

a）这种满足首先要没有任何利益念头（兴趣）②，这就是说，没有对欲念功能的关系。例如我们如果有好奇这样一个利益念头，或是要满足感官需要的一种感官方面的利益念头，一种要占领和利用的欲念，对象对于我们之所以重要，就不是因为它本身，而

---

① 判断一般是结合普遍原则与个别事例来进行的。康德认为“这是美的”型判断并不根据什么普遍原则，他把这种判断叫做“反思的判断”。下这种判断时，人觉得对象对他是适合的，愉快的。这种感觉虽是主观的，却有普遍性。康德的解释是：由于对象的形式引起人的知解力与想象力的自由而和谐的活动，它适合一般人的心理机能，所以使一般人都能感到愉快。这就足见审美对象的目的性，它适合人类心理机能活动的某一种仿佛是神意预定的安排。所以康德把审美的判断和目的论联在一起来讲。

② Interesse，一般译“兴趣”，康德指的是“利益念头”或“利害打算”。

是因为我们的需要。在这种情况之下，存在的东西之所以有价值，只是由于这种需要；情形就成了这样：一方面是对象，另一方面是和对象不同的一种属性，但是我们却要使这对象和这属性发生关系。比方说，我要把一个对象吃掉来获得营养，这个利益念头只是在我心里，对于那对象本身却是不相干的。按照康德的主张，我们和美的关系并不是这样的。审美的判断允许现前外在事物自由独立存在，它是由对象本身就可以引起的快感出发的，这就是说，这快感允许对象本身自有目的。我们已经说过，这是一个重要的看法。

b）其次，康德说，美应该是这样一种性质：它不借概念，即不借知解力所用的范畴，而被感觉为一种引起普遍快感的对象。要评判美，就要有一个有修养的心灵；平常人对于美是不能下判断的，因为这种判断要有普遍正确性。普遍的东西就其为普遍的来说，固然是一种抽象，但是凡是自在自为地真实的东西都包含有普遍地正确这一个属性和要求。就这个意义来说，美也应该得到普遍的承认，尽管美的判断不凭只是来自理解的概念。举例来说，个别行为的善或正直是要统摄于普遍概念之下的，这行为如果符合这些概念，就可以说是善的。美却不然，它应该不假道于这种概念而直接引起普遍的快感。这就无异于说，在审美时，我们并不意识到美这种概念和把这美的东西附属在美这个概念之下，而且不容许像其他形式的判断那样把个别对象和普遍概念分开。

c）第三，美应该具有目的性的形式，但仅限于这样的意义：我们虽感觉到对象的目的性，心里对这目的却没有一个明确的观念。这实际上只是复述上文已经说过的道理。一切自然产品，例如一枝花或是一个动物，都是按照目的性的原则而构造成的，而这种目的性对于我们是很直接的，我们在意识里并没有一个目的的观念，与当前现实对象分裂开、区别开。美也应以这种方式显现为具有目的性的。在有限的目的性里①，目的与手段是彼此外在的；因为目的与实现目的所用的物质手段之中并没有内在的本质的关系。在这种情形之下，目的本身的观念和目的所借以实现的那个对象是有分别的。美却不然，它是作为本身具有目的性的东西而存在着，目的和手段不能分裂成为彼此有别的两方面。比方说，生物的手足的目的就是实际存在于这手足本身的生命；如果把这生命拆开，手足就失其为手足了。因为在有生命的东西里，目的与实现目的的物质手段是直接融成一体的。这东西之所以存在，就因为它的目的就包含在它本身里面。依康德看，如果从这个观点看美，美的目的性并不是一种附加到美上去的外在形式，而见出目的性的内外相应一致才是美的对象的内在本质。

d) 第四，依康德的看法，美应该被人不借概念而认识出它是一种引起必然快感的对象。必然性是一个抽象的范畴，它指的是两方面之间的这样一种内在本质的关系：只要这一方面存在，而且因为这一方面存在，另一方面也就因而存在。这一方面在它的本质里就同时包含着另一方面，比方说，离开结果而谈原因，就是毫无意义的。美所引起的快感就应该有这样的必然性，同时又和概念完全没有关系，这就是说，和知解力所用的范畴没有关系。比方

① “这就是说，在我们用来实现一个目的(这目的是明确地作为一个观念而摆在我们面前的)的手段里。刀不含‘割’，锹不含‘掘’，但是刀是按照割的目的，锹是按照掘的目的而制造出来的。但是人却含‘活’，不活着就不是人了。”(鲍申葵英译本注)美也应作为有生命的东西看待，目的和手段不能分裂。

说，有规律的东西①很容易引起快感，所谓“有规律”，仍是来自知解力的一种概念，但是康德却认为如果要引起这种快感，只是来自知解力的概念如“整齐”、“平衡”之类是无济于事的。

总之，我们在康德的这些论点里所发现的就是：通常被认为在意识中是彼此分明独立的东西其实有一种不可分裂性。美消除了这种分裂，因为在美里普遍的与特殊的，目的与手段，概念和对象，都是完全互相融贯的。所以康德把艺术美也看成是特殊事物按照概念而存在的那种协调一致②。特殊的东西，就其为特殊的而言，是偶然的。无论就它们对其他特殊东西的关系来看，还是就它们对普遍东西的关系来看，都是如此；而正是这偶然的东西，例如感觉、情感、情绪、脾气、愿望之类，在艺术美里不是只是附属于知解力所用的普遍范畴之下，被抽象的普遍概念所支配着的，而是与普遍的东西融成一体，它们这些特殊的东西是内在于这普遍的东西的，对这普遍的东西是绝对适合的。因此，艺术美成为一种思想的体现，而所用的材料不是由这思想自外来决定，而是本身自由地存在着；这就是说，自然的、感性的事物以及情感之类东西本身具有尺度，目标与谐和一致，而知觉与情感也被提升到具有心灵的普遍性，思想不仅打消了它对自然的敌意，而且从自然里得到欢欣；这样，情感、快感和欣赏就有了存在理由而得到认可，所以自然与自由、感性与概念都在一个统一体里找到了它们的保证和满足。但是谈到究竟，这种像是完全的和解，无论就判断来说，还是就创造来

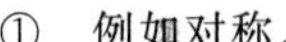

① 例如对称。

② 一般判断都是建立个别事例与普遍概念之间的关系。这里所谓“按照概念而存在”不是取一般意义，它是指符合引起心理机能的和谐活动那个普遍的“目的”。

说，都还只是主观的，本身还不是自在自为的真实。

就它们目前与我们的讨论有关来说，康德的“批判”的主要的结果如上所述。对于了解艺术美的真实概念，康德的学说确是一个出发点，但是只有把康德的缺点克服了[①]，我们才能凭借这种概念去对必然与自由、特殊与普遍、感性与理性等对立面的真正统一，得到更高的了解。

2. 席勒、文克尔曼、谢林

应该承认：有一位心灵深湛而同时又爱作哲理思考的人[②]，早就走在狭义的哲学之前，凭他的艺术感，要求而且阐明了整体与和解的原则，用它来反对那些永无止境的抽象的思考，反对那种为职责而职责的号召，反对把自然与现实、感觉与情感看作只是一种局限和敌对因素的那种抽象的理解。席勒的大功劳就在于克服了康德所了解的思想的主观性与抽象性，敢于设法超越这些局限，在思想上把统一与和解作为真实来了解，并且在艺术里实现这种统一与和解。席勒在他的美学研究里不只是谨守艺术和艺术的兴趣而不顾它们与专门哲学的关系，而是拿哲学原则来衡量他对艺术美的兴趣。只有从哲学原则出发，而且借助于哲学原则，他才能更深

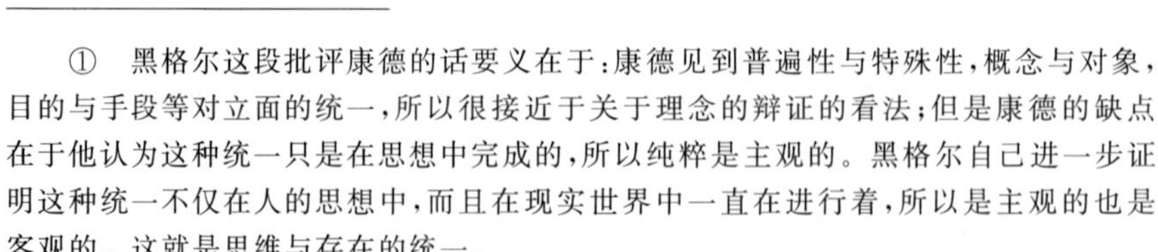

① 黑格尔这段批评康德的话要义在于：康德见到普遍性与特殊性，概念与对象，目的与手段等对立面的统一，所以很接近于关于理念的辩证的看法；但是康德的缺点在于他认为这种统一只是在思想中完成的，所以纯粹是主观的。黑格尔自己进一步证明这种统一不仅在人的思想中，而且在现实世界中一直在进行着，所以是主观的也是客观的。这就是思维与存在的统一。

② 即下文所说的席勒。

刻地了解美的性质和概念。我们感觉到席勒在他的创作生活中某个时期在思想上下过很多的功夫——也许这对艺术作品的纯朴的美并不大利。在他的许多诗里，我们可以看出他有意地进行抽象思考甚至表现出他对哲学概念所感到的兴趣。有人因此谴责他，特别是在拿他和歌德的宁静的不纠缠在概念里的纯朴性和客观性作对比时，他总不免遭到非难。作为诗人，席勒在这一点上是代他的时代受过，但是犯这种罪过[①]正是这位具有崇高心灵和深湛情思的诗人的荣誉，而科学知识也因此得到裨益。就在同一时代，歌德也曾受到科学的吸引而离开他的特殊领域——诗歌。席勒所专心探讨的是人类**心灵**的深处，而歌德的特殊兴趣则在于艺术的**自然**方面[②]，即外在自然，例如植物构造、动物构造、结晶体、云的形成、颜色之类。歌德把他的伟大的见识应用到这方面的科学研究，推翻了过去纯靠推理的研究及其错误的结论；至于席勒则反对过去纯靠知解力对意志和思想所进行的研究，他证明了美是一种自然的整体。席勒写过一系列的著作，发挥他对于艺术本质的真知灼见，特别是他的《美感教育书简》。在这部书里，席勒的基本出发点是：每一个人都有本领去实现理想的人性。代表这种真实人性[③]的是国家，国家是客观的、普遍的、正常的形式，借国家这种形式，许多个别的人团结成为一个统一整体。有时间性的人有两种方式可以和有理念性的人合而为一，一种方式是由代表道德、法律和理智之类种族共同性的国家把个性否定掉；另一种方式是由个人把自己提

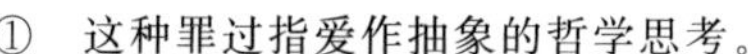

① 这种罪过指爱作抽象的哲学思考。

② 鲍申葵英译本作“物理方面”。

③ 真实人性即理想的人性，亦即人的普遍的理性，亦即下文“有理念性的人”。

升到他的种族，就是由有时间性的人提升到有理念性的人。理性要求统一，要求种族共同性；自然要求杂多，要求个性，人须同时服从这两种法令权威。在这些对立面的冲突之中，美感教育所要做的正是实现调停与和解的要求。因为按照席勒的看法，美感教育的目的就是要把欲念、感觉、冲动和情绪修养成为本身就是理性的，因此理性、自由和心灵性也就解除了它们的抽象性，和它的对立面，即本身经过理性化的自然，统一起来，获得了血和肉。这就是说，美就是理性与感性的统一，而这种统一就是真正的真实。席勒的这种看法在他的《秀美与尊严》里以及他的诗篇里已可略见一斑。他在诗里特别赞美妇女，因为他看到了而且指出了在妇女性格中，自然而然地实现了心灵与自然的统一。

席勒把这种普遍性与特殊性、自由与必然、心灵与自然的统一科学地了解成为艺术的原则与本质，并且孜孜不倦地通过艺术和美感教育把这种统一体现于现实生活。他又进一步把这种统一看作理念本身，认为它是认识的原则，也是存在的原则，并且承认这个意义的理念是唯一的真实。因为有了这个承认，到了谢林，哲学才达到它的绝对观点；艺术虽然早已在人类最高旨趣中显出它的特殊性质和价值，可是只有到了现在，艺术的真正概念和科学地位才被发现出来，人们才开始了解艺术的真正的更高的任务，尽管从某一方面来看，这种了解还是不很正确的（关于这一点，这里暂不能详谈）。此外，比这还更早，文克尔曼就已从观察古代艺术理想得到启发，因而替艺术欣赏养成了一种新的敏感，把庸俗的目的说和单纯摹仿自然说都粉碎了，很有力地主张要在艺术作品和艺术史里找出艺术的理念。我们应该说，文克尔曼在艺术领域里替心灵发现了一种新的机能和一种新的研究方法。不过在艺术的理论和科学知识方面，他的学说的影响却较小。

3. 滑稽[①]说

我们现在约略谈一下进一步的发展过程。靠近哲学思想复兴的时期，威廉和弗列德里希·许莱格尔弟兄[②]喜爱新奇，追求突出惊人的事物。他们在性格上本来并不近于哲学而主要地近于批评，所以就按照他们性格所能接受的程度，接受了当时的一些哲学概念。在玄理思考方面，他们都不能享什么盛名，但是由于具有批评的才能，他们接近了理念观点，并且以直率的语言和革新的勇气，纵然以很贫乏的哲学装备，向传统的看法进行了尖锐的攻击，因此他们在各门艺术里都倡导了一种新的判断标准和新的观点，比他们所攻击的那些看法确实要高明些。不过由于他们虽长于批评，对于他们所用的标准却没有透彻的哲学认识，这种标准就有些不明确，摇摆不定，因此他们所做的有时太过，有时不及。尽管他们以热爱的心情介绍和表扬了一些为当时所忽视的像是过时的作品，例如意大利和荷兰的古画，《尼伯龙根歌》之类，并且抱着热情去学习和宣扬人们向来不很知道的作品，例如印度的诗歌和神话，

① 德文 Ironie 一般译“讽刺”，德国浪漫派文艺理论家用这字，不指一般的讽刺，而是指艺术家对现实世界形象的自由玩弄的心情，所以译“滑稽”较妥。黑格尔在本书第二卷第三部分所说的“幽默”亦指“浪漫式的滑稽”，为避免与一般意义的“幽默”相混，所以用“滑稽”。

② 威廉和弗列德里希·许莱格尔（August Wilhelm und Friedrich V. Schlegel），兄威廉（1767—1845），弟弗列德里希（1772—1829），德国著名的文学史家和文学理论家。

尽管我们应该承认他们在这些方面有很大的功劳，他们对这些时期作品的估价毕竟不免过高，有时称赞很平庸的作品，例如霍尔堡[①]的喜剧，把只有相对价值的东西看成有普遍的价值，甚至把一种乖戾的倾向和第二流的观点热烈地赞扬为最高的成就。

所谓“滑稽”说的各种各样的形式，就是从这种乖戾的倾向，特别是从弗列德里希·许莱格尔的见解和学说发展出来的。就它的许多方面中的一方面来说，“滑稽”说的更深的根源是菲希特[②]的哲学，即菲希特哲学中关于艺术的一些原则。弗列德里希·许莱格尔和谢林一样，都是从菲希特的观点出发，谢林完全超越了这个观点，而许莱格尔则始而按照自己的方式去发扬它，终于脱离了它。关于菲希特的学说和“滑稽”说的一个倾向之间的密切关系，我们在这里只需指出这一点：菲希特把“自我”——当然只是完全抽象的形式的“自我”——看作一切知识、一切理性和一切认识的绝对原则。

其次，由于这一点，这种“自我”在本身上是很单纯的；从一方面看，每个特性、每个属性、每个内容在这种“自我”里都被否定了，因为一切积极的内容都淹没到这种抽象的自由和统一里而被消灭了；从另一方面看，每个对于“自我”有意义的内容都只有通过“自我”才得到它的地位和承认。凡是存在的东西都只有通过“自我”才存在；凡是通过“自我”而存在的东西，“自我”也可以把它消灭掉。如果我们停留在这种由抽象“自我”的绝对性所产生的一些空

① 霍尔堡（Holberg，1684—1754），丹麦诗人和喜剧作家。

② 菲希特（Johann Gottlieb Fichte，1762—1814），德国唯心哲学家。

洞的形式上，世间就没有什么东西是自在自为的，可以看作本身有价值的了，一切东西都只能看作由“自我”的主观性的产品了。既然如此，“自我”就成为一切事物的主宰；在道德和法律的领域里，在人和神、世俗和神圣的领域里，都没有任何东西不是通过“自我”才产生，又可以由“自我”去消灭的。这就无异于把一切自在自为的东西都看成只是一种显现（外形），并不因为它本身，通过它本身，它才真实，只是一种由“自我”而来的形影，完全听“自我”的权力任意自由摆布。让它有意义，或是把它消灭掉，都全靠“自我”是否高兴，这种“自我”本身就已经是一种绝对自我了。

第三①，这种“自我”是有生命的活动的个体，而他的生命就在于能把自己的个性显现到自己的意识和旁人的意识里，就在于能表现自己，使自己成为现象。因为每个人在活着的时候，都在设法实现自己，而且也确实在实现自己。就美和艺术来说，这种自我实现的意思就是：他要作为艺术家而生活，要按照艺术的方式去表现他的生活。但是按照这个滑稽原则，当我的一切活动和一般的表现——就它们与任何内容有关而言——对于我只是一种显现（外形），它们所取的形状完全由我支配时，我才是作为艺术家而生活着。所以无论是对于这种内容，还是对于它的一般的表现和实现，我所抱的都不是真正严肃的态度。因为真正严肃的态度都起于一种有实体性的旨趣，一种本身有丰富内容的东西，例如真理、道德之类，这就是说，引起严肃态度的内容就它本身来说，对于我就是有实体性的，所以只有我沉浸在这种内容里，在我的全部知识和行

① “所说的三点是：（一）这种‘我’是抽象的，（二）对于这种‘我’，一切事物都只是显现（外形），（三）这种‘我’自身的行动也只是显现（外形）”。（鲍申葵英译本注）

动里都和这种内容吻合，我才感觉到我自己有实体性。如果按照滑稽说，艺术家就是自由建立一切又自由消灭一切的“我”，对于这个“我”没有什么意识内容是绝对的和自为自在的，而只显现为由我自己创造并且可以由我自己消灭的显现（外形），如果照这样看，这种严肃的态度就不能存在，因为除掉“我”的赋予形式作用以外，一切事物都没有意义。别人对待我的显现（在这显现里我把自己现给他们看）固然可以抱严肃的态度，可以认为我是在认真地对待它，但是他们这样想，实在是受了欺骗，他们都是些见解狭隘的可怜虫，没有才能去了解我的观点①，去达到我的观点的高度。这就使我认识到：不是每个人都能像我这样自由（这就是说，形式的②自由），能把凡是人所认为珍贵、尊严和神圣的东西看成只是他自己随意创造的产品，他可以随意让它们有或是没有意义，有或是没有确定的充实的内容。一个滑稽的艺术家在生活中所表现的这种巧妙本领就被了解成为一种神人似的神通广大，对于这种神通广大，一切事物都只是一种无实体的创造品，而自知不受一切事物拘束的创造者却不受这创造品的约束，因为他能创造它，也能消灭它。谁达到了这种神通广大的观点，谁就能凭高俯视一切其余的人们，把他们看作狭隘呆板的人，因为他们把法律、道德之类还看成固定不移的，有约束性的而且有实在价值的东西。这样过着艺术家生活的人固然还是和旁人发生关系，例如他和朋友、姘妇之类在一起过活，如此等等，但是作为天才，他却把这些对周围现实的

① 即把一切看成虚幻的滑稽观点。

② “形式的自由是超然于一切之外，或是（表面的）随意取舍的能力；与此相反，真正的自由是自我与能满足自我的东西的同一。”（鲍申葵英译本注）

关系，对他自己的行动的关系，以及对自在自为的普遍的事物的关系，都看成虚幻的，他对这一切都抱着滑稽的态度。

神通广大的滑稽态度的一般意义就是如此，它就是自我集中于自我本身，对于这自我，一切约束都撕破了，他只愿在自我欣赏的福境中生活着。这就是弗列德里希·许莱格尔先生所发明的"滑稽"，许多人跟着他吹嘘过，最近还有人在跟着他吹嘘。

这种滑稽否定态度可以约略从两方面来看。从一方面来看，它认为一切有事实根据的，道德的，本身有真实意蕴的东西都是无聊的，一切客观的自在自为的东西都是虚幻的。如果"自我"停留在这种观点，一切事物都会显得虚幻无价值，有价值的只有"自我"本身的主体性，而这主体性其实也就因此变成空洞无聊的。从另一方面来看，这种"自我"在这种自我欣赏中也许得不到满足，也许觉得自身有缺陷，因而感到一种渴望，想要找到一些坚实的，明确的，有实体性的旨趣。这种情形就产生一种不幸和矛盾：一方面主体想深入了解真实，渴望追求客观性，但是另一方面，他又无法离开这种孤独自闭的情况，摆脱这种未得满足的抽象的内心生活，因此他就患一种精神上的饥渴病。我们见过，这种病也是从菲希特哲学产生出来的。不满足于这种静止和软弱无能状态的心情怕有所作为，怕沾惹任何东西，因为它怕这样就会搅扰内心的和谐，所以尽管它想望达到真实与绝对，它却仍是空虚的，不管它本身是多么纯粹。就是这种心情产生了病态的心灵美和精神上的饥渴病。一个真正的美的心灵总是有所作为而且是一个实实在在的人。但是上述那种精神上的饥渴病就是主体空虚的感觉，这主体毫无能力自拔于这种空虚，用有实体性的内容来充实自己。

但是就把这种滑稽变成艺术形式来说，滑稽的艺术家并不满足于用艺术形象把自己的生活和特殊个性表现出来，而是在他自己的行为等等所表现的艺术品之外，艺术家还必须凭借他的想象来创造外在的艺术品。创造这种艺术品的原则还是把神圣的表现为滑稽的——这种原则主要地只能应用于诗的领域。这种滑稽态度，作为天才的个性来说，就是高贵、伟大、辉煌的东西的自毁灭；因此就连客观的艺术形象也还只是表现绝对主观性的原则，凡是对人有意义有价值的东西都被表现为在它们自毁灭过程中变成空无。这就是说，不仅是对法律、道德、真理都不持严肃的态度，而且就连最高尚最优美的品质也都是空幻的，因为在通过个别人物、性格和行动来显示这种品质之中，这种品质就否定了并且毁灭了自己，因此这种滑稽对它自己也采取了滑稽态度。抽象地看，这种形式很接近于喜剧的原则，但是尽管有这种类似，喜剧性在本质上却与滑稽有别。因为喜剧只限于使本来不值什么的、虚伪的、自相矛盾的现象归于自毁灭，例如把一阵奇怪的念头，一点自私的表现，一种任性使气的态度，拿来与一种热烈的情绪相对照，甚至把一条像是可靠而实在不可靠的原则，或是一句貌似精确而实空洞的格言显现为空洞无聊，那才是喜剧的。但是如果把实际上确是一个道德的行为、一个真理、一个本身有真实内容的东西表现于某个人身上，而又借这个人证实它们是空虚的，这就是和喜剧的情况不一样了。因为这样一个人在性格上本来就是空虚可鄙的，而表现出来的就是他的孱弱和缺乏性格。所以滑稽的和喜剧的在本质上的分别就在于被毁灭的那东西的内容究竟如何。凡是不能坚持重要的目的，而轻易地抛弃它们，让它们自归于毁灭的人就是些不道德的坏人。我们现在所说的“滑稽”所喜爱的正是这种缺乏性格的滑稽。至于真正的性格，一方面须抱有具有重要内容（意蕴）的目的，另一方面又要坚持这种目的。如果一个人轻易抛弃这种目的，他就完全丧失了他的个性。性格的基调就在于这种坚定和稳实。卡陀[①]只有作为一个罗马人和共和党人才能生活。如果把滑稽态度作为艺术表现的基调，那就是把最不艺术的东西看作艺术作品的真正原则了。结果不外三种，第一是形象平滑呆板，其次是内容意义空泛，因为它们的实体性被证明是虚幻的；第三就是上文所说的那种精神上的饥渴病和心情上的未经解决的矛盾。这种表现不可能引起真正的兴趣。正是因为这个缘故，提倡这种滑稽的人常常埋怨群众没有深刻的感觉、艺术的见解和天才，不能了解这样高度的滑稽；这就是说，群众所不喜欢的正是这种庸俗，这种既平滑而又缺乏性格的东西。幸而这种没有实体性的患精神上饥渴病的性格不能讨人欢喜，这种恶劣和虚伪的东西得不到赞许，而人们所喜见乐闻的却是丰富而真实的旨趣，以及忠实坚持人生重大理想的性格。

还有一个历史的事实须提一提：把滑稽看作艺术最高原则的特别是梭尔格和路德威希·梯克[②]两人。

梭尔格本来值得详细讨论，但是我在这里只能约略地谈一谈。梭尔格不像其余的人那样只满足于肤浅的哲学修养，他的内心最深处的真正的思辨的需要使得他深入了解到哲学的理念。在这方

---

① 卡陀（Cato），公元前一世纪罗马政治人物，为维护自由，反抗凯撒大帝，失败自刎，以性格坚强著名，做罗马人和共和党人就是他的重要目的。

② 梭尔格（Karl W. F. Solger，1780—1819），德国哲学家，滑稽说的倡导者，梯克的朋友。梯克（Ludwig Tieck，1773—1853），德国耶拿派浪漫主义的代表人物之一，小说家和文艺理论家。

面他认识到理念的辩证因素，认识到我所称为“无限的绝对的否定”的那个观点：即认识到理念的活动否定了理念本身的无限性与普遍性，以便转化为有限的与特殊的东西，于是再取消这否定，因而在这有限的与特殊的东西之中把普遍的与无限的东西重新建立起来①。梭尔格没有从这种否定再向前走。这种否定当然是思辨的理念中的一个因素，但是如果把它了解为无限与有限的单纯辩证的骚动与解决，它就还只是理念的一个因素而不是整个的理念，像梭尔格所想的。梭尔格不幸早死，来不及对哲学的理念作具体的阐发。所以他只停留在上述的否定，这种否定与用滑稽态度去消除有限事物和本身实在事物那种活动有些类似，所以梭尔格在这种否定里见出艺术活动的原则。但是在他的实际生活中，梭尔格的性格是坚定的、严肃的、英勇的，所以不是上述意义的滑稽的艺术家，而且他由长期艺术研究所培养成的对真正艺术作品的深刻的敏感也不是滑稽的。梭尔格在生活、哲学和艺术三方面都不应与上述那些滑稽说的倡导者混为一谈。以上这番话就足以替他辩护了。

至于路德威希·梯克，他的观点也是在耶拿成为文学中心的时期形成的②。他和其他要人都爱谈滑稽说而却不说明他们所谈的话究竟是什么意思。他口头上老是要求滑稽，但是临到他评判

---

① 这句话最简赅地说明了客观唯心主义者所看到的“否定的否定”的辩证过程。抽象的“人性”否定了它自己的抽象的无限性和普遍性，才可以转化为具体的个别的人，这个别的人又见出普遍的无限的“人性”，这才达到普遍性与特殊性、无限性与有限性的对立面的统一或矛盾的解决。

② 耶拿派浪漫主义作家团体成立于18世纪90年代，代表人物是许莱格尔兄弟和梯克等，都属于消极的浪漫派。

伟大的艺术作品时，他对它们伟大成就的认识与描绘却是很深刻的。人们也许认为《罗密欧与朱丽叶》那样的作品最便于说明滑稽说，可是不然，在批评这种作品时，梯克却不提滑稽这回事。

四　题材的划分

在以上一番序论之后，我们现在就可以进一步讨论我们的研究对象本身了。但是我们的序论还没有完，而在说明对象这方面，序论只能对我们将要做的科学研究全部进程作一种鸟瞰。我们既已把艺术看成是由绝对理念本身生发出来的，并且把艺术的目的看成是绝对本身的感性表现，我们在这鸟瞰中就应该至少能概括地说明本课程中各个部分如何从艺术即绝对理念的表现这个总概念推演出来。因此，我们应该先使读者对这总概念有一种很概括的认识。

上文已经说过，艺术的内容就是理念，艺术的形式就是诉诸感官的形象。艺术要把这两方面调和成为一种自由的统一的整体。这里第一个决定因素就是这样一个要求：要经过艺术表现的内容必须在本质上适宜于这种表现。否则我们就会只得到一种很坏的拼凑，其中内容根本不适合于形象化和外在表现，偏要勉强被纳入这种形式，题材本身就枯燥无味，偏要勉强把一种在本质上和它敌对的形式作为它的表现方式。

第二个要求是从第一个要求推演出来的：艺术的内容本身不应该是抽象的。这并非说，它应该像感性事物那样具体——这里所谓“具体”是就它和看作只是抽象的心灵性和理智性的东西相对立而言。因为在心灵界和自然界里，凡是真实的东西在本身就是具体的，尽管它有普遍性，它同时还包含主体性和特殊性[①]。例如我们说神是单纯的“太一”，是最高的存在本身，我们就是根据非理性的知解力把神看成一种死的抽象品。这种不是按照神的具体真实性来理解的神就不能作为艺术的内容，尤其不能作为造型艺术的内容。犹太人和土耳其人的神还说不上是这种根据知解力所形成的抽象观念，所以他们就不能像基督教那样用艺术把他们的神很明确地表现出来。基督教的神却是按照他的真实性来理解的，所以就是作为本身完全具体的，作为人身，作为主体，更精确地说，作为精神（或心灵）来理解的。作为精神的神把他自己显现为三身[②]于宗教的领会，而这三身却同时是一体。这里有本体，有普遍性，有特殊性，也有这三者的和解了的统一[③]，只有这种统一体才是具体的。一种内容如果要显得真实，就必须这样具体，艺术也要求这样的具体性，因为纯是抽象的普遍性本身就没有办法转化为特殊事物和现象以及普遍性与特殊事物的统一体。

第三，一种真实的也就是具体的内容既然应该有符合它的一种感性形式和形象，这种感性形式就必须同时是个别的，本身完全具体的，单一完整的。艺术在内容和表现两方面都有这种具体性，也正是这种两方面同有的具体性才可以使这两方面结合而且互相

---

① 黑格尔所说的“具体”不仅与“抽象”对立，也与“片面”、“不真实”对立。“具体”就是完整，寓普遍（理）于特殊（事），也就是真实。所以哲学史家往往用“具体的普遍”（Concrete universal）来概括他的“对立面统一”的学说。

② 基督教的神或上帝是“三身一体”，所谓三身即圣父上帝、圣子耶稣和圣灵。所谓“圣灵”是就上帝显现于人时而言，例如圣灵凭附圣母玛利亚而生耶稣。

③ 有神的本体和普遍性，也有特殊的存在，即作为人的耶稣，三者的统一才是具体的神，即所谓“三身一体”。

符合。拿人体的自然形状为例来说，它就是这样一种感性的具体的东西，可以用来表现本身也是具体的心灵，并且与心灵符合。因此，我们就应该抛弃这样一种想法：以为采取外在世界中某一实在的现象来表达某种真实的内容，这是完全出于偶然的。艺术之所以抓住这个形式，既不是由于它碰巧在那里，也不是由于除它以外，就没有别的形式可用，而是由于具体的内容本身就已含有外在的、实在的，也就是感性的表现作为它的一个因素。但是另一方面，在本质上是心灵性的内容所借以表现的那种具体的感性事物，在本质上就是诉诸内心生活的，使这种内容可为观照知觉对象的那种外在形状就只是为着情感和思想[①]而存在的。只有因为这个道理，内容与艺术形象才能互相吻合。单纯的具体的感性事物，即单纯的外在自然，就没有这种目的[②]作为它的唯一的所以产生的道理。鸟的五光十彩的羽毛无人看见也还是照耀着，它的歌声也在无人听见之中消逝了；昙花[③]只在夜间一现而无人欣赏，就在南方荒野的森林里萎谢了，而这森林本身充满着最美丽最茂盛的草木，和最丰富最芬芳的香气，也悄然枯谢而无人享受。艺术作品却不是这样独立自足地存在着，它在本质上是一个问题，一句向起反应的心弦所说的话，一种向情感和思想所发出的呼吁。

就以上这一点来说，艺术的感性化虽不是偶然的，却也还不是理解心灵性的具体的东西的最高方式。比这种通过具体的感性事物的表现方式更高一层的方式是思想；在相对的意义下，思想固然

① Gemüt und Geist，英译本作 heart and mind，前者是管情感方面功能的心，后者是管思想意识方面功能的心，姑译“情感和思想”。

② 这种目的指“诉诸心灵”和“为着情感思想而存在”。

③ Fackeldistel，原义为火炬蓟，不是昙花，译“昙花”较便于了解。

是抽象的，但是它必须不是片面的而是具体的思想，才能成为真实的、理性的思想。如果拿希腊的神和基督教所了解的神来比较，我们马上就可以看出一种是既定的内容可以用感性的艺术形式恰当地表现出来，还是在本质上就需要一种更高的更富于心灵性的表现方式这二者之间的分别。希腊的神不是抽象的，而是个别的、最接近人的自然形状的；基督教的神固然也有具体的人身，但是这人身是看作纯粹心灵性的，他须作为心灵（或精神）而被认识，而且须在心灵中被认识。他所借以存在的基本上就是内心的知识（领悟），而不是外在的自然人体形状，用这种形状就不能把他完全表现出来，就不能按照他的概念的深度把他表现出来。

因为艺术的任务在于用感性形象来表现理念，以供直接观照，而不是用思想和纯粹心灵性的形式来表现，因为艺术表现的价值和意义在于理念和形象两方面的协调和统一，所以艺术在符合艺术概念的实际作品中所达到的高度和优点，就要取决于理念与形象能互相融合而成为统一体的程度。

艺术科学各部分的划分原则就在于这一点，就在于作为心灵性的更高的真实得到了符合心灵概念的形象。因为心灵在达到它的绝对本质的真实概念之前，必须经过植根于这概念本身的一些阶段的过程，而这种由心灵自生发的内容的演进过程就和直接与它联系的艺术表现的演进过程相对应，在这些艺术表现的形式中，艺术家的心灵使自己能认识到自己。

这种在艺术心灵以内的演进过程，按照它的本质来说，又有两方面。第一方面就是：这种演进本身就是一种心灵性的、普遍的演进，因为先后相承的各阶段的确定的世界观是作为对于自然、人和神的确定的但是无所不包的意识而表现于艺术形象的。第二方面就是:这种内在的艺术演进须使自己有直接感性存在,而各种确定形式的感性的艺术存在本身就是一整套的必然的艺术种类差异——这就是各门艺术[①]。艺术表现以及它的种类差异从一方面看,即从它们的心灵性看,固然都有一般性,不限于某一种材料,而感性存在本身也是千差万别的;但是由于感性存在本身,正如心灵一样,以概念为它的内在灵魂,所以从另一方面看,某些感性材料却与某种心灵性的差异和艺术表现种类有密切的关系和内在的一致[②]。

我们的科学总共分为三个主要的部分:

第一,是一般的部分。它的内容和对象就是艺术美的普遍的理念——艺术美是作为理想来看的——以及艺术美对自然和艺术美对主体艺术创造这双方面的更密切的关系。

第二,从艺术美的概念发展出一个特殊的部分,即这个概念本身所包含的本质上的分别演化成为一系列的特殊表现形式。[③]

第三,还有一个最后的部分,它所要讨论的是艺术美的个别化,就是艺术进展到感性形象的表现,形成各门艺术的系统以及其

① “这里所指的两方面的演进,第一方面是某时代和某民族例如埃及、希腊、基督教等时代对于自然、人和神的一种特殊的看法,特别就这看法对艺术的关系来看;第二种是各门艺术,例如雕刻、音乐、诗歌之类,每种有它自己的基础,从它们对第一种演进的关系来看。”(奥斯玛斯通英译本注)

② “作者追问声音或颜色之类何以适应某一类型的艺术,如在理论上所界定的——这在骨子里是理智的而不是感性的——他回答说,这些媒介作为自然事物来看,自有一种意蕴和目的,虽然不像在艺术作品里那样明显。它们各特别适宜于某些类型的艺术,这就足见它们所隐含的意蕴和目的。”(鲍申葵英译本注)

③ 即三种艺术类型。

中的类与种。

1. 艺术美的理念或理想

关于第一第二两部分，为着便于了解下文，我们首先就要提醒一个事实：就艺术美来说的理念并不是专就理念本身来说的理念，即不是在哲学逻辑里作为绝对来了解的那种理念，而是化为符合现实的具体形象，而且与现实结合成为直接的妥帖的统一体的那种理念。因为就理念本身来说的理念虽是自在自为的真实，但是还只是有普遍性，而尚未化为具体对象的真实；作为艺术美的理念却不然，它一方面具有明确的定性，在本质上成为个别的现实，另一方面它也是现实的一种个别表现，具有一种定性，使它本身在本质上正好显现这理念。这就等于提出这样一个要求：理念和它的表现，即它的具体现实，应该配合得彼此完全符合。按照这样理解，理念就是符合理念本质而现为具体形象的现实，这种理念就是理想[①]。这种符合首先可能很形式地了解成为这样的意思：理念不拘哪一个都行，只要现实的形象（也不拘哪一个都行）恰好表现这个既定的理念，那就算是符合。如果是这样，理想所要求的真实就会与单纯的正确相混，所谓单纯的正确是指用适当的方式把任何意义内容表现出来，一看到形象就可以直接找到它的意义。理想是不能这样了解的。因为任何内容都可以按照它的本质的标准很适当

---

① 黑格尔所用的“理想”（Ideal）与一般所说的“理想”不同，它就是“具体的理念显现于适合的具体形象”，也就是真正的艺术作品。黑格尔所说的“理想”包括一般所说的“典型”（见出普遍性与本质的个别事物形象），但比“典型”较广，因为整个艺术是“理想”，不仅是人物或情境。译文为清楚起见，有时把“理想”译为“艺术理想”。

地表现出来，但不因此就配称为理想的艺术美。比起理想美，这种情形就连在表现方面也显得有缺陷。关于这一点，我们先要提到一个到将来才能证明的道理：艺术作品的缺陷并不总是可以单归咎于主体方面的技巧不熟练，形式的缺陷总是起于内容的缺陷。例如中国、印度、埃及各民族的艺术形象，例如神像和偶像，都是无形式的，或是形式虽明确而却丑陋不真实，他们都不能达到真正的美，因为他们的神话观念，他们的艺术作品的内容和思想本身仍然是不明确的，或是虽明确而却低劣，不是本身就是绝对的内容。就这个意义来说，艺术作品的表现愈优美，它的内容和思想也就具有愈深刻的内在真实。在考虑这一点时，我们不应只想到按照当前外在现实来掌握自然形状和摹仿自然形状所表现的技巧熟练的程度。因为在某些发展阶段的艺术意识和艺术表现里，对自然形状的歪曲和损坏并不是无意的，并不是由于技巧的生疏和不熟练，而是由于故意的改变，这种改变是由意识里面的内容所要求和决定的。从这个观点来看，一种艺术尽管就它的既定的范围来说，在技巧等方面是十分完善的，而作为艺术，它仍然可以是不完善的，如果拿艺术概念本身和理想来衡量它，它仍然是有缺陷的。只有在最高的艺术里，理念和表现才是真正互相符合的，这就是说，用来表现理念的形象本身就是绝对真实的形象，因为它所表现的理念内容本身也是真实的内容。前已提过，这个原则还包含一个附带的结论：理念必须在它本身而且通过它本身被界定为具体的整体，因而它本身就具有由理念化为特殊个体和确定为外在现象这个过程所依据的原则和标准。例如基督教的想象只能把神表现为人的形状和人的心灵面貌，因为神自身在基督教里是完全作为心灵来

认识的。具有定性好像是使理念显现为形象的桥梁。只要这种定性不是起于理念本身的整体,只要理念不是作为能使自己具有定性和把自己化为特殊事物的东西来了解的,这种理念就还是抽象的,就还不是从它本身而是从本身以外得到它的定性,也就是从本身以外得到一个原则,去决定某种显现方式对它才是唯一适合的。因此,如果理念还是抽象的,它的形象也就还不是由它决定的,而是外来的。本身具体的理念却不如此,它本身就已包含它采取什么显现方式所依据的原则,因此它本身就是使自己显现为自由形象的过程。从此可知,只有真正具体的理念才能产生真正的形象,这两方面的符合就是理想。①

2. 理想发展为艺术美的各种特殊类型
——象征型艺术、古典型艺术与浪漫型艺术②

理念既然是这样具体的统一体,这个统一体就只有通过理念的各特殊方面的伸展与和解,才能进入艺术的意识;就是由于这种发展,艺术美才有一整套的特殊的阶段和类型。我们既已把艺术

① 黑格尔在这一节里提出了他的艺术美的基本观点:一,内容(理念)决定形式(显现的形象);二,只有本身真实的内容表现于适合内容的真实形式,才能达到艺术美。

② 黑格尔所说的某种艺术类型代表三个时代的不同的世界观,与艺术流派有别。象征型艺术代表艺术的原始阶段,主要代表是东方艺术,与法国19世纪的象征主义和象征派有别;古典型艺术代表艺术发展成熟的阶段,主要代表是希腊艺术,与17、18世纪欧洲(特别是法国)的古典主义或新古典主义有别;浪漫型艺术代表艺术开始解体的阶段,主要代表是中世纪西方基督教艺术,与18、19世纪的欧洲浪漫主义运动有别。

作为自在自为的东西研究过了，现在就要看看完整的美如何分化为各种特殊的确定形式。这就产生出本书第二部分，即关于艺术类型的学说。这些类型之所以产生，是由于把理念作为艺术内容来掌握的方式不同，因而理念所借以显现的形象也就有分别。因此，艺术类型不过是内容和形象之间的各种不同的关系，这些关系其实就是从理念本身生发出来的，所以对艺术类型的区分提供了真正的基础。因为这种区分的原则总是必须包含在有待分化和区分的那个理念本身里。

我们在这里要研究的是理念和形象的三种关系。

a)第一，理念在开始阶段，自身还不确定，还很含糊，或则虽有确定形式而不真实，就在这种状况之下它被用作艺术创造的内容。既然不确定，理念本身就还没有理想所要求的那种个别性；它的抽象性和片面性使得形象在外表上离奇而不完美。所以这第一种艺术类型与其说有真正的表现能力，还不如说只是图解的尝试。理念还没有在它本身找到所要的形式，所以还只是对形式的挣扎和希求。我们可以把这种类型一般称为象征艺术的类型。在这种类型里，抽象的理念所取的形象是外在于理念本身的自然形态的感性材料①，形象化的过程就从这种材料出发，而且显得束缚在这种材料上面。一方面自然对象还是保留它原来的样子而没有改变，另一方面一种有实体性的理念又被勉强黏附到这个对象上面去，作为这个对象的意义，因此这个对象就有表现这理念的任务，而且要被了解为本身就已包含这理念。这种情形之所以发生，是由于自然

① 例如原始民族用自然的木块或石头象征神，或是这木石虽经加工，但还是非常粗糙的，显不出他们的神的概念。

事物本有能表现普遍意义的那一方面。但是既然还不可能有理念与形象的完全符合，理念对形象的关系就只涉及某一个抽象属性，例如用狮子象征强壮。

另一方面，这种关系的抽象性也使人意识到理念对自然现象是自外附加上去的，理念既然没有别的现实来表现它，于是就在许多自然事物形状中徘徊不定，在它们的骚动和紊乱中寻找自己，但是发现它们对自己都不适合。于是它就把自然形状和实在现象夸张成为不确定不匀称的东西，在它们里面昏头转向，发酵沸腾，勉强它们，歪曲它们，把它们割裂成为不自然的形状，企图用形象的散漫、庞大和堂皇富丽来把现象提高到理念的地位。因为这里的理念仍然多少是不确定的，不能形象化的，而自然事物在形状方面却是完全确定的。

由于两方面互不符合，理念对客观事物的关系就成为一种消极的关系，因为理念在本质上既然是内在的，对这样的外在形状就不能满足，于是就离开这些外在形状，以这些形状的内在普遍实体的身份，把自己提升到高出于这些不适合它的形状之上。由于这种提升，自然现象和人的形状和事迹就照它们本来的样子接受过来，原封不动，但是同时又认为它们不适合它们所要表现的意义，这种意义本来是被提升到远远高出于人世一切内容之上的。

一般地说，这些情形就是东方原始艺术的泛神主义的性格，这种艺术一方面拿绝对意义强加于最平凡的对象，另一方面又勉强要自然现象成为它的世界观的表现，因此它就显得怪诞离奇，见不出鉴赏力，或是凭仗实体的无限的但是抽象的自由，以鄙夷的态度来对待一切现象，把它们看成无意义的，容易消逝的。因此，内容意蕴不能完全体现于表现方式，而且不管怎样希求和努力，理念与形象的互不符合仍然无法克服。这就是第一种艺术类型，即象征型艺术，以及它的希求，它的骚动不宁，它的神秘色彩和崇高风格。

b)在第二种艺术类型里——我们把它叫做古典型艺术——象征型艺术的双重缺陷都克服了。象征型艺术的形象是不完善的，因为一方面它的理念只是以抽象的确定或不确定的形式进入意识；另一方面这种情形就使得意义与形象的符合永远是有缺陷的，而且也纯粹是抽象的。古典型艺术克服了这双重的缺陷，它把理念自由地妥当地体现于在本质上就特别适合这理念的形象，因此理念就可以和形象形成自由而完满的协调。从此可知，只有古典型艺术才初次提供出完美理想的艺术创造与观照，才使这完美理想成为实现了的事实。

古典型艺术中的概念与现实的符合却也不能单从纯然形式的意义去了解为内容和外在形象的协调，就像理想也不应这样去了解一样。否则每一件摹仿自然的作品，每一个面容、风景、花卉、场面之类在作为某一表现的内容时，只要达到这种内容与形式的一致，就算是古典型艺术了。相反地，古典型艺术中的内容的特征在于它本身就是具体的理念，唯其如此，也就是具体的心灵性的东西；因为只有心灵性的东西才是真正内在的。所以要符合这样的内容，我们就必须在自然中去寻找本身就已符合自在自为心灵的那些事物。必须有本原的①概念，先把适合具体心灵性的形象发明出来，然后主体的概念——在这里就是艺术的精神——只需把那

① 鲍申葵英译本作“绝对的”，附注说：“上帝或宇宙发明了人作为心灵的表现；艺术找到了人，使他的形状适应个别心灵的艺术体现。”

形象找到，使这种具有自然形状的客观存在（即上述形象）能符合自由的个别的心灵性[①]。这种形象就是理念——作为心灵性东西，亦即作为个别的确定的心灵性——在显现为有时间性的现象时即须具有的形象，也就是人的形象。人们固然把人格化和拟人作用[②]谴责为一种对心灵性的屈辱，但是艺术既然要把心灵性的东西显现于感性形象以供观照，它就必须走到这种拟人作用，因为只有在心灵自己所特有的那种身体里，心灵才能圆满地显现于感官[③]。从这个观点看，灵魂轮回说是一个错误的抽象的观念[④]，生理学应该建立这样一条基本原则：生命在他的演进中必然要达到人的形象，因为人的形象才是唯一的符合心灵的感性现象。

人体形状用在古典型艺术里，并不只是作为感性的存在，而是完全作为心灵的外在存在和自然形态，因此它没有纯然感性的事物的一切欠缺以及现象的偶然性与有限性。形象要这样经过纯洁化，才能表现适合于它的内容；另一方面如果意蕴与形象的符合应该是完满的，作为内容的心灵性的意蕴也就必须能把自己完全表现于人的自然形状，不越出这种用感性的人体形状来表现的范围。因此，心灵就马上被确定为某种特殊的心灵，即人的心灵，不只是绝对的永恒的心灵[⑤]，因为这后一意义的心灵只能作为心灵性本

① 实即个别人物的心灵。

② 把人代表某一抽象概念，如戏剧中"正直"或"虚荣"可以成为角色，这叫做"人格化"；把动植物当作人来描写，像《伊索寓言》里所做的，这叫做"拟人作用"。

③ 人体是心灵特有的感性表现，古典型艺术特重人体雕刻，所以黑格尔着重地谈人体最适宜于体现心灵。

④ 轮回说认为人的灵魂可以降级，附到动物身体上去，这不合黑格尔的进化观念，看下句自明。

⑤ 按照黑格尔的客观唯心哲学，整个宇宙都有一种绝对的永恒的心灵，个别心灵只是它的一种特殊存在。这种绝对的永恒的心灵只能作为哲学思考的对象，不能表现于艺术。

身来认识和表现①。

这最后一点又是一种缺陷，使得古典型艺术归于瓦解，而且要求艺术转到更高的第三种类型，即浪漫型艺术。

c)浪漫型艺术又把理念与现实的完满的统一破坏了，在较高的阶段上回到象征型艺术所没有克服的理念与现实的差异和对立。古典型艺术达到了最高度的优美，尽了艺术感性表现所能尽的能事。如果它还有什么缺陷，那也只在艺术本身，即艺术范围本来是有局限性的。这个局限性就在于一般艺术用感性的具体的形象，去表现在本质上就是无限的具体的普遍性，即心灵，使它成为对象，而在古典型艺术里，心灵性的存在与感性的存在二者的完全融合就成为二者之间的符合②。事实上在这种融合里，心灵是不能按照它的真正概念达到表现的。因为心灵是理念的无限主体性③，而理念的无限主体性既然是绝对内在的，如果还须以身体的形状作为适合它的客观存在，而且要从这种身体形状中流露出来，它就还不能自由地把自己表现出来④。由于这个道理，浪漫型艺术又把古典型艺术的那种不可分裂的统一取消掉了，因为它所取得的内容意义是超出古典型艺术和它的表现方式范围的。用大家熟悉的观念来说，这种内容意义与基督所宣称的神就是心灵的原则是一致的，而与作为古典型艺术的基本适当内容的希腊人的神的信仰是迥然不同的。在古典型艺术里，具体的内容是人性与神性的自

①　即只能为哲学思考的对象，不能为艺术表现的对象。

②　因为古典型艺术用人的身体表现心灵。“符合”原文是“对应”。

③　理念有主客体两方面，客体方面就是外在现实，主体方面就是心灵，它是绝对的，所以是无限的。这句话就等于说，“因为心灵是理念的无限的主体的一方面”。

④　理念既是无限的，绝对内在的，就不能完全靠有限的身体形状表达出来。

在的[①]统一，这种统一既然是直接的和自在的，就可以用直觉的感性的方式妥当地表现出来。希腊的神是纯朴观照和感性想象的对象，所以他的形状就是人体的形状，他的威力和存在的范围是个别的，特殊的[②]，而对于主体[③]，他是一种实体和威力，主体的内在心灵和这种实体和威力只是处于自在的统一，本身还不能在内在的主观方面认识到这种统一[④]。古典型艺术的内容只是自在的统一，可以用人体来完满地表现，比这较高的阶段就是对这种自在的统一有了知识[⑤]。这种由自在状态提升到自觉的知识就产生了一个重大的分别，正是这种非常大的分别才把人和动物分开。人本是动物，但是纵然在他的动物性的机能方面，人也不像动物那样停留在自在状态，而是意识到这些机能，学会认识它们，把它们——例如消化过程——提升到自觉的科学。就是由于这个缘故，人才消除了他的直接的自在状态的局限，由于他自知是一个动物，他就不再是动物，而是可以自知的心灵了。

如果人性与神性是这样由前一阶段的自在的直接的统一提升为可以意识到的统一，能够表现这种内容现实的媒介就不再是人体形状，即心灵的感性直接存在，而是自己意识到的内心生活了。基督教把神理解为心灵或精神，不是个别的特殊的心灵[⑥]，而是在

① 鲍申葵英译本作："潜在地，不是明白表出地"。只是"自在的"就还不是"自为的"，即不是自觉的。

② 神用人体表现，所以是个别的有特殊性的神。

③ 鲍申葵英译本注："主体即有意识的个人"。

④ 希腊人不像基督教徒那样自觉人神感通合一，即人与神还没有达到自觉（自为）的统一。

⑤ 较高阶段即指浪漫型艺术阶段，"有了知识"即"自在的"变为"自为的"或"自觉的"。

⑥ 像希腊的神那样。

精神和实质上都是绝对的心灵。正因为这个缘故，基督教从感性表象退隐到心灵的内在生活，它用以表现它的内容的材料和客观存在也就是这内在生活而不是身体形状。人性与神性的统一也成为一种可以意识到的统一，只有通过心灵知识而且只有在心灵中才能实现的统一。这种统一所获得的新内容并不是被束缚在好像对它适合的感性表现上面，而是从这种直接存在①中解放出来了，这种直接存在必须看作对立面而被克服，被反映在心灵性的统一体里。从此可知，浪漫型艺术虽然还属于艺术的领域，还保留艺术的形式，却是艺术超越了艺术本身②。

我们因此可以简略地说，在这第三阶段，艺术的对象就是自由的具体的心灵生活，它应该作为心灵生活向心灵的内在世界显现出来。从一方面来说，艺术要符合这种对象，就不能专为感性观照，就必须诉诸简直与对象契合成为一体③的内心世界，诉诸主体的内心生活，诉诸情绪和情感，这些既然是心灵性的，所以就在本身上希求自由，只有在内在心灵里才能找到它的和解。就是这种内心世界组成了浪漫型艺术的内容，所以必须作为这种内心生活，而且通过这种内心生活的显现，才能得到表现。内在世界庆祝它对外在世界的胜利，而且就在这外在世界本身以内，并且借这外在世界作为媒介，来显现它的胜利，由于这种胜利，感性现象就沦为没有

① “直接存在”即指上文“感性表现”。

② 艺术本是理念的感性显现，但是浪漫型艺术的内容主要是内心生活，就不能完全由感性形象显现出，所以说“艺术超越了艺术本身”。例如典型的浪漫型艺术——诗歌和音乐——主要地就不是借感性形象来表现，而是借情感的节奏运动引起内心世界的情感的反应。

③ 观照的主体与观照的对象不分，同是心灵。

价值的东西了。

但是从另一方面来说，这个类型的艺术①，也像一切其他类型一样，仍然要用外在的东西来表现。由于心灵生活从外在世界以及它和这外在世界的直接的统一中退出来，退到它本身里，所以感性的外在的具体形象，如同在象征型艺术里那样，是看作非本质的容易消逝的东西而被接受和表现的；主体方面的有限的心灵和意志，包括个别人物、性格、行动等等，以及情节的错综复杂等等也都是这样接受这样表现的。客观存在方面被看成偶然的，全凭幻想任意驱遣，这幻想随一时的心血来潮，可以把现前的东西照实反映出来，也可以歪曲外在世界，把它弄得颠倒错乱，怪诞离奇。因为这外在的因素已不像在古典型艺术里那样自在自为地具有它的概念和意义②，而是要从情感生活里去找它的概念和意义，而这种情感生活要从它本身而不是从外在事物及其现实形式里找到显现；并且这种情感生活可以从一切偶然事故里，一切灾难和苦恼里，甚至从犯罪的行为里维持或恢复它与它自身的和解③。

从此就重新产生出象征型艺术的那种理念与形象之间的漠不相关，不符合和分裂，但是有一个本质上的分别：在象征型艺术里，理念的缺陷引起了形象的缺陷，而在浪漫型艺术里，理念须显现为自身已完善的思想情感，并且由于这种较高度的完善，理念就从它

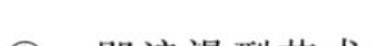

① 即浪漫型艺术。

② 鲍申葵英译本作："在它自己的范围里和在它自己的媒介里找到它的概念和意义。"其实这里"自在自为地"即"绝对地"，古典型艺术达到了理念与形象的完全统一，所以形象自身有绝对意义；在浪漫型艺术和在象征型艺术里一样，形象都或多或少地是"象征"或"符号"，要从它所表现的内容里才得到它的意义。

③ "它与它自身的和解"即它本身对立面的统一。

和它的外在因素的协调统一中退出来，因为理念只有从它本身中才能找到它的真正的实在和显现。

概括地说，这就是象征型艺术、古典型艺术和浪漫型艺术作为艺术中理念和形象的三种关系的特征。这三种类型对于理想，即真正的美的概念，始而追求，继而到达，终于超越①。

3. 各门艺术的系统

——建筑、雕刻、绘画、音乐、诗歌等

本书的第三部分和第一、二两部分的不同在于第三部分假定理想的概念和一般艺术类型的问题都已解决了，剩下的只是如何用某种感性材料去实现那理想和类型。所以我们现在所要做的不是按照艺术美的普遍的基本原则去研究艺术美的内在发展，而是研究这些原则如何转化为客观存在，它们在外表上彼此有哪些分别，以及美概念中每个因素如何分别地实现为艺术作品，而不只是实现为一种一般的类型。但是艺术所要转化为外在存在的就是美的理念本身固有的一些分别②，所以一般的艺术类型在这第三部分区分和界定各门艺术的原则中也还可以见出；换句话说，各门艺术之间的本质上的分别也和我们前已见到的一般艺术类型之间的

① 依黑格尔的看法，艺术的理想是理念与形象（即理性与感性）的统一。达到这种理想的是古典型艺术，即希腊雕刻。在前一阶段象征型艺术，以古代东方建筑为代表，理念本身不确定，形象也不确定，二者的关系只是象征型的关系。到了近代浪漫型艺术——以绘画、诗歌、音乐为代表——对于内心生活的侧重又引起了理念与形象的不一致，形象不足以表现理念，理念溢出了形象。由此发展下去，依黑格尔看，宗教和哲学就要代替艺术。

② “即种类。”（鲍申葵英译本注）

分别是一样的。这些类型通过感性的材料，也就是特殊的材料，所得到的外在客观存在，使得这些类型分化为一些独立的特殊的表现方式，即各门艺术，因为每种类型之所以有它的确定的性格，是由于它所用的是某一种确定的外在的材料，以及这种特殊材料所决定的使它得到充分实现的表现方式。但是从另一方面看，这些类型尽管各有定性，却仍是一般的类型，所以它们也可以冲破它们各有一门艺术为其特殊表现方式的局限，通过其他门类艺术得到表现，不过这只是次要的表现方式。所以从一方面看，每门艺术都各特属于一种艺术类型，作为适合这种类型的表现；从另一方面看，每门艺术也可以以它的那种表现方式去表现上述三种类型中的任何一种①。

因此，一般地说，我们在这第三部分所要研究的是艺术美如何在各门艺术及其作品中展开为一个实现了的美的世界。这个世界的内容就是美的东西，而真正的美的东西，我们已经见到，就是具有具体形象的心灵性的东西，就是理想，说得更确切一点，就是绝对心灵，也就是真实本身。这种为着观照和感受而用艺术方式表现出来的神圣真实的境界就是整个艺术世界的中心，就是独立的自由的神圣的形象，这种形象完全掌握了形式与材料的外在因素，把它们作为显现自己的手段。但是美在这种境界里既然显现为客观现实，而且在这过程中分化为一些特殊的各自独立的方面和因素，所以这个中心就有和它自己对立的实现于特殊现实的两极端。

① “类型”指象征的古典的浪漫的三种，“门类”指各门艺术如绘画、建筑、雕刻等等。每门艺术特属于一种类型，但是也可以出现在其他类型里。例如建筑虽特属于象征型艺术，但是也可以表现古典型艺术和浪漫型艺术。

一个极端就是无心灵的客观性相，即神所创造的单纯的自然环境。在这一极端，单纯的外在因素获得具体形象，成为一种本身并没有心灵性的目的和内容，而须从另一事物获得它的心灵性的目的和内容的东西①。

另一个极端就是内在的认识到的神圣性，即神所转化的各种特殊的主体存在：这也就是在个别主体的感觉、情绪和心灵中活动和起作用的真实，这种真实并不凝结在它的外在形状里，而是退到主体的个别的内心世界里。在这种状态中，神圣性不同于它的单纯的显现，即有神格的神，它转化为属于一切个别主体的知识、感觉、知觉和情感范围之内的那些杂多的特殊事物。艺术到了最高的阶段是与宗教直接相联系的，在宗教这个类似的领域里，我们对于这里所说的分别是这样了解的：首先把尘世的自然的生命看作是有限的，单独站在一边的；其次一步，意识就把神变成它的对象，在这对象里客体性与主体性的分别被消除了；最后到了第三步，我们从神本身进到信士群众的虔诚膜拜，这就是说，进到在主体意识中活着和显现着的神。在艺术世界中也有这三种主要的分别在独立发展着②。

a）按照各门艺术的这个基本原则，我们须首先研究的一种就是美的建筑。建筑的任务在于对外在无机自然加工，使它与心灵结成血肉因缘，成为符合艺术的外在世界。它的素材就是直接外在的物质，即受机械规律约制的笨重的物质堆；它的形式还没有脱离无机自然的形式，是按照凭知解力认识的抽象的关系，即对称关

① 例如建筑的目的和内容不在建筑本身而在供人居住和敬神等等。

② 黑格尔所了解的神就是绝对心灵，或绝对理念，就等于真实界。

系，来布置的。用这种素材和形式并不能实现作为具体心灵性的理想，因此，在这种素材和形式里所表现的现实尚与理念对立，外在于理念而未为理念所渗透，或是对理念还仅有抽象的关系。因此，建筑艺术的基本类型就是象征艺术类型。建筑为神的完满实现铺平道路，在这种差事中它在客观自然上辛苦加工，使客观自然摆脱有限性的纠缠和偶然机会的歪曲。建筑借此替神铺平一片场所，安排好外在环境，建立起庙宇，作为心灵凝神观照它的绝对对象的适当场所。它还替他的信士群众的集会建筑一堵围墙，可以避风雨，防野兽，并且显示出会众的意志，显示的方式虽是外表的，却是符合艺术的。建筑能用这种内容意蕴灌注到它的素材和形式里，其多寡程度就取决于它在上面加工的那种确定的内容有无意义，是抽象的还是具体的，是深刻的还是肤浅的。在这方面建筑可以达到很高的成就，甚至于能用它的素材和形式把上述内容意蕴完满表现为艺术品。但是到了这一步，建筑就已经越出了它自己的范围而接近比它高一层的艺术，即雕刻。因为建筑的特征正在于内在的心灵还是与它的外在形式相对立的，因此建筑只能把充满心灵性的东西当作一种外来客指点出来。

b）如上所说，建筑把无机的外在世界净化了，使它得到了对称的秩序，并且使它和心灵结成血肉因缘了，于是神的庙宇，也是他的信士群众的房屋，就建立完成了。第二步就是神自己走进这座庙宇，以个性的闪电似的光芒照耀着并且渗透到那无生气的物质堆里，不再只是用对称的形式，而是用心灵本身的无限形式①，把相应的身体性相集中起来而且表现出来。这就是雕刻的任务。

① “即本身完满的形式。”（鲍申葵英译本注）

因为建筑只能从外面指点出来的那种心灵内在生活，在雕刻里却像安居在感性形象及其外在材料里，并且因为这两方面显得契合无间，没有哪一方面压倒另一方面，所以雕刻以古典艺术类型为它的基本类型。因此，在雕刻里感性因素本身所有的表现都同时是心灵因素的表现，反之，任何心灵性的内容如果不是完全可以用身体形状呈现于知觉的，也就不能在雕刻里得到完满的表现。雕刻应该把心灵表现于它的身体形状，使心灵与身体形状直接统一起来，安静地幸福地站在那里，而形式也应该受心灵个性的内容灌注生气。所以雕刻在外在的感性素材上加工，不再是只按照它的笨重的物质堆的机械的性质去处理，也不是用无机物的形式，也不是不管着色或不着色等等，而是要把感性素材雕刻成人体的理想形式，而且还要把人体表现为立体。就最后这一点来说，我们必须紧记住：只有在雕刻里，内在的心灵性的东西才第一次显现出它的永恒的静穆和本质上的独立自足。能和这种静穆以及这种自己与自己的统一相对应的只有本身也具有这种静穆和统一的外在形象。符合这种条件的就是抽象空间的形象①。雕刻所表现的心灵在本身就是坚实的，不是受偶然机会和情欲的影响而变成四分五裂；所以它的外在形状也不是显现为各种各样的现象，而是在它的全部立体中都只现出抽象的空间性。

c）建筑已把庙宇建立起来了，雕刻家的手把神像摆到庙里去了，于是第三步就是这个显现于感官的神在他庙里宽广的大厅里面对着他的信士群众。这些信士群众就是那个感性的客观存

① “只作为占空间的一种事物的形象。”（鲍申葵英译本注）“抽象的空间性”即单看空间性，不管物质的其他属性，例如抽象地专看线条起伏的形式。

在[1]在他们本身上的心灵性的反映，就是起灌注生气作用的主体性和内在生活，有了这种主体性和内在生活，所以无论对于艺术内容来说，还是对于表现内在生活于外在形象所用的材料来说，特殊化[2]、个别化及其连带的主体性才成为赋予定性的原则[3]。到了这个阶段，原来在雕刻里神所具有的那种坚实的统一就分裂成为许多个人的内在生活，而这许多个人的内在生活的统一却不是感性的而是观念性的[4]。只有到了这个阶段，只有在神开始这样往复转化，这样由他本身以内的统一转到既在个人主观认识中实现他自己，也在具有共同性而团结在一起的人群的主观认识中实现他自己的阶段[5]，神才成为真正的心灵——在他的信士群众中的心灵。在这些信士群众中，神一方面解脱了还未展开的自己与自己的统一的抽象性，一方面也解脱了直接沉浸在身体形相中的那种情况[6]，像他在雕刻中被表现的那样；这样神就被提升到心灵生活和知识里，即提升到在本质上是内在的作为主体生活而显现的那种反映里。因此，这较高的内容现在是心灵性的东西，而且是绝对心灵性的东西；不过由于上文所说的分化，这绝对心灵性的东西同时也显现为个别的心灵生活，即个别的心情；由于在这阶段现为主

① 即显现于感官的神，成为信士群众心里的神。

② 鲍申葵在“特殊化”后在括弧里附注说：“分化为各种形状、属性、事件等等。”“特殊化”就是化为个别事物的性相。黑格尔所谓“特殊化”，其实就是“个别化”。

③ 经过特殊化或个别化，艺术内容（意蕴）和素材（媒介）才得到它们所特有的定性。

④ 鲍申葵英译本注：“组成一个教会或国家的许多个人的统一是看不见的，只存在于共同情绪、目的等以及对集团的认识里。”“观念性的”即作为观念而存于心里的，不是直接由感官接触到的。

⑤ 神本身以内的统一即抽象的普遍的神性，在个人或群众的主观意识中实现，普遍的神性（例如忠贞、英勇）便个别化即具体化为个人或群众的情绪、理想等等。

⑥ 即感性存在状态。

要的东西不复是神的无忧无虑的泰然自足，而特别是他的显现，即为他人的存在，亦即自我显现[①]，所以在现阶段，多种多样的在活跃的运动和行动之中的主体生活，例如人的情欲、动作、事变、总之，人类情感意志以及对情感意志的节制的广大领域，就有成为艺术表现对象的独立资格。要符合这种内容，艺术的感性因素就也要化为本身是个别的事物，便于表现主体内在生活。符合这种要求的材料有颜色、声音以及只对内在知觉和观念起暗示作用的声音，用这些材料来表现上述那种内容意蕴的方式有图画、音乐和诗。在这几门艺术里感性素材又分化为各种，一般都是看作观念性的[②]，所以它最符合一般是心灵性的艺术内容意蕴，而心灵性的内容意蕴与感性素材之间的关系在这几门艺术里也比在建筑和雕刻里较为密切。不过这样得到的统一是一种较内在的统一，重点是摆在主观方面的，而且因为形式与内容不得不经过具体分化而得到纯然观念性的存在，所以只有牺牲内容的客观普遍性以及这普遍性与直接感性因素的融合，才能达到这种统一。

这几门艺术的形式与内容既提高到观念性，抛弃了建筑的象征性和雕刻的古典理想，所以它们就以浪漫艺术类型为它的基本类型，因为它们最宜于用浪漫型艺术的表现方式。它们形成了一

① 这些都指神显现于人的意识里。神把自己显现给他人看，所以是“为他人的存在”。

② 鲍申葵英译本注：“例如音乐是‘观念性的’，是说它作为艺术作品只是在记忆里存在，实际听到它的那一顷刻是一纵即逝的；一幅画就它是立体来说，也是由观者推断出来的；至于诗则几乎完全是观念性的，因为它几乎不用感性因素而完全诉诸在心中存在的东西。”换句话说，音乐只有在一顷刻中是实际听到的（是感性的），在这一顷刻以前所听到的音乐是记忆起来的（是观念性的）；图画只视平画，立体是推断出来的（即观念性的）；诗中尽管也有感性因素（如色、声、形等），但是不直接呈现于感官，而是通过语言文字引起观念的。

整套的艺术，因为浪漫型艺术本身是最具体的。

这第三个领域中的个别艺术可以依下列方式去划分：

a）紧跟着雕刻后面的第一种艺术是绘画。绘画用作内容的材料和表现内容的媒介是纯粹可由肉眼看见的，这就是说，绘画的特征是它从颜色得到它的定性。建筑和雕刻的材料固然也是肉眼可见的和着色的，但是这不像在绘画里，不是单就可见性而言的可见性①，不是由单纯的光与黑暗既对立而又统一所形成的颜色②。这种可见性是本身经过主观化的，看作观念性的，它既不像在建筑里需要在笨重物质里起作用的那种抽象的机械的体积属性，也不像在雕刻里需要立体空间所有的全部感性的属性——尽管在雕刻里这些属性是集中于有机体形状的。绘画方面的可见性和实现可见性的方式所特有的质的分别在于它是比较观念性的，在于颜色的特殊性，在于它使艺术解脱了物质须完全占住感性空间的情况，因为它只局限于平面。

从另一方面看，绘画的内容也得到广泛的特殊化（分化）。凡是可以在人心中占地位的东西，例如情感、观念、目的等，凡是可以引起行动的，这一切繁复的材料都可以组成绘画的丰富多彩的内容。整个的殊相世界，从心灵的最高品质到最孤立的自然事物，在绘画里都可以找到地位。因为连有限自然界③的个别场面和个别现象都可以表现在艺术里，只要有任何一点可以指引到心灵因素

① 即抽象的可见性，只考虑到可见性，不管与它相关的其他属性，如体积或立体空间性。

② 这是根据歌德的颜色说，这个颜色说是不正确的。依近代光学和心理学，不同颜色感觉是由不同波长的光线所决定的。只有红、蓝、黄三色是原色，其余的颜色都是混合色。

③ “黑格尔所指的主要是山水风景。”（鲍申葵英译本注）

的东西使它们和思想情感结成血肉因缘就行了。

b）浪漫型艺术所借以实现的第二种艺术是与绘画相对立的音乐。音乐的材料虽然仍是感性的，却发展到具有更深的主观性和特殊化。音乐也是把感性因素看作观念性的，这可以从这一点见出：绘画对于空间的绵延还保留其全形，并且着意加以摹仿；音乐则把这种空间的绵延取消或否定了，并且把它观念化为一个个别的孤立点①。作为这种否定②，这个点本身就是物质属性以内的一个具体的积极的否定过程，表现为物体在本身以内以及在对本身的关系上的运动和震动。物质的这种初步的观念性③——不再是空间的观念性，而是时间的观念性④——就是声音，是一种否定了的感性因素，这感性因素的抽象的可见性已转化为可闻性，声音好像把观念内容从物质囚禁中解放出来了。——这种最初灌注到物质里去的内在性和心灵性提供了材料，去表现心灵中本身还没有确定的内在性和心灵性，使心境以及它的全部情感和情欲在它的声音里得到表现。所以音乐成为浪漫型艺术的中心，正如雕刻成为建筑与几种主体性的浪漫型艺术之间的桥梁一样；音乐也成为由绘画所用的抽象的空间感性到诗的抽象的心灵性之间的转捩

① “否定空间是音乐的一种属性。音阶上各部分是和一个判断的各部分一样不占空间的。黑格尔把这个事实说成音乐对空间加以观念化，把空间集中到一个点。”（鲍申葵英译本注）声音的承续是线形的，每一刻所听到的声音都只占住这条线上的一点，所以说把空间集中到一个点。

② 即否定空间。

③ “物质的观念性：一种发音体的显著的物质的属性，即它的体积，只是借改变音的性质间接地或凭推测地出现于它的声音，所以它是经过‘观念化’的。”（鲍申葵英译本注）例如大小提琴的体积不同可以从它们的声音中听出。

④ “时间上的承续比空间上的并存更是‘观念性’的，因为时间上的承续要凭记忆。”（鲍申葵英译本注）

点。像建筑一样，音乐本身就有一种符合理解的量的关系，也有声音及其汇合承续的严格的规律性作为它的基础，这是与音乐所表现的情感生活和内在生活相矛盾的[①]。

c）关于浪漫艺术类型的第三种，即它的最富于心灵性的表现，我们须在诗方面去找。诗的特征在于它能使音乐和绘画已经开始使艺术从其中解放出来的感性因素隶属于心灵和它的观念。因为诗所保留的最后的外在物质是声音，而声音在诗里不再是声音本身所引起的情感，而是一种本身无意义的符号，而且这符号所代表的观念是本身已变成具体的，而不仅是不明确的情感以及它的各种深浅程度和等级[②]。声音就这样变成了字，变成在本身已是分节发出的音，它的意义在于标示观念和概念，因为音乐所已达到的那种本身还是否定性的点现在已进展为完全的具体的点，这个点就是心灵，也就是有自意识的个人，这个人从它自身产生出观念的无限空间，把这无限空间和声音的时间性结合起来。这种感性因素在音乐里还是直接与内心生活合而为一的，而在诗里它却和意识的内容分开了，心灵自己为自己把这内容确定成为观念，为着要表现这种观念，心灵固然也使用声音，但是只把这声音当作本身

① 关于绘画和音乐这两节，黑格尔讲得很抽象。我们须抓住两层意思：1.莱辛在《拉奥孔》里指出造型艺术与诗的分别在于前者是运用空间上的并存，后者是运用时间上的承续。此后德国美学家常用时空为标准来区分各门艺术。黑格尔在这里也受到这个影响。依他看，雕刻用立体，绘画用平面，音乐则把面化成点。2.他认为艺术愈不受物质的束缚，愈现出心灵的活动，也就愈自由、愈高级。从建筑经过雕刻、绘画到音乐和诗，物质的束缚愈减少，观念性愈增强，所以也就愈符合艺术的概念。

② 这些话都是拿诗和音乐对比。黑格尔认为声音在音乐里可以直接引起情感（尽管是不明确的），在诗里却只起符号的作用，引起观念，间接由观念引起情感。有些诗论家（例如纯诗论者）认为声音在诗中离开意义而本身自有作用和价值。这种看法是黑格尔所反对的，他认为声音在诗里离开观念或意义就没有本身的意义和价值。

无价值无意义的符号来用。这样看来，声音可以变成只是字母，因为可闻的东西像可见的东西一样，都降为心灵的一种单纯标记了。因此诗的适当的表现因素[①]，就是诗的想象和心灵性的观照本身，而且由于这个因素是一切类型的艺术所共有的，所以诗在一切艺术中都流注着，在每门艺术中独立发展着。诗艺术是心灵的普遍艺术，这种心灵是本身已得到自由的，不受为表现用的外在感性材料束缚的，只在思想和情感的内在空间与内在时间里逍遥游荡。但是到了这最高的阶段，艺术又超越了自己，因为它放弃了心灵借感性因素达到和谐表现的原则，由表现想象的诗变成表现思想的散文了。

这些就是各门艺术的分类的整体：建筑，外在的艺术；雕刻，客观的艺术；绘画、音乐和诗，主体的艺术。人们过去尝试过作许多其他分类，因为艺术作品有许多方面，人们可以时而用这方面，时而用那方面，作为分类的基础，实际上人们往往是用这样的办法去分类。例如感性材料就可以用作分类标准。依这个标准，建筑就被看成结晶，雕刻就被看成是就材料的感性和空间性的整体，把材料刻画为有机体的形状，绘画就被看成着色的平面和线条；而在音乐里，空间就转变为时间的点，本身自有内容；以至最后在诗里，外在素材完全降到没有价值的地位。此外，各种艺术的分别也可以从它们的时间和空间的抽象属性去看。艺术作品的这种抽象的差别，正如感性材料一样，固然可以按照它的特点来加以贯串的研究，但是它们不能看作最后的基本规律，因为任何这样的一方面本身须根据一个更高的原则，所以就要受那个更高的原则统制。

①Element，鲍申葵英译本作“媒介”，但在下句仍译“因素”，前后不一律。

我们发现这种更高的原则就是象征的、古典的和浪漫的艺术类型——这些类型就是美概念本身的普遍的阶段或因素。

这些类型对具有具体形式的各门艺术的关系是这样：各门艺术组成了艺术类型的真实存在。象征型艺术在建筑里达到它的最适合的现实和最完善的应用，能完全按照它的概念发挥作用，还没有降为其他艺术所处理的无机自然；古典型艺术在雕刻里得到完满的实现，它把建筑只看作围墙，但是还不能发展绘画和音乐，来作为表现它的内容的绝对形式[①]；最后，浪漫型艺术抓住绘画和音乐作为它的独立的绝对的形式，诗的表现也包括在内；但是诗却适合美的一切类型，贯串到一切类型里去，因为诗所特有的因素是创造的想象，而创造的想象对于每一种美的创造都是必要的，不管那种美属于哪一个类型。

所以各门艺术在个别艺术作品中所实现的，按照它们的概念来说，只是自生发的美理念所显出的那些普遍的类型。广大的艺术之宫就是作为这种美的理念的外在实现而建立起来的。它的建筑师和匠人就是日渐自觉的美的心灵。但是要完成这个艺术之宫，世界史还要经过成千成万年的演进。

① "绝对的即完满的，有永久价值的。"(鲍申葵英译本注)。

第　一　卷

艺术美的理念或理想

序　论

从全书序论转到对我们的对象作科学的研究，我们首先应该简略地说明艺术美在现实领域里一般所占的地位，以及美学对于哲学其他部门的关系，以便建立真正的美的科学的出发点。

要达到这个目的，好像先要把过去对美进行思考的种种尝试列举出来，加以分析和批判。不过这种工作我们在全书序论里已经做过，并且如果只检查旁人所已经做过的工作，无论它是否正确，或是如果只从旁人学习，这对于真正的科学研究并没有多大帮助。在这里倒不如提一下这个事实：许多人都认为美，正因为是美，是不能用概念来理解的，所以对于思考是一个不可理解的对象。对于这种主张，我们在这里只作这样一个简短的答复：尽管现在有些人认为一切真实的东西都是不可理解的，可理解的只是些有限现象和有时间性的偶然事物[①]，其实这话是不对的，只有真实的东西才是可理解的，因为真实是以绝对概念，即理念，为基础的。美只是真实的一种表现方式，所以只要能形成概念的思考真正有概念的威力武装着，它就可以彻底理解美。在近代，没有什么概念比概念本身，即自在自为的概念，遭到更严重的误解，因为人们惯于把概念了解为单凭知解力的抽象的和片面的观念或见解，用这种抽象的片面性的观念或见解当然既不能认识真实的整体，也不能

① 这是康德的本体不可知论。

认识本身具体的美。像我们已经说过而将来还要详说的，美不是这种知解力的抽象品，而是本身就是具体的绝对概念，或则说得更明确一点，就是绝对理念融合在符合它自身的现象中。

如果我们要按照它的真正的实质去简略地说明绝对理念，我们就应该说，它就是心灵，当然不是有限的受约制受局限的心灵，而是普遍的无限的绝对的心灵，这绝对的心灵根据它本身去确定真实之所以为真实。如果我们省察我们的日常的意识，心里就会浮起这样一种观念，以为心灵和自然好像是对立的，因而把它们看成有同等价值，但是这样把自然和心灵看作都是本质的两个领域，彼此并立而互相关联，就是从心灵的有限性与局限性去了解心灵，不是从心灵的无限性和真实性去了解心灵。因为自然本来并不是以具有同等价值的身份，与心灵分疆对立；自然所处的地位是由心灵决定的，因此它是一种产品，对心灵没有作为界限和局限的能力。同时，绝对心灵是应该作为绝对活动来理解的，因此，也作为它的绝对的自我分化来理解的。心灵把自身分化为另一体，这另一体从一方面看来就是自然，心灵本着善意把它自己的全部本质付给它的这个另一体。因此，我们须把自然理解为自身含有绝对理念的，但是只有在绝对心灵把自然设立为它自己的另一体这个形式里，自然才是理念。就是在这个意义上，我们才把自然叫做一种产品。自然的真实因此就是那设立者本身，即作为具有理念性与否定作用的心灵，因为心灵虽然自分化和自否定了，却同时把它的这种分化和否定作为由它自己所设立的东西"取消"了，它不是在这种分化和否定中碰到界限和局限，而是自己和自己的另一体在自由的普遍性里融合在一起。就是这种理念性和无限的否定作

用形成了心灵的主体性的深刻概念。作为主体性，心灵首先只是自在地是自然的真实，因为心灵还没有认识到自己的真正的概念。自然和心灵对立着，不是作为由心灵设立而又可以使它与自己回到统一的另一体，而是作为未经克服的起界限作用的另一存在，心灵作为认识生活和实践生活中的主体，只是把这另一存在作为一个原已发现的对象，这就是说，心灵只可以成为自然的另一面或对立面①。属于这个范围里的有认识的心灵和实践的心灵的有限性，即认识的局限性和实现善所依据的单纯的"应该"②。在心灵里像在自然里一样，现象还不够表现它的真正的本体，我们还只模糊地看到技能、情欲、目的、意见和才能，这些东西互相追逃，互相辅助和阻碍，互相错综，而在它们的希求、挣扎、意图和思考之中，无数形状的起辅助或阻碍作用的偶然事故就纷纷涌现出来。有限的、有时间性的、矛盾的，因此也是消逝的、不满足的、非幸福的心灵，才有这种情况。因为这种心灵所能得到的满足，由于还是有限的、总不免是狭隘的、混乱的、相对的、分立的。因此，意识、意志和思考就不得不努力克服这种情况，在无限和真实里去找它的真正的普遍性，统一和满足，这种统一与满足，这种由心灵凭推动的理性转化有限物质所达到的统一和满足，才能真正地揭示现象世界的本质。心灵认识到它的有限性，这本身就是对它自己的否定，因此就获得它自己的无限。有限心灵的这种真实就是无限心灵。——但

① 依黑格尔，心灵在自在状态，只是自然，自然与心灵还是对立着；心灵在自为或自觉状态，自然与心灵才达到具体的统一。

② 还不是哲学的认识和根据理性的意志行动。"应该"(Sollen)即康德所说的"无条件的命令"，一切道德行为的最高原则。参看上文三 A3c 节和三 B1 节。

是在这种形式里①，心灵只有作为绝对否定，才变成实在的；心灵在它本身中设立了它的有限性然后把它取消掉。因此心灵在它的这个最高的领域里把自己变成自己的知识和意志的对象。绝对本身变成了心灵的对象，因为心灵上升到了意识的阶段，就在它本身中分辨出知识主体以及与此对立的知识的绝对对象②。从前一种观点看，即把心灵看成有限的那个观点来看，这种心灵能把绝对作为对立的无限对象来认识，所以可以界定成为与这无限对象有别的有限心灵。但是根据较高的思辨哲学的看法，正是绝对心灵本身为着要成为自己对自己的知识，就在自身中分化，因而设立心灵的有限性，在这心灵的有限性之中，心灵就变成自己对自己的知识的绝对对象。这样，它在它的集团中③就是绝对心灵，在心灵和自我认识的地位就是有现实性的绝对。

在艺术哲学里我们就要以上述原则为出发点。在为艺术美既不是逻辑的理念，即自发展为思维的单纯因素的那种绝对观念，也不是自然的理念，而是属于心灵领域的，同时却又不停留在有限心灵的知识和行动上。美的艺术的领域就是绝对心灵的领域。其所以如此的理由我们在这里只能约略指出；科学的证明却有待于前面说过的那些哲学部门，即专门研究绝对理念本身的逻辑学、自然哲学以及研究心灵的有限领域的哲学。因为这些科学不仅要研究逻辑的理念按照它所特有的概念如何转化为自然界的存在，而且还要研究它如何解脱这外在性，从自然转化为心灵，以后又解

① 鲍申葵英译本作："这种自意识的形式里。"

② 有自意识的心灵既是认识的主体，又是认识的对象。

③ 英译本注："似应作'在它的领域中'。"(原文是 Gemeinde〔集团〕，英译者疑这是 Gebiete〔领域〕之误。)

脱这心灵的有限性而转化到永恒真实的心灵。

从这个观点看——艺术就它的最高的真实价值来说，就要从这个观点来看——我们马上就可以看出：艺术是和宗教与哲学属于同一领域的①。在绝对心灵的一切范围里，心灵都解脱了它的客观存在的窄狭局限，抛开它的尘世存在的偶然关系和它的目的与旨趣的有限意蕴，以便转到省察和实现它的自在自为的存在。②

1. 艺术对有限现实的关系

对于艺术在自然生活与心灵生活的整个领域里的地位，我们可以更确切更具体地说明如下：

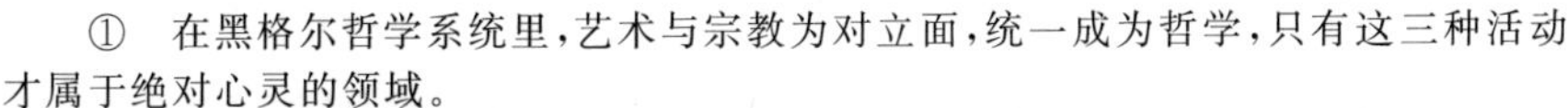

① 在黑格尔哲学系统里，艺术与宗教为对立面，统一成为哲学，只有这三种活动才属于绝对心灵的领域。

② 这一节原文艰晦，英法俄译也不一致。要旨在进一步说明“理念的感性显现”这个美的定义。首先批判美不是可以凭思维来理解的流行说法。这是混淆概念与理念的分别，亦即形式逻辑与辩证逻辑的分别（参看 67 页注②）。凭知解力的形式逻辑及其抽象概念，确实不可能认识美；凭理性的辩证逻辑，美必然是可以理解的。其次，黑格尔肯定了理念就是绝对，就是心灵或精神，不是某个别人的心灵而是弥漫宇宙的普遍的绝对的无限心灵。这绝对心灵是自在自为的，凭自己的活动而自生自发自确定的。它不断在活动，在发展。它是认识和实践的主体，它的认识和实践的对象或客体不是外来的，而是由它自己生发或“设立”的。心灵这个主体和它的对象或客体既是对立的，又是统一的。客体是主体在它自身中设立的另一体，在设立之中就否定了有限心灵的抽象性和片面性，同时也否定了个别具体事物的抽象性和片面性。所以主体与客体、心灵与自然互相否定，也互相成全（相反相成）。经过否定和否定的否定，双方统一了，就形成了理念。从感性形象见出理念就见出美，这是艺术的事；从理性思维见出理念就见出真，这是哲学的事。在这两方面，黑格尔都否定了康德的有限与无限的绝对对立论和不可知论。

黑格尔所用的 Subjekt 和 Objekt 即指心灵和自然，不宜译为“主观”和“客观”，因为不指看待事物的两种对立的态度。所以本译文一般译为“主体”和“客体”，所谓“主体性”（Subjektivität）实际上就是自在自为的心灵的性格或功能。

只要检阅一下人类生存的全部内容，我们就可以看出在我们的日常意识里种种兴趣和它们的满足有极大的复杂性。首先是广大系统的身体方面的需要，规模巨大组织繁复的经济网，例如商业、航业和工艺之类，都是为着满足这些需要而服务的。比这较高一层的就是权利、法律、家庭生活、等级划分，以及整个的庞大国家机构。接着就是宗教的需要，这是每个人心里都感觉到而从教会生活中得到满足的。最后就是分得很细的科学活动，包罗万象的知识系统。艺术活动，对美的兴趣，以及美的艺术形象所给的精神满足也是属于这个范围的。这里就有这样一个问题：联系到世界中其他生活部门，这种需要有什么内在必然性呢？首先我们看到这些范围[①]的需要只是存在面前的事实。但是按照科学的要求，我们就得深入研究它们的本质上的内在联系和彼此之间的必然性。因为它们不只是借效用就能联系在一起，而是相辅相成，这个范围的活动要高于那个范围的活动；因此，较低范围的活动努力要超出本范围，只有通过较广兴趣的较深满足，原先在较低范围里不能实现的到此才得到完满的解决。这才是它们的内在联系的必然性。

如果我们回忆一下我们关于美和艺术的概念所已经建立的原理，我们就会看出这个概念里有两重因素：首先是一种内容，目的，意蕴；其次是表现，即这种内容的现象与实在——第三，这两方面是互相融贯的，外在的特殊的因素只现为内在因素的表现。在艺术作品里，除掉在本质上与内容相关的并且能表现内容的东西之

① “艺术范围和社会生活范围首先被看成只是各自独立的活动范围。”（英译本注）

外，就没有什么别的东西了。我们所称为“内容”和“意蕴”的本身只是很简单的提要，就是最扼要的，尽管含义很广的题材，和完成的作品不同。例如一本书的内容可以用几个字或几句话总结起来，除掉这种内容提要里所已经有的之外，书中不应该插入其他题外话。这种简单提要，这种形成创作基础的题材还只是抽象的，只有完成的作品才是具体的。

但是这两对立面并不是彼此不相干的，彼此只有外在的并立关系的，不像三角形或椭圆形之类几何图形单就其简单内容来说，是不随外表上大小、颜色等等而有什么不同的。在艺术里，作为简单内容的抽象意义却有一种定性，逼得它要实现于创作，并且在创作中变成具体的。因此，在这里本质上有一种“应该”。尽管内容自有它的意义，我们还是不满足于这种抽象的形式，而希求更进一步。起初这只是一种未得满足的需要，就主体方面说，这是一种令人不满的欠缺，这就产生一种希求，要克服这种欠缺，达到满足。在这个意义上我们可以说，内容本来是**主体的**，只是内在的；客体的因素和它相对立，因而产生一种要求，要**把主体的变为客体的**。这种主体与客体的对立以及取消这种对立的“应该”，乃是一个贯穿一切的普遍原则或定性。我们的身体方面的生活，尤其是我们的心灵方面的目的与旨趣，都要依靠这种要求：要把本来只是主体的和内在的东西变为客观存在，而且只有在这种完满的客观存在里才能得到满足。因为目的与旨趣的内容本来只以主体因素的片面形式出现，而片面性就是一种局限，这个缺陷马上就造成一种不安，一种痛苦，一种**否定面**，作为否定面，它就须被取消（否定），就要弥补感觉到的缺陷，越过认识到的想到的局限。这并非说，对于

主体方面，只是那另一面，即客体方面，有所欠缺，而是指一种更确定的联系，指这种欠缺在主体方面本身而且对主体方面本身就是一种缺陷，一种否定，要求再经过否定。这就是说，在它本身，按照它的概念，主体就是整体，不只是内在的，而且要在外在的之中，并且通过外在的，来实现这内在的。如果主体片面地以一种形式而存在，它就会马上陷入这个矛盾：按照它的概念，它是整体，而按照它的存在情况，它却只是一方面。只有借取消这种自身以内的否定，生命才能变成对它本身是肯定的。经历这种对立、矛盾和矛盾解决的过程是生物的一种大特权；凡是始终都只是肯定的东西，就会始终都没有生命。生命是向否定以及否定的痛苦前进的，只有通过消除对立和矛盾，生命才变成对它本身是肯定的。如果它停留在单纯的矛盾上面，不解决那矛盾，它就会在这矛盾上遭到毁灭。

我们在这里所需要的界定原则，从它的抽象方面去看，就是如此。

主体方面所能掌握的最高的内容可以简称为“自由”。自由是心灵的最高的定性。按照它的纯粹形式的方面来说，自由首先就在于主体对和它自己对立的东西不是外来的，不觉得它是一种界限和局限，而是就在那对立的东西里发现它自己。就是按照这种形式的定义，有了自由，一切欠缺和不幸就消除了，主体也就和世界和解了，在世界里得到满足了，一切对立和矛盾也就已解决了。但是说得更确切一点，自由一般是以理性为内容的：例如行为中的道德，和思想中的真理。但是因为自由本身本来只是主体的，还没有实现的，就还有不自由，就还有作为自然必需的纯然客体的东西，跟主体对立，这就产生一种要求，要使这种对立归于和解。从另一方面看，内在主体方面也有类似的对立。自由一方面包括本身就是普遍的、独立自在的东西，例如关于法律、道德、真理等的规律，另一方面也包括人类的种种动力，例如情感、意向、情欲以及一切使个别的人动心的东西。这种对立也在增长，导致斗争，导致矛盾，而一切焦急情绪、最深的痛苦，以及烦恼和失望都是在这场斗争中产生的。动物彼此之间以及与周围事物都和平相处，而人的心灵性却酿成两面性和分裂，他就围困在这种矛盾中。因为人从单纯的内在生活，从纯粹的思考，从规律与普遍性的世界，还不能得到安身之所，他还需要有感性的存在，要有情感情绪等等。哲学对由此而生的对立加以思考，按照它的涵盖一切的普遍性如其本然地加以思考，然后进一步以同样普遍的方式把这对立取消掉；而人却要从直接生活中找到直接的满足。这种通过解决上述矛盾而得到的满足可以首先从感性需要的系统中找到例证。饥、渴、倦、吃、喝、饱、睡眠就足以例证感性需要范围里的矛盾和矛盾的解决。但是在人类生活的这种自然需要范围里，这种满足在内容上还是有限的，窄狭的；这种满足还不是绝对的，因此它无止境地引起新的需要，今天吃饱睡足，饥饿和困倦到明天还是依旧来临。所以再进一步走到心灵的领域，人就努力从知识和意志，从学问和品行里去找一种满足和自由。无知者是不自由的，因为和他对立的是一个陌生的世界，是他所要依靠的在上在外的东西，他还没有把这个陌生的世界变成为他自己使用的，他住在这世界里面不是像居在自己家里那样。好奇心的推动，知识的吸引，从最低级的一直到最高级的哲学见识，都只是发源于一种希求，就是要把上述不自由的情形消除掉，使世界成为人可以用观念和思考来掌握的东西。在

行为的领域里，自由是以相反的方式进行的，结果使意志的理性得到实现。这种理性由意志实现在国家生活里。在一个真正按照理性来划分生活各部门的国家里，一切法律和措施都只是按照自由的本质的定性来实现自由。既然如此，所以每个公民都发现这种制度恰恰是他个人理性的实现，在服从这些法律时，不是把它们当作外人，而是把它们当作心腹。人们往往把任性也叫做自由，但是任性只是非理性的自由，任性的选择和自决都不是出于意志的理性，而是出于偶然的动机以及这种动机对感性外在世界的依赖。

总之，人的身体方面的需要以及知识和意志事实上都在这世界里得到一种满足，以自由的方式消除主体与客体的冲突，消除内在的自由与现存的外在的必然性的冲突。但是这种自由和满足仍然是受到局限的，所以这自由和自满仍是有限的。哪里还有有限性，哪里就会不断地重新发生对立和矛盾，满足就还不能超出有限的范围。例如在法律和它的现实里，我的理性，我的意志以及这意志的自由固然得到了承认，我是一个人，作为人，我受到尊重；我有财产，这财产应由我保管；如果它遭到危害，法庭就保护我的权利。但是这种承认和自由永远只限于个别的有关方面以及它的个别的对象：这座房子、这笔钱、这个确定的权利法律等等，总之，这是个别的行为和个别方面的现实。意识在这里所察觉到的只是些个别现象，这些个别现象固然是彼此相关，组成一种关系网的，但是本身却只是些相对的范畴，受多种多样的条件的约制，在这些条件统治之下，可以暂时得到满足，也可以简直得不到满足。更进一层，国家生活确实是形成一个整体，一个本身完满的有机体：君主、政府、法庭、军队、公民团体的安排、社交等等，权利和义务，目的和它

的实现，前已提到的那些行为方式，以及使这整个机器常川开动的措施——这样结合起来的有机体在一个真正的国家里是圆满的，在自身以内实现了的。但是国家生活所体现的，以及人所依据以寻求他的满足的那个基本原则，不管它包含多么繁复的内在的和外在的因素，在它本身却还是片面的和抽象的。在这原则里只有意志的理性的自由得到发展；只有在国家里，而且只有在某一个别国家里，而且只有在存在中某一特殊领域以及这领域里个别方面的现实里，自由才能实现。所以人不免感觉到，这些部门里的权利和义务以及它们的尘世的，因而还是有限的存在方式还是不能令人完全满足的，无论在它们的客观存在上还是在它们对主体的关系上，它们都还需要一种更高的证实和批准。

人从各方面遭到有限事物的纠缠，他所希求的正是一种更高的更有实体性的真实境界，在这境界里，有限事物的一切对立和矛盾都能找到它们的最后的解决，自由能找到它的完全的满足。这就是绝对真实而不是相对真实的境界。最高的真实，本然的真实，就是最高的对立与矛盾的解决。在最高的真实里，自由与必然、心灵与自然、知识与对象、规律与动机等的对立都不存在了，总之，一切对立与矛盾，不管它们采取什么形式，都失其为对立与矛盾了。从此可知，单就自身而言的主体的自由而且是和必然割裂开来的自由既不是绝对真实的，而单就自身而言的孤立化的必然也不应被看作是真实的。日常的意识却不能克服这种对立，或是纠缠在矛盾里而感到绝望，或是把它抛开，另想逃避的办法。哲学却深入互相矛盾的定性中心，按照这些定性的概念去认识它们，这就是说，把它们的片面性看成不是绝对的而是自“取消”（否定）的，把它们放在和谐与统一里。真实界就是这种和谐与统一。理解真实的这种概念就是哲学的任务。哲学固然在一切中认识出概念，因此它是唯一能领悟真理的真实的思考，但是概念，即自在的真实，和符合或不符合这种真实的存在却不是一回事。在有限现实①里，属于真实的各种定性显得是彼此并立相外的，即按照其真实性为不可分裂的东西现在被分裂开来了。例如生物是个体，但是作为主体，它就和周围的无机自然相对立。概念当然也包括这些对立方面，但是这些对立方面在概念里是和解了的；有限存在却把这些方面割裂开，使它们彼此疏离，因而是一种不合概念与真实的实在。照这样看，概念是无所不在的；但是须弄清楚的是这概念是否按照它的真实性实现于这样一种统一里，在这种统一里两特殊方面及其对立不复坚持真正的独立性和固定性，而只是观念性的②，成为和解了的两因素的自由协调。只有这种最高的统一体的实在界才是真实，自由和满足的境界。这种境界里的生活，这种对真实的心满意足，作为情感，这就是享受神福，作为思想，这就是领悟，这种生活一般地可以称为宗教的生活。因为宗教正是这样一种普遍领域，其中那唯一的具体的整体是既作为人本身的实质，又作为自然的实质而进到人的意识，只有这种唯一真实的实在才使人觉得它是统制个别有限事物的最高威力，由于这种威力，一切本来分裂对立的东西都还原到高一层的绝对的统一。

① “有限现实”即“现象界”或“自然”。

② 例如“有”与“无”对立，统一为“变”，在这“变”（统一体）里，“有”与“无”都不坚持本来的对立，因此，这两方面只是“观念性的”，即必须在观念中假定有对立的“有”和“无”，才可理解它们统一而成的“变”。

2. 艺术对宗教与哲学的关系

艺术从事于真实的事物，即意识的绝对对象，所以它也属于心灵的绝对领域，因此它在内容上和专门意义的宗教以及和哲学都处在同一基础上。因为哲学除神以外也没有别的对象，所以其实也就是理性的神学，并且就它对真理服务来说，它也就是永远对神服务。

除掉内容上的这种类似，绝对心灵的这三个领域的分别只能从它们使对象，即绝对，呈现于意识的形式上见出。

这些形式的分别伏源于绝对心灵这概念本身。心灵就其为真正的心灵而言，是自在自为的，因此它不是一种和客观世界对立的抽象的东西，而是就在这客观世界之内，在有限心灵中提醒一切事物的本质[①]；它是自己认识到自己的本质的那种有限事物，因此它本身也就是本质的和绝对的有限事物。这种认识的第一种形式是一种直接的也就是感性的认识，一种对感性客观事物本身的形式和形状的认识，在这种认识里绝对理念成为观照与感觉的对象。第二种形式是想象（或表象）的意识，最后第三种形式是绝对心灵的自由思考。

a）感性观照的形式是艺术的特征，因为艺术是用感性形象化的方式把真实呈现于意识，而这感性形象化在它的这种显现本身

① 原文是 im endlichen Geiste die Erinnerung des Wesens aller Dinge，英译 Erinnerung 作 recollected presence（回想起的出现形状），俄译作 Воспроизведение（再造，再现），均不易解。

里就有一种较高深的意义，同时却不是超越这感性体现使概念本身以其普遍性相成为可知觉的，因为正是这概念与个别现象的统一才是美的本质和通过艺术所进行的美的创造的本质。在艺术中这种统一的实现固然不仅靠感性的外在事物，而且也靠观念的因素，特别是在诗里；不过就连在诗这门最富于心灵性的艺术里也还须有意义及其个别形象的统一——尽管这种统一是呈现于起观念作用的那种意识的——而每个内容也还是先以直接方式去掌握而后呈现于观念的。在一般情形之下，还必须说，艺术既以真实，即心灵，为其特有的对象，它就不能通过个别的自然事物本身，如日、月、地、星之类，来产生对这对象的观照。这些事物当然是感性的存在，但也只是孤立的感性的存在，单靠它们本身还不能产生对心灵性事物的观照。

我们既然把艺术摆在这种绝对的地位，就明白地抛开了前面已经提到的一个看法，以为艺术可以运用许多其他性质的内容，为一些与艺术不相干的旨趣服务。话虽如此说，宗教却往往利用艺术，来使我们更好地感到宗教的真理，或是用图像说明宗教真理以便于想象；在这种情形之下，艺术确是在为和它不同的一个部门服务。但是只要艺术达到了最高度的完善，它所创造的形象对真理内容就是适合的，见出本质的。例如古希腊艺术就是希腊人想象神和认识真理的最高形式。所以诗人和艺术家们对于希腊人来说，就是他们的神的创造者，这就是说，艺术家们替希腊民族建立了关于神的事迹、生活和影响的明确观念，因此也就是替他们建立了明确的宗教内容。这并非说，在诗以前，这些观念和教训已经以由思考产生的一般宗教格言和定义的形式抽象地存在于意识中，艺术家们只是把形象附加到那些格言和定义上面去，或是用诗把它们装饰起来；而是说，在这种艺术创造里，那些诗人只能用这种艺术和诗的形式把他们心里酝酿成的东西表达出来。在宗教意识的其他阶段，宗教意蕴就不那样适合于艺术表现，在这种情形之下，艺术的作用就比较小些。

艺术作为心灵的最高旨趣的本来真正的地位就是如此。

但是艺术在自然中和生活的有限领域中有比它较前的一个阶段，也有比它较后的一个阶段，这就是说，也有超过以艺术方式去了解和表现绝对的一个阶段。因为艺术本身还有一种局限，因此要超越这局限而达到更高的认识形式。这种局限说明了我们在现代生活里经常所给艺术的地位。我们现在已不再把艺术看作体现真实的最高方式。大体说来，人类思想很早就已反对艺术，说它只是对神圣的东西作图解式的表现，例如犹太人和伊斯兰教徒都是这样看，就是希腊人也还是这样看，柏拉图就很反对荷马和赫西俄德所描写的神。每个民族文化的进展一般都要达到艺术指向它本身以外的一个时期。例如基督教的历史因素，如基督的复活，他的生和死之类，都提供艺术，特别是绘画，以无数形象化的机会，而教会本身不是保护艺术，就是任它自由；但是知识与探讨的欲望以及对内在心灵性的要求促进了宗教改革，于是宗教表现就离开了感性因素而回到内在的情感和思想。这样，后于艺术的阶段就在于心灵感到一种需要，要把它自己的内心生活看作体现真实的真正形式，只有在这种形式里才找到满足。在起始阶段，艺术还保留一些神秘因素，还有一种隐秘的预感和一种怅惘，因为它的形象还没有把它的完满的内容完满地表现出来供形象的观照。但是到了完

满的内容完满地表现于艺术形象了，朝更远地方瞭望的心灵就要摆脱这种客体性相而转回到它的内心生活。这样一个时期就是我们的现在。我们尽管可以希望艺术还会蒸蒸日上，日趋于完善，但是艺术的形式已不复是心灵的最高需要了。我们尽管觉得希腊神像还很优美，天父、基督和玛利亚在艺术里也表现得很庄严完善，但是这都是徒然的，我们不再屈膝膜拜了。

b）最接近艺术而比艺术高一级的领域就是宗教。宗教的意识形式是观念，因为绝对离开艺术的客体性相而转到主体的内心生活，以主体方式呈现于观念，所以心胸和情绪，即内在的主体性，就成为基本要素了。这种从艺术转到宗教的进展可以说成这样：艺术只是宗教意识的一个方面。换句话说，如果艺术作品以感性方式使真实，即心灵，成为对象，把绝对的这种形式作为适合它的形式，那么，宗教就在这上面加上虔诚态度，即内心生活所特有的对绝对对象的态度。就艺术本身来说，它和这种虔诚态度是不相干的。这种虔诚态度之所以起来，只是由于主体在情感上沉浸到由艺术用外在的感性形象所化成客观的东西里去，和它达到同一，结果在观念里的这种内在的呈现以及心情振奋的情感就成为绝对达到客观存在的基本要素。虔诚态度是教众崇拜的最纯粹最内在最主体的形式，在这种崇拜里客体性相好像被吞食消化了，客体性相的内容脱离了客体性相本身而变成了心胸情绪所特有的东西。

c）最后，绝对心灵的第三种形式就是哲学。因为在宗教里神首先是以外在对象呈现于意识的，至于神是什么，神如何显现和继续显现他自己，是必须从学习教义中才能领会到的，这种宗教固然也沉浸到内心生活里去，推动教众和激发教众的心灵；但是情绪与

观念的虔诚还不是内在生活的最高形式。我们必须把自由思考看作这种最纯粹的知识形式，哲学用这种自由思考把和宗教同样的内容提供给意识，因而成为一种最富于心灵性的修养，用思考去掌握和理解原来在宗教里只是主体情感和观念的内容。这样，艺术和宗教这两方面在哲学里统一起来了：一方面哲学有艺术的客体性相，固然已经把它的外在的感性因素抛开，但是在抛开之前，它已把这种感性因素转化为最高形式的客观事物，即转化为思想的形式；另一方面哲学有宗教的主体性，不过这种主体性经过净化，变成思考的主体性了。因为思考一方面是最内在最真实的主体性，而另一方面真正的思想，即理念，也是最实在最客体的普遍性，这只有在思考本身以内并且用思考的形式才能掌握住。

艺术、宗教和科学的分别我们暂时就只说这些。

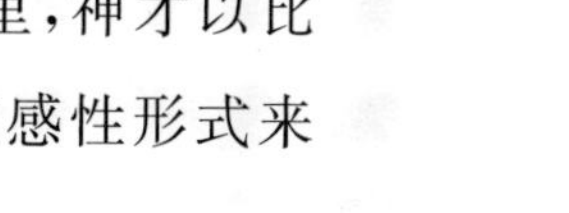

意识的感性形式对于人类是最早的，所以较早阶段的宗教是一种艺术及其感性表现的宗教。只有在心灵的宗教里，神才以比较高的适合思考的方式被理解为心灵。从此可知，用感性形式来表现真理，还不是真正适合心灵的表现方式。①

① 在黑格尔的客观唯心主义体系里，最高真理、绝对和神都是一事。人类认识最高真理有一个发展过程，分为三个阶段，采取三种方式。最初级的方式是艺术，它以感性形象显现真理，较高一级的方式是宗教，它的侧重点由艺术所侧重的客体感性形象转到膜拜者的主体虔诚心情。宗教是对艺术的否定，到了最高级的认识方式，即哲学，又否定了宗教侧重主体意识的片面性，以自由思考把主体与客体、感性与理性都统一起来，才真正认识到理念。黑格尔认识到历史发展的重要性，但是他所认识到的发展就到哲学为止，特别是到他自己的哲学为止，他没有看到艺术还有多大的前途，认为到了现代，“艺术的形式已不复是心灵的最高需要了”，我们对过去优美艺术作品已“不再屈膝膜拜了”，这就否定了他自己所强调的发展观点了，因为发展终有止境。

3. 第一卷题材的划分

我们既已知道艺术在心灵的领域中以及艺术哲学在其他哲学部门之中所占的地位了，在以下这个通论部分首先就要研究艺术美的普遍概念。

为着要按照它的整体来理解艺术美的理念，我们要分三个阶段来研究：

第一阶段一般地讨论美的概念；

第二阶段讨论自然美，自然美的缺陷使得艺术美（即理想）成为必要的；

第三阶段的研究对象是理想如何实现为艺术作品中的艺术表现。

第一章　总论美的概念

1. 理念

我们已经把美称为美的理念，意思是说，美本身应该理解为理念，而且应该理解为一种确定形式的理念，即理想。一般说来，理念不是别的，就是概念，概念所代表的实在，以及这二者的统一。单就它本身来说，概念还不是理念，尽管概念和理念这两个名词往往被人用混了。只有出现于实在里而且与这实在结成统一体的概念才是理念。这种统一不应了解为概念与实在的单纯的中和，其中两方面的特性与属性都因而消失了，有如钾与酸化合为盐，这两种元素的对立在盐里因互相冲淡而中和了。与此相反，在概念与实在的统一里，概念仍是统治的因素。因为按照它的本性，概念本身就已经是概念与实在的统一，就从它本身中生发出实在，作为它自己的实在，这实在就是概念的自生发，所以概念在这实在里并不是把自己的什么抛弃了，而是实现了自己。因此，概念在它的客观存在里其实就是和它本身处于统一体①。概念与实在的这种统一就是理念的抽象的定义。

尽管在艺术理论中"理念"这个名词也往往被人使用，有些声望很高的艺术鉴赏家却很讨厌这个名词。一个最近的最有趣的例

① 因为实在还是概念所含的一方面。这也就是理性与感性的统一。

子就是吕莫尔[1]先生在他的《意大利研究》里所作的争辩。这部书是从艺术的实践兴趣出发的，与我们所说的“理念”本来毫不相干。吕莫尔先生不懂得新哲学所说的理念，把理念和不确定的“观念”以及著名的艺术理论和艺术学派所主张的那种抽象的无个性的“理想”混淆起来。这些抽象的观念和理想是和实质上是确定的轮廓鲜明的自然形式[2]相对立的，吕莫尔却把理念和艺术家所臆造的抽象的观念和理想一律看待，以为理念也是和自然形式相对立的。如果按照这种抽象的观念和理想去进行艺术创造，这当然是不正确的，而且是徒劳的，就像思想者按照不明确的观念去思想，总是纠缠在完全不明确的内容里一样。但是这种指责却不能适用于我们所说的“理念”，因为这完全是具体的，是一种统摄各种定性的整体，其所以美，只是由于它（理念）和适合它的客体性相直接结成一体。

吕莫尔先生在《意大利研究》里（卷一，145—146 页）说过这样的话：“按照最一般的意义，或则说，按照近代所了解的意义，美包含一件事物的足以使视觉得到愉快的刺激，或则通过视觉而与灵魂契合，使心境怡悦的一切特性。”这些特性分为三种：“一，只通过视觉起作用的；二，只通过假定是与生俱来的对于空间关系的那种特别感觉起作用的；三，首先通过知解力起作用，然后通过认识才对情感起作用的。”这第三种最重要的特性要依靠的“形式完全不靠感官的快感和体量的美而能引起一种明显的伦理的和精神的

① 吕莫尔（K. Rumohr，1785—1843），德国艺术史家。

② “自然形式”即实在事物的具体形式，如山川鸟兽之类。依黑格尔，自然事物是概念的体现或“另一体”。

快感，这种精神的快感一部分起于对上述（还是伦理的和精神的？——黑格尔原注。）那些观念的欣赏，一部分直接起于只要有清晰的认识活动就会感到的那种满足”。

按照这位重要的艺术鉴赏家的看法，美的基本特性就是如此。对于某种文化程度来说，这种看法也许可以过得去，但是从哲学观点来看，它却是很不圆满的。因为这种看法的基本论点只是：视觉、心灵，或知解力感到快乐，情感受到激发，引起了一种快感。整个论点都环绕着引起快感这一点。但是这种把美的作用归结为情感、快感和欣喜的看法早就由康德批驳掉了，康德已比美感说前进一步了[①]。

如果我们从这番辩论回到它所没有能推翻的理念，我们记得前面已说过，理念就是概念与客观存在的统一。

a）关于概念本身的性质，单就它本身来说，概念并不是一种抽象的统一，和实在中各种差异[②]相对立，而是本身已包含各种差异在内的统一，因此它是一种具体的整体。例如“人”、“绿”等观念原来并不是概念，而只是抽象的普泛的观念，只有证明了这些观念把各差异方面都包含在统一体里，它们才变成概念。例如“绿”颜色这个观念就以明与暗的统一[③]——一种特别的统一——组成“绿”的概念；“人”这个概念包含感性与理性，身体和心灵这些对立面，但是人并不是由两两并立互不相关的对立面混合而成的；按照

① 康德认为只指出审美产生快感还不解决问题，要解决的问题在于美感虽是个别的主观的，何以仍有普遍性和必然性。

② 各种差异，即各种不同的定性，对立面也是差异。这些差异已包含在概念里，而实现于实在（客观存在）中。

③ 这是根据歌德的关于颜色的学说，现在已不正确，已见 110 页注②。

人的概念，人就是这些对立面所结成的具体的经过调和的[①]统一体。但是概念是它的各种定性的绝对统一，这些定性在概念里原来不是彼此分裂各自独立的东西，否则它们就会脱离了统一，就不能实现它们自己。因此，概念包含它的全部定性于这种观念性的[②]统一体和普遍性里。这观念性的统一体和普遍性组成了它所以有别于客观现实的主体性。例如金子具有一定的重量、颜色，以及对各种酸所起的某些反应关系。这些都是不同的定性，但是都完全化为一体。连极细微的一个金粒也必须把这些定性包含在不可分割的统一体里。对于我们人来说，这些定性是可以分析开来的，但是按照它们的概念，它们本身却处于不可分割的统一体。凡是真正概念本身所含的各种差异面也是这样不能彼此分立地处于统一体里。一个更切近的例子是人对他自己的观念，即有意识的“我”。所谓“灵魂”或“我”就是概念本身处在它的自由的客观存在里。这个“我”包括一大堆最不同的观念和思想，这些简直就是一整个世界的观念；但是这种无限繁复的内容既然都在“我”以内，就还是无身体，无物质，好像挤塞到这种观念性的统一体里，作为“我”在我自身的纯粹的完全透明的显现[③]。概念包含各种不同的定性于观念性的统一体里，其情形就是如此。

按照它的本性，概念具有三种较切近的定性，即普遍的、特殊的和单一的。这三种定性之中每一种，如果拆开来孤立地看，就会

① 原文 vermittelt，字面的意思是“经过中介的”，依黑格尔的辩证法，两对立面的统一就是和解，即经过否定和否定的否定这种辩证过程的，所以译为“经过调和的”。

② “观念性的”就是“在思想中存在的”，所以是主体的，与实在对立的。概念的统一还是“观念性的”、“主体的”，理念的统一才是“实在的”，同时体现于客体性相的。

③ 一种概念虽很明确而却仍是抽象的“我”。

是一种完全片面的抽象的东西。如果还是片面的，它们就还没有出现在概念里，因为它们的观念性的统一才组成概念。因此，概念在这个意义上才是普遍的：这普遍的一方面自己把自己否定了，于是才成为有定性的特殊的东西，另一方面也把这种特殊性，作为普遍性的否定，也取消掉了。因为特殊的就是普遍的本身的一些特殊方面，普遍的之转化为特殊的，并不是成为绝对的另一体，所以普遍的在特殊的之中，只是恢复到它与原来单是普遍的时候的自己所结成的统一①。在这种恢复到自己之中，概念是无穷的否定②；不是对另一体的否定，而是自确定，在这自确定之中，概念只是自己对自己的肯定的统一。所以概念就是真正的单一体，就是在它的特殊存在之中自己仅与自己结合在一起的那种普遍性。我们在上文所已约略提及的心灵的本质就是概念的这种性质的最高例证。

由于它的这种无限性③，概念本身就已经是整体。因为概念是在它的"另一面"④里和它本身的统一，所以它是自由的，它的一切否定都是自确定，而不是由另一体所外加的限制。作为这种整体，概念就已包含一切由实在本身所显现的现象，使理念恢复到经

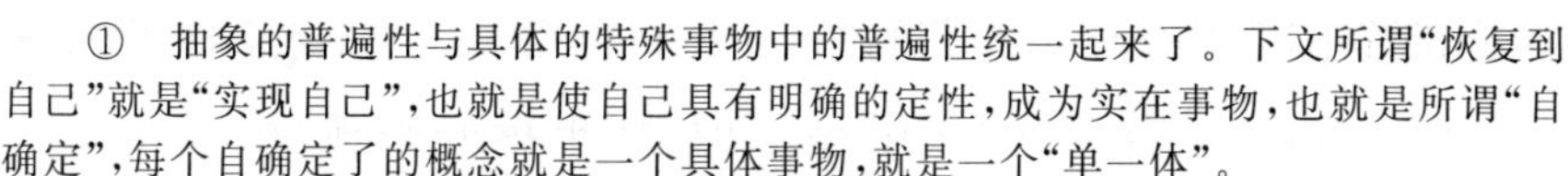

① 抽象的普遍性与具体的特殊事物中的普遍性统一起来了。下文所谓"恢复到自己"就是"实现自己"，也就是使自己具有明确的定性，成为实在事物，也就是所谓"自确定"，每个自确定了的概念就是一个具体事物，就是一个"单一体"。

② 有无穷的生发，就有无穷的否定。

③ 无限——黑格尔所谓"无限"并非数量上的无限，而是独立自在，不受限制。"无限"、"绝对"、"自由"、"独立自足"等词其实同义，每一个理念——作为概念与实在的统一体，即理性与感性的统一体——都是"绝对的"、"无限的"、"自由的"、"独立自足"的。

④ 另一面或另一体即概念的对立面，即实在或客观存在。

过调和的统一。凡是认为理念和概念完全不同的人就是对于理念和概念的性质一无所知。但是同时概念也确有不同于理念的地方：概念只有在抽象意义上才有可能向特殊分化，因为概念里的定性还是包含在统一和观念性的普遍性（这是概念的因素）里[①]。

所以在这种情形之下，概念本身还不免于片面性，还有一个缺点，这就是它本身虽然是整体，却只有在统一和普遍方面才有自由发展的可能[②]。这种片面性并不符合概念的本质，所以概念按照它的本质就要取消（否定）这种片面性。概念因此就否定自己作为这种观念性的统一和普遍性，使原来禁闭在这种观念性的主体性里的东西解放出来，转化为独立的客观存在。这就是说，概念通过自己的活动，使自己成为客观存在。

b）所以单就它本身来看，客观存在就是体现概念的实在，但是原来概念还只是主体性的时候，它的一切因素[③]还只是处于观念性的统一，现在概念却取得另一形式，在这形式中原来它的一切因素都转化为独立的特殊性相和实在的差异面了[④]。

但是因为只有在客观存在中获得存在，变成实在的才是概念，所以客观存在在它本身就应该使概念变成实在。但是概念是它的各种特殊因素的经过调和的观念性的统一。所以在它的实在的差异面的范围之内，原来那些特殊因素的符合概念的观念性的统一

---

① 概念的统一和普遍性仍然是观念性的、主体的，其中各定性还未体现于实在事物，还是抽象的，所以不同于理念。

② 因为它还只有在抽象意义上才有可能向特殊性分化。

③ Momente，英译本作“对立面”，实即概念里的各种定性或“差异面”。

④ 概念原来只是主体的统一时所含的一切定性（因素），现在在客观存在中变成实在事物的各种不同的性质（实在的差异面）了。

还要在它们本身(实在的差异面)中重新建立起来。在它们里面应该存在的不仅有实在的特殊因素,而且还有它们(实在的特殊因素)的经过调和所成的观念性的统一[①]。概念的威力就在于此:它在分散的客观存在里并不抛开或丧失它的普遍性,它就通过实在而且就在实在里,把它的这种统一显示出来。因为概念的本质就在于它能在它的另一体里保持住它与它本身的统一。只有这样,概念才是真正的实在的整体。

c) 这种整体就是**理念**。理念不仅是概念的观念性的统一和主体性,而同时也是体现概念的客体,不过这客体对于概念并不是对立的,在这客体里,概念其实是自己对自己发生关系[②]。从主体概念和客体概念两方面看,理念都是一个整体,同时也是这两方面的整体的永远趋于完满的而且永远达到完满的协调一致和经过调和的统一。只有这样,理念才是真实而且是全部的真实。

2. 理念的客观存在[③]

因此,一切存在的东西只有在作为理念的一种存在时,才有真实性。因为只有理念才是真正实在的东西。这就是说,现象之所以真实,并不由于它有内在的或外在的客观存在,并不是由于它一

① 这两句原文很艰晦。英译本附注说:"这里原文显然有错误。"但是英译本还是和原文一样不易懂。对这两句我们根据了俄译本。原文大意是:"在客观存在里,概念原有的那些定性以及它们的统一还要显现出来。原来它们是观念性的,现在它们却变成实在的。"

② 见前注,英译本作"概念自确定"。

③ Dasein 即具有定性的存在,有人译为"限有"或"实有",为通俗计,译"客观存在"。

般是实在的东西，而是由于这种实在是符合概念的。只有在实在符合概念时，客观存在才有现实性和真实性。而且这真实性当然不是就主观的意义来说，即不是说，只要一种存在符合我的观念，它就是真实的，而是就客观的意义来说，即是说，“我”或是一种外在的对象、行动、事迹或情境在它的实在中实现了概念，它才是真实的。如果这种统一不发生，客观存在的东西就只是一种现象，在这种现象里不是完整的概念而是概念的某一抽象方面得到客体化（对象化）了。这抽象的方面由于脱离了整体与统一而独立分立，就可以退化到与真实的概念对立。所以只有符合概念的实在才是真正的实在，因为在这种实在里，理念使它自己达到了存在。

3. 美的理念

我们前已说过，美就是理念，所以从一方面看，美与真是一回事。这就是说，美本身必须是真的。但是从另一方面看，说得更严格一点，真与美却是有分别的。说理念是真的，就是说它作为理念，是符合它的自在本质与普遍性的，而且是作为符合自在本质与普遍性的东西来思考的。所以作为思考对象的不是理念的感性的外在的存在，而是这种外在存在里面的普遍性的理念。但是这理念也要在外在界实现自己，得到确定的现前的存在，即自然的或心灵的客观存在。真，就它是真来说，也存在着。当真在它的这种外在存在中是直接呈现于意识，而且它的概念是直接和它的外在现象处于统一体时，理念就不仅是真的，而且是美的了。美因此可以下这样的定义：美就是理念的感性显现。感性的客观的因素在美里并不保留它的独立自在性,而是要把它的存在的直接性取消掉[①](或否定掉),因为在美里这种感性存在只是看作概念的客观存在与客体性相,看作这样一种实在:这种实在把这种客观存在里的概念体现为它与它的客体性相处于统一体,所以在它的这种客观存在里只有那使理念本身达到表现的方面才是概念的显现。

a)根据这个原则,知解力是不可能掌握美的,因为知解力不能了解上述的统一,总是要把这统一里面的各差异面看成独立自在的分裂开来的东西,因而实在的东西与观念性的东西,感性的东西与概念,客体的与主体的东西,都完全看成两回事,而这些对立面就无从统一起来了。所以知解力总是困在有限的、片面的、不真实的事物里。美本身却是无限的、自由的。美的内容固然可以是特殊的,因而是有局限的,但是这种内容在它的客观存在中却必须显现为无限的整体,为自由,因为美通体是这样的概念:这概念并不超越它的客观存在而和它处于片面的有限的抽象的对立,而是与它的客观存在融合成为一体,由于这种本身固有的统一和完整,它本身就是无限的。此外,概念既然灌注生气于它的客观存在,它在这种客观存在里就是自由的,像在自己家里一样。因为概念不容许在美的领域里的外在存在独立地服从外在存在所特有的规律,而是要由它自己确定它所赖以显现的组织和形状。正是概念在它的客观存在里与它本身的这种协调一致才形成美的本质。但是把一切结合成一体的绳索以及结合的力量却在于主体性、统一、灵魂、个性。

① 取消存在本身,只取存在所现的现象。例如画马,所给的不是马的真实存在(不是活的真马),只是马的形象。这形象却还是一种客观存在。

b）所以如果从美对主体心灵的关系上来看，美既不是困在有限里的不自由的知解力的对象，也不是有限意志的对象。①

用有限的知解力，我们去感觉内在的和外在的对象，观察它们，从感性方面认识它们是真实的，让它们进入我们的知觉和观念，成为我们的能思考的知解力的抽象概念，因而具有抽象形式的普遍性。这样知解力活动是有限的、不自由的，因为它把看到的事物都假定为独立自在的。因为根据这种假定，我们就去适应这些事物，让它们自由活动，或是让它们影响我们的观念等等，相信这些事物都是实在的，只要我们被动地接受，把全部活动限于形式的注意和消极地避免幻想和成见的作用，就可以正确地了解这些事物。在这里，对象的这种片面的自由是与主体了解方面的不自由密切联系着的②。因为按照这个看法，对于主体了解，内容是既定的，主体的自确定便不起作用，只是按照存于客观世界的原状去接受和吸收现前的事物。这就好像是说，只有克服主体作用，我们才能获得真理。

有限的意志也有这种情形，不过方式是颠倒过来的③。这里旨趣、目的、意图都属于主体，主体要使这些旨趣、目的、意图等发生效力，就要牺牲事物的存在和特性。主体要实现它的决定，就只有把对象消灭掉，或是更动它们，改造它们，改变它们的形状，取消它们的性质，或是让它们互相影响，例如让水影响火、火影响铁、铁影响木等等。这样，事物的独立自在性就被剥夺掉了，因为主体要

① 关于知解力与理性的区别参看67页注②。

② 对象是假定为独立存在的，所以有片面的自由，主体不起自确定作用，所以不自由。

③ 主体自由，对象不自由。

利用它们来为自己服务，把它们作为有用的工具看待，这就是说，对象的本质和目的并不在它本身，而要依靠主体，它们的本质就在于对主体的目的有用。主体和对象交换了地位，对象不自由，而主体却变成自由了。

实际上有限智力与有限意志的两种关系[①]在主体与对象两方面都是有限的、片面的，而它们的自由也只是假想的。

主体在认识的关系上是有限的，不自由的，由于先已假定了事物的独立自在性。在实践的关系上它也是有限的、不自由的，由于目的和自外激发的冲动与情欲既有片面性、冲突和内在矛盾，而对象的抵抗也没有完全消除。因为对象与主体两方面的分裂和对立就是这种关系的假定条件，而且被看成这种关系的真实的概念。

对象在上述两种关系上也是有限的、不自由的。在认识的关系上，它的先已假定的独立自在性只是一种表面的自由。因为客观存在就它本身而言，只是存在着，它的概念(即主体的统一和普遍性)对于它并不是内在而是外在的。因此，每个对象在这种概念外在于客观存在的情况之下，只是作为单纯的特殊事物而存在，本着它的丰富复杂性转向外在界与许多其他事物发生千丝万缕的关系，显出它受许多其他事物的影响而生长、改变、壮大和毁灭。在实践的关系上，对象的这种依存性是已明白假定了的，事物对意志的抵抗也只是相对的，本身没有能力维持彻底的独立自在性。

c) 但是如果把对象作为美的对象来看待，就要把上述两种观点统一起来，就要把主体和对象两方面的片面性取消掉，因而也就是把它们的有限性和不自由性取消掉。

① 有限智力的关系即下文认识的关系，有限意志的关系即下文实践的关系。

因为从认识的关系方面看，美的对象不是只看作这样的存在着的个别的事物：这个别事物的主体概念外在于它的客观存在，因在它的特殊实在[①]之中，它朝无数不同的方面分散破裂为千丝万缕的外在的关系[②]。美的对象却不如此，它让它所特有的概念作为实现了的概念显现于它的客观存在，而且就在它本身中显出主体的统一和生动性。因此，美的对象从向外在界的方向转回到它本身，消除了它对其他事物的依存性[③]，对于观照，就把它的不自由和有限变为自由和无限了。

自我[④]在对对象的关系上也不只是注意、感觉、观察以及用抽象思考去分解个别知觉和观察的那些活动的抽象作用了。自我在这对象里本身变成具体的了，因为它为自己成就了概念与实在的统一，以及原来分裂为我与对象两个抽象方面的统一。

关于实践的关系，我们前已详论，在审美中欲念也退隐了；主体把他对对象的目的[⑤]抛开，把对象看成独立自在，本身自有目的。因此，原来在一般对象的纯然有限的关系中，对象用作有用的实现手段，所以只有外在的目的，而在实现这种目的过程中，对象或是不自由地抵抗，或是被迫服从外在的目的；现在在美的对象中，这种一般对象的纯然有限的关系就消失了。同时，实践主体的不自由的关系也消失了，因为主体不再把主观意图等等和实现这种主观意图的材料和手段分开，而在实现主观意图之中也不再处

---

① 即特殊存在。

② 这是一般个别事物的情况，参看上段。

③ 参看前段“转向外在界与许多其他事物发生千丝万缕的关系”句。美的对象独立自在，不靠这些关系。

④ “自我”即主体，在这里即审美者。

⑤ 指一般事物在实践生活中的目的。

于只是服从“应该”原则的那种有限的关系[1]，而是面临着充分实现了的概念的目的。

因此，审美带有令人解放的性质，它让对象保持它的自由和无限，不把它作为有利于有限需要和意图的工具而起占有欲和加以利用。所以美的对象既不显得受我们人的压抑和逼迫，又不显得受其他外在事物的侵袭和征服。

因为按照美的本质，在美的对象里，无论是它的概念以及它的目的和灵魂，还是它的外在的定性、丰富复杂性和实在性，都显得是从它本身生发出来，而不是由外力造成的，其所以如此，是因为像我们已经说过的，美的对象之所以是真实的，只是由于它的确定形式的客观存在与它的真正本质和概念之间见出固有的统一与协调。还不仅此，概念本身既然是具体的，体现它的实在也就完全显现为一种完善的形象，其中各个别部分也显出观念性的统一和生气灌注作用。因为概念与现象的协调就是完满的通体融贯。因此，外在的形式和形状不是和外在的材料分裂开来，或是强使材料机械地迁就本来不是它所能实现的目的，而按其本质，它是实在本身固有的形式，而现在从实在里表现出来。最后，美的对象里各个部分虽协调成为观念性的统一体，而且把这统一体显现出来，这种谐和一致却必须显现成这样：在它们的相互关系之中，各部分还保留独立自由的形状，这就是说，它们不像一般的概念的各部分，只有观念性的统一，还必须显出另一方面，即独立自在的实在的面貌。美的对象必须同时现出两方面：一方面是由概念所假定的各部分协调一致的必然性，另一方面是这些部分的自由性的显现是

① 即寻常道德和功利的考虑。

为它们本身的，不只是为它们的统一体①。单就它本身来说，必然性是各部分按照它们的本质即必须紧密联系在一起，有这一部分就必有那一部分的那种关系。这种必然性在美的对象里固不可少，但是它也不应该就以必然性本身出现在美的对象里，应该隐藏在不经意的偶然性后面②。否则各个实在的部分就会失去它们的地位和特有的作用，显得只是服务于它们的观念性的统一，而且对这观念性的统一也只是抽象地服从。

无论就美的客观存在，还是就主体欣赏来说，美的概念都带有这种自由和无限；正是由于这种自由和无限，美的领域才解脱了有限事物的相对性，上升到理念和真实的绝对境界。③

① 这后半句英译本为“它们的自由性的形状显得基本上与全体合而为一，不仅是各部分的统一体所有的”。俄译本为“它们的自由性的显现是为自己而发生的，不仅为统一体”。似均不合原意。看上下文，这句大意是：“不仅统一体显得是自由的，各部分也是显得是自由的。”

② 貌似偶然，其实必然。

③ 在这一章里黑格尔阐明了他的美的定义：“美就是理念的感性显现”。理念包含三个因素：概念（抽象的普遍性）、体现概念的客观存在（个别具体事物）以及这二者的统一。概念本身已包含体现它的客观存在为其对立面或“另一体”，它通过既否定本身的抽象性而转化为客观存在，又否定客观存在的抽象的特殊性这种辩证过程而达到统一变成理念。这种发展过程并不通过外力，而是通过概念本身的内在本质，由自否定达到自确定。所以这种理念是无限的，自由的。理念就是美，也就是真。真是凭思考所认识到的事物本质和普遍性，美不是思考的对象而是感觉的对象，感觉从理念所显现的感性形象上所认识到的便是美。黑格尔特别强调美的无限和自由，认为美既不受知解力的局限，又不受欲念和目的限制，这样，艺术便脱离现实世界的一切关系而超然独立。这实际上还是康德的“无所为而为的观照”说的进一步的发展，是资产阶级的“为艺术而艺术”论的哲学基础。

第二章　自然美

美是理念，即概念和体现概念的实在二者的直接的统一，但是这种统一须直接在感性的实在的显现中存在着，才是美的理念。

理念的最浅近的客观存在就是自然，第一种美就是自然美。

A. 自然美，单就它本身来看

1. 理念作为生命

在自然界中，概念在实在中得到存在因而成为理念的方式有几种，我们须加以区别。

a）第一，概念直接沉没在客观存在里，以致见不出主体的观念性的统一，毫无灵魂地完全转化为感性的物质的东西①。纯然以机械的物理的方式分立的个别的物体就是属于这一种。例如一种金属物在它本身上固然具有许多复杂的机械的物理的属性，但是其中每一部分都同样含有这些属性。这样的物体不但没有一种完整的组织，使其中每一个差异面②都得到独立的特殊的物质存在，

① “观念性的统一”是主体在思想上认识到的统一。无灵魂的自然界事物自在而不自为（自觉），所以见不出这种观念性的统一，木石对自己毫无概念。

② 差异面即不同的属性、因素或不同的部分。

而且这些差异面也没有一种消极的观念性的统一，可以起灌注生气的作用[①]。它的差异只是一种抽象的杂多，而它的统一只是同样属性在各部分同样存在的那种等同性或一致性。

这就是概念的第一种存在方式。它的各差异面没有独立的存在，它的观念性的统一并不现出它的观念性[②]，因此，这种分立的物体本身还只是有缺陷的抽象的存在。

b）其次，较高一级的自然物却让概念所含的差异面处于自由状态，每一差异面在其他差异面之外独立存在。到了这步，客观性的真正性质才初次显露出来。客观性就是概念的各差异面所现出的这种互相外在的独立存在。在这个阶段，概念以这样方式显出它的身份：因为它作为统摄它的一切定性的整体，变成了实在，所以其中个别物体虽各有独立的客观存在，而同时却都统摄于同一系统。例如太阳系就是这样方式的客观存在。太阳、彗星、月球和行星一方面现为互相差异的独立自在的天体；另一方面它们只有根据它们在诸天体的整个系统中所占的地位，才成为它们之所以为它们。它们的特殊方式的运动以及它们的物理的性质都取决于它们对这整个系统的关系。这种密切联系就形成了它们的内在的统一，就是这种统一使各个别存在的天体互相关联而结合在一起。

但是概念却不停留在这种统摄诸独立个别物体的纯然自在的

① Beseelung，意谓使对象具有灵魂或生命。依黑格尔看，矿物无生命，所以不像有生命的东西那样各部分各有专司而仍互相联系成为完整的组织。就连这些不同部分也没有像下文所说的太阳系统所有的那种自在的消极的统一可以使它现出像有生气（因有自运动）。

② 它还见不出心灵性。太阳系能自运动，但仍是自在的而不是自为的，没有能自觉的灵魂，所以没有主体的观念性的统一。

统一。因为它的差异面既然是实在的，它的使这些差异面互相关联的统一也就必须变成实在的。这种统一与客观界个别物体的互相外在显然有别，因此它在这个阶段，与这种互相外在不同，自有一种实在的物体的独立的存在。例如在太阳系里，太阳就作为全太阳系的统一而存在，与系中各种实在的差异面①相对立。但是这种观念性的统一的存在方式还是有缺陷的，因为这种统一一方面只有作为诸个别的独立物体之中的关系，才是实在的，另一方面作为全系统中代表着统一的一种物体，它是与各种实在的差异面相对立的。如果我们把太阳看成全太阳系的灵魂，太阳却在这灵魂所向外展现的②各成员之外、自有独立的存在。太阳本身只是概念的一个方面，即统一方面，有别于实在的个别部分，因此这种统一还只是自在的，也就是说，还是抽象的。按照它的物质的属性，太阳固然是明显的同一体，是单纯的发光体，但是这种同一还只是抽象的。因为光本身只是单纯的无差异的现象。所以我们看到，在太阳系中概念本身固然是变成实在了，每一个星体既然显现为概念的一个特殊的方面，概念的差异面的整体也明白外现了，但是在这里概念究竟还是沉没在它的实在里，还没有显现为这种实在的观念性和内在的自为存在。它的存在的基本形式还是它的各差异面的各自独立，互相外在。

如果要概念达到真正的存在，就要求实在中的不同方面（即各独立的差异面的实在与也是独立的客观化的统一的实在本身）能回到统一；就要求自然差异面的这种整体一方面把概念明白外现

① 即各种不同的星体。
② 太阳影响所及的各个星体。

为它的各种定性，在实在界的互相外在，另一方面却又把它的每一特殊面的自封闭似的独立状态取消（否定）掉，使观念性（在这观念性里各差异面回到了这主体的统一）显现为对这些差异面灌注生气的普遍源泉①。这样，这些差异面才显得不仅是拼凑在一起的本无关联的各个部分，而是一个有机整体中的成员；这就是说，它们不再彼此分立，而是只有在它们的观念性的统一里，才有真正的存在。只有在这种有机组织里，概念的观念性的统一才出现在各成员里，作为它们的支柱和内在的灵魂。到了这步，概念才不再沉没在实在里，而是作为内在的同一和普遍性而转化为存在，这种内在的同一和普遍性就是概念的本质。

c）只有这第三种自然显现的方式才是理念的一种客观存在形式，而这样显现于自然的理念就是生命。死的无机的自然是不符合理念的，只有活的有机的自然才是理念的一种现实。因为生命有这三种特色：第一，在生命里概念所含的差异面外现为实在的差异面；其次，这些单纯的实在的差异面遭到否定，因为概念的观念性的主体性把这实在统辖住了；第三，这里也出现了生气，作为概念在它的躯体里的肯定的显现，作为无限的形式，这种形式有力量维持它在它的内容里作为形式的地位。

c1）如果根据寻常意识来看生命是什么，我们就一方面得到身体的观念，另一方面得到灵魂的观念，对两方面都分辨出一些不

① 依黑格尔，概念分正反合三阶段，在正的阶段，概念是主体的，具有观念性的抽象的统一；在反的阶段，概念得到客观性，见出差异面（即外现为各种定性）；在合的阶段，概念的差异面经过否定，与原来的观念性的主体的统一结成统一体，所谓“回原到统一”（否定的否定），这才是具体的统一。到了这阶段，概念才成为理念，达到真正的存在。

同的特性。身体与灵魂的这种区分对于哲学研究也是极其重要的，我们在这里也得研究它，不过灵魂与身体的统一的关系也同样重大，而且对于哲学思考一向就是一个极难的问题。正是由于这种统一，生命才形成理念在自然界中最初阶段的显现。所以我们不应把灵魂与身体的统一理解为单纯的互相联系在一起，而应把它看得更深刻些。我们应把身体及其组织看成概念本身的有系统的组织外现于存在，这概念使生物的一些定性在生物的肢体中得到一种外在的自然界的存在，情形正如在较低阶段的太阳系那样。概念在这种实际存在里就提升到形成上述那些定性的观念性的统一，而这种观念性的统一就是灵魂。灵魂形成实体的统一和通体渗透的普遍性，尽管它只对它本身发生关系，自生自发，融贯一致，只是一种主体的自为存在。灵魂与身体的统一就应该按照这种较高的意义来理解。这就是说，灵魂与身体并不是两种原来不同而后联系在一起的东西，而是统摄同样定性的同一整体。正如理念一般只应理解为概念外现于实际存在，其中既有二者的区别，又有二者的统一；生命也应理解为灵魂及其身体的统一。灵魂在它的身体里既见出主体性的统一又见出实体性的统一，这在感觉里就可以看出。生物的感觉并不只是独立地起于身体上某一部分，它就是全身的这种单纯的观念性的统一。感觉弥漫全身各部分，在无数处同时感到，但是在同一身体上并没有成千上万的感觉者，却只有一个感觉者，一个主体。因为有机自然的生命既包括实在存在的各部分的差异面和在这些部分中单纯地自为地存在着的灵魂，同时却又包括这些差异面作为经过调和的统一，所以生命比起无机自然要较高一层。只有有生命的东西才是理念，只有理念才是真

实。当然，就连在有机体里，由于身体不能充分实现它的观念性和生气灌注作用，这种真实也可以被毁灭，例如在生病时就是如此。在这种情形之下，概念就不能作为唯一的力量而统治着，还有别的力量在和它抗衡。不过这种存在只是一种败坏了的生命，这种生命之所以还能维持住，只是由于概念与实在之间的不适应还只是相对的而不是绝对的。如果这两方面的协调完全消失了，身体既没有真正的组织，又没有了这种组织的真正的观念性①，生命就会马上转为死亡，既然死亡，凡是由生气灌注作用所统摄于不可分裂的统一体的东西也就解体，彼此独立分立了。

c2）我们说过，灵魂是概念的整体，即在本身是主体的观念性的统一体，而分成各部分的身体虽然也是这同一整体，却显得是各个别部分的并列和现于感官的互相外在；我们还说过，灵魂与身体两方面在生命里是统一的。这番话里确实有一个矛盾。因为观念性的统一不仅不是现于感官的互相外在，其中每一特殊方面都具有独立的存在和完备的特性，而且还是这种外在实在②的直接对立面。说它们既对立而又统一，这就是矛盾。但是谁如果要求一切事物都不带有对立面的统一那种矛盾，谁就是要求一切有生命的东西都不应存在。因为生命的力量，尤其是心灵的威力，就在于它本身设立矛盾、忍受矛盾、克服矛盾。在各部分的观念性的统一和在实在界的互相外在的部分之间建立矛盾而又解决矛盾，这就形成了继续不断的生命过程，而生命就只是过程。这种生命过程包含着双重活动：一方面它继续不断地使有机体的各部分和各种

① 即观念性的统一。

② 这种外在实在即上文“现于感官的互相外在”亦即客观世界里并存的事物。

定性的实在差异面得到感性存在，而另一方面如果这些差异面僵化为独立的特殊部分，变成彼此对立、排外自禁的固定的差异面，它就又要使这些差异面见出它们的普遍的观念性，即它们的生命源泉。这就是生命的唯心主义①。因为不仅哲学是唯心主义的，凡是唯心哲学在心灵领域里所要做的事，自然在作为生命时实际上就已经在做。只有这双重活动合而为一，只有一方面有机体的各种定性的继续不断的实现以及另一方面在观念中替现实存在事物设立主体的统一这两件事的合而为一，才是完满的生命过程。关于这种生命过程的基本形式，我们在这里不能讨论。由于这双重活动的统一，有机体的一切部分才能不断地维持住，而且不断地重新获得，灌注生气给它们的观念性。有机体的各部分还在另一点上现出这种观念性：它们的经过生气灌注的统一对于它们不是无足轻重的，而是它们的实体，只有在实体以内而且通过这种实体，它们才能维持它们的特殊的个性。一般整体的部分和有机体的部分之间的分别就在于此。举例来说，房屋的个别部分，如个别的石头、窗户之类，不管它们是否结合起来造成一座房屋，都还保持它们原来的性格；彼此结合在一起对于它们是无足轻重的，而概念对于它们还只是一种外在的形式，这种形式并不在各实在部分里活着，以便把这些实在部分提升到一种主体统一的观念性②。有机

① 黑格尔所理解的唯心主义(Idealismus)哲学是以 Idee(观念、理念、概念都属这一范畴)为统摄万事万物的基础，使杂多之中有统一，个别之中有普遍性，颇近于过去中国哲学所说的“理一分殊”。这就是对立面的统一。他认为，生命把灵魂和身体的对立矛盾统一起来，也就是遵照唯心主义的原则，哲学上的唯心主义就是生命的唯心主义的一种反映。

② “概念”指房屋整体，房屋整体的概念对于一砖一木是外在的，一砖一木里并没有房屋这个概念，所以房屋的各部分只有外在形式上的统一，没有观念性的统一，即概念所应有的灌注生气于全体各部分的统一。

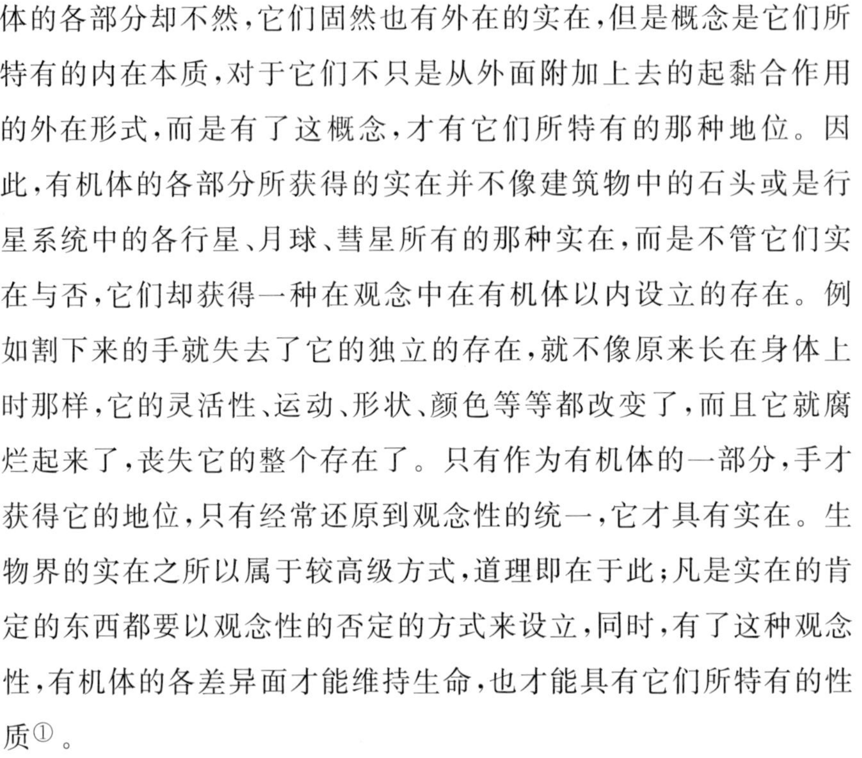

体的各部分却不然，它们固然也有外在的实在，但是概念是它们所特有的内在本质，对于它们不只是从外面附加上去的起黏合作用的外在形式，而是有了这概念，才有它们所特有的那种地位。因此，有机体的各部分所获得的实在并不像建筑物中的石头或是行星系统中的各行星、月球、彗星所有的那种实在，而是不管它们实在与否，它们却获得一种在观念中在有机体以内设立的存在。例如割下来的手就失去了它的独立的存在，就不像原来长在身体上时那样，它的灵活性、运动、形状、颜色等等都改变了，而且它就腐烂起来了，丧失它的整个存在了。只有作为有机体的一部分，手才获得它的地位，只有经常还原到观念性的统一，它才具有实在。生物界的实在之所以属于较高级方式，道理即在于此；凡是实在的肯定的东西都要以观念性的否定的方式来设立，同时，有了这种观念性，有机体的各差异面才能维持生命，也才能具有它们所特有的性质①。

c3）理念作为自然生命时所获得的实在因此就是具有现象的实在。所谓“具有现象”是指有一种实在存在着，但是不是直接在它本身具有它的“抽象存在”，而是同时在它的“客观存在”中被否定地设立。但是对有机体在外在界客观存在的各部分所进行的否定过程，不仅作为观念化的活动而具有否定的关系，而且在这种否定中同时也是肯定的自为存在②。一直到现在，我们都把处在排

---

①　例如手这个差异面是实在的肯定的东西，但是要把它的独立自在性否定掉，受“生命”统辖，它才是活的，也才是手。手依存于观念性的统一，即生命。

②　在黑格尔的辩证逻辑中，Sein 是抽象的存在（或译“潜有”、“虚有”），是正，Dasein 是在实在界中与其他事物发生关系因而获得定性的具体存在或客观存在（或译“限有”、“实有”），是反；这正反两对立面的统一是 Fürsichsein，即“自为的存在”（或

它自禁的特殊状态中的个别实在的东西看作肯定方面。但是在有生命的东西里这种独立自在性被否定了，只有在身体的有机体以内的观念性的统一才具有力量对自己发生肯定的关系。灵魂就应理解为这种在否定中同时肯定的观念性①。因为如果灵魂显现在身体里，这显现同时就是肯定的。灵魂固然显现为反对身体各部分独立的特殊性的力量，但是同时却也是这些部分的创造者，因为灵魂把外现为形式和肢体的东西作为内在的和观念性的东西包含在它本身里。所以显现于外界的就是这肯定的内在的东西；外在的东西，如果纯然是外在的，就不过是一种抽象的片面的东西。但是在有生命的有机体里，我们所看到的是一种外在的东西，内在的东西就在这外在的东西里显现出来，这就是说，这外在的东西在它本身上显现出内在的东西，这就是它的概念。显现这个概念的实在也就属于这个概念。但是因为在客观存在里，概念作为概念，是对自己发生关系的和在它的实在里自为存在的主体性②，所以生命只能作为有生命的东西，即作为个别的主体，而存在。只有生命才第一次找到了这种否定的统一点：这统一点之所以是否定的，是

译“自有”）。例如“石”这个概念只有抽象存在，个别的具体的石头才有客观存在。石头无自意识，所以只能是“自在的”，不能是“自为的”。有自意识的东西才是自为的存在。“被否定地设立”：客观存在否定抽象存在，作为抽象存在的反面或对立面。“观念化的活动”：否定片面的抽象性，回到观念性的统一。“同时是肯定的自为存在”：不但有客观存在，而且在主体意识中认识到这存在。

① 灵魂灌注生气于全体各部分，肯定了全体有统一的生命，否定了各部分的独立自在性。

② 这句英译本是：“但是因为在客观世界里，概念，严格地作为概念，就是主体生命和自确定的生命的原则明白外现于它自己的客观实在。”例如马的概念是主体的，对于个别存在的马是使马之所以为马的主体性即观念性的统一与普遍性。这马概念的观念性的统一与普遍性，在个别存在的马身上得到实现。

由于只有通过在观念中把实在的差异面设立为只是实在的，主体的自为存在才能显现出来，但是这些只是实在的差异面同时是与自为存在的主体的肯定的统一联系在一起的。把这方面的主体性突出地显示出来是非常重要的。只有作为个别的有生命的主体，生命才是现实的。

如果我们进一步追问：生命的理念在现实的有生命的个体里如何可以认识，以下就是答案。第一，生命必须作为一种身体构造的整体，才是实在的；其次，这种整体不能显现为一种固定静止的东西，而是要显现为观念化的继续不断的过程，在这过程中要见出活的灵魂；第三，这种整体不是受外因决定和改变的，而是从它本身形成和发展的，在这过程中它永远作为主体的统一和作为自己的目的①而与自己发生关系②。

主观的生命的这种在自身以内的自由独立特别表现于自发运动。无机自然的无生命的物体都有它们的固定的空间性，与它们所在地合而为一，就束缚在那所在地上面，或是受到外力才能运动。因为它们的运动不是由它们本身发出的，所以运动在它们身上出现时，就显得是一种对它们是外来的影响，它们在起反应时还要出力抵消这种影响。行星之类物体的运动虽不像受外力推动，它也还是受约制于固定的规律以及这种规律的抽象的必然性。活的动物却不然，它在它的自由的自发运动中由它自己否定了固定地点的约束，不断地从这种约束中解放出来。同理，动物在它的运动中出解脱了——尽管这是相对的——固定方式、固定路线、固定

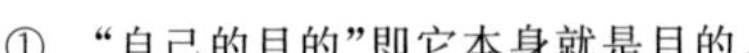

① “自己的目的”即它本身就是目的。

② “与自己发生关系”，英译本作“自确定了”。

速度等等的抽象限制。说得更仔细一点，动物在它自己的身体组织里就有一种可以感觉到的空间性，生命就是在这种实在本身①里的自发运动，例如血液循环、四肢运转等等。

但是运动还不是生命的唯一的表现。动物声音的自由腔调是无机物体所没有的，无机物体只有在受外力敲击时才发出扑通叭喇的声音。这种自由腔调就是受到生气灌注的主体性②的更高一级的表现。但是观念化的活动却最深刻地表现于这个事实：有生命的个体一方面固然离开身外实在界而独立，另一方面却把外在世界变成为它自己而存在的：它达到这个目的，一部分是通过认识，即通过视觉等等，一部分是通过实践，使外在事物服从自己，利用它们，吸收它们来营养自己，因此经常地在它的另一体③里再现自己——在较高级的有机体里这种再现自己的过程当然是在需要、吸收、满足和过足的某种一定的时间间隔中进行的。

这一切就是生命概念在有生命的个体中所显现的活动。这种观念性并不只是由于我们的思考，而是客观地呈现于有生命的主体本身，因此我们应该把这种主体的客观存在称为一种客观唯心主义④。灵魂作为这种观念性的存在使它自己显现出来，永远把身体的只是外在的实在提升为显现，因而也使它自己在身体里客观地显现出来⑤。

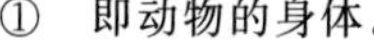

① 即动物的身体。

② 这其实就是“生物”，一个典型的绕弯子说话的哲学术语。

③ 另一体即对立面，亦即外在世界。“再现自己”，因为改变外在事物，使它们现出自己活动的效果。

④ 客观唯心主义肯定观念或概念的客观存在，生命概念客观存在于个别有生命的东西里，所以黑格尔把生物的存在称为“客观唯心主义”。

⑤ 即显现为一种可以感觉到的对象。

2. 自然生命作为美

作为在感性上是客观的[①]理念，自然界的生命才是美的，这就是说，真实（即理念）在它的最浅近的自然形式（即生命）里直接地存在于一种个别的适合于它的实在事物里。但是由于理念还只是在直接的感性形式里存在，有生命的自然事物之所以美，既不是为它本身，也不是由它本身为着要显现美而创造出来的。自然美只是为其他对象而美，这就是说，为我们，为审美的意识而美。所以我们就要问：生命在它的直接感性存在里以什么方式并且通过什么路径才能对于我们显现为美的。

a）如果我们先看一看有生命的东西在实践中是怎样产生出来和维持住的，我们第一眼看到的就是自发的运动。看作一般运动，这种自发的运动只见出有时间性的变动位置的那种抽象的自由，在这种变动位置中动物显得是完全任意的，而它的运动也显得是偶然的。音乐和舞蹈却不然，它们固然也是本身里就有运动，但是这种运动不是纯然任意的和偶然的，而是本身符合规律的、确定的、具体的、有尺度的，纵然我们完全不管这种运动所表现的美究竟含有什么意义。如果我们进一步把动物的运动看作是实现一种内在的目的，那么，这种目的既然也是受外物激发起来的，也就完全是偶然的，而且也是完全受局限的。如果我们再进一步把动物运动看成全体各部分的适应某种目的而且互相配合一致的动作，

① 即作为感官对象的。

这种看法也只是根据我们的推理的活动①。如果我们设想动物如何满足它的需要，寻求营养，抓住食物来吞食和消化，总之，完成一切为维持它的生活所必要的动作，那么，这也还只是根据推理的活动。因为这里我们所看到的还只是某种个别欲望的外貌以及这种欲望的任意的偶然的满足——还看不出有机体的内在活动②——或是这些活动及其表现方式成为我们的推理的对象，我们根据推理设法从动物的内在目的与实现这目的的器官之间的协调中见出动物运动的目的性。

无论是个别的偶然欲望，自发运动和满足需要的动作所给我们的感性印象，还是由推理来见出的有机体的目的性，都不能使我们感到动物的生命就是自然美；美却起于个别形象的显现，不论在静止中也好，在运动中也好，却与满足需要的目的性无关，与自发运动的完全孤立的偶然性也无关。美只能在形象中见出，因为只有形象才是外在的显现，使生命的客观唯心主义③对于我们变成可观照，可用感官接受的东西。思考从概念来理解这种客观唯心主义，按照它的④普遍性来把它变成自为的，但是审美作用却按照它的⑤显现着的实在来把它变成自为的⑥。而这种显现着的实在就是分成部分的有机体的外在形象，这形象对于我们既是一种客

① 我们推想动物运动有预先考虑到的目的。

② 各器官都在设法实现同一有目的的活动。

③ 即生命的观念性，或周流于全体各部使它们成为整体的“灵魂”。

④ “它的”，指生命的客观唯心主义的。

⑤ 同上。

⑥ 原文似有省略，俄译本作：“思考在它的概念里掌握住这种唯心主义，从它的普遍性方面把它变成思考的对象，但是审美作用却从它的显现着的实在方面把它变成审美的对象。”“自为的”(für sich)指变成自己的认识对象。

观存在的东西(Daseiendes)，也是一种显现着的东西(Scheinendes)，这就是说，有机体各个别部分的只是实在的多方面的性格必须显现于形象的生气灌注的整体里[①]。

b) 按照前已说明的生命的概念，我们对于这种显现的较精确的性质就可以推演出以下几点：形象是在空间绵延的，有界限的，现出形体的，见出形式、颜色、运动等等多方面差异性的。但是一个有机体如果要见出生气灌注，它就必显出它并不是从这种多方面的差异性得到它的真正的存在。要见出生气灌注，它就必须是这样：我们用感官所接触到的现象的各个差异的部分和方式都融化成为一个整体，因而显现为一个个体，一个把这些特殊部分既作为差异的，又作为协调一致的，而包括在一起的统一体。

b1) 第一，这种统一体却必须显得是没有意图的统一体，所以不应现出抽象的目的性。各部分既不应以达到某固定目的的手段为那目的而服务的身份而成为观照的对象，也不应在结构和形状中失去它们彼此之间的差异。

b2) 其次，相反地，这些部分对于观照(知觉)显得有些偶然性，这就是说，某一部分的定性并不同时是另一部分的定性。任何部分并不因为另一部分具有某种形状，也就具有那种形状，例如像在有规律的安排里那样。在有规律的安排里，各部分的形状大小等等都取决于某一抽象的定性。例如同一建筑物上的窗子大小都是一致的，或至少是并列在一排的。同一军营里的士兵都一律穿一样的制服，情形也是如此。制服的各部分，样式、颜色等等彼此之

① 例如马有只是实在的一方面，即寻常实际存在的个别的马，也有显现着的一方面，即使人觉得美的马的生气活泼的形象，或画成的马。

间的关系并不是偶然的，这一部分用这个样式，就因为其他部分也用这个样式。样式的差异和独立的特性在这里都是行不通的。在有机的有生命的个体方面，情形却不如此。每个部分都是不同的，鼻子和额头，嘴和腮，胸膛和颈项，手和脚，彼此都有显然的差异。因为对于观照（知觉），每部分的形状都不和另一部分的相同，各有各的特殊样式，这部分的样式并不绝对取决于另一部分的样式，所以各部分就显得本身是独立自在的，因而彼此相望，是自由的，偶然的。因为就物质材料说，它们虽是连贯在一起，但是这并不能影响到它们的形式。

b3）第三，对于观照（知觉），这种独立自在性里①还应有一种可以看得见的内在的联系，虽然这种统一②应该不是抽象的，外在的，像在有规律的安排里那样，而是不但不消除各个别方面的特性，而且反而要把这些特性表现出来，把它们保持住③。这种统一不是像各部分的差异那样可以直接用感官知觉到，而是一种隐秘的，内在的必然性和协调性。既然只是内在的而不是从外表可以看得出的，这种统一就只能通过思考来掌握，完全不是可以由感官见出的。既然不是感觉的对象，它就还不能现为美，我们的观照就还没有在生命的东西里见到理念显现于实在。因此，这种统一作为用理念灌注生气于各部分的统一，尽管不应该只是感性的、在空间

① 有机体各部分的独立自在。

② “统一”即“内在联系”。

③ 在有规律的安排里，作为安排准则的时、空、量、质等都是抽象的，外在的；既要求一致，即须消除各个别方面的独立自在的特性。在有机体里，例如人的眼耳鼻手足等部分一方面独立自在，保持特性，一方面又借灵魂或生命作它们的内在联系。各部分的差异是可目睹的，它们所显现的生命却是内在的，须借思考才能理解的，所以是观念性的统一。

中绵延的东西，它却还必须在外在事物里现出来①。在个体里这种统一显现为它的各部分的普遍观念性，形成了维系它们的基础，即生命主体的主体本质②。这种主体的统一在有机的生物身上表现为情感。在情感和情感表现里，灵魂显出自己是灵魂。因为对于灵魂，身体各部分的单纯的并存见不出真实，而对于灵魂的主体的观念性，杂多的占空间的形式也是不存在的。灵魂当然要假定身体各部分的这种杂多性，特有的构造以及有机的组织，但是在发生情感的灵魂及其情感的表现流露于这些部分时，无处不在的内在的统一就显现为对各部分的只是实在的独立自在性的否定（取消），这些独立自在的部分现在就不再只是表现它们自己，而是表现灌注生气给它们的发生情感的灵魂。

c）但是在开始时，灵魂的情感表现既不能使人看到身体各部分之间有一种必然的互相依存的关系，也不能使人认识到实在的各部分构造和情感本身的主体的统一之间有必然的统一。

c1）如果单从形状就可以见出有机体各部分之间的这种协调以及这种协调的必然性，那可能是由于这种关系是我们在习惯上所常看到的这些部分的并存关系，我们见到某一类型的有机体，就想到这类型所惯有的形象。但是习惯还只是纯然主体的必然性③。例如根据这种习惯标准，我们觉得某些动物是丑的，因为它们的形体和我们常见的不同，甚至相反。我们说某些动物形体奇怪，因为

① 动物身体各部分所见出的统一是主体的观念性的统一，是理性的因素，但必须在具体的感性的客观事物中显现出来，才使人觉得美。

② Subjektum，俄译本引原文加括弧未译，英译本作“主体的主体”。

③ “这就是说，它所根据的只是很有限的经验，这种经验不一定与所见事物的真正本质有关。”（英译本注）这就是“美是常态，丑是变态”的看法。

它们的器官的安排不同于我们所习以为常的：例如鱼，身体过大，尾巴过小，显得不相称，或是双眼都长在头的某一边。在植物界，我们比较惯于看到反常的情形，但是仙人掌和它的刺以及它的长方棒形的茎干还是令人惊奇。对博物学有多方面修养和知识的人却不然，他们既然对于个别部分知道最清楚，对于许多类型的各部分互相依存的关系也很熟悉，他们就很少有看不惯的东西。

c2）其次，对于各部分的这种协调如果有较深入的了解，那就会使我们有识力和技能，根据某一孤立的部分，把它所必隶属的全体形状推测出来。例如居维叶①在这方面就是著名的，他看到一块个别的骨头——不管它是否已结成化石——就可以断定它属于哪一种动物。"从爪知狮"那句格言在这里完全应验了。从一个爪或一片腿骨就可以断定牙齿的形状，从牙齿的形状也可以反过来断定臀骨和脊椎骨的形状。但是在这种研究里，对于类型的知识已经不只是习惯的事，思考和判断已经参加进来起领导的作用。例如居维叶在推证时对于动物的内容丰富的定性和统摄全种类的特性都已了如指掌，这些定性和属性成为同一动物身体中各个别的互相差异的部分的统一原则，根据这个原则，他就可以推断全体的形状。这种定性就是肉食类的特性，这就形成全体各部分的结构组织的规律。例如肉食类动物就需要另一种的牙齿和腭骨等等，当它猎食物时，攫取食物就不能凭蹄而必须凭爪。这就是一个定性，可以作为推断全体各部分必有的形状和互相依存关系所根据的指导原则。对于一种动物的惯有的观念也就属于这里所说的普

① 居维叶（Cuvier，1769—1832），法国著名的自然科学家，在解剖学上有很大的贡献。

遍定性，例如狮和鹰的筋力。这种观察方式单作为观察方式来看，当然可以看成是美的、巧妙的，因为它使我们可以认识形体的统一以及它的各种形式，而这统一却不是单调的重复，各部分的差异却还完全可以见出。但是在这种观察里主要的不是观照而是一种指引到一般性的思考。从这方面看，我们所以不能说我们是把对象作为美的对象来对待，我们只能说这主观思考的观察方式是美的。更仔细一点看，这些思考都根据某一个别的有局限的方面作为指导原则，即动物的营养方式，例如肉食素食之类定性。但是单凭这种定性，还不能达到对上文所说的对于全体、概念和灵魂本身之间关系的观照。

c3）所以我们如果要认识到这个领域里的生命的全体内在统一，就必须借助于思考和理解；因为在自然界里，观念性的主体的统一既然还没有变成自为的，灵魂作为灵魂就还不是可认识的。如果我们用思考按照灵魂的概念来理解灵魂，就可以看到两方面：一方面是形象的观照，另一方面是用思考对灵魂作为灵魂所得到的概念。但是从这两方面理解灵魂的方式并不适用于审美；在审美时对象对于我们既不能看作思想，也不能作为激发思考的兴趣，成为和知觉不同甚至相对立的东西。所以剩下来的就只有一种可能：对象一般呈现于敏感[①]，在自然界我们要借一种对自然形象的充满敏感的[②]观照，来维持真正的审美态度。“敏感”这个词是很奇

① 德文 Sinn，英译本和法译本都作“感觉”（Sense），俄译本作“对外形的感觉”。依一般心理学的划分，感觉只限于对直接外形的认识，抽象思考才能获得对事物本质的认识。黑格尔认为美是感性与理性的统一，所以用来认识美的心理功能，不是知解力而是他所说的“敏感”（Sinn），是介乎感觉与思考之间的一种心理功能。

② sinnvolle 与上句 Sinn 呼应；俄译本作“感性的聪敏的观照”。

妙的，它用作两种相反的意义。第一，它指直接感受的器官；第二，它也指意义、思想、事物的普遍性。所以“敏感”一方面涉及存在的直接的外在的方面，另一方面也涉及存在的内在本质。充满敏感的观照并不很把这两方面**分别**开来，而是把对立的方面包括在一个方面里，在感性直接观照里同时了解到本质和概念。但是因为这种观照统摄这两方面的性质于尚未分裂的统一体，所以它还不能使概念作为概念而呈现于意识，只能产生一种概念的朦胧预感。例如接受了自然界分为动、植、矿三界的区分，我们在这三个阶段里就仿佛预感到这种符合概念的自然界分野之中有一种内在的必然性，而不是停留在仅仅对一种外在目的性的认识。在这三界的繁复的形象里，上述充满敏感的观照还朦胧预感到一种符合理性的前进过程，在动植物的等级次第如此，在各种不同的山脉形成也是如此。个别动物的形体，例如昆虫区分为头、胸、腹、尾等，也使观照者朦胧预感到这是一种本身符合理性的身体构造；再如五官，第一眼看来像是一些偶然的杂多的东西，但是也可以见出它们是符合概念的。歌德对于自然和自然现象的内在理性的观察和阐明可以为证①。他以卓越的智力，用朴素的方式②对自然事物进行了感性的观察，而同时却完全预感到它们的符合概念的联系。在了解历史和叙述历史时，我们也可以通过个别的事件和人物，暗地里就把它们的实在意义和必然联系显示出来。

① 歌德对动植物形态的研究和贡献是有历史意义的。

② naiverweise，不用哲学的前提和方法。

3. 对自然生命的观察方式

总述以上所说的，我们可以说，自然作为具体的概念和理念的感性表现时，就可以称为美的；这就是说，在观照符合概念的自然形象时，我们朦胧预感到上述那种感性与理性的符合，而在感性观察中，全体各部分的内在必然性和协调一致性也呈现于敏感。对自然美的观照就止于这种对概念的朦胧预感。认识到各部分虽然显得本身是独立自由的，而在形状、轮廓、运动等方面却可见出协调一致的，这种领悟还是不确定的、抽象的。内在的统一还是内在的，对于观照还没有现出具体的观念的形式[①]，而观察也只满足于看到各部分之中一般有一种必然的起生气灌注作用的协调一致那种普遍性。

a）由此可见，我们只有在自然形象的符合概念的客体性相之中见出受到生气灌注的互相依存的关系时，才可以见出自然的美。这种互相依存的关系是直接与材料统一的，形式就直接生活在材料里，作为材料的真正本质和赋予形状的力量。这番话就可以作为现阶段的美的一般定义。例如我们赞赏自然结晶体，因为它的有规律的形状不是由于外在的机械的影响，而是由于内在的本身特有的定性和自由能力，是由对象本身方面自由产生的，因为外在于对象的力量虽然也可以是自由的，但是在结晶体里，赋予形状的活动却不是外在于对象的，而是这种矿物按照它的本质本来就有的一种活动的形式；它是这材料本身的自由能力，通过本身固有的

① 朦胧的预感，还没有成为明确的观念。

活动而形成自己，而不是被动地从外面接受它的定性。所以这材料在它的实现了的形式里，就是在它所特有的形式里，本身是自由的。在更高更具体的方式里，本身固有形式的这种活动就表现在有生命的有机体和它的轮廓以及各部分的形状里，特别是表现在运动里和情感表现里。因为在运动里和情感表现里，内在活动本身就活跃地现在眼前。

b）但是自然美作为内在的生气灌注，尽管是不确定的，我们还是可以见出以下三点：

b1）根据我们对于生命的观念，根据对于生命的真正概念的预感，以及根据惯见的类型在正常现象中所现出的本质上的差异，我们就说一个动物美或丑，例如懒虫爬起来很艰难，整个生活习惯都显得没有剧烈运动和活动的能力，就由于它的这种懒散，它叫人嫌厌。因为活动和敏捷才见出生命的较高的观念性。我们对于两栖动物、某些鱼类、鳄鱼、癞蛤蟆、许多昆虫都不起美感，就是因为这个道理。混种动物从某一物种过渡到另一物种，把这两个物种的形状混合在一起，例如鸭嘴兽就是鸟与四足兽的混合，尽管令人惊奇，却显得不美。这种情形可能首先只是由于习惯；我们对于某一物种的定型有一种习惯的观念。但是就连在这习惯里也有一种朦胧感觉在活动，例如我们仿佛觉得鸟的身体构造各部分必然互相关联，按照它的本质，它不能采取属于别一物种的形状而不显得是个混种。所以混种显得是奇怪的、自相矛盾的。总之，有些形体显得有缺陷而无意义，只从外表上见出窄狭的需要，就有一种片面的局限性，此外，也有像上文所说的混种和过渡种，虽然本身不算是片面的，却也不能坚持差异的定性，这两种都不属于有生命的自

然美范围。

b2）在另一意义上我们还可以说自然美，例如在对一片自然风景的观照里，摆在我们面前的并不是有机的有生命的形体，这里并没有什么由全体有机地区分成的部分，根据它们的概念，显现为生气灌注的观念性的统一体，而是一方面只有一系列的复杂的对象和外表联系在一起的许多不同的有机的或是无机的形体，例如山峰的轮廓、蜿蜒的河流、树林、草棚、民房、城市、宫殿、道路、船只、天和海、谷和壑之类；另一方面在这种万象纷呈之中却现出一种愉快的动人的外在和谐，引人入胜。

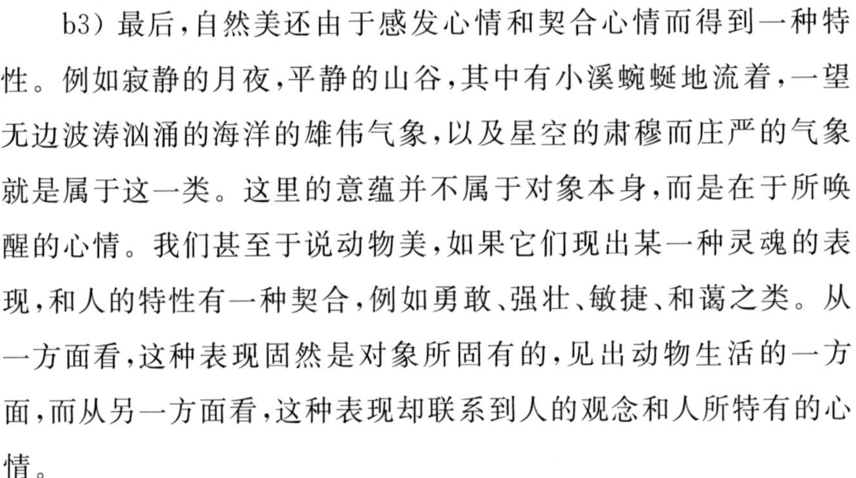

b3）最后，自然美还由于感发心情和契合心情而得到一种特性。例如寂静的月夜，平静的山谷，其中有小溪蜿蜒地流着，一望无边波涛汹涌的海洋的雄伟气象，以及星空的肃穆而庄严的气象就是属于这一类。这里的意蕴并不属于对象本身，而是在于所唤醒的心情。我们甚至于说动物美，如果它们现出某一种灵魂的表现，和人的特性有一种契合，例如勇敢、强壮、敏捷、和蔼之类。从一方面看，这种表现固然是对象所固有的，见出动物生活的一方面，而从另一方面看，这种表现却联系到人的观念和人所特有的心情。

c）自然美的顶峰是动物的生命，但是动物的生命尽管已经表现出生气灌注，却还是很有局限的，受一些完全固定的性质束缚着的。它的存在的范围是窄狭的，而它的兴趣是受食欲色欲之类自然需要统治着的。就作为内在的东西在形体上得到表现来说，它的生命是贫乏的、抽象的、无内容的。还不仅此，这内在的东西并不显现为内在的，自然生命并不能看到它自己的灵魂，因为所谓自然的东西正是指它的灵魂只是停留在内在的状态，不能把自己外现为观念性的东西。这就是说，动物的灵魂，像我们已经说明的，不是自为地成为这种观念性的统一；假如它是自为的，它就会把这种自为存在的自己显现给旁人看见。只有自己意识到的自我才是这种单纯的观念性的东西，既是自为地观念性的，它就知道自己是这种单纯的统一，因此使自己得到一种实在，这种实在并不只是在外表上是感性的，具有身体的，而是本身就是观念性的。只有在这种情形之下，实在才有概念本身的形式，概念跟自己对立，使自己成为客观存在而且在这客观存在里是自为的。动物生命却不然，它只自在地成为这种统一，在这统一里面，实在（即身体）所有的形式并不是灵魂所有的观念性的统一那种形式。但是自己意识到的自我是自为地成为这种统一，其中对立的方面都同样有观念性为它们的因素。就是作为这种有自意识的具体的统一体，自我才把自己显现给旁人看见。动物只能使人从观照它的形状而猜想到它有灵魂，因为它只是依稀隐约地像有一种灵魂，即呼吸的气，渗透到全体，使各部分统一，并且在全部生活习惯中显出个别性格的最初的萌芽。这就是自然美的基本缺陷，就连它的最高的形式也在所不免。也就是这种缺陷使得我们有必要去进一步认识理想，即艺术美。但是在转到这理想之前，我们先要研究一下一切自然美由于有上述缺陷而直接产生的两种定性。

我们说过，灵魂在动物形体里只是模糊地显现为有机体各部分互相依存的联系、生气灌注的统一点，还没有充实的内容。动物只显现出一种未确定的很窄狭的灵魂性。我们现在就这种抽象的显现来约略地研究一下。

B. 抽象形式的外在美与感性材料的抽象统一的外在美①

在自然里，现在面前的是一种外在的实在，既是外在的，它当然是受到定性的，但是它的内在的方面却还没有作为灵魂的统一而达到具体的内在性，还只能是没有受到定性的和抽象的东西。因此这种内在方面还没有得到适合于它的那种客观存在，还不是在观念性的形式里作为观念性的内容而自觉是内在的，而只是在外在现实里显现为由外因赋予定性的统一。内在方面的具体的统一在于两点：一方面灵魂生活的原则②是在自身以内而且自为地具有充实的内容，另一方面外在现实和它的这种内在方面是融合在一起的，因此使实在的形象成为内在方面的明显的表现。但是在自然这个阶段，美还不能达到这种具体的统一，这种具体的统一还是有待实现的理想。所以这种具体的统一现在还没有进入形象，它只可以分析出来，这就是说，按照这统一体所包含的各差异面加以剖析和孤立地去看，才可以看出来。这样，起表现作用的形式和感性的外在现实就分成互相外在的两回事，我们所得到的就是我们在这里所要研究的两个差异方面。但是一方面由于这种分裂，另一方面由于这些差异面的抽象性，内在的统一对于这外在现实

① 这段的标题俄译本作“抽象形式的外在美，即整齐一律，平衡对称，符合规律，和谐，以及美作为感性素材的抽象的统一”；英译本前半同俄译本，后半作“以及实在看作物质材料的抽象的统一”。兹依原文直译。

② 原文为 Seelenhaftigkeit，字面的意义是“富于灵魂性”，实即指灌注生气于全体各部分的“观念性的统一”，英译本俄译本均作“灵魂生活的原则”，因从之。

本身只是一种外在的统一，因此它在外在事物里不是显现为全体内在概念的本身固有的形式，而是显现为外因起统治作用的观念性和定性。

这就是我们现在所要比较详细地研究的一些观点。

我们首先要讨论的是抽象形式的美。

1. 抽象形式的美

自然美的抽象形式一方面是得到定性的因而也是有局限性的形式，另一方面它包含一种统一和抽象的自己对自己的关系。但是说得更精确一点，它按照它的这种定性和统一，去调节外在的复杂的事物，可是这种定性和统一并不是本身固有的内在性和起生气灌注作用的形象，而是外在的定性和从外因来的统一。这种形式就是人们所说的整齐一律，平衡对称，符合规律与和谐。

a) 整齐一律，平衡对称

a) 就它本身来说，整齐一律一般是外表的一致性，说得更明确一点，是同一形状的一致的重复，这种重复对于对象的形式就成为起赋予定性作用的统一。由于它的本来的抽象性，这样一种统一就还远不是具体概念的有理性的整体，因此它的美只是抽象的知解力所能掌握的美；因为知解力所根据的原则就是抽象的一致性而不是从本身得到定性的一致性和同一性。例如在线条中，直线是最整齐一律的，因为它始终只朝一个方向走。立方体也是一个完全整齐一律的形体，无论在哪一面，它都有同样大的面积，同样长的线和同样大的角度，由于它是直角形，这角度不能像钝角或锐角那样可以随意改变大小。

b）平衡对称是和整齐一律相关联的。形式不能永远停留在上述那种最外在的抽象性，即定性的一致性[①]里。一致性与不一致性相结合，差异闯进这种单纯的同一里来破坏它，于是就产生平衡对称。平衡对称并不只是重复一种抽象地一致的形式，而是结合到同样性质的另一种形式，这另一种形式单就它本身来看也还是一致的，但是和原来的形式比较起来却不一致。由于这种结合，就必然有了一种新的，得到更多定性的、更复杂的一致性和统一性。例如在一座房子的一边并排横列着大小相同、距离相同的三个窗子，然后下面又并排横列着三个或四个比第一排较高而距离较大或较小的窗子，最后又是一排大小和距离都和第一排一致的窗子，这样看起来就是一种平衡对称的安排。所以如果只是形式一致，同一定性的重复，那就还不能组成平衡对称，要有平衡对称，就须有大小、地位、形状、颜色、音调之类定性方面的差异，这些差异还要以一致的方式结合起来。只有这种把彼此不一致的定性结合为一致的形式，才能产生平衡对称。

整齐一律和平衡对称这两种形式既然纯粹是外在的统一和秩序，所以它们主要地属于数量大小的定性[②]。因为看作外在的而不完全是本身固有的定性一般都是量的定性，而质则是使某一确定事物成其为那样事物的定性，所以一件事物的质的定性改变了，它就完全变成另一件事物。数量大小，以及只是数量大小上的改

① 即整齐一律。

② 英译本作“数量上的分别”。

变,如果不是用来作尺度,就是一种与质无关的定性,这就是说,尺度就是量,因为这量本身又变成以质的方式起赋予定性作用的,所以这被赋予定性的质是与一种量的定性联系在一起的①。整齐一律与平衡对称主要地限于数量大小的定性以及这种定性在不一致的事物中的一致性和秩序。

如果我们进一步问:这种数量大小的安排在哪些事物上有它的正确的地位呢?我们就会发现有机自然和无机自然的形体在它们的大小和形式上都是整齐一律和平衡对称的。例如人的身体组织有一部分就至少是整齐一律和平衡对称的。我们有两只眼睛,两个胳膊,两条腿,同样的坐骨、肩膀骨等等。在其他部分情形就不如此,例如心、肺、肝、肠等等就不是整齐一律的。这里问题在于:究竟这种分别在哪里呢?大小、形状、地位等等的整齐一律所常表现的那一方面总是身体组织的纯然外在的那一方面。这就是说,按照事物的概念,整齐一律和平衡对称这两种定性所出现的地方,正是客观事物本身按照它的定性就是外在的不显出主体的生气灌注作用的地方。只是这样外在的实在就会只有上述抽象的外在的统一。在生气灌注的生命②里,再往高一级走,在自由的心灵里,这种单纯的整齐一律就要让位给有生命的主体的统一。比起心灵,自然固然一般地是本身外在的客观存在,但是就连在自然里,也只有在单纯的外在性占统治地位的地方才往往见出整齐

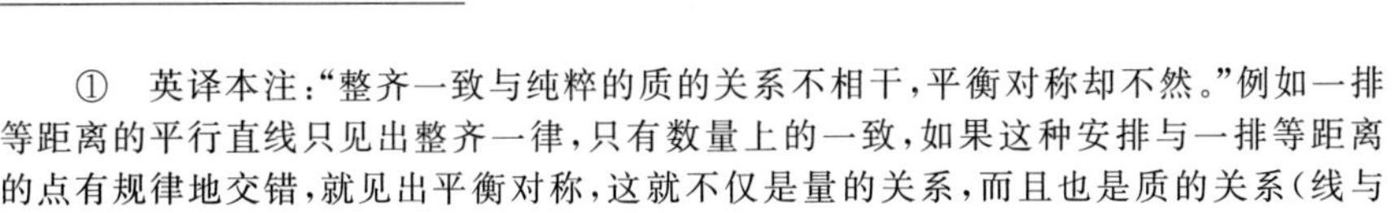

① 英译本注:“整齐一致与纯粹的质的关系不相干,平衡对称却不然。”例如一排等距离的平行直线只见出整齐一律,只有数量上的一致,如果这种安排与一排等距离的点有规律地交错,就见出平衡对称,这就不仅是量的关系,而且也是质的关系(线与点在质上不同)。

② 英译本作“在有机体里”。

一律。

b1)如果我们约略检查一下几个主要的自然界的等级，首先看到的就是矿物，例如结晶体，作为未经生气灌注的形体，它们的基本形式就是整齐一律和平衡对称。像上文已经说过的，它们的形状固然是本身固有的而不只是由于外力决定的，按照本性就适合它们的那种形式是由它们的内部和外部构造的暗中影响所造成的。但是这种影响还不是起观念化作用的具体概念的全部影响，这就是说，还不是由概念把各独立部分定为否定面[①]因而还不像动物生命那样受到了生气灌注。矿物结晶体的形式所具有的统一和定性还停留在要用抽象理解来掌握的片面性，因而作为对它本身是外在的统一，只能达到单纯的整齐一律和平衡对称，这就是说，只能达到根据抽象原则才能得到定性的形式。

b2)植物比结晶体就要高一级。它已发达到具有雏形的部分区分，而且进行不断的活动来吸收营养。但是它也还没有真正的受到生气灌注的生命，虽然已经按照有机体的原则区分了部分，它的活动却还是永远向外的[②]。它在地里扎根，不能有独立的运动和更换位置，它继续地生长，而它的不断的吸收营养却不是安静地维持一种本身已完备的身体组织，而是不断地向外发生新的东西。动物固然也生长，但是到了一定的大小就停止，而它的生殖是同一个体的自我保持。植物却不停止地生长，只有枯死才使它的枝叶等等不再增长。而它在这生长过程中所产生的总是同一整个躯体

① 概念对各部分独立自足性加以否定，使它们具有观念性的统一，即使它们受到生气灌注。

② 英译本作："它的活动还只限于营养。"俄译本基本相同。

的一个新的样本。因为每一个枝子就是一棵新植物，不像在动物躯体里那样是一个独立的部分。在这种不断地分枝增殖为许多植物个体的过程中，植物没有受到生气灌注的主体性以及这种主体性的感觉的观念性的统一[①]。一般地说，植物尽管吞进食品，活跃地吸收营养，经常按照它的自由转变的在物质界活动的原则，来由自己确定自己，但是按照它的整个存在和它的生命过程来看，它却是经常困在外在性里，没有主体的独立性和统一性，而它的自我保持经常是向外增长。就是由于植物这样经常向外伸展的性格，整齐一律和平衡对称，作为外在于本身的统一，才成为植物构造的一个基本因素。在植物界里整齐一律固然不像在矿物界里那样统治得很严，只表现于抽象的线条和角度，却终于是占优势的。茎大部分是直立的，高级植物的年轮是圆形的，叶是接近于结晶构造的，花的瓣数，位置和形状——按照它的基本类型来说——都见出整齐一律和平衡对称的原则。

b3）最后，**动物**的有生命的躯体就见出一个重要的差别，就是各部分的构造见出两种方式。因为在动物身体里，特别是在比较高级的动物身体里，有一部分器官是比较内在的，比较隐藏在内部的，自己对自己发生关系的[②]，好像一个圆球，圆满自足[③]；也有一部分是外在的器官，掌管外在的生活过程而且作为生活过程，总是指向外方的。比较重要的器官都是内在的，例如心肝肺等等，这

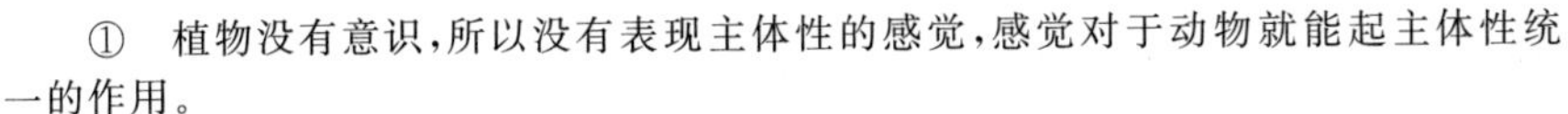

① 植物没有意识，所以没有表现主体性的感觉，感觉对于动物就能起主体性统一的作用。

② 英译本作“自确定的”。

③ 原文作 in sich zurückgeht，字面的意义是“回到自身”。英译本俄译本均照字面直译。

些是与生命本身密切联系的。它们都不是按照单纯的整齐一律的模子决定的。时常与外在世界发生关系的那些动物器官却主要地是整齐一律的。属于这一类的有掌管向外做认识活动和实践活动的那些部分和器官。视觉器官和听觉器官是管认识活动的；我们对于所见到的和所听到的都让它保持本来的样子不动。嗅觉器官和味觉器官却已见出实践关系的萌芽，因为嗅只是嗅已经准备要去吃的东西。味觉也只用在吞嚼的时候。我们固然只有一个鼻子，但是它分成左右两孔，却是完全按照整齐一律的原则构造成的。唇齿等等也是如此。眼、耳，以及用来变动位置，攫取外物和实践地改变外物的手和足，在位置形状等方面都完全是整齐一律的。

从此可知，在动物身体构造里，整齐一律也有它的符合概念的权利，但是只限于和外在世界直接发生关系的那些器官，而不适用于回到生命的主体性、只和它们本身发生关系的那些器官。

整齐一律和平衡对称两种形式的主要特征以及在自然现象界形体构造方面所占的统治地位就是如此。

b）符合规律

符合规律和上述两种比较抽象的形式是应该分别开来的，因为它已站到较高的一级，形成转到生物（自然界的和心灵界的）自由的过渡。单就它本身来看，符合规律固然还不是主体的完整的统一和自由，但是已经是一种本质上的差异面的整体，不是仅仅现为差异面和对立面，而是在它的整体上现出统一和互相依存的关系。这种符合规律的统一及其统治虽然还只是适用于量的范围，却不像整齐一律和平衡对称那样本身是外在的，只是在数量大小上可以用数字表示的差异面，而是让差异面之中有一种质的关系参加进来了。因此，在符合规律的关系中所见到的既不是同一定性的抽象的重复，也不是同与异的一致性的交替，而是本质上的差异面的同时并存。我们看到这些差异面完全会合在一起，就感到满足。这种满足现出这样一种理性：只有通过整体，而且只有通过事物本质所要求的差异面的整体，感官才能得到满足。不过这里的各差异面互相依存的关系仍然只是隐秘的联系，它对于观照，时而只是一种习惯方面的事，时而也是较深刻的预感的对象。

我们可以略举数例来说明由整齐一律转到符合规律的较明确的过渡。等长的平行线是抽象的整齐一律。进一步就是数量大小不同而只是关系相同，例如相似三角形，角的倾斜度和线与线的关系都相同，但是面积不同。再例如圆，它虽不像直线那样整齐一律，但是仍然只有抽象的一致性，因为它所有的半径都是等长的。因此，圆还只是一种不大能引起兴趣的曲线。椭圆和抛物线就不然，它们的整齐一律性较少，只有从它们的规律才能认识它们。例如椭圆的向径①是不等长的，但是符合规律的，连大小轴线也有本质上的差异，而焦点也不像在圆里那样落在中心，所以就已见出根据这线形规律的质的差异，这些差异面的互相依存的关系就形成这种线形的规律。如果我们用大小轴线来划分椭圆，我们就得到四个相等的部分，所以就全体来说，一致性（或整齐一律）在这里仍占统治的地位。在内在的符合规律方面达到更高的自由的是卵形。卵形是符合规律的，不过人们还不能把这规律定成数学公式来计算它。卵形并不是椭圆，上部的曲线和下部的不同。但是我们如

① radii vectores 向径，亦称“幅距”或“向量”。

果用大轴线来分它，这种更自由的自然线形还是可以分成相等的两半。

因符合规律而取消单纯的整齐一律，最后还有一个例，就是虽然像卵形而用大轴线来分它时却不能得到两等分的那种线形，因为左边不只是重复右边，曲度不同。所谓“波浪线”就属于这一类，霍嘉兹①把它称为“美的线”。左右两臂下垂线的曲度也彼此不同。这里只有符合规律而没有单纯的整齐一律。高级生物的更复杂的形式都是服从这种符合规律的原则。

符合规律是这样一种实体性：它见出差异面及其统一，但是一方面它还只是抽象地统治着，还不能使个体达到自由的动作，另一方面它还没有较高的主体自由，因此还不能显现出只有这种主体自由才有的生气灌注和观念性。

c）和谐

比单纯的符合规律更高一级的是和谐。和谐是从质上见出的差异面的一种关系，而且是这些差异面的一种整体，它是在事物本质中找到它的根据的。和谐关系已越出了符合规律的范围，正如符合规律虽包含整齐一律那一方面而同时却超出了一致和重复。但是同时这些质的差异面却不只是现为差异面及其对立和矛盾，而是现为协调一致的统一，这统一固然把凡是属于它的因素都表现出来，却把它们表现为一种本身一致的整体。各因素之中的这种协调一致就是和谐。和谐一方面见出本质上的差异面的整体，另一方面也消除了这些差异面的纯然对立，因此它们的互相依存

① 霍嘉兹（Hogarth，1697—1764），英国名画家，著有《美的分析》。

和内在联系就显现为它们的统一。人们常谈形状、颜色、声音等等的和谐,就是采取这个意义。例如蓝、黄、青、红四色根据颜色的本质是颜色所必有的差异面[①]。在这些差异面里我们见到的不只是像在整齐一律里那样,由一些不一致的东西整齐一律地并列在一起,造成一种外在的统一,而是直接的对立面,例如黄和蓝,经过中和而成为具体的同一。这两种颜色的和谐之所以美,是由于它们的鲜明的差异和对立已经消除掉了,因而在蓝黄差异本身就见出它们的协调一致。它们互相依存,因为它们所合成的颜色不是片面的,而是一种本质上的整体。对这种整体的要求可以很大,就像歌德所说的,尽管眼前的对象只是**一种**颜色,眼睛却主观地同时看到另一颜色[②]。在声音方面,基音、第三音和第五音就是声音的这种本质上的差异面,它们结合成一整体,就在差异面中见出协调。形状以及它的位置,静止、运动等方面的和谐也可以由此例推。在和谐里不能有某一差异面以它本身的资格片面地显出,这样就会破坏协调一致。

但是单就它本身来说,和谐还见不出自由的观念性的主体性和灵魂。在灵魂里的统一不是单纯的互相依存和协调一致,而是差异面作为互相否定的因素对立着,因而使表现出来的只是它们的观念性的统一。和谐还不能达到这种观念性。一切成乐调的声音[③]虽以和谐为基础,却具有较高较自由的主体性,而所表现的也正是这种较高较自由的主体性。单纯的和谐一般地既不能现出主

① “根据较近的分析,这句话是不正确的,但是这当然不能影响这里的论点。”(英译本注)

② 即前一颜色的补色。

③ alles Melodische,乐调比单纯的和谐较复杂。

体的生气灌注，也不能现出心灵性，尽管从抽象形式方面看，它已属于最高级而且已在接近自由的主体性。

这些就是在各种抽象形式里可以看到的抽象统一的初步原则。

2. 美作为感性材料的抽象的统一

抽象统一的第二方面不关形式和形状，只关单就它本身看的感性材料。这里的统一是某种感性材料所表现的本身完全不含差异面的协调一致。这是单纯的感性材料所可具有的唯一的统一。就这个关系来说，材料在形状、颜色、声音等方面的抽象的纯粹在这一阶段就成为本质的东西。例如画得笔直的线，毫无差异地一直延长，始终不偏不倚，平滑的面以及类似的东西由于它们坚持某一定性，始终一致，而使人感到满足。天空的纯蓝，空气的透明，平静如镜的湖以及平滑的海面也因为同样的缘故而使人愉快。声音的纯粹也是如此。人的口音如果很纯，单就它作为一种纯粹的声音来说，也就产生无限的动人的力量，反之，不纯的口音就令人还听得出器官的震动声，显不出它与它自己的一致，就变成脱离它的定性的不纯粹的音。与此类似，语言里也有纯音，如 a e i o u 几个母音和 ä ü ö 几个复合母音。民间方言特别有些不纯粹的音和像 oa 的中间音。音的纯粹还见于母音与子音拼合时，母音的纯粹不受子音的削弱，像北欧各国语言的母音就往往受子音的影响而变得不响亮，而意大利语言却保持住这种纯粹性，所以最宜于歌唱。纯粹是原色的未经混合的颜色，例如纯粹的红色或纯粹的

蓝色，也产生同样的效果，不过纯粹的蓝色是少见的，蓝色经常夹杂浅红、浅黄和青色；紫色固然也可以是纯粹的，但只是表面的，这就是说，只是没有受到浊化，因为紫色本身不是原色，即不属于按照颜色本质而分出的颜色差异①。这些原色如果是纯粹的，就是感官容易认识的，不过它们如果摆在一起，就很难配得和谐，因为它们的差异较明显地突出。阴暗的复合的颜色尽管比较容易协调，却不那样能引起快感，因为它们缺乏对立所表现的力量。青色固然是黄和蓝的混合色，但是也是这两种对立的颜色的简单的中和，如果它真正纯粹，对立就已消除，所以比起有明显差异的蓝和黄反而比较舒适，不那么粗暴刺眼。

关于形式方面的抽象的统一以及感性材料的简单纯粹，最重要的原则如上所述。由于它们的抽象性，这两种统一都还是无生命的不真实的统一。因为真实的统一都具有观念性的主体性，而这观念性的主体性正是一般自然美所没有的，不管自然美显现得多么完满。这个基本的缺陷就指引我们进一步研究理想，这是在自然里找不到的，而且比起这种理想，自然美就显得只是它的附庸。

C. 自然美的缺陷

我们的真正研究对象是艺术美，只有艺术美才是符合美的理念的实在。到此为止，我们一直把自然美当作美的第一种存在，所以现在就要问自然美与艺术美有什么分别。

① 据后来的分析，紫色还是一种原色。

我们可以抽象地说，理想[①]是本身完满的美，而自然则是不完满的美。但是这样空洞的形容词还是无济于事，因为我们还要解决一个明确的问题：艺术美的完满和单纯自然的不完满究竟是由什么原因形成的？因此我们必须把问题这样提出：自然美何以必然不完满？这种不完满表现在哪里？只有解决了这个问题，我们才能更精确地说明理想的必然性和本质。

我们在上文里，既已沿着自然的演进逐级上升到动物的生命，看到在生命这个领域里美是如何显现的，现在下一步要做的事就是要明确地了解生物的主体性和个性这两种因素。

我们在上文里把美看作理念，所采取的意义与把善和真看作理念时所采取的意义是相同的，这就是说，把理念看作完全是实体性的、普遍的，看作是绝对的材料而不是感性的材料，总之，理念就是世界的实体[②]。说得更明确一点，像我们在上文已经说过的，理念不只是实体和普遍性，而是概念和体现概念的实在二者的统一，也就是在它的客观存在范围以内作为概念来看的概念。我们在序论里已提到过，柏拉图是第一个人把理念看作唯一真实的普遍的东西，而且认为它是本身具体的普遍的东西。但是柏拉图的理念还不是真正具体的，因为单就它的概念和普遍性来了解，柏拉图就已把理念看作真实的。但是单就这种普遍性来了解，理念就还没有实现，还不是在它的现实存在里自为地真实，它还只是停留在“自在状态”。但是正如概念如果脱离它的客观存在，就不是真实的概念，理念如果没有现实存在而外在于现实存在，也就不是真实

① “理想”即“艺术美”，下仿此。

② Bestand，有“存在”、“持续”等义，英译本作“世界的持续”，本文从俄译本。译“世界的支柱”亦可。

的理念。因此，理念必须进一步变成现实，而它之变成现实，只有通过本身符合概念的现实的主体性及其观念性的自为存在[①]才行。例如种族只有作为自由具体的个体才是现实的；生命只有作为个别的有生命的东西才能存在，善要借个别的人才能实现；一切真理只有作为能知识的意识，作为自为存在的心灵才能存在。因为只有具体的个别事物才是真实的和现实的、抽象的普遍性和特殊性却不是真实的和现实的。所以我们所要紧紧掌握的要点就是这种自为存在，这种主体性。但是这主体性在于否定的统一，由于这否定的统一，各差异面在它们的实际存在中才显得是在观念中设立的[②]。因此，理念和体现理念的现实二者的统一就是理念，即单就本身来看的理念和体现理念的实在二者的否定的统一，也就是双方差异面的设立与取消（否定）。只有在这种活动里，理念与现实的统一才是肯定地自为存在的，自己对自己发生关系的无限的统一和主体性。所以我们对于美的理念，也要如其本质地就它在它的现实客观存在中作为具体的主体性因而也就是作为个别事物去理解，因为只有作为现实的理念，美的理念才能存在，而理念的现实性，只有在具体个别事物里才能得到[③]。

---

① 英译本作“观念性的统一和自确定”，俄译本作“观念性的统一和自为存在”。查 1955 年版原文无“统一”字样。

② 英译本这句作：“主体性可以下这样的定义：它就是根据观念性的统一原则来进行的观念性的确定，这观念性的统一原则是通过对当前差异面的否定，使它们成为一个客观现实的互相调和的部分，而表现出来的。”俄文照原文直译，因从之。

③ 概念具体化为实在，形成概念与实在的统一，这就是理念。在这统一体中概念否定了实在的片面的个别性，实在也否定了概念的片面的普遍性，所以叫做“否定的统一”。概念本身设立自己的对立面就否定了自己，同时又否定了这种对立面回到主体的统一，达到进一步的发展，原来抽象的，片面的，就变成具体的统一体了，只有有自意识的人作为主体，才能凭心灵设立和否定对立面并且认识到所形成的统一，所以这种统一叫做“主体的观念性的统一”。

这里要区别个别事物的两种形式，即直接的自然的形式和心灵的形式。在这两种形式里，理念都使自己具有客观存在，所以在这两种形式里，实体性的内容都是理念，而在我们讨论的范围里，都是美的理念。就这个观点看，还应该说，自然美和理想（艺术美）具有同样的内容。但是从另一方面看，也应该说，上面所说的理念达到现实的那双重形式，即自然界个别事物与心灵界个别事物之间的差异，也对内容本身（表现为自然的形式或心灵的形式）带来一种本质上的差异。因此就产生这样一个问题：哪一种形式才真正符合理念呢？只有在真正符合它的形式里，理念才能把它的内容的真实整体全都表现出来。

这就是我们现在所要讨论的一点，因为个别事物的这种形式上的差异也就是自然美与理想的差异。

首先关于一切直接的个别事物，应该说，它属于单纯的自然界，也属于心灵界。它也属于心灵界，是因为第一，心灵在身体里才得到它的外在存在；其次，即使在心灵的关系上，心灵也是首先在直接现实里才得到一种存在。因此，我们可以从三种观点来研究这直接的个别事物。

1. 在直接现实中的内在因素仍然只是内在的[①]

a）我们已经见过，动物躯体只有通过它本身的对无机自然作斗争的继续不断的生命过程，吞食这无机自然，消化它，从它吸收

① “直接现实”即直接呈现于感官的自在的个别事物，也就是单纯的“自然”。

营养，把这外在的东西转化为内在的，才能实现它自身的存在。同时我们也见过，这种继续不断的生命过程是一系统的活动，由一系列的器官来进行的。这种本身完满的器官系统的唯一目的就是通过这种过程来达到生物的自我保持，所以动物的生命就只是一种欲念的生命，这些欲念的生展和满足就是通过上述器官系统来实现的。生物就按照这种目的性来构造成它的各部分：每一部分都只是一种工具，服务于自我保持那唯一目的。生命就由这些部分内含着，这些部分和生命是互相依存的。这种生命过程的结果就使动物成为一种能感觉到自己的，受到生气灌注的东西，因而可以作为个别事物而得到自我满足。在这一点上如果拿植物来和动物比较，我们就可以看到，像上文已经指出的，植物还没有自我感觉和灵魂性，因为它永远只是由自身分出新个体，不能把这些新个体集中到可以形成个别自我的那种否定点①。但是活的动物身体摆在我们面前让我们可以看到的不是这种生命的统一点②，而是器官的繁复性；这样，生物还是不自由的，还不能显现为个别的成为统一点的主体，和它的分布于外在实在界的各部分相对立③。有机生命的活动枢纽对于我们还是隐秘着的，我们只看到形体的外在轮廓，而这外在轮廓还是完全被羽毛、鳞甲、针刺之类遮盖着的。这种遮盖固然是动物界所常见的，但是事实上还是植物的构造形式保留在动物构造里。这就是动物生命在美方面的一个大缺陷。我们从这种形体构造所看得到的不是灵魂；露在外面的到处显现的

① negative Punkt，否定点即使某个别事物得到它的特殊定性的辩证过程，凡是限定（受到定性）都同时是否定。自意识否定单纯的自在生活。

② 即上文的否定点，亦即观念性的统一或灌注生气于全体各部分的心灵性。

③ 成为主体才能有统一，才有与部分相对立的自我整体。

都不是内在的生命，而是比真正生命低一级的那些构造。动物只是在自身以内才是有生命的；这就是说，这种在自身以内的存在之成为实在的，并不是取内在生活本身的形式①，因此，这种生命不是在身体各部分随处都可以看见的。内在的方面既然停留在纯然内在的状况，外在的方面也就显得是纯然外在的而不是每一部分都由灵魂彻底灌注到的。

b）就这一点来说，人的身体却属于较高的一级，因为人体到处都显出人是一种受到生气灌注的能感觉的整体。他的皮肤不像植物那样被一层无生命的外壳遮盖住，血脉流行在全部皮肤表面都可以看出，跳动的有生命的心好像无处不在，显现为人所特有的生气活跃，生命的扩张。就连皮肤也到处显得是敏感的，现出温柔细腻的肉与血脉的色泽，使画家束手无策。但是人体尽管使生气外现，与动物躯体有别，它的外表，例如皮肤的裂纹、皱纹、汗孔、毫毛、脉络等等却仍然显出自然的欠缺。就连皮肤虽然可以显现出内在生命，却仍然是一种旨在自我保存的外部遮盖，只是一种适应自然需要的达到目的的手段。人体现象的无比优越性在于敏感，它虽然不是到处都实在现出感觉，至少是有现出感觉的可能。但是这里也还是有缺陷，这种感觉还没有内在地集中到能呈现于身体的每一部分；身体里有一部分器官和它们的形体还只适合于动物的机能，只有另一部分器官才更能表现出灵魂生活，感情和情欲。从这方面看，灵魂和它的内在生活也还没有通过全部形体的实在而显现出来。

c）如果我们就它们的直接生命来研究，在较高的世界，即心

① 即心灵生活的形式。

灵世界以及它的机构里，也可以见出同样的缺陷。心灵世界的机构愈庞大，愈丰富，灌注生气于整体而且形成这整体的内在灵魂的那**单一的**目的也就愈需要辅助的手段。在直接现实中，这些辅助的手段当然显现为一些有目的性的机构，而且只有借意志的媒介作用，凡是发生的和完成的事情才能发生和完成；这种机构——例如国家和家庭——中的每一点，即每一个体，都在**起意志**，和同一机构中其他成员虽都显得有联系，但是这种联系的**单一的**内在灵魂，即单一目的的自由性与理性，却不在实在中显现为这种单一的自由完整内在的生气灌注作用，不是在每一部分都可以见出。

这种情形在个别的行动和事迹里也可以见出，这些与上述心灵机构相类似，也是一种有机的整体。它们所由产生的那内在的因素也不常浮升到它们的直接现实的表面和外在形状。显现出来的只是一种**实在的**整体，其中最内在的统摄一切的生气灌注作用却还是**作为内在的**因素而**隐藏起来**。

最后，个别的人看起来也还是如此。心灵的个体①本身是一种借心灵性作为中心点而结合起来的整体。在它的直接现实中，它只是零碎地显现于生活、行动、不行动、愿望和冲动，但是它的性格还是要从它的一系列的行动和经验中才可以认识出。这一系列的行动和经验就组成它的实在，但是从这一系列的行动和经验里还不能见出或理解到集中了的统一点就是结合的中心②。

① 即具有心灵的个人的人格。

② 还见不出自我就是这些行动和经验所由结合成为一个整体的中心。

2. 直接个别客观存在[①]的依存性

由此就得出以下一个重要点。有了个别事物的直接性，理念就进入现实的客观存在，但是正是由于这种直接性，理念也就同时和外在世界交织成错综复杂的关系，卷入外在情况的条件约制性以及目的与手段的相对性，总之，卷入一般现象的有限性。因为直接的个别事物首先是一种本身圆满的单一体，但是正是由于这个缘故，它就自禁闭起来，以否定方式与其他事物隔开[②]，同时由于它的直接的孤立状态——在这种状态中它只有一种受条件约制的存在——却被不在它本身以内的那现实整体的力量的摆布，迫使它和其他事物发生关系，现出对无数方面的依存性。理念在这种直接状态中个别孤立地实现它的一切方面，因而还只是一种内在的力量，使自然界和心灵界的各种个别存在彼此发生关系[③]，这种关系对于这些个别存在本身是外在的，所以在这些个别存在里显现为最繁复的互相依存，以及受其他事物限定的那种外在的必然性。从这方面看，客观存在的直接状态就是许多可以目睹的独立存在的个体与力量之间的必然关系的系统，在这系统里每一个别事物是被用作手段，来达到对它是外在的目的，或是被迫利用对它是外在的事物作为它自己的手段。理念在直接个别事物里一般既然只在外在世界的场所上得到实现，所以它须同时听命于偶然机

① "个别客观存在"，其实就是个别事物。

② 即与其他事物对立。

③ 俄译本作："它因此还只是概念的内在力量，使个别的自然存在和心灵存在彼此发生关系。"

会和必然需要。直接的个别事物所生活在里面的是一种不自由的领域。

a）例如个别的动物是束缚在一定的水陆空自然环境的，这就限定了它的生活方式、营养方式以及整个生活习惯。动物生活的无数差别都是从此产生的。有些动物是介乎两个物种之间的，例如游泳的鸟、水栖的哺乳动物、两栖动物以及其他过渡阶段的动物，但是它们都是些混种，而不是较高的统一的经过调和的物种。此外，动物在自我保持中经常受制于外在自然，如寒冷、干燥和缺乏营养之类，在这种环境吝啬的控制之下，形状可以长不齐全，花卉可以失去它的美丽，消瘦下去，只成为四周贫乏的象征。它对于它所分到的那一份美能保持住还是要丧失掉，都全靠外在的情况来决定。

b）人的肉体的存在也还是在不同程度上依存于外在自然的力量，也不免受制于同样的偶然机会，得不到满足的自然需要，致命性的疾病以及一切种类的穷困的苦恼。

c）再往上一级，在具有心灵意蕴的直接现实里也最充分地表现出对外在世界的依存性。它现出人类生存的全篇枯燥的散文。单纯的身体方面的生活目的和心灵方面的较高的生活目的是相反的，它们可以互相阻碍、互相搅扰、互相消灭，这就已是这种散文的例证。此外，个别的人为了要保持他的个别存在，不得不让自己在多方面成为旁人的手段，替旁人的狭隘目的服务，同时为了要满足他自己的利益，也不得不把旁人变成他自己的单纯的手段。因此就个人在日常的散文世界里所表现的来看，他不是以他自己的整体去活动，单从他本身不能了解他，要从他和旁人的关系才能了解他。因为个人依存于他所碰到的外在的影响，如国家的法律、公民的关系之类，无论它们是否合乎他的内在的心意，他都必须向它们屈服。还有一层，个别的主体不是以本身完满的整体，而只是由于他的行动、愿望和意见对于旁人有最切近的个别的利益，他对旁人才有意义。凡是人感到兴趣的首先是某事物对他自己的意图和目的的关系。就连一个集团协力作成的重大行动和事件在这个相对现象的领域里也只显得是多方面的个别努力的结果。这个人或那个人贡献出他的一份力量，为着这个或那个目的，这目的失败或是成功，或是碰巧达到某种成就，这种成就比起整个社会事业也只起了一种很次要的作用。许多个人所成就的，比起他们各有贡献的那个全部事业和整个目的，只不过是沧海一粟。有些站在最高地位的人物，在情感和意识上觉到全部事业就是他们自己的事业，但是就连他们也显得是纠缠在多方面的个别情况、条件、阻碍和相对关系的复杂网里。从这一切方面看，个人在这个领域里都不能使人见出独立完整的生命和自由，而这种生命和自由的印象却正是美的概念的基础。人类的直接现实，以及它的事迹和组织固然也不缺乏活动的系统和整体，但是这种整体只显得是个别现象的堆积，其中所有事务和活动都分裂成多至不可胜数的部分，所以落到每个人身上的只不过是整体中的一丝一毫。无论个人怎样坚持他自己的目的，只促成有助于他自己利益的事业，他的意志的独立自由却仍然多少是形式的，取决于外在情况和偶然机会的，受自然障碍妨害的。

这就是每人自己和旁人都意识到的世界的散文，它是一种有限的常在变动的世界，其中充满着个人所无法避免的复杂错综的相对事物和必然性的压力。每个孤立的有生命的东西都处在这样一种矛盾里：一方面自己对自己是一个自禁排外的统一体，另一方面却又依存于其他事物。为着要解决这种矛盾而进行的斗争总是跳不出试探的范围，成为继续不断的搏斗。

3. 直接个别客观存在的局限性

第三，自然界和心灵界的直接个别事物不仅一般有依存性，而且没有绝对的独立自在性，因为它是**有局限性的**，说得更精确一点，因为它本身是**个别化**了的①。

a）每一个别动物都属于某一种有定性的因而也是有局限性的固定的物种，而不能越过这个物种的界限。生命及其机构固然有一幅轮廓的图形悬在心灵的面前，但是在现实自然里，这种一般的身体机构就分裂成为无数个别成员，其中每一个在形状上属于一种确定的类型，在发展上都属于一种特殊的阶段。此外，在这个不可逾越的界限以内，在每个个体身上所表现的情况或外在环境以及对这外在环境的依存性又都只是偶然的、而且表现的方式本身也只是偶然的、个别的，这也就破坏了独立和自由的印象，而这印象却正是真正的美所必不可少的。

b）心灵在它所特有的人体机构里固然完全实现了自然生命的完整概念，比起人体机构，动物的身体机构就显得不完满，甚至显得是低级生命的标志；但是人体机构，尽管是在较小的程度上，也还是分裂为种族上的差异以及随着种族差异而来的不同等级的

① partikularisiert，俄译本作："它在本身以内分裂为个别部分的。"

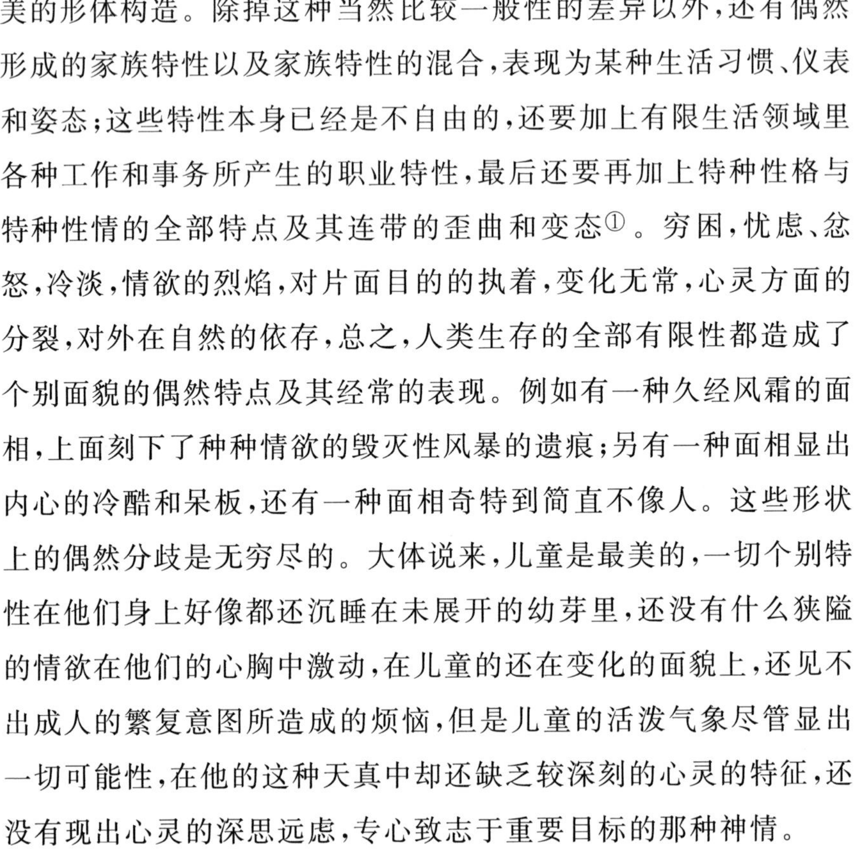

美的形体构造。除掉这种当然比较一般性的差异以外，还有偶然形成的家族特性以及家族特性的混合，表现为某种生活习惯、仪表和姿态；这些特性本身已经是不自由的，还要加上有限生活领域里各种工作和事务所产生的职业特性，最后还要再加上特种性格与特种性情的全部特点及其连带的歪曲和变态①。穷困，忧虑、忿怒，冷淡，情欲的烈焰，对片面目的的执着，变化无常，心灵方面的分裂，对外在自然的依存，总之，人类生存的全部有限性都造成了个别面貌的偶然特点及其经常的表现。例如有一种久经风霜的面相，上面刻下了种种情欲的毁灭性风暴的遗痕；另有一种面相显出内心的冷酷和呆板，还有一种面相奇特到简直不像人。这些形状上的偶然分歧是无穷尽的。大体说来，儿童是最美的，一切个别特性在他们身上好像都还沉睡在未展开的幼芽里，还没有什么狭隘的情欲在他们的心胸中激动，在儿童的还在变化的面貌上，还见不出成人的繁复意图所造成的烦恼，但是儿童的活泼气象尽管显出一切可能性，在他的这种天真中却还缺乏较深刻的心灵的特征，还没有现出心灵的深思远虑，专心致志于重要目标的那种神情。

c) 无论在身体方面还是在心灵方面，直接存在的这种缺陷在本质上都应了解为一种**有限**，说得更精确一点，这种有限和它的概念不符合，而它的有限性也就由这种不符合里看出。因为概念，说得更具体一点，理念，在它本身以内是**无限的**、**自由的**。动物生命就其为生命来说，固然已是**理念**，却还不能表现出无限与自由；只有在概念完全贯注到符合它的实在里，因而在这实在里就只有概念本身而不让其它与概念无关的东西掺入时，无限与自由才能显

① 不正常的发展。俄译本作："对人体美的基本类型所造成的歪曲和扰乱。"

现出来。只有在这种情况之下，概念才成为真正自由无限的个别存在。但是自然生命不能越出在它本身以内的情感，不能贯注到全部实在里去，此外它还发现自身是直接受条件限制的，有局限性的，依存的，因为它的自由不是由自己决定而是受其它事物决定的。心灵的直接有限现实在它的知识、意志、行动和命运等方面也有类似的情形。

因为在心灵的领域里虽然已经形成了一些比较本质性的中心点①，但是它们究竟还只是些中心点，还是像个别事例②一样，不能自在自为地具有真实性，而只是由取决于整体的彼此之间的关系来表现这种真实性。这整体就其为整体而言，固然也符合它的概念，但是还不能以它的整体显现出来，还只是一种内在的东西，所以只能成为内在的思考认识的对象，不能作为完全的符合，显现于外在现实，使无数的个别性相由分裂状态回原到统一，以便集中成为一个表现和一个形象。

由于这个理由，心灵就不能在客观存在的有限性及其附带的局限性和外在的必然性之中直接观照和欣赏它的真正的自由，而这种自由的需要就必然要在另一个较高的领域才能实现。这个领域就是艺术，艺术的现实就是理想。

所以艺术的必要性是由于直接现实有缺陷，艺术美的职责就在于它须把生命的现象，特别是把心灵的生气灌注现象按照它们的自由性，表现于外在的事物，同时使这外在的事物符合它的概念。只有这样真实的东西才能从它的有时间性的环境中，从它的

① 英译本作“统一的中心”。
② 英译本作“这些中心所结合的个别事例”。

在有限事物行列中浪游的迷途中，解脱出来，才能获得一种外在的显现，这外在的显现使人看到的不是自然与散文世界的贫乏，而是一种与真实相适应的客观存在，而这客观存在也显现为自由独立的，因为它的定性是从它本身得到的，而不是由其它事物外加到它身上的。①

① 在论自然美的第二章里，黑格尔虽承认自然美，但强调自然美还不是理想美，因为山川、草木、金石、星辰、鸟兽之类自然事物，都是自在的，而不是自为的，没有自觉的心灵灌注生命和主体的观念性的统一于一些差异并立的部分，随时都受到外在事物的限制，见不出自由和无限这些理想美的特征，黑格尔所见到的自然美主要不外两种：一种是整齐一律、平衡对称、和谐之类抽象形式美；另一种是自然有某些方面能契合审美者的主体心情，因而引起共鸣。

第三章　艺术美，或理想

关于艺术美，我们要研究三个主要方面：

第一，理想，单就它本身来看；

第二，理想得到定性成为艺术作品；

第三，艺术家的创造的主体性。

A. 理想，单就它本身来看

1. 美的个性

根据以上的研究，如果很形式地谈艺术的理想，我们就可以得到这样一个最普泛的结论：从一方面看，真实的东西固然只有在展开为外在存在时，才得到它的客观存在和真实性，而从另一方面看，这真实的东西所含的并立的部分是结合为统一体而且都包含在这统一体里的，所以这展开为外在现实的每一部分都显现出这灵魂，这整体。我们姑且拿人的形体为例来作最浅近的说明。我们在上文已经见过，人的形体是一整套的由概念分化成的器官，每一部分只现出某一种特殊活动和部分的功能。如果我们问：整个灵魂究竟在哪一个特殊器官上显现为灵魂？我们马上就可以回答说：在眼睛上；因为灵魂集中在眼睛里，灵魂不仅要通过眼睛去看事物而且也要通过眼睛才被人看见。正如人体所不同于动物体的在于它的外表上无论哪一部分都可以显出跳动的脉搏，艺术也可以说是要把每一个形象的看得见的外表上的每一点都化成眼睛或灵魂的住所，使它把心灵显现出来。或则就像柏拉图在著名的诗里向星所说的：

当你眺望星星时，啊，我的星星！
我默祝我自己就是天空，
用千眼万眼来俯视你的仪容。

反过来说，艺术把它的每一个形象都化成千眼的阿顾斯①，通过这千眼，内在的灵魂和心灵性在形象的每一点上都可以看得出。不但是身体的形状、面容、姿态和姿势，就是行动和事迹、语言和声音以及它们在不同生活情况中的千变万化，全都要由艺术化成眼睛，人们从这眼睛里就可以认识到内在的无限的自由的心灵。

a）艺术作品通体要有生气灌注，这个要求马上就引起一个问题：既然形象上的每一点都应化成灵魂的眼睛，这种灵魂究竟应该是怎样的呢？问得更具体一点，怎样的灵魂按照它的本性才有资格通过艺术达到它的真正的表现呢？因为按照习惯的说法，人们也说金、石、星辰、动物以及形形色色个别性格及其表现都各有一种特别的灵魂。但是说石头和植物之类自然物也有上述意义的"灵魂"，这样运用名词是不恰当的。单纯的自然物的"灵魂"在本身上就是有限的、容易消逝的，只配称为一种特殊化的自然，还不配称为灵魂。因此，这种自然物的确定的个性在它的有限的存在里就已完全表现出来了。这种个性只能见出某一种局限性，所以

① 阿顾斯（Argus），希腊神话中的怪物，据说有一百只眼。

它只能在外形上提升到无限的独立自由。在这个领域里[1]固然也可以见出这种无限的独立自由，但是如果真正见出，那也总是通过艺术从外面带进来的，并不是由于事物本身就已有这种无限性。同理，能感觉的心灵作为自然生命[2]固然也是一种主体的个性，但同时却也是一种纯然内在的个性，只是自在地出现于实在，还不能返躬自察，来认识到自己，因而还不能本身就是无限的[3]。所以这种能感觉的心灵的内容仍然是有局限的，而它的表现时而只能是这种低等动物的形式的生命表现，例如骚动、运动的能力、性欲、忧虑和恐惧之类；时而只能是一种本身有限的内在生活的外现。只有受到生气灌注的东西，即心灵的生命，才有自由的无限性，才是在实际存在中对本身为内在的，因为它在它的外现里能回顾本身，停留在本身[4]。因此，只有心灵才能在它的外在表现上刻下它所特有的无限性以及自由回顾自己那种情况的烙印，尽管它在达到外在表现时，也就进入有限领域。但是就连心灵也只是由于实现了它的普遍性，而且把它自己所定的目的提高到这种普遍性，它才是自由无限的，所以心灵如果还没有掌握住这种自由，那么，按照它所特有的概念，它也就可以只是作为有限的内容、畸形的性格，或残缺平庸的情绪而存在。内容既然这样空洞，心灵的无限表现就还只是形式的，因为我们所得到的只不过是自觉心灵的抽象形式，这种抽象形式的内容是和自由心灵的无限性相矛盾的。只有通过真正的本身有实体性的内容，有局限的变化无常的个别事物才能

① 指单纯的自然物的领域。
② 例如昆虫之类低等动物。
③ 还不是自为的或自觉的存在。
④ 只有心灵才是自由的、无限的，因为它是自觉的，能以本身为认识的对象。

得到独立性与实体性，因而使它的定性、本身坚纯性，以及有局限的自禁排外的而却有实体性的内容（意蕴）都能在同一客观存在里变成现实，而这种客观存在（事物）也就因而有可能在它所特有的有局限的内容上同时表现出普遍性，表现出圆满自足的灵魂。总之，艺术的特性就在于把客观存在（事物）所显现的作为真实的东西来了解和表现，这就是说，就事物对于符合本身和符合自在自为的内容所现出的适合性来了解和表现。所以艺术的真实不应该只是所谓"摹仿自然"所不敢越过的那种空洞的正确性，而是外在因素必须与一种内在因素协调一致，而这内在因素也和它本身协调一致，因而可以把自己如实地显现于外在事物。

b）因为艺术要把被偶然性和外在形状玷污的事物还原到它与它的真正概念的和谐，它就要把现象中凡是不符合这概念的东西一齐抛开，只有通过这种清洗，它才能把理想表现出来。人们可以把这种清洗说成艺术的谄媚，就像说画像家对所画的人谄媚一样。但是就连最不过问理想的画像家也必须谄媚，这是就这个意义来说的：他必须抛开形状、面容、形式、颜色、线条等方面的一切外在细节，必须抛开有限事物的只关自然方面的东西如头发、毛孔、瘢点之类，然后把主体的普遍性格和常住特征掌握住，并且再现出来。画像家把静坐在他面前的那个人的表面形状完全依样画葫芦地摹仿出来，这是一回事；他知道怎样把足以见出主体灵魂的那些真正的特征表现出来，这却另是一回事。因为艺术理想始终要求外在形式本身就要符合灵魂。举例来说，现时流行一种所谓"活的画"，画家兴高采烈地有意地要摹仿名画，他们很正确地抄袭一些次要的东西如衣褶之类，但是要在这种形象里找精神的表现，所找到的往往只是一些平庸的面孔，这就产生出很坏的效果。拉斐尔所画的一些圣母像就不然，它们向我们所揭示的一些面孔、腮颊、眼、鼻和口的形式，单就其为形式而言，就已与幸福的快乐的虔诚的而且谦卑的母爱完全契合。我们确实可以说，凡是妇女都可以有这样的情感，但是却不是每一个妇女的面貌都可以完全表现出这样深刻的灵魂。

c）艺术理想的本质就在于这样使外在的事物还原到具有心灵性的事物，因而使外在的现象符合心灵，成为心灵的表现。但是这种到内在生活的还原却不是回到抽象形式的普遍性，不是回到抽象思考的极端，而是停留在中途一个点上，在这个点上纯然外在的因素与纯然内在的因素能互相调和。因此理想就是从一大堆个别偶然的东西之中所拣回来的现实，因为内在因素在这种与抽象普遍性相对立的外在形象里显现为活的个性。因为个别的主体性既含有一种有实体性的内容（意蕴），同时又使这内容显现为外在的，它所处的就是一种中途点，在这个点上，内容的实体性不是按照它的普遍性而单独地抽象地表现出来，而是仍然融会在个性里，因而显现为融会到一种具有定性的事物里去——就这事物方面来说，它也解脱了单纯的有限性和条件制约性，而与灵魂的内在生活结合为一种自由的和谐的整体。席勒在他在《理想与生活》那首诗里拿“寂静的阴影世界的美”来和现实世界及其痛苦和斗争相对照。这种阴影世界就是理想，出现在这世界里的灵魂对于直接存在来说，是死亡了的，消除了自然生存需要的，从有限现象所必不可免的那些对外在影响的依存性以及一切反常和歪曲的束缚中解放出来的。但是理想尽管出现于感性世界及其自然形状里，它

同时却能还原到它本身并且把这外在世界也纳入到它本身里，因为艺术能把外在现象借以保持自己的那套器械引回到一种领域，在这领域以内，外在的东西可以显出心灵的自由。只有由于这个缘故，理想才托身于与它自己融会在一起的那种外在现象里，享着感性方式的福气，自由自在，自足自乐。这种福气的歌声在理想的一切显现上面都荡漾着，因为外在形象无论多么广阔，理想在它里面都不会丧失它的灵魂。只有由于这个缘故，理想才真正是美的，因为美只能是完整的统一，但也是主体的统一。因此，理想的主体[①]也必须显现为从原来个体及其目的和希求的分裂状态回原到它自己，汇合成为一种较高的整体和独立存在。

c1）从这方面看，我们可以把那种和悦的静穆和福气，那种对自己的自足自乐情况的自欣赏，作为理想的基本特征而摆在最高峰。理想的艺术形象就像一个有福气的神一样站在我们的面前。对于这种有福气的神，有限领域与有限意图中的一切困苦、忿怒和旨趣都不是什么严肃的事，而这种否定一切个别事物而肯定地还原到自己，就使这种神们具有和悦和静穆的气象。席勒的“生活是严肃的，艺术却是和悦的[②]”那句话就是这个意思。冬烘学究们往往拿这句话开玩笑，以为一般的艺术，特别是席勒自己的诗，都是严肃的，事实上理想的艺术都不排斥严肃。但是就在这种严肃里，和悦还是基本的性格。我们特别在古代艺术形象里所看到的和悦的静穆正是这种个性的力量，这种集中于自身的具体自由的胜利。这

① “理想的主体”，即足以表现理想的人物性格，英译本误译为“理想的主题”。

② heiter，兼有“欢乐”、“明朗”两义。与“严肃”对立的是“幽默”，这里“和悦”包含“幽默”，但比“幽默”较深较广。

种情形不只是在无斗争的满足里可以看见，就连在主体本身有深刻的分裂，好像它的整个存在都遭受到挫折的时候也是如此。例如悲剧主角尽管显得是受命运的折磨，但是他们还露出一种简单的自在心情①，好像在说："事情就是这样。"这时主体仍然忠实于他自己；他放弃了被夺去的东西，但是他所追求的目的不但没有放弃，而且他还不让它因为他自己失败而同归于尽。束缚在命运的枷锁上的人可以丧失他的生命，但是不能丧失他的自由。就是这种守住自我的镇定②才可以使人在苦痛本身里也可保持住而且显现出静穆的和悦。

c2）在浪漫型艺术里，内在生活的分裂和失调当然是更厉害些，它所表现的冲突一般是更加深刻化了，这种冲突所形成的破裂也可以是很突出的。举例来说，描写耶稣临刑的浪漫型绘画往往在迫害耶稣的兵士的嬉笑的表情上，在凶恶的痉挛的狞笑面孔上做工夫，在这种强调冲突破裂的作品里，特别在描绘奸淫邪恶的作品里，理想所特具的和悦当然不能存在；尽管冲突破裂的情形不一定都表现得那么突出，结果总不免是丑，至少是不美。再举早期荷兰画派为例，这派绘画在它的坦率与真实里以及在它所表现的坚定的信心里，都不由自主地表现出一种心境的和谐，但是这种坚实却还没有达到艺术理想所特有的明朗和愉悦。不过浪漫型艺术尽管把烦恼和痛苦表现得比在古代艺术里能更深刻地激发情绪和主体内心生活，它也还能表现出一种心灵的温柔亲密，一种退让任运

① Beisichsein，译"镇定"亦可。

② Beruhen auf sich，俄译本作"内在的独立性"，实即上文 Beisichsein（自在，镇定）。

的喜悦，一种在烦恼痛苦中的泰然自若，乃至于在一种在苦刑下的狂欢。就连在意大利的严肃的宗教音乐里，怨诉的乐调中也渗透着这种对苦痛的喜悦和赞颂。这种表现在一般浪漫型艺术里可以说是通过眼泪的微笑。眼泪来自苦痛，而微笑则来自和悦，所以这种啼泣中的微笑表现出在烦恼痛苦中的怡然自得。这微笑当然不应该只是一种轻浮的情感，不是当事人在苦难中和他的琐屑的主体情感中嘲弄自己，它必须显得是美的事物不管任何痛苦而表现出的镇定和自由，就像《熙德诗》①关于希敏娜所说的那样："她在含涕中是多么美！"至于人们的不能自持或不镇定的状态却不然，那是丑恶低劣的，或是滑稽可笑的。举例来说，婴儿碰到鸡毛大的事就流泪，就使我们发笑，而一个严肃镇定的人眼泪却来自更深厚的情感，完全是另一种表情。

笑与泪也可以抽象地彼此分立，就在这抽象分立状态中被错误地用作一种艺术母题，例如韦伯②的《魔术射手》曲里一段笑的合唱就是如此。笑一般是爆裂的表现，如果艺术理想不应丧失，这爆裂就不应表现出缺乏镇定。韦伯的《奥伯雍仙王》曲里一段二部合唱里的那样笑声就是这种抽象化的例子，它叫听众为歌唱家的喉咙和胸膛担忧。荷马史诗中那种不可磨灭的出自神仙似的笑声所产生的效果就完全不同，那是从神仙的和悦静穆的心境中发出来的，只表现明朗的心情，没有什么片面的放肆。另一方面，啼哭在理想的艺术作品里也不应是毫无节制的哀号，例如在韦伯的《魔术

① 熙德(Cid)，11世纪西班牙民族英雄，关于他的传说形成一部西班牙史诗，希敏娜是他的妻子。

② 韦伯(Karl Maria von Weber，1786—1826)，德国浪漫派作曲家。

射手》里就可以听到这种抽象的悲惨的调子。一般地说,音乐听起来就像云雀在高空中歌唱的那种欢乐的声音,把痛苦和欢乐尽量叫喊出来并不是音乐,在音乐里纵然是表现痛苦,也要有一种甜蜜的声调渗透到怨诉里,使它明朗化,使人觉得能听到这种甜蜜的怨诉,就是忍受它所表现的那痛苦也是值得的。这就是在一切艺术里都听得到的那种甜蜜和谐的歌调。

c3)从这个原则出发,近代滑稽说[①]在某种意义上可以得到证实,不过这种滑稽从一方面看,往往没有任何真正的严肃性,它特别欢喜运用恶劣的题材;从另一方面看,这种滑稽的结局只是心情的怅惘,而不是引人参加现实的行动和生活。姑举诺伐里斯[②]为例,他就是一个具有高尚心情而采取这种观点的人,因而对人生缺乏兴趣,在现实面前怯懦,以至于堕入精神上的痨病,就是这种精神上的饥渴病使人怕沾染有限事物,不肯降身去从事现实的行动和创造,尽管对这种遗世独立同时也感到缺陷。所以在这种滑稽里当然含有当事人在消除定性与片面性中对他自己的那种绝对的否定;但是像我们在序论中谈到滑稽原则时所已指出的,这里所消除的不仅是像在喜剧里的那种自身空虚而就显现为空虚的东西,而且同时也包括卓越的有价值的东西,所以这种滑稽无论就它否定一切而言,还是就它带有上文所说的那种精神上的饥渴病而言,和真正的艺术理想比较起来,都含有一种违反艺术的恣肆无节制。因为艺术理想需要一种本身有实体性的内容(意蕴),这内容固然由于须表现为外在事物的形式和形象而不免转到个别性相,

① 参看序论第三节 B.3。
② 诺伐里斯(Novalis,1772—1801),德国浪漫派诗人。

因而有局限性，但是这内容虽然包含局限性，其中一切纯然外在的东西却被消除了。只有通过这种对单纯外在性的否定，艺术理想的某一确定形式和形象才能用适宜于艺术观照和艺术表现的现象，把上述的有实体性的内容（意蕴）表现出来。①

2. 理想对自然的关系

形象的外在的因素对于理想是和本身真实的内容一样重要的，这两方面互相融合的方式就要引导我们去研究艺术的理想表现对于自然的关系。因为这里所说的外在因素及其形状构造是和我们一般称为"自然"的东西密切相关的。关于这一层，有一个时常重新掀起的老争论至今还没有解决：艺术究竟根据现前的外在形状照实描绘呢？还是要对自然现象加以提炼和改造呢？"自然的权利"和"美的权利"，"理想的真实"和"自然的真实"——这些本来不明确的字眼可以使人们争辩不休。人们说，艺术作品当然要自然，但是也有平凡丑陋的自然，这就不该摹仿；而另一方面——如此这般，没有底止，也得不出靠得住的结论。

这理想与自然的对立近来特别由文克尔曼重新掀起而变成一个重要的问题。我们在序论里已经指出，文克尔曼受到古代作品和它们的理想形式的启发，孳孳不辍地研究，直到他对古代作品的优越性获得了真知灼见，使世人重新承认这优越性和研究这些艺

① 以上论美的个性即理想的个性。美的根源在灵魂，统一的内在精神意蕴不仅表现于外在形象整体，而且也表现于其中各个部分，艺术仿佛把形象整体和各部分都化成眼睛，显出心灵的自由与无限。这才是理想的个性。

术的杰作。这种承认就产生了一种对理想表现的追求,人们自信从此就可以找到美了,但是结果却堕入枯燥无生气,肤浅无个性。就是这种理想的空洞,特别是表现在绘画里的,引起上文已经提到的吕莫尔对理念和理想的攻击。

现在理论的任务就在解决这种争执;至于它对艺术本身的实践意义,我们在这里可以完全抛开不论,因为人们可以随意选择一些原则来启发平庸的人和他们的才能,结果都还是一样:无论他们根据的是错误的理论还是最好的理论,他们所创造出来的东西还永远是平庸的和软弱的。此外,一般艺术,特别是绘画,在旁的影响之下,已放弃了对所谓理想的追求,而在它们发展过程中,由于人们对早期的意大利画和德国画以及较晚的荷兰画重新发生兴趣,它至少是努力在争取更有意蕴和更有生气的形式和内容。

从另外一方面看,除掉上述抽象的理想之外,人们对于艺术中过去被人喜爱的"妙肖自然"也感到腻味了。例如戏剧,每个人看到日常家庭故事以及它的妙肖自然的描绘,心里都感到生厌了。总是那些老故事、夫妻、子女、工资、开销、牧师的倚赖性、仆从和秘书的阴谋诡计,以至主妇和厨房女佣人的纠葛,女儿在客厅里多情善感的勾当——这一切麻烦和苦恼,每个人在他自己家里都可以看到,而且还比在戏剧里所看到的更好更真实些。

谈到理想与自然的对立,人们心里往往着重某一种艺术,特别是绘画,这一门艺术的范围是眼睛看得到的个别事物。因此我们对于理想与自然的对立要提出这个一般性的问题:艺术应该是诗,还应该是散文?因为艺术里真正是诗的东西就是我们所说的理想。如果问题只在"理想"这个名词,就把它抛开不用是很容易的。但是问题在于：在艺术里诗究竟是什么，散文究竟是什么？尽管在某些种类的艺术方面，坚持要有本身是诗的因素可以导入歧途，而且确实已经导入歧途，绘画却还是表现过显然属于诗，特别是属于抒情诗的东西，这种内容确实有诗的意味。例如现在这次画展（1828年）陈列出很多的画都属于同一画派（所谓“杜塞尔多夫①派”），这些画都取材于诗，当然只取诗的情感可以描绘的那一方面。我们看它们次数愈多，看得愈仔细，我们就会感觉到它们甜蜜而枯燥②。

上述理想与自然的对立包含以下几种一般特征：

a）头一个特征就是艺术作品具有完全形式的观念性，因为一般说来，诗按它的名字所含的意义，是一种制作出来的东西③，是由人产生出来的，人从他的观念中取出一种题材，在上面加工，通过他自己的活动，把它从观念世界表现到外面来。

a1）内容可以是完全不关重要的，或是如果没有经过艺术表现出来，它在日常生活中就只能引起一霎时的兴趣。例如荷兰画就能把现前的自然界飘忽的现象表现成为千千万万的境界，好像是由人再造出来似的。天鹅绒，金属物的光彩，光，马，仆人，老太婆，农民吸着破旧的烟斗把烟向外吹，酒在透明的杯子里闪光，乡下人披着肮脏的袄子在玩破旧的牌：这些以及无数的类似的题材，我们在日常生活中对它们很少注意，尽管我们自己也玩牌，喝酒，

---

① 杜塞尔多夫（Düsseldorf），德国莱茵区一个城市。

② 英译本注：“黑格尔提到有些人主张一幅画如果以理想因素为主，它就一定是幅好画，要得到理想因素，只需从诗里借用；接着黑格尔就举了一个实例证明这话不正确。”

③ 西文“诗”字原义为“制作”。

谈这个，谈那个，可是兴趣并不在此——就是这些题材被这些画拿到我们眼前来了。艺术既然把这种内容呈现给我们，它马上引起我们兴趣的也就是这种好像是由心灵创造的自然事物的外形和现象，心灵把全部材料的外在的感性因素化成了最内在的东西。因为我们看到的不是实际存在的毛绒、丝绸，不是真正的头发、玻璃杯、肉和金属物，而是仅仅一些颜色，不是自然物所应现出的立体，而只是一个平面，但是我们所得到的印象仍然像实物所给的一样。

a2）和先前的散文气的实在相比，这种由心灵创造的形象就是观念性的奇迹，你也可以说它是一种开玩笑，一种对外在自然事物的滑稽态度。人和自然在日常生活中不知道要作出几多安排，要利用几多不同种类的手段，才能产生这样的效果；还不消说，材料方面还要发生许多阻力，例如在金属物上加工所遇到的困难。艺术所用为材料的观念却不然，它是一种柔软而简单的因素，凡是人和自然在自然存在中须费大力才可以达到的东西，观念可以轻易地随方就圆地从它的内在世界中取出来。被描绘的事物以及日常生活中的人物也并不是用之不竭的财富，而是有局限性的：宝石、黄金、动物等等在本身上都只是这种有局限性的东西。但是人在艺术创造者的地位却是一个内容极其丰富的世界，这是人从自然攫夺来，放在观念和知觉的广大领域中积累成为财富的，现在他很简单地自由地从自身取用，无须假道于在实在界所必经的那些条件和准备。

这种观念性的艺术是介乎单纯的有限客观存在和单纯的内在观念之间的。它也拿事物供给我们，但是这些事物是从内在世界

取出来的；它把它们供给我们，并不是为着什么其他目的，它只是把兴趣局限在观念性的形象（显现）那一抽象方面，让这一方面单纯地供认识性的观照。

a3）因此，艺术用这种观念性把本来没有价值的事物提高了，它不管这些事物的内容有没有意义，只为着它们本身而把这些事物凝定起来，成为目的，使我们对本来过而不问的东西发生兴趣。艺术对于时间也产生了同样的效果，在这方面它也还是观念性的。在自然界本来是消逝无常的东西，艺术却使它有永久性；例如一阵突来突去的微笑，嘴唇上一阵突然起来的狡猾的表情，一种眼色，一阵浮光掠影，以至于人的生活中精神的表现，许多来来往往，一见即忘的事件——这一切在瞬间存在中都被艺术摄取去了；就这个意义说，艺术也是征服了自然。

但是艺术的这种形式的观念性特别引人入胜的并不是它的内容，而是心灵创造的快慰。艺术表现必须显得很自然，但是形式意义的[①]诗的或观念性的因素不能是生糙的自然，而是取消感性物质与外在情况[②]的那种制作或创造。一种使人感到快乐的表现必须显得是由自然产生的，而同时却又像是心灵的产品，产生时无须通过自然物产生时所须通过的手段。这种对象之所以使我们欢喜，不是因为它很自然，而是因为它制作得很自然。

b）艺术作品还唤起另一种更深刻的兴趣，这是由于它的内容并不只是按照它在直接存在中所呈现的那种形式而表现出来，而是作为经过心灵掌握的东西，在那种形式范围之内推广了，变成另

① 即赋予形式的，或使内容得到形式的。

② 即否定外在因素的纯然外在性和偶然性。

一种东西了。凡是自然地存在着的东西都只是一种个别体，无论从哪一点或哪一方面去看，都是个别分立的。观念却不然，它本身含有普遍性，所以凡是出于观念的东西就因而具有普遍性，不同于自然事物的个别分立。就这个意义来说，观念有这种优越性：它的范围较广，所以能掌握内在世界，把它抽绎出来，表达成为有形可见的东西。艺术作品固然不只是一般性的观念，而是这种观念的某一定形式的体现，但是作为来自心灵及其观念成分的东西，不管它如何活像实物，艺术作品仍然必须浑身现出这种普遍性。就是因为这个缘故，诗的观念性比起上述单纯制作的那种形式的观念性要高一层。在这里艺术作品的任务就在于抓住事物的普遍性，而在把这普遍性表现为外在现象之中，把对于内容的表现完全是外在的无关重要的东西一齐抛开。因此，艺术家所取来纳入形式和表现方式的东西并不是凡是他在外在世界所发现到的，或是因为他在外在世界发现到那些东西；如果他想作出真正的诗，他就只能抓住那些正确的符合主题概念的特征。如果他用自然及其产品，即一般现实，作为模范，这并不是因为自然把它随便造成某一种样式，而是因为自然把它造得很正确，但是这种“正确”是一种比现实本身更高的东西。

例如在创造人的形体时，艺术家并不像修复旧画那样办，在新涂抹的地方，把由于油漆和颜色皱裂而形成的好像一面网铺在画面上的裂纹也照样画出，画像家对于皮肤的网纹，尤其是雀斑、脓疤、痘痕之类也都一律抛开不画，著名的丹涅① 的所谓“逼肖自然”的画法并不足为训。筋肉和脉络尽管画出，也不应像在自然中那

① 丹涅(Denner，1685—1749)，德国画家。

样明确详细。因为这些东西和心灵或是关系不大，或是毫无关系，而心灵的表现才是人的形体中本质的东西。因此，我并不认为裸体雕刻在近代比在古代制作得少，就是近代雕刻的短处。倒是我们近代衣服式样比起古代的较富于观念性的服装，确实是很不艺术，很平凡乏味。这两种服装的目的是相同的，都是为着遮盖身体。但是古代艺术所表现的服装本身多少是一种无形式的平面，只是因须紧贴身体，例如肩膀，才得到某种确定的形式。此外，古代服装是可以适应各种形式的，只依照它本身的重量简单地自由地悬挂着，或是随着身体的站势、四肢的姿态和运动而得到确定的形式。这样确定的形式见出服装外表只表现出身体上所显现的心灵的变化，所以服装的某一特殊形式、褶纹、下垂和上耸都完全取决于内在生命，适应某一顷刻的某种姿态或运动——这样取得的确定形式就形成了古代服装的观念性①。我们近代的服装却不然，整幅材料都是制成了的，按照身体尺寸裁好缝好，所以不能有或是很少有褶纹起伏的自由。因为连褶纹的样式也取决于缝口，而整个款式也由裁缝按照他的手艺技术剪裁出来的。近代衣服的形式一般固然取决于四肢构造的形状；但是它只是拙劣地摹仿体形，或是按陈规、趋时尚，对人体加以歪曲，一次剪裁成了就永远是那样，姿态和运动都不能决定它的形式。例如我们可以任意运动手足，而袖口和裤筒却一成不变。至多是衣褶可以现出各种不同的式样，但是也只能按照固定的缝口，向霍斯特②雕像的裤子可以为例。总之，在我们近代衣服的外表过于黏滞地配合身体的内在生命，反

① 希腊罗马衣服不是量身体制成的，而是一整幅布披在身上，所以较易于随身体运动姿势而变更形状。

② 向霍斯特(Scharnhorst，1755—1813)，普鲁士大将。

而显得不是由内在生命所决定的形状,而是错误地摹仿自然形状,剪裁成了,样式就一成不变。

上文所说的关于人的形体和服装的道理也可以应用到人类生活中许多其他外表和需要方面。这些外表和需要本身是不可少的,对一切人都是共同的,但是与本质的特征和重要的旨趣却不发生关系,而这些特征和旨趣按照其意蕴却正是人类生存中真正普遍的东西,尽管这些身体方面的需要,例如吃、喝、睡觉、穿衣之类,可以和出自心灵的行动在外表上交织在一起。

这一类的身体方面的需要当然也可以表现在艺术里,人们都承认荷马在这方面能非常妙肖自然。但是尽管荷马写得多么生动,栩栩如在目前,他也不得不限于提示大要,并不要求把所有的细节都要按照实际存在情况一一描绘出来。例如他写阿喀琉斯的身体形状时,虽然提到高额头、匀称的鼻子、和一双粗壮的长腿,但是他并没有把这些部分实际存在的细节,都一点一滴地描绘出来,例如每部分的位置、各部分的互相关系以及颜色等等,这些并不是真正的妙肖自然原则所应要求描绘的。此外,诗所表现的总是普遍的观念而不是自然的个别细节;诗人所给的不是事物本身而只是名词,只是字,在字里个别的东西就变成了一种有普遍性的东西,因为字是从概念产生的,所以字就已带有普遍性。我们固然可以说,观念和语言都自然而然地要用名号,要用字,来作为自然存在事物的无穷缩写,但是这里所谓“自然”在性质上是和上述“妙肖自然”的“自然”直接对立的,是对它加以否定的①。所以这里就有一

① 语言运用字来缩写事物,虽说是自然而然的,但究竟是人为的,所以是否定“妙肖自然”(呆板地摹仿自然)的。

个问题：在拿自然和诗对立时所指的自然究竟是哪一种呢？因为一般地说，“自然”是一个不明确的空洞的字眼。诗所应提炼出来的永远是有力量的、本质的、显出特征的东西，而这种富于表现性的本质的东西正是观念性的东西而不是只是现在目前的东西，如果把每件事或每个场合中现在目前的东西按其细节一一罗列出来，这就必然是干燥乏味、令人厌倦、不可容忍的。

但是关于这种普遍性，各种艺术是彼此不同的，有些是较富于观念性的，有些却更着重外在的鲜明性。例如雕刻在形象上比绘画较抽象。拿诗艺来说，史诗在生动地表现现实生活方面比不上戏剧，但是就充实鲜明来说，史诗却比戏剧胜一筹——因为史诗的作者从对事迹的观照中创造出具体的形象，而戏剧则满足于描绘行动的内在动机，意志的动向以及内心的反应。

c）更进一层，既然只有心灵才能把它的自在自为地充满兴趣的内容（意蕴）的内在世界实现于外在现象的形式，我们就得追问：从这方面看，理想与自然性的对立究竟含有怎样意义呢？严格地说，在这个领域里用“自然的”字眼，并不符合这字眼的本义，因为作为心灵的外在形状，自然的东西之所以是自然的，并不仅因为它是直接存在，像动物生命、自然风景等等那样，而是因为只有心灵才能把自己体现于身体，自然的东西在这里按照它的定性就只显现为心灵的表现——因而也就是显现为经过观念化的东西。因为这样纳入心灵，这样由心灵创造图景和形象，正是所谓观念化。有人说过，人到死时，面容又回到童年的形状：情欲、习惯和希求在身体上所凝成的固定的表情，也就是死人在世时一切意志和行动的特征，临死时都消逝了，他又回到儿童面貌的那种不确定性。但是在活的时候，人的面貌特征和整个形象的表情都是由内在生活决定的，例如不同民族和不同社会地位的人就有不同的心灵的倾向和活动，而这些倾向和活动都表现于外在形状。在这一切方面，外在的东西既然是受到心灵渗透和影响的，它就已经是观念化过的，与生糙的自然不同了。自然与理想对立问题的真正意义就在这里。因为一方面有人这样主张：心灵的自然形式是在现实中原已存在的未经艺术再造的现象，它本身就已经是完满的、美的、卓越的，所以不可能另有一种美叫做理想与这现实界的美不同而且比它高一层，并且就连在自然中原已发现的美，艺术也还不能完全达到。另一方面又有人提出这样要求：艺术应该寻求另一种形式和表现方式，比在现实中原已存在的形式和表现方式更理想。就这一点看，前文提到的吕莫尔先生的争论是特别重要的。有一派人把理想老是挂在口头上，以高傲的姿态鄙视平凡的自然，而吕莫尔先生却相反，他以同样高傲的姿态咒骂理念和理想。

但是事实上在心灵世界里，普通的自然有外在的和内在的两方面，这自然在外在方面之所以是平凡的，正因为它在内在方面是平凡的，在它的活动和整个外表上所显现出的只是妒忌怨恨的目的以及卑鄙淫逸的贪求。这种平凡的自然也可以用作艺术题材，而且实际上已这样用过，但是这就发生两种情形：一种是像上文已经说过的，真正的兴趣只在于表现本身，即在于创作的艺术性，在这种情形之下，就很难希望一个有教养的人能同情于这种作品全体，这就是说，也同情于这样的内容；另一种情形就是艺术家通过他自己的理解，使这种内容变得更深广。特别是所谓风俗画，就不鄙视这样平凡的事物，在荷兰画家的手里，这种画达到了高度的完美。是什么原因使荷兰人走上风俗画的路呢？这些小画所表现的是什么内容而能具有这样大的吸引力呢？我们不能说这些画所表现的是平凡的自然而就把它们抛开。因为我们如果就这些画的真正的题材细加研究一下，就会发现它并不是像一般人所设想的那样平凡。

荷兰画家的艺术表现的内容是从他们本身，从他们的当前现实生活中选择来的。用艺术把这种生活再一度变成实在的，这并不能说是他们的过错。拿来摆在当时人眼前和心灵前的东西必须也是属于当时人的东西，如果要使那东西能完全吸引住当时人的兴趣的话。要知道荷兰人当时的兴趣所在，我们就必须追问他们的历史。荷兰人所居住的土地大部分是他们自己创造成的，而且必须经常地防御海水的侵袭。荷兰的市民和农民用他们的忍耐和英勇推翻了在查理五世的儿子腓力普二世那位世界上强大的专制君主之下的西班牙的统治，经过斗争才获得了政治上的和宗教上的自由①。正是这种在无论大事小事上，无论在国内还是在海外所表现的市民精神和进取心，这种谨慎的清洁的繁荣生活，这种凭仗自己的活动而获得一切的快慰和傲慢，组成了荷兰画的一般内容。但是这并不是平凡的材料和内容，虽然对这种内容不能用宫廷左右上流社会的高傲眼光去看。就是本着这种高尚的民族感，伦勃朗② 画了藏在阿姆斯特丹展览馆的《守夜》，梵·达伊克画了许多

① 荷兰在十五六世纪时屡次受外族统治，最后的外族统治者是西班牙的腓力普二世。荷兰对西班牙的残暴统治进行过英勇的斗争，到了腓力普二世的海军被英国消灭，西班牙国势衰弱之后，荷兰就推翻了西班牙的统治，成为独立国。

② 伦勃朗(Rembrandt Harmensz van Rijn，1609—1669)、梵·达伊克(Anthonis van Dyck，1599—1641)、乌沃曼(Philips Wouwerman，1619—1668)，三人都是荷兰的名画家。

画像,乌沃曼画了他的《骑兵战》,就连那些画乡下人闹酒和谑浪笑傲的作品也应属于这一类[1]。

作为对照,我们不妨举在本年画展里展出的一些还不算坏的风俗画为例,在表现风格上它们还远不及荷兰画家的这类画,就在内容上它们也赶不上荷兰画所表现的那种自由欢乐的气氛。例如其中有一幅画的是一位妇人走到酒馆里去责骂她的丈夫。这只是一批狠毒的人争争吵吵的场面。荷兰画却不同,画的人物无论是在酒馆里,在结婚跳舞的场合里,还是在宴饮的场合里,都是欢天喜地的,纵然在争吵和殴斗的场合也还是如此,太太小姐们也参加在这里面,每一个人都表现出自由欢乐的感觉。这种合理的快慰所表现的心灵的明朗甚至在动物画里也可以见到,它们也见出饱满快乐的心情——正是这种新唤醒的心灵的自由活泼被画家掌握住和描绘出来了,荷兰画的崇高精神也就在此。

在同样意义上,缪里洛[2]的《乞儿们》(藏在慕尼黑的中央画馆)也是很卓越的。从外表看,这幅画的题材也是很平凡的。一位母亲正在骂她的一个孩子,而他却安然地在吃他的面包。在另外一幅类似的画里两个衣服破烂的穷孩子在吃西瓜和葡萄。但是这些半裸体的穷孩子浑身都流露出一种逍遥自在、无忧无虑的神气,没有哪个伊斯兰教行乞僧能显出像这些穷孩子那样的健康和热爱生活的感觉。这种对外在世界的无沾无碍,这种流露于外表的内心的自由,正是理想这个概念所要求的。巴黎有一幅拉斐尔画的小

---

① 这段分析荷兰画的话是一些马克思主义美学家所常引用的(例如普列汉诺夫等)。

② 缪里洛(Bartolome Esteban Murillo,1618—1682),西班牙名画家。

孩像，他的头安闲自在地靠在一只胳膊上，眼光里带着无忧无虑欣然自得的神色瞭望着辽阔的天空，人们看到这幅表现健康欢乐的画简直舍不得离开。上述缪里洛画的孩子们给我们的也是这种乐趣。这些孩子显然没有什么远大的旨趣和志向，但是这并不是因为他们愚笨，而是像奥林匹斯山上的神人们一样泰然自得地蹲在地上；他不做什么，也不说什么，但是他们都是人，从一种材料做出来的人，没有烦恼没有争吵的人；看到这些优点，人们可以想象到这些孩子们可以变成很伟大的人。上面谈到的那责骂的女人，以及另外两幅画——一幅画的是乡下佬修理马鞭，一幅画的是马车夫睡在草荐上——都完全不能与此相比，它们所表现的是另一种观念。

这类风俗画的篇幅必须很小，在它们的整个感性外观上显得很琐屑，免得使人感到外在对象和内容过于突出。如果把这类题材画得和实物一样大，仿佛要人相信单靠它们原来在实际生活中的整个面貌本身就足以产生快感，那就会令人不能容忍了。

所谓平凡的自然就应如此了解，才可以成为艺术的题材。

除掉采用本身没有多大意义的细节来描绘这种欢乐和市民优点之外，艺术当然还有更高的更理想的题材。因为人还有更严肃的旨趣和目的，来自心灵的广化和深化，只有这种旨趣和目的才符合人之所以为人。以表现这种较高内容为任务的才是较高的艺术。这里我们就碰到这样一个问题：要表现这种由心灵产生的内容，从哪里可以找到形式呢？有一派人主张，既然是首先由艺术家自己具有他所表现于艺术的那些崇高的理想，他也就应该自己创造相适应的崇高的形式，例如希腊诸神、基督、使徒，圣者等等的形象。竭力反对这个主张的是吕莫尔先生。他认为：如果由艺术家凭他自己的力量去找不同于自然的形式，这个方针就会导向艺术的迷途。他主张画家们应奉意大利和荷兰的艺术杰作为典范。在这个问题上他对下述一种理论这样谴责过(《意大利研究》卷一，105页)："近六十年来的文艺理论都在忙于设法证明：艺术的唯一的或是主要的目的就在于要在创造个别形象方面胜过自然造化，造出现实事物所没有的形式，这些形式摹仿自然造化而却比自然造化所成就的更美，好像是自然不懂得怎样把事物造得更美些，要凡人来弥补这个缺陷。"因此他劝艺术家"放弃巨人似的意图，不要妄想对自然形式加以提高、美化或是其他类似举动，像许多艺术理论著作带着虚荣心所常提到的那一套。"吕莫尔先生认为就连对于最崇高的心灵性的对象，在现实界都已有圆满的外在形式，所以他主张"无论题材是多么心灵性的，艺术的表现绝不依靠由人任意设立的符号，而是完全依靠自然界已有的富有意义的有机形式"。在这方面吕莫尔心里所想到的主要是文克尔曼所阐明的古代艺术的理想形式。把这些古典形式搜集在一起，这当然是文克尔曼的绝大功劳，尽管在某些个别特征上他的见解可能是错误的。举例来说(115页)，吕莫尔把文克尔曼所定的古典形式理想特征之一，即下身延长，看作是由罗马站势雕像来的。在他反对理想的论争中，他却要求艺术家尽全力去研究自然形式，只有在自然形式里才可以找到真正的美。接着他又说(144页)："最高的美所依靠的形式符号系统是自然中原已存在的而不是由人任意设立的，通过这种形式符号系统，某些内容特征与某些形式符号才结合在一起，看到这种形式符号，我们就必然时而想到某些观念和概念，时而意识到某些潜伏在我们心里的情感。"他还说(105页)："心灵还有一种秘密

的特色，就是人们所称为理想的东西，它把艺术家和有关的自然现象结合起来，使艺术家从这些自然现象里逐渐学会日益清楚地认识到他自己的意愿，而且学会用这些自然现象把这种意愿表现出来。”

理想的艺术与所谓由人任意设立的符号诚然是毫不相干的。如果摹仿上述古代艺术的理想形式和抛弃正确的自然形式，导致虚伪空洞的抽象化，吕莫尔那样尖锐地攻击它，当然就是正确的。

但是关于艺术理想和自然的对立，我们还有以下的要点要说。

具有心灵意蕴的现实自然形式在事实上应该了解为具有一般意义的象征性，这就是说，这些自然形式并不因为它们本身而有意义，而只是它们所表现的那种内在心灵因素的一种外现。就是这种心灵因素使这些自然形式还在现实状态而尚未进入艺术领域之前就已具有观念性，不同于不表现心灵的单纯的自然。在艺术的较高阶段里，心灵的内在的内容（意蕴）就应该得到它的外在的形象。这种内容（意蕴）既然存在于现实的人类心灵里，它就如一般人类内心生活一样，可以得到足以表现它的那种现实外在形象。尽管承认了这一点，还有人会问：当前现实中是否就已有富于表现力的美的形体和面貌，可以由艺术直接利用到人物画像里来；例如用来表现天帝——他的崇高静穆和威力——天后，爱神，彼得，基督，约翰，圣玛利等等呢？这个问题在科学上是无聊的，正反两面都有话可说，但是它也是一个纯粹经验性的问题，因而是无法解决的。因为唯一的解决方法是在现实中指出证据，而这个办法，举例来说，对于希腊诸神的画像是行不通的①；至于把这个办法用到

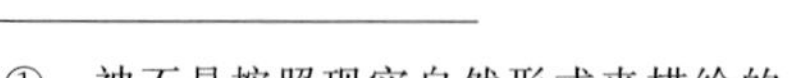

① 神不是按照现实自然形式来描绘的。

现时的事物，这一个人认为绝美的，另一个远较聪明的人却不以为然。还不仅此，形式的美一般说来并不是我们所说的理想，因为理想还要有内容（意蕴）方面的个性，因而也就还要有形式方面的个性。例如在形式上是一副完全停匀的美的面孔，而在实际上却可以很干燥无味，没有表现力。希腊诸神所表现的理想却是一些个别体，在普遍典型的范围之内仍各有特性。理想之所以有生气，就在于所要表现的那种心灵性的基本意蕴是通过外在现象的一切个别方面而完全体现出来的，例如仪表、姿势、运动、面貌、四肢形状等等，无一不渗透这种意蕴，不剩下丝毫空洞的无意义的东西。例如最近证明出于斐底阿斯①的那些希腊雕刻，就以这种通体贯注的生气特别使人振奋。这里理想还坚持住它的谨严，没有转化为韶秀、柔弱、轻盈之类毛病，每一种形式都和所要体现的那种普遍的意蕴密切吻合。这种最高度的生气就是伟大艺术家的标志。

比起现实现象的个别性相，这样一种基本意蕴可以说是抽象的，在只能选择时间上某一点来表现的雕刻和图画里尤其如此——这两种艺术不能向四面八方发展，不像荷马写阿喀琉斯的性格，可以时而把他写得很坚强残酷，时而把他写得很温静和蔼，以及写出其他灵魂特征。这种意蕴在当前现实中当然也可以找到它的表现，例如几乎没有哪一个面孔不可以产生虔敬欢欣之类的印象，但是这些面貌还表现出无数其他心理状态，和应该突出的基本意蕴毫不相容，或是没有密切的关系。因此，一幅画像之所以为画像，就因为它抓住了某一个别特性。例如在古代德国和荷兰的图画里常常可以碰见施主和他的家庭、太太和子女，都画在画里

① 斐底阿斯（Phidias），公元前 5 世纪希腊伟大的雕刻家。

面。他们都要显得在虔敬地祈祷，画的一笔一画都完全现出那副虔敬的神色，但是除此以外，我们在那些男人身上可以认出他们是些坚强的战士，积极行动的人，在生活和情欲中经过很多考验的人，在那些女人身上也可以认出她们是些精明能干的贵妇人。如果我们拿这些原人和在这些以妙肖自然面貌著名的图画里的圣玛利或站在她身旁的那些圣徒和使徒比较一下，我们就可以看出这些画中人物在面孔上都只露出一种表情，而一切形式如骨骼筋肉以及静态和动态都集中地见出这一种表情。这种全体结构的吻合一致就是真正理想之所以有别于寻常画家的地方。

有人可能设想：画家应该在现实中的最好的形式中东挑一点，西挑一点，来把它们拼凑在一起，或是在铜盘或木刻上找些画貌姿势等等作为表现他的内容的适当形式。但是艺术的要务并不止于这种搜集和挑选，艺术家必须是创造者，他必须在他的想象里把感发他的那种意蕴，对适当形式的知识，以及他的深刻的感觉和基本的情感都熔于一炉，从这里塑造他所要塑造的形象。①

① 在“理想对自然的关系”这一节里，黑格尔批判了当时德国流行的“追求理想”和“妙肖自然”两派的对立观点，肯定了真实的内容意蕴与真实的自然表现手段恰相吻合的重要性，这两方面起主导作用的仍是内容。艺术就是诗，就是创作，就是为表现心灵而征服自然。在艺术里的自然是经过观念化的自然，不是生糙的自然。所谓“观念化”就是把自然纳入心灵，受到心灵的渗透和影响，在心灵里转化为观念或思想，于是成为表现心灵的材料。这种自然是经过提炼和提高，具有更高的普遍性，见出本质特征的。黑格尔在艺术素材中不排除“平凡的自然”。他举荷兰画为例，荷兰画尽管使用的是平凡的自然，却表现了和自然斗争以及与敌人斗争的胜利感和民族自豪感，结果显得并不平凡。他谈的实际上是典型问题，尽管没有用“典型”这个字眼。

B. 理想的定性[①]

到此为止，我们一直在按照理想的普遍概念来研究理想本身。这理想本身是比较容易了解的。但是因为艺术美，就其为理想而言，不能始终只是普遍概念，即使按照这普遍概念，它也必须在本身上有定性和特殊性，因此也就必须离开它本身而转化为有定性的现实存在，这就引起一个问题，理想尽管转化为外在有限存在，因而转化为非理想，它用怎样办法还能同时保持住它的理想性呢？反过来说，有限客观存在怎样才能取得艺术美的理想性呢？

关于这一层，我们分以下三点来说：

一、理想的定性，就它本身来看；

二、理想的定性，就它由于它本身的特殊性发展到具有差异面的对立以及再发展到这对立的消除来看，我们一般可以把这种过程叫做“动作”或“情节”；

三、理想的外在的定性。

一、理想的定性，就它本身来看[②]

1. 神性的东西，作为统一性与普遍性

我们已经见过，艺术首先要把神性的东西当作它的表现中心。

① 即理念由普遍概念转化为具体客观事物，其中各部分受到不同的定性，彼此分立而且对立。这些差异面或对立面在艺术中应达到统一。

② 即就理想的本质来看，理想的本质是自由无限绝对的，黑格尔把它叫做“神性的东西”（Das Göttliche）。它首先显现于神，也可以显现于人。

但是神性的东西本身既然就是**统一性**和**普遍性**，在本质上只能作思考的对象，而且它本身既是无形的，就不能纳入艺术想象所造的图形，所以犹太人和伊斯兰教徒就禁止画神像，来供感官观照。造型艺术绝对要求形象的具体生动，所以不适合于表现神；只有抒情诗才能在感发兴起中歌颂神的威武庄严。

2. 神性的东西，作为诸个别的神

但是从另一方面看，无论神性的东西怎样具有统一性和普遍性，它在本质上也是具有定性的；它既然不只是一种抽象概念，也就应具有形状可以供人观照。如果想象用具体形象把这有定性的神性的东西掌握住而且表现出来，它就会现出多种多样的定性，只有到了这一步，才算开始走进理想艺术的真正领域。

接着**单一**的神性的实体**第一步**就分化为许多独立自足的神，例如希腊艺术中的多神观念；就连在基督教的观念里，尽管神本身是纯粹的心灵的统一性，他也显现为现实中的人①和尘世的事物直接交织在一起。**其次**，神性的东西在它的有定性的显现和现实存在中，一般都显现在凡人的感觉、情绪、意志和活动里，在凡人的心胸里起作用，所以在这个范围里神的心灵所凭附的凡人，例如圣徒、殉道者，以及一般信徒，也就成为理想艺术的适宜对象。**第三**，神性的东西根据它的特殊性转化为有限的也就是尘世的存在，随着这个原则，人类现实存在的个别性相也因而出现了。从此，人的全部心情连同一切感人最深的东西，人心里面的一切力量，每一种

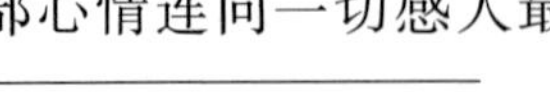

① 依基督教，神与耶稣一体。

感觉，每一种热情，以至胸中每一种深沉的旨趣——这种具体的生活就形成了艺术的活生生的材料，而理想也就是这种生活的描绘和表现。

神性的东西如果只作为纯粹心灵来看，固然只是思考认识的对象，但是既已成为在活动中依附于身体的心灵，就它永远只能与人类心胸共鸣而言，它也就属于艺术领域。但是这里也就因此要现出个别的旨趣和行动，有定性的人物性格以及它们所处的霎时的情境，总之，现出一切和外在世界的纠葛，所以我们须说明理想对这种定性的关系一般是什么①。

3. 理想的静穆

从上文我们可以看出，要想达到理想的最高度的纯洁，只有在神、基督、使徒、圣徒、忏悔者和虔诚的信徒们身上表现出沐神福的静穆和喜悦，显得他们解脱了尘世的烦恼、纠纷、斗争和矛盾。在这个意义上，雕刻和绘画特别适合于用理想的形式表现个别的神，乃至于救世主基督和个别的使徒和圣徒。因为雕刻和绘画之表现本身真实的东西，只是表现它的自己对自己发生关系的客观存在②，而不是表现它与许多其它有限事物的错综复杂的关系。这种集中于主题本身的表现固然不排除个别性相，但是这种在外在有限世界中彼此分立的个别性相是经过净化成为单纯定性的，所

① 这段大意是：神性的东西（理想的本质）首先体现于神，其次体现于人的心灵活动，第三体现于人的一般生活和活动。

② 简单地说，只表现与主题有本质的内在的关系的那一方面生活。

以外在影响和外在情况的痕迹都显得已经被消除了。这种永恒的无为自守的安静，这种安息——例如赫克里斯所表现的那样[①]——就是理想本身的定性。因此，如果神们在艺术表现里卷入了世事的纠纷，他们却仍必须保持住他们的不可磨灭的纯洁无瑕的崇高性格。例如天神、天后、日神、战神等等固然也各有定性[②]，却具有坚定的威力，尽管他们在外在世界活动时，他们还保持着他们所特有的独立自由。所以在理想的定性范围之内，只是现出一种孤立的个别性相还不够，心灵的自由还必须在本身上而且对本身显现为整体，还必须在这种怡然自足的状态中显现出对一切的可能性[③]。

在比神低一级的尘世人类的领域里，理想是以这种方式起作用的：任何一种掌握人心的有实体性的内容（意蕴），都有力量统治主体方面纯然个别的东西[④]。因此，情感和行为中的个别性相就脱净偶然性，而具体的个别性相被表现出和它所特有的内在真实更加协调一致。人类心胸中一般所谓高贵、卓越、完善的品质都不过是心灵的实体——即道德性和神性——在主体（人心）中显现为有威力的东西，而人因此把他的生命活动、意志力、旨趣、情欲等等都只浸润在这有实体性的东西里面，从而在这里面使他的真实的内在的需要得到满足。

① 赫克里斯（Herkules），希腊神话中的大力士，这里指的是他的某一座雕像。

② 英译本作“固然是些确定的人格”。

③ Die Möglichkeit zu allem，俄译本作“得到一切特征的可能性”，英译本作“不受拘束的行动自由的潜力”。大意是：“这种静穆怡悦状态中含有能取得任何定性或发生任何动作的潜能。”

④ 例如一种道德的或政治的理想（有实体性的内容）统治住一个人的一切情感意志的活动。

在理想里心灵的定性和体现它的外在事物尽管显得本身是单纯的，但是在客观存在中展现出来的个别性相却仍须直接联系到发展原则，因此在与外在情境发生关系之中，须直接联系到差异面的对立和斗争。这就使我们要更仔细地研究见出差异面的在发展中的理想的定性，即我们一般所说“动作”或情节。①

二、动作或情节

神仙福分的慈祥的纯洁无瑕、无为的静穆、高度的独立自足的威力以及一般本身有实体性的东西所特有的那种完善和凝定——这就是达到理想定性的一些特质。但是内在的心灵性的东西也只有作为积极的运动和发展才能存在，而发展却离不开片面性和分裂对立。完整的心灵在分化为它的个别性相之中，就须离开它的静穆，违反它自己而进入紊乱世界的矛盾对立，而且在这分裂过程中也不免遭受有限事物的不幸和灾祸。

就连多神教的永恒的神们也不是生活在永恒的和平里。他们也带着互相冲突的情欲和旨趣，结党互相斗争，也必须受命运的支配。还不仅此，就连基督教的神也不免受临刑受难的侮辱，不免感到灵魂上的痛苦，叫喊道：“我的上帝，我的上帝，为什么离弃我！”② 耶稣的母亲也忍受过同样尖锐的痛苦，而一般人类生活也是一种冲突、斗争和烦恼的生活。因为人格的伟大和刚强只有借矛盾对立的伟大和刚强才能衡量出来，心灵从这对立矛盾中挣扎

① 关于理想的定性，要研究的有理想本身，产生理想的世界情况，体现理想的人物性格及其特殊情境，所发生的动作情节和矛盾冲突。下文即分别讨论这几项。

② 耶稣钉在十字架上临死前的一句话。

出来，才使自己回到统一；环境的互相冲突愈众多、愈艰巨，矛盾的破坏力愈大而心灵仍能坚持自己的性格，也就愈显出主体性格的深厚和坚强。只有在这种发展中，理念和理想的威力才能保持住，因为在否定中能保持住它自己，才足以见出威力。

但是由于这种发展，理想的特殊性跟外在界发生关系，因而就进入一种世界，这种世界并显不出概念和体现概念的现实二者的理想的自由的协调一致，而是现为不是像理想所应该有的那种客观存在，所以我们在研究这种关系时，就必须弄清楚理想所现出的那些定性是否本身原来就直接含有理想性，还是或多或少地有能力变成含有这种理想性。

关于这一层，我们要更仔细地研究以下三个要点：

第一，一般的世界情况，这是个别动作（情节）及其性质的前提；

第二，情况的特殊性，这情况的定性使上述那种实体性的统一发生差异对立面和紧张，就是这种对立和紧张成为动作的推动力——这就是情境及其冲突；

第三，主体性格对情境的掌握以及它所发出的反应动作，通过这种掌握和反应动作，才达到差异对立面的斗争与消除（矛盾的解决）——这就是真正的动作或情节。

1. 一般的世界情况[①]

理想的主体性格，作为有生命的主体，既然应完成和实现它本

① 即社会时代背景。

身所已有的东西，本身就必具有动作及一般运动和活动的定性。要达到这一点，它就需要一种周围世界作为它达到实现的一般基础[1]。在这里我们谈到情况，所指的是有实体性的东西[2]成为现实存在的一般性质，这种有实体性的东西作为心灵现实范围之内真正本质的东西，就把这心灵现实的一切现象都联系在一起。举例来说，我们说教育、科学、宗教乃至于财政、司法、家庭生活以及其他类似现象的"情况"，就是采用这个意义。但是所有这些方面事实上都只是同一心灵和同一内容（意蕴）的不同形式，这同一心灵和内容（意蕴）在这些不同形式里揭开了，实现了。但是我们所说的世界情况既然是心灵现实的世界情况，我们就要从意志方面来研究这种世界情况。因为一般说来，心灵是通过意志才进入客观存在，现实界所借以维系在一起的直接的有实体性的绳索就在意志的各种定性、道德法律的概念以及一般可以称为正义的东西所借以实现的一定方式。

这里就有一个问题：这种一般情况应该具有怎样的性质，才可以显出符合理想的个性呢？

a）个体的独立自足性：英雄时代

关于这个问题，我们根据上文，可以提出以下各点。

a）理想本身就是统一，不仅是形式的外在的统一，而且是内容本身固有的统一。这种本身统一的有实体性的自由自在的状

① Boden，译"背景"亦可。

② "有实体性的东西"指一般所谓"理想"，如"正义"、"忠贞"之类，即下文所谓"真实的生活内容（意蕴）"，亦即本段下文第三节里所说的"普遍的力量"，亦即上文所谓"神性的东西"。

态，就是我们上文所说的理想所特有的那种独立自足，静穆和沐神福的状态。在讨论的现阶段，我们要把这种定性作为**独立自足性**提出，并且要求一般世界情况要显现为独立自足的形式，以便它能容纳体现理想的形象。

但是“独立自足性”还是一种含混的名词。

a1）因为人们通常干脆把本身有实体性的东西叫做独立自足的东西——就因为它有实体性和本原性——所以往往把本身是神性的和绝对的东西也称为独立自足的。但是如果把独立自足性严格定为这种普遍性和实体本身，它本身就还不是主体的[①]，因此就要和具体个体的特殊性相处于尖锐的对立。在这种对立里，像在一般的对立里一样，真正的独立自足性就已丧失了。

a2）在另一方面，人们也往往把具有坚强的主体性格的自由自在的（尽管只是形式地）个性说成独立自足的。但是这种主体性格既然缺乏真实的生活内容（意蕴），这些力量与实体就还只在这种主体性格之外单独存在着，对于这种主体性格的内在的和外在的客观存在还只是一种外在的内容，这种主体性格就还是和真正有实体性的东西处于对立，因而也就要丧失内容充实的独立自在性和自由[②]。

只有在个性与普遍性的统一和交融中才有真正的独立自足性，因为正如普遍性只有通过个别事物才能获得具体的实在，个别的特殊的事物也只有在普遍性里才能找到它的现实存在的坚固基

① 还没有在现实的主体里实现，还只是抽象的普遍性和实体性。

② 这与以上一种情形正相反，有具体的个性，却不表现普遍性和实体性，所以也不是真正独立自足的。

础和真正内容(意蕴)。

a3)所以我们只有把所要求于一般世界情况的独立自足性看成这样:有实体性的普遍性在这种世界情况中,如果要成为独立自足的,就必须本身见出主体性格的形象。据我们所能想到的,这种统一[①]的最浅近的显现方式就是思想的方式。因为思想一方面是主体的,另一方面它也具有普遍性,作为它的真正活动的产品,所以这两方面,普遍性与主体性,在思想里达到了自由的统一。但是思想里的普遍的东西并不属于以美为其特性的艺术;此外,思想所处理的特殊的个别性相,无论在它的自然形态上还是在它的实践活动和成就上,和思想的普遍性并不必然协调。例如具体现实的主体和运用思想的主体之中有一种差异,或是可能有一种差异。这种分裂在普遍性内容(意蕴)本身也可以见出。这就是说,当真实的东西[②]在运用思想的主体心中开始和体现它的实在分别开来时,它在客观现象中也就作为本身普遍的东西和其余的客观存在分裂开来,获得了坚强有力的地位,与这其余的客观存在对立[③]。但是在理想里,特殊的个别性相和有实体性的东西应该处于没有分裂状态的协调,理想获得了主体性的自由和独立自足,而周围世界的情况所具有的本质上的客体性也就不能离开主体和个体而独立。所以理想的个体必须是一种本身圆满的整体,客体的东西必须仍然属于这理想的个体,不能脱离主体的个别性相而自己单独运动和实现自己,否则主体对于本身既已完成的世界就要回到一

① 即有实体性的普遍性与主体性格的形象的统一,即某种理想实现于某个具体的人身上。

② 即"普遍性内容",亦即"有实体性的东西"。

③ 在思想的抽象作用中,普遍性脱离具体个别事物而独立。

种纯然附属的地位。所以从这个观点看，普遍的东西应该作为个体所特有的最本质的东西而在个体中实现，所谓作为个体所特有的东西，并不是指具有思想的主体所特有的东西，而是指主体的性格和心情所特有的东西。换句话说，要达到普遍性与个体的统一，我们所要求的不是思想的推理作用和分辨作用，这种统一应该是直接的统一[①]，我们所主张的独立自足性也要令人从形象上直接见出。但是这种独立自足性就不免和偶然性相接合在一起。因为人生中普遍的贯注一切的东西既然只有作为个人的主体的情感、情绪和性格资禀，才能在独立自足的个人身上直接存在，它既然不应获得其他形式的存在，它就不得不听命于意志和实践活动的偶然机会。在这种情形之下，这普遍的东西仍只是这种个人的特性和心理特点，而且作为个人的个别特性，单靠它本身它就还没有力量和必要去实现自己，就不能依普遍的由自己决定的方式永远不断地重新实现自己，而是显得纯粹要听命于只依赖自己的主体，听他决定，听他实现乃至于听他武断地不肯实现，听命于他的情感、资禀、能力、才干、计谋和技巧。

我们在上文要求要有世界一般情况作为理想的基础和一般显现方式。这里所说的偶然性就是这种情况的特色。

b）为着把这样一种现实的确定形状解释得更清楚些[②]，我们姑且看一看和它对立的那种存在方式[③]。

---

① 可以通过感官直接认识到，不假思索。这里说的正是艺术须用形象思维。

② 英译本作："为着把最适宜于艺术表现的那种现实的实在性质说得更清楚些。"俄译本基本上同英译本。

③ 理想所要求的是英雄时代的世界情况，与此相反的是封建社会和近代资产阶级的世界情况，分别在于有无个性自由或"个体的独立自足性"。

b1）和它对立的存在方式可以法律秩序为例，在这里，道德概念、正义及其符合理性的自由都已建立成为一种**法律**秩序，而且得到了认可，所以就在外表方面它也已成为一种本身不可动摇的必然规律，不依存于某一个体和主体的情绪和性格。**国家生活**的情形就是如此，在国家生活里，人们的生活是按照国家概念而显现出来的，因为不是任何由个人结合成的社会团体，也不是任何家长制的集团，都可以称为国家。在真正的国家里，法律、习俗和权利形成了普遍的理性的自由所具有的定性，所以就连只把它们作为这种**普遍**的和抽象的东西来看，它们也还是有效，它们并不受制于某个人的好恶和特性的偶然机会。人们既然意识到规章和法律的普遍性，这些规章和法律就作为这种普遍的东西而实现于外在界，就按照规定的秩序维持下去，如果个人想凭私意去抵抗法律，法律就可以凭公众的权力去制裁他。

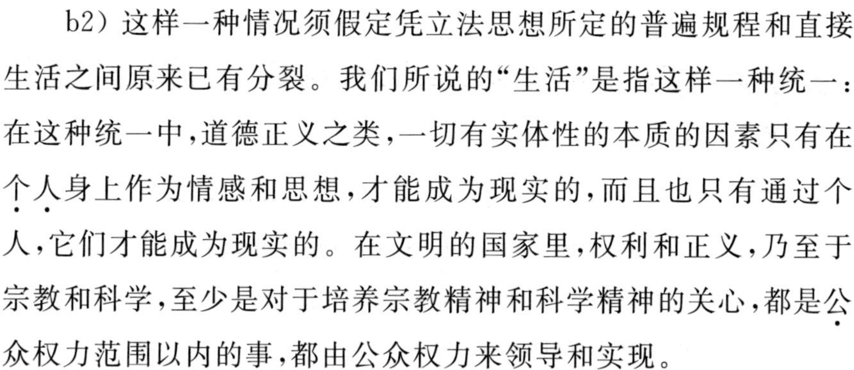

b2）这样一种情况须假定凭立法思想所定的普遍规程和直接生活之间原来已有分裂。我们所说的“生活”是指这样一种统一：在这种统一中，道德正义之类，一切有实体性的本质的因素只有在**个人**身上作为情感和思想，才能成为现实的，而且也只有通过个人，它们才能成为现实的。在文明的国家里，权利和正义，乃至于宗教和科学，至少是对于培养宗教精神和科学精神的关心，都是**公众**权力范围以内的事，都由公众权力来领导和实现。

b3）因此，孤立的个人在国家里所获得的地位是这样：他们必须服从这种牢固的秩序，受它节制，因为他们和他们的性格和心情不复是道德力量的唯一体现，相反地，在真正国家里，一切个人的感觉方式、主体的思想和情感都必须受法律的节制，都必须和法律协调。服从这种不依存于主观意图的国家所表现的客观理性[①]，可以有两种情况：它可以只是一种单纯的服从，因为法律、规程和制度，作为合法的权力，有强迫的力量；它也可以是由于对现行制度的理性有了自由的认识和理解，这样，主体就在客观现实[②]中重新发现自己。尽管如此，孤立的个人始终只是一些偶然附带的东西，离开了国家的现实，他们本身就没有什么实体性。因为实体性已不再是某某个人的个别特性，而是自为地而且以普遍的必然的方式在一切方面乃至于最小细节里都打上烙印。所以尽管个别的人们也可以按照全体利益和全体发展过程而发出公正的道德的合法的行为，而他们的意志和成就，正和他们自己一样，比起全体来，却只是渺小的个别事例。因为他们的行为永远只是个别事例的部分的实现，而所实现的个别事例并没有普遍性，这就是说，这个行为，这个事例并没有因它发生了而就形成了法律，或是显现为法律。从另一方面看也是如此，法律是否有效，完全不靠个别的人（就他们只是个别的人来说）是否愿意；法律的有效是自在自为的（绝对的），尽管个别的人不愿意，它仍旧有效。普遍性的公众的法律固然需要一切个别的人都按照它行事，但是个别的人之所以按照它行事，并非由于这个人或那个人按照它行事，法律道德才能生效。法律道德并不需要某某个人的认可，如果它遭到破坏，惩罚就见出它的效力。

最后，在文明国家里，个别公民的从属地位还可以在这一点上见出：每一个人在全体中所占的份儿是完全限定的，永远是狭小

① 指法律。

② 也指法律。“重新发现自己”，因为法律制度也体现了自己的理想。

的。这就是说，在真正的国家里，为一般公众利益的工作，正如市民团体的工商业活动一样，是用最复杂的方式来分工的，所以整个国家显得不是某一个人的具体事务，而且一般也不能委托给某一个人，听他的意愿、力量、勇气、胆量、才能和见识来摆布。国家生活中既有无数的事务和活动，它们就须有无数工作人员去做。姑举对犯罪的惩罚为例，这并不是某一个人的英勇行为或道德行为，而是依不同的阶段加以分工，例如搜集事实，审辩事实，判决以及判决的执行。还不仅此，每个重要阶段又有不同的专门工作，个别的人只能各做某一方面的工作。所以法律的执行不是某一个人的事务，而是在稳定秩序之下多方合作的结果。此外，每个人还要遵守预定的一般原则作为他的行动的指南，而他按照这种规则所完成的任务还要受上级的判断和控制。

c）从这些情形看，在一个有法律秩序的国家里，公众的权力并不是纯粹私人性质的，而是普遍的东西本着它的普遍性在统治着，在这种普遍性里个人的生命显得是被否定了的或是次要的，无足轻重的。所以在这种情况之下，就找不到我们所要求的独立自足性。因此，要有个性的自由表现，我们就需要一种与上述情况相反的情况，在这种情况之下，道德的效力或价值完全要依靠个人，这些个人由于他们的特殊的意志，由于他们杰出的伟大性格及其作用，超然耸立于他们所处的现实界的高峰。就这种人来说，正义的事就是最足以见出他们的本性的决定，如果他们在行为上破坏了自在自为的道德原则，也没有公众的强迫的权力可以要求他们申述理由或惩罚他们；正义对于他们只是一种内在的必然性，这种必然性经过生动的个别化，就成为个别的人物，外在的机缘和环境等等，而且它只有在这种形式里才变成现实的。惩罚和报复的分别就在于此。合法的惩罚使普遍的规定了的法律对犯法者发生效力，通过公众权力机关，即通过法庭和法官，根据普遍的标准来执行，这种法官是谁是不关重要的。至于报复，它本身也可以有理由辩护，但是它要根据报复者的主体性，报复者对发生的事件感到切身利害关系，根据他自己在思想情感上所了解的正义，向犯罪者的不正义行为进行报复。例如俄瑞斯特的报复是有理由可辩护的①，但是他之进行报复，是根据他个人的道德原则，而不是根据法律判决或是法律条文。在我们认为艺术表现所应有的那种情况里，道德的和正义的行为应该完全具有个人的性格，这就是说，它应完全依存于个人，只有在个人身上，而且通过个人，它才获得生命和现实。还必须指出这一点：在有秩序的国家里，人的外在存在是得到保障的，财产也是得到保护的，只有他的主观思想和见解才是为他自己而且通过他自己而存在的。但是在没有国家政权的情况之下，每个人的生命和财产的安全都要依靠每个人自己的能力和勇气，每个人都须照管他自己的身家性命。

这种情况就是我们通常所说的“英雄时代”②。文明国家的情况和远古英雄时代的情况究竟是哪一种比较好，我们在这里无须讨论；我们在这里所要讨论的只是艺术的理想，而对于艺术来说，普遍性与个性就不能有上述那种方式的分裂，尽管这种分裂对心

① 俄瑞斯特(Orestes)，希腊神话中的英雄，东征特洛伊的希腊大军主帅阿伽门农的儿子。他的母亲和她的奸夫把他的父亲谋死了，后来他替父亲报仇，把母亲和她的奸夫杀了。这个故事做了埃斯库罗斯的三部悲剧的题材。

② Heroenzeit，指史诗所歌咏的“英雄时代”，即比较原始的古代。史诗也有时叫做“英雄诗”译“史诗时代”或较可免除误解。

灵客观存在中其余部分现实[①]也是必要的。不能有这种分裂的理由在于艺术及其理想是经过形象化以供感性观照的那种普遍的东西，所以这种普遍的东西与个别性相及其生命是处于直接统一体的。

c1）所谓英雄时代就有这种情况，在这种时代里，希腊人所了解的“道德”成为行为的基础。在这里所用的希腊文意义的“道德”（ἀρετὴ）与拉丁文意义的“道德”（Virtus）必须分别开来。罗马人已经有了城邦和法律制度，在作为公共目标的国家面前，私人的人格是应被否定的。把个人抽象化为只是一个罗马公民，在私人的坚强的主体性方面，只想到罗马国家、祖国，以及祖国的崇高和强大——罗马道德的严肃和高尚就在于此。古代英雄却不然，他们都是些个人，根据自己性格的独立自足性，服从自己的专断意志，承担和完成自己的一切事务，如果他们实现了正义和道德，那也显得只是由于他们个人的意向。这种有实体性的东西与个人的欲望，冲动和意志的直接的统一就是希腊道德的特点，所以在这种情况之下，个人自己就是法律，无须受制于另外一种独立的法律，裁判和法庭。希腊英雄们都出现在法律尚未制定的时代，或则他们自己就是国家的创造者，所以正义和秩序、法律和道德，都是由他们制定出来的，作为和他们分不开的个人工作而完成的。在古希腊时代，赫克里斯就是作为这样的英雄而受到古代人的赞扬，成为他们心目中的原始英雄道德的理想。他本着他个人意志去维护正义，与人类和自然中的妖怪作斗争，他的这种自由的独立自足的道德并不是当时的普遍情况，而只是他所特有的。他并不是一个道

① 即艺术以外的现实。

德上的英雄，他在一夜里强奸了第斯庇乌斯的五十个女儿的故事可以为证①；如果我们记起奥吉亚斯牛栏的故事②，他也不是什么上流人物。他给人的一般印象是维护正义与公道的战士，具有完满的独立自足的能力和膂力，为着实现正义与公道，他出于自己意愿的自由选择，承担了无数辛苦的工作。他有一部分事迹固然是为幽锐斯徒斯服务和听他的命令而作的③，但是这种依附只是一种完全抽象的关系，并没有什么法律规定的约束可以取消他的按照自己个性去独立行动的权力。

荷马所写的英雄也与此类似。他们固然有一个部落首领，但是他们与首领的关系并不是已由法律规定的，他们并无必要一定要服从这种关系。他们是出于自愿地跟随阿伽门农，而阿伽门农也不是现代意义的独裁君主，所以每一个跟随他的英雄都有发言权，阿喀琉斯生了气，就拆伙独立起来④。一般地说，每个英雄来还是去，战斗还是休止，都随他自己高兴。古代阿拉伯诗歌里的英雄也有同样的独立自足性，并不是在一种一成不变的秩序中仅仅作为个别分子而受这秩序的约束，就连斐尔都什所写的《夏拿墨》也是如此⑤。在基督教的西方世界里，封建关系和骑士制度是培

---

① 赫克里斯，参看226页注①。第斯庇乌斯（Thespios），也是神话中的英雄，他有五十个女儿，都被迫嫁了赫克里斯。

② 奥吉亚斯（Augeas），爱理斯国王，养牛甚多，牛栏从未清洗过，赫克里斯花了一天工夫就把它们清洗了，原约酬谢牛群的十分之一，奥吉亚斯不践约，就被赫克里斯杀了。

③ 幽锐斯徒斯（Eurystheus），阿高斯国王，赫克里斯的主子，赫克里斯为了他创造了有名的十二奇迹，清洗奥吉亚斯的牛栏便是其中之一。

④ 阿伽门农率领希腊大军东征特洛伊，阿喀琉斯是军中最勇猛的大将，因为阿伽门农夺去他所宠爱的女俘，便退居自己的帐篷里，长期不参加战斗。

⑤ 斐尔都什（Firdusi），14世纪波斯诗人，《夏拿墨》（*Shahnameh*）是他所写的歌颂古代波斯英雄的史诗。

养自由英雄性格和依赖自己的个性的土壤。圆桌英雄们①和查理曼大帝身旁的英雄们②都可以为证。像阿伽门农一样，查理曼和他身旁的英雄们的关系也是自由自愿的关系，所以也是一种不坚牢的关系，查理曼必须时常征求他们的意见，不得不听任他们去追求满足私人的欲望，尽管他像天帝在奥林波斯山峰上那样咆哮，他的英雄们却独立地去干他们自己的冒险事业，把他的事业丢在功亏一篑的境地。关于这种首领与随从英雄的关系，熙德③可以说是一部杰出的完满的写照。熙德也是一个团体中的一分子，也依附一个国王，要尽他在臣僚地位的职责，但是和这种君臣关系相对立的是他的荣誉观念，这才是他的特殊人格的决定因素，他就是为这种特殊人格的无瑕的光辉、高贵和光荣而斗争。所以这里的国王也要得到他的臣僚们的意见和同意，才能发号施令，进行战争；如果他们不愿意，他们就不帮他作战，并且他们也无须服从多数，每个人都独立自主地根据他自己的意志和能力去行动。阿拉伯英雄们④也替这种独立自足性提供了光辉的形象，他们显得还更加顽强。就连列那狐⑤也是如此。狮子固然是主子和国王，但是狐狸和熊等也同样坐在会议席上，他们还是可以为所欲为。如果发生了争吵，狐狸很狡猾地撒句谎，就脱了身，或是假借国王和王后的利益来济他的私图，骗取主子的信任。

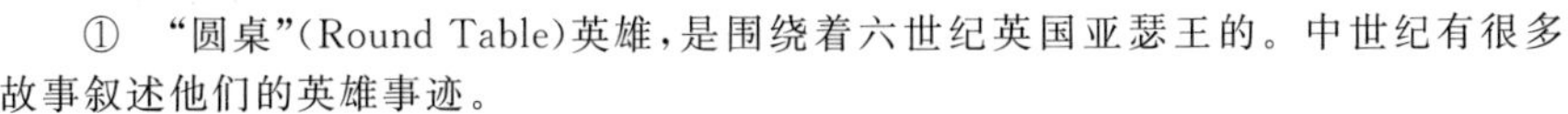

① “圆桌”(Round Table)英雄，是围绕着六世纪英国亚瑟王的。中世纪有很多故事叙述他们的英雄事迹。

② 查理曼大帝和罗兰的英勇事迹是法国史诗《罗兰之歌》的主题。

③ 指“熙德诗”(Poema del Cid)，歌颂熙德的英勇事迹的西班牙史诗。

④ 指《罗兰之歌》中查理曼和罗兰的敌人。

⑤ 《列那狐的故事》是一部讽刺中世纪封建关系的寓言，戏拟英雄故事诗，其中狮子是国王，列那狐是个诡计多端的英雄。

c2）在英雄时代的情况里，主体既然和他的全部意志、行为和成就直接联系在一起，所以他也要对他的行为的后果负完全责任。我们现代人却不然，如果我们有所行动，或是评判一种行动，我们就须要求主体对他的行动和他完成这行动的情境要认识清楚，才能要他对这行动负责任。如果情境的内容是另样的，客观现实所具有的特性不是像主体在行动时所认识到的那样，现代人就不会对他所做的事负完全责任，如果由于对情境的无知或误解而做出与本来意志相违的事，他就会拒绝负责，他只会承认他认识清楚的，并且根据这种认识，下过决心，蓄过意图而做出来的事。但是英雄性格就不作这种分别，而是要以他的全部个性对他的全部行动负责。举例来说，俄狄普斯[①]在去求神降预言的途程中和一个人发生争执，就把他打死了。在那个好勇斗狠的时代，这种行为并不算什么罪行；本来那人对俄狄普斯就很凶狠，但是那人正是他的父亲。他和一位王后结了婚；这位妻子就是他的母亲，他在不知不觉中犯了蒸淫的罪过。但是知道了之后，他完全承认了这宗罪行，把自己当作一个弑父娶母者来惩罚，尽管打死父亲娶母亲既出于他的无知，就不出于他的意志。独立自足的坚强而完整的英雄性格就不肯卸脱自己的责任，也不认识到主观意图与客观行动及其后果之间的这种矛盾，而在近代，每一个人的行动都和旁人有千丝万缕的纠葛和牵连，他就尽可能把罪过从自己身上推开。在这一点上，我们近代人的观点是比较符合道德的，因为主体方面对于情境

① 俄狄普斯（Odipus）是希腊大悲剧家索福克勒斯的有名的三部悲剧中的主角。预言说他将来要杀父娶母，所以生下后就被抛弃。他被一位牧羊人养大了，在回家路上和一个人争执，他就把那人打死了。他逃到了忒拜国，解救了那国的灾难，国人奉他为王，娶了前王的王后。后来发现那被打死的人正是他的父亲，王后正是他的母亲。

的知识、对于善行的信心以及行动时内在的意图这三件事是道德行为的主要因素。但是在英雄时代里，个人在本质上是个整体，客观行动既是由他做出来的，就始终是属于他的，主体也愿意要把他所做的事看成完全是由他做的，对它的后果负完全的责任。

英雄时代的个人也很少和他所隶属的那个伦理的社会整体分割开来，他意识到自己与那整体处于实体性的统一。**我们现代人**却不然，我们根据现时流行的观念，把自己看作有私人目的和关系的私人，和上述整体的目的分割开来。个人所作所为都是根据他私人的人格，目的也是为自己，因此他只对他自己的行动负责，而不对他所属的那个实体性的整体的行为负责。因此，我们把个人和家庭看作是有分别的。英雄时代的人却不知道有这种分别。祖先的罪过连累到子孙，整族的人都要为第一个犯罪的祖先遭殃：罪孽和过错所引起的厄运是遗传的。在我们近代人看，这种为祖先罪过而遭惩罚的情形是没有理性的，受盲目命运支配的。在我们中间，祖先的功绩不能使子孙受荣，祖先的罪恶和惩罚也连累不到子孙，也不能玷污子孙的主体性格；而且按照现代人的看法，连没收家庭财产这样的惩罚也就是破坏深刻的主体自由的原则。但是在古代的富有弹性的整体里，个人不是孤立的，而是他的家族和他的种族中的一个成员。因此，家族的性格、行动和命运就是每一个成员都有份的事。每一个人绝不推卸他的祖先的行为和命运，而是心甘意愿地把它们看成是自己的行为和命运；它们在他身上还活着，他的祖先是什么，他**就是**什么；他的祖先所忍受的和所犯的也就是他自己所忍受的和所犯的。在我们看，这种事实是残酷的，但是从另一方面看，只对自己负责的情况以及由此而来的主体的

独立自足性只是一种私人的抽象的独立自足性——而英雄时代的个性却是比较理想的，因为它不满足于形式的自由和无限，而是要和心灵关系中全部有实体性的东西经常结成直接的统一体，就是这些有实体性的东西才使它成为有生命的现实。有实体性的东西在这种统一体里是直接的个别的，因此，个别的人本身也就是有实体性的。

c3）从此可以看出，理想的艺术表现为什么在神话时代，一般地说，在较早的过去时代，才找到它的最好的现实土壤。这就是说，如果材料是从现在时代取来的，它们在现实中所现出的本有的形式在我们的观念中就完全是固定了的，诗人免不了要加上去的改变就很容易显得纯然是故意的矫揉造作。过去时代却不然，它仅属于记忆范围，而记忆本身就在人物性格、事件和动作上面蒙上一层普遍性的障纱，把外在的偶然的个别细节遮掩起来。一种动作或是一个人物性格的现实存在都和许多细微的间接的情境和条件以及许多个别的事件和行动联系在一起，而在记忆的图形里，这一切偶然现象却都消失了。如果动作，故事和人物性格是属于古代的，艺术家既然摆脱了外在的偶然现象，他在处理特殊的个别细节时，在艺术表现方式上就可以比较自由。他固然也要从历史记忆中取得内容，把它制造成为带有普遍性的形象，但是过去时代的图形，像上文所说的，作为图形，就已经有一个优点，即具有较大普遍性，而情境和关系中的许多媒介线索以及有限世界中全部与它相关的事实都可以供艺术家作为手段和据点，这样才不至于抹煞艺术作品所必有的个性。所以细看起来，远古英雄时代比起较晚的较文明的情况有这样一个优点：就是在英雄时代里，个别的性格

还不感觉到有实体性的、道德的、正义的东西是一种必然规律，跟他自己对立，因而直接现在诗人面前的就正是艺术理想所要求的。

举例来说，莎士比亚的许多悲剧就取材于编年纪事或古代故事，其中所叙述的情况还没有形成一种完全固定的秩序，个人的生命特点在他作决定和实现决定中还是主要的决定因素。他的纯粹的历史剧却以纯然外在的历史事实为主要材料，所以距离理想的表现方式较远，尽管在历史剧里情境和动作还是由人物性格的坚强的独立自足性和自己的意志所产生的。这种历史剧中的人物性格所表现的独立自足性当然还只是一种很形式的独立自足性，而英雄性格的独立自足性却基本上同时要在他们所要实现的内容上发挥作用。

上面这个论点也可以驳倒一种论调，就是认为有某些情况最适合于表现理想，例如说，特别适合于表现理想的是牧歌式的情况，因为在牧歌式的情况中，本身有法律性和必然性的东西还没有和个人的生动的性格分裂开来。但是不管牧歌式的情境如何简单原始，不管它怎样故意地要摆脱文明时代心灵生活的枯燥气息，牧歌式的简朴从另一方面来看，即从它所特有的内容（意蕴）来看，就没有什么旨趣，可以作为表现理想的基础和土壤。因为它没有英雄性格所有的那些重大的动机，例如祖国、道德、家庭等等，以及这些动机的发展。它的内容中心往往仅限于一只羊的丧失或一个姑娘的恋爱之类。所以牧歌体的艺术往往只是一种消愁遣闷的玩意儿，除此以外，有些作家，例如格斯纳①，还加上一些甜蜜温柔的味道。我们现代的牧歌情况还另有一个缺点：这种朴素风味，这种乡

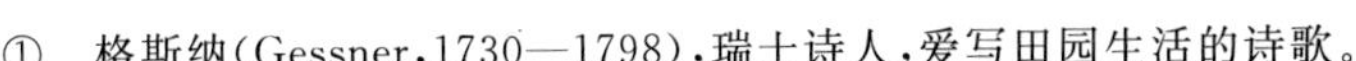

① 格斯纳（Gessner，1730—1798），瑞士诗人，爱写田园生活的诗歌。

村家庭气氛中讲恋爱或是在田野里喝一杯好咖啡之类的情感是不能引起多大兴趣的，因为这种乡村牧歌式生活和人生一切意义丰富深刻的复杂的事业和关系都失去了广泛的联系。在这方面，歌德的天才所以是令人惊赞的，在他的《赫尔曼和多罗蒂亚》[①]里，他也集中精力来运用牧歌类题材，从现代生活中抓住一种很窄狭的个别事件，但是，歌德却把当时革命与祖国的重大事件烘托出来，作为诗中牧歌情节的背景和气氛，这样就把本身窄狭的题材和最广泛的最重要的世界大事打成一片了。

一般地说，理想并不排除罪恶、战争、屠杀、报复之类题材，相反地这些现象往往是英雄时代和神话时代的内容和基础，在这种时代里法律和道德愈不发达，人物形象也就愈顽强、愈蛮野。例如在叙述骑士冒险的故事里，骑士们出外游行，本来是要铲除祸害，打抱不平，但是他们自己也往往做些横蛮放肆的事。宗教中殉道者的英勇气概也须假定当时情况是这样野蛮残酷的。但是就大体来说，基督教的理想着重内心生活的真挚深厚，所以对于外在世界情况是漠不关心的。

既然是特别在某一确定的时代才有比较适合理想的世界情况，艺术也就特别选择某一种确定的社会地位，才适合于表现这种世界情况的形象——这就是**君主**的社会地位。这并不是根据贵族主义和对于权势的爱好，而是因为意志和行动的完全自由在君主的形象里才得到实现。例如在古代悲剧里我们看到合唱队只是烘托心境、思想和情感的一种缺乏个性的一般场面，在这场面上剧中

① 这部诗的主题是18世纪沙尔兹堡新教徒被逐的故事，但是背景是法国大革命。郭沫若译作《赫尔曼与窦绿苔》（人民文学出版社出版）。

情节在发展着。然后从这场面上露出一些有个性的人物即操纵剧情的角色，这种人物总是属于王族的民众的统治者。至于处在被统治地位的人物如果在他们的窄狭的范围里有所举动，他们就到处给人一种受到压抑的印象；因为在文明国家的情况里，被统治者实际上在各方面都是依存的、被压迫的，而他们的情欲和意图也是完全受外在必然性压抑和限制的——因为在他们后面的那种市民社会秩序有不可动摇的威力，对这种威力他们简直无法抵抗，而且他们的主子们的专横意志就是等于法律，他们也非受它支配不可。现存关系所产生的这些局限就把被统治者的一切独立自足性都破坏无余了。因此，被统治阶层的情况和性格一般地比较适宜于喜剧和喜剧性的作品。因为在喜剧里，个人有权利随心所欲和随力所能地给自己估价。喜剧人物的特征在于他们在意志、思想以及在对自己的看法等方面，都自以为有一种独立自足性，但是通过他们自己和他们的内外两方面的依存性，这种独立自足性马上就被消灭了。这种假想的虚幻的独立自足性之所以消灭，是由于它碰上了外在的情境，与喜剧人物自己假想的身份不符合。这些外在情境的压力对于社会地位低的人们比起对于君主要大得多。席勒在《麦西纳的新娘》里所写的堂·塞莎说得很对："在我上面没有更高的法官。"①当他愿受惩罚时，他只有自己下判决书，自己执行。因为他不受任何法律方面的外在必然性支配，所以他要受惩罚，也要靠自己去惩罚自己。莎士比亚的人物形象固然不完全属于君主阶层，其中有一部分是根据历史而不是根据神话的，但是莎士比亚把他们放在内战时代，在内战中社会秩序和法律的约束力就削弱了或

---

① 注见下文264页④。

是破坏了，所以那些人物还是具有所需要的独立自足性。

b）散文气味[①]的现代情况

如果我们从上述情况转到我们现代的世界情况以及它的既已形成的法律、道德和政治的关系，我们就可以看出在当前现实中，理想形象的范围是很窄狭的。因为无论是在数量上还是在广度上，近代个人自作决定的独立自足性可以自由发挥效用的领域都是很小的。在这种情形之下，主要的题材只有当家主的品质，诚实以及良夫贤妻的理想——他们意志和行为都只能局限在很窄狭的范围里，只有在窄狭的范围以内，人作为个别主体才可以自由行动，才可以按照他自己个人的意愿成为他那样的人，做他所做的那样的事。但是这种理想究竟没有深刻的内容（意蕴），所以只有主体方面的心情才成为真正重要的因素。比较客观的内容是由当前各种既定的关系定出的，所以这种内容的主要兴趣只在于它（这内容）显现于个人生活和他的内在主体性，如道德之类的方式。因此在现代要想把法官和君主之类人物表现成为理想是不可能的。如果一个法官按照他的职务和责任所要求的去行事，他就只是奉行符合秩序的由法律规定的某种确定的职责，至于他的个性，如作风的温和、审察的锐敏等等所带给这种国家职务的贡献，并不是主要的有实体性的内容，而是无足轻重的附带的现象。就连现代的君主也不像神话时代的英雄那样是社会整体的具体的尖峰，而是一种多少是抽象的中心，限制在既已形成的由法律规定的一些制度的圈子里。现代君主已没有权力去决断重大的政府事务，他自身不

① 西文“散文气味”（prosaische），即“枯燥”。

能立法；财政、公共秩序和社会安全也已经不是他的专责，宣战与媾和也是由当前一般外界政治情况决定的，这些情况却与他个人的领导和力量无关。纵使这一切方面的问题待他作最后的最高的决断，这些决断的基本内容也不是按照他个人的意志，而是按照不由他作主的既已确定的情况，所以对于一般公众事务来说，君主的主观意志只是在形式上才是最高的。现代军队的主帅也是如此，他固然有大权，国家最重要的目标和利益都摆在他手里，要靠他的预见，他的英勇果决和他的聪明来就最重大的问题作出决断，但是这种决断之中可以归功于他的主体性格中或个人特性的究竟很少。因为一则目标是既已规定的，要他实现的、决定这些目标的不是他的个性而是他的力量所不能支配的客观情况；二则达到这些目标的手段也不是由他亲手造成的，而是由旁人替他造成的；这些手段并不由他支配或听命于他的个人性格，它们所处的地位和他作为一个军事领袖的个人性格毫不相干。

总之，在现代世界情况中，主体取此舍彼，固然可以自作抉择，但是作为一个个人，不管他向哪一方转动，他都隶属于一种固定的社会秩序，显得不是这个社会本身的一种独立自足的既完整而又是个别的有生命的形象，而只是这个社会中的一个受局限的成员。所以他只能困在这个社会圈子里行动，这样一种形象以及它的目的与活动的意义所能引起的兴趣都是非常个别的。因为归根结蒂，这种兴趣只限于要知道个人的遭遇如何，他是否侥幸地达到了他的目的，他的进程受到什么偶然的或必然的事故阻碍或促进，如此等等。近代的人格，作为主体来说，在情绪和性格方面虽是无限的，它虽然显现于它的动作和经历，以及法律和道德等方面，但是在这个人身上的法律的客观存在是受局限的，正如这个人本身是受局限的一样，它并不是有普遍性的法律道德和规章的客观存在，像在真正英雄时代的情况里那样。现代个人已不再像在英雄时代那样可以看成这些力量[①]的体现者和唯一现实了。

c）个体独立自足性的恢复

尽管一方面我们承认近代完全发达的市民政治生活情况的本质和发展是方便的而且符合理性的，但是另一方面我们却也不放弃而且永远不会放弃对于现实的个体的完整性和有生命的独立自足性所感到的兴趣和需要。所以我们对于席勒和歌德早年在诗歌里的意图，要在近代现实情况中恢复已经丧失的艺术形象的独立自足性，不能不表示赞赏。席勒在他的早年作品中怎样实现这种意图呢？只是通过反抗整个市民社会本身。卡尔·慕尔[②]受到了现存秩序和滥用职权者的屈辱，就索性跳脱了法律的范围。由于他有勇气打破压迫他的那些限制，他就创造出一种新的英雄时代情况，他就能成为人权的恢复者，以独立自足的精神对一切不正义、冤屈和压迫打抱不平。但是从一方面看，这种私人的报复在缺乏必有条件的情况之下是很渺小的孤立的，从另一方面看，这种报复只能导致违法犯罪，本身就带有不正义的因素，使它终归失败。就卡尔·慕尔来说，这是一种不幸，一种命运的乖舛；尽管带有悲剧性，这种强盗理想却只能叫儿童们悦服。在《阴谋与爱情》[③]里的

① 这些力量即上文所说的法律道德规章等。

② 席勒的第一部名剧《强盗》里的主角，典型的反抗暴政的斗士。

③ 席勒的第三部剧本，写一个穷女子与一个贵公子的恋爱，贵公子的父亲反对，阴谋让他的儿子娶公爵的姘妇，贵公子发疯，毒死爱人后自杀。

主角也是这样在压迫的恶劣情境之下要实现一些微细的私人意图和情欲，因而自惹痛苦。只有到了《斐埃斯柯》[①]和《堂·卡罗斯》[②]两部剧本里，主角才比较高尚些，因为他们所体现的是一种较有实体性的内容（意蕴），即解放祖国或维护宗教自由。更高一层的是华伦斯坦[③]。他手掌军权，成为政治局面的控制者。他认识到这种政治局面的力量，他所凭借的军队就依靠这种政治局面，所以他在意志与职责的冲突中长久犹疑不决。等到他刚作出决定，却发现他所信赖的军队脱离了他的掌握，他的工具破坏了。因为把将官们维系在一起的最后不是他们从华伦斯坦手里得到任命和升级的感恩图报，不是他作为主帅的威名，而是他们对普遍承认的政权的职责，他们对国家元首奥国皇帝效忠的誓言。所以他最后发现自己是孤立的，倒不是由于有一个外面的敌对的力量把他打败，而是由于失去了实现他的目的的一切手段；被军队遗弃了，他就完了。歌德在《葛兹·封·伯利兴根》[④]里采取了既相反而却又类似

① 席勒的第二部剧本，写一位意大利爱国志士斐埃斯柯推翻暴君的故事。

② 席勒的第四部名剧，写一位西班牙贵公子恋爱继母，得到一位忠实的朋友暗中帮助，引起国王的猜疑，结果那位朋友牺牲了自己，恋爱也归于失败。席勒在这部诗剧里写出了他自己的人生理想和政治见解。

③ 《华伦斯坦》是席勒的最后也是最重要的一部历史悲剧。华伦斯坦是三十年战争中在奥皇部下服役的一位名将，因为阴谋夺取波希米王位，被毕哥罗米出卖和揭露，被奥皇判罪，被手下将士杀死。

④ 歌德的《葛兹·封·伯利兴根》所写的是一位十六世纪的没落骑士想维护骑士阶层的自由，发动反抗罗马教廷势力的斗争。由于勾结教廷的诸侯压力过大，终于失败。他曾被起义的农民选为领袖，但是并不同情农民的暴力革命，这是他失败的原因。他的助手弗朗茨·封·济金根曾被拉萨尔用为主角写了一部作为封建骑士的垂死阶级代表来进行反封建革命的剧本。马克思在给拉萨尔的信中批判了这种矛盾，但马克思认为歌德是正确的，因为济金根自以为革命而葛兹并不自以为革命。"葛兹"、"华伦斯坦"和"弗朗茨"都是写十六世纪左右的骑士叛乱，但歌德和席勒都把主角当作叛乱的骑士写，揭露封建统治阶级的内部矛盾，而拉萨尔却把主角当作革命的英雄写，并且妄称弗朗茨的"革命"反映出一切时代任何一次革命，不但在悲剧英雄上，而且在对革命的认识上都表现出他的机会主义，所以马克思和恩格斯对他进行了严肃的批判。

的出发点。葛兹和弗朗茨·封·济金根的时代是很有趣的，当时骑士制度以及个人的贵族式的独立自足性由于一种新的客观秩序与法律制度的建立而遭到毁灭。选择这种中世纪英雄时代与受法律限制的近代生活之间的交接和冲突作为他的第一部作品的主题，这就足以见出歌德的卓越的见识。因为葛兹和济金根都还是英雄，还要凭借他们的人格、他们的勇气和正义感，独立自足地去控制他们的或大或小的圈子的情境；但是事物的新秩序使葛兹处在犯法地位，因而使他毁灭。只有骑士制度和封建关系在中世纪才是这种独立自足性的正当基础。到了散文气味的法定秩序日臻完备而且成为最高权威了，骑士的那种个人的冒险的独立自足性就不能存在了，如果有人还想顽强地坚持它是唯一有价值的东西，以骑士的身份去打抱不平，去援救受压迫者，那就造成滑稽，像塞万提斯所写的堂·吉诃德那样。

谈到这两种不同的世界观之间的这种矛盾以及在这种冲突中的个别人物的行动，我们就已达到上文已约略说及的一般世界情况的更精密的定性和差异，即一般称作“情境”的那一方面的问题了①。

---

① 论“一般世界情况”这一大段是最富于启发性的，也是最值得批判的。作者把艺术和社会制度紧密地联系在一起，见出艺术是政治经济基础的反映。他从历史发展观点检阅了世界情况的变迁及其对文艺的影响。他阐明他对于政治经济和法律道德的一些新兴资产阶级的看法，作为新兴资产阶级的代表，他奉个人的无限的独立自由为最高的人生理想和艺术理想，他认为这种理想在原始社会的英雄时代最易得到实现，一则因为个人与社会还未分裂对立，个人可以代表社会的普遍理想，二则因为政治经济法律道德尚未凝定和僵化为死板的制度，个人受社会的影响和约束还不大，有尽量自由发挥个人自由的余地。希腊文艺的高峰就建立在这个基础上。到了基督教的西方封建社会，骑士制度是“培养自由英雄性格和依赖自己个性的土壤”，君主与臣僚的关系建立在荣誉感上，没有死板法律或道德条文的约束，所以“每个人都能独立自主地根

2. 情境[①]

艺术有别于散文气味的现实，它的使命在表现理想的世界情况，而这种理想的世界情况，按照上文的研究，只能形成一般的精神方面的客观存在，因而只能形成个别形象表现的可能性，还不能形成个别形象表现本身。所以我们所看到的只是艺术中有生命的个别人物所借以出现的一般背景。这一般背景固然要借个别人物性格而开花结果，要依靠个别人物性格的独立自足性，但是作为一般的世界情况，它还没有显示出个别人物在现实生活的活动，就像艺术所建筑的庙宇还不是神本身的个别表现，而只是包含神的萌芽。因此，我们要把这种世界情况看作是本身不动的，看作统治它的那些力量的谐和，这也就是看作一种有实体性而同样可生效的存在状态，但是却也不应了解为所谓"天真状态"[②]。因为我们所说的是这样一种情况：在它的道德的充实与坚强之中，"分裂"那个怪物还只是酣睡着，而对于我们的观照来说，它只现出它的有实体

据他自己的意志和能力去行动"。这就产生了文艺复兴时代的卓越文艺。到了近代资产阶级社会，世界情况就变成散文气的了，社会制度成为铁板一块了。个人随时都受到社会的束缚和压力。"作为个人，不管他向哪一方转动，他都隶属于一种固定的社会秩序……只能在这个社会圈子里行动"，丧失了独立自由的主体性。个人既与社会分裂，就退缩到自私自利的狭小领域里，代表不了什么崇高的普遍理想。黑格尔在这里见出了近代资产阶级社会不利于文艺发展的情况。他对于近代资产阶级文艺的评价是不高的，对它的前途也是悲观的。但是他没有看到资产阶级的病根在于阶级的剥削和压迫，更没有看到社会主义时代个人与社会统一，人人当家作主的真正的自由与无限。

① 依黑格尔，艺术形象的决定因素首先是"普遍的世界情况"，即一个时代的总的情况，其次是"情境"，即某一个别人物和某一个别情节所由产生和发展的具体情境。例如歌德的《浮士德》所写的普遍世界情况是文艺复兴时代的人生理想，其具体情境就是浮士德的个人遭遇。

② 无对立矛盾状态。

性的统一那一方面，因而个别人物性格还只是以一般的样式出现，还见不出它的定性在发挥作用，不经过什么重要的破坏，就无踪无影地重新消失了。个别人物性格必须有本质上的定性，如果理想要作为有定性的形象出现在我们面前，它就有必要不只是停留在它的普遍性或一般状态上，而是使一般的东西外现为特殊的样式，只有这样，它才得到客观存在和显现。就这一点来看，艺术所要描绘的就不仅是一种一般的世界情况，而是要从这种无定性的普泛观念进到描绘有定性的人物性格和动作。

所以从个别人物方面看，这普遍的世界情况就是他们面前原已存在的场所或背景，但是这种场所必须经过具体化，才见出情况的特殊性相，而在这种具体化过程中，就揭开冲突和纠纷，成为一种机缘，使个别人物现出他们是怎样的人物，现为有定性的现象。但是从世界情况方面看，个别人物的这种自我显现固然是由普遍性到一种有生命的特殊个体的转变，也就是到一种定性的转变，但是在这种有定性的个体里，普遍的力量[①]还是占统治的地位。因为得到定性的理想，从它的本质方面来看，是用一些永恒的统治世界的力量作为它的有实体性的内容（意蕴）的。只是单纯的情况所能获得的那种存在方式却不配作为这种内容（意蕴）。情况有一部分是取习惯的形式，而习惯却不符合上述那种最深刻的旨趣的心灵自觉性；它又有一部分只是由于个别人物性格的偶然性和任意性，通过这种个别人物的自发活动，我们才能见到上述旨趣出现于

① Allgemeine Mächte，即普遍的精神力量，亦即上文所谓“有实体性的东西”，本身还是抽象的，要体现于具体的人物形象，才得到客观存在，才成为“得到定性的理想”。

实际生活，但是与本质无关的偶然性和任意性也不符合本身真实事物的概念所由形成的那种有实体性的普遍性。因此我们须寻求一种既更有定性而又更有价值的艺术显现，来表现理想的具体内容（意蕴）。

这些普遍的力量只有通过显现于它们的本质的差异面和一般动态，或则说得更精确一点，只有通过显现于它们的互相矛盾，才能在它们的客观存在里获得这种新的形象表现。在由普遍的东西这样转化而成的特殊性相里可以分出两个方面：第一方面是实体，即普遍力量的全部，通过这些普遍力量的特殊化[①]，实体就分化为一些独立的部分；第二方面是个别人物，他们作为这些普遍力量的积极体现者而出现，并且给予这些力量以个别形象。

但是因上述转化过程而产生的本来和谐的世界情况和它的个别人物两项之间的差异对立和矛盾，就它们对这世界情况的关系来看，就是世界情况本身所含的本质的内容（意蕴）显现出来了；反过来说，含在这世界情况里的有实体性的普遍的东西是以这种方式转化为特殊个体：这普遍的东西使自己成为客观存在，在这过程中这普遍的东西就显现出偶然性、分裂和纠纷的现象，但是由于这普遍的东西究竟在这现象里现出它本身，它也就跟着把这现象再消除或否定了。

但是这些普遍力量的彼此分裂以及它们在个别人物中的自我实现[②]，只有在有定性的环境和情况中才能发生，在这种有定性的环境和情况之下，并且作为这种有定性的环境和情况，一切现象才

① 即具体化，因此见出差异面，有对立矛盾。
② 英译本作“对象化”或“客观化”，即普遍性在具体事物中实现。

能出现于客观存在，或是这种有定性的环境和情况才成为对这种实现的推动力。单就它本身来看，这种环境并没有什么重要，只有就它对人的关系来看，它才获得它的意义，通过人的自意识，上述那些精神力量的内容才积极转化为现象。因此，外在环境基本上应该从这种对人的关系来了解，因为它的重要性只是从它对于心灵的意义得来的，这就是说，它的重要性要看它怎样为个别人物所掌握，因而成为一种机缘，使个别形象表现的内在心灵需要、目的和心情，总之，它的受到定性的生命，得到存在。作为这种更切近的机缘，有定性的环境和情况就形成情境。情境就是更特殊的前提，使本来在普遍世界情况中还未发展的东西得到真正的自我外现和表现。因此，我们在研究真正的动作之前，先须确定情境这个概念。

一般地说，情境一方面是总的世界情况经过特殊化而具有定性，另一方面它既具有这种定性，就是一种推动力，使艺术所要表现的那种内容得到有定性的外现。特别是从后一个观点看来，情境供给我们以广阔的研究范围，因为艺术的最重要的一方面从来就是寻找引人入胜的情境，就是寻找可以显现心灵方面的深刻而重要的旨趣和真正意蕴的那种情境。在这方面不同的艺术有不同的要求，例如在表现情境的内在的丰富多彩性方面，雕刻是受局限的，绘画和音乐就比较宽广些、自由些，取之不尽用之不竭的莫过于诗。

因为我们还没有走到各别艺术的领域，在这里只能提出一些一般性的观点，把它们分开，依下列次第来讨论：

第一，情境在尚未转化为具有定性之前，还保持着普遍性的形式，也就是无定性的形式，所以在我们面前的起初只是一种像是无情境的情境。因为无定性的形式本身还是一种形式，和另一种形式，即有定性的形式相对立，所以它本身显出一种片面性和定性。

第二，情境由这种普遍性转到特殊化，转到一种真正定性，但是首先这还是一种平板的[1]定性，这种定性还没有产生矛盾和矛盾所必有的解决。

第三，分裂和由分裂来的定性终于形成了情境的本质，因而使情境见出一种冲突，冲突又导致反应动作，这就形成真正动作的出发点和转化过程。

所以情境是本身未动的普遍的世界情况与本身包含着动作和反应动作的具体动作这两端的中间阶段。所以情境兼具前后两端的性格，把我们从这一端引到另一端。

a）无情境（无定性的情境）

普遍世界情况的形式，即艺术理想所应把世界情况表现出来的形式，是既个别而又本身见出本质的独立自足性。单就它本身来看，这种独立自足性所产生的首先只是一种在严峻的静穆中泰然自足的神情。这样有定性的形象所以还没有跳出自己的范围而同其他事物发生关系，内外都处于自禁闭状态，只是和它本身处于统一体。这就是无情境，例如在艺术起源时的古代庙宇建筑就是如此，在风格上它们表现出深刻的屹然不动的严肃、静穆、乃至于

① Harmlos，原义是“无害的”，因为它所指的是尚未见出矛盾对立的情境，所以译“平板的”。

严峻，却又宏壮的崇高气象。这种类型在后代还被人摹仿过。埃及的和古希腊的雕刻也产生这种无情境的印象。在基督教的造型艺术里神或耶稣也是这样表现的，特别是在半身雕像里。一般地说，这种无情境的表现方式很适宜于见出神性的庄严（无论是把神性作为有定性的个别的神来了解，还是把它作为本身绝对的人格来了解）；尽管中世纪的人物画像也还是缺乏有定性的情境，不能表现个别人物的性格，所以通常只能把性格的整体很呆滞地表现出来。

b）有定性的情境处在平板状态

情境一般既然要靠有定性，所以第二步就是要跳开上述无情境的静止和沐神福的静穆，跳开独立自足性本身的严峻状态。这样，本来无情境的也就是内外都静止不动的形象就要动起来，就要放弃它的空洞和简朴。但是这下一个步骤，即用个别外在事物作更具体的表现的步骤，虽然是有定性的情境，却还不是在本质上见出差异和冲突的情境。

这种初步的个性化的表现所以还不能产生什么进一步的结果，因为它还没有和其它事物处于敌对性的对立，因而不能引起什么反应动作，在它的无拘无碍的状态中，它本身就已完满了。在大体上应看作游戏的那一类情境就属于这一种，因为游戏里面所发生的和所做的事都见不出真正的严肃性。只有通过矛盾对立，对立的某一方面遭到了否定和克服，行为和动作才能见出严肃性。所以游戏这一类情境既不是动作本身，也不是激发动作的机缘，而只是时而是虽有定性而本身仍太简单的情境，时而是一种行动，本身没有由冲突产生，也没有导致冲突的那种重要严肃的目的。

a）进一步就是由无情境的静穆转到运动和外现，这可以是单纯的机械运动，也可以是某种内在需要初步发生作用和得到满足。举例来说，埃及人在他们雕刻形象中把神描绘成为双手双脚都紧束在一起，头不动，胳臂紧靠着身体。希腊人就不然，他们让手足不紧靠着身体，让身体取行走的和发出多样动作的姿势。希腊人有时也用这种简单的情况来表现他们的神，例如休息、坐着、向上静观；这类情况固然适宜于表现出独立自足的神的形象中某一种定性，但是这种定性还没有与更广泛的事物发生关系，还没有碰到矛盾对立，它只是处于自禁闭状态，只是在它本身上才有意义。属于这种最简单情境的特别是雕刻，而最擅长于寻找这种无拘无碍情况的特别是古人①。他们在这方面显出高度的智慧，因为所采用的情境愈简单，他们的理想的崇高和独立自足性也就愈显得突出，所采用的行动和不行动愈是平板的、不关重要的、永恒的神的静穆和常住不变性也就愈清楚地现在目前。所以这种情境只是扼要地把一个神或英雄的特殊性格显示出来，不让他与其他神发生关系，或是造成敌对和分裂。

b）如果情境显示出某一种特殊目的在它本身以内达到了实现，某一种行动与外在界发生了关系，并且在这种定性范围之内表现出在它本身以内的独立自足的内容（意蕴），那么，情境就算更进一步得到了定性。但是这些外现还没有扰乱形象的静穆与沐神福的和悦状态，而是显得它们本身只是这种和悦状态的一种结果、一

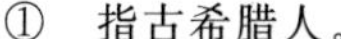

① 指古希腊人。

种确定的方式。在这方面希腊人的创造也是明智的、丰富的。要使情境无拘无碍，它所包括的行动就不能显得只是另一行动的开始，以至产生进一步的纠纷和对立，而是全部定性都要显得在这一行动中就可以完全见出的。梵蒂冈好景厅的阿波罗①所处的情境就是如此，雕刻家抓住了阿波罗刚用箭射死了庇通，就以胜利者雄赳赳的姿态向前迈步的那一顷刻。这种情境已经见不出早期希腊雕刻的那种庄严的简朴，不像它们那样用无足轻重的外在情境把神的静穆和童子似的纯真表现出来：例如爱神维纳斯刚出浴，意识到自己的威力，静静地向前望着；林神们和山妖们在嬉游，这种嬉游的情境就自成一种天地，不牵涉到而且也不应牵涉到其它事物；山妖抱着幼小的酒神，带着微笑和无限的温柔妩媚看着这小孩；小爱神在进行着多种多样的类似的无拘无碍的活动——这一切都是早期希腊雕刻所取的情境的例证。反之，如果行动更具体，情境就比较复杂，它就不适宜于用在雕刻中来把希腊诸神的独立自足的威力表现出来，因为个别的神的纯粹的普遍性就会被他的行动中许多细节遮掩起来了。毕迦里②在他所雕的交通神麦库理——就是路易十五赠给德国无忧宫雕刻展览室的那一座——描绘这个神在系飞鞋带子。这是一种完全平淡的动作。陶瓦尔德生③所雕的麦库理却不然，他所选的情境对于雕刻是过于复杂了。麦库理一方面刚放下自己的笛子，细心静听玛西亚斯④吹笛，一方面瞟着杀玛

① Belvedere Apollo，希腊著名雕刻，现藏梵蒂冈艺术馆。庇通是妖蛇，被阿波罗射死。

② 毕迦里(Pigalle，1714—1785)，法国著名雕刻家。

③ 陶瓦尔德生(Thorwaldsen，1770—1844)，丹麦著名雕刻家。

④ 玛西亚斯(Marsyas)，希腊神话中的著名的吹笛手，常和诸神竞赛吹笛。

西亚斯的机会，心怀恶意地抓住隐藏起来的一把剑。反之，提一件比较近的艺术作品来说，路多尔夫·夏朵[①]所雕的系鞋带的女郎是和上面说过的麦库理在做同样简单的事，但是这种平淡的情境却不能像一个神在安闲自在地系鞋带那样能引人入胜。一个女郎系鞋带，她就只是在系鞋带，这件事本身是无意义的，无足轻重的。

c）从此就得出第三个结论，得到定性的情境一般可以看作一种纯粹外在的较确定或较不确定的原因，这原因成为一种机缘，引起与它多少相关的更较广泛的表现。例如许多抒情诗就是用这种机缘式的情境。一种特殊的心境的情感形成一种情境，可以用诗的方式来认识和掌握，并且和庆祝、胜利之类外在环境联系在一起，就导向情感和思想的这一种或那一种或宽或窄的表现和形象。在最高的意义上，品达的颂歌[②]就是这种应合机缘的诗。歌德也常用这种抒情的情境作材料。在较广的意义上甚至他的《维特》也可以叫做应合机缘的诗，因为通过维特把他自己心头的烦恼痛苦，自己的心事，表现于艺术作品。抒情诗人本来一般地都在倾泻他自己的衷曲。借这种倾泻，原来闷在心里的东西就解放出来，成为外在的对象，借此我们一般人也得到解放，正如眼泪哭出来了，痛苦就轻松些。歌德就说过，通过《维特》的写作，他解脱了他所描写的那种内心痛苦的重压。但是《维特》里所写的情境已不属于现在讨论的这个阶段，因为它所掌握和发展的是最深刻的矛盾。

① 路多尔夫·夏朵(Rudolph Schadow,1786—1822)，德国雕刻家。

② 品达(Pindar)，公元前 6 世纪希腊抒情诗人，他的作品大半是歌颂战争胜利和当时当权人物的。

这种抒情的情境一方面固然可以现出某一种客观情况，某一种对外在世界的活动，但是在另一方面，这种情境中的心情本身的内在色调也须摆脱一切原来外在的关系，回到它本身，把它的内在情况和情感作为出发点。

c）冲突

以上所说的一切情境，像我们已经约略指出的，本身既不就是动作，一般也不是激发真正动作的原因。这些情境的定性仍然或多或少地只是纯粹机缘式的情况或是一种本身无意义的行为，其中一种有实体性的内容（意蕴）借这样一种方式来现出：定性像是一种无害的游戏，用不着有真正的严肃性。只有在定性现出本质上的差异面，而且与另一面相对立，因而导致冲突的时候，情境才开始见出严肃性和重要性。

就这一点看来，冲突要有一种**破坏**作为它的基础，这种破坏不能始终是破坏，而是要被否定掉。它是对本来谐和的情况的一种改变，而这改变本身也要被改变掉。尽管如此，冲突还不是**动作**，它只是包含着一种动作的开端和前提，所以它对情境中的人物，只不过是动作的原因，尽管冲突所揭开的矛盾可能是前一个动作的结果。例如古希腊悲剧三部曲的次第就是如此，从头一部剧本的终局产生出第二部的冲突，而这个冲突又要在第三部里要求解决。因为冲突一般都需要解决，作为两对立面斗争的结果，所以充满冲突的情境特别适宜于用作剧艺的对象，剧艺本是可以把美的最完满最深刻的发展表现出来的。至于建筑却不能充分表现出可以显现伟大心灵力量的分裂与和解的那种动作，就连绘画，尽管它的范围是广阔的，也永远只能把动作的某一顷刻呈现到眼前①。

但是这些严肃的情境却引起它们所特有的，按照它们的概念就不可免的一种困难。它们要依靠破坏，而且它们所产生的一些情况是不能久存的，因此就必然要有一种导致转化的助因。但是理想的美在于它的未经搅扰的统一性、静穆和自身完满。冲突破坏了这种和谐，使本身统一的理想有了不协调和矛盾。要表现这种破坏，理想本身也就会受到破坏，这里艺术的任务可以只在两方面，一方面是使自由的美在这种差异中必不至遭到毁灭，另一方面是使分裂和连带的斗争只暂时现出，接着就由冲突的消除而达到和谐的结果，只有这样，美的完满的本质才能现出。究竟应该把这种不协调推演到什么界限呢？我们不能定出一种普遍的原则；因为就这一层说，每种艺术须服从它自己的特性。例如内在的观念比起直接的知觉经得起较大程度的分裂。因此，诗在表现内在情况时可以达到极端绝望的痛苦，在表现外在情况时可以走到单纯的丑。造型艺术却不然，在绘画里尤其在雕刻里，外在形象是固定不变的，不能取消掉，不能像音乐的曲调刚飞扬起来就消逝掉。在绘画雕刻里如果在丑的东西还没有得到克服时就把它固定下来，那就会是一种错误。因此，凡是戏剧所能表现得很好的不尽能在造型艺术里表现出来，因为在戏剧里一种现象可以出现一顷刻马上就溜过去。

在这里我们还只能概括地讨论冲突的一些更切近的方式。我们应该从三个主要方面来研究：

① 这是莱辛在《拉奥孔》里的主张：造型艺术只能在动作时间中抓住某一顷刻来表现，不像诗那样能叙述动作的过程。

第一，物理的或自然的情况所产生的冲突，这些情况本身是消极的、邪恶的，因而是有危害性的；

第二，由自然条件产生的心灵冲突，这些自然条件虽然本身是积极的，但是对于心灵，却带有差异对立的可能性；

第三，由心灵性的差异面产生的分裂，这才是真正重要的矛盾，因为它起于人所特有的行动。

a）关于第一种冲突，它们只能作为单纯的原因而发生作用，因为这里所涉及的只是外在的自然，以及自然所带来的疾病、罪孽和灾害，这些东西破坏了原来的生活的和谐，结果造成差异对立。单就它们本身来看，这一类冲突是没有什么意义的，其所以采为艺术的题材，只是因为自然灾害可以发展出心灵性的分裂，作为它的结果。例如欧里庇德斯的悲剧《阿尔克斯提斯》[①]——格吕克[②]的歌剧《阿尔克斯提斯》也就取材于此——是以阿德默特的病为前提的。疾病本身并不足以为真正艺术的对象，欧里庇德斯之所以采用它，只是就它对于患病的人导致进一步的冲突。预言告诉了阿德默特，如果他找不到一个替身替他到阴间，他就必死。阿尔克斯提斯自愿牺牲，决定替死，来挽救她的丈夫、她的儿女的父亲和她的国王。索福克勒斯的悲剧《斐罗克特》[③]的冲突也是以身体上的灾祸为基础。希腊人在远征特洛伊途中把斐罗克特放在勒姆诺斯

① 阿尔克斯提斯(Alkestis)是阿德默特的妻子，阿德默特病在必死，她到阴间替丈夫做替死鬼，但是后来她由赫克里斯救回到人间。欧里庇德斯用这个传说作了一部悲剧。

② 格吕克(Gluck，1714—1779)，德国著名作曲家，他的歌曲多取材于希腊悲剧。

③ 《斐罗克特》(Philoktet)这部悲剧的故事在正文已经说得很清楚。后来特洛伊王子巴里斯就是被他这支箭射死的。参看下文 287 页注②。

岛上，因为他在克里莎斯被一条毒蛇把他的脚咬伤了。这里身体上的灾祸也只是进一步冲突的最远的原因和出发点。因为按照预言，只有到了赫克里斯的箭落在攻城军的手里，特洛伊城才能打下，而斐罗克特却拒绝把这支箭交给他们，因为他们很不公道，把他丢在勒姆诺斯岛上，让他受过九年的痛苦。这个拒绝以及引起它的那个不公道的待遇可能产生和实际产生的迥然不同的一种结果，因此真正的兴趣不在他的足疾和连带的痛苦，而在他拒绝交箭所引起的矛盾。希腊军营的瘟疫也是如此，这在剧本里本来是看作从前一种罪过的结果，即看作一种惩罚。一般说来，追究风暴、沉船、旱灾之类自然灾祸的原因较适合于史诗而不适合于戏剧。总之，艺术对于灾祸，并不是把它只作为一种偶然事件来表现，而是把它作为一种阻碍和不幸事件来表现，这种阻碍和不幸事件按其必然性只能取这种形象而不能取另一种形象。

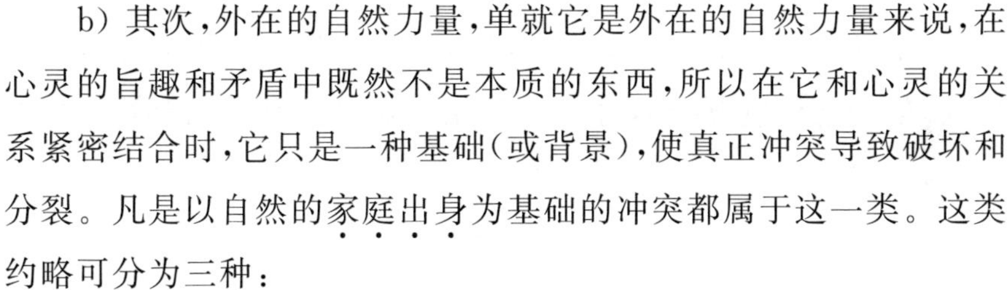

b）其次，外在的自然力量，单就它是外在的自然力量来说，在心灵的旨趣和矛盾中既然不是本质的东西，所以在它和心灵的关系紧密结合时，它只是一种基础（或背景），使真正冲突导致破坏和分裂。凡是以自然的**家庭出身**为基础的冲突都属于这一类。这类约略可分为三种：

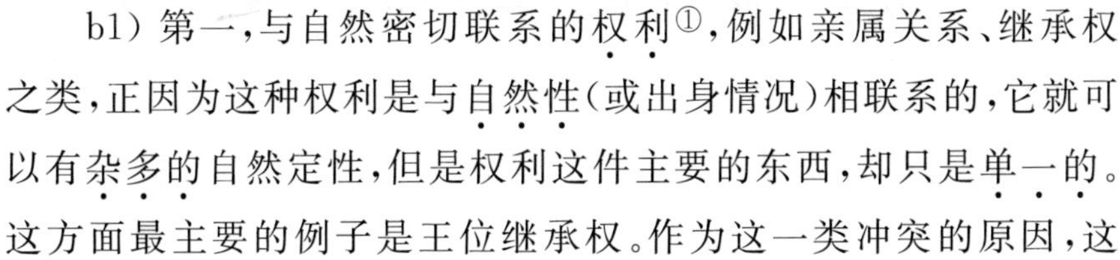

b1）第一，与自然密切联系的**权利**①，例如亲属关系、继承权之类，正因为这种权利是与**自然性**（或出身情况）相联系的，它就可以有**杂多的**自然定性，但是权利这件主要的东西，却只是**单一的**。这方面最主要的例子是王位继承权。作为这一类冲突的原因，这

① 西文 Natur 有“自然”、“诞生”两义，“自然权利”即生来就有的权利，或根据家庭出身的权利。

种继承权不应该是明白规定的，否则冲突就会属于另一类型。如果这种继承权还没有由法律明文和它所代表的社会秩序加以规定，哥哥、弟弟，或是皇室的其他亲属就都可以承位统治，谁继承都不能看作是违法的。因为统治权关质不关量，不像金钱和货物那样可以很公平地分摊，所以总不免引起争执和纠纷。例如俄狄普斯死了，没有指定继承人，他的两个儿子就都有同样的继承权，他们约定逐年轮流居王位，其中艾提阿克理斯破了约，于是波里涅开斯就带兵打忒拜，来维护他的权利①。弟兄间的仇恨在各时代都是艺术中的一个突出的冲突，从《旧约》里该隐杀他的兄弟亚伯就已开始了②。在波斯最早的英雄故事《夏拿墨》里，王位的争夺也是许多斗争的出发点。斐里杜把土地分给三弟兄，色尔姆分得腊姆和查维尔，屠尔分得都兰和德金，伊越基则统治伊朗。但是三人都要争夺弟兄的土地，于是就酿成无穷的纠纷和战争。在基督教的中世纪，家族朝代的纷争故事也是说不完的。但是这种纠纷本是偶然的，弟兄互相敌视的事情本身并无绝对必然性，所以这种纠纷还必须有别的情况和更基本的原因，例如俄狄普斯的两个儿子的诞生本身就很不祥③，或是像在《麦西纳的新娘》里，席勒设法把两弟兄的争执归咎于较高的命运④。莎士比亚的《麦克伯》也以同

---

① 艾提阿克理斯到年终不肯让位，波里涅开斯便借外援进攻他的祖国忒拜，在交战中两兄弟都打死了。这是索福克勒斯的《七英雄进攻忒拜》悲剧的主题。

② 见《创世记》第四章。

③ 俄狄普斯在不知不觉中误和自己的母亲结了婚，生下了这两兄弟。

④ 《麦西纳的新娘》(*Braut von Messina*)，席勒摹仿希腊悲剧的作品，写麦西纳王后在临产之前，预言者说生下来的孩子将来要致两个哥哥于死命，因此在生下一个女儿之后，王后就秘而不宣，把女儿藏起。后来女儿长大了，两个哥哥不知道她的出身，都争着要娶她，结果两人都送了命。

样的冲突为基础①。邓肯是国王,麦克伯是他的最近而且最长的亲属,所以在王位继承上他比邓肯的儿子还有优先权。但是邓肯却指定他的儿子继承王位,这件不公正的事就替麦克伯的罪行造成了最初因。麦克伯的这一点可辩护的理由在编年纪事史里是载明了的,但是莎士比亚却把它完全抛开,因为他的目的只在把麦克伯的欲望写得可怕,来讨好英王詹姆士一世,把麦克伯写成一个罪犯,才符合英王的利益。因此,按照莎士比亚的处理方式,我们找不到理由来说明麦克伯不杀邓肯的儿子们而让他们逃走,贵族们也没有想到这件事。但是《麦克伯》这剧本的全部冲突已经超过了我们现在所谈的这阶段的情境的范围了。

b2）这类冲突的第二种情境是和上述第一种相反的,其中出身的差别——这本身就是一种不公平的事——由于习俗和法律的影响变成了一种不可克服的界限,好像它已是一种习惯成自然的不公平的事,因此成为冲突的原因。奴隶地位,农奴地位,等级的差别,在许多国家里犹太人的处境,以及在某种意义上贵族出身与市民出身的矛盾都属于这一种。这种冲突在于按照人的概念,人有人应有的权利、关系、欲望、目的和要求,而由于上述的出身差别中某一种关系,它们仿佛受到一种自然力量的阻碍和危害。关于这种冲突,可说的话如下:

阶级的分别,统治者与被统治者的分别等等当然是重要的而且合理的,这些分别根源在于全部国家生活所必有的分工组织,它们在职业、方向、思想方式和整个精神文化各方面都可以见出。但

① 麦克伯谋杀了国王邓肯,篡了位,但是不久邓肯的两个儿子就举兵报了仇,麦克伯发疯自杀了。

是从个别的人来看，如果这些分别全由出身地位来决定，因而一家族中的每个人都不是由于自己，而只是由于自然中某种偶然现象，就投到某一阶级或等级，永远无法改变他的地位，这就不能应用上述的看法，说是合理的了。因为在这种情况下，这些分别本来只是从自然出身来的，却具有最大的力量去决定个人命运。这种阶级分别的固定性和威力是怎样起来的，不在我们现在讨论的范围之内。一国人民可能本来是整一的，到后来才形成自由人与奴隶之类出身分别；等级、阶级、特权者之类分别也可能原来起于民族与种族的分别，例如印度的等级就有人以为是这样起来的。对于我们这是无关宏旨的。要点在于这类支配个人整个生命的生活关系（社会关系）是由自然出身地位来决定的。按照事物的概念来说，阶级的分别当然是有理由可辩护的，但是个人凭自由意志去决定自属于这个或那个阶级的权利却也不应被剥夺去。只有资禀，才能，适应能力和教育才应该有资格在这方面作出决定。如果一个人从出生时起就被剥夺去这种选择的权利，他因此就被迫服从自然和它的偶然性，在这种不自由的情况之下，就可能造成出身阶级替个人所定的地位与他的精神文化及其连带的合理的要求之间的冲突。这是一种悲惨的不幸的冲突，因为它来自一种不公平，这种不公平不是真正自由的艺术所应敬重的。按照我们现代的情况，除掉一小撮人以外，阶级分别是与出身地位无关的。只有统治的王室和贵族才是例外，他们是根据国家本身概念的较高的考虑而来的。至于就其余的人来说，出身地位对于阶级关系却不发生本质上的分别，每个人可以按他的能力和志愿，爱属于哪个阶级就属于哪个阶级。因此我们把这种完全自由的要求结合到另一要求上去，就是在教养、知识、能力和思想方式等方面，一个人必须能符合他所选择的阶级。如果一个人按照他的精神方面的能力和活动本有资格属于某一阶级，而他的出身地位却成为一种不可克服的障碍，使他不能属于那个阶级，这对于我们现代人来说，不只是一种不幸，而且在本质上还是一种冤曲，他就算遭到了冤曲。仿佛有一堵纯是自然的本身不合理的隔墙把他隔住了，按照他的聪明才能，他的情感和内外的修养，他本来可以跳越过这堵墙，可是现在这堵墙居然把他拦住，使他达不到他本来有资格能达到的东西，这种自然情况只是由于人的任意武断，才具有这种合法的固定性，而正是这种自然情况对于本身合理的心灵自由设下了这种不可逾越的界限。

进一步估计这种冲突，我们可以看到以下三个主要的方面：

第一，个人必须凭他的心灵方面的优点就已经可以跳越过这种自然界限，使自然界限的力量屈服于他的愿望和目的，否则他的要求就还是愚蠢的。例如一个仆人只有一个仆人的教养和才能，如果爱上了一个公主或贵妇人，或是一个公主或贵妇人爱上了他，这种爱情只能是荒谬的、低级趣味的，不管这种情欲在艺术表现中显得多么深厚而热烈。这里真正的分界因素倒不是出身地位的分别，而是一整套的较高的旨趣，广泛的教养，生活目的和情感方式都使得一位在社会地位、财产和交游各方面都很高的贵妇人有别于一个仆人。这种爱情如果是双方结合的唯一桥梁，如果不同时包括人按照他的精神教养和社会地位关系所应有的生活方式，那就是空洞的、抽象的，只关性欲方面的。爱情要达到完满境界，就必须联系到全部意识，联系到全部见解和旨趣的高贵性。

第二种情形就是出身地位的依存性成为一种法定的起妨碍作用的枷锁，套在本身自由的心灵以及它的正当的目标上面。这种冲突也还是违反审美性的，与艺术理想的概念相矛盾的，尽管它是人们爱采用的而且用起来也是很容易的。如果出身地位的分别通过正规法律及其效力变成一种固定的冤曲，例如生而为印度最下等级的人或犹太人之类，那么，从一方面看，当事人完全有理由可以凭他的内心的自由去反抗这种障碍，认为它是可以解除的，自己可以不受它约束。他有绝对的权利和这种障碍作斗争。但是如果由于当前情境的关系，这种界限变成不可超越的，凝定为一种不可克服的必然状态，这就形成一种不幸的本身错误的情境。有理性的人在这种必然状态面前既然没有办法克服它，就只得向它屈服，他就不应该反抗，就应该安安静静地忍受这种不可避免的局面；他就应该放弃这种界限所不容许的旨趣和要求，用无抵抗的忍耐的勇气去忍受这种无可奈何的情境。在斗争不发生效用的地方，合理的办法就在于放弃斗争，这样至少还可以恢复主体自由的形式的独立自足性。因为这样办，那种冤曲对他就不再有什么力量；反之，如果他硬要抵抗它，他就必然见到他毕竟完全要受它的统制。但是无论是抽象的纯然形式的独立自足，还是无结果的斗争，都不能真正算得美。

第三种情况与第二种情形是密切相关的，也还是一样不符合真正的艺术理想。在这种情形下，有关的个人从出身地位的关系、宗教条文、国家法律和社会习惯得到某种特权，他就要求享受这种特权。按照实在的外在现实情况来说，这里确实有一种独立自足性；但是它本身是非正义的，不合理的，所以是一种虚伪的纯然形式的独立自足性，艺术理想的概念在这里就消失了。人们可能认为由于主体按照普遍法律行事，和这普遍法律处于融贯的统一，这种情形就还是符合艺术理想。但是有两种考虑使这种看法不能成立：第一，在这种情形之下，普遍的东西之所以有权力，并不在于这个当事人身上，像英雄理想所要求的那样，而在于国家权力，即实际法律及其执行上面；其次，当事人所要求享受的是一种非正义的事，这就丧失了我们所提到过的艺术理想所应有的那种实体性。理想的主体所关心的事必须本身是真实的、合理的。对于奴隶和农奴的法定的统治权，剥夺外国人的自由或是用他们作牺牲来献神的权利等等都属于这一类情况。要求这种权利的人当然自以为是维护正当的权利，例如印度的属于较高等级的人要利用一些特权，托阿斯命令把俄瑞斯特杀死献神①，以及俄国地主鞭挞他们的农奴之类；那些高高在上的人们都认为这些符合他们自己利益的事就是合法的权利。但是他们的这种权利只是野蛮人的一种非正义的权利，而他们自己既然规定而且实行这种绝对不正义的事，在我们看来，至少也就显得是些野蛮人。当事人所倚靠的这种法律对于他们的时代及其精神和教养标准来说，固然是应受尊重和维护的，但是对于我们来说，它却是完全是实际的②，没有什么道理和力量。如果当事人只是从个人情欲和自私动机出发，利用他的特权去实现他的私图，他就不仅是个野蛮人，而且是个品格恶劣

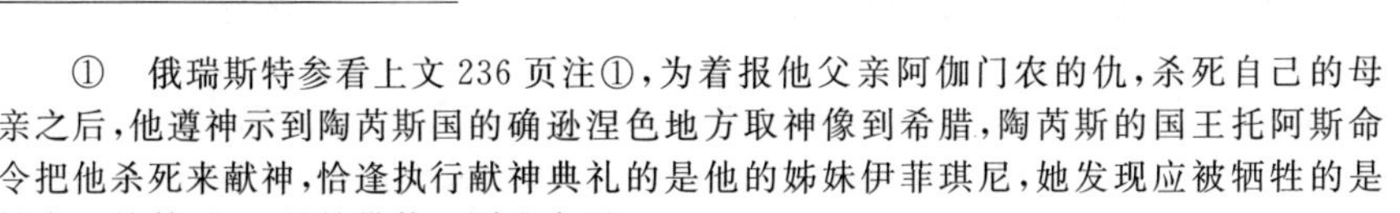
① 俄瑞斯特参看上文236页注①，为着报他父亲阿伽门农的仇，杀死自己的母亲之后，他遵神示到陶芮斯国的确逊涅色地方取神像到希腊，陶芮斯的国王托阿斯命令把他杀死来献神，恰逢执行献神典礼的是他的姊妹伊菲琪尼，她发现应被牺牲的是她自己的弟兄，于是就带他一同逃走了。

② Positiv，“有关某一特殊具体情境的”。（英译本注）

的人。

人们常常想用这种冲突来引起哀怜和恐惧——根据亚里士多德把哀怜和恐惧定为悲剧对象的原则——但是看到这种起于野蛮状态和过去时代不幸情况的特权的威力，我们既不发生恐惧，也不发生敬畏，而我们所能感到的哀怜也会马上就转变为愤恨。

因此，这种冲突只有一种真正的出路，那就是这种不正当的权利得不到实现，例如伊菲琪尼没有在奥里斯[①]被牺牲，俄瑞斯特也没有在陶芮斯被牺牲。

b3）植根于自然性的冲突最后还有一种，就是天生性情所造成的主体情欲。最显著的例子是奥赛罗的妒忌[②]。野心、贪婪乃至于爱情都属于这一类。

但是这些情欲只有在下列情况之下才会造成真正的冲突：它们成为一种原因，使得完全受这种情感支配的人违反了真正的道德以及人类生活中本身合理的原则，因而陷入一种更深的冲突。

这就可以使我讨论冲突的第三种主要方式了。这种方式的冲突的根源在于精神的力量以及它们之中的差异对立，因为这种矛盾是由人的行动本身引起来的。

c）在上文讨论纯粹自然的冲突时，我们已经提到它们的作用只在形成更进一步的冲突的枢纽。上文已经提到的第二类冲突多少也是如此。在意味比较深刻的作品里，这两类冲突都不能停留在上文所已提到的那种敌对状态，它们的这种骚扰和矛盾只是一

① 阿伽门农率希腊大军东征特洛伊，到奥里斯遇逆风，船不能行，须牺牲他的女儿伊菲琪尼以释猎神的怒，后来猎神怜悯她，让一只山羊代替了她，把她送到陶芮斯做猎神庙里的司祭。她救了俄瑞斯特，见 269 页注①。

② 见莎士比亚的悲剧《奥赛罗》；主角因受谗言，疑妻子不忠实，把她扼杀了。

种助因，使绝对是精神方面的一些生命力量在它们的差异中互相对立，互相斗争。凡是心灵性的东西只有通过心灵才能实现，所以精神方面的差异也必须从人的行动中得到实现，才能显现于它们所特有的形象。

总之，一方面须有一种由人的某种现实行动所引起的困难、障碍和破坏；另一方面须有本身合理的旨趣和力量所受到的伤害。只有把这两方面定性结合在一起，才是这最后一种冲突的深刻的根源。

属于这个范围的主要事例可以分别如下：

c1）当我们刚刚开始离开植根于自然的那一类冲突的范围时，紧接着的现在所要讨论的这种新的冲突还是和前一类冲突联系在一起的。但是这种冲突的根源既然应该在人的行动，所谓“自然的”就是人不是以心灵的身份所做出的事，也就是说，人不自觉地无意地做了某一件事，后来他才认识到那件事在本质上破坏了某种应受尊重的道德力量，这种情况就还是属于“自然”的范畴。后来他对他的行动有了认识，承认他原先没有认识到的那种破坏行为还是出于他自己的，这样，他就被迫进入分裂和矛盾。这冲突的根源就在于行动发生时的意识与意图和后来对这行动本身的性质的认识之间的矛盾。俄狄普斯和阿雅斯可以为例。俄狄普斯的行动，按照他的意志和认识来说，原只是在一场搏斗中打死了一个他所不认识的人；但是他的这个行动本身却是在不知不觉中杀了自己的父亲[①]。阿雅斯在一阵疯狂中杀了希腊军队中的一些牲畜，

① 俄狄普斯在不知不觉中杀父娶母的故事是索福克勒斯的一部著名的悲剧的主题，见240页注①。

把这些牲畜误认为希腊将领们。在神智恢复时，他看到了他干的是什么，对于他的行动就感到羞愧，陷入冲突①。这样被人不自觉地损害了的对象必须是他在按照理性行事时所敬重的。如果这种敬重只是由于一种无根据的见解和错误的迷信，那么至少是对于我们来说，有关的冲突就不能引起深刻的兴趣。

c2）但是我们现在所讨论的这类冲突既然应该是由人的行动所引起的一种对于精神力量的精神性的破坏，所以第二个重要原则就是：比较适合的冲突应起于意识到的而且由于这种认识和意图才产生出的破坏。这里的出发点还可以是情欲、暴力、愚蠢等等。例如特洛伊战争起于海伦后的私奔。后来阿伽门农牺牲了伊菲琪尼，这就伤害了她的母亲，因为杀的是她胎里养的最亲爱的女儿。克吕泰谟涅斯特拉②因此把她的丈夫谋杀了。俄瑞斯特为父亲兼国王报仇，就把他的母亲杀了。哈姆雷特的情形也很类似。他的父亲暗中被谋杀了，他的母亲很快就嫁了谋杀者，因而侮辱了死者的魂灵③。

在这些事例的冲突中，要点在于当事人所争求的对象本身是道德的、真实的、神圣的。如果不是如此，我们对于这种真正道德的和神圣的东西既然有所认识，我们就觉得这种冲突没有什么价

① 阿雅斯是希腊东征军的一个将领，希腊军中最勇猛的将领阿喀琉斯死后，阿雅斯和优里赛斯争着要死者的盔甲。这套盔甲却被分配给优里赛斯了，他在疯狂中把一群羊当作希腊将领们屠杀了，后来他发现错误，羞愧自刎。

② 克吕泰谟涅斯特拉是阿伽门农的妻子，伊菲琪尼和俄瑞斯特的母亲。参看236页注①。

③ 哈姆雷特的父亲是由他的叔父谋杀的，他叔父接着就和他的母亲结了婚。他的报仇是莎士比亚的悲剧《哈姆雷特》的主题。

值，没有什么真实性，例如著名的《摩诃婆罗多》①里关于纳拉斯和达玛央提的故事。国王纳拉斯和达玛央提公主结了婚。这位公主本来有权在求婚者之中作自由选择。其他的求婚者都是在空中飘荡的神怪，只有纳拉斯才站在地上，她很有见地，就选择了他。神怪们因此怀恨在心，瞟着机会想谋害纳拉斯。过了许多年，他们都找不出他的岔子，因为他没有做什么坏事。但是他们终于得到制伏他的权力，因为他犯了一宗大罪过，在小便之后，用脚践踏了尿湿了的土地。按照印度人的观念，这是一个不能免于刑罚的重罪。从此以后，神怪们就把他掌握在自己的权力之下，这个神怪引起他嬉戏的欲念，那个神怪怂恿他的弟兄去反对他，逼得纳拉斯最后丧失王位，变成穷丐，和达玛央提过着流离困苦的生活。最后他又被迫和她分离，经历了许多奇遇之后，他才恢复到原来的幸福境遇。这整篇故事所环绕的真正冲突，对于古代印度人来说，是一种对于神圣事物的真正的亵渎，但是对于我们的意识来说，却是一种妄诞不经的事。

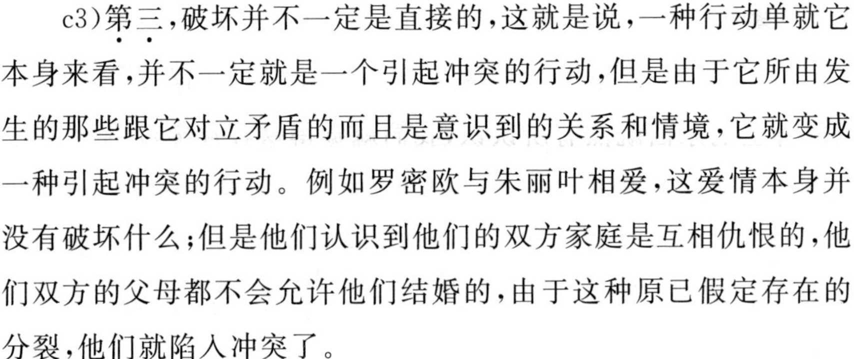

c3)**第三**，破坏并不一定是直接的，这就是说，一种行动单就它本身来看，并不一定就是一个引起冲突的行动，但是由于它所由发生的那些跟它对立矛盾的而且是意识到的关系和情境，它就变成一种引起冲突的行动。例如罗密欧与朱丽叶相爱，这爱情本身并没有破坏什么；但是他们认识到他们的双方家庭是互相仇恨的，他们双方的父母都不会允许他们结婚的，由于这种原已假定存在的分裂，他们就陷入冲突了。

关于一般世界情况和具体情境的分别，以上所说的一些最赅

① 印度古代的伟大史诗。

括的话就够了。如果要把这种研究推广到这问题的各方面,各种变化和细微差别,并且对于每一种可能的情境都加以讨论,那么,单是这一章就会牵涉到无限的枝节问题上去。因为可能发现的不同情境是无穷的,而在每一事例中问题都在于怎样使某一具体情境适应某一具体艺术的体裁和表现方式。例如神话所能做到的许多事是其他种类艺术掌握和表现方式所不能做到的。一般说来,发现情境是一项重点工作,对于艺术家往往也是一件难事。特别在现代,人们常听到一种抱怨,说找适当的题材来组成背景和情境有多么困难。第一眼看来,诗人如果有独创性,能自己去创造情境,他就会显得更有价值。但是这种倚靠自己的活动并不是艺术的主要方面,因为情境本身还不是心灵性的东西,还不能组成真正的艺术形象,它只涉及一个人物性格和心境所由揭露和表现的外在材料。只有把这种外在的起点刻画成为动作和性格,才能见出真正的艺术本领。所以如果诗人自己创造出这本身非诗的一方面,我们用不着为此感谢他;应该允许他取材于现成的历史、传说、神话、编年纪事乃至于早已被艺术家运用过的旧材料和情境,但是他应该经常能推陈出新;例如在绘画里,外在的情境都是从宗教传说中来的,通常是用类似的方式重复来重复去的。在这种表现中能见出真正艺术创造,比起发现某种情境来,要深刻得多。这个道理也适用于许多已经运用过的旧情境和情节的错综。在这方面人们往往替近代艺术吹嘘,说它比起古代艺术来,表现出无穷的丰富的想象,事实上中世纪和近代的艺术作品也的确表现出最丰富多彩的变化最多的情境、事迹和结局。但是这种外在情境的丰富并不算什么一回事。尽管有这些丰富的情境,卓越的戏剧和史诗在近代还是很少。因为艺术的要务不在事迹的外在的经过和变化，这些东西作为事迹和故事并不足以尽艺术作品的内容；艺术的要务在于它的伦理的心灵性的表现，以及通过这种表现过程而揭露出来的心情和性格的巨大波动。

现在我们且来回顾一下我们已经达到的原则，把它作为进一步研究的出发点，我们一方面可以看到：内在的和外在的有定性的环境、情况和关系要变成艺术所用的情境，只有通过它们所引起的心情或情绪才行。另一方面我们也可以看到：情境在得到定性之中分化为矛盾、障碍纠纷以至引起破坏，人心感到为起作用的环境所迫，不得不采取行动去对抗那些阻挠他的目的和情欲的扰乱和阻碍的力量，就这个意义来说，只有当情境所含的矛盾揭露出来时，真正的动作才算开始。但是因为引起冲突的动作破坏了一个对立面，它在这矛盾中也就引起被它袭击的那个和它对立的力量来和它抗衡，因此动作与反动作是密切联系在一起的。只有在这种动作与反动作的错综中，艺术理想才能显出它的完满的定性和运动。因为在这种情况之下，两种从和谐中分裂出来的旨趣在互相对立和斗争着，它们的这种互相矛盾就必然要求达到一种解决。

这种运动，作为整体来看，已经不属于情境及其冲突的范围，它就要引我们进一步研究上文所已提到过的真正的动作。[①]

① 在论情境这部分，黑格尔着重地讨论了矛盾冲突，这是他对美学和文艺理论的重要贡献之一。一般世界情况所造成的普遍力量或理想体现于具体情境中的具体人物的动作，才能产生艺术。情境是外在的，只有在就它对于有自意识的人起精神上的作用来看，它才有意义。它是一种机缘，引起不同人物作不同反应（动作和反动作），才形成具体的动作情节。作为艺术的内容，这种情境不能是静止或平板的，必须见出分裂、矛盾对立和斗争以至矛盾的解决。他分析冲突为三类，一是自然情况造成的，二是自然情况在心灵方面所引起的，三是心灵本身的分裂和矛盾，这才是理想的冲突。在

3. 动作(情节)[①]

按照我们上文所遵循的阶段，动作是在一般世界情况和受到定性的情境之后的第三阶段。

在前一章讨论动作对其余两阶段的外在关系时，我们就已看到：动作须先假定有产生冲突、动作和反动作的环境。从这种假定看，动作究竟以哪一点为起点呢？这是不能固定的。因为从某一观点看来像是起点的东西，从另一观点看来，可能又是更早的事态错综的结果，这更早的事态错综就会成为真正的起点。但是就连这更早的事态错综本身也还是更早的冲突的结果，如此逐级例推。例如在阿伽门农的家族里，伊菲琪尼在陶芮斯算是赎偿了她的家族的罪过和灾祸。她的故事的起点应当是猎神第安娜的解救，是猎神把她送到陶芮斯，但是这个情况只是接着另一件事来的，那就是在奥里斯的牺牲，这牺牲又起于对墨涅劳斯的伤害，即巴里斯带

第二类冲突里，黑格尔提到了阶级出身差别和文艺的关系，这在当时还是独特见解，不过他的看法往往是自相矛盾的。首先，他承认阶级出身的差别“本身就是一件不公平的事”，“不是真正的自由艺术所应敬重的”。他还说特权阶级“认为符合自己利益的事就是合法的权利”，其实这种特权“只是野蛮人的一种非正义的权利”。但是他同时又说阶级差别“当然是重要的而且合理的”，“当然有理由可辩护的”，这还是为阶级剥削制度打掩护。其次，他拒绝讨论阶级差别的起源，说这种讨论“对于我们是无关宏旨的”。这也不过是剥削阶级妄图掩盖阶级矛盾的一种通常手法。第三，他提出“统治权关质不关量”的口号，主张划分阶级的标准不应是家庭出身而是文化修养。这其实是柏拉图以来许多精神贵族所宣扬的哲学家专政说的翻版。

① Die Handlung，本义为“动作”。西方文艺理论著作一般用这个词来指一篇故事或一部剧本中的情节，这情节是由一系列互相连贯的行动组成的。

着海伦后潜逃，如此逐级回溯，就要溯到那著名的列达的蛋①。同理，伊菲琪尼在陶芮斯的故事材料也须先假定阿伽门农的被暗杀以及汤塔鲁斯家族②罪行的全部结局。这番道理也适用于忒拜的传说系统③。如果一个动作要连它的全部先行条件都表现出来，只有诗才能完成这个任务。但是按照众所熟知的格言，这种追溯到底的办法是令人厌倦的，散文才宜于有这种首尾完备，至于诗的规律却要求使听众“开门见山”。艺术的旨趣并不在于把某一动作的最初的起点作为起点，这还有一个更深刻的理由，那就是这种最初的起点只有在考虑到事态的外在的自然演变时才说得上是起点，动作与这种起点的关联只在于现象在经验上的一脉相承，它对于动作本身的真实内容可能无关。如果许多不同的事件是由同一个人做的，这个人就成为这些事件的联络线索，这种外在的经验上的一脉相承也还是存在的。生活情况、行动和命运的总和固然是个人的形成因素，但是他的真正的性格，他的思想和能力的真正核心却无待于它们而能借一个情境和动作显现出来，在这个情境和动作的演变中，他就揭露出他究竟是什么样的人，而在这以前，人们只是根据他的名字和外表去认识他。

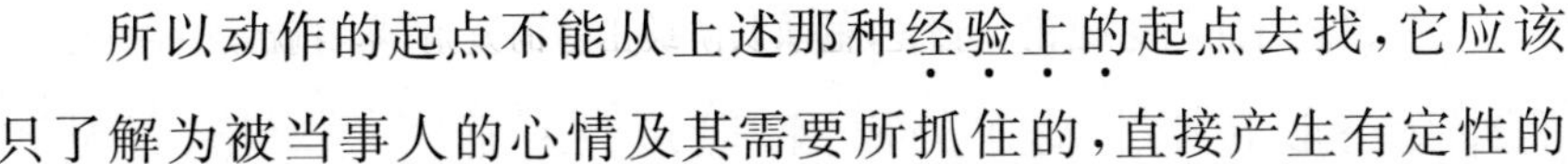

所以动作的起点不能从上述那种经验上的起点去找，它应该只了解为被当事人的心情及其需要所抓住的，直接产生有定性的

① 伊菲琪尼的故事见270页注①。墨涅劳斯是希腊一个国王，他的妻子海伦跟特洛伊王子巴里斯私奔，因而引起希腊人兴师攻击特洛伊国。海伦据神话是列达的女儿。列达本是斯巴达王后，在河里洗澡，天帝宙斯看到了就爱上了她，变成一只天鹅和她亲近，因而生了海伦。

② 汤塔鲁斯是阿伽门农的祖先。

③ 忒拜传说系统即关于俄狄普斯家族的传说，这也是索福克勒斯的悲剧的主要材料。

冲突的那种情况，所表现的特殊动作就是这种冲突的斗争和解决。举例来说，荷马在《伊利亚特》里马上就从全诗的主题，即阿喀琉斯的忿怒开始①，并不追溯前此的事迹或是阿喀琉斯的生平，而是马上就摆出诗中的冲突，同时也就显出这幅图画背景的巨大旨趣。

把动作（情节）表现为动作、反动作和矛盾的解决的一种本身完整的运动，这特别是诗才有的本领，至于其他种类的艺术只可以在动作及其派生事件的过程中抓住某一顷刻把它表现出来。单从表现手段的丰富性来看，其他种类的艺术固然像是比诗还强，因为它们可以驾御的不仅是全部外在形状，而且还有通过姿态的表情，与周围诸形象的关系，以及周围诸事物的反映。但是这一切表现手段，从表现意蕴的能力来看，都比不上语言。能把个人的性格、思想和目的最清楚地表现出来的是动作，人的最深刻方面只有通过动作才见诸现实，而动作，由于起源于心灵，也只有在心灵性的表现即语言中才获得最大限度的清晰和明确。

如果我们概括地谈动作，人们往往有这样的印象，好像动作是有无穷无尽样式的。但是适合于艺术表现的动作毕竟是为数很有限的。因为艺术只用符合理想的那一类动作。

关于艺术所表现的动作，我们应该挑出三个要点。情境和它的冲突一般是激发动作的原因；但是只有通过反动作，运动本身——即在活动中的理想的差异对立——才能显现。这种运动包含以下三点：

---

①　阿喀琉斯参看上文 238 页注④，他拒绝参战。因此希腊军拖延很久，不能把特洛伊打下。等到阿喀琉斯的爱友战死了，他要替爱友报仇，才出来参战。从此以后战争的形势才转变，战胜特洛伊主将赫克忒的终于是阿喀琉斯。

第一，普遍的力量，这些力量形成艺术所要处理的真实内容（意蕴）和目的；

第二，这些力量通过发生动作的个人而发挥作用；

第三，这两方面须统一于我们一般所说的人物性格。

a）引起动作的普遍力量

a）尽管我们讨论动作还是停留在理想得到定性因而造成差异对立的阶段，但是在真正的美里，冲突所揭露的矛盾中每一对立面还是必须带有理想的烙印，因此不能没有理性，不能没有辩护的道理。各种理想性的旨趣必须互相斗争，这个力量反对那个力量。这些旨趣就是人类心中的有关本质的要求，也就是动作的本身必然的目的；它们是本身有辩护道理的，符合理性的，因此就是心灵性事物的普遍永恒的力量：它们不是绝对神性本身，而是某一绝对理念的儿子，所以是统治的，发生效力的；它们是某一普遍真实的东西的子女，尽管只是这普遍真实的东西的受到定性的特殊方面①。由于它们得到定性，它们固然可以陷入矛盾，但是不管它们怎样显出差异对立，它们却必须本身具有真实性，才可以显现为得到定性的理想。这些普遍力量就是艺术的伟大的动力，就是永恒的宗教的和伦理的关系：例如家庭、祖国、国家、教会、名誉、友谊、社会地位、价值，而在浪漫传奇的世界里特别是荣誉和爱情等等。这些力量在有效性的程度上是不同的，但是却必须本身符合理性。

① “绝对神性”就是“绝对理念”，即浑然一体的“太一”，它分化为各种差异面，才有各种“普遍力量”，即所谓“绝对理念的儿子”。例如对国家的忠贞是一种普遍力量，这还是抽象的，具体化于某一人身上去时，它就得到定性，碰到对立面，发生矛盾，产生艺术所用为题材的动作（情节）。

同时，它们都是人心的力量，人就其为人来说，就必须承认它们，让它们在他身上体现和活动。但是这些力量又不能只是正规法律所规定的权利。因为我们在上文已经看到，正规法律的形式有时与理想的概念和形状处于对抗地位，有时正规权利的内容可能是本身不正义的，尽管它具有法律的形式。我们所谈的那些关系并不是只从外面规定的力量，而是本身真实的力量；这些力量因为包含人性和神性的真正内容（意蕴），在动作中就不但是推动的力量，而且最后还是完成动作的力量。

在索福克勒斯的《安蒂贡》悲剧里，就是这种旨趣和目的在互相斗争着。国王克里安，作为国家的首领，下令严禁成了祖国敌人进攻忒拜的俄狄普斯的儿子受到安葬的典礼。这个禁令在本质上是有道理的，它要照顾到全国的幸福。但是安蒂贡也同样地受到一种伦理力量的鼓舞，她对弟兄的爱也是神圣的，她不能让他裸尸不葬，任鸷鸟去吞食。她如果不完成安葬他的职责，那就违反了骨肉至亲的情谊，所以她悍然抗拒克里安的禁令①。

b）冲突固然可以用无数不同的方式引进来，但是反动作的必然性不能是由荒谬反常的东西所造成的，它必须是本身符合理性的有辩护理由的东西所造成的。例如德国诗人哈特曼②的《可怜的亨利》那首有名的诗中的冲突就是令人厌恶的。主角亨利不幸患不治的重病，去向莎洛诺寺院的僧侣们请救治。僧侣们告诉他须

① 安蒂贡是俄狄普斯的女儿，波里涅色斯的姐妹。波里涅色斯因争忒拜国王位，借外兵进攻祖国，在战斗中被打死了。国王克里安下令禁止人收葬他。和国王的儿子订了婚的安蒂贡不顾禁令，收葬了她的弟兄。国王下令把她烧死，但是她自杀了，王子也自杀了。黑格尔认为索福克勒斯的这部悲剧是悲剧矛盾的范例。

② 哈特曼（Hartmann von der Aue，1170—1215），德国诗人。

有一个人自愿牺牲生命，因为他的病只有人心才可医好。一位爱上了这位骑士的可怜的姑娘决心牺牲自己的生命来救他，就跟他一起到了意大利。这完全是一种野蛮的行动，因此这位姑娘的沉静的爱情和动人的忠诚不能产生它们应有的完全效果。在古代固然也用牺牲人命那种不正义的事作为冲突的根源，例如在伊菲琪尼的故事里，首先是她自己被指定作牺牲品，后来她又须牺牲她的弟兄，但是这种冲突一方面是与其他本身合理的关系联系在一起的，另一方面像上文已经说过，伊菲琪尼和俄瑞斯特都终于得救，上述那种不合理的冲突的力量就遭到破坏了，这毕竟还是符合理性的。上述哈特曼的那首诗也是如此，因为亨利拒绝接受牺牲，通过神力的帮助，他的病就痊愈了，而那位姑娘的真正的爱情也就得到了报酬。

与上述那些正面的力量紧密联系在一起的还有别的和它们对立的力量，那就是反面的、坏的、邪恶的力量。但是在一种动作的理想的表现中，纯粹是反面的力量却不应作为必不可少的反动作的基本根源。反面力量的实在性固然可以与客观存在的反面东西相适应，但是如果内在的概念和目的本身已经是虚妄的，原来内在的丑在它的外在的实在（客观存在）中也就更不能成为真正的美了。情欲的诡辩术固然可以企图通过人物的才能、坚强和活力，拿一种正面意义摆到反面东西里去，但是我们所得的印象毕竟只是一种粉刷的坟墓。因为纯然反面的东西总是呆板枯燥的，使我们觉得空洞无味或是厌恶，无论它是作为一种动作的动力，还是仅仅作为一种手段，去引起旁人的反动作。残暴、灾祸、严酷的暴力以及横暴的强权如果是和意蕴丰富的伟大的性格和目的联系在一起，因而得到支持和提高的，在想象中还可以了解和忍受，但是单纯的罪恶、妒忌、怯懦和卑鄙总是只能惹人嫌恶。因此恶魔本身是一种很坏的，不适用于艺术的角色，因为他纯粹是虚伪，因而是一种极端枯燥的人物。复仇的女神们①以及后来寓言中许多类似的力量也是如此；她们缺乏正面的独立自足性和坚实性，对于理想的艺术表现是不适宜的；不过就这一点来说，究竟哪些材料是可允许的，哪些材料是该受禁止的，各种艺术之间有很大的差别，这要看它们是否把对象直接呈现于感性观照。总之，罪恶本身是乏味的、无意义的，因为它只能产生反面的东西，如破坏和灾祸之类，而真正的艺术却应该给我们一种本身和谐的印象。特别可鄙视的是卑鄙，因为卑鄙起于对高贵品质的妒忌和仇视，把本身正当的东西转化为手段，去满足它自己的低劣可耻的情欲。因此古代大诗人和艺术家从来不让我们起罪恶和乖戾的印象；莎士比亚则不然，他在《李尔王》悲剧里却尽量渲染罪恶②。年老的李尔王把王国分给他的几个女儿，表现得够愚蠢，偏信她们的虚伪的谄言，而误解沉静寡言的真诚的考地利亚。这已经是愚蠢和疯狂，因此他就遭到两个长女和她们的丈夫的可耻的忘恩负义和寡廉鲜耻，因而转到真正的疯狂。与此相反的是法国悲剧，它们的主角常大吹大擂地炫耀一些最伟大最高尚的动机，吹嘘他们的光荣和尊严，但是他们实际的所作所为却使这些动机的观念终归于幻灭。特别是在最近的时代里，在种种最不调和的情况里见出内心软弱无力的精神瓦解，

① 复仇的女神(Furien)，希腊神话和悲剧中惩罚犯罪者的女神。

② 李尔王年老，拟把国土分给三个女儿，但被长女和次女的甜言蜜语欺骗倒了，被说直话的幼女考地利亚惹怒了，于是把国土只分给长女和次女，后来受到她们的惨无人道的虐待。

这种方式已经成为一种时髦，在艺术中导致一种对恶劣的幽默，一种离奇的滑稽，例如霍夫曼[①]就很欢喜这一套。

c）所以只有本身是正面的有实体性的力量才能成为理想动作的真正内容。但是在艺术表现里，这些推动的力量却不应该只现出它们的普遍性，而是必须形象化为独立自足的个别人物，尽管在行动的现实里这些力量仍是理想的重要方面。如果没有形象化为独立自足的个别人物，它们就还只是一般思想或抽象观念，不是属于艺术领域的。它们固然不应是由幻想的任意性所产生的，却必须得到定性，成为完满自足的形状，因而显得是本身经过个性化的。但是这种定性既不应推广成为客观事物的那种个别性相，也不应该凝聚成为主体的内在性相，否则普遍力量的个性就必然被卷入有限事物的纠纷。从这方面看，普遍力量的这种个性的定性还不是十分严肃的。

希腊的诸神是最清楚的例证，说明普遍力量在它们的独立形象里的这种显现与统治。不管他们怎样活动，他们总是显得有福气、和悦。作为个别的神，他们固然也交战，但是在这些战斗中，他们毕竟不那么认真，并不把全副精神和热情都集中在某一个目的上面，为这个目的斗争到底，到死才肯罢休。他们时而参加到这里，时而参加到那里，在某些具体情况里也把某一种利害关系看成是自己的，但是往往半途放手不管，泰然自若地回到奥林匹斯山的高峰[②]。荷马所写的神打起仗来，就是这种样子；这种斗争本来是他

① 霍夫曼（Ernst T. A. Hoffmann，1776—1822），德国颓废派作家。参看下文310页注①。

② 依希腊神话，神所居的地方。

们的定性中应有的事，但是他们毕竟是些普遍的存在和定性。例如仗打得热火朝天了；英雄们一个接着一个单独地应战——于是个别的人都混在一般的火热的混战里了——个别人物的个别活动分辨不出来了——万众一心地在沸腾，在搏斗——正在这个时候，普遍的力量，神们自己，才插足进来。但是他们往往又摆脱这种纠纷和争执，回到他们的独立自足和静穆。因为他们形象的个性固然使他们卷入偶然境界①，但是神圣的普遍性在他们身上既然占上风，个性就只现在外在形象上，而不能贯注到他们周身，成为真正的内在的主体性。他们的定性是一种或多或少地黏附到神性上去的形象。但是正是这种独立自足和无忧无虑的静穆使他们具有造型艺术的个性，而这种个性使他们感觉不到有限世界的忧虑和烦扰。因此，荷马所写的神们在具体现实里所发出的行动见不出什么坚定的一贯性，尽管他们总是忙来忙去，参加多种多样的活动；他们之所以见不出一贯注，是因为引起他们进行一些活动的只是凡人事务的材料和旨趣。此外，我们在希腊诸神的身上也可以看出其他一些个别特点，不是按照每个神的普遍概念所应有的：例如交通神麦库理是百眼妖怪阿顾斯的屠杀者，日神阿波罗是多首蛇的屠杀者，天神宙斯有无数的爱情遭遇，例如他有一次把天后绑在一个铁砧上面。这些以及许多其他故事都只是一些附会，通过象征和寓言黏附到从自然方面去看的神们身上去的。关于它们的更切近的起源我们将来还要谈到。

近代艺术固然也设法表现一些既有定性而同时又是普遍的力量。但是这些力量大部分只是用一些代表仇恨、妒忌、怨望以及德

① 即有限事物的世界。

行和罪行、信仰、希望、爱情、忠贞之类的枯燥冰冷的寓言来表现的，一般令人难以置信。因为使我们近代人在艺术表现中感到深刻兴趣的只有具体的主体性[①]，所以我们看到上述那些抽象的东西，不愿把它们看作只是抽象的东西，而是要把它们看作人物性格的某些因素和方面以及它的个性和整体的关系。同理，天仙们也没有像战神、爱神、日神阿波罗等等乃至于海神和日神希理阿斯[②]等等所有的那种普遍性和独立自足性。天仙们在观念中固然也存在，但是只作为唯一有实体性的神的本质的个别仆从而存在，这种神的本质还没有像希腊诸神那样分化为独立自足的个体。因此，我们所看到的不是许多独立自足的客观的力量，本身可以作为个别的神而单独地体现于艺术，而是这些力量的本质的内容（意蕴），这内容或是在这唯一尊神身上成为客观存在，或是以个别的主体的方式体现于人的性格和动作。但是正是在这种转化普遍力量为独立自足的个别存在之中，我们才可以找到诸神得到理想表现的起源。

b）发出动作的个别人物

在我们已经讨论过的那些神的理想中，艺术还不难保持所需要的理想性。但是一旦临到具体的动作，表现就会遇到一种真正的困难。这就是神们以及普遍的力量一般固然是推动的力量，但是在现实中，他们并不直接发出真正的个别的动作，发出动作的是

---

① 即具体个别人物的主体性格。

② 希腊神话中有两个日神，阿波罗是新日神，又兼文艺神，希理阿斯是旧日神。参看第二卷古典型艺术第一章二节。

人。因此这里有两个不同的方面。一方面是上述那些处在独立自足的因而还只见出抽象的实体性的普遍力量；另一方面是个别的人物，动作的蓄谋和最后决定以及实际的完成都要靠他们才行。按照真理，永恒的统治的力量是人本身所固有的，这些力量就形成人物性格中的有实体性的方面；但是如果把这些具有神性的力量理解成为一些个体[①]，这就是理解成为排他的个体[②]，它们就还是外在于主体。这就是真正的困难所在。因为在神与人的这种关系中直接隐藏着一种矛盾。一方面是神们的内容就是人的本性，人的个别的情欲，人的决定和意志；但是另一方面神们是被理解为自在自为的（绝对的），不仅不依存于个别的主体，而且对于主体还是推动和决定的力量，所以同一定性时而被看成独立自足的神的个体，时而又被看成人心的最本质的东西。因此，一方面神的自由独立，另一方面发出动作的个别人物的自由，都像是遭到了危险。主要的困难在这一点：如果把发号施令的权力归之于神，人的独立自足性就要受到损害，而人的独立自足性却已定为对于艺术理想是绝对必要的。在基督教的宗教观念里也有同样的问题。例如人们有一句格言说："神的精神（心灵）引人向神。"但是在这种情形之下，人的内心世界就显得是完全被动的场所，让神的精神在它上面发生影响，这样，人的自由意志就被消灭了，因为神的发生这种影响的意旨对于人就好像是一种宿命，在这宿命的力量下，人就不能按照他自己的意志去做人了。

① "我想黑格尔指的就是个别的神们。"（英译本注）

② 既成为个别的神，对于他以外的一切就见出分别，所以是排他的，对于主体是外在的。

a）如果把这种神与人的关系定成这样：发出动作的人外在于神，即外在于有实体性的东西，跟它对立，那么，这种神与人的关系就还完全是枯燥散文气味的。神发号施令，而人只有听从。这种神与人的外在对立就连伟大的诗人们也免不了要采用。例如在索福克勒斯的悲剧里，斐罗克特在揭穿了俄底修斯的谎言之后，坚持不去希腊军营，一直到最后赫克里斯作为“从机械出来的神”[①]上台了，命令他屈从尼阿托勒牟斯的请求，他才肯去[②]。这种神的出现在内容上固然有足够的伏脉，而且也是预料得到的，但是剧情的转折终于是由外力决定的。在索福克勒斯的最好的悲剧里，他从来不采用这种表现方式。这种方式如果再推进一步，神就变成死的机械，而个别人物也就变成只是一种工具，任外在的飘忽任性的意志支配了。

特别是在史诗里，神也常这样出来干预人事，显得是一种力量，外在于人的自由。例如交通神赫尔弥斯领普莱亚姆去见阿喀琉斯；阿波罗在帕屈罗克鲁斯肩上打了一拳，就把他打死了[③]。此外，神话里的一些因素也常被采用，它们对于个人也是外在的。例如阿喀琉斯在小时就被他母亲放到阴阳河里浸了一下，这样他就

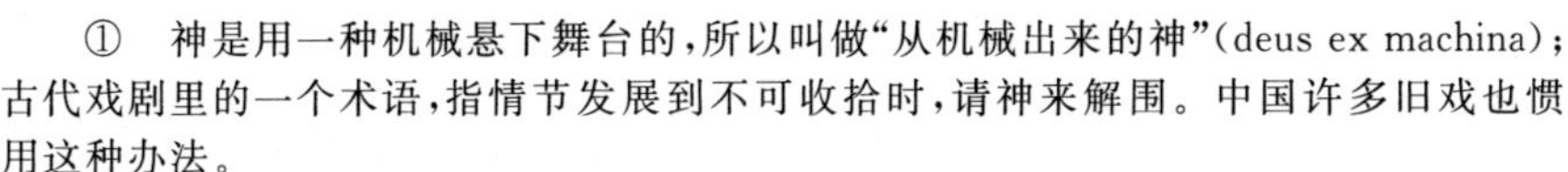

① 神是用一种机械悬下舞台的，所以叫做“从机械出来的神”(deus ex machina)；古代戏剧里的一个术语，指情节发展到不可收拾时，请神来解围。中国许多旧戏也惯用这种办法。

② 斐罗克特是希腊东征军中有名的箭手，因为病足，被希腊军丢到半途一个海岛上，他因此怀恨，不肯参战。战争进行到第十年，据神的预言，只有斐罗克特的弓箭才能打下特洛伊城，于是希腊军派俄底修斯去请他，详情见索福克勒斯的《斐罗克特》悲剧。尼阿托勒牟斯是阿喀琉斯的儿子。

③ 两事均见荷马史诗《伊利亚特》。普莱亚姆是特洛伊的老国王，他的儿子赫克忒被阿喀琉斯打死了，老国王亲自到希腊军营里去求儿子的尸首，据说有交通神引路。帕屈罗克鲁斯本是赫克忒打死的，据说有阿波罗神从旁帮忙。

周身不受兵刃的影响，只有脚踵上有一点是例外。如果我们按照理性来想一想，按照这种神话，一切英勇就消失了，阿喀琉斯的全部英雄气概就由一种心灵性的性格特征变成只是一种身体上的优点了。但是这种表现方式在史诗里比在戏剧里是较可原谅的，因为在史诗里内心方面的特点对于实现意旨所起的作用是不很突出的，而外在事物反而可以起更宽广的作用。所以我们对于上面那种纯然理性的考虑，就是责备诗人说他所写的英雄不是英雄的那种考虑①，必须极端谨慎地对待，因为我们不久还要谈到，神与人的关系在上述那种神话因素里还是可以保持诗的性质。反之，如果除此以外，原来看作独立自足的那些力量本身没有实体性，而只是由虚假的独创本领凭妄诞无稽的幻想制造出来的，那么，这倒只是出于枯散文的气味。

b）神与人真正的理想的关系在于神与人的统一，即使在把普遍力量看成独立自由的，和发生动作的人物及其情欲是对立的时候，这种统一也还必须可以清楚地见出。这就是说，神的内容必须同时是个别人物本身固有的内在实质，这样，一方面统治的力量就显现为本身是经过个性化的，另一方面这种外在于人的力量却同时显现为人的心灵和性格中所固有的。因此，艺术家的任务就在于调和这两方面的差异，用一种微妙的线索把它们结合起来；他应该使我们见出：人物的行动的根源在于内心方面，但是同时他也要把在这种行动中起统治作用的那些普遍的本质的力量显示出来，加以个性化，使它们成为可以观照的对象。人的心情必须在神身上显现出来，神就是独立的普遍的力量，在人的内心中起推动和

① 即上文关于阿喀琉斯不受兵刃影响的批评。

统治的作用。只有在这种情况下，神才同时就是人自己心中的神。例如我们听到古代人说："爱神降伏了一个人的心。"爱神对于人当然是外在的，但是爱情却是一种动力、一种情欲，是人作为人来说所必有的，就是人所特有的内在实质。人们常谈到复仇女神，也是取同样的意义。我们首先把这些复仇的姑娘们想象成为一批冤魂，外在于犯罪者而追赶他。但是这种追赶也同样来自犯罪者自己内心中的冤魂，索福克勒斯也把冤魂当作人心里内在本有的力量用过，例如在《俄狄普斯在柯洛诺斯》悲剧里（第 1434 行），把她们称为俄狄普斯自己的复仇女神，指的就是父亲的诅咒，就是他对儿子们的怨恨①。因此，无论是把神们看成只是外在于人的力量，或是把他们看成只是内在于人的力量，都是既正确而又错误的。因为神们同时是这两种力量。在荷马的史诗里，神与人的活动总是经常往复错综在一起的；神们好像是在做与人无干的事情，但是实际上他们所做的事情却只是人的内在心情的实体。例如在《伊利亚特》里，阿喀琉斯在一次争吵中正在举剑要杀阿伽门农，但是雅典娜女神立刻站到他身后，一手抓住他的金黄头发，只有他自己才能看到她。天后赫拉对阿喀琉斯和阿伽门农是一样关心的，所以把雅典娜从奥林匹斯山上请来，雅典娜的来临好像是与阿喀琉斯的心情毫不相干的。但是从另一方面看，也不难理解，突然出现的雅典娜就是平息阿喀琉斯怒火的谨慎，这还是内在的，反映阿喀琉斯自己心情的②。实际上荷马自己在前几行诗里（《伊利亚特》卷一，

①　这部悲剧写俄狄普斯晚年的惨状，他发现自己弑父娶母的罪行之后，深自痛悔，自己把眼睛弄瞎，由女儿安蒂贡牵着到柯洛诺斯去流浪。

②　事见《伊利亚特》卷一。阿喀琉斯因与阿伽门农争女俘而争吵，在盛怒之下他想把阿伽门农杀死。天后赫拉邀雅典娜到希腊军营，劝阻了阿喀琉斯。雅典娜女神代表智慧，所以也代表谨慎思考。

190 诗行)描写阿喀琉斯犹豫不决的情形时就已经这样点明了:

在他那粗壮的胸膛里他的心在犹豫不定,
把利剑从鞘里抽出来,
冲过人丛,一剑把阿伽门农斩死呢,
还是平息怒火,控制住义愤?

这种内心里怒火的停顿,这种控制,对于愤怒是一种外在对立的力量,史诗作者完全有理由把这种停顿和控制描绘为一种外在的事件,因为阿喀琉斯原来像是完全由愤怒支配住的。在《奥德赛》里我们也看到同样的事例,雅典娜做了特勒玛库斯的向导①。这种向导的事很难理解成为特勒玛库斯心里的什么内在的情绪,不过就连在这里,外在事件与内心活动的关系也还是存在的。一般地说,荷马史诗里的神们所表现的和悦以及对他们的尊敬所含的讽刺就在于这一点:神们愈表现出人心中固有的力量,因而使人在这些力量中能保持自己的独立自足性,神们的独立自足性和严肃性也就愈要归于消失。

要找一个完美的例证来说明这种纯然外在的神的机械作用如何转化为主体的内在的力量,即转化为自由,为伦理的美,我们正不必远求。歌德在他的《伊菲琪尼在陶芮斯》里就已经以最可惊赞的最美的方式表现了这种转变。在欧里庇德斯的悲剧里②,俄瑞斯

---

① 特勒玛库斯是俄底修斯的儿子。希腊大军攻下特洛伊之后,俄底修斯又在海上流浪十年。他的儿子在家着急,因离开家出去寻父,据说他的向导就是雅典娜。

② 欧里庇德斯的《伊菲琪尼在陶芮斯》写伊菲琪尼在奥里斯被猎神第安娜赦免,送到陶芮斯去当第安娜神庙里的司祭。她兄弟俄瑞斯特报父仇杀死母亲后,受神诏赴陶芮斯取第安娜神像回希腊,这样就可以赎杀母罪。国王托阿斯下令把俄瑞斯特杀死来祭神,应该执行这命令的就是伊菲琪尼。她发现要被杀死祭神的是她自己的弟兄,就和他共谋杀了国王,把神像盗走逃回希腊。歌德根据这部希腊悲剧另写了一部悲剧,把结局改过,如正文所说明的。

特跟伊菲琪尼把猎神第安娜的神像盗走了。这纯粹是一种盗窃行为。国王托阿斯来了，下令追逐她，把神像从她手里夺回，直到结局时雅典娜以很枯燥的方式出现了，命令托阿斯停止追逐，因为她已经把俄瑞斯特托付给海神鲍赛敦，海神已经遵命把他远送到海外去了。托阿斯马上就听从了，他对雅典娜的告诫作这样的答复(第 1442—1443 行)："女主雅典娜啊，谁听到了神的话而不依从，谁就是愚蠢。难道人还能跟威力巨大的神们相争吗？"

在这里我们看到的只是雅典娜的一句枯燥的从外来的命令以及托阿斯的同样无内容的空洞的服从。歌德的处理却不如此，伊菲琪尼自己变成了女神，信任她自己的真理，信任人心里的真理。所以她走向托阿斯说：

是否只有人才有权利去立空前的功勋？
是否只有人才把不可能的事
放在坚强的英雄的心上？

在欧里庇德斯的悲剧里，雅典娜的命令才能使托阿斯改变他的意旨，歌德的伊菲琪尼却要用深刻的情感和思想去使他改变意旨，而事实上她真做到了。

在我的胸中
一件英勇事业在砰砰起伏：
我会难逃严厉的谴责
和深重的罪恶，如果我不成功；
我把它放在你膝盖上！
如果你像人们所称赞的那样真诚，
就请你援助我，

通过我来证实你的真诚！

当托阿斯回答她说：

难道你相信

连蛮夷都听信真诚的声音，

人道的声音，而阿屈鲁斯①，

一个希腊人，反而不听信吗？

她就本着最温柔最纯洁的信念这样回答他：

他们都会听信，

无论生在什么地方，

只要生命的泉源

在纯洁的心中畅流着。

接着她向他的宽宏和慈祥呼吁，信任他既居崇高地位，就应具有尊严，她打动了他，征服了他，以优美的人道的方式逼得他不得不允许她归国。当时只有许她归国才是必要的。至于神像她并不需要，她不用欺诈就可以脱身，于是歌德以无穷的美妙笔调提到神的意义双关的预言：

你只要把那位违背自愿，

在陶芮斯海岸守着神庙的姊妹

带回到希腊，就可免受天谴。

这种人道的和解的方式就说明了：这位圣洁的伊菲琪尼，这位姊妹，就是神像，就是她家族的救星。

我体会到神的预言

① 阿屈鲁斯是阿伽门农的远祖，希腊人常用这远祖的名字来称呼他的后代人，有如我们说“黄帝的子孙”。

是美妙而神奇的。

俄瑞斯特向托阿斯和伊菲琪尼说：

像一幅圣像
一句神秘的预言在那上面系上
我们城邦的无可变更的命运，
他们把你带走了，你，家族的救星；
把你隐藏在一种神圣的寂静里，
结果为你的亲属和弟兄们造福，
原来这大地上一切解救的希望
好像都消失了，而你又替我们恢复了一切。

她这番和善的语言所流露的热烈心肠的纯洁和完美是俄瑞斯特早就见过的。他本来心情苦闷，对恢复心境的和平没有信心。他认出了伊菲琪尼，起初还有些精神错乱，但是她的纯洁的爱把他治疗好了，使他不再受自己内心中的复仇女神对他所加的痛苦：

在你的怀抱里
凶神用他的毒爪最后一次
搿住我，一阵凶恶的冷气
穿过我的骨髓，接着就消逝了，
就像毒蛇归了洞，由于你，
我又能享受白日的广阔的光辉。

在这里，在其余一切方面，这部诗的深刻的美是令人惊赞不完的。

基督教的题材比起古代的题材就要次一等。在基督教观念流行的地方，基督教传说中一些形象如基督、圣母、圣徒之类固然是一般人所笃信不疑的，但是除此以外，幻想在一些相关领域里却又造出各种各样的奇怪的形象如巫婆、鬼魂、妖精之类。如果把这些奇怪的形象也了解为外在于人的力量，人须不由自主地服从它们的那种邪怪妄诞的魔力，艺术的表现就不免受制于种种错觉和飘忽的偶然现象了。在这方面艺术家所应特别注意的是要使人能保持他的自由和自作决断的能力。莎士比亚在这方面是一个最好的模范。例如《麦克伯》悲剧里的巫婆们显得是些外在的力量，替麦克伯预言了命运。但是巫婆们所预言的正是麦克伯自己私心里的愿望，这个愿望只是采取这种显然外在的方式达到他的意识，让他明白。《哈姆雷特》里的鬼的出现还更美更深刻，这个鬼只是哈姆雷特自己的内心预感的一种外在形式。哈姆雷特一出台，我们就看到他已有一种朦胧的感觉，觉得总有什么凶恶可怕的事情发生过。接着就是他父亲的鬼魂出现在他面前，向他揭露了所有的罪行。在这警告性的揭露之后，我们当然期待着哈姆雷特马上就勇猛地去惩罚这种罪行，我们认为他有足够的理由去报仇。但是他延宕而又延宕。人们常谴责莎士比亚不应让哈姆雷特这样不采取行动，他的这部悲剧有些部分不免有瑕疵。但是哈姆雷特的性格在实行方面本是软弱的，在心情上是很美的，但是内倾反省的，很难决定下来跳出自己内心的谐和；他是多愁善感的、爱沉思的、患多疑病的、忧伤抑郁的，因此不善于采取迅速的行动。这也就是歌德的看法，他说莎士比亚所要描绘的是“把一件大事责成一个人去做，而这个人是没有力量做这件大事的”。歌德认为这部悲剧从头到尾都是按照这个意思写成的。他说：“这个剧本是一棵大橡树插在一个漂亮的花瓶里，这瓶子本来只宜插好看的花朵；结果树根蔓延开来，而花瓶就破裂了。”但是关于鬼的出现，莎士比亚还作了一笔更深刻的描绘。哈姆雷特延宕，因为他不肯盲目地相信鬼的话：

　　我所看到的那魂灵
也许是个魔鬼：而魔鬼有魔力
扮出讨人喜欢的形状；对，也许
他是趁我的软弱和我的忧郁
（这样心情最易让鬼施展身手）
来骗我遭天诛地灭，我还要找
更确凿的证据：演戏正是好机会，
让我探出国王是否做了亏心事①。

从此可知，鬼的出现本身并没有使哈姆雷特仓皇失措，他只是在怀疑，在他采取行动之前，他要想办法使自己确实有把握。

c）最后，如果要找一个名词来称呼这种不是本身独立出现的而是活跃在人心中，使人的心情在最深刻处受到感动的普遍力量，我们最好跟着希腊人用 *πάθος* 这个字。这个字②很难译，因为“情欲”总是带着一种低劣的意味，所以我们常要求人不要受制于情欲。我们这里用“情致”这个名词是取它的较高尚较普遍的意义，不带“可贬的”、“私心的”那些附带的意味。例如安蒂贡③的兄妹情谊就是希腊文的“情致”。这个意义的“情致”是一件本身合理的情绪方面的力量，是理性和自由意志的基本内容。例如俄瑞斯特杀

---

① 见《哈姆雷特》第二幕收尾的独白。

② *πάθος*，希腊文（Pathos），本意有“忍受”和“怜悯”或“恻隐”的意思，Passion（情欲）是从这个字来的，但是意义变了。Pathos 与古汉语中“情致”相近，这在中国过去诗文评论里也是习用的字眼。

③ 欧里庇德斯《安蒂贡》悲剧中主角，已见前注。

死自己的母亲[①],并不是由于我们称之为“情欲”的那种心情的激动,驱遣他采取这种行动的正是“情致”,而这情致是经过很慎重的衡量考虑来的。从这个观点来看,我们不能说神们有情致。神们只是推动个人采取决定和行动的那种力量的普遍内容(意蕴)[②]。神们本身却处在静穆和不动情的状态,他们之中尽管也有吵闹和斗争,他们却并不那么认真,或则说,他们的斗争只有一种一般的象征的意味,只是神们之中的一般交战。所以我们应该把“情致”只限用于人的行动,把它了解为存在于人的自我中而充塞渗透到全部心情的那种基本的理性的内容(意蕴)。

c1)情致是艺术的真正中心和适当领域,对于作品和对于观众来说,情致的表现都是效果的主要的来源。情致所打动的是一根在每个人心里都回响着的弦子,每个人都知道一种真正的情致所含的意蕴的价值和理性,而且容易把它认识出来。情致能感动人,因为它自在自为地是人类生存中的强大的力量。就这一方面来说,外在事物,自然环境以及它的景致都只应看作次要的附庸的东西,其目的在于帮助发挥情致。因此,自然主要地应该用来起象征的作用,使真正要表现的那种情致可以透过自然而引起回响。举例来说,风景画虽然比历史画较次一等,但是如果把它看成独立自足的,它也就必须放出一种普遍情感的声响,也必须有某一种情致。因此人们常说,艺术总要能感动人;但是如果承认这个原则,我们也必须提出一个问题:艺术应该通过什么来感动人呢?一般地说,感动就是在情感上的共鸣,人们,特别是现在的人们,往往是

① 埃斯库罗斯的悲剧,已见前注。
② 每种神代表一种普遍力量或伦理理想。

太容易受感动了。谁在流泪，谁就是在栽种泪根，这泪根是很容易蔓延起来的。但是在艺术里感动的应该只是本身真实的情致。

c2）因此，无论在喜剧里还是在悲剧里，情致都不应该只是荒谬无稽的主观幻想的东西。例如莎士比亚的泰门是一个完全表面的仇恨人类者，他的朋友们曾经享受过他的款待，把他的财产花光了，等他自己要用钱时，他们都不顾他。于是他就变成一个毒恨人类的人[①]。这种情节是可以理解的、自然的，但是却没有本身合理的情致。席勒的早年作品《仇恨人类者》更是如此，这是写近代人任性使气所生的一种类似的仇恨。这里的仇恨人类者同时又是一个能思考，有见解而且非常高尚的人。他对他的佃农们很慷慨，让他们不再当奴隶，对他的女儿又很笃爱，本来她很美，是值得爱的。奥古斯特·拉·芳丹[②]所写的小说也有同样的情形，其中主角也为对人类的种种奇思怪想所苦。特别是在最近的诗里妄诞无稽猖獗到没有止境，想借光怪离奇来产生效果，但是绝不能在任何健康的心胸中引起共鸣。因为对人性的真实情况作这种纤巧雕凿的理解，一切真正的内容（意蕴）就都消失掉了。

从另一方面看，凡是有关真理的教条、信念和见解都不能成为可供艺术表现的真正的情致，因为它们的基本要求在于认识。属于这一类的有**科学的**认识和真理。科学所要求的是一种特殊的教养，一种对各门科学及其价值的多方面的钻研和复杂的认识，而这种研究的兴趣对于人心却没有普遍的感动的力量，它总是只限于

①　见莎士比亚的《雅典的泰门》。

②　奥古斯特·拉·芳丹（August La Fontaine 1758—1831），德国浪漫派作家。

少数人。至于处理纯粹宗教性的教义，如果要按照它的最深刻的内容(意蕴)来把它显示出来，也有和科学一样的困难。宗教的普遍内容，例如对神的信仰之类，固然是每一个深沉的人都感到兴趣的，但是在这种信仰方面，对宗教教条的阐明以及对宗教真理的某种特殊见解都不是艺术所要关心的事，所以艺术应该当心不从事于这种阐明。反之，我们相信每一种情致，每一种影响行动的伦理的动力，都是能感动人心的。宗教所涉及的与其说是行动本身，毋宁说是人的心情，是心的天国；它使一般人得到安慰，使个别的人得到提高。因为宗教中的神圣的东西，作为行动来说，就是道德以及道德所特有的力量，而这些力量所涉及的不是宗教的纯粹的天国，而是人世所特有的事务。在古代人中间，这种人世的东西基本上就包括在他们对于神的观念的内容里，所以神的观念可以直接关系到人的行动，而且也可以出现在艺术对于行动的表现里。

所以如果要问属于艺术的情致究竟有多大范围，我们可以回答说，意志生活的这种有实体性的因素①为数是很少的，它们的范围是很窄的。特别是歌剧，它只能局限于狭小的范围里，所以我们在歌剧里所听到的总是一套老调、恋爱、名誉、光荣、英雄气质、友谊、母爱、子爱之类的成败所引起的哀乐总是不断地在重复着。

c3) 这样一种情致在本质上需要一种表现和描绘。所表现的心灵当然必须本身是丰富的，才能使它的丰富的内心生活滋养它的情致，而且不仅是停留在集中的浓缩状态，而是要广泛地外现，提升到具有完满的形象。这种内心的集中和展开形成了一个很大

① 即可以引起情致的道德的力量。

的分别[①],而在这方面各个别民族在本质上是彼此不同的。有些民族回味反省的能力发达,就比较善于表现他们的情绪。例如古代人[②]就善于把鼓动个人的情致按照它的深度表现出来,既不陷入枯燥的思索,又不流于无聊的闲谈。法国人在这方面也是富于情致的,他们在表现情绪方面的辩才并不只是一种空洞的舞文弄墨,像我们德国人所想的,我们德国人欢喜含蓄沉默,认为尽情表现情绪就好像对不起情绪。德国诗过去有一个时期里,年轻的诗人们特别嫌法国修辞气味重,华而不实,他们说要自然,但是他们只能主要地靠一些感叹词来表现情感。但是单靠简单的"啊"和"哎"之类,去发泄愤怒的咒骂或是暴躁的咆哮,这种表现方式是无济于事的。单纯的感叹能力只是一种很可怜的能力,而这种表现方式也还只是野蛮人的表现方式。能表现情致的个人心灵必须本身是一种丰满的心灵,有展开它自己和表现它自己的本领。

在这方面歌德和席勒两人现出鲜明的对照。在情致方面歌德比不上席勒,他的表现方式比席勒的表现方式比较含锋不露;特别是在抒情诗里歌德是很含蓄的,他的一些短歌,像歌本来应该那样,只让人约略窥见他所想说的,而不加以反复阐明。席勒却不然,他喜欢尽量流露他的情致,用明晰活泼的词句把它揭示出来。克劳丢斯[③]在《凡兹培克的差役》(卷一,153 页)里拿伏尔泰和莎士比亚作比较说,莎士比亚确实是那样,而伏尔泰却只是显得像那样。"阿鲁埃先生[④]只说'我哭',而莎士比亚却真哭。"但是艺术所

① 集中就是凝聚,就是内心活动的聚精会神状态,展开就是转向外在事物。

② 黑格尔说到古代人时大半都指希腊人。

③ 克劳丢斯(Claudius,1740—1815),德国诗人和散文家。

④ 阿鲁埃(Arouet)是伏尔泰的真名,伏尔泰只是笔名。

要表现的正是说的和显得像的，而不是在自然现实中确实是的。如果莎士比亚真哭，而伏尔泰却显得像哭，莎士比亚就会是一个比较差的诗人了。

所以情致如果要达到本身具体，像理想的艺术所要求的那样，它就必须作为一个丰富完整的心灵的情致而达到表现。这就是我们引到动作的第三方面，更详细地研究人物性格。[①]

c）人物性格[②]

我们原来的出发点是引起动作的普遍的有实体性的力量。这些力量需要人物的个性来达到它们的活动和实现，在人物的个性里这些力量显现为感动人的情致。但是这些力量所含的普遍性必须在具体的个人身上融会成为整体和个体。这种整体就是具有具体的心灵性及其主体性的人，就是人的完整的个性，也就是性格。神们[③]变成了人的情致，而在具体的活动状态中的情致就是人物性格。

因此，性格就是理想艺术表现的真正中心，因为它把前面我们作为性格整体中的各个因素来研究的那些方面都统一在一起。因为理念作为理想（这就是说，作为经过表现出来供感性知觉和观照的，而且在它的活动中发生动作和自实现的理念），在它的得到定

---

① 这一节值得注意的是黑格尔把“情致”看作“艺术的真正中心和适当领域”。“情致”是由理想凝成的人物的个性和指导行动的情感倾向，后来俄国民主革命派文艺理论家别林斯基继承和发挥了这个看法。

② 原文 Charakter 按字面只是“性格”，但是西方文艺理论著作一般用这个词指“人物”或“角色”。

③ “神们”（Die Götter），指上文所说的“普遍的力量”。

性的状态中就是自己和自己发生关系的主体的个性。但是真正的自由的个性，如理想所要求的，却不仅要显现为普遍性，而且还要显现为具体的特殊性，显现为原来各自独立的这两方面的完整的调解和互相渗透，这就形成完整的性格，这种性格的理想在于自身融贯一致的主体性所含的丰富的力量。

现在我们要从三方面来研究人物性格：

第一，把性格作为具备各种属性的整体，即作为个别人物来看，也就是就性格本身的丰富内容来看；

其次，这种整体同时要显现为某种特殊形式，因为性格应显现为得到定性的；

第三，性格（作为本身整一的）跟这种定性（其实就是跟它本身）融会在它的主体的自为存在里[①]，因而成为本身坚定的性格。

我们现在就来阐明这些抽象的意思，把观念弄得更明确一点。

a）情致既然是在一个完满的个性里显现出来的，所以情致在它的得到定性的状态中不复是艺术表现的全部的和唯一的兴趣，而变成只是发生动作的人物性格中的一个方面，尽管这个方面是主要的。因为人不只具有一个神来形成他的情致；人的心胸是广大的，一个真正的人就同时具有许多神，许多神只各代表一种力量，而人却把这些力量全包罗在他的心里；全体奥林匹斯[②]都聚集在他的胸中。古人有一句话说："人啊，你根据你自己的情欲，把神创造出来了！"就是这个意思。事实上希腊人随着文化的进步，他

① 即代表某一普遍力量的人物自觉到他是代表这种普遍力量的。

② 奥林匹斯山是诸神所居地，即代表全体的神，或全体的普遍力量。这番话表现了黑格尔的人道主义。

们的神也就愈来愈多了；而他们的较早期的神都比较呆板些，没有表现成为具有个性和定性的神。

因此，人物性格也须现出这种丰富性。一个性格之所以能引起兴趣，就在于它一方面显出上文所说的整体性，而同时在这种丰富中它却仍是它本身，仍是一种本身完备的主体。如果人物性格没有见出这样的完满性和主体性，而只是抽象的，任某一种情欲去支配的，它就会显得不是什么性格，或是乖戾反常、软弱无力的性格。个别人物的软弱无力，正在于上文所说的那种永恒的力量没有显现为他本身固有的自性，即没有显现为主体固有的属性。

例如在荷马的作品里，每一个英雄都是许多性格特征的充满生气的总和。阿喀琉斯是个最年轻的英雄，但是他一方面有年轻人的力量，另一方面也有人的一些其他品质，荷马借种种不同的情境把他的这种多方面的性格都揭示出来了。阿喀琉斯爱他的母亲特提斯①，布里赛斯②被人夺去，他为她痛哭，他的荣誉受到损害，他就和阿伽门农争吵，这就成为《伊里亚特》中以后一切事变的出发点。此外，他也是帕屈罗克鲁斯和安惕洛库斯的最忠实的朋友③。他一方面是个最漂亮最暴躁的少年，既会跑，又勇敢，可是另一方面他也很尊敬老年人；他所信任的仆人，忠实的腓尼克斯，躺在他的脚旁，在帕屈罗克鲁斯的丧礼中他对老人涅斯托④表示

① 特提斯，女海神，嫁了凡人，生阿喀琉斯。

② 布里赛斯，阿喀琉斯所获的女俘，参看上文238页注④。

③ 两个都是阿喀琉斯的密友，帕屈罗克鲁斯被特洛伊大将赫克忒战死后，阿喀琉斯要替他报仇，才出来参战。

④ 希腊军中的老谋士。

最崇高的敬礼。但是对于敌人，他却显得容易发火，脾气暴躁，爱报复，非常凶恶，例如他把赫克托[1]的尸体绑在他的车后，绕着特洛伊城拖了三个圈子，但是老普莱亚姆来到他的营帐，他的心肠就软下来了，他暗地里想到自己的老父亲，就伸出手来给哭泣的老国王去握，尽管这老国王的儿子是他亲手杀了的。关于阿喀琉斯，我们可以说："这是一个人！高贵的人格的多方面性在这个人身上显出了它的全部丰富性。"荷马所写的其他人物性格也是如此，例如俄底修斯、第阿默德、阿雅斯、阿伽门农、赫克忒、安竺罗玛克[2]，每个人都是一个整体，本身就是一个世界，每个人都是一个完满的有生气的人，而不是某种孤立的性格特征的寓言式的抽象品。比起这些人物来，皮上起茧的什格弗里特[3]，特洛伊的哈根[4]甚至于音乐家浮尔考，尽管也是些强有力的个性，都显得黯淡无光。

只有这样的多方面性才能使性格具有生动的兴趣。同时这种丰满性必须显得凝聚于一个主体，不能只是乱杂肤浅的东西，或是偶然心血来潮的激动——就像小孩子们把一切可拿到的东西都拿到手，就它们临时发出一些动作，但是见不出性格。性格不能如此，它必须渗透到最复杂的人类心情里去，守在那里面，在那里面吸收营养来充实它自己，而同时却又不停滞在那里，而是要在这些旨趣、目的和性格特征的整体里保持住本身凝聚的稳固的主体性。

① 这是《伊利亚特》里最有名的一段，赫克忒战死了，他的父亲普莱亚姆到希腊军营里要求领回他的尸首，阿喀琉斯答应了。

② 都是《伊利亚特》里的主要人物，前五人已见前注，安竺罗玛克是赫克忒的妻子。

③ 什格弗里特，《尼伯龙根歌》里的日耳曼民族英雄。

④ 哈根和浮尔考都是《尼伯龙根歌》里的重要角色。

特别适宜于表现这样完整性格的是史诗，其次是戏剧和抒情诗。

b）但是艺术还不能停留在这种单纯的整体上面，因为我们所说的是具有定性的理想，因此就有一个更迫切的要求，就是要性格有特殊性和个性。特别是动作，动作在它的冲突和反动作中必须见出界限明确的内容（意蕴）。因此戏剧中的主角大半比史诗中的主角较为简单。要显出更大的明确性，就须有某种特殊的情致，作为基本的突出的性格特征，来引起某种确定的目的、决定和动作。但是如果这界限定得过分死板，以至使一个人物仅仅成为某种情致——例如爱情和荣誉感之类——的完全抽象的形式，那么，一切生气和主体性也就会完全消失了，而这种艺术表现也就会因此枯燥贫乏——例如法国的戏剧作品就是如此。所以性格的特殊性中应该有一个主要的方面作为统治的方面，但是尽管具有这个定性①，性格同时仍须保持住生动性与完满性，使个别人物有余地可以向多方面流露他的性格，适应各种各样的情境，把一种本身发展完满的内心世界的丰富多彩性显现于丰富多彩的表现。索福克勒斯的悲剧形象就具有这种生动性，尽管他所写的情致本身是很单纯的。我们可以拿这样形象的塑造上的完备性来比拟雕刻的形象。雕刻虽然有很明确的定性，却仍然可以表现性格的多方面性。它一方面要表现一种力求向外宣泄的、以全力集中于某一个焦点上的热烈情绪，另一方面在它的静穆风味里，它也把泰然融合各种力量于一身的那种坚定的中立性表现出来。但是这种安然无扰的统一性却不是停留在某一种抽象的定性上面，而是在它的美里让

① 即主要的方面。

人预感到它在千变万化的情况里可以产生一切可能的表现①。在真正的雕刻形象里我们可以看到一种静穆而深刻的意味，其中包含有使一切力量得到实现的潜能。比起雕刻来，绘画、音乐和诗所表现的人物性格还更需要有内在的丰富多彩性，真正的艺术家们都了解这一点。例如莎士比亚在《罗密欧与朱丽叶》②里所写的主要情感是爱情，但是我们看见罗密欧在最变化多端的关系里，例如在对他的父母、朋友和侍童的关系中，在同杜巴尔特的在荣誉感上的冲突和决斗中，在对僧侣的尊敬和信任中，甚至在坟场上和卖毒药给他的药师的对话中，他都始终一贯地显得尊严高尚，用情深挚。朱丽叶也是一样的从许多关系的整体中显出她的性格，例如她对父母、保姆、巴里斯伯爵，以及神父劳伦斯的关系。尽管有这些复杂的关系，她在每一种情境里也是一心一意地沉浸在自己的情感里，只有一种情感，即她的热烈的爱，渗透到而且支持起她整个的性格。她的这种爱像无边的大海一样深广，所以她说得很对：“我付出的愈多，我保留的也就愈多，这两方面都是无限的。”

从此可知，所表现的尽管只是一种情致，这一种情致也必须展示出它本身的丰富性。在抒情诗里也是如此，但是抒情诗里的情致不能变成具体情况中的动作。这就是说，在抒情诗里情致也须表现为一种发展完满的内心生活的内在情况，这种内心生活也可

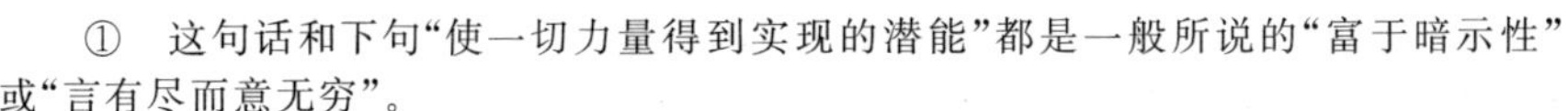

①　这句话和下句“使一切力量得到实现的潜能”都是一般所说的“富于暗示性”或“言有尽而意无穷”。

②　《罗密欧与朱丽叶》的情节见莎士比亚的悲剧（已有中译）；杜巴尔特是朱丽叶家族的人，反对她和罗密欧恋爱，因此同罗密欧发生了决斗，罗密欧把他杀死了。僧侣即下文的劳伦斯，是暗下帮助他们两人结婚的。罗密欧最后到朱丽叶的坟上和巴里斯伯爵决斗（朱丽叶家族原先已把她许配给巴里斯伯爵），把他杀死之后，服药自尽。

能在一切环境和情境中从一切方向表现出来。有生动流利的语言，有一种能结合到一切事物上、能把过去化成现在、能把全部外在环境转化为内心生活的象征表现的想象力，能不畏避深入的客观思考而且在阐明这种思考中能显出一种高远宏大的清明高尚的心灵——这样一种能表现内在世界的性格丰富性对于抒情诗也是很适合的。单凭知解力来看，一方面有一个统治的定性，而另一方面在这个定性范围以内又有这样的多方面性，好像是不可能的。例如在阿喀琉斯的高尚的英雄品质里，美的基本特征在于他的少年人的力量，他对他的父亲和朋友，心肠都是很柔软的；人们会问：像他这样的人怎么可能怀着恶毒的仇恨拖着赫克忒的尸首绕着特洛伊城走呢？莎士比亚所写的一些小丑几乎都充满着聪明伶俐和天才式的幽默，这也显得很不相称。人们会问：这样聪明伶俐的人怎样能干出那样笨拙的勾当？从此可知，知解力爱用抽象的方式单把性格的**某一**方面挑出来，把它标志成为整个人的唯一准绳。凡是跟这种片面的统治的特征相冲突的，凭知解力来看，就是始终不一致的。但是就性格本身是整体因而是具有生气的这个道理来看，这种始终不一致正是始终一致的、正确的。因为人的特点就在于他不仅担负多方面的矛盾，而且还忍受①多方面的矛盾，在这种矛盾里仍然保持自己的本色，忠实于自己②。

① “担负”原文是 tragen，即“带有”；“忍受”原文是 ertragen，前后相关。

② 以上几段说明黑格尔对于艺术中人物性格的要求，理想的性格一方面要有一种普遍力量或人生理想作为他的情致的根源，同时还要是一个多方面的丰富的有血有肉的人物，否则就成为死板的公式化的抽象品。植根于普遍力量的情致在性格中须居统治的地位，把多方面的特质融会成为一个整体。这是单一与杂多的统一。黑格尔关于人物性格所说的两种表现方式就是马克思和恩格斯所强调的莎士比亚化和席勒式的分别（参看马克思和恩格斯分别给拉萨尔论悲剧的信）。

c）因此，人物性格必须把它的特殊性和它的主体性融会在一起，它必须是一个得到定性的形象，而在这种具有定性的状况里必须具有一种一贯忠实于它自己的情致所显现的力量和坚定性。如果一个人不是这样本身整一的，他的复杂性格的种种不同的方面就会是一盘散沙，毫无意义。和本身处于统一体[①]，艺术里的个性的无限和神圣就在于此。从这方面看，对于性格的理想表现，坚定性和决断性是一种重要的定性。像我们前已约略提到的，性格之所以有这种坚定性与决断性，是由于所代表的力量的普遍性与个别人物的特殊性融会在一起，而在这种统一中变成本身统一的自己与自己融贯一致的主体性和整一性。

在提出这种要求时，我们还应该反对近代艺术的许多特殊现象。

例如在高乃依的《熙德》里[②]，爱情与荣誉的冲突是写得很辉煌的。这样本身见出差异面的情致当然可以导致冲突；如果这种情致表现为在同一性格中的内在冲突，当然也可以产生堂皇典丽的修辞和娓娓动听的独白，但是同一心灵的分裂，时而由抽象的荣誉转到爱情，时而又由抽象的爱情转到荣誉，这样翻来覆去，本身就违反性格所必有的真正决断性和统一性。

另外一种情形也和个别人物的决断性相矛盾，那就是主角本已受某一种情致的驱遣，却又让一个次要的角色来约制他，说服他，因而可以把责任推诿到那个次要角色身上去，例如像拉辛的

① 即性格中丰富多彩性统一于一个统治的普遍力量或人生理想。

② 《熙德》(*Le Cid*)，法国17世纪剧作家高乃依的杰作，主角罗竺里格为了替父亲报仇，杀了他的爱人希曼的父亲，这部剧本就是写这种爱情与荣誉的冲突。

《斐笃尔》[①]的主角被伊娜尼说服了那样。一个真正的人物性格须根据自己的意志发出动作，不能让外人插进来替他作决定。只有在根据自己的意志发出动作时，他才能对自己的行动负责任。

人物性格的不坚定性还有一种方式，特别表现在近代德国作品里，这就是长久在德国统治着的那种感伤主义的内在的软弱。我们可以举《维特》作为一个最近的有名的例子。维特是一个完全病态的性格，没有力量能摆脱爱情的顽强执着。他吸引人的是他的热情和优美的情感生活，例如由文化教养所形成的对于自然的笃爱以及性情的温柔。这种性格的软弱在后来的艺术作品里就每况愈下，采取了许多其他方式。例如雅柯比[②]在他的《浮尔德玛》里所写的那种"灵魂美"就是一种。这部小说充分表现了上述基于主角错觉的心情的幽美，主角自以为有道德，比旁人优越而沾沾自喜。他自以为有一种高尚神圣的心灵，可是他对现实世界的一切方面的关系都是很别扭的。他的软弱表现于对现实世界的真正有意义的事不但不肯去做，而且不能忍受。其所以如此，是由于他抱着自我优越感来看现实世界，以为其中一切都值不得他关心，因而对它加以否定。这种"幽美的灵魂"对于人生的真正有价值的道德方面的旨趣是漠不关心的，他只孤坐默想，像蜘蛛吐丝一样，从自己肚子里织出他的主观的宗教和道德的幻想。这种人除掉大肆炫耀这种过度的自我优越感之外，还加上无限的敏感，要求世上一切人都要时时刻刻能发现、了解并且尊敬他的这种孤独的灵魂美。如

① 《斐笃尔》(*Phaedre*)，法国17世纪剧作家拉辛的杰作，写女主角因钟情于自己丈夫的前妻的儿子的故事。伊娜尼是她的乳母，斐笃尔屡次受她的怂恿，例如怕丈夫知道她向儿子求爱的丑事，斐笃尔就听乳母的话，诬告儿子侮辱她。

② 雅柯比(Jacobi，1740—1814)，德国作家，歌德的朋友。

果旁人办不到，他就伤心刺骨，一辈子不平。于是他的全部人性、友谊和爱情就都马上垮台了。凡是伟大坚强的性格所不大介意的东西，例如一点冬烘气，一点鲁莽和笨拙，对于这种人却是不能忍受和难以理解的，一点微不足道的事情就可以使这种人的心情陷于极端绝望的境界。这就产生了永无止境的忧伤抑郁，愤愤不平，悲观失望，从此又产生了种种对人对己的辛酸默想，引起了一种痉挛症，甚至于心也坚硬狠毒起来了，这就是这种"幽美心灵"的内心世界的全部痛苦和软弱的表现。没有人能同情这种乖戾心情，因为一个真正的人物性格必具有勇气和力量，去对现实起意志，去掌握现实。这种永远只把眼睛朝自己看的主体性所引起的兴趣只是一种空洞的兴趣，尽管这种人自以为是高人一等的真纯的人物，自以为有些神圣的东西藏在他的心灵最深处，而其实所谓神圣的东西一经揭露出来，只是穿便衣戴便帽，最平凡不过的东西。

性格缺乏内在的实体坚实性，还表现于另一种方式：就是把上述那种奇怪的所谓较高尚的心情的幽美转化为实体，把它了解为独立自足的力量。描写魔术、磁性催眠术、"通天眼"、睡行症等等的作品就属于这一类。在这种作品里活人被认为与这些幽暗玄秘的力量有关系，这些力量一方面就附在他身上，另一方面对于他的内心世界却又是一种外在的另一世界，他要受它的决定和支配。这种不可知的力量里好像有一种深不可测的神奇的真理，是凡人所不能掌握和理解的。但是这种幽暗的力量一到艺术的领域就会马上被赶出，因为在艺术的领域里没有什么是幽暗的，一切都是清晰透明的，而这种不可知的力量只能是精神病的表现，而描写它的诗也只能是晦涩的、琐屑的、空洞的，例如霍夫曼的作品和亨利·

封·克莱伊斯特的《洪堡亲王》[①]。真正艺术家用来作为理想性格的意蕴和情致所寄托的不是这些神奇鬼怪的东西，而是性格所熟习的现实生活的旨趣。特别是"通天眼"在近代诗里已变成猥琐庸俗。但是席勒在《威廉·退尔》里写阿亭豪生老人在临死前宣告他的祖国的命运，这种预言却处理得很恰当。总之，为着要造成冲突或是要引起兴趣，而就用精神病来代替健全的性格，这种办法总是永远不能成功的。所以在艺术里写精神病态必须极端谨慎。

近代滑稽说[②]也可以说是属于这种不顾人物性格的统一性和坚定性的荒谬的表现方法。这个错误的理论把诗人们引上迷途，使他们在一个人物性格里摆上许多不能融会成为统一体的差异面，因而使性格失其为性格。依这一说，如果一个人物初出现时本有一种定性，马上这种定性就要转化为它的对立面，因而使性格表现成为只是对它的定性和它本身的否定。滑稽原则的拥护者把这种情形看成真正高度艺术的表现，认为观众不应为任何本身有积极意义的旨趣所打动，应该能超越这种旨趣，因为滑稽本身是能超越一切的。他们还想根据这个原则去解释莎士比亚所写的一些人物性格。例如麦克伯夫人据说是个性情温柔的笃爱丈夫的女人，尽管她不仅赞助暗杀国王的阴谋，而且怂恿麦克伯去实现这阴谋。但是莎士比亚的特点正在于他把人物性格描绘得果断而坚强，纵然写的是些坏人物，他们单在形式方面[③]也是伟大而坚定的。哈

① 霍夫曼是德国颓废派的始祖，《谢拉皮翁兄弟》的作者。克莱伊斯特（Heinrich von Kleist，1777—1811），德国反动浪漫派的诗人和剧作家。《洪堡亲王》是一部歌颂普鲁士君主，宣扬狭隘民族主义的剧本。

② 参看全书序论第三节 B. 3。

③ 即离开坏的实质而专从外表上去看人物性格的坏的方面，坏也要显出伟大的气魄。

姆雷特固然没有决断，但是他所犹疑的不是应该做什么，而是应该怎样去做。现在人们却把莎士比亚所写的人物性格也弄成鬼魂似的，以为翻来覆去三心二意，毫无效果的软浆状态，本身就可以使人发生兴趣。但是艺术理想却在于理念是现实的，既然要现实，就要人物确实是个主体，这就是说，他应该是本身坚定的统一体。

关于艺术中的足见性格的个性，话说到此就够了。主要原则就是要有一个丰富充实的心胸，而这心胸中要有一种本身得到定性的有关本质的情致，完全渗透到整个内心世界里，艺术不仅要把这情致本身，而且还要把这种渗透过程都表现出来。但是这情致却不能在人的心胸中自归消灭，以至显得只是一种本身不关本质的空虚的情致。①

三、理想从外在方面得到定性

关于理想的定性，我们在上文第一步概括地研究过这个问题：理想一般为什么缘故和以什么方式体现于个别特殊形式？接着在第二步我们发现到：理想必须本身受到推动，因而转到在它本身中见出差异对立面，这些差异面的整体就表现为动作（情节）。通过动作（情节），理想就进入外在世界，因此第三步就须考虑这样一个问题：具体现实的这个外在方面应该怎样按照艺术方式得到表现？因为理想就是和实在统一起来的理念。到此为止，我们关于这种

① 在这一段里，黑格尔对于近代资产阶级颓废主义的文艺给了一个非常中肯的诊断和无情的痛击。在当时这种颓废倾向刚开始，以后它就愈来愈厉害。本章中以上部分所讲的实际上就是马克思、恩格斯所讲的典型环境和典型人物性格问题，读者最好参照着看，想一想马克思、恩格斯对黑格尔继承了什么，批判了什么。

现实所讨论到的只是人的个性及其性格。但是人也有一种具体的外在的客观存在。作为主体，人固然是从这外在的客观存在分离开来而独立自在，但是纵然在这种自己与自己的主体的统一中，人还是要和外在世界发生关系。人要有现实客观存在，就必须有一个周围的世界，正如神像不能没有一座庙宇来安顿一样。就是为了这个缘故，我们现在必须理一理把理想结合到外在现实上和贯串到外在现实里的复杂的线索。

这样我们就要走进外在相对世界[①]这个广不可测的领域，这种无限错综复杂的关系网。首先跻到我们面前来的就是外在自然，例如地点、时间、气候之类，在这方面，我们每走一步就可以看到一幅新的有定性的图画。此外，人还要利用外在自然去为他的需要和目的服务，所以我们还应研究这种利用的方式和性质，这就包括工具、住房、武器、坐具、车辆等等的发明和装备，烹调的方式，以及生活舒适设备和奢侈品等等这个广大领域。还不仅此，人还生活在一种具体的现实的精神方面的关系网里，这些关系也都具有一种外在的客观存在，所以命令与服从的种种不同的方式，家庭、亲属关系、财产、乡村生活、城市生活、宗教信仰、战争、公民方面和政治方面情况，社会——总之，一切情境和行动中的多种多样的道德习俗都属于人类生存的周围现实世界范围之内。

在这一切方面，理想都直接牵涉到日常的外在实在，牵涉到现实界的日常生活，也就是牵涉到生活的平凡的散文。我们如果坚持近代关于理想的模糊观念，我们就会觉得艺术好像应该和这种

① 即有限世界。

相对事物[①]的世界割断一切关系，因为这外在世界的各方面都是完全不分什么高低好坏的，比起心灵和它的内在世界来，都是低劣的，无价值的。按照这种看法，艺术是一种精神力量，能使人完全超越生活需要、必然性和依存性的领域，摆脱他在这种领域里通常运用的那种知解力和才智。还不仅此，这个领域里一般都纯粹是些习惯的东西，由于受到时间地点和习俗的约制，它纯粹是一种偶然现象的领域，艺术就不应降低身份来管这种领域的事。但是对于理想性的这种观念是错误的，它一方面是没有勇气去应付外在世界的近代主体性格的高度抽象化的结果，另一方面它也是主体加于自己的一种暴力，要勉强凭自力去超脱这种领域，假如他的家庭出身、社会地位和环境还没有自然而然地使他已经超脱这种领域的话。他没有别的办法可超脱这种领域，只得退隐于自己内心的情感世界。他跳不出这内心世界的圈子，在这种不现实的情况里自以为有高度智慧，两眼望着天空，以为尘世一切都卑卑不足道。但是真正的理想绝不停留在这种朦胧的纯然内在的世界，而是必然要以它的整体从一切方面出现于可以观照的有定性的外在形象。因为理想的完整中心是人，而人是生活着的，按照他的本质，他是存在于这时间、这地点的，他是现在的，既个别而又无限的。属于生活的主要地是周围外在自然那个对立面，因而也就是和自然的关系以及在自然中的活动。艺术既然不应把这种活动作为抽象的活动来掌握，而是应就它的得到定性的现象通过艺术来掌握，这种活动就只能借这种现象的材料而得到它的客观存在。

但是正如人本身是一个主体性的整体，因而和他的外在世界

① 即有限事物，亦即客观现实事物。

隔开，外在世界本身也是一个首尾贯串一致的完备的整体。但是在这种互相隔开的情况，这两种世界[①]却仍保持着本质性的关系，只有在它们的关系中，这两种世界才成为具体的现实，表现这种现实就是艺术理想的内容。因此就发生已经提到的一个问题：通过怎样的形式和形象，艺术才能按照理想把这整体以内的外在因素表现出来呢？[②]

关于这个问题，我们也要在艺术作品中区别出三个方面：

第一，单就它本身来看的纯粹抽象的外在因素，例如空间，时间、形状、颜色，这种外在因素本身就需要取得适当的艺术形式。

第二，外在因素现为如我们在上文所谈的具体现实，它要求在艺术作品中与处在这种环境中的人物的内在世界的主体性达成协调一致。

第三，就是供观照欣赏的艺术作品，也就是为群众的艺术作品，群众有权利要求按照自己的信仰、情感和思想在艺术作品里重新发现它自己，而且能和所表现的对象起共鸣。

1. 抽象的外在因素[③]，单就它本身来看

理想一旦由它的抽象的本质转入外在的存在，它就马上得到一种双重性的现实。这就是说，从一方面看，艺术作品一般地使理想的内容（意蕴）得到现实的具体形象，因为它把这内容表现为一

---

① 指人和外在世界。

② 在这第三部分各节里，黑格尔说明了艺术为主体与客体的统一，即人的内在世界与外在世界的统一。

③ 俄译本作“外在材料”。

种有定性的情况或特殊的情境，表现为性格、事迹和动作，这样就把它表现为外在的客观存在的形式。从另一方面看，艺术把这种本身已完整的现象转化为一种有定性的感性材料，因而造成一种新的、目可见耳可闻的艺术的世界。从这两方面看，艺术已达到外在世界的极限，只有在这极限以外，本身完整统一的理想才不复能用它的具体的心灵性的光辉去照耀到。从这一点看，艺术也有一种双重性的外在方面，这还是一种只就它本身来看的抽象的外在因素，因而对它的表现来说，也能取得一种只是外在的统一。这就又要回到我们在讨论自然美时已经提到的那种情况[①]，因此那里所说的那些原则在这里还是有效的，不过现在是从艺术方面去看[②]；这就是说，外在因素的表现方式一方面是整齐一律、平衡对称和符合规则，另一方面是艺术用来作为作品的外在因素的那种感性材料的统一性，即单一性和纯粹性。

a）整齐一律，平衡对称，和谐

首先谈到整齐一律和平衡对称，这些形式作为来自知解力的纯然无生命的统一，绝不能把艺术的性质包括无余，纵使只就艺术的外在方面来说也是如此，它们只在本身无生命的东西上才有地位，例如时间和空间排列之类。在这种无生命的东西里它们现为一种标志，标明了即使在最外在的东西里也有理智的控制。因此，我们可以看出整齐一律和平衡对称在艺术作品里有两重意义。从一方面看，如果它们坚持它们的抽象性，它们就会使生气消灭；因

① 参看第二章。

② 第二章专从自然美去看整齐一律、平衡对称等表现方式。

此理想的艺术作品纵然在外在方面也必须提高到能超出单纯的平衡对称。但是在音乐的曲调里整齐一律还是不能完全取消的，而只是降为一种单纯的基础[①]。从另一方面看，这种不整齐中的整齐和不符合规则中的规则却也可以被某些艺术用为唯一的原则，这是由于这些艺术所用的表现材料(媒介)。在这种情形之下，整齐一律就是艺术中唯一的符合理想的东西。

整齐一律主要地适用于建筑，因为建筑品的目的在于用艺术的方式去表现心灵所处的本身无机的外在环境。因此，在建筑中占统治地位的是直线形、直角形、圆形以及柱、窗、拱、梁、顶等在形状上的一致。建筑品的目的并不是只在它本身，而是供人装饰和居住的。一座房屋等着安放神的雕像或是人群来聚会，把它作为住所。这种艺术品不应引注意力集中到它本身上。就这一点来说，整齐一律和平衡对称作为建筑外形方面的贯串一切的原则，就特别符合建筑的目的，因为完全整齐一律的形状是易于理解的，用不着在它上面多费时间摸索。此外，建筑形式对于心灵性的内容还有象征的意义，在这里不能讨论。这番关于建筑的话也可以应用到某种园林艺术，这可以说是把建筑形式变相地应用于现实自然。在花园里如同在房屋里一样，总是以人为主体。当然也还有一种园林艺术，以复杂和不规则为原则。但是上述符合规则的那一种应更受重视。因为错综复杂的迷径，变来变去的蜿蜒形的花床，架在死水上面的桥，安排得出人意外的高惕式小教堂，庙宇，中国式的亭院，隐士的茅庐，装骨灰的瓶子，小木房子，小土墩子以及

① 乐调从整齐一律的基础上起变化。

雕像之类都只能使人看了一眼就够了，看第二眼就会讨厌[①]。真正乡村景致的美就不像这样，这种美还未经矫揉造作，不是专为使用和享受而设，可是它本身就足以成为观照和欣赏的对象。园林的整齐一律却不应使人感到意外或突然，它应该如我们所要求的，能显出人是外在自然环境中的主体。

在绘画里，整齐一律和平衡对称也有它们的地位，例如在全体的结构，人物的组合、姿态、动作、衣褶等等方面。但是在绘画里比起在建筑里，心灵的生气远更深刻地贯注于外在形象，平衡对称这种抽象的统一所起的作用就较微细，只有在艺术起源时我们才看到严峻的整齐规则，而在较后时期，绘画的基本风格就变为接近有机体的较自由的线形。

在音乐和诗里却不然，整齐一律和平衡对称又变成重要的原则。这两种艺术所用的音调是在时间上绵延的，它们具有一种单纯的外在性，不是用其他具体表现方式可以表现出来的。在空间上并列的东西一目就可了然，但是在时间上这一顷刻刚来，前一顷刻就已过去，时间就是这样在来来往往中永无止境地流转。就是这种游离不定性需要用节拍的整齐一律来表现，来产生一种定性和先后一致的重复，因而可以控制永无止境的向前流转。音乐的节拍具有一种我们无法抗拒的魔力，所以我们在听音乐时常不知不觉地打着节拍。同样时间段落按照一定规则的往复并不是音调及其延续的客观属性。音调和时间本身并不需要这样按照整齐一

① 黑格尔在园林方面的趣味还是18世纪的，要求整齐有规则，像凡尔赛王宫所代表的。正在这时期中国园林艺术传到欧洲，产生了很大的影响。黑格尔在这里所描绘的正是在中国影响之下的新式的园林艺术的风格。例如法国的芳藤伯罗和德国的无愁宫。

律的方式来区分和重复。因此，节拍显得是纯粹由主体创造的，所以我们听到节拍时马上就得到一种信念，以为这样按规则去调节时间只是一种主体的作用，这就是说，这种纯粹地与自身一致的原则[①]反映出主体自己在一切差异情境和变化多方的经验中自己与自己的一致和统一以及这种一致和统一的往复重复[②]。因此，节拍能在我们的灵魂最深处引起共鸣，从我们自己的本来抽象的与自身统一的主体性方面来感动我们。从这方面来看，音调之所以感动我们的并不在心灵性的内容，不在情感中的具体灵魂；使我们在灵魂最深处受到感动的也不是单就它本身来看的音调；而是这种抽象的主体放到时间里的统一，这种统一和主体方面的类似的统一发生共鸣。这个道理也适用于诗的节奏和韵。在诗里整齐一律和平衡对称是调节的原则，这一种外在形式是完全必要的。通过节奏和韵，感性因素就跳出它的感性范围，它本身就已显出诗所用的表现方式不像日常语言那样忽视和任意处理音调的时间长短。

同样地，虽然不是那样固定的整齐一律，还进一步出现（尽管以外在的方式）在真正有生气的内容里。例如一部史诗或戏剧有它的一定的段落区分，如章节幕景之类，这些区分的段落也显出在长短上大略一致。在绘画里，人物的组合也有类似的情形，不过整齐一律在绘画里不能显得是由于基本内容非得如此不可，也不应单调呆板，显得是一种突出的统治的原则。

---

① 即整齐一律的节拍。

② 这句话原文意义暧昧，参照俄译本和英译本如此译出，大意是音乐节拍的整齐一律反映出主体内心生活的统一。

整齐一律和平衡对称,作为在空间和时间上的外在事物的抽象的统一和定性,主要地只对量(即大小的定性)起调节的作用。因此,凡是不用这种外在性作为它的特有因素的东西当然就不受单纯的量的关系统治,而是要从更深刻的关系以及这些关系的统一方面得到定性。所以艺术所用的题材愈脱离外在性,它也就愈不能由整齐一律来调节它的表现方式,而整齐一律也就愈降到有局限性的次要的地位。

除平衡对称之外,我们在这里还要谈一下和谐。和谐所牵涉到的不复是单纯的量的差异,而基本上是质的差异。这种质的差异不再保持彼此之间的单纯的对立,而是转化到协调一致,才有和谐,例如在音乐里,音阶的基音与第三音和第五音之间的关系并不是单纯的量的关系,它们在音上有本质的分别,而这几个本质上有差别的音却结合成为统一体,它们各自的定性不再在音响上显出尖锐的对立和矛盾。不和谐则不然,它的对立矛盾还有待于消除。颜色的和谐也很类似。艺术也要求颜色在一幅画中不显现为各种颜料的随意排列,也不显现为对立面完全消除,只是清一色,而是几种颜色被调解成为协调一致,产生一种完整而统一的印象。说得更精确一点,和谐须假定一种包含各种差异面的整体,这些差异面按其自然性质是属于某同一范围的:例如颜色之中有同属于一定范围的几种颜色叫做基本颜色,这些颜色一般是由颜色的基本概念而不是由偶然的混合得来的①。这种差异面的整体在协调一致时就形成和谐。例如一幅画里不但应有黄蓝青红这几种基本颜色的整体,而且这个整体还应见出和谐,古代画师也都不知不觉

① 红、黄、蓝、青是基本颜色,其余都是混合颜色。

地注意到这种完整性而且服从它的规律。由于和谐开始解脱定性的纯然外在性，所以它能吸取而且表现一种较广大的心灵性的内容。例如古代画师画主要人物的服装多用纯粹的基本颜色，而画次要人物的服装才用混合的颜色。例如圣母大半穿一件蓝袍，因为蓝色的使人觉得温和的静穆就表现出内心的平静温和。圣母很少穿一件鲜红刺眼的红袍。

b）感性材料的统一

我们见过，外在因素的第二方面是艺术用作表现媒介的感性材料本身。这方面的统一在于材料本身有单纯的定性和一致性。材料不应成为不明确的掺杂和单纯的混合，特别是不应显得不纯洁。只是有空间性的事物才牵涉到这种定性[①]。例如轮廓的清晰，直线或圆的完整之类。有时间性的事物也须有明确的定性，例如节拍的始终不乱。此外，感性材料的统一还牵涉到一定的音质和颜色的纯洁。例如在绘画里，颜色不应该是不干净的或是灰暗的，应该是本身明确单纯的。颜色的美就在于从这感性方面看是单纯的，愈单纯，效果也就愈大，例如不杂青色的纯黄，不杂蓝或黄的纯红之类。要颜色保持这样严格的单纯性而同时仍能达到和谐，这当然是很难的。但是这些本身单纯的颜色是基础，不宜完全放弃，纵然有时不可避免地要用混合的颜色，也不能让它们杂乱无章，它们还应显得本身是清晰而单纯的，否则我们看到的就不是鲜明的颜色而是一些污点。音乐的音质也要单纯。例如弦乐要靠弦的震动来发出声响，而这种震动是与弦的一定的紧张程度和长度

① 这定性指感性材料的统一。

相关的，如果不按这紧张程度或适当的长度来弹，音质就失去这种单纯的定性，就要转到别的音调，这就造成声音的不协调。如果发出的不是纯粹的震动而还加上机械的磨擦弹抚的声音，在声响上夹杂着噪音，结果也还是不协调。人发出的音调也是如此，它必须是纯粹地自由地从喉嗓和胸膛发出来，不能让乐器声渗进来搅乱，也不能像哑音那样露出没有克服的搅扰和障碍。就单纯的感性方面的关系来说，音质的美就在于具有明确的不摇摆的定性，保持着不受异调夹杂的鲜明性和纯洁性，音乐有别于噪音和杂音，理由也正在此。这番道理也适用于语言，特别是母音。例如一种语言的母音 a 、e 、i 、o 、u 如果是明确而单纯的，它就会像歌声一样好听，像意大利文那样。复合母音则不然，它的音调总是混杂的。在拼写中语音常用一些固定的符号，显得出它们的单纯的定性，但是在说话中，这种定性往往变成模糊的，特别是在方言里，例如德国南部、斯瓦比亚、瑞士等地的方言，发的混杂音简直是无法记录下来的。这并非是书写语言的缺点，而是只由于说方言的人们的笨拙。

关于艺术作品的外在方面的话就到此为止，就它只是外在方面来说，它也只能具有一种外在的抽象的统一。

但是理想如果要得到更进一步的定性，那就要靠它的心灵性的具体的个性结合到外在因素上去，借这种外在因素来表现自己。所以这种外在因素必须通体贯串着它所要表现的内在生活和整体性。要达到这一点，单是整齐一律、平衡对称、和谐或感性材料的单纯性就显得不够。这就要使我们转到理想的外在定性的第二方面。

2. 具体的理想与它的外在实在的协调一致

关于这一层，我们可以证实的一个普遍原则是这样：人必须在周围世界里自由自在，就像在自己家里一样，他的个性必须能与自然和一切外在关系相安，才显得是自由的。所以一方面是人物性格的内在的主体的统一以及他的情况和动作，另一方面是外在的客观存在的客体的统一，这两方面不是彼此分立，漠不相关，而是显出协调一致和互相依存。因为外在的客体，就它是体现理想的现实而言，必须放弃它的抽象的客观的独立自足性和羞怯状态，才能与它所体现的那个理想处于统一体。

这里我们要从三个不同的观点来讨论这种协调一致：

第一，这两方面的统一可以只是自在的统一①，只是使人和他的外在环境结合在一起的一种隐秘的内在联系。

其次，因为具体的心灵性及其个性就是理想的出发点和基本内容，所以与外在客观存在的协调一致也应看作是人的活动的产品，是由人的活动创造出来的。

第三，这个由人的心灵创造出来的世界本身也是一种整体，在它的客观存在中自成一种客体，在这个基础上活动的个别人物必须和这种客体处于本质上的互相依存的关系。

a) 主体与自然的单纯的自在的统一

关于第一个观点，我们可以从这个原则出发：由于理想的环境

---

① 自在的还不是自为的或自觉的。

在这里还不是由人的活动建立起来的，它对于人就一般是外在的，即所谓外在的自然，因此我们首先要谈在理想的艺术作品中如何表现这种外在的自然。

这里我们也可以分三方面来谈。

a）第一，如果按照它的外形来看外在的自然，它就是一种在一切方面都以确定的方式得到形状的实在界。这种实在界要求有表现的权利，如果使这种权利变成现实，就必须把实在界写得完全妙肖自然。但是我们前已见过的直接自然与艺术之间的一些分别在这里还应顾到。总的说来，伟大艺术家都有一个特征，就是在写外在自然环境时都是真实的，完全明确的。因为自然不只是泛泛的天和地，人也不是悬在虚空中，而是在小溪、河流、湖海、山峰、平原、森林、峡谷之类某一定的地点感觉着和行动着。例如荷马虽然不作近代意义的自然描写，而他的图形和描述却仍是很真实的，他对斯卡曼多和西摩伊斯两河、海岸海湾等画出了一个很正确的印象，以至近代地理学家还能按照他的描写很精确地推定他所写的是哪一个地区。一些行乞歌的作者却不然，他们无论是描写性格还是描写自然，都是枯燥空洞模糊隐约的。中世纪德国行吟艺人也是如此，他们把圣经故事编成诗，也说情节发生在某某地点，例如耶路撒冷，不过所给的只不过是些地名。《英雄书》①也有类似的情形；奥特尼特骑马在树林里走，和妖龙搏斗，但是周围有些什么人，在什么确定的地点，故事里却一字不提，不能使人有什么具体的印象。就连在《尼伯龙根歌》里情形也还是差不多，我们听到诗人提起瓦姆斯、莱茵河、多瑙河等地，但是一切都是不明确

① 德国古代歌颂英雄事迹的故事书。奥特尼特（Otnit）是其中的一个主角。

的、空洞的。但是正是要完全明确才能见出具体的个别现实情境，否则就会止于抽象，就和外在实在这个概念相违背。

b）这里所要求的明确和真实要牵涉到一定程度的细节描绘，通过这种细节描绘，我们对于外在自然才能得到一幅图画，一种清晰的印象。不同的艺术由于所用的表现媒介不同，在细节描写上当然就有本质上的差异。例如雕刻，由于它的形象是静穆而赅括的，外在的细节描绘就比较少，雕刻所运用的外在界，不是情节发生的地点和环境，只是服装、头发样式、兵器、坐具之类。古代雕刻家所塑造的许多人物彼此能比较明确地分辨出来，就只根据服装和头发的习惯样式以及其他类似的标志。这种习惯的标志与本题无关，因为它们不能说是属于单纯的自然，它们的功用在消除所雕人物的偶然的方面，使他们的较普遍较永久的方面呈现出来。

与雕刻相反的是抒情诗。抒情诗主要地表现内心情绪，因此在涉及外在界时，不须把它写得很明确详尽。史诗却不然，它要说出发生的事情是什么，在什么地方发生和怎样发生，所以在各种诗之中，史诗最需要宽广而明确的描绘，就连在外在地点方面也应如此。由于它的性质，绘画在细节描绘上比任何其他艺术都较详尽。但是在任何艺术中妙肖自然这一个原则都不应导入迷途，成为现实自然的散文或是现实自然的依样摹仿，使外在情境细节的描绘比起人物和事迹的精神方面的描绘还更显得重要。一般地说，我们不应该为妙肖自然而求妙肖自然，因为外在界只应表现为和内在界是密切结合在一起的。

c）这就是我们现在要谈的要点。要使某一个人物显得是现实的，像我们已经说过的，就需要两方面的条件：这带有主观性的人物本身和他的外在环境。要使外在界显现为他自己的外在界，就需要这两方面有一种本质上的协调一致，这种协调一致可以或多或少是内在的，其中当然要夹杂一些偶然现象，但是不应因此就失去统一的基础。在史诗主角的一切心灵倾向里，例如在他们的生活方式、思想、情感和实践活动里，应该听得出一种隐秘的和谐，一种主体与外在界双方的共鸣，使它们融合成为一个整体。例如一个阿拉伯人就是和他的外在自然处于统一体的，要了解他，就要了解他的天空，他的星辰，他的酷热的沙漠，他的帐幕以及他的骆驼和马。因为只有这种气候，这种地区和环境里，阿拉伯人才自由自在，像安居在自己家里。再如《奥森诗篇》里的主角们（根据麦克浮生的近代改作或创作）固然是最主观，最沉湎于内心生活的①，但是他们的忧伤抑郁显得是和他们的荒山、风吹的荆棘、云雾、山峰和阴暗的深壑密切结合在一起。这些人物形象同他们的忧伤、痛苦、斗争和云雾朦胧的经历就以这种环境为背景，只有这全部地方色彩才能使我们完全了解他的内心生活。

这番考虑可以使我们首先下这样一个结论：历史题材具有很大的便利，能把主体和客体两方面的协调一致，很直接地而且详尽地表达出来，像我们在上文例证中所已见到的。这种和谐照理是很难由想象得来的，但是我们应该感觉到这种和谐无处不在，尽管我们在大多数情况下不能从题材的概念推演出这种和谐来。我们固然往往把由想象力自由创造出来的作品看得比在旧题材上加

① 《奥森诗篇》（*Ossian*）是苏格兰诗人麦克浮生（Macpherson，1736—1796）根据民间传说伪造的古诗，歌颂芬恩和他的英雄伙伴们的故事，充满荒野阴暗的地方色彩和忧伤抑郁的情绪，对浪漫运动的影响很大，是歌德称赞的一部诗。

工的作品要高一层，但是想象究竟不能得出所需要的实在生活中所已有的那种固定而明确的协调一致，在实在生活里，民族的特征就是从这种和谐里生发出来的。

主体与它的外在自然的单纯的自在的统一就是遵照以上所说的这个普遍原则。

b）由人的活动而产生的统一

主体与客体的第二种协调一致不复停留在这种自在状态，而是明显地由人的活动和技能产生的，因为人利用外界事物来满足他的需要，由于需要得到了满足，就把他自己和这种外在事物摆在和谐的关系上。与上述第一种只涉及普遍情况的那种协调一致相反，这第二种协调一致却涉及特殊情况，即涉及个别需要以及通过自然事物的个别效用而得到的对这种需要的满足。这种需要和满足的范围是无限繁复广大的，自然事物则更是无限繁复的；只有在人把他的心灵的定性纳入自然事物里，把他的意志贯彻到外在世界里的时候，自然事物才达到一种较大的单整性。因此，人把他的环境人化了，他显出那环境可以使他得到满足，对他不能保持任何独立自在的力量。只有通过这种实现了的活动，人在他的环境里才成为对自己是现实的，才觉得那环境是他可以安居的家，不仅对一般情况如此，而且对个别事物也是如此。[①]

可以适用于这整个领域艺术的基本思想可以简略地归纳成这

① 在这段里黑格尔说明了主体与客体（即人与自然）的统一以及人改变自然来适应他的需要的实践意义。“人把他的环境人化了”这句话与马克思所说的“人化的自然”是有渊源关系的。参看马克思的《经济学——哲学手稿》第三手稿。

样一句话：按照他的需要、意愿和旨趣的诸有限的个别的方面来说，人原来不仅是一般地与外在自然发生关系，而且这关系还是依存的关系。这种相对性①和不自由性是违反理想的，所以人如果要成为艺术的对象，他就必须先使自己从这种工作和需要中解放出来，把这种依存性抛开。主客两方面的这种契合可以从两种出发点来实现。第一，从自然方面来说，它和善地供给人的需要，对人的旨趣和目的不但不阻挠，并且还自动地促成它们实现，一路顺从着人。第二，人还有些需要和愿望是自然不能直接满足的。在这种情形之下，人就必须凭他自己的活动去满足他的需要；他就必须把自然事物占领住，修改它，改变它的形状，用自己学习来的技能排除一切障碍，因此把外在事物变成他的手段，来实现他的目的。如果主客双方携手协作，自然的和善和人的心灵的技巧密切结合在一起，始终显现出完全的和谐，不再有互相斗争的严酷情况和依存情况，这就算达到了主客两方面的最纯粹的关系。

在理想的艺术环境之下，人必须先摆脱生活的穷困。财富和优裕的境遇既然可以使人不仅暂时而且完全摆脱需要和工作，就不仅不违反美感，而且可以促成理想的实现。但是在另一方面，如果在必须顾到具体现实的艺术表现方式里，把人对上述需要的关系也一笔抹煞，那就是不真实的抽象品。这些需要固然属于有限界，艺术却也不能把有限界看作只是坏的东西，就把它抛开，而是要把它和真实的东西调和融合在一起；因为即令是最好的行动和思想，如果孤立地单从它们的定性和抽象内容去看它们，也还是有局限性的，因而也还是属于有限界的。比如说，我需要营养、饮

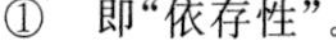

① 即“依存性”。

食、穿衣、住房子，需要床椅以及许多其他用具，这当然是外在生活中的一种需要，但是内在生活却通过这些外在方面的生活而完全显现出来，所以人们让他们的神也穿起衣服，拿着武器，想象神们也有无数的需要和满足。这种满足在艺术中必须显得已经得到了保证，像上文已经说过的。例如对于中世纪游行的骑士来说，在冒险途程中偶然碰到某种外在生活的困难，就靠偶然的机缘去解决，正如野蛮人单靠直接的自然去解决他们的困难一样。这两种情形对于艺术都是不适合的，因为真正的理想不仅在于人一般地摆脱了对这种外在方面的严格的依存性，而且还在于他绰有余裕，使他能够就像玩一种既自由而又愉快的游戏那样，去操纵自然所供给他的种种手段。

在这些普遍原则的范围之内可以更明确地分辨出以下两点：

a）第一点是利用自然事物来达到纯粹**认识性**的满足。属于这一类的如人用在自己身上的一切装饰以及拿来摆在自己周围的一切华丽的铺设。通过这种装饰，人要显示出这些自然珍宝，这些光彩夺目的自然事物，例如黄金、宝石、珍珠、象牙和珍贵的服装之类最稀奇灿烂的东西，并不是因为它们本身而引起兴趣，不是作为自然物而显得有价值，而是要借它们显出**他自己**来，显出它们配得上**他的**环境，配得上他所爱所敬的，例如他的君主、庙宇和神。为着要达到这个目的，他主要地选择那些在外表看来本身就已经是美的东西，例如纯粹鲜明的颜色，像镜面一样发光的金属物，檀香木，大理石之类。诗人们，特别是东方诗人们，常不惜铺张这种富丽，在《尼伯龙根歌》里这种富丽也起了它的作用。一般地说，艺术不仅只是描写这方面的精美，而且只要有可能，只要地方恰当，还描写制作过程，在这方面也显出同样的富丽。雅典的雅典娜神像以及奥林匹斯的宙斯神像上用的黄金和象牙是毫不节省的。各民族的神庙、教堂、神像和王宫都显得很辉煌富丽。从古以来各族人民都欢喜在他们的神身上显出他们的财富，也欢喜在他们的领袖的豪华奢侈的生活上见出这些财富是他们自己创造的。所谓道德家的想法当然可能搅扰这种欣赏，例如想到雅典娜的一件袍子就可以使许多穷苦的雅典人得到饱餐，也可以使许多奴隶赎身，想到在古代和近代，往往是处在国家极穷困的时候，人们把大量财富花在庙宇寺院和教堂之类用途上，此外，不仅个别的艺术作品，而且整个艺术都可以引起同样的令人不安的考虑，例如一座艺术学院，古今艺术作品的收购，以及艺术馆、戏院和博物馆的设立，要使一个国家花多么巨大的一宗款项！但是不管这些考虑会引起多少道德上的不安情绪，它们都只有一个原因，就是它们又令人想到穷困，而穷困的消除正是艺术所要求的。所以一个民族如果能把他们的财宝花在既在现实本身之内而又能超越现实的一切必需的一种领域①里，他们就应该享受到最高的荣誉。

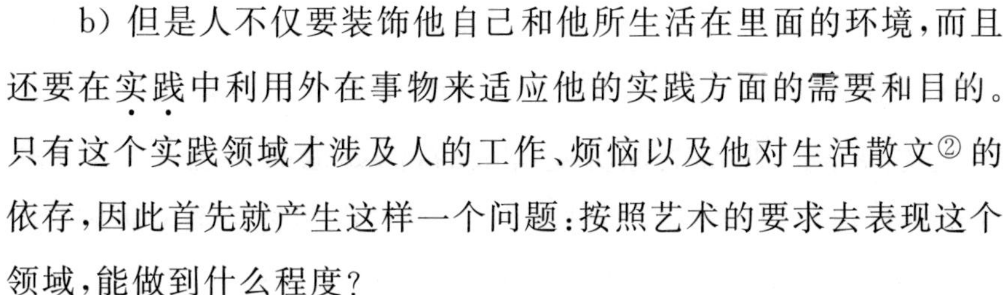

b）但是人不仅要装饰他自己和他所生活在里面的环境，而且还要在**实践**中利用外在事物来适应他的实践方面的需要和目的。只有这个实践领域才涉及人的工作、烦恼以及他对生活散文②的依存，因此首先就产生这样一个问题：按照艺术的要求去表现这个领域，能做到什么程度？

b1）艺术企图抛开这全部实践领域的最原始的方式就是所

① 这领域指艺术。

② “生活散文”即日常平凡生活。

谓黄金时代或牧歌情况的观念。在这种时代，从自然方面来说，它满足人所感到的一切需要，无须人去费什么劳力；从人方面来说，在天真纯朴状态中他享受凡是草地、森林、牲畜、小园、茅棚所供给他的食住以及其他可享受的东西，他还完全没有违反人性尊严的求名求利之类欲望。乍看起来这种情况当然带有几分理想的色彩，某些范围较窄狭的艺术似可满足于表现这种情况。但是如果我们往深一层去看，这种生活很快就会使人厌倦。例如格斯纳的作品现在很少人去读，即令读，也索然无味①。因为这种狭隘的生活方式须先假定心灵还没有发展。对于一个完全的人来说，他必须有较高尚的希求，不能满足于与自然相处相安，满足于自然的直接产品。人不应降低到过这种牧歌式的生活，他应该工作。他如果有所希求，就应该努力凭自己的活动去得到它。就这个意义来说，就连身体方面的需要也要引起一系列的广泛的不同的活动，而且使人感觉到他自己的内在的能力，许多更深刻的旨趣和深广的力量就是从这种内在的能力发展出来的。但是在这里基本原则仍旧是外在世界与内在世界的协调一致，如果在艺术里把身体方面的极端痛苦尽量描写出来，那是最坏不过的事。例如但丁只用寥寥数笔来写乌哥里诺怎样饿死②。葛斯敦堡③用这题材写一部悲剧，却尽量渲染饿死各阶段的可怕情况，先写他的三个儿子怎样饿死，最后写乌哥里诺自己怎样饿死，这样处理题材就完全违反艺术

① 参看243页注①。

② 见《神曲》地狱部分第三十三章，乌哥里诺用诡计夺得庇沙城的政权，后被推翻，和两子两孙都在地狱里饿死。

③ 葛斯敦堡(Gerstenberg，1737—1823)，德国诗人，他的悲剧《乌哥里诺》是根据《神曲》中上述一段情节写成的。

表现的原则。

b2）与此相反,和牧歌情况相对立的文化普及的情况也有许多障碍。在这种情况之下,需要与工作以及兴趣与满足之间的宽广的关系已完全发展了,每个人都失去了他的独立自足性而对其他人物发生无数的依存关系。他自己所需要的东西或是完全不是他自己工作的产品,或是只有极小一部分是他自己工作的产品;还不仅此,他的每种活动并不是活的,不是各人有各人的方式,而是日渐采取按照一般常规的机械方式。在这种工业文化里,人与人互相利用、互相排挤,这就一方面产生最酷毒状态的贫穷,一方面就产生一批富人,不受穷困的威胁,无须为自己的需要而工作,可以致力于比较高尚的旨趣。在这种富裕境况中,当然就不再有无穷尽的对其他人物的依存性时常反映出来,人也就日渐免于谋生中的一切偶然事故。用不着沾染谋利的肮脏。但是他也就因此在他的最近的环境里也不能觉得自由自在,因为身旁事物并不是他自己工作的产品。凡是他拿来摆在自己周围的东西都不是自己创造的,而是从原已存在的事物的大仓库里取来的。这些事物是由旁人生产的,而且大半是用机械的形式的方式生产的。它们经过一长串的旁人的努力和需要才到达他的手里①。

b3）因此,最适合理想艺术的是第三种情况,这就是介乎牧歌式的黄金时代与完全发达的面面互相关联的近代市民社会之间的一种情况。这就是我们前已谈到的英雄时代的那种特别符合理

① 黑格尔在这里描写近代资产阶级文化中需要与工作的脱节以及工作与整个人格的脱节,这段话是非常重要的。马克思发挥了类似的思想,建立了他的劳动的外化或异化的学说,参看他的《经济学——哲学手稿》第一手稿。

想的世界情况。英雄时代已不复像牧歌情况中那样只有很贫乏的心灵方面的旨趣，而是受到更深刻的情欲和旨趣的鼓舞；另一方面个人的最近的环境，他的直接需要的满足，却仍是他自己工作的成绩。这时代的营养资料如蜂蜜、牛奶和酒之类仍然是简单的，因而也是更符合理想的，不像咖啡、白兰地之类马上就使我们联想到制造它们所必须经过的无数手续。英雄们都亲手宰牲畜，亲手去烧烤，亲自训练自己所骑的马，他们所用的器具也或多或少是亲手制造出来的；犁、防御武器、盔甲、盾、刀、矛都是他们自己的作品，或是他们都熟悉这些器具的制造方法。在这种情况之下，人见到他所利用的摆在自己周围的一切东西，就感觉到它们都是由他自己创造的，因而感觉到所要应付的这些外在事物就是他自己的事物，而不是在他主宰范围之外的异化了的事物。在材料上加工和制作的活动当然显得不是一种劳苦，而是一种轻松愉快的工作，没有什么障碍也没有什么挫折横在这种工作的路上。

举例来说，我们在荷马史诗里就遇见这种情况。例如阿伽门农的王杖就是他的祖先亲手雕成的传家宝杖；俄底修斯亲自造成他结婚用的大床；阿喀琉斯的著名的武器虽然不是他自己的作品，但也还是经过许多错综复杂的活动，因为那是火神赫斐斯托斯受特提斯的委托造成的。总之，到处都可见出新发明所产生的最初欢乐，占领事物的新鲜感觉和欣赏事物的胜利感觉，一切都是家常的，在一切上面人都可以看出他的筋力，他的双手的伶巧，他的心灵的智慧或英勇的结果。只有这样，满足人生需要的种种手段才不降为仅是一种外在的事物；我们还看到它们的活的创造过程以及人摆在它们上面的活的价值意识，它们对于人还不是死的东西或是经过习惯变成死的东西,而是人自己的最亲切的创造品。这样的生活还完全是牧歌式的,但是所谓牧歌式并非取它的狭义,并非说,大地河海树木牲畜之类供给人的营养,而人只局限于这种环境,满足于这种供给;而是说,在这种原始生活里人已开始有比较高深的旨趣,对于这些旨趣来说,整个外在界只作为一种附庸,作为较高旨趣的土壤和手段而存在——但是这种土壤和环境却贯串着一种和谐与独立自足性,只有在人类所创造和利用的一切事物都同时是准备为制造它们的那人自己所欣赏时[①],这种和谐与独立自足性才能出现。

如果把这种表现方式应用于取自近代完全发达的社会中的材料,那就总不免有很大的困难和危险。尽管如此,歌德在他的《赫尔曼和多罗蒂亚》里还是替这种表现方式供给了一个完善的杰出的形象。我在这里只用比较的方法指出一个很小的特点。浮斯[②]在他的著名的《路易斯》里以牧歌的方式描写了一种安静的狭隘的但是独立自足的社会中的生活和事迹。乡村牧师、烟斗、便衣、板凳以至于咖啡壶都起了很大的作用。咖啡和糖这些产品在这种社会里就不很相称,令人想到一种完全不同的关系,想到另一种世界以及它的各种各样的工商交易,特别是近代工业。因此,浮斯所写的乡村社会不是完全独立自足的。在《赫尔曼和多罗蒂亚》那幅美丽的图画里[③]却不然,我们无须要求这种独立自足,因为像在上文已经提到的,在这篇虽然始终维持一种牧歌色调的故事里,歌德还把当

① 即制造者能在自己的制造品中得到美感。

② 浮斯(Voss,1751—1826),德国学者,他的主要的工作是希腊罗马古典诗歌的翻译。《路易斯》是他写的一篇牧歌体诗。

③ 参看 244 页注①。

时大事如法国革命的斗争以及祖国的防卫等穿插进去，使它们起极高尚而重要的作用。一个乡村小镇中家庭生活的窄狭的圈子因此并不那样独立自足，以至完全忽视当时在最重大的社会关系上发生深刻骚动的世界，像浮斯的《路易斯》里那位乡村牧师那样。由于联系上巨大的世界骚动——所写的人物和事件是落在这个范围以内的——我们就见出书中情节是嵌在一种内容丰富的生活的较广大的框子之内的。书中的制药师生活在这广大世界外缘的窄狭的圈子里，所以被描写成为一个庸俗的市侩，性情好，却老是郁郁不乐。但是从所写人物的最切近的环境来看，上文所要求的那种调子还是到处响着。我们姑举一例来说明，书中的主人和他的客人，即牧师和制药师，从来没有喝过咖啡：

母亲仔细地捧出清亮的美酒，
盛在光亮锡托盘里的光滑的瓶里，
还有几个绿杯，真正是喝莱茵酒用的杯。

他们在阴凉地方喝一八八三年家里自酿的酒，用的也是自家制造的适宜于喝莱茵酒的酒杯，接着诗人就在我们的想象里唤起“莱茵河流和它的美好的河岸”，不久我们又被引到主人屋后的葡萄园，所以一切都不跳出一种舒适的自给自足的情况所特有的范围。

c）精神关系的总和

外在环境除以上两种之外还有第三种，是每个人只要生活就必须和它发生具体联系的。这就是宗教、法律、道德等方面的一般的精神关系，例如国家的组织形式、宪法、法律、家庭、公共生活和私生活以及社会关系之类。因为理想的人物不仅要在物质需要的满足上，还要在精神旨趣的满足上得到表现。按照它的概念来说，这些精神关系所含的有实体性的神性的本身必然的因素固然只是同一个因素[①]，但是就客观方面看，这因素却采取变化多方的形状，这些形状还夹杂着一些偶然现象，即只适合某些个别事物、某些习俗、某些时代和某些民族的现象。这种精神生活中的一切旨趣也成为一种外在现实，作为道德习俗惯例出现在个别人物面前，而个别人物作为独立自足的主体，也和对他更切近的精神关系的总和发生关系，正如他和外在自然发生关系一样。总之，关于精神关系这一范围，我们也要求前已阐明的那种协调一致[②]，所以我们在这里暂且不再详论这个要求，等到我们从另一方面研究这个问题时，再讨论这个要求的基本要点。

3. 理想的艺术作品的外在方面对听众的关系

艺术是表现理想的，它必须就这理想对上述那些对外在现实的关系来采纳这理想，而且把人物的内在主体性和外在世界融合成为一体。但是艺术作品尽管自成一种协调的完整的世界，它作为现实的个别对象，却不是为它自己而是为我们而存在，为观照和欣赏它的听众而存在。例如演员们表演一部剧本，他们并不仅彼此交谈，而且也在和我们交谈。要了解他们，就要根据这两方面来看。每件艺术作品也都是和观众中每一个人所进行的对话。真

① 有实体性的因素即上文所谓普遍力量。例如同是“母爱”，在不同时代，不同民族，不同社会里表现可以不同。

② 即主体与客体的协调一致。

正的理想是神和人的普遍的旨趣和情欲，这些固然是每个人都可以了解的，但是理想既然要把体现它的人物摆在某一定的道德习俗和其他特殊现象的外在世界里来显示给我们看，这就要引起一种新的要求：就是这外在世界不仅要与所描写的人物协调一致，而且也要和我们协调一致。正如艺术作品中的人物和他们的外在世界须协调，我们也要求这些人物和他们的环境也和我们协调。不管一件艺术作品是从哪个时代取材，它总带有一些特点，使它不同于另一民族和另一世纪的。诗人、画家、雕刻家和音乐家特别爱从过去时代取材。在文化、道德、习俗、政治制度、宗教信仰各方面，过去时代都和他们自己的时代不同。我们前已提到过，这样向过去倒退，有一种很大的方便，这就是由记忆而跳开现时的直接性，就可以达到艺术所必有的对材料的概括化。但是艺术家却属于他自己的时代，在那时代的习俗、见识和观念里过活。例如拿荷马史诗来说，不管真正有无荷马其人，作为《伊利亚特》和《奥德赛》的作者，这两部史诗的写作时代和诗中所写的特洛伊战争的时代至少要隔四百年，希腊大悲剧家和他们所写的那些英雄的时代相隔的时间还要加倍。《尼伯龙根歌》也有类似的情形，把诗中各传说汇集起来成为一部完整的作品的诗人和诗中事迹发生的年代相隔也很远。

尽管艺术家对于神和人的普遍情致是很熟悉的。但是他所写的那些人物和动作的时代在许多具有条件性的外在形状上都已基本改变过了，对艺术家是生疏的了。此外，诗人是为某一种听众而创造，首先是为他自己的民族和时代而创造，这些听众有权要求能了解他的艺术作品而且感觉到它异常亲切。真正不朽的艺术作品当然是一切时代和一切民族所能共赏的，但是要其他民族和时代能彻底了解这种作品，也还要借助于渊博的地理、历史乃至于哲学的注疏、知识和判断。

由于不同时代的隔阂，就发生这样一个问题：一件艺术作品应该怎样表现所写地方的外在方面，例如风俗人情、宗教、政治、社会、道德各方面的情况呢？换句话说，艺术家应该忘去他自己的时代，眼里只看到过去时代及其实在情况，使他的作品成为过去时代的一幅忠实的图画呢？还是他不仅有权利而且有义务要只注意到他自己的民族和时代，按照符合他自己的时代特点的观点去创作他的作品呢？我们可以把这两种对立的要求这样提出：应该怎样处理题材，是客观地按照它的内容和时代来处理呢，还是按照主观的方法来处理，使它完全适应现时代的文化和习俗呢？如果让这两种办法坚决对立，每种办法都会走到错误的极端。我们想简略地讨论一下这两种极端，以便找到正确的表现方式。

因此我们要就以下三个观点来讨论这个问题：

第一，主观地让艺术家自己时代的文化发挥效力；

第二，对过去时代谨守纯然客观的忠实；

第三，在表现和移植[①]另一时代和另一民族的题材之中见出真正的客观性。

a）让艺术家自己时代的文化发挥效力

如果把纯然主观的表现方式推到它的极端的片面性，那就会

① 原文为 Aneignung，意谓把另一时代和另一民族的题材配合到现时代本民族的现实情况上去，故译作“移植”。

走到把过去时代的客观形态完全抛开，换上现时代的特色。

a）从一方面看，这种主观的表现方式之所以产生，是由于对过去时代的无知，也由于艺术家的天真，感觉不到或认识不到所写对象与这种表现方式之间的矛盾，总之，文化修养的缺乏就是这种表现方式的根源。作为这种天真的最突出的例子我们可以举汉斯·萨克斯[①]。他用新鲜明晰的形象和愉快的心情把我们的上帝、亚当、夏娃以及希伯来族祖先们都真正地“纽伦堡化”了。上帝被描写成一个小学教师，学生中有该隐、亚伯以及亚当的其他子女，他的风度和声调就宛如萨克斯同时代的一位教员。他拿十诫和祈祷文来考问学生们，亚伯是个虔诚的好孩子，功课念得很熟，该隐却是个顽皮的坏孩子，回答老师的问题也很不虔敬，轮到他要背诵十诫时，他把十诫背诵成相反的意思，例如说“应该偷盗”，“不可孝敬父母”。在德国南部，人们也用这种移植的方式去表现耶稣临刑的情节——这种表现方式虽然有一度被禁止，后来又复兴起来了。彼拉多[②]被写成一个粗暴骄横的官僚，兵士们[③]也现出近代的粗俗气，拿出一袋烟送被拘押的耶稣，要他抽，他不肯抽，兵士们就用暴力把烟塞到他鼻子里。老百姓们看到这种情景全都开心，尽管他们都是十分虔诚的人——还可以说，他们愈虔诚，这种直接现在目前的现时外在情景就愈能引起更生动的内在的宗教观念。这种转化古代人物以适应近代观点和形象的方式固然也有道理，汉斯·萨克斯那样随便拿上帝和古代宗教观念开玩笑，并且把宗教的虔

① 汉斯·萨克斯（Hans Sachs，1494—1576），德国南部纽伦堡镇的一个鞋匠，写了很多的诗和剧本，常取材于《圣经》。

② 审讯耶稣的巴力斯坦总督。

③ 耶稣临刑前，兵士们戏弄他。

诚完全体现在粗俗平民的平凡关系里。这种勇气还可以说是伟大的，但是这种表现方式对情感毕竟是一种勉强，表现出艺术家缺乏精神文化修养，因为这种表现方式不仅不按照对象本有的客观性去描写它，而且还把它写成简直是相反的形象，只令人觉得妄诞可笑。

b）从另一方面看，这种主观表现方式之所以产生，是由于艺术家对自己的时代的文化的骄傲，他认为只有他那时代的观点、道德和社会习俗才有价值，才值得采用，因此对任何内容都不能欣赏，除非那内容是用他那时代的文化形式表现出来的。所谓法国古典派的“纯正的鉴赏力”就属于这一种。凡是他们所爱好的都必须先经过“法国化”，凡是其他民族特别是中世纪的形象都被称为低级趣味的、野蛮的，而被鄙视和抛开。因此伏尔泰说法国人改善了古人的作品，这话是不对的，他们不过把古人的作品加以法国化罢了。在这种转化中，他们用一切离奇独特的方式把古人的作品丑化到令人作呕的程度，因为他们的趣味要求一种完全宫廷式的社会文化，在意义和表现方式上都要做到符合规则和沿袭陈规的概括化。他们还把这种纤巧的文化所特有的抽象化带到诗的辞藻方面。诗人们都不能用“猪”、“汤匙”、吃饭用的“叉”以及无数类似的字眼。因此他们就用一些普泛的定义和转弯抹角的形容语，例如汤匙不叫汤匙，叫做“送液体饮食品入口的工具”，叉不叫叉，叫做“送固体饮食品入口的工具”，其他由此类推。但是正因为如此，他们的趣味是非常狭隘的；因为艺术所应该做的事不是把它的内容刨平磨光，成为这种平滑的概括化的东西，而是把它的内容加以具体化，成为有生命有个性的东西。因此，法国人最不会了解莎士比亚，

当他们修改莎士比亚的作品时，他们所删削去的往往正是我们德国人所最爱好的部分。伏尔泰嘲笑希腊诗人品达说得出“水比一切东西都好”，这也足以见出法国人的趣味。所以在法国的艺术作品里，中国人也好，美洲人也好，希腊罗马的英雄也好，所说所行都活像法国宫廷里的人物。《伊斐琪尼在奥理斯》[①]里的阿喀琉斯是一个彻头彻尾的法国亲王，如果没有标出他的姓名，就没有人会认出他是阿喀琉斯。在戏台上的表演里，他固然穿着希腊服装，戴了盔甲，但是同时也用粉刷了头发，衣上加衬，使臀部显得很宽，鞋上安着鞋跟，用花编作系带[②]。拉辛的另一部悲剧《艾斯忒》在路易十四时代之所以特别受欢迎，就因为阿哈斯凡鲁斯[③]初上台的气派完全像路易十四出朝时一样。阿哈斯凡鲁斯当然带有几分东方色彩，但是仍然用粉刷了头发，穿着国王穿的貂袍，身后跟着一大群头发刷了粉的侍从，这些人的服装也是法国式，戴着假发，皮帽夹在胳膊下，背心和护腿都是用金线缎做的，丝袜子，鞋上安着红纽扣。只有宫廷和特权阶级才能见到的排场在这里也被其他阶级见到了——国王出朝的排场搬到诗里面来了。在法国，历史也往往是按照这个原则写出的，其目的并不在历史本身和历史所写的人物事件，而在适应当时的某些旨趣，向政府进一个忠告，或是唤起对政府的仇恨。许多剧本也是这样写成的，或是在全部内容上或是在某些片段上明显地隐射到当时的情况；如果在旧剧本里碰到可以联系到时事的地方，演员们就故意把它加以大肆渲染，听众们也热

① 指拉辛的悲剧。

② 这些都是17世纪法国宫廷的时髦装束。

③ 阿哈斯凡鲁斯（Ahasverus）是波斯皇帝，《艾斯忒》悲剧中一个主要人物；艾斯忒是希伯来族女子，被选入宫，后升为皇后，替她本族亲属报了仇。

烈欢迎它。

c）第三种主观的表现方式就是把过去时代和现时代的真正的艺术内容（意蕴）都抽去，结果就只表现出观众自己的偶然的主观现象，就像他们在日常生活中所作所为那样。所以这种主观的表现方式不过是平凡生活中的日常意识的表现方式。每个人对这种表现方式当然都感到很熟习，但是谁要对用这种表现方式的作品提出艺术的要求，他就不会得到满足，因为正是这种偶然的主观现象是艺术所应摆脱的。例如考茨布①在他的时代就全凭这种表现方式去产生很大的效果，他把“我们的忧愁痛苦，银调羹的偷窃，刑犯的脚镣手铐”，以及“牧师们，仆役们，扛旗的人，书记们，骑兵少校们”都搬到观众的眼前，使每个观众看到他自己的或亲友的家常生活，看到在他的个别情况和特殊目标中哪里有什么不称意处。这种主观的表现方式不能使人感觉到或认识到形成艺术作品真正内容的东西，尽管它可以使对象所引起的兴趣转移到心情的平凡要求和所谓道德的滥调和感想。按照以上三种观点去表现外在情况都是片面的主观的，不能产生实在的客观形象。

b）维持历史的忠实

第二类表现方式正与以上三种相反。它要尽可能地把过去时代的人物和事迹按照他们的实在的地方色彩以及当时道德习俗等外在情况的个别特征去复现出来。我们德国人在这方面特别擅长。我们与法国人不同，我们对于一切异代异方的特征都是最细

① 考茨布（Kotzebue，1761—1819），德国剧作家，他的二百多部剧本大半很生动，但很肤浅。

心的记录者，所以在艺术里我们也要求对时代、场所、习俗、服装、武器等等都要忠实。我们有足够的耐心，能够不辞劳苦地深入钻研异国异代的思想与知觉的方式，以便熟悉它们的特点。这种要求从多方面甚至从全面去了解各民族精神的习惯使我们在艺术方面不仅能容忍异时异方的离奇古怪的东西，而且不辞劳苦地要求在不重要的外在事物上也要做到极端精确。法国人当然也很灵巧活泼，但是尽管他们是文化修养最高的而且讲究实用的民族，他们却很少耐心去进行安静的深入的钻研，他们总是把批判放在第一位，我们却接受一切忠实的描绘，特别对于异国异代的艺术作品是如此。外国的植物，不管哪一类自然界的形状，各种各样的器具，猫狗乃至于一般令人讨厌的东西，对于我们德国人都是很有趣的。我们也能以友善的态度对待最离奇古怪的看法，例如牺牲祭典、宗教圣徒的传说和相关的许多妄诞不经的事，以及无数其他反常的观念。所以在表现发出动作的人物时，我们认为最重要的事就是让他们在语言服装等方面都要符合他们的时代和民族性格的实际状况。

在近代，特别是从弗列德里希·封·许莱格尔的影响流传以来，在德国占上风的看法是：一件艺术作品的客观性就要以上述那样的忠实为基础。因此这种忠实就应该成为艺术的主要原则，而我们对于艺术的主观兴趣也就应该特别集中于这种忠实以及它的生动性所引起的喜悦。提出这种要求就无异于说，我们既不应带一种更高的旨趣去问所表现的形象是否见出本质的东西，也不应带一种更切近的旨趣去问它对今日的文化和利益有什么意义。由于这种信念，在赫尔德①的影响之下，许多德国人开始注意到民间

① 赫尔德（Herder，1744—1803），德国诗人和民歌搜集者，启蒙运动先驱。

诗歌，并且写作出大量诗歌，摹仿文化简单的民族和部落的风格——例如北美的伊罗夸族、近代希腊族、拉伯兰族、土耳其族、鞑靼族、蒙古族等等——人们还认为如果有本领能按照外国习俗和民族观念去思想和创作诗歌，那就算是伟大的天才。但是尽管诗人自己完全照这种外国习俗和民族观念去写作，去感觉，他的作品对于应该欣赏它的听众来说，却总是外在的、生疏的。

总之，如果片面地坚持这种看法，它就不免止于纯然形式的历史的精确和忠实，因为它既不管内容及其实体性的意义，又不管现代文化和思想情感的意蕴。忽视前者和忽视后者都是不对的，这两方面都要求同样程度的满足，我们应该用完全不同于上文所说的方式，去把这两方面的要求和历史的忠实那第三个要求弄得协调一致。这就要引我们转到研究另一个问题：什么才是艺术作品所要求的那种真正的客观性和主观性呢？

c）艺术作品的真正的客观性

关于这一点，我们首先可以这样概括地说：在上文所研究的那两方面之中不应片面地强调某一方面，以致另一方面受到损害；对于地方色彩、道德习俗、机关制度等外在事物的纯然历史性的精确，在艺术作品中只能算是次要的部分，它应该服从一种既真实而对现代文化来说又是意义还未过去的内容(意蕴)。

为着说明这个道理，我们最好拿正确的表现方式和下列几种比较有缺陷的表现方式作一番对照。

a）第一，表现某一时代的特征可以很忠实、正确、生动，而且是听众可以完全了解的，但是仍不免有散文的平凡气息，本身还不是诗。歌德的《葛兹·封·伯利兴根》[①]就是一个突出的例证。我们打开这部诗剧的第一页，就看到佛兰克邦希瓦兹堡的一家酒店，麦兹勒和西浮斯坐在餐桌旁，两位骑士在火炉旁取暖，还有店主人。

西浮斯：汉塞尔，再来一杯烧酒，斟得满满的。

店主人：喝起酒来，您真是个无底洞。

麦兹勒：（向西浮斯旁白）把伯利兴根的故事再讲一遍给我听；滂堡人都发火啦，他们准会气得发昏……

第三幕里也有类似的情景：

乔　治：（拿着一块檐槽进来）这里有的是白铁。要是有哪个小子敢向陛下说："老爷，我们搞糟了。"用这块白铁的一半就可以结果他的性命。

勒尔斯：（砍白铁）这块白铁好极了。

乔　治：这阵雨也许要走另外的一条路！我不怕，一个勇敢的骑士经得起一阵好雨。

勒尔斯：（铸枪弹）把匙子拿住。（走到窗边）瞧，那里有个宪兵带着枪在探头探脑，他们以为我们的子弹都用光了。让他吃一颗飞烫的，刚出炉的。（装弹。）

乔　治：（放下匙子）让我瞧一下。

勒尔斯：（放枪）那王八羔子倒下来啦……

这一切都把当场的人和骑士描写得极生动，容易了解，但是这些场面毕竟是很琐细的，本身干燥无味的，因为无论在内容还是在形式方面，它们都是极平常的表现方式和极平常的客观性相，这当然是人人熟悉的。这种情形在歌德的许多早年作品里都可以看到，这些作品特别要反对过去所崇奉的规则，要用切近的题材，极容易了解的思想情感来产生它们的主要的效果。但是题材是过分

① 参看249页正文和注④。

切近了,它们的内在意蕴有时是太琐屑了,所以这些作品就不免有些平凡浅薄。这种平凡浅薄在戏剧作品中很容易看出,特别是在表演时,因为观众一进剧场,看到许多的表演准备,灯光和打扮得很漂亮的人们,就指望看到一些不平常的东西,不只是两个农夫,两个骑士和一杯烧酒。所以《葛兹·封·伯利兴根》这部剧本特别适宜于阅读,搬上舞台,它就不能长久受欢迎。

b) 从另一方面看,通过现时代的一般文化修养,我们可以对过去时代得到多方面的知识,因此可以使我们熟悉和移植某一古代神话系统的历史内容以及对我们是生疏的异代政治情况和道德习俗。例如对于古代希腊罗马的艺术、神话、文学以及信仰和习俗的熟悉已经成为现代文化修养的出发点;每个小孩从中小学起就知道古希腊的一些神、英雄和历史人物;希腊世界的形象和旨趣在观念或想象中既已变成我们自己的,我们就可以根据观念或想象去欣赏它们。我们看不出有什么理由说我们对于印度、埃及和斯堪的那维亚等民族的神话系统就不能同样地熟悉。此外,在这些民族的宗教观念里有一个共同的因素,就是神。但是这些观念的具体内容,个别的希腊神或印度神,对我们现代人已经没有任何真实性,我们已不再相信这些神,我们只是在幻想上欢喜他们。因此,这些神对于我们近代人的较深刻的意识总是生疏的。如果在近代歌剧里听到“啊,神呀!”“啊,天皇呀!”甚至于“啊,伊西斯和俄西里斯[1]呀!”这就是再空洞无聊不过的。更无聊的是又加上一些荒谬的预言——几乎没有一部歌剧里没有预言,而在现在,悲剧里则有“还魂”、“通天眼”之类代替了预言。

① 埃及的两个神。详见第二卷第一章。

这番道理也完全适用于道德、法律等许多其他方面的历史材料。这些历史的东西虽然存在，却是在过去存在的，如果它们和现代生活已经没有什么关联，它们就不是属于我们的，尽管我们对它们很熟悉；我们对于过去事物之所以发生兴趣，并不只是因为它们有一度存在过。历史的事物只有在属于我们自己的民族时，或是只有在我们可以把现在看作过去事件的结果，而所表现的人物或事迹在这些过去事件的连锁中，形成主要的一环时，只有在这种情况之下，历史的事物才是属于我们的。单是同属一个地区和一个民族这种简单的关系还不够使它们属于我们的，我们自己的民族的过去事物必须和我们现代的情况、生活和存在密切相关，它们才算是属于我们的。

例如《尼伯龙根歌》在地理上是和我们德国人接近的，但是其中所写的布尔根德人和国王艾茨尔却和我们现代文化的一切关系和爱国情绪都割断因缘了，乃至我们读起《尼伯龙根歌》还不如读荷马史诗那么亲切，尽管我们对荷马史诗没有什么学问。克洛普斯托克[①]受到爱国情绪的鼓舞，用斯堪的那维亚的神来代替希腊神话中的神，但是俄旦、瓦尔哈拉、弗拉亚[②]只是一些空洞的名称，还不如罗马的朱庇特雷神和希腊的奥林匹斯山诸神那样接近我们的观念，那样能打动我们的情感 。

在这方面我们所要说明的是：艺术作品之所以创作出来，不是为着一些渊博的学者，而是为一般听众，他们须不用走寻求广博知

① 克洛普斯托克（Klopstock，1724—1803），德国诗人，著有《救世主歌》。

② 俄旦，瓦尔哈拉，弗拉亚（Wodan，Walhalla，Freia），都是北欧神话中的神名。

识的弯路，就可以直接了解它，欣赏它。因为艺术不是为一小撮有文化修养的关在一个小圈子里的学者，而是为全国的人民大众。艺术作品如此，它所描绘的历史实况的外在方面也是如此。它也必须是属于我们的，属于我们的时代和我们的人民的，也用不着凭广博的知识就可以懂得清清楚楚，就可以使我们感到它亲近，而不是一个稀奇古怪不可了解的世界。

c）上文这番话就使我们接近认识真正客观的表现方式以及如何移植过去时代的题材了。

c1）我们首先可以谈一谈真正的民族诗歌。一切民族的诗歌向来都有这一特点：它的外在的历史的方面本身就已属于该民族，对该民族不是外来的或生疏的东西 。印度的史诗、荷马的诗歌以及希腊的诗剧都是如此。索福克勒斯并不让他所写的一些人物如斐罗克特、安蒂贡、阿雅斯、俄瑞斯特、俄狄普斯 、合唱队和他们的领队等说起话来就像对他们当时人说的一样。西班牙人在他们的《熙德诗》里也是如此；塔梭[①]在他的《耶路撒冷的解放》里所歌颂的是天主教的一般事迹，葡萄牙诗人卡曼希[②]所描绘的是发现通过好望角到东印度的道路以及无数的重要功绩和海上英雄，而这些功绩正是葡萄牙民族的功绩；莎士比亚在他的剧本里写的是英国的悲剧性的史事，连伏尔泰也写了《亨利歌》[③]。我们德国人却放弃了这个传统，想把对于我们没有民族意义的辽远的故事

① 塔梭（Tasso，1544—1595），意大利诗人，他的主要作品《耶路撒冷的解放》被意大利人尊奉为民族诗。

② 卡曼希（Camoëns，1524—1580），他的歌颂海上探险的史诗是《卢西亚歌》（Lusiads）。

③ 伏尔泰的《亨利歌》是歌颂法王亨利四世的，不甚成功。

写成民族的史诗。波德麦尔的《挪亚歌》[①] 和克洛普斯托克的《救世主歌》都已不时髦了。一度时兴的意见以为一个民族要有荣誉，就应有它的荷马，此外还应有它的品达、索福克勒斯和阿那克里安[②]，现在这种意见也不时兴了。由于我们熟悉《旧约》和《新约》，上述两个圣经故事[③] 固然接近我们的观念，但是其中关于外在习俗的历史材料对于我们却是生疏的，要靠学问去掌握的，其中可以算是我们熟识的东西只是一系列的枯燥的事迹和人物，而这些人物经过作者用一套新奇的语言描绘出来，就使人有一种矫揉造作的感觉。

c2）但是艺术也不能完全局限于家常熟悉的题材，事实上各民族互相往来日益加多，他们也就日益广泛地从一切民族和时代吸取艺术的题材。尽管如此，我们却不能说诗人如果能对另一时代的生活体验入微，就算得是一个伟大的天才；历史的外在方面在艺术表现里必须处于不重要的附庸地位，而主要的东西却是人类的一些普遍的旨趣。例如中世纪固然从古代借取题材，却把它自己的时代的形象嵌进去，在极端的例子里真正属于古代的不过是亚历山大、伊尼阿斯、奥克特维斯皇帝之类名称。

艺术中最重要的始终是它的可直接了解性。事实上一切民族都要求艺术中使他们喜悦的东西能够表现出他们自己，因为他们愿在艺术里感觉到一切都是亲近的、生动的，属于目前生活的。卡

---

① 波德麦尔（Bodmer，1698—1783），瑞士诗人，《挪亚歌》记《旧约》洪水的故事。

② 阿那克里安（Anakreon），古希腊抒情诗人。

③ 即《挪亚歌》和《救世主歌》中的故事。

尔德隆[①]就是以这种独立的民族精神写成他的《任诺比亚和赛米拉米斯》。莎士比亚能在各种各样的题材上都印上英国民族性格，尽管他同时也能保持外国历史人物的基本特征，例如他写罗马人就是如此，在这一点上他比西班牙戏剧家们要强得多。就连希腊悲剧家们也是时常把他们自己所属的时代和民族悬在眼前。例如《俄狄普斯在柯洛诺斯》不仅在地点与雅典有邻近的关系，而且因为在他死后，柯洛诺斯要成为雅典的圣地。埃斯库罗斯的《复仇的女神们》也有类似的情形，由于最后判决是雅典最高法庭作出的，这部剧本的情节对雅典人就有较亲切的意义。但是自从文艺复兴以来，希腊神话虽时常被利用，它对近代人毕竟不是很亲切的，它在造型艺术里，特别是在诗里，不管它出现多么广泛，毕竟或多或少是枯燥无味的。比方说，现在没有人要写一首诗献给维纳斯爱神、朱庇特雷神或是雅典娜神。雕刻固然还免不掉要用希腊神，但是这样的作品大半也只有鉴赏专家们、学者们和少数有文化修养的人们才能得到，才能了解。歌德费了很多的精力劝画家们爱好和摹仿斐罗斯屈拉特[②]所介绍的画，但是不很成功，就是由于这个缘故；这种摆在古代现实轮廓里的古代事物对于近代的听众和画家们总不免有些生疏。在另一方面，歌德自己在他的自由内心生活发展的晚期，在他的《西东胡床集》[③]里，却以远较深刻的精神把东方色彩放进德国现代诗里，把它移植到我们现在的观点上。在这种

① 卡尔德隆(Calderon，1600—1681)，西班牙大戏剧家。任诺比亚(Zenobia)和赛米拉米斯 (Semiramis)是古代中东的两个有名的王后。

② 斐罗斯屈拉特(Philostratus)，公元后3世纪希腊学者，著有《名画记》一书，描绘古代的一些名画。

③ 歌德的一部诗集，仿波斯诗人哈菲兹(Hafiz)的《胡床集》的体裁。

移植中，歌德很清楚地意识到自己是一个西方人而且是一个德国人，所以他在描写东方的人物和情境中始终既维持住东方的基本色调，又完全满足我们的近代意识和他自己的个性的要求。如果能做到这样，艺术家就当然可以取材于辽远的国度、过去的时代和异方的人民，在大体轮廓上维持神话、习俗和制度的在历史上本来的形状，而同时却只把这些形状作为他所写的画面的框子，把内在的内容配合到现代的更深刻的意识上去。到现在为止，最令人惊赞的例子还是歌德的《伊斐琪尼》[①]。

关于这种转化外来材料的情形，各门艺术所处的地位不同。例如抒情诗中的爱情诗最不需要写出史实精确的外在环境，因为对于爱情诗，主要的因素是情感，是心情的激动。例如从彼得拉克的十四行诗组里[②]，我们对于罗拉生平事迹所获得的知识只是很少的，几乎只是罗拉这个人名，换上另一个人名也未尝不可；关于这些诗所涉及的地点之类史实，诗里所给的也只是极普泛的，只提到浮克鲁斯泉。史诗或叙事诗则不然，它要求最详尽的叙述，如果这叙述是明晰和易于了解的，我们对于所描写的历史的外在事物也就最容易感到乐趣。但是这种对外在方面的详尽的描绘对于戏剧却是最危险的悬崖，特别是对于戏剧的表演，因为在表演里一切情节都是直接向我们观众说出的，都以生动的方式诉之于我们的感性观照的，所以我们也希望直接地在表演里看到一切都是熟悉

① 歌德的诗剧《伊菲琪尼在陶芮斯》是根据欧里庇德斯的悲剧写成的，却隐射他自己和斯坦因夫人的关系。

② 彼得拉克(Petrarch，1304—1374)，意大利诗人和文艺复兴倡导人，《罗拉的生和死》十四行诗组是欧洲十四行诗的典型，其中罗拉(Laura)实有其人，但彼得拉克并没有能实现他的爱，她已经结了婚，死时已是十一个儿女的母亲。

的、亲切的。因此在表演里历史外在实况的描绘必须尽量地摆在次要的地位，只能作为一种轮廓。它必须维持住像我们在爱情诗里所看到的那种情况，诗里爱人的名字并不是我们自己的爱人的名字，我们对于所表现的情感和表现的方式却仍然可以完全同情。例如在莎士比亚的历史剧里有许多东西对于我们是生疏的，不能引起多大兴趣的。这些历史事实读起来固然令人很满意，上演时就不然。批评家和专家们固然认为这种历史上的珍奇事物为着它们本身的价值也应搬上舞台去，而碰见听众对这些事物感到厌倦时，就骂听众的趣味低劣；但是艺术作品以及对艺术作品的直接欣赏并不是为专家学者们，而是为广大的听众，批评家们就用不着那样趾高气扬，他们毕竟还是听众中的一部分，历史细节的精确对于他们也就不应有什么严肃的兴趣。因为这个缘故，英国人现在表演莎士比亚的历史剧，只挑选那些本身优美而又易于了解的场面，他们没有我们美学家的学究气，不认为一切已经变成生疏的引不起同情的外在史实都要搬到观众的眼前。如果要把情节生疏的剧本搬上舞台表演，观众就有权利要求把它加以改编。就连最优美的作品在上演时也**需要**改编。人们固然可以说，凡是真正优美的作品对于一切时代都是优美的，但是艺术作品都有它的带时间性的可朽的一方面，要改编的正是这一方面。因为美是显现给旁人看的，它所要显现给他们的那些人对于显现的外在方面也必须感到熟悉亲切才行。

艺术中所谓“反历史主义”就是从这种移植外来历史材料之中找到根源和借口。艺术家们通常把反历史主义看作一个很大的缺点。这种反历史主义首先出现在纯然外在的事物方面。例如浮斯

塔夫[①]谈到手枪，还无关紧要，如果把奥甫斯描绘成手执小提琴[②]，那就更不妥当了，因为人人都知道像小提琴这种近代乐器在古代还没有发明，小提琴与神话时代的矛盾就太刺眼了。因为现在人们在舞台表演上非常注意这些事物，导演们都竭力要求在服装和布景方面做到历史的精确。例如人们在表演席勒的《奥莲女郎》[③]时在这方面费了很多的劳力，但是在大多数情形之下，这种劳力是白费了的，因为这方面本来只是相对的，不关重要的。比较严重的反历史主义还不在于服装之类外在事物方面，而在于在一部艺术作品中人物说话、表现情感和思想、推理和发出动作等等的方式，对于他们的时代、文化阶段、宗教和世界观来说，都是不可能有的，不可能发生的。人们往往把这种反历史主义归于妙肖自然的范畴，认为所表现的人物如果不按照他们的时代去说话行事，那就是不自然。但是这种妙肖自然的要求，如果片面地坚持它，也会引入迷途。因为艺术家在描写人的心胸以及它的情绪和基本情欲时，一方面应该保持个性，另一方面却又不应把这种心胸及其情绪和情欲等写成像它们在日常生活中天天出现的那样，因为艺术家只应该用适合的现象把每种情致表现出来。艺术家之所以为艺术家，全在于他认识到真实，而且把真实放到正确的形式里，供我们观照，打动我们的情感。在这种表现过程中，艺术家应该注意到当代现存的文化、语言等等。在特洛伊战争的时代，语言表现方式乃

① 浮斯塔夫(Falstaff)，是莎士比亚的历史剧《亨利四世》、《亨利五世》等中有名的丑角，15世纪初的人物，当时火药虽开始传到欧洲，手枪却还没有发明。

② 奥甫斯(Orpheus)，希腊神话中的乐神，他用的是竖琴。

③ 这部悲剧写14世纪法国民族女英雄姜达克率领法国军队抵抗英国侵略的故事。

至于整个生活方式都还没有达到我们在《伊利亚特》里所见到的那样高度的发展，希腊人民大众和王室的出色人物也没有达到我们在读埃斯库罗斯的作品和更为完美的索福克勒斯的作品时所惊赞的那种高度发展的思想方式和语言表现方式。这样破坏所谓妙肖自然的原则正是艺术所**必有的反历史主义**。作品的内在实质并没有改变，只是已进一步发展的文化使得语言表现和形象必然受到改变。另一种情形却不能与此并论，那就是把宗教道德意识的**较晚的**发展阶段中的观点和观念强加于另一个时代或另一个民族，而这个时代或民族的全部世界观是与这种新观念**相矛盾**的。例如基督教产生了一些道德信条，这些信条对于古代希腊人就是很离奇的。例如在判断什么是好是坏时，良心的内省、内疚和忏悔都只属于近代的道德修养；过去英雄时代的人物却不知道始终不一致的忏悔是怎么一回事；他做了的事就算做了。俄瑞斯特对于杀母的罪行毫不追悔，复仇的女神们固然要追捕他，但是她们只代表一些普遍的力量，不是代表俄瑞斯特的主观良心的隐痛。一个时代和一个民族的这种实体性的核心或心理方面的基本特点是诗人所必须知道的，只有在他在这种内在的中心点里放进对立矛盾的东西时，他才算犯了一种较严重的反历史主义。所以从这方面看，我们理应要求艺术家们对于过去时代和外国人民的精神能体验入微，因为这种有实体性的东西如果是真实的，就会对于一切时代都是容易了解的；但是如果想要把古代灰烬中的纯然外在现象的个别定性都很详尽而精确地摹仿过来，那就只能算是一种稚气的学究勾当，为着一种本身纯然外在的目的。从这方面来看，我们固然应该要求大体上的正确，但是不应剥夺艺术家徘徊于虚构与

真实之间的权利。

c3）这番话可以使我们深入了解艺术移植过去时代的生疏的外在的事物所用的方式如何才是正确的，以及艺术作品如何才算具有真正的客观性。艺术作品应该揭示心灵和意志的较高远的旨趣，本身是人道的有力量的东西，内心的真正的深处；它所应尽的主要功用在于使这种内容①透过现象的一切外在因素而显现出来，使这种内容的基调透过一切本来只是机械的无生气的东西中发生声响。所以如果把情致揭示出来，把一种情境的实体性的内容（意蕴）以及心灵的实体性的因素所借以具有生气并且表现为实在事物的那种丰富的强有力的个性揭示出来，那就算达到真正的客观性。所以要表现这样有实体性的内容，就要有一种适合的本身轮廓鲜明的具有定性的现实。如果找到了这样一种内容并且按照理想原则把它揭示了出来，所产生的艺术作品就会是绝对客观的，不管它是否符合外在的历史细节。做到这样，艺术作品也就能感动我们的真正的主体方面，变成我们的财富。因为题材在外表上虽是取自久已过去的时代，而这种作品的长存的基础却是心灵中人类所共有的东西，是真正长存而且有力量的东西，不会不发生效果的，因为这种客观性正是我们自己内心生活的内容和实现。至于单纯的历史的外在事物却是可消逝的一方面，读古代作品时我们对这一方面只是勉强宽容，读近代作品时我们也想把这一方面跳过不看。例如《旧约》中大卫热烈歌颂上帝的仁慈和震怒的"诗篇"以及先知们对巴比伦和耶路撒冷所表现的深刻的悲痛，至今对

① 这种内容指上文"心灵和意志的较高的旨趣"等，下文"它"亦指此。

于我们还如在目前，令人感动；就连莎拉斯屈罗在《魔笛》里[①]所歌唱的道德教训也还能用它的歌调所表现的内在心灵去感动每一个人，连埃及人在内。

所以碰到具有这样客观性的艺术作品，读者就应该不要提出错误的要求，要在作品中看到他自己的主体特点和细节。当席勒的《威廉·退尔》初次在魏玛上演时，在场的瑞士人没有一个感到满意[②]。有许多人在最美的爱情诗歌里找他们自己的情绪，找不到就说这些诗歌不真实。这种看法不正确，正如另外一些人只是从小说传奇中知道恋爱是怎么回事，以为没有碰到书中所写的那种情境和情绪，就还没有在实际生活中尝到恋爱的滋味一样。[③]

① 莎拉斯屈罗(Sarastro)，疑即波斯祆教的始祖 Zoroaster(Zarathustra)，传说他是纪元前6世纪的人。《魔笛》是德国音乐家莫扎特的一部著名的歌剧。

② 威廉·退尔是传说中的瑞士民族英雄，瑞士人对他都有自己的看法，所以对席勒的剧本不满意。

③ 黑格尔在本章以及在第三卷论戏剧体诗的部分都着重地讨论了文艺对群众的密切关系。他明确提出："艺术不是为一小撮有文化修养的关在一个小圈子里的学者，而是为全国的人民大众"，奉劝"骂听众趣味低劣"的人们"用不着那样趾高气扬"。这在当时艺术家们一般脱离现实，鄙视群众，炫耀书本知识的风气盛行时是有很大进步意义的。根据这个基本立场，他提出了一个对我们现在还有些意义的问题：文艺创作者能否运用以及如何运用历史题材和外国题材？怎样才算反历史主义或怎样才算对历史忠实？他反对艺术家"忘去他自己的时代，眼里只看到过去时代及其实在情况，使他的作品成为过去时代的一幅忠实的图画"，主张"他不仅有权利而且有义务要只注意他自己的民族和时代，按照符合他自己的时代特点的观点去创作他的作品"。既反对运用与现实毫无联系的陈旧材料而只强调 历史忠实，又反对完全按现代人的观点歪曲古代社会。他的基本观点是古为今用，要辩证地看问题。但是他没有摆脱唯心主义的人性论，认为地方色彩、道德习俗和政治制度都是"外在事物"，随时变动的，艺术家不必在这方面过求忠实，这些外在事物只是内在精神的表现，艺术家应忠实对待的只是这种内在精神。内在精神本是反映现实的，黑格尔的全部哲学都是倒果为因，理先于事，而又坚持"人同此心，心同此理"，他不可能认识到正确的反映论和阶级观点。

C. 艺术家

在这第一卷里我们首先讨论了美的普遍理念是什么，其次讨论了在自然美里美的普遍理念只得到有缺陷的客观存在，第三从这两点出发，才深入研究了理想，即美的充分的体现。关于理想，我们首先是按照它的普遍概念来讨论的，其次才讨论到理想如何出现于有定性的表现方式。艺术作品既然是由心灵产生出来的，它就需要一种主体的创造活动，它就是这种创造活动的产品；作为这种产品，它是为旁人的，为听众的观照和感受的。这种创造活动就是艺术家的想象。所以我们最后还要谈一谈理想的这第三方面，研究艺术作品如何属于主体的内在生活，作为这种内在生活的产品，它还没有脱胎出来，投到现实界，而只是还停留在创造的主体性里，在艺术家的才能和天才里。但是我们应该提起，这一方面并不属于哲学研究的范围，我们对它至多只能提出一些概括性的原则——尽管现在人们常问到艺术家从哪里得到他在创造作品时所表现的那种构思和表达的才能，以及他是怎样创造艺术作品的。提出这样问题就无异于想得到一种方单，一套规则，使人们如法炮制，就会把自己摆在适当的环境和情况里，去产生像艺术家所能产生的那样效果。阿里奥斯陀写成了《疯狂的罗兰》[①]，艾斯特主教就问他："路易先生，你那些鬼东西是从哪里得来的?"拉斐尔在一封有名的信里回答向他提出同样问题的人说，他在追求体现

① 阿里奥斯陀(Ariosto，1474—1533)，意大利诗人，他的杰作《疯狂的罗兰》就是歌颂艾斯特家族的。

某一种思想。

我们可以从三个观点来进一步讨论艺术活动：

第一，确定艺术家的天才和灵感的概念；

第二，讨论这种创造活动的客观性；

第三，设法明确真正独创性的性质。

1. 想象、天才和灵感

要讨论天才，就要给天才下一个较精确的定义，因为天才这个名词的意义很广泛，不仅可以用到艺术家身上，也可以用到伟大的将领和国王们乃至于科学界的英雄们身上。在这里我们也可以更明确地分三方面来说。

a）想象[①]

第一关于艺术创造的一般的本领。如果谈到本领，最杰出的艺术本领就是想象。但是我们同时要注意，不要把想象和纯然被动的幻想混为一事。想象是创造性的。

a）属于这种创造活动的首先是掌握现实及其形象的资禀和敏感，这种资禀和敏感通过常在注意的听觉和视觉，把现实世界的丰富多彩的图形印入心灵里。此外，这种创造活动还要靠牢固的记忆力，能把这种多样图形的花花世界记住。从这方面看，艺术家就不能凭借自己制造的幻想，而是要从肤浅的“理想”转入现实。在艺术和诗里，从“理想”开始总是很靠不住的，因为艺术家创作所依靠的是生活的富裕，而不是抽象的普泛观念的富裕。在艺术里

① 想象（Phantasie），实即“形象思维”。

不像在哲学里，创造的材料不是思想而是现实的外在形象。所以艺术家必须置身于这种材料里，跟它建立亲切的关系；他应该看得多、听得多，而且记得多。一般地说，卓越的人物总是有超乎寻常的广博的记忆。因为对于人能引起兴趣的东西，人才把它记住，而一个深广的心灵总是把兴趣的领域推广到无数事物上去。例如歌德就是这样开始的，而在他的一生中，他的观照范围天天在逐渐推广。这种明确掌握现实世界中现实形象的资禀和兴趣，再加上牢牢记住所观察的事物，这就是创造活动的首要条件。有了这种对外在世界形状的精确的知识，还要加上熟悉人的内心生活，各种心理状况中的情欲以及人心中的各种意图；在这双重的知识之外还要加上一种知识，那就是熟悉心灵内在生活通过什么方式才可以表现于实在界，才可以通过实在界的外在形状而显现出来。

b）其次，想象还不能停留在对外在现实与内在现实的单纯的吸收，因为理想的艺术作品不仅要求内在心灵显现于外在形象的现实界，而且还要求达到外在显现的是现实事物的自在自为的真实性和理性。艺术家所选择的某对象的这种理性必须不仅是艺术家自己所意识到的和受到感动的，他对其中本质的真实的东西还必须按照其全部广度与深度加以彻底体会。因为没有深思熟虑，人就不能把在他身心以内的东西搬到意识领域来，所以每一部伟大的艺术作品都使人感到其中材料是经过作者从各方面长久深刻衡量过的、熟思过的。轻浮的想象绝不能产生有价值的作品。但是我们不能因此就说，艺术家应该以哲学思考的形式去掌握形成宗教、哲学和艺术基础的那一切事物中的真实的东西。哲学对于艺术家是不必要的，如果艺术家按照哲学方式去思考，就知识的形式来说，他就是干预到一种正与艺术相对立的事情。因为想象的任务只在于把上述内在的理性化为具体形象和个别现实事物去认识，而不是把它放在普泛命题和观念的形式里去认识。所以艺术家须用从外在界吸收来的各种现象的图形，去把在他心里活动着和酝酿着的东西表现出来，他须知道怎样驾御这些现象的图形，使它们服务于他的目的，它们也因而能把本身真实的东西吸收进去，并且完满地表现出来。在这种使理性内容和现实形象互相渗透融会的过程中，艺术家一方面要求助于常醒的理解力，另一方面也要求助于深厚的心胸和灌注生气的情感 。所以只有缺乏鉴赏力的人才会认为像荷马所写的那样的诗是诗人在睡梦中可以得到的。没有思考和分辨，艺术家就无法驾御他所要表现的内容(意蕴)。认为真正的艺术家不知道自己在做什么，这是一个错误的想法。此外，凝神专注对于艺术家也是必要的。

c) 通过渗透到作品全体而且灌注生气于作品全体的情感，艺术家才能使他的材料及其形状的构成体现他的自我，体现他作为**主体**的内在的特性。因为有了可以观照的图形，每个内容(意蕴)就能得到外化或外射，成为外在事物；只有情感才能使这种图形与内在自我处于主体的统一。就这方面来说，艺术家不仅要在世界里看得很多，熟悉外在的和内在的现象，而且还要把众多的重大的东西摆在胸中玩味，深刻地被它们掌握和感动；他必须发出过很多的行动，得到过很多的经历，有丰富的生活，然后才有能力用具体形象把生活中真正深刻的东西表现出来。因此，天才尽管在青年时代就已露头角，但是只有到了中年和老年，才能达到艺术作品的真正的成熟，例如歌德和席勒就是如此。

b）才能和天才

通过想象的创造活动，艺术家在内心中把绝对理性转化为现实形象，成为最足以表现他自己的作品，这种活动就叫做“才能”、“天才”等等。

a）天才有哪些方面，我们在上文已经讨论到了。天才是真正能创造艺术作品的那种一般的本领以及在培养和运用这种本领中所表现的活力。但是这种本领和活力都只是属于主体的，因为只有一个自觉的主体，一个把这种创造悬为目标的主体，才能进行心灵性的创造。不过人们还要在天才和才能之中定出一种更明确的分别。天才和才能在事实上固然不完全是一回事，但是二者的统一对于完美的艺术创作却是必要的。就艺术一般须经过个性化，使它的产品外射为现实现象来说，它需要一种不同的特殊的本领去达到这种实现[①]的特殊的方式。这种特殊的本领就可以叫做“才能”，例如某人有演奏小提琴的才能，另一个人有歌唱的才能，如此等等。但是单纯的才能只是在艺术的某一个别方面达到熟练，为着达到本身的完备，就还需要只有天才才可以供给的那种一般性的艺术本领和灌注生气的作用。所以没有天才的才能总不免只停留在表面的熟练。

b）人们通常认为才能和天才对于人都是天生的。这种看法从一方面看是正确的，从另一方面看却也是错误的。因为人作为人，天生地就有对于宗教、思考和科学等方面的资禀，这就是说，人作为人，就有能力去接受对于神的认识，去达到由思考得来的知

① 指上句“使它的产品外射为现实现象”，即一般所谓“传达”。

识。要做到这一层，所需要的只是与生俱来的资禀，再加上教育、文化修养和勤勉。至于艺术则不然，它需要一种**特殊的**资质，其中天生的因素当然也起重要的作用。美本身既然是在感性的现实事物中实现了的理念，艺术作品既然把心灵性的东西表现于目可见耳可闻的直接的事物，艺术家就不能用纯粹是思考的心灵活动形式，而是要守在感觉和情感的范围里，或是说得更精确一点，要用感性材料去表现心灵性的东西。因此，艺术创作，正如一般艺术一样，包括直接的和天生自然的因素在内，这种因素不是艺术家凭自力所能产生的，而是本来在他身上就已直接存在的。只有在这个意义上我们才能说，天才和才能必然是天生的。

同理，各门艺术都或多或少是民族性的，与某一民族的天生自然的资禀密切相关。例如意大利人天生来就在歌曲方面擅长，北欧人民则不然，尽管我们在音乐和歌剧方面的训练也得到很大的成功，这两种艺术在我们中间毕竟像橘树一样，不能成为完全土生土长的东西。希腊人特别擅长于史诗和雕刻，而罗马人则没有一门专长的艺术，只是把希腊的艺术移植到本土来。范围最广的艺术是诗，因为诗比起其他艺术，对感性材料及其形式的构成所要求的最少。而在诗之中，民间诗歌又是最属于全民族范围的，与天生自然方面结合最密切的，所以民间诗歌总是产生在精神文化比较不发达的时代，在大多数情况下保持天真纯朴的风味。歌德写过各种各样的诗，但是他的最足见内心深处的最像自然流露的作品是他早年写的歌。文化的痕迹在这些歌里露得最少。近代希腊人仍然是一个擅长于做诗唱歌的民族。昨天或今天发生的某一个英勇事件，一个人的死亡及其致死的情境，一次丧葬，每一个冒险

的事迹，从土耳其方面来的某一次压迫行动——总之，无论什么事情一发生，他们就马上把它编成歌；有很多的例子说明一场战斗发生了，当天歌颂新胜利的诗歌就出来了。浮芮尔[①]编了一部希腊新诗集，入选的诗歌往往是从老太婆们、保姆们和小姑娘们口里录下来的，她们倒感到稀奇，浮芮尔为什么对她们的歌那样惊赞。从此可知，艺术和它的一定的创造方式是与某一民族的民族性密切相关的。例如临时编唱是意大利人的家常便饭，他们在这方面显出惊人的才能。至今一个意大利人还能临时编唱出一部五幕剧，其中没有一句是由记诵得来的，一切都从人类情欲及其情境的知识以及当前的鼓舞力量涌出来的。有一次有一位穷编唱家编唱了很长一段时间之后，伸出一顶破帽子向四周听众收钱，同时还兴高采烈，不停地编唱，不知手之舞之，把收来的钱都抛散了。

c）第三，天才还有一种本领也是属于天生自然方面的，那就是在某些门类艺术里，无论是在构成腹稿还是在传达技巧方面，都现出一种轻巧灵活。在这方面人们常谈到诗人受到音韵格律的束缚，画家碰到素描、着色、安排光影等在构思和下笔时所造成的许多困难。关于这一点，我们应该说，各门艺术当然都需要广泛的学习，坚持不懈的努力以及多方面的从训练得来的熟练；但是天才和才能愈卓越、愈丰富，他学习掌握创作所必需的技巧也就愈不费力。因为真正的艺术家都有一种天生自然的推动力，一种直接的需要，非把自己的情感思想马上表现为艺术形象不可。这种形象表现的方式正是他的感受和知觉的方式，他毫不费力地在自己身上找到这种方式，好像它就是特别适合他的一种器官一样。例如

① 浮芮尔（Fauriel，1772—1844），巴黎大学教授，研究民间诗歌的专家。

一位音乐家只能用乐曲来表现在他胸中鼓动的最深刻的东西,凡是他所感到的,他马上就把它变成一个曲调,正如画家把他的情感马上就变成形状和颜色,诗人把他的情感马上就变成诗的表象,用和谐的字句把他所创作的意思表达出来。艺术家的这种构造形象的能力不仅是一种认识性的想象力、幻想力和感觉力,而且还是一种实践性的感觉力,即实际完成作品的能力。这两方面在真正的艺术家身上是结合在一起的。凡是在他的想象中活着的东西好像马上就转到手指头上,就像凡是我们所想到的东西马上就转到口上说出来,或是我们一遇到最深处的思想、观念和情感,马上就由姿势态度上现出一样。从古以来真正的天才都感到完成作品所需要的技巧是轻而易举的事,而且有本领迫使最枯燥和表面上最不易驯服的材料听命就范,使它不得不接受想象中的内在形象而把它们表现出来。艺术家对于他的这种天生本领当然还要经过充分的练习,才能达到高度的熟练;但是很轻巧地完成作品的潜能,在他身上却仍然是一种天生的资禀;否则只靠学来的熟练绝不能产生一种有生命的艺术作品。按照艺术的概念,这两方面——心里的构思与作品的完成(或传达)是携手并进的。

c) 灵感

第三,想象的活动和完成作品中技巧的运用,作为艺术家的一种能力单独来看,就是人们通常所说的**灵感**。

a) 关于灵感,第一个问题就是关于它的**起源**,对这个问题有极多的不同的看法。

a1) 因为天才与心灵现象和自然现象通常都处在一种最紧密

的关系中，人们就以为通过感官的刺激就可以激发灵感。但是单靠心血来潮并不济事，香槟酒产生不出诗来；例如马蒙特尔[①]说过，他坐在地窖里面对着六千瓶香槟酒，可是没有丝毫的诗意冲上他脑里来。同理，最大的天才尽管朝朝暮暮躺在青草地上，让微风吹来，眼望着天空，温柔的灵感也始终不光顾他。

a2）反之，单靠存心要创作的意愿也召唤不出灵感来。谁要是胸中本来还没有什么内容在活跃鼓动，还要东张西望地搜求材料，只是下定决心要得到灵感，好写一首诗，画一幅画或是发明一个乐曲，那么，不管他有多大才能，他也绝不能单凭这种意愿就可以抓住一个美好的意思或是产生一部有价值的作品。无论是感官的刺激，还是单纯的意志和决心，都不能引起真正的灵感。要采用这些办法来引起灵感，这就足以说明心灵和想象还没有抓住真正有艺术意义的东西。反之，如果艺术的动力是正当的，这种真正有艺术意义的东西就会抓住一个明确的对象和内容（意蕴）而得到坚实的表现。

a3）因此，要煽起真正的灵感，面前就应该先有一种明确的内容，即想象所抓住的并且要用艺术方式去表现的内容。灵感就是这种活跃地进行构造形象的情况本身（这一方面是就主体的内在的创作活动来说，另一方面也是就客观的完成作品的活动来说，因为这两种活动都必须有灵感）。这里又有一个问题：这种引起灵感的材料怎样来到艺术家脑里呢？关于这个问题也有各种不同的看法。我们常听到人们提出这样的要求：艺术家应该单从他本身吸取材料来创作。如果诗人“像鸟儿栖在树枝上歌唱”那样，这种要

① 马蒙特尔（Marmontel，1723—1799），法国作家。

求当然是可以实现的。在这种情形之下，他自己的快乐就是创作的动力，这种从内心迸发出来的东西本身就可以成为作品的材料和内容，推动他对自己的喜悦进行艺术的欣赏。对于这样的作品，我们就可以说："从肺腑中迸发出来的歌本身就是一种丰富的酬劳。"但是从另一方面看，最伟大的艺术作品也往往是应外在的机缘而创造出来的。例如品达的颂诗就有许多是应命制作的。建筑家和画家们也往往须就指定的目的和对象进行工作，却仍然可以得到灵感。我们时常听到艺术家们埋怨说，他们缺乏可以工作的材料。其实，上面说的那种外在机缘及其对创作的推动力就是天生自然性与直接性的因素，这因素对于才能的概念是不可少的，对于灵感的出现也是一个条件。就这一点来说，艺术家的地位是这样：作为一个天生地具有才能的人，他与一种碰到的现存的材料发生了关系，通过一种外缘，一个事件，或是像莎士比亚那样，通过古老的民歌、故事和史传，通过这一类事物的推动，他自觉有一种要求，要把这种材料表现出来，并且因此也表现他自己。所以创作的推动力可以完全是外来的，唯一重要的要求是：艺术家应该从外来材料中抓到真正有艺术意义的东西，并且使对象在他心里变成有生命的东西。在这种情形之下，天才的灵感就会不招自来了。一个真正的有生命的艺术家就会从这种生命里找到无数的激发活动和灵感的机缘，这些机缘临到了旁人就不发生影响，就轻易放过了。

b）如果我们进一步追问艺术的灵感究竟是什么，我们可以说，它不是别的，就是完全沉浸在主题里，不到把它表现为完满的艺术形象时绝不肯罢休的那种情况。

c）但是在艺术家这样把对象完全变为他自己的对象之后，他还要知道怎样把他自己的主体的特殊癖性及其偶然的个别现象抛开，让自己完全沉浸在主题里面；这样，他作为主体，就好像只是形式，赋予形式于他所沉浸在里面的那个内容。如果在一种灵感里，主体作为主体突出地冒出来发挥作用，而不是作为主题本身所使用的器官和所引起的有生命的活动，这种灵感就是一种很坏的灵感。说到这里，我们就要转到所谓艺术创作的客观性了。

2. 艺术表现的客观性

a) 纯然外在的客观性

按照寻常的意义来说，"客观性"这个名词所指的是：艺术作品的一切内容都要采取原已存在的现实事物的形式，就以这种人所熟悉的外形出现在我们的面前。如果我们满足于这种客观性，考茨布也就算得上一个客观的诗人了。在考茨布的作品里，我们看到他依样画葫芦地把平凡的现实完全抄写一遍。但是艺术的目的是要在内容和表现两方面都把日常的琐屑的东西抛开，通过心灵的活动，把自在自为的理性的东西从内在世界揭发出来，使它得到真实的外在形象。纯然外在的客观性不能揭示内容的完满的实体性，艺术家就不应致力于此。因为尽管对现成的材料作这种客观的掌握也可以见出极高度的生动性，而且像我们前面在歌德的早年作品中一些例子里所已看到的，通过内在的生气灌注，也可以产生巨大的效果，但是如果它缺乏真正的内容（意蕴），它就还不能产生真正的艺术美。

b）尚未展现的内心生活

第二种客观的表现方式并不以外在事物本身为目的，在这种方式中，艺术家用以掌握对象的是他的深刻的内心生活。但是这内心生活还是隐蔽的、凝聚的，还不能挣扎出来，让意识可以清楚地认识到，从而达到真正的展现。情致的表达只限于通过与它共鸣的一些外在现象隐约地暗示出来，作者还没有足够的能力和文化修养，可以把内容的全部性质加以阐明。特别属于这种表现方式的是民间诗歌。它们在外表上是简单的，却暗示出藏在骨子里的一种较深较广的情感，但是还不能把它明白表现出来，因为民歌艺术本身还不够完善，不能把它的内容（意蕴）透明地揭示出来，所以只得满足于通过外在事物①，让同情的人可以隐约感觉到它的内容（意蕴）。作者的心还是凝聚的、紧缩的，为着要使旁人的心可以了解它，于是把自己反映到完全有限的外在的情况和现象上去，这些外在的情况和现象当然也有些表现力，不过它们对于所要表达的心情还只是一种隐约的暗示。歌德也用过这种方式写出一些极优美的短歌。《牧羊人的怨歌》就是一个最美的例子，牧羊人的愁苦怅惘的心情流露于几笔关于纯然外在事物的描写，它显得是沉默的，发不出声音的，但是他的极端凝聚的深刻的情感仍然在无言无语之中透出声响来。在《魔王》以及许多其他的歌里，这样的声调也是主调。这种声调也可以堕落成为枯燥粗野的东西，不能让人认识到主题和情境的本质，只抓住一些生糙的或是低级趣味的

---

① Äusserlichkeiten，俄译本英译本都作“外在象征”。

外在事物。例如《儿童的魔笛》[①]里有一首写鼓手的伙伴叫喊出这样的话来："啊，绞首架呀，你这座高房子！"或是"再见吧，班长老爷"。有人还称赞这种诗是最动人的。与此相反，歌德却唱出这样的歌：

愿我亲手摘来的这枝花，
朝朝暮暮承接你的芳颜！
几多暮呀几多朝，
我向它呀弯下腰，
几多朝呀几多暮，
我把它呀压在心头。

这里内在的心情是用一种完全不同的方式暗示出来，供给我们观照的不是什么琐屑的惹人嫌的东西。但是一般地说来，这一类的客观性都缺乏情感与情欲的真实而鲜明的表现。在真正的艺术里，这种情感与情欲不应该如上文所说的那样禁闭在心灵的深处，只通过外在事物隐约地暗示出来，而是应该完完全全地把自己显现出来，它所寄托的外在事物须是清晰的、完全透明的。例如席勒在表达情致时，就把他的整个灵魂而且是伟大的灵魂摆进去，这种灵魂对于事物的本质能体验入微，而且能尽量用丰富而和谐的语言自由地光彩焕发地把事物本质的深微处表现出来。

c）真正的客观性

关于这一层，我们可以按照理念的概念，从主体的外现方面来看，把真正的客观性定成这样：使艺术家得到灵感的那种真正的

① 德国的一部民间诗歌选集。

内容（意蕴）不能有丝毫部分仍保留在主体的内心里，而是要完全揭示出来；而揭示的方式又要是这样的：所选内容（意蕴）的普遍的灵魂和实体既很明确，它的个别形象本身也很圆满，而整个表现出来的作品显得有那灵魂和实体灌注在里面。因为最高尚最卓越的东西都不是什么不可言说的东西，认为诗人在作品里所表现的之外，还有远较深刻的东西，那是不正确的。作品就足以见出艺术家的最好的方面和真实的方面；他是什么样人就是什么样人，凡是只留在内心里的就还不是他。

3. 作风、风格和独创性

但是尽管我们应该要求艺术家有上述意义的客观性，表现出来的东西却还是他的灵感的作品。因为作为主体，艺术家须使自己与对象完全融合在一起，根据他的心情和想象的内在的生命去造成艺术的体现。艺术家的主体性与表现的真正的客观性这两方面的统一就是我们所要略加研究的第三个要点，以前我们分裂为天才与客观性两方面来看的东西在这里就可以统一起来。我们可以把这种统一称为真正独创性的概念。

但是在研究这个概念所含的因素之前，我们先要考虑到两个项目，即主观的作风和风格[①]；消除这两个项目的片面性，才能达到真正的独创性。

① 作风（Manier）是个别作家们特有的；风格（Stil）是某一种艺术所特具的表现方式，例如绘画和雕刻因所用媒介不同，在风格上也就不同。

a）主观的作风

单纯的作风必须和独创性分别开来。因为作风只是艺术家的个别的因而也是偶然的特点，这些特点并不是主题本身及其理想的表现所要求的，而是在创作过程中流露出来的。

a）作这种意义了解的作风也不同于艺术的一些普遍的类性，即按其本质须有不同表现方式的那些艺术类性，例如风景画处理对象的方式不同于历史画家的方式，叙事诗人处理对象的方式也不同于抒情诗人或戏剧家的方式；至于作风则是特属于某一艺术家的构思和完成作品时所现出的偶然的特点，它走到极端，可以与真正的理想概念直接相矛盾。就这个意义来说，艺术家有了作风，就是拣取了一种最坏的东西，因为有了作风，他就只是在听任他个人的单纯的狭隘的主体性的摆布。但是艺术家无论在内容方面还是在表现方面都要消除偶然现象，所以它要求艺术家也要消除他的主体方面的一些偶然的个别的特点。

b）其次，因为上述的缘故，作风并不是和真正的艺术表现直接相对立，它只是在外在方面起作用。最容易见出作风的艺术是绘画和音乐，因为这两种艺术在掌握题材方面和完成作品方面都须借助于极广泛的外在因素。某一种特殊的表现方式由某一个别艺术家创造，由他的摹仿者和门徒的仿效，反复沿袭，成为习惯，这就形成了作风。这种作风可以朝下列两个方向发展。

b1）第一个方向是掌握题材。例如在绘画里，气氛、枝叶、光影的分配以及整个色调都可以有无穷的变化。所以特别在着色和配光的方式上，画家之中有极大的差别和极特别的掌握方式。在绘画里我们可以看到一种色调,是我们一般在自然界里没有注意到的,并非自然界没有这种色调,而是我们视而不见。但是这种色调碰巧落到某个艺术家眼里,他把它掌握住了,于是他就养成习惯,看一切事物和表现一切事物,都把它摆在这种色调里。不但对着色如此,处理对象本身以及它们的组合、姿态动作等也还是如此。特别是在荷兰画家的作品里我们常看到这种作风,例如梵·德·尼尔的《夜景》①对于月光的处理,或是梵·德·高阴②在许多作品里对于沙丘的处理,其他画家在许多作品里常用丝绸的反光,也还是属于这一类。

b2)其次,作风可以表现于艺术实践方面,例如画笔的运用以及涂色和配色的技巧之类。

b3)这种掌握题材和表现题材的特殊方式经过反复沿袭,变成普泛化了,成为艺术家的第二天性了,就有这样一个危险:作风愈特殊,它就愈易退化为一种没有灵魂的因而是枯燥的重复和矫揉造作,再见不出艺术家的心情和灵感了。到了这种地步,艺术就要沦为一种手艺和手工业式熟练,于是原来本身没有多大坏处的作风就变成枯燥无生命了。

c)因此,比较正确的作风就得避免这种狭隘的特殊性,力求开阔,以免同样的特殊处理方式僵化成为呆板的习惯;艺术家要用比较一般的方式抓住题材的性质,学会掌握符合概念的比较一般的处理方式。就这个意义来说,我们可以说歌德也有一种作风,他

① 梵·德·尼尔(Van der Neer,1603—1677),荷兰风景画家。

② 梵·德·高阴(Van der Goyen, 1596—1666),荷兰画家,以画海洋风景著名。

不仅在社交诗里而且在开始比较严肃的诗里会用灵巧的转折，转到一种比较轻松愉快的情调来作结束，以便把处理方式或情境的严肃性冲淡。贺拉斯在他的书信体诗篇里也是用这种作风。这种转折是一般谈话和社交活动中所常用的，为着避免对所谈的问题引起更进一步的争论，就中途停住，很灵活地把严肃的话锋逐渐转到轻松愉快的话锋上去。这种掌握方式也还是作风，属于艺术处理的主体特点，但这也是比较一般性的主体特点，须运用得恰如其分，使它对于心中所悬想的表现方式显得是必要的。从这个阶段的作风我们就可以转到风格的研究了。

b）风格

法国人有一句名言："风格就是人本身"。风格在这里一般指的是个别艺术家在表现方式和笔调曲折等方面完全见出他的人格的一些特点。吕莫尔（《意大利研究》卷一，页 87）却提出另一个看法，他想把"风格"这个名词解释成为"一种逐渐形成习惯的对于题材的内在要求的适应，用这种适应，雕刻家雕成他的雕刻形象，画家画成他的绘画"。关于这一点，他对于某种艺术，例如雕刻所用的感性材料[①]允许或不允许用某种表现方式，作了一些极重要的论断。但是我们无须把风格这个名词只限于感性材料这一方面，还可以把它推广，用它来指艺术表现的一些定性和规律，即对象所借以表现的那门艺术特性所产生的定性和规律。根据这个意义，人们在音乐中区分教堂音乐风格和歌剧音乐风格，在绘画中区分历

① "感性材料"即艺术家所用的"媒介"，这里所说的就是媒介决定风格。

史画风格和风俗画风格。依这样看，风格就是服从所用材料的各种条件的一种表现方式，而且它还要适应一定艺术种类的要求和从主题概念生出的规律。如果在这个广义的风格上有缺陷，那就是由于没有能力掌握这种本身必要的表现方式，或是由于主观任意，不肯符合规律，只听任个人的癖好，用一种坏的作风来代替了真正的风格。因此，像吕莫尔所已经指出的，我们不能把某一门艺术的风格规律应用到另一门艺术上去，像孟斯[①]在他的阿尔巴尼别墅艺术馆里所做的那样，他“所画的阿波罗是按照雕刻的原则来构思和完成的”。同样的缺点在杜勒[②]的许多图画里也可以看到，他在画里特别是在衣褶方面采用了他所擅长的镌刻画的风格。

c）独创性

最后，艺术家的独创性不仅见于他服从风格的规律，而且还要见于他在主体方面得到了灵感，因而不只是听命于个人的特殊的作风，而是能掌握住一种本身有理性的题材，受艺术家主体性的指导，把这题材表现出来，既符合所选艺术种类的本质和概念，又符合艺术理想的普遍概念。

a）因此，独创性是和真正的客观性统一的，它把艺术表现里的主体和对象两方面融合在一起，使得这两方面不再互相外在和对立。从一方面看，这种独创性揭示出艺术家的最亲切的内心生活；从另一方面看，它所给的却又只是对象的性质，因而独创性的特征显得只是对象本身的特征，我们可以说独创性是从对象的特

① 见 24 页注①。

② 杜勒(Dürer，1471—1528)，德国名画家。

征来的，而对象的特征又是从创造者的主体性来的。

b）因此，独创性应该特别和偶然幻想的任意性分别开来。人们通常认为独创性只产生稀奇古怪的东西，只是某一艺术家所特有而没有任何人能了解的东西。如果是这样，独创性就只是一种很坏的个别特性。如果这样了解独创性，世间就没有人比英国人更富于独创性了，他们每个人都以某一种愚蠢行为自豪，这种愚蠢行为不是任何一个有理性的人所能仿效的，因此他就自以为这种愚蠢行为有独创性。

特别在近代才驰名的诙谐和幽默的独创性也与上面这种看法有关。在诙谐和幽默里，艺术家从他自己的主体性出发，走来走去，总是脱离不掉这种主体性，把所表现的真正对象只看成一种外缘，让诙谐、笑话、幻想、突如其来的俏皮话之类有尽量发挥作用的余地。在这种情形之下，对象或客观事物与这种主体性就互相脱节，艺术家对材料的处理是完全任意的，使得艺术家的个别特性可以成为作品中主要的东西。这种幽默也可以见出机智和深刻的情感，通常有极大的诱惑力，但是实际上不像一般人所想象的那样难能可贵。因为这种作风经常打断主题发展的合理进程，任意开头、任意进展、任意结局，把许多五花八门的诙谐和情感杂凑在一起，因而产生一种幻想的滑稽画；比起发展和完成一种显示真正理想的本身有价值的完整作品，这种做法要容易得多。现时流行的幽默往往喜欢展出粗俗才能的令人嫌恶的方面，从真正的幽默降落到呆板虚伪的胡说八道。真正的幽默从来是稀罕的，但是现在哪怕是最无聊的琐屑不足道的东西，只要外表上像是幽默，人们就把它看作是聪明的、深刻的。莎士比亚的幽默是丰富而深刻的，

但是就连他也偶尔不免流于呆板。让·保罗[①]的幽默有时固然见出隽永的诙谐和优美的情感，令人惊赞，但是也有时与此相反，把本来不相干的事物很离奇地拼凑在一起，而它们由幽默拼凑成的关系又是很难捉摸的。即使作者是一个最大的幽默家，这种拼凑不是可以从记忆中取材的，所以让·保罗的这种拼凑往往使人感到它不是得力于天才，而是外表的机械的黏合。因此，为着时常有新材料，让·保罗常翻阅性质最不同的书籍，例如植物学、法学、游记、哲学等等，碰到可注意的东西马上就记下来，并且写下临时的感想，到了创作的时候，就用外在的或机械的方式把极不相干的东西凑在一起——例如把巴西植物和德国高等法院凑在一起。人们特别把这种作风捧成独创性或幽默，实际上这种幽默是不分皂白的。但是真正的独创性须绝对排除这种主观任意性。

趁这个机会，我们还可以再研究一下滑稽。滑稽是对于任何内容都不持严肃态度，只是为开玩笑而开玩笑，人们以为这种滑稽就是最高的独创性。但是这种滑稽在艺术表现里把一大堆外在的东西凑在一起，而这些东西的内在意义却由诗人秘而不宣。人们以为这里的妙处就在使想象有伸展的余地，正是在这种外在方面的机械的拼凑中可以见出诗的精髓，一切最深刻最卓越的东西都被隐藏起，因为它们深刻到无法表达出来。例如在弗列德里希·封·许莱格尔在自以为是诗人的年代里所写的一些诗里，这种未经说出的东西就被认为是诗中最好的东西，而其实这种所谓“诗的精髓”只是最呆板的散文。

c）真正的艺术作品必须免除这种怪诞的独创性，要表现出真

① 让·保罗(Jean Paul，1763—1825)，德国浪漫派作家 Richter 的笔名。

正的独创性，它就得显现为整一的心灵所创造的整一的亲切的作品，不是从外面掇拾拼凑的，而是全体处于紧密的关系，从一个熔炉，采取一个调子，通过它本身产生出来的，其中各部分是统一的，正如主题本身是统一的。如果作品中情景和动作的推动力不是由自身生发的，而只是从外面拼凑的，它们的协调一致就没有内在的必然性，它们就显得是偶然的，由一种第三因素，即外在于它们的主体性，把它们联系在一起的。人们常惊赞歌德的《葛兹·封·伯利兴根》，特别是因为它有很大的独创性。我们在上文已经说过，歌德在这部作品里确实拿出了很大的勇气，把当时美学理论所规定为艺术规则的东西一脚踢开了。但是这部作品的写作毕竟没有见出真正的独创性。因为我们在歌德的这部早年作品里可以看出材料的贫乏，许多片段乃至于整幕情节不是从主题本身发展出来的，而是杂采当时一些时事，把它们从外面机械地凑合在一起。例如葛兹和修道士马丁（暗指马丁·路得）会谈那一幕所含的观念都是由歌德从当时流行的观念中采取来的。当时德国人又开始对僧侣的命运表示怜悯，僧侣们不能吃酒，睡大觉去消化他们的食品，因此不免引起一些邪念，而他们一般却要持守难以容忍的三诫：即贫穷、贞洁和忠顺。修道士马丁却不然，他很羡慕葛兹所过的骑士生活，羡慕葛兹背着从敌人掠夺来的胜利品回来的情形。葛兹追述经过说："趁他还来不及开火，我就跳下马，连人带马一起跑回来了。"他回到他的堡寨，碰见他的妻子，一面举杯向她祝寿，一面揩眼睛。但是路得从前所想的却不是这些尘世的事情，他本来是一个虔诚的僧侣，刻苦钻研过圣奥古斯丁著作里的一些深刻的宗教观念和信条。接着来的一幕也有类似的情形，歌德谈到当时特别是由巴斯朵夫[1]所提倡的教育观点。他谈到当时的儿童学的是许多没有了解的东西，正确教育方法则应根据对现实生活的直观的经验。例如卡尔，像歌德少年时代德国流行的办法一样，向他的父亲这样背诵："雅哈特庄园是雅哈特河边的一个村落和堡寨，二百年以来都归伯利兴根族的主子们管业。"葛兹问卡尔："你认识伯利兴根族的主子吗？"卡尔却瞪着大眼望着他，尽管他背书背得很响亮，却认不得自己的父亲。葛兹又说他自己在学会一些河流、村庄和山的名称以前，他早就把当地所有的关津路口都摸熟了。像这一类的东西都是与主题本身无关的赘瘤。还有一些地方，例如在葛兹和韦伊斯林的对话里，本来是可以按照主题深入发展的，而歌德却发表了一些关于时事的枯燥的散文气息的感想。

在歌德的另一部作品《亲和力》[2]里，我们也看到同样的题外杂拌，例如花园的修建、生动的图画、钟摆的摇摆、金属物的感觉、头疼症以及全部从化学借用来的关于化学亲和力的描写，都属于这一类。如果一部传奇中的故事发生在一种散文气息的时代里，在这里面写这类事物当然是可以允许的，特别是碰到歌德的那样灵巧而愉快的笔调来利用它们，而且一件艺术作品也不能完全不涉及当时的文化；但是反映当时文化是一回事，拼凑与真正主题无关的材料却是另一回事。只有在受到本身真实的内容（意蕴）的理性灌注生气时，才能见出作品的真正独创性，也才能见出艺术家的真正独创性。只有在艺术家完全掌握了这种客观的理性，不把它和从

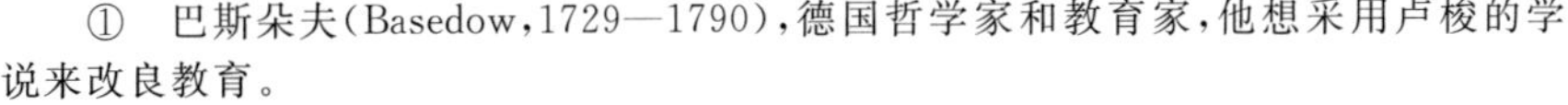

① 巴斯朵夫（Basedow，1729—1790），德国哲学家和教育家，他想采用卢梭的学说来改良教育。

② 歌德的处理婚姻问题的小说。

内来或从外来的不相干的个别情节混杂在一起时，他才能在所表现的对象里同时也表现出他自己的最真实的主体性，这最真实的主体性就是过渡到独立自足的艺术作品的桥梁。因为在一切真实的创作、思想和行为里，真正的自由会让有实体性的东西本身成为一种统治的力量，而这种力量却同时又是主体思想意志本身的最见本质的力量，所以在这双方[①]的完满协调里没有丝毫的冲突还留存下来。由此看来，艺术的独创性固然要消除一切偶然的个别现象，但是所以要消除它们，只是为着要使艺术家可以完全听命于他的专从主题得到灵感的天才，使他能在按照真实性来充分发展主题之中，也表现出他的真实的自我，而不是只表现出个人的好恶和主观任意性。不要有什么作风，这才是从古以来唯一的伟大的作风，只有在这个意义上，荷马、索福克勒斯、拉斐尔和莎士比亚才能说是有独创性的。[②]

① “这双方”俄译本作：“主观的自由与有实体性的东西。”

② 第一卷最后论艺术家这一大段所讨论的是“艺术家从哪里得到他在创造作品时所表现的那种构思和表达的才能以及他怎样创造艺术作品”。黑格尔承认“这一方面并不属于哲学研究的范围”，但是这问题所涉及的“想象、天才和灵感”以及“作风、风格和独创性”之类项目，正是当时德国资产阶级文艺理论家们争论不休的问题，黑格尔也就从他的美学体系出发，提出他的一些看法，他认为“天才”是生来就有的资禀，在艺术里它是“艺术创造的一般的本领”，其中最重要的是既有别于幻想又有别于哲学思维的想象，因为艺术的任务是把精神内容表现于具体形象，这要靠“生活的富裕”，要“看得多、听得多，而且记得多”，既要有“常醒的理解力”，又要有“深厚的心胸和灌注生气的情感”，要“熟悉人的内心生活”，再加上创作的熟练技巧。所谓“灵感”不是什么别的，就是“想象的活动和完成作品中技巧的运用”，也就是“完全沉浸在主题里，不到把它表现为完满的艺术形象就绝不肯罢休的那种情况”。所以“天才”和“灵感”这类名词在黑格尔用来已摆脱了原有的神秘气息和迷信色彩。但是他毕竟是个资产阶级哲学家，看不出构成艺术家条件的除了需要生活和技巧之外，还要有正确的世界观的指导作用。

珍藏本
纪念版

汉译世界学术名著丛书

美 学

第二卷

〔德〕黑格尔 著

朱光潜 译

商务印书馆
SINCE 1897 The Commercial Press

2017年·北京

目　　录

第二卷　理想发展为各种特殊类型的艺术美

第一部分　象征型艺术

第二部分　古典型艺术

第三部分　浪漫型艺术

第　二　卷

理想发展为各种特殊类型的艺术美

序　论

我们在第一卷里所研究的固然已涉及作为艺术理想的美的理念的实在情况,但是我们尽管从多方面阐明了理想的艺术作品的概念,所得到的一切定义毕竟只一般地涉及理想的艺术作品。美的理念正如一般理念一样,也是一些重要差异面的整体,这些差异面本身也必须显现出来或实现出来。我们可以把这些差异面叫做艺术的各种特殊的类型,它们都是从理念这个概念的内容发展出来的,这内容通过艺术才得到具体存在。我们有时也把这些艺术类型说成理想的不同的种类,不过不是用"种类"这一词的习惯意义,即不是把理想作为总类,而把各特殊种类附属到它上面去,使它因此受到了改变。我们所说的"种类"是指美的理念即艺术理想的理念本身中各种互相差异的,因而是具体的定性。所以艺术表现的普遍性并不是由外因决定,而是由它本身按照它的概念来决定的,因此正是这个概念才自发展或自分化为一个整体中的各种特殊的艺术表现方式。①

说得更确切些,由美的理念所发展和分化成的各种艺术类型在这个意义上是以这个理念本身为其根源的:这个理念要借助于这些类型才达到表现,成为现实的作品;至于这个理念所借以实现

① 整体是美的理念或艺术理想,各种特殊的艺术类型或表现方式是这个理念或理想在不同历史阶段的发展,如象征型、古典型和浪漫型。这些都是由美的理念自分化出来的。

的类型之所以不同，是由于类型所表现的有时是理念的抽象定性，有时是理念的具体的整体①。因为理念只有凭自己的活动来独立发展时，它才是真正的理念；而且理念作为理想既然是直接的显现，也就是与它的显现同一的美的理念，所以在理念发展过程中的每一特殊阶段上，就有一种不同的实在的表现方式和该阶段的内在定性紧密地结合在一起。所以我们既可以把这种发展过程看作理念本身的内在的发展过程，也可以把它看作体现理念的具体形象的发展过程，结果都是一样，因为这两方面本来就是密切联系在一起的。所以理念或内容的完整同时也就显现为形式的完整；反过来说，艺术形象的缺陷也就显出理念的缺陷，因为理念本来就是外在形象的内在意义，理念在这外在形象里才把自己实现出来。所以我们如果遇见某些艺术类型还不符合真实的理想，这种欠缺并不是像一般失败的艺术作品所现出的那种欠缺，即不是没有表现出什么，或是表现得不够恰当。我们所指的是对于每一次所用的内容意义来说，在各种特殊艺术类型中它所用来体现自己的那种确定的形象在每一次都必须符合理念，这里缺陷或完整就只取决于理念所代表的那种定性是真实的还是虚伪的。因为内容必须首先本身是真实和具体的，然后才可以找到真正的美的形象。

我们在第一卷总序论中已经见到，关于艺术类型要讨论的主要有三种。②

第一是象征型艺术。这里理念还在摸索它的正确的艺术表达方式，因为理念本身还是抽象的、未受定性的，所以不能由它本

① 例如象征型艺术所表现的是理念的抽象定性，古典型艺术所表现的是理念的具体的整体，浪漫型艺术片面地强调人的内心生活，又有些抽象性。

② 见卷一（商务印书馆 1978 年版，下同）“序论”（四）“题材的划分”部分。

身产生出一种适合的表现方式，而是要在它本身以外的自然界事物和人类事迹中去找它的表现方式。理念既然要用这种客观事物隐约暗示出它自己的抽象概念或是把它的尚无定性的普遍意义勉强纳入一个具体事物里，它对所找到的形象就不免有所损坏或歪曲。因为它只是随意任性地把握这些形象，不能使自己和这些形象融成一体，而只达到意义与形象的遥相呼应，乃至仅是一种抽象的协调。在这种既不是已经完满的又不是可以弄得完满的彼此嵌合之中，意义和形象虽然显出一些亲属关系，却仍然显出彼此外在[1]、异质和互不适合。

其次，按照它的概念（本质）来说，理念不能始终只是抽象的不确定的普泛的思想，它本身就是一种自由的无限的主体性[2]，这主体性既作为实际存在也作为精神来理解的。精神作为自由的主体，是由自己确定自己的，由于这种自确定，它在本身的概念里就已具有符合它的外在形象，它就可以把这个形象作为自在自为（绝对）地适合于它的实际存在而与它融成一体。这种内容与形式的完全适合的统一就是**第二种艺术类型即古典型**的基础。但是要实现这种完满的统一，精神就其成为艺术对象来说，还不能只是纯然绝对的精神（这只能在**精神性**和内心生活里存在），而是本身还是**特殊的**因而也还不免是抽象的[3]精神。所以古典型艺术所表现的自由主体固然显出本质的普遍性，因而摆脱了内心世界和外在世界的一切偶然性和单纯的特殊性，另一方面却也显出它是由充实它的那种普遍性分化出来的。因为外在形象，就其为外在的而言，

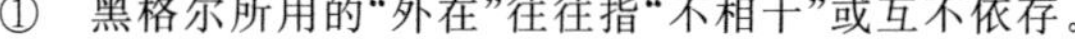

① 黑格尔所用的“外在”往往指“不相干”或互不依存。

② 参看卷一，121 页注②。

③ “抽象的”指片面的、与具体的（即完整的）对立。

一般是受到定性的特殊的形象，它只能把本身也是一种受到定性的因而也是有局限的内容表现得完全吻合，而从另一方面来看，也只有本身特殊的精神才能完全纳入一种外在形象里和它结成一种不可分割的统一体。

到了古典型，艺术就已达到它所特有的概念，就能把理念作为精神的个性，很完满地纳入它的肉体的实际存在里，使外在的东西第一次才不再和它所应表现的意义相对立而保持自己的独立；从另一方面来说，内在的东西在它为提供观照而造成的形象里也只显出它自己，肯定它自己。

第三，如果美的理念被理解为绝对精神，也就是独立自由的精神，它就不再能完满地实现于外在界，因为绝对精神只能在它本身上存在，即作为精神而存在。因此，它就丧失了古典型艺术的内在意义与外在形象的吻合，精神就离开外在世界而退回到它本身。这就产生了浪漫型艺术。由于它的自由的精神性的内容意蕴所要求的超过了用外在形体的表达方式所能提供的，所以对于浪漫型艺术，形象就变成一种无足重轻的外在因素，这就使浪漫型艺术带来内容与形式的一种新的分裂，不过与象征型的分裂情况相反。①

总之，象征型艺术在摸索内在意义与外在形象的、完满的统一，古典型艺术在把具有实体内容的个性表现为感性观照的对象之中，找到了这种统一，而浪漫型艺术在突出精神性之中又越出了这种统一。②

① 象征型艺术中形式溢出内容，浪漫型艺术中内容溢出形式，都是分裂而方向不一致。

② 以上说明象征的古典的和浪漫的三种艺术类型的差别在内容本身和用来表现内容的形式的关系上见出。

第一部分

象 征 型 艺 术

序论　总论象征型艺术

按照我们在这里所用的字义，“象征”无论就它的概念来说，还是就它在历史上出现的次第来说，都是艺术的开始，因此，它只应看作艺术前的艺术①，主要起源于东方，经过许多转变、改革和调和，才达到理想的真正的实现，即古典型艺术。所以我们首先就应把两种不同的象征分辨清楚，一种有独立的特性，产生了一个特定阶段的艺术观照和表现的基本类型，另一种却降到仅是一种不能独立的外在形式。这第二种意义的象征在古典型艺术和浪漫型艺术里也可以看到，正如象征型艺术在某些方面也露出了古典型理想的形象或是浪漫型艺术的萌芽。但是这种较晚阶段向较早阶段的越界，或是较早阶段向较晚阶段的越界，一般只涉及次要的方面和个别的细节，并不能形成整个艺术作品的灵魂和特定的性格。

至于按照自己的特殊形式独立发展的象征型却不如此，它一般具有崇高这一特性。一般地说，在象征型里，本来应该表现于形象的那种理念本身还是漫无边际的、未受定性的，所以它无法从具体现象中找到受到定性的形式，来完全恰当地表现出这种抽象的普遍的东西。这种不适合就使得理念越出它的外在形象，不能完全和形象融成一体。这种理念越出有限事物的形象，就形成崇高的一般性格。

① 原文是 Vorkunst，可以和“史前史”类比，或译“艺术的准备阶段”。

首先要研究的是形式方面，我们现在还只能就象征的意义作一种概括的说明。

象征一般是直接呈现于感性观照的一种现成的外在事物，对这种外在事物并不直接就它本身来看，而是就它所暗示的一种较广泛、较普遍的意义来看。因此，我们在象征里应该分出两个因素，第一是意义，其次是这意义的表现。意义就是一种观念或对象，不管它的内容是什么，表现是一种感性存在或一种形象。

1. 象征作为符号

象征首先是一种符号。不过在单纯的符号里，意义和它的表现的联系是一种完全任意构成的拼凑。这里的表现，即感性事物或形象，很少让人只就它本身来看，而更多地使人想起一种本来外在于它的内容意义。例如在语言里，某些声音代表某些思想情感，就是如此。一种语言里绝大部分语音和它们所代表的观念在意义上都是任意结合在一起的，尽管语言发展史说明了语音与语义的联系在起源时和现在并不一样；不同语言之间的差别首先就在于同一观念是用不同的语音来表现的。符号的其它例子是徽章或旗帜上用来标志人或船的国籍的颜色。颜色本身并不具有什么性质，能把它联系到它所代表的意义，即国籍。在艺术里我们所理解的符号就不应这样与意义漠不相关，因为艺术的要义一般就在于意义与形象的联系和密切吻合。

2. 形象和意义之间部分的协调

作为象征来用的符号是另一种，例如狮子象征刚强，狐狸象征狡猾，圆形象征永恒，三角形象征神的三身一体。其中狮子和狐狸都有作为符号时所要表达的性质。圆形也不代表一条有终点或不回头和本身相交的直线或其它线形，即不代表某一个有限的时间段落；三角形作为一个整体具有同样数目的边和角，如果用数目把宗教所理解的神的观念表达出来，三角形就可以胜任。

在这些符号例子里，现成的感性事物本身就已具有它们所要表达出来的那种意义。在这个意义上象征就不只是一种本身无足轻重的符号，而是一种在外表形状上就已可暗示要表达的那种思想内容的符号。同时，象征所要使人意识到的却不应是它本身那样一个具体的个别事物，而是它所暗示的普遍性的意义。

3. 形象和意义之间部分的不协调

第三，我们还应指出，象征虽然不像单纯的符号那样不能恰当地表达出意义，但是既然是象征，它也就不能完全和意义相吻合。因为从一方面看，内容意义和表示它们形象在某一个特点上固然彼此协调；而从另一方面看，象征的形象却还有完全与所象征的普遍意义毫不相干的一些其它性质；至于内容也可以不只是像刚强狡猾之类抽象的性质，而是一种具体的东西，包含用象征所表现的那个性质以外的许多其它性质，与象征的意义毫不相干。例如狮子除刚强以外，狐狸除狡猾之外，都还有其它性质，特别是神除三身一体之外还有许多其它特性，不是用一个数字、一个几何图形或是一种动物形象所能表达的。所以内容对表现它的形象毕竟有些不相干，内容的抽象意义可以用无穷无尽的其它事物和形象来表达。一种具体的内容也同样有许多意义，只要其它形象具有这些意义，也就可以用来表达它们。这番道理也适用于用来象征某种内容意义的事物。既是具体的事物，它们也具有许多用作象征的性质。例如刚强用狮子来象征固然顶好，但是用牛或牛角也未尝不可，而从牛那方面看，它也还有可以象征刚强以外的许多其它意义。至于用来标志神的形象更是无穷无尽的。

从此可知，象征在本质上是双关的或模棱两可的。

a）象征的暧昧性

我们乍看到一个象征，总不免要怀疑到一个形象究竟是否可以看做一个象征，尽管我们暂时不管已确定的内容还有其它双关意义，也不管用来表示这内容的形象也可能还有许多其它意义，而这些意义又可以用许多依稀隐约有关联的事物来象征。

象征一般总是一个形象或一幅图景，本身只唤起对一个直接存在的东西的观念。例如一只狮子、一只鹰或是一种颜色所呈现的是它本身，它单凭它本身就足以发生效力。所以人们就要问：呈现形象给我们看的这只狮子是只表现狮子本身，还是此外还应表现或暗示别的东西，还有某种抽象的意义，比如说刚强，或是更具体一点，某个英雄，某个季节或农业呢？换句话说，我们应该怎样对待这个形象，取它的本义呢，兼取它的本义和暗寓意呢，还是只取它的暗寓意呢？语言的象征意义就只取暗寓意，例如“了解”、“下结论”两词[①]在用来只指心灵活动时，它们就只直接使我们想起它们所指的那两种心灵活动，并不同时想起“掌握”和“关闭”那两种感性动作。但是狮子的图形就不然，它不仅令人想起它所象征的意义，而且还令人看到这种有形可见的形象和存在本身。

只有在意义和表现意义的形象以及二者之间的关系都明白说出时，才没有上文所说的暧昧性。但是这里所表示出的具体事物就不再是真正的象征，而是通常所谓比喻。在比喻里有两个因素要浮现在我们眼前，首先是一般性的观念，其次是表现这观念的具体形象。但是如果思考活动还没有来得及把那一般性的观念独立地掌握住，因而还不能把它独立地表现出来，这样也就还没有把表现一般意义的那个感性形象和这个一般意义本身分别开来，而是混而为一。[②]我们将来还会看到，象征和比喻的分别就在于此。例如卡尔·慕尔[③]看到夕阳西下的景致时叹道：“一个英雄也就这样死去！”这里意义和感性形象本来是明白区别开来的，但是慕尔在看到夕阳那一顷刻却把二者联系在一起。在其它的事例里，比喻中意义和形象的区别和关联并没有这样明确地提出，而是还紧密地融成一片，这时就要从上下文的关联或其它情况才能看出形象并不是单靠它本身而使人满足，而是因为它还表示出某一种明确的意义，对这意义是不容怀疑的。例如路德所说的：

“我们的上帝是一个坚固的堡垒。”

① “了解”在德文是 Begreifen，本义是“掌握”；“下结论”在德文是 Schliessen，本义是“关闭”。作为“了解”和“下结论”用时，这两词不取本义而取暗寓意。

② 这就是象征，前者是比喻。

③ 席勒的剧本《强盗》中的主角。

或是他的另一句话：

“青年人竖起成千的樯桅驶向海洋，

老年人却撑着遇险得救的小船悄悄驶进港湾。”

这里我们毫不怀疑堡垒指保护，海洋和成千的樯桅指希望和计划中的世界，而小船和港湾则暗指狭小的目的和财产，或卑微而安全的栖身之所。再如《旧约》里的一句话：“上帝，把它们嘴里的牙齿打碎，把那只小狮子的臼齿拔掉吧！”人们也马上就会懂得小狮子们的嘴，牙齿和臼齿都不指本义，而是用作形象来暗示其它意义，只有它们的**暗寓意**才是重要的。

在单纯的象征里，暧昧性就更显著，因为一个具有意义的形象之所以称为象征，主要只是由于这个意义不像在比喻里那样明白表出，显而易见。真正的象征当然也可以变得不暧昧，如果正因为暧昧，感性形象和它所表达的意义之间已建立了习惯的或约定俗成的联系（这对于单纯的符号是绝不可少的）；至于比喻则不然，它是临时想出的适用于这一次的联系，本身就已明显，因为本身就已含有意义。不过熟悉某一象征的约定俗成的观念联想的人们固然凭习惯就能清楚地看出它所表示的意义，对于不熟悉这种习惯的联系或是过去虽熟悉而现在已不熟悉的人们，情况就不如此，他们乍看到当前的感性形象，就拿不稳是否应按形象本身来了解，还是按照它所暗示的另外的意思来了解。例如在教堂墙壁上一个显著的地方看到一个三角形，我们就会知道这个形状不应看作只是一个三角形，而是暗示神的三身一体这个意义。但是我们如果在教堂以外的地方看到这种三角形，我们也会懂得它就不应该看作神的三身一体的符号或象征。如果看到这三角形的不是基督教徒，没有这种约定俗成的联想，那么无论是在教堂以内还是在教堂以外，他们对这三角形的意义就难免茫然了。就连我们基督教徒也不能在一切场合都能很有把握地断定一个三角形究竟是单代表它本身还是另有象征的意义。

b) 神话和艺术中象征表现方式的暧昧性

这种没有把握的情况并不限于一些局部个别事例，而是要涉及范围很广的艺术领域，涉及摆在我们面前的一大堆材料的内容，即几乎全部东方艺术的内容。所以当我们初次走进古代波斯、印度和埃及的形象和图形的世界里，就不免茫然不知所措，好像闯进一个到处都是难题的领域。这些图形单从直接使我们观照到的方面看并不能满足我们，还迫使我们越过这方面向更远的方向去看，去探索它的意义，而这意义比起图形本身是较深远的。其它作品却使人一眼就看出它们就像童话一样，只是单纯形象和偶然的稀奇联想的游戏，儿童所爱好的正是形象的表面以及不费心思的闲散的游戏和令人耳昏目眩的离奇拼凑。但是一个民族即使在童年期也不满足于此，还要求一种真实的内容意义，我们在印度和埃及的艺术表现里就确实可以找到这种内容意义，尽管他们的秘奥的图形只隐约暗示出它们的意义，要猜出往往很难。意义与直接的艺术形象之间的这种不吻合究竟在多大程度上要归咎于艺术的贫乏和想象的芜杂和空洞呢？还是由于比较纯美和恰当的形象不足以表达出比较深刻的意义，非求助于光怪陆离的形象不可呢？在很大范围之内，这种问题乍看是很难解答的。

就连在古典型艺术领域里，我们往往也碰到类似的没有把握

的情况，尽管古典型艺术不是象征性的而是通体透明的。古典理想之所以是透明的，正由于它抓住了艺术的真正内容，即具有实体性的主体性①，才找到了恰好只表现这内容的真正的形象，因此，意义也就恰由这形象表现出来，双方欣合无间。至于在象征型艺术和比喻里，形象除掉它所指的意义之外，还代表一些其它东西。但是就连古典型艺术也还是有它的暧昧的一面，因为古代神话的领域也往往令人捉摸不定，很难说究竟只注意外在形象本身，只把它们当作巧妙想象的巧妙游戏来欣赏(本来神话一般都好像只是一些无意义的虚构故事)，还是应该追问一种更深远的意义，特别是在故事内容涉及神的生平事迹时，我们不免要追问更深远的意义，因为流传下来的故事有些简直和作为绝对神的身份不相称，简直是些不恰当的低级趣味的虚构。举例来说，谈到赫克里斯所做出的十二奇迹或是听到天神宙斯把火神从奥林普山峰抛到勒姆诺斯岛上，使他跌成跛子时，我们当然要认为这种故事不过是一种幻想的虚构。就是朱匹特的许多风流事也只能说是任意想象出来的。但是从另一方面来看，这些故事既然是关于最高天神的，人们就同样有理由相信，在神话所揭示的东西后面还隐藏着一种较深刻的意义。

所以关于希腊神话有两种相反的看法。一种看法以为神话只应就故事的字面去看，这些故事虽和神们的身份不相称，而本身却隽妙可爱，引人入胜，甚至具有高度的美，没有理由要进一步去推求更深刻的意义。所以神话应该看作纯粹历史性的，按照它的本来实际形象来描绘的。从艺术方面来看，神话在所描绘的形象，图

① 代表某种重要理想的人物性格。

形，神们及其活动和事迹等方面，都是独立自足，无待外求的，或者说，它们本身自有意义，本身就是解释。其次，从历史起源方面看，神话有些是土生土长的，也有些是根据历史事件，外来故事和传说而造成的，并不只是起于巫师、艺术家和诗人们的任意幻想。另一种看法却不满足于单从字面去理解神话的形象和故事，而是坚持要找出它们后面的更普遍、更深刻的意义，并且认为研究神话的科学就要以揭示这种隐藏的意义为它的任务。所以神话必然是要看作象征性的。所谓“象征性”只是说：不管神话看来多么妄诞无稽，夹杂着几多幻想的偶然的任意的成分，归根到底，它总是由心灵产生的，总要含有意义，即关于神性的普遍的思想，亦即神学。

在后一种看法的代表之中，在近代以克洛伊佐[①]为最显著。在他的关于象征和古代各民族神话观念的著作里，他抛弃了流行的看法，不从散文的字面去看，也不从艺术价值去看，而是要探索神话中的意义所含的内在的理性。他的出发点或前提是神话和传说故事都起源于人类心灵，人类心灵固然可以就关于神的种种观念进行游戏，却不止于此，它还带着宗教的旨趣，走到较高的领域，其中形象的创造者是理性，尽管理性还不免有缺陷，还不能把它的内在的东西充分阐明出来。克洛伊佐的这个假说本来是正确的：宗教的源泉确实在于心灵，心灵探索着它的真理，隐约窥见它，于是用多少与这真理内容有些关联的形象把它看成认识的对象。但是创造形象的如果是理性，就有必要去认识这种理性。只有对理性

① 克洛伊佐（Creuzer，1771—1858），德国学者，著有《古代各民族特别是希腊民族的象征和神话》。

的认识才真正配得上人的身份。谁如果抛开这种认识,谁就只能获得一大堆肤浅的一知半解,此外就别无所得。反之,如果我们既探索神话观念的内在真理,又不忽略另一方面,即幻想的偶然性和任意性以及地方影响等等,我们就能找出各种神话体系之所以存在的道理。就人类心灵所创造的图形和形象来找出人之所以为人的道理,这是一种高尚的事业,比起堆砌浮面史实的勾当要高尚得多。当然也有人指责克洛伊佐说,他所追寻的是新柏拉图派的故辙,在神话里找较深远的意义,而所谓较深远的意义其实只是他自己摆进神话里去的,没有历史根据能证明它们是实际存在的;反之,历史所能证明的只是人们先把那些思想摆进神话里去,然后才能在神话里找到那些思想。尽管人们从另外的观点常谈到古代巫师们的玄秘的智慧,古代的人民、诗人和巫师其实并没有这些深远的思想,因为这些思想和当时的整个文化背景不相适应。这些指责当然也很有道理。古代的人民、诗人和巫师们确实并不曾先认识到作为神话根源而隐藏在神话里的那些带有普遍性的思想,不曾先就普遍性形式[①]把那些思想掌握住,然后才有意识地把那些思想放在象征的形象里隐藏起。实际上连克洛伊佐自己也并不这样想。但是尽管我们近代人在神话里所见到的东西古人原不曾想到,我们并不能从此得出结论说,古代的神话表现根本不是象征性的,因此就不能当作象征的东西去了解。因为古人在创造神话的时代,就生活在诗的气氛里,所以他们不用抽象思考的方式而用凭想象创造形象的方式,把他们的最内在最深刻的内心生活变成认识的对象,他们还没有把抽象的普遍观念和具体的形象分割开来。

① 即抽象形式。古代诗人并非先有抽象思想,然后用形象把它表达在神话里。

这个确凿的事实就是我们在本书中所要承认和坚持的，尽管我们并不否认对神话作象征方式的解释也可能引起一些穿凿附会，正如字源学对字的解释一样。

c）界定象征型艺术的概念

我们尽管承认神话和其中关于神的故事以及由创造的想象陆续不断地创造出来的大量形象，都包含一种理性的内容意义和深刻的宗教观念，我们也觉得关于象征型艺术还可以有这样一个问题：是否应该把一切神话和艺术都要按照象征的方式去了解呢？例如弗·许莱格尔[①]就认为在每一个艺术作品里都应该找出一个寓意。因此，所谓“象征的”或“寓意的”就是指每一件艺术作品和每一个神话形象后面都有一个普遍性的思想作为基础，因此在进行解释时就要把这种抽象的思想指点出来。这种处理方式在近代颇流行。例如但丁的《神曲》确实有许多寓意，而近代评注家却往往把其中每一章诗都说成是寓意。赫涅[②]所编的古代诗集也是如此，他在注里对每个隐喻的抽象意义都作了凭知解力的抽象的解释。抽象的知解力特别容易倾向于找象征和寓意，因为它把意义和形象割裂开来了，因而也就把象征方式的解释所不过问的艺术形式消灭掉，只顾把抽象的普遍意义指点出来。

我们在本书里讨论象征型艺术，不采取这种把象征推广到一切神话和艺术领域的办法。因为我们的任务并不在于发现艺术形

① 参看第一卷79页原注。

② 赫涅（Heyne，1729—1812），德国学者，编注过荷马、维吉尔和品达等古典诗人的作品。中国过去对诗的评释（例如屈原作品中美人香草之类）特别有这里所说的倾向。

象在多大程度上可以用这种广义的象征或寓意去解释，而是要探求象征本身在多大程度上可以算作一种艺术类型。我们要确定意义和形象之间的艺术关系以及这种艺术关系在象征型艺术里和在古典型艺术与浪漫型艺术里究竟有什么不同。因此，我们的任务不在于把象征推广到一切艺术领域，而在明白地把它局限于用象征为其特有的表现方式，因而可以用象征方式去看待的那个艺术范围。就是本着这个意思，我们在上文讨论艺术理想的序论里把艺术类型分为象征的、古典的和浪漫的三种。

所以一旦到了构成艺术内容意义和表现形式的不再是未受定性的抽象的普遍观念而是自由个性时，我们所理解的象征也就不再存在。这时主体本身就自有独立的意义，无待另外的解释。主体就等于他的思想感情，他的行动事迹和他的特殊的性格，等于他的精神生活和感性生活①的全部表现，此外别无其它意义。主体在他的这种扩张和展现②之中，不过是把自己是全部客观世界的主宰这一事实表现出来，成为观照的对象。在这种情况里，意义和感性表现，内在的和外在的，题旨和形象就不再是彼此割裂开来的，不再像在真正的象征型艺术里那样只有依稀隐约的联系，而是二者融成一个整体，其中现象在本身以外别无本体，本体在本身以外也别无现象。显现者和被显现者都转化为具体的统一体。在这个意义上，希腊的神们，由于希腊艺术把他们表现为一些自由的、独立自足的个体，就不能看作象征性的，而是本身就已完满，无待外求的。例如从艺术观点看，天神宙斯、日神阿波罗和智慧女神雅典娜就只

① 感性生活即肉体生活或物质生活。

② 指思想、感情、行动等等。

是一些个别的神，他们的行动就只表现他们的威力和情欲，不表现什么其它意义。假如要从这些自由的主体身上抽得出一些普遍概念作为他们所体现的意义，用来解释特殊个别的形象，那就不免把这些形象的艺术方面抛开而且毁掉了。因此，一般艺术家们都不喜欢人对一切艺术作品及其神话性的人物形象作象征性的解释。在上述古典型艺术表现方式里，真正可以看作象征或寓意的只是一些次要的东西，往往是明确地用一种标志或符号来代表的，例如鹰代表宙斯，牡牛常跟着圣路加，埃及人用阿庇斯①来代表神。

在表现自由主体性的艺术作品里，困难在于辨别两种不同的方式：一种是作为主体来表现的东西具有真正的个性和主体性，一种是只有个性和主体性的空洞的外表，这就是人格化。②如果是人格化，人格就只是一种肤浅的形式，无论在具体动作还是在躯体形状上都表现不出人格所特有的内心生活，因而所表现的全部外在方面显不出受到这个人格的生气贯注，还须有不属于这个人格和主体性的另一种内心生活作为外在现实③的意义。

以上就是界定象征型艺术所要依据的基本观点。

所以我们研究象征型艺术所要注意的是艺术的内在的发展过程，即从理想概念发展为真正艺术的过程，也就是说，我们要把象征型艺术看作是过渡到真正艺术的准备阶段。不管宗教和艺术的

① 阿庇斯(Apis)，埃及神牛，两角夹着太阳。

② “人格化”(Personifikation)，即把抽象概念加以人格化，例如用一个人物代表抽象的英勇或正直。

③ 即上文的“外在方面”，亦即外在形象，这外在形象如果是人格化的，可能表现人格化的概念以外的一种性格，例如一个人物本是“英勇”概念的人格化，而他的言行可能有不表现英勇而表现残暴或奸诈的部分，因此意义与形象不完全一致。

关系多么紧密，我们现在所要做的并不是把象征本身和宗教看作广义的象征的感性的表现方式的领域而加以分析，而只是研究象征中有关艺术的那一方面，至于有关宗教的那一方面则须留给神话史去研究。

4. 题材的划分

要就象征型艺术细加划分，首先就要划定它向前发展的前后分界点。

上文已经说过，象征型的整个领域一般都属于艺术前的艺术，因为它所表现的还只是一些基本上还未经个性化或具体化的抽象意义，直接和这个意义相结合的形象可能恰当，也可能不恰当。因此，象征型艺术的界限一边是艺术观照和艺术表现的酝酿阶段，另一边就是真正的艺术，象征型艺术上升到真正的艺术才达到它的真实性。

如果从主体方面来谈象征型艺术的最初出现，我们不妨重提一句旧话：艺术观照，宗教观照（毋宁说二者的统一）乃至于科学研究一般都起于惊奇感。人如果还没有惊奇感，他就还是处在蒙昧状态，对事物不发生兴趣，没有什么事物是为他而存在的，因为他还不能把自己和客观世界以及其中事物分别开来。从另一个极端来说，人如果已不再有惊奇感，他就已把全部客观世界都看得一目了然，他或是凭抽象的知解力对这客观世界作出一般人的常识的解释，或是凭更高深的意识而认识到绝对精神的自由和普遍性；对于后一种人来说，客观世界及其事物已转化为精神的自觉的洞见明察的对象。惊奇感却不然。只有当人已摆脱了原始的直接和自然联系在一起的生活以及对迫切需要的事物的欲念了，他才能在精神上跳出自然和他自己的个体存在的框子，而在客观事物里只寻求和发现普遍的，如其本然的、永住的东西；只有到了这个时候，惊奇感才会发生，人才为自然事物所撼动，这些事物既是他的另一体，又是为他而存在的，他要在这些事物里重新发现他自己，发现思想和理性。这时人一方面还没有把对一种更高境界的预感和对客观事物的意识割裂开来①，而另一方面人也现出自然事物和精神之间毕竟有一种矛盾，使客观事物对人既有吸引力，又有抗拒力。正是在克服这种矛盾的努力中所获得的对矛盾的认识才产生了惊奇感。②

这种惊奇感的直接结果是这样：人一方面把自然和客观世界看作与自己对立的，自己所赖以生存的基础，把它作为一种威力来崇拜；另一方面人又要满足自己的要求，把主体方面所感觉到的较高的真实而普遍的东西化成外在的，使它成为观照的对象。在这两方面的统一中就出现了这样的情况：个别自然事物，特别是河海山岳星辰之类基元事物，不是以它们的零散的直接存在的面貌而为人所认识，而是上升为观念③，观念的功能就获得一种绝对普遍存在的形式。

艺术就是从这里开始：它就是按照这些观念的普遍性和自在

① 理想与现实尚未分裂。

② 这段话的大意：人与自然一体时还没有惊奇感；人完全认识自然时已不复有惊奇感。只有在这两阶段之中，即主体与客体尚未完全分裂而矛盾已开始显露的时候，人才有惊奇感。

③ 观念（Vorstellung）指意象，即对于一类事物所获得的一种总的印象，但还不是抽象的概念。这个词也可译为“表象”。

本质把它们表现于一种形象，让直接的意识[①]可以观照，使它们以对象的形式呈现于心灵。所以对自然事物的素朴的崇拜，即拜自然和拜物的习俗，还不是艺术。

从客体或对象方面来看，艺术的起源与宗教的联系最密切。最早的艺术作品都属于神话一类。在宗教里呈现于人类意识的是绝对，尽管这绝对是按照它的最抽象最贫乏的意义来了解的。这种绝对最初展现为自然现象。从自然现象中人隐约窥见绝对，于是就用自然事物的形式来把绝对变成可以观照的。这种企图就是最早的艺术起源。但是即使从这方面来看，艺术也只有在下列情况下才会出现：人不是只从现成的现实事物中直接见到绝对而就满足于神性的这种实际存在，而是要由意识本身既产生出从本身外在的事物中所得到的对绝对的认识，又产生出或多或少地符合这种认识的客观形象。因为艺术必须有一种通过心灵来理解的内容意义，这种内容意义固然直接显现于外在事物，而这外在事物却不是现成的、俯拾即是的，而是由心灵创造出来，既能用以认识那内容而又能用以表现那内容的。所以只有艺术才是最早的对宗教观念的形象翻译，因为只有到了人成为精神方面的自觉者，摆脱了生活的直接性[②]，从而获得了自由，认识到客观世界是外在的，和自己对立的时候，人才会对客观世界有散文性的看法[③]。不过这种主体与客体的辨别是比较晚的事。对真实界的最初的认识却处在完全沉没在自然中的无心灵性（不自觉性）和完全从自然中解放

① 即不用思考的感性认识能力。

② 即摆脱了自然蒙昧状态的生活方式。

③ 即抽象的凭知解力的看法，与上文“形象翻译”对立，人到认识自己是主体而外物是对象时，对客观世界才开始有较客观的反映，也才有散文意识。

出来的心灵性这二者之间。在这种中间状态里，心灵（精神）之所以只能用自然事物形象去表现它的观念，是因为它还没有取得一种较高的形式，但是已在企图使观念与形象在这种结合中互相适合。正是这种中间状态形成诗和艺术的立场，与散文性的知解力相对立。因此，只有在主体精神自由的原则实现于它的抽象的和真正具体的形式时，也就是只有在罗马时代和近代基督教世界里，完全散文性的意识才能出现。

其次，象征型艺术所努力追求的，而且一旦达到，它就不再是象征的那个最后分界点就是古典型艺术。古典型艺术虽然找到了真正的艺术表现，却不是最早的艺术类型，它须有象征型艺术的许多转化和过渡阶段作为它的先行条件。因为适合古典型艺术的内容意义是精神的个性，而精神的个性，作为绝对与真实的内容和形式，只有在经过许多转化和过渡之后，才能呈现于意识。艺术在起源时在内容意义上总是抽象的，未受定性的，精神的个性却须本身是真正具体的。它是由自确定的概念（本质）体现在适合它的实际存在里，这概念只有在把它所调解的两个抽象方面的片面性消除（否定）掉之后，它才能变成可以掌握的。如果这一点做到了，概念既已按照它的本质现为整体了，上述那些抽象的方面也就消除了。[①] 这就是古典型艺术的情况。古典型艺术结束了艺术象征和崇高的趋向，因为精神的主体性既然本身就带有适合它的形象，正如自确定的概念也从它本身里产生出适合它的具体的实际存在。到了艺术找到了这种真正的内容因而也就找到了它的真正的形式

① 古典型艺术表现精神的个性，精神的个性消除了内容与形式，内在方面与外在方面各自的抽象性和片面性，才达到这两方面协调一致的整体。

时，它对这两方的追求与挣扎（这就是象征型艺术的缺陷）自然也就停止了。

如果我们追问在上述两个分界点之内，能否找到更精确的原则作为划分象征型艺术阶段的根据呢？回答可以是这样：象征型艺术既然对真正的内容意义和适合它的表现形式还在挣扎追求，我们所要找的原则就可以说是还与真正艺术相对抗的内容和对内容不适应的形式二者之间的斗争。因为内容和形式尽管结成一体，却仍然互不符合，而且也不符合真正的艺术概念，因而仍在挣扎着要拆散这种还有缺陷的结合。从这个观点看，一切象征型艺术都可以看作对内容意义和形象的互不适应所进行的继续不断的斗争，而象征型艺术的不同阶段并不是不同种类，而只是这同一个矛盾的不同阶段和不同方式。

不过这种斗争起初还只是自在的，这就是说，内容和形式勉强结成一体的互不适应性还没有呈现于艺术意识，因为艺术意识还不能认识到它所抓住的内容意义所具有的普遍性，也还不能掌握住真正的独立自足的形象，因此它看不出这二者之间的差异，而只从二者的直接统一的假定出发。所以象征型艺术的起点就是艺术内容意义和所追求的象征表现形式之间的虽未分裂而在结合之中却仍有矛盾的那种带有神秘意味的不巩固的统一，这是一种地道的不自觉的原始的象征方式，所用的形象还没有被定作象征（符号）。

象征型艺术的终点就是它的消失和自瓦解，前此意义与形象之间的自在或自发的斗争现在已为艺术意识所察觉到，因此象征过程终于变成内容意义与和它联系在一起的感性形象之间的一种有意识的割裂，不过这种割裂之中仍然有一种有意识的联系，这种联系还显不出紧密的统一，而只是意义与形象之间的一种比喻，还现出前此未经意识察觉到的那种差异。到了这个阶段，象征就成为意识到的象征：其中意义是就它的普遍性来认识和领会的，它的具体显现是有意地摆在意义下面的一个单纯的形象，和意义比较，显出某种类似的。

在上述起点和终点之间的就是崇高的艺术，其中意义是独立的精神的普遍性，第一次和它的具体客观存在分裂开来，具体客观存在显得是意义的否定面，对意义是外在的而又要为意义服务的，所以意义如果要借这种客观存在来表现自己，就不能让它保持独立，而要把它看作本身有缺陷，尚待消除或否定的，——尽管意义除掉这种对它是外在的否定的方面之外，别无可以表现自己的材料。所以按照概念来说，意义方面的崇高光辉须出现在真正的比喻之前，因为对自然现象和其它现象的具体个性先以否定的或消极的方式来处理，使它对绝对意义的高不可攀的威力只是一种装饰，然后才能对那些向意义提供形象的，与意义既有关联而又有区别的现象进行明确的区分和有所选择的比拟。①

上述三个主要阶段又可细分如下：

a）不自觉的象征②

1）第一阶段还不能称为真正意义的象征，也还不能列入艺

① 这段大意：象征型艺术在起点时意义和形象的结合和割裂都还是自在的，未经意识察觉的；在终点时意义与形象的结合是自觉的，是一种有意识的比拟。在起点与终点的中间是崇高，其中形象不能完全表现意义，外在于意义而且是意义要加以否定的东西。

② 这是象征型艺术的第一章的概论。

术。它只是替象征和艺术铺平道路。它还只是用作精神意义的绝对和还没有和绝对分开的感性客观存在这二者之间的在一种自然形象中的直接的实体性的统一。

2）第二阶段是到真正象征的过渡。在这个阶段上述原始的统一开始分解，一方面普遍的意义溢出于零散的自然现象之外，而另一方面意义的普遍性又要通过具体自然事物的形式才能呈现于意识。在这种力求转化自然事物为精神事物和转化精神事物为感性事物的双重努力之中，暴露出象征型艺术在这个意义和形象还见出差异的阶段的离奇幻想，挣扎酝酿以及颠倒错乱的拼凑。这种象征型艺术虽然也隐约感觉到所用的形象不适应，却无法弥补这个缺陷，只能借助于歪曲形象，使它变成漫无边际地巨大，来产生一种单是数量方面的崇高印象。因此在这个阶段里我们所见到的世界充满着纯粹的虚构和难以置信的使人惊奇的东西，我们还见不到真正美的艺术作品。

3）第三，通过意义和它的感性表现之间的这种斗争，我们才达到真正的象征，才见到具备艺术特性的象征的艺术作品。现在形式和形象已不再像在第一阶段那样，由现成的感性的自然事物和绝对直接地结合在一起，把自然事物当作绝对的实际存在，并不经过艺术加工；也不像第二阶段那样，只凭幻想对个别自然事物加以夸张放大，来补救它们与所表现的普遍意义之间的差异或互不适应；在现在这个阶段，凡是作为象征的形象而表现出来的都是一种由艺术创造出来的作品，一方面见出它自己的特性，另一方面显出个别事物的更深广的普遍意义而不只是展示这些个别事物本身。因此，这个阶段的象征的形象仿佛是一种课题，要求我们去探索它背后的内在意义。

关于这种虽尚原始而已具有比较明确形式的象征，我们暂时可以先作一点概括的说明：象征的各种形式都起源于全民族的宗教的世界观；因此我们在这部分须提到它们的历史背景。但是严格的划分在这方面也不容易，因为在艺术类型方面，各民族的构思方式和表现方式往往彼此相混，使得我们认为特属于某一民族世界观的那种基本类型在时代较早或较晚的民族中也一样可以发现，尽管对于这些较早或较晚的民族它只是次要的类型，只零星地出现。但是如果根据本质去找这三个阶段的具体例证，我们可以说，第一阶段的例子是古波斯宗教，第二阶段的例子是印度宗教，第三阶段的例子是埃及宗教。

b）崇高的象征方式[1]

通过上述发展过程，前此被个别感性形象所掩盖，或多或少的含糊不清的内容意义就终于挣得自由，因而能独立地明显地呈现于意识。从此真正的象征关系就消失了，由于绝对意义既已被理解成为满布于全部现象世界中的普遍的实体[2]，崇高的象征就作为表现实体性的艺术而出现了，它代替了前此单纯象征的幻想性的暗示、歪曲和谜语。

这里主要的要区别两种观点，这两种观点是从实体（了解为绝对和神）和有限现象世界之间关系的不同而来的。这种关系可以

① 这是象征型艺术的第二章的概论。要了解“崇高”的意义，须看第二章的详述。

② 实体（Substanz），已屡见，指宇宙中原则大法，特别是带有普遍性的推动人物行动的伦理的理想，有时亦称“普遍力量”，也就是黑格尔所了解的“神”。

是两重的，即肯定的（积极的）和否定的（消极的），不过在这两种关系中要显现出来的都是普遍的实体，所以呈现于观照的都不是事物的特殊形象和特殊意义，而是事物的普遍的灵魂和它们在实体中所占的地位。

1）第一阶段的情况是这样：实体是摆脱一切特殊性的浑然太一，作为有限现象世界的创造者和灌注生气的灵魂，它就内在于一切有限现象中。在这种内在关系中，实体就被人认识为一种肯定的（积极）因素出现；一个人（主体）如果能忘却自己，以欣喜爱戴的心情沉浸到这种满布于万事万物中的精髓里去，他就能领悟这实体而且把它表现出来。这就产生了崇高的泛神主义的艺术，在印度已露出萌芽，接着在伊斯兰教的神秘主义的艺术里大放光芒，最后在基督教的某些神秘主义的艺术表现里以较深刻化的主体的方式再度出现。

2）真正崇高的否定的或消极的情况却要从希伯来的诗歌中去找。这种诗歌所要颂扬的天地主宰本来是无形可见的，所以要颂扬他，就只得把他所创造的一切都看作他的威力的偶然显现，他的光荣的信息，他的伟大性格的见证。在这种服从地位，就连最庄严的事物也被看作是否定的或消极的，因为这种诗歌无法找到恰当的充分肯定的表现方式，去表现上帝的威力与庄严，被创造的事物就只有通过屈服顺从才获得一种肯定的或积极的欣慰，只有在感觉到和承认自己渺小卑微时才符合自己的身份和意义。①

① 崇高的象征方式无法以有限事物表现无限的造物主，只能使人从有限事物的渺小中体会出造物主的伟大。崇高感以自卑感为基础，所以有否定的或消极的一面。

c）比喻的艺术形式：自觉的象征①

内容意义既已作为一个纯然独立的因素而被意识到了，这种独立性就造成了意义与已假定对它不适应的表现形式之间的分裂；不过在实际割裂之中，形象与意义仍然要现出一种内在联系，如象征型艺术所要求的。但是这种内在联系并不是意义和形象本身所固有的，而是由一个第三者即主体外加上的，主体凭他个人的见识，在形象与意义之间发现到某些类似点，于是就信任这些类似点，用似有关联的个别形象去阐明本身原已明晰的意义。

但是在这种情况之下，形象已不像前此那样是唯一的表现，而只是一种装饰。这就不符合美的概念，因为形象与意义彼此对立，不像在真正的象征型艺术里那样融成一体，尽管真正的象征型艺术在这方面也还不够完善。因此，用比喻这种形式为基础的艺术作品只能是次要的，它的内容还不是绝对本身，而只是一种有限的情境或事迹。所以这种形式大半只偶尔用来作为一种辅助。

总之，这一章可以分成三个主要阶段：

属于第一阶段的有寓言、隐射和道德故事②之类表现方式。在这些形式里，这整个领域里的共同特征，即形象与意义的分裂，还不显著，比喻的主体性也还不很突出，因此，借以说明普遍意义的个别具体现象的描绘还占主要的地位。

属于第二阶段的却不然，这里普遍意义本身占了统治的地位，

① 这是象征型艺术的第三章的概论。

② 寓言（Fabel），借动植物生活来说明人生道理的故事，例如《伊索寓言》；隐射（Parabel）实际还是一种寓言，但用作比喻的不限于动植物生活；道德故事（Apolog）借一个故事说明一个道德教训，例如《愚公移山》。

凌驾于起说明作用的形象之上，形象变成一种单纯的符号或是任意选来的图形。属于这类的有寓意体作品[①]，以及隐喻和显喻。

最后是第三阶段，前此意义和形象的两种结合（一种是象征的结合，尽管还有些勉强；另一种是由意义的独立化而造成结合的分裂，但双方仍有关联）到现在就已完全瓦解了。于是就发生两种情况：一种是艺术形象对于单就抽象普遍意义来了解的内容完全是外在的或不相干的，例如教科诗；另一种是外在的事物单就它们的外在方面来了解和描绘，例如所谓描写诗。[②]从此象征型艺术所应有的意义与形象的结合与联系就消失了，我们也就要另找一种比较深广的，真正符合艺术概念的形式和内容的统一了[③]。

① 寓意体作品（Allegorie）用假想的具体人物象征某一抽象观念，例如《西游记》中孙悟空据说是象征人心；隐喻（Metaphor）是暗含的比喻，近似《诗经》中的“兴”；显喻（Gleichnis）是明说出的比喻，近似《诗经》中的“比”。

② 教科诗（Lehrgedicht），用韵文来传授知识或宣扬教义，中外都很多；例如封建时代的“三字经”、“千字文”之类描绘诗（beschreibende Poesie）的对象大半是自然风景。

③ 指古典型艺术。

第一章　不自觉的象征

现在我们进一步来研究象征艺术的各个发展阶段，就要用艺术起源作为起点，艺术起源是艺术理念本身所产生的结果。上文已经说过，艺术是从象征型开始的，在开始时象征所用的形象还是直接的，还不是有意识地作为单纯的图形和比喻来处理的，这就是说，它还是不自觉的象征。但是要想认识这种象征的真正的象征性质（无论是单就它本身来看，还是就对于我们的观察来看，它都应有真正的象征性质），我们首先就要研究由象征概念本身决定的一些前提。

我们的出发点可以界定如下：

从一方面来看，象征的基础是普遍的精神意义和适应或不适应的感性形象的直接结合，这种结合的不完满却是还没有意识到的。但是从另一方面来看，这种结合又必须是由想象和艺术来造成的，而不是作为一种纯然直接的现成的具有神性的实际情况来理解的。因为艺术所用的象征只有在把普遍的意义和直接的自然现状区分开来，而绝对是后来由想象来看作是实际即寓于自然事物中的条件下，才会产生出来①。

所以象征型艺术所由形成的第一个前提就是不由艺术造成

① 艺术的象征先要认出普遍意义和个别自然事物的区别，然后要想象到这普遍意义（即“绝对”）即寓于个别自然事物之中。

的，在实际自然事物和人类活动中就可以看到的那种绝对及其实际存在在现象世界中的直接的统一①。

A. 意义和形象的直接统一

在这种观照到的神性的东西的直接的统一（即神性的东西和它的实际存在在自然与人里作为统一体而呈现于意识）之中，自然不是单就它本身来看的，绝对也不是和自然分开而变成独立自足的，所以还谈不上内在的和外在的，意义与形象，这两方面的分别，因为内在的还不是本身独立的，和直接的现成的现实事物分开的意义。我们在这里仍用“意义”这个词，只是指我们的思考的产物，对于我们来说，这种思考出于一种需要，要把精神的内在的东西在成为观照对象时所现出的那种形式一般看作外在的。通过这外在的，我们窥见内在的灵魂和意义，才能了解它。因此我们在研究这种一般的观照方式之中，必须见出两种情况的本质上的分别：一种是最初起这种观照的那些民族原来就已清楚地认识到那内在的就是内在的，就是意义；另一种是我们现在看到那些民族用来表现他们观感的外在形象，才从其中看出他们原来不曾看出的意义。

总之，在这种最早的统一体里还没有灵魂和肉体的分别，还没有概念和实在的分别；“肉体的”和“感性的”以及“自然的”和“人类的”这些词所表达的意义并不是和被形容的实际对象本身分开的。还不仅此，现象界事物本身就被看作绝对的直接的实际存在或体

① 即用现成的自然事物来象征绝对或普遍意义。“直接的”即“现成的”、“自然的”，不是由艺术造成的。

现，这绝对本身还没有获得另外的独立的存在，它只有在某一种对象里直接出现，这种对象就是神或神性的东西。例如在喇嘛教的崇拜仪式里，现实界个别的人就直接被看作神（活佛）而受崇拜，而在其它自然宗教里，太阳、山、河、月以及牛和猴之类个别的动物也被视为神而受崇拜。就连基督教在许多方面也有类似的情形，尽管采取了比较深刻化的形式。例如按照天主教义，圣餐礼所用的面包就真正是上帝的身体，酒就真正是上帝的血，而基督就直接在这种面包和酒里出现；就连路德派新教也相信这种面包和酒由虔诚的信徒吃了喝了，就变成真正的身体和血。在这种神秘的统一①里，纯粹的象征还没有出现，后来教义经过改革，把精神和肉体分开，使精神独立，才把外在的东西看作只是指引到内在意义的一种标志，从此才有纯粹的象征。再如圣母像原来也不是看作象征神力的一种形象，而是看作和神力是直接处在统一体的。

但是上述那种完全直接的统一只有在古波斯民族的生活和宗教中才得到最彻底、最广泛的发展，古波斯人的观念和制度由古波斯教的经典留传下来了。

1. 古波斯教②

古波斯教把自然界的光，即发光的太阳、星辰和火，看作绝对

① 即面包和酒与基督的血肉的统一，基督和信徒的统一，在基督教圣餐礼中信徒各分得一份面包和酒，认为吃下去自己就有了基督的血肉。

② 沙拉斯屈罗（Zcroastra，即 Zarathustra）是古波斯教即拜火教的始祖，大约生于公元前6世纪，原文是“沙拉斯屈罗的宗教”，为简明起见，下文一律译为“古波斯教”。

或神，不把神和光分别开来，不把光看作仅仅是神的表现、写照或感性形象。神（意义）和光（神的实际存在）是统一的。如果把光看作善、正义、福气、生命的支援者和传播者，那也并不是把光看作只是代表善的形象，而是把光和善看作一回事。光的反面也是如此，例如黑暗就等于污浊、祸害、恶、毁灭和死亡。

这种观照方式又可细分如下：

a）第一，神，本身纯洁的，和他的对立面黑暗，本身不纯洁的，固然都经过了人格化，神叫做奥茂斯德，黑暗叫做阿里曼[①]，不过这种人格化还完全是表面的。奥茂斯德既不像犹太教的上帝那样是独立自由的非感性的主体，又不像基督教的上帝那样表现为具有人身的有自意识的（自觉的）真正精神。他尽管被称为王，伟大的精神和法官，却没有和光与发光体这种感性事物分开。他只是一切特殊具体事物的一般性，在这些具体事物中，光，亦即神性的和纯洁的东西实际存在着，他还不能作为精神的普遍性及其自为的存在而离开一切现实界事物独立自在[②]。他就像物种存在于各类个体里那样存在于个别具体事物里。作为一般，他固然高于一切个别具体事物，所以被称为"至高至上的"、"放金光的王中之王"、"最纯洁的"、"最善的"等等，但是他毕竟只能存在于具体的光明的和纯洁的事物里。阿里曼也是如此，他也只能存在于黑暗、凶恶、死亡、疾病的具体事例里。

b）因此，这种看法推广到光的整个领域和黑暗的整个领域以

① 奥茂斯德（Ormuzd，即 Ahura Mazda），波斯教的光神；阿里曼（Ahriman），波斯教的恶魔。

② 波斯教的神还和光（物质的）混为一体，还不是独立的纯粹精神，还不能自觉。

及它们之间的斗争。在奥茂斯德的领域里，首先是天空中的七大星受到崇拜，因为它们代表光的几种重要的特殊存在，作为一个伟大而纯洁的天上神族，就形成了神本身的实际存在。每一个大星，包括奥茂斯德在内，都各有固定的日子出来主宰世界，施福和行善。往下数就是一些小星，伊则德星族和费尔福星族[①]，像奥茂斯德一样，也受到人格化，不过没有看得见的人的形体。它们对于观照，既没有精神的主体性，也没有肉体的主体性，它们只作为光的各种现象而存在。此外一些在外表上并不作为发光体或照明体而存在的个别的自然事物，例如动物、植物乃至于人类的精神的和肉体的面貌，个别的动作和情境，整个政治生活，国王和他周围的七大臣，阶级以至城市和区域的划分，以及它们的首领，最好地最纯洁地向人民提供保护和模范的人物，总之，整个现实界，无一不被看成奥茂斯德的一种化身或实际存在。凡是具有生命和幸福而又能促进生命和幸福的东西都是体现光明和纯洁的，因而也就是体现奥茂斯德的；每一种真、善、爱、正义和温和的表现，以及每一个有生命的，做好事的保护人和施福于人的事物都被沙拉斯屈罗看作光和神本身。奥茂斯德所统治的领域就是实际存在的纯洁和光明，因此没有自然现象和精神现象的区别，而是像在奥茂斯德本身上一样，光和善，精神的性质和感性的（物质的）性质都是结成一体的。所以在沙拉斯屈罗看来，一个被创造的事物的光辉就是精神，力量和每一种生命活动的总和或结晶[②]，只要它们能保持积极的东西，消除本身就坏和有害的东西。在动植物和人身上，凡是真

① 伊则德（Izeds）和费尔福（Ferwers）都是次于七大星神的星神体系。

② “总和”原文是 Inbegriff，英法俄译均作“实体”，不确。

和善的就是光，一切事物的光辉大小之别就取决于它所体现的那种光的量和质。

在阿里曼的领域里也有类似的高低等级的划分，所不同者在这个精神的恶和自然灾祸领域里，得到实现和占统治地位的是些起破坏作用和消极作用的东西。但是阿里曼的威力是不应得到扩张的；所以整个世界的目的就在于消灭阿里曼所统治的领域，从而使一切地方只有奥茂斯德才是有生气的，出现在面前的，占统治地位的。

c）全部人类生活都指向这个唯一目的。每个人的任务就只在追求自己的精神和肉体的净化，广造福泽，在人和自然的一切情境和活动中都和阿里曼及其在现实界的表现进行斗争。最高的最神圣的职责就在于在一切被创造的事物中都要崇敬奥茂斯德，敬爱一切来自光的纯洁的东西，取得它的喜悦。奥茂斯德是一切崇拜的起点和终点。所以古波斯教信徒在思想和言语中要首先想到和提到奥茂斯德，要向他祈祷。在礼赞这世界的光源之后，古波斯教信徒还向个别具体事物祈祷，按照它们的崇高，庄严和完善的程度而向它们表示虔敬。古波斯教信徒说，只要这些事物是善良的和光明的，它们身上就有奥茂斯德，奥茂斯德就把它们当作亲生儿子宠爱，他喜爱它们，因为他是它们生命的始源，它们自从从他身上派生出来时就是新鲜纯洁的。祈祷的对象首先是七大星，因为它们是奥茂斯德的最精确的摹本，它们围绕着他的宝座，协助他统治世界。对这些天上精灵的祈祷都按照它们的特性和职权，如果是星辰，还要按照它们出现的时刻。例如对太阳的祈祷，早中晚方式不同，在清晨与正午之间就祈祷奥茂斯德渐增光辉，在晚间就

祈祷太阳在奥茂斯德和群星的保佑之下完成它的行程。但是崇拜的主要对象是密特拉斯①，他被尊为使大地和沙漠丰产的主宰，整个自然界的营养来源，抗击争斗、战争、混乱和毁灭之类凶神的战士，和平的缔造者。

此外，古波斯教信徒在很单调的颂祷中也崇拜人类的理想，最纯洁、最真实的人，人类纯洁心灵的泰斗，不管他们属于哪个时代和哪个区域。沙拉斯屈罗的纯洁心灵特别受到祈祷，其次则是各社会阶层，各城市和各区域的首脑。一切人的灵魂都被看作紧密联系在一起的，因为都是光所统治的有生气的社会成员，这个社会将来在高洛特曼②里还会团结得更紧密。最后，动物、山岳和树木之类也没有被人忘记，它们都作为指向奥茂斯德的标志而成为祈祷的对象，它们对人类的效用和功绩，特别是出类拔萃的，都作为奥茂斯德的一种体现而受到尊敬。在这种祈祷之外，古波斯教经典还劝人在**实践**中行善，在思想、语言和行动中都笃守纯洁，信徒在外表和内心两方面都要像光，像奥茂斯德，七大星和伊则德星族，在生活和行动中要像沙拉斯屈罗和一切善人们。因为这些人在光里生活着或生活过，他们的行为都是光，所以每个人都应仿效他们的榜样。一个人在生活和成就中所表现的光的纯洁和善愈多，他也就愈接近天上的精灵。就像伊则德星族用善行去施福和灌注生气于一切事物，使它们丰产和欢乐一样，人也应努力使自己纯洁化和高尚化，到处促进生活的光和快乐的丰产。就是本着这个

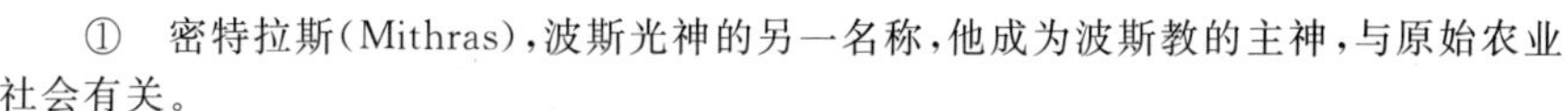

① 密特拉斯(Mithras)，波斯光神的另一名称，他成为波斯教的主神，与原始农业社会有关。

② 高洛特曼(Gorotman)，待考。

目的，波斯教信徒赈救饥渴，治疗疾病，留游丐住宿，在地上播优良的种子，开濬水渠，在沙漠里栽树，竭力培育，照料一切生物的营养和繁殖以及火光的纯洁，把不洁的和死的动物移到没有人烟的地方去，建立婚姻制度。神圣的萨般多玛德①，大地上的伊则德，对人的这些举动感到欣慰，保佑他不受凶神和魔鬼忙着要施加给他的灾祸。

2. 古波斯教的非象征性

在上述这种基本看法里，我们所说的象征还完全不存在。光一方面固然是一种自然存在物，另一方面却也有善、福泽和支持的意义，所以人们可以说：光的实际存在只是一种见出联系的形象，用来表达周流于自然界和人类世界的普遍意义。但是从波斯教信徒自己的观点看，存在物和它的意义的划分是错误的。因为对于他们来说，光本身就是善，就应作为善来理解，在一切个别的善的、有生命的和积极的东西之中存在和发生作用的正是光。普遍的神性的东西固然贯串在现实世界中特殊事物的差异里，但是在它的这种特殊个别存在里，意义与形象之间的具有实体性的不可分割的统一仍然是常住不变的，而这种统一中的区别并不是意义本身和它的表现之间的差异，而只是存在物与存在物之间的差异，例如星辰、植物、人的思想和行动〔之间的差异〕，而在这些存在物之中，神性的东西都作为光或黑暗而显现在人的眼前。

在其它一些观念里当然也有一些象征的萌芽，但是并不使整

① 萨般多玛德(Sapandomad)，待考。

个观照方式成为在本质上是象征型的，而只是一些运用象征的个别事例。例如奥茂斯德有一次称赞他的宠儿德沁锡德说："维文噶姆的儿子德沁锡德在我面前显出高度的热忱。他的手从我这里接受了一把剑，刃和柄都是黄金的。他用这把剑在大地划出三百个区来。他用这把金剑把大地劈开来时说，'愿地神欢庆！'他说出这句神圣的话向家畜和野兽祷祝，也向人们祷祝。他这一劈就替这一地区带来了幸福，于是家畜野兽和人都成群结队地在一起奔跑。"这里的剑和劈地是一种形象，它的意义可能是指农业。农业在当时基本上还不是一种精神活动，但也不只是一种纯粹自然的活动，而是来自思考，理解和经验的一种带有普遍性的人类劳动，贯串到全部人类生活关系里。用剑劈地是暗指农业，这在德沁锡德翻土的故事里固然没有明白说出，他并不曾把劈地和耕种生产联系在一起来说；但是这一个动作显然除掉翻土松土之外还有更多的意义，不免令人从中去找象征的意义。这话也可以应用到其它近似的观念，特别是出现在建立较晚的密特拉斯祭典里的，其中密特拉斯被表现为一个青年，在一个阴暗的岩洞里高举一把剑对着一条牡牛的头，向牛颈戳去，一条蛇于是吸饮流下来的血，而一条蝎子则在咬牛的生殖器。人们曾用天文学的观点或其它观点来解释这种象征的图形。但是这里可以见出一种更普遍更深刻的意义，那条牡牛就代表一般大自然的原则，人作为精神的存在，战胜了它，尽管可能还附带地具有天文学的意义。这里含有精神战胜自然这一变革的意义，从密特拉斯这名字的原义是"中间人"① 这个事实

① "中间人"(Mittler)在基督教中指基督，据说他是上帝和人的中间人，这里可能也有类似的意义。

中也可以见出，特别是在晚期，战胜自然已成为全民族的需要。

但是像上文已经说过的，这种象征**只是**偶尔出现在古波斯教徒的观照里，不能成为他们的全部观照方式中的普遍适用的原则。

古波斯教经典所规定的祭典里还很少有象征性。我们在这里看不出庆祝或摹仿星辰错综运行的象征性的舞蹈，也看不出用一个形象来表示某种普遍观念的动作；波斯教信徒规定要在宗教仪式中采取的一切动作都旨在宣扬维持内心与外表的纯洁，都要实现一个目的，那就是实现奥茂斯德对一切人和自然事物的统治，所以用不着借这种动作来暗示这个目的，这个目的在这种动作本身中就已充分实现了。

3. 古波斯教的掌握方式和表现方式的非艺术性

这整套观照方式都不是象征型的，也就没有真正的**艺术性**。泛泛地说，我们当然也可以把波斯教信徒的想象方式称为**诗的**，因为其中无论是个别自然事物，还是人类的个别的思想、情况、事迹和行动，都不是就它们的直接的因而是偶然的、散文气的无意义的状态来看的，而是按照它们的本质在于光，把光就作为绝对来看的；另一方面，自然和人的具体现实情况所含的普遍性的本质也不是就它的不具体的无形状的普遍性来理解的，而是把一般和特殊看作紧密的统一体，而且也表现为统一体。这样一种观照可以说有它的美，有它的深度和广度。比起粗劣妄诞的偶像，光，作为本身纯洁而普遍的东西，确实配得上善和真。不过诗在这里还完全停留在一般上，没有把这一般造成艺术和艺术作品。因为善和神性本身既没有明确化（或得到定性），而这种内容的形象和形式也不是由心灵产生的；像上文已经说过，现存事物本身，例如太阳、星辰，实际的植物、动物和人，以及火之类，在直接状态（自然状态）中就已被理解为符合绝对的形象。这些感情表现就不是由心灵创造和发明的，而只是把直接存在的事物原形作为符合绝对的表现方式。从另一方面看，这种个别特殊事物固然是由想象看成和它们的真实本质划分开来而独立的，例如伊则德、费尔福以及个别人物的护神就是如此。但是这种初步的划分却见不出多少诗的创造，因为个别特殊事物和它们的真实本质的差别还完全是形式的，因而护神，伊则德和费尔福之类都没有获得而且也无法获得恰当的具体形状，而是时而复述同样的内容，时而用实在人物主观方面的空洞形式。因此，想象既没有创造出另一种更深刻的意义，也没有创造出一种个性较丰富的独立形式。纵使我们在这里见出有关个别特殊事物是综合成为某种普遍观念或类概念而由想象赋予同类事物以一种实际存在，也就是把杂多提升到一种兼容并包的本质上的统一，作同类中的个别成员的胚胎和基础，这种活动也只是在不明确的意义上才是想象，而不是诗和艺术的作品。① 例如伯朗（Behram）圣火被看作火的本质，在一切种类的水之上也还有一种水中之水。在一切树之中霍姆（Hom）是最原始、最茁壮的树，是树的始祖，它流出长命不朽的生命之液。在一切山之中阿尔包希

① 这段原文晦涩，英、法、俄译文互有悬殊，大意是古波斯教的一些迷信把某些个别事物代表某些普遍概念，见不出明确的内容和形式的联系和区分，既不算是象征，更不能算是艺术，因为见不出心灵的创造活动。

(Albordsch)圣山代表整个大地的最初根,它立在那里,支撑着日月星辰,凡是认识光而为人类造福的人们都是从这座圣山里生出来的。但是就全体看,一般是看作和特殊事物的实际存在处于紧密的统一体中的,至于用特殊形象去使一般观念得到感性化,却只是偶尔见到的事。

这种宗教崇拜还以更散文气的方式去达到它的目的,即在一切事物中实现奥茂斯德的统治,它所要求于每一事物的只不过是对这种目的的符合和纯洁性,并不曾根据这种观念来创造出一件生动鲜明的艺术作品,比不上希腊人那样会把战士和角斗士之类人物的魁梧身体刻画出来。

从以上这一切方面来看,精神方面的普遍性和感性方面的现实存在之间的初步统一只是艺术中象征作用的始基,还不真正是象征性的,还没有能力产生出艺术作品。要达到这个目标,就要由上述初步的统一转到意义与形象之间的差异和斗争。

B. 幻想的象征

意识一旦脱离了绝对及其外在存在之间的直接的统一①,我们所遇见的〔下一阶段的〕基本定性就是过去已统一的两方面的分裂,即意义和形象之间的斗争,这种斗争又立即迫使人努力去用幻想的方式去把已分裂的两方面交织在一起,以挽救这种破裂。

有了这种努力,才开始有真正的艺术需要。因为想象力一旦把直接从现存事物里看到的内容(意义)和它的客观存在分开来看,

① 即离开古波斯教的观照方式而前进一步。

这就向精神提出一个课题，要用更新的从精神创造出来的方式，把普遍性的观念以幻想的方式表现出来，让人观照和认识，而在这种活动中就创造出艺术形象。但是在目前所谈的这个艺术开始阶段，上述课题只能以象征的方式去解决，这样看来，我们仿佛已站在真正的象征型艺术的领域里了，但其实不然。

我们开始碰到的是一种在酝酿中的幻想所形成的东西，从它们的幻想在驰骋中的动荡不宁的状态里，只能指出向象征型艺术的中心点前进的道路。这就是说，当意义和表现形式之间的区别和联系初次呈现于意识时，对这两方面，即分裂和结合，都还是认识得很模糊的。这种模糊是必然的，因为差异的双方都还没有达成其中每一方本身已内含另一方的基本定性的那种整体，而只有这样才能达到真正恰当的统一与调和。正如精神凭它的整体就应由自己决定它的外在显现方面的定性，这外在显现也就应凭它的整体恰当地表现出精神。但是在这种由精神掌握的意义和现象界现成事物之间的开始分裂之中，意义还不是具体化的精神性而只是些抽象品，而它们的表现也还不是受到精神贯注的而只是同样抽象的外在的感性事物。因此，既要分裂又要结合的冲动只造成一种晕头转向的狂乱跳舞，从未受定性的涣散的个别感性事物就直接跳到普遍意义，对由意识掌握的内在意义只能找到一些杂乱的感性形象。正是这种矛盾才能把互相冲突的因素统一起来，但是从这一方面推向另一方面，又从另一方面推回到这一方面，弄得左右摇摆、神魂颠倒，这样力求解决矛盾的方式就是想在左右摇摆中达到骚动的平息。实际上所得到的结果不是真正的心满意足，而只是把矛盾本身当作解决或真正的统一，因而把最不完备的统

一当作是真正符合艺术要求的统一。所以我们不能在这种骚动混乱中找到真正的美。因为在这种从一极端到另一极端的动荡不宁的跳跃之中，我们一方面看到现象界个别感性因素和普遍深广的意义完全不相称地拼凑在一起，另一方面又看到当作出发点的最普遍的意义从相反的方向肆无忌惮地塞入最感性的现成事物里去；如果这种不相称的感觉也呈现于意识，想象力也只能凭歪曲去求解救，把个别的形象推到它们本来的界限以外，加以夸张，把它们改变成为无定性的、漫无边际的、支离破碎的，因而在调和矛盾的努力之中，把两对立面的不可调和性弄得更明显。

想象和艺术的这种最初的也最妄诞的尝试主要地是在古**印度**进行的。它的主要缺点（这是符合本阶段的本质的）在于既不能掌握本身明晰的意义，又不能就它们所特有的形象和意蕴去掌握当前的现实事物。所以印度人显得不能对人物和事件达到一种历史的认识，因为历史的认识需要有清醒的头脑，去实事求是地观察和理解事件，考虑到这些事件在经验界的联系、理由、原因和结果。这种散文气的审慎态度是和印度人的冲动不相容的，他们所努力追求的是把一切事物和每一件事物都还原到绝对和神性，在最寻常最感性的事物里也看到一种由幻想造成的神的现实存在。由于他们把有限事物和绝对混杂在一起所造成的混乱，他们终于完全不理睬日常意识的秩序、知解力和固定性以及生活的散文方面，尽管在他们的令人昏眩的五花八门的幻想中也显出丰富多彩和大胆，他们的幻想总不免从最深湛的内在生活一跳就跳到最庸俗的现实事物上去，从一个极端跳到另一个极端，把双方都歪曲了，弄得颠倒错乱了。

为着抓住这种持续不断的酣醉状态，这种恍惚癫狂的较明确的特征，我们在这里无须就宗教观念而谈宗教观念，只须指出其中有关艺术的一些要点如下。

1. 印度人对梵天[①]的理解

印度意识的一个极端就是把绝对看作本身完全无差别的因而完全没有得到定性的普遍性的那种意识。这种极端的抽象品既没有特殊内容，又不表现为具体的人格，所以无论从哪一个方面看，都不是供观照去形成任何形象的材料。因为梵天这位最高的神一般是完全不可感觉、不可认识的，甚至是永远不可思议的对象。因为自意识须靠思想，是自己把自己定作对象，以便在这对象中发现自己。每一个知解活动都是自我与对象的一种同一，也就是说，如果没有这个知解活动，自我与对象这两项之间的调和即须分裂为二，因为凡是我所不理解、不认识的东西对于我就是陌生的另一体。但是印度人统一人的自我与梵天的方式只不过是把抽象化的螺旋不断地向上扭转，以便达到这个极端的抽象品，在这抽象品里，不但全部具体内容，就连自意识本身也都要消失掉，然后人才可以达到梵天。所以印度人所理解的自我与梵天的和解与同一并非指人**意识到**这个统一体，而是指意识与自意识以及世界内容和人格内容都消失掉。这种绝对无知无觉的冥顽空无境界才是最高的境界，到了这种境界，人就变成最高的神，即变成婆罗门。

① 梵天(Brahman)亦可译作“梵”，亦称“婆罗门”，印度教(即婆罗门教)的最高主宰。婆罗门又是印度的最高等级，即僧侣等级。

这种可以想象到的最空洞的抽象品，无论作为梵天来看，还是作为绝欲弃知的内心修养来看，都不是想象和艺术的对象，想象和艺术至多也只有在描绘达到这种境界路途上的经历方面才有可能施展创造想象的能力。

2. 感性，漫无边际性和人格化的活动

与上面所说的相反，印度人的观照方式也很容易马上从这种超越感性的抽象活动跳到最粗俗的感性事物中去，这是由于抽象内容与感性事物的直接的平静的同一既被消除了，成为基本类型留下来的就不是这种同一而是同一中所含的差异。这种矛盾就把我们从最有限的事物直接抛到神性，然后又从神性抛回到最有限的事物；我们所见到的就是这种辗转抛掷所产生的形形色色，简直是一种巫婆世界，没有什么能维持固定的形状，等你想把它抓住，它就立刻变成相反的东西，或是膨胀成为庞大离奇的怪物。

印度艺术的一般表现方式有以下几种：

a）一种是想象把绝对尊神的极大内容塞入个别的直接的感性事物里去，要它以原封不动的形状完全代表这种内容，使这种内容成为可以目睹的。例如在《罗摩衍那》史诗里①，主角是罗摩的朋友，猴王哈努曼，他做出了许多最英勇的事迹。在印度，猴子被尊为神，还有一个猴子城。绝对尊神的无限内容就在猴子这种个别动物身上受人瞻仰和崇拜。牡牛也是如此，在这部史诗里维斯瓦米特拉赎罪那段故事里也显得具有无限威力。此外，在印度还

① 印度两大史诗之一，过去有中文译本。

有一些家族，其中某一个别成员尽管是简单愚昧，像植物一般过着生活的，却被认为是绝对的体现，作为神而受到崇拜。我们在喇嘛教里也看到一个凡人作为活佛而享受最高的敬神礼。不过在印度这种崇拜的对象却不限于某一个人，每一个婆罗门自从出生在婆罗门等级里之日起就是一婆罗门，由于肉体出生这一自然事实，他在精神上就获得人和神同一的再生，这就使得最高的神性体现在一个最平凡的感性现实存在（肉体）里。尽管婆罗门教徒按照规定应把诵吠陀经典从而洞察神理深处看作最神圣的职责，他却可以极端漫不经心地完成这个职责而不致损害他的神性。此外，印度人所描绘的最平凡的事情之一就是生殖，正如希腊人把爱神奉作最古的神一样。生殖这种神圣的活动在许多描绘的形象里是很感性的，男女生殖器是看作最神圣的东西。每逢神降临到现实世界时，他也以很庸俗的方式参与日常生活的活动。例如在《罗摩衍那》的开始部分，梵天降临到神话的歌唱家瓦尔密基家里。瓦尔密基用道地的印度方式接待他，向他说些奉承话，搬一个凳子请他坐，拿出水和鲜果款待他，梵天就坐下来，拉主人也坐下来，他们坐了很久，梵天才命令瓦尔密基创作《罗摩衍那》这部诗。

这也还不是真正的象征方式的构思，因为这里尽管形象是从现成事物取来而且运用到较为普遍的意义上去，如象征所要求的，却还缺乏一个因素，那就是对于观照，个别具体事物并不就是绝对意义，而只是暗指那绝对意义。在印度人的幻想里，猴子、牡牛，个别的婆罗门教徒等等并不是一种联系到神的象征（符号），而是神本身，是作为一种对神适合的存在而看待和表现的。

这里有一个矛盾，它迫使印度艺术采取另一种构思方式。一方面完全非感性的东西，绝对本身，亦即意义，是当作真正的神来了解的，另一方面现实界个别具体事物在它们的感性存在状态也就直接被幻想看作神的显现。这些事物当然只是用来部分地代表绝对的某些个别方面，但是直接存在的个别事物并不能充分表达要它来表达的那种普遍意义，而是和那种普遍意义处于很尖锐的矛盾，因为意义在这里是已就它的普遍性来理解的，却由幻想把它和最感性、最个别的事物看作是同一的。

b）印度艺术设法弥补这种分裂的另一个办法，上文已经指出，就是依靠形象的漫无边际性。为着使普遍性体现于感性形象，这些形象就被扩大成为光怪陆离的庞然大物。因为这种个别形象所应表现的不是它自己和它作为一种特殊现象所特有的属性，而是一种外在于它的普遍意义，就只有把自己伸延成无边无际的庞大怪物，然后才可以满足观照。于是人们便采用最浪费的夸大手法，在空间形状和时间的无限上都是如此。还有一种办法就是按倍数去扩大同一定性或因素，例如一座像可以有许多身体或许多手，借此去勉强表达意义的广度和普遍性。再如卵是蕴含着鸟的，这个特殊对象就被夸大成为世界卵这一漫无边际的观念，这世界卵壳据说包含世间一切生命在内，作为生殖神的梵天在卵里寂然不动地度过一年孕育期，然后单凭他的思想活动，卵就分裂成为两半。除掉自然界事物之外，个别的人和事件也提高到表示一种真实的神的行动，但是所用的方式使神和人都不能保持固定的地位，神可以忽然变成人，人也可以忽然变成神。神的化身特别是如此，主要是护持神毗湿奴的化身事迹形成伟大史诗的主要内容。在这些化身里神就直接转化为现实世界中的一些现象。例如罗摩本身就是毗湿奴神的第七个化身(罗摩旃陀罗 Râmatschandra)。从所描写的那些需要、行动、情况以及仪表风度来看,这些史诗的内容有一部分是从真实的事迹中采取来的,往往是古代国王的事迹,他们有足够的威力来奠定一种新秩序或是颁布一种新法律,这些事迹使人们感觉到自己仿佛置身于人类社会和现实世界。但是顷刻之间,一切都放大了、推广了,转到云雾中进行普遍概念的游戏了,人们又感觉到自己脚下的土地仿佛垮下去了,不知自己置身何所了。剧本《沙恭达罗》就有这种情况。开始我们所看到的是一个温柔芬芳的爱情世界,其中一切都是按照人的方式在进行着,可是突然间我们发现这个具体现实界烟消云散了,我们被转运到因陀罗(Indra)天空的云霄里,那里一切都变了,都失去明确的界限,放大成为自然生活与梵的关系以及人凭刻苦修持所挣得的驾御自然神的威力之类普遍意义了。

这种表现方式也还不能称为真正象征的。因为真正的象征应使它所运用的确定的形象保持它原有的确定的状态,它并不是要在形象里按照意义的普遍性而直接显出那意义,而只是用对象的某些相关联的性质去暗示那意义。但是印度艺术尽管把普遍性和它的特殊存在分割开来,却仍要求这二者之间的由幻想造成的直接的统一,因此就势必要把客观事物所固有的界限打破,按它们的感性状态把它们扩大到无限,这总不免使它们受到改变和歪曲。在这种确定性的消失以及它所带来的混乱里,最高的意蕴总是纳入事物、现象、事迹和行动里,而这些对象本来各有局限,并没有力量在本身上自在自为地具有这种内容,也没有能力去表达它。在这种情况里我们所看到的与其说是真正的象征,不如说是**崇高**风格的一种同调的东西。我们将来还会看到，在崇高里有限现象表达绝对，使它成为观照的对象，只能跳出现象本身而还够不上表达出那内容。例如表达永恒这个概念的许多观念会变成崇高的，如果要用数字来表达它，而同时任何一个最大的数字也不能把它表达出，纵使就这个数字加而又加，也加不到底。像人们歌颂神所说的，"在您的眼里，千年如一日"，类似这样的例子在印度艺术里是很多的。我们从这些例子里开始听到崇高的调子。但是它和真正的崇高毕竟还有很大的差别，这就在于印度人的幻想所造成的想入非非的形象里，对它所拿出来的那些现象并没有完成否定①，而是相信只凭上文所说的那种漫无边际性就足以调解和消除绝对和它的形象之间的矛盾。我们既不能把这种夸大看作是真正象征的和崇高的，也不能把它看作是真正美的。它固然也有许多优点：主要是在单就人而描写人方面，其中很多的温柔和蔼的人物，许多可喜的图景和恩爱的情绪，最鲜明的自然描绘以及爱情与纯洁天真的最动人的最孩子气的特质，而同时也写出许多伟大和高贵的东西；但是另一方面，涉及普遍的基本的意义处，它总不免把精神性的东西写成完全感性的，让最枯燥的和最高尚的东西混在一起把事物的定性消灭掉，使崇高变成仅仅是没有界限的，使凡是属于神话体系的东西大半只是一种动荡不宁的漫无节制的想象力和缺乏知解力的创造形象的才能所产生的妄诞离奇的产品。

c）最后，我们在这一阶段所见到的最纯粹的表现形式是**人格化和人的一般形象**。但是由于这里意义还不是理解为精神的主

---

① "否定"原文是 Negativsetzen，有限现象不足以表达无限或绝对，才产生崇高感；在崇高感中感到这种不足，就是对有限现象的否定。

体性，它只是就普遍性来看的某种抽象的定性，或是像河、山、日、星之类单纯的自然生活，所以用人的形象来表达这种内容实在有损人类形象的尊严。因为人体以及人的活动和事迹的形式在本质上都只能表现具体的精神和它的内在意蕴，所以这种精神和意蕴在它们的这种实在①里是独立自在的，而不是一种象征或外在符号。

所以从一方面看，人格化所要表达的意义既然应该是既属于精神又属于自然的②，由于意义在这一阶段的抽象性，这种人格化就还只是表面的，如果要使人认识得较清楚，就还要用许多其它形象，而这许多形象既和它（人格化）夹杂在一起，就弄得混乱不清。从另一方面看，在人格化里起显示特征作用的并不是主体性及其形状，而是主体的行动和事迹之类外在表现，因为只有在行动和事迹里我们才可以找到明确具体个别因素来和普遍意义中某种明确具体内容联系起来。但是这里又有一个缺点：起显示特征作用的内容既然不是主体而只是主体的外在表现，就不免造成一种混乱，即所采用的行动和事迹并不表现主体的真实本质，而是从一些和主体毫不相干的事物获得它们的内容和意义。这样一系列的事迹，单就它们本身来看，尽管也能显出由它们所要表现的那种内容来决定的因果关系，但是这种因果关系又会由于人格化和拟人作用而遭到破坏乃至部分地被消灭，因为人格化使被人格化的事物起主体作用，也会导致行动之类外在表现的任意虚构，把有意义的东

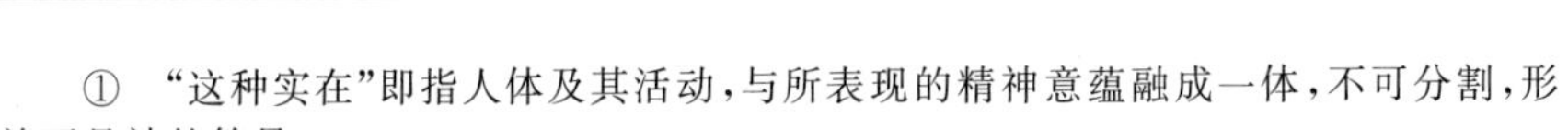

① “这种实在”即指人体及其活动，与所表现的精神意蕴融成一体，不可分割，形并不是神的符号。

② 因为形（自然）与神（精神）融成一体。

西和无意义的东西杂乱无章地混在一起来起交互影响。如果想象没有使意义和形象紧密结合的能力，这种混乱情况也就会愈糟。如果用作内容的是单纯的自然事物，它就不配披上人的形象。人的形象既然只宜于表现精神，也就不能表现单纯的自然事物。

从这一切方面看，这种人格化都不是真实的，因为艺术中的真实，像一般真实一样，要求内外的一致，概念与实在的一致。希腊神话也曾把黑海和斯卡曼德河①加以人格化，它有河神、沼泽女神和森林女神，它用多样的方式把自然用作许多具有人性的神的内容。但是希腊神话却不让人格化只是形式的和表面的，而是用它来塑造成有个性的形象，其中单纯的自然意义退居背景，而占住首要地位的是这种自然内容本身所具有的人的意义。印度艺术却不然，它只是人与自然这两个因素的怪诞的混合，结果这两个因素都没有得到正当的权利，每方都对对方起歪曲的作用。

一般地说，这类人格化也还不是真正的象征，因为它们既是形式的和表面的，它们和应该用象征方式去表达的那种既定的内容意义并没有本质的联系和紧密的亲属关系。此外还有一些形象和标志显然和这种人格化联系在一起，而且是要用来把神的一些较明确的属性表现得较具体些，这里开始现出追求象征表现的意图，对于这种象征表现，人格化就成为统摄一般的一种形式。

属于这一类的主要的想象表现，首先就应提到屈里缪尔提斯(Trimûrtis)，即三神一体。第一个神是梵(Brahmâ)，代表生产和生殖的活动，他是世界的创造者，神中之王等等。他一方面和梵天(Brahman，中性词)这种最高存在有别，他是这最高存在的长子；

① 古特洛伊国里一条有名的河，河神叫做桑都斯。

但是另一方面又和这个抽象的神合为一体，这是印度人的通病，总是不能严格遵守两差异面的界限，时而把它们混在一起，时而让它们互相侵犯。梵的较明确的形象带有不少的象征意味，他是由四个头和四只手形成的，还有一个笏和一个戒指；他的肤色是红的，这显然是暗指太阳，因为这些神总是同时带有一些自然意义，就是这些自然意义的人格化。三神一体中的第二个神是毗湿奴（Wischnus），即护持神。第三个神是湿婆（Siwa），即大自在天或破坏神。用来表现这些神的符号多至不可胜数。因为他们所代表的意义具有普遍性，他们所涉及的各色各样的活动是无数的，其中有一部分与自然现象有关，特别是基元的自然现象，例如毗湿奴具有火的性质（参看威尔逊的词典，卷五第 2 页），也有一部分与精神现象有关；这两种现象以五花八门的方式混在一起，所形成的形象往往是令人起反感的。

从这种具有三身的神可以看得很清楚，精神形象在这里还不能按照它的真实性显现出来，因为形成真正普遍意义的还不是精神性的东西。这就是说，如果要使这三神一体成为精神，第三个神就必须是一个具体的整体，是从差异和一分为二返回到他本身的结果①，因为按照正确的观念，神作为这种活动的绝对的对立和统一才是精神，精神的概念一般就是由这种对立和统一形成的。但是在三神一体里，第三个神并不是具体的整体，而是另外两方面之外的一个方面，所以仍是一种抽象品：不是返回到本身，而只是一种侵越到其它方面的转变，一种变形、生殖和破坏。所以我们应谨防在这种原始的知解力的摸索里去找最高的真理，误认为在这种三

① 即第三神应是第一神和第二神的矛盾的统一（具体的整体）。

神一体里已含有基督教的神的三身一体的基本观念了。

从梵天和三神一体出发，印度人的幻想和艺术还臆造出无数多种形状的神。因为作为在本质上是神性的东西来理解的那些普遍意义可以重复出现于千千万万的现象，而这些现象又作为神而受到人格化和象征化。由于幻想的不明确性和不稳定性，它对所发现的事物并不按照它们的本质来处理，而是把一切都弄得颠倒错乱，我们如果想把它们懂透，就会遇到极大的障碍。在这些次要的神之中最高的是因陀罗（Indra），代表大气和天空；他们的主要内容是一般自然的力量，例如星辰、河流和山岳在不同情况下的作用、变迁以及施福或降祸、护持或破坏的影响。

但是印度幻想和艺术的主要题材之一就是神和万物的起源，即神谱和宇宙谱。因为这种幻想总是不断地把最没有感性（最抽象）的东西纳入外在现象里，反过来又使最自然、最感性（最具体）的东西消失在极端抽象的处理方式里。就是用这种方法，印度人既把神的起源追溯到最高的神，又把梵天、毗湿奴和湿婆的作用和存在描绘为就在山川人事之类个别具体事物里。所以这样的内容可以一方面容纳一系列的个别的神的形象，而另一方面这些个别的神又消失在最高神的普遍意义里。印度有许多这样的神谱和宇宙谱，它们的花样多到无限。所以如果有人断言印度对世界的创造以及万物的起源的看法就是这样或那样，这种断言也只能适用于某一派或某一部著作，因为随时随地都可以碰到不同的看法。这个民族的幻想所创造的图景和形象是无穷无尽的。

贯串在这些起源史里的一个基本观念不是**精神创造**的观念，而经常复现的是**自然生殖**的描绘。我们只有在熟悉了这种观照方式之后，才能获得打开许多描绘的秘密的钥匙。这些描绘简直要搅乱我们的羞耻感，因为其中不顾羞耻的情况达到了极端，肉感的泛滥也达到难以置信的程度。《罗摩衍那》里有一段有名的故事，叫做“恒娥（Gangâ）的降临”，对这种构思方式提供了一个鲜明的例子。这故事是在罗摩偶然来到恒河时讲述的。据说山中之王，寒冬积雪覆盖的喜玛凡峰（Himavân）和娇弱的麦娜（Menâ）结了婚，生下两个女儿，长女叫做恒娥，幼女是美丽的乌玛（Umâ）。天神们，特别是因陀罗，命令喜玛凡把恒娥送给他们，让她完成神圣的典礼。喜玛凡很乐意照办，于是恒娥就升天到了神们那里。接着就是乌玛的故事。她完成了刻苦的修行之后，就和楼陀罗（Rudras），也就是湿婆，结了婚，生下了一些不长草木的荒山。湿婆和乌玛交媾，一次就达一百年之久，中间从不间断，使得众神对湿婆的生殖力感到惊惧，替将来的婴儿担忧，就央求湿婆把他的生殖力（精液）倾泻到大地上去。英国翻译者没有敢照字面把这段话译出，因为这段描绘把一切贞洁和羞耻都抛到九霄云外了。湿婆听从了众神的央求，不再进行生殖，以免破坏了整个宇宙，就把精液倾泻到地上；经过火炼之后，这堆精液就长成了白山，把印度和鞑靼隔开。乌玛对此勃然大怒，就诅咒世间一切当丈夫的。这些故事往往是些离奇可怕的画面，对我们的想象和理解简直是引起反感的；它们不是在表现什么，只是令人猜测它们背后的意义。许莱格尔把这部分故事删掉不译，只约略叙述了恒娥再度降到地上的经过如下。据说罗摩有一位祖先，叫做莎伽拉（Sagaras），生下一个坏儿子，后来再娶，第二个妇人却生下六万个儿子，生下时都藏在一个葫芦里，但是他们都在沥净的黄油瓶里长成魁梧奇伟的男子汉。有

一天莎伽拉想宰一匹马祭神，但是毗湿奴化身成一条蛇，把这匹马抢走。于是莎伽拉就遣他的六万个儿子去追。他们经过许多艰难困苦，搜寻了许久，才发现毗湿奴，毗湿奴向他们吹了一口气，就把这六万人全都烧成灰。等了很久之后，莎伽拉的孙子，叫做安苏曼(Ansumân)，放光明者，才动身去寻他的六万个叔伯和做祭供的马。他居然找到了那匹马、湿婆和那堆骨灰。这时鸟中之王迦鲁达(Garudas)就告诉他：除非恒娥的水从天上流下来，流灌到这堆骨灰，他的叔伯们就无法起死回生。于是这位勇敢的安苏曼就登上喜玛凡峰，刻苦修行了三万二千年，但是不见效。接着他的儿子竺里巴(Dwilipas)又苦修了三万二千年，仍毫不见效。最后，竺里巴的儿子，雄伟的巴吉拉陁(Bhagîrathas)又苦修了一千年，才完成了这件伟大的事业。于是恒娥从天上奔流而下。为着不致使水冲碎大地，湿婆就垂头让水从他头发上流过。要使恒娥的水在这头发上畅通无阻，巴吉拉陁还得再进行一番刻苦修行。最后，恒娥的水分成六条河流，巴吉拉陁费大力把第七条河流引灌六万人的骨灰，于是这六万人就升了天，而巴吉拉陁本人则统治了他的民族许久，做到国泰民安。

其它民族的神谱，例如斯干的那维亚的和希腊的，也和印度的相类似。在这些神谱里主要的范畴都是生殖，但是其它民族的神谱都不像印度的那样放荡恣肆，在塑造形象方面那样随意任性，不顾体统。特别是赫西俄德的神谱就比较清楚明确，使人不致茫然不知所措，而是很容易认出它的意义，因为这意义表现得很明显，它的外在形象就足以把它显现出来。赫西阿德的神谱从浑沌神、黑暗神、爱神和地神开始，地神单靠她自己就产生了天神，于是和天神交配，产生了山岳河海等等；还产生了库若诺斯①，独眼巨人们和韧提曼人们②，这两者的后裔从出生时就被天神关进阴曹地府里。地神于是怂恿克罗那斯把天神的生殖器阉掉，血流到地上，就产生了复仇女神们和巨人们。阉掉的生殖器落到海里，从海沫里就生出女爱神阿弗洛狄特。这一切都是很清楚，很融贯一致，而且不限于纯然自然神的体系。

3. 净化与忏悔的观念

我们现在如果要找过渡到真正象征的转折点，在印度幻想里也就可以找到它的萌芽。尽管印度幻想忙于把感性现象提升为许多神，而这些神在漫无边际和幻变无常这两点上是在其他民族神话中所见不到的。从另一方面看，在这些多种多样的看法和叙述里，印度幻想总是经常想到最高神那个精神的抽象品，与这最高神相对立的个别具体感性现象却是非神性的、不适合的，因而是应作为消极的或反面的东西来看待而加以否定的。我们一开始就说过，正是这种〔精神与物质之间的〕交互转变形成了印度观照方式的基本特点，使矛盾得不到和解。因此，印度艺术总是不惮烦地用最多样的方式去表现感性方面的自否定③和凝神默想、收心内视的力量。属于这类的有关于长期忏悔和深刻内省的描述，不但最古的史诗如《罗摩衍那》和《摩诃婆罗多》，以及其它许多诗篇都

① 后来的农神。
② Zentiman 待考。
③ 即禁欲苦行。

描述了这种最严重的考验。这种忏悔确实往往受荣誉感的指使，或至少是祈求某种确定的目的，这种目的并不导致忏悔者与梵天的最高最终的统一或对尘世事物的抛舍；例如目的之一就是达到一个婆罗门教僧侣的威权，同时还有一种想法，就是坚信忏悔以及日渐离开一切具体有限事物的长久默想可以使人越过自己所出生的等级，还使人不受制于自然和自然的神。因此，神中之王因陀罗很反对严峻的忏悔者，总要设法诱导他们放弃这种修行，如果诱导不成功，就要呼吁最高的神们来支援他，免得天上完全陷于混乱。

在描绘这种忏悔及其不同的方式、步骤和等级方面，印度艺术是很富于创造力的，不亚于它在描绘神的体系方面，而且以极端认真的态度从事于这种创造。

这就提供了一个出发点，从此我们可以对这问题作进一步的考察。

C. 真正的象征

无论是象征还是美的艺术，都有必要使它所要表现的意义不像在印度艺术里那样和它的外在存在处于原始的直接的统一[①]，还没有见出什么区分和差异，而是要使这意义离开直接的感性形象而自由独立。只有当感性的自然的事物是作为应该否定而且已经否定的反面来理解和看待的时候，这种自由独立才能实现。

此外还要求自然事物自否定和消逝的这种否定过程达到显现，作为一般事物的绝对意义，即神性的方面来理解和表现出

① 例如直接用自然界的猴子表示最高神。

来。这样，我们也就已超出了印度艺术的范围。印度人的幻想也并非没有看到否定面，例如湿婆是生产神也是破坏神，因陀罗神也死亡，时间这个毁灭者人格化为迦拉(Kâla)这样可怕的巨人，将全世界和全体神都毁灭了，就连三神一体中的三神也消逝在梵天(最高神)里，正如个人在和最高神达到同一时也就抛开了他的全部认识和意志一样。但是在印度人的这种观念里，否定面有时只是一种转化和改变，有时只是一种抽象，抛开了具体的定性，以便勉强纳入一种无定性的，因而是空洞的无形象的普遍性里。另一方面，神性的实体却永远不变，尽管经过许多形状的改变、转化，发展为许多神的体系，然后这许多神的体系又在最高神里被否定掉。这神性的实体并不是这样的唯一的神；他作为唯一的神，就必然要包含否定面为它的定性，才符合他的概念(本质)。在波斯教的观念里也有类似的情况，破坏的和有害的因素是被看作处在于奥茂斯德和阿里曼两神的，因而就只能造成一种对立和斗争，而奥斯茂德这个唯一的神并不以这对立和斗争作为他本身所固有的一个方面。

所以我们现在所要迈进的一步就在于一方面要通过意识把对立面本身定作绝对，另一方面又要把它看作神性的一个方面，——不过这一个方面不只是外在于真正的绝对，出现在另一个神身上，而是要归原到绝对里，使得真正的神作为他本身的否定而显现出来，因而这否定面也就是他所固有的定性。

通过这种前进一步的观念，绝对才首次变为具体的，才是由自己确定自己，因而本身就是一个统一体，其中各个方面，对于观照来说，形成同一个神的不同的定性。因为绝对意义本身须具有定性这个要求正是这个阶段要首先满足的。前此意义都有双重缺陷，或是由于抽象而完全没有定性，因而没有形象，或是虽然前进一步，得到了定性，又直接和自然事物叠合起来，否则就是落到形象与形象的斗争，达不到平静与和解，这双重缺陷正是现在要消除的，无论是按照内在的思想过程，还是按照民族观照方式的外在演变，消除的方式如下：

第一，由于绝对的每一定性本身就已经是转化到外在显现的起点，内与外之间就已形成了一种更紧密的联系。因为每一个定性本身就是一种差异[①]；但是外在的东西，作为外在的，总是得到定性和见出差异的，因而具有一种条件，使这外在的东西对所要表现的意义比起在前此谈到的那些阶段中较为切合。绝对本身最初的自确定和自否定还不能是精神自由地确定自己为精神，而只是对自己的直接的[②]否定。这种直接的因而就是自然的否定在最广泛的意义上就是死亡。因此，绝对现在被理解为应进入这种否定面里去，按照它的概念，这否定面就是它所应达到的一种定性，这就是说，应进入到消逝和死亡的路上去。因此，我们看到对死亡和悲痛的赞扬首次进入一个民族的意识，是就可死的感性事物的死亡而发的；自然事物的死亡是作为绝对生活中一个不可少的部分而被人意识到的。但是绝对一方面须获得一种客观存在，才能经过死亡过程，另一方面它也不能在死亡的消灭上停留住，而是要从此上升到较高的肯定或正面的统一里，重新恢复到自己。所以死亡

① 一般中的特殊就是使一般见出差异或对立面的东西。一件事物得到了一个定性，这个定性也就使它与其它事物显出差异，这就是“界定即否定”。

② 没有通过精神作用的。

在这里不是被看作全部意义而只是被看作意义中的一个方面，而就绝对来说，绝对固然是被理解为一种对本身的直接存在的否定，一种经历和消逝，但是另一方面也被理解为一种返回到本身，一种再生和通过这种否定过程而达到的本身永恒和神性的存在。死亡本来具有双重意义：首先是自然事物的直接的消逝；其次是死亡的只是自然事物，通过自然事物的死亡，就有了一种更高的精神的东西产生，从这种更高的东西之中自然的部分消逝了，这是就精神（更高的东西）本身就已包含这一方面（自然的部分）为其必要的组成部分这个道理来说的。

其次，自然形象因此就不再单从它的直接性和感性存在而理解为和它所表示的意义叠合在一起，因为外在事物的意义就在于它须在实际存在中死亡和否定自己。

第三，由于同样的道理，在印度由幻想所产生的那种意义与形象之间的斗争以及幻想的酝酿就消失了。意义固然还不是完全清楚地被认识为一种离开当前现实事物而自由独立的纯粹的统一体，还没有作为意义而被认识到，也就是说，还不是和它所由显现的那个形象处于对立地位；但是从另一方面看，个别具体的形象，例如个别动物的图形、人格化、事迹和动作之类，也还不能作为绝对的一种恰恰适合的外在存在而呈现于观照。上述那种完全的自由独立既然还没有达到，这种不纯粹的统一也就无法克服或越过。我们在上文所说的真正的象征就是要弥补这两种缺陷的一种表现方式。一方面这种真正的象征现在能够出现，因为作为意义来理解的内在因素已不再像在印度观念里那样来去反复无常，时而直接沉没在外在事物里，时而又从外在事物回到抽象性的孤独状态里，而是开始坚持住自己的独立地位，和单纯自然的现象相对立。另一方面象征现在也必须达到形象化，因为完全恰当的意义虽然包含自然事物这个对立面为其内容的一方面，真正的内在因素现在却开始要从这自然事物中挣扎脱身出来，它还是被淹没到外在显现方式里去的，所以它就不能不靠形象而单凭自己的明晰的普遍性来呈现于意识。

在象征型艺术里一般形成基本意义的概念是和它的形象化方式相适应的，所以具体的自然形式和人类动作在它们的零散的各自独特的情况里，既不应只代表它们自己，或只就它们本身而具有意义，也不应把在它们身上存在的神性直接提供给意识。它们的具有定性的客观存在在它的特殊形象里只应具有某些性质，足以暗示出一种和它们相联系的较广泛的意义。所以正是一般的生命辩证过程，即出生、成长、死亡以及从死亡中再生，向真正的象征形式提供了适合的内容；因为在一切自然生活和精神生活的领域里，都有一些现象以这种辩证过程为它们的存在的基础，因而可以用来阐明和暗示这种意义，因为在这两方面（现象和意义）之间实际上常有一种实在的关联。例如植物从种子里生出来，就发芽、抽苗、开花、结果；果子烂了，又出现一些新种子。太阳也以同样的方式在冬天升得很低，在春天就升得高些，直到夏天就升到天顶，它就在这一季中分布它的最大的福泽，或是施展它的破坏力；此后它又下降。人的各个生命阶段，童年、幼年、壮年和老年也表现出这种普遍的过程。还有一些特别的地区，例如尼罗河流域，也显出这种向特殊分化过程。单凭这种较基本的特征之间的关联以及意义和它的表现形式之间的较紧密的一致，纯然幻想式的表现方式就被抛弃了，于是就出现了对象征形象合式与否的考察和经过思考的选择，而过去提到的那种动荡不宁的酣醉状态也就平静下来，变为一种较便于理解的深思熟虑了。

因此，我们现在看到比在最初阶段[1]所看到的调和得较好的统一体再现出来了，所不同者意义和它的实际客观存在之间的同一不再是直接的同一，而是一种从差异中见出来的同一，因而不是现成的，而是由心灵创造出来的协调一致。内在方面一般从此开始达到独立和自觉，要在自然事物中找到自己的副本（或反映），而自然事物从它那方面也在精神的生活和命运里找到它的副本。正是迫使在另一方面里认出这一方面，迫使内在意义与外在形象的结合，内在意义和外在形象互相凭藉而得呈现于观照和想象的这种压力，在现阶段成了追求象征型艺术的巨大推动力。只有在内在方面既变为自由的而又带有一种动力，要按照它的本质，把自己变成可以表现于实在的形象，而这种表现又须成为一种看得见的作品时，真正艺术（特别是造型艺术）的动力才算开始出现。只有到了这个时候，才有必要去使出自精神活动的内在因素获得一种显现形式，而这种显现形式不是在自然中原已存在的，而是由心灵发现出来的。这时想象造成了一个第二种形象[2]，这第二种形象本身并不就是目的，而只是用来阐明一个与它相关联的意义，因而依存于那个意义。

人们对上述关系或许会这样想：意识先从意义出发，然后才去寻找有关联的形象来表达它。但是真正的象征型艺术所走的道路

① 指波斯、印度所代表的阶段。
② 第一种形象是自然的，第二种形象是艺术的。

并不如此。因为象征型艺术的特点在于它还没有深入到把意义理解为自在自为的，不依存于任何外在因素的。与此相反，它用作出发点的是自然界和精神界的现成的具体的客观存在，然后把这种客观存在推广到一些普遍的意义，而这样一种实际存在虽然也包含这些意义的内容，却只是其中比较窄狭的一部分而且也只是仿佛近似的[①]。于是它就抓住这个对象，凭幻想用它来造成一个形象，想用这个形象的特殊实在去表达上述普遍的意义，使它对于意识成为可观照、可想象的对象。既是象征的，这类艺术形象就还没有真正符合精神的形式，因为精神本身在这里还不是明确的，因而还不是自由的；但是它们毕竟还是一些形象，足以显示出它们之所以被选用，并非只表现它们本身，而是要暗示一些更深刻、更广泛的意义。单纯的自然的感性事物只把它们自己呈现为形象，象征的艺术作品却不然，不管它提供观照的是自然现象还是人的形象，它都要由本身指引到本身以外的东西，而这东西却必须和所提供的形象有一种内在的因缘和本质的关系。具体形象和它的普遍意义之间的这种协调一致可以是多种多样的，它时而是比较明白的，时而是比较不明确的，时而是比较基本的，如果要用象征来表达的普遍意义真正是具体形象中的本质性的东西，这种象征就比较容易了解得多。

在这方面最抽象的表现是数目，不过只有在意义本身具有数的定性时，才宜运用数目去对这意义作明确的暗示。例如七和十二这两个数目经常出现在埃及建筑里，因为七是行星的数目，而

① 例如石象征人的刚强，石虽具有刚强性，并不足以完全表达出刚强这个带有普遍意义的优良品质。

十二则是月份的数目和尼罗河水为着造成丰产所要达到的水位度数。像这样的数目是被看作神圣的，在被尊为统治全体自然生活的威力的那些基本关系中，这些数目都要出现。所以七级台阶和七座石柱都是象征的。这种数目象征就连在处在较高发展阶段的神话里也可以看到。例如赫克里斯的十二项伟绩似乎也象征一年十二月，赫克里斯一方面是完全按照人而个性化的一位英雄，另一方面也具有一种象征化的自然界的意义，他是太阳行程的一种人格化。

比数目较具体的是后来的象征性的空间图形：例如，迷径象征行星的运行轨道，而某些舞蹈在曲折变化中也含有一种隐藏着的意义，它们用象征的方式摹仿一些巨大的自然物体的运动。

由此再前进一步，象征就运用动物形象，其中最圆满的是人体形状。在这个阶段，人体形状显得已刻画成为一种更高的更适合的表现形式，因为精神到了这个阶段一般已开始离开单纯的自然事物，转到它自己的独立的存在①来表达自己。

这就形成了真正象征的普遍概念（本质）以及它的艺术表现的必要性。要讨论这个阶段的较具体的观点，我们趁这个精神初次降落到它自己身上②的阶段，就要离开东方而更多地注意西方了。

我们可以把长生鸟③这个形象放在最高的地位，作为一个带有普遍意义的象征，来说明这个阶段的观点。长生鸟把自己烧死，

① 即人体，因为精神寄托在人体里。

② 原文是 ersten Niedergange des Geistes in sich，英译法译均作“精神的第一次下降”，不合上下文的意思，姑译为“精神初次降落到它自己身上”，即上段所说的离开自然事物，回到精神的另一体，即用人体来表达自己。

③ 长生鸟（Phönix），埃及神话中的仙鸟，一生活五百年，到期自焚，从骨灰里又生出幼鸟。

但是又从火焰和灰烬中跳出来，不但回生，而且还童了。希罗多德曾经提到(《历史》，Ⅱ，73)他在埃及至少看见过长生鸟的图，事实上提供象征型艺术中心的本来就是埃及人。不过在详细讨论埃及象征型艺术之前，我们不妨谈一谈某些其他民族的神话，因为它们是转到从各方面看都发展得很完整的埃及象征的过渡阶段。我所指的是关于阿多尼斯①的神话体系，包括他的死、女爱神对他的哀悼以及葬礼之类——这些神话观念是在叙利亚沿海地区起源的。弗里基人的地神库伯利②的祭典也有同样的意义，从卡斯陀和泡鲁克斯③以及色列斯和普罗索宾娜④的神话里也可以听到这种意义的回声。

在这些事例里，主要的意义都是上文已提到的否定面，即自然事物的死亡。这种死亡是看作伏根于神性的绝对，因而单提出来表现为可供观照的形象。所以有神死后的葬礼和对这种损失的惨痛的哀悼，以及这种损失由神的再现、回生和还童而得到补偿，因而接着就有庆祝的典礼。这种普遍意义更明确地涉及自然现象。太阳在冬天丧失了它的热力，到了春天这热力又恢复过来，接着自然

① 阿多尼斯(Adonis)，希腊神话中的美少年，女爱神阿弗洛狄特的情人。他在打猎中受伤致死，女爱神极悲伤，阴间的神哀怜她，准许阿多尼斯每年回到阳间六个月和她同住。阿多尼斯的死和回生象征自然界事物冬死春生，他的祭典流行于地中海沿岸各国。

② 库伯利(Kybele)，女地神，即希腊的粤亚(Rhea)。

③ 卡斯陀和泡鲁克斯(Castor und Pollux)，希腊神话中天神的两个儿子。卡斯陀以善于养鸟著名，泡鲁克斯以拳术著名。传说卡斯陀是凡人，泡鲁克斯是不朽者，由于泡鲁克斯的央求，天神允许两弟兄隔天轮流生死。

④ 色列斯和普罗索宾娜(Ceres und Proserpina)，前者是女谷神，和天神交配，生了后者，在神话中亦称“母与女”，女被阴间皇帝劫去为皇后，母央求天帝援救，天帝允许女每年回到世间住六个月。

界又还童一次；她死过去又再生了。在这里神性的东西被人格化为人类事件，在自然生活中找到了它自己的意义，这种自然生活从另一方面看，又用来象征精神界和自然界两方面的否定本质。

如果要找最完满的例子来说明象征型艺术在它所特有的内容和表现形式两方面都达到完善，我们就得到埃及去找。埃及是一个象征流行的国家，它要解决精神怎样自译精神密码这样一个精神性的课题，但是实际上并没有把它译出来。这个课题并没有得到解决，而我们能够给的解决办法所以就只在于把埃及艺术和它的象征作品的谜语理解为埃及人自己并不曾解决的一个课题。因为按照这里所说的方式，精神还在外在事物里寻找自己，但终于要再从这外在事物里跳出来，以不倦的努力，去通过自然现象显出自己的本质，而同时又通过精神形象显出自然现象，使它成为观照而不是思考的对象，埃及人在前此提到的几个民族之中要算是真正的艺术的民族。但是他们的作品仍然是秘奥的、沉默的、无声的、寂然不动的，这就因为精神还没有真正发现它自己的内在生活，也还不会说响亮而清楚的精神的语言。埃及的特征可以一言以蔽之：冲动和需要还没有得到满足，以无声的方式挣扎着要通过艺术把自己变成观照的对象，使内在生活成为形象，通过外在的相关联的形象去意识到自己的内在生活以及一般内在生活。这个奇特国家的人民不仅是从事农业的，而且也是从事建筑的。这个民族从各个角落里翻动土壤，挖湖开运河；凭艺术本能，他们不仅在阳光下建成一些庞大无比的建筑物，而且还在地心中大力进行极大面积的建筑工程。希罗多德在他的《历史》里就已记载过，建筑这样伟大的纪念塔就是埃及人民的主要事业和国王们的主要功绩。印度

的建筑固然也很庞大，但是在无限多样性方面，比起埃及的建筑却是小巫见大巫。

1. 埃及人关于死的观念和表现：金字塔

从一些个别特殊方面来看埃及的艺术观念，我们在这里初次看到内在的东西是很明确地作为和直接的客观事物相对立的东西来看待的；诚然，内在的东西是看作生的否定面，看作死；不是看作抽象的恶和毁坏的否定面，像阿里曼是奥茂斯德的否定面那样，它本身就是一个具体的形象。

a）印度人只把自己提升到对一切具体事物加以最空洞的，因而是否定的抽象化。这种成梵过程在埃及却看不见。在埃及，不可以眼见的事物却有一种较完满的意义，死从生本身获得了内容。直接的存在虽被剥夺了，死在它的无生状态中却仍保持对生的联系，而且藉生的具体形象获得了独立和保存。人们知道，埃及人把猫、犬、鹰、獴、熊、狼（希罗多德的《历史》，Ⅱ，67），特别是死人的尸体（同上书，Ⅱ，86　90）制为木乃伊来敬奉。他们对死者的尊敬不是埋葬而是尸体的永久保存。

b）但是埃及人还不只停留在使死者有这种直接的自然的长期保存上。以自然方式保存的尸体在观念里也是作为长久的东西来了解的。希罗多德谈到埃及人是世界上第一个民族，宣扬人的灵魂不朽。他们也是第一个民族以较高的方式解决了自然事物与精神事物之间关系问题，认识到凡是不只是自然的东西也自有一种独立的地位。灵魂不朽就很接近精神自由，因为自我把自己理解为摆脱客观存在的自然状态①，单靠本身而存在的；这种对自己的认识就符合自由原则。当然还不能说，埃及人已经懂透了自由精神的概念，他们对灵魂不朽的理解也和我们的一样；我们不应凭我们的理解去测度埃及人的信仰；但是埃及人确实已认识到，凡是已丧失生命的东西还保持住它的存在，不仅在外形上，而且还在观念里②，因此他们就使意识（精神）可以过渡到自由，尽管他们还刚只达到自由领域的门槛。——他们接着就把这个观念扩充成为一种和直接现实存在对立的独立的亡魂国度。在这种不可以眼见的国度里还举行一种死人的法律裁判，庭长是俄西理斯（Osiris）③。但是在阳间直接现实界也有这样一种法庭，由生人对死人进行裁判，例如当一个国王死了，每个人都可以到这里控诉他。

c）如果我们进一步追问这种观念在什么象征的艺术形象里可以见出，我们就要到埃及建筑主要形式里去找。这类建筑有两种，一种是地上的，一种是地下的。在地下的是些迷径，要走半小时才走完的甬道，用象形文字雕饰的房屋，都是精心制作成的，就在这些建筑上面又建成一些值得惊赞的构造，其中重要的是金字塔。关于金字塔的性质和意义，许多世纪以来人们提过各种不同的假说，现在已可以不用怀疑，金字塔是些国王或神牛、神猫，神鹭之类神物的坟墓的外围。它们这样就使我们认识到象征型艺术的简单图形。它们是些庞大的结晶体，其中隐含着一种内在的（精神的）东西，它们用一种由艺术创造出的外在形象把这种内在的东西

① 即肉体存在。
② 尸体还存在，灵魂也还存在于人的观念或想象里。
③ 传说中的埃及国王，后来做了阴间皇帝。

包围起，使人得到这样一种印象：它们立在那里，是为着标志出一种已摆脱单纯自然性（物质性）的内在的东西，而且也只靠这个情况才有它们的意义。但是这里组成意义的是亡魂和不可以眼见的事物的国度，而这个国度只有一个方面，当然是形式的方面，才属于真正的象征艺术，那就是应摆脱直接客观存在（肉体存在）的那一方面。所以这个国度只是一个亡魂世界，还不是一种生命；还不是摆脱了单纯的感性的东西（肉体存在）之后还独立存在着，因而本身就是自由的有生命的精神①。因此，标志这样一种内在精神的形象对于它所确定的内容（即精神）还只是一种外在形式和外围。

金字塔就是这样一种隐藏一种内在精神的外围。

2. 动物崇拜和动物面具

内在的精神既然一般被看作以外在的形式而存在的东西，所以埃及人又从相反的方面在牛、猫之类活的动物身上崇拜一种神性的存在。有生命的东西高于无机的外在事物，因为有生命的有机物有一种由外在形状指出的内在的东西，因其是内在的，所以是很隐蔽或神秘的。所以这种动物崇拜应理解为对隐蔽的内在方面的观照，这种内在方面，作为生命，就是一种高于单纯外在事物的力量。对于我们来说，不把精神而把猫、犬之类动物奉为神圣的东西，当然是引起反感的。——这种动物崇拜，单就它本身来看，还没有什么象征的意味，因为当作神的存在而受崇拜的是猴子之类

① 埃及人虽认为死者的魂可以脱离肉体而存在，却还没有认识到精神的独立自由。

实际的活的动物。不过埃及也以象征的方式去运用动物形象。这时动物形象就不是单为它本身而被运用，而是用来表达某种普遍意义。最朴素的事例就是动物面具。动物面具特别是用在描写制造木乃伊过程的作品里。在制造木乃伊这种职业里，解剖尸体取出内脏的人们都戴着这种动物面具。这里动物的头显然不是代表它本身，而是要暗示一种和它有别的普遍意义。此外，动物形象还和人的形象混在一起来用；我们看到人身狮首，人们认为这是代表智慧女神明诺娃；还有人身鹰首，而天神阿蒙的头上还长着一对角。这些显然都有象征的意味。在这个意义上埃及的象形文字大部分也是象征的，因为象形文字不外两种，或是用实物形状去表达意义，表达的不是这实物本身而是与它相关联的一种普遍意义；或是更常见的一种办法，用和实物名称第一个字母同音的字来表达所要表达的意义①。

3. 完整的象征：麦姆嫩、伊西斯、俄西里斯和狮身人首兽②

在埃及，一般说来，每一个形象都是一种象征和象形文字，不是表现它本身，而是表现与它相接近因而有关联的另一意义。如果这种关联是比较基本和深刻的，完整的真正的象征才出现。现

① 这种用同音字来象征，在汉语里也常见，例如芙蓉代表“夫容”，蝙蝠代表“福”，鹿代表“禄”之类。

② 麦姆嫩(Memnon)，传说中的埃塞俄比亚国王，埃及雕像中常用的母题，传说这种石像在日出时发出音乐声。伊西斯(Isis)是埃及的女地神，后为女月神；俄西里斯(Osiris)是埃及的太阳神，后为阴间的皇帝，但是伊西斯的丈夫。狮身人首兽(Sqhinx)是埃及传说中的一种怪物，是埃及雕像中常用的母题，这种石像上身是女人，下身是狮子，大半是躺着的。

在只略提一下这方面几个常见的观念。

a) 正如埃及人关于动物形象的迷信一方面隐约窥见一种秘奥的内在因素，另一方面我们也看到他们把人的形象表现为一种样式，其中所表现的主体的内在生活还外在于人体形象，因此它还不能展现为自由的美。特别值得注意的是那些庞大的麦姆嫩石像。它们镇静自持，安然不动，两只胳膊紧贴着身躯，双足紧并在一起，严峻呆板无生气，面对着太阳，等着阳光射到自己身上，就得到生气，发出声响。至少希罗多德在《历史》里记载过，这些石像在日出时发出一种乐音。较高明的批评对这一点固然表示怀疑，但是发声响的事实近来却由法国人和英国人都证实过。如果这种声响不是由于预先安排的机械，那就可以这样解释：就像某些矿物浸到水里发出破碎声那样，这些石像的声响是由露水、清晨的冷气以及日光照晒所造成的，是些小裂缝的出现和消逝的声响。这种巨大石像是作为象征而表示出这种意义的：它们本身还没有自由的精神性灵魂，为着具有生气，它们不能从灵魂的内在方面吸取（这里才有尺度和美），而是要从外来的阳光吸取，有阳光才能把灵魂的声音敲响。人的声音却不然，它发自自己的情感和心灵而无需外来的冲击，而艺术的高明处一般也正在于内在精神从本身获得表现的形象。但是在埃及，人的形象的内在精神还是哑口无声的，还须乞灵于自然因素，才得到生气灌注。

b) 另一种象征的表现方式是伊西斯和俄西里斯。俄西里斯投胎出世之后被泰风神①杀害了，伊西斯搜寻到砍碎了的尸体，把

---

① 泰风神（Typhon）把俄西里斯（他的兄弟）杀害了，砍成细片，投到尼罗河里，俄西里斯的妻子伊西斯经过长久搜寻，才把尸体找出来，打败了泰风神，夺回了政权。

它合拢起来埋葬了。这个神话原先只有单纯的自然意义作为内容。俄西里斯一方面是太阳,他的故事象征太阳的一年的行程,另一方面他也暗指尼罗河水涨落,须替埃及全境造成丰产。因为埃及往往整年缺雨,全靠尼罗河的泛滥来灌溉田地。到了冬季,尼罗河就很浅,只在河床上流着,但是到了夏至,它就要上涨一百天,流出河岸,灌溉到全国。最后,水在烈日和沙漠热风影响之下又干涸起来,缩回到河床。耕田在这里用不着费大力,植物长得极茂盛,一切都自己发芽成熟。太阳和尼罗河,它们的升降,就是埃及土壤上的两大自然威力,埃及人就用伊西斯和俄西里斯的拟人化的故事,把这两大自然威力象征地表现出来。所以这和用动物表示一年四季,用十二神表示十二个月份的象征表现方式还是同属一类的。但是俄西里斯却同时表示人类事情:他是作为农业、田亩的划分、财产和法律的创始者而被尊为神,所以对他的崇拜也涉及人的精神活动,而人的精神活动又和伦理与法律有紧密的联系。此外,他也是死人世界的裁判官,因而获得一种完全离开单纯自然生活的意义,在这个意义之下象征的意味就开始消失,因为这里是内在的精神的东西变成了人的形象的内容,人的形象开始在表现它自己的内在生活。但是这种精神的过程又用外在的自然生活为它的内容,并且用外在的方式把它表现出来,例如在庙宇里用台阶、楼梯和楹柱的数目,在迷径里用甬道、曲廊和房屋的变化。这样,俄西里斯在他的转变过程中不同阶段里既代表精神生活,又代表自然生活,时而他的象征的形象是自然的象征,时而自然情况本身又只是精神活动及其变化的象征。因此,这里人的形象并不再是单纯的人格化,因为这里自然事物尽管从一方面看,显得就是真正的

意义，而从另一方面看，又用作精神事物的象征，一般说来，在凡是内在因素挣扎着要摆脱自然观的事例里，自然事物总是处在从属的地位。不过人体形状却确实获得一种完全不同的构造，因而显出要深入到内在精神领域的努力；但是这种努力还只能以有缺陷的方式去达到它的真正的目的，即精神本身的自由。形象还是庞大的、严峻的，显得像石头一样僵硬的，双腿没有自由和鲜明性，胳膊和头过分紧贴在身体其余部分上面，没有秀美姿态和灵活的运动。只有到了德达鲁斯①，雕像上手和足才得到解放，身躯才显得在运动。

由于上述反复交错的象征方式，在埃及，每一个象征实在是一系列象征的整体，所以一度作为意义而出现的东西在另一个有关联的地方又被用作象征。这种把多种意义结合在一起的象征方式，意义和形象的交错，产生出多种多样的暗示，因而符合朝许多方向齐头并进的复杂的主体内心生活，形成这种象征形象的优点，但是由于可能有多种意义，解释就比较困难。

在解释这种意义中，近代人过于穿凿附会，因为几乎一切形象实际上都是作象征来用的；但是对于埃及人的见解来说，这种意义可能是明白易懂的。但是像我们开始就已见过，埃及的象征是“言有尽而意无穷”的。有些作品本来竭力追求明晰，但是对自在自为的意蕴仍停留在挣扎追求中。就这个意义来说，我们发现到埃及艺术作品包含一些谜语，要正确地解释这些谜语，有时不仅我们，就连创造这些作品的艺术家们也大半办不到。

c）所以从它们的秘奥的象征方式来看，埃及艺术作品都是些

① 德达鲁斯（Dädalus），字义是“巧匠”，西方神话中的人物，很像中国的鲁班。

谜语，可以说就是客观事物的谜语。我们可以把狮身人首兽看作埃及精神所特有的意义的象征，它就是象征方式本身的象征。在埃及，这些狮身人首像多至无数，往往千百成行地排在一起，用最坚硬的石头雕成，琢磨得很光滑，身上刻着象形文字，在开罗附近，这种石像大到狮爪就有一人长，兽身的部分躺在地上，上面人身的部分却昂首立起，头偶尔也有是牡羊头，但是绝大多数是女人头。人的精神仿佛在努力从动物体的沉闷的气力中冲出，但是没有能完全表达出精神自己的自由和活动的形象，因为精神还和跟它不同质的东西牵连在一起[①]。这种对自觉精神的追求还不能用唯一符合精神性的现实去表达精神性，而是用略有关联的甚至是完全异质的东西去表达这精神性，使它呈现于意识，这就是象征方式的一般特征，到了这个顶峰，象征就变成谜语了。

在这个意义上，希腊神话中的狮身人首兽也可以有象征的意义，它显得是提出谜语的怪物。它提出过一个有名的谜语：什么东西早晨用四条腿走路，中午用两条腿走路，傍晚用三条腿走路？俄狄普找到了一个简单的解释：那就是人，于是就把这怪兽从悬岩上抛下去。这个象征谜语的解释就在于显示一种自在自为的意义，在于向精神呼吁说："认识你自己！"就像著名的希腊谚语向人呼吁的一样。意识的光辉就是这样一种明亮的光：它使自己的具体内容，通过属于自己而且适合于自己的形象，透明地显现出来，而且在它的这种客观存在里所显现出来的就只是它自己。

---

① 人首象征精神，兽身象征物质力量；人首和兽连在一起，一方面象征精神要摆脱物质力量，另一方面也象征精神还没有完全摆脱物质力量，所以还没有达到自由。

第二章　崇高的象征方式

象征型艺术的目标是精神从它本身得到对它适合的表现形象，要表现得很明白而不是谜语；这个目标只有通过一个条件才可以达到，那就是意义首先要和整个现象世界划分开来，单独地呈现于意识。古代波斯人缺乏艺术性，正由于直接从自然事物中看到意义与具体现象的统一。这二者既已划分而又要直接地在自然事物上面再接合，这种矛盾就造成了印度人的幻想的象征方式；而在埃及，内在精神也还没有从现象界摆脱出来而获得自由，成为可认识的对象，还没有自在自为地具有意义，这就产生了他们的象征方式的谜语性和暧昧性。

自在自为的东西（绝对精神）初次彻底地从感性现实事物，即经验界的个别外在事物中净化出来，而且和这种现实事物明白地划分开来，这种情况就要到崇高里去找。崇高把绝对提升到一切直接存在的事物之上，因而带来精神的初步的抽象的解放，这种解放至少是精神性的东西的基础。因为这样崇高化的意义虽然还没有作为具体的精神性来理解，却已被看作独立自在的内在的东西，按其本性，就不能在有限现象中找到真正能表达它的形象。

康德曾经用一种很有趣的方式把崇高和美区别开来。他在《判断力批判》第一部分从第 20 节以下对这问题的讨论还有它的价值，尽管他的话很冗长，而且把一切定性都归原到主体方面，归原到情感、想象力和理性之类心理功能，但就它的一般原则而论，他对这种归原的看法在这一点上应该被承认为正确的：那就是——用他自己的话来说——崇高并不在自然事物上面，而只在我们的心情里，因为我们意识到自己比内在自然和外在自然都较优越，〔才有崇高感〕。康德的下面的一段话就是这个意思："真正的崇高不能容纳在任何感性形式里，它所涉及的是无法找到恰合的形象来表现的那种理性观念；但是正由这种不恰合（这是感性对象所能表现出的），才把心里的崇高激发起来"①。崇高一般是一种表达无限的企图，而在现象领域里又找不到一个恰好能表达无限的对象。无限，正因为它是从客观事物的复合整体中作为无形可见的意义而抽绎出来的，并且变成内在的，按照它的无限性，就是不可表达的，超越出通过有限事物的表达形式的。

意义在崇高里所获得的新的内容就是它和现象界整体相对立，成为本身具有实体性的太一，这个太一本身就是纯思想，也就只为纯思想而存在②。因此，这个实体已不再能在一种外在事物上找到它的表现，在这个意义上，真正的象征的性质就消失了。但是如果要把这本身整一的东西变成可观照的，那只有一个办法，那就是把它既作为实体又作为创造一切事物的力量来理解，藉这些事物它才可以得到显现，因而也就和这些事物有一种肯定的（积极的）关系。但是它的定性却是这样：虽然表达出来了，这实体却仍超越出个别现象乃至个别现象的总和之上，因此可能的结果就只

① 康德：《判断力批判》，第23节。

② 太一即绝对，绝对是纯思想的对象，所以只有纯思想才能认识绝对，感官就不能从感性事物上认识到绝对，这也就是说，绝对不能用感性事物来表现。

是把原来肯定的关系又转化为否定的（消极的）关系，这就是说，把实体从一切不适合于表现它而在它里面要消失的个别特殊现象中净化出来。

因此，用来表现的形象就被所表现的内容消灭掉了，内容的表现同时也就是对表现的否定，这就是崇高的特征。所以我们不赞同康德把崇高看作来源于情感和理性观念之类主观因素，而是认为它来源于它所要表现的内容即绝对实体。①

根据上述实体与现象世界之间的两重关系，可以把崇高艺术划分为两方面。

肯定的和否定的这两重关系的共同点在于实体尽管一般要联系到现象界事物才可以表达，它却超越于用来表达自己的个别现象之上，因为作为实体和本质，它本身是无形的，不是具体观照（或感性认识）所能掌握的。

我们可以把泛神主义的艺术看作对崇高的第一种肯定的掌握方式。这种艺术首先出现在印度，随后出现在波斯伊斯兰教诗人们的自由神秘的作品里，最后又出现在基督教的西方，思想和情感就比前二者较深刻了。

---

① 崇高（Erhabenheit，即 Sublime）是从公元 3 世纪左右希腊修辞学家朗吉努斯的《论崇高》一书来的。此书淹没很久，到了 18 世纪才为浪漫主义初期文艺理论家和美学家所推崇。康德就把美和崇高对立起来，认为美在对象的形式，崇高在对象的无形式；美感始终是一种快感，崇高感则开始是一种畏惧或消极的痛感，接着就转化为一种积极的快感或精神的提高或振奋，所以崇高的来源不在客观对象而在主体的道德情操和理性观念。黑格尔赞同康德的崇高感有消极的和积极的两对立因素这一看法，但批判了康德的崇高与客观事物的内容意义无关这一看法。他认为崇高的来源在于要表现的内容就是绝对实体，而用来表现的有限事物的形象对这种内容极不适合。“内容的表现同时也就是对表现的一种否定，这就是崇高的特征”。康德和黑格尔在崇高问题上的分歧是主观唯心主义与客观唯心主义的分歧，亦即主观思想情感与绝对理念的分歧。

就一般定性来说，实体在泛神主义阶段是被看作内在于它所创造的一切偶然事物之中的，所以偶然事物还没有降低到只是颂扬绝对的一种装饰品的隶属地位，而是凭它们所固有的实体来保持自肯定的地位，尽管每一特殊事物的唯一使命只是表现和颂扬它所自出的神和太一。因此，诗人在一切事物里只观照和惊赞这个太一，把自己和一切事物都沉没在这种观照里。但是毕竟还能和实体保持肯定的关系，因为把一切都联系到实体上。

我们在希伯来诗里所遇见的对唯一尊神的第二种否定的歌颂才是真正的崇高。它否定了绝对内在于被创造的现象界事物这种肯定的关系，把唯一实体看作造物主，和全体被创造物相对立，全体被创造物比起造物主来，是本身无力的终归消逝的东西。如果要用自然事物和人类生命的有限性来表现唯一尊神的威力和智慧，就不能用印度把事物歪曲成为没有准则的奇形怪状的办法，而是要使一切世间事物，不管多么强大光荣，都显得只是些隶属的偶然事物，比起神的本质和坚定性来，只是一种消逝中的幻相，这样才能把神的崇高表现为较可观照的。

A. 艺术中的泛神主义[1]

泛神主义这个词在今天不免引起很大误解，因为从一方面看来，“全体”（一切）[2]这个词按照我们近代的意义，指一切事物和每

① 泛神主义（Pantheismus），神无处不在，每一事物中都有神，与基督教创造和主宰世界而又超越独立于世界之外的神相对立。

② “全体”（alles）指“泛神主义”（Pantheismus）一词的词冠 Pan，相当于汉语的“泛”。太一，大全，绝对，实体，神，理念这些不同的名词所指的其实是同一件东西。

个事物，就它们的完全经验性的个别性相来看，例如这个盒子，连同它的一切属性如颜色、体积、形状、重量之类来看，或是那座房屋，那本书，那只动物，那张桌子，那张椅子，那个炉子，那一片云等等。现代有许多神学家们指责哲学说，哲学把一切事物都变成神，这里所说的"一切"就是用上文所说的意义，这里所强加于哲学的事实以及根据这事实所提出的罪状都是荒谬绝伦的。对于泛神主义的这样一种看法只能存在于疯人的头脑里，从来没有出现在任何宗教里，就连易洛魁部落和爱斯基摩部落的人也没有这种看法，更不消说在哲学里。所以"泛神主义"一词中的"全体"(一切，"泛")并不是指这个或那个个别事物，而是指"大全"，即唯一实体，这实体固然内在于个别事物，却不是从个别事物和它们的经验性的实在中提炼出来的抽象品，所以着重指出的不是单纯的个别事物，而是也在这些个别事物中存在的普遍灵魂，或则用流行的话来说，真实与优美的东西。

这才是泛神主义的真正意义，我们在这里提到泛神主义时，所用的就是这个意义。这个概念首先起于东方，它掌握了神性的绝对统一以及一切事物都包含在这种统一里的思想。作为统一和大全，神性只有通过表现它存在的那些个别事物的消失，才能呈现于意识。所以从一方面看，神性在这里是看作各种不同的事物所固有的，更确切地说，是其中最杰出的代表所固有的。但是从另一方面看，太一既是这个，又是那个，又是其他一切个别事物，无处不在，它如果要显现，就须把个别特殊事物看作已被否定和消除了的，因为并不是每种特殊事物都是太一，全体特殊事物才是太一，而对于观照来说，这全体特殊事物已消融在全体里。举例来说，太一既是生命，又是死亡，因而就不只是生命。所以生命，或太阳，或海洋本身并不能就形成太一。但是同时在泛神主义艺术这里，也还不像在真正的崇高里那样，已把偶然事物（即特殊事物）明确地摆在否定和隶属的地位，而是使实体本身变成特殊的和偶然的，因为实体在一切特殊事物中都是这个太一。至于这种个别特殊事物既然变化无常，而想象又不使实体局限于某一定性（即只想实体的无数定性中某一种）而是想到这种定性就转到另一种定性，辗转前进，想到这种就丢掉其余，结果，这种个别特殊事物也变成一种偶然事物，接合到实体，就受到崇高化了。

所以这种观照方式只能通过诗而不能通过造型艺术才能得到艺术的表现。因为造型艺术把具体的特殊个别事物只作为固定持久的对象提供观照，而这种事物由于和内在于它的实体相对立，也终于要消失掉的。在纯粹的泛神主义统治的地方，就没有用造型艺术作为它的表现方式的①。

1. 印度诗

我们可以再举印度诗作为这种泛神主义诗的最早的例子，印度诗除掉它的幻想方式之外，在这方面也有过辉煌的成就。

我们已见过，印度人把最抽象的普遍性和太一奉为最高的神，由这最高的神又派生出一些各有定性的神，如三神一体和因陀罗之类。但是他们并没有把神的定性看成固定不变的，又让低级的神

① 绝对太一因凭依个别特殊事物而变化多方，所以宜于用诗而不宜于用造型艺术，因为语言可叙述流动变化的对象，而造型艺术却要抓住固定持久的对象。

回原到高级的神，高级的神回原到梵。从此可见，这个普遍的神形成了一切事物的不变的基础。如果印度人在他们的诗里确实显出两种倾向，一种是夸大个别存在，使它们在感性方面显得符合普遍意义，另一种是使一切定性[①]在和抽象太一对立之中只起否定的作用。另一方面，在印度人中间却也出现了上述泛神主义的较纯粹的表现方式，把神内在于看来是飘忽来去的个别事物里这一思想表现得特别突出。人们也许认为这种见解颇类似上文所提过的波斯人所理解的纯思想（精神）与感性事物的直接的统一，不过波斯人把太一和至善本身看成就是一种自然事物，它就是光，而印度人却把梵看成一种无形体的太一，只有把这无形体的太一转化为无穷尽的多种多样的世界现象，才产生泛神主义的表现方式。例如克利什那[②]就这样说（《薄伽梵歌》第七章）：

> 地，水，风，气，火，精神，理智，我性，这是我的生命力量的八个因素，但是你还应在我身上见出另一件东西，一种更高的东西，它灌注生气于世间一切众生，撑持这个世界；它是一切众生的本原；你须知道，我是全世界的本原，也是全世界的毁灭；我之外没有东西比我更高，这一切都联结到我身上，就像一串珍珠都串在一根绳子上那样，我是一切流液中的美味，我在日光里也在月光里，我是圣经中的奥义字，人的人性，土地的纯香，火焰中的闪光，一切众生的本质，忏悔者的默想，一切众生的生命力，智者的智慧，光中之光；诸凡对自然是真实的、明

① “定性”即有定性的个别事物。

② 克利什那（Krischna），印度毗湿奴神的第八化身，《薄伽梵歌》是史诗《摩诃婆罗多》中最精彩的一部分。

> 显的和幽暗的，都从我这里出来；不是我在它们里面，而是它们在我里面。众生迷于三性的幻觉，都认不清我，我是不可变的；但是神性的幻觉，摩耶（Mâya，梵文“幻”）也就是我的幻觉，这是难克服的；凡是追随我的人都要越过这种幻觉。

这段话里把实体太一说得最清楚了，既说明了神内在于一切事物，也说明了神超越于个别事物。

以同样的口吻，克利什那说明他自己在一切不同的事物中是最完美的（第十章第21节）：

> 在星宿之中我是光辉灿烂的太阳，在十二宫里我是月亮，在圣经里我是颂歌，在感官里我是内在感官，在山峰里我是须弥山，在兽中我是狮子，在字母中我是A，在四季中我是春天。

这种最完美事物的罗列以及表示同一内容的不同形象的反复替换，尽管显出想象的丰富，却由于内容的不变，显得单调，而在整体上显出空洞。

2. 伊斯兰教诗

其次，东方式的泛神主义在伊斯兰教里特别由**波斯人**用一种较高的，而且从主体方面看，较自由的方式表现出来了。这里主要的是在诗人主体方面出现了一种特殊的情况。

a）由于诗人要在一切事物中见出神性，而且也确实见到了，他也忘去了他的自我，同时也体会到神性内在于他自己的被解放和扩张的内心世界；这就在他心里产生了东方人所特有的那种心情开朗，那种自由幸福，那种游魂大悦；他从自己的特殊存在中解放出来，把自己沉没到永恒绝对里，在一切事物中认识到而且感觉到神的存在和神的形象。这种渗透神性于自我以及在神里陶醉的幸福生活已经带有神秘色彩。最著名的例子是德薛拉列·丁·鲁米[①]。吕柯特用他的惊人的表现才能，在对选词押韵上运用自如地而且巧妙地把这位诗人的一些最美的作品翻译过来了，译文的风格完全像出自诗人自己的文章。对神的爱——通过绝对忘我，人和神契合成为一体，在全宇宙中到处都看到神这个太一，把一切事物都归原到神——在这些诗里形成了中心，向四面八方扩散光辉。

b）在真正的崇高里，我们不久就会看见，最好的事物和最庄严的形象只是用作神的装饰，为宣扬太一的伟大和光荣而服务，因为把它们摆在我们眼前，只是为着向他这位万物主宰庆祝——在泛神主义里却不然，神内在于万物这个信仰就把尘世的自然和人类存在本身提高到本身独立的伟大庄严的地位。自然现象和人类关系中的精神本身的生活灌注生气和精神于这些现象和关系，而且在诗人主体方面的情感和灵魂与他所歌颂的事物之间造成一种特殊关系。既然充满了这种被灌注生气的伟大庄严，心情就泰然自得、自由自在、宽宏开朗，在这种自己与自己的肯定的统一中[②]，它就凭想象使自己进到事物灵魂里，去分享其中同样的平静统一的生活，和自然事物及其庄严景象，和所爱的美人，和捧杯献酒的侍女，总之，和一切值得赞赏和喜爱的对象，一齐享受最幸福、最欢乐

① 德薛拉列·丁·鲁米（Dschelaled Din Rumi），13 世纪波斯伊斯兰教诗人，他的诗曾由 19 世纪德国诗人吕柯特（F. Rückert）译成德文。

② 自己与自己的统一，即内心平静，无忧无虑。

的、徜徉自得的内心生活。西方浪漫主义的情调固然也显出类似的徜徉自得，不过在大体上，特别是在北欧，却较为郁郁不乐的、不自由的、怅惘眷恋的，或至少是较为主观，自禁于自我的小天地里，因而是自我中心的，多愁善感的。特别是在蛮族的民歌里这种忧伤抑郁的内心生活表现得最清楚。但是东方人，特别是信伊斯兰教的波斯人，却显出他们所特有的自由欢乐的内心生活，他们尽情地向神，向一切值得赞赏的对象，抛舍自己，但是在这种自我抛舍中却仍保持住自己的自由实体性，去对付周围的世界。所以我们看到他们在火热的情感生活中的狂欢极乐迸发为无穷无尽的丰富华严的灿烂形象，和欢乐、美丽、幸福的音调。一个东方人如果遭受到苦难，他只把它看成命运的不可改变的决定，仍泰然自若，不感到什么悲伤抑郁或是愤懑不平。在哈菲斯①的诗歌里我们固然时常听到他对情妇和侍酒女郎之类人物所发的哀怨声，但是无论是哀是乐，他总是那样自由自在，例如在这样的诗句里：

感谢吧，你现在沉浸
　在友谊的光辉里，
　蜡烛燃烧着，纵然像流泪，
　且尽情欢乐吧。

蜡烛会笑，也会哭；它凭火焰笑出灿烂的光辉，同时溶解成为热泪；在它的燃烧之中，它广布着灿烂的光辉。这也就是全诗的一般性格。

举一些个别的形象来说，波斯人所常歌咏的是花卉和宝石，尤其是玫瑰和夜莺。最常见的是把夜莺描绘为玫瑰的新娘。这种把

① 哈菲斯（Hafis），14 世纪波斯的最大的抒情诗人，以《胡床集》著名。

玫瑰表现为具有灵魂，把夜莺表现为能发生爱情的例子在哈菲斯的诗里就很多，例如他说，“感谢你，玫瑰啊！你是美人中的皇后，但愿你不要那样高傲，瞧不起夜莺的爱啊！”诗人在这里所说的是他自己心情中的夜莺。我们西方人如果在诗里说到玫瑰、夜莺和醇酒，就不免像散文一样枯燥。玫瑰对于我们只是装饰品，例如“戴着玫瑰冠”之类辞藻；我们听到夜莺，心里就产生类似夜莺歌声的情调；我们喝酒，就说酒是忘忧解愁的东西。但是对于波斯人来说，玫瑰并不只是一种形象、单纯的装饰品或是象征，而是它本身就是有灵魂的，就是多情的新娘，波斯诗人把自己的心灵沉浸在玫瑰的灵魂里。

最近的波斯诗也还显出这样光彩夺目的泛神主义的性格。封·哈卯先生曾经描述过一首波斯诗，这首诗是波斯国王在一八一九年送给奥皇佛朗茨的礼品之一，它用三万三千联句叙述了波斯国王的功绩，这位国王曾把自己的名字赠给了作这篇诗的宫廷诗人。

c）歌德晚年也走到和他早年的情绪抑郁的感伤诗相反的风格，感染到这种无忧无虑、自由自在的爽朗精神，虽是白发老人，还渗透了这种东方气息，在热情的诗篇里流露出无限幸福，显出这种心情的自由，就连在辩论的诗篇里也没有丧失掉最美的无拘无碍的精神。他的《西东胡床集》里的诗歌并不只是一些戏弄风骚的玩艺儿，而是从这种自由自在、抛舍自我的心情迸发出来的。他自己在《给苏莱卡》一首歌里就这样描绘过这些诗歌：

这些诗艺的珍珠，
由你那热情的狂澜

抛掷到我的生涯中，
这寂寞荒凉的海滩。
请你用纤纤玉指，
仔细将它们拾起，
把它们穿成一串，
饰以金丝和翡翠。

他于是向他所钟情的女郎呼吁：

请把它挂在你的颈项
垂到你的胸脯！
海蚌孕育这些明珠
曾费几番辛苦。

要作出这样的诗，就要有开阔的胸襟，在大风大浪中临危不惧的镇定和深沉，还要有一颗赤子之心，以及

一个生命沸腾的世界，
在它的真力弥满之中
已预感到布尔布尔[1]的爱，
荡气回肠的歌声。

3. 基督教的神秘主义

如果侧重泛神主义的统一对主体的关系，如果主体感到自己与神统一，感到神在主体意识中的存在，就会产生神秘主义，像在基督教里得到发展的。我姑举西勒苏斯·安杰路斯[2]一人为例，

① 布尔布尔(Bulbul)，阿拉伯人名，指所爱的对象。

② 安杰路斯(Angelus Silesius，1624—1677)，德国宗教哲学诗人。

他以最大胆和最深刻的思想情感和惊人的神秘的表现力，把神内在于万物、自我与神以及神与人的主体性的统一都表现得很好。真正的东方的泛神主义却不如此。它更强调的是在一切现象里观照太一实体和抛舍主体自我。主体通过抛舍自我，意识就伸展得最广阔，通过摆脱尘世有限事物，就获得完全的自由，结果就达到自己消融在一切高尚优美事物中的福慧境界。

B. 崇高的艺术

但是只有当作全体宇宙的真正意义来理解的唯一实体才是真理，只有它已摆脱在幻变的现象世界中的实际存在，作为纯然内在的实体性力量而返回到精神本身，因此摆脱有限世界而获得独立，它才能被看作真正的实体。只有在认识到神在本质上纯粹是精神性的，无形的和自然界对立的情况下，精神才能完全从感性事物和自然状态中解脱出来，也就是从有限存在中解脱出来。但是另一方面，这种绝对实体对现象世界仍然保持一种关系：它从现象世界看到它自己的反映。这种关系涉及上文所说过的否定方面，这就是说，整个现象世界不管多么丰富，多么雄伟庄严，就它对实体的关系来说，毕竟是明确地摆在否定方面的，由神创造，隶属于神和为神服务的。所以世界被看作神的一种显现，神本身就是慈善，神的慈善才使本来无权存在的被创造的事物获得存在和维持存在。不过有限事物的存在是无实体的；在神的面前，被创造的事物是被看作飘忽来去的、无能力的，所以在神的慈善中同时也显出神的正直，是神的正直才通过本身消极（否定）的东西既显示出这否定面的无能，又显示出只有实体才是有能力的。正是〔造物主与被创造的事物之间的〕这种关系被艺术用作内容和形式的基础，才使艺术类型具有真正的崇高性格。理想的美和崇高当然是应该区分开来的。在理想[①]里内在因素渗透到外在现实里，成为这外在现实的内在生命，使内外两方面显得互相适合，因而也互相渗透。在崇高里却不然，用来使实体呈现于观照的外在事物被贬低到隶属于实体的地位，这种贬低和隶属地位就形成唯一的条件，使本无形体的而且按其本质也不能用尘世有限事物来表现的浑然太一的神通过艺术能获得一种表现，成为可观照的对象。崇高须假定意义处在独立状态，而和意义对立的外在事物则显得只是隶属的或次要的，因为内在意义并不能在外在事物里显现出来，而是要溢出外在事物之外，所以达到表现的只不过是这种溢出或超越。

在象征里主要的因素是形象。这形象要有一个意义，但还不能把它完满地表达出来。和这种象征及其不明确的内容相反，在崇高里意义就它本身来看是明确的，而且对于知解力也是明确的；而艺术作品则变成使一切事物具有意义的那种纯粹本质的表现，原来象征所固有的那种形象与内容的不适合，在崇高里则使神既内在于尘世事物而又超越一切尘世事物的意义晶明透澈地显现出来。艺术作品表现出这种自在自为（绝对）的意义，于是上述矛盾所产生的不适合就变成崇高。如果象征的艺术由于用神性的东西作为作品的内容就已可称为神圣艺术，那么，崇高的艺术既然只赞颂神，就应看作唯一真正的神圣艺术了。

崇高领域的内容，按照它的基本意义来说，一般要比在真正象

① “理想”即上文“理想的美”。

征的艺术里较窄狭，因为象征只停留在对精神事物的追求上，在精神和自然的交互关系上有较广阔的伸展余地，能由精神转化为自然形象或由自然转化为与精神相协调。

这种崇高，按照它最早的原始的定性，特别见于希伯来人的世界观和宗教诗。在不可能找到足以充分表现神的形象的地方，造型艺术就不能出现，出现的只有用语言来表达的诗。

对这个阶段作进一步的研究，我们提出以下的一些一般观点。

1. 神作为创世主和世界主宰

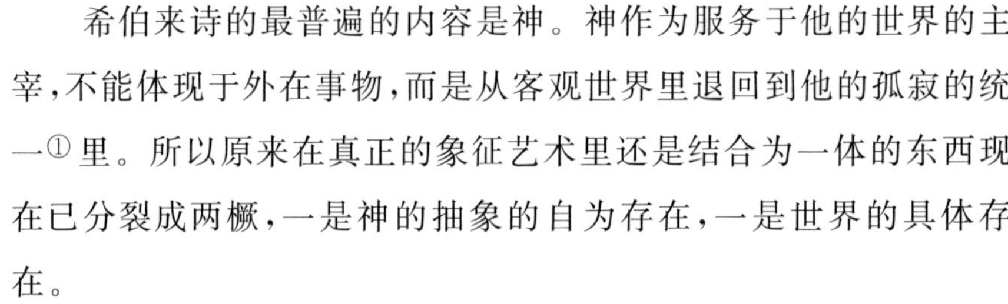

希伯来诗的最普遍的内容是神。神作为服务于他的世界的主宰，不能体现于外在事物，而是从客观世界里退回到他的孤寂的统一①里。所以原来在真正的象征艺术里还是结合为一体的东西现在已分裂成两橛，一是神的抽象的自为存在，一是世界的具体存在。

a）作为太一实体的这种纯粹的自为存在，神本身是无形象的，不能以这种抽象概念的身份呈现于感性观照。所以想象在这阶段所能掌握的不是就其纯粹本质来看的神性的内容，因为这是不可能由艺术用适当的形象来表现的。因此，剩下来的唯一内容就是神对他所创造的世界的关系。

b）神是宇宙的创造者。这就是崇高本身的最纯粹的表现。生产以及万物都以自然生育方式从神脱胎出来的这种想法在崇高里

① 即绝对太一，实体，或涵盖一切的整体；“退回”指离开外在世界而退回到精神世界。

第一次消失掉，让位给神凭精神的力量和活动来创造的想法了。"上帝说要有光，于是就有了光"，朗吉努斯早已举这句话作为崇高的最突出的例子。世界主宰这个太一实体当然也要达到外现，但是这种外现是最纯粹的，无形体的，精神性的：它就是文词[①]，即作为精神力量的思想的外现，凭这文词叫它存在的命令，要获得存在的事物就立即默然听命了。

c）但是神并不把这被创造的世界作为他的现实存在而进入到它里面，而是仍然退回到他本身，但不因此就和他的对立面构成二元。因为被创造的事物就是他的作品，离开他就没有独立性，它之所以存在，只是为着显示神的智慧、慈善和正直。太一是一切的主宰，自然事物并不是他的现实存在而是他的无能力的偶然附属品，只能使他的本质现出外表而不能真正得到表现[②]。这就形成涉及神方面的崇高。

2. 抽去神的有限世界

从一方面看，太一神既然按上述方式和具体的世界现象分裂开来，而本身被独立地固定下来，而从另一方面看，客观外在世界又被规定成为有限世界，摆在次要地位，所以无论是自然的存在还是人的存在现在都获得了一种新的地位，只有通过显出它们自己的有限性才能成为神性的一种表现。

---

① "文词"（Wort）在《圣经》里指上帝启示道理的语言。

② "现出外表"原文是 scheinen（主动词），"得到表现"是 erscheinen（被动词），法译这句作"只能给出本质的外表而不是它的真正的显现"，英译作"固然能使他的本质的外貌现出，而不能使本质的实况成为可以眼见的"。

a）所以自然和人的形象现在都第一次成为被抽去了神①的东西摆在我们面前，因而也就成为散文性（枯燥）的东西。希腊人说过一个故事，当阿高斯远征队的英雄们航行穿过赫勒斯彭海峡②时，原来像两股剪刀忽开忽闭的两岸岩石忽然停住不动，像树根扎在土里一样固定下来了。崇高宗教诗的情况与此颇类似，有限世界在它的凭知解力的定性里固定化，和无限的本质相对立了，而在象征的观照里一切都不守住正当的地位，有限事物随时可以转化为神性的东西，而神性的东西也随时可以转化为有限存在。例如我们如果从古印度诗转到《旧约》，就会发现自己仿佛转到一个完全不同的境界，其中情境、事迹、动作和人物性格尽管和我们这里的不同，对我们是很陌生的，我们却仍然觉得它们很家常亲切。从一种令人昏眩的颠倒错乱的世界，我们转到《旧约》的情况里，看到一些人物形象都显得是非常自然的，他们的坚定的宗法性格在其定性和真相上也是完全可以理解的。

b）上述观照方式使事物的自然过程成为可理解的，使自然规律得到承认。在这种观照方式里惊奇才第一次获得了它的地位。在印度的观照方式里，一切都是惊奇的对象，因而不再有什么是值得惊奇的。在可理解的联系经常遭到破坏，一切事物都弄得颠倒错乱的地方，就不可能出现惊奇。可惊奇的事物须以事物转变有可理解的线索以及人有日常的清醒意识为前提，因为只有在这些惯常的联系遭到较高威力破坏时，才有所谓惊奇。这种惊奇却不是崇高的一种真正的恰当的表现，因为自然现象的惯常过程，正和

① 原文是 entgöttert。
② 即地中海与黑海之间的达达尼尔海峡。

这种过程由于神意和自然的屈服而遭到的破坏一样，都被显示出来了。

c）所以如果要有真正的崇高，就必须把全体被创造的世界看作有限的、受局限的，不是独立自足的，因而只是为显示神的光荣而存在的。

3. 人的个体

在崇高这个阶段里，人的个体正是从这种对万物虚无的承认以及对神的崇敬和赞扬里，去寻求他自己的光荣、安慰和满足。

a）就这方面看，《旧约》中的《诗篇》替真正的崇高提供了经典性的例子，它对一切时代都是一个典范，显示出人在对神的宗教观念中所见到的东西怎样被表达出来，闪耀着灵魂的最强烈的崇高的光辉。世间没有任何东西有权要求独立，因为一切事物之所以存在，都是凭借神的威力，都是为着颂扬这种威力，同时也为着承认它自己的无实体性和空虚。所以如果我们前此在关于实体的幻想及其泛神主义观点里看到无限伸展的可能[①]，在这阶段我们应惊赞的却是心情崇高的力量，它让一切都消逝掉，以便显示出神的唯一的威力。《诗篇》中第一百零四篇是一个特别生动的例子："你披着光就像披着一件衣裳，你把天空展开，像一幅帷幕……"[②]。在这篇诗里，光、天空、云、风的翅膀都不是本身自有意义的东西，而是为神服务的外衣、车辆或信使。接着就歌颂到神凭智慧安

① 指上文说过的精神和自然可以随时互相转化。
② 以下略述全诗的内容，全文见《新旧约全书》的官话和合译本，第698—699页。

排了一切事物：从地下流出的泉水，流灌山峰之间的河流，山峰上在树枝间栖息和歌唱的空中飞鸟，使人心欢乐的酒和神自己栽种的黎巴嫩的香柏，大海和在其中游息的无数生物以及巨鲸——这一切都是神所创造的。凡是由神创造的也由神维持其存在。“你藏起你的面孔，它们就恐惧；你收回它们的气，它们就消逝了，又变成尘土”。人的空虚也由神的仆人摩西在第九十篇里所作的祷告中明确地说出，例如说，“你把他们冲掉，就像一次洪水，他们就像一场梦，也就像草，早上长得很茂盛，晚上就被砍掉，干枯了。你一怒，我们就要毁灭；你一发雷霆，我们就要死亡”①。

b）所以涉及人方面的崇高是和人自身有限以及神高不可攀的感觉联系在一起的。

b1）不朽的观念不是从崇高这一领域起源的，因为不朽的观念须根据一个前提：即个别的自我、灵魂、人的精神须是一种自在自为的东西。在崇高里只有太一才被看作不可毁灭的；在它面前，一切其它事物都被看作既可生又可死的，所以本身不是自由和无限的。

b2）因此，人就觉得在神面前，自己毫无价值，他只有在对神的恐惧以及在神的忿怒之下的颤抖中才得到提高。我们看到这种人生空虚的苦痛在一些哀歌怨词里，在一些发泄深心苦楚的向神呼吁的祷祝里，都描绘得淋漓尽致，非常动人。

b3）反之，如果个人对着神坚持自己的有限性，这种心甘情愿的有限性就成为恶，恶作为祸害和罪孽只属于自然和人方面，在本

① 全诗见《新旧约全书》的官话和合译本，第692页。两篇引文均未用原译，因为原译语言很陈旧。

身无差别的太一实体里，却找不到任何地位，像苦痛和一般消极的东西一样。

c）第三，在这种空虚中人毕竟还获得了一种比较自由独立的地位。因为从一方面看，从神的平静而坚定的意志和命令中产生了为人类应用的法律，从另一方面看，人的提高就使他能见出人与神、有限与绝对之间的完全清楚的分别，因而主体就有能力去判别善恶，在二者之中作出抉择。所以对绝对的关系以及人在这种关系上所显出的符合或不符合也有助于个人及其态度和行为。因此，在他的正当行为和对法律的遵守中就可以见出他和神有一种积极的关系，他就会认识到，他的生活中的积极的情况，例如幸福、欢乐和满足，都是遵守法律的结果，而消极的情况，例如苦痛、灾祸和压迫，都是违反法律的结果，前者是恩宠和报酬，而后者则是考验和惩罚。

第三章　比喻的艺术形式：自觉的象征表现

就崇高和真正的无意识的象征作用这二者的差别而言，崇高突出地显示出两点：一方面是意识到的意义与有别于意义的具体显现之间的分裂，另一方面是这二者之间的直接或间接显露出来的互不适应，因为普遍的意义溢出于个别特殊的现实事物。但是无论是在泛神主义的幻想里还是在崇高里，真正的内容，即一切事物的普遍的太一实体，如果不联系到具体存在的事物，就不可能呈现于感性观照，尽管这些事物并不能充分表达出它的本质。不过这种联系是由实体本身决定的，实体在自己的偶然附属品[①]的消极性之中就显示出自己的智慧、慈善、威力和正直。所以就连在崇高里，意义和形象的联系至少在大体上也还是本质的和必然的，被结合的双方也还不真正是互相外在的。外在因素在不自觉的象征方式里本来是以自在（不是由人意识到的）方式而出现的，在现阶段却须是着意安排的。在论象征型艺术的这最后一章里，我们要讨论这种外在因素以什么形式出现。我们可以把这种形式叫做自觉的象征表现，或是说得更确切一点，比喻的艺术形式。

所谓自觉的象征表现指的是：意义不只是就它本身而被意识

① 偶然附属品即有限事物，包括自然和人；有限事物在实体面前显得是消极的，在智慧慈善等方面都无法和实体（神）比拟。

到，而是明确地看作是要和用来表达它的那个外在形式区别开来的。这里表达出来的意义，像在崇高里一样，不是基本上就显现在用这个象征方式来产生的形象上。意义与形象之间的联系不再是一种由意义本身决定的联系，像在前一阶段（崇高）里那样，而是或多或少地偶然拼凑的一种结合，取决于诗人的主体性，取决于他的精神渗透到一种外在事物里的情况，以及他的聪明和创造才能——凭这些因素，他时而从一种感性现象出发，然后替它想出一个和它有联系的精神方面的意义，时而也可以从实际的或相对内在的观念出发，把它加以形象化，或是把它联系到另一个具有类似性质的形象上去。

所以这种结合方式和素朴的不自觉的象征表现的区别在于主体（艺术家）对于他选作内容的那个意义的内在本质，以及他用来以比喻方式去表达这内容的那个外在显现形式的性质，都认识得很清楚，而且自觉地把所发现的二者之间的类似点摆在一起来比较。至于现阶段（自觉的象征表现）和崇高的区别则在于就一方面看，在艺术作品里意义和它的具体形象的划分和并列固然在不同程度上被明确地显示出来了，而就另一方面看，崇高中的那种意义与形象的关系却完全消失了。因为用作内容的不再是绝对本身，而是一种有定性有局限的意义，而且在意义和它的形象化之间所作的自觉的划分之中，形成了一种本来也是不自觉的象征表现所要达到的那种关系，不过现在是用一种自觉的比喻来形成的。

就内容来说，绝对或唯一主宰已不再能被理解为意义，因为具体存在和概念既分开，而又并列在一起（尽管是比拟地并列），对于艺术意识来说，它既然把这种形式看作最后的恰当形式，就已认定

有限作为内容了。在宗教诗里情况却不如此,神是一切事物中的唯一意义,在神面前,一切事物都显得是可消逝的、空虚的。但是如果意义可以从本身有局限的有限事物中找到它的类似形象或比喻,那么,意义本身就会更是有局限的,因为在我们所讨论的这个阶段里,外在于内容的单凭诗人任意选择的形象,由于和内容有某些类似点,就被认为是相对恰当的形象。所以比喻的艺术形式从崇高那里只保留下这一特点:每一个形象都不能充分地如实地把要旨和意义表现出来,它只是意义的一种图形和比喻。

因此,这种象征方式在整部艺术作品里成为基本类型时,只能算是一个次要的种类。因为它所用的形象只不过是一种直接感性存在或事件的描绘,是应和意义明确地区别开来的。但是如果艺术作品是只用一种题材来造成的而且在表现上形成一种不可分割的整体,这种比喻就只能作为附带的因素才有用,例如在古典型艺术和浪漫型艺术的作品里,它只用来作为一种雕饰或附属品。

所以我们如果把这整个阶段(自觉的象征)看作前两个阶段(崇高和真正的象征)的统一(因为它既有崇高所根据的那种意义与外在现实事物之间的分裂,又有在真正的象征里出现的那种用具体现象去暗示一种相关联的普遍意义的方式),这种统一也不能形成一种较高级的艺术形式,而只能形成一种虽清楚而却肤浅的构思方式,在内容上是窄狭的,在形式上多少是散文气的,既没有真正象征的那种秘奥的深度,又没有崇高的那种高度,而是从这两个阶段降低到平凡的意识。

如果要就这一领域进行较确切的分类,我们就会发现在各种比喻之中,意义本身总是前提,和它相对立的是一个与它有关联的感性形象，一般总是意义放在首要地位，而形象则只是单纯的外衣和外在因素；不过另一方面也会发现这样一个差别：这两方面之中，有时是这一方面，有时是那一方面首先出现，作为出发点。这就是说，有时是形象作为一种独立的外在的直接的自然的事件或现象摆在那里，要从此见出一种普遍的意义，有时是意义先单独地出现，然后替它从外面挑选一个形象。

在这里我们可以分辨出两个主要类别。

a）在第一类里，具体现象（不管是从自然还是从人类事迹和行动中采取来的）一方面构成出发点，另一方面也构成表现的主要方面。这具体现象当然只是由于它所包含的和显示的一般意义，才被挑出来，它得到加工或发展，目的就在于运用相关联的个别情况或事件去表达出这个一般意义；但是这种普遍意义与个别事例之间的比喻还不是明确地作为主体的活动而表现出来，整个表现还不只是一种单纯的装饰品，去装饰一件本来无须装饰的独立自在的作品，而是着意要显得本身就是一个整体而出现的。属于这一类的有寓言、隐射语、宣教故事、格言和变形记。

b）在第二类里，意义是首先呈现于意识的，而意义的具体形象则只是次要的附带的东西，本身没有独立性，完全隶属于意义，所以选这个形象而不选那个形象来进行比喻，就取决于主体的任意性。这种表现方式在大多数情况下产生不出独立自在的艺术作品，所以只应用来参加到其它艺术形象里去作为附属的因素。属于这一类的有谜语、寓意的作品、隐喻、意象和显喻。

c）第三，我们还可以附带地提到教科诗和描写诗。在这两种诗创作方式里，前者只是把一般意识理解得很清楚的对象的一般性质换个方式去显示出来，后者是把具体现象的描绘看作独立的，本身就有意义的，因而都是把只有在统一和互相渗透中才能产生真正艺术作品的内外两个因素完全割裂开来了。

艺术作品中的这两种因素的割裂就使得属于这一范畴的各种体裁几乎完全落在语言艺术（文学）范围里，只有诗才能表达出这种意义与形象的各自独立，而造型艺术的任务则在于用外在形象去显示出内在意义。

A. 从外在事物出发的比喻

如果我们设法把比喻的艺术形式所应分成的一些不同的诗创作方式安排成为一些明确的主要种类，我们就会碰到困难，感到费力。它们都是一些处于附属地位的混种，简直见不出艺术的必要的因素。它们在美学里所处的地位一般就像某些动物变种或其它自然界偶然现象在自然科学里一样，困难都在于要经过划分而显出差异的正是自然和艺术这两个概念本身。作为同一概念下的差异，它们就应理解为真正符合概念的差异，而上述那些过渡性种类却不能纳入符合概念的差异里去，因为它们只是些还有缺陷的形式，刚离开发展的前一阶段而还不能达到下一阶段。这里过错并不在于概念。如果我们用作分类标准的不是事物概念的发展阶段，而是上述那些附属种类，本来不符合概念的发展方式就被看成是符合概念的了。正确的分类必须根据正确的概念，混种体裁只能看作正常的固定的种类在开始分化和过渡到新种的过程中所产生的变种。

上述那样变种属于象征型艺术的艺术前阶段，因为它们一般是不完全的，因而只是追求真正艺术的一种企图，尽管具有造成真正形象的因素，但是只就有限、分裂和单纯的联系方面去掌握这些形象，所以仍然处在附属的地位。所以我们在谈寓言、隐射语、宣教故事之类体裁时，并不是把它们看作真正属于既有别于造型艺术又有别于音乐艺术的诗这一门艺术，而是着眼到它们从某种观点看，毕竟和一般艺术形式有一种关系，也就是从这种关系，而不是从诗艺术的真正种类，即史诗、抒情诗和戏剧诗这些种类的概念，才能说明这些附属种类的特性。

我们把这些种类划分如下：先讨论寓言，接着顺序讨论隐射语，宣教故事和格言，最后讨论变形记。

1. 寓言

前此我们所已讨论的都只涉及一个明确的意义和它的形象之间关系的形式方面，现在我们所要讨论的却涉及适合于这种表现方式的内容。

拿崇高来比现在所讨论的这个阶段，我们已经看到现阶段的象征方式所要表现的并不是绝对太一通过有限事物的空虚和渺小而显示它的不可分割的威力，我们现在所处的是意识的有限阶段，因而也是内容的有限阶段。另一方面，如果拿真正的象征来比现阶段，我们发现真正的象征所采取的也是一种比喻的艺术形式，但是，前此与直接的自然形象相对立的（像在埃及的象征表现里所已见出的）那种内在因素已变成精神因素。不过那个自然因素既然被看成和表现成为独立的，精神因素也就成为一种得到定性的有限的东西，亦即人和他的有限的目的；而自然因素则和人的这些目的发生一种关系（尽管还只是认识性的关系），或则说，成为暗示和揭露这些目的的一种工具，以便效用于人类，为人类造福。因此，自然界现象，例如暴风雨、鸟的飞翔、动物内脏情况之类，就取得一种和波斯人、印度人或埃及人所了解的完全不同的意义。对于这些民族来说，神与自然还是以这种方式统一起来的：那就是自然界的人是由一个许多神的世界围绕着的，他自己的所作所为就是要在行动中实现神与自然的统一；因此，这种作为，既然是符合神性的自然存在的，也就显得是神性在人身上的显现和实现。但是等到人返躬内省，隐约感到自己的自由时，他自己就凭自己的个性来抉择自己的目的；他就按照自己的意志去行动和工作，他过着一种他自己所特有的自我中心的生活，感觉到他的目的的基本性质都取决于他自己，而自然事物对这些目的只有一种外在的关系。因此，自然在他四周就分裂成为个别孤立的事物来为他服务，使得他在涉及神性方面不能在自然中看到绝对，而只把自然看作神们的一种手段，用来使人认识到如何尽善尽美地达到他的目的；因为神们通过自然的媒介向人的心灵启示他们的意志，让人去解释这种意志。这里也假定了绝对与自然事物之间的一种统一，其中主要方面却是人的目的。不过这种象征方式还不属于艺术，它仍是宗教性的。预言家们就自然现象来解释意义，主要只是为实践的目的，或是有利于某一个人的某一计划，或是有利于全民族的共同行动。诗却不然，它须用一种比较普遍的认识性（感性观照）的形式去认识和表现纵使是实践性的情境和关系。

所以我们在这里（从外在事物出发的自觉的象征表现）所要讨论的是一种自然现象或事件，其中包含着一种特殊情况或过程，可以用作一种象征，去表现人类行动和希求的范围中的某一普遍意义，某一伦理的教训，或某一种为人处世的箴言：总之，这里所说的意义，就内容来说，是一种关于人的事情，即意志方面的事情，应如何处理的感想。这里所涉及的已不再是神的意志，通过自然事件和宗教的解释，按照其内在意义，来启示给人，而是一种极平常的自然事件的经过，从这中间可以个别地用易为人所理解地方式抽绎出一种道德格言、告诫、教训或箴规；因为其中含有这种感想的缘故，就把它表达出来，供感性观照。

这就是《伊索寓言》[①]在这里可以占到的地位。

a）就它的原始形状来看，《伊索寓言》正是这种对一般自然界事物之间，特别是动物之间的一种自然的关系或事件的认识。这些动物的本能起于生活的需要，人类作为有生之物也受这些需要驱遣。所以这种关系和事件，按照它的一般定性来理解，是在人类生活范围里也会发生的。只是凭这种关联，它对人才有意义。

真正的《伊索寓言》正是符合这个界定，它描述自然界生物或无生物的某一种情况或是动物界的某一事件，这种情况或事件并不是凭空虚构的，而是凭忠实观察从实际情况中得来的，接着加以叙述，特别着眼到要使人可以从它对人类生活特别是实践生活的关联，也就是对行为方面的智慧与道德的关联中获得一种带有普

① 伊索（Aesop）是公元前6世纪的一个住在小亚细亚腓尼基的奴隶，他的寓言到公元后译成希腊文，其中掺杂了一些旁人的作品，来源颇复杂，大半出自中东民间，不应记在欧洲文学史的账上，但在欧洲影响颇大，有许多摹仿者，例如法国的拉芳丹和德国的莱辛。

遍性的教训。所以第一个要求就是要提供所谓道德教训的具体事例不只是虚构的，特别不是违反这类现象在自然界实际状况而虚构的。其次，所用的事例不能就它的普遍性来叙述，而是要就它的具体个别情况，把它作为一件真事来叙述——外在现实界所发生的一切事件本来都是具体个别的。

第三，寓言的这种原始形式具有最高度的素朴性，因为从其中抽绎出教训的目的以及普遍适用的意义都是后来的事，并非从开始就存着这种意图的。所以伊索的许多寓言之中最有吸引力的是那些符合上述界定的，所叙述的行动（如果在这里可以用“行动”这个词）、关系和事件部分地根据动物的本能，部分地表现一种其它自然情况，部分地据常理，事出有因，不只是由随意设想而拼凑起来的。从此容易见出，在《伊索寓言》的现在的版型上所附载的铭语(fabula docet)不是把描述冲淡，就是往往产生“以拳击眼”（不相称）的效果，会使人从中看出相反的教训或是比原义较好的教训。

现在可以举一些实例来说明《伊索寓言》的这种特性。

橡树和芦苇同遭到狂风暴雨的袭击，脆弱的芦苇只被吹弯了，而坚强的橡树却被吹断了。这种事在狂风暴雨中是经常发生的；如果就它所含的道德教训来看，这就是一个身居高位不易屈挠的人由于顽强而遭到毁灭，而一个比较卑微的人却由于软滑而保全住他的卑微的地位。斐竺鲁斯①寓言里燕子的故事与此也颇类似。燕子们和一群旁类鸟鹊看到一个农民在播种麻籽，麻是准备用来织网捕鸟的。燕子们有远见，就从那地方飞走，其它鸟鹊却不相

① 斐竺鲁斯(Phaedrus)，公元1世纪罗马寓言家，他的寓言中有很多是抄袭伊索的。

信，仍留在那里，后来就被捕了。这也是根据一种真实自然现象的。大家都知道，燕子到秋天就飞到南方去，所以到了捕鸟的季节就已离开了。蝙蝠的寓言也有类似情况，它既不属于白昼，又不属于黑夜，所以昼夜都遭到鄙视——从这些散文气的现实事例中总可以看出一种涉及人事的普遍意义，就像现代有些虔信宗教的人遇到任何事物都会从中找到一种有益的教训一样。不过也并不是在一切场合里自然现象都必须是了如指掌。例如在狐狸和乌鸦的寓言里虽然也不是完全没有现实中的事实做基础，但是这种现实中的事实却不是一眼就可看出的。乌鸦及其它鸦类的特性是一见到走动的陌生的对象，人或是动物，就呱呱地叫起来。荆棘丛的寓言也是根据类似的自然情况，荆棘丛扯去过路动物的毛或是伤害暂来栖息的狐狸。此外还有乡下农民把一条蛇放在怀里让它取暖的寓言也是如此。其它寓言所写的事件也都是在动物界自然会发生的；例如《伊索寓言》中头一个说到老鹰把狐狸的幼仔吃掉之后，把一块带着炭火的祭供肉唧回，因而使自己的窝失火。最后，还有些寓言包含古代神话的片段，例如甲壳虫、鹰和天神朱匹特的寓言，其中自然情境（真假暂可不管）是鹰和甲壳虫的产卵期不同，但是同时也显然涉及甲壳虫在传说中的重要地位①，把它写得颇有喜剧性，后来在亚理斯托芬的作品里更是如此。②究竟有多少寓言真正是伊索本人作的呢？这里只能说只有很少数，如刚才提到的甲壳虫和老鹰之类，才是公认为出于伊索手笔的，或则说它们够古

① 甲壳虫是古埃及人崇拜的对象，他们常把宝石刻成甲壳虫形，用作护身符。

② 亚理斯托芬在喜剧里可能吸取了《伊索寓言》中某些喜剧性因素，他讥诮苏格拉底，说他有一次仰头张口默想，甲壳虫下粪，刚好落到他口里。

老，可以认为是伊索作的。

关于伊索本人，据说他是一个畸形的驼背的奴隶，他的住处据说在佛里基亚，[①]这可以说是这样一个国度：它标志着由直接的象征方式即约束在自然事物上面的象征方式[②]过渡到另一国度，其中人开始认识精神和他自己。在这种情况下，伊索当然不像印度人和埃及人那样把动物界乃至一般自然界看作本身高尚的带有神性的东西，而是用散文气的眼光把它们看作具有某些情况，可以用来表达人类所为和所不为的事。他所想到的东西只显出一些聪明劲儿，说不上精神的力量、见识的深度以及对实体的观点，他没有诗也没有哲学。他的见解和教训很富于常识，很机警，但是终不免小题大做，没有凭自由的精神创造出自由的形象，而只是就既定的现成的材料，例如动物的某些本能和冲动以及微细的日常事件之类，见出某种可以引申推广的意义——因为他不能把他的教训明白说出，只能以谜语的方式把它隐蔽起来让人猜测，其实马上也就可以猜测出来的。散文起于奴隶，寓言这种散文体裁也是如此。

尽管如此，各民族各时代都用过寓言这个古老的创作方式。每个民族在文学领域里一般都有寓言，都以不只产生一个寓言家而自豪，不过他们的作品大半是原始寓言的翻版，每次翻版都设法投合当时的趣味。这些寓言诗人对这方面遗产的贡献都完全落后于他们的蓝本。

b）但是在伊索的寓言之中也有很大一部分在构思和表达的方式上都很枯燥，它们纯粹是为教训的目的而想出来的，以至兽和

---

① 佛里基亚，古代小亚细亚的一个城邦。

② 即印度和埃及直接用自然事物的象征方式。

神都变成一样打扮。不过它们还不像近代寓言那样歪曲动物本性，例如普夫费尔[①]的田鼠的寓言，其中一个田鼠积食防冬，另一个田鼠没有这种预见，就落到饥饿和行乞的境地；再如他的狐狸、猎犬和山猫的寓言叙述这三种动物各带自己的专长——狡猾、嗅觉锐敏和视觉锐敏——去见天神，央求他把这三种专长平均分配给它们，天神应允了，但是又下令叫"狐狸的头要打昏，猎犬不得再打猎，山猫的眼应起白障"，田鼠不得再积食，上述三种动物应平分专长，这些都完全违反它们的本性，所以这种寓言就枯燥无味。蚂蚁和蝉或是角美腿瘦的鹿的寓言就比这些较高明。

人们对这类寓言都习以为常地首先想到道德教训，所叙的事件本身只是一种外衣，只是为着阐明教训而完全虚构出来的。但是这种外衣，特别是在所述事件不符动物本性的时候，是最枯燥无味的毫无意义的作品。因为寓言的巧妙在于把寻常现成的东西表现得具有不能立即察觉的普遍意义。

此外，在假定了寓言的本质只在于让动物代替人来行动和说话这个前提之下，人们曾经提出这样的疑问：这种替换究竟有什么吸引力呢？这种把人打扮成为动物的把戏不可能有多大吸引力，如果在猴子和狗的喜剧之外还要求更多的或不同的东西——其实在这种喜剧里唯一的兴趣，除掉打扮得巧妙之外，就在于动物的本性和外貌与人类行为之间的对比。布莱丁格[②]因此把惊奇看作寓言的真正的魔力。但是在原始的寓言里，出现能言的动物并不曾

① 普夫费尔（R. Pfeffel），18世纪德国寓言诗人。

② 布莱丁格（Breitinger，1701—1767），瑞士屈黎西派文艺理论家，著有《批判的诗学》。

被人看作不寻常的可惊奇的事。因此莱辛就认为运用动物对于使叙述简洁易懂是一个很大的方便，因为动物的特性，例如狐狸的狡猾、狮子的宽宏大量和豺狼的残暴，都是人所熟知的，所以利用动物就可以避免狡猾、宽宏大量之类抽象概念，而代之以具体的形象。但是这种方便并不能根本改变单纯打扮的猥琐情况，而且拿动物来替换人在大体上也有不方便处，因为动物形象毕竟是一种假面具，谈到易懂，它对于意义能说明也能隐蔽。

属于这类的最杰出的寓言应当是列那狐[①]的古老故事，可惜它不是一篇真正的寓言。

c）作为第三阶段，我们可以举下面的一种处理寓言的方式来结束本节所说的话，不过这最后的一种已开始越出寓言的范围。寓言的巧妙一般在于从多种多样的自然现象之中，找出一些事例，可以用来证明关于人的行为仪表的带有普遍性的感想，同时却不至歪曲动物界和自然界的真实生活情况。至于把所谓道德教训和个别事件联系配搭起来，这却只出于作者的任意幻想和巧智，因而单就它本身看，只是一种戏谑。在这第三阶段所出现的寓言就属于这一种。寓言的体裁是用在戏谑方面的。歌德用这种体裁写过许多巧妙的饶有风趣的诗，下面的《吠犬》就是一个例子[②]：

骑马大街小巷，
我自作乐寻欢；
马后汪汪狂吠，

① “列那狐”是中世纪在法国和德国民间流行的关于禽兽（特别是狐狸）的一些讽刺性的小故事。

② 窥诗意似是讥诮批评家们。

犬乎汝太颠狂！
守厩是汝本分，
为何马后追踪！
如此喋喋不休，
只为报我行程。

但是在这种寓言里，也像在《伊索寓言》里一样，所用的自然界形象须按照它们的真实性格而描绘出来，在它们的动作和希求之中须展示出和它们极相类似的人类的情况、情欲和性格特征。上文提到的列那狐就属于这一类，不过故事的成分较多，真正寓言的成分较少。其中内容反映出一个无秩序无法纪的时代，邪恶、软弱、卑鄙、残暴、鲁莽、不信宗教，宗教在尘世生活只维持一种表面的统治和法律，这些情况导致到处取得胜利的只是狡猾、奸诈和自私自利。这就是中世纪的情况，在德国特别猖獗。强大的封建公侯虽然在表面上对国王恭顺，实际上是为所欲为、抢劫、谋杀、压迫弱者、背叛君主、设法邀王后的恩宠，所以这些故事还可勉强维持住一个融贯的整体。这就是涉及人类的内容，但是它在列那狐的故事里却表现为情况和性格的整体而不是以抽象的语句表达出来的，由于这种内容的邪恶，它也就符合用来作为它的表现形式的那种动物本性。因此，把事变的经过完全放到动物界，也并不使人感到离奇，而这种打扮也不至显得只是一些凑在一起的个别事例，它的个别性被消除了，显现给我们看的是一定程度的普遍意义，使我们感觉到：世间事原来一般如此。滑稽的风趣就在于这种打扮本身，其中戏谑和玩笑是和主题的辛辣的严肃性结合在一起的；这种打扮把一般人性纳到动物界的框子里突出地表现出来，而对动物

界本身也描述出许多最有趣的特征和最能显出特征的故事，所以尽管它尖酸，我们却觉得摆在面前不是一种邪恶的任意的东西，而是一种有真实意图的严肃的戏谑。

2. 隐射语、格言和宣教故事

a）隐射语①

隐射语和寓言有一个一般的类似点：它也采用日常生活范围中的事件，但是它赋予这种事件的目的以一种较高较普遍的意义，用意在使这种意义通过单就本身来看的日常事件成为可理解可观照的。

但是同时隐射语和寓言也有区别：它所用的日常事件不是取自自然界和动物界，而是取自人的行动和希求，这是每个人一眼看到就很熟悉的；它所选取的个别事例本身像是微不足道的，但是它这一个别事例暗示出一种较高的意义，因而使它具有较普遍的兴趣。

因此，就内容而言，意义在范围上扩大了，在含蓄丰富上加深了；就形式而言，有意识的比喻和对普遍教训的抽绎所显出的主体作用现在就更为突出了。

隐射语古时还是与一个完全实践性的目的结合在一起的，例如居鲁斯②用来煽动波斯人造反的那个隐射语（希罗多德的《历

① 隐射语（Die Parabel）实际上仍是一种寓言，在西方，文艺批评家把它另立一名目。下文宣教故事（Apologie）也是如此。

② 居鲁斯（Cyrus）号召波斯人民起义，反抗当时的暴君，做了波斯王，征服了亚洲西部许多国家。他生在公元前 6 世纪。

史》卷一，第126章），他写信给波斯人，叫他们携带镰刀到一个指定的地方去。到了那里，他命令他们把地里荆棘砍光，做了一天苦工，把那块地变成可耕种的地。第二天，他们休息过，洗了澡，他把他们带到一个草地上去，用丰盛的酒肉犒劳他们。欢宴之后，他问他们这两天之中哪一天使他们感到最快乐。他们都一致说是第二天，因为给他们带来的都是些好东西，而第一天却是辛苦劳累的一天。接着居鲁斯就大声喊道：如果你们跟我走，将来还会有许多像今天这样好的日子过；如果你们不跟我走，就会有数不尽的像昨天那样劳苦的工作等着你们。

我们在《新约》的几篇《福音》里所见到的隐射语和上引的例子颇类似，但是在意义上具有远较深刻的兴趣和远较广泛的普遍性。例如播种人的故事①本身是很平凡的，替天国的教义打比喻，才见出它的重要意义。这个隐射语的意义完全是宗教的教义，运用人事来加以形象化，它在教义和人事之间见出关系正如《伊索寓言》在人事与动物生活之间见出关系一样。

就内容涵义之广来看，薄迦丘的著名的故事和福音里的隐射语也颇类似，莱辛在《智者纳丹》里把它改成三个戒指的故事②。单就它本身来看，这个故事也是很平常的，用来暗示犹太教、伊斯兰教和基督教三种宗教的差别和合法性，内容就显得极其广泛了。如果从最近的运用这种体裁的作品中举例，我们可以举出歌德的一些隐射语，例如《猫肉饼》。在这篇故事里一位俏皮的厨师同时

---

① 播种人的故事见《新约·路加福音》第八章，耶稣用种子所落到的土壤不同，结实不同，来比喻上帝的道理说给不同的人听，就会起不同的作用。

② 莱辛的《智者纳丹》采用薄迦丘的《十日谈》中“三戒指”的寓言，来代表犹太教、伊斯兰教和基督教，要旨在宣扬宗教方面的思想自由和容忍。

又要当猎人，但是打到的不是一只兔子而是一只猫，他拿出他的最好的手艺把猫烹调好，就款待了客人。这当然隐射牛顿，充兔肉饼的猫肉饼隐射数学家牛顿在物理学方面的不成功的试探。歌德的这类隐射语，像他的寓言一样，往往取戏谑的口吻，藉此排遣他在生活中所遭遇到的烦恼。

b）格言

在这个从外在事物出发的比喻的领域里，格言处在中间地位。它有时可以转化为寓言，有时又可以转化为宣教故事。在大多数情况下，格言从人的日常生活中采取某一个别事例，但使它具有一种较普遍的意义。例如“一只手洗另一只手”，“各人自扫门前雪”，“替旁人掘墓的人自己要落到墓里”，“你给我解饥，我就给你解渴”，如此等等。隽语警句也属于这一种，在近代歌德也写得很多，非常美妙而深刻。

在这类比喻中普遍意义和具体表现都不是分裂开来、互相对立，而是形象恰好表达意义的。

c）宣教故事

第三，宣教故事也可以看作一种隐射语，它不仅以比喻的方式运用个别事例去使一种普遍的意义呈现于感性观照，而且在这个个别事例的外衣本身上就带来并且表达出一种普遍的教训——因为这个普遍的教训实际上就已包含在这个个别事例里，尽管这是只作为个别例证而叙述出来的。在这个意义之下，歌德的《上帝和印度舞女》就可以称为宣教故事。这是基督教中的忏悔的抹大拉的马利亚的故事①采取了印度的打扮。印度舞女②显示出同样的卑屈，在爱和信仰上同样坚强，上帝考验了她，她经受住考验，因而得到了崇敬和赦宥。在宣教故事里，叙述的进行方式使得故事的结局无须经过比喻就可以见出教训本身，例如《掘宝者》：

日里工作，夜宴宾朋，
辛苦一周，欢宴称心，
这就是预示你的未来的谶语。

3. 变形记③

我们须把它和寓言、隐射语、格言以及宣教故事分开来谈的是第三种体裁，即变形记。这类作品当然具有象征的神话的性质，但是把精神界事物和自然界事物明确地对立起来，使一种现存的自然界事物，例如岩石、动物、花或泉水之类，具有一种特殊的意义，即精神界事物的堕落和所受的惩罚，例如斐罗米尔、庇耶里德九姊妹、纳什苏斯和阿越杜莎④之类都由于某一种错误、情欲或罪过，

① 抹大拉的女人(Magdalene)即《路加福音》第八章吻耶稣脚的那个妓女，因为她忏悔，耶稣免了她的罪。

② 歌德的“Bajadere”的主题是一个印度妓女因忏悔而得到赦宥。

③ 变形记(Metamorphosis Verwandlungen)，源出纪元前1世纪罗马诗人奥维德(Ovid)所著的《变形记》，专指神和人变成鸟兽木石之类。

④ 斐罗米尔(Philomele)希腊传说中雅典国王的公主，被姐夫特鲁斯(Tereus)强奸，并割去舌头，以免泄露秘密，她把这件事绣在一幅帷幕上，让姐姐普洛克涅(Prokne)知道了，普洛克涅忿恨之下把儿子杀死作肴给丈夫吃，丈夫发现了，拔刀要杀这姐妹两人，正在这紧要关头，天神把姐夫变成一只戴胜鸟，姐姐变成一只燕子，而斐罗米尔则变成一只夜莺。庇耶里德九姊妹(Pieriden)和女诗神们比赛歌唱，比败了，都转化为啄木鸟。纳什苏斯(Narcissus)是一个美少年，但从来不感到爱情，命运神设法让他从泉水里看自己的影子，他一见就钟情，跳下去拥抱它，死后变为水仙花。水仙花在西文中所以就叫做纳什苏斯。阿越杜莎(Arethusa)是希腊神话中的女水神，男水神阿尔夫斯(Alpheus)爱上她，跟着她后面追赶，两神都变成地下泉，在海底下流了一段路，在西拉库斯岛附近汇合，于今那地方还有一条泉叫做阿越杜莎泉。

堕落到无穷的罪孽灾痛里，因而被剥夺去精神生活的自由，转变成为一种自然界事物。

所以从一方面看，自然界事物不只是看作一种外在的散文式的东西，例如山、泉、树木之类，而是另外还给它一种与出自精神的行动或事迹相联系的内容。岩石并不只是一块顽石，而是尼奥伯本人在为她的儿女哀泣①。从另一方面看，这里的人的行动代表着一种罪过，变形为一种自然现象则代表着精神界事物的堕落。

因此，我们须把人和神变形为自然界事物的情况和真正的不自觉的象征方式区别开来。在埃及，有时是用动物的秘奥的孤立的内在生活直接显示出神性的东西，有时用真正的象征，就是用一种自然形象，与一种较广泛的相关联的意义直接地结合成为一体，尽管这种自然形象还不能充分表达这意义的实际存在，因为不自觉的象征方式，无论在内容还是在形式方面，都还没有成为精神的自由观照的对象。变形记这种方式却不然，它在自然与精神之间见出本质的区别，所以在这方面形成由象征性的神话到真正的神话的过渡——如果把真正的神话理解成这样：在它的具体神话里，它尽管是从太阳、海、河、树、大地之类具体的自然事物出发，却把其中纯然自然的方面划分开来，取出自然现象中的内在意义，把它作为一种由精神灌注的力量，用适合的艺术方式，把这力量个性化为内外两方面都具有人形的神。荷马和赫西俄德就是用这种方式去初次替希腊人创造出神话，不把神话当作只是显示神们的意义，

① 尼奥伯(Niobe)自夸儿女多，胜过阿波罗的母亲只生了阿波罗和他的妹子阿特米斯，这兄妹二神把她的十四个儿女全杀掉，只剩下一个，她自己被转化成为一块石头，雕刻中常刻画她的哭像。

或是阐述道德的、物理的、神学的或哲理的教义，而是把它当作单纯的神话，即用人体形状去体现精神性的宗教的开始。

在奥维德的《变形记》里，除掉完全近代的神话处理方式之外，还把在性质上最不同的东西拼凑在一起。其中有些变形一般只能看作神话表现方式的一种。除此之外，这种形式（体裁）的特殊性质在这些故事里显得特别突出，其中这种一般看作象征的乃至完全看作神话的形象表现像是转化为变形记，使本来意义与形象的统一变成对立，或是由其中一项转变到另一项（意义或形象）。例如佛里基亚或埃及的狼这个象征从它固有的意义割裂开来，变成不是太阳就是一个国王的前生，狼的生存就被看成人类生存的一种行动的后果①。再如在庇耶里德九姊妹所唱的歌里，埃及的羊神、猫神之类都是按动物形状描绘出来的，但是这些形状的背后都隐藏着希腊神话中的天神、女爱神等等，这些神好像由于恐惧才这样藏起来。庇耶里德九姊妹却由于敢和女诗神们比赛歌唱而受到变形为啄木鸟的惩罚。

从另一方面看，为着界定得比较精确，弄清形成意义的内容，还要把变形记和寓言区别开来。在寓言里，道德教训与自然界事情的结合是一种无害的②结合，其中自然还没有和精神区分开来，所以还只是作为一种自然的结合而出现，然后才配上意义；尽管《伊索寓言》里也有些个别的例子只需略加改动，就会变成变形记，例如第四十二篇蝙蝠、荆棘和潜水鸟的寓言③把这三种东西

① “人类生存”指“国王”的生存。他作了孽，才投胎为狼，这就是“行动的后果”。

② “无害的”即平板的，见不出矛盾冲突的，参看第一卷255页注①。

③ 蝙蝠、荆棘和潜水鸟结伙航海经商，遇风浪翻船，把所有的东西都丧失了。它们脱险上岸，潜水鸟便老呆在岸上等着它所丢掉的红铜翻上海面来，荆棘老是绊住行人的衣服，看那衣服是否是自己的，蝙蝠怕见债主，白天不敢出现。

的各自的本能解释为过去干的事情的结果。

以上所述，已把比喻的艺术形式第一类都讨论到了。这一类都是从现成的具体现象出发。现在我们可以进一步讨论比喻的艺术形式第二类，即从意义出发的一类。

B. 在形象化中从意义出发的比喻

如果在意识中假定的前提是意义与形象的分裂，而在这种分裂之中又要意义与形象显出关系，在这种意义与形象各自独立的情况下，就可以而且就必须从其中一方面出发，从外界存在的事物出发，或是从内心中的一般观念、感想、情感和基本原则之类出发。因为这种内在的东西也和外在事物的形象一样，是一种在意识中存在着的东西，在它不依存于外在事物的情况之下，它是由它本身生发出来的。如果意义这样成了出发点，它的表现或现实存在就是从具体世界借来的一种手段，用来使抽象的内容意义成为可想象、可观照、可以从感性方面界定的对象。

意义与形象既然互相分裂，而同时又得假定二者之间有关系，这种关系，像上文已经说过的，就不是一种绝对必然的互相依存的关系，因此二者之间的关联就不是客观地存在于事物本身，而是一种由主体造作成的。这种主体性通过表现的方式不是要隐藏起来，而是要让人认识到的。绝对的形象[①]须有内容与形式的紧密联系，即灵魂与肉体的紧密联系，起具体的灌注生命的作用，形成既根据内容和灵魂，又根据形式与肉体的内外两个对立面的自

① 即理想的艺术形象。

在自为的统一体。在我们所谈的这种比喻里，这两对立面的互相外在却是假定的前提，因此，它们的结合纯粹是一种主体作用，使意义通过外在于它的形象而获得生命，同时也是凭主体作用去解释一种现实存在事物的意义，把这种事物联系到原来属于精神的观念、情感和思想上面去。因此，在这类比喻形式里显得突出的是**诗人**（作为创作家）的主体方面的艺术，而在完善的艺术作品里也是主要地要从这方面着眼，才能分辨出哪些因素属于事物和它们所必有的形象表现，哪些因素是诗人所附加上去的雕饰。正是这些不难认出的附加品（主要是意象、类比、寓意和隐喻）是诗人从大多数人获得声誉的东西，其中有一部分的赞赏要归功于诗人的聪明才智，以及他所特有的主体方面的创造力。不过在真正的艺术作品里，像上文已经说过的，这些附加品只能看作次要的因素，尽管过去的诗学著作往往把这些次要的因素和诗之所以为诗的主要因素相提并论。

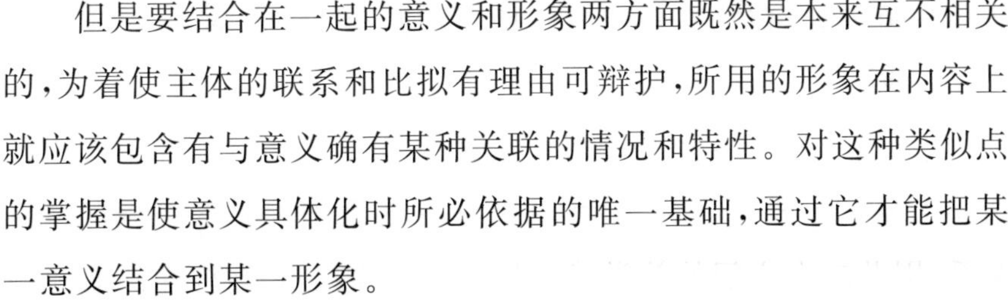

但是要结合在一起的意义和形象两方面既然是本来互不相关的，为着使主体的联系和比拟有理由可辩护，所用的形象在内容上就应该包含有与意义确有某种关联的情况和特性。对这种类似点的掌握是使意义具体化时所必依据的唯一基础，通过它才能把某一意义结合到某一形象。

最后，既然不是从具体现象出发，去从其中抽绎出一种普遍意义，而是从这种普遍意义本身出发，去使它反映到一个形象上，意义实际上就显现为真正的目的，对形象就要起统治作用，因为形象只是意义的显现手段。

我们将依下列次第，来讨论属于这个范围的一些特殊体裁：

第一，我们先要谈谜语，它与前一阶段的那些体裁最相近；

其次谈寓意，其中突出的特征是抽象意义对外在形象的统治；

第三是真正的比喻：隐喻、意象比譬和显喻。

1. 谜语

真正的象征本身就带有谜语的性质，因为要用来使一种普遍意义呈现于感性观照的那种外在事物还是和它所要表现的意义分别开来的，因而就使人怀疑那个形象究竟指什么意义。但是谜语却属于有意识的象征，它和真正的象征的区别在于制谜语的人完全清楚地意识到谜语的意义，因而着意选择出一个形象把这个意义隐藏起，去让人猜测。真正的象征始终都是一个未解决的课题，而谜语则是自在自为地解决了的。所以桑柯·潘莎[①]说得很对：他宁愿先听到谜底，然后才听到谜面。

a）所以头一点是在制造谜语时，出发点是意识到的意义。

b）然后第二步就是从原已熟悉的外在世界中挑选一些原来分散杂乱的个别特征和属性（这些在外在自然中一般是分散杂乱的），用不伦不类的因而显得奇特的方式，把它们结合在一起。因此，它们缺乏由主体起综合作用的统一，而它们的有意图的并列和结合也正因为是有意图的，本身没有内在的意义。但是从另一方面看，它们却也指出一种统一，联系到这种统一，它们这些显然最不伦不类的个别特征毕竟获得一种意义和解释。

① 桑柯·潘莎是塞万提斯的《堂吉诃德》中的一个滑稽角色。

c）这种统一，作为杂乱宾词的主词，就是谜底所含的那个简单的观念，要从表面很错综复杂的外衣中去发现或猜出这谜底，这就是谜语的课题。就这一点来看，谜语是一种有意识的运用象征的戏谑，它考验人们的机巧和拼凑配合的本领，它的表现方式既然引人对谜语进行猜测，猜出了，它自己就消灭了。

所以谜语主要地属于语言的艺术，尽管它在造型艺术里，在建筑、园艺和绘画里也可以有地位。它的历史上的发祥地主要在东方，产生在由较幽暗的象征方式转到见出智慧与普遍性的较有意识的象征方式之间的过渡时期。过去常有整个民族和整个时代欣赏解谜语的玩艺儿。在中世纪，在阿拉伯人和斯干的那维亚人中间，以及在德国诗里（例如在瓦特堡的歌咏竞赛中）都起过很大的作用[①]。在近代，谜语降落到娱乐和社交游戏的地位。

此外还有奇思妙想的无限广阔的领域也可以附在谜语范围里，例如文字游戏（音义双关之类）以及就某一情况、事件或事物所作的隽语。这里一方面是一个无关紧要的对象，另一方面是一种主观的幻想，出乎意料地以卓越的敏感在这个对象中看到经常不被人看见的一个方面或一种关系，使它在一种新的角度之下现出一种新的意义。

2. 寓意[②]

在从普遍意义出发的比喻这一类里，**寓意**是和谜语相对立的。

① 隐语在中国诗中的地位，可参看刘勰的《文心雕龙》里《谐隐》篇。

② 寓意（Die Allegorie）在汉语中也有译为“寓言”的，在西方，寓言（Fabel）专指以动植物影射人事，寓意则指抽象概念的人格化。新古典主义文艺喜用寓意，后来遭到启蒙运动和浪漫运动中多数批评家的反对，在当时寓意是经常辩论的题目之一。

寓意固然也设法通过感性具体对象的相关的特性，来使某一普遍观念的既定的特性较清楚地呈现于感性观照，但是不是为着隐藏一半，叫人猜谜，而是抱有明确的目的，要达到最完全的明晰，使所用的外在形象对于它所显现的意义必须是尽量通体透明的。

a）所以寓意的**第一个**任务就在于把人和自然界某些普遍的抽象的情况或性质，例如宗教、爱、正义、纷争、名誉、战争、和平、春、夏、秋、冬、死、谣言之类，加以人格化，因而把它作为一个**主体**来理解。这种主体性格无论从内容看还是从外在形象看，都不真正在本身上就是一个主体或个体，它还只是一个普遍观念的抽象品，只有一种主体性格的**空洞形式**，其实只是一种语法上的主词。一个寓意的东西尽管被披上人的形状，却没有一个希腊神、一个圣徒或是任何一个真正主体的具体个性：因为既要使主体性格符合寓意的抽象意义，就会使主体性格变成空洞的，使一切明确的个性都消失了。所以人们对寓意批评得很正确，说寓意是冷冰冰的东西，就连它的意义也不过是知解力的抽象品；从创造的角度来看，它只是知解力的运用而不是想象力的具体观照和深刻体会。像维吉尔之类诗人特别爱写寓意性的人物，因为他们不会写有个性的神，像荷马所写的那样。

b）**其次**，寓意的意义尽管是抽象的，毕竟还是**明确限定的**，所以是容易认识的。所限定的特殊性原来并不直接属于后来**普泛地**加以人格化的那个概念，就必然外在于主体，作为说明主体的属性（谓语）而出现。这种主体与属性的分裂，一般与特殊的分裂，就形成寓意体的枯燥性的第二个因素。表现受到限定的起标志作用的那些特殊性时所用的材料，是从意义如果体现于具体现实存在时就会出现的那些外貌、活动和效果中取来的，或是从意义用来实现它自己的那些工具或手段中取来的。例如战争用武器、刀矛、枪炮、战鼓、战旗之类来表现，春夏秋冬用每个季节气候特别适宜于使其茂盛的那种花来表现。这类对象还可以只有象征的意义，例如法律用天秤和发巾来表现，死用计时的沙漏和镰刀来表现。但是寓意中起统治作用的是意义，而用来表现意义的材料只是以抽象的方式隶属于意义，感性表现像内容本身一样，也只是抽象的，所以形象在寓意里所显出的定性也只起一种外加属性（Attribut）的作用。

c）由此可见，从意义和表现两方面看，寓意都是枯燥的；它的普泛的人格化是空洞的，它的受到定性的外在形象也只是一种本身没有意义的符号；至于必须把许多属性结合在一起的那个中心点也没有主体的统一体所具有的力量（所谓主体的统一体就须凭它本身而获得在现实存在中的形象，而且只对它本身发生关系[①]），它只是一种抽象的形式，塞进这抽象形式中去的那些降低到谓语地位的特殊性也还只是外在于形式的。因此，寓意以及它就抽象意义和标志进行人格化所形成的那种独立自在性[②]是值不得严肃对待的，因为凡是绝对的独立自在的东西[③]都不能由寓意性的人物所能真正表现出来的。例如希腊神话中狄克[④]就不应看作是寓意的。它是普遍的必然性，永恒的正义，普遍的有威力的主体，自然和精神生活中各种关系的绝对的实体性，因而是绝对独立

① 即本身融贯一致，独立自在。

② 即主体或人格。

③ 理念或实体。

④ 狄克（Dikê），掌管时令、法律和正义的女神。

自在体本身，一切个体，无论是人还是神，都得服从她。上文已经提过，弗·许莱格尔先生固然说过：每一件艺术作品都必然是一种寓意，但是这句话只有在一个意义下才是正确的：即每一件艺术作品都必须包含一种普遍的理念和本身真实的意义。我们在这里所说的寓意却专指在内容和形式上都是处于从属地位的，不完全符合艺术概念的一种表现方式。每一件人类事件和纠纷、每一种关系等等都包含某一种普遍性，都可以从其中抽绎出一种普遍意义，但是这样的抽象品不通过寓意也可以在意识中找到。寓意所能给的只是散文气的普遍性和外在的标志，都和艺术不相干。

文克尔曼曾就寓意写过一部不成熟的著作，他在其中搜集了一大堆寓意体的作品，但是在绝大部分他把象征和寓意混为一谈。

在运用到寓意的表现方式的各部门艺术之中，诗最不宜于采用这种方式作为隐身之所，而雕刻却不能完全不用它，——特别是近代雕刻必须运用寓意，因为它下工夫最多的是塑像，须较精确地把所塑的个别人物的复杂关系刻画出来。例如在柏林这里建立的布柳肖[①]的纪念坊上，我们看到荣誉和胜利的护神，尽管在对解放战争的一般处理方面，正式寓意由一系列场面例如大军出发，进行，凯旋之类所代替了。一般说来，在雕像方面人们都喜欢在像座周围配上一些变化多方的寓意性的人物。古代人却不这么办，他们在石棺雕像上一般喜用睡神和死神之类较一般性的神话表现方式。

① 布柳肖（Blüoher），普法战争中普鲁士的元帅，曾驱逐拿破仑的军队出境，并且反攻到巴黎。

寓意在古代用得较少，在中世纪浪漫型艺术里才用得较多，尽管寓意本身并没有什么浪漫因素在内。寓意的构思方式在中世纪之所以流行，是由于下列两方面的原因。一方面是中世纪用作内容的是一些特殊类型的人物个性和他们的一些主观目的，例如爱情和荣誉以及他们的信仰、浪游和冒险事迹。这许多个别人物和事迹的丰富多彩使想象力有广阔的用武之地，去构造出一些偶然的任意的冲突和解决。另一方面，和这五光十色的尘世冒险事迹相对立的还有生活关系和情况的普遍性因素，这种普遍性因素不是像在古代艺术里那样个性化为一些独立自在的神，因而就很自然地以分化出来的普遍性因素出现在那些个别人物性格和他们的形象和事迹的旁边，和他们并列着。如果艺术家要表现他的观念中的这种普遍性因素不想让它披上偶然的描绘形式的外衣，只想把它仍作为普遍性因素表现出来，那么，除掉运用寓意的表现方式之外，他就没有其它办法。在宗教领域里，情况正是如此。圣母玛利、基督、使徒们的事迹和命运，圣徒们和他们的忏悔以及殉道者们固然还是些完全受到定性的个别人物；但是基督教同时也要显出一些普遍的精神性的本质的东西，而这些东西却不能体现在现实界有定性的活的人物身上，因为它们本来就应该作为普遍的关系而表现出来，例如爱情、信仰和希望之类。一般说来，基督教的真理和教义是被人从宗教的观点去认识的，如果此外还有诗的兴趣，那也主要在于这些教义是作为普遍的教义而出现的，其中真理是作为普遍的真理而被人意识到和信仰的。因此，对具体表现的兴趣只能居于次要地位，对内容本身仍是外在的，最容易而且也最适宜于满足这种要求的表现形式就是寓意。就这个意义来说，但

丁在《神曲》里就用了很多的寓意。例如神学和他所钟情的比阿屈理契的形象是融成一体的。这种人格化摇摆于真正的寓意和对幼时钟情对象的写照之间，而诗的美也就美在这里。但丁在九岁时初次见到比阿屈理契，在他看来，她不是凡人的女儿而是上帝的女儿。他的意大利人的热烈的性格使他一见钟情，一直到老不忘。她唤醒了他的诗的天才，由于她的早死，他失去了他的最亲爱的人，他就在他生平最大的杰作中，替他的对主体内心最亲切的宗教建立了那座神奇的纪念坊。

3. 隐喻，意象比譬，显喻

谜语和寓意之后，第三类是一般的意象比譬[①]。谜语把意识到的意义隐藏起来，要点在于用有关联的但是不同质的隔得很远的性格特征来作为意义的乔装。寓意却把意义的明晰看作唯一的主导的目的，使人格化和它的属性降低到符号的地位。意象比譬则结合寓意的明晰和谜语的谐趣。它把在意识中显得很清楚的意义表现于一种相关的外在事物的形象，用不着让人猜测，只是通过譬喻，使所表现的意义更明晰，使人立即认识到它的真相。

a）隐喻

涉及隐喻，第一点应注意的就是：单就它本身来看，隐喻其实

① 德文 Das Bildliche 原有意象和比譬二义，因译为“意象比譬”，作为其中一种的 Das Bild 也译为“意象比譬”，不同于一般所说的“形象”。

也就是一种显喻[①],因为它把一个本身明晰的意义表现于一个和它相比拟的类似的具体现实现象。在纯粹的显喻里,真正的意义和意象是划分得明确的,而在隐喻里这种划分却只是隐含的而**不是明白说出的**。所以亚里士多德早就指出显喻和隐喻的区别在于显喻用“似”、“如”之类的词而隐喻不用。这就是说,隐喻的表达方式只提意象**一个**因素,但是所指的意义在用意象的那个整体关系里就已显得很清楚,仿佛不须与意象分清而直接就由意象显现出来。例如我们听到“这双腮上的春光”或是“泪海”时,我们就不得不把这些词看作一种运用意象的譬喻,而不按照字面来理解它们,它的意义从上下文的关联中就已表达出来了。在象征和寓意里,意义和外在形象的联系却不像在隐喻里那么直接和必然。例如只有内行和专门学者们才能从埃及建筑的九级阶梯以及无数类似情况中找出一种象征的意义,他们甚至在本来没有的地方也嗅出一些神秘的象征性的东西,——像我的好友克洛伊佐[②]也许就常犯这个毛病,新柏拉图主义者们和但丁的注释者们也是如此。

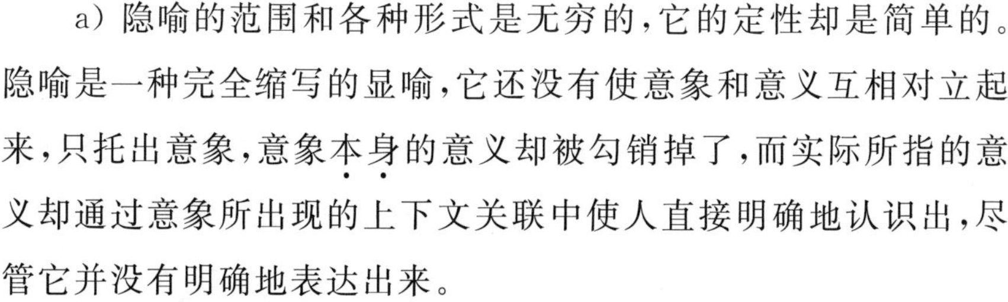

a)隐喻的范围和各种形式是无穷的,它的定性却是简单的。隐喻是一种完全缩写的显喻,它还没有使意象和意义互相对立起来,只托出意象,意象**本身**的意义却被勾销掉了,而实际所指的意义却通过意象所出现的上下文关联中使人直接明确地认识出,尽管它并没有明确地表达出来。

---

① 西方修辞学家把明说出的比喻叫做显喻(Gleichnis,Simile),例如“水似眼波横,山似眉峰聚”,“人比黄花瘦”,“似”字“比”字就点明这是譬喻,把没有明说出的比喻叫做隐喻(Metapher),例如“红杏枝头春意闹”,“已是悬崖百丈冰,犹有花枝俏”都是隐喻。

② 克洛伊佐,见本卷17页注。中国过去的《楚辞》的注疏家对美人香草之类隐喻也有类似的穿凿附会。

但是这样用意象比譬的意义既然只能从上下文的关联中见出，隐喻所表达的意义就不能说有独立的艺术表现的价值，而只有次要的或附带的艺术表现的价值，所以隐喻更多地是作为一件本身独立的艺术作品的外在的雕饰而出现。

b）隐喻主要是用在语言的表达方式里，这可以从下列几方面来看。

b1）第一，每种语言本身就已包含无数的隐喻。它们的本义是涉及感性事物的，后来引申到精神事物上去，“掌握”（Fassen）“捉摸”（Begreifen）①以及许多类似的涉及知识的字按它们的本义都只有完全感性的内容，但是后来本义却不用了，变成具有精神意义的字；本义是感性的，引申义是精神性的。

b2）但是这种字用久了，就逐渐失去它们的隐喻的性质，用成习惯，引申义就变成了本义，意义与意象在娴熟运用之中就不再划分开来，意象就不再使人想起一个具体的感性观照对象，而直接想到它的抽象的意义。例如我们把“把握”（begreifen）按精神性的意义（理解）来了解时，就不再想到用手把握事物的那种感性事实了。就活的语言来说，确定实在的隐喻和由于惯用已降落到本义词的隐喻之间的区别是很容易的事，就死的语言来说，确定这种区别就比较难，单从字源学还不能得到最后的解决，因为要做的事不是发现一个字的最初起源和发展，而是主要地要断定看来完全像是一个描绘性的诉诸感性观照的字是否在语言发展过程中已失去了

① 这两词在德文中都有“掌握”和“理解”的意思。这种例子在中文中极多，例如“把握”原义是用手握住一件东西，引申义是对一件东西的理解或控制力，正和德文一样。

它的最初的感性的意义，不再能唤醒这种感性意义，而变成一个只用精神性意义的字。

b3）如果情况是这样，就有必要通过诗的想象去制造新的隐喻。这种创造的主要工作首先在于用可供感性观照的方式，把一个较高领域中的现象、活动和情况转移到较低领域的内容上去，用这较高领域中的形象和图景去把较低领域中的意义表达出来。例如有机界在价值上就比无机界高，把死的东西描绘为活的东西，就提高了表达方式。斐尔都什[①]就已写过："我的刀锋吞噬着狮子的脑髓，喝着勇汉们的血。"这种表达方式还可以更提高，如果自然的和感性的事物用精神现象的形式表达出来，因而高尚化了，例如我们经常说"微笑的草原"，"愤怒的波涛"之类，卡尔得隆[②]也说过，"波浪在船的重载之下呜咽"。本来属于人的东西在这里用来表现自然。罗马时代诗人们常运用这种隐喻，例如维吉尔的 *Quum graviter tunsis gemit area frugibus*（《农艺诗》，Ⅲ，第 132 行）（谷场在谷粒的重压下发出沉重的呻吟）。

其次，与上述方式正相反的是用自然界事物的形象来把精神界现象表达得更清楚。

不过这种形象化的方式很容易流于矫揉造作，过分雕凿乃至文字游戏，如果把绝对无生命的东西表现为人格化的东西，而且还郑重其事地使它发出精神活动。意大利人对这种玩艺儿特别爱好，连莎士比亚有时也不免利用它，例如在《理查二世》第四幕第二景里，国王临别时向王后说：

① 斐尔都什（Firdusi），公元 10 世纪波斯诗人。

② 卡尔得隆，见卷一 349 页注①。

无情的火焰也会对你同情，
你那转动的舌头在发出哀音，
由于怜悯，火焰要哭到把火灭熄，
它们纵使变成灰烬，变成黑炭，
也会为合法的国王被黜而哀吟。

c）最后，关于寓意的目的和旨趣，可以说，本义字是一种单就本身就可了解的词，而隐喻则不然，所以就发生这样的疑问：为什么要有这种双重意义的表现方式呢？换句话说，为什么要有用这种双重意义的隐喻呢？通常的回答是：隐喻是用来使诗的表现显得生动的，这种生动性特别受到赫涅[①]的赞扬。所谓生动性就是具有较明确的形象，便于感性观照，它把一般抽象的字的不明确性消除掉，通过意象比譬，使它化为感性的（具体的）。隐喻比起通常的本义词当然见出更大的生动性，但是真正的生命却不是在孤立的或复合的隐喻中所能找到的，隐喻的意象比譬固然往往包含一种关系，很巧妙地使表现较明确，但是如果对每个细节都这样加以形象化，作品整体就会变成尾大不掉，被个别部分的重量压得粉碎[②]。

我们在下文讨论显喻时还要详谈，隐喻词的意义和目的一般在于适应思想和情感的强烈力量和要求，这种思想和情感不满足于简单平凡和呆板乏味，而要跳跃到另样事物，玩索差异，异中求同，化二为一。这种结合有几种理由：

c1）第一个理由是强化效果。高度激动的情绪要通过感性方

① 赫涅（Heyne，1729—1812），德国希腊拉丁语言学者。
② 这种毛病在过去中国赋体和骈体作品里特别明显。

面的夸张去把它们的强烈力量呈现于观照,同时还要东奔西窜,奔向许多有关的类似现象,反复参较联系,从而找到适合于表现自己的意象比譬。在卡尔得隆的《向十字架祈祷》里,朱丽叶看到被杀害的兄弟的尸体,而凶手就是她所爱的男子幼西比俄,他也站在身旁,就说出下面一段话:

无辜的血在呼吁报仇,
我但愿闭起眼睛不瞅,
那血是一堆红石竹花,
从他身上迸出,到处奔流,
根据你淌的满眼泪珠
我宁愿相信你真无辜
伤和眼都张着大口,
这大口从来不出谎语。

幼西比俄还更激动地抽身后退,当朱丽叶最后要投到他怀中时,他喊道:

你那双眼睛射出了火焰,
你叹息的气也在燃烧,
每句话都是一座火山,
每茎头发都是电光闪耀,
每个字都是死亡,
而地狱就是你的拥抱。
看到你胸前的十字架,
我就吓得心惊胆跳。

心情的激荡使双方都用另一种意象代替面前直接看到的情

景。他们在不断地搜寻一个又一个新的表现方式。

c2）隐喻的第二个理由在精神处在内心激动时，深入观照当前有关事物，而同时又要求摆脱其中外在因素，要在这些外在事物中寻求自己，把它们转化为精神的。它把自己和自己的情绪转化为美的形象，从而显出自己对外在事物的优越。

c3）第三，隐喻的表达方式也可以起于想象力的恣肆奔放，不愿按惯常形状去描绘事物或不用形象而只简单地直陈意义，于是到处搜寻一种相关联的可供观照的具体形象。此外，隐喻也可以起于主体任意配搭的巧智，为着避免平凡，尽量在貌似不伦不类的事物之中找出相关联的特征，从而把相隔最远的东西出人意外地结合在一起。

应当注意：是本义词还是隐喻词占优势。这首先是古代风格和近代风格的分水岭，其次也是散文的风格和诗的风格的分水岭。不仅柏拉图和亚里士多德之类希腊哲学家，修昔底德和德谟斯特尼斯之类大历史家和大演说家，就连荷马和梭福克勒斯之类大诗人，尽管也偶用譬喻，作品全体却始终坚持用本义词。他们的造型艺术式的谨严不容许他们用易致混乱的隐喻，或离开简朴内容和完整形式而去搜寻华丽辞藻。隐喻总不免是一种思路的间断和注意力的不断分散，因为它唤起与题旨和意义无直接关系的意象，勉强拼凑，从而跳开题旨和意义。古人在散文方面要求语言明白流畅，在诗方面要求静穆鲜明的艺术性，所以他们不肯把隐喻用得太过分。

最爱用非本义词，仿佛非如此不可的是东方人，尤其是晚期伊斯兰教诗。欧洲近代诗也有此病，例如莎士比亚的语言就很富于隐喻。西班牙人也很爱用这种华丽辞藻，却往往流于低级趣味的浮夸和堆砌。姜·保罗就有此病。歌德要求匀称、鲜明和生动，所以不大用隐喻。席勒在散文里也用上富丽的辞藻和隐喻，因为他力求不用哲学语言而能把深奥道理说出来，使人易凭想象去掌握。他做到了用具体现实生活的语言来表达理性思辨。

b) 意象比譬

介乎隐喻与显喻之间的是意象比譬。它和隐喻极接近，其实就是一种尽量展开的隐喻。这就使它又很类似显喻。差别在于意象比譬中的意义不是单就它本身来看而与着意拿来和它打比譬的那个外在事物对立起来的。意象比譬特别出现在这种场合：把两种本身各自独立的现象或情况结合成为一体，其中第一个是意义而第二个则是使意义成为可感知的意象。所以第一个基本特征就是意义和意象所自来的两个领域各自独立存在而划分开来，二者的共同点、特点、情况等等不像在象征里那样含糊不明确的普遍性和实体性，而是双方各有明确具体的存在。

1）所以意象比譬可以用一系列的情况、活动、生产和生活情况之类作为意义，用另一个独立而却相关的领域中取来一系列类似现象来暗示这个意义。例如歌德的《穆罕默德之歌》就是如此。这首诗写的是从悬岩流出一道清泉，从岩顶流向深潭，和汇流的溪水一起冲向平原，沿途随时接纳其它河流，许多地方都从这些河流得名，许多城市都躺在它脚下，然后把这一切庄严景象，它的弟兄儿女们和许多珍宝都献给等着它们的造物主。只在诗题里才指出这大河的广阔的光辉形象所要表达的就是穆罕默德的降生，他的教义迅速传播以及他要使一切民族接受唯一信仰的意图。歌德和席勒的许多讽刺体短诗(Xenien)与此也很类似,时而尖酸,时而饶有风趣,对象是听众或诗人们,例如

我们在沉默中捣碎硝、炭和硫磺,
钻通导管,但愿这烟火博得你们喜欢!
有些像火球飞腾,有些爆炸开花,
有些只是开玩笑地抛出的,聊供开颜。

许多这种短诗实际上是些火箭,并且打中人,使大部分听众很开心。他们高兴看到一些庸俗恶棍长期僭居高位,发号施令,现在居然挨了痛快的耳光,泼了一身冷水。

2) 从以上例证可以看出意象比譬的第二方面:内容是一个制造事物和经历情境的行动主体,但在意象比譬里得到表现的并不是这主体本身,而只是他的行动、制造和遭遇。主体本身不用意象比譬介绍出来,只是他的行动和情况才获得非本义的(即比譬的)表现形式。像一般意象比譬,这里并不是全部意义都脱去化装,单独分开的只是主体,他的具体内容却披上比譬的形象,这就产生一种印象,仿佛比譬所涉及的那些事物和行动就出自他本人。隐喻形象于是都归到明确提名的主体了①。这种本义词与非本义词的混合常受到指责,但理由并不充分。

3) 东方人在运用意象比譬方面特别大胆,他们常把彼此各自独立的事物结合成为错综复杂的意象。例如波斯诗人哈菲斯的诗句:"世界的行程是一把血染的刀,滴下的每点血都是皇冠。"在另

① 这段话须结合上文歌德的《穆罕默德之歌》来看,主体穆罕默德只在诗题中点出,从悬岩流到平原汇合众流的大河就暗指这主体。

一首里他又说，“太阳的锋刃把深夜的血溅到晨曦的红光里，它战胜了夜”，再如“自从人们把语言新娘的头发卷得蓬森以来，只有我才扯开思想女神腮旁的障面纱”。意思大概就是思想就是语言的新娘（克洛普斯托克也曾称语言为思想的孪生弟兄），自从人们用歪曲的语言去装饰这位新娘以后，没有人能像哈菲斯那样把经过装饰的思想直率说出，显出它的不加掩饰的美。

c）显喻

从这种意象比譬我们可以立即转到显喻，因为意象比譬里已开始会有显喻，它的主体的名称已明白提出了，这主体就是意义的不用意象的独立表现。这二者之间的区别在于在显喻里，原来意象比譬只用意象的形式来表现的东西，也可以凭它的抽象状态作为意义，摆在它的意象旁边去进行比较，而单独地获得一种独立的表现方式。隐喻和意象比譬表现意义，都不把意义明白说出，只有从它们的上下文关联中才可以看出它们所说的究竟是什么。在显喻里却不然，意象和意义——尽管时而是意象，时而是意义，或多或少地发挥得较详明——是完全划分开来的，每一方面都是独立地摆出来的，只有在这种分裂状态中才根据内容上的类似把双方联系在一起。

照这样看，显喻有一部分可以看作无用的重复，因为同一内容是用双重，三重乃至四重形式表现出来的；也有一部分可以看作往往是冗长的词溢于意，因为意义已明摆在那里，无须通过更多的形象就可以了解。所以显喻比起意象比譬和隐喻更要引起疑问：这种显喻，无论是单独地用还是成系列地用，究竟有什么重要的旨趣和

目的？人们通常用生动性和鲜明性来回答，都不能自圆其说。相反地许多显喻往往使一首诗枯燥臃肿，单用一个意象比譬或隐喻也就可以一样明晰，无须再把意义明说出来，画蛇添足。

所以我们必须把显喻的真正目的看成这样：诗人的主体的想象对所要表达的内容，尽管已就其抽象的普遍性而摄入意识，并且把它表达出来了，还是受一种冲动驱遣，要替这种内容找到一个具体的形象，使根据意义来理解的东西也可以从感性显现上认识清楚。从这方面看，显喻和意象比譬与隐喻一样，表现出想象力的大胆，想象力在碰见一种对象（一个感性事物，一个确定的情境或一个普遍意义）时，在就这种对象进行工作之中，显示出一种能力，能把外表上相隔很远的东西结合在一起，摄取最丰富多彩的东西来为这独一的内容服务，并且通过心灵的工作，把一个五光十色的现象世界联系到既定的题材上去，这种塑造形象，通过巧妙的联系和配合把一些不伦不类的东西联结在一起的能力就是一般的想象力，它也就是显喻的根由。

1）第一，对显喻的兴趣可以单凭显喻本身而得到满足，不在这些富丽的意象中别有所求，只求显示出想象力本身的大胆。特别是东方人表现出这种想象力的尽情恣肆，他们在南方的平静懒散的生活中，尽情享受他们所创造的形象的富丽和光辉，把听众也引诱到陶醉于这种懒散生活，——但是东方诗人也往往使人惊赞他们的神奇的才力，他们听任最光怪陆离的观念的支配，在配合上所显出的与其说是单纯的巧智，毋宁说是聪慧。卡尔德隆也用过许多这样的显喻，特别是在描绘庙会和节日盛装游行以及骏马和骑士的美方面，他还常把船叫做“无翼的鸟，无鳍的鱼”。

2）其次，显喻是在同一个对象上流连眷恋，从而使这一对象成为一系列其它隔得较远的观念的中心，通过对这些观念的阐明和描绘，就提高了对中心内容的兴趣。

这种流连眷恋有几种原由：

2a）第一个原由是心情沉浸于使它活跃并且和它紧密契合的那种内容里，使得它对这种内容所引起的经久情趣依依不舍。从这里我们也可以看出上文讨论泛神主义时已提到的东方诗和西方诗的一个基本区别。东方人在沉浸到一个对象里去时不那么关注自己，因而不感到憧憬和怅惘；他所要求的始终是他用来比譬的那些对象所产生的一种客观的喜悦，所以他们的兴趣比较是认识性的。他怀着自由自在的心情去环顾四周，要在他所认识和喜爱的事物中，去替占领他全副心神的那个对象找一个足以比譬的意象。这种想象既然解除了自我中心，消除了一切病态，也就满足于对象本身的起比譬作用的形象，特别是在这对象通过和最美丽最光辉的东西进行比拟就得到提高和光荣化[①]的时候。西方人却比较主观，在哀伤和苦痛中也更多地感到憧憬和怅惘。

所以这种流连眷恋主要是感情特别是爱情方面的兴趣，它对苦和乐的对象感到喜悦，由于内心里摆脱不掉这种感情，就不厌其烦地反复从新描绘它的对象。钟情的人们都特别富于欲望、希冀和变化无常的幻想。显喻也就应归到这些幻想之列。爱情和感情往往乞援于显喻，特别是当它们占领住整个灵魂，本身就单独可以引起比譬的时候。这种感情往往集中于一个个别的美的对象，例

① 光荣化（Verklären），在西方基督教术语里专指人变神像，头上现光圈，亦可译为神化。

如所爱者的口、眼睛和头发之类。这时人的心灵活跃起来，静不下来了，特别是欢乐和苦痛的情感静不下来，显得激动，忐忑不宁，这种情况就导致把一切其它方面的材料都联系到形成内心世界中心的那一种感情上去。显喻的根源就在这种感情本身，这种感情从经验上认识到自然界还有其它事物也一样美，也可以引起苦痛之类情感，因此它就把这全部对象纳到它自己的内容范围里进行比较，因此使这内容获得扩大和推广。

但是比喻的对象如果完全是孤立的和感性的，而且和同样的感性现象结合在一起，这样堆砌起来的显喻就还显出思想不大深刻，感情没有成熟，这种只就外在材料进行东拼西凑所产生的多样性就会令人感到枯燥无趣，因为其中没有任何精神方面的联系。例如《所罗门的歌》[①]第四章里有这样一段话："我心爱的人，你真美啊，你真美啊，你的眼就像鸽子眼，你的头发就像基列山上的羊群，你的牙齿就像毛剪得很齐整的母羊群，刚出浴，每只都生了双生子，没有哪一只不能生产，你的唇就像一条朱红线，你说出的话也是漂亮的，你的两颊在两鬓间就像红石榴，你的颈项就像大卫造来藏兵器的高楼，上面悬着一千个盾牌和勇士用的各种武器，你的两乳就像在百合花丛中喂养的一对小鹿。……"

这种朴素风格在以"奥森"命名的那些诗篇里也经常可以看到。例如"你像荒野里的雪，你的头发像克罗姆拉山上的雾，当它从崖石上卷舒上腾，在西方落霞中闪光；你的胳膊像雄武的芬格尔的厅堂里的两支箭"[②]。

① 即《旧约》中的《雅歌》，实际上是些情诗。

② 《奥森的诗》见卷一，325 页注，芬格尔是诗中一个主角，苏格兰的民族英雄。

奥维德让泡里菲姆[①]说的一段话也属于这一类，不过是完全追求辞藻的："嘉拉提亚，你比雪白的草原上的白叶还更白，比花园还更花枝招展，比榆树还更苗条，比琉璃还更光亮，比温柔的小鹿还更顽皮，比经常被海水冲洗的贝壳还更光滑，比冬天的阳光和夏天的树阴还更可亲，比果树还更高洁，比高梧还更好看"……这样就写上十九行诗，辞藻华丽，但是所描写的感情没有多大趣味，也就不能引人入胜。

在卡尔德隆的作品里也可以找出许多这种显喻的例子，不过这种流连眷恋较宜于抒情诗中的感情，对于戏剧情节发展来说，如果它不是由题材决定的，就会起延缓作用。例如唐·璜当剧情正在发展中详细描绘了他所跟踪一个戴面纱的女子的美，他的话之中有下面的一段：

不过有许多回，
通过那幅障面纱，
那个黝黑的框框儿，
突然露出一只顶光亮的手，
在百合和玫瑰之中，
这只手是王后，
雪光比起它也是肮脏的黑奴，
五体投地向它顶礼。

但是如果是一种深挚的激动的心情表达于意象和比喻，显示

① 泡里菲姆(Polyphemeus)，希腊神话中的独眼巨人之一，所引一段见罗马诗人奥维德的《变形记》第 13 章，嘉拉提亚是一个女水仙，本来爱上阿什斯，泡里菲姆心怀妒忌，用石头把阿什斯压死，流出的血变成阿什斯河。

出情感中精神方面的内在联系，心情或是发现一个外在自然景象和自己很类似，或是使这种自然景象成为精神内容的反映，情况就不像上文所说的那样。在所谓《奥森的诗》里也可以找到许多这样的意象和比喻，尽管其中用作比喻的那些对象的范围是贫乏的，往往只限于云雾、暴风雨、树木、河流、泉水、荆棘、太阳、草之类事物。例如他说："芬格尔呀，现在你是快乐的，就像克罗姆拉山上的太阳，猎人一整年没有见到它了，在惋惜它的离别，现在它却从云端里迸射出来。"在另外一段里他说，"奥森刚才不曾听见一个声音么？那就是已往岁月的声音。往时的记忆往往像落日一样来到我的灵魂里。"奥森还叙述道，"库西宁说，歌词是美妙的，往时的故事对人心是亲爱的。它们就像鹿山上早晨的清露，当时太阳微弱的晨光正在山腰震颤，而山谷里一池蔚蓝的清水纹风不动地在躺着。"在这类故事里，对同样的感情和比譬的流连眷恋表达了老年人饱经忧患，心中有许多酸辛的记忆的心情。惆怅哀伤的情调特别容易产生比喻。这种情调的主人所想望怀念的都是辽远的过去东西，所以他一般不是提起勇气做人，而是要沉浸到外界事物里去忘去自己。奥森的许多显喻所以既符合他的这种主体的心情，也符合他的大部分是哀伤的观念以及他跳不出去的那种窄狭天地。

还有一种相反的情况，情欲尽管动荡不宁，因为集中到一个内容上，可以表达于许多意象和比喻，这些意象和比喻其实只是关于同一对象的幻想；这种情欲可以左右徘徊，在四周外在世界中替它的内在生活找出一种反映。例如朱丽叶在《罗密欧与朱丽叶》剧中向夜所说的一段独白：

来，夜啊，来，罗密欧，你这夜里的白昼；

你要是栖息在黑夜的翅膀上，
会比乌鸦背上的新雪还更洁白：
来，温柔的夜，来，黑眉额的多情的夜，
把我的罗密欧给我，假如他会死，
请把他砍成许多晶亮的小星星，
他就会使老天的面孔漂亮起来，
那么，全世界人都会钟情于夜，
不再去崇拜那俗艳的太阳。

2b）和这种起于感情沉浸到内容里去的纯然抒情诗的显喻相对立的是史诗的显喻，例如我们在荷马史诗中所常看到的。在史诗里，诗人在进行比譬时如果流连眷恋于某一种对象，不外有两种旨趣或目的。一方面他要把我们对于主角的某些个别的情境和动作的后果所抱的实践性的好奇心，期待希望和恐惧都转移掉，使我们不再追问原因、影响和结果的联系，而把注意力集中到他只为提供认识性的观照而塑造的那种造型艺术式的静穆形象。这种静穆，这种从纯然实践性的兴趣转移到对眼前形象的凝神观照，会发挥更大的效力，如果用来比拟对象的一切事物是从另一个领域里采取来的。另一方面，对显喻的流连眷恋还有一层意义，通过这种仿佛是双重的描绘，一个对象就显得更重要，更突出，不致被诗词和事变的急流匆促地卷去。例如荷马写阿喀琉斯急于要投入战斗时向伊尼阿斯进攻的情况（《伊利亚特》，卷二十，164—175 行）如下："他冲上去，像一只吃人的雄狮将被人猎杀，一大群人都围上来了，他先带着藐视的神色，大踏步走上来，这时一位年青的斗士用矛来戳它，它就转过身来，张着大嘴，满口喷泡沫，心在胸膛里激烈

地跳动，用拳打着自己的腰和臀，要准备战斗。他眼睛里冒怒火，勇敢地前进，心里盘算着在这第一回合中是否能杀死一个人还是要被人杀死；就像这样，阿喀琉斯鼓起膂力和勇气，冲向勇敢的英雄伊尼阿斯。”荷马还以同样的方式叙述潘达罗斯正要射中麦涅劳斯时，巴拉斯女神把他的箭转偏方向的情况（《伊利亚特》，卷二十，第130—131行）：“她没有忘记他，替他挡去了箭，就像母亲从熟睡的婴儿面上赶走一只苍蝇一样。”但是那只箭终于使麦涅劳斯带了伤，荷马接着说（141—146行）：“就像麦阿尼或卡因的妇女用朱红去染象牙，做马蹄铁的装饰，她把它藏在闺房里，有多少骑士都想得到它，但是她把它留给国王去装饰他的马，使马和骑马的人都由于这些珍品而博得荣名；麦涅劳斯大腿上流的血也就像这样。”

3）在上述想象的奔放、沉浸于对象的感情以及突出某一重要对象之外，显喻的第三个根由主要地要在戏剧体诗里去找，戏剧的内容是斗争着的情欲、活动、情致、动作以及内心意志的实现；这些内容不是像在史诗里那样作为过去的事情而表现出来的，而是把剧中人物本身摆到眼前来，让他们自己直接流露感情和发出动作，诗人不作为一个中间人插足进来干预。从这一点来看，戏剧体诗显然要求感情表现很自然；哀伤、恐惧和欣喜的激烈表现以及所要求的自然都不容许运用比喻。如果让剧中人物在发出动作中，在激情的动荡中，在情节的发展中，用很多的隐喻、意象比譬和显喻来说话，照常理看，是极不自然的，所以应该看作是有害的。因为这里用比喻，就会使我们抛开当前的情境以及其中发出动作和感受情感的人物，而把注意力转移到与这情境没有直接关系的外在的不伦不类的东西上去,特别是使日常谈话的语调为起防害作用的累赘词句所打断。所以在德国也有一个时期热情的青年们要设法摆脱法国人爱好辞藻的趣味的桎梏,把一些西班牙人、意大利人和法国人都看作单纯的诗匠,因为他们把自己的主观的幻想、巧智、循规蹈矩的礼节以及漂亮的辞藻放进剧中人物口里,而其实就剧情来说,应该占统治地位的却只是情感的极端强烈和表现的自然。也就是从这个自然原则出发,在当时许多剧本里,情感的呼声、惊叹号和连接符号代替了一种高贵的、提高了的、充满意象和比喻的文词。就连英国批评家们也往往用这种态度指责莎士比亚把堆砌的驳杂的比喻分配给正经受极大痛苦的人物,而这种情感的激烈动荡绝不容许人进行比喻所必需的那种冷静的思索。莎士比亚的意象和比喻诚然有时是累赘的、过分堆砌的;但是总的来说,比喻在戏剧体诗里毕竟也有一种重要的地位和作用。

当感情显得固执,沉浸到它的对象里而不能自拔的时候,比喻在实践范围里就有这样一个目的:就是显示出个别人物并不完全陷在他的情境、感情和情欲里,而是作为一个具有高尚品质的人,能超然于这些情境、感情和情欲之上,因而可以摆脱它们的束缚。情欲把心灵局限住,把它束缚在它自己上面,使它凝聚在一个狭隘的范围里,因而使它哑口无言,只发出一些单音字,否则就是激动得像发疯,语无伦次。但是心情的伟大和心智的坚强却能超越这种狭隘性,超然漂浮于使它动荡的激情之上,保持一种优美沉默的静穆。比喻首先要完全从形式上表达出的正是心灵的这种解放,因为只有镇静和坚强的人才能把他的痛苦和哀伤转化成对象,拿自己和其它事物进行比较,从而在异己的对象里观照自己,认识自己；也才能对自己抱着最可怕的嘲讽态度，泰然自若地看待自己的毁灭，仿佛事不关己一样。在史诗里我们已经见过，是诗人自己通过流连眷恋的描绘性的比喻去使听众达到艺术所要求的宁静观照；而在戏剧体诗里，剧中人物本身就成了诗人和艺术家，他们把自己的内心生活转化为对象，还有足够的冷静态度去描绘它，表现它，从而使我们认识到他们的识见的高超和心情的坚强。因为这种沉浸到外在事物中的情况就是使内心从单纯的实践性的兴趣中获得解放，或是使直接感受的情感变成自由的认识性的形象①。因此，我们在上文第一阶段中所见到的那种单为比喻而进行的比喻，现在可以以较深化的方式再度出现了，因为它现在是用来克服困境和破除情欲束缚力的。

这种解放过程中可以分辨出下列要点，在这方面特别是莎士比亚提供了绝大部分的例证。

3a）如果我们看到的是一个人碰到足以使他神魂错乱的大灾大难时的心情，而这种不可避免的命运所应引起的苦痛又是实在感觉到的，如果他当时立即用哀号来发泄他的恐怖、苦痛和绝望，使自己感到舒畅一点，那么，他就会是一个庸俗的人。一个坚强高尚的心灵却能压下哀怨，忍住苦痛，因而保持住自由，即使在深刻地意识到自己的苦难之中，也还能和在观念上隔得很远的东西上用心思，用这些隔远的东西来把自己的命运表现于意象。这种人就能超然站在自己的苦痛之上，不把整个自我和那苦痛同一起来，而是和它分别开来，因而还能流连眷恋那些和他的感情有关的其它事物。例如在莎士比亚的《亨利四世》里，诺坦伯兰老人向前来

① 形象引起情欲和行动，就是实践性的，只引起审美的观照，就是认识性的。

报波塞死讯的使者问他自己的儿子和兄弟的消息，使者默然不答，他在极端的痛苦之下，说道：

你在发抖，你那张灰白的面孔
比你的舌头还更能完成你的使命：
你就像在深夜里揭开帷幕
要见普里安的那个人一样憔悴，
一样哀容满面，有气无力，
要报告特洛伊已烧毁了一半，——
但是不等他开口，普里安就看到了火，——
你不说，我也就看到了我儿子的死。①

理查二世在追悔他在快乐的青年时期的轻浮放荡时，特别表现出这种心情，尽管陷在苦痛里他还保持镇定，有力量去用源源不绝的新的比喻去表现自己的心情。理查的哀伤中令人感动的孩子气正在于他能用突出的形象把他的哀伤客观地表达出来，而在这种表现的游戏中却能更深刻地感到自己的痛苦。例如亨利要求他让出王冠时，他回答说：

把王冠拿来，堂兄弟，把这王冠夺去吧；
这一边是我的手，那一边是你的手。
现在这顶金冠就像一口深井，
有两个桶都要汲水，水由这桶注到那桶，
空桶老是悬在空中旋舞，
另一个桶下了井，看不见，装满了水。

① 见《亨利四世》，第二部分，第一幕，第一景，普里安是特洛伊的老国王，他听使者报告特洛伊陷落的情形，见荷马史诗《伊利亚特》的收尾部分。

这个下了井装满眼泪的桶就是我，
我在饮哀伤，而你却在高升。①

3b）另一种是一个人物已经和自己的旨趣、痛苦和命运结成一体，却设法要使自己从这种直接的（紧密的）统一体中解放出来，他还能运用比喻，这就足以证明他已获得了解放。例如在《亨利八世》里卡特琳王后在被丈夫遗弃时，这样表达出她的极深的哀痛：

我是个最不幸的活着的女人！
哎，可怜的侍婢们，你们的荣华完了，
船沉在一个王国里，其中没有哀怜，
没有朋友，没有希望，没有亲人哭，
几乎不许我有坟墓：就像一朵白百合花，
一度开得茂盛，是园中的王后，
现在我却要垂下头来萎死。②

更为杰出的是布鲁塔斯在《恺撒大将》里在盛怒中向克西阿斯所说的一段话，他曾鼓励过克西阿斯要提起勇气，但是没有生效：

克西阿斯啊！你是和羊在一起驾轭，
胸中盛住怒，像燧石含着火一样，
敲了一下，就迸射出短暂的火星，
马上就冷却了。

布鲁塔斯处在当时的情境，仍能找到比喻，这就足以证明他能压住怒火，开始摆脱了怒火的控制而获得自由。

莎士比亚特别擅长的是让犯罪的人物无论是在罪行中还是在

① 莎士比亚：《理查二世》，第四幕，第一景。
② 莎士比亚：《亨利八世》，第三幕，第一景。

灾祸中都显出一种精神的伟大，能超越他们的罪恶情欲，不让他们像法国人那样老是在抽象地预谈自己所要犯的罪，而是让他们具有想象力，能观照自己，仿佛就像观照旁人的形象一样。例如麦克伯临死前所说的那段有名的话：

熄灭吧，熄灭吧，短促的烛焰！
生命不过是个行走的影子，一个可怜的演员
在台上大摇大摆，大叫大嚷一阵，
等他的时辰过去了，就不再听见他的声音；
它是蠢人说的故事，尽是吵吵闹闹，
没有一点意义。①

在《亨利八世》里，伍尔塞大主教从他的高位垮下来了，在他的生命途程的终点所说的一番话也是如此：

告别了，向我的一切荣华告一次永别！
这就是人的命运：今天他发出了
希望的嫩芽；明天开了满树的花，
身上负荷着厚重的腓红的荣华；
第三天来了一次霜冻，致命的霜冻，
那位逍遥自在的人满怀信心在想
他的伟大要成熟了，他的根突然被咬断，
于是他就倒塌下来，就像我这样。②

3c）所以在这种客观化和比喻表达方式里可以见出人物性格的安详和镇定，他借此可以缓和自己崩溃的痛苦。克利奥帕屈娜在

① 《麦克伯》，第五幕，第五景。
② 《亨利八世》，第三幕，第二景。

把一条毒蛇放到自己的胸膛上时向她的侍婢卡弥安说：

莫做声，莫做声！

你没有看到我的婴儿在我怀里

吃奶，吃到喂奶的人睡着了？

香甜像油膏，绵软像空气，这样地柔和。①

毒蛇咬了，四肢绵软起来，以致临死也自欺，把自己看成在睡，——这个意象可以用来说明这类比喻的缓和镇定的性质。

C. 象征型艺术的消逝

我们把一般象征型艺术看作意义和表现形式还没有达到完全互相渗透互相契合的一种艺术形式。在不自觉的象征里，内容与形式之间不相适合性还是自在的；在崇高里，这种不相适合性却明显地现出来了，因为一方面是绝对意义或神，另一方面是它的外在现实或世界，这二者是着意要在这种消极关系②里表现出来的。但是另一方面，在所有这些形式里，象征的另一因素毕竟占主导的地位，这就是意义与表达意义的外在形象之间的关联；这种关联在原始象征里是独一无二的因素，其中意义还没有和它的具体存在互相对立起来；在崇高里，这种关联还是重要的关系，崇高为着只用不适合的方式去表现神，就需要借助于自然现象以及上帝的人民③的事迹和行动；在比喻的艺术形式里，这种关联就成了由主体

① 《安东尼和克利奥帕屈娜》第五幕，第二景。

② 即不相适合性。

③ 指希伯来民族，一般称为“优选的民族”。

任意撮合成的但是这种任意性尽管特别在隐喻、意象比譬和显喻里都是不折不扣地存在着，却仍然隐藏在意义和表达意义的意象之间的关联后面，因为它们之所以摆在一起来比喻，正根据它们之间的类似点，比喻的主要因素不是外在形式，而是通过主体的活动所造成的内在情感、认识和思想以及与它们相关联的那些形象之间的联系（或结合）。不过如果把内容和艺术形象结合在一起的不是主题本身的概念，而只是主体的任意性，这两方面的结合就是一种本来没有关联的拼凑，其中形象只是意义的外加的装饰。因此，我们在这里把一些附属的艺术形式作为附录来处理，这些艺术形式是真正艺术因素的完全衰颓的结果，而意义与形象之间的缺乏关联也正足以说明象征型艺术的自毁灭。

从一般观点来看现在这个阶段，就可以看出一方面是本身已经想好了的但还没有形象的意义，所以艺术形式对于这种意义只是一种纯然外在的任意加上去的装饰，另一方面是单纯的外在因素，它并没有和本质的内在的意义融合成为统一体，而是处在独立的地位，和这内在意义相对立，因此它只能当作纯然外在的现象来看待，来描述。这里就可以看出教科诗和描绘诗的抽象的区别所在，这个区别只有诗艺才能坚持，至少就教科诗的方式来说是如此，因为只有诗才能就意义的抽象的普遍性去表现意义①。

但是艺术的概念所要求的既然不是意义与形象的分离而是它们的同一，所以就连在现阶段里生效的也不只是上述两方面的分离，同时也是它们的联系。不过在既已超过了象征型阶段之后，这种联系也就不再是象征性的联系，因此就导致要消除（否定）象征

① 因为诗运用语言，而语言本身带有抽象的普遍意义。

型艺术诗性的试探，这种特性就是内容与形式的不相适合和各自独立，这个毛病是前此提过的那些艺术形式都不能克服的 。但是象征型艺术的假定前提既然是待统一的双方还是划分开来的，这种试探就仍然只是一种应该做的事，要确实做到，就有待于一种较完美的艺术形式，这就是古典型艺术。为着更好地过渡到古典型艺术，我们在这里简略地谈一下上述那些附属的形式。

1. 教科诗[①]

如果一个意义尽管本身形成一个具体的融贯的整体，却还只是单作为意义来了解的，还没有用形象表现出来，而只是从外面附加上一种艺术的装饰，这就产生了教科诗。教科诗不能摆在真正的艺术形式之列。因为在教科诗里，一方面内容单就本身看是既已完全形成的意义，因此它的形式必然是散文的，另一方面艺术形式是完全从外面缝到意义上的，因为在未缝以前，意义已以散文的方式完全印到意识上去了，而这个散文的方面，也就是抽象的普遍意义，正是为着教学的目的而要表达出来，以便提供给理解和思考的。因此，在教科诗里，处在这种外在关系的艺术也只能涉及一些外在因素，例如韵律，提高了的语言，穿插的故事，意象，比喻，附加上去的感情吐露，较快或较慢的进展和转变之类，这些因素和内容并没有互相渗透，而只是一种附加品，用意在于借它们的相对的生动性来减轻教科书的严峻和枯燥，把生活弄得愉快一些。凡是按本质是散文性的东西都不应转化为诗，只能披上诗的外衣；例如

① 教科诗以韵文传授知识，如我国过去《三字经》、《千字文》、《历史韵言》之类。

园亭艺术大部分都只是安排自然界现成的但本身并不美的地方景色；再例如建筑艺术是用外在雕饰，去使以散文性用途为目的的场所显得较悦目一些。

例如希腊哲学在初期就是这样采取了教科诗的形式。连赫西俄德[①]也可以引为教科诗的例子，不过真正的散文式的构思只有在一个条件下才显得特别突出，那就是要由知解力用它的思索、因果关系和分类之类去掌握对象，而且从这个观点出发，用一种愉快的漂亮的方式去教人。卢克莱茨[②]在阐述伊壁鸠鲁派的自然哲学时以及维吉尔[③]在指示农艺技术时都替这种散文式的构思提供了例证，这种构思不管有多么熟练，是不能创造出真正自由的艺术形象的。在德国，教科诗现在已不很时髦了；在法国，德里尔[④]除了他的早期诗《花园，或美化山水风景的艺术》和《乡下人》之外，在本世纪还写出一部教科诗，陆续讨论了磁学和电学之类，仿佛是一部物理学全书。

2. 描绘诗

属于这一类的第二种形式是和教科诗相对立的。它的出发点不是本身已在意识中完成的意义，而是单纯的外在事物，例如自然风景、建筑物、季节、时辰以及它们的外在形状等等。教科诗的内容在本质上还是无形象的普遍性，而描绘诗则相反，外在的材料独

① 这里指的是这位早期希腊诗人的《工作和月令》。

② 卢克莱茨是公元前1世纪罗马哲学家，曾用诗的形式写出《物性论》。

③ 罗马诗人维吉尔写过四卷《农艺诗》。

④ 德里尔是一个不重要的法国诗人，活到19世纪初。

立地存在那里，现出没有由精神意义渗透的个别面貌和外在现象，这些材料就按照它们呈现于日常意识的样子被表现和描绘出来。这样一种感性内容只形成真正艺术的一个方面，即外在方面；它只有作为精神的现实，个性的现实，及其对周围世界所发生的动作和事件，而不是作为和精神割裂开来的独立的外在事物，才有资格在艺术里占地位。

3. 古代的箴铭

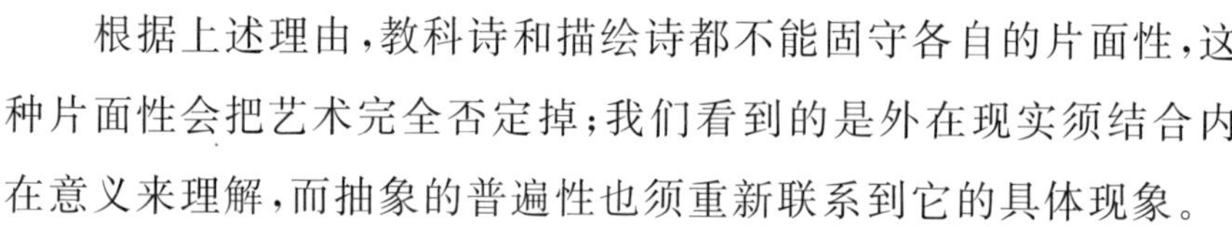

根据上述理由，教科诗和描绘诗都不能固守各自的片面性，这种片面性会把艺术完全否定掉；我们看到的是外在现实须结合内在意义来理解，而抽象的普遍性也须重新联系到它的具体现象。

a）我们已经从这个观点讨论过教科诗，教科诗也很少有可能不用外在情况和个别现象的描绘以及神话性的和例证性的穿插叙述。但是精神的普遍的东西和外在的个别事物之间的这种平行，所达到的不是一种彻底的统一，而只是一种完全偶然的联系，而且这种联系还只涉及个别的因素和特点，而不涉及整个内容以及它的全部艺术形式。

b）这种偶然的联系在大部分描绘诗里显得更突出，因为描绘诗总是使所描绘的东西配合上时辰的交替，节季的区分，一座长着草木的山，一个湖或一道流声潺潺的泉水，一座教堂，一个布置得很怡人的村庄，一座清静舒适的茅屋之类景物所能引起的情绪。因此在描绘诗里也像在教科诗里一样，要用一些附带的穿插，特别是对于激动的情感、柔和的愁绪以至日常生活中琐事的描绘。但是这里精神性的情感和外在自然现象的配合也还只能是外表的。因为自然界某一地点是原已独立存在的，人走到这里来，固然对这件或那件事物发生感情，但是外在形象如月色、森林、山谷之类景物和所引起的内在情感毕竟是互相外在的。我并不是大自然的解说者或授予生命者，我只是在这个场合感觉到我的某种内心感触和当前景物之间有一种依稀隐约的和谐。特别是我们德国人对此都最喜爱；我们都喜爱描绘自然的作品，以及自然风景所能引起的那种优美的情绪和愉快的满足感。这是一条大公路，每个人都可以在上面走。克洛普斯托克有许多赋体诗所弹的就是这个调子。

c）第三，如果我们要追问这两方面在原已假定的割裂之中是否还有一种较深刻的联系，我们就会在古代箴铭里找到这种联系。

c1）“箴铭”这个名词就已说明了它的原始本质：它是一种铭语。它当然也有两方面，一方面是一个对象，另一方面是关于这个对象所说的话，但是在最古的箴铭里（赫西俄德曾留下一些例子），我们所见到的并不是对一个事物的描绘再加上所伴随的情感，而是主题用双重形式的表达：先是外在的事物，然后是它的意义和说明，二者压缩在箴铭的形式里，显出最尖锐最突出的特征。不过箴铭的这种原始性格在晚期希腊箴铭里就已丧失掉了，它逐渐变成一种表达形式，就某些个别事件、艺术作品和人物之类提出一些巧妙的、俏皮的、使人喜悦或感动的幻想，其作用与其说在阐明对象本身，还不如说在显示出这对象所引起的主体的感情态度。

c2）对象本身在这种表达方式里愈不大突出，这种表达方式也就愈不完美。在这方面也可以趁便约略提一下一些近代艺术作

品。例如梯克[①]在他的小说里描述到某些个别的艺术作品或艺术家，乃至某一画廊的陈列品或音乐，往往加上一些小故事。但是这些画是读者不曾见过的，这些乐调是读者不曾听过的，诗人就无法使他们看见听见。如果处理的是这类题材，这整个形式在这一点上就仍然有缺陷。还有人在篇幅较长的小说里用整部门艺术以及其完美的作品作为特定的题材，例如汉因斯在他的《贺亨塔尔的希尔德加德》里就专谈音乐[②]，情况也是如此。如果整部艺术作品不能把它的主题妥帖地表达出来，那么，按照它的基本性质来看，它所用的形式就是不恰当的。

c3）从上述那些缺点所产生的要求是很简单的，那就是外在显现和它的意义，事物和它的精神方面的阐明，既不能如在上述事例中那样处于彻底地互相分裂，也不能由一种象征、崇高或比喻的结合而达到所需要的统一。所以正确的表现方式只有在一个情况下才可以找到：那就是事物通过它的外在显现而且就在这外在显现之中提供它的精神内容的阐明，其中精神性的东西在它的现实存在中完全展示出来，而外在躯体也只是内在精神的一种恰当的阐明。

为着讨论这个任务的完全实现，我们就得向象征型艺术形式告别，因为象征型艺术的特性正在于意义的灵魂和它的躯体形象还只达到一种不完全的统一。

---

① 梯克（Tieck，1773—1853），德国浪漫派小说家，他的描述艺术的代表作是《佛朗茨·斯探巴尔德》（Franz Sternbald）。

② 汉因斯（Heinse，1746—1803），德国狂飙突进时代的小说家。

第二部分

古典型艺术

序论　总论古典型艺术

内容和完全适合内容的形式达到独立完整的统一，因而形成一种自由的整体，这就是艺术的中心。这种符合美的概念的实际存在是象征型艺术所努力争取而未能达到的，只有在古典型艺术里才出现。我们前此讨论美和美的理念时，已确定了古典型艺术的一般性质；向古典型艺术提供内容和形式的是理想[①]，古典型艺术用恰当的表现方式实现了按照艺术概念的真正的艺术。

但是我们在第一部分内容里讨论其发展过程的那些因素也有助于这种完整化。因为古典型的美用自由的独立自足的意义作为它的内在因素[②]。它不是用随便哪一件事物的意义，而是它本身就是意义，因而也就由它本身显出意义。这就是精神性的因素，一般把自己变成自己的对象[③]，在这样使自己对象化之中，精神性的因素就有了外在的形式，这种和内在意义统一的外在形式也就有了它自己的意义而且显示出它对自己的认识。我们在讨论象征型时也是从意义和它的由艺术创造出来的感性表现之间的统一出发，但是这种统一在象征型里只是直接的[④]，因而是不适合的。它的真正内容不外处在两种情况：一种是按照它的实体和抽象的普遍

① 参看第一卷第三章。

② 英译作“理想的实体”，法译作“亲切的内容”，俄译作“内在的本质”。

③ 即“自觉”或自己认识自己。

④ 未经艺术调解的、自在的、不自觉的。

性来看还是用自然因素本身，因而还是个别孤立化的自然存在，尽管应该表现出而却还不能表现这种普遍性；另一种是用内在的只能由精神去掌握的内容，要表现，就只能用对精神为异质的直接存在的个别感性事物，这也还不是适合的表现方式，因为意义和形式的关系一般只是类似和暗示的关系，从某些观点看，双方可以凑合在一起，从另外一些观点看，双方却互不相干，因此，统一就遭到了破坏①。例如在印度的世界观里就是如此，一方面是简单的抽象的内在理想因素，另一方面是自然界的杂多的现实事物和有限的人类生活，而幻想在动荡摇摆中时而偏向到这一方面，时而又偏向到另一方面，辗转反侧，既不能使观念性的因素本身具有纯粹的绝对的独立自足性，又不能使它真正体现于现成或改造过的现象界材料，不能使内容和形式在一种较静穆的统一中得到表现。把互相对抗的因素杂糅在一起固然可以使杂乱离奇终于消失，但是只是为着让路给同样不圆满的只提问题而不回答的秘奥方式的谜语。这种内容之所以缺乏自由和独立自足性，是因为内在因素还不是本身完整因而统摄和它异质的外在因素于一种整体而呈现于意识的。这种独立自足性在本身上而且为本身就是自由的绝对的意义，也就是自意识（自觉性），这种自意识以绝对为内容，以精神的主体性为形式。和这种自己确定自己的能思考又能起意志的力量相比，其它一切都只相对地、暂时地显出一种独立自足性。自然界感性现象，例如太阳、天空、星辰、飞潜动植物河海之类，都只有一种抽象的自对自的关系，因为它们都和自然界其它事物处在不断

① 象征型把原来对立的精神因素和自然因素拼凑在一起，不能达到真正的统一。

的交互影响的过程中，只有从人类的有限认识的角度来看，它们才像是各自独立自足的，它们还没有显出绝对的真正意义。自然固然也显现出来，但是只显现于外在于自己的事物之中，它的内在本质不是作为自在或自觉的本质而独立存在，而是分散到多种多样的复杂现象里，所以就不是独立自足的。只有在精神中，在具体的，自由无限的自己与自己一致的精神中，真正的绝对的意义才在它的具体存在中显现为真正独立自足的。[①]

在精神意义力图从直接的感性事物中解放出来而获得独立自足的路程中，我们碰见过出自想象的崇高化和神圣化。具有绝对意义的首先是绝对或太一，这种绝对能思想，脱净一切感性因素，自己和自己发生关系，而且在这种关系中把它所造成的另一体，即自然和一般有限事物，设立为否定面，为本身变化无常的东西。只有自在自为的普遍的东西才显现为驾御全部世界的客观力量，不管这种太一被带进意识和表现出来时对它所创造的事物是采取明确的否定的态度，还是以肯定的泛神主义的方式内在于这些被创造的事物里[②]。但是对于艺术来说，这种观照方式有双重缺陷。第一，这种形式基本意义的太一和普遍性还没有从本身上得到明确的定性和分化为差异面，因而还没有显出可以看作精神的真正的个性和人格，能表现为既可供感性观照又符合精神内容的具体形

① 这一段说明只有具有自意识的精神才是绝对的，独立自足的，自己决定自己的，和它的实际客观存在处于统一的，也才可以用作真正艺术内容的。单纯的自然界事物则没有自觉性，各自孤立而且互相依存，互相影响，显不出绝对或独立自足性。

② 这里说的是两种不同的象征型艺术观点：一种是在崇高的艺术里精神超越自然，否定自然；另一种是在泛神主义的艺术里，神内在于自然界，详见本卷上文关于“崇高”的部分。

象。精神的具体理念却要求精神从本身得到定性（自决定）和见出差异（自分化）。精神既把自己化为对象，在这种双重化①之中就获得了一种外在显现，这虽是肉体的，却仍完全是由精神渗透的，因而单就它本身来看，这种外在显现就恰恰表现出精神，让精神作为它的内在意义，它就是精神的外在形状和实际存在。其次，从客观世界方面来看，这种本身未现差异的抽象的绝对还有另一个缺陷，那就是使实际现象本身无实体性，因而不能把绝对真正地表现于具体形象。

和对神的抽象而普遍的庄严性格的颂赞相反，我们在这种艺术形式向较高一级转化之中，看到在东方出现过一个艺术阶段，其中艺术专使人想到消极方面，即变化无常，灾祸痛苦以及由生到死的过程。这里是差异面单独出现，没有由主体综合成为独立自足的统一体。但是这两方面，即本身独立的统一体和它所现出的差异面和定性，只有在经过调解所转化成的具体的整体里，才能产生真正的自由的独立自足性。

结合到这个观点，在崇高之外，我们还可以趁便提到也是从东方开始发展的另一种观照方式，这就是与唯一的神的独立自足性不同的个别的人身被理解为具有内在的自由、独立自足性和无所依存性，这种观照方式当然不能超出东方文化教养所允许的程度。采用这种观照方式的主要是阿拉伯人。他们居在沙漠里，面对着无边大海似的平原，头上是晴朗的天空。在这样的自然界里他们要依靠自己的勇气和膂力乃至维持生活的手段，如骆驼、马和刀矛之类。他们不像印度人那样软弱和缺乏个性，也不像晚期伊斯兰

① 精神认识到自己，就既是主体又是客体或对象。

教诗歌中的泛神主义，他们所显示的是个人性格的坚强独立性，他们也听任外在事物保持它们的明确界定的直接现实状态。和个人性格的这种初步的独立性相联系的是忠实的友谊，对宾客的殷勤，高尚的风操，但是也有无餍的报仇欲，永不能忘的仇恨以及发泄仇恨时所表现的绝不饶人的激情和极端无情的残酷。但是在这种基础上所发生的一切都显得在人世间是合乎人情的事。这不外是一些报仇的情节，爱情的关系，自我牺牲的高贵品质，其中没有什么幻想和奇迹的意味，一切都是按照事物的必然联系确凿不移地进行着。我们前此已经见过，希伯来人也有与此类似的对现实事物的观照方式，他们也是实事求是，不仅看到事物的实际效用，也看到它们的自由的力量。性格的坚强独立性以及仇恨和复仇方面的野蛮性在原始犹太民族性格中也是根深蒂固的。不过犹太人和阿拉伯人有一个显著的差别：在犹太人中间，连最强有力的自然事物的形象之所以被描绘出来，并不是为着显示上帝的威力，在上帝面前一切事物都失去独立性，就连仇恨和报复也不是私人对私人的，而是整个民族的仇恨，是向上帝表示的忠贞。例如晚期的《诗篇》特别是《先知书》[①] 所祷祝的往往是其他民族的灾祸和灭亡，这些作品的气魄也往往表现在咒骂方面。

以上所说的一些观照方式之中当然也有些真正的美和艺术的因素，但是这些因素是互相外在的、分裂的，没有达到真正的统一，只是凭虚假的关系结合在一起。因此，神的观念性的抽象的统一还不能产生见出真正个性的完全恰当的艺术表现形式，而自然和人的个性，无论从内在或外在方面来看，也还没有显出由绝对以否

① 《诗篇》和《先知书》均见《旧约》。

定的方式渗透进去。须用作基本内容的意义是外在的，而要表现它的现象则是确定了的，这就产生了第三种即比喻的艺术活动。在比喻里意义和形象两方面完全各自独立了，而把双方结合在一起的则只是进行比喻活动的那个看不见的主体，因此，意义外在于形象的缺点就更显得严重，就成为一种对真正的艺术表现起消极或否定作用的因素。如果这种否定作用真发生了，意义就不再是一种本身抽象的理想，而是一种在本身而且由本身确定的内在意义，作为这种具体的整体，这内在意义本身就包含它的另一面，即本身完整而明确的形式或表现方式，因此，它在这种外在存在里，作为它所特有的形式里所表现的和显出的意义就只是它自己①。

1. 古典型艺术的独立自足性在于精神意义与自然形象互相渗透

这种本身自由的整体在它自确定中所转化成的另一体里仍然保持着它自己的独立，这内在意义在它的外在存在里仍然是自己与自己一致，这种整体或内在意义就是绝对真实的、自由的、独立自足的，它在自己的客观存在里不表现别的，就只表现它自己。但是在艺术领域里，这样的内容意蕴还不是表现于无限的形式，也就是说，它还不是以自己为对象的思想，把自己看作本质的绝对的东

① 以上总结古典型艺术以前的象征型艺术的三个主要阶段，即不自觉的象征、崇高和比喻三种方式。它们都显出内在意义和外在形象的分裂，没有达到真正的统一。这一缺点就导致古典型艺术的产生。从内容（意义）和形式（所显现的形象）的不同程度的统一着眼，黑格尔把东方各民族的象征型艺术都看作希腊古典型艺术的一些准备阶段。这是西方中心论的一种表现。

西，使自己取观念性的普遍性形式而成为客观的①，而是仍表现于直接的自然的感性存在。但是意义既然是独立自足的，它在艺术里就须从它本身获得它的形象，它本身就应包含它的外在存在的原则。因此它固然必须回转到自然，但是它仍统治着外在的因素（自然），这外在的因素既然是内在整体本身的一个方面，就不再以单纯自然的客观事物的身份而存在，它已没有独立自足性，而只是精神的表现。在这种互相渗透之中，由精神转化成的自然形象和外在存在那一方面也因而直接获得它本身的意义，不再把这意义暗示为某种从物体现象割裂开来、与物体现象不同的东西了。这就是符合精神概念的精神与自然的同一，它不只是停留在两对立面的平衡上，而是把精神提升为更高的整体，在它的另一体里仍维持住它自己的独立，把自然的化成理想的，使自己通过自然而且就在自然中表现出来。古典型艺术形式的概念就以这种统一为基础。

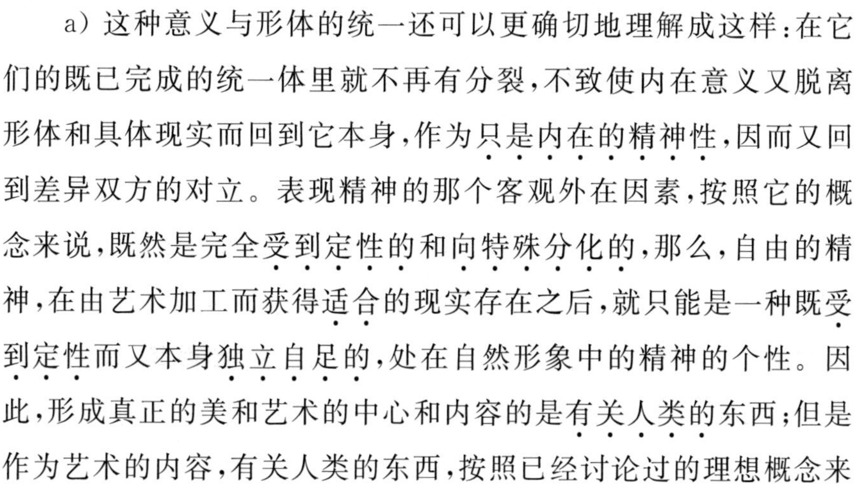

a）这种意义与形体的统一还可以更确切地理解成这样：在它们的既已完成的统一体里就不再有分裂，不致使内在意义又脱离形体和具体现实而回到它本身，作为**只是内在的精神性**，因而又回到差异双方的对立。表现精神的那个客观外在因素，按照它的概念来说，既然是完全**受到定性的**和**向特殊分化的**，那么，自由的精神，在由艺术加工而获得**适合**的现实存在之后，就只能是一种既**受到定性**而又本身**独立自足的**，处在自然形象中的精神的个性。因此，形成真正的美和艺术的中心和内容的是**有关人类的**东西；但是作为艺术的内容，有关人类的东西，按照已经讨论过的理想概念来

① 这就是说，艺术还不是哲学，它的内容意义还不表现为普遍概念，而只表现为具体形象。

说，须具有具体个性的本质定性，而且获得恰当的外在显现，这外在显现虽然处在客观存在中，却脱净了有限事物的缺陷。

b）从此可以看出，古典型的表现方式，按照它的本质来说，已不再是严格意义的象征的方式，尽管某些象征的因素在这里有时还起附带作用。例如希腊神话，如果它是由艺术掌握了的，如果就它的精髓来理解它，就属于古典型的理想，而不属于象征型的美，它是按照真正的艺术理想的性格表现出来的，尽管某些象征型艺术的残余还依附在它上面，像我们将来还要谈到的——如果我们要追问：是什么样的确定的形象才能和精神形成这种统一体，而不只是对它的内容的一种暗示呢？我们就可以从这个定义里得到答案：在古典型艺术里，内容和形式须是互相适合的，就形象方面说，也要求本身具有整体性和独立自足性。因为整体具有独立自足性，这是古典型艺术的基本定性，这就要求双方的每一方，无论是精神内容方面，还是它的外在显现方面，都须本身就是整体，就是这整体形成了作品全体的概念。只有这样，每一方才是在本身上与另一方统一的，因此，它们之间的差异就变成同一对象之中的纯然形式的差异，从而使整体显得是自由的，而双方也显得是互相适合的，因为这整体在每一方都表现出来了，而在这双方里都是同一件事。正由于缺乏在同一个整体之内的这种自由的双重化，象征型艺术才在内容和形式两方面都缺乏自由。这里精神对本身就不清楚，因而显示出它的外在现实不是它自己所特有的，不是通过它自己自在自为地设立的[①]。另一方面，它的形象本应显出意

① 象征型艺术的意义还不是自觉的，它的形象也不是自觉地由意义决定的，所以对意义不能完全符合，不能和意义形成统一整体。

义，但是这意义只在其中一部分或某些因素上见出[①]。由于外在存在（形象）对于它所要表现的内在意义还是外在的，它首先要表现的就不是所要表现的意义而只是它本身，如果它在显出本身以外还暗示出什么其它意义，那就要对它勉强施加一些暴力，使它显得不自然。在这种矫揉造作之中，这外在存在既不像是它自己，又没有变成另一方面，即意义，而是以谜语方式把不伦不类的东西拼凑和混淆在一起，或是变成一种单纯的外在装饰，把一切事物的独一的绝对意义加以神圣化[②]，一直到最后凭单纯的主观任意性就它（外在形象）与和它相隔很远的乃至和它不相干的意义进行比喻。如果要消除这种不自由的联系，形象本身就必须自有意义，或者说得更确切一点，自有精神的意义。这种形象在本质上就是人的形象，因为只有人的形象才能以感性方式把精神的东西表现出来。人在面孔、眼睛、姿势和仪表等方面的表现固然还是物质的而不是精神之所以为精神的东西，但是在这种形体本身之内，人的外在方面不像动物那样只是有生命的和自然的，而是肉体在本身上反映出精神。通过眼睛，我们可以看到一个人的灵魂深处，而通过人的全体构造，他的精神性格一般也表现出来了。所以肉体如果作为精神的实际存在而属于精神，精神也就是肉体的内在方面，而不是对外在形象不相干的内在方面，所以这里的物质（肉体）并不包含或暗示出另外一种意义。人的形象固然与一般动物有许多共同处，但是人的躯体与动物的躯体的全部差异就只在于按照人

① 例如金字塔只有一部分见出所象征的崇高气魄，其中还有其它部分见不出这个象征意义。

② 例如印度用牛、猴之类动物象征梵。参看本卷第一部分（论印度诗）。

体的全部构造，它显得是精神的住所，而且是精神的唯一可能的自然存在。所以精神也只有在肉体里才能被旁人认识到——在这里我们还不能说明这种紧密联系的必要性以及灵魂与肉体的特殊的对应。我们须假定这种必要性作为前提。人的形象上当然也有死亡和丑陋之类取决于其它影响和依存条件的因素；如果有这种情况，艺术的要务正在于消除单纯自然与精神之间的差异，使外在形体成为美的，彻底塑造过的，受到生气灌注的①，在精神上是活的形象。

所以在这种表现方式里，涉及外在形象方面已不再有象征的因素，而一切单纯的追求、勉强、歪曲和颠倒也都已消除了。因为精神如果已认识到自己是精神，它也就成为本身完备和明晰的，而它和符合它的形象之间的协调也同样成为完备的、现成的，不需要由想象另造出一种与现成的结合相对立的结合才可以出现。古典型艺术形式也不只是一种通过肉体来描绘的肤浅的人格化，因为应形成艺术作品内容的全体精神是从肉体中显出来的，完全和肉体统一起来的。从这个观点也可以研究一下艺术摹仿人的形象这一看法。按照普通的看法，选取人的形象来摹仿，这仿佛是一种偶然的事。我们反对这种看法，认为艺术到了成熟期，按照必然规律，就必须用人的形象来表现，因为只有在人的形象里，精神才获得符合它的在感性的自然界中的实际存在。

这番关于人体和它的表现的话也适用于人的感情，本能冲动、事迹、遭遇和行动。这些因素的外在方面，在古典型艺术中也不只是自然的、有生命的，而是见出精神的，内外两方面也达到了充分

① 即中国画论中的“气韵生动”。

的统一。

c）由于古典型艺术把自由的精神性作为具体的个性来掌握，而且直接从肉体现象中来认识这种个性，它就往往遭受到拟人主义的指责①。例如在希腊人当中，克塞诺芬就已指责过这种表现神的方式，他说，如果狮子们是雕刻家，它们就会让它们的神具有狮子的形象。法国人有一句俏皮话与此也很类似：上帝按照他自己的形象创造了人，但是人也回敬了上帝，按照人的形象把上帝创造出来了。如果联系到下一阶段艺术，即浪漫型艺术，来看这个问题，我们可以说，古典型艺术美的内容正和艺术所反映的宗教一样，还是有缺陷的，但是缺陷并不在于拟人主义。我们毋宁说，古典型艺术，单从艺术观点来看，的确是够拟人主义的；如果从较高的宗教观点来看，它的拟人主义就还太不够。基督教却把拟人主义推得更广，因为按照基督教义，上帝不仅是一个按照人来造型的个体，而是一个实际存在的个体，既完全是上帝，又完全是一个处在一切实际生活情况里的有血有肉的人，不仅是一种按照人来造型的美和艺术的理想。如果我们把绝对看作一种抽象的本身无差别的东西，它就不能有任何方式的形象表现；但是如果上帝就是精神，他就应显现为人，显现为个别的主体，而不能显现为观念性的人，他就要在实际上进展到具有时间性和外在形状的直接的自然生命。这就是说，按照基督教的观点，这里有一种无终止的运动，把自己推到极端对立，只有否定（消除）本身上的这种分裂，然后才能回到绝对的统一。变成人的神就落在这个分裂阶段里，因为神是作为实在的个别主体，作为与统一和实体相对立而出现的，他在这种一般的时

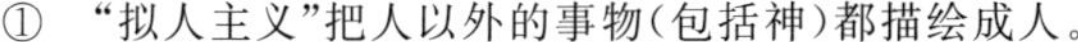

① “拟人主义”把人以外的事物（包括神）都描绘成人。

间性和空间性的存在里就感受到分裂的情感、意识和痛苦，以便终于消除矛盾对立而达到无限的和解。按照基督教的看法，这个转变过程的关键就在上帝的本质。实际上在基督教里上帝是作为绝对自由精神来理解的，其中固然也有自然和直接个别存在这一方面，但这一方面也是必然要被否定（消除）的。在古典型艺术里却不然，感性因素并没有被消除（否定），因此也就不能上升到成为绝对精神。所以古典型艺术和它的美的宗教还不能满足精神深处；不管它本身多么具体，它对于精神还是抽象的，因为它还没有经历上述无限主体从矛盾对立到和解的运动，而只是一定的自由个体处在适合它的实际存在中所感到的一种未受干扰的和谐，一种在它的现实存在中的平静，一种幸福，一种对自己的满足感和伟大感，一种永恒的肃穆和福泽，一种纵使在灾祸和苦痛中也不会失去镇定自持的态度。古典型艺术还没有深入地发展到植根于绝对的那种矛盾对立里去，也还没有使它达到和解。因此，它也还不能认识到与这种矛盾对立有关的一方面，这就使主体本身僵化为与伦理和绝对相对立的抽象的人格，以至忽视罪孽和罪恶，以及主体内在生活本身的破坏、瓦解、不稳定，忽视在精神和感性两方面所产生的不美、丑陋和卑鄙的整个分裂领域。①古典型艺术不越出真正理想的纯洁土壤的界限。

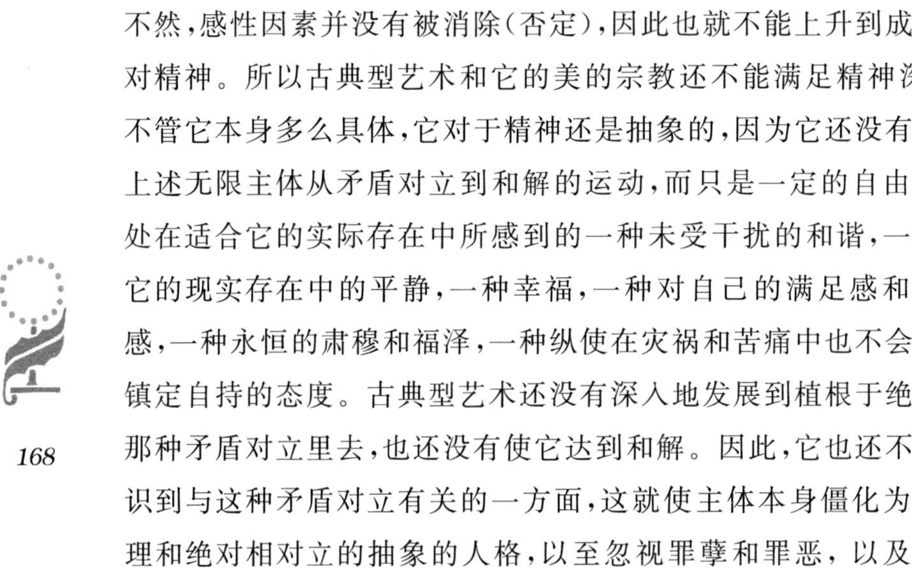

2. 希腊艺术作为古典理想的实现

谈到古典理想**在历史上**的实现，几乎不消指出，这要到希腊人

① 这些都是古典型艺术所忽略的与矛盾对立有关的一方面，也就是通常所说的反面的或消极的东西。

中间去找。古典美以及它在内容意蕴、材料和形式方面的无限广阔领域是分授给希腊民族的一份礼品。这个民族值得我们尊敬，因为他们创造出一种具有最高度生命力的艺术。按照他们的直接现实生活去看，希腊人生活在自觉的主体自由和伦理实体的这两领域的恰到好处的中间地带。他们一方面不像东方人那样固执一种不自由的统一，结果产生了宗教和政治的专制，使主体淹没在一种普遍实体①或其中某一方面之下，因而丧失掉他的自我，因为他们作为个人没有任何权利，因而也就没有可靠的依据。另一方面希腊人也还没有走到主体沉浸于自我，使个人与整体和普遍性的东西割裂开来，以便陶醉于自己的内心生活，只有靠进一步回到一种纯粹的精神世界的内在的整体中才能达到和实体与本质的重新统一。②但是在希腊的伦理生活里，个人固然是本身独立自足和自由的，却也还没有脱离现实政治的一般现存的旨趣以及积极内在于当前实际情况的精神自由，按照希腊生活的原则，伦理的普遍原则和个人在内外双方的抽象的自由是处在不受干扰的和谐中的；在这个原则在现实生活中还在流行而且保持住它的纯洁性的时期，政治要求和与它有别的主体道德理想之间还没有显出彼此独立和对立；政治生活的实体③就沉浸到个人生活里去，而个人也只有在全体公民的共同旨趣里才能找到自己的自由。美的感觉，这种幸运的和谐所含的意义和精神，贯串在一切作品里，在这些作品里希腊人的自由变成了自觉的，它认识到自己的本质。因此，希腊人的

① 指宗教、政治和伦理的信条或理想。

② 以上两方面指前此的象征型艺术和后此的浪漫型艺术的精神特点。

③ 即政治的理想和信条。

世界观正处在一种中心，从这个中心上美开始显示出它的真正生活和建立它的明朗的王国；这种自由生活的中心不只是直接地自然地存在着，而是由精神观照产生出来，由艺术显示出来的；这是一种介乎既有思索教养，却又不假思索这两种情况的中心，它既不把个人孤立起来，也还不能把个人的消极方面，痛苦和灾祸带回到积极的统一与和解里去；这种中心，像一般生活一样，同时也只是一个转折点。尽管他们在这个转折点上攀登上美的高峰，刻画出一些个性鲜明的人物在精神上具体而丰富，仿佛其中荡漾着一切音调，但是从这转折点去看已成过去的东西，它们虽然已不是作为绝对的无条件的东西，却还是作为次要方面和背景而呈现出来。[①]就是根据这种世界观，希腊民族使他们精神方面的神[②]现形于他们的感性的、观照的和想象的意识，并且通过艺术，使这些神获得完全符合真正内容的实际存在。希腊艺术和希腊神话中都见出这种〔内容与形式的〕对应，由于这种对应，艺术在希腊就变成了绝对精神的最高表现方式；希腊宗教实际上就是艺术本身的宗教，至于后起的浪漫型艺术尽管还是艺术，却显出一种更高的不是艺术所能表现的意识形式。

3. 艺术创作者在古典型艺术中的地位

我们在上文既然一方面把本身自由的个性确定为古典型艺术的内容意蕴，而另一方面又为形象要求同样的自由，从此就可以见

① 希腊艺术鼎盛期处在神话传统刚要过去的转折点上。

② 各种理想的化身，本是抽象的东西变成了具体形象。

出，这两方面的完全融合，不管本身表现得多么直接（自然），却不能是一种本来就是天造地设的统一，而是必须显得是一种由主体精神造成的结合。古典型艺术，由于它的内容和形式都是自由的，只能起于自己认清自己的（自觉的）那种精神的自由。因此就生出了第三点，艺术家获得了一种不同于前一阶段的地位。这就是说，他的作品显得是理智清醒的人的自由创作，他既知道自己所想做的事，也能做到自己所想做的事，所以他既不会对他们想要表现于感性观照的意义和实体性的内容毫不清楚，也不会由于技巧能力的缺乏而在完成作品中受到阻碍。

如果我们进一步把艺术家的这种改变过的地位看得更精确一点，就可以看出他的自由表现于以下几方面：

a）关于内容，它首先表现于这样一个事实：他无须像象征型艺术家那样在动荡不宁的酝酿中去搜索内容。象征型艺术在工作中始终受到拘束，先要制造和阐明内容意蕴，而这种内容意蕴又只是初次的（原始的），这就是说，一方面是仍在直接自然形态的事物，另一方面是普遍、太一、改变、转化、生长和消逝这些内心中的抽象概念。但是正确的东西不是一霎子就可以找到的。所以象征型艺术的表现虽然本来是应该阐明内容的，本身却还是一些谜语和待解决的课题，只显示出力求明晰的挣扎和心灵在反复搜寻中动荡不宁和孜孜不辍的努力。与这种辛苦的搜寻相反，对于古典艺术家来说，内容是现成的，已经完成了的，所以它对于想象来说，在基本意蕴上是已经确定了的，它来自信仰，民族信仰或是历代相传曾经发生过的事迹。对于这种客观的确定了的材料，艺术家可以自由处理，他无须亲自去经历孕育的过程，也无须费力探索它对艺术的真正意义，对于他来说，一种自在自为的内容已经摆在那里，供他信手拈取，任他凭自己的意思去自由地再造。希腊艺术家们是从民族宗教中吸取材料的，而这民族宗教是已开始由希腊人从东方接受过来而加以改造过的。斐底阿斯是从荷马史诗中取来天帝宙斯的，就连悲剧诗人们也不是亲自创造出他们所描绘的内容。基督教的艺术家们如但丁和拉斐尔也只是就传统信仰和宗教观念中现成的东西来塑造形象。就某一方面来看，崇高风格的艺术固然也有类似的情况，不过有一个差别，那就是在崇高里，对内容即太一实体的关系不让主体性行使它的权利，享受独立的抉择。反之，比喻的艺术形式对意义和所用形象固然有所选择，不过这种选择却全凭主观任意性，没有形成古典型艺术概念所要求的来自创造主体的那种具有实体性的个性。

b）对于艺术家来说，在民族信仰、传说以及其它实际情况里愈易找到现成的绝对自由的内容，他也就愈能集中精力去替这种内容塑造恰当的外在艺术显现形式。就这一层来看，象征型艺术就不免要在无数形式中徘徊搜寻，仍找不到一个完全合适的形式，要凭驰骋奔放的幻想，毫无约束和节制，不能把总嫌不合适的形象配合到所找到的意义上去；古典型艺术家却不如此，他却知道约束和节制。这就是说，在古典型艺术里，内容本身就决定着它的自由的形象，而那形象本身也就自在自为地符合那内容，因而艺术家显得只是完成按照概念本身既已成就的东西。如果象征型艺术家要勉强把意义嵌到形象上去或是把形象嵌到意义上去，古典型艺术家却就意义去塑造形象，仿佛只是就现成的外在显现形式上洗刷去一些不适合的附赘悬瘤。在这种活动中他尽管排除了任意性，却不只是在临摹或墨守成规，而是在整体上有所改进。凡是要从头搜寻和发明真正内容意蕴的艺术就不免忽视形式方面；但是在创造型式成为主要兴趣和艺术家的特殊任务的地方，随着描绘的进展，内容也就不知不觉地逐渐形成，正如我们已往所见到的，如果形式与内容都完善，二者总是携手并进的。从这方面看，古典型艺术家是在为当时现成的宗教世界服务的，他运用艺术的自由游戏，把当时现成的材料和宗教观念更生动鲜明地发挥出来。

c）这番话也适用于技巧方面。对于古典型艺术家来说，他所用来工作的感性材料①也应该是现成的，应该是已经消除掉一切生硬和粗糙之类缺点的，而且是直接顺从艺术家意图的，这样才能使内容按照古典型艺术的概念，通过这种外在的躯体而自由地毫无阻碍地呈现出来。所以古典型艺术须处在一种熟练技巧高度发展的阶段，才能使感性材料听从艺术家随意指使。这样一种技巧的完善，如果要直接能把心灵和它所构思的东西都表达出来，又要假定艺术中一切手艺操作的成规都已经高度发达了，而这种情况主要地要在一种稳定的宗教里才会出现。例如像埃及的那种宗教观就替自己创造出某些确定的外在形象、偶像和巨大建筑，它们的类型变成了固定的，而在形式与形体的传统的千篇一律之中，仍使不断发展的熟练技巧有广阔的用武之地以改进或深造。这种手艺成规必须先已存在（尽管还有些拙劣离奇），然后古典美方面的天才才能把机械的熟练加以改造，使它达到技巧的完美。因为只有到了单纯的机械性的技艺已不再成为困难和障碍的时候，艺术家才能致

① “感性材料”指艺术媒介，如声音、颜色，线条之类。

力于自由塑造型式，这中间实际的练习同时也就是一种深造或改进，这是和内容与形式的进展密切联系在一起的。

4. 题材的划分

涉及古典型艺术的划分，人们通常取较一般的意义，把每一件完美的艺术作品都称作古典型的，不管此外它还具有其它性质，例如象征型的性质或浪漫型的性质。我们现在用“古典型的”这个词当然也采取艺术完美这个意义，不过有一点不同，我们认为这种完美必须植根于内在的自由的个性与它所借以显现的那种外在存在之间的彻底的互相渗透，所以我们把古典型艺术及其完善和象征型艺术与浪漫型艺术都明确地区分开来，后两种艺术类型的美无论在内容上还是在形式上都是完全另样的。我们在这里也不按照它的惯用的较不明确的意义，把“古典型的”这个词用来讨论表现古典理想的那些艺术门类，例如雕刻、史诗、某些特殊种类的抒情诗以及某些特殊形式的悲剧和喜剧。这些特殊的艺术门类虽然都刻下古典型艺术的烙印，只有等到第三卷讨论各门艺术及其分类时才能谈到。我们目前所要详细讨论的是在上文已界定其意义的那种古典型艺术，所以我们可以用作题材划分的根据只是从这个古典理想的概念本身产生出来的不同的发展阶段。这种发展主要有下列几个阶段：

我们必须注意的第一点就是：古典型艺术不像象征型艺术那样是艺术的最初阶段或开始，而应理解为结果。象征型的表现方式是古典型艺术的前提，所以古典型艺术是要从象征型表现方式的

发展过程中发展出来的。进展的关键在于内容具体化为明确的自觉的个性。要表现这种个性，既不能运用基原自然的或动物的自然形象，也不能运用和自然形象胡乱混杂在一起的人格化和人体形象，而是要用完全由精神灌注而显出生气的人的躯体。自由的本质在于由自己决定自己是什么，所以初看像只是古典型艺术起源的条件和前提而应放在古典型范围之外的题材还应放在古典型范围之内，才能显示出古典型是怎样克服不适合理想的消极因素而达到真正内容和正确形象的。通过这种形象塑造过程，真正的古典型的美，无论在内容上还是在形式上，才能由自己产生出来。这就是我们要在第一章里讨论的出发点。

在第二章里我们就追溯这种发展过程一直达到古典型艺术的真正理想，在这里希腊人的新的美好的艺术神的世界形成中心点。我们将从精神个性与直接和这种个性联系在一起的人体形象这两方面来追溯这个艺术神世界的发展。

第三，古典型艺术这个概念不仅包括古典美自生展的过程，而且还包括古典美的解体，这就导致另一个领域，即浪漫型艺术。古典美的领域中神们和个别的人们先由艺术意识产生出来而后又从艺术意识中消逝了，于是艺术意识或是转回到希腊艺术在其中曾攀登过完美高峰的自然方面，或是转向一种失去了神的鄙陋凡庸的现实世界，把其中虚伪的和消极的因素暴露出来。这种解体导致艺术主要因素的分裂，而原先由这些因素直接融合成美的那种和谐却是古典型艺术的精髓。这种解体中的艺术活动就是第三章的题材。内容和外形既已分裂，内心世界独立地处在一边，和它割裂开的外在世界处在另一边，退回到自身的主体就不再能从以往的那些形象中找出能表现它所理解的现实，于是从一种更绝对自由无限的新的精神世界[①]吸取内容，为着表现这种较深刻的内容意蕴，就要四处搜寻新的表达方式。

① 指基督教，这里说的是古典型艺术的解体导致浪漫型艺术的产生。

第一章　古典型艺术的形成过程

自由精神这个概念之中直接地包含着精神回到自己，为自己而存在而且客观地存在着这样一个阶段，尽管像过去已经指出过，这种沉浸到内心世界的情况既不是脱离精神中一切实体性的因素和自然中一切有持续性的因素的那种主体的否定或消极的独立自足化，也不是进一步发展到真正无限的主体自由所由形成的那种绝对的和解。精神的自由无论表现为什么形式，一般都要经过否定单纯的自然性(即与精神对立的那种自然)。精神首先要从自然中退回到自己，把自己提升到超越自然而且降伏自然，然后才能在自然(作为一种无抵抗的因素)中无拘无碍地统治着，把自然转化为一种能表达精神的外在存在。如果要问古典型艺术要否定或扬弃什么具体对象才能获得精神的独立自足性，回答就是：古典型艺术的对象并不是单纯的自然而是已由精神意义渗透了的自然。所以要扬弃的就是象征型艺术用直接的自然形体去表达绝对的那种表达方式。在象征型艺术里，艺术意识或是在动物之类对象里直接见出神，或是徒劳无益地企图用虚妄的方式勉强追求精神和自然的真正的统一。正是要扬弃或改革这种虚妄的结合，才能使理想成其为理想，使理想在它自己的领域里成为制胜的力量去自由发展。

这里可以趁便解决一个相关的问题：希腊人是否曾从其他民

族借来他们的宗教呢？我们前已见到，按照古典型艺术的概念，它就必然要用一些从属的观点作为它的前提，这些前提就它们实际出现和随着时间进展而分化的情况来说，对于要从它们出发而努力塑造出来的那种较高的艺术形式是一种现成的资料，是新发展的艺术的出发点。[①]不过涉及希腊神话方面，我们找不到历史的证据来证明它的起源也是如此。但是希腊精神对这些前提或现成资料的关系，基本上是一种制造（Bilden）的关系，说得更确切些，是一种起否定作用的改造（negative umbilden）的关系。假如不是经过推陈出新，观念和表达观念的形象就都会照旧不变。希罗多德在前文引过的关于荷马和赫西俄德的一段话里固然说过，这两位诗人替希腊人创造了神，但是他也明确地说过某些神是来自埃及的。诗的创作并不排除从其他民族借取材料，但是必然要经过改造。事实上在希罗多德所提到的那两位大诗人所属的时代之前，希腊人早就有了一些神话观念。

如果进一步追问这种对目前尚不符合理想而应该使其符合理想的材料所进行的必要的改造究竟具有什么样的明确的特性，我们就会发现神话的内容是用一种素朴方式去表现的。希腊神的体系的主要行动就是繁殖自己，从过去神族的生命史出发来形成自己。此外，要使神们作为具有肉体形象的精神性的个体而存在，一方面就需要精神不是用只有自然生命的动物来显现它的本质，毋宁说，要把只有自然生命的动物看作有损精神尊严的、导致精神于灾祸和灭亡的；另一方面，精神也要超越自然的基本因素，不用这

① 古典型艺术的前提或现存的资料是象征型艺术所提供的，所以古典型艺术即“较高的艺术形式”和“新发展的艺术”，要以象征型艺术为出发点。

类因素的混乱的表现方式。与此相反，对于古典神的理想来说，还须使精神不只是像个人精神那样处在抽象的有限的孤立自足状态，和自然及其基本因素的力量相对立，而是要按照精神的概念，使精神本身就包含一般自然生命的基本因素作为它的组成部分。正如神们在本质上就是既具有普遍性而同时又是一些受到定性的个体，在肉体方面也应具有自然性作为一种起广泛作用的基本的自然力量，和精神活动交织在一起。

根据这个观点，我们把古典型艺术的形成过程划分如下：

第一个要点是贬低动物性因素，把它排斥到自由的纯洁的美的领域之外。

第二个更重要的方面是通过克服原先看作神的一些原素性的自然力量①，使真正的神的种族获得不容争辩的统治，这就涉及旧神和新神之间的斗争。

第三，精神既已获得了自由权之后，上述否定的趋向又变成肯定的，原素性的自然就变成了由神们的个体精神渗透的肯定性的方面②，这些神从此仍把动物性因素摆在自己的周围，尽管只是作为外在的符号或标志。

从这些观点出发，我们现在约略地指出这三个阶段的一些较明确的特征。

1. 贬低动物性的东西

在印度人和埃及人中间，一般地在亚洲人中间，我们看到动物

① 即上文"基本的自然力量"和"基原自然"，在古代指地水火风"四大"。

② 精神原先否定自然，在现阶段却肯定自然，用它用为符号。

或至少是某些种类的动物是当作神圣而受到崇拜的，他们要借这些动物把神圣的东西显现于直接观照。因此，在他们的艺术中动物形体形成了主要因素，尽管它们后来只用作象征，而且和人的形状配合在一起来用，再到后来只有人才作为唯一真实的东西而呈现于意识。只有到精神达到自觉的时候，动物生活的昏暗的内在方面才不再受到崇敬。古代希伯来人就早已如此，前文已经提到过，他们把全体自然界事物，既不看作象征，也不看成神的体现，而是外在事物本来有什么力量和生命，他们就说它们有那种力量和生命。不过就连在古希伯来人中间也偶尔还有敬畏有生命的东西这种习俗的残余。例如摩西就禁止人吃动物的血，因为生命就在血里。但是人应该可以吃凡是对他适合的东西。向古典型艺术过渡中应该注意的下一步就是把动物的崇高地位和价值降低，而且把这贬低本身用作宗教观念和艺术创作的内容。这方面有无数事例，我们只从其中挑选下面几个。

a）动物供祭（牺牲）

在希腊人中间，某些动物比起其它动物显得占较优先的地位，例如在荷马所描写的牺牲里（《伊利亚特》，II，308；XII，208），蛇就是一种特受宠爱的精灵。当时某一种动物是专为供祭某一个神的，另一种动物则专为供祭某另一个神的。还有在路上跑的野兔、向左飞或向右飞的鸟儿以及动物的内脏都被认为是征兆而受到研究。从这些事例固然可以看到某种对动物的崇拜，因为神们通过这些动物向人宣示预兆，基本上只是一些很零散的感示，在一刹那中显出的神旨，其中当然还有些迷信成分。更重要的是用动物作祭供而且把祭供吃掉。印度人的办法却相反，他们把被视为神圣的动物完全放生不杀，并且善加护养，而埃及人甚至在被视为神圣的动物死后，还替它们防腐。希腊人则把牺牲本身看作神圣的。人通过牺牲来表示他愿意把自己所视为神圣的东西供献给神，而自己却宁可不享用。但是希腊人也还有一个特点，他们的牺牲典礼却同时是一次飨宴(《奥德赛》,XIV,414;XXIV,215)，他们献给神的只是动物的一部分而且是不能吃的部分，至于肉则留作自己飨宴之用。从此在希腊本土就产生了一个神话。据说古代希腊人用牺牲祭神是非常隆重的，把被牺牲的动物全部用火烧掉。就连穷人们也不能反抗这种大浪费。普罗米修斯于是向天神宙斯央求，天神才准许此后人们只须用动物的一部分供祭，其余部分可以留作己用。普罗米修斯于是宰了两头牛，把两副肝全烧作祭供，把两头牛的骨头包在一张牛皮里，把肉包在另一张牛皮里，让天神选择。天神受了骗，选择了骨头，因为体积显得比较大些，这样肉就留给人了。所以在人把牛肉吃完之后，供神的那一份就放在同一堆火里烧掉了。但是天神把火从人那里夺去，因为没有火，肉的部分也就无用。这办法却没有生效，普罗米修斯把火偷走了，因为心里欢喜，回去跑得比飞还快，因此，像传说所说的，送喜信的人们到现在跑起来还飞快。——希腊人就是用这种方式去解释人类文化的每一步进展，并且把它表现在神话里，在意识里保存下来。

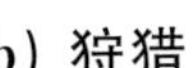

b) 狩猎

与此相联系的还有一个类似的例证，可以说明动物性的东西受到进一步的贬低，这就是关于一些著名的狩猎的传说，人们把这些狩猎联系到一些英雄，并且看作值得感谢和纪念的事情而保存下来。猎杀的动物都是危险的敌人，例如赫克里斯猎杀尼米亚地方的狮子，洛尔涅地方的九头蛇以及麦勒阿格猎杀卡里顿地方的野猪之类都被视为值得把英雄提到神的行列中的丰功伟绩，而在印度，人们却把毁灭某些动物视为罪行，犯者就应该处死。在这类狩猎事迹里其它象征意义当然也在起作用，或是作为基础，例如在关于赫克里斯的事迹的神话里就涉及太阳和它的运行，所以这类英雄事迹也提供一个基本因素，可以用象征来解释，不过这类神话同时也可以照明确的字面意义来解释，即把它们看成涉及造福人类的狩猎，呈现于希腊人意识的就是这个意义。和这方面有类似联系的还可以联想到伊索的某些寓言，特别是前文已经引过的甲壳虫寓言。甲壳虫是一个古埃及的象征，埃及人或埃及宗教观念的阐明者把甲壳虫下的球形的粪团看作世界球，在《伊索寓言》里它出现在天神面前，但是寓言加上一点重要的东西：老鹰不尊重甲壳虫所保护的野兔①。亚理斯托芬却完全拿它来开玩笑。②

c）变形③

第三，贬低动物性的东西在许多变形记里也有明显的表现，例如奥维德所详细描绘的那些变形，显出了他的聪明才智和微妙的

①　《伊索寓言》里“鹰与甲壳虫”的故事叙述鹰追兔，兔求救于甲壳虫，甲壳虫替兔向鹰求情，鹰瞧不起甲壳虫，把兔吃掉。甲壳虫于是觅鹰巢毁鹰卵，鹰逃到它的护神宙斯膝上下卵，甲壳虫于是衔着一个粪团投到宙斯膝上，宙斯起身抖掉粪团，鹰卵仍落地打碎了。亚理斯托芬在喜剧里讥诮苏格拉底，说甲壳虫趁他仰头望天把粪落到他口里。

②　参看本卷第一部分第三章，1，“寓言”节和注。

③　参看本卷第一部分第三章，3，“变形记”节。

情感和见识，但是也写得很啰唆，缺乏内在的伟大的主导的精神，只是把单纯的神话游戏和外表的事实杂凑在一起，其中看不到一种较深刻的意义。但是那些变形并不是没有深刻意义的，正是为这个缘故，我们在这里又提到它们。这些变形记就材料来看，大部分是很离奇粗俗的，这并不是由于当时文化的腐朽，而是像《尼伯龙根歌》一样，是由于一种粗野自然状态的腐蚀；从第一卷到第十三卷，就内容来说，它们比荷马史诗还更古老，其中夹杂着宇宙学以及腓尼基，佛里基亚和埃及等国的一些外来象征因素，诚然是按照人的方式来处理的，但是粗俗的底子还是保存着；至于特洛伊战争以后所叙述的变形记虽然取材于过去传说时代，其中夹杂着后来的阿雅斯和伊尼阿斯的事迹，却有些不伦不类。

1）一般地说，我们可以把变形看作和埃及人对动物的看法以及对动物的崇拜是相反的，因为从精神的伦理方面来看，变形对自然是抱否定态度的，它们把动物和其它无机物看成是由人沦落而成的形象。因此，如果埃及人把一些自然元素的神提高到动物，使它们获得生命，变形的情况就恰恰相反，像前文已经提到过，自然事物形状被看作人所遭受的变形，为着要惩罚他的某种或轻或重的过错或罪行；这种变形被看作一种剥夺神性的灾难的痛苦的生存，在这生存中人就不能再保持人形。所以这种变形不能指埃及人所理解的灵魂轮回，因为这种灵魂轮回是一种不涉及罪孽的变形，人变成兽，反而被看成一种提高。

就整体来说，变形记并不是一个完整而谨严的神话系统，尽管由精神流放到里面去的自然事物是多种多样的。现在举几个例子来说明。

在埃及人中间，狼发挥着很大的作用，例如俄西里斯在他的儿子霍鲁斯与泰风[①]斗争时，作为他的儿子的援助人和保护人而出现，在一系列的埃及货币上他也和霍鲁斯站在一起。一般地说，狼与日神的联系是很古老的。但是在奥维德的《变形记》里，路康变形为狼，却被说成是对他的渎神罪的惩罚。[②]据说巨灵族在被征服后(《变形记》，I，150—243)，他们的尸体被打成粉碎，大地溅了他们的儿子们所洒的血，就温暖起来，就使这热血重新获得生命，为了不要留下巨灵这个野蛮种族的痕迹，她就造成了人的种族。但是巨灵的这批后裔仍然不敬神，酷嗜残杀，凶猛成性。天神于是召集诸神会议，要把这个凡人种族消灭掉。天神告诉诸神，路康怎样用诡计欺骗了他，他这位雷电的驱遣者和众神之王。天神说，他听到当时人世的鄙劣情况，就从奥林普山下凡，到了阿克第亚，给了预兆，告诉人们有一位神要降临，于是人们就开始祈祷。路康首先讥笑这种虔诚的祷告，大声喊道："我要检验一下这究竟是一个神还是一个凡人，真相将会大白"。天神继续说，"路康准备趁我夜里睡熟时杀害我，想趁此测出真相。他还不满足于此，他还用刀割了一只摩拉西种的山羊，把半死半生的一部分煮起，把其余的部分放在火里烤好，把这两部分都放在我面前让我吃。我就用复仇的火焰把他的房子烧成灰烬。他畏惧起来了，就逃开那里，当他走到寂静的田野里，他就号啕大叫，想说话却说不出来。他嘴里满是狂

① 俄西里斯(Osris)，埃及的阴间皇帝，已前见；霍鲁斯(Horus)，埃及的日神，泰风(Typhon)，俄西里斯的弟兄，风神的父亲，巨灵族之一。看下句，霍鲁斯可能同时是狼神。

② 路康(Lykaon)，传说中希腊阿克第亚国王，用人肉享天神，天神用电火把他打死，变为狼。

怒，心里渴想残杀，就去屠杀牲畜，直到现在还在喝它们的血；他的衣服变成了毛皮，他的手膀变成了蹄爪，他变成了一只狼，还保持着狼的原形的特征。”

在普洛克涅变形成燕子的故事①里也可以见出与此类似的因凶行而遭到的严惩。普洛克涅向她的丈夫特鲁斯央求，如果他宠爱她，就请他允许她去看她的妹妹，或是请她的妹妹来看她，特鲁斯就赶忙把船放下海，借帆橹的帮助，很快地就到达了庇利乌斯国的海港。他一见到他的姨妹斐罗米尔，就对她发生了有罪的爱情。当他动身回国时，他的岳父邦第安要他发誓沿途要用慈父的爱去保护她，并且尽快地遣送她回来，因为她是他老年的安慰。但是船一抵岸，野蛮的特鲁斯就把她禁闭起来，她恐惧万状，含泪追问她姐姐在哪里，但是他把她强奸了。她满腔忿恨，声称要把羞耻抛开，亲自揭露他的罪行。特鲁斯就抽出刀来，把她抓住绑起，把她的舌头割掉，向妻子佯言斐罗米尔已经死了。接着悲伤的普洛克涅就从肩上撕下华丽的衣裳，穿上丧服。她在空墓上竖立起一座墓碑，去追悼她妹妹的命运，实际她妹妹并没有死。斐罗米尔怎样办呢？身遭幽禁，被剥夺去了说话的能力，她就想施巧计，用红线在一件白衣上绣出特鲁斯的罪行，暗下把这件衣送给她的姐姐。普洛克涅从这上面知道了她妹妹的令人伤心的消息。她不言语也不哭，一心一意地要报仇。那是酒神祭典的时节。受了悲痛的复仇女神的驱遣，她直奔到她妹妹那里，把她从囚房里拖出来带着走。回到自己家里时，她正在暗算怎样去对特鲁斯进行严酷的报复而迟疑不决之际，她的儿子伊提斯来了。她睁着凶恶的眼睛盯着他，他多

① 参看本卷第一部分第三章“变形记”节和注。

么酷似他父亲啊！二话没有说，她就行了凶。她们把这孩子杀掉，烹给特鲁斯吃，特鲁斯这样就吃了自己的血肉。接着他要看儿子，普洛克涅告诉他说，你要看的孩子就在你自己肚子里。他正在四顾搜寻，一再追问叫唤，斐罗米尔就把孩子的血淋淋的头端给他看。他一看到，就跳开餐桌，悲痛号啕，说自己成了儿子的坟墓，接着就拔出刀来，冲向邦第安的两个女儿。但是这时她们已长了翅膀飞开了，一个飞到树林里，一个飞到屋顶上，[①]至于特鲁斯自己，尽管还在悲痛，想着要报仇，也变成了一只鸟，头顶上长着一个羽冠，嘴壳伸得特别长，名字叫做戴胜。

另外一些变形却来自比较轻微的过错。例如西格弩斯变成天鹅[②]，阿波罗的第一个钟情的对象达芙涅变成一棵桂树[③]（《变形记》，I，451—567），克利蒂变成向阳花[④]，纳什苏斯爱自己，瞧不起姑娘，在镜中欣赏自己的影子[⑤]，毕布里斯[⑥]爱上自己的哥哥，遭到他鄙视，就变成现在还因她命名的那条泉水，在一棵大橡树阴下流着（《变形记》，IX，454—664）。

不过我们不应该迷失在细节中，为着过渡到下一节，我只提一提庇耶里德九姊妹的变形。根据奥维德（《变形记》，V，302），她们都是庇耶罗斯[⑦]的女儿，向女诗神挑战要和她们竞赛。我们认为重要的只是女诗神们和九姊妹所唱的歌词的差异。九姊妹歌唱诸神

---

① 斐罗米尔变成夜莺，普洛克涅变成燕子。
② 西格弩斯(Cygnus)，文艺神阿波罗的儿子。
③ 达芙涅(Daphne)，女河神，被阿波罗追赶，祷神求援，被变成一棵桂树。
④ 克利蒂(Clytie)，河神的女儿。
⑤ 纳什苏斯变水仙花的故事已见本卷第一部分第三章“变形记”节注。
⑥ 也已见第一部分第三章注。
⑦ 庇耶罗斯(Pieros)是传说中一位希腊国王。

的混战(《变形记》,V,319—331),不公平地把荣誉归给巨灵族,缩小诸神的伟大功绩。据说泰风[①]从地心钻出来,大闹天宫,吓得诸神纷纷逃窜,逃到埃及才歇下来,已疲倦不堪。根据九姊妹的歌词,泰风也追到埃及,诸神只得伪装起来,他们的领袖据说是朱匹特,因此利比亚的阿蒙神至今头上还戴着弯曲的角[②]。此外还有德里耶变成乌鸦,色麦勒的后裔变成山羊,日神斐布斯的妹妹变成猫,天后朱娜变成雪白的牛,女爱神维纳斯变成鱼,交通神麦库理披上鹭鸶的羽毛。[③]

在这些事例里,变成动物形状对于神们都是一种屈辱。尽管他们变形并非由于犯了罪过而受到惩罚,毕竟还是由于怯懦,他们才自愿地变成动物形状。卡里俄普却不然,她歌颂的是色列斯[④]的功绩和历史,她说色列斯是第一个人用弯曲的犁头去耕地,在地里种果实和生产的营养品,也是第一个人制定了法律,我们全体都沾到她的恩惠。"我要歌颂的就是她,她是值得歌颂的,但愿我的诗才值得歌颂她!"当卡里俄普唱完了,庇耶里德九姊妹却断定她们自己是竞赛中的胜利者;但是她们正要开口说话,挥手叫嚷时,却发现她们的手变成了翅膀,胳膊上长了羽毛,每个人都看到其他八姊妹嘴都变成了喙。她们正要表现自己的悲痛,鼓动的翅膀却送她们飘到空中,化成了啄木鸟,在树林里叫号。她们一直到现在,据

① 注见上文。

② 阿蒙(Ammon)是埃及的最高神,相当于希腊的宙斯,即罗马的朱匹特,看文义,阿蒙头上长角,是受朱匹特逃埃及时伪装的影响。

③ 以上都出自《变形记》或古代传说,不详注。

④ 卡里俄普(Kalliope),史诗女神,九女诗神之一;色列斯(Ceres),女谷神。在比赛中庇耶里德歌颂反抗天上诸神的巨灵族,而女诗神则歌颂天上诸神,特别是谷神。

奥维德说，还保留着原来的那种多嘴多舌喋喋不休的老习惯。（《变形记》，V，670）

这里变形还是一种惩罚，在多数事例中，是对不敬神的惩罚。

2）关于其它一些神和人变形为动物的著名的事例，如索尔色①能使人变成兽，被变形者固然不是直接由于犯了什么罪过，但是处在动物的情况至少仍然显得是一种灾祸和屈辱，连为私图而造成这种变形的主体也不能因此获得荣誉。索尔色只是一个次要的不很煊赫的女神，她的能力只是单纯的魔术，而交通神却能援助俄底修斯，终于使那些中魔的旅伴脱了险。与此类似的有天神宙斯所扮成的各种形状，为着劫掠欧罗巴，他变形为牛；他追求列达，就变形为天鹅；他变形为一阵金雨，使达娜受了孕②；这些变形目的都在欺骗，要达到的都不是精神性的而是粗鄙的出于自然冲动的意图，经常遭到天后的有理由的妒忌。在许多古老的神话里，一般生殖方面自然生活的观念在这里（《变形记》里——译者）由想象虚构成一些关于神和人的父亲（天神宙斯——译者）淫行的零星故事，不过他不是以自己的原形而且大半也不是以人形，而是故意扮成动物和其它自然界事物的形状来干他的淫行的。

3）最后还有些人兽同体的杂种，也没有被希腊艺术抛弃掉，不过动物性部分是被看作缺乏精神性的和由堕落来的。例如在埃

① 索尔色（Circe），日神的女儿，住在啊呀岛上，俄底修斯在特洛伊战争结束后，乘船回希腊，路过啊呀岛，他的旅伴们饮了索尔色的药酒，都变成了猪，交通神送给俄底修斯一种草药根，解了药酒的魔力，索尔色被迫使他们还原为人，并且和俄底修斯结了婚，事见荷马史诗《奥德赛》。

② 据希腊神话，天神宙斯很好色，欧罗巴（Europa）是腓尼基的一个公主，在海滨游戏时，天神变牛把她劫走；列达（Leda）是斯巴达的一个公主；达娜（Danae）是阿高斯的一个公主；这些凡人女子和宙斯结婚之后生下来的有神和有名的英雄。

及，牡山羊孟德斯是被崇敬为神的（希罗多德的《历史》，II，46），根据雅布伦斯基[①]的意见（见克洛伊佐的《古代民族的象征和神话》，I，477），它象征大自然的生殖力，特别是太阳的生殖力。人们崇拜这种牡牛达到了淫秽的程度，据诗人品达说，连女人们也献身给这些动物。在希腊，畜牧神潘恩[②]却是令人见到就恐惧的神；后来在一些山神、林神和畜牧神身上，牡山羊的形状只以次要的形式出现在脚上，而在最美的标本上面，只是两个尖耳朵和两个小角才保存着牡山羊的形状，其余各部分都是按照人形而构成的，而兽形的部分则缩成微不足道的遗痕。尽管如此，林神在希腊并不是一种高级神，不代表什么精神力量，他们的性格特征总是淫逸、放荡、快活。他们固然也有时表现出较深刻的意蕴，例如慕尼黑所藏的一座林神雕像描绘出林神把幼小的酒神抱在怀里，带着深情厚爱的微笑看着他。他并不是酒神的父亲，只是酒神的照管人，他对着婴儿的天真纯洁所表现的喜悦颇类似圣玛利对基督的爱，这在浪漫型艺术里却提高到具有高度的精神性。在希腊人中间，这种最美的慈爱还仅限于林神这一次要的范围里，显示出它的来源要回溯到动物的自然的生活，所以由林神之类低级的神表现出来。

与此类似的中间（杂种）形象还有半人半马的怪物[③]，也是以自然方面的淫逸和肉欲为主要的性格特征，精神方面却退居次

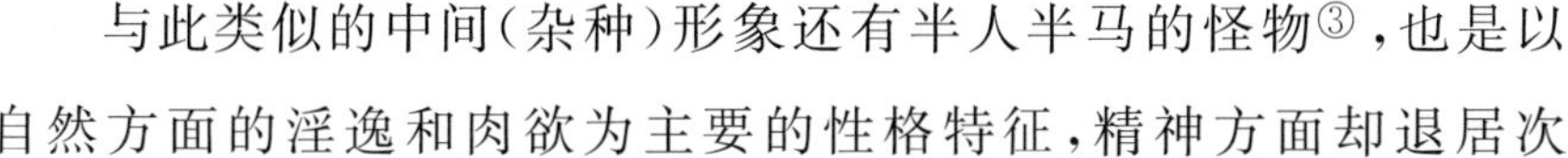

① 雅布伦斯基（Jablonski，1660—1741），德国新教神学家。

② 潘恩（Pan），希腊的山林畜牧神，人身羊脚，和埃及的孟德斯相当，据说他爱恶作剧，常突然出现在过路人面前，引起他们恐惧。山神（Faun）和林神（Satyr）都和畜牧神潘恩同类的，在文艺作品中代表喜剧方面的精神。

③ 原名桑陁（Zentaur），这种人首马身的怪物住在希腊北部山中，大概象征骑士生活。齐雍（Chiron）是其中最著名的一种，他还擅长骑射和体育，所以做了阿喀琉斯的塾师。

要地位。但是齐雍当然比较高贵，他是一位能干的医生，阿喀琉斯的塾师，不过作为一个小孩的教师，他并不能摆在神的行列，而只表示他具有凡人的才智。

从此可见，在古典型艺术中动物形状在各方面都受到改变，总是用来表示罪恶、低劣、单纯自然而缺乏精神，而在希腊以外，它们却曾用来表示正面的绝对的东西。

2. 旧神和新神之间的斗争

第二个阶段比上述贬低动物的阶段较高一级，这就是古典型艺术中的真正的神们既然以自由的自我意识（自觉），即精神性的个性本身所固有的力量，为他们的内容，他们也就能作为认识和意志的主体，即作为精神的力量，而呈现于观照。它们被表现为人的形象，这人性的因素不是由想象从外面强加于这种内容的一种单纯的形式，而是内在于意义、内容或内在因素本身。至于神性的因素一般是按照本质作为自然和精神的统一来理解的；这两方面都属于绝对；只是这种谐和（统一）的不同的表现方式才形成这一阶段的各种艺术形式和各种宗教的发展阶段。按照我们的基督教的观念，神是自然界和精神界的创造主，因而被视为不能在自然中有直接的存在，因为他只有从自然存在退回到他本身，作为精神的绝对的自为存在，才是真正的神。只有对有限的凡人的精神，自然才处在对立地位，才成为一种界限和范围；有限的凡人的精神如果要打破这种界限和范围，它就只有在认识方面用思考来掌握自然，在实践方面能实现精神观念、理性、善和自然之间的和谐，才能把自己提升到无限。而这种无限的活动就是神，因为神才达到对自然的统治，他作为这种无限的活动及其认识和意志，本身就是自为的（自觉的）。

在真正的象征型艺术所表现的宗教里，情况却与此正相反，我们在前文已经见到，内在的观念性因素和自然这两方面的统一是一种直接的结合，因而这种结合在内容意义和形式两方面都以自然因素为其基本定性。所以太阳、尼罗河、海洋、大地、生和死以及生殖和再生殖的自然过程以及一般自然条件的变化过程都被看作神的一种存在和生活而受到崇拜。不过这些自然力量在象征型艺术里是原已经过人格化的，因而被摆在和精神因素相对立的地位。如果按照古典型艺术的要求，神既与自然相和谐（统一），就应分化成为一些精神的个性①，单纯的人格化就还不够。因为人格化如果只以纯然一般的力量和自然活动（作用）为它的内容，那就还完全是形式的，并没有渗透到内容意蕴里，并不能使其中精神因素及其个性获得具体存在。所以古典型艺术的情况就必然与此相反，被贬低的不是动物性，而是一般自然力量，以便精神性得到相应的提高；因为形成基本定性的已不是人格化而是主体性格。但是另一方面古典型艺术中的神们也还不应该不再是自然力量，因为神在古典型艺术里还不应作为本身绝对自由的精神而达到表现。但是自然只有在两种情况里才见出一种被创造的服从意旨的创造物和与它割裂开来的创造主之间的关系：一种是像在崇高艺术里那样，神还是作为太一实体的本身抽象的观念性的统治而表现出来的；另一种是像在基督教里那样，神是作为具体的精神，提高到成

① 即变成一些个别的各有个性的神。

为精神存在和具有人格的自为存在，享有完满自由。这两种情况都不符合古典型艺术观点。古典型艺术的神还不是自然的主宰，因为它还没有把绝对精神当作他的内容和形式；神已不再是自然的主宰，因为失去神性的自然事物和人的个性之间的在崇高艺术里那种关系已经消失，二者的关系已调节成为美，在美里一般与个别、精神与自然这双方面在艺术表现里都充分享受各自的权利而毫不削减。所以古典型艺术中的神仍然保持着自然力量，不过这种自然力量不是作为一般的大自然来理解的，而是太阳、海洋等等的明确的因而有局限的活动（作用），一般地说，就是这种特殊的自然力量显现为一些精神的个性，而且就以这种精神的个性为它们各自特有的本质。

古典的理想，像上文所说的，既然不是直接现成的，而是只有通过否定精神形象中的消极因素的过程才能出现的，所以对起源于较早的宗教观念和艺术观点之中的生糙的、不美的、粗野的、离奇的纯然自然性或幻想性的因素进行改革和提炼，就成为希腊神话的基本旨趣，因此就要达到表现的是一定范围内的一些特殊事物的意义。

我们现在如果要就这一要点进行较详细的研究，我得马上声明：我们现在的任务不是对希腊神话中的多种多样的观念进行历史的研究。这方面与我们有关的只是上述改造过程中的一些主要阶段，要说明的是这些阶段对于艺术及其内容的形成所具有的普遍意义。至于那些数不清的个别神话、故事和传说以及一些涉及地方性和象征性的东西，总的说来，虽然在新神世界中还保持着它们的权利而且还偶然附带地出现于艺术形象，毕竟和我们要探讨的主题无关，我们只好把这一大堆材料推开，只在举例时才提到它们。就大体来说，我们可以把现在往前走的道路和雕刻的历史发展过程进行比较。因为雕刻按照神们的真正形象把他们表现出来供感性观照，形成了古典型艺术的真正中心，尽管诗(不同于雕刻所特有的镇静自持的客观性)可以把神和人表现得更完满些，或则说，把人的世界和神的世界按照它们的活动和运动表现出来。正如在雕刻里开始的主要阶段就是把本无形式的从天上掉下来的(自然的)石头和木头塑造为人的形象，才成了雕像，例如罗马派使节去隆重地搬运到罗马的那座小亚细亚的伟大女神帕什弩斯的雕像就是这样。我们在这里也是要从尚无形式的生糙原始的自然力量开始，只把这些自然力量提高到具有精神性的个性和凝聚为固定的形象所经历的步骤标志出来。

在这方面可以区分出三个最重要的步骤。

首先应引起我们注意的是神谕，神谕还只通过自然事物把神的本无形象的见识和意志宣示出来。

第二个要点涉及一般自然力量以及法权之类抽象概念，这些是真正具有神性的个体[①]的发祥地和基础，是他们出生和活动所必有的前提——他们是些旧神，不同于新神。

第三，也是最后，绝对必要的向理想的进展是把原先对自然活动和最抽象的精神关系所进行的一些肤浅的人格化作为本身次要和消极的因素而加以否定，把它们排挤到后面去，通过这种贬黜(否定)，独立自足的精神个性以及它的人的形状和行动才获得巩固的统治。这种变革形成了古典神的起源史中的关键，它在希腊神

① 即具体的个别的神。

话中以既素朴而又明确的方式表现为新神和旧神的斗争，即表现为巨灵族的崩溃和以宙斯为首的神族的胜利。[①]

a）神谕

关于第一点，即神谕，我们在这里无须详谈，它的要点只在于：在古典型艺术中单纯的自然现象不再受到崇拜，既不像古波斯人那样向石油矿和火祈祷，也不像埃及人那样把神仍看作不可思议的、神秘的、无声的谜语，而是把神看作有知识、起意志的主体，能凭自然现象向人类启示他们的智慧。古希腊人就是本着这个看法去向多多拿神坛求神谕[②]，问他们是否可以采用来自蛮族的那些神的名字，神谕回答说，“用它们。”（希罗多德的《历史》，II，52）

1）神们宣谕所用的符号大部分是很简单的；在多多拿，这些符号就是圣橡的响声、流泉的细语以及起风时铜器的震动声。在德罗斯[③]，用的是桂树的响声。在德尔斐[④]，风吹铜鼎的声响也是决定性的预兆。除掉这些自然声响以外，人本身也是神谕的喉舌，他失去清醒的理智，进入灵感状态，弄得神魂颠倒，例如德尔斐的女巫受地下迸发的蒸汽麻醉，弄得神志不清，就说出神谕，或是求神谕的人在特罗浮尼乌斯崖洞[⑤]里看到一些幻相，对这些幻相进

---

① 流传下来的希腊神话以宙斯（天神）为主，他是在造反和推翻了旧神族即巨灵族之后，才获得统治权的。

② 多多拿（Dodona），希腊最古的求神谕的地方，天神宙斯的神坛所在，神谕是通过风吹树叶声来解释的。

③ 德罗斯（Delos）是爱琴海中一个小岛，阿波罗神坛所在地，桂树是代表阿波罗的圣树。

④ 德尔斐（Delphi），希腊最著名的求圣谕的地方，阿波罗神庙所在。

⑤ 特罗浮尼乌斯是建筑德尔斐神庙的工程师，死后即葬在附近的崖洞里。

行解释，就得到答案。

2）但是这些外在符号还要加上第二方面的因素。在神谕里，神固然被看作知识的主体，所以最著名的神谕都来自知识之神阿波罗，不过他宣示意旨时所采取的完全是暧昧的自然的形式，一个自然的声响或是一些不相联贯的字音。形式既然暧昧，精神性的内容也就隐晦，所以需要解释和说明。

3）这种说明尽管把原来仅取自然形式的神的启示化为精神形式而成为意识的对象，它本身毕竟还是隐晦的、模棱两可的。因为神在他的知识和意志方面是具体的普遍性，他的言语或诏谕也就应是具体的普遍性。但是普遍的东西不是片面的和抽象的，而是具体的，既包含这方面又包含另一方面的。[①]人作为无知者和有知的神对立，所以人也是在无知中接受神谕的，这就是说，神谕的具体的普遍性对于人来说是不明确的，所以当他要按神谕来作出决定时，人从神谕的模棱两可的意义中只能挑选某一方面，因为每一个特殊情境之下的行动是有定性的，所以人只能按照神谕的某一方面作出决定而排除其中的另一方面[②]。但是一旦他发出动作了，把所作的事在实际中完成了，这件事就变成他自己的事，他须为它负责，这时他就陷入冲突；他马上就看到神谕所包含的另一方面是反对他或对他不利的，他的动作的命运，违反他的认识和意志，就落到头上，知道这种命运的不是他自己而是神们。反之，神们又是一些确定的力量，他们的诏语，如果也具有这种确定性，例

① 即模棱两可。

② 传说波斯大帝若克色斯征希腊，遣使者到德尔斐求神谕，回答是“一个强大的国家要遭倾覆”，他认为这是胜利的预兆，但结果遭到倾覆的不是希腊而是波斯。这个传说可以说明黑格尔的意思。

如阿波罗怂恿俄瑞斯特复仇的神谕[①]，也就由于这种确定性而导致冲突。

因为在一种情况下启示神旨的神谕所取的形式是完全不确定的表面语言或是文字的抽象的内在意义，内容本身就会由于这种模棱两可性带来分裂或冲突的可能，所以在古典型艺术里用神谕形成内容，使神谕占重要地位的不是雕刻而是诗，特别是戏剧体诗。但是在古典型艺术里神谕毕竟还占有重要地位，这是因为其中人的个性还没有达到内在性（精神性）的最高峰，而只有在这种最高峰上主体才能完全凭自己替自己的行动作出决定。依我们近代人的意义来了解的"良心"在古典型艺术中还没有地位。希腊人固然往往凭自己的情欲去行动，不管那种情欲是好是坏，不过应该鼓舞他而实际上也是在鼓舞他的那种真正的情致却是从神们那里来的，神们的内容和力量就是这种情致所属的一般。希腊英雄们或是胸中充满着这种情致，或是在神们不是直接现在眼前命令他们怎样行动时，就求教于神谕。[②]

b）旧神与新神的差别

在神谕里，内容来自有知识和起意志的神们，而外在显现的形式却是抽象的外在的自然的东西，所以另一方面[③]，自然的东西，

① 俄瑞斯特在父亲被母亲谋杀之后，阿波罗在神谕中劝他逃到雅典娜神庙里谋复仇，事见埃斯库罗斯以这事为题材的《阿迦门农》等三部曲。

② 黑格尔往往把伦理信条或理想叫做神，它是情致的来源，也是诗中人物行动的动力。只有在情致这种动力不发生作用时，人物才去从神谕中找行动的动力。前一种情况在古典型艺术中是主要的。

③ 与内容对立的形式方面，亦即自然现象方面，神通过自然的东西启示他的意旨，所以自然的东西又成为神谕的内容，其缺点在于还没有独立自足的个性。

从它的普遍的力量及其作用来看，就变成了内容，从这种内部中独立自足的个性先要挣扎涌现出来，然后才获得一种形式的肤浅的人格化，作为它的最近似的形式。对这种单纯自然力量的抛弃以及这种自然力量所由克服的对立斗争就是我们要感谢真正古典型艺术的重要贡献，所以我们要就这一点进行较充分的研究。

1）首先应该指出的是这样一种情况：现在我们所要讨论的不是一种作为一切事物起源的本身既已完成的脱净感性因素的神，像在崇高艺术里或一部印度艺术里的世界观那样，而是一些自然神，首先是自然的一些普遍力量，提供了起点，这就是浑沌，塔塔路斯，爱越布斯这整系列的地下幽灵，以及天神乌冉弩斯，地神迦亚，巨灵族的爱若斯和库若诺斯之类旧神①。从这些旧神产生了一些较有定性的自然力量，例如希里阿斯和俄侃诺斯之类②，这些神是后来一些在精神上个性化了的神的自然基础。这样就出现了一套由想象造成而由艺术加以形象化的神谱和宇宙学，其中最早的一批神对于观照还是不明确的或体积巨大无比的，同时还带有很多的象征性质。

2）这些巨灵族神之间有下列几种较明确的差别：

2a）首先是些天体和地球的威力，是些没有精神的伦理的内容，因而还是些丑陋、庞大、无形式的神，像印度人或埃及人的幻想出来的那样。他们和其他一些自然怪物，例如布朗特、斯特洛普、百

① 混沌（Chaos）即天地开辟以前神和人所从出的浑茫无限空间，据希腊神话，混沌生天神乌冉弩斯（Uranos）和地神迦亚（Gaia），天神和地神交配生巨灵族神（Titanen），子女共十二人，天神把其中六个儿子抛到阴间，地神愤怒，唆使他们造反，把天神推翻，由巨灵族之一库若诺斯（Kronos）继承天神位。这些都是后来由宙斯（Zeus）推翻的旧神体系。

② 希里阿斯（Helios）旧日神；俄侃诺斯（Okanos）旧海神。

手考陀、布里阿罗伊斯、基吉斯之类巨灵族神[①]，原先都一起受天神乌冉努斯和后来的库若诺斯的统治。库若诺斯这个巨灵族的头目显然象征时间，他把他的子女全吞吃掉，就像时间把它所产生的一切终于消灭掉一样。这个神话不是没有象征意义的，因为自然生命实际上都受时间的控制，只让可消逝的东西获得存在，例如史前时代的一种人民，还只是一个民族或部落，还没有形成国家，还不追求本身的固定目的，终于被时间的威力所淹没掉，没有留下任何史迹。只有在法律、道德和国家政权里才有不随世代消逝的固定的东西；诗神也是如此，她也使一切作为自然生活和实际行动而随时间消逝的东西能持久和固定下来。

2b）但是属于这个旧神体系的不只是一些单纯的自然力量，此外还有些驾御自然元素的威力。特别重要的是通过气、水和火之类原始的自然元素的力量对金属进行最早的加工。我们在这里可以提到考里邦特，特尔钦，善的精灵和恶的精灵们，帕塔肯，侏儒，矮子之类身小腹大，擅长开矿的神灵们。[②]

首先应该提到普罗米修斯，他在由旧神到新神的转变过程中占着突出的地位。他是巨灵族中一个特别的神，他的故事值得特别注意。他和他的兄弟爱庇米修斯原来都是对新神友好的，他后来以人类救星的身份出现。[③]人类除掉这一点以外，在和新神与巨

① 这些都是旧天神的子女，一些长了五十个头和一百只手的怪物，巨灵族神据说是旧天神的血洒在地上长成的大而且丑的怪物。

② 考里邦特（Korybanten），生育女神的女司祭们，在祭典中敲锣狂歌狂舞；特尔钦（Telchinen），海神的后裔，能呼风唤雨，发明了各种技艺，包括农艺；帕塔肯（Pätaken）未详，所举的这些神或精灵都与用金属的手工艺有关。

③ 普罗米修斯（Prometheus）从天神那里盗火给人类，受天神迫害，事见埃斯库罗斯的《普罗米修斯在束缚中》悲剧。他的名字在希腊文中意思是“事前思考”，他的兄弟爱庇米修斯（Epimetheus），字义是“事后思考”。

灵族旧神的冲突中没有起过什么作用。普罗米修斯把火带给人类，使人类有可能满足自己的需要，从事发展各种技艺；从此技艺才不再是自然的东西，过去巨灵族好像和技艺没有什么密切的关系。[①]为盗火这件事，宙斯惩罚了普罗米修斯，后来赫克里斯才把他从痛苦中解救出来。乍看起来，这些普罗米修斯的主要事迹都见不出巨灵族的特征；而且人们还不难看出这里有些不一致处，普罗米修斯，和谷神色列斯一样，是人类的恩人，却被算在旧巨灵族诸神之列。但是如果研究得更仔细一点，这里就没有什么不一致处。柏拉图著作中有几段提供了充分的说明。例如那里有由宾客向青年苏格拉底说的一段神话，据说在库若诺斯的时代，人类从地里生出来，神亲自照顾到人类的一切；但是接着就出现一个相反的运动，大地就须专心照管自己[②]，以致动物都变成野蛮的，人类原来可以信手拈来他们的食物和日用必需的东西，现在却无依无靠了。就在这个时候（见柏拉图的《政治学》，Bekk，II，2.283页），普罗米修斯把火带给人类，但是技艺却是由赫斐斯陀斯和他的女助手雅典娜带给人类的[③]。这里可以见出火与就生糙材料加工的技艺是分得很清楚的，只有火才是由普罗米修斯带给人类的。在《普罗泰戈拉》对话里，柏拉图还就普罗米修斯的神话作了进一步的叙述（I，1.170—174页）。从前有一个时候，只有神而没有可朽的种族。到了预定的应该产生可朽的种族的时候，神们就在地的内部把他们造成，用的材料是土和火以及土和火的混合物。等到神们要把人

① 巨灵族神还只代表自然力量。

② 英译注：对人类生活不再关心。

③ 赫斐斯陀斯（Hephaestos）铁匠神，火神；雅典娜（Athena），雅典的护神，也是手工艺的护神。

类带到阳光里的时候，就把他们交给普罗米修斯和爱庇米修斯，去按各个人所应得的分配给他们各种能力。爱庇米修斯请求他哥哥把这个分配的差事交给他一人承担，他说，“我分配了，请你来检阅”。但是爱庇米修斯不恰当地把全部能力都分配给动物，没有剩下什么给人类。普罗米修斯来检阅，就发现到其它有生命的东西都照顾得很周到，应有尽有，而人类却裸着身体，没有掩护，也没有武器。但是规定要让人类从地下走进阳光里的日子已经到了。想帮助人类而不知道给什么好，普罗米修斯就从赫斐斯陀斯和雅典娜那里偷来了他们共同的智慧和火（因为没有火，他们的智慧就得不到，也没有用），把火送给了人类。人类因此得到了对生活为必要的智慧，但是还没有政治技艺，因为政治技艺还在宙斯那里，普罗米修斯没有办法闯进宙斯的天宫，天宫的四周都站着令人望而生畏的守卫者。但是他偷偷地钻进了赫斐斯陀斯和雅典娜合做手艺的工作室里，从赫斐斯陀斯那里偷到了用火的技艺，从雅典娜那里偷到了纺织的技艺之后，就把这些技艺送给了人类。人类从此就有了满足生活需要的能力。但是由于爱庇米修斯的错误，普罗米修斯却为盗窃而受到了惩罚，像上文已经说过的。紧接着上面的故事柏拉图又谈到人类当时还没有为着抵御动物、保证自己安全的战争技艺，这种战争技艺只是政治的一个组成部分；因此，人们聚居在城市里，但是那里还没有政治组织，他们自相欺凌，又回到分裂局面，于是天神被迫派遣交通神把廉耻和正义（法）送给人类。

在这些段落里，满足身体舒适和直接生活需要的目的与满足伦理、法律、所有权、自由、共同精神生活目的的政治组织之间的区别划分很明确。普罗米修斯并不曾把这种伦理的和法律的东西教给人类，他教给人类的只是征服自然，利用自然来满足人类需要的本领。火和利用火的技巧本身并不是什么伦理性的东西，纺织的技艺也是如此，它们都首先只为私图和个人利益服务，对人类生活的普遍方面和公众生活并没有关系。普罗米修斯既然没有把精神的和伦理的东西分配给人类，所以不能属于新神而只能属于巨灵族旧神。赫斐斯陀斯固然也掌握着火和用火的全部技艺，而却是一个新神，但是宙斯把他从奥林普山上抛到地上，他以后就成了一个跛腿的神。所以我们看到谷神色列斯和普罗米修斯一样是人类的恩人而却列在新神之列，这里并没有什么不一致之处，因为谷神教给人的是农艺，而农艺是和财产、婚姻、习俗和法律紧密联系在一起的。①

2c）此外还有一种第三体系的旧神。这里所包括的固然不再是些人格化的单纯的自然力量，不再保持着原来粗野或奸诡，也不再是服务于次要的人类需要的那些驾御个别自然元素的力量，而是很接近观念性、普遍性和精神性的一些神。但是这些力量或神还缺乏精神的个性以及适合这种精神个性的形象和显现，所以他们在作用上还或多或少地和自然的必然性与本质保持密切的关系。作为例证，可以提到关于涅米什斯、狄克、厄运弩、幽门尼德、慕伊锐等神的概念②。这里当然已经含有法权和正义的确定意义，

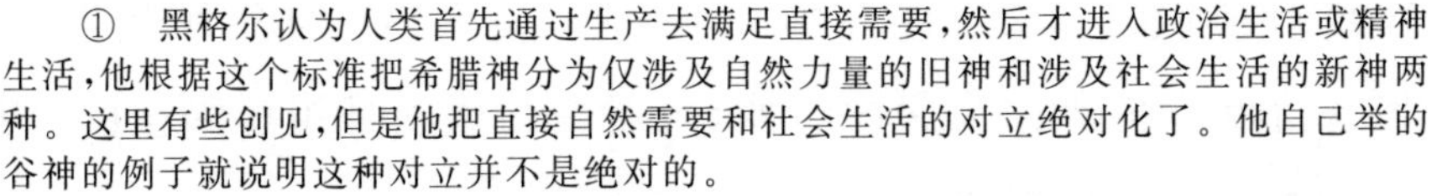

① 黑格尔认为人类首先通过生产去满足直接需要，然后才进入政治生活或精神生活，他根据这个标准把希腊神分为仅涉及自然力量的旧神和涉及社会生活的新神两种。这里有些创见，但是他把直接自然需要和社会生活的对立绝对化了。他自己举的谷神的例子就说明这种对立并不是绝对的。

② 涅米什斯（Nemesis），运气女神，分配祸福给人类，特别使过分幸运而骄矜的人遭到灾祸；狄克（Dike），掌时令和正义的女神；厄运弩（Erinnyen）和幽门尼德（Eumeniden）都是复仇女神，前一个名称较古，即后来罗马人所称的富里亚（Furiae）；她们是一群长着翅膀的、头发里缠着蛇的、眼睛淋血的少女，专以报仇为业；慕伊锐（Moirae），命运女神，三姊妹，最小的持纺纱杆，管出生；第二个持纺锤，管一生命运；最长的持剪刀，剪断生命线。

但是这种必要的公理还不是作为道德的精神和实体来理解和表现的，而只是最一般的抽象概念或是在精神关系之内的涉及自然关系的一种不明确的公理，例如骨肉之爱及其公理并不属于自觉精神的自由，因而也不属于明文规定的法律，而是与此正相反，只是一种不可调解的复仇的公理[①]。

关于进一步的研究，我只提出一两个观点。例如涅米什斯所代表的力量就是贬黜原已提高的人，把过分幸福的人从他的高位推下去，因而恢复到平衡。这种要求平衡的公理只是抽象的和表面的，固然也在精神情况和关系的范围里起作用，却不是把这些精神情况和关系作为这种公理的内容。

另一个主要方面就是关于家庭情况的公理之所以划归旧神掌管，是由于这种公理所根据的是自然关系，因而和明文规定的公共法律是相对立的。这个道理可以用埃斯库罗斯的《复仇的女神们》[②]作为最明白的例子来说明。这些凶恶的少女们追捕俄瑞斯特，因为他杀害了自己的母亲，而这次杀害是新神阿波罗命令他进行的，为的是不让被暗杀的丈夫和国王阿迦门农的仇得不到报复。所以全部悲剧表现出这两种神力之间的斗争，这两派神都亲自出场，站在敌对的两方面。一方面是复仇女神们，幽门尼德姊妹，而这些女神们却又有“善心神”的称呼，我们对“凶狠妇”（我们把复仇女神们改称为这样的神）所惯有的概念是粗鲁野蛮的。因

① 德文 Recht 可指“法”，“法律”、“法权”、“正义”、“公理”等等，这里指的特别是报仇方面的理由，例如父母被杀害，子女就有理由报仇，如一些希腊悲剧所涉及的，这种理由就是这里的所谓“公理”。

② 复仇女神的拉丁称呼是 Furiae，意译为“凶狠妇”，情节见卷一 269 页正文和注。

为她们追捕俄瑞斯特，是要维持一种本质性的公理，所以在施加严刑之中她们并不只是可恨的、野蛮凶狠的。但是她们在反对俄瑞斯特时所要维持的公理只是植根于血缘关系的家庭中的公理。俄瑞斯特所撕毁的母子之间最亲密的联系正是复仇女神们所代表的实体。阿波罗却反对这种植根于血缘而且从血缘里感觉到的感性自然的道德，他要维护一种更深刻的公理，即受损害的丈夫和国王所应享受的公理。这种差别乍看起来像是表面的，因为双方所努力维护的都是家庭这同一范围里的道德。但是埃斯库罗斯的深刻的想象却在这里发现出一种矛盾，这个矛盾并不是表面的而是始终涉及本质的（从这一点看，我们对这位诗人的想象应该更加钦佩）。这就是说，亲子关系是以自然一体为基础的，而夫妻关系却来自婚姻，婚姻就不只是起于单纯的自然的爱或自然的血缘关系，而是起于自觉的愿望，因而属于自觉意志的自由道德范畴。[1] 所以不管婚姻与爱和情感有多么密切的联系，它究竟不同于爱的自然情感，因为它还带有不依存于自然情感的自觉的职责，纵使爱情已消逝，这些职责还要受到承认。比起母子的自然联系来，婚姻生活实体性的概念和认识较晚起也较深刻，它形成国家的开始，而国家是自由的有理性的意志的实现。同理，国王对公民的关系也是一种政治的联系，即平等权利，法律和带有自觉自由精神的各种旨趣的联系，这就说明了旧女神幽门尼德姊妹为什么要惩罚俄瑞斯特，而阿波罗这位代表智慧和道德自觉性的神为什么要维护丈夫和国王的权利。阿波罗对抗幽门尼德姊妹是有道理的，他说，“克吕泰谟涅

① 亲子关系是自然的、不经选择的；夫妻关系是经选择的，有自由意志做基础的，黑格尔因此把夫妻关系看得比亲子关系能显出更高的道德。

斯特拉[①]弑夫弑君的罪如果得不到报复，我就会丧失光彩，把天后和天神所建立的联系看得一文不值。”（埃斯库罗斯的《复仇的女神们》，第206—209行）

同样的矛盾出现在《安蒂贡》[②]悲剧里，尽管它所涉及的完全是人类的情感的行动，而旨趣却更深刻，这部悲剧是一切时代中的一部最崇高的，而从一切观点看都是最卓越的艺术作品。这部悲剧中的一切都是融贯一致的；国家的公共法律与亲切的家庭恩爱和对弟兄的职责处在互相对立斗争的地位。女子方面安蒂贡以家庭职责作为她的情致，而男子方面国王克里安则以集体福利为他的情致。波里涅开斯带兵进攻自己的祖国，在忒拜国城门下被打死了，国王克里安于是下令，禁止人收葬这个国家公敌的尸首，违令者就要处以死刑。但是安蒂贡却不服从这个只顾到国家公共福利的法令，受妹妹对哥哥的敬爱所鼓舞，替他举行了葬礼。这样做，她所依靠的是神们的法律，但是她所崇拜的是阴间的神们（《安蒂贡》，451行），是掌内在的情感、爱和骨肉之情的神们，而不是阳间的神们，不是掌自由自觉的民族和国家生活的神们。

3）关于古典型艺术观中的神谱，可以提出的**第三点**是旧神们在威力上和在统治期限上彼此之间的差别。这里我们要注意的有三点。

3a）第一点是这些旧神是按照先后承续的次序而出现的。根据赫西俄德，混沌生地神迦亚和天神乌冉弩斯等等，接着是库若诺斯和他的家族，最后是宙斯和他的家族。这个次序一方面显示出

① 俄瑞斯特为着报父仇而杀掉的母亲。

② 关于《安蒂贡》见卷一280页正文和注。

由抽象的无形象的自然力量到较具体的、形象已较明确的自然力量的上升，另一方面也显示出精神力量对自然力量占优势的开始。埃斯库罗斯在他的《复仇的女神们》里让德尔斐神庙中的女巫这样开始她的祷告："在这祷告中我首先膜拜的是第一个下神谕者地神迦亚，其次就是特米斯①，她在这庙里继她母亲之后作出这种预言。"泡桑尼阿斯②也说地神是第一个下神谕者，却认为她后来把职位传给达芙涅。诗人品达在另一种次序里把夜神摆在第一，其次是特米斯，接着就是月神斐伯，最后是日神斐布斯（即阿波罗）。详细研究这些差别是有趣的，但不属于我们的范围。

3b）其次，这种先后承续的次序既然显出神们向深刻化和丰富化的进展，也就显出旧神体系中较早较抽象的一些力量的下降。最初最老的一些神力的统治权被剥夺掉了，例如库若诺斯推翻了乌冉弩斯，后来的神力接替了旧神们的位置。

3c）改造③的这种否定的关系是我们一开始就定为古典型艺术第一阶段的本质，通过上述新神代替旧神的方式，这种否定的关系就成为古典型艺术第一阶段的真正的中心。在这里人格化成为神达到表现以及在前进运动中趋向人的精神的个性所取的一般形式，尽管这种个性起初还只表现于不明确的无形式的形象，想象却已把新神对旧神的否定态度当作冲突和斗争来看。但是重要的进展在于古典型艺术的真正内容和特有形式都由自然转到精神。这使我们能看到上述精神个性的进展和冲突已不再专属于旧神体

① 特米斯（Themis），天神和地神的女儿，继地神掌德尔斐神谕，后来阿波罗继承了她的职位。

② 泡桑尼阿斯（Pausanias），罗马时代地理学家，《希腊游记》的作者。

③ "改造"指由旧神到新神的转变过程。

系，而是落在新神为着巩固他们对旧神的长久统治所进行的战争的范围里。

c）旧神们的挫败

自然和精神的对立是绝对必要的。因为我们在前文已经看到，精神作为真正的整体，它的概念（本质）就它本身来看，只在于把自己分裂开来，本身既是客体（对象），又是主体①，以便通过这种对立，从自然里解脱出来，然后作为胜利者和胜利者的威力，自由地明朗舒畅地对待自然。所以精神本身的本质中的这种首要因素②也就是精神对自己的观念（认识）中的首要因素。从历史的实际情况来看，这个转变表现为由自然人改造为具有法治的情况，即具有所有制、法律、宪章制度和政治生活的社会人的前进过程。从神的永恒的观点来看，这就表现为通过具有精神个性的神们来战胜自然力量的过程。

1）这场斗争表现出一种极大的转折点，它是神们的基本事迹，只有通过这种事迹，旧神和新神的主要差别才可以显现出来。所以我们对突出这种差别的战争，不应看作一般神话，而应看作形成转折点的和表现新神的形成过程的一种神话。

2）神们这场猛战的结果是巨灵族旧神的挫败和新神们的胜利，从此新神们就获得了稳固的统治，被想象从各方面加以发展。巨灵族旧神们遭到放逐，被迫住在大地里层，或是像海神那样，在这明朗欢乐的世界的黑边缘上徘徊着，还有其他的旧神仍在忍受

---

① 精神能认识自己，所以既是主体，又是客体。

② 精神认识自己因而有能驾御自然的能力。

各种各样的惩罚。例如普罗米修斯被钉在什提亚[①]的山崖上，一只无餍的老鹰在吃他的那副吃了又长的肝。汤塔路斯[②]在阴间被一种永不可解的渴病所折磨，希什浮斯[③]永远被迫把石头推上山顶而那石头却永远再滚下来。这些惩罚正像巨灵族的自然力量本身一样，本身漫无边际，是一种恶性的无限，对当然事物的渴望，或主体的自然欲念的无餍足状态，永远在重复出现，永远得不到安静或满足。希腊人具有神明的正确的感觉力，他们并不把对空阔渺茫的追求看作人类的一种最高理想，像我们近代人那样，而是把它看作应受天惩的罪孽，要把犯者打到阴曹地府里去。

3）如果我们泛泛地追问从现阶段以后，对于古典型艺术来说，是什么因素应退到后面，不应再作为最终的形式和恰当的内容而保持它的价值，我们就应该回答说，首先就是自然因素。与此同时，应该从新神世界中消逝去的还有一切混乱的、离奇古怪的、不明晰的东西，一切自然与精神，本身有实体性的意义与偶然的外在形状这二者之间的杂乱混淆。在这种新神世界里，凡是还没有足够的精神性的漫无节制的观念的产品都没有地位，都必须逃开白日的阳光。人们不管怎样把巨大的卡比里们和考里邦特们[④]之类生殖力量的体现打扮起来，这些形象从各方面来看，毕竟都多少属于

---

① 什提亚(Sythia)，黑海北岸古国名。

② 汤塔路斯(Tantalus)泄露了宙斯的秘密，被打到阴间一个湖里，他患狂渴病，伸手去捧水，水就退下，不让他够着。

③ 希什浮斯(Sisyphus)，神话中的柯林特国王，性贪婪，好欺骗，被流放到阴间，罚他把一块石头推上山顶，每次石头刚到山顶就又滚下来。见《伊利亚德》卷六，153 行。

④ 卡比里(Kabiren)和考里邦特(已见前注)都是佛里基亚民间节日庆祝中所崇拜的神们，与酒神有密切联系。一说这两种神实是一事，职掌生育。

意识尚未破晓时的情况——还不消说歌德所描绘的在布罗肯山上把母猪当马骑的鲍博也是属于这种情况的[①]。只有精神性的东西才要求阳光；凡是还没有显现出来的，本身还没有显出明晰意义的东西都还是非精神性的，就还须退回到黑夜和昏暗里。是精神性的东西就要显现自己，净化自己，把幻想的任意性以及形象和其它混乱的象征雕饰都要净化去，因为精神性的东西要由自己决定自己的外在形式。

同理，我们在现阶段发现凡是只限于自然需要及其满足的人类活动也退到后面去了。像特米斯和狄克之类神所体现的古老的公理，都由于不是由起源于自觉精神的法律所规定的，也失去它们原有的无限效力了；另一方面，纯然地方性的因素虽然还起些作用，却也已经过转化，纳入带有普遍性的神们的形象中去，作为一种残余的痕迹而留下来了。正如希腊人在特洛伊战争中是作为一整个民族而斗争和胜利的，荷马所写的神们已把和巨灵族旧神们的战争视为过去的事，也已形成一种本身固定明确的神的世界，此后又通过诗和造型艺术而日益获得更完满的界定和固定。这种颠扑不破的固定性在于希腊神们在内容意义上只涉及精神，而这种精神不是就它的抽象的内在意义来看的，而是就它和适合于它的外在存在处于同一体来看的，正如在柏拉图的思想里，灵魂和肉体天然形成一体，在这种天衣无缝的坚实状态中，这个统一体就是神性的、永恒的。

① 鲍博(Baubo)，歌德在《浮士德》里所写的一种怪神。

3. 否定过的旧神因素以肯定的方式保留在新神体系里

尽管新神们胜利了，有关旧神的东西在古典型艺术里仍然受到保存和崇敬，有时还保持上文说过的那种原始形式，有时采取了改造过的形式。只有狭隘的犹太民族神才不许自己身旁有其他神，因为尽管由于他的定性，他没有越出只是一个民族的神的局限，犹太神却要在一切中作为太一。这样一种神只能作为天地主宰通过创造自然才能真正地显示出他的普遍性，但是在其它方面，他是亚伯拉罕①的神，他带领以色列民族出埃及，在西奈山上颁布法律，把迦南地方分配给犹太人②。他和犹太民族是一体，这种紧密的联系使他成为只是犹太民族的神，因此，他既不作为精神而与自然处于肯定的一致，又不能脱离他的定性和客观存在，真正作为绝对精神而显示出他的普遍性。所以这位严峻的民族神是很狂热的，由于心怀妒忌，下令叫人把其他的神都看作伪神。希腊人却不然，他们从一切民族中发现他们的神，肯把外来的因素吸收进来。古典型艺术的神具有精神的和肉体的个性，因而不是太一和唯一的神，而是一种特殊（个别）的神性，这种神性，像一切特殊的东西一样，身旁还围绕着一系列其它特殊的东西，或是把它们作为自己的另一面而与它们对立，它就是从这另一面产生出来的，这另一面

① 希伯来民族的始祖。

② 事见《旧约》里的《出埃及记》，希伯来民族到埃及逃荒，后由摩西（代表神）带领逃出埃及，在西奈山（红海东岸）颁布十诫，要他们在迦南（即巴勒斯坦）定居。

就还保着它的效力和价值。这种神的情况就像在自然界各个领域里所发生的情况一样。尽管植物界代表地质的自然形成的真理①，而动物界又代表比植物界较高的真理，山岳和冲积地仍然是树木花卉所由滋生的土壤，而树木花卉又和动物界并存。②

a）秘密教仪

希腊人保存旧神因素的最初形式是秘密教仪。希腊的秘密教仪之所以称为"秘密"，并不是说希腊民族对这些教仪的内容意义不是家喻户晓的。与此相反，大多数雅典人和不少的外方人都参加爱琉什斯的秘密教仪③的传授典礼，只不过不准把在传授典礼中所学习到的东西说出来。近代人特别费大力去研究这些秘密教仪所含的确切的观念以及人们在庆祝中所进行的宗教活动。但是大体说来，这些教仪里并不像隐含着多大智慧，或是深刻的认识，而只是保存了一些古老的传统，成为后来真正的艺术加工改造的基础，所以这些教仪就内容来说，并不是什么真实的高尚的美好的东西，而只是一些没有多大意义的低劣的东西。这种被奉为神圣的内容意蕴在秘密教仪中从来没有清楚地表现出来，而只是用一些象征符号来暗示的。事实上保密不说出的秘奥也是属于地、天之类巨灵族旧神的，而可以显示出来的，而且可以由自己显示出自己的只有精神。从这方面来考虑，象征的表现方式也就是这些秘密

① 植物分布取决于地质情况。

② 比喻在希腊不同历史阶段不同民族的神可以并存。

③ 这是希腊最著名的秘密教仪，崇拜的对象是谷神德米特（Demeter，即前文已见的色列斯）和她的女儿普罗索聘娜（Proserpina），即阴间皇后，传说她们都是农业生产的护神。教仪在爱琉什斯（Eleusis）举行（地点在雅典西南）。

教仪的秘密中的另一面，因为在象征表现里意义总是暧昧的，表现意义的外在形式总要包含一些有关意义以外的东西。例如谷神德米特和酒神巴库斯的秘密教仪也曾被人从精神方面去解释，因而具有深刻的意义，但是这种意义毕竟不是它的形式所能充分表达的，所以不能很清楚地从形式中显出来。所以秘密教仪对艺术没有发生多大影响。尽管有人说埃斯库罗斯故意透露谷神德米特教仪中的秘密，实际上他也不过说过阿特米斯①是谷神德米特的女儿，这算不得多大的智慧。

b）保存在艺术表现中的旧神

其次，对旧神的崇敬和保存，在艺术表现本身中可以看得较清楚。上文我们已提到普罗米修斯，说他是一个遭到天惩的巨灵族旧神。但是我们也发现他获得了解放。因为普罗米修斯送给人类的火（因此他教会人类食肉），也和大地与太阳一样，是人类生存中一个重要因素，是满足需要的一个必不可少的条件，因此他长久受到人类崇敬。在梭福克勒斯的《俄狄普在柯洛诺斯》悲剧里有这样一段话（第 54—56 行）：

“这是圣地，因为统治它的是海神
和送火的巨灵，普罗米修斯”。

注释家还补充了一段，说普罗米修斯像火神赫斐斯陀斯一样，在学园里和雅典娜一起受到崇敬，人们还指出雅典娜圣林里有一座庙，

① 阿特米斯（Artemis），女猎神，主生育的女神，后来又变成女月神，据希腊神话中一般的说法，她是天神宙斯和列陀（Leto）的女儿，阿波罗的妹妹。她掌生育，所以与谷神也有联系。

入口附近有一个台座，上面立着普罗米修斯和赫斐斯陀斯两神的雕像；根据莱什玛岂德[①]的记载，普罗米修斯表现得较老，手里持着笏，赫斐斯陀斯却表现得较年轻，居次要地位；台座上有一个祭坛，是两神共用的。所以按照神话，普罗米修斯并不是永远受惩罚，他的镣铐由赫克里斯替他脱下来了。这个解放的故事也有几个特点值得注意。普罗米修斯被解除了痛苦，据说是因为他预告过宙斯，说他的第十三个后裔有颠覆他的统治的危险。这位后裔就是赫克里斯。在亚理斯托芬的喜剧《群鸟》里，海神向赫克里斯说过（1645—1648 行），如果他和宙斯签订放弃诸神统治权的条约，他就会自己损害自己，因为宙斯死后，遗产终于要落到他手里。事实上赫克里斯是唯一的凡人[②]登上了奥林普，由凡人变成了神，所以他的地位比仍属于巨灵族的普罗米修斯要高些。赫克里斯和他的后裔是推翻旧神统治的。他的后裔粉碎了旧王朝和旧王室的权力，因为这些旧王室专横自私，对人民漫无法纪，做了许多残暴的事。赫克里斯本人虽曾替其中一个统治者服务，但不是作为一个追求权位者而战胜了这种专制的野蛮统治。

与此类似的还有我们在上文已经举过的例子，可以在这里再提一下，那就是埃斯库罗斯的《复仇的女神们》。阿波罗和复仇女神们的斗争要由雅典的最高法院判决。这在大体上是一个由凡人组成的家庭，雅典娜作为民族精神的体现，当了首席法官，她应该解决这场冲突。法官们投判罪的和投宣布无罪的票数相等，因为

① 莱什玛岂德（Lysimachides），公元前 4 世纪亚历山大大帝东征中的一个名将。

② 据神话，赫克里斯是天神宙斯和希腊的一个公主亚尔克弥娜（Alcmena）的儿子。

对复仇女神们和对阿波罗都一样崇敬，但是雅典娜的白石①判决了阿波罗胜诉。复仇女神们大声叫嚷，反对雅典娜的判决，但是巴拉斯②平息了她们的气愤，允许她们在柯洛诺斯的圣林里有一个祭坛，享受崇拜。为此，复仇女神们应保佑人民不受地、天、海、风之类自然元素的灾害，还保证田地不歉收，生命种子、生殖和生育不出差错。巴拉斯自己则担负起照管战争和神们的斗争的任务（《复仇的女神们》，第 901 行以下）。同样，梭福克勒斯在《安蒂贡》里也不是只让安蒂贡一个人受苦难，遭杀身之祸，由于她的死，克里安也丧失了他的妻子和他的儿子希蒙，③这样也就受到了惩罚。

c）新神们的自然基础

第三，旧神们还不但在新神们旁边保留着他们的地位，更重要的是自然基础在新神们身上也还保持住，而且由于它符合古典理想的精神个性，在新神们身上还有它的反响，它长久享受到崇敬。

1）因此，人们往往误入迷途，按照希腊神们所采取的人的形状和形式，把他们理解为自然元素的单纯的寓意。其实希腊神们并不是一些单纯的寓意。例如我们经常听说希里阿斯是日神，第安娜是女月神，奈普顿是海神④。但是这样把作为内容的自然元素和作为形式的用人的形状的人格化割裂开来，以及把这两方面的外在的结合看作神对自然事物的统治（如同我们在《旧约》里所看

① 即主席的最后决定票。

② 巴拉斯（Pallas），雅典娜的别名。

③ 希蒙是安蒂贡的未婚夫，她死后他就自杀了，他母亲在他自杀后，哀伤过度，也死了。参看第一卷 280 页注。

④ 希里阿斯（Helios）、第安娜（Diana）、奈普顿（Neptun）是旧神体系中的日神、女月神和海神。

惯了的),这和希腊人的观念是不符合的。因为我们从来没有发现过希腊人用表达这种概念的字样,如果他们有这种概念,他们也就应当有表达这种概念的字样。希里阿斯就是太阳,看作神。①

2)同时我们在这里还必须坚持:希腊人从来不把单纯的自然的东西看作神性的东西。他们有一种明确的看法:是自然的就不是神的;这一点有时虽未明说而却由他们的神的概念所隐含着,有时却明确地说出来了。例如普鲁塔克在论伊西斯和俄西里斯②的文章里谈到对神话和神的各种不同的解释。伊西斯和俄西里斯属于埃及的观照方式,比起希腊的相应的神们③,在内容上含有更多的自然因素;因为他们所表达的只是由自然上升到精神的希冀和斗争。他们后来在罗马享受到更高的崇敬,形成了一种主要的秘密教仪。不过普鲁塔克仍认为把这些神解释成为日、地或水之类是不恰当的。在日、地、水之类事物里只有无边际、无秩序、有缺陷的和过分的东西才应归到自然因素方面去,只有美好的有秩序的东西才是伊西斯的作品,而理智和理(λόγος)则是俄西里斯的作品。所以这些神身上一切具有实体性的东西都不是由单纯的自然的东西所提供的,而是由精神的东西,普遍的东西,理和理智以及符合规律的东西所提供的。

由于对神们的精神性有这种认识,希腊人也把一些较确定的自然因素和新神们区别开来。例如我们惯把希里阿斯和色里尼④同阿波罗和第安娜⑤摆在一起,而荷马却把他们分别得很清楚。海

① 说明希腊的神不是自然力量的寓意表现或人格化。
② 埃及的女月神(亦即女地神)和日神,已见本卷第一部分第一章 c3 节注。
③ 即希腊的女月神和日神。
④ 色里尼(Selene)、希腊女月神,是希里阿斯(日神)的妹妹。
⑤ 比希里阿斯和色里尼较晚的希腊日神和女月神,新神比旧神自然性较少,精神性较多。

神俄侃诺斯和海神鲍赛敦[①]的关系也是如此。

3）**第三**，在新神们身上却仍保留着自然力量的回声，这些自然力量的作用（或活动）仍属于神们的精神个性本身。精神和自然的这种肯定的融合的基础在于古典型艺术的理想，我们在前文已经谈过，所以在这里只消举几个例子来说明。

3a）鲍赛敦具有环绕地球的海洋的力量，仍如滂沱斯[②]和俄侃诺斯一样，但是他的威力和活动范围却较远大：他建立了特洛伊，而且是雅典的护神，他一般是作为创建城市者而受到崇拜的，因为海有助于航业、商业和人与人的联系。新神阿波罗也是如此，他是知识的光，神谕的光，不过也还保存着自然光神希里阿斯的遗迹。浮斯和克洛伊佐等人对阿波罗是否代表太阳的问题固然进行过争论，但是事实上我们可以说，他既是太阳，又不是太阳，因为他不仅有这种自然内容，而且提高到具有精神的意义。绝对应该注意的是知识和照明之间的本质的联系，自然的光和精神的光按照它们的基本的定性是站在一起的。光作为一种自然因素是起显现作用的，尽管我们见不到光本身，光却使它所照的事物成为可以眼见的。由于光，一切事物就成为认识的对象，对于旁人就有认识的意义。精神也具有这样起显现作用的性格，它是意识、知识和认识的光。除掉这两种显现作用的活动范围不同之外，它们之间的差别只在于这一点：精神能显现出它本身[③]，在它所显示给我们的东西之中，或是在为它所造成的东西之中，它还保持着自己的本色；自然的光并不使它本身成为知觉的对象，而只是使不同于它和外在于

① 俄侃诺斯（Okeanos）是较早的海神；鲍赛敦（Poseidon）是较晚的海神。

② 滂沱斯（Pontus Euxinus），即现在的黑海。

③ 精神是自觉的。

它的东西成为知觉的对象，在这种关系中它从本身放射出来，不像精神那样还反射到本身①，因此它还没有达到较高的统一，在这种较高的统一里，在另一体里同时还是在自己本身②。正如光和知识有一种紧密的联系，阿波罗作为一位精神性的神也还令人回想到太阳的光。例如荷马把希腊军营里的瘟疫归咎于阿波罗，就是把他看作盛夏中太阳的热力。他的致命的箭也确实和太阳的光线有一种象征的联系。在外在的描绘里，我们必须根据较确切的标志，来断定一个神的意义主要地应该怎样解释。

特别是在追溯新神们的起源史之中，我们就易认出古典理想中的神们所保存的自然因素，这一点已由克洛伊佐显示得特别清楚。例如在朱匹特③身上就有些特征涉及太阳，赫克里斯的十二件伟绩，例如其中的盗取赫斯帕里德的金橘，也涉及太阳和一年十二月④。月神第安娜含有大自然的公共的母亲的意义，例如爱斐苏斯⑤的第安娜处在旧神和新神交替的阶段，她的主要内容是自然，生殖和营养，这也表现在她的外形方面，特别是胸膛乳房部分。但是这种特点在希腊女月神阿特米斯身上完全不突出了，她是一个射杀动物的猎女，显出一副青年女子的美丽的形象，只是半月形的

① 光没有自我意识，精神有自我意识。

② “另一体”指所认识的对象，“还是在自己本身”指自己不但认识到对象，同时也认识到自己。

③ 朱匹特(Jupiter)，罗马人所崇拜的天神，相当于希腊的宙斯，他所掌管的主要是雷雨。

④ 大力神赫克里斯一生中做过十二件凡人无法做到的难事，其中第十一件是盗金橘。金橘是天后结婚时女地神送给她的礼物，交给赫斯帕里德(Hesperides，“夜神的女儿们”)看守，它们生在海外远方一个园子里，由一条毒龙守护着。赫克里斯杀了毒龙，取回了金橘。

⑤ 爱菲苏斯(Ephesus)，小亚细亚海边城市，过去以月神庙著名。

弓和箭还使人回想到旧女月神色里尼。女爱神阿弗洛狄特也是如此，愈追溯到她在亚洲的根源，她就愈接近自然力量，等到她来到希腊，她就显出魔力，秀美和爱情之类精神个性，尽管并没有完全丢掉原来的自然基础。女谷神色列斯也是以自然繁殖为出发点，后来才有精神的内容参加进去，这种关系是从农业和财产之类概念发展出来的。九诗艺女神缪斯是以泉水的流声为自然基础的；连宙斯自己也应看作普遍的自然力量，他是作为雷神而受到崇拜的。在荷马史诗里雷就已经是厌恶或赞许的符号，是一种预兆，因此就获得一种精神的人道的意义。天后朱娜和自然的联系在于神们所遨游的天空和大气层。例如传说宙斯把赫克里斯放在朱娜的怀里，她喷出的奶就变成了银河。

3b）在新神们身上一般的自然因素一方面贬低了，而另一方面也提高了，单纯的动物性因素也是如此。前文已讨论过动物性因素的贬低，现在我们可以指出它们的积极方面。古典的神们既然摆脱了象征的表现方式，获得了自觉的精神作为内容，所以动物的象征的**意义**也随着动物的**形象**愈有权利和人的形象以不伦不类的方式夹杂在一起，而愈趋于消失。动物的形象因此只作为标志而出现，被摆在神们的表现为人的形象的旁边，例如鹰跟着朱匹特，孔雀跟着朱娜，鸽子们跟着阿弗洛狄特，猎犬跟着阿努比斯作为阴间的警犬[①]之类。所以精神性的神们的理想中尽管还保留着一些象征的因素，这种象征因素却失去了它的原始的意义，原来形成重要内容的那种单纯的自然意义现在只作为一种残余和特殊外

① 阿努比斯（Anubis），埃及的引死人的阴魂到阴间的神，常带着一条警犬。所举各例都是用动物来标志神的品质或职位。

在标志而留存下来，由于这种外在标志的偶然性，它不免显得很离奇，因为它所指的已不是原始意义了。①此外，这些神的内在方面既然是精神的和人的，所以他们的外在形状也不免现出人的偶然性和弱点。提到这点，我们不妨回想一下天神朱匹特的那么多的爱情勾当。按照这些爱情勾当的原来的象征的意义来看，我们在前文已说过，它们指的显然是一般的生殖活动和大自然的生生不息。但是朱匹特和天后朱娜的婚姻既然应看作名正言顺的关系，他的爱情勾当就是对妻子的不忠实，就有偶然的“露水姻缘”的外貌，就用臆造的秽史的性格偷换了原来的象征的意义。

随着一方面单纯的自然力量和动物性因素以及另一方面精神关系的抽象的普遍性的贬低，随着这两方面提升到精神个性的较高的独立自足性（个性受到了自然的渗透，而自然也受到了个性的渗透），我们就已把必要的起源史定作古典型艺术本质的真正的前提了，因为在这个过程中古典理想就凭本身的力量形成符合它的概念的那种样子了。精神性的神们的这种符合概念的实际存在就把我们带到古典型艺术的真正理想，这种古典型艺术，与已被征服的旧的艺术形式相反，它所体现的是不可消逝的东西，因为一般说来，凡是消逝都由于概念和它的客观存在不契合。②

① 例如我国过去民间神话中鹤作为长寿的标志，摆在寿星旁，总不免有些不伦不类，因为鹤已不作为一种通常的水禽来看待了。

② 本章描述象征型艺术作为古典型艺术的准备阶段。由象征型艺术到古典型艺术的过渡首先表现于神话中自然因素的降低和精神因素的提高，例如在希腊神话中这种过渡表现于旧神和新神（旧神侧重代表自然，新神侧重代表精神）的斗争以及新神的胜利。在第一阶段，新神一方面贬低了单纯的自然力量，另一方面也把自然力量提高到具有精神的意义。这是批判继承的过程，也是辩证发展的过程，在否定旧的东西的同时也肯定了而且提高了旧的东西，从而建立了新的东西。古典型艺术中新的东西主要是自觉的精神个性成为决定内容和形式的力量，从而达到内容和形式以及一般与特殊的真正的统一。

第二章　古典型艺术的理想

理想的真正本质是什么，我们在概括地讨论艺术美时已谈过了。现在要讨论的是特殊意义的理想，即古典型的理想，这也已在讨论古典型艺术这个概念时讨论过了。现在所涉及的理想只是古典型艺术实际上达到了形成它的最内在本质的因素而且把它表达出来了。从这个观点看，古典型艺术所掌握的内容是精神性的，同时也把自然和自然力量纳入精神领域里，因此不把精神表达为纯然内在的生活和对自然的统制。关于形式，古典型艺术用的是人类的形状，事迹和情节，通过这些因素，精神内容就完全自由地透明地显现出来，所用的感性材料不是只以象征的方式去暗示意义的外在形体，而是精神自己就已把感性材料作为符合精神本质的客观存在而居住在它里面。

本章可以划分为下列几个部分：

第一，我们先要讨论古典理想的一般性质。它在内容和形式两方面都是涉及人类的，而且内容和形式互相渗透，达到最完满的对应或契合。

第二，这里所说的人类的因素既然渗透到肉体形状和外在现象里，就会形成一种受到定性的外在形象，只适合于一种明确具体的内容意义。这样我们所看到的就是一种呈现于特殊个别事物的理想，理想就具体化为一系列的采取人类形状而存在的某些特殊个别的神和统治人类生活的力量了。

第三，这种特殊个别因素不是只有一种定性的抽象品，由这种定性的基本性格来形成全体内容和指导表现的片面性的原则，而是同时本身就是一种整体及其特殊个别因素的统一和协调。如果不是这样，特殊个别因素就会成为冰冷的和枯燥的，它就会缺乏理想在任何情况下都不可缺乏的生气。

我们现在从普遍性、特殊性和个性这三方面，来进一步考察古典型艺术的理想。

1. 总论古典型艺术的理想

我们在前文已研究过希腊神们的起源，因为神们对于理想的表现是中心，并且认识到他们属于由艺术改造过的传统。这种改造只能通过两方面的贬低，一方面是贬低一般自然力量及其人格化，另一方面是贬低动物性因素及其象征的意义和形象，这样就可以获得精神性的东西作为真正的内容意义，获得人的显现方式作为真正的形式。

a）理想起源于自由的艺术创造

古典理想既然在本质上只有通过上述对过去材料的改造才可以出现，所以我们现在要指出的第二个方面就是理想是从精神产生出来的，因此它的根源在于诗人和艺术家的最内在最亲切的东西，诗人和艺术家用既明晰而又自由的沉静的思索把这种理想带到意识里来，而又抱着艺术创造的目的把它表达出来。有一个事实好像和这种创作方式不相容,那就是希腊神话根据较古老的传统,含有外来的东方的因素。例如希罗多德在前已引过的一段话里说过,荷马和赫西俄德替希腊人创造了神,可是在其它段落里他又把这些希腊神和埃及等国的神紧密联系在一起。在他的《历史》第二卷(第四十九章)里,他明确地说过,把酒神达奥尼苏斯的名字以及法路斯和整套的崇拜仪式输入希腊的是麦朗普斯①,——但是他还补充了一句,说麦朗普斯是从提里尔人卡德茂斯和跟卡德茂斯到希腊博俄提亚邦的腓尼基人那里学得崇拜酒神仪式的。这些自相矛盾的话在近代引起了很大的兴趣,特别是克洛伊佐的研究。克洛伊佐试图从荷马史诗里去找古代秘密教仪以及汇流到希腊的亚洲、帕拉斯基亚、多多尼亚、特拉西亚、沙摩特拉西亚、弗里基亚、印度、佛教、腓尼基、埃及以及古诗人奥浮斯等方面的来源,此外还涉及许多个别地方的土生土长的因素之类细节。这些多种多样的传统根源乍看起来当然和上述两位诗人创造了神们的名称和形象的说法是不相容的。但是承袭传统和自己创造这两方面是完全可以统一的。传统在前,它是出发点,当然要流传下来一些因素,但是传统并不同时带来神们的真正内容意义和正确的形式。这种内容意义是上述两位诗人从自己的精神里提供出来的,他们在就传统材料进行改革之中也找到了真正的形象,所以他们实际上就是我们在希腊艺术所惊赞的那种神话的创造者。不过荷马所写的神们也不因此就纯粹是主观的虚构或臆造,他们的根源在于希腊人民

① 麦朗普斯(Melampus),传说中的希腊预言家和医生,据说崇拜酒神(Dionysus)的习俗是由他输入希腊的。酒神据说起源于希腊半岛以北的特拉西亚(Thracia)区域。酒神原是生育神,所以与法路斯(Phallus,男性生殖器象)的崇拜密切联系在一起。

的精神和信仰以及民族宗教的基础。这些神是绝对的力量和威权，希腊想象的最高成就，一般美的中心，仿佛是由女诗神自己传给诗人的。

在这种自由创造之中，希腊艺术家采取了一种和东方艺术家完全不同的立场。印度的诗人和哲人们也用现成的材料作为出发点，例如自然元素、天空、动物、河流之类，否则就是一种抽象概念，即无形象无内容的梵。但是他们的灵感导致主体内在因素的破灭。他们接受了一种困难的任务，要就外在于他们的材料进行加工，由于他们的幻想漫无节制，缺乏任何坚定的绝对方向，他们的作品就不可能真正是自由的和美的，他们只能始终困在材料里，漫无约束地游离不定地矫揉造作。他们就像一位没有地基的建筑师，一些断瓦颓垣、丘陵和悬崖成了他们的障碍，他们对自己要建筑的房子心中没有蓝图，所以他们所造成的只能是一堆粗野的不调和的离奇古怪的建筑物，而不是一种由想象根据精神来自由创造出的作品。另一方面，希伯来诗人所给我们的是他们从上帝那里听来的启示，所以这里又是一种不自觉的灵感，和艺术家的个性与创造精神是割裂开来和区别开来的。正如崇高中一般情况一样，抽象的永恒的东西，要通过一种和它不同而且外在于它的东西的关系，才能呈现于观照和意识。

在古典型艺术里情况却与此相反，诗人和艺术家也还是一些先知者和宣教者，要使人们认识到绝对的和神性的东西。他们和东方的诗人和艺术家的情况有下列一些区别：

1）第一，他们的神的内容不是外在于人类精神的自然，也不是唯一尊神（太一）的抽象概念，由此产生的只是一种肤浅的塑形或是一种无形象的内在意蕴[①]，希腊神们的内容是从人的精神和人的生活中取来的，所以是人类心胸所特有的东西，人对这种内容感到自由而亲切的契合，他所创造的就是表现他自己的最美的产品。

2）其次，古典型艺术家们同时是些诗人，把这种材料和内容塑造成为自由的本身完满的形象。从这方面看，他们把自己显示为真正的具有创造性的诗人。他们把多种多样的外来因素都投进了熔炉，却不像女巫们那样只造出一些糟粕，而是用高深精神的纯洁火焰把一切混乱的、自然的、不纯的、外来的和无尺度的东西都烧光，使它们熔成一片，显出一种净化过的形式来，原来用来塑造的材料只留下一点微弱的痕迹。在这方面他们的任务一部分在于消除传统材料中凡是无形式的、象征性的、不美的、奇形怪状的东西，一部分在于突出精神性的东西，使它个性化，替它找到适合的外在表现。在这里我们第一次看到人的形象不再是人的动作和事迹的单纯的人格化，而是作为唯一适合的实际存在而出现，像我们已经见过的。这些形式当然也是由艺术家从现实中发现到的，但是他先须把其中偶然的不适合的因素消除掉，然后才能显示出人的精神内容，按照它的本质来看，适合于表现神和永恒的力量。这就是艺术家的自由精神的创造而不只是主观任意的拼凑。

3）第三，神们既然不仅是为他们自己而存在，而且也要在自然的具体现实和人类事件里发挥作用，诗人的任务也就要涉及认识神们在这些人间事物的关系里的现身和活动，以及阐明显出神

① 这就是说，不像印度诗人那样运用自然材料来象征某一概念，或是把一切归结到无形象的梵。

力干预的那些具体的自然事件和人的行动和命运，因此就分担了司祭和先知的任务。我们近代人从近代散文气的思索观点出发，按照普遍的规律和力量去解释自然现象，按照人的内心意图和自觉的目的去解释人的行动，希腊诗人们却随时随地都要着眼到神性的东西，把人类活动表现为神们的动作，通过这种阐明，才把神们发挥力量的各种不同方面都塑造出来了。因为一系列的这种阐明就产生出一系列的可以显示出这个神或那个神的动作。举例来说，如果我们打开荷马史诗，我们很难找到一件重要的事不是用神旨或实际的神助来解释清楚的。这种阐明就代表诗人的见识，自造的信仰和观点，例如荷马就往往现身说法，说出自己的观点，或是借所写的人物，司祭或英雄之口来说出自己的观点。例如《伊利亚特》一开始，就见荷马亲自把希腊军营的瘟疫（卷一，9—12 行）解释为阿波罗惩罚阿迦门农的神旨，因为阿迦门农不肯把所虏的女俘还给她们的父亲库理赛斯，在下文（卷一，94—100 行），荷马还通过卡尔柯斯把这个解释传达给希腊军。

在《奥德赛》的最后一章诗里，当交通神伴送求婚者们的亡魂到日光兰花园[①]里，他们碰见了阿喀琉斯和其他参加特洛伊战争的英雄们，后来阿迦门农也来到这里时，荷马也以同样的方式描述了阿喀琉斯的死（卷二十四，41—63 行）：

“希腊人打了一整天的仗，等到天神宙斯把交战的两军隔开来之后，他们才把这具高贵的尸体运上船，把它洗干净，哭了一阵又一阵，然后把它涂上油。突然间海上传来一阵神的号哭声，惊惶的希腊人正想跳下空船舱里，一位见闻广博的老人，名叫

① 在希腊神话中的西方极乐世界里，英雄们的阴魂到这里虽死而不朽。

涅斯忒，把他们拦住了，这位老人的智谋一向是顶高明的。”接着他这样解释了这个现象：

“‘这是他母亲带着不朽的女神们踊出海面来迎她的死了的儿子’[①]。听了这句话，忠勇的希腊人就不再恐惧了。”

这就是说，他们懂得了这是怎么回事：这是人情之常，哀伤的母亲来会儿子，他们目所见耳所闻的只是他们亲身经历过的事；阿喀琉斯就是他们自己的儿子，他们自己也在悲伤。所以阿迦门农转向阿喀琉斯，继续谈他的故事时就这样描绘当时普遍的悲痛：

“你的四周站着海上老叟的女儿们在哀悼，她们穿着仙裳；还有那九位女诗神也在轮流唱美妙的挽歌，阿高斯[②]人听着没有一个不流泪，都被那清脆的歌声感动了”。

但是特别使我百读不厌的是《奥德赛》里另一次神的显现。俄底修斯在他的浪游航程中（卷七，159—200行），因为在幽里阿洛斯运动会中拒绝参加掷石饼的比赛，受到斐阿克人[③]的侮辱，他满面怒容地用粗鲁的话回答了他们。接着他就站起身来，挑选了一个最大最重的石饼，把它抛出去，远远超过了目标。有一个斐阿克人在石饼落的地方画了一个记号，大声嚷道：“就连一个瞎子也可以看到这块石头，它和旁的石头不混在一起，远多了。你在这次比赛中没有什么可怕的；没有哪一个斐阿克人掷石饼能赶上你或是超过你。”他这么说；但是久经风霜的神明的俄底修斯却在比赛场中看见一位对他怀善意的朋友，心里十分喜悦。在这里荷马把那位斐

① 阿喀琉斯据说是女海神特提斯（Thetis）的儿子。

② 阿高斯是希腊北部一个城邦，阿迦门农是这里的国王。

③ 斐阿克人（Phaeaken），据说住在地球极西端一个国里。

阿克人的话语和鼓励解释为善意的雅典娜的显现。①

b）古典理想中的新神们

还有一个问题：这种古典方式的艺术活动的产品是什么，希腊艺术的新神们有什么样的性质？

1）能使我们对这些神有最普遍最完满的概念的是他们的集中的个性，这种集中的个性使多种多样的次要的细节，个别的动作和事件，都围绕着一个单纯的统一体的焦点。

1a）这些新神引起我们注意的首先是具有实体性的精神个性，这种个性从必然界的特殊事物的繁复现象以及有限事物的繁复目的所产生的动荡不宁状态中脱离出来，回到自己所特有的普遍性上，也就是把自己更安稳地安置到一种永恒的明白的基础上。只有这样，神们才显现为不可毁灭的力量，这种力量的未受干扰的统治不是显现于和许多异质外在的东西纠缠在一起的个别事物，而是显现于他们所特有的不可变性和纯真性。

1b）但是另一方面，这些神们又不只是一些精神方面的普遍性的抽象概念，不是一般人所谓普遍的理想，而是一些个体，显现为一个理想，有它自己所特有的客观存在和定性，这就是说，作为精神，这种理想具有性格。没有性格就显不出个性。像前文已经指出的，从这方面看，这些精神性的神也有一种确定的自然力量作为他们的基础，同这种自然力量融合在一起的是一种确定的伦理性

① 这一节说明希腊古典艺术的神代表精神思想，但不停留在抽象概念，也不运用象征的方式，使自然事物勉强暗示精神意义，而是用最适宜于表现精神的人体来表现神性，因而内容与形式能完全吻合；另一特点是古典理想的表现是自觉的创造，是精神的产品。

的实体，每个神各有一个界限明确的范围可以发挥他的作用。这种个性所带来的多种多样的因素和特征归结到一个单纯的统一体，这就形成神们的性格。

1c）但是在真正的理想里，神的这种定性也不应该局限在窄狭的框子里，只见出性格的片面性，而是要同时回到神性的普遍性。由此可见，每个神本身既然具有神性的（因而也是普遍的）个性作为他的定性，他就有一个明确的性格，或是有一种概貌，游离于抽象的普遍性与抽象的个别性二者之间。就是这种情况使真正的古典理想具有无限的安稳和宁静，十全的福慧气象和不受阻挠的自由。

2）其次，作为古典型艺术的美，由自己确定的神的性格并不只是精神性的，而是要外现于身体方面，成为肉眼和精神都可以看见的形象。

2a）这种美既然不只是以经过精神性人格化的自然因素和动物因素为内容，而是以适合精神本身的客观存在为内容，它就只能附带地采用象征的方式，而且只限于单纯的自然关系领域；它的正当的表现是适合精神——而且只适合精神——的外在形象，因为这形象里面的内在的内容凭自己就获得存在，达到完整，通过这形象而显现出来。

2b）从另一方面看，古典美不能表现崇高。因为产生崇高印象的只是抽象的普遍的东西，这种东西本身没有明确的定性，对个别特殊的东西一般只持否定的态度，因而对任何具体的体现也持否定的态度。古典美却不然，它把精神的个性纳入它的自然的客观存在中，只用外在现象的因素来阐明内在的东西。

2c）因此，外在形象正像它所表现的精神内容一样，必须摆脱外在定性中的一切偶然性，一切对自然的依存和一切病态，必须把一切有限性，一切可消逝的暂时性的东西以及一切事务性的东西都看作纯然感性因素①，必须使它（形象）的和神的明确的精神性格紧密联系的那种定性得到净化和提高，使它（定性）和人的形体的普遍形式能自由合拍②。只有无瑕疵的外在形式（其中一切弱点和有限性都消除掉了，一切任意的特殊性的毛病都克服了）才能符合精神的内在意义，让这内在意义渗透到外在形式里，借外在形式而变成有形体的东西。

3）但是因为神们既然要有明确的性格而同时又要回顾到普遍性，他们在所显现的形象上也就应显出精神的自我存在，即具有镇静自持，在外在形式里感到安稳的意味。

3a）从此我们看到在真正的古典理想里，神们的具体的个性现出精神的这种高贵气象，所以尽管它（个性）完全渗透到肉体的感性形象里，却仍使人感到它完全脱离了有限事物的一切缺陷。单纯的独立自足和对一切定性的摆脱就会导致崇高；但是古典理想既然外现了它所特有的客观存在，即精神本身的客观存在，它所含的崇高就显得和美融成一片，就直接转化为美。就是这种情况使得高贵表情或古典的**美的**崇高对于神们的形象是必要的。有一种永恒的严肃，一种不可改变的静穆安息在神们的眉宇间，由此洋溢到整个形象。

3b）凭他们的这种美，神们仿佛提高到超越了自己的躯体，从

---

①　即非精神性的，仅涉及有限事物的，亦即物质的。

②　即形象所表现的神的精神性格能恰如其分地通过人的形体表现出来。

此就产生出他们有福泽的崇高气象(就是精神方面的独立自足和镇静自持)与他们的美(这是外在的、肉体方面的)之间的矛盾。精神仿佛完全渗透在它的外在形象里,可是同时又仿佛从外在形象里退出来,凝聚在精神本身上。这就像一个不朽的神变形为可朽的人。

就这方面来看,希腊神们所产生的印象,颇类似我初次看到劳哈[①]所雕的歌德的上身像给我的印象,尽管不同处很多。你们也许都见过这座雕像:高额头,强有力的仿佛居统治地位的鼻子,活跃的眼睛,丰满的腮帮,和蔼的精工细凿的嘴唇,显示出才智的头部姿势,眼光侧向一方,略向上仰视,显出全部的丰富的沉思的友爱的人道精神;此外还有额头上那些仔细雕出的筋肉,神情以及情感和热情的表现,在生气蓬勃之中又有老年人的平静、肃穆和高昂的气象;和这些并列的还有因口中无齿而后缩的衰老的嘴唇,颈项和腮帮的松散,使鼻梁显得特别高大,额头显得特别突出。这个坚定的形象的力量特别使人感到不朽,尤其是雕像的松散的环境[②]和昂起的头使它显得特别突出,很像一位围着宽头巾、披着飘荡的长袍、拖着便鞋的东方人的形象。所现出的是一种坚定的强有力的无时间性的精神,在可朽事物的掩盖之下,正要脱去这层掩盖,但是暂时仍让它无拘无碍地围绕着自己。

希腊神们给人的印象与此颇类似,他们的高超的自由和精神

① 劳哈(C. D. Rauch,1777—1857),德国雕刻家,著名的作品有弗列德里希大帝、杜勒、歌德、席勒等人的雕像。歌德的雕像是半身的,在德国到处可以见到复制品,黑格尔对歌德半身像的这种描述是很精确的。

② 英译注:"大概指展出时所用的帷幕"。但看下文应指服装,半身像上部服装很松散。

的宁静把他们提高到超越了自己的躯体，使他们仿佛觉得自己的形状和肢体不管多么完美，毕竟是一种多余的附属品。但是整个形象仍然是气韵生动，和精神生活是处在不可分割的同一体内，本身坚固的部分与本身柔弱的部分并不是互相脱节的，精神并没有脱离肉体而上升，而是双方形成一个完美的整体，流露出精神的镇静自持、雍容肃穆的气象。

3c）但是由于上述矛盾既存在而又不表现为内在的精神意义和它的外在形象的区分和割裂，那矛盾所含的否定面也就内在于这个不可分割的整体，而且就在这个整体上面表现出来了。有些见识深刻的人在古代神们的形象中感觉到形体完美之中毕竟还有一股哀伤气息，上面所说的情况就属于这种崇高精神的范围。神的静穆和悦不应降低到个别场合下的欢乐和满足感，永恒的和平也不应降低到表现出自满和舒适时的微笑。满足感起于我们各个人的主体方面与环境条件（现成的或是由我们自己创造的）的协调。例如拿破仑只有在自己获得成功而使整个世界感到不满时才表现出最大的满足感。因为满足感只是对自己的生存、活动和努力的赞许；到了极端，它就成为每个油滑人都在所不免的那种庸俗市民的情感。但是这种情感和它的表现却与造型艺术的永恒的神们不相干。自由的完善的美不能满足于迁就某一种确定的有限的存在，它的个性在精神和形象两方面尽管都是具有特征的，本身明确的，却不能离开自由的普遍性和镇静自持的精神性。正是这种普遍性在希腊神们身上被人说成是冷淡的。希腊神们只是对于我们近代人局限于有限事物的那种精神状态才是冷淡的；就他们本身来看，希腊神们却有热力和生命；反映在他们躯体上的那种享福的

和平状态在本质上是一种对特殊个别事物的超脱，对可消逝的事物的冷漠，对外在界的否定（这种否定却不带烦扰和痛苦），对尘世间无常事物的抛弃，正如他们的明朗的精神深刻地超然蔑视死亡、坟墓、损失和时间性，正因为深刻，他们本身也就包含着这种否定态度。神的形象上愈现出严肃和精神的自由，也就愈使人感觉到这种高超气象与定性和躯体之间的冲突。那些享福的神们仿佛也为他们的福气或肉体性而哀伤；从这些神的形象上可以见出等着他们的命运及其发展。上述高超与特殊、精神性与感性存在这二者之间的矛盾一旦实际出现了，它会终于导致古典艺术本身的衰颓。

c)[①] 第三，如果我们追问哪一种表现方式才符合上述古典理想的概念，那么，主要的观点在上文泛论理想时就已经说得很详尽了。所以在这里要说的只是这一点：在真正的古典理想里，神们的精神个性并不是就它对外在事物的关系来理解的，即不是通过它们向特殊分化所导致的冲突和斗争来理解的，而是就他们的永恒的镇静自持以及和平中的忧伤状态表现出来的。因此，他们的确定的性格起作用时，不至激发他们的特殊个别的情感和情欲，或是迫使他们定下某种明确的目的。与此相反，他们正是要离开一切冲突和纠缠，离开一切对本身不协调的有限事物的关系，才能回到纯然专注自我的状态。这种最严峻的静穆并不是僵硬的、冷淡的或死板的，而是沉思的，巍然不可变动的，这就是古典神们的最高的最适合的表现方式。如果他们因此出现在确定的情境里，那也不应是导致冲突的情况或动作，而是本身无害而且也可让神们保持他们

① 原文如此。

的无害状态的那种情境①。因此，在各门艺术之中特别适宜于表现古典理想的是雕刻，它可以表现出单纯的镇静自持，使重点不在特殊性格而在普遍的神性。特别是较古的较严峻的雕刻坚持住理想的普遍性这一方面，只有到较晚的雕刻才发展到情节与人物性格的戏剧性的生动性。诗则不然，它却要神们采取行动，这就是说，使神们要对一种客观存在持否定态度，因而导致他们的冲突和斗争。造型艺术的静穆，如果不离开它自己的最适合的领域，只能把精神对特殊个别事物持否定态度的这一方面表现为上文所已详论的那种哀伤而严肃的神情。②

2. 个别神的体系

作为凭感官来观照的，用直接自然事物表现出来，因而成为具有定性的特殊个体，神性就必然要分化为多数形象。多神教对于古典型艺术原则是绝对重要的。如果想把崇高、泛神主义或绝对宗教（这种宗教观把神理解为一种纯然内在的精神性的人格）那种一神教的神表现于造型艺术的美，或是认为犹太教徒、伊斯兰教徒或基督教徒也可以像希腊人那样从原始世界观中获得古典型艺术

① 即所谓“有定性的情境处在平板（无害）状态”，参看卷一，第三章，B，二，2“情境”节。

② 这一节说明古典理想的神既具有精神的个性，又要显示出普遍性，不带有限（有定性）的个别事物的偶然性，在具体形象中显出自由与静穆，融化崇高于美；但由于对有限事物取超脱的或否定的态度，产生冷漠的印象，这就显出这种神仍含有内在的矛盾，即精神与肉体、无限与有限的矛盾，因此静穆和悦之中仍露出一点哀伤。这种矛盾还没有表现于导致冲突的具体动作，最适合的表现方式是通过雕刻，特别是早期雕刻，诗则侧重人物动作和冲突。

形式去表现他们的宗教信仰内容，那就是极荒谬的。[1]

a）个别神的多样化

这一阶段中的神既然是多数的，神的世界便分化为一系列个别的神，其中每个神都是一个与其他神相对立的个体。但是这些个体却不只是以寓意的方式标志某些一般特性，例如阿波罗不只是代表知识的神，宙斯不只是代表最高统治的神。宙斯也完全可以代表知识，而在《复仇的女神们》里我们已看到阿波罗也保护俄瑞斯特王子，亲自鼓动他复仇。希腊神的体系是由多数个体组成的，其中每个神尽管是一个具有明确性格的特殊的神，却仍可兼有另一神的特性，构成一种综合的整体。因为每一个形象，既然是神性的，就总是一个整体。只有这样，希腊的许多个别的神才各有许多丰富的特征。尽管他们的福气在于他们在普遍神精方面的镇静自持超脱了杂多的有限的事物和关系，他们毕竟还有力量在多方面活动和发挥作用。他们既不是抽象的特殊，也不是抽象的一般，而是许多特殊都从它发源的一般。[2]

b）缺乏系统的分类

神的个别性既如上所述，希腊的多神体系就不能形成一个可依系统分类的整体。乍看起来好像有必要向聚居在奥林普山的神们提出一个要求，说如果每一个别神应该是真实的而在内容上

① 古典型的造型艺术只适宜于表现多神教而不适宜于表现崇高和一神教。

② 这一节说明希腊多神体系的神虽各有个性和专职，但主要的因素仍是普遍的神性。

又应该是古典的，他们作为集体就应该表现出理念的整体，应该包括自然界和精神界的一切必然力量的整个范围，从而使自己可以依系统分类，证明自己具有必然性。但是这种要求会带来一种局限性：就要把到较近期较高发展阶段的宗教里才起作用的心灵力量和绝对精神方面一般内心生活的力量都排除到古典诸神范围之外，从而使在希腊神话中实际得到表现的那些特殊方面的内容范围缩小了。此外，还有两个不能按系统分类的理由。第一，个别神既是多样化，就必然有一些偶然因素掺杂进来，因而就不能按照概念上的差异去加以严格的分类，因为不可能强使某个别神局限在某一种定性里。其次，使个别神享受福慧生活的那种普遍性又会否定固定的特殊性，崇高永恒的力量悠然凭高俯视冷酷而严峻的有限世界，如果没有这种不一致（或矛盾），在这有限世界中，神们的形象就会由于他们的局限性而受到歪曲。①

c）多神体系的基本性格

所以希腊神话尽管把整个世界的主要的自然界和精神界的力量都表现得很充分，但是希腊神的全体，无论就普遍的神性还是就神们的个性来看，却不能现出一个有系统的整体。如果现出一个有系统的整体，神们就不会是具有个性的神，而只是一些寓意式的抽象品，也就不会是一些具有神性的个体，而只是一些有限的受局限的和抽象的性格。

所以如果我们进一步研究希腊的多神体系，即一些主要神体

① 这一节说明希腊多神体系不能按概念分类的理由：主要方面的神的普遍性会否定概念的差异，纳无限于有限不免使无限受到歪曲。

系，来看看他们的简单的基本性格是什么，怎样通过雕刻凝定下来，现出既是最普遍的而同时又是感性的具体的形象，我们当然会发现他们之间的基本差异以及这些差异所形成的整体都是表现得很明确的，但是在特殊细节上则不免经常受到损失，创作实践对这些细节就放松了谨严，违反了美与个性的要求。例如宙斯手操统治神和人的大权，但不因此就在本质上损害到其他神们的自由独立性。他是最高神，他的权力却没有吞并其他神们的权力。他固然和天空、雷电以及自然界的繁殖生命力有联系，但是更多地要符合本质地代表国家的权力、事物的法律秩序、契约、信誓和主宾情谊之类的约束力量，总之，人类的实践的和伦理的实体性的约束力量，乃至知识和理智的威力。他的弟兄们统治着海和阴曹地府。阿波罗表现为知识的神，精神旨趣的代言者和美好事物的体现者，文艺女神的导师。刻在德尔斐的阿波罗神庙上的铭语是“认识你自己”，这个命令并不涉及人的弱点和缺点，而是涉及精神的本质，涉及对艺术和一切真理的意识。至于巧计和口才，在下界也用得着的周旋本领，尽管夹杂着一些不道德的因素，却仍属于完备的精神范围，这些就形成了交通神赫尔弥斯所统治的主要范围，他的任务之一是引导死人的阴魂到阴曹地府去；战争的威力是战神阿列斯的主要特征。火神赫斐斯陀斯擅长手艺技术。酒、游戏和戏剧表演之类振奋精神的自然威力是划归酒神达奥尼苏斯管辖的。女神们也有与此类似的内容体系。天后朱娜的主要职掌是婚姻的约束，谷神色列斯是农业的传授者和促进者，授给人类两种与农业有关的本领，一种是对满足人类直接需要的那些自然产品的照管，要保证它们繁荣茂盛，另一种是财产、婚姻、法律之类精神性的事务，

这是文化和道德秩序的开始。雅典娜代表节制、谨慎和守法精神；她是智慧、勇敢和熟练技巧的女神，她的既善思索又勇于战斗的少女性格体现了民族的精神，即雅典城邦的自由的实体性的精神，把这种精神客观地表现为应受崇拜的神的统治力量。希腊的第安娜①与小亚细亚爱菲苏斯地方的第安娜完全不同，她的主要的性格特征是少女的贞洁所表现的坚强的独立性。她爱打猎，一般不是一个沉思的少女，而是一个严峻的专术向外发展的少女。女爱神阿弗洛狄特（连同漂亮的库匹德一起，这个男爱神由古老的巨灵族的爱若斯变成一个男孩）代表人类的性欲和同类爱之类感情。

从精神方面形成的个别的神们所具有的内容大致如此。关于他们的外在表现，我们在这里只消再说一遍，适合于表现神们的这种特殊性格的是雕刻。但是如果雕刻须把个性中所有的个别特点都仔细表现出来，它（雕刻）就不免要越出它原有的那种严峻的崇高，不过它仍可把多方面的丰富的个性集中成为一个定性，即我们在上文所说的性格，然后把这种性格表现于简单明了的形式，以供感性观照，这就是说，把外表上最完备的最本质的定性凝定在神的形象上。事实上从外在现实方面来看，雕刻所表现的形象永远不是很确定的，纵使雕刻也像诗那样就这内容加工，发挥成为神的许多故事、遭遇和事迹。因此，雕刻一方面理想性较强，而另一方面又把神们的性格个性化为完全具体的人类面貌，使古典理想中的拟人主义②达到完备的程度。作为理想的这种表现方式，作为符合内在本质意义的外在形状，希腊的雕刻形象就是自在自为的理想，

① 即猎神和月神阿特米斯，见上文序论部分的注。
② 即把非人的东西当作人来看。

为自己而存在的永恒的形象，古典型造型艺术美的中心。即使这些形象显得是在参加具体的行动，纠缠在特殊的事件里的时候，这种造型艺术的美仍然是基调。[①]

3. 诸神各别的个性

但是个性和它的表现却不能满足于性格的仍然相对抽象的特殊性。星辰完全是由它的简单规律统辖着的，它们就表现了这种规律。很少数确定的性格特征就足以界定矿物界的形象。但是植物界就已现出无限丰富的最多样的形式，例如过渡的形式，混合的形式，乃至变态的形式。动物的形体结构则显出更广泛的差异以及和它有关的外界事物的交互影响。最后我们上升到精神界和它的显现，我们就发现它的内在存在和外在存在都具有远较繁复的多样性。古典理想既然不固守独立自足的个性而要使个性处于运动状态，和其它事物发生关系，因而在其它事物上面发挥作用，所以神们的性格也就不能停留在它的本身还是实体性的[②]定性上，而是要结合到较广泛的特殊事物。这种向外在存在展开自己的运动以及连带的改变才提供较确切的特征来形成每个神的特殊性，正如只有这种运动和改变对于一个活的个性才是适合的和必要的一样。但是这种特殊性同时是和个别特征的偶然性联系在一起的，而这些偶然的个别特征却不能引回到实体意义的普遍性去；因此，每个神的这个特殊方面就变成一种积极因素，只能作为

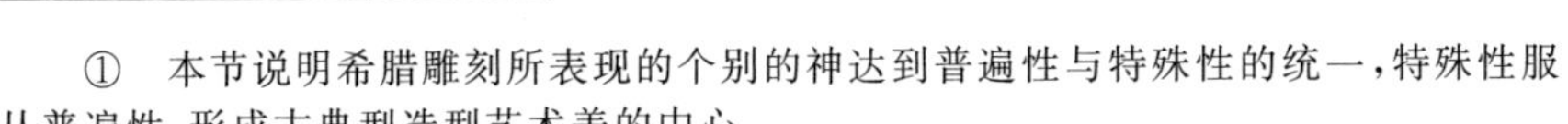

① 本节说明希腊雕刻所表现的个别的神达到普遍性与特殊性的统一，特殊性服从普遍性，形成古典型造型艺术美的中心。

② 即不能停留在抽象理想上。

外在的附属品起陪衬和应和的作用。①

a）个性化所用的材料

这里还有一个问题：神们的这种特殊显现方式所要用的材料是从哪里来的呢？神们在向特殊分化之中如何向前发展呢？对于一个现实界的个别的人来说，如果要给他的发出动作的性格，他所介入的事件以及他所遭遇的命运提供较切近的实证性资料，这些资料就会是一些客观情境，如出生时代、天赋资禀、家庭出身、教育、环境和时代的关系之类，乃至内在生活和外在情况的整个领域。这些材料都是当前客观世界的组成部分，从这方面来看，个别的人们的生活记录就会显出最大限度的个别差异。但是自由的神们的形象却不如此，他们并不存在于具体的现实界而只是由想象产生出来的。因此，人们不免相信，诗人们和艺术家们一般都根据自己的自由精神来创造理想，所以只是根据想象力的主观任意性来挑选材料，来表现偶然的特殊性。但是这种看法是错误的。因为我们对古典型艺术已给过这样一个地位：它只有通过对必然属于它自己领域的那些前提起反应，才能使它成为真正的理想。正是从这些前提中生出使神们具有生动个性的那些个别特殊细节。我们前已提到过一些主要前提，现在只消约略地回顾一番。

a）最早的丰富源泉是象征型的自然宗教，这些自然宗教经过改造，就成为希腊神话的基础。但是因为这些借来的特征在希腊神话里是分配给表现为具有精神个性的神们的，它们就必然要

① 艺术形象中某些偶然的特殊细节与所要表现的普遍理想无直接关联，但仍可起陪衬作用，所以仍可成为积极因素。

基本上失去原来作为象征符号的性格;它们现在不再能保存一种不同于个体本身所固有的和表现出来的意义。所以原先的象征的内容现在变成了神性主体本身的内容;因为那种内容既不涉及神的实体本质,而只是神的一种较偶然的特殊因素,所以这种材料内容就沦为一种不相干的故事,一个行动或一件事,说是神在某一特殊场合所做的。全部早期宗教诗的象征传统就是这样被接受过来,改造成为表现某一主体个性的动作,采取了人类事件和故事的形式,这些事件和故事本来就应记在神们的账上,而不是仅由诗人任意创造的。例如荷马叙述到神们曾旅行到纯洁的伊提俄庇亚[①]人们那里作客,享受了十二天的盛宴,如果说这个故事纯粹是诗人的想象虚构,那也就是很不高明的虚构了。宙斯出生的故事也是如此。据说库若诺斯把他所生的孩子全都吞吃了,等到他的妻子芮亚[②]怀孕她的最小的儿子宙斯时,她就跑到克里特[③]去生产,用一张皮把儿子裹起,拿一块石头给丈夫吞吃了。后来库若诺斯把吃下去的孩子又都吐出来了,其中包括女孩子们和海神波赛顿。这个故事如果看作主观的虚构,就会毫无意味;但是它流露出象征意义的余痕,因为已失去了象征的性质,就显得是一种完全不相干的事件。女谷神色列斯和她的女儿普罗索宾娜的故事与此也很相似。[④]这里含有一个古老的象征意义,即谷种的下地和发芽。这个神话把这个意义表现为这样一段故事,仿佛普罗索宾娜有一天在

① 东非的古国,在现在的埃塞俄比亚。

② 芮亚(Rhea),第二代女地神。

③ 克里特(Kreta),地中海里一个岛,是欧洲古代文化的一个中心。

④ 参看本卷第68页注,普罗索宾娜象征谷种,秋冬间埋在地里,春夏才发芽露出地面。

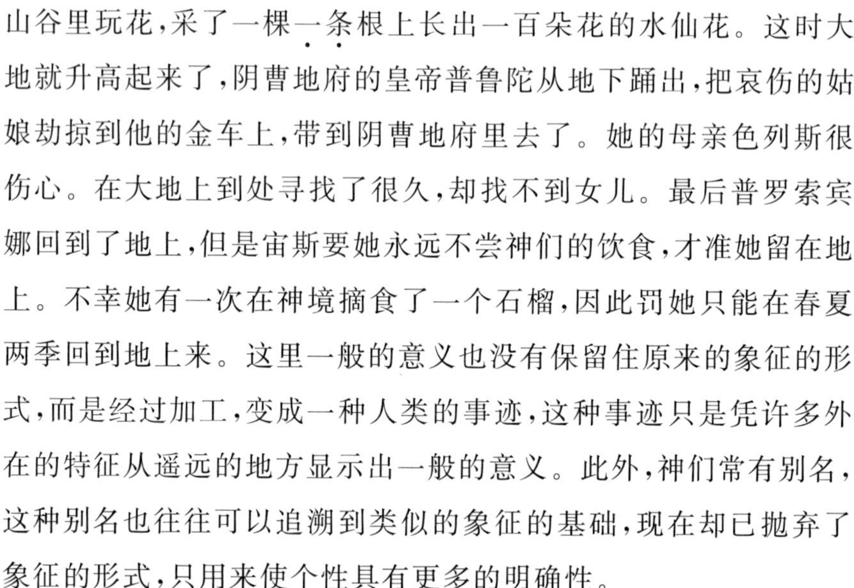

山谷里玩花，采了一棵**一条**根上长出一百朵花的水仙花。这时大地就升高起来了，阴曹地府的皇帝普鲁陀从地下踊出，把哀伤的姑娘劫掠到他的金车上，带到阴曹地府里去了。她的母亲色列斯很伤心。在大地上到处寻找了很久，却找不到女儿。最后普罗索宾娜回到了地上，但是宙斯要她永远不尝神们的饮食，才准她留在地上。不幸她有一次在神境摘食了一个石榴，因此罚她只能在春夏两季回到地上来。这里一般的意义也没有保留住原来的象征的形式，而是经过加工，变成一种人类的事迹，这种事迹只是凭许多外在的特征从遥远的地方显示出一般的意义。此外，神们常有别名，这种别名也往往可以追溯到类似的象征的基础，现在却已抛弃了象征的形式，只用来使个性具有更多的明确性。

b）地方情况提供了另一个来源，使个别的神们获得向特殊分化的实证性资料，这涉及神们的观念的起源，他们的宗教仪式的流传和输入以及他们受崇拜的主要地点。

b1）尽管理想及其普遍美的表现要超出特殊地点及其特征之上，而且在艺术想象的一般情况之中，要把许多个别的外在因素融化在一个符合实体意义的完整形象里，上述特征和地方色彩毕竟经常起作用，可以使个性具有较明确的，尽管是外在的表现，例如雕刻在要根据特殊性去塑造神像时就要运用一些特殊的情况和关系。例如泡桑尼阿斯就曾描述过他自己在一些庙宇、公共场所、庙宇中的珍宝库和发生过重大事件的地方所见到的许多带有地方性的观念、雕像、图画和传说之类。希腊神话也是把由外方输入的传统和地方色彩与本土的传统和地方色彩杂糅在一起，这一切都或多或少地涉及一些国家的起源和建立（特别是通过殖民）的历史。但是由于这许多专门材料在表现神们的普遍性之中已失去它们原来的意义，所以有些这类的故事是芜杂的、混乱的，对于我们没有意义的。例如埃斯库罗斯在他的《普罗米修斯》里叙述了伊娥的浪游[①]，这段故事在严峻的风格和外在的细节上活像一件浮雕，但是没有接触到任何伦理的、民族史的或自然方面的意义。关于波苏斯[②]、酒神达奥尼苏斯之类的神话也有类似情况，特别是关于宙斯的神话，例如关于他的保姆们，他对天后的不忠实，用铁砧绑在她腿上，把她悬在空中摇荡，上不沾天，下不着地之类的故事。再如关于赫克里斯的神话集中了许多形形色色的材料，采取了完全是人类的外貌，表现为一些偶然的事件、行动、情欲、灾祸以及其它事故。

b2）此外，古典型艺术的永恒力量还在于把一些普遍性的实体表现为实际的希腊人的生活和行动，所以从英雄时代起的关于希腊民族起源的原始材料以及其它传统的材料在后来也有许多特殊细节的残余被附加到神们身上去了。所以在复杂的神话之中有许多特殊细节当然要隐射到一些历史上的人物，英雄，古老的部落，自然界事件，以及殴斗和战争之类事件。家庭和部落的划分是国家的起点，所以希腊人还有家庭护神（Panaten）、部落护神乃至个别城市和国家的护神。由于这种神话与史实的杂糅，就有人认为希腊神们的起源一般都可以追溯到这种历史上的事实，英雄和

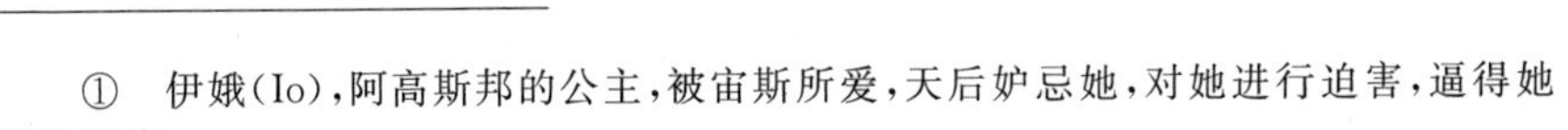

① 伊娥（Io），阿高斯邦的公主，被宙斯所爱，天后妒忌她，对她进行迫害，逼得她到处流浪。

② 波苏斯（Perseus），古希腊英雄。传说女妖神麦杜莎的眼睛一看到人，人便化成顽石。波苏斯把她的头砍下来随身携带，遇见敌人，便把她的眼睛转向他，把他化成顽石，因此所向无敌。他是马其顿城邦的奠基人。

古代国王们。这个看法好像也有些可信之处，但是实际上是肤浅的。在近代使这种看法得到广泛流传的人是赫涅[①]。此外还有法国人尼柯拉·弗列越[②]也把不同派别的司祭之间的斗争看作用来解释神们之间的战争的一般原则。当然应该承认：这种历史因素在神话中起过作用，某些部落曾使他们对神的看法发生影响，不同区域的地方色彩对神们的个性化也提供了材料。但是尽管如此，神们的真正的起源却不在于这些外在的历史资料，而在生活中的一些精神力量，神们就是被理解为这些精神力量的。至于某些有实证的地方的和历史的因素之所以被引进来发挥较广泛的作用，只不过是因为用它们可以把个别神们的个性描绘得更明确些。

b3）再进一层，神既被表现为人，尤其是在雕刻里表现为有肉体的现实的形象，而对这种形象人们又在宗教活动中持崇拜的态度，所以通过这种关系又出现一种新的材料，可以在神话中添些有实证的偶然性的东西。例如用哪些动物或果实作为敬神的祭供，司祭们和人民穿什么衣服，宗教仪式采取什么程序之类情况都可以积累一些最变化多方的个别细节。这些宗教仪式中每一种都有数不尽的因素和外在状况，其中究竟是这种或那种因素和情况出现，可以凭偶然的机会，但是既然属于宗教仪式，它就应该是固定的而不是可以任意变动的，就会转到象征的范围。衣服的颜色就是一个例。在酒神祭典中用的就是葡萄的颜色，秘密仪式的受传者身上所裹的小鹿皮也是用这种颜色。神们自己穿的衣服和所用的符号也是象征的，例如阿波罗的鞭、杖和许多其它外在的东西。

① 赫涅（C. G. Heyne，1729—1812），德国研究古典文化的学者。

② 弗列越（Nicolas Fréret，1688—1749），法国史学家。

这类东西逐渐变成了一种单纯的习俗；在用它们时不会还想到它们的最初起源；我们从学术观点才指出它们有什么意义，但是对于当时人来说，它们都不过是一种单纯外在细节，他们遵守这种细节是由于直接的兴趣，例如游戏，消遣，逢场作乐，对神的虔诚之类，因为它是固定的习俗，人人都那样办，自己也就那样办。例如在我们德国，年轻人在夏天烧约翰节的火①，或是踊跃，向窗户掷东西，这只是一种单纯的习俗，它的本来的真正的意义已经没有人注意了。希腊青年男女在节日所跳的那种回旋舞（就像迷径那样曲折）本来是象征行星的螺旋式运动，这个意义后来也没有人过问了，道理也是一样的。人跳舞不是因为要从此获得一些思想，他的兴趣只限于跳舞本身以及它的优美动态所表现的赏心悦目的节日气氛。形成原始基础的意义所用的表达方式是供想象和感性观照的，它本来带有象征性，现在一般却已变成一种意象，其中许多个别细节之所以使我们高兴，正如一篇童话故事或是历史叙述中某时某地所发生的一件事，我们对它只说"原来如此"，"人们是这样说的"，如此等等。所以艺术的兴趣只能在于从这种已变成有实证的外在细节的材料之中抓住某一方面②，使它帮助我们对于具体的有生命的个别的神们看起来如在目前，而且还能依稀隐约地窥见一种较深刻的意义。

这种实证性的材料在经过想象从新加工之后，就使希腊的神们具有活人的魔力，把原来仅仅是有实体性和有力量的东西纳入现在目前的个体里，这种个体把绝对真实的因素和偶然的外在的

① 约翰节在德国是夏至节，在六月二十四日青年们上山焚火。

② 例如爱神的箭，酒神祭典的葡萄色衣服，希腊节日回旋舞之类。

因素结合在一起，而且使对神们的观念中本来就有的那种不明确性得到较明确的定性和较丰富的内容。我们对故事细节和个别的性格特征只能作出如上的估价，因为这些因素在最初起源时虽带有象征的意义，而现在它们的任务却只在于借助神与人的比拟，充实神们的精神个性，使它具有感性方面的明确性，因此就加进去这些按照内容和表现都不是神的而仅属于具体个人的任意的和偶然的因素。雕刻就它要表现纯粹的神的理想而且要通过有生气的躯体去描绘性格和表情来说，固然是最不能把极端个性化的结果变成可以眼见的一门艺术，但是它毕竟也还要在这方面发挥效用，例如对首饰的处理，在头发样式上每个神也都不同，这不仅是要达到象征的目的，而且是为着加强个性化。例如赫克里斯头发很短，宙斯头发很厚，在空中飘荡着。女月神和女爱神的卷发的样式不同，雅典娜头戴钢盔，上面雕着蛇发人面的魔女像。此外武器，腰带，发巾，和手环之类外在物事也可以起类似的个性化作用。

c）第三个提供材料来使神们显出较明确定性的源泉就是神们对具体现实世界及其丰富多彩的自然现象以及人类行动和事迹的关系。像我们在前文已经见到的，精神的个性，无论就它的普遍的本质还就它的个别的特殊性来看，是从较早期的具有象征意义的自然基础和人类活动产生出来的，所以它（精神的个性）现在仍作为在精神上自为存在的个体，而与自然界和人类生活发生持续不断的活的联系。就在这方面，像我们前已详细讨论过的，诗人的想象成为经常丰产的源泉，许多归到神们身上的故事，性格特征和行动都是来自这个源泉。这个阶段的艺术活动在于把个别的神们和人类的动作很生动地交织在一起，把事件的个别性和神的普遍性联系起来，就像我们通常所说的（意义当然不同）：这种或那种命运是由神决定的。就在日常现实生活里，希腊人遇到任何纠纷、需要、恐惧和希望，都要求助于神。原先本是一些外在的偶然的东西，司祭们把它们看成吉凶预兆，联系到人类的目的和情况来对它们进行解释。如果有困苦和灾难发生，司祭们就须说明祸源，辨认出神们的愤怒和意旨，并且指出消灾免祸的办法。诗人们在解释这类现象之中又向前进了一大步，因为他们把凡是涉及普遍的本质性的情致，人类的抉择和行动的东西都归之于神们和神们的行动；因此人类的活动显得也就是神们的事迹；神仿佛通过人来实现他们的决定。这类诗的解释所用的材料都取自日常生活情境，凭这些情境诗人就说明究竟是这个神或那个神在所描述的事件中宣示了他的意旨，发挥了他的作用。所以诗特别扩大了关于神们的特殊故事的范围。在这里我们可以再提一下我们在讨论普遍力量与发出动作的个别人物之间的关系时所用的那些例子。[①]

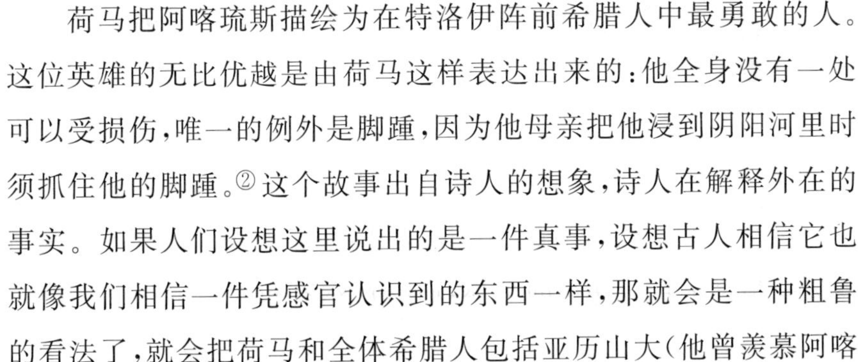

荷马把阿喀琉斯描绘为在特洛伊阵前希腊人中最勇敢的人。这位英雄的无比优越是由荷马这样表达出来的：他全身没有一处可以受损伤，唯一的例外是脚踵，因为他母亲把他浸到阴阳河里时须抓住他的脚踵。[②]这个故事出自诗人的想象，诗人在解释外在的事实。如果人们设想这里说出的是一件真事，设想古人相信它也就像我们相信一件凭感官认识到的东西一样，那就会是一种粗鲁的看法了，就会把荷马和全体希腊人包括亚历山大（他曾羡慕阿喀

① 见卷一，第三章，B，二，3b 节。

② 他的母亲据说是女海神特提斯，他生下时她想使他不朽，曾把他浸到阴阳河里，并预言他或是长寿而无名，或是享盛名而早死。脚踵没有沾到河水，所以仍是可朽的。

琉斯以及他有荷马这样诗人来歌颂他的幸运）在内都看成头脑简单的人了；例如阿德隆[①]就有这种看法，他想到阿喀琉斯的勇敢并没有什么了不起，因为他知道自己的身体是不可损伤的。实际上阿喀琉斯的勇敢并不因此而有丝毫的减色，因为他也知道自己要早死，却从来不逃避艰险。《尼布龙根歌》描绘过一个类似的情境，尽管描绘的方式完全与此不同。希格弗里德身上长了一层像牛角那样硬的皮，也是不可损伤的，但是此外他还有一顶魔帽，戴起来就没有人能看见他。在隐形中他帮助耿特王和布伦希尔德作战，这就是只凭野蛮的魔术，不能替耿特王和希格弗里德的勇敢增加多大光彩。[②]在荷马史诗中神们也常帮助某些个别的英雄，但是神们只代表人作为个体所代表和要实现的那种普遍的理想，为着实现这理想，人还须拿出英雄的全副力量。否则神们在鏖战中就须把特洛伊大军全部消灭掉，才能彻底援救希腊人。荷马却不是这样办，在叙述主要战争时详细描绘了个别战士之间的搏斗，只有当两军进行集体混战时，战神才出现在战场上大动干戈，神们才站在对立两方，交战起来。这种处理不但因为是提高而显得优美壮丽，而且寓有深刻的意义，那就是荷马把个别的卓越的功勋归于个别的英雄们，把全体的一般的功勋归于普遍的力量和权威[③]。

在另一个场合，荷马也让阿波罗上场，那是为着要杀死穿戴阿喀琉斯的盔甲的帕屈罗克鲁斯（《伊利亚特》，XVI，783—849行）。

① 阿德隆（J. C. Adelung，1732—1806），德国启蒙运动中的学者。

② 《尼布龙根歌》（*Nibelungenlied*），中世纪日耳曼民族的史诗。诗中主角是希格弗里德（Siegfried），他娶了耿特王（Gunther）的妹子，帮助耿特王向冰岛国王后布伦希尔德（Brunhild）求婚，她要通过比武艺来决定是否嫁耿特王，希格弗里德因为能隐形，在交战中帮助耿特王战胜了布伦希尔德。

③ 指神和神所代表的普遍理想。

帕屈罗克鲁斯三次冲进特洛伊鏖战，像战神一样猛勇，三次他杀了九个敌人。等到他第四次进攻，阿波罗神由黑夜遮盖住，从杂乱的人群中走上前来，打中了他的肩和背，扯下他的头盔，把它扔到地上滚来滚去，碰着马蹄发出叮当的声响，盔上的羽毛都沾染了血和泥，这是从来没有人能猜想到的。阿波罗把他手里的铜矛也打碎了，盾也从他肩上落下来了，他的披身甲也被神解下来了。当时的实际情况是帕屈罗克鲁斯在第四次进攻中之所以在火热的搏斗中遭到挫败是由于疲劳和自然的死亡。阿波罗的干预可以看作诗人对这种情况的解释。就是在他垂危的时候，幼浮布斯才能在他背上两肩之中刺了一矛；他还想再一次退出战场，但是赫克忒赶快奔上前来，又朝他的腰深深地刺了一矛。赫克忒这时大乐起来，嘲笑这位垂死的英雄；但是帕屈罗克鲁斯用微弱的声音向他说，"是宙斯和阿波罗打败了我，你没有费什么劲，因为他们把我的武器从肩上夺走了。像你这样的人即使有二十个，我也能用我的矛头一扫而光。但是厄运和阿波罗杀死了我；幼浮布斯，你是第二个杀我的人；赫克忒，你是第三个。"这里神们的出场参战也只是为解释帕屈罗克鲁斯尽管有阿喀琉斯的盔甲的保护，为什么还弄得疲敝昏厥，乃至遭到杀身之祸。这并不是一种迷信或是无聊的幻想游戏，而只是一种空议论，仿佛以为阿波罗的干预降低了赫克忒的声誉，在这件事情的整个过程中，阿波罗扮演了一个并不十分光彩的角色，人们在这里会只想到神的威力，——不过这种看法只是根据散文式的知解力所酿成的一种缺乏审美趣味的无聊的迷信。因为荷马每逢用神们的干预来解释某一特殊事件时，这些神们总是人们内心生活中所固有的力量，就是人自己的情欲和思虑的力量，或是

人所处的情况中的一般的力量，也就是人由于这种情况而遭遇到的一切事件的决定因素和力量。神们出现时往往显出一些完全外在的纯然实证性的细节，而这些细节却有一种滑稽的意味，例如跛腿的赫斐斯陀斯在神宴中担任斟酒跛来跛去。一般说来，荷马对于神们的这些显现是否有现实基础并不十分认真。神们在这一次发出动作，在另一次却寂然不动。希腊人知道很清楚，召来这些显现（神）的是诗人们，如果他们相信这些显现，他们的信仰也只涉及人心所固有的那种精神性因素以及在当前事件中实际上起发动和推动作用的普遍力量。所以无论从哪一个观点看，我们都无须抱着任何迷信，才能欣赏这些对神们的诗的描绘。

b）对伦理基础的维护

这就是古典理想的一般性质，我们将来在分论各门艺术时，对这种性质的发展还要进行较明确的讨论。这里只消补充一点：在古典型艺术中，无论是神是人，不管他们怎样走向特殊的外在的方面[①]，却都必须显出对肯定性的（正面的）伦理基础的维护。主体的性格和它的力量的实体性内容总是始终处于统一体。正如自然因素在希腊艺术中必保持住它与精神因素的和谐一致，而且尽管是符合内在因素的具体存在，还必须服从内在因素，人的主体内在方面也与真正的精神的客观方面[②]，也就是与善与真的本质性的内容处于牢固的统一体。从这方面来看，古典理想既不知道有内在意义与外在形象的分离，也不知道有主体的（因而是目的与情欲

① 即到具体现实世界中活动，在个别事件中显出自己所代表的普遍的力量。
② 黑格尔把伦理理想（普遍力量）看作客观精神的内容。

中的抽象的任意性的因素）与抽象的普遍的因素这两方面之间的割裂。所以人物性格的基础必然永远是有实体性的东西，而主体把自己局限在小我时所具有的那些恶劣的、有罪的和丑陋的东西都是古典型艺术所一律拒绝表现的。在浪漫型艺术中占地位的生硬、粗俗、卑鄙和凶恶，对于古典型艺术是特别陌生的。我们固然也看到许多罪行，如弑母、弑父以及其它损伤家庭之爱和虔敬之类恶事也经常用作希腊艺术的题材，但是这类罪恶不是作为单纯的可怕的凶恶行为，也不是作为所谓命运的无理性所产生的貌似必然的结果（像不久以前在我国流行的那种时髦观念那样），而用到艺术里来的；在希腊艺术里，如果人们犯了这种罪行，他们往往是秉承神的意旨或是得到神的保护，所以这类行为每次都被表现为从某一方面看实际上有理由可辩护的。

c）转向秀美和悦人的魔力

尽管有上述实体性的基础，我们看到古典的神们在艺术上的形成过程是日渐从理想的静穆走到个别的外在显现的多样化，走到对事件和动作的细节描绘。因此，古典型艺术终于在内容上走到向偶然的个性差异方面的分化，在形式方面走到悦人和吸引人。悦人的因素在于对个别特殊的外在现象的尽量渲染，从而使艺术作品把握住观众，不仅诉诸他们自己的实体性的内在因素，而且也和他们的有限的主体性格有千丝万缕的联系。艺术作品的有限化[①]就使得它和本身也是有限的主体发生更亲切的关系，主体在艺术形象里重新认识到自己，就像他们在现实界本来的那个样子，

① 即着重具体细节的描绘。

所以感到喜悦。神们的严肃变成了秀美，不是震撼人或是使人超越他的特殊性，而是使人平静地安息在它里面，只求它能使他喜悦。一般说来，当想象力掌握了宗教观念，有意要按照美的要求把这些观念自由地表现出来时，它就要使宗教虔敬的严肃性开始消失，就尽量用使人喜悦的因素来损害宗教之所以为宗教的东西，这正是我们现在所处的阶段的情况。因为通过悦人的因素并不能发展实体，神们的意义和普遍性方面，只能借有限的因素，感性存在和主体内在生活去引起兴趣和满足兴趣。所以在所表现的事物中，美的悦人的魔力所占的比重愈大，它们的秀美也就愈远离普遍性以及唯一的能满足真纯趣味的那种深刻内容。

这种使神们的形象在外在的特殊方面得到明确定性的情况要联系到过渡到另一艺术类型的发展。因为外在方面所含的有限事物的多样性如果获得自由发挥作用的机会，最后就要和观念及其普遍性和真实性处于对立地位，就要开始使思想对不再符合它的现实感到不满。①

① 第三节叙述希腊神们的普遍性在个别具体事物（主要是人的形象）中得到日益明确的定性的过程。这种具体化或个性化的过程所用的材料以原始的自然宗教为基础，但摆脱了象征的表现方式，也有一部分是人类的历史事实附加到神们身上去的，其作用主要在于使神们得到更明确的个性化。神们的真正起源却不在这类历史事实（即所谓“实证性资料”，“外在的”，“偶然的”因素），而在于人类生活中的一些精神力量，即所谓“有实体性的”“伦理基础”，亦即神们所代表的“普遍力量”，亦即人类行动的动力，普通所谓人生理想，即黑格尔所谓“情致”。希腊艺术始终维护“伦理基础”，一般不表现纯粹反面的东西，即使表现，亦必须见出正面的意义。一般与特殊的统一在雕刻中表现得最符合理想。希腊艺术后来的发展日益侧重特殊细节与主体内在因素，严肃便变成秀美，震撼人和提高人的力量变成悦人和吸引人的力量。这就是向下一阶段的艺术类型（浪漫型）过渡的开始。

第三章　古典型艺术的解体

古典的神们本身已包含着他们衰亡的萌芽，等到他们所固有的这个缺点由艺术的进展而为意识所察觉的时候，神们自己的解体就带来了古典理想的解体。我们曾把精神个性定作现阶段出现的古典理想的原则，这种精神个性在直接的肉体的客观存在里找到了它的大致适合的表现。但是这种精神个性分化成为一整体系的个别的神，这些个别的神各有并非绝对必然的定性，所以一开始就受到偶然性的支配，这就使永恒地操统治权的神们在内在意识里和在艺术表现里都遭到解体。

1. 命运

雕刻在它的鼎盛时期固然把神们看作一些有实体性的力量，把他们表现于形象，使他们泰然自若地安息在这种形象的美里，因为偶然的外在的因素在表现里被压低到最小限度。但是他们的**杂多性**就是他们的偶然性，而思想却要把这些杂多的神还原到**一个神性**[①]，凭这唯一神性的必然威力，这些杂多的神互相斗争，互相贬低。因为不管我们设想每一个别的神的力量具有多大普遍性，它的范围毕竟是很窄狭的。此外，神们也并不是永远地保持着静

① 即神的普遍性。

穆，他们带着不同的个别目的卷入运动中，因为他们被具体现实世界的现成情况和冲突时而牵引到这里，时而牵引到那里，以便在这里进行帮助，在那里进行阻碍或破坏。神们作为发出行动的个体所处的这些特殊个别的情况就带有偶然性，这就会损害到神的实体性(尽管这种实体性还是起主导作用的基础)，并且使他们卷入受条件限制的有限世界的矛盾和斗争里去。由于神们本身就具有这种有限性，他们就和自己存在中的高贵、尊严和优美发生矛盾，这也就要使他们降落到任意的和偶然的领域里去。真正的理想如果要使这种矛盾不完全暴露出来，只有一个办法，那就是像真正的雕刻及其为神庙制作的个别雕像所做的那样，把个别的神们表现为孤独地处在幸福的静穆中，但是没有生活的气息，不动情感，却带有上文所已提到过的那种哀伤神色。正是这种哀伤构成了他们的命运，因为它显示出还有某种较高的东西站在神们之上，使由杂多的特殊事物上升到普遍的统一体这种转变成为必然的。但是我们如果细看一下这种较高的统一体的性质和形状，我们就会看到这种统一体和神们的个性与相对的有限性处于对立地位，是一种本身抽象的无形象的东西，也就是必然或命运，它在这种抽象状态中只是一般较高一级的东西，对神和人都有约束力，但是本身又是不可理解的，不可纳入概念的。命运还不是一种绝对的自觉的目的，因而还不是一种有主体性的有人格的神的意旨，而只是一种超然于个别的神们的特殊性之上的唯一的普遍的力量，因此它本身不能再表现为一个个体，否则它就成为许多个体之一，而不是统摄一切个体而超然于这些个体之上了。因此它既无形象，也无个性，在这种抽象状态中，它只是一种单纯的必然，无论是神还是人，都要把这种必然当作命运来服从，只要他们是作为特殊个体而互相分裂开，互相斗争，力求片面地伸张自己的那一份个别力量，要超出自己的界限和需要之上；因为命运对于他们是不可改动的。[①]

2. 神由于拟人[②]而解体

绝对的必然既然不属于个别的神们，不是他们的自确定的内容中一个组成部分，而只是飘荡于他们之上的一种无定性的抽象的东西，所以特殊个别的神们就既获得自由而又逃不脱命运，他们须由于体现为人而涉及外在事物，由于拟人而落到有限事物中，这就违反了神之所以为神与实体之所以为实体的本质。所以艺术中这些优美的神们的衰亡是由神们本身所造成的必然现象，因为意识终于不再能从这些神方面得到安息，就须从神们那里退回到意识本身。总之，使神们对于宗教信仰和艺术信仰都终于解体的原因首先是希腊的拟人主义的性质和方式。

a) 缺乏内在的主体性[③]

因为精神个性固然作为理想而体现于人类的形象，却也只是体现于直接的肉体的形象，而不是体现于自在自为的人，而只有这

① 第1节论古典型艺术解体的根源之一是命运观。普遍性的伦理的实体既分化为许多个别的神，涉及特殊，就带有偶然性，所以须假定有一种统治这许多神的力量，这就是命运，而这种命运是盲目的必然，既无形象，也无个性，而同时又使神们陷于既自由而又要受命运支配的矛盾。

② 拟人就是把神当作个别的人来理解和表现。

③ 内在的或无限的主体性指主体的有自意识的或自觉的内心生活，惟其是自觉的，所以是无限的。

种自在自为的人才能在他的主体意识的内在世界里认识到自己和神有差别，却又能消除（否定）这种差别，从而不能与神化为一体变成本身无限的绝对的主体性。

1）造型艺术的理想所缺乏的正是这一方面，即不能把自己表现为认识自己为无限的内在主体性。那些造型美的形象不仅是用石头和青铜雕成的，而且在内容和表现两方面都缺乏无限的主体性。不管人们从美和艺术方面受到多么大的精神鼓舞，这种精神鼓舞却始终只是限于主体的，在观照对象即神们身上却找不着。但是真正的整体却也要求主体的自觉的统一和无限，因为只有这种主体的自觉的统一和无限才能形成有生命能自觉的神和人。如果这种统一和无限不是绝对性质和内容中的一个主要组成部分，这种绝对就不是真正的精神主体，而只是处在客体状态，没有自觉的精神[①]。神们的个性当然也不是完全没有主体方面的内容，但这只是作为一种偶然的因素，而且在它的展现之中，只在神们的实体性的静穆和幸福状态那个范围之外活动[②]。

2）另一方面，与造型艺术的神们相对立的主体性也还不是本身无限和真实的。我们将来在第三个艺术类型即浪漫型里会看得更清楚，这种本身无限和真实的主体是把本身无限的自觉的神作为和自己相应的客体或对象的。但是现阶段的主体在完美的神像里并没有把自己显现出来，因而在观照中也没有把自己作为对象或客体而带到意识里，所以这种主体还是和它的绝对客体分别

① 没有自觉，自己就只能为认识的对象，不能为认识的主体。

② 神们的主体性见于具体个别情境中的动作，动作就涉及有限与偶然，而且抛弃了造型艺术理想的静穆。

开来和分裂开来的①，因此还只有偶然的有限的主体性。

3）人们也许认为上升到一个较高领域的转变似应由想象和艺术了解为新的神们之间的一次斗争，就像由自然神的象征转变到古典艺术的精神理想时所发生的旧神和新神的斗争那样。但是事实却正与此相反，这次转变是在完全不同的另一领域里，以现实生活中的有意识的斗争的形式来进行的。因此，艺术要用新的形式去掌握这种较高一级的内容，它就处在一种和前一阶段完全不同的地位。这种新的内容是不能作为可凭艺术来表现的东西而发生效力的，它无须借助于艺术，就可以把自己表现出来；它先已站在凭理由来辩驳的散文性基地上，然后主要通过惊奇感、殉道感之类情感和宗教情操，进入主体的意识，——同时带着对一切有限事物与绝对之间矛盾对立的意识，这种矛盾对立在实际生活历史里表现为一系列的事件，不是想象出来的，而是作为事实而发生的。神性或神本身变成肉体，脱胎出世，生活着，忍受着苦痛，死了，又从死人中复活起来②。这种内容不是由艺术虚构出来的，而是在艺术之外本来就已存在着，所以不是由艺术从它本身取出的，而是尚待表现的现成的材料。前文所提过的第一次转变和神们之间的斗争是从艺术观照和想象中起源的。这种艺术观照和想象从内心生活里创造出它的教训和形象，于是向惊赞的人们提供出一个新神体系。古典的神们只有凭想象才获得了他们的存在，而且只是在石头和青铜里或是在观照里存在，而不是有血有肉的或实际存在

① “绝对客体”指所观照的神。只见自己与神的分别，没有否定这分别而达到自己与神的统一，所以还不是无限的而只是有限的。

② 指基督教所崇信的耶稣基督，他代表浪漫型艺术的精神，不像希腊神们是由人想象出，表现于艺术，而且是外在于人的，基督在事实上就是神人一体。

的神。所以出自拟人主义的希腊神们并没有实际的人类生活，并非既是肉体的而又是精神的神。只有基督教才第一次把这种肉体和精神的现实当作客观存在，表现为神本身的生平事迹，把它引到世界里来。因此，这种肉体尽管作为纯粹的自然的和感性的（物质的）东西而在意识中处于否定面的地位，却仍受到尊敬，而拟人作用所产生的东西也就这样被神圣化了。正如人原来是按照神的影像造成的，现在神却是按照人的影像而造成了；谁看见了儿子，谁也就看到了父亲，谁在爱儿子，谁也就在爱父亲，神的存在是可以从客观世界和现实生活中认得出的①。从此可见，基督教的神这种新的内容不是通过艺术的构思而进入意识的，而是作为实际发生的一件事，作为神变成肉体的历史，从外面来到意识里的。这种转变不能以艺术为出发点，否则就会使旧与新的矛盾对立在性质上变成太不伦不类了。因为启示的宗教②中的神在内容和形式上都是一种真正实在的神，比起他来，他的一切敌手都只是想象的虚构，不能和他摆在一个水平上来相比。希腊古典型艺术的旧神和新神却都属于观念范围，都只有一种现实性，这就是由有限精神把它作为自然界和精神界的一些力量来理解和表现的，他们之间的对立和斗争都是严肃的。但是如果由希腊的神们到基督教的神的转变也是由艺术来造成的，在这样一种神与神的斗争的表现里就不会有什么真正的严肃性③。

---

①　基督教把上帝和耶稣的关系，乃至上帝和一般人的关系看作父与子的关系。

②　即由神启示出来的宗教，与自然宗教对立，基督教就属于启示的宗教。

③　因为希腊的神和基督教的神在性质上完全不同，一是象征自然的神，一是启示宗教的神人合一的神，所以不能摆在同一水平上来进行严肃的斗争。

b) 向基督教的过渡作为近代艺术的题材

所以这种转变和斗争在近代只能提供一种偶然的零星的艺术题材，这种题材没有能形成一个艺术时代，在这种形式中没有能在艺术发展的整个过程中形成一个首尾贯串的阶段。我在这里想趁便提几个这方面的有名的事例。近代往往有人哀悼希腊艺术的衰亡，而对希腊的神与英雄们的深心向往也有多次由诗人们在诗里表达过。这种哀伤之所以表现出来，主要是由于对基督教世界持对抗的态度。人们固然也承认基督教世界掌握着比过去较高的真理，但是对此却作了一点保留，认为从艺术观点来看，古典时代文化的衰亡毕竟是很可惋惜的。席勒的《希腊的神们》那首诗就以这种心情为内容。我们值得费一点精力来研究一下这首诗，不仅从诗的观点来分析它的美妙的描绘、铿锵的节奏、生动的形象，乃至其中所表现的那种幽美灵魂的哀伤，而且还要研究它的内容，因为席勒的情致总是既真实而又经过深思的。

基督教本身当然也含有艺术的因素，但是当它发展到启蒙运动时代的过程中却达到了一个转折点，就是凭思想和知解力把艺术的一个绝对必要的因素抛开了，这个因素就是实在的人的形象和神的显现。因为人的形象和它所表达出和说出的东西、人的事件、行动和情感是艺术必须用来理解和表现精神内容的一种形式。现在知解力既然把神弄成了一种单纯的思想方面的东西，不再相信神的精神在具体现实中的显现，从而把思想中的神和一切现实存在割裂开来，这就导致这种宗教方面的启蒙运动必然要接受一些与艺术不相容的观念和要求。但是等到知解力再离开这些抽象概念而提升到理性[①]的时候，人们就重新要求具体的东西，也要求艺术表现具体的东西。启蒙运动受知解力统治的时期固然也有它自己的艺术，但是方式是很散文气的。我们在席勒的作品里就可以看到这一点，他就是从这样一个时期出发的，但是到后来他感觉到知解力不能满足理性、想象和热情的需要，于是他就对一般艺术，特别是对希腊古典型艺术及其神们和世界观，怀着衷心的留恋。上面提到的席勒的那首诗就是由对当时思想抽象起反感而回到留恋古典型艺术时的心情所产生的。从这首诗的初稿来看，席勒对基督教的态度完全是进行驳斥的，后来这种严厉的语调才变得柔和一点，所反对的只是启蒙运动时期的凭知解力的认识，这到后来也已开始丧失它的统治了。他首先赞扬希腊的世界观，因为它把整个自然界看作全是生气灌注的，充满着神的。接着他转到现代以及它对自然规律的散文式的理解和人对神的态度，他说：

“难道这凄惨的寂静
就使我认识到我的造物主？
他的罩衣[②]像他自己一样阴暗，
对他的礼赞只是我的忍让。”[③]

忍让当然是基督教的一个重要的因素，但是只有按照僧侣的观念，基督教才要求人要摧残他的性情、情感和所谓自然冲动，不让他参与伦理的、理性的现实世界，家庭和国家的生活，——这正是启蒙运动以及它的宣扬神不可知的自然神的宗教观念所强加于

① 德国唯心哲学把理性看作高于知解力，参看卷一 67 页注②。

② “罩衣”(Hülle)亦指躯体，客观世界就是神的躯体。

③ “忍让”(Entsagen)有“否认”“抛弃”的意思，即抛弃人的一切肉体的自然和世俗的要求。这是基督教所宣扬的一种“美德”。

人的最高的忍让，这种忍让要人不去认识神和掌握神。但是按照真正的基督教观点，忍让只是中介作用和转捩点的一个因素，通过它来消除一般纯是自然的，感性的和有限的事物之中不适合的因素，以便使精神达到更高的自由以及自己与自己的和解[①]，这是希腊人所不曾知道的一种自由和幸福的境界。所以基督教并不宣扬要礼赞一个孤独的神，脱离世界而自禁于自我的小天地的神，因为神正是内在于上述精神的自由与和解之中的。从这个观点来看，下面的席勒的名句就是完全错误的：

“神们既然比人还更富于人性，
人们也就比神更富于神性。”

因此我们要把他谈到希腊神们的结尾部分中所持的较晚的改正过的观点看成更重要的，把它引在这里：

“从时间的潮流中抽身出来，
解放了，他们飘荡在品都斯高峰[②]；
不朽者在诗歌中必然要活下去，
在实际生活中却必然要消亡。”

这几句诗完全证实了我们在上文所说的话：希腊神们的宝座是在人的观念和想象里；他们在现实生活中并没有地位，也不能使有限的精神获得最高的满足。

凭一些成功的挽歌而获得“法国的提布路斯”称号的巴尼[③]在

① 即没有自我分裂，亦即灵与肉的统一。

② 品都斯(Pindus)，古希腊北部的一座山，是文艺神阿波罗和九女诗神的圣地。

③ 巴尼(Parney，1753—1814)，法国诗人，伏尔泰写信给他时称他为“亲爱的提布路斯”，提布路斯(Tibullus)是公元前1世纪罗马诗人，以挽诗著名。

一部用史诗体写的分成十章的长诗《神们的战争》里，用另一种方式攻击基督教，用滑稽和调侃的口吻，猥琐的巧智，幽默而有才华的笔调，拿一些基督教观念来开玩笑。但是这种戏谑没有超过轻松灵巧的限度，还没有亵渎神圣和最卓越的事物，像在许莱格尔的《路辛德》时代所常见的那样[①]。圣玛利在《神们的战争》里当然写得很刻薄，多米尼克和方济各两派僧侣都成了一些酒徒，而尼姑们也成了一些荡妇，总之，一切都很恶劣。但是到了最后，古代的神们都被征服了，他们从奥林普退到巴那斯。[②]

最后的例子是歌德的《柯林特的新娘》。[③]他在这幅生动的画面里更深刻地描绘了爱情的抛弃。这种抛弃并不是根据真正的基督教义，而是根据对忍让和牺牲精神的要求所作的曲解。歌德拿人类的自然感情和这种虚伪的禁欲主义作了对比，这种禁欲主义诋毁女子结婚，认为强迫的独身生活比结婚更为神圣。正如在席勒的诗里，我们看到希腊幻想与近代启蒙运动的知解力的抽象产品之间的矛盾对立，在歌德的这首诗里，我们也看到希腊人从伦理与感官两方面要求出发的对于恋爱和婚姻的辩护和从片面的不真实的基督教观点出发所得到的一些错误观念这两方面的矛盾对立。歌德用很高明的艺术手法使一种恐怖气氛笼罩着全诗，主要的原因在于当事人究竟是一个实在的女子，一个死人，一个活人，还是

---

① 《路辛德》(*Lucinde*)是德国浪漫派作家许莱格尔(F. Schlegel)的一部小说，写他自己和一位女子的恋爱生活和婚姻生活。

② 奥林普山峰是宙斯和其他天神的居所，巴那斯山峰是阿波罗和九女诗神的居所。这句话的意思是放弃宗教的统治权，走到文艺领域。

③ 《柯林特的新娘》(*Braut von Korinth*)，歌德晚年写的一首著名的民歌体抒情诗，写一位少女已订了婚，她母亲因信基督教，要把她献给上帝，她从坟墓里逃出和未婚夫结了婚，结果断送了他的性命。

一个阴魂，始终叫人摸不着底细。在运用诗律上他也显出巨匠的手腕，把轻浮和严肃的音调杂糅在一起，这就加强了诗中的恐怖气氛。

c）古典型艺术在它自己领域里解体

在试图深入研究新的艺术类型（它与旧的艺术类型的矛盾对立目前还不属于我们在这里按照其主要阶段来讨论的艺术发展过程之内）[①]之前，我们首先须对古典型艺术本身所经历的转变获得一种较明确的认识。这个转变的原则就在于在现阶段以前精神个性是被看作与自然和人类生活中的真正的实体和谐一致的，而精神在它的生活、意志和活动中自己认识到这种和谐一致，但是到了现阶段，精神却开始返回到内心生活的无限，但是所达到的并不是真正的无限，还只是一种形式的甚至于有限的回返到本身。[②]

如果细看一下与上述原则相对应的具体情况，我们就可看出我们已经说过的道理：希腊的神们是以现实中人的生活和行动所依据的实体性为内容的。除掉在观念中看到神们，我们还看到最高的定性和普遍旨趣是作为一种现成的事实而存在的。正如对希腊的精神的艺术形象来说，精神显现为外在现实事物是基本的要求，人类的绝对精神的定性也要经过加工，成为一种起显现精神作用的真正的现实事物，要求个别的人与这种现实事物中的实体性和普遍性和谐一致。这种最高的目的在希腊就是国家生活，公民社会以及它的伦理观念和活的爱国思想，此外就别无更高更真实

① 新的艺术类型指浪漫型艺术，这里专论古典型艺术的发展阶段。

② 脱离外在世界，收心内视。

的旨趣。像一般的尘世的外在现象一样，这种国家生活也要终于变成过去。不难指出，像享受希腊的那种自由的一个国家是和全体公民处于统一体的，全体公民把一切公众事务中的最高的活动都掌握在自己手里，这样一个国家只能是又小又弱的，有时由于内部原因而遭覆灭，有时由于外部原因在世界史的进程中被消灭掉。——由于个人与国家生活的普遍性之间的这种紧密的结合，一方面的结果是主体的特性和私人的特殊情况还不能实现它们的权利，找不到一种对集体无害的尽量发展的机会。这种主体的特性既然有别于实体而没有纳入实体，它就只是狭隘的服从自然本能的自私，走自己的道路，追求自己的不符合公众利益的利益，因而变成毁坏国家的原因，因为它拿主体方面的力量来对抗国家。另一方面的结果是上述那种自由还引起对一种更高的自由的要求。这就是主体本身的自由，主体不仅要求在具有实体性的整体，即国家里，在既定的道德和法律的范围里享受自由，而且还要求在他自己的内心生活里享受到自由，要使他凭主体的知识从他本身中产生好的正当的东西，并且要使这种好的正当的东西得到承认。主体要求意识本身成为具有实体性的主体，因此在这种自由里又产生了国家的目的与本身自由的个人的目的之间的一种新的失调。这样一种矛盾在苏格拉底时代就已开始出现了，而在另一方面，民主制度和暴民政治制度下所流行的虚荣心、自私自利和漫无法纪的情况，使现成的国家受到动摇，以至像克塞诺芬和柏拉图这样的人对于他们的城邦实况都感到伤心，因为其中公众事务都落在一批自私自利和轻浮放荡的人们手里。

所以这种转变的实质首先在于独立自在的精神与外在事物之

间的分裂。精神既然与现实割裂开来了，在现实中就再找不着精神了，精神就变成抽象的精神了，但是还不像东方的太一神那样抽象，而是自觉的实在的主体，在他的主体的内心生活里见出一切在思维中具有普遍性的东西，例如真实的、美好的和道德的东西，把它们牢固地掌握住，而真正获得的并不是对当前现实的认识，而只是他自己的思想和信念。这种情况既然停留在矛盾对立上面，既然对立双方还仅仅是对立的，就只会是散文性的情况。不过在现阶段还没有出现这种散文情况。这就是说，从一方面看，这时固然出现了一种意识，它有坚决的意志要实现善，并且认为要实现自己的这种意志，就只有通过表现自己的道德情操和服从古代的神们以及古代的道德和法律。但是与此同时，这种意识对当前的现实和实际政治生活感到不满，对古代思想，以及过去的爱国主义和政治智慧的解体都感到惋惜，因而当然处在主体的内心生活和外在现实之间的矛盾对立中。因为那些真正道德的单纯概念并不能充分满足它内心的要求，于是它就转向它所否定和仇视的外在世界，目的在对它进行改造。总之，这种意识，如上面所说的，一方面当然具有一种由自己确定的亟待表现的内在的内容意蕴，而它所要应付的摆在面前的世界却是和这种内容意蕴相矛盾的，它所接受的任务就是表现这种现实，把它的违背善与真的腐朽情况的形形色色都描绘出来；但是另一方面这种矛盾却要在艺术本身上找到解决。这就是说，有一种新的艺术形式出现了，其中对立面的斗争不是通过思想来进行，不是停留在分裂中，而是用这样一种方式把现实中腐朽愚蠢的实况描绘出来，要使它（现实）像是自己毁灭自己，就通过这种自毁灭来反映出真正正确的东西毕竟是坚固耐久

的力量，而愚蠢和无理性那一方面并没有力量来构成本身真实的东西的对立面。这种新的艺术形式就是喜剧，像亚理斯托芬就在希腊人中间运用这种形式来处理当时现实的一些重要领域，不带忿恨，而带一种明快爽朗的笑谑。①

3. 讽刺②

但是上述喜剧式的解决虽符合艺术，却终于站不住，因为对立还是保持着对抗的形式，因而所带来的不是一种诗的和解，而是在对立双方之间建立一种散文性的关系，这就显然要使古典型艺术遭到消灭了，因为它使造型艺术的神们和优美的人类世界都消失掉了。我们在这里须看一看有什么艺术形式能在这个转变阶段提供和实现一种较高的表现方式。在讨论象征型艺术时，我们见到过它的终结表现于形象和意义的分裂，采取了多种多样的形式，例如比喻，寓言，隐射之类。如果在现阶段，同样的分裂也是古典理想

① 以上继续论古典型艺术的解体。(1) 希腊神们是用拟人的方式来想象和表现的，他们还缺乏人的精神所应有的自觉性，因而缺乏主体性、个性和现实性；神与人，无限与有限，都没有真正统一起来，在这方面古典型艺术比不上基督教的浪漫型艺术，这种缺陷导致它的解体；(2) 说明由希腊的神们到基督教的神的转变以及两种神之间的斗争向近代艺术提供了题材，希腊神们在实际生活中已让位给基督教的神，有些诗人对此表示惋惜，认为他们在文艺领域还可以活下去，特别是启蒙运动时期在席勒、歌德等人的作品里；(3) 在古典型艺术到浪漫型艺术的转变之间，产生了一种新的艺术形式，喜剧；转变的特点在于精神不满足于客观现实而退回到它本身，内心的理想与外在的现实发生了矛盾，喜剧的任务就在解决这种矛盾，解决的办法是尽量描绘现实的腐朽方面，显出这方面无力对抗普遍的真实的和善的东西。在下一节中我们将会看到，矛盾并没有真正解决，喜剧已由古典型艺术的领域转入散文的领域。所以本节标题是“古典型艺术的解体”。

② 主要指讽刺诗。

解体的根源，我们就要追问现阶段的转变和过去象征阶段的转变有什么区别。下面就谈这个问题。

a）古典型艺术解体和象征型艺术解体的区别

在真正的象征和比喻的艺术形式里，形象和意义本来就是分开的，互相生疏的，尽管它们也有些接近和联系；它们所处的关系却不是对抗的而是友好的，因为一旦双方显出某种类似点，这就成为把它们结合在一起来进行比喻的基础了。所以在这样结合之后，如果双方仍不免显出分裂和互相生疏，那就不是由于双方是互相敌对的，也不是由于本来是一种自在自为的紧密的团结而后来遭到拆散。古典型艺术的理想却不然，它一开始就显出意义与形象，内在的精神个性与它的躯体，都完全融成一片。所以这种完整的统一体中的对立双方如果又分裂开了，那就只能由于双方不能再共处下去，原来的和平的和解关系要变成不团结和敌对的关系了。

b）讽刺

由于古典阶段的对立双方的关系采取了不同于象征阶段的形式，双方的内容也就改变了，双方现在是互相对抗的了。这就是说，在象征型艺术里，通过象征的艺术形象而获得一种寓意式的感性表现的是些抽象概念，一般性的思想，或采取一般性的感想形式而意义明确的格言；而在由古典型艺术到浪漫型艺术过渡阶段中所采取的形式里，内容虽然仍是类似象征型艺术所用的那些一般性的思想的抽象概念，意见和出自知解力的格言，但是向对立双方中意义那一方提供内容的却不是这些抽象概念本身，而是在主体意识里，亦即在独立自足的自我意识里存在的那种抽象概念。因为这个中间阶段的基本要求是已达到了理想的精神性的东西，要以本身独立的姿态出现。在古典型艺术里精神个性本来就是主要的因素，尽管在它的现实方面，这种精神个性还是和它的直接的客观存在结合在一起的①。现在这个过渡阶段所要表现的主体性却在力求驾御对它已不适合的形象和外在现实。因此，精神世界就变成独立自由的已脱离了感性世界，因而就通过这种回返到精神本身的过程，而使主体变成了自觉的，只满足于自己内心生活的了。但是这种脱离外在界的主体在精神方面还不是以绝对为内容、以自觉的精神性为形式的真正的整体，而是还不免和现实对立的一种纯然抽象的、有限的、没有得到满足的主体②。——与这种主体对立的有限的现实，也变成自由的或独立的了，也正因为真正的精神的东西已离开它而退回到主体的内心世界，它既不想也不能把这种精神的东西再找回来，它就变成了一种无神性的现实，一种无生命的东西了。就是在这种情况之下，艺术带来了一种从事思维的精神，一种单凭主体自身的主体，在带有善与道德的认识与意志的抽象智慧中，对当前现实的腐朽持着敌对的态度。这种矛盾不得解决，内在界与外在界处于更尖锐的失调，就是这种情况造成了对立双方关系的散文性。一种高尚的精神和道德的情操无法在一个罪恶和愚蠢的世界里实现它的自觉的理想，于是带着一腔火热

① 精神个性不是抽象的，而是在具体的人物身上体现的。

② 在这个过渡阶段，浪漫型艺术阶段的那种个人脱离现实生活而陶醉于自己的内心生活的情况，已开始出现。

的愤怒或是微妙的巧智和冷酷辛辣的语调去反对当前的事物，对和他的关于道德与真理的抽象概念起直接冲突的那个世界不是痛恨，就是鄙视。

以描绘这种有限的主体与腐化堕落的外在世界之间矛盾为任务的艺术形式就是**讽刺**。一般关于讽刺的学说都站不住，因为它们根本就不知道把讽刺摆在哪里。讽刺和史诗不相干，也不属于抒情诗，因为讽刺所表现的不是情感生活而是关于善和本身必要的品质的一般概念。这种概念固然结合到主体的特殊性格，显现为这个或那个主体的道德品质，但是讽刺不能令人享受到表现所应有的自由的无拘无碍的美，而是以不满的心情保持着作者自己的主体性和抽象原则与经验的现实世界之间的失调。在这个意义上来说，讽刺既不是真正的诗，也不是真正的艺术品。因此，讽刺的观点不能从史诗和抒情诗的观点来理解，而是一般应当作古典理想的一种转变的形式来理解。

c）罗马世界是讽刺的土壤

按照它的内容意义来说，讽刺的作品所揭示出来的既然只是古典理想在散文情况里的解体，我们就不能从希腊那样的美的国度里替讽刺找到真正的土壤。按照上文所描绘的那种讽刺是罗马人所特有的。罗马世界的精神特点是抽象概念和死板法律的统治，是美和爽朗的道德生活的破灭，作为直接的自然道德发源地的家庭遭到了轻视，个性一般遭到了牺牲，完全听国家政权摆布，只能在服从抽象的法律之中才能见到冰冷的尊严和知解力方面的满足。这种政治道德的原则迫使各民族都要服从它的冷酷的统治，而在罗马内部，拘形式的法律也一样严峻，繁文琐节，多如牛毛。这种政治道德的原则是和真正的艺术不相容的。所以我们在罗马看不见美的、自由的、伟大的艺术。雕刻、绘画、史诗、抒情诗和戏剧体诗，都是罗马人从希腊人那里继承下来学习的。值得注意的是：可以看作在罗马土生土长的只有喜剧性的滑稽剧，庆丰收和结婚的地方歌之类，而比较文明的喜剧，包括普劳图斯和特伦斯①的作品在内，都是从希腊借来的，其中摹仿多于独立的创造。就连爱尼乌斯②也是根据希腊的资料来源写作，把神话变成了散文的。罗马人所特有的艺术方式基本上是散文的方式，例如他们的教训诗就是如此，特别是在它的内容是道德的时候，总是借音律、意象、比喻、华辞丽藻之类外在的雕饰来装扮一些空泛的感想。但是最突出的是讽刺。这里往往是一种对周围世界起义愤的精神力求从空洞的宣言里得到发泄。这种在本质上是散文性的艺术形式只有在一个意义上才能成为诗的，那就是它把现实界的腐朽形象摆到我们眼前，使这种腐朽由于它自己的空虚而陷于总崩溃。姑举贺拉斯为例。作为抒情诗人，他完全接受了希腊的艺术形式和表达方式的教养，但是在他所特别擅长的书信体诗和讽刺体诗里，却对当时罗马习俗描绘出一幅生动的画面，揭示出一些愚蠢荒唐的人物，由于所采取的手段不恰当，结果就是自毁灭。但是他的笑谑尽管是隽妙的，见出文化教养的，却不能说是诗的，它只满足于使坏人坏事成为笑柄。在其他罗马诗人的作品里，正义与德行的抽象观念

① 两位著名的拉丁喜剧家。

② 爱尼乌斯(Ennius)，公元前3世纪诗人，有“拉丁诗的始祖”之称，但实际上是一个归顺罗马的希腊人。

和流行的罪恶形成尖锐的对照，时而是愤怒、烦恼、痛恨之类心情发泄于谈论道德和智慧的空洞辞藻，时而是带着高贵心灵的义愤向当时的腐朽和奴颜婢膝进行攻击，或是拿当时的罪恶和古代的习俗、自由以及过去的世界情况中的道德进行对比，但并不抱什么真正的希望或信仰，只是显示出人们对这可耻的时代中的摇摆不定，变化无常，困苦和危险所能采取的态度不过是斯多噶派的恬静冷漠和高尚灵魂的内心的贞固。这种不满的情绪也部分地反映在罗马的历史著作和哲学里。莎路斯特①攻击道德的败坏，而他自己却也在所不免；李维②尽管在修辞上显得秀雅，只是从描绘过去的好时代中去求安慰与满足；特别重要的是塔西佗③，他怀着宽宏而深刻的忧世心情，用没有枯燥毛病的笔调和生动鲜明的描绘，痛心地揭露当时的恶习。在讽刺诗人之中，波修斯④最辛辣，比纠维纳尔⑤还更尖刻。后来的殿军是希腊人琉善⑥，他用明快的嬉笑的口吻攻击一切，包括英雄、哲学家和神们，特别把古希腊的神们的人情和个性写得淋漓尽致。但是他往往只是喋喋不休地议论神们的形状和行动的外表方面，不免使我们近代人感到厌倦。因为我们一方面对他所要粉碎的东西久已不再置信，另一方面我们也认识到希腊神们的一些特征，尽管遭到了他的嘲讽，从美的观点来

① 莎路斯特（Sallustus），公元前1世纪罗马史学家。

② 李维（T. Livius），公元前1世纪罗马史学家，以《罗马史》著名。

③ 塔西佗（Tacitus，公元55—120），罗马史学家，写过《日耳曼民族的历史和风俗》。

④ 波修斯（Persius），公元1世纪罗马诗人，传下来的作品只有六篇讽刺诗。

⑤ 纠维纳尔（Juvenal），公元1世纪罗马讽刺诗人，对后来西方讽刺诗的影响较大，他的讽刺诗传下来的还有十六篇。

⑥ 琉善（Lucian），公元2世纪希腊讽刺作家，著有《神们的对话》，《死人们的对话》，《拍卖哲学家》等，影响颇大。

看，还是有永恒的价值。

今天不会再有成功的讽刺了。柯塔[①]和歌德曾经悬赏征求讽刺作品，但是没有收到讽刺诗。讽刺诗的一些固定的原则是和现代生活相矛盾的；一种抽象的智慧，一种故步自封的、违反现实的道德，不可能使虚伪的可厌的东西得到真正的诗的处理，在真理里达到真正的和解。

艺术不可能停留在这种抽象的内在的思想与外在客观世界的分裂上而不违反艺术所特有的原则。主体方面应当看作本身是无限的，自在自为的，它尽管不容许把有限现实看作就是真实的，却也不和有限现实处在单纯的对立状态，对它取否定的态度，而是要进一步走向和解[②]，只有在这种和解活动中，它才能表现和上述古典型艺术的那种理想的个人相对立的绝对主体性格。[③]

---

① 柯塔(J. F. Cotta，1764—1832)，德国著名的出版家，歌德、席勒、费希特、谢林等人的著作大半由他出版。

② "和解"是黑格尔所了解的"统一"，他强调主体与客观世界如果停留在对立地位(如在讽刺作品中)，即不可能有艺术。

③ 这一段论古典艺术理想的解体从罗马时代盛行的讽刺诗可以见出。在讽刺诗里，诗人的主观理想变成抽象的，死板的，脱离现实而对现实持否定态度的，因此破坏了古典理想的主体与客观世界，意义与形象，内容与形式的完全统一。讽刺的态度是散文性的，因此，在本质上不属于艺术范围。黑格尔拿由古典型艺术到浪漫型艺术的转变和由象征型艺术到古典型艺术的转变作了比较，指出这二者之间的类似和差别。

第三部分

浪 漫 型 艺 术

序论　总论浪漫型艺术

浪漫型艺术的形式是由艺术所要表达的内容的内在本质所决定的，正如我们前此在本书中每次所遇到的情况一样。所以我们首先要把这种新内容所特有的原则弄清楚，这种新内容现在作为真理的绝对内容而进入意识，因而形成一种新的世界观和一种新的艺术表现形式。

在艺术的开始阶段，想象力倾向于努力从自然转到精神。这种努力还只是对精神的追求，精神还没有替艺术找到真正的内容，因此只能用外在的形式来表现自然界的意义，或是表现具有实体性的内在因素（这才形成艺术的真正中心）的无主体性的抽象概念。①

与此相反，在第二阶段，即在古典型艺术里，精神形成了艺术内容的基础和原则，不过精神只有通过否定自然界的意义才能显出它自己；而有血有肉的感性的自然现象则提供适合精神的外在形式。这种形式却不像在第一阶段那样只是表面的，不明确的，不由内容意义渗透的，而是由精神完全渗透到它的外在显现里，使自然的东西在这美妙的统一里受到理想化，成为恰好能表现具有实体性的个性的那种精神的现实事物，从而使艺术达到完美的顶峰。

① 指象征型艺术阶段的情况。“内在因素”指宗教或伦理的理想信条，“无主体性”指精神还没有达到自觉。

因此，古典型艺术是理想的符合本质的表现，是美的国度达到金瓯无缺的情况。没有什么比它更美，现在没有，将来也不会有。

不过还有比这种精神在它的直接的（尽管还是由精神创造来充分表现它自己的）感性形象里的美的显现[①]还更高的艺术。因为要借外界因素来实现，从而使感性现实符合精神存在的这种统一毕竟是和精神的本质相矛盾的，因而迫使精神离开它与肉体的和解（统一），而回到精神与精神本身的和解。[②]于是理想原有的单纯的牢固的整体就分化为两方面的整体，一个是独立自在的主体本身方面的整体，一个是外在现象的整体，通过这种分裂才能使精神达到它与它本身的内在因素的更深刻的和解。精神所依据的原则是自己与自己相融合（本身融贯一致），是它的概念和实际存在的统一，所以精神只有在自己家里，即在精神世界（包括情感、情绪和一般内心生活）里，才能找到适合它的实际存在。通过这一点，精神才意识到它本身就已包含它的另一体，即它作为精神的实际存在，从而才享受到它的无限和自由。[③]

1. 内在主体性的原则

精神原先要从外在的感性事物中去找它的对象，现在它既提升到回返到精神本身，它就从它本身获得它的对象，而且在这种精

① 即古典型艺术。比它更高的，即浪漫型艺术。

② 以前两阶段的艺术是用客观世界表现主体精神，现在浪漫型艺术是用精神本身表现精神，所以它是精神与精神本身的统一。

③ 自觉的精神能返视自己，自己成为自己的认识对象（“另一体”，亦即“实际存在”）。到了这一步，精神就是无限的、自由的。

神与本身的统一中感觉到而且认识到自己了。这种精神返回到它本身的情况[①]就形成了浪漫型艺术的基本原则。与此相联系的还有一个必然的含义：对于这个最后的艺术阶段来说，古典理想的美，亦即形象最适合于内容的美，就不是最后的（最高的）美了。因为在浪漫型艺术阶段，精神认识到它自己的真实不在于自己渗透到躯体里；与此相反，它只有在离开外在界而返回到它自己的内心世界，把外在现实看作不能充分显现自己的实际存在时，才认识到自己的真实。如果要根据这种新内容来形成美，那么，前此所说的美只能处于次要的地位，现在的美却要变成精神的美，即自在自为的内心世界作为本身无限的精神的主体性的美。

精神要达到无限，它就要把自己由纯然形式的有限的人格提升到绝对的人格；这就是说，精神必须是由完全实体性的东西渗透的[②]，而且本着这种实体性的东西把自己作为知识和意志的主体表现出来。从另一方面看，实体性的真实的东西不应理解为人类的一种单纯的“彼岸”，应该抛开希腊意义的拟人主义，应该把人性的东西看作实在的主体性，把这种主体性定为原则，像前文已提到过的，只有这样，拟人主义的东西才能达到完善化。[③]

2．浪漫型艺术在内容和形式上的主要因素

上文的基本定义中含有一些主要因素，我们要概括地从这些

① 精神回返到本身即所谓“内在主体性的原则”。

② 精神须代表普遍永恒的伦理理想。

③ 这两种拟人主义的区别在于有没有内在主体性，亦即精神是否达到完全的自觉。希腊的神们拟人主义还没有显出人的自觉精神的个性（即“人的内在的主体性”），往往把神乃至自然界事物当作人来看。

因素中推演出浪漫型艺术的题材体系和形式，其中形象的改变是由浪漫型艺术的新内容所制约的。

浪漫型艺术的真正内容是绝对的内心生活，相应的形式是精神的主体性，亦即主体对自己的独立自由的认识。这种本身无限和绝对普遍的东西[①]是对一切特殊性相的否定，是自己与自己的单纯的统一，它消融了一切彼此分化，一切自然过程及其出生、消亡和再现的轮回，以及一切精神存在的局限性，它把一切特殊的神分解在真纯的无限的自己与自己的统一体里。在它这种神宫里，所有的神们全被推翻了，由主体性的火焰把他们焚化了，从此艺术所承认的不是多神教的许多神而是唯一的神、唯一的精神，唯一的绝对独立自足性，这唯一的神，作为对自己能有知识和起意志的绝对，自己与自己处于自由的统一体，就不再分化为许多特殊的性格和功能而仅凭一种隐藏的必然来迫使它们联系在一起。[②]

这种单纯的绝对主体性如果还没有成为实在的符合它的本质的主体性，亦即还没有先纳入外在存在里而后又从这种实际存在里返回到它自己，它就还不是艺术所能掌握住的，而是只能由思维去掌握的。实际存在这个因素本属于绝对，因为绝对就是无终止的否定[③]，它的活动的结果就使它自己成为它的认识与它自己的单纯的统一[④]，亦即使自己成为直接存在[⑤]。直接存在是以绝对为

---

① 即上文的“精神的主体性”，下文的“自己与自己的统一”（本身的融贯一致）和“唯一的神”。

② 例如希腊的多神受制于一种盲目的命运（隐藏的必然），多神（代表许多不同的伦理的理想）现在统一于一个精神的主体，即一个代表自觉精神的个人。

③ 绝对处于不断发展的辩证过程。

④ 自己是认识主体也是认识对象，二者处于同一体。

⑤ 即摆在目前可以直接认识到的客观存在。

基础的，由于这种直接存在，绝对就不是显现为一个心怀妒忌的神，这种神只能否定（消除）自然和有限的人的存在而不能因此使自己表现为实际的神性的主体性；与此相反，真正的绝对要展示自己，要现出自己的可由艺术掌握和表现的那一面相。①

但是神的存在并不就是单纯的自然的感性的东西，而是感性的东西变成非感性的东西，变成精神的主体性②，这种精神的主体性在它的外在显现里并不丧失其为绝对，而是正是通过它的实际存在才获得自己实际就在目前的确实性。所以真实的神并不只是由想象造成的理想，而是把自己纳入有限的外在的偶然的存在中而仍然知道它自己在这里面是神性的主体，它本身还是无限的，而且使这无限成为自觉的。因此，实在的主体就是神的显现，所以艺术只有在现阶段才获得更高的权利，运用人的形象和一般外在状态去表现绝对，不过艺术的这个新任务只能在于表现内心生活返省它本身，亦即在主体中表现神的精神自觉性，而不是表现内心生活沉浸在外在躯体里。这种世界观的整体就是真实界本身的整体，其中见出特征的因素从此就从人身上找到它们的显现。在这种表现方式中产生内容和形式的既不是单纯的自然的东西，如太阳、天空和星辰之类，也不是希腊的优美的多神体系，也不是英雄们在家庭习俗和政治生活中的事迹，而是具有活泼的内心生活的实际的个别的主体才得到无限的价值，因为只有在这种主体里绝对真实

① 这一段原文晦涩，大意是这样：绝对主体性（自觉的精神）如果还只是抽象的概念，就只能是哲学的对象而不是艺术的对象。但真正绝对的东西按照本质不能停留在概念上，而是要成为在实在界中直接存在的东西，随着具体条件不同，而显现出各种不同的面相，这却是艺术的对象。这就是说，艺术抓住绝对所显现于外在事物的那一面相。

② 即物质变精神。

界(这只有作为精神,才是实在的)的永恒的因素才可以展开和集中起来。①

如果我们拿浪漫型艺术的这种定性和古典型艺术的任务(把这种任务实现得最妥帖的是希腊雕刻)来进行比较,我们就会发现造型艺术中的神们的形象表现不出精神的运动和活动,精神并没有离开它的肉体的实际存在而返省它本身,没有通体渗透着自觉的内心生活。在神们的那些崇高的形象中,经验界个别事物的可改变的偶然因素当然都被剔除掉了,但是它们所缺乏的是自为存在的主体性那方面的实际存在,即关于它们自己的知识和意志。在外表方面这个缺陷表现于在雕像上没有单纯灵魂的表现,即没有眼睛放出的光。美的雕刻中头等作品都是没有视觉的,人物的内心生活不能凭眼睛所表现的那种精神凝聚而流露出来,并且表现出它是自觉的内心生活。这种灵魂的光只是观众才有而雕像本身却没有,观众看雕像,不能用灵魂去看灵魂,用眼睛去看眼睛,达到心领神会。浪漫型艺术的神却是长着眼睛能见事物的,自己认识自己的,具有内在主体性的,把自己的内心生活展示给观众内心的。因为无终止的否定,精神对它本身的返省就消除了精神在躯体里泛滥的情况;主体性②就是精神的光,照耀着精神自己,照耀着前此是昏暗的地方③;自然的光④只能照耀到一个对象,而精神的光却以它本身为对象或照耀的领域,使它认识到它本身。但是这种绝对的内在主体性在它的实际存在中既然表现为人,而人和整

① 浪漫型艺术的对象是个人的内心生活,从此作为主体的个人身上普遍永恒的原则和理想才得到体现。

② 主体性即自我意识或自觉心。

③ 前此精神还没有达到自觉。

④ 即眼睛的光,目不能自见。

个世界又是联系在一起的，所以无论在精神主体方面还是在精神所紧密联系到的外在事物或材料方面，都是极其丰富多彩的。

绝对主体性所形成的实际存在可以有下列几种内容和显现方式。

a）我们所应采取的第一个出发点就是绝对本身，这绝对作为实在的精神使自己达到客观存在，认识自己而且进行活动。这里人的形象应表现出能使人一眼就看到他本身含有神性的东西。人不应只显现为人，只具有人的性格，人的狭隘的情欲，有限的目的及其实现，或是只意识到神，而是应显现为唯一的普遍的认识自己的神本身，这个神的生活和遭遇，生、死和复活也向有限的意识启示出永恒和无限的真实情况。浪漫型艺术把这种内容表现在基督、圣母、信徒们以及凡是受到圣灵鼓舞而具有完整神性的人们的生命史里。因为显现于人类生活的既然是本身具有普遍性的神，神的这种实际存在就不限于基督形象的个别的直接的存在，而是要推广到全人类，在全人类身上，神的精神使自己现为摆在目前的东西，而在这种实际存在里，它还是和它自己处于统一体。精神的这种自观照、自在自为的生活的推广，就是和平，就是精神在客观存在里自己与自己的和解——一种神性的世界，一种神所统治的领域，其中神性的东西（这自始就以自己与自己的实际存在的和解为它的概念或本质）在这种和解中实现自己，从而成为自为的（自觉的）。①

① 这一节涉及基督教的神学，很晦涩，大意是：浪漫型艺术首先在基督身上表现出神与人的统一（“和解”），无限与有限的统一。基督作为人，是神的一种显现或实际存在，神在基督这个人身上实现了他（精神）与自己的实际存在（肉体）的统一，从而成为自觉的亦即无限的精神，或绝对的主体性。

b）但是这种同一既然以绝对本身的本质为基础，作为精神的自由和无限，它就不是自然和精神在现实世界中本来就已存在的和解（同一），而是只有在精神摆脱它的直接存在的有限性而上升到它的真实时才能实现。因此，精神如果要获得完整与自由，就须使自己分裂开来，使自己作为自然和精神本身的有限的一面和原来本身无限的一面对立起来。另一方面，与这种分裂联系在一起的还有一种必然：通过精神本身的分裂、有限的、自然的，直接的存在，自然的心，就被确定为反面的、罪孽的、丑恶的一面，因此，只有通过对这种反面东西的克服，精神才能摆脱本身的分裂而转入真实与安乐的领域。因此，精神的和解只应理解和表现为精神的一种活动或运动，即一种过程，在这种过程中发生了一种挣扎和斗争；灾难、死亡和空无的痛感，精神和肉体的痛苦作为一种重要的因素而出现了。正如神首先要摆脱有限的现实，有限的人，从神的领域之外出发的人，也要接受到一种任务，要使自己上升到神，摆脱有限，消除空无，通过他的直接现实存在的毁灭，去变成神在显现为人之中所化为客体的那种真正的现实存在。这种个人主体性的牺牲所带来的无限痛苦和死亡是古典型艺术多少要避免表现的，或是仅作为自然灾难而出现的，而在浪漫型艺术中却第一次成了它所特有的必然。希腊人不能说是已理解了死的基本意义。他们并不把单纯自然的东西和与肉体统一的那种精神的直接存在看作本身消极的东西（否定的因素），所以他们把死看作只是一种抽象的消逝，值不得畏惧和恐怖，看作一种停止，对死人并不带来什么天大的后果。但是等到主体性变成精神本身的自觉性因而获得无限的重要性的时候，死所含的否定就成为对这种高尚而重要的主体性

的否定，因而就变成可怕的了，——就成为灵魂的死亡，灵魂从此就成为对本身的绝对的否定面，永远和幸福绝缘，绝对不幸，受到永无止境的刑罚。但是希腊的个人，作为精神的主体，并不自认为有这样高的价值，所以对于他来说，死有比较和悦明朗的形象。因为人只有对他认为最有价值的东西的消亡才产生畏惧。只有当主体认识到自己是精神的具有自我意识的唯一的实在，有理由怕死，把死看作对自己的否定时，他才意识到上文所说的生的无限价值。另一方面，死在古典型艺术中也不曾获得它在浪漫型艺术中所获得的那种肯定的（正面的）意义。希腊人对于我们近代人所说的不朽并不那么认真。只有到后来在苏格拉底的思想里，不朽对于主体意识才有一种较深刻的意义，才满足一种文化较前进的时代的需要。例如俄底修斯（见《奥德赛》，卷十一，428—491 行）在阴曹地府中颂扬阿喀琉斯，说他比先来后到的人都更幸福，因为他过去像神们一样受到崇敬，而现在又要成为死人世界的统治者，阿喀琉斯自己却不大重视这种幸福，回答时请俄底修斯不要对他的死说安慰的话，他宁愿当一个农家奴隶，穷到须当一个穷人的雇佣，也不愿在被迫到阴曹地府的人们中当皇帝。在浪漫型艺术里，死不过是自然灵魂和有限主体的一种消逝，这种消逝不过是对本身已是否定的东西的否定，把空无否定（消除）掉，从而使精神摆脱掉有限和分裂，达到主体与无限在精神上的和解。对于希腊人，生只有在与自然的，外在的，尘世的存在统一起来时才是肯定的，所以死只是单纯的否定，对直接实际存在的解脱。但是在浪漫型的世界里，死却意味着否定的否定，这就使它转化为肯定，成为精神从单纯的自然性和不适合的有限性之中解放出来的复活。消逝的主体的

痛苦和死亡转化到自己的反面，转化到欣慰和幸福，转化到经过和解的肯定性的存在，要达到这种存在，精神就必须脱离否定它自己真实生命的那种存在。所以这个基本定性不只涉及从自然方面来看的死亡，而且涉及精神为着过真实生活就必须经过的与上述外在的否定无关的一种过程。

c）形成精神的这种绝对世界第三方面的是人，这里所说的人既不是直接在他本身上表现出绝对和纯粹的神性，也不表现人上升到神以及与神和解的过程，而只是停留在人所特有的范围里。这里形成人的内容的是纯然有限的东西，无论是从精神性的目的、尘世的旨趣、情欲、冲突、苦与乐、希望与满足方面看，还是从自然和它的个别现象领域的外在方面看，都是如此。要理解这种内容还可以从两个观点来看。从一个观点看，精神既然获得了自肯定，它在人这个境界就是碰上了一种恰当的满意的活动场所，在这里面它只显示出这种自肯定的性质，反映出它的肯定方面的满足和亲切感；从另一个观点看，这同样的内容①就降低成为纯粹偶然的东西，说不上有什么独立的价值，因为精神在这种内容里找不到它的真实的客观存在，因而只有当它自己把精神和自然的这种有限的方面作为否定面而破除掉了，它才能达到与本身的统一。②

① 指人。

② 以上两节进一步对古典型艺术和浪漫型艺术进行比较，说明二者在主体（精神）与外在世界（物质）的统一上有两点重要的分别。第一，在古典型艺术中这种统一或和解是自在的，直接的，没有经过冲突和解的；在浪漫型艺术里这种统一是自为的，由精神克服自己与外在自然的对立矛盾才达到的精神性的和解。其次，这种分别影响到对生与死的看法。希腊人把与自然相安的生看作肯定的，把死看作单纯的对生的否定。到了基督教和浪漫型艺术出现时，生和死的意义都改变了，人和神统一了，耶稣基督就是一个代表。人就是神或绝对精神的体现，具有自由和无限，所以生有最高的价值。死所否定的就不只是肉体，而同时是与肉体统一的精神，因而带来牺牲主体性的

3. 内容与表现方式的关系

最后，关于这全部内容与它的表现方式的关系，可以提出以下几点：

a）首先是像我们在上文已经看到的，在浪漫型艺术的内容里，神性的因素是大大地削减了。第一，像我们已经指出的，自然已被剥夺去神性；海，山和谷，河流，泉源，时间，夜以及一般自然过程都已失去了它们表现绝对和形成绝对内容意义的价值。自然界的形象不再有象征性的引申义；自然事物的形式和活动也不再担负代表神的特征的任务了。因为凡是关于世界起源，被创造的自然和人从何而来，向何而去，为何而来之类大问题以及象征时代和造型艺术时代为要解决和表现这类问题所进行的尝试，现在都由于神在精神中启示自己而不复存在了，而且就连在精神界，那丰富多彩的世界以及其中由古典型艺术所描绘出的那些人物性格、动作和事迹也已集中到绝对及其永恒的赎罪史[①]这唯一的光的焦点上去了。所以内容全都集中到精神的内在生活上，亦即集中到感觉、想象和心情上。这种心情要追求和真理达到统一，竭力挣扎要在

痛苦与罪恶。这是古典型艺术很少表现或避免表现的，而在浪漫型艺术里死及其痛苦这一否定面就经常获得表现。但是死对于浪漫型的人生观却不是单纯的否定，而是否定的否定，死否定了生，也否定了自己，从而"精神才能摆脱本身的分裂，转入真实与安乐的领域"，即"摆脱它的直接存在的有限性而上升到它的真实"，也就是否定了有限而达到精神与它自己的较高一级的统一。黑格尔在这里宣扬了基督教义，说这就是精神的"复活"。所以他认为浪漫型艺术在美这一点上虽比不上古典型艺术，而在精神发展上却处于更高的阶段。

① 指浪漫型艺术以基督教精神为中心，基督作为神代表绝对，他的死替人类永远赎了罪。

主体身上产生和保持神性的东西;它在尘世里所要实现的目的和任务并不为尘世的缘故,而毋宁是把人本身的内心冲突和人与神的和解看作它的唯一的基本任务,它所要表现的也只是人格和保持人格的方式以及为实现上述目的(任务)所采取的措施。从这方面来看,所能出现的英雄主义并不是凭自己定法律、定措施、制造和改造情境的那种英雄主义,而只是一种退让屈从的英雄主义,只接受超越自己的一切现成的东西,它唯一的任务就在按照这些现成的东西去调整时间性的东西,把较高的有绝对价值的东西运用到现成的世界里,使其发生具有时间性的(尘世的)效用。但是这种绝对的内容既然集中到主体的心灵那一点上,因而一切过程都被纳入人的内心生活里①,所以内容的范围又无限地扩大了,它就展现为无限丰富多彩的事物了。因为形成上述客观历史②的尽管都是心灵中具有实体性的东西,主体毕竟从各方面阅历到这部客观历史,展示出其中某些个别点,或是不断更新地把人的特征加到它里面去,此外还可以把整个自然界都吸收到自己身上来,作为精神所在的环境和场所,使它服务于上述唯一的伟大目的。因此,心情的历史就无限丰富,可以适应永远在改变的环境和情境,表现为最繁复的形象。如果人从这种绝对的范围中走出去参与尘世间的事务③,他的精神愈深刻地完全地符合这个原则④,他的兴趣、目的和情感的范围也就愈宽广,因为精神如果符合原则,它就会展现为无限丰富的内在的和外在的冲突、分裂以及各种强度的情绪,也就会

① 即客观世界的一切现象都反映到人的意识里。
② 法译把这种“客观历史”了解为上文的“永恒的赎罪史”。
③ 即使抽象的普遍的东西在现实中得到具体化。
④ 即上文所说的“一切过程都被纳入人的内心生活里”。

展现为各种强度的满足。在人身上变成自觉的那种本身普遍的绝对形成了浪漫型艺术的内在的内容意义，所以整个人性和它的全部发展都是浪漫型艺术的用之不竭的材料。

b）但是浪漫型艺术并不是站在艺术的地位把这种内容制造出来，像大部分象征型艺术特别是古典型艺术及其理想的神们所表现的那种情况。我们在上文已经见过，浪漫型艺术作为艺术并不揭示教训，并不是只用艺术的形式来创造真实的内容以供感性观照，而是内容先已存在于艺术领域之外，即先已存在于思想和情感里。宗教作为全属另一级[①]的对真实界的普遍认识是浪漫型艺术的基本的先行条件，即使从外在的表现方式方面来看，宗教对于实际意识[②]也先已在感性现实界中作为一种散文性的现成事迹而存在。这就是说，向精神揭示出的内容既然就是精神的永恒绝对的本性，这种精神是已摆脱了单纯的自然因素，因而降低了自然因素，结果它在直接现实中的显现就获得这样一种地位：外在方面既然具有客观存在性，就还只是一个偶然性的世界，绝对须跳出这偶然性的世界而把自己集中到精神的内在方面去，才独立自为地成为真实。因此，外在方面就变成一种可有可无的因素，精神对它就毫不信任，也不把它当作自己的栖身之所了。精神愈感觉到它的外在现实的形象配不上它，它也就愈不能从这种外在形象中去找到满足，愈不能通过自己与这种形象的统一去达到自己与自己的和解。[③]

① 黑格尔把艺术、宗教和哲学看作逐渐上升的三级。

② 即具体的人的意识。

③ 在浪漫型艺术里，绝对精神不能在有限现实里获得充分的表现，于是就摆脱有限现实而缩回到内心生活方面，因此外在现实的形象成为不重要的因素，尽管它们还是反映到意识里而扩大了内心生活的内容。

c）因此，从外在显现方面看，浪漫型艺术的实际表现方式基本上不越出日常现实的范围，这是符合上述原则的。它并不怕采用客观现实中有限事物的一切缺点。因此，在浪漫型艺术里再见不到理想的美，即使外在的观照对象摆脱了时间性和变化无常的痕迹，把现实的原来的枯萎的现象变成鲜花灿烂的美。浪漫型艺术并不求表现出既自由生动而又绝对静穆的存在以及肉体里渗透着灵魂的气象，它并不以这种最足以见出内在本质的**生活**为它的目的，它对美的这种顶峰掉头不顾。它把内在的因素和偶然形成的外在因素交织在一起，不怕让显然不美的因素尽量发挥它们的作用。

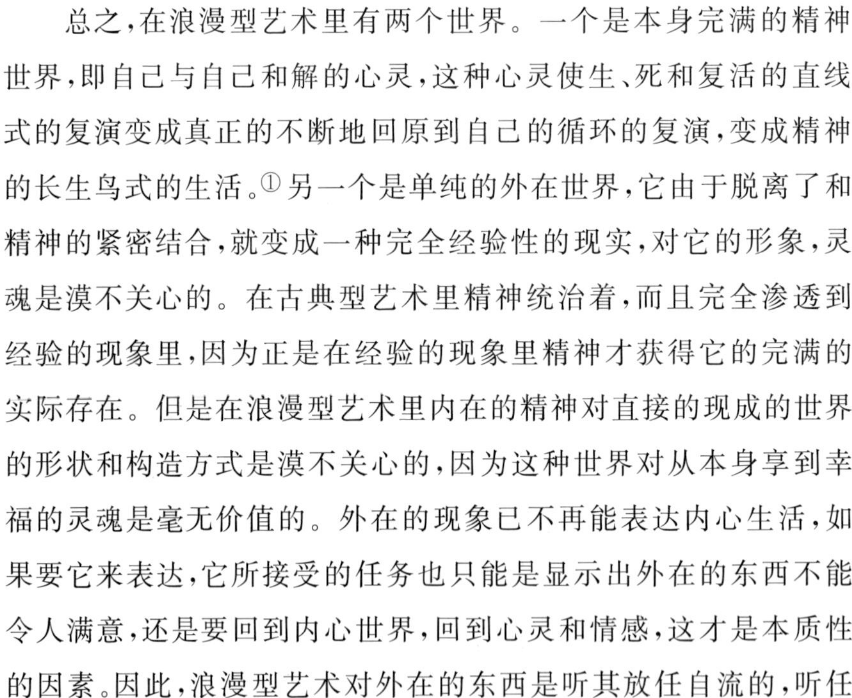

总之，在浪漫型艺术里有两个世界。一个是本身完满的精神世界，即自己与自己和解的心灵，这种心灵使生、死和复活的直线式的复演变成真正的不断地回原到自己的循环的复演，变成精神的长生鸟式的生活。① 另一个是单纯的外在世界，它由于脱离了和精神的紧密结合，就变成一种完全经验性的现实，对它的形象，灵魂是漠不关心的。在古典型艺术里精神统治着，而且完全渗透到经验的现象里，因为正是在经验的现象里精神才获得它的完满的实际存在。但是在浪漫型艺术里内在的精神对直接的现成的世界的形状和构造方式是漠不关心的，因为这种世界对从本身享到幸福的灵魂是毫无价值的。外在的现象已不再能表达内心生活，如果要它来表达，它所接受的任务也只能是显示出外在的东西不能令人满意，还是要回到内心世界，回到心灵和情感，这才是本质性的因素。因此，浪漫型艺术对外在的东西是听其放任自流的，听任

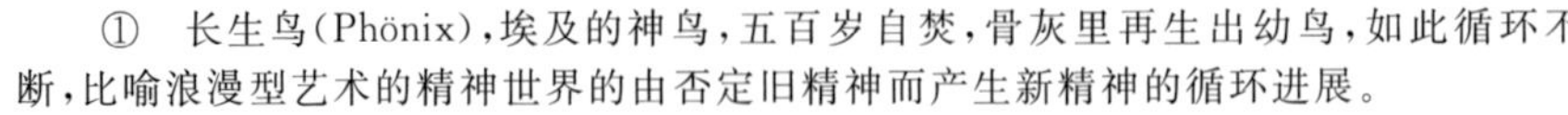

① 长生鸟（Phönix），埃及的神鸟，五百岁自焚，骨灰里再生出幼鸟，如此循环不断，比喻浪漫型艺术的精神世界的由否定旧精神而产生新精神的循环进展。

一切材料乃至于花木和日常家具都按照自然界的偶然的样子原封不动地出现在艺术作品里。但是这种内容却带来这样一种定性：它作为单纯的外在的材料就是无足轻重的、卑微的；只有在心灵渗透到它里面去的时候，在它不仅能表现内在的东西而且还能表现内心生活的深刻而亲切的方面的时候，它才有真正的价值，而内心生活的深刻而亲切的方面是不能和外在的东西混合在一起的，它只能显得自己与自己和解。内在的东西在这种推到极端的情况下是不用外在形象来表现的，仿佛只是凭自己认识自己，一种既无对象又无形象的单纯的声音，水面上的一丝波纹，一种飘浮在这样一种世界之上的声响：这种世界在和它异质的[①]现象里只能获得这种灵魂收心内视状态的一种隐约的认识和反映[②]。

如果我们用一句话来总结浪漫型艺术中内容与形式之间这种关系的特点，我们就可以这样说：因为浪漫型艺术的原则在于不断扩大的普遍性和经常活动在心灵深处的东西，它的基调是音乐的，而结合到一定的观念内容时，则是抒情的。抒情仿佛是浪漫型艺术的基本特征，它的这种调质也影响到史诗和戏剧，甚至于像一阵由心灵吹来的气息，也围绕造型艺术作品（雕刻）荡漾着，因为在造型艺术作品里，精神和心灵要通过其中每一形象向精神和心灵说话。

4. 题材的划分

最后，就艺术这第三类型的大领域进行较详细的阐明，先须确定题材的划分，浪漫型艺术按照它的基本概念在它的内在的分

① 因为是物质的，不是精神的。

② 这里所说的是神秘主义者所说的“收视返听”、默察内心的状态，只有在后来消极的浪漫主义里才较突出。

化中显出下列的三个阶段。

第一个范围是单纯的宗教，在宗教范围里占中心地位的是赎罪史，即基督的生、死和复活。这里的基本定性是返回，这就是说，精神对它的直接的有限存在持否定态度，把这方面克服掉，通过这种解放，精神在自己的领域里显示出自己的无限性和绝对的独立性。①

其次，由于精神本身的神性，由于有限的人上升到神的过程，上述独立性接着就推广到尘世了。这里首先是单纯的主体变成对自己是肯定的，并且把这种肯定的主体所崇尚的道德，亦即浪漫时代骑士风尚中的荣誉、爱情、忠实、勇敢、目的和职责，看作主体意识中的实体和实际生活中所遵循的旨趣。②

第三章中的内容和形式一般可以称为人物性格的形式上的独立性。这就是说，如果主体在这个阶段达到了他认为本质的精神独立性，那么，和主体密切联系在一起的那种特殊内容也就分享到这种精神独立性，——不过这种独立性并不像在自在自为的宗教真理的范围里那样体现在主体的生活里，所以只能是形式上的。反之，外在的环境，情境和事态纠纷的形状现在已变成独立自由的，因而可以有种种任意的偶然的奇遇。因此浪漫型艺术就到了它的发展的终点，外在方面和内在方面一般都变成偶然的，而这两方面又是彼此割裂的。由于这种情况，艺术就否定了它自己，就显示出意识有必要找比艺术更高的形式去掌握真实。③

① 基督否定了自己的尘世生活，精神得到解放，变成纯然精神的、无限的、绝对独立的神。这是精神由否定自己而肯定自己的辩证过程，所以叫做“返回”，亦即下文所说的“从有限的人上升到神”。

② 基督的精神又在尘世凡人身上体现，成为骑士风尚中的一些道德理想，这就是所谓从精神转入尘世。

③ 浪漫型艺术的最后阶段以精神与客观存在分裂而凝视它本身为特征，这就是否定艺术本身。艺术从此就要让位给宗教，作为掌握真实的更高的形式。

第一章　宗教范围的浪漫型艺术

浪漫型艺术在把绝对的主体性表现为全部真实之中，既然用精神与它的本质的统一，心灵的安定，神与世界的和解因而也是神与他自己的和解，作为它的实体性的内容，理想在浪漫型阶段似乎初次完全自由自在地安居在它自己出生的家乡里了。事实上我们原已把幸福和独立自足性、安定、静穆和自由定作理想的基本定性了，我们当然不应把理想排除到浪漫型艺术的概念和实际存在之外，但是比起古典型的理想，浪漫型的理想却具有完全不同的形状。上文已约略指出过这种情况，我们现在却要从头起就把它的具体意义弄明确，以便把浪漫型艺术表现绝对的方式的基本类型弄清楚。在古典型的理想里，神性的东西一方面被纳入个性的框子里；另一方面每一个神的灵魂和幸福完全透过他的肉体形象而流露出来；此外古典型的理想还有第三个特点，那就是它所依据的原则既然是个体与它自身和与它的外在形式之间都须具有不可分割的统一，所以否定或消极的因素例如分裂，肉体的和精神的痛苦，牺牲和忍让（或抛舍）都不能作为重要的因素而出现。古典型艺术中的神性固然分化成为一个多神体系，但这并不是它本身割裂成为一方面是神的普遍的本质，另一方面是神在人的形象和人的精神里作为一些个别主体的经验性的显现，而且作为无形的绝对，这种神性也没有一个罪恶、罪孽和错误的世界和自己对立，因而没有

要解决这种矛盾的任务，它不须通过这种矛盾的解决就可以使自己成为真正实在的和神性的东西。反之，浪漫型的理想所依据的绝对主体性这个概念却包含实体的普遍性与个人人格之间的矛盾，这种矛盾须完全达到和解，主体才具有实体性，而实体性也才提升为认识自己和起意志的绝对主体。其次，精神的主体性在实际上还有一个更深刻的矛盾，即它与有限世界的矛盾，只有消除这有限世界的有限性，使它和绝对和解了，无限的东西才能凭它自己的绝对活动而获得它自己的本质，成为绝对精神。这种实际情况是在人类精神领域里而且就运用人类精神本身的形象而显现的。从美的观点来看，这和古典型艺术的美是完全不同的。希腊的美表现精神主体的内在方面所用的完全就是他的肉体形象，动作和事迹；内在因素完全由外在因素表达出来了，而且在外在因素里面生活着，显得很有福气。浪漫型的美却不然，它有一个绝对必要的条件，那就是灵魂尽管显现在外在的躯体里，却同时要显得要脱离这躯体而退回到灵魂本身，去过独立自在的生活。所以躯体在浪漫型艺术阶段只有在一个意义上才可以说是表现出精神的内在方面，那就是躯体显示出精神的符合本质的实际存在不是在这种躯体里而是在精神本身里。因此，浪漫型的美不再涉及对客观形象的理想化，而只涉及灵魂本身的内在形象，它是一种亲切情感的美，它只按照一种内容在主体内心里形成和发展的样子，无须过问精神所渗透的外在方面。因此，浪漫型的旨趣不再关心使实际存在现出古典型的统一①，而是集中在一个与此相反的目的上，就是用一种新的美的气息灌注到精神本身的内在形象里，所以艺术从

① 即内容意义与形象的统一。

此就不大关心外在的东西，它只把当前现成的外在的东西信手拈来，让它爱取什么样的形状就取什么样的形状。在浪漫型艺术里，主体与绝对的和解是一种内心活动，尽管也显现于外在方面，却不把这外在方面本身及其实际的形象当作自己的重要的内容和目的。对灵魂与肉体的理想化的统一所表示的这种漠不关心就导致肖像式的艺术出现，这种艺术侧重外在方面的个别特点，按照个别特点及其形式在自然中本来的样子描绘出来，不把它的瑕疵和缺陷洗刷掉，用较适合的东西来代替它们。一般地说，就在这方面人们也还是要求有一种对应①，但是这种对应的确定形象却变成无足轻重的，并不要把有限的经验界的偶然因素都净化去。

我们还可以从另一方面来证明上文对浪漫型艺术所作的彻底界定的必要性。古典型的理想如果已达到了它的真正的高度，是一个本身完满的、独立的、有节制的、无待外求的完整的个体，把一切和自己异质的东西都排除掉了。它的形象是它所特有的，它完全活在这形象里面而且只活在这形象里，不牺牲这形象而去和经验性的偶然的东西打交道。所以任何人以观赏者的身份去接近这种理想，他都无法把这种理想的实际存在看作与他自己有关联的外在显现，移植到自己身上来；永恒的神们的形象尽管就还是人类的形象，却不是属于可朽的凡人的，因为这些神没有有限存在的弱点，把这类弱点都克服掉了。他们和经验界的有限事物已断绝了关系。浪漫型艺术的无限的主体性或绝对却不是沉浸到它的外在显现里去的，而是就沉浸在它本身里，因而把它的外在方面作为一种听任其自由而抛舍给旁人的东西，不把它看作为它自己的东西。

① 法译作“内容与形式的对应”，但更可能指肖像与本人形状的对应。

此外，这外在方面还必须采取经验界人的平凡形象，是神本身降落到有时间性的尘世里，以便调解绝对概念中所固有的绝对矛盾。因此，经验界的人也从此认识到主体性和外在显现之间有一种亲属关系和联系点，使他能有把握地以信任态度去看处在自然状态中的自己（即躯体），因为外在形象在浪漫型艺术里并不像在古典型艺术里那样严峻地把个别偶然因素都洗刷掉，它正是他自己所具有的而且从他身旁别人身上可以看到和喜爱的形象。正是这种对平凡事物的家常亲切感使浪漫型艺术能引起人们对外在形体的喜爱和信任。但是，浪漫型艺术之所以牺牲（忽视）外在方面的表现，是因为要借此揭示心灵美即内心的高尚和心情的神圣。因此它同时也就要主体沉浸到精神的内在方面及其绝对内容意义里去，把它据为己有。①

最后，上述牺牲一般还含有一个普遍概念：在浪漫型艺术里，无限主体性并不像希腊的神那样孤独镇静，本身完整，过着独立自足的幸福生活，而是从本身中跳出来和另一体发生关系。但是这另一体还是属于它自己的，在这另一体里它从新认识自己，保持自己与自己的统一。这种自己在另一体里的统一就是浪漫型艺术所特有的美的形象，也就是它的理想。这理想按照本质是以内心生活和主体性，心灵和情感为显现形式的。所以浪漫理想所表现的是和另一精神性的对象的关系，这另一体和主体的内心生活紧密地结合在一起，使得具有这种内心生活的灵魂只有在这另一体里才能过着自己与自己统一的生活。这种在本身也在另一体的生活在

① 在浪漫型艺术里，外在事物已脱离精神而取日常平凡状态，这是对外在事物的牺牲。这种牺牲是为着揭示心灵美，因此毕竟还分享精神的内容意义。

情感上就是爱的内心生活。

因此，我们可以把爱看作宗教范围里的浪漫型艺术的一般内容。不过爱只有在表现出精神的肯定的、直接的和解时，才获得它的真正的理想的形式。但是在研究这种最美的理想的满足阶段①之前，我们先要一方面研究否定的过程，亦即绝对主体克服它所显现的人体形象中的有限性与直接性的过程，亦即展现出神为着世界和人类而出生、受苦难和死亡以及世界和人类与神达到和解的过程。另一方面要研究的就是人类在他们那方面也要经历同样过程，才可以在他们本身上实现与神的和解。处在这个过程的两阶段之间的（其中转入死亡与坟墓的感性的②和精神的转变过程这个否定方面就形成了中心点）就是肯定的安定的幸福的表现，这在宗教范围的浪漫型艺术里就是最美的题材。③

因此，本章可以再细分为三个部分。

第一是基督的赎罪史：这是用神本身来表现绝对精神的各发展阶段，神变成了人，在有限世界及其具体的关系之中获得了一种实际存在，而且在这种本来是个别的存在里显现出绝对本身。

第二是爱，就它的正面的形象来看，爱是人与神和解的情感：神圣家族，圣玛利的母爱，基督的爱，基督信徒们的爱。

第三是宗教团体：神的精神出现在人类身上，这是由于心灵的皈依，对自然性和有限性的贬黜，总之，由于人回转到神的过程，

① 即上文所说的肯定的和解。

② “感性的”即物质的或肉体的。

③ 这一节说明浪漫型艺术中的主体须从本身中跳出来与另一体在精神上结合成统一体，这就是爱，人神之间的爱和两性爱，所以爱成了宗教范围的浪漫型艺术的一般内容，产生出它所特有的美的形象。

——在这种转变中首先是忏悔和殉道成为人神统一的中介手段。

1. 基督的赎罪史

精神和它本身的和解，绝对的历史，真实界的演变过程，是通过神在尘世中的显现而使人认识到和确信不疑的。这种和解的单纯内容就是绝对真理与个别的人的主体性结合为一体的过程：一个个别的人是神而神也是一个个别的人。这就意味着人的精神本身，按照它的本质来看，就是真正的精神，因此每一个个别的主体在人的地位就有无限的使命和重要的意义，就是神的一种目的，而且须与神处于同一体。但是这也就对人提出一个要求，要他由原来的单纯的自在之物变成为实现了本质的实在之物，这就是说，要他把自己与神的统一定为他的生存目标，并且要达到这个目标。如果他实现了这个使命，他就成为本身自由无限的精神了。他只有在一个条件下才有可能做到这一点，那就是上述神与人的统一，就是人性和神性的根源和永恒基础。这个目标同时也就是自在自为的起点，是浪漫型的宗教意识的前提。按照这种宗教意识，神须变成人，变成肉体，变成个别的主体，对于这种主体，人与神的和解不再只是自在的，不只是从概念上被意识到的，而是客观存在的，作为这种个别的实际存在的人而呈现于感性观照和意识的。要有这种个别存在的阶段，每个个别的人才可以从此观照到他自己与神的和解，认识到这种和解绝对不只是一种可能性，而是实有其事，它在这一个主体身上确实地完成了。[1]但是这种统一，作为两种

① 指在基督身上神变成个别的人。

对立面的一种精神性的和解，既然不只是一种直接现成的（自在的）统一体，所以其次就要求这一个主体也要经历意识成为真正精神所必须经历的那种精神过程，这就是这一主体达到存在的历史。这种在个别的人身上完成的精神的历史所包含的事迹就是我们在前文已经提到的，这一个别的人在精神和肉体方面都消灭了他的个别性，这就是说，他遭受了苦难和死亡，但是通过死亡的痛苦，从死亡中又复活了，成为光荣化的神，实在的精神，他尽管作为这一个别的主体而进入存在，只有和他的团体①处在一起，才是在本质上作为精神的神。

a）艺术在这里好像是多余的

这种历史向宗教范围的浪漫型艺术提供了基本题材，但是对于这类题材，艺术，如果纯粹地看作艺术，在一定程度上却是多余的。因为这里的要旨在于内心的信服，在于对这永恒真理的情感和思想，总之，在于信仰。这种信仰本身就提供了这种绝对真理的证据，因而就形成内心世界的观念。换句话说，发展出来的信仰就是直接的信服，就是把这种历史的各阶段的观念当作真理本身而摆在意识面前。但是这里所涉及的既然是对真理的意识，艺术表现的美就成为次要的，可有可无的了，因为真理不靠艺术就已摆在意识面前了。

b）艺术也必然要参与

但是从另一方面看，宗教的内容本身也包含一个不仅可以用

① 即信仰基督教的全体成员。

艺术而且还必须用艺术的方面。像前文已多次提到的，在浪漫型艺术的宗教观念里，内容本身就必然要把拟人主义推到极端，因为这种内容中心正是绝对的神性与实际上看到的，因而也是外在的，显现于肉体的人的主体性这二者的紧密结合；它必须把神性按照它结合到自然的缺陷和有限的现象时所具有的那种个别性相描绘出来。从这个观点来看，艺术可以就神的显现方面向观照的意识提供一种如在目前的个别的实在的形象，还可以就基督的诞生、生活、受苦难、死亡、复活和升天成神这类事迹所涉及的外在细节提供一个生动鲜明的画面。所以一般说来，只有在艺术里，神的随时消逝的实际显现才可以既持久而又永远更新。

c) 外在显现中的偶然的特殊因素

但是在这种显现里重点既然在于神在本质上只是某一个别主体而不是任何其他主体，所表现的不只是一般的神与人的主体性的统一，而是神与人的主体性在这一个人身上的统一，所以由于内容本身，外在的有限存在的一切偶然的特殊因素都要出现在这一阶段的艺术里，而这些因素却是美在古典型艺术顶峰中所要清洗掉的。凡是美的自由概念所认为不适合、非理想而加以排斥的因素，在现阶段的艺术里却作为一种取决于内容本身的因素而必须采用和提供观照的。

1）所以在经常把基督本人选作题材时，艺术家们如果要按照古典型理想的意义和方式把基督造成一个理想，他们就会每一次都走上错路。按照这种理想塑造出来的基督的头像或全身像固然也显出严肃、静穆和尊严，但是基督一方面要有内心的深度和纯然一般的精神性，另一方面也要有主体的人格和个性；而这两方面都是和人的感性形象所表现的沐神福的神情不相容的[①]。把表现方式的这两极端结合在一起是一件极难的事，特别是离开传统典型的艺术家们往往不免失败。——严肃和意识的深度当然要在这类头像上表现出来，但是神色和形体的细节形状却应尽量不按照理想美去表现，正如它们既不应降低到平凡丑陋，也不应勉强提高到单纯的崇高一样。涉及外在的形式方面，最好的表现方式应介乎特殊的自然的美与理想的美之间。做到恰好的程度不是一件易事，艺术家的熟练技巧和聪明智慧主要地要在这里显出。——一般说来，在这整个领域的艺术表现里，把属于信仰的内容暂且抛开不谈，比起在古典型理想里要更多地显出人的主体因素[②]。在古典型艺术里，艺术家要把精神性和神性直接表现在肉体的形式亦即人的形体结构里，因此他的主要的旨趣在于对这些肉体形式中平凡的有限的因素加以清洗和改造。在目前讨论的这个艺术领域里，形象却是平凡的、熟悉的，它们的形状在一定程度是无足轻重的，是一些这样那样的特殊细节，可以听任艺术家自由处理的。所以最重要的旨趣一方面在于艺术家通过平凡的熟悉的东西去显示出精神方面最内在的东西时所用的方式和方法，另一方面在于艺术家在创作过程中使用技巧工具和技巧方法的本领，凭这套本领他可以把精神的生气吹到他的形象里去，使精神中最深刻的东西成为可以观照和领会的对象。

2）我们已经说过，内容除此以外还有精神概念本身产生绝对

① 即和古典型理想不相容。

② 法译作“要更多地依靠艺术家的主体方面的处理本领”。

的历史，这历史把肉体的和精神的个别性相转变到它们的本质和普遍性的过程表现为客观的。因为个别主体与神的和解并不是一开始就直接出现的和谐，而是只有经过无限痛苦、抛舍、牺牲和有限的、感性的、主体方面因素的消除才产生出来的和谐，有限的和无限的在这里紧密结成一体。只有通过待解决的矛盾的巨大和坚强才显得出和解深刻和亲切以及中介(转化)过程的力量。所以这样的矛盾所带来的苦难，殉道和苦刑的严酷性和不协调性，也是符合现阶段精神本质的，这种精神的绝对满足就形成现阶段的艺术内容。

这种精神过程，如果单就它本身来看，就是一般精神的本质和概念，所以对于意识就是一种要在每一个人的意识里复演的普遍史。因为意识，就它出现在许多个别人的心中而言，就是普遍精神的实际存在。但是精神既以在个体中的实际存在为它的一个符合本质的发展阶段，上述普遍史就要从一个个别的人的形象出发，就要表现为这个个别的人的诞生、受苦难、死亡和复活的历史，尽管是一个个别的人的历史，它仍须保持一种较广的意义，即同时也是普遍绝对精神的历史。

神的生活中真正的转折点是他作为这个人的个别存在的消灭，他的受难史，十字架上的忍痛，精神的折磨，死的痛苦。因为这里内容本身就包含这样的意义：外在的肉体的显现，作为个体的直接存在，在它遭否定的痛苦中须显出它自己是否定面，才可以使精神通过牺牲感性主体的个别性而达到它的真实和它的天国，所以对这种内容的表现是和古典型造型艺术的理想最不相容的。从另一方面看，尘世的躯体和脆弱的人性由于显现了神本身而提高了地位，受到崇敬；但是从另一方面看，正是这种躯体和人性是定作否定面而且在痛苦中才达到显现的，而在古典型理想中这种肉体和人性与精神性和实体性却处于不受干扰的和谐中。基督受嗤笑，戴荆棘冠，背十字架到刑场，忍受殉道者的苦刑和拖得很久的死，这一切都不能用希腊美的形式去表现。在这种情境里伟大崇高的是神性本身，是深刻的内心生活，是精神中永恒因素的无限的苦痛，是坚忍和神的宁静。

围绕这个形象[①]的人物有些是朋友，有些是敌人。其中朋友们也不是什么理想的人物，而是一些个别的各有特殊性的平常人，凭精神的吸引，他们依附了基督；至于敌人是与神对立的，判了神的罪，嗤笑他，使他受苦刑，把他钉死在十字架上，所以他们被表现为在内心上是恶的，而这种内心的恶和对神的敌视表现于外表则为丑陋、粗鲁、野蛮和形象的凶狠和歪曲。在这一切方面，比起古典美，这里作为必然因素而出现的却是不美。

3）但是死的过程在神的本性里只应看作一道关，通过这一关，精神就可以达到自己与自己的和解，神与人，单纯的一般与显现它的主体这两方面就以肯定的方式结合成为一体。这种肯定既然一般是基础和根源，也就必须以肯定的方式显示出来。在基督的故事里最适合于这种表现的莫过于复活和升天两个场面。此外较孤立的情节如基督向门徒宣教也可以用。不过这类题材对造型艺术是一个大难关，因为应该表现的有两方面，它既要表现出单纯的精神及其内在的深度，又要使绝对精神及其无限性和普遍性以肯定的方式与个别主体性达到统一，超出直接存在之上，但同时还

① 指临刑的基督。

要用肉体的外在形状把精神的无限性和内在本质表达出来，供感性观照和感受。

2. 宗教的爱

精神单就它本身来看，并不是艺术的直接对象。精神与它本身的最高的实在的和解只能是一种精神内部的和解与满足，它纯粹是观念性的，所以不能用艺术去表现。绝对真实高于离不开感性现象的美的显现。但是精神在它的肯定的和解之中如果通过艺术获得一种精神性的存在，在这里面精神就不只是纯粹的思想而在观念上被意识到，而是要成为情感和观照的对象，因此就只有一个单独的形式同时能满足双重要求，一种是精神性的要求，另一种是通过艺术可以掌握和表现的要求，所需要的形式须能表现精神方面的亲切情感或心情。这种唯一符合在自身上获得满足的自由精神概念的亲切情感就是爱。

a）绝对的概念作为爱来看

这就是说，如果从内容方面来看，在爱里也有我们曾定为绝对精神的基本概念的那个因素，那就是经过和解，从它的另一体返回到它本身。这另一体，作为精神处在里面而仍不失其为精神的另一体，本身也只能是精神性的，只能是一种精神的人格。爱的真正本质在于意识抛舍掉它自己，在它的另一体里忘掉了它自己，而且只有通过这种抛舍和遗忘，才能享有自己，保持自己。精神的这种自己与自己的和解和充实成为整体就是绝对，但是和解的方式不是绝对只作为一个单独的有限的主体和另一个有限的主体紧密结合在一起，而是在一体中达到自己与自己的和解的那种主体的内容就是绝对本身；这样一种精神只有在另一精神里才实现要达到绝对的意志而且认识到自己就是绝对，并且在这种认识里获得满足。

b）心情

作为爱，这种内容所具有的形式就是集中在自身上的情感，这种情感不是把它的全部内容意蕴都展现出来，按照它的定性和普遍性带到意识里，而是把它的不可测量的广度直接凝聚为心情的深度，不把它的一切方面的丰富内容，展现给人看。因此，爱这种内容如果单就它的带有纯粹精神印记的普遍性来看，就会拒绝艺术的表现，但是如果就它作为情感存在于主体方面来看，却是艺术所可掌握的，因为它一方面由于保持着还未展现的深度（这是心情的特征）还没有必要展现得清清楚楚，成为一目了然的东西，而另一方面它却也从这种形式里获得一种符合艺术的因素，因为心情、心肠和情感尽管都是精神性的和内在的，却和感性的肉体的东西永远有一种联系，所以它们可以从外表方面，通过肉体，通过眼光、神色或是较富于精神性的音调和言语，把精神的最内在的生活和存在揭露出来。不过这类外在因素在这里可以采用，只是为着把最内在的东西按照心情的内在实况表达出来。

c）爱，作为浪漫型艺术的理想

我们既已把内在的东西和它的实际存在的和解定作一般的理

想，现在就可以把爱称为宗教领域中的浪漫型艺术的理想。爱就是单纯的精神的美。古典型理想也显示精神和它的另一体的中介和解。但是古典型理想里精神的另一体就是精神所渗透的外在的东西，就是它的躯体结构。在爱里却不然，精神的另一体并不是自然的躯体，而是具有精神性意识的另一主体，因此，精神是在它自己的领域里由自己来实现自己。所以爱在这种肯定的满足和平安幸福状态中具有一种理想的美，特别是精神的美，这种美由于是内在的，只能表现于亲切的情感。因为精神就在精神里出现，而且直接意识到自己的出现，因此它的实际存在的材料和基础本身就是精神性的东西。这种精神本来就是亲热的，说得更确切一点，它就是爱的亲热感（心心相印）。

1）神就是爱，因此他的这种符合艺术形式的最深刻的本质也应在基督身上体会到和表现出来。基督就体现神的爱，这种爱的对象一方面是神本身，神在这里是按照它的无形的本质来看的；另一方面是待拯救的人类。所以爱在基督身上并不表现为由某一主体和另一主体的契合，而是体现带有普遍性的爱的理念，也就是取情感的形式和以情感为因素的绝对或真实精神。

这种爱在对象方面的普遍性使它在表现方面也受到普遍化，其中主体方面的情感和心情的凝聚（集中）已不是主要的东西，——在古希腊的巨灵族的男爱神和乌冉诺斯族的女爱神也是如此，起主要作用的也是爱的普遍理念而不是个别主体的形象和情感。但这和浪漫型艺术中的爱毕竟有所不同，只有在浪漫型艺术的表现里，在基督更多地被看作本身深化的个别主体时，爱才表现为主体方面的亲热的情感，尽管爱的内容的普遍性支持了而且提高了这种亲热的情感。

2）在基督教范围里圣玛利的爱，即母爱，是最适宜于用在艺术里的题材，也是浪漫型的宗教想象用得最成功的题材。这种母爱是最真实的，最富于人性的，同时也完全是精神性的，它不带利害计较和欲念，既不是感性的而又是现在目前的：它是绝对得到满足的沐神福的亲热情感。它是一种无所希求的爱，但也不是友谊，因为友谊不管多么真挚，毕竟要求有一种内容意义，有一种要旨，作为结合的目的。母爱在自然的亲属关系中获得直接的支持，无须双方有共同的目的或利害计较。但是圣玛利的母爱也还不限于自然的亲属关系。圣婴是玛利怀胎的，经过痛苦生产的，从他身上玛利完全认识到和感觉到她自己。这位圣婴是她的血肉，却比她高；而这种较高的地位毕竟还是属于她自己的，这也就是使她既忘去自己而又保持自己的对象。母爱的自然的亲热情感完全精神化了，它的神性的东西为它所特有的内容，但是这种神性的东西中却由自然的一体①和人性的情感微妙地不知不觉地渗透进去了。这是沐神福的母爱，只有从开始就享受这种福气的唯一的母亲才有这种母爱。这种母爱之中当然也夹杂着痛苦，不过这种痛苦来自对儿子受苦难、垂危和死亡的哀悼，而不是像我们在基督教较晚的一个阶段中将会看到的，由于外来的不公平和苦刑或是由于自己和罪孽的无止境的冲突以及内心中的苦痛。在现在这个阶段里，这种亲热情感就是精神的美，就是理想，就是人间的人与神、精神和真实的统一：一种纯粹的忘我，一种完全的舍我，而这我在这种遗忘中却从一开始就和我所沉浸到里面去的那个对象处于一体，

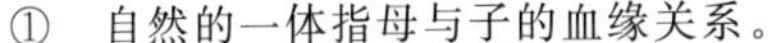

① 自然的一体指母与子的血缘关系。

就是这种统一产生了沐神福的喜悦。

如果以这样美妙的方式出现于浪漫型艺术的是这种母爱，这种仿佛就是精神的肖像，而不是精神本身，那就是因为精神只有处在情感的形式里对于艺术才是可以掌握的，而个人与神统一的情感也只有在圣母的母爱里才最原始地、最实在地、最生动地现出。这种母爱必然要出现在艺术里，否则这个领域里的艺术表现就会缺乏理想，缺乏肯定的令人满足的和解。因此过去在一定的时期里，圣母的母爱才摆在最高最神圣的地位而受到崇拜和艺术表现。但是等到精神把自己放在自己所特有的生存条件之下，即变成自觉的时候，它就完全脱离了情感的自然基础，所以脱离这种基础的精神和解就可以被视为唯一的达到真实自由的道路，于是在新教里，人们就违反艺术中和信仰中的这种圣母崇拜，把圣灵和精神的内部和解看成更高的真实①。

3）第三，精神的肯定的和解也表现为基督的门徒，以及跟着他走的那些女人和朋友的情感。这些人物大半没有亲身经历过改变宗教信仰的肉体和内心的痛苦，但是由于他们和基督的友谊以及基督的教导，却亲尝过基督教义的艰苦，按照这个教义行事，能掌握教义也能掌握自己，并且深谋远虑地有力地维护教义。他们固然缺乏上文所说的母爱中的直接统一和亲热情感，但是基督的身教，他们的共同生活的习惯以及精神的直接吸引力，毕竟使他们结合成为一个团体。

---

① 这是基督教中旧教与新教的分别，旧教（天主教）侧重崇拜圣母，崇拜有形体的偶像；新教（耶稣教）则侧重纯粹精神方面，要求人与神在精神上的契合，所以不重仪式外表和偶像崇拜。基督教原有神（父）、圣灵和基督（子）三身一体之说，圣灵就是神的精神，处在中介地位。

3. 宗教团体的精神

关于过渡到宗教范围中最后一个领域的转变，我们可以把它联系到上文已经谈过的基督的历史来看。基督作为个别的人的直接存在[①]，由于他是神，就遭到了否定（消除），这就是说，他是神显现为人：神的真实存在并不是这种直接存在而是精神。绝对的真实存在，作为无限的主体性来看，只能是精神本身，神只是存在于认识或内心世界里，所以神的这种绝对存在，作为既是理想性的而又是主体性的普遍性来看，并不局限于某一个别的人（这个人在他的历史中表现出人的主体性与神的主体性的和解），而是要扩展到与神和解的人类意识，即扩展到由无数个体组成的全人类。作为个别的人格来看，人并非单独地直接地就是神性的，而是有限的，人性的，只有把这有限的人性的方面在实际上定作否定面而消除掉，人才能达到与神的和解。只有通过解脱有限事物的缺点，人才能成为绝对精神的实际存在，才能成为一个团体的精神，在这种团体里人的精神与神的精神的统一是在人的现实世界本身以内实现的，这是把按照精神概念本来就已自在地统一起来的双方调解为真实的统一体。

浪漫型艺术的这种新内容的主要的表达形式可以分成以下几种：

和解割裂开来的个别主体在直接的有限世界里过着罪孽、斗争和穷困的生活，他就有一个永恒的使命，须力求自己和神达到和

① 即作为人的肉体存在。

解。但是在基督的赎罪史里，对直接的个别存在的否定既定为精神的主要阶段，个别的主体就只有通过否定自然的有限的人格，才可以把自己提升到自由和安居在神里面的和平。

这种对有限性的否定（消除）可以按照以下三种方式实现：

第一是从外在方面复演基督的受难史，这就变成实际的肉体方面的痛苦——也就是殉道。

其次是心灵内部的转变，是通过内疚、忏悔和悛改而达到的内心方面的和解。

第三，神在尘世现实界的显现被理解为这样的过程：把自然的寻常运动过程和事件的原来的自然形态都否定（消除）了，以便显出神的威力和存在：因此奇迹成为表现的形式。

a）殉道者们

宗教团体的精神体现于人性主体身上的第一个方式就是人使他自己成为反映神的经历的一面镜子，成为神的永恒历史的一次新的复演。在这里上文提到过的那种直接的肯定的和解又消失了，人只有通过否定自己的有限性才可以挣得这种和解。原来在第一阶段成为关键性的东西现在又以大加强化的形式复现了①，因为假定的前提是人类的不适合和无价值，要克服这个缺点就成为人的最高的和唯一的任务了。

1）所以这一领域的真正内容就是对酷刑的忍受以及出于自愿的抛舍、牺牲和艰苦生活，——硬要自己忍受困乏，招致苦难、酷

① 第一阶段指上文“基督的赎罪史”阶段，关键性的东西指否定个别有限肉体的存在，因为它对于表现神性是“不适合和无价值”的。

刑和痛苦，从而显示自己的精神，感觉到自己是在自己的天国里享受着协调的、称心如意的幸福生活。对于殉道者来说，苦痛这种消极的（否定的）东西本身就是目的，人所忍受的痛苦愈可怕，他也获得愈大的神的光荣。在内心还不充实的主体身上，要看作与他的超凡成神相抵触而应首先加以否定的就是他的自然的存在，他的生命，他的基本的生活必需品的满足。所以这个领域的主要题材就是肉体方面的苦刑，无论是由敌人和宗教信仰迫害者出于仇恨而强加于信徒的，还是由信徒出于赎罪的动机而自愿接受的。在这两种情况下，当事人都出于宗教狂热，不把所忍受的痛苦看作一种冤屈而是把它看作一种神福。只有这样，人才能克服生来就是有罪的能感受的肉体、心肠和情感，从而达到自己与神的和解。

但是在这种情境之下内心的改变既然要表现于对外在躯体的摧残，美感就很容易受到损害，所以这个领域里的题材对于艺术是危险的，因为一方面有关的个人们比起我们所要求于基督受难史的还要在更大程度上带有有限存在的烙印，表现出有限自然事物的脆弱性，而另一方面这里所涉及的苦刑和骇人听闻的残暴行为如凌迟处死，残酷的肉刑、上断头台、斩首、下油锅、活剥皮之类本身就是一些引起恐怖、嫌恶和恶心的外在形状，距美甚远，不应由健康的艺术选作题材。尽管艺术家的处理方式从创作技巧方面看可以是很卓越的，对这种卓越技巧的兴趣毕竟只涉及主体方面，这主体尽管显得有一些艺术本领，却是枉费气力，因为他无法使他的材料和他自己的本领完全协调一致。

2）因此对这类消极（否定）过程的描绘还应带有另一个因素，这个因素须超出身体和灵魂的痛苦之上，转向肯定的和解，这就是精神本身的和解，也就是忍受苦痛所达到的目标和结果。从这方面看，殉道者们是神性的东西的保卫者，同外界的暴力和不信教者的野蛮行为作斗争。为着天国，他们不惜忍受痛苦和死亡，这种勇气，坚忍不拔的精神和沐神福的气象也就要在他们身上表现出来。不过这种对宗教信仰的亲热情感和笃爱尽管带有精神的美，却没有渗透到健康身体里去的那种精神的健康；而是一种由苦痛孕育出来的或是在苦难中表现出来的亲热情感，即使显出神的光荣，也毕竟含有痛苦作为它所有特有的本质性的因素。特别是绘画往往采用这种虔诚状态为题材。绘画在这里的主要任务就在于用摧残肉体的形状把殉道者的沐神福的气象衬托出来，在面容和眼神的特点上描绘出抛舍，对苦痛的克服，以及自觉神的精神就体现在自己身上的喜悦。如果雕刻要表现这种内容，它就不大可能表现这种精神贯注的凝聚的内心亲热情感，因而只得把肉体上所现出的那种痛苦痉挛状态突出地表现出来。

3）第三，这一阶段的抛舍自己和忍受痛苦还不仅涉及自然生存和直接有限事物①，还使心灵向往天国，走到极端，以至把尽管本身符合道德和理性的人道的尘世的东西都一律抛开和加以鄙视。这就是说，一个人的精神如果专注到悔改的观念上去，他愈是没有教养，他也就野蛮地抽象地集中虔诚的力量去反对一切与这种简单的宗教热狂的无限性相对立的有限事物，反对人的一切情感，反对人心的多方面的道德愿望、关系、倾向和职责。因为家庭的伦理生活、友谊、骨肉爱情、国家以及职业这些方面关系的约束都是尘世间的事情，而凡是尘世间的事情，只要它们还没有由宗教

① 指肉体和肉体的要求。

信仰的绝对观念渗透进去，和它们达到统一与和解，它们对于抱有这样抽象宗教信仰情绪的人，就不能纳入使他动情感和关心的事物范围之内，它只是卑不足道的，因而对宗教虔诚是敌对的，有害的。所以人世间的道德生活是这种人所不屑关心的，因为他们还不承认道德生活各方面及其所包含的职责是理性现实世界中的一些必要的合理的组成部分，在这理性现实世界中凡是片面性的东西当然不应提高到独立地位而孤立起来，但是毕竟还是有效的因素，不应被牺牲掉。从这个观点看，现阶段的宗教和解本身就还是抽象的，在心肠简单的人身上就表现为信仰虽坚强而却缺乏广度，表现为一种孤独自封的心灵的虔诚，这种心灵还没有发展到具有全面展开的信心，对自己还没有充分把握。如果这样的心灵坚持要用它的力量反对看作否定面的尘世，勉强摆脱人间一切人和人的关系，尽管这些关系自古以来就是牢不可破的，这就足以见出精神的粗野和凭抽象(片面)活动来使用的野蛮的暴力，是使我们起反感的。所以按照现代意识的观点来看，我们对这类表现中的宗教虔诚的萌芽固然可以重视和尊敬，但是如果这种虔诚走得太远，像我们实际所看到的，我们对这种宗教狂热就不仅不能同情，而且要把这种抛舍看作不道德的而且违反宗教本质的，因为它把本身合理的和神圣化的东西都抛弃和践踏了。

描述这种宗教狂热的有许多传说、故事和诗歌。例如有一个故事叙述一个人本来很爱他的妻子和家庭，他家里的人也都很爱他，他却抛开了家，到处游行，最后他打扮成乞丐回了家，却不肯泄露他的身份。家里人施舍了一些东西给他，可怜他，让他住在楼梯下一块小地方。他就这样生活了二十年，看着他家里人为他久别在外而悲伤，一直到临死前他才把真相告诉了家里人。就是这样一个宗教狂热者的可怕的自私被人们当作神圣品质来崇拜的。这种长期的抛舍使人联想到印度人为着宗教的目的而甘愿强加于自己的那种玄秘的苦行。但是印度人忍受苦痛的性质却完全不同。印度人要把自己引导到冥顽不灵和无意识的状态，基督教狂热者却把苦痛和对于苦痛的意识和感觉当作真正的目的，他认为在苦痛中愈意识到所抛舍的东西的价值和自己对它们的喜爱，愈经久不断地观照自己的抛舍，他也就愈易达到所悬的目的。把这类考验强加到自己身上的心灵愈丰富，它所占有的东西愈高贵，而又相信自己非鄙视这些东西而且把它们视为罪孽的烙印不可，那么，它也就愈难达到和解，愈易产生最凶残的斗争和最疯狂的分裂。依我们的看法，这样的心灵只能安居在可以理解的世界里而不能安居在真正的现实世界里，因而感觉到自己对现实世界中的一些绝对合理有效的活动领域和目的就掌握不住，尽管它全心全意地要住在现实世界里，和它维持关系，却仍然把这些伦理性的东西看作自己的绝对使命的否定面，像这样的心灵无论就它强加给自己的苦难还是就它的抛舍来看，我们都认为是疯狂的，既不能对它感到同情，也不能从它得到感发兴起的力量。这类行为缺乏一种内容丰富的合理有效的目的，所能达到的只是完全主体的、个人的自私的目的，专从自己的灵魂的解救和自己的幸福着眼。这样一个人是否享到幸福是不能使多数人关心的。

b）内心的忏悔和悛改

在同一宗教领域里还有一种与上文所说的相反的表现方式。

它一方面不再着眼到躯体的外在的痛苦，另一方面也不对现实世界中绝对合理的东西持否定的态度，因而在内容和形式两方面获得了一种符合理想艺术的土壤。这种土壤就是内心的转变，只表现于精神方面的痛苦和心灵的悛改。因此，这类表现里首先不再有那些造成肉体痛苦的经常复演的残暴行为；其次，也不再有心情方面的野蛮的宗教狂热顽强地反对道德的人性，为着抽象的观念性的满足，在一种绝对的抛舍所带来的苦痛之中把一切其它种类的满足都粗暴地加以践踏。现阶段的宗教情绪却只反对人性中实在是罪孽和罪恶的东西。它根据一种高度的信心，以为信仰和精神对神的向往就有能力把过去哪怕是罪孽和罪恶的行为都变成与主体无关，把它永远一笔勾销掉。这种从罪恶，即绝对否定面（消极方面）的回转，这种凭主体的精神和意志对过去罪恶加以厌恶和消除的活动，这种向肯定面（积极方面）的回转（从此这肯定面就作为真正实在的东西巩固下去，反对过去的罪恶生活）就是宗教爱的真正无限的威力，就是绝对精神在主体本身上的现实存在。主体精神的坚强和持久的感觉，借助于它所皈依的神，就可以战胜罪恶；主体精神既然与神和解，自觉与神结成一体，接着就会感到满足和幸福。神固然还被看作与尘世罪孽相对立的绝对的另一体，但是这无限（神）毕竟和我这一个认识主体是同一的，我认识到神的这种自觉性（自我意识）就是我的我，就是我的自觉性（自我意识），我确信这一点正如我确信我就是我自己一样。这样一种转变当然完全是在内心里进行的，所以在性质上是宗教多于艺术的，不过它既是一种主要表现于内心悛改而同时也可以通过外在方面来显出的心灵的内在状态，所以造型艺术的绘画也就有权利把这种

悔改的历史过程表现出来。不过如果绘画要把这种转变的历史过程和盘托出，那就不免要连带地夹杂进去许多不美的因素，因为那就要把罪恶和引起反感的东西也描绘出来，例如浪子回头的故事①。所以绘画最好是把悔改的过程集中到一幅画上，不描绘罪恶行为的细节。例如抹大拉的马利亚②的故事就属于这一种，这是宗教范围里的最美的题材，特别是在意大利画家们的作品里获得了优美的符合艺术的处理。她在这些作品里在内心和外表两方面都显得是一个美的女罪人，她的罪恶和她的悔改都同样有吸引力。不过她的罪恶和她的神经品质都不是用严肃的态度来处理的；她得到很多宽宥，因为她曾付出了很多的爱，由于她的爱和美，她得到了宽宥，她感动人的地方在于她自己却为付出很多的爱而感到忏悔，她所流的泪表现出她心灵的敏感和优美。她付出过很多的爱，这并不是她的过错；但是她却相信自己是一个罪人，仿佛就是她的过错使她优美动人，因为她的敏感和优美本身只能给人这样一种印象：她在她的爱里是高尚的，显出深刻心灵的。

c）奇迹和传说

最后的一个方面是和上述两个方面联系在一起而且可以同时出现的，这就是奇迹。奇迹在整个宗教领域里发挥着主要作用。我们在这里可以把奇迹称为直接自然存在的转变史。现实是作为一种平常的偶然的存在摆在我们面前的；这种有限的东西由于接触

① 见《新约·路加福音》第十五章。

② 见《新约·马可福音》第十六章，据说马利亚本是淫妇，受耶稣的感化后彻底悔改。

到神性的东西，这神性的东西只直接影响到它的完全外在的特殊细节，就使它遭到了破坏和颠倒，变成完全另样的东西，这就破坏了一般人所说的事物的自然过程。人看到这样不自然的现象，不再能凭他的有限的观念去解释，就相信在这里可以认出神的出现，描绘这时他所处的心情就是许多传说的主要内容。但是实际上神性的东西也只有按照理性，按照神所制定的不可转移的自然规律，才能影响自然和驾驭自然；它不应在破坏自然规律的特殊的情况和活动中显出自己是神性的东西，因为只有理性的永恒规律和原则才能在自然界发挥真正的作用。从这方面看来，传说往往不必要地流于神秘、低级趣味、妄诞和滑稽可笑，因为它要影响人的精神和心灵，使人相信在绝对无理性的妄诞的、违反神性的现象之中正足以见出神的存在和威力。传说所涉及的感动、虔诚和悛改固然也可以引起一些兴趣，但是这只涉及**一个**方面，即内在方面，一旦这一方面与另一方面即外在方面发生关系，而这外在方面也应影响到内心的转变，它也就不能本身就是无意识和不合理的。

这些就是在宗教领域里既作为神性本身又作为神所由显现为精神的实体性内容的几个主要方面。这种绝对对象并不是由艺术凭它本身创造和揭示出来的，而是由艺术从宗教那里借来的。艺术采取这种内容，就已意识到它是绝对真实的，才把它表现出来。这是信仰宗教的依恋神的心灵才有的内容，这种心灵本身就是一个无限整体，所以外在方面多少是不相干的、无足轻重的，不能和内在方面达到完全和谐的，因此它往往变成一种不易驾御的，不能由艺术完全征服的材料。①

① 西方中世纪浪漫型的绘画主要是宗教性的，所以黑格尔在第一章着重地讨论

第二章　骑士风

我们已经说过，无限的主体性这个原则在宗教信仰和艺术两方面的内容就是绝对本身，即神的精神，这种神的精神须和人的意识经过中介而达到和解，只有这样，它才真正为自己而存在。这种浪漫型的神秘教义由于只局限于在绝对中沐神福，不免只是一种抽象的内心生活，因为它对尘世的东西不是持肯定的态度，不是要渗透进去，把它吸收进来，而是持对立的态度，要把它抛弃掉。宗教信念在这种抽象状态中是和生活割裂开来的，和人类存在的具体现实以及人与人类的积极关系都是脱节的，而人类只有在宗教信仰中而且为着宗教信仰，才认识到彼此在一种第三者，即宗教团体的精神中的统一，才彼此相爱。这种团体精神才是反映人类形象的明泉，一个人用不着和另一个人面对面、眼对眼相视，就可以和另一个人建立密切的关系，就生动具体地感觉到爱、信任、信心、共同的目标和行动所结成的一体。人在他的抽象的内心生活中只有从神的王国和教会团体的生活里才找得到他内心所希求和渴望的东西，他还没有从他的意识中抛开这种和第三者（宗教团体）的

了对基督教题材的不同处理方式及其艺术价值。他把基督看作人神统一的象征，宗教的虔诚就是凡人自觉与神（基督）契合的亲热情感，也就是爱。这种爱是符合浪漫型艺术所侧重的主体性原则的。他强调宗教画应侧重精神方面积极因素的表现，例如基督临刑史所表现的由否定肉体生活而达到肯定精神生活，圣母对圣婴的爱，信徒自觉契合基督的亲热情感以及殉道和忏悔的情感。他批判了基督临刑史以及对殉道事迹中残暴行为和肉体痛苦的描绘以及宗教狂热和迷信所产生的一些奇迹传说。

统一，所以还不能从旁人的认识和意志中直接看到他的具体的自我究竟是什么样的。因此，总的宗教内容虽然采取了实在形式，却还是存在于观念的内在世界里，这观念世界歪曲了生动活泼的发展着的存在，还远不能把自己的充满着人世内容和向现实发展的生活看作要实现的最高生活要求。

从此可见，原先只在简单的沐神福状态中就已发展完成的心灵就要离开它的实体领域的天国，来看一看它本身，来找到主体作为主体就应具有的一种当前现实的内容。这就会使原先的宗教的亲热情感变成世俗的亲热情感。基督固然说过，“你们应该抛弃父母来跟我走”，还说，“弟兄将要互相仇恨，他们会把你钉上十字架，会迫害你”，如此等等。但是等到神的王国在人世间占住地位，渗透到世俗的目的和旨趣中去，并且在它们上面渲染上神的光荣了，等到父母兄弟都是一个宗教团体的成员了，世俗的东西就开始有权利要求得到承认和实现。如果这个权利已完全争取到手了，原先排它性的宗教心情对人世间事所持的那种否定态度就消失掉了，精神就展开了，环顾当前的现实情况了，让它的实在的世俗心情得到扩张了，基本原则本身并没有改变；只是本身无限的主体性转到另一个领域的内容。我们可以把这种转变总结为一句话：主体的个性①现在变成不再依存于与神的和解而独立自由了。它原先正是在这种和解中摆脱掉它作为有限事物的局限性和自然性，它经历的是走向否定的道路，现在它既然变成本身是肯定的了，于是就以自由主体的身份出现，并且替自己也替其他主体要求作

① 黑格尔爱用抽象的表达方式，“主体的个性”其实指处在主体地位的个人。下文的“它”也都指此。

为具有无限性的主体(尽管在这里起初还是形式上的)都应获得充分的重视。因此,它把那种无限心灵的内在生活全都纳入它自己的这种主体性中去了,前此这种主体性中只塞满了神。

如果我们要追问:在这个新阶段人在这种亲热情感中胸中究竟塞满着什么呢?回答就是:这内容只涉及主体对自己的无限关系;也就是说,主体只塞满了它自己,作为本身无限的个体,并不另外涉及一些旨趣、目的和行动所含的本身客观的具有实体性的内容意蕴的具体展现和重要性。——说得更确切一点,使主体达到这种无限性的主要有三种情感:那就是主体的荣誉、爱情和忠贞。这些并不是真正的伦理的和道德的特质,而只是主体塞满了它自己的那种浪漫型的内心生活所采取的一些形式。因为荣誉所争取的人格独立并不表现于对社会的英勇或是公私生活中的诚实公正,反之,它只是为个别主体的地位的承认和不可侵犯性而奋斗。爱情也是如此,爱情是现在这个领域的中心,它只是这一主体对另一主体所感到的偶然的情欲,尽管由想象加以扩大,由亲热情感加以深化,毕竟还不是婚姻和家庭的伦理的关系。至于忠贞确实在更大程度上具有伦理性质的外貌,因为它不只是为自己,而是要坚持一种较高的涉及公众利益的东西,让自己受另一个人的意志支配,服从一个主子的愿望或命令,因而否定了自己个人意志的自私企图和独立性。但是忠贞的情感也不是针对着发展成为国家机构而且享受自由的那种社会的客观利益,而只联系到主子的人身,这主子或是以个人的方式为自己谋利益,或是为某种与他有联系的公众事业服务。

这三个因素放在一起而且彼此互相影响,就形成骑士风的主

要内容(此外宗教关系也可以起一些作用),标志出由宗教的内心活动的原则进入活跃的世俗性精神生活的必然转变。现在浪漫型艺术就在这世俗性精神生活领域里获得了一个立足点,从此出发,它可以独立地由自己进行创造,并且产生一种仿佛比较自由的美。这一阶段的浪漫型艺术事实上处在本身固定的宗教观念的绝对内容和复杂特殊的有限的世俗生活这两阶段①之间的一种自由的中途。在各门艺术之中最适宜于运用这种材料的是诗,因为诗最擅长于表现一心想着自己的内心生活及其目的和事件。

因为我们目前所看到的这种材料是由人从他自己的胸中,从纯粹凡人世界中取来的,所以这个阶段的浪漫型艺术仿佛是和古典型艺术站在同一基础上的。这正是特别合式的地方,让我们就这两种艺术进行对比,看出它们互相类似处和互相对立处。我们曾把古典型艺术叫做具有客观真实的人道的理想。古典型艺术的想象以实体性的伦理情致的内容为中心。在荷马的史诗里以及在梭福克勒斯和埃斯库罗斯的悲剧里,所涉及的都是纯然以客观事实为内容的旨趣,严格节制在这种旨趣范围中的情欲以及基本符合思想内容的语文风格;其中一系列的英雄人物各以个人的身份独立地维护一种伦理情致。在这些英雄人物之上还有一系列的神,这些神们的客观性更突出。纵使在艺术变成侧重主观方面的情况下,例如在雕刻的无数生动作品中,在浮雕中,在晚期的挽歌、箴铭以及抒情诗的其它隽雅小品中,表现题材的方式也多少是由题材本身提供的,因为题材本来已有它的客观形象摆在那里。出现

① 前者指浪漫型艺术第一阶段的内容,见上文第一章;后者指浪漫型艺术第三阶段的内容,见下文第三章。

在作品中的都是一些固定的性格明确的想象的人物形象，例如女爱神、酒神、女诗神们之类。就连晚期箴铭所描绘的也是现成的题材；或是大家熟悉的花卉串成一个花环，情感就成为把它们串在一起的巧妙绳索，像麦列格[①]的作品就是这样，那里有的是一座丰富的各种用途货色的仓库，艺术只须在这里进行一种愉快的活动。诗人和艺术家只是一种魔术家，把这些货色招唤来，加以集合和安排。

浪漫型的诗却完全不同，因为它是世俗性的而不是紧密结合到基督的宗教史的，它里面的英雄人物的道德和目的就不是希腊英雄的，初期基督教把希腊英雄的德行简直看成明显的罪行。因为希腊的道德以人类的既成形的现状为前提，在这种现状里意志既然要绝对按照自己的概念（本质）进行活动，就要接受现成的确定的内容以及其中一些已成现实的自由关系，这些关系都是绝对合理有效的，例如父母与子女，夫与妻，获得自由的城市中或国家中公民与公民之间的关系。因为动作情节的这种客观内容是属于人类精神发展的，而它的自然基础是人们承认为正面的东西而加以保证的。到了浪漫时代这种客观内容就不再能符合力求否定人的自然因素的那种凝神内视的宗教情绪，就要让位给和它对立的谦卑，对人类自由的抛舍以及镇静自持之类德行。基督教的虔诚所包含的各种德行从抽象的立场出发，要把世俗的东西都否定掉，要使主体把自己的人性完全否定掉才算自由。但是在现在阶段，主体的自由固然已不再取决于忍受苦痛和自我牺牲，而是本身

① 麦列格（Meleager），公元前1世纪左右希腊诗人，以箴铭体诗著名。

要在世俗生活中起肯定作用的；但是主体的无限①，像上文已经说过的，还是以单纯的亲热心情为内容，还是以主体内心活动实现自我的世俗场所。从这个观点看，诗在这里没有现成的客观材料，没有神话，没有图画和形象，供它利用来表现。诗变成完全自由的，没有既定材料的，完全靠发明创造的。它像鸟儿直泻胸怀而歌唱那样自由。但是这种主体性尽管来自高尚的意志和深刻的心灵，它的动作以及动作所涉及的关系和客观存在毕竟不免带有任意性和偶然性，因为它所追求的自由及其目的都是它自己感想的产品，而这感想在伦理的内容意蕴方面还缺乏实体性。所以我们在个人们身上所见到的不是一种特殊的希腊意义的情致以及与这情致密切联系在一起的具有个性和生气的独立性，而是在爱情、荣誉、勇敢和忠贞这些方面所表现的不同程度的英雄主义，——程度的不同主要取决于心灵的卑劣或高尚。中世纪英雄和古代英雄只有一个共同的品质，那就是勇敢。就连这勇敢现在所占的地位也完全不同了。它很少是一种天生自然的勇气，靠身心的健康和健全的发育，靠实现一些客观的旨趣来支持，而是从精神的内在因素，从荣誉感和骑士风产生出来的，在大体上是幻想性的，因为这种勇敢受制于主观任意性的行险侥幸，受制于偶然的外在的纠纷，或是受制于神秘主义的宗教虔诚的鼓动，而一般说来，受制于主体只顾自己的主观关系。

浪漫型艺术的这种形式的家乡是东西两半球：在西方，它表现于精神沉没到主体的内心世界里；在东方，它表现于意识的开始扩张，要从有限事物的禁锢中得到解放。在西方，诗所表现的是回

① 无限即自由。

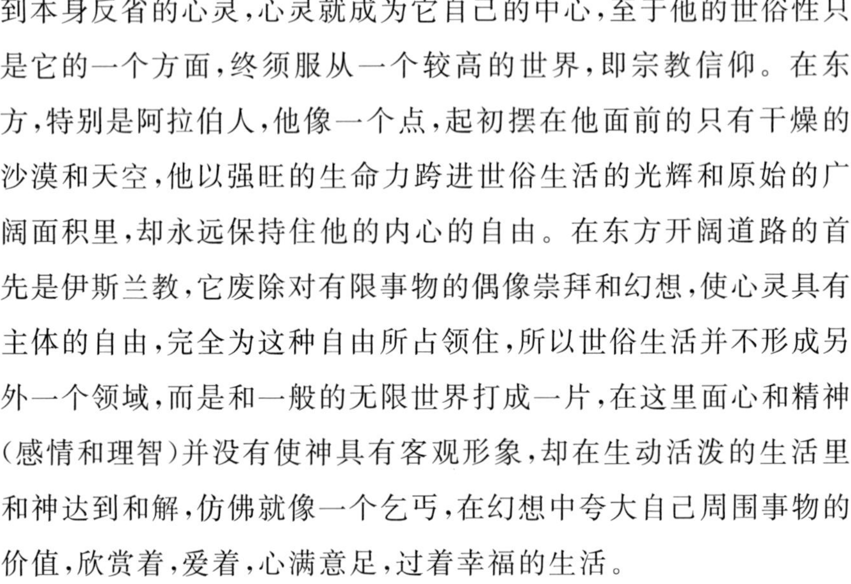

到本身反省的心灵，心灵就成为它自己的中心，至于他的世俗性只是它的一个方面，终须服从一个较高的世界，即宗教信仰。在东方，特别是阿拉伯人，他像一个点，起初摆在他面前的只有干燥的沙漠和天空，他以强旺的生命力跨进世俗生活的光辉和原始的广阔面积里，却永远保持住他的内心的自由。在东方开阔道路的首先是伊斯兰教，它废除对有限事物的偶像崇拜和幻想，使心灵具有主体的自由，完全为这种自由所占领住，所以世俗生活并不形成另外一个领域，而是和一般的无限世界打成一片，在这里面心和精神（感情和理智）并没有使神具有客观形象，却在生动活泼的生活里和神达到和解，仿佛就像一个乞丐，在幻想中夸大自己周围事物的价值，欣赏着，爱着，心满意足，过着幸福的生活。

1. 荣誉

荣誉这个母题在希腊古典艺术里是见不到的。在《伊利亚特》里阿喀琉斯的忿怒形成了诗的内容和原动力，全部情节的进展都以此为依据，但是这里并没有我们近代人所理解的荣誉。阿喀琉斯自以为受到损害，主要只是因为他的一份胜利品[①]本来是酬劳他的功绩的，却被阿迦门农夺去了。这里的损害涉及一件实在的礼物，其中当然也包含一种特权和对他的勋名和勇敢的承认，阿喀琉斯是因为阿迦门农对他无礼，在希腊人面前不尊重他，才愤怒起来。但是这种损害毕竟没有触及人格的深处，所以等到人们把夺去的胜利品归还了他，又加上一些其他礼物，阿喀琉斯也就满意

① 指从特洛伊劫来的一个女俘，见下文 2a 布里赛斯。

了，而阿迦门农也并没有反对物还原主，尽管按照我们近代人的想法，他们两人都用过最粗暴的方式互相侮辱。谩骂不过点燃他们的怒火，个别具体的损害却以个别具体的方式赔偿了。

a）荣誉的概念

浪漫时代的荣誉却与此不同。对荣誉的损害所触及的不是有实在价值的具体事物如财产、地位和官职之类，而是单纯的人格，自己对自己的评价。就现阶段来说，这种对象的价值可以和主体本身一样无限。所以在感到荣誉时，一个人对他自己的无限主体性具有最亲切的肯定的意识，不管这无限主体性的内容是什么。凡是一个人所占有的对他算是特殊的东西（如果这东西丧失了，它的价值并没有丧失），荣誉感都可以使这东西具有主体性的绝对效力，他自己这样看，旁人也会这样看。所以荣誉的标准不是主体实际是什么样的人，而是他把自己看成什么样的人。这种对自己的看法使每一件特殊的东西具有普遍的意义：这件特殊的东西是我的，我的全部主体性（人格）就体现在它里面。人们常说，荣誉不过是一种外貌。这话当然不错，不过就现在所谈的意义来看，荣誉应该说是由主体自己看到的主体的外貌和反映，主体性本身既是无限的，它的外貌也就是无限的。由于这种无限，荣誉的外貌同时也就是主体所特有的实际存在和最高的现实，而每一个特殊的品质只要由荣誉照耀到，主体都把它看成自己的组成部分，它就凭这种外貌而提高到具有一种无限的价值。这种荣誉就形成了浪漫世界的一个基本决定因素，它假定它有这样一个前提：人不仅跳出了宗教观念和内心生活的局限，而且跨进了生动活泼的现实世界，此后就

依靠这现实世界的材料来实现自己的纯粹私人方面的独立性和绝对价值。

荣誉可以有最多种多样的内容。凡是我所代表的性格，凡是我所做的事和旁人对我所做的事也都属于我的荣誉。所以我可以把我身上一切有实体性的东西，例如对君主、祖国和职业的忠贞，对做父亲的职责的完成，在婚姻方面的忠贞，在商业交易方面的诚实公平以及科学研究方面的谨严都看作我的荣誉。不过从荣誉的观点来看，这些情况虽然本身都是正当的真实的，却不是单凭它们本身就得到赞许和承认，而是只有当我把我的主体性（人格）体现在它们里面时，它们才成为荣誉攸关的事。所以一个重荣誉的人在一切事情上总是首先想到他自己；他并不问一件事本身是好是坏，而只问以他这样人来做或不做这件事是否符合他的身份，是否关系到他的荣誉。因此他可以做出最坏的事而仍然是一个重荣誉的人。他甚至抱着一些主观任意性的目的，把自己想象成为某种人物，把一些道义的约束加在自己和旁人身上，而实际上这些约束是与他毫不相干的。在这种情况之下，障碍他的那些困难和纠纷也不在事实本身上而在他的主观想象里，因为要做到把自己想象成的人物所应做到的事，对他才是荣誉攸关的。例如第安娜女士认为向任何人招认她所感到的爱情就有伤荣誉，因为她过去有一度发过誓不沾染爱情。

所以一般说来，荣誉的内容带有偶然性，因为荣誉发生效力要靠主体而不靠荣誉本身的内在本质。所以在浪漫型艺术表现里，我们一方面看到本身绝对合理的东西被看成荣誉的金科玉律，在这里有关的个人把对是非的意识和对他个人人格的无限自我意识

结合在一起。荣誉要求什么或禁止什么，这句话只是说：主体把自己的整个主体性（人格）都纳入这种要求或禁令里，不让对这种要求或禁令的违反在任何事件上遭到忽视、代替或弥补，主体就只能听从这种要求或禁令，此外一切都不听从。但是另一方面，荣誉也可以毫无内容而完全是形式的，因为它所包含的不过是我的本身无限的抽象的"我"，或是把很坏的内容误认为有约束力的。在这种情况之下，荣誉就变成完全冷冰冰的、死的东西，特别在戏剧作品里是如此，因为它的目的不在表现一种本质性的内容，而在表现一种抽象的主体性。但是只有一种本身具有实体性的内容才具有必然性，才可以按照它的多种多样的联系展现出来，才必然呈现于意识。上述深刻内容的缺乏会显得特别突出，如果琐细的思考把虽与主体有关而本身却是偶然的无意义的东西也归到荣誉的范围里。在这种情况下，内容就会缺乏，因为琐细的分析可以分辨毫厘之差，把许多本身无足轻重的因素找出来，变成荣誉的对象。特别是在西班牙人那里，这种关于荣誉的感想性的诡辩在戏剧体诗里很发达，其中主角们往往长篇大论地讲荣誉。例如妻子的忠贞可以结合到极细微的情境来检验，旁人的猜疑乃至让旁人猜疑的可能也变成荣誉攸关的事，尽管她丈夫也明知这种猜疑毫无根据。如果这种荣誉感导致冲突，它的演变过程也不会令人满意，因为我们看不见什么实体性的东西，因此它所能产生的不是一种矛盾的必然解决所产生的平静感而只是一种不愉快的沉重的感觉。法国戏剧也往往把本身完全抽象的空洞的荣誉当作重要的题旨。德国许莱格尔的《阿拉柯斯》更突出地表现出这种冷冰冰的死的荣誉。主角杀害了他的高尚的笃爱他的妻子，为什么呢？为的是荣誉，而

这荣誉就在于他借此可以娶国王的女儿，做国王的女婿，尽管他对这位公主没有丝毫的爱情。这是一种可鄙的情绪和恶劣的观念在冒充崇高无限的东西。

b）荣誉的可破坏性

荣誉既然不只是在我本身上的一种外貌，而且也必须存在于旁人的观念和承认里，旁人也应要求对他们的荣誉的承认，所以荣誉完全是可破坏的。因为我把荣誉的范围看得多么广，应该在哪些问题上计较荣誉，这纯粹取决于我的主观任意性。极微细的侵犯对于我可以是很严重的。人在具体的现实界里可以和无数的事物发生无数的关系，他看成关系到他自己和他的荣誉的事物范围也就可以推广到无限，而在每个人都要维持独立性，人与人互相隔阂的情况下，荣誉所酿成的争执和冲突也就没有止境了。像荣誉的一般情况一样，对荣誉的破坏（侮辱）也不是在内容问题上，我并不是在内容上感到受损害或侮辱，因为遭到否定的涉及人格，而人格的主体把这种内容认成自己荣誉攸关的东西，于是我就认为我，这个在观念上可以向无限方面伸延的点，受到了侮辱。

c）荣誉的恢复

因此，每一种荣誉的破坏都被看成在本身上具有无限意义的，所以它也只能以无限的方式去补偿。当然，有许多程度不同的侮辱，就有许多程度不同的赔罪；不过我在现在这个题材范围里所说的破坏荣誉或侮辱是指我感觉到自己受侮辱，要求对方赔罪，这也完全是凭主观任意性的，而主观任意性有权利走到肆无忌惮和忿恨的极端。这里所要求的赎罪就须承认施损害者和受损害的我一样，也是一个重荣誉的人。因为我要从旁人那方面得到对我的荣誉的承认，如果我想他承认我的荣誉，我就要把他看成一个重荣誉的人，这就是说，我就要把他（尽管他伤害了我，我仇恨他）看成在人格上也是无限的。

所以荣誉的一般原则的基本定性是：每个人都不应通过自己的行动给旁人以凌驾于自己之上的权利，因此，不管他做了什么或遭受到什么，他在事前事后都把自己看作一个不可改变的无限的主体，并且也要求旁人这样看待他。

荣誉无论就它所引起的冲突还是就它的赔偿来看，都要靠人格的独立性，不受任何东西的限制而凭自己来行动，所以在这里我们又回到英雄时代理想人物形象的一个基本定性，即个性的独立性。不过在荣誉里不仅有坚持自己的独立和凭自己去行动，而且这种独立性是和对自己的看法联系在一起的；正是这种对自己的看法形成了荣誉的真正内容，这种对自己的看法使整个主体性成为一切有关的当前外在事物所围绕的中心。荣誉所以就是反映在自己心里的独立性，这独立性就以这种反映为它的本质，不管它的内容是本身带有伦理性的和必要的，还是偶然的、无意义的。

2. 爱情

在浪漫型艺术的表现里第二种起特别重要作用的情感是爱情。

a）爱情的概念

如果形成荣誉的基本定性的是由主体自己想象为具有绝对独立性的个人身上的主体性，在爱情里最高的原则是主体把自己抛舍给另一个性别不同的个体，把自己的独立的意识和个别孤立的自为存在放弃掉，感到自己只有在对方的意识里才能获得对自己的认识。从这个观点来看，爱情与荣誉是互相对立的。但是从另一方面看，我们也可以把爱情看作荣誉所已包含的东西的实现，因为荣誉所需要的正是要得到旁人的承认，要在旁人身上认识到自己的无限性。如果要这种承认是真实的、完全的，那就要求得到另一个人重视的不只是我的抽象的人格，也不只是我的人格在某一具体的孤立的因而是有局限性的事例中的体现，而是我的主体性整体，我应该把这主体性所包含的一切，把我这一个体的过去、现在和未来的样子，全部渗透到另一个人的意识里去，成为他（或她）所追求和占有的对象。在这种情况下，对方就只在我身上生活着，我也就只在对方身上生活着；双方在这个充实的统一体里才实现各自的自为存在，双方都把各自的整个灵魂和世界纳入到这种同一里。正是主体的这种内在的无限性使爱情在浪漫型艺术里占着重要的地位，这种重要的地位又因爱情所含的更高的丰富意蕴而得到提高。

爱情并不像荣誉那样往往依靠思考和知解力的诡辩，而是植根于心情里，性别既然在这里起作用，所以同时也建立在精神化的自然关系的基础上。不过爱情如果要显出它的本质，就只有通过主体按照他的内在精神和本身的无限性而进入这种精神化的自然

关系。这种把自己的意识消失在另一个人身上的情况，这种忘我无私的精神（只有凭这种精神，主体才会重新发现他自己，才真正实现他的自我），这种忘我的精神（由于忘我，爱情的主体不是为自己而存在和生活，不是为自己而操心，而是在另一个人身上找到自己存在的根源，同时也只有在这另一个人身上才能完全享受他自己）就形成爱情的无限性。这里的美主要在于爱情这种情感并非始终都只是冲动和情感，想象围绕着爱情的关系创造出一整个世界，把一切其他事物，一切属于现实生活的旨趣、环境和目的都提升为这种情感的装饰，把一切都拉入爱情这个领域里，使一切都由于与爱情的关系而获得价值。爱情在女子身上特别显得最美，因为女子把全部精神生活和现实生活都集中在爱情里和推广成为爱情，她只有在爱情里才找到生命的支持力；如果她在爱情方面遭遇不幸，她就会像一道光焰被第一阵狂风吹熄掉。

在古典型艺术里爱情不曾取这种主体亲热情感的形式而出现，在表现于艺术作品时，爱情一般只是一个次要的因素，或是只涉及感官享受方面。在荷马史诗里，作者并不把重点放在爱情上，否则就让爱情现出最体面的形象：或是表现为家庭生活中的婚姻，例如彭涅洛普①的形象，或是表现于贤妻良母的关心，例如安竺若玛克②，乃至表现为其它伦理的关系。把巴里斯和海伦③结合在一

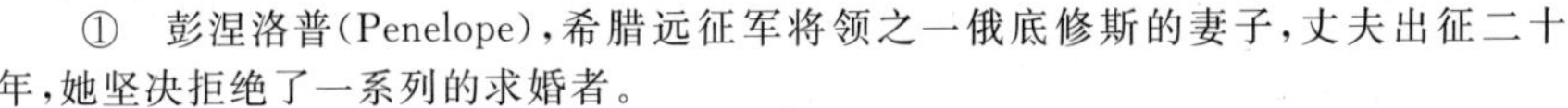

① 彭涅洛普（Penelope），希腊远征军将领之一俄底修斯的妻子，丈夫出征二十年，她坚决拒绝了一系列的求婚者。

② 安竺若玛克（Andromache），是特洛伊主将赫克忒的妻子，国破家亡后她被希腊人俘虏去当奴隶。

③ 巴里斯（Paris），特洛伊王子，海伦（Helena），希腊的一个王后，巴里斯访希腊，海伦跟他私奔到特洛伊，希腊人以此为耻辱，所以举兵远征，要夺回海伦。这便是荷马所歌咏的特洛伊战争。

起的那种联系是被认为不道德的，它是特洛伊战争的残酷和困苦的根源。阿喀琉斯对布里赛斯的爱情在情感和内心生活方面都没有什么深刻的东西，因为布里赛斯是一个女俘，只得服从他的意志。在莎俘[①]的颂体诗里爱情的语言固然提高到具有抒情的狂热，但是所表现的毕竟只是热血的狂焰而不是主体灵魂深处的亲热情感。从另一方面来看，在阿拿克勒安[②]的隽妙的短歌里，爱情显得是一种较愉快的一般享受，没有无限的痛苦，没有控制整个生命的气势，也不是一个忧伤抑郁的心灵所表现的那种抛舍一切的虔诚，而是以舒畅的心情去对待直接的享受，既没有非这个姑娘不爱的那种强度，也没有要避免一切姑娘的那种僧侣禁欲观念。在古代悲剧里也见不到浪漫意义的爱情，特别是在埃斯库罗斯和梭福克勒斯的作品里爱情本身并不具有重要的旨趣。尽管安蒂贡和希蒙订了婚，希蒙在他父亲面前替她求过情，没有能救住她的命，竟为她自杀，但是他向他父亲求情的理由也只是订婚这个客观情况而不是主体方面爱情的威力，他并不像近代恋爱者那样感受爱情的滋味[③]。在攸里庇德斯的作品里爱情已作为一种重要的情致来处理，例如在《斐竺罗》里。但是就连在这里爱情也还是一种由热血支配的犯罪的错误的冲动，是一种情欲方面的罪孽，是由爱神维纳斯挑拨起来的，爱神要害死希波立图斯，因为没有向他献牺牲[④]。同样，在麦狄契女爱神的雕像里[⑤]，我们也看到爱情在造型

① 莎俘(Sapho)，著名的歌颂爱情的希腊女诗人。

② 阿拿克勒安(Anakreon)，以爱情诗著名。

③ 事见《安蒂贡》悲剧，参看第一卷第280页注。

④ 斐竺罗爱上丈夫前妻生的儿子希波立图斯，他不理睬，她便在丈夫面前诬告他要污辱她，她丈夫求海神把这个儿子弄死。

⑤ 麦狄契女爱神(Venus de Médicis)，现藏巴黎卢浮宫。

艺术里表现于一个婷匀秀美的形象，但是完全没有浪漫型艺术所要求于爱情的那种内心生活的表现。罗马的诗歌也有同样的情况，由于共和政体的崩溃和道德生活的堕落，爱情变成多少只是一种感官的享受。在彼得拉克[①]的商籁体诗里却不然，尽管作者自己把这些诗歌看成一种玩艺，把他的诗名建立在他的用拉丁文写的诗作品上，他在这些商籁体诗里毕竟写出一种幻想式的爱情，使在意大利晴空之下由艺术陶冶的爱情的热焰和宗教情操熔化在一起，这就使他永垂不朽。但丁的上升历程是从他对比阿屈理契的爱出发，这种爱在他心里升华成为宗教的爱[②]，他凭勇敢大胆建立起一种雄壮的宗教的艺术观，做出前人所不曾敢做的事，把自己放在人类裁判者的地位，把他们分配到地狱和天堂。作为和这种上升历程相对立的形象，薄迦丘有时把爱情写成强烈的情欲，有时把它写成轻浮放荡没有伦理意义的。在德国中世纪行吟诗人的爱情诗歌里，爱情显得是细腻的、温柔的、哀伤的、单调的、没有丰富的幻想，带有嬉戏的意味。在西班牙人那里，爱情在表现上富于幻想，骑士风的色彩很浓，在追求和辩护爱情的权利与义务之中，往往显得计较毫厘，很琐碎，他们把这种权利与义务看作是个人荣誉攸关的事，在这里他们也最突出地沉湎于幻想。在较近代的法国人那里，爱情变成更是向女人献殷勤的事，颇近于虚荣。它是矫揉造作成为带有高度隽妙的诗意，夹杂着俏皮的诡辩的一种情感，时

① 彼得拉克(Petrarca)，14 世纪意大利人文主义者，他的商籁体诗《罗娜夫人的生和死》，歌颂一位他虽爱慕而却已嫁给别人的女子，是近代西方爱情诗的先驱。商籁体诗即十四行体诗。

② 但丁在《神曲》里让他童年所钟情的比阿屈理契做他上天堂的向导，去朝见圣母。

而是只有感官享受而无热情，时而是只有热情而无享受，它是一种升华过的、富于思索的情感和敏感。——这里我还只能略提这几点看法，详细讨论不是本题范围内的事。

b）爱情的冲突

更仔细地来看，世俗的旨趣一般分为两方面：一方面是单纯的世俗旨趣，例如家庭生活、政治关系、公民生活、法律、权利、道德风尚之类；另一方面在这种本身固定的生活里[①]，深厚的爱情也涌现于高尚热烈的心灵里——爱情这种心情方面的世界宗教时而以各种方式与宗教结合在一起，时而压倒宗教或不顾宗教，因为它使自己成为生活中唯一重要的或至高无上的事，不仅要抛弃一切其它，和心爱的人逃到一个沙漠里去，使自己和世界隔绝，而且还走到做爱情的奴隶，为它而牺牲一切人类尊严的极端——这当然不美，《海尔布隆市的克钦姑娘》[②]就是如此。由于这种隔绝，爱情的旨趣在具体现实世界里就不能不遭到冲突，因为爱情之外还有许多其它生活旨趣，也要求得到实现，这就会破坏爱情的垄断。

1）在这里要提到的第一种最常见的冲突就是荣誉和爱情的冲突。荣誉和爱情同样是无限的，荣誉所采取的内容可能对爱情是一种绝对障碍。荣誉的职责可以要求牺牲爱情。例如从某一个观点看，一个地位高的人爱上一个地位卑微的女子，就是不荣誉的。按照事物的本质，阶级地位的差异是必要的、现成的。只有等

---

① 指家庭、政治、法律、道德之类社会制度和风尚。

② 《海尔布隆市的克钦姑娘》（*Käthchen Von Heilbronn*），德国19世纪诗人克莱斯特的剧本。

到按照真正自由的绝对概念对世俗生活加以重新缔造的时候，阶级地位，职业等等才可以由主体来自由选择[①]；在这个时候尚未到来之前，就还会存在着两种情况，一方面决定一个人的固定的社会地位的是他的家庭出身，另一方面由此而起的阶级地位的差异，除掉荣誉之外，就会作为绝对的无限的东西而获得人们的坚决保持，因为这种差异本身就是荣誉攸关的事。

2）除掉荣誉之外，还有第二个因素，即政治的旨趣，对祖国的爱，家庭职责之类永恒的实体性的力量本身，也会与爱情发生冲突，阻止爱情的实现。特别是在近代艺术表现里，客观的生活情况既已形成而且普遍生效，这种冲突就是艺术所爱用的。在这种情况下，爱情作为主体心灵中的一种本身重要的权利，就和其它权利与职责发生矛盾对立，使得心情把这些职责视为次要的东西而抛开，否则就要承认这些职责，而走到自己和自己，即和自己的情欲的威力，发生冲突。例如《奥莲女郎》用的就是这种冲突[②]。

3）第三，和爱情发生矛盾对立的还可以有一些外在的情况和障碍，例如事物的寻常演变，生活中散文性的事物、灾祸、情欲、偏见、心胸的狭隘、旁人的自私以及多种多样的事故。这里往往夹杂着很多可恨可怕的卑鄙的东西，因为这里和爱情的温柔的灵魂美相对立的总是情欲中恶劣的、粗鄙的和野蛮的因素。特别是在近代的戏剧、故事和小说里，我们往往看到这类外在的冲突，其中主要的兴趣在于对不幸的恋爱者的苦痛、希望和失望所抱的同情，它们

① 黑格尔一方面为阶级差别辩护，另一方面也看到这种阶级差别将来是会变革的。

② 《奥莲女郎》是（*Die Jungfrau von Orleans*），德国诗人席勒写的剧本，以15世纪法国民族女英雄姜·达克为主角，已见前。

通过悲或欢的结局来感动人、满足人，或是一般仅起消遣的作用。这种冲突要靠单纯的偶然性，所以是次要的。

c）爱情的偶然性

从各方面看，这种爱情里确实有一种高尚的品质，因为它不只停留在性欲上，而是显出一种本身丰富的高尚优美的心灵，要求以生动活泼、勇敢和牺牲的精神和另一个人达到统一。但是这种浪漫型的爱情也有它的局限性。在内容方面它缺乏自在自为的（绝对）普遍性。它只是个别主体的私人情感，其中不包含人类生存中的永恒旨趣和客观内容意蕴，例如家庭、政治目的、祖国、职业、社会地位、自由和宗教等方面的责任；爱情的内容只有恋爱者的自我，由另一个人（恋爱对象）的自我反映出来，恋爱者从这反映中又感到自己的自我。这种内容还只限于形式上的（抽象的）内心亲热情感，还不真正符合本身具体的个人所应有的整体性。在家庭、婚姻、职责和国家的领域里所应涉及的主要因素并不是主体情感和只爱这个人而不爱任何其他人那种排他性的结合。但是在浪漫型的爱情里，关键正在于这个男子就只爱这个女子，而且这个女子也就只爱这个男子。为什么爱的正是这个个别的男子或女子呢？唯一的根由在于主体方面的特殊癖性和偶然的心血来潮。每一个男子或女子都觉得他或她所爱的那个对象是世界上最美、最高尚、找不到第二个的人，尽管在旁人看来只是很平凡的。但是既然一切人或是多数人都显出这种排他性，每个人所爱的并不是真正的唯一的女爱神，而是每个人把他所心爱的女子看成女爱神或是比女爱神还强，我们从此就可以得出结论：可以看成女爱神的人多得很；

事实上每个人也都知道世上有无数的漂亮的或是品质高尚的姑娘，她们全体（或是其中大多数）也都找到了她们的情郎、求婚者和丈夫，在他们的眼中，她们都是美丽的、善良的、可爱的……等等，所以偏爱某一个人而且只爱这一个人的现象纯粹是主体心情和个人特殊情况方面的私事，恋爱者只肯在这一个人身上发现自己的生命和最高意识，这种顽强固执正足以说明爱情既是随意任性的，又带有必然性的。在这种态度中，主体的高度自由和绝对的选择当然得到承认，——这种自由却不只像在攸里庇德斯的《斐竺罗》里那样要服从一种情致或一种神性，而是完全从个人意志出发，所以上述选择也显得是一种执拗，一种来自特殊性的顽固态度。

因此，爱情的冲突，特别是在爱情和具有实体性的旨趣对立斗争的时候，总是具有偶然的和无理由可辩护的一方面，因为恋爱者凭自己的单纯的主体性，提出本身并非绝对合理的要求，来对抗按照他的本质他就要维护的那些具有实体性的东西。古代崇高的悲剧人物如阿迦门农、克吕泰谟涅斯特拉、俄瑞斯特、俄狄普、安蒂贡、克里安之类固然也各有一种个人的目的，但是他们当作行动的内容去追求的那种具有实体性的东西或情致、却有绝对可辩护的理由，因而本身具有普遍的旨趣。他们的行动所招致的结局之所以感动人，并非由于它是一种不幸的命运，而是由于那种不幸显出了他们的荣誉——因为得不到满足就不甘休的情致具有一种本身必然的内容。如果克吕泰谟涅斯特拉的罪行在她的具体事例里没有受到惩罚[①]，如果安蒂贡作为姊妹所受到的侮辱没有消除[②]，

① 见卷一，272页注②。

② 见卷一，280页注①。“侮辱”指国王禁止她收葬兄尸。

那本身就是一件冤屈。但是这类爱情的苦痛，这些被粉碎的希望，这种一般沉湎于爱情的情况，恋爱者所感到的这种无限的苦闷和所想象的这种无限的幸运和幸福，本身都没有普遍的旨趣，而是只涉及他们个人。每个人固然都有一颗能恋爱的心，都有权利享受爱情的幸福，但是他在这一次事例里，在某种情况之下，恰巧碰上这一个姑娘而没有达到他的目的，这并不算什么冤屈。因为他恰巧心血来潮，非爱这个姑娘不可，这里面并没有什么必然性，如果这种事应该引起兴趣，那也只是对极端的偶然性，对没有普遍性的不可以为训的主观任性的行动发生兴趣。所以这类爱情不管写得多么热烈，产生的印象却仍然是冷冰冰的。

3. 忠贞

浪漫型的主体性在世俗生活领域里的第三个重要因素是忠贞。我们在这里所说的“忠贞”所指的既不是始终不渝地坚守爱情方面的信誓，也不是友谊方面的坚贞，例如古代阿喀琉斯和帕屈罗克鲁斯[①]的友谊所提供的优美的形象以及俄瑞斯特和庇拉德斯[②]的更亲密的关系。这种友谊主要存在于青年人之间。每个人都要替自己开辟出一条生活的道路，缔造出一个现实世界，并把它保持住。但是人当青年时代还生活在不很明确固定的现实社会关系里，彼此容易紧密契合，联系成为一条心，一个意志，一种活动。一个

① 见卷一，302 页注③。

② 俄瑞斯特当父亲被母亲谋杀后，逃到他的姑父的宫廷里，庇拉德斯和他是姑表兄弟，二人的友谊在西方成为友谊的典型。

青年人着手去做一件事，其他青年人也就都跟着做起来。成年人的友谊就不如此，他们的生活情况不同，各走各的道路，彼此不可能有那样紧密的共同生活，不可能那样相依为命。他们时而聚会在一起，时而又分散了，因为他们的兴趣和事务时而使他们碰头，时而使他们分手、友谊、意气相投、见解和方向的一致，可以很长久地把他们联系在一起，但是这已不是青年人的友谊，在决定做一件事的时候，不是那样一倡百和了。我们的较低沉的生活中有一条基本原则：在大体上人各为己，每人都在对付自己的现实生活。

a) 服役的忠贞

只有在地位平等的人们之间才可以有友谊和爱情两方面的忠贞，我们现在所要谈的却是对一个地位比自己高的上级或主子的忠贞。这种忠贞在古代已经可以看到，那就是奴仆对主子一家的忠贞。俄底修斯的牧猪奴①在这方面提供了最美的事例。他不分昼夜寒暑，辛辛苦苦地照料他主子的猪，为他主子担心，最后帮助他对付了那些向主妇求婚者。莎士比亚在《李尔王》里（第一幕，第四景）也描绘了一个类似的动人的忠贞形象，不过他把忠贞描绘成为完全是心情方面的事。坎特要服侍李尔王，李尔王就问他："你认识我吗，伙计？"坎特回答说，"我不认识你，但是你的面貌显出一种神情，使我甘心认你做主子。"这就颇近似我们在这里所要界定的浪漫型的忠贞。因为在浪漫艺术阶段，忠贞已不是奴隶对奴隶主的忠贞，奴隶对奴隶主的忠贞尽管也可以优美动人，但毕竟缺乏

① 见荷马史诗《奥德赛》，俄底修斯离家二十年后，乔妆回家，只有牧猪奴认出他，帮助他消灭了许多谋夺他的王位和向他妻子求婚的人们。

个人人格的自由独立性以及真正属于自己的目的和动作，所以毕竟是次要的。

我们现在所要谈的却是骑士风所崇尚的封建臣属的忠贞，在这里主体尽管效忠于一个上级、亲王、国王或皇帝，却把自己的自由独立的地位当作远较重要的因素而保持住。但是忠贞仍是骑士风中的一个大原则，因为它至少在起源时是社会团结和社会秩序的基础。

b）忠贞中主体的独立性

通过个人之间的这种新结合而显示出来的较有内容的目的还不是爱国主义，即还不是一种客观的普遍旨趣，而只是联系到某一主体或主子的，所以又取决于个人荣誉，个人便利和主观意见。在一种尚未开化，尚未驯服，尚无职责与法律的统治的外在世界里，这种忠贞就显出它的最大的光彩。在这种无法律的实际情况里，最有力量和最有才干的人就挤上固定的中心地位，作为领袖和君主，其余的人就自愿地聚集在他们的周围。后来这种关系就发展成为封建制度中一种法定的约束，保证每一个臣僚可以独立地要求享受他的权利和特权。这整个制度在起源时所根据的基本原则是自由选择，一个人可以选择一个主子来依靠，也可以自由决定这种关系要维持多久。所以骑士风的忠贞要支持财产、权利、个人的独立性和荣誉，因此人们不认为忠贞就是主体尽管违反自己意愿也必须尽的一种单纯的义务；与此相反，每个人都使忠贞的保持以及与之相关的公众秩序的保持依存于他自己的意愿、欲望和特殊的意见。

c）忠贞的冲突

因此，对主子的忠贞和服从很容易和主体的情欲、荣誉的破坏、受屈辱的感觉、爱情以及其它内在界和外在界的偶然事故发生冲突，这样它（忠贞）就变成很靠不住的。例如一个骑士效忠于他的君主，而他的朋友却和这个君主发生了争吵。这时他就须在这两种忠贞之中作出选择，而他首先要对他自己的荣誉和便利保持忠贞。这种冲突的最好的例子是熙德①。他既忠于国王，也忠于自己。国王做得对，他就帮助；国王做得不对，或是侮辱了他，他就收回他的强有力的支持。查理大帝的臣僚们也是持这种态度②。他们之间的统治与服从的关系颇类似我们已经看到的宙斯和其他神们的关系；头目下命令，咆哮争吵，但是独立的强有力的僚属们可以随心所欲地违抗他。把这种脆弱或松散的君臣关系描写得最真实最美妙的是《列那狐的故事》③。正像在这部诗里国家大人物们都为他们自己和他们的独立性服务一样，中世纪的日耳曼的君主和骑士们每逢要替集体和皇帝做点事的时候，都推脱说不在家；我们可以说，人们对中世纪的评价很高，仿佛正是因为当时每个人都配得上称为一个有荣誉的人，只要按照自己的主观意愿行事，做得出一个按理性组织起来的国家所不容许的事。

在荣誉、爱情和忠贞这三个阶段，基础都是主体本身的独立性，都不断地展现于日益广阔丰富的旨趣，而在这些旨趣中主体却

---

① 熙德是西班牙的民族英雄，《熙德传奇》中的主角。

② 查理大帝和他的臣僚都是抗击入侵的伊斯兰教徒摩尔族的民族英雄，事迹见法国的《罗兰之歌》。

③ 《列那狐的故事》是一部中世纪讽刺性的传奇。

始终一致，忠实于自己。这些因素在浪漫型艺术里形成了纯粹宗教范围以外的最优美的部分。它们的目的都涉及人类生活，这至少从主体自由方面来看时，使我们感到同情，不像在宗教领域里的浪漫型艺术那样在题材和表现方式两方面都和我们近代人的概念发生冲突。不过这一领域也可以从多方面和宗教发生联系，使宗教的旨趣和世俗的骑士风的旨趣交织在一起，例如圆桌骑士们搜寻圣杯[①]的冒险事迹。这两种旨趣的混合替骑士时代的诗歌有时带来了很多神秘幻想成分，有时带来很多的寓意的成分。但是荣誉、爱情和忠贞的世俗领域也可以完全独立，与宗教方面目的和思想情感的深化不发生关系，只把心情根据世俗的内在主体性而发生的动荡表现出来。——这一阶段艺术的缺点在于这种内心生活没有由人类的关系、性格和情欲以一般现实生活的具体内容来充实起来。这种心灵本身虽无限，但仍不免是抽象的和形式的，它和丰富多彩的人类现实生活仍处于对立的地位，因而这种心灵就有一个任务，要把这种较广阔的材料吸收进来，通过艺术加工，把它表现出来。[②]

① 圆桌是英国传说中亚述王的骑士们聚会时用的桌子，取圆形，位置就一律平等；圣杯是耶稣在最后晚餐中用的酒杯，他临刑时门徒用来盛他的血。中世纪亚述王的骑士们发誓要搜寻这个圣杯。事见英国《亚述王之死》的传奇故事。

② 这第二章说明浪漫型艺术除了宗教范围的题材之外，还有较晚起的主要围绕着世俗生活的骑士风，骑士风的基本特色是个人的无限主体性，脱离了对神的和解和依存而更多地关心世俗生活，它的主要内容不外三种，一是个人的荣誉感，二是男女之间的爱情，三是对封建主和朋友的忠贞。黑格尔主要根据中世纪一些传奇作品分别讨论了这三种内容。

第三章　个别人物的特殊内容的形式上的独立性

回顾一下上文，我们首先研究了处在绝对领域（即宗教范围）里的主体，也就是主体意识到自己与神达到和解，或精神与它本身达到和解的一般过程。这个阶段的抽象性在于心灵牺牲了属于世俗性的自然和人世方面的东西（尽管这方面是符合道德，有理由可辩护的）而退回到心灵本身，以便只从纯然精神的天国里得到满足。其次我们研究了凡人的主体不包含前此与神和解时所包含的否定，变成对自己和对亲人都是肯定的。这种纯然世俗性的无限（或独立）所涉及的内容只限于荣誉中的个人独立性、爱情中的亲切情感以及忠贞中的服役关系。这种内容尽管可以表现于多种多样的复杂情境之下的各种色调和强度不同的情感和情欲，但所表现的总不外是主体的独立性和亲切情感。所以剩下尚待研究的第三点就是浪漫型艺术如何掌握和表现人类生存中其它方面的材料，内在的或外在的，如何看待这些其它材料的性质及其对心灵的意义。这里所涉及的一般是一个独立自由的客观存在的个别特殊事物的世界。[①] 就它无须由宗教精神渗透进去，无须与绝对结成统

① 这一节说的很抽象，须结合本部分总论和题材划分节来看，才较易理解。说的是浪漫型艺术部分三章中所涉及的三个阶段。第一个阶段是纯粹宗教性的，主体否定尘世生活，达到自己与神（基督）的和解，这是基督教在西方流行的初期；第二个阶段是纯粹世俗性的，主体不否定尘世生活，获得独立，主要指中世纪骑士风所包含的荣誉、

一体来说，它是立在自己的脚跟上而且在自己的领域里独立行走的。

所以在浪漫型艺术的这第三个领域里，宗教的题材、骑士风以及它的由内心产生而不直接符合现实的那些高尚的观点和目的都已消失不见了。现在要满足的却是对现实本身的希求，要能满足于客观存在的事物，满足于自己，满足于人的有限性，总的来说，满足于一般有限的、特殊事物和写生画式①的风格。人要在他的现实世界里凭艺术把现实事物本身按照它们的本来生动具体的样子再造出来（尽管要牺牲内容和表现两方面的美和理想性），作为具有这种精神的人的作品，摆在面前来看。——我们前已说过，基督教在内容和形式上都不像东方神和希腊神那样是从想象的土壤中生长出来的。如果说，正是想象才能凭它本身的力量造出意蕴来，使真正内在的东西和它的完整的形式达到统一和紧密结合，这种理想在古典型艺术中真正达到了，那么，我们在基督教里所看到的却不是这样，它一开始就把现象界的世俗性特点，按照它本来的样子用来作为理想中的一个因素，使人的心灵满足于外在世界的平凡的和偶然的事物而并不要求美。但是人与神的和解原先只是一种可能性；固然一切人都被邀请来享受这种幸福，而真正被选上的只有少数人。对于多数人的心灵来说，天上的王国和世间的王国都同样是一种彼岸②，这种心灵为着宗教生活的缘故，不得不抛弃

爱情和忠贞三种理想；第三阶段仍是世俗性的，不但放弃了天国，也放弃了骑士理想，满足于现实世界的平凡事物而不要求美，这是西方资产阶段上升时期现实主义流行时期的情况。

① 如其本然的，未加理想化的。

② 彼岸是人所达不到的境界，此岸是凡人经常接触的平凡现实，处在浪漫型艺术第三阶段的心灵就满足于平凡现实，这确是近代西方资产阶级文艺的特点。

世俗性的东西和自私自利的实况。这种心灵从无限悠远的境界出发，要使它原来抛弃掉的现实世界成为一种肯定性的此岸，要在它的现实存在中发现自己和行使意志，这种情况本来是个开始，而在浪漫型艺术的发展中却形成了终结，而且也是人向自己内心世界深刻化和精微化所达到的最后阶段。①

关于表达这种新内容的形式，我们已经看到，浪漫型艺术一开始就碰上一个矛盾：那就是本身无限的主体性在它的独立状态中就无法与外在材料结合起来，这两方面是必然要分离的。这两方面的独立和对立以及心灵沉浸于内在世界的情况就形成了浪漫型艺术的内容。刚一结合，这两方面总是又回到互相分裂，直到最后就彼此完全脱节，因而显出它们要在艺术以外的领域里才能找到完全的结合。由于脱节，这两方面对艺术的关系就只是形式上的，因为它们不能形成古典理想曾使它们形成的那种统一整体。古典型艺术是处在一些坚定的人物形象的世界里的，它有一种由艺术加工达到完美的神话以及其中一些不可磨灭的形象作为基础，所以古典型艺术的瓦解，像我们在讨论由古典型艺术到浪漫型艺术的过渡时已经看到的，除掉喜剧和讽刺诗两个基本上很窄狭的领域以外，是一种向轻松愉快方面的发展，或是一种迷失在卖弄学识、死板无味的摹仿，最后堕落到一种粗疏低劣的技巧。题材在大体上还和过去一样，只是过去的精神活泼的创作方式被日渐没有精神的表现方式和只在技术和外表上做工夫的传统所代替了。浪漫型艺术的发展和终结却不是这样，而是艺术题材本身的内部瓦解，题材中的组成因素互相脱节，各部分变成独立自由了，而结果

① 这节后半原文很艰晦，参较英法译文也摸不着要领，姑照原文直译。

使创作主体方面的娴熟技能和艺术表现手腕却随题材的瓦解而日渐提高，实体性的内容愈消失，技巧方面也就愈趋完美。

这最后一章可以细分为三部分。

第一是人物性格的独立性[①]，但是这种人物性格是一种特殊个别的人，他自禁闭于自己的天地，即个人的特殊性格的旨趣。

其次，与人物性格的这种个别特殊的形式相对立的是情境，事迹和动作（情节）的外在形状。由于浪漫型的亲切情感对外在事物一般是漠不关心的，所以实际外在现象就变成独立自由的，既没有由目的和动作的内在精神所渗透，又不能充分表现这种内在精神，于是就以独立的姿态出现。结果在它的不紧凑的松散的表现方式中，事态的发展、情境、事件的承续次第和结束方式都带有偶然性，像在冒险投机似的。

第三，达到完满统一才构成真正艺术概念的那两个方面既已分裂了，结果艺术本身也就遭到了分裂和瓦解。艺术从此一方面只描绘单纯的平凡的现实，按照事物本来的偶然个别性相和特殊细节把它们描绘出来，它的兴趣只在于凭艺术的熟练技巧，把这种客观存在转化为幻象；另一方面转到相反的方向，即转到完全主观的偶然性的掌握方式和表现方式，转到所谓“幽默”，通过巧智和主观幻想游戏去对一切现实事物加以歪曲颠倒，最后就走到艺术创作的创造力高于一切内容和形式的局面。

① 统一体中两对立面分裂开来，就各自独立了，本章中“独立性”就指此。这种独立性只是形式上的，因为不是具体的或与对立面结成统一体的。

1. 个别人物性格的独立性

我们现已见到，浪漫型艺术的出发点是孤立的主体的无限性[①]，这也还是本阶段的浪漫型艺术的基本定性。不过这种本身独立的无限性在本阶段里却新加了一些因素：第一个因素是内容的特殊性，这种内容形成了主体的世界；第二个因素是主体及其特殊性和他的愿望与目的的直接结合；第三个因素是人物性格本身所界定的生动具体的个性。所以我们在这里所说的"人物性格"不是意大利人用面具所表现的那种人物性格。意大利的面具固然也标志出某些确定的人物性格，但只标志出他们的抽象的一般性格，见不出主体的个性。本阶段人物性格却是每一个人有每一个人的特征，本身是一个整体，一个具有个性的主体。如果我们在这里也还谈人物性格的形式化和抽象化，我们所指的只是这样一个事实：基本内容，即这种人物性格的世界，一方面是有局限的，所以是抽象的，另一方面显得是偶然的。这里个人之所以成为他那样的个人，并不是由于他具有实体性的或是本身有理由可辩护的内容，而只是由于具有人物性格的主体性，这种主体性因此不是靠内容和坚定的情致，而是靠它自己所特有的个体独立性。

在这种形式化范围之内可以分出两个主要的差异面。

一方面人物性格有顽强实现自己的坚定性，替自己定下明确的目的，把片面性的个性所有的全副力量都用来实现这种目的；另一方面人物性格表现为主体性的整体，但是这种主体性的整体还

① 无限性即自由或独立性。

禁闭在它的内心世界里而没有展开，它的内心深处还没有揭开，所以不能用言语来说明，不能达到完满的表现。

a）个别人物性格的形式上的坚定性

现在我们所谈的人物性格是这样一种特殊的人物性格：他生来是什么样人，他就要做那样的人。就像动物是彼此不同的，它们就把这种不同作为辨别出自己的标志。这里不同的人物性格在范围和特征方面也是偶然的，不能通过概念去明确界定。

1）所以这种只能代表主体个人的个性没有与某种普遍情致联系起来经过深思熟虑的意图和目的；凡是它所有的东西，所做的事，所达到的成就，都是由它凭它所特有的本性，不假思索地当场立即表现出来的，它的本性是怎样，它就让它怎样，并不求使它建立在某种较高的原则上，具有某种实体性，有理由可辩护；而是顽强地毫不屈服地任性行事；在这种坚定态度之中它不是行得通，就是垮台。只有在丧尽神性而让人的特殊癖性的效用和价值得到充分承认的地方，人物性格的这种独立性才可以出现。莎士比亚的人物性格主要地属于这一种，他们的顽强的坚定性和片面性特别值得惊赞。这里所涉及的不是宗教虔诚，不是出于人在宗教上自己与自己和解一致的行动，不是单纯的道德问题。相反地，我们所看到的是些完全依靠自己的独立的个别人物，他们所追求的特殊目的是只有他们才有的，是完全由他们的个性决定的，他们带着始终不渝的热情去实现这些目的，丝毫不假思索和考虑普遍原则，只求达到自己的满足。特别是像《麦克白》、《奥赛罗》、《理查三世》之类悲剧，每部中都有一个这样的人物性格，他周围的人物都没有

他那样突出和强有力。例如麦克白的性格就决定了他的追求名位的野心。起初他还踌躇，但是接着就伸手去抓王冠，为着要抓到手，不惜谋杀国王；为着要保持住王冠，不惜采取一切残暴凶恶的手段。这种不顾一切的坚定性，这样一心一意地坚决实现由自己抉择的目的，就是麦克白的主要吸引力所在。什么东西都不能使他动摇，无论是对神圣王权的尊敬，他妻子的疯狂，部下的叛乱，还是迫在眼前的毁灭，无论是天上的还是人间的法律，他都一切不顾、勇往直前、绝不后退。麦克白夫人的性格也和他很类似。只有审美趣味低劣的近代批评家胡说八道，才在她身上发现到所谓爱。从一开始，麦克白写信给她谈他会见女巫们和女巫们预言他的命运（第一幕，第五景），女巫预言说："祝贺你，考道郡的领主！祝贺你，你还要做国王！"她谈到这里就说，"你本是格来弥斯郡的领主和考道郡的领主，将来还要做预言说你要做的国王。但是我怕你的性格软弱；肚子里人类善心那种乳汁太多了，怕不能采取最捷便的道路。"她没有丝毫恩爱的味道，对丈夫的幸运毫不感到欢喜，没有道德的情操、没有同情、没有高尚心灵的怜悯，她怕的只是她丈夫的性格成为她达到野心的障碍；她把丈夫看作只是一个工具；在她身上找不到踌躇、找不到迟疑、找不到顾虑、找不到退缩和后悔，而她的丈夫麦克白起初还现出这些心情；她完全凭自己纯粹抽象的（专一的）顽强的性格行事，只要对她有利，她马上就做下去，直到最后毁灭自己为止。这种毁灭对于麦克白本人来说，是在他谋杀了国王之后从外界冲击到他身上的，而对于她来说，却是女性内心世界的毁灭，她变成疯狂了。理查三世、奥赛罗、老玛格列特①

① 英国亨利六世的王后，出现在《亨利六世》和《理查三世》等剧里。

之类人物也是如此。和他们相反的是近代作品中的带有可怜相的人物性格，例如考茨布[①]所写的人物看起来顶高尚、伟大、卓越，而内心却是软弱下贱的。后来的作家们在其它方面也不比考茨布高明，尽管他们很瞧不起考茨布。例如亨利·封·克莱斯特所写的克钦姑娘和洪堡亲王两个人物性格都违反始终一致的清醒心理状态，把催眠状态、梦游症和睡行病看作最高尚最卓越的心理状态[②]。洪堡亲王是一个可怜的将军，在下令指示战事部署时发了疯，命令写得很坏，他头天夜里生病失眠，第二天早晨上战场，就干出一些糊涂事。这些作家写出这些双重人格的、人格分裂的、内部失调的人物性格，就自以为在追踪莎士比亚。他们不知道自己和莎士比亚有天渊之别，因为莎士比亚的人物都是首尾融贯一致的，始终忠实于自己和自己的情欲的；他们是什么样的人，有什么样的遭遇，都是由他们自己凭自己的坚定的性格来决定的。

2）人物性格愈特殊，愈坚持只按照自己的性子行事，因而容易走上罪恶的道路，他在具体现实世界也就愈须对付防止他实现目的的障碍，而且就连这目的的实现本身也愈要把他推向毁灭。这就是说，他如果实现了自己的意图，他就会碰到植根于他的性格本身的一种自作自受的毁灭。但是这种命运的发展并不仅取决于他个人的外在动作，而且同时也取决于一种内心变化，即人物性格本身在横冲直撞，失去自制，直至损伤困顿的发展。在希腊人那里，起重要作用不是主体性格而是情致或动作的实体性内容，这种定性明确的人物性格在他的动作情节范围之内也基本上没有发

① 考茨布，见卷一，341页注①。

② 亨利·封·克莱斯特（Heinrich Von Kleist，1777—1811），德国浪漫派诗人和剧作家，《克钦·封·海尔布若姆》和《洪堡亲王》（剧本）是这里所提到的他的两部作品。

展，他在开场时是什么样的人，在收场时还是那样的人。但是在我们现在所谈的这个阶段里，动作的进展却不只是一种外在的发展，而且也是主体内心世界的发展。例如麦克白的动作情节就显得同时是他的心灵逐渐转向野蛮的恶化过程，这过程一个环节套着一个环节，开始时的迟疑一旦打消了，骰子掷了，以后就急转直下，没有什么可以抵挡住。他的妻子一开始就很果敢，她的发展只限于内心的焦虑，一直发展到身心双方的崩溃，发展到致命的疯狂。近代人物性格大半都如此，不管是重要的还是不重要的。古代的人物性格固然也很坚定，也导致不可挽救的矛盾对立，要解决它就要用机械降神的办法；但是这种坚定性，例如斐罗克特[①]所表现的，却是有内容的而且大体上是由在伦理上有理由可辩护的情致充实起来的。

3）在现阶段的这些人物性格里，由于他们所选择的目的是偶然的，由于他们的个性是独立自主的，就不可能有客观的和解。他们的性格和他们所遭遇到的阻力之间的关系有时是不明确的，有时是他们自己也看出来因去向的。作为抽象的必然性，命运又回到这里来了，对于当事的个人，唯一的和解在于他凭自己的无限的独立自主性和坚定性，超然独立于他的情欲和命运之上，对它们无动于衷。“事情原来如此”，不管他的遭遇来自统治的命运或必然，还是来自偶然，都是一样，用不着思索来因和去向。事情既然发生了，人就要使自己成为铁石，来对抗这种统治力量。[②]

---

① 参看第一卷287页注②。

② 黑格尔对近代浪漫型人物性格，特别对莎士比亚的《麦克白》的分析是深刻的，因为他抓住了近代资产阶级的阶级性中的最本质的“自我中心”或个人主义。巴尔扎克在《高老头》和《欧也妮·葛朗台》之类作品的人物性格描绘中也做到了这一点。

b）性格作为没有发展完成的内在的整体

其次，人物性格的形式化可以采取与上述情况完全相反的方式而表现在单纯的内心生活上，当事人还没有能使这种内心生活发展和实现出来而就停留在内心里。

1）这里所涉及的是一些具有实体性的心灵，它们各自形成一个整体，但是在简单的凝聚状态中每一个内心深处的运动都只在内心里进行而不展现到外在世界里。我们在上文谈过的那种形式化所涉及的是内容的明确性，个人集中全力于某一个目的，要它显得极明确，要它完全达到实现，然后随着不同的具体情况，他或是遭到毁灭，或是保全住自己。现在这第二种形式化却是未揭开，无形象，没有表现到外面的内心生活。这种内倾反省的心灵好像一块珍贵的宝石，只在某些点上，而且只在一瞬息间，才现出光彩。

2）这种深藏状态如果要有价值和兴趣，就得有心灵的内在的丰富性，但是无限深沉和丰满的心灵只凭很少的，可以说是无声的表现，甚至于凭沉默，才可以认识出来。这样一种单纯的不自觉的沉默的本性也可以显出最高度的吸引力，不过这种沉默应该是无风波的深不可测的大海的水面上的那种寂静，而不是由于肤浅空洞和迟钝的哑口无言。因为一个笨头笨脑的人有时也可以因为话说得很少，意思模棱两可，就自以为具有巨大的智慧和丰富的内心生活，乃至使人相信和惊赞他这个人的心灵里深藏着一些了不起的货色，而到最后却暴露出那里面实在是“空空如也”。反之，上述那些沉默的心灵的无限内容和深度之被人认识到，要凭艺术家有巨大的天才和表现技能，用零星的、分散的、素朴的、无意的，却又生动活泼的语言（或表现），虽然没有意图要使旁人了解，却仍能显示出这种心灵凭深湛的见识掌握了当前现实情况中的实体性的意义，但是它的思索并不纠缠在一些个别特殊的旨趣、考虑和有限的目的的错综复杂的关系网里，它不受它们沾染，对它们不熟悉；它不让人心的寻常情欲活动以及寻常的仇视和同情来干扰自己。

3）但是就连这样一种自禁闭于内心生活的心灵也应该达到这样一个时机：这时它在内心世界的某一点上受到触动，把它的全副力量投进一种对生命起决定作用的情感上，专心致志地抓住这种情感不放，从而感到幸福或是失去立足点而倒塌下来。因为要有立足点可以站得稳，人就须有一种广泛发展的伦理实体，只有这种实体才使人有坚定性。属于这种人物性格的有浪漫型艺术中的最优美动人的形象，特别是莎士比亚在这方面达到最完美的境界。《罗密欧与朱丽叶》剧中的朱丽叶就是一个例证。你们都已看过本市的关于朱丽叶的戏剧表演（克列林格夫人的表演，一八二〇年在柏林）。这是值得看的，表演出的是一个高度活泼生动的、热情的、有才气的、完美而高尚的形象。不过朱丽叶也可以理解为另一个样子的人物，她开始是一个十四五岁的完全孩子气的天真烂漫的小姑娘，人们看得清楚，她还意识不到自己，也意识不到世界，她没有什么活动、欲念和愿望，她看着周围的世界就像幻灯所投射的影子一样，不从中学习到什么，也不就它进行思索，只是天真地瞪着眼睛看着。可是突然间我们看到这个心灵的全副坚强的力量，机智，审慎的思虑，魄力都展现出来了，让自己经受最艰难的考验，使我们感觉到这一切好像一朵玫瑰突然放蕊，每一片花瓣和每一条皱纹都现出来了，又好像潜伏在心灵最深处的一股清泉突然源源

不绝地迸射出来了。前此她还是浑然一体，见不出差异，还没有发展成形，现在却在一个刚醒觉的旨趣①的直接影响之下，以她的美丽丰满的显示威力的英姿，从前此那种禁锢住的精神中脱身出来，连她自己也没有意识到。这是一点火星点燃的火炬，一朵刚由爱情触动的花蕾突然呈现为一朵盛开的花，但是开得愈快，衰谢得也愈快。属于这一类的还有《暴风雨》中的弥朗达②，她是在寂静的孤岛上生长起来的，莎士比亚选择她初次遇见男人时把她指给我们看。他只在一两场里描绘了她，但是使我们得到一种无限丰满的印象。我们也可以把席勒的蒂克拉③摆在这一类，尽管她是思考性的诗的产品。生在豪华的生活环境里，她却出污泥而不染，没有浮华虚荣，没有心计，在天真纯朴中她的心灵只由一种旨趣统治着。一般说来，对于优美高尚的女性，只有在爱情中才揭开周围世界和她自己的内心世界，她才算在精神上脱胎出世。

民间诗歌，特别是日耳曼的民间诗歌，大半也属于这种不能完全表达出来的深刻的内心生活的范畴。在这些民间诗歌中，心灵具有丰富而凝练的内容，尽管显得由某一种旨趣所统治，却只有藉一鳞一爪才能把灵魂的深处表现出来。这种表现方式就它的沉默寡言来说，似乎又回到象征型的表现方式，因为它不是清清楚楚地把心情尽量吐露出来，而只是用一种符号来暗示它。但是这里我们所得到的不是像过去那样的意义仅限于抽象普遍性的象征，而是内容就是这种主体的生动具体的心灵本身的表现。在近代，完

① 指爱情。

② 在莎士比亚的《暴风雨》剧本中，弥朗达跟父亲流亡到一个孤岛，长久见不到男子，突然间碰到他父亲仇人的儿子，便一见钟情。

③ 蒂克拉(Thekla)是席勒的《华伦斯坦》悲剧中主角华伦斯坦的女儿。

全使用思考的意识与这种心灵凝聚在本身的素朴状态相距甚远，这种表现方式是极端困难的，能用这种表现方式就显示出作者具有原始的诗的精神。歌德往往用这种象征型的方式来描绘，特别是在他所写的诗歌里。他用简单明了的外表方面仿佛无关要旨的寥寥几笔，把心灵中的全部真实和无限都揭示出来。例如《吐勒国王》就是一个最美的例子①。这位国王用来显出他的爱情的不过是他心爱的女子留给他的一个酒杯。在临死之前，这位老酒徒站在他的王宫大厅里，身旁站着他的骑士们，他把他的王位和珍宝传给他的继承人，却把酒杯投到海里，不让旁人保管它：

他看到杯子抛下去，装满水
沉到海的深渊里去，
他的眼睛昏眩，他自己也沉下去了，
此后他就一滴酒也不再喝了。

但是这种深刻而静默的心灵蕴藏着精神的力量，就像燧石蕴藏着火种一样，还没有表现出来，还没有充分发展出自己的生命和对自己的生命的思索，所以还不能通过这种教养而获得解放。它仍不免碰到残酷的矛盾，如果它的生命响起失调的哀伤音调，它就束手无策，找不到桥梁来沟通自己的心灵与现实的隔阂，也无法使自己摆脱外在情况的压力，抗拒它，来保全自己的独立自持。一碰到冲突，它就毫无办法，或是不假思索地匆忙采取行动，或是让自己被动地陷在纠纷里。例如哈姆雷特就是这样具有优美高尚心灵的人；他并没有内在的弱点，只是没有强健的生活感，所以他在阴

① 《吐勒国王》是《浮士德》上卷中女主角格列钦唱的一首短歌，是用民歌体写的。

暗的感伤心情中徘徊歧路；他具有一种精微的嗅觉，本来没有什么可以猜疑的标志或理由，但是他总觉到不稳妥，事情并不总是那么顺利，他就猜想到发生过某种不稳妥的事。他父亲的阴魂把详情告诉了他。他心里马上就准备报仇，他总是想着自己的良心所规定的职责，但是他不像麦克白那样凭一时感情用事、不杀人、不发火、不进攻，不像拉俄提斯那样说干就干，而是固守着一个优美的沉浸在内心生活中的灵魂的寂然不动状态，这种灵魂不能使自己成为现实的，不能使自己适应当前的情况。他等待着，从自己的正直心灵里寻找客观的确实证据，纵使已经找到了，还是犹疑不决，听任外在的情况牵着他走。在这种缺乏现实感的情况中，他连摆在眼前的东西也应付错了，他杀死的是波洛纽斯那老家伙而不是国王；在应该审慎的地方他却匆促鲁莽，而在应该立即行动的地方，他却沉思默想——直到最后，他在全剧的复杂的情况和事变的过程在他没有采取行动的情况下，就导致全局的命运归宿以及他自己的沉思内省的内心生活的归宿。

特别是在近代下层阶级的人们之中往往出现类似的情况。这种人没有受到教养，不追求带有普遍性的目的，没有多方面的客观的旨趣，所以如果没有达到某一个目的，就找不到另外的精神的寄托和行动的据点。这种教养的缺乏就造成心灵的褊狭，它愈没有得到发育，也就愈顽强地抓着尽管是片面性的东西不放，仿佛这是整个人格攸关的事。德国人的性格里特别具有这种返躬内省、沉默寡言的单调性，所以他们在这种沉默状态中很容易流于顽固倔强、动辄生气、满身锋芒、不可接近，而在行动和表现上总是完全不可靠，充满着矛盾。最擅长于描绘下层阶级中的这种沉默性格的大师是希帕尔[①]，《直线上升的生命过程》的作者。他的这本书是德国少数的有独创性幽默作品之一。他完全摆脱了让·保罗[②]的感伤情调和荒唐情境，他的作品具有值得惊赞的个性以及新鲜和生动的风格。他特别懂得怎样用极能吸引人的方式去描绘抑郁的性格，这种性格不会把心中的东西吐露出来，等到要流露时，就采取可怕的暴躁方式。这种性格以令人震惊的方式去解决自己的内心生活与自己被牵连进去的不幸的情境之间的矛盾，因而完成了本来是由外在的命运去做的事，例如在《罗密欧与朱丽叶》里，外在的偶然事故粉碎了精明能干的神父的干预，就导致两位有情人的死亡。

c) 形式的人物性格在艺术表现中所引起的实体性的兴趣

从此可见，这种形式的人物性格一般有两方面的表现：一方面它们只显出个别主体的意志力，这种主体性格要如其本然地发挥自己的效力，就按照自己的意志横冲直撞地干下去；另一方面它们显出一种本身完整的不受局限的心灵，这种心灵在某一点上受到触动，就把自己的整个个性的深度和广度完全集中到这一点上，但是由于对外在世界还没有充分经验，就碰上冲突，没有能力使自己适应这种局面，想出解救的办法。我们现在所要提到的第三点就是：这种形式的人物性格，如果从他们所追求的目的来看，虽是完

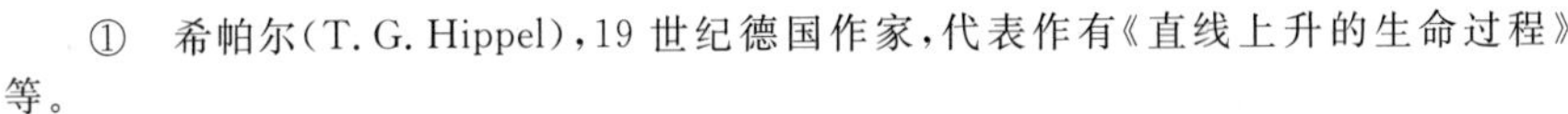

① 希帕尔（T. G. Hippel），19 世纪德国作家，代表作有《直线上升的生命过程》等。

② 见卷一，375 页注①。

全片面的，受到局限的，而从他们的意识来看，他们的性格却是充分发展了的，他们就不仅能引起形式上的兴趣，而且还能引起实体性的兴趣。我们会从他们身上得到一种印象，仿佛他们的主体性中这种局限性本身就只是一种命运，换句话说，就是它们的特殊定性与另一种深刻的内在精神之间的一种矛盾纠纷。使我们认识到精神方面的这种深刻和丰富的是莎士比亚。他显示出这类人物具有自由的想象力和天才的精神，能凭思考使自己超越出环境和具体目的的局限，而显出比自己实际所表现的更高的人格，因此他们仿佛是受不幸的环境及其所产生的冲突的逼迫，才做出他们所做的事。这并不是说，像麦克白所敢做出的事都要归罪于丑恶的女巫们，女巫们其实不过是麦克白自己的顽强意志的诗的反映。凡是莎士比亚的人物所作所为，即他们所实现的特殊目的，都植根于他们自己的个性，从这种个性中得到推动的力量。但是就在同一个个性里，这些人物也同时具有一种高度，把他们实际上在具体的目的、旨趣和行动方面所表现的人格淹没掉，显出他们是比实际更深广更高大的人物。莎士比亚的凡俗的人物性格正是如此，例如斯提芳诺、屈林库罗、庇斯托尔以及这批人物中的绝对英雄福斯塔夫①，尽管都是浑身凡俗气，却显得都是些聪明人物，有应付一切的才能，过着自由的生活，总之，有可能成为伟大的人物。法国悲剧却与此相反，其中最伟大最卓越的人物，如果摆在阳光下细看，往往都是些胀大的恶劣的畜牲，唯一的才能在用诡辩的方式来为

① 斯提芳诺（Stephano），见《威尼斯商人》，鲍西亚的佣人；屈林库罗（Trinkulo），见《暴风雨》，小丑；庇斯托尔（Pistol），见《亨利四世》，他是福斯塔夫的随从；福斯塔夫（Falstaff）在《亨利四世》和《温佐镇的快活的妇人们》等剧中都出现过，是莎士比亚所写的喜剧人物中最成功的一个。

自己辩护。在莎士比亚的作品里，我们却从来找不到辩护和谴责，只看到对一般命运的检阅，剧中人物们都用命运必然性的观点来看事物，他们看自己也像看旁人一样，仿佛跳出自身以外来看自己，既不诉苦，也不追悔。

从以上这些观点来看，这一类的个别人物性格是一个无限丰富的领域，但是写这类人物也有一种危险，即易流于空洞和平板，所以只有少数大师才具有诗才和卓越的见识，去掌握住这类人物性格的真实面貌。

2. 投机冒险

我们既已研究了在本阶段可以表现于艺术的内在方面[①]，第二步就要考察一下外在方面，即发动人物性格的那些环境和情境的特殊性，人物性格所牵连进去的冲突，以及内在方面（内心生活）在具体现实里所采取的总的面貌。

像我们已经多次提到的，浪漫型艺术的一个基本定性就在于精神性，或反省本身的心灵，形成了一个独立自足的整体，因此外在现实对于它来说，不是由它渗透进去的实在界，而是和它割裂开来的纯然外在的东西，离开精神而独立地向前推进，卷入纠纷，流转无常，全凭偶然毫无目的地到处乱窜。对于自禁锢于本身范围以内的心灵来说，它碰上哪一种环境都是一样，哪一种环境出现在它面前都是偶然的。因为这种心灵采取行动时，重要的目的不在要完成一件首尾融贯的能持久的作品，而在表现自己，为行动而

① 即上节所讨论的非宗教性的独立的人物性格的内心生活。

行动。

a) 目的和冲突的偶然性

出现在这里的情况，如果从另一观点来看，可以叫做从自然中排除神性的情况。精神已脱离外在现象世界而退回到它本身，而这现象世界既然已不复由主体的内在精神所渗透，也就离开主体而独立地进展演变。按照精神的真实本性来看，它固然凭它本身经过中介而达到与绝对和解，但是我们在这里既然站在独立的个性立场上，而这种独立的个性只从它直接认识到的自己出发，并且坚持自己的道路，上文所说的排除神性的过程也就涉及发出动作的人物性格，人物性格因此带着本身偶然的目的走进一个偶然的世界，不能使自己和这偶然的世界统一起来，形成一个彼此完全契合的整体。这种目的是相对的（有限的），所处的一种环境也是相对的，这种环境的定性和牵连关系并不由主体来决定，而是由它在外在界偶然的自生自发的结果，这种情况就使冲突也成为偶然的，仿佛像零乱的叉枝乱缠在一起一样——这种一切都凭偶然的情况就构成"投机冒险"，就事件和动作的形式来说，投机冒险是浪漫型艺术的一个基本类型。

从理想和古典型艺术的严格意义来说，动作和事迹要有一种本身真实的绝对必要的目的，而这目的的内容意义也就决定这些动作和事迹的外在形象及其表现于现实界的方式。浪漫型艺术的动作和事迹却不如此。浪漫型艺术尽管所表现的也是本身普遍和具有实体性的目的及其实现过程，这种目的本身却不能决定动作及其内在演变过程的次第，而是听任动作自由地卷入纠纷，听偶然外在事物摆布。

1）浪漫世界只有一个绝对的工作要完成，那就是推广基督教的影响，鼓舞教会团体的精神。处在一个怀有敌意的世界，其中一部分是不信基督教的古代文化，一部分是蛮族及其粗野的意识，如果上述工作是要使教义实现于行动，那就主要地是一种被动的工作，就是忍受苦痛和酷刑，牺牲时间性的存在以求灵魂的永恒健全。涉及类似内容的其它工作在中世纪是基督教骑士们的工作，那就是要把摩尔人和阿拉伯人那些伊斯兰教徒们赶出基督教国家，尤其是要发动十字军东征，去夺回基督的圣墓。不过这种目的并不是处在世俗地位的人们的目的，它要靠只是由许多零星的个人组成的集团去实现，这些人都是凭个人自愿来参加这种流水般的行列的。从这一点来看，我们可以把十字军东征称为中世纪基督教徒的集体投机冒险，这种投机冒险本身就是零散的，凭幻想的：它涉及精神方面的事，却没有真正的精神性的目的，就动作和人物性格来看，它是虚伪的，因为作为一个宗教运动的阶段来看，十字军东征所追求的目标是极端空洞的、外在的。基督教应该只有从精神中才得到解救，只有从基督才得到解救，而基督复活后就提升到上帝右边的位置，也是从精神中而不是从他的坟墓和他从前暂时寄托肉体的地方找到他的活的现实存在和立足点的。中世纪基督教徒的宗教冲动和追求却只针对着基督临刑和埋葬的圣地。直接与宗教目的相冲突的还不仅此，十字军东征另外还带有掠夺和征服这种纯粹世俗性的目的，这种对外在事物的追求也是和宗教的目的毫不相容的。人们本来应该追求精神的内在的东西，而他们实际所追求的却是精神已从其中消失的一个纯然外

在的地方;他们还追求尘世的利益,把世俗的目的增加到宗教的目的上面。这样三心二意就使十字军东征具有上文所说的零乱性和幻想性,导致内在的和外在的两方面互相颠倒而不是转化为和谐整体。因此在具体执行之中,互相对立的因素也没有达到和解而只是拼凑在一起。虔诚堕落到粗暴和野蛮残酷,这种粗暴使人的一切自私和情欲都发泄出来,然后到了一定的时机,又转化到自己的反面,回到精神的永恒深刻的激动和悔恨,这才真正关系到宗教。由于这些互相冲突的因素,追求同一目的的动作和事迹就完全见不出统一性和先后承续的因果关系:它们的整体分裂开来了,分散为许多零散的投机冒险行动、胜利、挫败以及各色各样的偶然事件,所达到的结果和所用的手段以及大事铺张的准备毫不相称。而且目的本身在执行过程中也被放弃掉了。因为十字军东征本来要证实这句话:“你不要让他安息在坟墓里,不能允许你的神圣的人腐朽。”但是这种在坟墓里,在死亡场所来寻找活的基督和精神满足的热烈期望就显出精神的腐朽,基督教必须从这腐朽里复活,才能回到新鲜活泼的现实的世界里,不管夏多勃里昂先生从这种死亡场所里见出多少深文奥义①。

搜寻圣杯②的事也和十字军东征一样带有既神秘而又凭幻想的目的,在实现这种目的之中也是投机冒险的。

2)此外还有一种较高尚的工作,那就是每个人要靠自己来完成的工作和实现的生活,去决定自己的永恒的命运。例如但丁在

① 夏多勃里昂(Chateaubriand)19世纪初法国消极浪漫派诗人和小说家,在他的《基督教的精髓》里,他用浮华的辞藻尽量歌颂基督教对于人类文化的巨大作用。

② 寻找圣杯是中世纪传奇故事《亚述王之死》的主题。

他的《神曲》里就根据天主教的观点去掌握这种题材，引导我们游历地狱、净界和天国。这部诗尽管在整体上有谨严的安排，也并不缺乏幻想的观念和投机冒险的事迹，因为它描述奖善惩恶的工作，并非只是绝对显出它的普遍意义，而是提出无数个别具体的事例。——此外，诗人僭夺了教会的权利，把天国的钥匙拿到自己手里，宣布赏罚，使自己成为世界的裁判人，把古代和基督教时代的一些最有名的人物，其中包括诗人、公民、战士、大主教、教皇之类，分配到地狱、净界和天国里。

3）其他导致动作和事迹的材料在世俗生活的领域里都是些观念方面的无限多样化的投机冒险，有关爱情、荣誉和忠贞的外在的和内在的偶然情况；有时是为着自己的名誉而进行殴斗，有时是为受迫害的无辜者打抱不平，为自己所崇拜的贵妇人而做出最奇特的事，或是靠拳头的力量和手腕的灵巧来捍卫受侵犯的权利——尽管所拯救的“无辜者”其实是一批恶棍。在这类题材的绝大多数事例中都没有必然要导致行动、情境和冲突的机缘，只是当事人要显示自己的身手，故意地去寻求投机冒险的事干。例如就它们的特殊内容来看，爱情方面的表现大多数除掉要证明或显示爱情的坚定、忠贞和持久以外，本身没有其它特殊的内容和目的：周围的现实世界及其复杂的关系网都只作为显示爱情的机缘而才有意义。因此，显示爱情的具体表现既然只是要证明爱情本身，就不是由这种表现本身决定的，而是听任贵妇人的一时心血来潮以及外在世界一些偶然的机会来摆布。荣誉和勇敢的目的也完全如此。在大多数事例中请求荣誉和勇敢的主体离开具有实体性的内容意义很远，他可以抓住任何偶然出现的内容，把自己放进去，认

为自己在这一点上受到侮辱，或是把这一点当作自己显示勇猛和才能的机会。这里既然没有什么标准可以断定某种东西是否可以选作动作的内容，也就没有标准可以断定究竟什么才是对于荣誉的侮辱。什么才是勇敢行为的真正的对象。骑士风所追求的另一个目的是对权利的保护，情形也是如此。权利和法律在这里并不是看作绝对固定的，不是根据法典及其必要的内容来实现的情况和目的，而是看作一种纯然主观的临时的想法，所以在法律应否干预的问题上以及在这种事例究竟合不合法的问题上，都得听主体的完全偶然的裁判。

b）对偶然性作喜剧性的处理

关于一般的，特别是在世俗领域里的骑士风和上述人物性格的形式化问题，我们在这里所要讨论的或多或少地是动作发生的环境和行使意志的主体心灵这两方面的偶然性。因为片面性的个别人物可以采用完全偶然的因素作为他们行动的内容，这种内容只是靠这些人物性格的力量来支持，由外在环境约制的冲突来使它实现成功或失败的。骑士风在荣誉、爱情和忠贞之类理想方面既没有真正的伦理的辩护理由，它的情况也是听偶然性支配的。一方面骑士风所应付的环境是个别的，所以完全是偶然的，因为它所要实现的不是一种带有普遍性的事业而是一些个别特殊的目的，其中缺乏自在自为的联系，另一方面从个别人物的主体精神来看，行动的意图、计划和执行也都带有任意性和幻想性。所以这种投机冒险的勾当，如果始终一贯地坚持到底，就会在行动和事迹乃至在结果上都显示出一种自己瓦解自己的因而是喜剧性的事件和命运的世界。

骑士风的这种瓦解过程在阿里奥斯陀和塞万提斯的作品里以及在莎士比亚的一些特殊个别的人物身上特别达到有意识的和最合式的艺术表现。

1）在阿里奥斯陀的作品里特别引人入胜的是命运与目的之间的无限的错综曲折、离奇的关系和荒唐的情境的童话般的拼凑，诗人用这一切来进行投机冒险式的游戏。他的英雄们郑重其事地干一些十分荒谬和愚蠢的勾当。特别是爱情这个主题往往从但丁的宗教性的爱和彼特拉克的想象的柔情堕落到淫秽故事和可笑的冲突，而英雄品质和英勇气概则夸张到极端，使人感到的不是信服和惊赞，而是一种对妄诞不经的行为的微笑。但是由于情境发生的方式是偶然的，许多奇妙的纠纷和冲突就被引到故事里来，一会儿开始，一会儿中断，一会儿又交织在一起，最后突然出人意外地达到了解决。阿里奥斯陀不仅擅长于用喜剧的方式来处理骑士风，而且也很会见出而且表现出骑士风中真正伟大高尚的品质，他既描绘出骑士们的勇敢、爱情和荣誉，也很出色地描绘其它情欲、机智、狡猾、镇静之类。

2）阿里奥斯陀所侧重的是投机冒险的**童话性**方面，塞万提斯却发挥了它的**传奇性**方面。他所写的堂吉诃德具有一种高尚的性格，但在他身上骑士风变成了疯狂。在这里，骑士风的投机冒险是放在一种稳定的、明确的、外在关系描写得很详细的现实情况里的。这就产生了一个凭知解力安排得有秩序的世界和一个与它脱节的孤立的心灵之间的喜剧性的矛盾，这种心灵妄想单凭它自己和骑士风来造成和巩固这种秩序，而骑士风其实会把它推翻掉。

但是尽管有这种喜剧性的迷失道路，我们在堂吉诃德身上仍然看到前此我们称赞莎士比亚的一切品质。塞万提斯也把他的英雄描绘为具有本来就很高尚的在许多方面精神资禀都很好的人，使我们对他感到真正的兴趣。堂吉诃德的心灵在疯狂之中对他自己和他的事业抱有充分的信心，或是毋宁说，他的疯狂就在他始终坚信他自己和自己的事业。如果他对自己的行动的内容和结果没有这种不用思考的镇静态度，他就不成其为真正的传奇性的人物性格。他对自己的思想的实体性内容所抱的那种自信心是伟大的，天才的，和他的一些最优美的品质是相得益彰的。《堂吉诃德》这部作品一方面是对浪漫的骑士风的一种嘲笑，一种百分之百的讽刺，比起它来，阿里奥斯陀的作品只是对投机冒险开一种轻佻的玩笑；另一方面堂吉诃德的事迹仿佛只是一条线，非常美妙地把一系列的真正传奇性的小故事贯串在一起，把书中其它用喜剧笔调描绘的部分的真正价值衬托出来。

3）在这里我们看到骑士风就连在它的最重大的旨趣方面也转化为喜剧，与此颇类似的有莎士比亚的两种处理方式，他或是把坚定的具有个性的人物性格和悲剧性的情境，喜剧性的人物和场面的冲突并列在一起，或是通过对自己和自己所追求的粗鲁的狭隘的和虚幻的目的进行一种深刻的嘲讽，来提高人物性格。属于前一种的有福斯塔夫，《李尔王》中的小丑以及《罗密欧与朱丽叶》中写音乐家的一场；属于后一种有理查三世。

c）拟传奇式的虚构故事[①]

与上述那种形式的浪漫型艺术的解体相联系的是现在这第三个阶段，即近代意义的拟传奇式的虚构故事，这在时间上后于骑士式的和牧歌式的传奇故事。拟传奇式的虚构故事所表现的是变成具有严肃性和现实内容的骑士风。外在世界的偶然情况现在已转化为公民社会和国家的固定安稳的秩序，所以警察制度、法律、军队、国家行政机构代替了过去骑士们所追求的虚幻的目的。因此，在近代拟传奇式的虚构故事中活动的英雄们的骑士风也就改变了性质。这些英雄们站在个人的立场，抱着关于爱情、荣誉和野心的主观目的，或是抱着要改良现存秩序和现实的散文气味的理想，而现存秩序和现实却从各方面阻挡着他们的道路。在这种矛盾对立中，他们把主观的愿望和要求不适当地推到非常高的地位。每个人都面临着一个中了魔似的对他完全不合式的世界，他必须和这个世界进行斗争，因为它在压迫他，冷酷地顽强地站在那里，不给他的情欲让路，在他面前摆着父亲和婶母的意志和市民社会关系之类障碍。特别是属于这种新骑士阶层的青年人。他们要在阻挠他们实现理想的世道里打出一条路来，他们所认为不幸的是到处都是家庭、社会、国家、法律、职业之类的势力，因为这些具有实体性的生活关系及其约束总是在残酷地抗拒他们的理想和心灵的无限权利。所以要做的事就是在这种事物秩序中打下一个缺口，

① 中世纪的 Roman 一般译为“传奇”或“传奇故事”，大半涉及骑士的奇遇。它是近代西方小说所自出。黑格尔在这里用的是 Das Romanhafte，英译直作“Novel”（小说），不很确切，法译为 Romanesque（拟传奇式的）较近原义。黑格尔对近代小说的看法是值得注意的，反映出他跟现存秩序妥协的思想。

要把世界加以改变和改良，或是不管它怎样，至少要在这尘世间辟出一个天堂：要找一个中意的姑娘，找到了，要把她从坏亲属和环境中救出来，把她抢走。但在近代世界里，这种斗争只限于学徒时代，亦即个人从现实世界受教育的时代，因而这种斗争的真正意义也就在此。因为学徒时代的教育目的在于使主体把自己的稚气和锋芒磨掉，把自己的愿望和思想纳入现存社会关系及其理性的范围里，使自己成为世界锁链中的一个环节，在其中站上一个恰当的地位。一个人不管和世界进行多少次的争吵，在世界里多少次被扔到一边去，到头来他大半会找到他的姑娘和他的地位；他会结婚，会变成和你我一样的庸俗市民：太太管家务，生儿养女，原来是世间唯一天使的受崇拜的太太，现在的举止动静也和许多其他太太差不多；职位带来了工作和烦恼，婚姻也带来了家庭的纠纷，总之，他也要尝到旁人都尝到的那种酒醒后的滋味。我们在这里所看到的还是投机冒险的人物性格，所不同的是投机冒险在这里具有正当的意义，其中幻想性的因素得到必要的纠正。

3. 浪漫型艺术的解体

浪漫型艺术在本身上本来就已包含瓦解古典理想的原则，现在我们还要更详细确定的最后的一点就是这种瓦解在实际上是如何实现了。

这里首先要研究的就是艺术活动所掌握和表现的那种材料的完全偶然性和外在性。在古典型艺术的造型艺术风格里，主体的内在世界和外在世界是紧密联系在一起的，这个外在世界就是内在世界所特有的形象，并不离开内在世界而独立。在浪漫型艺术里却不然，主体对内在世界静观反省，闭关自守，外在世界的全部内容就获得自走自路的独立自由，就按照它自己的本性和特殊情况存在下去。反之，主体的亲切情感既成为艺术表现的基本因素，心灵究竟要沉浸到哪种外在现实界和精神界的内容里，也还是同样要听命于偶然性。所以浪漫型的内心活动可以表现于一切情境，辗转投合成千上万的机缘、情况、关系、歧途和迷径，冲突和满足，因为所寻求的并且使它生效的不是一种客观的绝对生效的内容意义，而只是心灵对它本身的主观的反映，即心灵的表现方式和领会方式。所以在浪漫型艺术的表现里，一切东西都有地位，一切生活领域和现象，无论是最伟大的还是最渺小的，是最高尚的还是最卑微的，是道德的还是不道德的和丑恶的，都有它们的地位。特别是艺术愈变成世俗化的，它也就愈来愈多地栖息于有限世界里，爱用有限事物，让它们尽量发挥效力。对于艺术家来说，他在这有限世界里也感到如鱼得水，只要他按照它本来的样子去描绘它。例如莎士比亚就是如此，在他的作品里，动作情节一般都是在最具体的有限的生活关系中进行的，分化为一系列的偶然事件，一切情况都各有它的价值，最高的境界和最重大的旨趣和最不重要的或次要的东西摆在一起，例如《哈姆雷特》里有王宫也有岗哨，《罗密欧与朱丽叶》里有仆婢，其它剧本里有小丑、粗人以及日常生活中的平凡事物，例如小酒馆、搬运夫、夜壶、跳蚤之类，正如在浪漫型艺术中以基督的诞生和三贤王礼拜婴儿基督为题材的宗教画里就有牛、驴、牛槽和饲料之类。这种情况是到处可以看见的。我们可以说，《圣经》里有一句话在艺术里得到了证实：“凡是卑微的都要

得到提高。”

这阶段所用的偶然性的题材有时固然只是对一种本身重要的内容作陪衬，有时却独立地表现出来，正是这种题材的偶然性造成了我们在上文已提到的浪漫型艺术的解体。这就是说，一方面从理想的观点来看，现实世界只现出它的散文性的客观情况：平凡的日常生活的内容不是就它的实体或伦理的和宗教的意义来理解的，而是就它的变化无常的有限的方面来理解的。另一方面主体性凭它的情感和见识，凭它的巧智的权利和威力，把自己提高到全体现实界的主宰的地位，不让任何事物保持一般常识都认为它应有的习惯的联系和固定的价值；只有等到纳入艺术领域的一切，通过艺术家凭主体的见解、脾气和才智所赋予它的形状和安排，都成为本身可以分解的，而对于观照和情感来说，则显得确已分解掉了，这时主体性才感到满足。

我们在这里首先要谈到描绘眼前平凡事物和外在现实，做到接近蓝本的许多作品所遵守的原则，这就是一般所谓摹仿自然。

其次就要谈到主体的幽默或脾气，这在近代艺术中起着很大的作用，特别是有许多诗人的作品就以它为基础。

第三，在结论部分还要谈到从什么立足点出发，艺术在今天还可以发挥作用。

a）对现成事物的主观的艺术摹仿

这个领域可以包括的题材范围是无穷的，因为在这里艺术用作内容的不是范围有限的带有必然性的东西，而是偶然的现实事物，包括变化无穷的形状和关系，自然及其五光十彩的零散图景的交互辉映，人的日常动作和努力，自然需要和舒适生活的满足，偶然的习惯，态度，家庭生活的活动，公民社会的活动，总之，客观世界中的无穷的错综复杂的变化都可以用作内容。因此，现阶段的艺术不仅是写生画式的，像浪漫型艺术一般或多或少地如此，而且使自己完全消失在这种写生画里（在雕刻、绘画和诗的描绘里都有这种情况），回到摹仿自然，回到存心要妙肖本身不美的散文气味的偶然性的直接现实。所以可以提出这样的问题：像这类的作品是否还配称为艺术？真正的艺术作品的概念（即理想）要求一方面它的内容不应是本身偶然的，可消逝的，另一方面它的表现形式应完全符合内容。如果用这个标准来衡量，现阶段这种摹仿自然的作品当然差得很远。但是艺术另外还有一个因素，在这里特别具有根本的重要性，那就是主体方面构思和创作艺术作品的活动，也就是个人才能的因素，凭这种个人才能，艺术家可以忠实地描绘尽管处在极端偶然状态而本身却具有实体性的自然生活和精神面貌，通过这种真实以及奇妙的表现本领，使本身无意义的东西显得有意义。此外还要加上艺术家的精神和心情完全沉浸到这类对象的内在和外在的形象里去，和它们享受共同的生活的那种主体方面的活跃的同情，而且把这种灌注生气于所写对象的情况表现出来。如果做到这一点，就不能拒绝称这类作品为艺术作品。

说得更具体一点，在各门艺术之中运用这类题材的主要是诗和绘画。因为一方面它们用作内容的是本身特殊的事物，另一方面它们用作表现形式的是虽偶然而却具有一定特征的外在现象。建筑、雕刻和音乐都不适宜于完成这种任务。

1）诗所描绘的是平凡的家庭生活，这种生活的实体性的内容是正直，通达人情世故和服从当时的道德习俗；其中情节的纠纷限于日常市民生活，背景和人物取自中下层阶级。在法国作家之中，狄德罗特别提倡这种对自然和现实事物的摹仿。在我们德国人中间，歌德和席勒在青年时代在一种较高的意义上走过类似的道路，不过他们要从这种生动自然的特殊具体的题材里找到深刻的内容意义和有重要旨趣的冲突。至于考茨布和伊夫伦却以对当时日常生活中散文性的琐屑细节的描绘来冒充诗，前者在构思和创作上都肤浅粗疏，而后者则比较讲究谨严准确和庸俗市民的道德。一般地说，特别是最近的德国艺术最爱采取这种调质，运用它达到高度的熟练。前此在很长时期中艺术对于我们德国人多少是一个外来客，不是土生土长的。现在艺术转向当前现实，这里就有一种需要：所用的题材必须对于艺术是本身固有的，本乡本土的，也就是说，它应该是诗人和听众自己的民族生活。导致这种转向现实的表现方式的动机正是以掌握这样一种艺术为出发点的：这种艺术在内容和表现形式上都应该是我们自己的，纵使牺牲了美和理想性，毕竟能使我们感到家常亲切的。其他民族过去都鄙视这类日常现实生活中的题材，或是到最近才对它们发生活跃的兴趣。

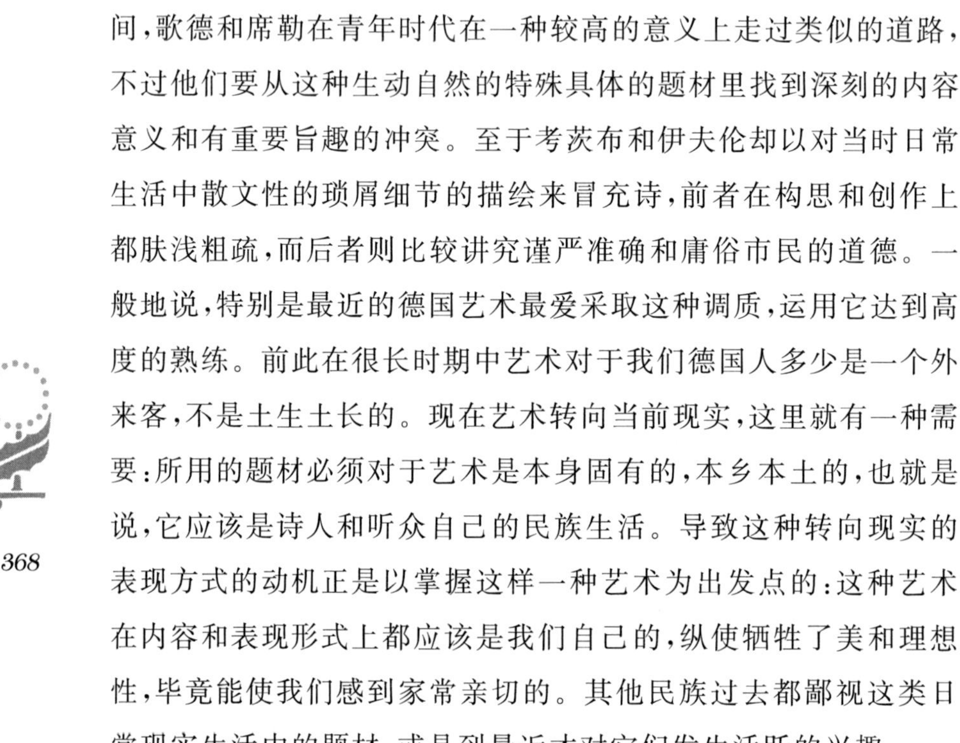

2）如果我们想看到艺术在这方面的最值得赞赏的成就，我们就要去看近代荷兰人的风俗画。我在第一卷讨论理想时已涉及荷兰风俗画在一般精神上所依据的实体性的基础①。荷兰人对现实生活，包括其中最平常最卑微的东西，所感到的喜悦是由于自然直接提供其他民族的东西，对于他们来说，却要凭艰苦的奋斗和辛勤

① 卷一，215页及以下，参看216页注。黑格尔论荷兰艺术与现实生活的话散见本书各卷，值得注意。

的劳动才能获得，而且由于处在僻窄的地区，他们对最微细的东西也要注意和珍视，最微细的东西对他们也成了重大的东西。另一方面，荷兰人是一个渔夫、船夫、市民和农民的民族，所以他们从小就懂得他们亲手用辛勤劳动所创造的最大的乃至最小的必需品和日用品的价值。荷兰人在宗教上是新教(耶稣教)徒，这也是重要的一方面。只有新教才完全过着散文气味的生活，让它不受宗教关系的牵制，完全凭它本身而独立地发挥效用，可以尽量自由地发展。处在其它情境的其他民族就不可能运用荷兰画拿来摆在我们面前的那些题材，作为艺术作品的最主要的内容。但是荷兰人尽管抱有这些旨趣，他们所过的生活并不显得穷困，在精神上并没有受到压抑。他们改良了自己的教会，战胜了宗教的专制和西班牙人的世俗政权和最高贵族，并且凭他们的勤劳勇敢和节俭，他们感觉到自己挣得的自由，可以享受幸福、舒适、正直、勇敢和快乐的生活，甚至可以对愉快而平凡的事物感到骄傲。这就是他们选择这类艺术题材的辩护理由。

这类题材也许不能满足要求本身真实的内容意蕴的那种较深刻的鉴赏力；但是纵使情感和思想得不到满足，更细心的观察会使这个缺点得到弥补。因为应该使我感到喜悦和惊赞的是画家在绘画里所显示出来的艺术。实际上如果一个人想知道绘画是怎么回事，他就应该亲眼看看这些篇幅不大的画，以便对这个或那个画家下评语说："这个人真会画。"所以问题的关键并不在画家是否能通过艺术作品来使我们对他所画的那个对象获得一种观念。对于葡萄、花、鹿、沙丘、海、太阳、天空，日常生活中的器具上的雕饰、马、战士、农民、抽烟、拔牙乃至各种各样的家庭场面，我们原先就已看得很够了，这类对象在自然界到处都是。引人入胜的应该不是内容和它的实在状况，而是本身毫无趣味的那种对象所显现出来的外貌。这种单纯的外貌仿佛就是由美凝定在它上面的，而艺术也就是把外在现象中本身经过深化的外貌所含的秘密描绘出来的巨匠本领。艺术的任务首先就见于凭精微的敏感，从既特殊而又符合显现外貌的普遍规律的那种具体生动的现实世界里，窥探到它的实际存在中的一瞬间的变幻莫测的一些特色，并且很忠实地把这种最流转无常的东西凝定成为持久的东西。一棵树或是一片自然风景已经多少是一种固定持久的东西。但是要捉摸住金属物的一刹那的闪光，葡萄上面的闪烁流动的光彩，落日或落月的一瞬间的光辉，一丝笑容，一种心情变化的突然面部表情，一个滑稽的动作，姿态或姿势之类一纵即逝的效果，而且要百分之百地按照它们的生动具体的面貌把它们凝定下来，供人长久观赏，这就是现阶段艺术所要解决的难题。如果古典型艺术按照它的理想基本上只表现具有实体性的东西，这个浪漫阶段的艺术却只凝定住和表现出自然变化中流转不息的外在面貌，例如一股流水，一个瀑布，海上的浪花，杯盘上偶然放射出的闪光中的静物状态，一个人在特殊情境中的表情，例如一位妇女在灯光之下穿针，一群强盗在突然遇到动静时突然站住不动，一种姿势的瞬间变化，一个农民的微笑或狞笑，像奥斯塔德、特尼耶和斯蒂恩①之类画师所最擅长的题材。这是艺术对流转消逝情况的胜利，在这种胜利中实体性的东西仿佛受到欺骗，丧失了它驾御偶然的流动的东西的威力。

① 奥斯塔德(Ostade)，特尼耶(Teniers)，斯蒂恩(Steen)，都是17世纪荷兰画家。

对象的单纯的外貌在这里既然提供真正的内容，艺术把这种一纵即逝的外貌凝定下来，并不就此止步。这就是说，除掉对象（题材）以外，表现手段本身也自成一种独立的目的，所以艺术家的主体方面的技能和艺术媒介的运用也就提升到艺术作品的客观对象的地位。早期的荷兰画家对颜色的物理学就已进行过极深入的研究。梵·艾克、海姆林和斯柯莱尔[①]都会把金银的色泽以及宝石绸缎和羽毛的光彩摹仿得惟妙惟肖。这种运用颜色的魔术和魔力来产生极显著的效果的巨匠本领现在已获得一种独立的价值。正如思考和领会的心灵用观念和思想来再现（反映）世界，现阶段艺术的主要任务也在于用颜色和光影这些感性因素来对客观世界的外在方面作主观的再现——不管对象本身如何。这就像一种外在的音乐，一种用颜色为音调的音乐。如果在音乐里，孤立的单音是无意义的，只有在它和其它的声音发生关系时才在对立、协调、转变和融合之中产生效果，绘画中的颜色也是如此。如果我们就近细看在金子上闪烁的，或是在花边上发亮的色彩，我们就只会看到一些白色或黄色的线和点，一些着色的面；孤立的单纯的颜色或没有这种色彩所产生的光辉；只有各种颜色的配合才产生闪烁灿烂的效果。例如特尔堡[②]所画的《阿特拉斯》，每一条颜色孤立地看只是一种深灰色，多少带一点浅白色、浅蓝色或浅黄色；如果我们站远一点去看这些颜色的配合，就会看出那种很适合阿特拉斯

① 梵·艾克（Van Eyck），兄（侯巴特）弟（约翰）二人都是14世纪荷兰大画家，精心研究颜色，奠下了油画的基础；海姆林（Hemling）即麦姆林（Memling），15世纪荷兰宗教画家；斯柯莱尔（J. Scorel），16世纪荷兰画家。

② 特尔堡（Terburg），17世纪荷兰画家。阿特拉斯（Atlas），在希腊神话中是双肩扛着世界的神，又是撑天的神山。

实际面貌的优美温润的色泽。绸缎、光的动荡、云的飘动以及一般入画的事物都有类似的情况。这并不是心情的反映，像风景画往往把主体的心情反映到对象上那样，而是艺术家的主体方面的技能，以这种客体的方式表现为媒介方面的技能，仿佛媒介本身凭它的生动的效果就可以创造出一种客观事物。

3）因此，对所表现的对象的兴趣改变了，兴趣现在只针对着艺术家本身的主体性了，这种主体性所要显示的就是它自己，所以对它来说，重要的事不是要造成一件独立完整的单靠自己来发挥作用的作品，而是要造成一件供创造的主体来表现自己能力的作品。这种主体性所涉及的不只是外在的表现手段，而且也涉及内容本身，使艺术就变成一种表现奇思幻想和幽默的艺术。

b）主体的幽默①

在幽默里是艺术家的人格在按照自己的特殊方面乃至深刻方面来把自己表现出来，所以幽默所涉及的主要是这种人格的精神价值。

1）因为幽默替自己提出的课题不是让一种内容按照它的本质客观地展现和构成形状，使内容在这种展现中凭它自己达到艺术的结构和完整化，而是让艺术家把自己渗透到材料里去，——所以他的主要活动就是凭主体的偶然幻想，闪电似的念头，突现的灵机以及惊人的掌握方式，去打碎和打乱一切化成对象的获得固定

① 幽默（Humor），在西文里本义是体液，古代生理学认为人的各种性情或脾气都是由五脏中的液汁决定的，因此幽默一般指脾气、心情或癖性，在近代用法里，幽默就是“诙谐”、“滑稽”或“暗讽”。参看卷一，79页正文和注①。当时德国文艺界鼓吹幽默、讽刺和喜剧性，黑格尔认为这类作风是任何历史发展阶段文艺衰落的标志。

的现实界形象或是在外在世界中显现出来的东西。因此，它把客观内容的任何独立性以及由事物本身产生的有本身融贯一致的形状都破坏了，于是艺术表现就变成一种任意处理事物（材料）的游戏，对它加以歪曲和颠倒。这也是作者用来暴露对象也暴露自己的一种主观表现方式、见解，和态度的纵横乱窜和徜徉恣肆。

2）人们在这个问题上有一种自然的错觉：仿佛拿自己和当前事物来开玩笑，显小聪明，是件很容易的事，所以人们往往爱用幽默的形式；但是主体如果放任自己的偶然的意念和戏谑，听其在迷离恍惚中恣意横行，故意把不伦不类的东西很离奇地结合在一起，幽默也往往变成很枯燥无味。在各民族之中有些民族对这种幽默很宽容，有些民族却较严格。在法国人那里，幽默一般不大成功，我们比他们要强一些，我们对迷途乱窜的作风比较宽大。例如姜·保罗在我们德国人中间就是一个受欢迎的幽默家，但是没有人像他那样把在客观上离得最远的东西离奇古怪地拼凑在一起，把许多事物最杂乱无章地混成一团，其中联系完全是主观的。故事以及事迹的内容和进程在他的小说里都是最难引起兴趣的，主要的东西是幽默的纵横驰骋，他把一切内容都当作显示主体方面巧智的手段。在这样把客观现实界不同领域的一切事物联系在一起之中，幽默的作品仿佛又回到象征型艺术，其中意义与形象也是彼此不相属的，所不同者在幽默的作品里以离奇的方式把材料和意义这两个因素拼凑在一起的是诗人的单纯的主体性。这样一系列的幻想串在一起，特别是在诗人任意拼凑成一些令人摸不着头绪的组合，要我们凭想象去体验它们的时候，很快就会引起厌倦。特别是在让·保罗的作品里，这句隐喻、显喻或戏谑和另一句隐

喻、显喻或戏谑互相抵消，这里看不出变化发展，一切都在爆炸。但是凡是要达到终局的事物总应经过发展而来，事先应有所准备。从另一个观点来看，如果主体本身没有由一种真实的客观旨趣充实起来的心灵作为他的核心和立足点，他就很容易流于感伤和过度敏感，让·保罗在这方面也是一个例子①。

3）真正的幽默要避免这些怪癖，它要有深刻而丰富的精神基础，使它把显得只是主观的东西提高到具有表现实在事物的能力，纵使是主观的偶然的幻想也显示出实体性的意蕴。诗人在创作过程中纵情幽默，应该像斯特恩②和希帕尔那样，无拘无碍地，自由自在地不着痕迹地信步漫游，于无足轻重的东西之中见出最高度的深刻意义；就连信手拈来，没有秩序的零零散散的东西也毕竟具有深刻的内在联系，放出精神的火花。

到此我们已达到浪漫型艺术的终点，亦即最近时代艺术的立足点，它的特征在于艺术家的主体性统治着他的材料和创作，而不再受内容和形式在范围上都已确定的那些现成条件的统治，这就是说，艺术家对内容和表现方式都完全有权力去任意选择和处理。

c）浪漫型艺术的终结

一直到现在，我们的研究对象都是艺术，而艺术的基础就是意义与形象的统一，也包括艺术家的主体性和他的内容意义与作品的统一。正是这种具体的统一才可以向内容及其表现形式提供

① 让·保罗见第一卷375页注①，他的代表作有《看不见的住所》、《猫市博士游斯巴记》等。

② 斯特恩（Sterne），18世纪英国小说家，《卖弄风骚的游记》的作者。

实体性的、贯串到一切作品中去的标准。

从这个观点来看，我们曾发现到在东方艺术起源时，精神还不是独立自由的，而是还要从自然事物中去找绝对，因此把自然事物本身看作具有神性的。在进一步的发展中，古典型艺术把希腊的神们表现为一些个体，他们是自由自在的，由精神灌注的，但是基本上还受人的自然形体的约束，把人的形体当作一个肯定的因素。只有浪漫型艺术才初次把精神沉浸到它所特有的内心生活里去，与这内心生活对立的肉体、外在现实以及一般世俗性的东西原来都被视为虚幻的东西，尽管精神性的绝对的东西只有借这些外在的因素才能显现出来，不过到后来这些外在的因素就逐渐获得肯定的意义。

1）这些世界观形成了宗教以及各民族和各时代的实体性的精神，它们不仅渗透到艺术里，而且也渗透到当时现实生活的各个领域里。因为每个人在各种活动中，无论是政治的、宗教的、艺术的还是科学的活动，都是他那个时代的儿子，他有一个任务，要把当时的基本内容意义及其必有的形象制造出来，所以艺术的使命就在于替一个民族的精神找到适合的艺术表现。只要艺术家和这种世界观与宗教观的具体内容处于统一体，对它有坚定的信仰，他才会以真正的严肃态度对待这种内容及其表现；这就是说，这种内容对于他就是他自己意识中的无限的和真实的东西，他在自己的最内在的主体性方面就和这种内容处于原始的统一体，而他用来表现这种内容的形象对于他（作为艺术家）也就是表现绝对和一般事物的灵魂的最后的、必然的、最好的一种。由于他的材料所含的实体性内容是他本身所固有的，他就受到约束，必定要采用某一确定的表达形式。内容及其适合的形式事实上都是艺术家本身所固有的，也就是他的存在的本质，并不是由他想象出来的，而且他自己就是这种本质，因此他所要做的事就是把这种真正本质性的东西化为客观的（加以对象化），让它自己流露出来，形成生动具体的形象。只有在这种情况下艺术家才完全在精神上受到鼓舞，来对付他的内容和表现方式，而他的创造也才不是主观任意性的产品，而是在他本身里，从他本身，从这种实体性的土壤，从这种基础产生出来的。这种基础的内容在还未经艺术家替它找到符合它的概念的个别形象以前，他就得不到安宁。但是今天我们如果用一个希腊的神，或是作为新教徒，用圣玛利作为雕刻或绘画的题材，我们就不是以真正的严肃态度来对待这种材料。我们所缺乏的是心灵深处的信仰，尽管在虔诚信仰的时代，艺术家也不一定就是人们普通所称呼的虔诚的人，一般说来，艺术家们并不是毫无例外地都是最虔诚的人。唯一的要求不过是艺术的内容对于艺术家应该是他的意识中实体性的东西，或最内在的真实，而且使他认识到须用某一种表现方式的必然性。因为艺术家在他的创作中也是一种自然物，他的艺术本领也是一种自然（天生）的才能，他的活动不是和它的感性材料完全对立的概念活动，只有在纯粹思考中才和材料结合在一起，而是还没有丧失自然的面貌，和对象密切结合，相信那对象，以最内在的自我和那对象同一起来。这时主体性就完全渗透到客体（对象）里，艺术作品也完全从天才的完整的内心状态和力量产生出来，这样的产品是坚定的，不摇摆的，把全副雄强气魄都凝聚到自己身上的。这就是艺术完整的基本条件。

2）在我们给艺术在它的这段发展过程中所定的地位中，情况却已完全改变过了①。不过我们不应把这种改变看作是由时代的贫困、散文的意识以及重要旨趣的缺乏之类影响替艺术所带来的一种纯粹偶然的不幸事件；这种改变其实是艺术本身的活动和进步，艺术既然要把它本身所固有的材料化为对象以供感性观照，它在前进道路中的每一步都有助于使它自己从所表现的内容中解放出来。对于一个对象，如果我们通过艺术或思考把它摆在肉眼或心眼面前看得十分透彻，把其中一切内容意蕴都一览无余，一切都显得很清楚，再没有剩下什么隐晦的内在秘密了，我们对这种对象也就不会再感到兴趣。因为兴趣只有新鲜的活动才能引起。精神只有在一个对象还含有弄不清楚的秘密的东西时，也就是只有在材料和我们还处在同一体时，才肯在那个对象上面下工夫。但是如果艺术把它的概念中所含的基本的世界观以及属于这种世界观的内容范围都已从四方八面表现得很清楚了，那么，对于某一定民族和某一定时代来说，艺术就已摆脱了这种确定的内容意蕴了；此后只有到了有必要反对前此唯一有效的内容时，才会引起重新回到找内容的需要②，例如希腊时代亚理斯托芬起来反对当时现成的东西，琉善起来反对整个的希腊过去，而在中世纪末期，阿里奥斯陀在意大利，塞万提斯在西班牙，都起来反对骑士风。

在过去时代，艺术家由于他所隶属的民族和时代，他所要表现的实体性的内容势必局限在一定的世界观以及其内容和表现形式的范围之内，现在我们发现到一种与此相反的局面，这种局面只有

① 法译作“上述条件不是经常得到实现的”。

② 旧内容既已枯竭，反抗和革命就跟着来。从这一节可以看出黑格尔的基本主张：内容决定形式，内容随时代改变，形式也就随之改变。他不否认古为今用，但反对复古倒退，尽管他特别推尊希腊古典型艺术。

在最近才达到完满的发展，才获得它的重要性。在我们这个时代里各民族都获得了思考和批判的教养，而在我们德国人中间，连艺术家们也受到自由思想的影响，这就使得这些艺术家们在创作时发现材料（内容）和形式都变成“一张白纸”（tabula rasa），特别是在浪漫型艺术所必有的各阶段都已走完了之后。限制在一种特殊的内容和一种适合于这内容的表现方式上面的做法对于今天的艺术家们是已经过去的事了，艺术因此变成一种自由的工具了，不管是哪一种内容，艺术都一样可以按照创作主体方面的技能娴熟的程度来处理。这样，艺术家就可以超然站在一些既定的受到崇敬的形式和表现方式之上，自由独立地行动，不受过去意识所奉为神圣永恒的那些内容意蕴和观照方式的约束。任何内容，任何形式都是一样，都能用来表达艺术家的内心生活，自然本性，和不自觉的实体性的本质；艺术家对于任何一种内容都不分彼此，只要它不违反一般美和艺术处理的形式方面的规律。在今天，没有什么材料绝对见不出这种相对性，纵使有些材料被提高到成为不相对的，也没有绝对必要要由艺术把它表现出来。因此，艺术家对待他的内容完全像戏剧家一样，可以展示和他自己不同的或陌生的人物。现在他当然也要把他的天才放进作品里去，也要把他自己所特有的材料编织到作品里去，但是不管这些材料是一般性的还是偶然的；比较确切的个性描绘却不是他自己的，在这方面他利用他对意象、表现方式和过去艺术形式所储蓄的知识，这些因素就它们本身来说对他本是无足轻重的，它们之所以成为重要的，只因为他觉得它们对这一种或那一种题材恰恰合式。

此外，在大多数门类艺术里，特别在造型艺术里，题材是由外界提供艺术家的；艺术家按照雇主的订货条件而工作，碰到宗教的或世俗的故事、场面、人物肖像、教堂建筑之类题材时，他所关心的只是用这种题材可以作出什么样作品来。尽管他也很用心去体验那种已定的内容，那内容对他毕竟只是一种材料，而不直接就是他自己意识中具有实体性的东西。另外一种办法对他也没有多大帮助，那就是把某些过去的世界观当作营养移植到自己身上来，例如近来就有些人为艺术的缘故而改信天主教，目的是使自己的心灵有所寄托，使自己的艺术表现受到一定的约束，具有一种自在自为（绝对）的因素。艺术家并没有必要使自己的心灵洁白无瑕或是关心自己的灵魂得到解救；他的伟大的自由的心灵，在动手创作之前，首先就要有自知之明，要对自己有把握、有信心，特别是现代的大艺术家要有精神的自由发展，才能不受只用某些既定的观照方式和表现方式的迷信和成见之类因素所束缚，而是把它们降低到自由心灵所能驾御的因素，不把它们看作创作或表现的绝对神圣化的条件，而是把它们看作只是作为服务于较高内容的手段才有价值，他要按照内容的需要把这些因素加以改造之后才放到作品里去。

艺术家的才能既然从过去某一既定的艺术形式的局限中解放出来而独立自由了，他就可以使任何形式和材料都听他随心所欲地指使和调度了。

3）最后，如果我们要问从现阶段艺术的一般立场来看，什么内容和形式对它才是符合特性的，回答就大致如下：

一般艺术类型都首先涉及艺术所达到的绝对真实，至于它们各自特殊的原则在于如何具体了解所有对于意识是作为绝对而发生效力的，而且本身就已包含应该用什么方式表现的那种内容意蕴。我们在这方面已经看到在象征型艺术里内容是自然的意义，表现形式则来自自然事物和人格化；在古典型艺术里内容是精神的个性，表现为摆在面前的肉体存在，这肉体存在是受命运的抽象必然性支配的；在浪漫型艺术里内容是精神性及其本身所固有的主体性，对于这种主体性的内在方面，外在的形象始终是偶然的。这最后的艺术类型也像较早的那些艺术类型一样，也是以自在自为的神性的东西为艺术题材。但是这类神性的东西却要获得对象化，受到定性，从而发展为主体性的世俗内容。人格的无限首先见于荣誉、爱情和忠贞，然后见于特殊的个性，见于和人类生存中某一种特殊内容意蕴紧密结合在一起的具体人物性格。最后出现了幽默，它消除了人物性格与某一特殊的有局限性的内容的联系，它能使一切定性都变成摇摆不定，乃至于把它消灭掉，从而使艺术越出了它自己的界限。艺术在越出自己的界限之中，同时也显出人回到他自己、深入到他自己的心胸，从而摆脱了某一种既定内容和掌握方式的范围的严格局限，使人成为它的新神，所谓"人"就是人类心灵的深刻高尚的品质，在欢乐和哀伤、希求、行动和命运中所见出的普遍人性。从此艺术家从他本身上得到他的艺术内容，他变成实际上自己确定自己的人类精神，对自己的情感和情境的无限方面进行观察、思索和表达，凡是可以在人类心胸中活跃的东西对于这种人类精神都不是生疏的。这种内容意蕴并不是绝对可以用艺术方式来赋予定性（确定）的，内容和表现的形象都听命于艺术家的随意任意性的创造活动，——任何旨趣都不会被排除掉，因为艺术现在所要表现的不再是在它的某一发展阶段中

被认为绝对的东西，而是一切可以使一般人都感到亲切的东西。

面对着这样广阔和丰富多彩的材料，首先就要提出一个要求：处理材料的方式一般也要显示出当代精神现状。近代艺术家当然也可以与不同时代的古人为邻；做一个荷马派诗人，尽管是最后的一个，也还是很好的；甚至反映中世纪浪漫型艺术倾向的作品也还有它们的功用；但是今天某种题材的普遍适用、深刻和具有特性是一回事，而对这种题材的处理方式却另是一回事。不管是荷马和梭福克勒斯之类诗人，都已不可能出现在我们的时代里了，从前唱得那么美妙的和说得那么自由自在的东西都已唱过说过了。这些材料以及观照和理解这些材料的方式都已过时了。只有现在才是新鲜的，其余的都已陈腐，并且日趋陈腐。我们在这里应该从历史和美学的观点对法国人提出一点批评，他们把希腊和罗马的英雄们以及中国人和秘鲁人都描绘成为法国的王子和公主，把路易十四世和路易十五世时代的思想和情感转嫁给这些古代人和外国人。假如这些思想和情感本身比较深刻优美些，这种转古为今的办法对艺术倒还不致产生那样恶劣的影响。与此相反，一切材料，不管是从哪个民族和哪个时代来的，只有在成为活的现实中的组成部分，能深入人心，能使我们感觉到和认识到真理时，才有艺术的真实性。正是不朽的人性在它的多方面意义和无限转变中的显现和起作用，正是这种人类情境和情感的宝藏，才可以形成我们今天艺术的绝对的内容意蕴。①

既已就现阶段艺术内容的特性作了一般性的界定，现在我们

① 这一节提出了关于批判继承、古为今用的比较进步的看法，但这种看法毕竟没有跳出普遍人性论。

回顾一下我们最后讨论的浪漫型艺术在解体阶段所采取的形式。我们一方面特别指出艺术的衰落由于就偶然形状对外在事物进行摹仿，另一方面也指出它由于幽默，亦即主体性在幽默里按照它的内在的偶然性而趋向自由化。在这结束部分我们还可以指出在上文已经提到的材料范围之内浪漫型艺术的两极端倾向之间的联系。我们在由象征型艺术过渡到古典型艺术的阶段，曾经讨论过意象、比喻和箴铭之类过渡形式，现在也要指出浪漫型艺术中的类似的过渡形式。在这些过渡形式里，构思方式的主要特征就是内在意义与外在形象的分裂，这种分裂部分地由艺术家主体活动消除掉，特别是在箴铭里它可能转化到统一。浪漫型艺术从一开始就显出满足于自己的内心生活中的更深刻的分裂。由于客观事物一般不能完全适合静观反省闭关自守的精神，这种内心生活对客观事物不是断绝关系，就是漠不关心。这种矛盾对立随着浪漫型艺术的发展过程发展到这样一个地步：它的唯一兴趣或是集中在偶然的外在事物上，或是集中在同样偶然的主体性上。但是无论是单从外在事物还是单从对主体性格的表现得到满足，按照浪漫型艺术的原则，都可以转到心灵沉浸到对象里去的现象；而另一方面幽默则从主体反映里也可以见出对象及其形态，我们因此就得到了一种心灵对对象的亲密情感①，这仿佛就是一种**客体的**幽默。但是这种亲密情感只能是部分的，只能表现于一首短歌的范围里，或是一部完整的巨著中的某一片段。如果彻底把自己伸张到客观

① Verinnigung in den Gegenstand 法译作“渗透到对象里去”，直译“是从对象里获得一种亲密情感”即感到对象和自己契合，亦即所谓“物我同一”，下文“客体的幽默”即由对象（＝客体）产生的幽默。

事物内部去活动，那就会产生动作和事迹，这就需要进行客观的描述。但是我们在这里所要考虑的主要是这种心灵对对象的一种情感性的自我渗透，固然可以伸展扩大，但毕竟只是主体的想象和心情的一种微妙的活动——一种突然起来的观念，但却不纯粹是偶然的和任意的，而是精神完全集中在对象上时的一种内在的运动，这就成了它自己的兴趣中心和内容。①

在这里我们可以把浪漫型艺术的这种最后开出的花朵拿来和古希腊的箴铭作对照，在希腊箴铭里，上文所谈的形式是以它的最早最简单的形状出现的。这种形式的特点在于说到一个对象并不只是一种单纯的命名，不是说明对象是什么的一种题记或标签，而是要有一种深刻的情感、一种中肯的巧智、一种聪敏的反思和活跃的想象活动参与进来，使最微细的东西通过诗的领会而变得有生气和显得开阔。这类诗可以随便描绘一种对象、一棵树、一个磨坊，春天，活的东西或是死的东西，可以显出无穷的变化，每个民族都产生过这类诗。但是这类诗终不免是次要的，一般容易流于纤弱。特别是对于在思考和语言方面有教养的人来说，大多数事物和关系都可以触动某一个念头，他都可以像写信一样，有能力把它表达出来。这样一种空泛的再三重复的(尽管每次添一点新花样)信口开河的歌唱很快地就使人厌倦。所以在现阶段艺术里主要的事是心灵连同它的内在生活，要以深刻的精神和丰富的意识，完全沉浸到情况和情境等等里去，住在那里面，体验对象的生活，

① 黑格尔在这段里所说的“心灵对对象的一种情感性的自我渗透”(Sichergehen)颇类似一般德国美学家们所常谈的“移情作用”，“移情说”的倡导人费肖尔本来就是黑格尔派。黑格尔认为这是浪漫型艺术末期才有的一种现象。

从而根据那对象创作出一件新鲜优美、本身有价值的作品来。

在这方面特别是波斯人和阿拉伯人创造出一些形象，显出东方式的堂皇富丽和自由欢乐的想象，完全以观照的态度对待对象的想象；他们提供了一种光辉的典范，对于现在表现当代内心生活的诗人还是有用的。西班牙人和意大利人在这类诗歌方面也有卓越的成就。克洛普斯托克提到彼得拉克时固然说过：

彼得拉克在诗歌里歌颂过劳拉。

对欣赏者固然美，对钟情者却不然。

但是克洛普斯托克自己的情诗满纸都是道德的感想，对不朽的幸福怀着感伤的向往和激昂的情绪，而彼得拉克却以本身高尚的情感所显出的自由博得我们的惊赞，他尽管也表达了他对所爱对象的眷恋，却在自己的情感本身上获得满足。在诗的题材限于醇酒和爱情，限于酒楼和斟酒侍女时，这类眷恋和欲念总是在所难免的，例如波斯诗人就喜爱极端奢豪淫逸的形象；但是想象在这里却不让对象成为感官欲念的对象，它的主体方面的兴趣只在这种奇思幻想的自由驰骋本身，以最聪敏的方式把悲欢情节都一律当作游戏场面来玩弄。在近代诗人中，显出这种聪敏的自由和主体方面的亲切深刻的想象的主要是《西东胡床集》[①]中的歌德和吕柯特[②]。歌德在《西东胡床集》里的诗和他以前的诗特别显出本质的不同。例如在《欢迎与惜别》里，语言和描绘固然很美，情感固然很真挚，但是情境却很平凡，结局很陈腐，自由的想象也没有起什么作用。

① 《西东胡床集》是歌德晚年摹仿波斯诗的作品。

② 吕柯特(Rückert)，19世纪德国诗人和东方语言学者，他译过一些波斯和印度的诗，他自己的诗也受到东方诗的影响。

《西东胡床集》里的《重逢》那首诗就完全不同。这里爱情完全是在想象中进行的，通过想象的活动，幸福和极乐而表现出来的。在这类作品里我们一般见不出主体的希求，实际的钟情或感官的欲念，所见到的只是对对象的纯洁的喜悦，无穷无尽的想象的尽情恣肆，天真的游戏和笑谑，韵律等方面所表现出的自由，同时还有心灵在自己的自由活动中所感到的亲切和欢乐，形象的爽朗把心灵提高到超越于有限现实苦痛的纷纭扰攘之上。

关于艺术理想在它的发展过程中所产生的特殊类型的研究到这里可告结束了。我比较详尽地讨论了这些类型，目的在于说明这些类型所用的内容，这种内容本身产生了和它相应的表现形式。因为在艺术里像在一切人类工作里一样，起决定作用的总是内容意义。按照它的概念（本质），艺术没有别的使命，它的使命只在于把内容充实的东西恰如其分地表现为如在目前的感性形象。因此，艺术哲学的主要任务就在于凭思考去理解这种充实的内容和它的美的表现方式究竟是什么。①

① 在《浪漫型艺术的解体》这最后部分，黑格尔就象征型、古典型和浪漫型的发展阶段和基本差别作了概括的总结，并指出浪漫型艺术的基本出发点是主体性原则，亦即精神集中到凝视它自己内心生活的原则，这就导致实体性内容的放弃，主体与客体的分裂和各自独立，内容与形象的分裂，艺术家的创作能力和技巧成为艺术中的主要因素，为什么运用某一种内容和采取某一种形式，都听命于偶然和主体的任意幻想。这就是浪漫型艺术解体的根本原因。这其实反映出近代资本主义社会的开始瓦解。这个过程分两个阶段，一个是就偶然形状对外在平凡事物进行主观的描写，一个是用幽默态度打碎打乱外在事物的必然联系，描写自然事物在主体心情上的反映。19世纪后期现实主义一方面转变到自然主义，另一方面转变到消极浪漫主义和颓废主义，与黑格尔所说的大致吻合。

珍藏本
纪念版

汉译世界学术名著丛书

美学

第三卷 上册

〔德〕黑格尔 著

朱光潜 译

2017年·北京

目　录

第三卷(上)　各门艺术的体系

第一部分　建筑

第二部分 雕刻

第三部分　浪漫型艺术

第 三 卷(上)

各门艺术的体系

序　论

我们的这门科学第一卷研究了自然美和艺术美的普遍概念和实际情况：即真正的美和真正的艺术，亦即理想处在它的各种基本定性尚未展现时的统一体，还不涉及它的具体内容和各种表现方式。

第二卷讨论了艺术美的这种本身尚未分化的混整的统一体如何展现为几种艺术类型的整体，确定了这些艺术类型的定性，这同时就是内容的定性。这种内容是由艺术精神本身发展出来的对神和人的各种美的世界观，这些世界观自成一种内部经过分别开来的体系。

以上两卷还没有涉及体现于外在因素的实际存在（具体作品），因为无论在第一卷讨论单纯的理想时，还是在第二卷讨论象征的、古典的和浪漫的三种艺术类型时，我们虽然也经常谈到内在意义和外在表现这二者之间的联系或完全协调，但是这还只是在艺术理想所分化成的各种世界观范围之内实现于本身还仅是内在的艺术产品（腹稿）。但是美这个概念本身就要求把美表现于艺术作品，对于直觉观照成为外在的，对于感觉和感性想象成为客观的东西。所以美只有凭这种对它适合的客观存在，才真正成为美和理想。因此在这第三卷里我们就要研究用感性因素创造出作品中所形成的各门艺术体系，因为只有凭这最后的形象塑造，艺术作品才成为具体的,实在的,本身独立自足的个体。

只有理想才能成为美学的这第三个领域的内容,因为这里正是世界观整体中的美的理念本身化成对象,所以艺术作品现在还不应理解为本身分成部分的整体,而是应理解为一种有机体,其中差异面如果在第二卷已分化为一系列本质不同的世界观,现在就要分成一些个别具体化的组成部分,其中每一部分又是独立自足的整体,而且作为个别具体化的整体,可以用各种不同艺术类型来表现。按照概念,艺术的这种新的实际存在本身固然全部都应属于某一个整体,但是因为这个整体只有在当前感性领域里才变成实在的,所以理想现在就要消溶在它的组成部分里,使这些组成部分各有独立自足的地位,尽管也可以互相交错,互相联系或互相补充。这种实际存在的艺术世界就是各门艺术的体系。①

1. 各门艺术共同的发展过程

正如各种艺术类型,作为整体来看,形成一种进化过程,即由象征型经过古典型然后达到浪漫型的发展过程,每一门艺术也有类似的进化过程,因为艺术类型本身正是通过各门艺术而获得实际存在。但是另一方面各门艺术本身也有一种不依存于它们所对

① 这一段说明第二卷的"类型"专指象征的、古典的和浪漫的三种不同的世界观表现于"内在的艺术作品",本卷的"各门艺术"是世界观所形成的理想"对象化"为外在的具体作品。每种世界观自成一个整体,由此分化为各门艺术也各是一个独立自足的整体(例如绘画),这种独立性并不妨碍某一门艺术和其它艺术发生联系(例如绘画和诗歌),也不妨碍某一历史发展阶段中除它所特长的某门艺术以外,还可以产生另一历史发展阶段中的特殊门类艺术(例如象征时期已有绘画和诗,浪漫时期还有建筑和雕刻)。

象化的那些艺术类型的独立的变化或发展过程，这种发展过程，就它的抽象的关系来看，对所有各门艺术都是共同的。每一门艺术都有它在艺术上达到了完满发展的繁荣期，前此有一个准备期，后此有一个衰落期。因为艺术作品全部都是精神产品，像自然界产品那样，不可能一步就达到完美，而是要经过开始、进展、完成和终结，要经过抽苗、开花和枯谢。

我们现在一开始就约略提到这些抽象差异的发展过程，因为它们适用于一切艺术。这些差异就是人们一般用来标志各种不同艺术风格的，例如“严峻的”、“理想的”和“愉快的”风格，这些风格主要指一般的观照方式和表现方式，有时只着眼到外在形式自由或不自由，简单或繁芜之类情况，总之，指内容的定性表现于外在现象的一切因素，有时只指艺术表现内容意义时对感性材料的技巧方面的加工。

通常人有一种成见，以为艺术在起源时总是简单而自然的。这句话在一定程度上当然是对的：这就是说，粗糙的和野蛮的风格比起艺术的真正精神当然较为简单自然。但是就艺术作为美的艺术而言，它的自然，生动和简单却另是一回事。所谓艺术的开始，即当作粗野来了解的简单自然，例如儿童所画的简单形体，用几条不成形的线就代表一个人像或是一匹马，与艺术和美并不相干。美作为精神的作品就连在开始阶段也要有已经发展的技巧，大量的研究和长久的练习。既简单而又美这个理想的优点毋宁说是辛勤的结果，要经过多方面的转化作用，把繁芜的、驳杂的、混乱的、过分的、臃肿的因素一齐去掉，还要使这种胜利不露一丝辛苦经营的痕迹，然后美才自由自在地，不受阻挠地，仿佛天衣无缝似地涌现出来。这种情况有如一个有教养的人的风度,他所言所行都极简单自然,自由自在,但他并非从开始就有这种简单自由,而是修养成熟之后才达到这种炉火纯青①。

所以无论是按照事物的本质还是按照实际的历史发展来看,艺术在开始阶段总是偏向于牵强和笨重,在次要方面不厌其详,在服装和一般周围细节方面所下的工夫不厌其苦,这些外在方面愈齐全愈繁复,而真正富于表情的东西也就愈单薄,也就是说,精神的东西在形状和运动方面也就愈缺乏真正自由生动的表现。

所以从这方面来看,最原始最古老的艺术作品在各门艺术里都只表达出一种本身极其抽象的内容,例如诗中的简单故事,在酝酿中的神谱及其抽象的思想和粗疏的加工,以及一些木雕石刻的神像之类在表现方式上总不免笨拙、单调、混乱、僵硬和枯燥。特别在造型艺术里,面孔表情呆板,静止状态并不表现心灵的深思默索而只表现动物性的空洞呆板,或是走到另一极端,在表现特征上过分尖锐和夸张。就连身躯的形状和运动也是死板的,例如两只胳膊粘连到身体上,两腿没有分开,或是在笨重地,角度突出地,疾速地走动着;身体的其它部分也不像样,显得很逼促或是过分瘦长。但是在服装、头发、武器和装饰这些外表方面却大半费过许多心思,下过许多工夫,不过衣褶总是板滞的,彼此不相配合而且也不合身,例如早期的圣母像和其它神像就带有这些毛病,它们有时安排得过分整齐以至于单调,有时却棱角毕露,线条没有一定的方向,纵横乱窜。最早的诗也是零碎的、上下文不衔接的、单调的,往往只有一种思想或情感以抽象方式起着统治作用,否则就是像脱

① 这就是王安石的诗句所说的"成如容易却艰辛"。

缰之马，粗暴激烈，毫无节制，细节很混乱，整体也缺乏谨严的内在有机联系。

a）严峻的风格

所以我们在这里所要研究的风格是来在这种准备阶段之后，和真正美的艺术一起开始的。在开始时风格固然还很粗犷，但是较美的作品却已使粗犷缓和到严峻。这种严峻的风格是美的较高度的抽象化，它只依靠重大的题旨，大刀阔斧地把它表现出来，还鄙视隽妙和秀美，只让主题占统治地位，特别不肯在次要的细节上下工夫。在表现题旨中严峻的风格还坚持摹仿现成的东西，正如在内容上，无论就构思还是就表现来说，它都取材于现成的人所崇敬的宗教传统，在外在形式上它所信任的是事物本身而不是它自己的创造发明。因为它满足于事物本身的巨大效果，所以在表现上也只追随客观存在的东西。一切偶然性的东西都被严峻的风格远远地抛开，所以也见不出主体的自由和任意性的痕迹；母题都很简单，所表现的目的或旨趣不多，所以在形体结构、筋肉和运动方面也没有多少细节上的变化。

b）理想的风格

其次，理想的纯美的风格介乎对事物只作扼要的表现和尽量显出愉快的因素这两种风格之间。我们可以把这种理想的风格称之为寓最高度的生动性于优美静穆的雄伟之中的风格，就像它在斐底阿斯和荷马的作品中所令人惊赞的那样。这种生动性在每一点都可以见出，无论是在形状上，曲折上，运动上和组成部分上，一切都是有意义的和富于表情的,一切都是活泼的和发挥效力的。无论从哪一方面去看这种艺术作品,都可以看出自由生命本身的脉搏跳动;这种生动性基本上只显出一个整体,它只是一种内容,一种个性和一种情节(动作)的表现。

从这种真正的生动性里,我们还可以感觉到一股秀美的气息周流于全部作品里。这种秀美是一种转身面向观众和听众的姿态,这是严峻的风格所不屑采取的。但是司美女神①尽管向旁人显出一种感恩和取悦的神情,她处在理想的风格中却从来丝毫没有要取悦于人的意图。我们对此可以作一种玄学的解释。主旨是集中化的具有实体性的东西,本身是独立自足的。它既通过艺术表现于形象了,从而就仿佛努力为旁人而存在那里,就由它本身的单纯性和坚实性转向特殊个别化,——这种达到为旁人而存在的发展过程就可以说是借主旨取悦于人的一种表现,因为它本身仿佛并不需要这种具体的客观存在,而它之所以完全流露于客观存在,那就是为我们。但是这种秀美在现阶段如果要发生效力,具有实体性的东西就得镇静自持地站在那里,不受它们所显现的秀美的干扰,这种秀美只是作为一种外溢的或过剩的东西在那里放蕊吐艳。正是这种内心的自信对它的客观存在的漠不关心,这种本身独立自足的静穆,才造成秀美的那种逍遥自在的神情,不把它的这种秀美的显现当作一回事。也正是在这里才可以见出美的风格的高华。美的自由的艺术在外在形式方面是漫不经心的,不让它显出任何思索,目的和意图,而在每一点表现和曲折上只显出整体的

① 希腊神话中司美女神(Charis,亦称 Gratia)是三姊妹,与九女诗神为好友,在奥林普斯山住在一起。

理念和灵魂。只有凭这一点，美的风格理想才保持得住，既不干枯又不严峻，现出美的爽朗和悦。没有哪一点表现或哪一个部分显得勉强，每一部分都像是独立的，对它自己的存在感到喜悦，但是同时又甘心服从整体，做整体中的一个因素。只有这一点才使秀美在深刻和明确的个性和品格的描绘之中显出气韵生动；只有主旨在起统治的作用，但是细节的描绘既鲜明而又丰富多彩，使整个形象明确生动，如在目前，仿佛使观众摆脱了单纯的主旨，因为摆在他们面前的是体现主旨的全部具体生活。

c）愉快的风格

但是理想的风格如果从秀美朝外在现象方面再前进一步，它就会转变为愉快的或取悦于人的风格。这里所显出的意图就不同于要求把主旨表现得生动。愉快和产生对外的效果变成了一种独立的目的和旨趣，例如梵蒂冈宫好景亭所藏的著名的阿波罗雕像虽然还不属于愉快的风格，至少却已标志着由崇高理想到悦人效果的转变。在这种愉快的风格中，唯一的主旨本身既然不再是全部外在形象所要反映的中心，于是本来虽由主旨本身生出的，而且只因为主旨才成为必要的那些个别特殊细节也就逐渐变成独立的了。人们感觉到这些细节是作为装饰，穿插和陪衬而放进作品中去的。正因为它们对于主旨是些偶然的东西，只有凭它们对观众或读者的关系才获得它们的基本意义，它们实际上是在投合欣赏者的主观趣味，例如维吉尔和贺拉斯就用精雕细刻的风格取悦于人，人们看得出他的多方面的意图以及他对产生愉快效果所作的努力。在建筑、雕刻和绘画里，这种愉快的风格使得简单而雄伟的体

积消失了,到处出现的是些单独的小型造像、装饰、珍宝,腮帮上的小酒窝、珍贵的首饰、微笑,服装的形形色色的褶纹,动人的颜色和形状,奇特的难能可贵的然而并不显得勉强的姿势,如此等等。例如所谓高惕式或德意志式的建筑在追求愉快效果时,我们就看到无穷的精雕细刻的可爱的小玩意儿,使得建筑整体仿佛是由一层又一层的无数小柱,再加上一些塔楼和小尖顶之类装饰所堆砌成的,这些组成部分单凭它们本身就使人愉快,却也不至于破坏全体大轮廓和庞大体积所产生的总的印象。

但是整个现阶段的艺术既然尽全力凭对外在方面的描绘来追求外在效果,我们可以谈一谈这种**效果**的另外一种普遍情况,那就是利用不愉快的、勉强的和庞大的东西(例如伟大天才米琪尔·安杰罗在这方面往往用得过度)以及尖锐的对比之类,作为产生印象的手段。追求效果一般是侧重面向观众的企图,这就导致作品(形象)不再是独立自足,静穆而爽朗的,而是转身向外,仿佛和群众打招呼,迎接他们,凭表现方式来求和观众建立联系。这两方面,静穆自持和面向观众,当然是艺术作品都应该有的,但是两方面应该达到最协调的平衡。具有严峻风格的艺术作品如果只顾闭关自守,不愿向观众说话,结果就会是枯燥。反之,如果过分面向观众,结果固然使人愉快,但也会丧失纯真,也就不单是凭纯真的内容和构思方式和表现方式本身来使人愉快。这种投合观众的倾向会使所显现的形象中夹杂一些偶然性的东西,也会使作品本身成为一种偶然性的东西,我们从它里面看到的不再是内容主旨和它本身决定的必然的形式,而是诗**人**或**艺术**家以及他的主观意图,他的矫揉造作以及他的创作技巧的本领。因此观众会完全脱离主旨的基本内容，发现自己在通过作品和艺术家打交道，因为现在主要的事在于看到艺术家的意愿，他在构思和创作中表现出多大程度的手艺本领。这样被导引到和艺术家在见解和判断上打成一片，对于多数人是一种阿谀奉承；作品愈招邀观众或读者施展自己这种主观艺术鉴赏的本领，愈使他们懂得作者的意图和观点，他们也就愈容易赞赏诗人，音乐家或造型艺术家，愈觉得他们自己的虚荣心得到了满足。在严峻的风格里却不然，观众得不到任何照顾，在对内容意义的实质进行严峻的乃至于生硬的描述之中，艺术家和观众的主体性都抛到后面去了。这种主体性的抛弃当然往往可以归咎于艺术家的病态的阴暗心情，他把一种深刻的内容意义放在作品里，却不肯用流畅爽朗的语言把主旨阐明出来，甚至于故意替观众制造困难。这种故作艰深的勾当其实只是一种装腔作势，是对上述愉快风格的一种虚伪的对抗。

法国人特别爱在创作中追求阿谀奉承，吸引人的魔力和动人的效果，所以把面向观众的轻松愉快的风格当作艺术要务加以尽量发展了。他们认为作品的真正的价值就在于满足旁人，于是就力求引起旁人的兴趣，要在旁人身上产生一种效果。这种倾向在法国戏剧体诗里特别显著。例如玛蒙特尔①谈过一段关于他的《暴君德尼》剧本上演的小故事。剧中一个起决定作用的时刻是向暴君提出的一个问题。克勒雍②扮演提这个问题的角色，等到时刻到了，她正在和达奥尼苏斯交谈，就在这一发千钧之际，她却向台

① 玛蒙特尔（Marmontel，1723—1799），法国戏剧家和史学家，他的剧本已被人遗忘，现在还流传的是他的《回忆录》。

② 克勒雍（Clairon），18世纪法国著名的女演员，下文达奥尼苏斯，法译作“暴君本人”。

前走一步,面向观众去提出那个问题,她这一招使作品博得全场喝彩。

我们德国人却特别要求艺术作品要有一种内容,这种内容的深刻使艺术家自己感到满足,他并不为观众操心,观众应按照他们自己的意愿和能力去用心体会①。

2. 题材的划分

在就各门艺术所共有的风格上的差别提出了一些一般性的说明之后,现在就要就这第三大部分的题材进行较详明的划分了。关于这方面,人们常根据片面的理解去替各门艺术的分类到处寻找各种不同的标准。但是分类的真正标准只能根据艺术作品的本质得出来,各门艺术都是由艺术总概念中所含的方面和因素展现出来的。在这方面头一个重要的观点是这个:艺术作品既然要出现在感性实在里,它就获得了为感觉而存在的定性,所以这些感觉以及艺术作品所借以对象化的而且与这些感觉相对应的物质材料或媒介的定性就必然提供各门艺术分类的标准。感觉既然是感觉,就要和物质发生关系,而物质是彼此外在的、多种多样的,所以感觉本身又有触觉、嗅觉、味觉、听觉和视觉之别。感觉整体的内在必然性以及其中各部分不是本书所要研究的问题,这是自然哲学的事 。我们所要研究的是:各种感觉按照它们的概念(本质)是否都

① 以上一节说明各门艺术在风格上都经过严峻、高华优美和追求悦人的效果这个共同的发展过程。德法对比一段反映启蒙运动时代北欧各民族对法国新古典主义文艺的反感。

有能力作为掌握艺术作品的工具？如果不都有，究竟哪几种有？我们前已排除了触觉，嗅觉和味觉，博提格[①]所说的用手摸女神雕像的滑润的大理石并不能算是艺术的观照或欣赏。因为通过触觉，一个人作为一个感性的个体[②]只是触及另一个感性的个体以及它的重量，硬度，软度和物质的抵抗力；而一件艺术作品却不只是一种感性的东西，而是精神在感性事物里的显现。同理，一件艺术作品也不是可以凭味觉来接受的，因为味觉不让它的对象保持独立自由，而是要对它采取实际行动，要消灭它，吃掉它。味觉的培养和精锐化只有对食品及其烹调或是对对象的化学属性的检定，才是可能的和必要的。但是艺术的对象却凭它的独立的客观的形象来供人观照，它当然也是为人而存在的，但是它为人而存在的方式是认识性或理智性的而不是实践性的，也就是说，它对欲念和意志不发生关系。至于嗅觉也不是艺术欣赏的器官，因为事物只有本身在变化过程中，在受空气的影响而放散中，才能成为嗅觉的对象。

视觉却不然，它和对象的关系是用光作媒介而产生的一种纯粹认识性的关系，而光仿佛是一种非物质的物质，也让对象保持它的独立自由，光照耀着事物，使事物显现出来，不像空气和火那样和对象有实践的关系，明显地或不知不觉地把对象燃烧掉。对于无欲念的视觉，一切在空间中互相外在或并列的物质性的东西都可以成为对象，由于这对象没有遭破坏，保持着它的完整面貌，所以它凭形状和颜色而显现出来。

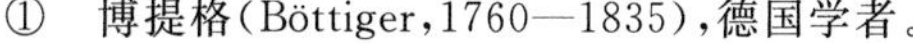

① 博提格（Böttiger，1760—1835），德国学者。

② “感性的”即物质的。

另一种认识性的感觉是听觉,听觉与视觉形成最尖锐的对比。听觉所涉及的不是形状和颜色之类,而是声音,是物体的震动。听觉也不像嗅觉,它不需要对象经过分解,只需要对象的震动,对象在震动中也不受损伤。这种观念性的运动[①]使物体仿佛凭它的声响表现出它的单纯的主体性和灵魂,人耳掌握声音运动的方式和人眼掌握形状或颜色的方式一样,也是认识性的,因此音乐使对象的内在因素变成为内在因素本身。[②]

这两种感觉之外还有第三个因素,这就是感性的表象功能[③],记忆,或是由个别的观照而进入意识的那种意象的保存,这些意象在记忆里是隶属到普遍范畴来想的[④],是由想象力来见出关系和形成统一体的,从此一方面外在现实本身就作为内在的和精神性的(观念性的)东西而存在,而另一方面精神性的东西在观念里也取得了外在事物(对象)的形式,作为一种既互相外在而又并列的东西而呈现于意识。[⑤]

这三种认识方式就对艺术提供一个众所周知的分类法,即分为三种:第一种是造型艺术,把内容表现为外在的客观的可以眼见

---

① 声音的震动是一浪接着一浪的,须凭人脑的活动才可以把它了解为一个运动的整体,所以是"观念性的"。

② 原文简略晦涩。意思是:声音的观念性的运动(代表物体的"灵魂")能表现人的内心生活,而且对人的内心生活发生影响。法译作"对象的内在方面变成主体本身的内在方面"。

③ 把一个意象放在心里来观照,叫做表象(Vorstellung)。

④ 不仅抽象概念才见出普遍性,具体形象也可以见出普遍性,例如见到过许多个别的马,对马既可以得到一个抽象概念,也可以形成一个总的意象,前者是理解性的,后者是感性的。

⑤ 第一方面是物质变为精神的认识,第二方面是精神性的东西成为精神本身的认识对象,亦即取得空间性的形象而得到表现。

的形状和颜色；第二种是声音艺术，即音乐；第三种是诗：即语言的艺术，运用声音为单纯的符号，通过这种符号来向内在方面，即向精神性的观照，情感和观念来表达要说的东西。不过如果我们满足于把这种感性因素作为艺术分类的最后标准，我们从较精确的原则来看，就会马上遇到困难，因为这种分类标准不是根据事物本身[①]的具体概念，而只是根据它的最抽象的一方面。[②] 所以我们还要另找一种道理更深刻的分类法，事实上我们在本书总序论里已提供了一个真正有系统的适合于这第三部分的分类法。艺术只有一个任务，那就是把真实的东西，按照它在精神里的样子，按照它的整体，拿来和客观感性事物调和（统一）起来，以供感性观照。因为现阶段这个任务要在艺术作品的具体存在里完成，艺术整体（按照它的真实本质来说，这就是绝对）就分化为不同的阶段或因素。

中点，真正纯粹的中心，在这阶段就是对绝对的表现或描绘，这就是把神本身表现为还处在独立自足的状态，还没有展现为运动和差异，还没有发出动作，还没有分化为特殊个别的东西，而是寂然自守，显出雄伟的神圣的静穆和沉默：这就是按照神本身而形成的理想，也就是神与他的客观存在处在协调一致的统一。为着要按照这种无限的独立自足状态显现出来，绝对就须被理解为精神，为主体，但是这主体同时须在它本身上具有恰好符合它的外在的显现形式。

但是当这神性的主体转化为实际存在时，就有一个外在的周围世界和它对立，这个周围世界就须符合绝对，被提升为一种与绝

① 即艺术。
② 即艺术所用的材料或媒介。

对相协调,由绝对所渗透的现象界。这个周围世界于是一方面成为单纯的客观的东西,成为外在自然的基础和范围,本身没有任何精神的绝对的意义,也没有主体的内心生活,因此也只能以暗示的方式去表现精神性的东西,它应该显现为这精神性东西的转化为美的外壳。①

与外在自然对立的是主体的内心世界,即人的心灵,也就是绝对借以显现和达到客观存在的因素。和这种主体性同时出现的有个性中的多种多样的差异,向特殊分化,动作和发展,总之,精神的完满的五光十彩的现实世界,在这里面绝对成了人的认识,意志,情感和活动的对象。②

由这番说明可以见出:艺术整体内容和分化成的几种差异,无论从认识还是从表现看,都基本上和本书第二卷所讨论的象征型,古典型和浪漫型三种艺术形式是协调一致的。因为在象征型艺术里我们所见到的不是内容和形式的统一,而只是内容和形式的某种联系,只是用外在于内容意义的现象去暗示它所应表现的内在意义。这就使得象征型艺术,作为一个基本的艺术类型,所担负的任务是把单纯的客观事物或自然环境提升到成为精神的一种美的艺术外壳,用这种外在事物去暗示精神的内在意义。古典型理想与此相反,它把单纯的绝对表现于独立的出自绝对本身的外在实物。至于浪漫型艺术则把思想情感的主体性(无限的和有限的或

① 亦即表现精神内容的外在形式。

② 以上三段概括精神的辩证发展过程中的一分为二。在"中点"上绝对精神还是浑然太一,接着见出两个对立面,一是外在自然,一是精神的内在世界。这里还没有涉及二者的统一,艺术的任务就在把精神的内在世界(内容意义)表现于外在自然(形式)。三种艺术类型的不同就由于这两方面的关系的不同。

特殊的）既用作内容，又用作形式。

根据这个分类标准，各门艺术的系统可以划分如下：

第一是建筑。它是由事物本身决定的艺术的开始，因为艺术在开始时，一般都还没有找到适合的材料和形式去表现精神的内容意蕴，所以只能在摸索这种适合的材料和形式，满足于内容和表现方式的外在性。这门最早的艺术所用的材料本身完全没有精神性，而是有重量的，只能按照重量规律来造型的物质；它的形式是些外在自然的形体结构，有规律地和平衡对称地结合在一起，来形成精神的一种纯然外在的反映和一件艺术作品的整体。

第二门艺术是雕刻。它用精神的个性，即古典型的理想，作为它的原则和内容，所以精神的内在因素在精神所固有的肉体形象里找到了它的表现。因此，它所用的材料还是处在空间整体状态的有重量的物质，但是在处理这种材料之中却不只是考虑它的重量及其自然条件，按照有机体或无机体的形式，把它造成有规律的形状，也不因为要使人看得一目了然，就把它降低到外在现象的单纯的外貌[①]，把所有的个别细节都和盘托出。由内容本身决定的形式在雕刻里是精神的实际生活，也就是人的形象以及它的由精神贯注生气的客观的有机体[②]。这种人体形状才适宜于表现出神的独立自足性，他的高尚的静穆和沉默的伟大风度以及他对动作、冲突和苦难都寂然不动的神情。

第三，我们要把表现主体内在生活[③]的几门艺术当作最后阶

① 例如照相。
② 即人体。
③ 有时也叫做“精神的个性”或“精神的主体性”。

段[①]的一个整体来看。

这一最后整体的开始的是绘画。绘画把外在形象本身完全转化为内在意义的表现,这内在意义在周围世界的范围之内现在不只是表现绝对理念处在宁静自守状态,而是要把绝对表现为自在的主体,处在它的精神生活里,即处在意志,情感和动作以及它对其它事物的活动和关系里,因而也就是处在灾难、苦痛和死亡以及一整系列的情欲和满足里。因此,绘画的对象不再是作为人的意识对象的单纯的神,而是这种意识本身:也就是神应该处在他作为主体而显出行动和忍受的活的现实生活里,否则就是神作为集团的精神,作为自觉的精神和心灵,处在客观存在的世界里,经历着需要和牺牲以及生活和活动中的幸福和欢乐。绘画作为表现这种内容的手段,在形象上就应该运用一般外在现象,不管是自然界的现象还是人类有机体的现象,只要它们能把精神的东西表现得晶莹透彻就行。在材料方面,绘画却不能运用有重量的物质以及存在于空间的完满的样子,而是要使物质本身受到内在精神的贯注,就像形象也要受到内在精神的贯注那样。使感性物质提高到精神时所要走的第一步在于一方面要消除感性现象的实际面貌,把它的可以眼见的方面转化为艺术的单纯的外形[②],另一方面运用颜色的差异,转变和配合来促成这种转化。所以绘画为着表现内在的心情,把三度空间(立体)简化为二度空间(平面),利用色调所产生的外形来表示距离和空间形体,因为绘画所要做的事一般不

① 浪漫型艺术阶段,包括绘画音乐和诗。

② "外形"(Schein)即艺术所造的形象,针对它所表现的内容,有时译为"显现",参看第一卷第5页注。

是造成使人可用肉眼去看的东西，而是造成既是本身具体化而又使人可用“心眼”去看的东西。在雕刻和建筑里形象通过外在的光线就成为可以眼见的。在绘画里却不然，昏暗的材料却本身含有一种内在的观念性的光，它自己把自己照明，而一般的光线相形之下反而黯然无光，光与阴影的统一和交错配合要靠颜色。

其次，在这同一浪漫型领域里音乐形成了绘画的对立面。音乐所特有的因素是单纯的内心方面的因素，即本身无形的情感，这种情感不能用一般实际的外在事物来表现，而是要用一旦出现马上就要消逝的亦即自己否定自己的外在事物[①]。因此，形成音乐内容意义的是处在它的直接的主体的统一中的精神主体性，即人的心灵，亦即单纯的情感；它的材料是声音；它的形象表现是声音彼此之间的协调、划分、结合、对立矛盾和解决，这些要根据声音的量的差异以及由艺术加工所形成的时间尺度或节奏。

第三，在绘画和音乐之后，就是语言的艺术，即一般的诗，这是绝对真实的精神的艺术，把精神作为精神来表现的艺术。因为凡是意识所能想到的和在内心里构成形状的东西，只有语言才可以接受过来，表现出去，使它成为观念或想象的对象。所以就内容来说，诗是最丰富，最无拘碍的一种艺术。不过诗在精神方面虽占了便宜，在感性方面却蒙受了损失。这就是说，诗不像造型艺术那样诉诸感性观照，也不像音乐那样诉诸观念性的情感[②]，而是要把在内心里形成的精神意义表现出来，还是诉诸精神的观念和观照

① 指声音。

② 指脱离具体内容的抽象情感，例如音乐可以使人喜怒，这却不是实际生活中具体场合的喜怒。

本身[①]。所以诗用作表现手段的材料只保持一种手段或媒介(尽管是经过艺术处理的)的价值,用来把精神表现给精神去领会,而不再有一种感性事物的价值,像一般精神内容体现于相应的实际存在时所用的感性事物那样[②]。在上文已讨论到的各种艺术媒介之中,只有声音才可以看作比较最适宜于表现精神的一种感性材料。但是声音在诗里却不像在音乐里那样仍保持一种独立的价值或效力,那样单凭声音的组织安排就可以完全达到音乐艺术的基本目的,而是含有精神世界的观念和观照的明确内容,仿佛就是这种内容意义的纯然外在的符号。就诗的表现方式来说,诗显得是整体艺术(或艺术总汇),所以在诗的领域里,其它各门艺术的表现方式也用得上,只有在较少的程度上绘画和音乐里才有类似的情况。

从一方面看,诗在史诗体里用客观事物的形式去表现它的内容,这种客观事物虽不像在造型艺术里达到了毕肖外在的实际存在,却仍然是由想象采用客观事物的形式来掌握的,而且对于想象也是一种以客观方式表现出来的世界。这种表现方式就形成了真正的语言,它从内容本身及其语言的表现里得到满足。

但是从另一方面看,诗也是一种主体的语言,把内在的东西作为内在的表现出来,这就是抒情诗。抒情诗求助于音乐,以便更深入到情感和心灵里。

① 诗表现精神性的东西要用精神的东西去表现,也要凭精神或心灵的活动去接受,不是用感性事物为材料,也不是针对着感性的视觉和听觉。总之,在诗里内容,媒介,表现方式和领会方式都是精神性的或观念性的。

② 诗用语音为媒介,语音只是意义的符号,语音在诗里就只有作为符号的价值,不像颜色在绘画里还是作为可以肉眼看见的一种物质的东西(即感性事物)而发生效力。总之,诗的媒介(即语音)是观念性的而不是感性的。

第三，诗也用语言来表现一个本身完整的动作（情节），这个动作既要用客观的方式表现出来，又要显示出这种客观现实的内在方面，所以可以和音乐，姿势，摹拟和舞蹈相结合。这就是戏剧艺术。在戏剧艺术里，整个的人以再造的方式去表演由人创造的艺术作品。

以上五门艺术形成了本身明确而又划分得很清楚的实际艺术体系。此外当然还有些不完备的艺术，例如园艺和舞蹈之类。我们对这些艺术只有在适当的机会顺便提到。因为哲学的研究只应限于由概念本身决定的差异，把真正符合这类差异的形态结构掌握住和加以阐明。自然或现实当然不能用这些固定的界限来限制住，它有很大的越界的自由。我们经常听到人称赞天才作品时说它们一定要越出这些界限。但是正像在自然界里，混种，两栖类以及变种并不表示自然的优越和自由，而只表示自然无力坚持由事物本身决定的本质性的差异，让这些差异在外在的条件和影响之下受到歪曲，在艺术里也可以看到类似的中间种或混种，尽管它们之中也有些悦人的、美妙的和有益的东西，它们总还不够完善。

在这些导言性的讨论之后，我们现在如果转到对各门艺术本身的专门研究，马上就会碰到来自另一方面的困难。因为我们前此一直在讨论的是艺术的本质，理想以及从艺术概念本身发展出来的一些普遍的类型，现在却须转到艺术的具体作品以及与此相关的经验性的东西。这方面的情况像在自然界里一样，其中一般的大轮廓固然可以按必然律来掌握，但是实际感性事物就有丰富多彩，变化无穷的零星个别的结构和种类——无论就它们提供我们考虑的那些方面来看，还是就它们实际存在的形状来看——因此对它们往往可能持无数不同的看法,有时在运用根据简单差异的分类标准于个别具体事例时,哲学概念仿佛就行不通,掌握事物的思考面对着这种繁复情况也仿佛喘不过气来。但是我们如果只满足于单纯的描述和不着边际的感想,这也就不符合我们的进行科学系统研究的目的。此外还有另一个困难。在今天,每一门艺术都要求一门独立的科学,随着对艺术知识的爱好不断增长,各门艺术科学的范围也就愈来愈丰富,愈广阔。业余艺术爱好在今天成为时髦,一半要归功于哲学,前此人们常说,真正的宗教以及真理和绝对要在艺术里去找,艺术高于哲学,因为艺术不是抽象的而是寓理念于现实存在里,而且使它可以通过直接观照和具体情感来接受。另一方面今天流行的见解是把艺术的重要任务看成在于掌握细节的汪洋大海,为此每个人都要发见一些新的东西才能满足要求。这种艺术鉴赏家的知识积累是一种学术上的无聊勾当,并无须费什么大力。看一些艺术作品,发表一些临时发生的感想,再加上熟习旁人对于这些作品的一些观点,这样就变成艺术鉴赏家和内行,倒是一件很惬意的事。每个人都想找到某种独特的东西,都想有所新创,结果这种知识和感想积累得愈丰富,每一门艺术乃至其中每一个别小部门也就愈需要有它自己的很详尽的专门研究。此外还有历史方面也不能遗漏,历史插手进来又对艺术作品进行一番研究和评价,事情就弄得愈来愈广博了。此外,一个人要看得很多,而且要看而又看,才有资格就某一艺术部门的细节发表意见。就我自己来说,我看到的东西也不少,但是如果要把题材讨论得很详尽,我看到的就还不够。

面对着这一切困难,我想作一个简单的声明:我的目的完全不在传授艺术知识或是显示渊博的历史学问，而只在从哲学观点去认识艺术这个主题的一些本质性的带有普遍意义的观点，联系到美的理念以及它如何体现在具体的艺术作品里。抱着这样的目的，我们就不用操心去管上述那些繁复的艺术形态，因为不管它们多么繁复，艺术这主题的符合概念的本质毕竟是主导的东西；在体现于具体作品之中这种起主导作用的本质尽管为许多偶然因素所掩盖起，毕竟还存在着某些关键点，在这些点上它却显得很清楚。哲学要完成的任务就在掌握住这些本质的方面，对它们加以哲学的阐明①。

① 以上说明艺术体系中主要部门如建筑、雕刻、绘画、音乐和语言艺术（诗）在内容发展上情况都极复杂，艺术哲学或美学不能迷失在细节的汪洋大海里，须抓住美这个基本概念，研究它如何体现于不同部门的具体作品。

第一部分

建　　　筑

序　论

在用明确具体的形式使内容意义体现为实际存在（作品）之中，艺术就变成一种专门的艺术，我们从此可以谈到一门实在的艺术及其实际的起源。但是既有个别的专门艺术，按照概念就应有各种专门艺术的整体，因为每一专门艺术都应把美和艺术的理念体现于客观存在。所以我们在这里在各门艺术的体系之中首先挑出建筑来讨论，这就不仅因为建筑按照它的概念（本质）就理应首先讨论，而且也因为就存在或出现的次第来说，建筑也是一门最早的艺术。不过如果要追问按照概念和实际存在两方面来看，美的艺术究竟是如何起源的，我们在回答中既应抛弃经验性的历史资料，也应抛弃人们往往很轻易地提出的一些外在的（不相干的）感想，揣测和天真自然的想法。

人们通常有一种倾向，想看到一件事物在起源时的情况，因为事物在起源时显得最单纯。在这里人们暗地里有一个蒙眬的想法，以为这种单纯的形状就可以显示出该事物的概念（本质）和最初的起源，从这起源发展下去，就达到我们要真正研究的那个阶段，于是人们又认为根据一种琐屑的范畴就很容易地了解这样的发展过程如何一步一步地把艺术推到上述要研究的那个阶段。但是这种简单的起源单就它本身来看，在内容意义上却是很不重要的，因而对于哲学思考显得是完全偶然的,尽管正是因为偶然,这种简单的起源却是常识所认为较易理解的。例如关于绘画的起源流传着一个故事,说从前有一个姑娘趁她的爱人睡着的时候,把他的影子的轮廓画下来,这样就产生了绘画。关于建筑的起源也有种种说法,有时说是起源于岩洞,有时说是起源于树巢,如此等等。这类的起源本身就明白易懂,仿佛就用不着进一步的说明。特别是希腊人不仅就美的艺术的起源,而且还就伦理制度以及其它生活情况的起源,创造了许多美妙的故事,来满足要在想象中认识最初起源的需要。这类起源的故事并没有历史的根据,其目的也不在根据概念来理解起源的方式,而是在想用历史的方式来说明艺术是怎样起源的。

划　　分

我们现在须根据艺术的概念来把艺术的起源界定清楚,从而见出艺术的最初的任务在于就本身是客观的东西,即根据自然的基础,或精神的外在环境,来构成形状,从而把一种意义和形式纳入本来没有内在精神的东西里。这种意义和形式对这种东西是外在的,因为它们并不是客观事物本身所固有的形式和意义。接受这个任务的艺术,我们已经说过,就是建筑,建筑的最初形成要比雕刻、绘画和音乐都较早。

如果要找建筑的最初起源,我们可以把人所居住的茅棚以及容纳神及其信徒团体的庙宇看作最近于最初起源的建筑。为着要更清楚地界定这种起源,人们往往从建筑所用的材料的差异上着眼，就建筑是从用木料开始的（维屈鲁浮斯[1]有此主张，希尔特也有类似的看法）还是从用石头开始的问题争辩不休。这两种看法的对立当然也很重要，因为它乍看起来像只涉及外在的材料，其实外在材料是与建筑结构的基本形式以及所用的装饰都有密切联系的。不过我们可以把材料的差异看作毕竟是次要的，更多地涉及经验性的和偶然的方面，暂且放开不谈，来谈更重要的一点。

住房庙宇和其它建筑物都有一个重要的特点，这就是它们都是一种单纯的手段，须假定有一个外在的目的。住房和神庙须假定有住户，人和神像之类，原先建造起来，就是为他们居住的。所以建筑首先要适应一种需要，而且是一种与艺术无关的需要，美的艺术不是为满足这种需要的，所以单为满足这种需要，还不必产生艺术作品。人也爱踊跃歌唱，也需要语言作为传达工具，但是说话、踊跃、叫喊和歌唱还不是诗、舞蹈和音乐。但是等到日常生活，宗教仪式或政治生活方面的某种具体需要的建筑目的已获得满足了，还出现另一种动机，要求艺术形象和美时，这种建筑就要显出一种化分，一方面人这主体或神像，形成了根本的目的，另一方面为着人和神像，建筑提供环绕遮盖之类手段。从这种分化的情况中我们还找不到艺术的起源，因为按照它的概念，起源应是直接的，单纯的，不能有分化情况中的这种相对性和重要的关联，所以我们须找到由分化而显出差异面之前的那一个关键点。

关于这一点，我在前文已说过，建筑是与象征型艺术形式相对应的，它最适宜于实现象征型艺术的原则，因为建筑一般只能用外

① 维屈鲁浮斯（Vitrivius），罗马奥古斯都大帝的建筑师和军事工程师，著有《论建筑》，共十卷。希尔特，见第一卷第21页注。

在环境中的东西去暗示移植到它里面去的意义。所以如果在起源时还见不出上述人和神像要有遮盖围绕的东西这一目的与建筑物作为实现这一目的的手段之间的差异,我们就得去找像雕刻那样的本身独立的,不是因为能满足另一目的和需要才有意义,而是本身自有意义的一种建筑物①。这一点是极端重要的,却还没有人提到过,尽管这一点涉及事物的本质,是打开建筑的多种多样的结构秘密的唯一一把钥匙,也是贯串到迷径似的建筑形式中的一条线索。这样一种独立的建筑艺术也和雕刻有所不同,分别在于这种艺术作为建筑并不创造出本身就具有精神性和主体性的意义,而且本身也不就能完全表现出这种精神意义的形象,而是创造出一种外在形状只能以象征方式去暗示意义的作品。所以这种建筑无论在内容上还是在表现方式上都是地道的象征型艺术。

这番话适用于这一阶段的原则,也适用这一阶段的表现方式。在表现方式方面,单研究木造和石造的分别仍然是不够的,因为问题在于界定和围起一定范围的空间去适应宗教或其他人类的目的,例如住房、宫殿和庙宇之类,而这样的空间可以用挖空一种坚固的体积很大的东西得来,也可以用筑墙盖顶的方式得来。从这两种方式都不能找到独立的建筑艺术的开始。我们可以把独立的建筑艺术叫做一种无机的雕刻,因为它固然建立起本身独立的作品,但是并不能因此就用恰当的躯体形象去达到自由美和表现精神的目的,而是一般只摆出一种象征的形式,来暗示和表现一种观念。

但是建筑不能停留在这个出发点上,因为它的任务在于替原已独立存在的精神,即替人和人所塑造的或对象化的神像,改造外

① 找到这种建筑物,才能找到建筑作为艺术的起源。

在自然，使它成为一种凭精神本身通过艺术来造成的具有美的形象的遮蔽物。所以这种遮蔽物的意义不再在它本身而在它对人的关系，在人的家庭生活，政治生活和宗教仪式等方面的需要和目的。这就要取消建筑物的独立性了。

从这方面看，我们可以认为建筑的进一步发展就是使上述目的和手段的差异分开来出现，替人或是替雕刻所造出来的客观的具有人体形状的个别的神像，建造出具有类似人和神所具有的意义的居房、宫殿和庙宇之类建筑物。

第三，发展的终点就把以上两个阶段统一起来，因而显得二者在分裂的情况下仍是各自独立的。

以上这些观点提供了以下的划分，作为全部建筑艺术的分类，这种划分既照顾到建筑本身的起于概念的差异，也照顾到建筑的历史发展：

第一是真正象征型的或独立的建筑；

其次是古典型的建筑，它表现本身独立个体的精神性的东西，但是取消了建筑艺术的独立性，把建筑艺术降低到只限于替现已独立实现的精神意义造出一种具有艺术形式的无机的环境或围绕物；

第三是浪漫型的建筑，例如摩尔族[1]式，高惕式和德国式的建筑，其中住房、教堂和宫殿也是专为居住场所和聚会场所，来应付市民的宗教的和其它精神活动的需要，但是它们仿佛没有理睬这些目的，是单为它们本身而独立地构图和建造出来的。

所以建筑在本质上虽然始终是象征性的，它比其它各门艺术

① 一种信伊斯兰教的阿拉伯民族。在中世纪曾入侵西班牙和法国南部。

却更受到象征的、古典的和浪漫的这三种艺术类型赋予定性,所以这些类型的分别在建筑里比在其它各门艺术里更为重要,因为在雕刻里始终深刻地贯串着古典型原则,在音乐和绘画里始终深刻地贯串着浪漫型原则,其它艺术类型的原则在这几门艺术里所起的作用只是很小的。最后在诗里,尽管诗把所有三种艺术类型的原则都最完满地体现在艺术作品里,我们对诗的分类却不依据象征型诗,古典型诗和浪漫型诗的分别,而是把诗看作一种需要特殊分类法的特殊艺术,把它分为史诗的、抒情的和戏剧的三种。至于建筑却不然,它是一种依靠外在因素的艺术,所以它的基本分别不外这三种:这外在因素本身就含有意义;这外在因素用作手段,去达到它本身以外的另一目的;以及这外在因素既用作这样的手段而同时又显得是独立的。第一种情况符合单纯的象征型建筑;第二种情况符合古典型建筑,因为这里真正的意义独立地达到表现,而象征的因素只是作为一种外围而附加上去,而这正合古典型的原则。这两种类型的统一就形成浪漫型建筑,因为浪漫型艺术固然也利用外在因素为表现手段,却要从这种实在退回到它本身,因而使客观存在的事物可以得到自由独立的形状结构①。

① 以上说明建筑尽管在古典型阶段和浪漫型阶段都各有代表作,但主要是属于象征型艺术的。

第一章　独立的，象征型建筑

艺术的最初最原始的需要就是人要把由精神产生出来的一个观念或思想体现于他的作品，正如人运用语言来传达自己的思想，使得旁人能理解。不过在语言里，传达媒介不过是一种符号，因而只是一种完全任意拣来的外在媒介。艺术却不应只利用单纯的符号，而是要使意义具有一种相适应的如在目前的感性面貌。所以一方面呈现于感官的艺术作品应寓有一种内在意义，另一方面它应把这内容意义和它的形象表现成为使人看来不只是直接存在的现实界中的一件事物，而是人的思想和精神的艺术活动的产品。举例来说，我看到一只活的真狮子，这只狮子的这一次的个别形象使我对狮子形成了一个观念，就像一幅画中的狮子的形象也会产生完全同样的结果。不过画里却还有更多的东西，画还会显出这个形象曾经在人的思想里打过转，它的实际存在起源于人的心灵和创造性的活动，所以我们从画里所得到的不再是关于一个对象的观念，而是关于一个人的观念的观念①。把一只狮子，一棵树或任何其它对象"依样画葫芦"也临摹出来，对于艺术来说，这并不是最原始的需要；与此相反，我们已经看到过，艺术，特别是造型艺术，在描绘这类对象时正是为着要显示主体方面的塑造形象的才

① 例如从画里我们不只得到对狮子本身的认识，而且还认识到艺术家对这狮子的认识。

能。艺术的原始的旨趣在于把原始的对客观事物的观照和带有普遍性的重要思想摆到眼前来,让自己看,也让旁人看。但是这类民族性的观点或思想起初还是抽象的,本身未经明确界定的,所以人为着要使这类思想成为有形可见的,就抓住本身也是抽象的单纯的物质媒介,这是有体积有重量的,固然具有定性,但本身还不能见出具体的真正精神性的意义。因此,内容和用来使这内容从一个人的思想渗透到另一个人的思想里的感性媒介之间的关系只能是纯粹象征式的。不过同时毕竟出现了一种建筑物,它要向旁人揭示出一个普遍的意义,除掉要表现这种较高的意义之外别无目的,所以它毕竟是一种暗示一个有普遍意义的重要思想的象征(符号),一种独立自足的象征;尽管对于精神来说,它还只是一种无声的语言。所以这种建筑的产品是应该单凭它们本身就足以启发思考和唤起普遍观念的,而不是向原已独立地表现出来的意义提供一种遮蔽物和外壳。因此,一种能把一个意义表现得晶莹透彻的形式就不能只作为一种符号而发生作用,例如替死人竖十字架或是替阵亡的战士立纪念碑。因为这类符号固然也能唤起某些观念,但是一个十字架和一个石碑并不能单凭它们本身就足以指引到所要唤起的观念,它也可以唤起许多其它观念。这种分别就形成了现阶段的建筑艺术的一般概念。

从这方面看,我们可以说,有一些民族就专靠建筑或主要靠建筑去表达他们的宗教观念和最深刻的需要。不过这种情况基本上限于东方(从我们在讨论象征型艺术时所说过的话里可以见出这一点),特别是巴比伦、印度和埃及的古代建筑艺术的作品或是完全带有这种象征性质,或是大部分以这种象征性质为出发点。这些古建筑物现在有些已成为废墟，但是仿佛还能藐视所经历的许多年代和许多变革，还能以其离奇的形状和庞大的体积引起我们惊赞。这类作品的建造花费过整个时代的整个民族的生命和劳动。

如果我们要问这一章如何再细分，每一分门里有哪些主要的形态结构，我们就会发现这一阶段的建筑并不像古典型和浪漫型的建筑那样从某些确定的形式（例如住房）出发；因为在这种建筑里既没有本身固定的内容，因而也没有固定的表现方式，所以提供原则让我们看出它的发展过程和一系列的不同的作品之间的联系。这就是说，这种建筑用作内容的意义，像在一般象征型艺术里一样，仍然是一些无形式的普泛的观念，其中对自然界生活的一些粗浅的零散的彼此交错的抽象概念和对精神界实际情况的感想夹杂在一起，没有在观念上总结为一个主体的不同阶段的活动①。这种零散的情况使得它们显得极端繁复，极端变化无常。这种建筑的目的只是在表现中时而要突出这一方面，时而要突出另一方面，于是用符号来象征它，使它经过人的劳动，成为可以眼见和可以意会的。面对着这样复杂的内容，我们在这里无法进行详细的和系统的讨论，所以我只想尽可能地把一些最重要的建筑作品联系在一起，按照理性就它们进行分类。

一些具有指导性的观点大略如下：

我们要求内容应是完全一般性的观点，可以作为个人和民族的精神据点和他们的思想意识的统一点（或焦点）。这种独立的建筑的最切近的目的只在于建造出一件能表现一个或几个民族统一

① 内容思想复杂而零乱，摆在一起来看，不能表现出一个完整的人格。

的作品,一个能使他们团聚在一起的地点。这个目的还可以和另一个目的密切结合在一起,那就是通过表现方式本身把人类的一般的统一因素表现出来,例如各民族的宗教观念也可以通过这类作品获得一种较明确的内容,供它们以象征方式去表现。

其次,建筑不能停留在这种起源阶段的整体的(浑整的)定性上,许多象征的形式结构要分化成零散的,象征的内容意义要得到较明确的定性,因而使表现它们的形式也较显著地互相区别开来,例如圆尖柱和方尖柱之类。另一方面,这种处在分散而各自独立状态的建筑在发展中有向雕刻转化的倾向,采取动物和人的躯体的有机形式,但是体积扩大成为庞大无比,并且把许多不同形状的建筑排列在一起,又加上围墙,壁,门,甬道之类,因而用建筑的方式来处理雕刻方面的东西,例如埃及的狮身人首的金字塔,纪念麦姆嫩①的建筑以及一些大庙宇都属于这一类。

第三,象征型建筑开始过渡到古典型建筑,这时它把雕刻排除到自己的范围之外,开始造出一种建筑物,来表现本来不能直接由建筑来表现的意义。

为着较清楚地说明这几个发展阶段,我要提一提一些著名的建筑方面的杰作。

1. 为民族统一而建造的建筑作品

歌德在一首两行体诗里曾提出“什么是神圣的”问题,他的回

① Memnon,神话中的埃塞俄比亚的国王,晨光女神的儿子,传说纪念他的巨大雕像在早晨的太阳照到时就发出音乐声。

答是："凡是把许多灵魂团结在一起的就是神圣的。"在这个意义上我们可以说：神圣的东西以这种团结为目的，而这种团结就形成独立建筑的最早的内容。最早的例子就是关于巴比伦塔的传说。人们在幼发拉底河[①]的广大平原上建造起一座庞大的建筑物。这是集体的作品，它的集体性也就是它的目的和内容。这种社会联系的建立并不是一种单纯的家长制下的统一，实际上家庭单位在这里恰恰是被取消掉了，而这座上干云霄的建筑也恰恰标志着较早的家长制下的统一的解体以及一种新的较广泛的统一的实现。当时那地区各民族的集体在为这项工程而劳动，他们既然聚集在一起来从事于这项无法测量的庞大建筑，所造成的产品就成为联系他们的活动的绳索。它屹立在所选定的地点和基础上，把大量的石头堆砌在一起，仿佛是一种建筑式的土地耕作，这样就把参加劳动的人们紧密团结在一起，它的功用正像我们今天的道德风尚和国家的法律。这种建筑也是象征性的，因为它暗示联系绳索的意义，它在形式和形象上都能单凭外在的方式去表现神圣的东西，亦即自在自为地把人类团结成为一体的力量。巴比伦塔的传说也提到各民族在聚集到这个团结的中心点来完成这项工作之后，又分散开来了[②]。

另一座更重要的建筑物有较可靠的历史根据，那就是希罗多德所告诉我们的伯鲁斯塔（见希罗多德的《历史》卷一，181）。这座塔和圣经里所说的塔[③]有什么联系，我们在这里暂不讨论。就这座

① 小亚细亚的最大的一条河。

② 传说巴比伦塔由于筑得很高，由于建筑年代久，各层的劳动集团各自发展出一种语言，以至隔层就不能互相了解。见《旧约·创世记》第十一章。

③ 即巴比伦塔。伯鲁斯塔也在巴比伦，二者可能是一事。

塔的整体来说,我们不能把它称之为近代意义的庙宇,毋宁说它是一个庙宇区,正方形,每边有两个跑道分段①长,中间有一道铜门,是入口。据见过这座塔的希罗多德说,这个圣地的中心有一座用厚墙筑成的塔(中间不留空隙),纵横各一个跑道分段长,一层之上架一层,总共有八层。塔外层有一条通道通到顶,正中间有休息所,摆着长凳供游人休息。第八层顶上有一座大庙,庙里有一张铺得很好的很大坐垫,前面摆着一张金桌。庙里却没有立神像。夜里不准人进庙,只准一个当地女人进去,据庙里神的司祭加尔底亚人说,她是神亲自选出来的。司祭们还说,神亲自到过这庙里,就躺在坐垫上休息。希罗多德固然说过,在这圣地塔下方还有另一座庙,里面供着一座金制的神像,面前摆着一大张金桌子。他还说庙外还有两个大祭坛摆祭供。尽管有这段记载,我们却不能拿这座巨大的建筑来和希腊意义和近代意义的庙宇相比,因为塔的底下七层立方体都不是中空的,只有最上层才住着一个看不见的神,而这个神在那里并不享受司祭或一般信徒的祈祷。他的像是在下面,在这座建筑物之外,所以这座建筑物是真正独立的,并不是用来举行宗教仪式的,尽管它不再是一种抽象的团结场所而是一个圣地。它的形式可能是偶然的,也可能是根据立方体的坚固性这样一个纯然物质方面的理由。但是同时这种形式也会使人要求找出它的意义,这种意义可能使这座建筑整体具有一种确切的象征的性质。我们应该从塔的层数去找这种意义,尽管希罗多德没有明说。塔总共有七层,外加上第八层作为神过夜的住所。七这个数目显然像是象征七大行星和天体。

① Stadium 原系奥林匹克竞赛场的跑道分段,后用作希腊的长度单位,约六丈长。

在麦底亚[①]有些城市也是用象征的方式建筑起来的。例如艾克巴塔拿有七重城墙，希罗多德提到过(《历史》，卷一，98)，一半由于它建筑在有斜坡的高岗上，一半由于在设计上有明确的意图，这七重墙一重高似一重，城垒上涂着不同的颜色，第一重白色，第二重黑色，第三重紫色，第四重蓝色，第五重红色，第六重镶银，第七重镶金，最后这第七重就是国王的禁城和财宝库。克洛伊佐在他的论象征的著作[②]里这样说过："艾克巴塔拿，麦底亚的都城，禁城居中心，外面围着七重城墙，城垒涂着七种不同的颜色，代表天上七个星球围绕着太阳。"

2. 介乎建筑和雕刻之间的建筑作品

现在我们要进一步研究另一类建筑，这种建筑用较具体的意义为内容，而它的象征性较强的表现也采取了较具体的形式。这些形式无论是单独地用，还是在规模巨大的建筑里结合在一起来用，都还不像在雕刻里那样用法，而是还不越出它们自己的领域，这就是说，还是采取建筑的用法。对于这个阶段的建筑，我们要研究得比较细致一点，尽管还谈不上详尽，也还谈不上用先验式的阐明[③]，因为建筑艺术在现阶段在体现广泛的实际历史时期的世界观和宗教思想于具体作品之中，仍不免迷失在偶然事物里。它的基本定性只是建筑和雕刻的混合，尽管主导的方面还是建筑。

① 波斯境北一古国，首都艾克巴塔拿。
② 见第二卷，象征型艺术导论的注。
③ 即根据概念，揭示出发展过程的理性。

a) 男性生殖器形的石柱

在讨论象征型艺术时我们早已提到,东方所强调和崇敬的往往是自然界的普遍的生命力,不是思想意识的精神性和威力而是生殖方面的创造力。特别是在印度,这种宗教崇拜是普遍的,它也影响到佛里基亚和叙利亚,表现为巨大的生殖女神的像,后来连希腊人也接受了这种概念。更具体地说,对自然界普遍的生殖力的看法是用雌雄生殖器的形状来表现和崇拜的。这种崇拜主要地在印度得到发展,据希罗多德的记载(《历史》,卷二,48),它对埃及也不陌生。至少是在酒神祭典里也可以看到同样的情况。希罗多德说,"他们创造出一种长达一肘[①]的东西来代替男性生殖器,上面系着一条绳子,由女人们提着,使这生殖器经常举起,这东西比身体其余部分小不了多少。"希腊人也采取了这种崇拜,希罗多德明确地提到(《历史》,卷二,49)"麦朗普斯[②]对埃及的酒神祭典并不生疏,他把崇拜酒神时举着生殖器游行的仪式输入希腊",特别是在印度,用崇拜生殖器的形式去崇拜生殖力的风气产生了一些具有这种形状和意义的建筑物,一些像塔一样的上细下粗的石坊。在起源时这些建筑物有独立的目的,本身就是崇拜的对象,后来才在里面开辟房间,安置神像,希腊的可随身携带的交通神的小神龛还保存着这种风尚。但是在印度开始是非中空的生殖器形石坊,后来才分出外壳和核心,变成了塔。真正的印度塔必须与后来伊斯兰教徒和其他民族的仿制品区别开来,印度塔的构造并不是用房

① 古尺名,约三分之二米长。
② 麦朗普斯(Melampus)希腊传说中的预言家。

屋的形式，而是细而高，沿用石坊的基本形式的。与此类似的意义和形式在印度人凭想象夸大的弥鲁山①的形状里也可以见出。这座山被想象为天河里的浮沫，由此产生了世界。希罗多德也提到过这类石坊，有时取男性生殖器的形状，有时取女性生殖器的形状。他认为这些建筑是由塞梭斯特理斯②建立的（《历史》，卷二，162），这位国王在他所征服的民族之中到处建立起这类石坊。在希罗多德的时代，这类石坊大半已不存在，他只是在叙利亚才亲眼看到了一些。（同上，106）这些，他全记在塞梭斯特理斯的账上，这只是根据传说。此外他还用希腊人的眼光来解释这类石坊，把原来只涉及自然界的意义转化为伦理的意义，所以他说，"塞梭斯特理斯征伐到的民族如果在战场上显得英勇，他就在他们的国土上建立一些石坊，上面还刻着他自己的名字和国籍，表示他征服过这些民族。如果他没有遇到抵抗，他除掉上述铭文之外还在石坊上刻下女性生殖器，表示这些民族在战场上显得很怯懦。"

b）方尖形石坊，麦姆嫩像，狮身人首像③

介乎建筑与雕刻之间的类似作品主要是在埃及。属于这类的有方尖形石坊。这种石坊固然不是用动植物和人的有机的生命的自然形式而是用有规律的几何图形，但是同时也还不是用作住房和神庙的，而是本身独立的，带有太阳光线这个象征意义的。克洛伊佐（《论象征》第二版，469页）说，"密特拉斯，这位麦底亚人或波

① 弥鲁（Meru），印度和波斯都有一种传说，说弥鲁山就是乐园，是雅利安人的原始祖先的住处。佛经里译为须弥山。

② 塞梭斯特理斯（Sesotris），古代埃及国王。

③ 参看第二卷第一章（c）1节及注。

斯人,在埃及的太阳城里统治着,根据他的梦建造了一些方尖形石坊,仿佛是石头制成的太阳光线,还在上面刻些文字,人们把这些文字叫做埃及文。”普里琉斯[①]早就认为方尖形石坊具有这种意义(《自然史》,卷三十六,14;卷三十七,8)。这些石坊都是献给日神的,它们是用来接受太阳光而同时又代表太阳光的。在波斯也有一些放出火光的石坊(克洛伊佐的《论象征》,卷一,778页)。

在方尖形石坊之后,我们主要地要提到**麦姆嫩像**。在忒拜[②]的这类巨大的麦姆嫩石像之中,斯屈拉波[③]还看到一个完整的从一块整石头刻出的,另一个在日光照到时就发出声响的,当时已经残缺。它们都具有人的形状,是两个巨大的人在坐着,由于体积庞大,看起来形状不是有机的,倒更像建筑而不大像雕刻,那里还有一些排成行列的麦姆嫩石坊,情况也是如此,从它们的排列整齐和巨大体积来看,它们已离开了雕刻的目的而转到建筑。希尔特(《建筑史》,卷一,69页)提到了那座巨大的发声响的石像,据泡桑尼阿斯[④]说,埃及人把这石像看作是代表一位国王而不是代表神的,正像奥什曼第阿斯[⑤]和其他国王立过自己的纪念坊一样。不过这种巨大的石像很可能代表某一个带有普遍性的确定的或不很确定的观念。埃及人和埃塞俄比亚人都崇拜麦姆嫩,晨光女神的儿子,当太阳初起时他们就向麦姆嫩献牺牲,石像就发出声响去招

① 普里琉斯(Plinius),公元前1世纪罗马学者。

② 在埃及,与希腊的一个城邦同名。

③ 斯屈拉波(Strabo),公元前1世纪罗马地理学家。

④ 泡桑尼阿斯(Pausanias),公元前2世纪希腊地理学家,著有《希腊游记》,描述他所见到的古代文物。

⑤ 奥什曼第阿斯(Osymandyas),古埃及一个国王。英国诗人雪莱写过一首十四行诗,歌咏这位国王及其纪念坊。

呼祈祷者。所以发声响的石像之所以重要和使人感到兴趣，倒不仅由于它的形状，同时也由于它仿佛是活的，能启示某种意义的，尽管启示的方式是用象征去暗示。

狮身人首像和巨大的麦姆嫩石像的情况也是一样，它们的象征意义我在前文已经谈过。它们在埃及不仅数目很多，体积也大得令人惊奇。最著名的一座狮身人首像是在开罗的金字塔群附近。长达 148 米，从蹄到头高达 65 米，从胸部到爪尖长达 57 米，双足伸到前方休息着。这样巨大的体积并不是先在别处雕成而后移置到这里的；人们发掘到底层，发现基础是石灰岩，足见这件庞大的作品是由一整块岩石雕成的。这座大石像固然接近体积最大的雕刻，不过许多这样的石像排成行列，也就获得了完整的建筑性格。

c）埃及的庙宇建筑

这类独立的形体结构一般都不是分散孤立的，而是许多连成一起，形成庙宇，迷径和各种地下建筑，作为整体来利用，而且四周筑有围墙。

关于埃及的庙宇区，我们今天从法国人的一些新发见中可以见出这些庞大建筑物的主要性格，首先应该提到它们都是露天的结构，没有屋顶和门，墙与墙之间，特别是石坊围成的大厅和石坊林之间，都有通道。这些石坊建筑都极宽敞，内部构造都很复杂，它们本身有独立的作用，并非用来住神或是供祈祷集团聚会的；它们单凭巨大的尺寸比例和体积就足以令人惊奇，正如单凭分散孤立的形式和形象也就足以引起兴趣，因为它们都是某些普遍意义的象征，可以揭示这种意义的不只有形体结构，而且还有刻在它们外层的文字和形象，它们仿佛代替了书籍。我们一方面可以把这些庞大建筑叫做雕像的丛林，但是它们往往是千篇一律地重复同一个形象，排成行列，只有通过这些行列和秩序，它们才获得了建筑的性质，这种建筑的性质本身就成为一种独立的目的，并不是用来支撑梁柱和屋顶。

这类建筑之中比较大型的进口都从一条铺道，根据斯屈拉波的数字，约十丈宽，三四十丈长。铺道两边站着狮身人首石像，每一行有五十到一百座，每座高达两三丈。接着就是一道高大的门，下宽上窄，有很高大的门楼和楹柱，比一个人要高十倍到二十倍；有时是孤立的，有时嵌在墙壁里，墙壁是本身独立的，高达五六丈，下厚上薄，只有一面不和它成直角的墙壁联在一起，上面没有横梁，不构成一间房子的形状。它们和支撑屋梁的垂直墙不同，并不是为支撑房的东西而是独立的。这类墙壁上往往靠着麦姆嫩石像，墙壁也形成过道，墙壁上刻满了象形文字和大幅石刻画，最近发见它们的那些法国人说它们很像印花布。我们也可以把它们比作书页，虽然局限在一定的空间里，却像钟声一样能唤起心灵深处的幽情和遐想。这样的门有许多道，两道门之间总是有成行的狮身人首石像。有时是一个完全由墙围起来的露天广场，有许多条由石坊围成的通道通到这个围墙。接着就是一种上面盖着顶的广场，并不用来住人，仿佛是一个石坊的丛林，上面没有圆顶，而用石板盖起来。在这些狮身人首像间的通道，石坊的行列和刻满象形文字的墙壁之后，接着就是一座两翼有厢房的前厅，前面立着方尖形石坊和躺着石狮，或是在一个前院和一些小径之后，就是全座建

筑的终点，真正的神庙或圣地。根据斯屈拉波的记载，庙的体积并不很大，里面并没有神像，或是只有一个动物像。这种住神的庙往往只是一座独立坊，据希罗多德的记载（《历史》，卷二，155），埃及布陁神庙就是如此，它是从一整块石头雕成的，四壁大致相等，都是约四十肘宽，上面有一块石头当作顶，约四肘宽。这类神庙一般都很小，里面不能容纳信徒团体，但是能容纳信徒团体是庙宇的一个要素，否则庙宇就变成一种匣子，一种珍宝盒或是一种保有神像的神龛之类的东西了。

这类建筑就是以这种方式向前伸展到若干里路之长，连同它的动物像行列，麦姆嫩石像，庞大的门楼、墙壁，大得惊人的石柱，有时宽，有时窄，以及个别的零散的方尖形石坊之类，它们的目的有时只专为宗教仪式中某些活动来用的。人们在这些巨大的值得惊赞的人类作品之中信步游览，不免要想到这些巨石堆砌成的作品对于什么是神圣的这个问题究竟有什么启示，说出了些什么。因为细看起来，这些建筑一般都有许多象征的意义交织在一起，例如狮身人首像和麦姆嫩像的数目，石坊和通道的位置标志出每年的日数，黄道十二宫，七大行星，十二月的季节之类。有时雕刻还没有脱离建筑而独立，有时真正的建筑因素如尺寸大小，间隔、柱，墙和台阶的数目之类的处理方式又显得这些关系的目的并不在它们本身，即不在对称，和谐与优美，而在它们的象征的意义。因此，这类作品显得具有独立的目的，它本身就是一种宗教崇拜，在这种崇拜中君民结合在一起。埃及有许多建筑工程如水渠，莫理斯湖以及一般水利工程都与农业和尼罗河的泛滥有关。例如希罗多德曾提到过（《历史》，卷二，108）埃及全国过去都可以通行车马，到了

国王塞梭斯特理斯才在全国修建许多水渠来供应饮水,因此车马就不再有用处。但是主要的工程仍是宗教建筑,在这上面埃及人出于本能地越砌越高,像蜜蜂营巢一样。他们的财产和其它情况都是规定了的,土壤是无限肥沃的,不须费力耕种,农业劳动只限于播种和收获。他们很少有其他民族所常有的那些兴趣和活动。除掉僧侣记载中谈到塞梭斯特理斯曾航海远征以外,关于埃及人航海的资料很少。埃及人大体上只限于在本国进行这些建筑。他们最宏伟的工程都属于独立的象征的建筑这一主要类型,因为在埃及,人的内心生活,人的目的和外在形象中的精神性的东西还没有达到自觉,还不能成为自由活动的对象和产品。自觉性还没有成熟,还没有结果实,还不是本身既已完成的,而是在不断努力搜寻猜测之中,不断地创造下去而却得不到满足,因此也停止不住,休息不下来。因为本身既已完成的精神[①]只有在符合精神的形象中才能得到满足,也才能在所成就的事业中守住一定的界限。象征型艺术作品却多少是没有界限的。

属于埃及建筑中这类没有界限的作品之中的还有所谓迷径,院场连着石柱围成的通道,墙壁与墙壁之中曲折的道路,错综复杂地缠在一起,像打谜语似的,却又不是出愚蠢的难题叫游人找到出路,而是让游人徘徊搜寻这种象征的谜语的意义。因为像我们在上文已经提到的,这些迷径要摹仿和表现天体的运行。它们有些是在地面上建筑的,有些是在地下建筑的,除掉通道之外还有巨大的房间和厅堂,墙壁上都刻满了象形文字。希罗多德亲眼见到的最大的迷径离莫理斯湖不远。他说(《历史》,卷二,148),迷径规模

① 即达到自觉的精神。

之大是言语所不能形容的，连金字塔也还没有它大。他认为这座建筑是由十二代国王陆续造成的。他的描述是这样：整个建筑由一道墙围着，分两层，地上一层，地下一层。它们总计包括三千间房子，每层一千五百间。希罗多德只见到地上的一层，这一层分为十二个毗邻的院子，都开了对立的门，六道门朝北，六道门朝南，每个院子有双排石柱围成的通道围绕着，柱子都是用白石精雕的。希罗多德还说，从院子可以走进房间里，从房间里可以走进厅堂里，从厅堂里又可以走进其它的房间里，从这些房间里又可以走到院子里。据希尔特说(《古代建筑史》，卷一，75 页)，希罗多德提供上引最后的细节，只是为着要说明房子和院子是连着的。谈到这些迷径似的过道，希罗多德说，通过那些盖了顶的房间的许多过道以及院子与院子之间的无数曲折引起了他的无限的惊奇。普里琉斯说这些迷径很神秘难解，由于曲折多，使外来人感到厌倦；开门时声音之大就像打雷。斯屈拉波像希罗多德一样，也亲眼见过这些过道，所以他的见证是重要的，他说这类迷径环绕着院子的地面。主要的是埃及人建筑这类迷径，但是在克里特岛上也有摹仿埃及式的迷径，规模比较小，在摩利亚和摩尔太也有①。

因为这类建筑一方面有房间和厅堂，已渐具住房的性质，另一方面按照希罗多德的记载，地下部分的迷径(他没有得到允许，不曾参观)却是建筑者们和神鳄的墓地，所以这里只有真正独立的象征意义才是迷径的主因，我们可以把这类建筑作品看作已开始接近古典型建筑艺术的那种象征型的建筑。

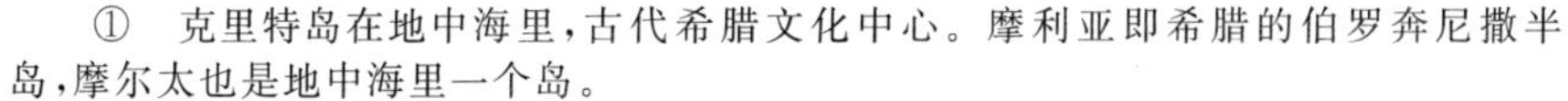

①　克里特岛在地中海里，古代希腊文化中心。摩利亚即希腊的伯罗奔尼撒半岛，摩尔太也是地中海里一个岛。

3. 由独立的建筑到古典型建筑的过渡

尽管上文所提到的那些建筑已令人惊异,另外印度和埃及有些与东方民族所共有的地下建筑还更为庞大,更值得惊赞。我们在地面上所看到的一些宏伟壮丽的建筑都比不上印度莎尔赛特(与孟买相对)和艾尔罗拉以及埃及北部和努比亚等地的地下建筑。这些奇特的洞穴首次显示出一种覆盖环绕的迫切需要。人到洞穴里去找庇护,就住在那里,有许多民族除洞穴之外就没有其它形式的庇身之所,这些事实都说明他们是迫于这种需要。这类洞穴在犹太山区曾经存在过,往往有许多层可以住成千上万的人。在德国哈次山区靠近拉麦尔斯堡境内的哥拉地方也有些石屋,过去常有人带着储备的东西到这里来避难。

a) 印度和埃及的地下建筑

但是印度和埃及的地下建筑却与此完全不同。它们部分地用作聚会场所和地下教堂,建造的目的是引起宗教的惊奇感和有利于精神集中,带有象征性的设施和暗示,其中有石柱围成的过道,狮身人首像,麦姆嫩像,大石像,巨大的偶像,这些石像都是就岩石雕成的,还和原石的无形式的整体连成一片,就像人们在挖岩洞中要节省支柱似的。在岩壁前方的地方这些建筑物往往完全是露天的,其它大部分很黑暗,须用火炬照明,有些部分开了天窗。

和地面建筑比起来,这些洞穴显得比较原始,所以人们可以把地面上那些庞大的构造看作只是地下建筑的摹仿和复制。因为在地下，并没有什么是积极营造出来的，而只是消极地挖去了一些东西。钻到地下去住和挖洞穴，要比开采材料，把它砌成房子的形状较为自然。从这个观点看，我们可以设想洞穴比茅屋草棚起源较早。洞穴总是一种伸展而不是一种局限，或者说，它们由伸展而变为局限和环绕，其中环绕是原已天然存在的①。所以地下建筑总是更多地从现成的东西开始，因为它让地下大部分土石像保持原状，它还比不上地上建筑那样可以自由制造形状。不过依我们看，这类建筑尽管还是象征型的，却已属于较进一步的发展阶段，因为它们已不再是作为象征型的建筑而独立存在，它们已有墙和顶之类来达到覆盖环绕的目的，象征性较显著的形象是插进来的。希腊意义和近代意义的庙宇和房屋在这个阶段现出它们的自然形式。

密特拉斯②岩洞也属于这一类，尽管它们出现在另一地区。密特拉斯的崇拜和宗教仪式起源于波斯，但是类似的崇拜仪式也流行于罗马帝国。例如在巴黎博物馆③里有一个著名的浮雕，雕的是一个少年人持刀割牛脖子。这个浮雕原来是在罗马朱匹特神庙下面一个很深的岩洞里发现的。在这类密特拉斯岩洞里也发现到圆拱顶和过道。这些过道一方面象征星宿的运行，另一方面也象征灵魂在净化过程中所要走的道路（正像近代自由泥瓦匠协会④的会场，参加仪式的成员们须走过许多过道，看一些戏之类），

① 穴洞越挖越大，所以是伸展，挖成洞穴，四周就有了局限和环绕（房子的功用），石壁是天然存在的，不须堆砌。

② 密特拉斯是埃及的光神，已见第二卷。

③ 法译作露浮尔宫。

④ 一种秘密组织，目的在互助，成员往往是上层社会人物。过去在我国叫做“共济会”。

尽管净化这个意义更多地在雕刻和其它作品里得到表现,建筑在这方面所起的作用不是主要的。

与此有类似联系的建筑还可以提一下罗马的地下墓窟,这种结构在起源时所根据的概念一定和用作水渠,墓道和地下水道的建筑完全不同。

b) 死人的住处,金字塔

其次,我们还可以把在地下挖掘的和在地面上建造的死人的住处一类建筑看作由独立的建筑到服务的建筑之间的一种较明确的过渡形式。

特别是在埃及,地面上的和地下的建筑物都是和死人的国度联系在一起的,因为一般说来,无形可见的事物[①]被人见到而且得到房子居住,首先是在埃及。印度人把死人焚化掉或是让骸骨躺在地上自行腐烂;按照印度的观点,人类本是神或是要变成神,活人与死人的严格区分在印度就不存在。因此,印度的建筑在未受到伊斯兰教来源的影响的时候,不是用来住死人的,而是像上述那些奇特的洞穴一样,属于建筑艺术的一个较早的时期。但是对于埃及人来说,活人和死人的对立却显得很突出;精神的东西开始和非精神的东西分割开来了。这是具体的有个性的精神在产生和发展。所以死人被看作须保存住的个体,与自然界生死流转的观念相反,可以免于一般自然事物都在所不免的腐朽和消逝。个性是把精神的东西看成独立的观点所要依据的原则,因为精神只有作为个体,作为人格,才有存在的可能。所以我们认为这种尊敬死

① 即阴魂。

人和保存死人的习俗对于精神个性的存在是第一个重要的因素，因为在这种习俗里，个体不是被取消掉而是被保持住了，至少是肉体是作为这种自然的直接的个体而被珍藏和敬重。我们前已说过，希罗多德曾提到埃及人是最早宣称灵魂不朽的民族。尽管埃及人对精神个性的坚持还不够彻底，他们仍认为死人须在三千年中遍历陆水空三界的全部动物体系的生活之后才变回人的形体①，尽管如此，他们在这种观念里以及在尸体上涂油防腐的习俗里，毕竟把躯体方面的个性和脱离躯体而独立的精神的自为存在之间的区别固定下来了。

因此在建筑艺术中就发生了一个重要的变化，精神的东西作为内在的意义而分割出来，并且获得了独立的表现，至于肉体的外壳则作为单纯的建筑的环绕物而放在精神的东西的周围。在这个意义上埃及的死人住处形成了最早的庙宇；本质性的东西，即崇拜的中心，是一个主体，一个个别的对象，它本身显得有独立的意义，而且本身就达到了表现，有别于它的住处，这住处只是作为一种应用的外壳而建造起来的。这当然还不是作为一个实际的人的需要而建造出一座房屋和宫殿，而是为本无需要的死者，国王或是神兽，建造大到不可测量的庇身之所。

正像农业会把东西流浪的民族固定到一定的地区，坟墓，坟墓的纪念坊和祭祀一般也把人们团结在一起，使既无国家又无划定了的财产的人们有一种聚会场所，一种圣地，他们会防守这块圣地，不肯让旁人夺去。例如什提亚民族②，据希罗多德的记载（《历

① 这就是灵魂轮回说。

② 在古代游牧于黑海北岸一带的民族。公元前5世纪他们的国王是伊丹图苏斯。

史》,卷二,126—127),是流动不居的,波斯大帝达琉斯发见他们到处都走在他前面,就派使臣去通知他们,如果他们的国王自以为很强可以抵抗,他就应停下来应战,否则他就应奉达琉斯为主子。伊丹图苏斯回答说,他们既没有城市,也没有耕地,没有什么东西要防守,达琉斯也不能从他们那里掠夺去什么。但是如果达琉斯一定要挑战,他们却有祖先的坟墓;达琉斯如果敢侵犯,他就会看到什提亚民族是否为保卫祖坟而战斗。

我们发现最古的宏伟的坟墓纪念坊是埃及的金字塔。乍看起来这些值得惊奇的工程之所以使人惊赞的地方在于它们的体积大到难以测量。这立刻使人想到要费多久时间和多少人力才能完成这样庞大的一座建筑。如果单从形式方面去看,它们并没有引人入胜的地方,只消花几分钟就可以把它们看完和记住。由于在形状上这样简单整齐,它们目的何在问题是久经争论的。古代人例如希罗多德和斯屈拉波本来早就说明了它们的实际用途,但后来不同时代的游历家和作家们却提出一些荒诞不经的看法。阿拉伯人曾经企图用暴力打进去,希望在金字塔内部可以找到财宝,不过这些侵犯并没有达到目的,只造成很多的损坏,真正的通道和房屋并没有找到。后来有些欧洲人,应该特别提到的是罗马人伯尔佐尼[①]和热那亚人加费利亚,终于成功地走进金字塔内部考察。伯尔佐尼在切弗林[②]的金字塔里发见到国王的坟墓。金字塔的入口用正方形石板封闭得很牢固,看来埃及人在建塔时仿佛就已预

① 伯尔佐尼(Belzoni)和加费利亚(Caviglia)这两位意大利学者考察埃及的文物都在19世纪初期,前者较著名,著有《埃及和弩比亚的发掘》一书。

② 切弗林(Cnephren)古埃及国王,他所建立的金字塔一般叫做“第二金字塔”。

防人知道有入口，纵使知道，也要使它极不容易找到和打开。这就足以证明金字塔是要永远封闭起来，不能再利用的。塔内有房间，有暗示灵魂在死后轮回变形所要走过的道路，有宽敞的厅堂，还有蜿蜒起伏的地下渠道。伯尔佐尼所发见的国王墓就是在岩石里挖成这样形式，从这头走到那头要花一个钟头。在正厅里摆着一副花岗石棺，已沉到地下，里面只发见一架木乃伊，是一种动物的残骸，显然是一头神牛。从整体看，这种建筑无疑是用作死人住处的。金字塔的年代，形式和体积各不相同。最早的是用石头逐层砌成棱锥形，较晚的建筑得整齐一律，其中有些是平顶的，有些是尖顶的，有些顶上还有平台，根据希罗多德关于切俄普[①]的金字塔的记载(《历史》，卷二，125)，可以见出埃及人的建筑程序，希尔特把这座金字塔归到还未完工的一类(《古代建筑史》，卷一，55 页)。根据近来法国人的资料，在年代较远的金字塔里房屋和过道都比较曲折复杂，在较晚的金字塔里它们都比较简单，上面刻满了象形文字，如果要把它全抄下来就要花几年的工夫。

从此可见，金字塔虽是本身就值得惊赞，却只是一种简单的结晶体，一种外壳，其中包裹着一个核心，即一种离开肉体的精神，功用是要保存这种精神的肉体原形。所以一切意义都在这个独立达到表现的死者身上，而前此本来本身自有意义的独立的建筑现在却划分开来，在这种划分状态中它变成**应用的**[②]。至于雕刻现在则接受了一个新的任务，即表现真正内在的(精神的)东西，尽管它

① 切俄普(Cheop)，埃及国王，上文提到的切弗林的兄弟和继承人。

② 象征型建筑原来是独立的，后来它的目的一分为二，既保存原来的独立的目的(象征某一普遍概念)，又有让死者庇身的目的(即变成应用的)。

起初还只以木乃伊的形式去保存个体的直接的自然形状[①]。所以就埃及建筑艺术的整体来看,我们一方面看到一些独立的象征型建筑物,另一方面也看到只以庇护死者为特殊任务的建筑物(特别是涉及坟墓纪念坊的建筑物)很清楚地开始出现了。这就需要一个根本的条件,那就是建筑不只是凿穴掘洞,而要显出自己是一种无机的自然,是由人手建造来适应他的需要的[②]。

其他民族也建立过与此类似的坟墓纪念坊,或是下面住死人的神圣的建筑物。例如在加里亚[③]的陵寝和较晚的哈德里安[④]的陵寝(即现在罗马的圣安杰罗堡寨)都是精工建成专葬一个死人的宫殿,在古代就已驰名,根据乌敦[⑤]的描述(《沃尔夫和拨特曼的博物馆》,卷一,536页),还有一种墓地建筑也属于这一类。这种建筑在安排和环境方面摹仿神庙,不过具体而微。它有花园,拱廊,喷泉,葡萄园,还有供神像的小礼拜堂。特别是在罗马帝国时代,这类墓坊常筑来供用来代表死者的阿波罗、维弩斯、明诺娃等神的神像。这类神像和整个建筑物在当时具有神化死者和庙祀死者的意义,就像埃及人把死人涂油防腐,带上标志等级职位的徽章,放在棺材里,表示死者已化为神一样。

但是在这类建筑物之中既宏伟而又简单的是埃及的金字塔。在金字塔上首次出现特宜于建筑的基本线条,即直线,以及一般形式方面的整齐一律和抽象性。因为作为单纯的环绕庇护的东西,

① 即肉体原形。

② 即上文(a)所已提到的"消极地挖去一些东西"和"积极的营造"的分别。

③ 加里亚(Karien)在小亚细亚,古希腊的殖民地。

④ 哈德里安(Hadrian),公元2世纪罗马皇帝,他的陵寝在罗马城内,圣安杰罗堡寨就用这个陵寝为基础。

⑤ 乌敦(W. Uhden),18世纪德国考古学者。

作为未经住在里面的精神灌注生气而成为本身具有个性的，即无机的自然，建筑就还只能有外在（即不由本身内容决定）的形状，而外在的形式就不是有机的，而只是抽象的，诉诸知解力的。不过金字塔尽管已开始获得住房的性质，真正的住房所用的直角形却还没有普遍地应用；金字塔还保持一种独立性，不只是按照它所服务的目的去造型的，因此它由基础到尖顶的循序渐进的形状单从本身看就是完整的。

c）到应用的建筑的过渡

从现在起，我们可以研究由独立的建筑艺术到真正的应用的建筑艺术的过渡。

这种过渡可以从两个出发点来看，一方面是象征型建筑，另一方面是需要和服务于需要的目的性。关于象征型建筑的结构，我们前此已讨论过，建筑的目的性只是次要的因素，只是一种外在的秩序安排。住房却形成另一极端，它要适应直接需要的要求，它要有木柱，或是直立的墙壁，上面架横梁，和墙壁成直角，梁上还架一个顶。毫无疑问，这种真正目的性的要求是由它本身决定的；但是问题的关键在于这样一个分别：我们马上就要当作古典型建筑艺术来讨论的那种真正的建筑是否只起于需要，还是起于上述独立的象征型建筑作品，这就是说，还是这类象征型作品本身就直接导致应用的建筑。

1）在建筑里一些完全只是适应目的和诉诸知解力的形式是由需要产生的，例如直线形，直角形和平滑的表面。因为在应用的建 筑里真正目的就是神像，或者说更确切一点，就是个别的人，是团体,是民族,他们聚居在一起,不只是为满足身体方面的需要,而是抱有一般的宗教的或政治的目的。他们特别直接需要替偶像,神像或是一般独立代表某一如在目前的圣物的形象,建立一种庇身之所。例如麦姆嫩像和狮身人首像之类是摆在露天里和丛林里,以自然为外围的。但是这类形体结构,尤其是具有人形的神像,毕竟不是直接从自然界借来的,而是属于想象的,是凭人的艺术活动才获得存在的。因此,它们单靠自然的外围还不够,还需要一种基地和一种环绕庇护的东西作为它们的外在因素,而这些外在因素也须是来自想象和凭艺术创作来形成的。神们只有在由艺术所造成的环境里才算居得其所。这种外在环境就不是本身自有目的,而是服务于另一目的,这才是它的本质性的目的,因此,它就受这种目的性的制约。

不过如果要使这些本来只服务于目的的形式提升到美,它们就不应停留在它们的原来的那种抽象性上,而是必须于对称与和谐之外,还现出有机,具体,本身完满和变化多方的性质。因此,人们就要考虑到单从目的性看则是多余的那些因素,要考虑到一些差异和定性以及有意的突出表现和塑造问题。例如横梁既按直线形伸延,两端却都要有终点,撑持横梁和屋顶的直柱也是如此,从地面达到它所撑持的横梁,也就达到终点。应用的建筑就要突出这些差异,通过艺术来就这些差异塑造形状;一个有机的结构,例如一棵植物或一个人,尽管也有上下之分,却从开始就是按有机的方式构成形状的,人有足和头之分,植物则有根和花蕾之分。

2)象征型建筑却与此相反,它多少以这种有机的形状构造为出发点;但是它在墙壁、门、横梁和方尖形石坊等方面,也还不能完全排除直线的和整齐一律的形状，如果它要按照建筑的方式把那些庞大的雕刻性的作品安装排列起来，它也必须求助于真正应用的建筑中的一些原则，如体积相等，行列成直线，前后有间隔之类，也就是说，要有规律和秩序。这样一来，象征型建筑就包含两套原则，①二者的统一才使它有可能既服务于它的目的，又显得美。不过在象征型建筑里这两方面还没有融成一体，而还是并列地摆在一起的。

3）因此，我们可以这样理解上述过渡：一方面前此独立的建筑艺术须按知解力的方式把有机界的一些形式加以改造成为整齐一律，使它们符合目的性，而另一方面单纯的符合目的性的形式也要转向有机界的原则。如果这两极端相遇而且互相转化，那就会产生真正的美的古典型建筑。

这种统一的实际产生可以很清楚地从我们在前此的建筑中已见到的一种变革中看出，那就是柱子。为着围绕屏障，墙壁固然是必要的，但是墙壁也可以是独立的（前文已举例证明过），不一定就完全能形成一种围绕屏障，除着四周有屏障以外，还要有一个重要的因素，即上面的屋顶。要盖屋顶，最简单的办法是用柱子。从这一点来看，柱子的基本的独特的功用就在于撑持。所以单就撑持来说，墙壁实在是多余的。因为撑持是一种机械的关系，属于重力和重力规律的范围。重量或一个物体的重心都集中在撑持物上面，这撑持物就使它保持平衡，不至倒塌。这就是柱子所做的事，用柱子撑持重力，显得把外在的工具节省到最低限度。浪费很大

① 一套原则来自自然界的有机的形体，一套原则来自几何学乃至力学的机械律，亦即来自建筑本身的要求。

的墙壁去撑持的东西只用很少的柱子就能撑持住，古典型建筑之所以具有高度的美，就因为它所竖立的柱子不多于实际撑持梁和顶所需要的。在真正的建筑里，柱子只是装饰，所以不属于真正的美。因此，纯粹独立的柱子不能实现柱子本来的职能。人们固然也竖立过纪功柱，例如著名的图拉真和拿破仑的纪功柱[①]，不过它们实际上只等于雕像的台座，而且还有浮雕，用来纪念和颂扬一个英雄，这个英雄的立像就由它们撑持起。

关于柱子，特别值得注意的是它在建筑发展过程中怎样挣脱具体的自然形状，然后才能获得既有规律而又符合目的的抽象的美的形状。

3a)因为独立的建筑从有机的形体出发，它可以利用人的形体，例如埃及的麦姆嫩像就部分地把石柱雕成人体形状。这种人体形状是多余的，因为人像本来不是用来撑持重量的。希腊人固然曾用卡里亚人像[②]来撑持重量，但是这种办法只能在少数情况下才使用。这种办法可以看作是对人的形体的滥用，所以卡里亚惕德像是些受压迫者的形象，她们的服装说明她们是奴隶，要撑持这种重担就是奴隶的一种负担。

3b)用作撑持重量的支柱所能采取的较自然的有机体形状是树和一般植物，一根主干或一根细弱的茎笔直地耸立，例如树干独立地支撑枝叶，谷秆独立地支撑穗，茎独立地支撑花。埃及建筑从自然界直接地采取这些形式，但是还不能自由地进行抽象

① 图拉真(Trajen)，公元前1世纪左右罗马皇帝，他的纪功柱在罗马图拉真广场中心；拿破仑的纪功柱就是巴黎的凯旋门。

② 卡里亚人(Karyatiden)，卡里亚是希腊的一个镇市，希腊建筑有时用卡里亚地方的女人像作支柱。

化。在支柱的形式方面，埃及的宫殿和庙宇的宏伟风格，它们的石柱行列的规模之大和数量之多以及整体的伟大气象，从来就使观众惊赞不置。从它们的千变万化的形状可以看出这些石柱是采用植物形状的，例如莲花和其它种类的花都被伸延成柱形。同一柱廊里的许多柱子形状并不一样，往往隔一根，两根或三根柱子轮流地换一个样式。德嫩① 在他的《埃及游记》里搜集了许多这种样式。整体还不是用诉诸知解力的整齐一律的形式；基础是用一种洋葱形（半球形），从根球上发出一种芦苇状的派生茎叶，或是像有些植物那样，有许多根球瓣卷在一起。所以石柱像细长的茎从这种球瓣基础上一直冲上去，有时不用直线而用螺旋的曲线，柱头也像一棵花连着纷披的枝叶。不过这种摹仿并不妙肖自然，而是植物形状服从建筑的结构，变成接近圆和直线之类有规律的几何图形，所以这类柱子从整体来看，很像一般所谓"阿拉伯式花纹"。

3c）这里应当约略地谈一下阿拉伯式花纹，因为它在概念（本质）上也属于由运用自然界有机形体于建筑转到真正的建筑的较严格的整齐一律的建筑之间的过渡阶段。但是建筑艺术如果在定性上变得自由了，它就会把阿拉伯花纹降低到装饰。阿拉伯式花纹主要是些皱缩的植物形状，或是由植物形状和动物与人的形状交织在一起，或是把植物形状歪曲成为动物形状。如果这类花纹具有象征的意义，它们就可以看作自然界的不同类的东西互相转变；如果没有这种象征的意义，它们就只是把各种自然界的形状任意加以组合，配合和分解的幻想游戏。这类建筑装饰给幻想提

① 德嫩（Denon，1747—1825），法国艺术批评家，著有《埃及游记》。

供了各种各样的用武之地,可以把器皿和服装,木块和石头都掺杂进去。它们的基本特征和基本形式是把植物,枝叶和花朵乃至动物变成接近无机的抽象的几何图案。因此,人们发见阿拉伯式花纹往往呆板而不忠实于有机体形状,而且经常谴责这种花纹以及运用它们的艺术,特别是绘画,尽管连拉斐尔也曾广泛地画过这种花纹,而且达到了最高度的优美,隽妙和丰富多彩的效果。无论从有机体的形状来看,还是从力学规律来看,阿拉伯式花纹当然都是违反自然的;不过这种违反自然不仅是一般艺术的权利,而且是建筑的职责,因为只有通过违反自然,本来不适合建筑艺术的生物形状才能适应真正的建筑风格,和它协调起来。这种适应用植物特别合式,而在东方大量地用在阿拉伯式花纹里的也正是植物,因为植物还不是能感觉的个体,本来就便于配合建筑的目的,它们生来就可以防风蔽雨遮太阳,而且植物在大体上还没有那些摆脱整齐一律而自由飘荡的线条。植物的叶子本来就已整齐一律,用在建筑里,还可以弄得更圆或更直一点,因此,凡是人们认为对植物形状是歪曲,不自然和呆板的东西都基本上应该看作适应真正建筑要求的一种适当的改造。

总之,从柱子就可以见出真正的建筑艺术从单纯的有机体的形状转到诉诸知解力的符合目的性,又从符合目的性转回到接近有机体的形状的过程。这里有两个出发点,一个是实际的需要,一个是建筑的不符合目的的独立性。我们在这里有必要提到这两个出发点,因为这两个原则的统一才是真实的。优美的石柱从自然形式出发,然后改造成为木柱,在形式上具有整齐一律和可理解性。

第二章　古典型建筑

建筑艺术到了获得符合它的本质的时候，它的作品就服务于一种非它本身所固有的目的和意义。它就变成一种无机的环绕物，一个按照重力规律来安排和建造起来的整体，这个整体的各种形式都要形成严格的整齐一律，直线形，直角形，圆形和一定的数量关系，由它本身界定的尺度以及谨严的规律性之类范畴。这种建筑的美就在于这种符合目的性本身；这种目的性已摆脱了有机的，精神的和象征的三种因素的直接混合；尽管是应用的，它却结合成一个本身完备的整体，通过它所有的形式使它的目的显得一目了然，而在它的这些关系的和谐配合中就把单纯的符合目的性提高到美。但是这个阶段的建筑仍然符合它的特有的概念（本质），因为它还不能单独地由它本身使精神性的东西获得恰当的实际存在，因而只能把外在的本无精神的东西改造成为对精神的东西的反映。

我们将按照以下的程序来研究这种既实用而又美的建筑：

第一，我们要确定这种建筑的一般的概念和性格；

其次，我们要研究古典型建筑中由目的决定的那些建筑形式具有哪些特殊的基本定性；

第三，我们可以约略地看一下古典型建筑所发展出来的那种具体现实情况。

对这几点我都不准备详细讨论,只讨论一些带有普遍性的东西,这方面在古典型建筑里比在象征型建筑里较为简单。

1. 古典型建筑的一般性格

a) 服务于一种确定的目的

按照我已屡次提到的原则,真正的建筑艺术的基本概念在于精神性的意义并不是单独地纳入建筑物本身,使建筑物因而成为内在意义的一种独立的象征,而是这种意义在建筑之外本来就已获得自由的存在了。这种存在可以有两种,一种是意义已由另一种较广泛的艺术(在真正的古典时期这主要是雕刻)独立地表现出来了,另一种是人在直接现实生活中已生动地认识到这种意义而且把它施诸实践了。此外,这两种意义还可以结合在一起。所以从前巴比伦,印度和埃及这些民族的东方式的建筑一方面用本身自有价值的形体,以象征的方式把他们所奉为绝对和真实的东西表现出来,而另一方面不管人物已死,还把他的外在的自然形体保存下来,用建筑把它围绕起来,而现在古典型建筑却不然,精神性的意义已是**独立存在的**(或是凭艺术,或是在实际生活中),和建筑物是**分割开来的**,建筑就要为这种精神性的东西服务,这种精神性的东西就成了建筑的真正的意义和确定的目的。因此在古典型建筑中这个目的是统治一切的因素,它支配着全部作品,决定着作品的基本形状和轮廓,不像象征型建筑那样一方面听任媒介材料,另一方面听任幻想和主观任意性,自由独立地发挥它们的作用,也不像浪漫型建筑那样离开目的性,发展出多种多样的对目的来说是多

余的细节和形式。

b）建筑物符合目的

关于这种建筑物要提出的第一个问题就是它的目的和使命以及它所由建立的环境。要使建筑结构适合这种环境，要注意到气候，地位和四周的自然风景，在结合目的来考虑这一切因素之中，创造出一个自由的统一的整体，这就是建筑的普遍课题，建筑师的才智就要对这个课题的完满解决上见出。在希腊，建筑艺术的主要对象是公共建筑、庙宇、石柱廊和门廊，供人们休息和散步，还有门廊连林荫大道的建筑，例如著名的雅典城堡前的大道①；至于私人住宅却很简单。在罗马，情况却相反，私人的房屋，特别是别墅，都很豪华，皇帝的宫殿、公共澡堂、剧场、马戏场、露天剧场、水渠和喷水池也是如此。但是这类建筑完全以功用为指导原则，美多少只占装饰的地位。所以在这个领域里最自由的目的是宗教的目的，体现于庙宇，即一个主体的庇身之所，这个主体本身原已属于艺术，由雕刻塑造为神像。

c）房屋作为基本类型

在这些目的方面，真正的建筑比起前一阶段的直接从自然界借用有机形状的象征型建筑较为自由，甚至比起雕刻也较为自由，因为雕刻不得不用现成的人体形象，不得不适应人体形象及其既定的一般情况，而古典型建筑对于它的形式及其形状结构则根据

---

①　雅典城堡（Akropolis）在雅典城中心，高约一千尺，门廊前有一条林荫大道，叫做 Propylaea。

内容或精神性的目的创造出来,至于形象也不是根据蓝本而是根据人的知解力创造出来的。但是这种较大的自由也只是相对的,适用范围是受到局限的。古典型建筑艺术的处理方式,由于它所用的那些形式是诉诸知解力的,在大体上仍不免抽象和枯燥。

弗列德里希·许莱格尔曾经把建筑比作冻结的音乐,实际上这两种艺术都要靠各种比例关系的和谐,而这些比例关系都可以归结到数,因此在基本特点上都是容易了解的。像上文已经说过的,在房屋是对这些基本特点及其体现于单纯,严肃,宏伟和秀美动人之类风格的不同比例关系提供主要定性的是房屋本身:它的墙,柱和梁都配合成为完全可以理解的结晶体的形式。这些比例关系的性质是不能归结为数目和尺寸的。但是举例来说,一个直角长方形比起正方形较能引起快感,因为在长方形之中,相同之中有不同。如果一个体积中长倍于宽,这个关系就是令人愉快的①;反之,长而细就是不能令人愉快的。同理,支撑物和被支撑物之间的力学比例关系也须按照正确的尺度和规律,例如粗重的柱头放在细弱苗条的柱子上,或是让庞大的台基负荷很轻巧的建筑,都是不合式的。在建筑中宽对长和高的比例关系,柱子的高对粗的比例关系,柱子之间的间隔和数目,装饰的简单或繁复,在如此等类的一切比例关系上,古代建筑中都隐含着一种和谐,特别是希腊人对于这种和谐有正确的体会,他们在个别细节上有时也背离这个和谐原则,但是在大体上他们总是要顾到一些基本的比例关系,不肯越出美的界限。

① 例如所谓"黄金段"。

2. 建筑形式的一些特殊的基本定性

a）木料建筑和石头建筑

上文已提到人们长久以来在争辩是木料建筑还是石头建筑形成了建筑的起点，这种材料方面的差异是否影响到建筑的形式。就真正的建筑艺术来说，由于它要按照目的性原则而且要把房屋这个基本类型建造得美，木料建筑可以看作更为原始的。

希尔特采取了维屈鲁浮斯①的看法，就下过这样的结论，而且常因此受到攻击。我想就这个久经争论的问题简略地提供一点意见。流行的研究方法是找出一种抽象的简单规律来解释假定已经发见到的具体事实。希尔特就是用这种方法设法找出希腊建筑所自出的基础典范，也就是他的理论，它的解剖轮廓。根据形式以及和形式协调一致的材料，他发见到这种基础典范就是房屋和木料建筑。房屋当然是建造来供人居住和防御风雨寒暑以及动物和人的，它就需要一个完整的围绕遮蔽的场所，以便一个家庭或更大的人群单独地聚居在一起，和周围世界隔开，来满足他们的需要和进行他们的活动。房屋完全是一种有目的的结构，由人按照人的目的而建造出来的。人在这上面要按照多种多样的目的，进行多种多样的工作，使整个结构中各部分按照重力规律的要求，互相配合或互相推拒，以便达到稳定和牢固，还要便于关闭，不但使倾斜的部分得到支撑，还要使横平的部分维持横平，使交结在一起的部分形成适当的角度和缝口，如此等等。房屋固然也要求有一种完整

① 见第 29 页注。

的围绕遮蔽,墙壁对此是最有用最稳妥的,从这方面来看,石头建筑像是比较符合目的;但是墙壁也可以用并列成行的柱子来代替,上面架梁,而梁又可以使支撑它们的直柱联系在一起和稳定住。最后在这梁架上面又盖上屋顶。但是在庙宇建筑里,关键并不在围绕遮蔽而在支撑物和被支撑物之间的比例关系。为着把这种力学的比例关系调整好,木料结构显得是最轻便也是最自然的。作为支撑物的柱子也需要有一种东西把它们联系在一起,而它们所支撑的横梁就起了这种联系作用。直柱和横梁就成为庙宇建筑的基本定性(特征)。木料结构最宜于这种分割与结合以及适应目的的配搭,必要的材料又可以直接从树上取来。一棵树不需要很大的加工就可造成柱和梁,因为它本身已有一定的形式,零散的木段多少已是直线形的,可以很容易地构成直角锐角或钝角,来造成角柱,支柱,横梁和顶。石头却不然,它本来就没有固定的形状,比起树来,它是一堆无形式的物质,须先按照目的把它分割开来,经过打磨,才可以并列在一起或叠在一起,来构成整体。它需要经过许多操作手续,然后才能获得木料生来就有的形状和适应性。

此外,在形成巨大体积堆的地方,石头便于凿洞穴,而且由于生来就是相对地无形式的,可以打磨成任何形状,所以它既宜用于象征型建筑,又宜用于浪漫型建筑及其信任幻想的形式。至于木料则由于树的茎干生来就是直线形的,却宜于达到古典型建筑所根据的较谨严的符合目的性和便于理解的原则。从这个观点来看,木料建筑在独立的建筑艺术里要占优势,尽管埃及人用石板包裹柱廊,其实木料却能更轻便更自然地满足这种需要。另一方面,古典型建筑也并不是只限于木料建筑,只要能产生美的效果,它也采用石头，不过一方面要在建筑形式上见出原始木料建筑的原则，尽管另一方面也加进去一些不属于单纯的木料建筑的特征。

b）庙宇的特殊形式

关于房屋作为基本类型所具有的而庙宇也有的一些特殊的要素，应该提到的重要方面可简述如下：

就房屋本身所特有的力学的比例关系来看，上文已经说过，它一方面有支撑物，是按照建筑方式来造型的物质堆，另一方面有被支撑物，这两方面结合起来才达到坚固和稳定。此外还加上第三个因素，即围绕遮蔽和按照长宽高的三度体积来定的界限。一个建筑结构，作为一些不同要素的互相配合，是一个具体的整体，它须在本身上显出这一点。这里就产生出一些本质性的差异，这些差异既表现在房屋的特殊性格和特别的形成方式上，也表现在各部分的凭知解力的配合上。

1）从这方面看，最重要的一点就是支撑物。一谈到支撑物，我们就很容易根据近代的需要，习惯地想到最牢固最安全的支撑物是墙壁。我们前已说过，墙壁的独特功用并不在支撑，而主要地在围绕遮蔽和界限，所以它在浪漫型建筑中形成一个占优势的因素。希腊建筑的特点却在于它造出一种专为支撑用的是柱①，它运用柱来实现建筑的目的性，同时也产生美。

1a）柱子除支撑以外，别无其它功用，尽管依直线排列的一行石柱也可以标志界限，它却不能像墙壁那样起围绕遮蔽的作用，而

① 汉语只用公名“柱”，西方 Säule 与 Pfeste 有别，前者是石柱，大半是圆的，后者是木柱，大半是方的。

是有意地被安置在离开墙壁的地方,成为自由独立的东西。柱子的独特的目的是支撑,所以柱子对所支撑的重量的比例关系须令人一眼就得出它们的符合目的性,因此柱子既不宜太粗壮,也不宜太纤弱;既不宜显得很局促,也不宜很轻巧地扶摇直上,仿佛和它所支撑的重量在玩把戏。

1b) 石柱一方面既不同于围绕遮蔽的墙壁,另一方面也不同于单纯的木柱。木柱一头埋到地里,另一头到它所支撑的重载安放的地方就到了终点。因此,它的确定的长度,它的起点和终点,仿佛是由另一物所划定的消极的界限,是一种不由它本身决定的偶然的定性。但是起始和终止却是支撑的石柱本身所固有的定性,所以应该显出它们是由石柱本身决定的因素。就是因为这个缘故,发展成熟的美的建筑在石柱下端安柱基,上端安柱头,在塔斯康①柱式里固然没有柱基,柱子就直接插进土里,但是它的长度因此看来好像是偶然的,人们看不出柱子是否由它所支撑的重载压下去,埋在地下的部分究竟有多么深。为着避免使柱子的起点显得不确定和偶然,它就应该有特意设立的基脚,使人明白地认出这是它的起点。艺术因此一方面指点出:“石柱从这里开始”,另一方面使柱子的稳定与安全成为可以眼见的,眼睛因此也仿佛安定下来。为着同样的理由,艺术让柱子终于柱头,柱头既标志出柱子的支撑任务,也指点出:“柱子到此为止。”这种着意安排的起点与终点的考虑就说明了柱基和柱头之所以存在的深刻理由。这就像音乐里的旋律要有一种明确的结束,也像书里一句话要用一个大字母开头,用一个句点符号结尾,在中世纪句首的大字母还特别放

① 塔斯康,意大利北部地区。

大而且用彩色加以美化，句尾也有同样的装饰，为的是要突出起点和终点。所以尽管柱基和柱头越出了实际的需要，我们却不应把它们看成一种多余的装饰，也不应认为它们起源于埃及柱的蓝本，因为埃及柱还是摹仿植物形态的。有机的形体结构，像雕刻在动物像和人像上所表现的，在它们的自由的轮廓上自有起点和终点，有理性的有机体本身就有由内在因素决定的形状的界限，建筑却不然，它没有别的东西来界定柱子和形状，只有支撑物的力学的定性以及由地面到柱子和所支撑的重载的接触点之间的距离。至于这一力学定性所包括的一些特殊因素却要由艺术来塑造和显现出来，因为这些因素就是柱子的因素。所以柱子的确定的长度和上下两头的界限以及它怎样支撑的情况就不应显得是偶然由外因决定的，而是应该表现为由柱子本身决定的。

关于柱基和柱头以外的柱子的其它形状，头一层它是圆形的，因为它应该自由独立完备自足地站在那里。圆形是本身最单纯的完满自足的，凭知解力界定的最有规律的线形。因此，柱子在形状上就已显示出如果它和一系列的其它柱子一根接着一根地排列成行，并不能形成一个平面，——不像锯成直角形的方柱并列在一起就可形成墙壁——而是只有一个目的，只限于支撑。此外，柱子从平地上升到它的长度的三分之一时，就变细，显得苗条，因为下部要负荷上部的重量，这种力学的比例关系也须在柱子上面表现出来，使人可以看出。最后，柱子往往有垂直的槽纹，一方面是为着使简单的形状有些变化，另一方面在必要时使柱子显得比实际上要粗壮一点。

1c)尽管柱子是每根各自独立的，它毕竟还要显出竖立它并不是单为它本身而是为它所要支撑的体积。就房屋周围各边都要有一个界限来说,单独的柱子还不够,还要有别的柱子和它并排立起,因此柱子就有一个基本的定性,须排成行列。如果有许多柱子共同支撑同一重载,这就要求它们有同样的高度,而且所支撑的横梁就成为把它们互相结合起来的手段。这就使我们由支撑的直柱转到和它对立的被支撑的横梁。

2) 柱子所支撑的是安置在上面的梁架。这方面最重要的关系是直角形的性质。无论是和地面,还是和梁架,支撑的柱子都要形成直角形,因为按照重力的规律,横平的位置是唯一的稳妥适合的位置,而直角则是唯一的牢固明确的角度;锐角和钝角都是不确定的,度数可大可小,所以带有偶然性。

梁架的组成部分可以细分如下:

2a) 轮台(也就是主梁)直接安置在一行齐高的柱子上把整行柱子结合在一起,对它们施同等重压。作为单纯的横梁,轮台只需要四面平直,相交成直角的抽象的整齐一律的形状。但是轮台一方面是被柱子支撑的,另一方面它本身又要支撑梁架上其余部分[①],所以发展较完备的建筑也要把主梁的这双重功用显示出来,在它上面安置凸出来的侧板以及用其它办法,来表示它还要撑持上面的部分。所以从这方面看,和主梁发生关系的不仅有支撑它的柱子,还有它所支撑的重载。

---

① 西方建筑柱头(Kapitell)上承梁架(Gebälk)。梁架分三层,最低一层与柱头交接处叫做轮台(Architrev),原义为主梁,其实是主梁的尽头。中层紧接着轮台,叫做线盘(Fries),有平整的,也有刻成三条垂直的槽纹的,叫做三棱槽(Triglyph)。线盘一般是雕花最多的部分。上层紧接着线盘,叫做飞檐(Karnies),上与屋檐相接,往往雕成波浪纹,是梁架最凸出的部分。

2b）这种重载之中首先是线盘，线盘也叫花边，有两个组成部分，一个是安置在主梁上的小托梁的尽头，一个是这些尽头之间的空间，因此线盘比起轮台有较重要的差异或显出较多的变化，它须把这些差异或变化突出地显示出来，特别是当建筑已用石头为材料，却还比较严格地遵守木料建筑的基本类型的时候。这就产生了三棱槽和槽隙[①]的分别。三棱槽是雕成三条槽的横梁尽头，槽隙是槽纹与槽纹之间的四角形的空间。在最早的时代，这些空间可能是空着的，后来才雕满了浮雕，作为装饰。

2c）线盘安置在主梁上面，它本身上面又安置着飞檐。飞檐的功用在撑持屋顶，屋顶是整座房屋上部的终点。这里有一个问题：这个终点界限应该采用什么样式？可以有两种样式，一种是成直角的平顶，另一种是成钝角或锐角的尖顶。如果我们只从需要来考虑，南方人很少受暴雨和狂风的侵袭，要防御的只有太阳，所以对于他们来说，成直角的平顶仿佛就足以满足需要了。至于北方人却要防常要下的雨，还要防雪在屋顶上压得太重，所以他们需要倾斜的尖顶。但是在美的艺术里起决定作用的并不只是需要；作为艺术，它还要满足美与快感的更深刻的要求。从地面向高处耸立的东西必须表现为具有基脚让它可以站在上面而且得到支撑；此外，真正的建筑所用的柱子和墙壁也使我们从物质手段上体会到支撑作用。房屋上部分的顶却不再起支撑作用，而只是被支撑。这一特点也必须在屋顶本身上显出来，这就是说，它必须造成不能再起支撑作用的形状，因此，须形成一个角，无论是锐角还是钝角。所以古代庙宇都不用平顶，而使顶的前后两部分相交成钝角，一座

① 槽隙（Metope），即两槽纹之间的空间。

建筑这样结束，是符合美的。因为平顶不能产生已完成的整体的印象，一个平面不管地位多么高，总是还能支撑重量，而尖顶的倾斜面相交的线形却不能支撑重量。在绘画中我们喜欢人物组合形成金字塔形(锥形)，道理也是一样。

3) 我们要研究的最后一个功用就是围绕遮蔽，也就是墙和壁。石柱固然能支撑和划界限，但是不能围绕遮蔽；石柱所界定的空间和由墙壁围封起来的室内空间简直是对立面。所以要有完整无缺的围封，就要用很厚的牢固的墙壁。庙宇建筑的实际情况就是如此。

3a) 关于墙壁，要说的只有一点：它必须是直线形的，平整的而且垂直的，因为形成锐角或钝角的斜墙就会产生势将倒塌的印象，而且没有一个永远固定的方向，锐角和钝角在角度上都有很多的分别，它用这个角度而不用那个角度，就显得是偶然的。凭知解力的规律性和目的性都要求墙壁形成直角。

3b) 由于墙壁既能支撑，也能围绕遮蔽，而我们已把单纯的支撑视为柱子的专职，这就产生一种看法，以为在既需要支撑又需要围绕遮蔽的地方，就可以竖立一行柱子，用厚墙把它们联成一种屏障，半露柱①就是从这种看法产生出来的。例如希尔特就采纳了维屈鲁浮斯的看法，认为原始建筑物从竖立四根角柱开始。如果后来发现有围绕遮蔽的需要，如果同时又有柱子的需要，当然就会把柱子嵌在墙壁里。可以找到证据来证明远古时代就已有半露柱。希尔特说(《根据古代基本原则的建筑艺术》，柏林，1808 年，111 页)：“半露柱的运用和建筑艺术本身是同样古老的，起源都可以追

① 半露柱嵌在墙壁里，有一半露出来。

溯到这样一种情况：柱子和柱拱撑持着梁架和屋顶，但是此外还有防风蔽雨遮太阳的必要。”既然原来的柱子已足以撑持住房屋，建造墙壁就不必像柱子那么粗，也不必用柱子的那样牢固的材料，因此，柱子总是露到墙壁浮面之外的。这种起源的理由也许是正确的，但是半露柱毕竟是引起反感的，因为这种结构把两个对立的设有内在必然联系的目的并列在一起，把它们混淆起来。人们如果认为严格地从木料建筑出发，柱子本身的基本功用就是围绕遮蔽，他们当然也就可以为半露柱辩护。但是如果这样看，厚墙里安石柱就没有意义，石柱就被降低到方形木柱的地位。真正的柱子在本质上是圆的，本身完满自足的，凭这种完满自足的状态就足以使人见出它不宜于平面形，因而也就不宜嵌在墙壁里。所以如果要在墙壁里安支柱，这种支柱就必须和墙壁一样是平面形的，不能是圆柱。

歌德在一七七三年《论德国建筑艺术》一篇青年时代论文里就已发出这样的呼吁：“近代法国卖弄哲学的艺术行家，你说第一个近于需要而进行创造发明的人拿四根树桩插到地里，然后在上面绑上四根竿子，盖上树枝和苔藓，这和我们有什么相干！而且你说这就是世界上最早的茅屋，这话也不正确。前面竖两根在顶上交叉的竿子，后面也竖两根在顶上交叉的竿子，然后再用一根竿子搭在两个交叉处，就成了脊梁，这是一个更早的发明创造，你每天从田野里和种葡萄的山冈上那些草屋都可以看出，但是你无法从这里找到你的猪栏的原型！”歌德在这里要证明在以单纯的围绕遮蔽为基本目的的建筑物里，嵌在墙壁里的柱子是毫无意义的。这并非说他看不出柱子的美，相反地，他对柱子却很赞扬。他接着说，“当心不要乱用柱子,柱子在本质上要自由地站着。谁若是把这样苗条的东西埋在老厚的墙壁里,谁就该倒霉!”接着他谈到真正的中世纪的和近代的建筑艺术说,“柱子并不是我们近代住房的一个组成部分:毋宁说,它和近代一切建筑的本质是互相矛盾的。近代的住房并不起源于四角四柱,而是起源于四边四壁,四壁就代替一切柱子,而且排除一切柱子,哪里有柱子,看起来就是一种笨重的赘瘤。这话也适用于我们近代的宫殿和教堂,除掉在这里不用注意的少数例外。”这番话是根据事实的独到见解,道破了关于柱子的正确原则。柱子的基脚立在墙壁前面,离开墙壁而独立。在较新式的建筑里我们固然常看到方形半露柱的运用,但是人们把这些看作过去柱子的粗略摹仿,它们不是圆形而是平面形的。

3c) 从此可见,尽管墙壁也能支撑,因为支撑已由柱子独立地胜任,墙壁在发展较完备的古典型建筑里就以围绕遮蔽为目的。如果墙壁也像石柱用来支撑,石柱就没有它们所特有的功用,而不同的部分理应有不同的功用,这样一来,墙壁究竟应该起什么作用的观念就不免混淆不清了。所以在供神像的庙宇[①]正殿里,我们发见到主要目的是在围绕遮蔽,上部往往是露天的。如果有屋顶的要求,它就应有独立的支撑物,这才符合较高的美。因为把梁架和屋顶直接安放在目的在围绕遮蔽的墙壁上,这只是迫于需要,不是出于自由的建筑美;古典型建筑不需要墙壁来担负支撑的任务,用墙壁就不符合目的,就会增添不必要的设施和浪费。

以上就是古典型建筑处在它的特殊地位中所应分析的一些基本定性(特征)。

① 法译作希腊庙宇。

c）古典型的庙宇，作为整体来看

尽管我们一方面定下一个基本原则，要求上文已约略提到的那些差异面须显出它们的差异，另一方面这些差异面也有必要结合成为一个整体。在建筑里这种结合主要地只能涉及排列，组合以及一种始终一致的和谐与妥当的尺寸比例。现在我们约略谈一谈这一方面，作为结束。

一般说来，希腊庙宇建筑的面貌是令人心满意足的，或则说，令人感觉恰到好处的。

1）看不出有什么争高出奇的东西，全体向长宽两方面伸展出去，并不向上挺出。如果要巡视正面结构，眼睛用不着着意抬起来看，却自然而然地被正面的宽吸引住了，不像中世纪德国建筑艺术那样冲破尺度比例，腾空耸立，显得非常高。古代人把宽看作主要的，因为宽显得安稳地植基于大地上；至于房子的高度则以人的高度为准，而且高度的增加总是只随着宽度和长度的增加。

2）此外，装饰总是以不损害简单朴素的印象为度。建筑也有许多地方要靠装饰。古代人，特别是希腊人，在这方面总是保持最美的尺度。例如一块通体简单的大平面或一条通体简单的长线，看起来不如加一点变化或来一点中断时那么大，那么长，因为变化或中断就使观者的眼睛觉得有了一种较明确的尺度。但是这种划分和装饰如果弄得过分琐细，观者就只看到这种杂多的琐细方面，比例关系和体积方面的最宏伟的东西就显得遭到破灭了。所以古代人在建筑施工中大体上既不用这种方法来使建筑物的尺度显得比实际较大，也不利用中断和装饰来把整体划分为若干片段，使每部分都很小,各部分又缺乏把全体贯串起来的统一,因而整体就显得很小。他们的完美的作品也既不只是一大堆材料堆砌在地面上,显得很局促,又不是一直冲到上空,使高与宽不相称,而是在这种比例关系方面保持恰到好处的中庸,使简单朴素之中寓有符合尺度的丰富多彩。特别是整体及其简单的个别细节的基本原则在一切方面表现得最清楚,而且对形体结构的个别细节起着统治作用,正如在古典理想里,普遍性的实体统治着它所赋予生命的偶然的特殊的事物,有力地使它们和自己协调一致。

3) 关于庙宇各部分的安排和划分,可以看出发展中的一个重要阶段,另一方面也可以看出很多的东西仍然是传统的。这里我们所要关心的主要因素只限于用墙壁围起来的供神像的中心小殿,前殿和后殿以及环绕全部建筑的柱廊。原来的类型是一套前殿和后殿,前面竖一行柱子,这就是维屈鲁浮斯所说的“前后柱廊”(Amphiprostile),后来前面又加上走廊,两边各有一行柱子;最后发展到最高阶段,全庙区都用双行柱廊围着,在三殿内部也加上双行柱廊,和墙壁隔开,和殿外的柱廊一样,是作为走道用的;维屈鲁浮斯曾举过两座这种庙宇的例子,雅典的护神雅典娜的八柱庙和奥林普斯的雷神的十柱庙(希尔特《建筑史》,卷三,14—18 页以及 151 页)。

我们在这里不谈柱子的数目,它们彼此之间的距离以及它们和墙壁之间的距离之类较细微的差异,且谈一下柱廊和前殿之类一般对于希腊庙宇的真正意义。

在这些直接通到外面空地的柱廊和前后柱廊里,这些单行柱廊和双行柱廊里,我们可以看到游人随意散步,有时散开,有时偶然聚在一起；因为柱子一般不是用来围绕遮蔽，而是用来划定界限，在柱廊中行走时人是一半在内，一半在外，至少是可以随时直接走到空地里。同理，柱廊背后的长墙也不容许拥挤的游人集中到一个中心点，在柱廊里人满时把游人的视线都吸引到这一点来，相反地，游人的眼睛不至落到这种集中点而是可以朝四面八方去看，这就使我们得到一个印象，这些游人并不是为同一目的在这里集会，而只是闲散无事，随便散步聊天，消遣寻乐。在墙壁以内，当然可以猜想到，气氛远较郑重严肃，但是在这些柱廊里，我们多少是在注意外面宽敞的环境（在建筑得很完善的庙宇里特别如此），这就说明游人在这里不那么严肃认真。所以这种庙宇所产生的印象固然是简单而宏伟的，同时却也热闹，爽朗和令人心旷神怡，因为整座建筑的布置与其说是让人们集中到这里，与世隔绝，不如说是让人们进进出出，走来走去，随意游息。

3. 古典型建筑的各种建筑方式

如果我们在结束时看一看使古典型建筑分成几个基本类型的几种不同的建筑方式，以下就是应该着重的几个差异。

a) 道芮斯，伊俄尼亚和科林特三种柱式[①]

建筑风格上的差异最突出地表现在柱子上面，我们在这里只

① 道芮斯（Doris），希腊北部小山城；伊俄尼亚（Ionia）在小亚细亚西海岸上，古希腊的殖民地；科林特（Corinthia）在希腊北部一个半岛上。这三种古典型建筑的风格差异主要从柱子上见出。

提各种柱式的主要特征。

最著名的柱式有道芮斯，伊俄尼亚和科林特三种，这些柱式在美和符合目的性两方面不但是空前的，而且是绝后的。因为前此的塔斯康的建筑风格以及据希尔特所描绘的远古希腊建筑风格(《建筑史》，卷一，251 页)都很简单粗糙，属于原始的简单的木料建筑范畴而不属于美的建筑范畴；至于后此所谓罗马柱式只是在柯林特柱式上再加上一些雕饰，没有什么重要性。

柱式的要点涉及高度与粗度的比例关系，柱基和柱头的差异以及柱与柱之间的不同距离。关于第一点，如果柱的高度比它的直径(粗度)大不到四倍，柱子就会显得矮胖而局促；反之，如果柱的高度比它的直径大到十倍，柱子也就会显得过于细弱，不符合支撑的目的性。与此密切相关的是柱子与柱子之间的距离；如果要柱子看起来显得粗，它们就应摆得靠近一些；如果要柱子看起来显得苗条细弱，它们彼此就应隔得远一些。同样重要的还有柱子应不应该有基脚，柱头应当高还应当低，要不要雕饰这类问题，因为这些差异会完全改变柱子的性格。关于柱身有一条规律，它应该光滑，不雕花，不过上下不能一样粗，由下中部到上部要逐渐变细些，因此实际上有一种膨胀，尽管看不出来。后来到了中世纪末期，人们把古代柱式借用到基督教的建筑上去，嫌柱身光滑太枯燥无味，于是在柱身周围雕上花圈，或是把柱身雕成螺旋纹。这种办法是不合式的，违反真正审美趣味的，因为柱子的唯一任务在支撑，就应该牢固地，笔直地，而且独立地耸立上腾。古代人只许在一点上破坏规律，那就是在柱身上雕垂直的槽纹，据维屈鲁浮斯说，有槽纹的柱子比光滑的柱子显得粗些。这种雕槽纹的办法用

得很广。

关于道芮斯，伊俄尼亚和科林特的柱式和建筑风格的较明确的差异，现在只提以下几个要点。

1）在原始建筑结构里，安稳是基本的定性，建筑就止于安稳，因此还不敢追求苗条的形式和较大胆的轻巧，而只满足于一些笨重的形式。道芮斯建筑风格就是如此，其中材料还凭它的重量发挥最大的影响，特别在粗度与高度的比例关系上显得突出。如果一座建筑物轻巧而自由地腾空直上，大堆材料的重量就显得已经得到克服；反之，如果它粗而又矮，它就会像道芮斯建筑风格那样，使人感觉到它的基本特征是受重量控制的稳定和坚牢。

道芮斯柱式具有这种性格，所以比起其它柱式，它是最粗又最矮的。最早的道芮斯的柱子高度大于下部直径仅六倍，甚至有些只到四倍，因此它凭它的笨重所给人的印象是严肃的，朴质无华的男人气概，例如帕斯图姆①和科林特的庙宇可以为证。晚期的道芮斯柱达到高度大于直径七倍，据维屈鲁浮斯，庙宇以外的建筑可以大到七倍半。不过一般说来，道芮斯建筑风格的特点在于最接近木料建筑的原始的朴素，尽管比起塔斯康的建筑风格，较易接受装饰和美化。这类柱子几乎完全不用柱基，直接竖在地基上，至于柱头则用最简单的方式把薄石板和凸盘嵌在一起。柱身有时是平滑的，有时雕成二十条槽纹，柱下部约全柱三分之一的地位槽纹很浅，几乎是平的，以上才雕深些。（希尔特：《根据古代原则的建筑艺术》，54 页）关于柱与柱之间的距离，从较古的纪念坊来看，是柱的直径的两倍，少数到两倍半。

① 帕斯图姆（Pästum）在意大利南部，古希腊殖民地。

道芮斯建筑风格的另一特点也接近木料建筑的类型,那就是三棱槽和槽隙。三棱槽是线盘的一部分,雕成三棱形,嵌入主梁的尽头或轮台,至于槽隙则塞住上下梁之间的空间,在道芮斯建筑样式里还保持着正方形。作为雕饰,它们上面往往刻上浮雕,而在轮台上的三棱槽之下以及上面的飞檐的朝下的平面上还嵌上六个小圆锥体,作为装饰。

2) 如果道芮斯风格就已发展到坚固与悦目的结合,伊俄尼亚式建筑却向前更进一步,发展到苗条和秀美动人的类型(尽管还很简单)。柱子的高度比起下部直径(粗度)要大七倍到十倍。根据维屈鲁浮斯,柱子的高度主要取决于柱与柱之间的距离,因为这种距离大,柱子就显得细而高,反之,如果距离小,柱子就显得粗而矮。因此,为着避免过细或过粗,建筑师就不得在柱子过细时就降低高度,在柱子过粗时就增加高度。如果柱与柱之间的距离大于柱的直径(粗度)三倍以上,它们的高度就只能等于直径的八倍,如果距离等于直径的二又四分之一倍到三倍,它们的高度就应等于直径的八倍半。但是如果距离等于直径的两倍,高度就应该是直径的九倍半;如果距离等于直径的长度加一半(这是最短的距离),高度就应该升到直径的十倍。不过后面的这几种比例是很少见的,根据留存下来的伊俄尼亚式的建筑杰作来看,古代人很少用更高的柱子尺寸比例。

伊俄尼亚式与道芮斯式的另一异点在于伊俄尼亚式的柱子不像道芮斯式的柱子那样直接从地基上竖起,而是竖在一种具有几个组成部分的柱基上,柱身有二十四条槽纹,比道芮斯式的槽纹雕得较深,它比道芮斯柱也略微变细了,以细而长的苗条姿态一直上

升到柱头。如果拿艾菲苏斯[①]的伊俄尼亚式的庙宇和帕斯图姆的道芮斯式的庙宇作一对比，这种差异就显得很突出。伊俄尼亚式的柱头在丰富多彩和秀美方面也前进了一步。不仅有雕花的凸盘，小石杆和薄石板，而且左右两边还有螺旋线纹，边缘还有坐垫状的雕饰，因此叫做坐垫式的柱头。坐垫上的螺旋皱纹标志柱子的终点，柱子如果再上升，就得弯曲。

由于柱子具有这种苗条悦目的姿态和雕饰，伊俄尼亚的建筑风格也要求降低梁架的重量，以便在这方面也加深秀美的印象。它比起道芮斯的建筑风格离木料建筑较远，所以放弃了光滑线盘上的三棱槽和槽隙，而用花环把供祭的动物的头颅联在一起，作为它的主要的雕饰（希尔特：《建筑史》，卷一，254 页）。

3）最后，关于科林特的建筑风格，它沿用伊俄尼亚的建筑风格作为它的基础，还是细而长，但是雕饰得更富丽，显出更高的审美趣味。它也还是满足于沿袭木料建筑的复杂而明确的组成部分，不过露不出沿袭的痕迹来，因为它用了各种雕饰，它在梁上和檐板上加上复杂的雕花的嵌板和嵌条，用了檐沟和泻水槽，结构复杂的柱基和雕饰得较富丽的柱头，在这些方面它都表现出它下了很多工夫要显出一些悦目的特点。

科林特柱固然不高于伊俄尼亚柱，一般也有同样槽纹，高度只等于下部直径八倍或九倍，但是由于柱头较高，看来却较苗条，特别是较富丽，柱头高度超过下部直径八分之一倍，而在四角中的每一角都有较细长的螺旋纹，因此就不用坐垫状的雕饰。关于这一

① 艾菲苏斯（Ephesus）小亚细亚西海岸上伊俄尼亚的主要城市。

点,希腊人有一个很美的故事。据说一位特别美的女郎死了,她的保姆把她生前的玩具搜集起来放在一个小篮子里,摆在她的坟墓上,那里就长起来一棵莨菪花。叶子不久就把小篮子环绕起,这就使人想到这种形状可以用作柱头。

关于科林特风格和道芮斯与伊俄尼亚两种风格的其它异点,我在这里只提一下飞檐下面的雕得很精美的椽头以及檐沟上一些凸出的部分和檐板上雕的齿状纹和小支柱。

b) 罗马的拱形和圆顶结构

罗马建筑艺术可以看作介乎希腊的和基督教的建筑艺术之间的一种中间形式,从它开始运用**拱形**和**圆顶**这一点上可以见出。

拱形结构最初发明在何时,这问题还没有确定的答复。但是有一点却可以确定,埃及人尽管在建筑方面有很大的发展,他们还不知道用圆拱形和圆顶, 巴比伦人,以色列人和腓尼基人也是如此。埃及建筑中的纪念坊只能说明埃及人在需要盖屋顶时只知道在巨大的石柱上横铺石板,就像架梁一样。如果他们需要替很宽的入口或桥洞盖圆拱顶,他们所知道的方法只有一种,就是使一块石头在两边都凸出一点,上面砌上另一块两边更加凸出,如此逐层往上砌,直到最后只需要一块石头把缝口合起来。如果他们不使用这种权宜之计,他们就用两块大石板互相斜撑起,就像竖人字椽那样。

在希腊建筑中可以找到用圆拱形结构的例子,但是毕竟很少,写过最好的关于古代建筑和建筑史的作者希尔特认为这类用圆拱形的希腊建筑之中没有一座有确凿的证据能证明它们的年代早于庇理克勒斯[①]。希腊建筑中最能见出特征的而且也发展完备的是柱子和横平地摆着的梁架，所以柱子除掉用来支撑梁架（这是它的真正功用）以外就很少作别用。但是在两根柱子上所盖的圆顶或穹隆形的东西是一种新的发展，因为柱子已开始放弃它的支撑的职能了。因为圆拱形由一边向上斜升，中经弯曲，再由另一边向下斜降，是依圆心为转移的，而圆心与支撑的柱子却毫不相干。一个圆形的各部分是互相支撑又互相受支撑的，所以它用不着柱和梁的帮助。

在罗马建筑里，上文已经说过，拱形结构和圆顶是很常见的；如果我们完全相信后来的证据，还有一些遗迹必须归到罗马国王的时代[②]。属于这类的建筑有地下墓窖[③]和暗水渠[④]，它们都用圆顶，不过它们都应看作后来的改造。

人们把圆顶的发明归功于德谟克利特（据西涅卡[⑤]的《书简》第 90 篇），这位希腊哲学家从事于多种数学问题的研究，据说他发明了裁石术。

用拱形为基本型的罗马建筑中最优秀的作品可以举阿格里巴[⑥]所建的朱匹特（雷神）神宫。这座神宫里除掉朱匹特神以外，还有六座神龛，供着六座巨大的神像，即战神，爱神，神化的尤利·恺撒，以及另外三尊还不能确定代表谁。这些神龛的两边都立着

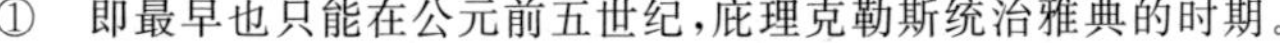

① 即最早也只能在公元前五世纪，庇理克勒斯统治雅典的时期。

② 即罗马还未成为共和国的时代，在公元前 6 世纪以前。

③ 地下墓窖（Katakomben），在罗马，早期基督教徒被迫害，在地下墓窖里举行集会和宗教仪式，其形如矿坑。

④ 暗水渠（Klooken），形如阴沟，水渠是罗马建筑的一个特色。

⑤ 西涅卡（Seneca），公元 1 世纪罗马哲学家。

⑥ 阿格里巴（Agrippa），公元 1 世纪罗马执政。

两根科林特式石柱,全龛上部都盖着一个半球状的圆顶,摹仿天空的穹隆形。技巧上值得注意的是这些圆顶并不是用石头盖的。罗马人最初在大多数的情况下都只用木料来造成圆顶形的模型,然后再在上面涂上石灰和火山灰的胶泥,火山灰是由凝灰岩的碎石和捶碎的砖瓦片合成的。这种混合泥干了以后,全体就形成一整块,就可以把木料模型移去,这样造成的圆顶用的材料很轻而凝结得又很牢固,所以对墙壁没有多大的重压。

c) 罗马建筑的一般性格

除掉这种新的拱形结构以外,罗马建筑艺术一般具有和希腊建筑艺术完全不同的体积轮廓和风格。希腊建筑艺术的特征在于既有彻底的符合目的性而又有艺术的完美,既高尚素朴而又装饰得很轻巧美妙;罗马建筑艺术在机械的方面固然见出特长,比起希腊建筑艺术较富丽豪华,但比不上它的高尚和秀美。此外,到了罗马时代,在建筑里出现了许多希腊人所不曾知道的目的。我在开始时就已说过,希腊人只把艺术的高华和优美运用到公共建筑方面去,他们的私人住房始终是微不足道的。至于罗马人则不但扩大了公共建筑的范围,例如他们的剧场,斗兽场以及其它公共娱乐场所都把结构的符合目的性和外观的豪华壮丽结合在一起,而且在私用建筑方面也大有发展。特别是在国内战争①以后,别墅,澡堂,走廊和台阶之类都建造得极豪奢,从而替建筑艺术开辟了一个新的领域,其中包括园林艺术,以富于才智和审美趣味的方式发展

① 指公元1世纪中罗马贵族内部争权夺利的战争。

得很完美。路库路斯的别墅[①]是一个显著的例子。

罗马建筑的这一类型对后来意大利人和法国人提供了范本。我们德国人长期受到意大利和法国的影响，最后才回到希腊，用古代的较纯粹的形式做模范。

① 路库路斯(Lucullus)，公元1世纪罗马征服小亚细亚彭图斯(Pontus)的名将。

第三章　浪漫型建筑

真正的浪漫型建筑的显出特征的中心是中世纪的高惕式建筑艺术①。由于法国艺术趣味的蔓延和统治，高惕式建筑艺术长期被人鄙视为粗糙的和野蛮的。直到近代，特别是歌德凭他青年时代的与法国人及其原则相对立的新鲜的自然观和艺术观，才使高惕式建筑恢复了荣誉②。此后人们才逐渐学会珍视这些宏伟的作品，因为它们既符合基督教崇拜的目的，而建筑的形体结构又与基督教的内在精神协调一致。

1. 一般的性格

在浪漫型建筑里特别突出的是宗教建筑。关于浪漫型建筑的一般性格，我们在本卷序论中已经说过，它把独立的建筑和应用的建筑统一起来了。这种统一却不是来自东方建筑形式与希腊建筑形式的混合，而是一方面住房或围绕遮蔽物在提供基本类型上比

---

① “高惕式”(Gotische)一词起源于高惕族，高惕族是波罗的海和黑海一带的游牧民族，是中世纪初期入侵欧洲的“蛮族”中的主要力量。蛮族在文艺各方面对欧洲带来了新的血液，特别在建筑方面。建筑是中世纪基督教欧洲的主要艺术贡献，主要代表作是一些大教寺，它们大半都是高惕式的。黑格尔把中世纪艺术归到浪漫型艺术，也主要是从高惕式建筑着眼。

② 主要指歌德的《论德国建筑》一文对高惕式建筑的赞扬。

起希腊神庙发生了更大的影响，另一方面单纯的应用性和目的性也被消除掉，房屋仿佛不受应用性的束缚而自由独立地昂然高耸。这些神庙和建筑物一般当然也是为宗教崇拜和其它用途而建造的，完全是符合目的的，但是它们的性格却恰恰在于它们越出了上述确定的目的，作为一种本身独立自足的建筑而耸立着。作品独立地站在那里，坚定而永恒。因此，不再有什么纯然诉诸知解力的比例关系来决定整体的性格；从内部看，我们的新教的教堂像一个长方形箱子，是专为容纳人而建造的，除掉一些彼此隔开的简陋的椅子以外空无所有；而从外部看，整座建筑却自由地腾空直上，使得它的目的性虽然存在而却等于又消失掉，给人一种独立自足的印象。这样的建筑是没有东西能塞满的，在整体的伟大气象之中一切都消失了；它具有而且显示出一种确定的目的，但是在它的雄伟与崇高的静穆之中，它把自己提高到越出单纯的目的而显出它本身的无限。这种对有限的超越和简单而坚定的气象就形成高惕式建筑的唯一的特征。从另一方面看，也只有在这种建筑里才能使最高度的向特殊分化（具体化），分散状态和丰富多彩性（变化）有尽量发挥作用的余地，而同时又不至于使整体打碎成为一些纯然个别的偶然的细节。艺术的雄伟气象把这些划分开来成为片段的东西重新纳入原来的简朴里去。关键在于整体所表现的实体，正是这种实体在无穷的划分中分化为一种个性化和杂多化的世界，但是这种一眼看不到边的千变万化是以简单的有规律有系统的方式分化开来和部署起来的，无论在运动中还是在静止中都形成最圆满的和谐，而纵横交错的五光十色的个别细节则无拘无碍地结合成为最安稳的统一体和最清楚的自为存在。

2. 特殊的建筑形体结构方式

如果转到形成浪漫型建筑艺术特殊风格的一些特殊形式,我们所要谈的,像上文已经提到的,只是不同于希腊神庙的高惕式建筑,主要是基督教的教寺建筑。

a) 完全与外界隔开的房屋是基本形式

这里的主要形式是以完全与外界隔开的房屋作为基础。

a1) 正如基督教的精神集中到内心生活方面,建筑物也是在四方面都划清界限的场所,供基督教团体的集会和收敛心神之用。收敛心神,就要在空间中把自己关起。不过基督教心灵的虔诚同时也是一种对有限事物的超越,而这种超越也决定了基督教寺的风格。这就使得基督教建筑获得了一种独立的意义,即在无限中超越出单纯的目的性的限制,这种独立的意义也要通过空间的建筑形式表现出来。所以艺术现在所要产生的印象一方面是不同于希腊神庙的豁然开朗,是一种收敛心神,与外在自然和一般世俗生活绝缘的心灵肃静的气象,另一方面是力求超脱一切诉诸知解力的界限而远举高飞的庄严崇高气象。所以如果希腊建筑一般是向横平方向展示它的宽广,和它对立的基督教寺的浪漫风格则在于腾空直上云霄。

a2) 在这种通过自禁闭而忘去外在自然和有限生活中纷纭扰攘的情况之下,建筑方法就必然不再用与世俗生活紧密联系在一起的那种希腊式的敞开的院子和柱廊之类形式,这些形式被移到

建筑内部，完全改头换面了。同理，阳光或是被遮住，或是让阳光透过彩画玻璃窗里投入比较黯淡的光辉，为着避免黑暗，窗子还是不得不开。在这种教堂里，人所需要的东西不是外在自然所能提供的，只有求之于专为人虔诚默祷，清心凝神而设的，而且由人自己造出来的一种内在世界。

a3）基督教寺在总的面貌和个别细节上所取的普遍类型可以界定为自由上腾，终于尖顶，这尖顶有的是由拱形形成的，有的是由直线形成的。在古典型建筑里圆柱或方柱上面铺梁架是基本形式，这就使得直角形状和支撑功用成为它的主要因素。因为横铺在柱子上和柱子形成直角的横梁就表明了它受到了支撑。尽管横梁本身也要支撑屋顶，屋顶却是由两个倾斜面相交而成的钝角。这里并没有向上飞腾和形成尖顶的问题，关键只在于安放和支撑。一个圆拱形也是安放着的，它的以同等曲度逐渐弯曲的曲线从一个柱顶伸延到另一个柱顶，上面的一切点都围绕着同一个圆心，这样它就很平稳地停在支柱上。但是在浪漫型建筑里并没有单纯的支撑，因而直角形也不再是它的基本形式，与此相反，浪漫型建筑的围绕遮蔽结构无论从内部看还是从外部看，都在独立地向上飞腾，两边相交成尖顶，看不出固定的明白表现出的支撑物与被支撑物的分别。这种自由向上飞腾的努力以及两倾斜面相交成尖顶的形式就成为浪漫型建筑的基本定性，因此有时出现底边宽窄不同的等边三角形，有时出现尖拱顶，这两种形式最突出地标志出高惕式建筑的风格。

b) 外部形状和内部形状

虔诚的默祷和向上的追求这种内心活动,作为宗教修养,具有许多复杂的特殊因素和方面,不再是能在敞开的场所或是庙宇前面的院子里进行的,而是要在教寺内部才能找到适当的场所。所以如果在古典型建筑中的庙宇里,外面形状是主要方面,外面的柱廊并不依存于内部结构,在浪漫型建筑里却不然,内部不但因为全部建筑应起围绕遮蔽的作用而在本质上具有特殊的重要性,而且也在外部形状上表现出来,内部形状就决定着外部各部分的特殊形式。

我们现在先研究内部形状,然后从此出发,来说明外部形状。

b1) 我们已经指出了教寺内部的最重要的职能,它是宗教集团聚会和虔诚默祷的场所,为着遮风蔽雨,为着脱离尘世的纷纭扰攘,在上下四方都应该是完全与外界隔开的。所以内部的空间要完全围绕遮蔽住,不像希腊神庙那样四周有敞开的柱廊,甚至神殿本身也往往是敞开的。

但是因为基督教的虔诚修持就标志着心灵对有限存在的超越和主体与上帝的和解,所以教寺建筑在本质上是由许多不同的因素转化成的一个本身具体的统一体。同时,浪漫型建筑也接受了一个任务,要尽建筑方面的可能,在形体结构和安排上显示出精神的内容,显示出建筑物的目的就在向精神提供围绕遮蔽,并且既决定内部形式,又决定着外部形式。这个任务就提出以下几点要求。

b1a) 内部空间不能只是一种抽象的全部一样的空洞的空间,完全见不出差异面和各差异面的转化统一,而应该是一种具有具体形状的，即在长度、宽度和高度与所形成的体积的形式上各不相同的空间。圆形、正方形、长方形以及围墙和屋顶在长宽高这些方面的等同在浪漫型建筑里就不适用。因为一种四方形的各方面的等同在建筑上不能表现出心灵超越尘世的有限事物而上升到彼岸和较高境界时所出现的运动，差异对立和转化和解的过程。

b1b）与此联系的还有一点，在高惕式建筑里房屋的目的性变成了次要的东西，无论是就用墙壁和屋顶所起的围绕遮蔽作用来看，还是就立柱和横梁在形成整体与各部分的形状来看。因此，像上文已经指出的，一方面是支撑物与被支撑物的严格区分已经消失，另一方面是不再符合目的的直角形式也被抛弃了，又回到一种类似自然事物的形式，即能表现出自由上腾的庄严的集会场所与隐遁场所的形式。如果我们走进一座中世纪大教寺的内部，看到那些牢固的从力学来看是符合目的的柱子以及摆在上面的圆顶，至少就会想起树林所形成的拱顶，两行树的枝叶倾斜相向，最后相交成拱顶。一根横梁需要有一个稳妥的重心和横平的位置；但是在高惕式建筑里墙壁却自由独立地向上耸立，就连柱子也是向不同的方向朝上各自伸展，这就是说，尽管圆顶实际上也是安放在柱子上的，而支撑圆顶这个职能却没有独立地和突出地表现出来。看来柱子好像并不是在支撑，就像树枝并不是由树干支撑住，从它们的轻盈的曲线形状看，仿佛就是树干的继续，它们和邻树的枝桠相交在一起，就成叶顶拱廊。大教寺的圆拱顶就是这样的拱廊，它是建造来满足内心需要，供人瞻仰惊赞的；它的墙壁和成林的柱子自由地在顶上相交，也正像叶顶拱廊一样。但是这番话并不意味着：高惕式建筑的形式就是用树林作为蓝本。

尖顶一般是高惕式建筑的一个基本形式,所以在教寺内部,它采取了尖拱形这个特殊的形式。主要的结果是柱子获得了一种完全和原来不同的职能和形状。

宽广的高惕式教寺为要有完全的围绕遮蔽,就要有一个屋顶,而这个屋顶由于建筑物的宽广,就有很重的压力,也就必然要在下面立支撑的东西。所以柱子在这里好像也有它们的正当功用。但是因为耸立上腾的姿态正是要把支持转化为具有自由上升的外貌,柱子在高惕式建筑里就不能按照古典型建筑的柱子的意义来运用。它们变成了方柱,所支撑的不是横梁而是拱,而且支撑的方式须显得拱仿佛就是方柱的继续,而左右两股仿佛无意地在上面相交于一点,成为尖顶。人们当然可以把两根彼此中间有些距离的柱子必然要在顶点相交才达到终点的情况设想为就像人字形屋顶安放在角柱上那样;不过由于人字形屋顶的前后檐虽然与它们下面的角柱成钝角,仍然要产生屋顶是被支撑物而柱子是支撑物的印象。尖拱却不如此,它起初从柱子出发,直线上升,然后很慢地逐渐向内弯曲,以便向对立的那一股倾斜,这就使人感觉到两股相交在一点的仿佛都不过是两根柱子的继续。方柱与拱顶的关系不同于圆柱与横梁的关系,就在于二者好像本是一体,尽管拱实际上是安置在柱头上,它从柱头才开始向上升高。有时柱子上根本没有柱头,例如在许多荷兰教堂建筑里就是如此,这就更清楚地显出柱子与拱形成了不可分割的统一体。

还有一层,努力向上飞腾既然是高惕式建筑的基本性格,方柱的高度大于下部粗度的倍数就不是能用眼睛测定的。方柱变成细瘦苗条,高到一眼不能看遍,眼睛就势必向上转动,左右巡视,一直

等到看到两股拱相交形成微微倾斜的拱顶，才安息下来，就像心灵在虔诚的修持中起先动荡不宁，然后超脱有限世界的纷纭扰攘，把自己提升到神那里，才得到安息。

方柱和圆柱的最后一个分别在于真正高惕式方柱在它的特征得到充分发展的地方，不像圆柱那样始终是圆形的，本身固定的一种圆柱体，而是在柱基上就有一束芦苇状的柱饰像一团线一样地缠绕在一起，随着柱子上升，它们就分散开来，向四面八方伸展为无数枝条。在古典型建筑里圆柱的发展就已经是由笨重，坚实和简单转到纤细和比较华美，方柱也显出类似的发展，它愈来愈以细长的苗条姿态向上耸立，愈离开支撑的功用，愈显得自由，但是上部却是关闭住的①。

门窗上也重复着方柱与尖拱的同一形式。特别是窗子，东西两边走廊下部分，尤其是教堂正中和合唱队席位的上部，都安着巨大的窗子，眼睛如果注视它们的下部分，就不能同时看到上部分，像看圆拱顶一样，须抬头仰视。这就产生有意要传达给观众的向上飞腾时那种心神动荡不宁的印象。此外，窗扇是嵌着半透明的彩画玻璃，玻璃上画的有时是宗教故事，有时只是涂上各种彩色，用意是使从外面射进来的光线变得黯淡些，让里面的烛光显得更明亮些。因为教堂里照明的不应该是外在自然界的光而应该是另一种光。

b1c）最后，关于高惕式教寺的内部**全体结构**，前已说过，各个特殊部分在高度、宽度和长度上须见出分别。最重要的分别是**合唱队席位台**，十字架形结构及其左右两翼，教寺中部正廊和正廊左

① 不是无穷地伸展，而是汇合于拱顶。

右两侧的侧廊之间的分别①。

左右两侧廊朝外的一边就是教堂周围的墙壁,里边沿着墙壁有一些排列成行的方柱和拱顶,正廊就是拱顶下两行方柱所围起的地方,所以正廊在墙壁内部不再有墙壁隔开,正廊与侧廊是相通的。从此可见,高惕式教寺的走廊所占的地位或所起的作用与希腊神庙中的柱廊正相反:希腊柱廊向外是敞开的,向建筑内部却是隔开来的,而高惕式教寺的正廊和侧廊的每两根方柱之间的空隙都是自由来往的通道。有些教堂有两重左右侧廊,比利时的昂维尔大教寺甚至有三重左右侧廊。

教寺中每边都有墙壁围着,正廊比侧廊随着不同部位要高些,有时高出一倍。墙壁上开着成排大窗子,使得墙壁本身仿佛变成一排细高的方柱,上面相交成拱顶。也有些教寺侧廊和正廊一样高,例如德国纽伦堡的圣赛巴尔德大教寺。这就使全部建筑具有一种宏伟、自由、爽朗和秀美的风格。从整体看,这部分建筑是用成行列的方柱划分开来的,这些方柱就像树林,分出许多枝桠伸展到各方面,最后都相交在一起,形成圆拱顶。有些人要在柱子的数目以及一般数的关系上寻找许多神秘的意义。当高惕式建筑开出最美的花朵的时代,数目象征诚然具有很大的重要性,例如德国哥隆大教寺可以为证,因为知解力的蒙眬摸索很容易抓住像数目

① 中世纪高惕式基督教寺一般采用长方的十字架形,十字的一横把教寺分为前后(下上)两部分,它是十字架纵横交叉处,一横形成左右两翼,横以上整个部分叫做十字架形结构(德,Kreuzflugel;英法,Transept),祭坛在最后(上)。祭坛前是合唱队席位台(德,Chor;英,Choir;法,Choeur),是合唱队和僧侣活动的地方。十字的一横以前(下)部分都在台下,是教众的座位。正中部分叫做正廊(德,Schiff;英,Nave;法,Nef-principal),正廊左右两侧叫做侧廊(德,Neben Qange;英,aisles;法,Nef laterale)。廊与廊之间有排列成行的柱子隔开。正廊的入口是正门,侧廊的入口是侧门。

这类的外在细节。不过如果把建筑的艺术作品看成一种次要的多少是任意的象征游戏,那就既不能见出较深刻的意义,也不能见出较高度的美,因为建筑的艺术作品的真正的意义和精神不是用数目差别的神秘意义所能表达的,而是要用其它形式和形象才能表达的。所以我们应该小心提防,不要在搜寻这种神秘意义中钻牛角。因为存心要过分穷根究竟,要在一切地方找较深刻的意义,也会使人陷于烦琐而不能真正的深入。这种毛病正不亚于盲目的冬烘学究对表达得很明白的深刻意义也熟视无睹。

最后,关于合唱队席位台部分和正中部分的较重要的分别,我只提出以下几点。首先是大祭坛,宗教典礼的真正的中心。它设在合唱队席位台上,这就把这座台分配给僧侣专用,而一般教众团体的席位则在教堂正中部分,宣教的神父或牧师所用的讲坛也设在这台上。上台有台阶,高低随教寺不同,但台总比其余部分较高,所以台上所发生的一切都让人可以看到。在装饰方面,台这部分也比其余部分较华美,比起教堂正中部分,拱顶虽一样高,但风格较为庄严。特别重要的是台这部分的柱子比较多,排列得也比较密,因此它们也比较细,这就使这部分显得更肃静,更崇高,仿佛形成最后的隐蔽场所,至于十字架形结构部分和教堂正中部分因为各有门,有进出通道,还可以与外在世界保持一种联系。就方位来说,合唱队席位台朝东,而教堂正中部则朝西,十字架形结构一面朝南,一面朝北。也有些教堂有两个合唱队席位台,一个台朝东,一个台朝西,主要的门就在十字架形结构的南北两边。行洗礼用的石池摆在正门的门楼里,初入教的人们要在这里受洗。在合唱队席位台和教堂正中部分的周围还有一系列的小礼拜堂,每个

都像是一座独立的礼拜堂,是专为某些专门的虔诚祷告用的。

高惕式教寺的全体结构大致如此。

在这种大教寺里,整个民族的成员都可以找到位置。因为一个城市及其周围的教众来聚会,不是在房子四周而是要在房子里,凡是与宗教有关的生活中多种多样的旨趣在这里也各有各的位置。教寺里广阔的空间并没有被排列成行的席位分割成为一些彼此隔开来的小房间,任何人都可自由来去,暂时租一个或是挑一个席位,跪了起来,做了祷告,起身就走。如果不是大弥撒的时间,许多事务都可以在这里同时进行,彼此各不相妨。这里有人在讲道,那里有人在救护病人,这两批人之间又有一个游行队伍在慢慢地穿过;这里有人在受洗,那里有一个死人送到教堂里来,在另外一个地方僧侣在念弥撒,或是替一新婚夫妇祝福;到处人们像游牧民族成群结队似地跪在祭坛和圣像面前。所有这一切活动都在这一座建筑物里进行。但是在这座宽广的建筑物里,这种纷纭繁复的情况仿佛消失在不断的来往流动中;没有什么能把这座建筑物塞满,人们匆匆地来去,过往的人们和他们的足迹一出现就消失,化为过眼云烟,在这样巨大的空间之内,暂时性的东西只有在消逝过程中才是让人看得见的,而这巨大的无限的空间本身却超越一切,永远以同一形状和结构巍然挺立在那里。

这些就是高惕式教寺内部的基本特征。我们在这里所能找到的不是某一种单纯的目的性,而是显示心灵在虔诚信仰中既深思默索最内心世界的特殊细节,而又超越一切个别有限事物的那种目的性。所以这类建筑内部是由一系列封闭起来的阴暗的空间单位使它和外在自然隔开来的,它既是精雕细凿地造成的,而又崇高雄伟，表示出努力向上高举的精神。

b2）现在转到高惕式教寺的外部，我们已经说过，它和希腊神庙相反，它的外部形状，雕饰和墙壁之类的安排都是由内部决定的，因为外部应该显得是内部的围绕遮蔽。

关于这方面有以下几点须特别提出。

b2a）首先是整个外部的十字架形状，它在大轮廓上就足以令人想起内部的结构，因为它也把合唱队席位台和教堂正中部分这两部分跟左右两翼划分开来，这是用不同的高度显示出来的。

说得更详细一点，教寺正面，作为正中部分和左右侧廊的外部，在正门和左右两门的位置上显出与内部构造恰相对应。正门较高大，通向教堂正中部分，左右两侧门较小，通向左右两侧走廊，通过透视上的收缩（愈远显得愈小），外部显得收缩，变小乃至于消失，才可以形成入口。内部形成可以看得见的背景，外部向内深入，就沉浸到内部里去，正如心灵收心内视，就沉浸到内心生活里去一样①。左右两侧门上边各有一个巨大的窗子，也是直接与内部相联系的；门的上部分也形成尖拱，和内部的顶也采取同样的形式。在左右两侧门之中，在正门的上边开着一个大圆窗，即所谓玫瑰窗，这个形式对高惕式建筑是完全适合的。如果不用玫瑰窗，用来代替的就是一个更大的有拱顶的窗子。十字架形结构的南北两方的正面也有与此类似的安排。至于教堂正中部分，合唱队席位台以及左右两侧走廊的墙壁以及墙壁上面的窗子，外部和内部也完全一致。

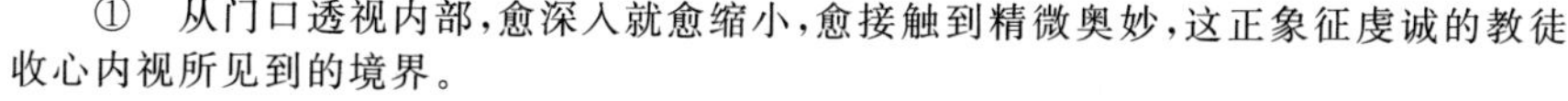

① 从门口透视内部，愈深入就愈缩小，愈接触到精微奥妙，这正象征虔诚的教徒收心内视所见到的境界。

b2b) 其次,在与内部在形式和各部分安排上有这样紧密的配合之中,外部也有本身所特有的任务要完成,因而也现出一些独立性。在这方面我们可以提到斜撑柱。这些斜撑柱代替了内部的多种多样的直柱,对于教寺整体的升高与稳定是必不可少的巩固支点。它们同时也和内部柱子的距离、数目等等相对应,但是形式却不同,愈往上部就变得愈细弱。

b2c) 第三,只有内部才应形成一种完整的围绕遮蔽,这个性格在外部形状上就见不出,外部形状所显出的唯一性格是昂然高耸。因此外部获得一种不依存于内部的独立形式,主要是在一切方面都表现为尖角,努力向最高处飞腾,迸散为一层高似一层的尖顶。

足以见出这种昂然高耸性格的有许多高大的三角形结构,在尖拱顶之外,它们在大门,特别是正面的大门,以及正中部分和合唱队台上面大窗户的顶上看起来像往上飞腾似的。上述性格在屋顶的尖角形的山墙上也可以见出,特别是十字架形结构的南北两面的山墙。此外还有上文提到过的斜撑柱,它们的上部到处都形成了一些小尖塔,因而形成悬在空中的塔顶的丛林,正像内部的柱子形成树干、树枝和穹隆顶的丛林一样。

但是作为最崇高的绝顶,以最独立的姿态高耸着的是楼塔。全部建筑物的体积仿佛都集中在这些楼塔上,特别是主要的楼塔对于人眼来说,简直是高不可测,但并不因此就失去了镇静和稳定。这类楼塔一般是立在左右两侧走廊的正面之上,此外还有一个较宽大的主塔从十字架形结构,合唱队台和正中部分的拱顶相交处腾空直上。也有些教寺只有一个楼塔,立在教堂正面上边,和教堂正中部分一样宽。这是最常见的安排。楼塔上的钟塔是专为宗教礼拜仪式而设的，因为钟声特别适合基督教的礼拜，这种依稀隐约而庄严的声响能感发人的心灵深处，尽管原来只是一种外来的准备礼拜的号召。表现一定思想感情的音义分明的声响就是歌唱，这只有在教堂内部才进行。音义不分明的声响却只能在教堂外部才有地位，要从楼塔上发出，因为地位高就可以传播得很远。

c）装饰的方式

第三，关于装饰的方式，我在开头时就已经指出一些基本特征了。

c1）应该着重的第一点就是装饰对于一般高惕式建筑的重要性。古典型建筑艺术在装饰方面一般保持一种明智的节制。高惕式建筑却不然，因为它的主要企图在于使所堆砌起来的体积显得比实际更大，特别是更高，所以它不满足于运用简单的平面，要把这些平面划分开来，塑造成为一些能产生努力向上高举印象的形状。例如柱子，尖拱以及它们上边的尖角三角形结构也都还是些装饰。这样，这巨大体积的朴素的整一就遭到破坏，而极精细的个别特殊细节的雕凿就使得整体露出最严重的矛盾。一方面人一眼就看到在庞大无垠的体积之中仍有极明白易晓的基本线条和各部分的部署，而另一方面装饰的丰富多彩却不是一眼就可以看遍的，这就使得驳杂的个别细节和最普遍最单纯的轮廓处于矛盾对立，正如心灵一方面显示出基督教的虔诚信奉，而另一方面又沉浸在有限事物里，惯于过渺小琐屑的生活。这种分歧必然激发默想，这种向上高举的努力就要导致心灵的提高。因为这种装饰方式的关键在于基本线条轮廓不至由于雕饰的繁复变化而遭到破坏或掩盖,而是在变化多方之中仍显出它们的本质性的因素,使人能够完全掌握住。只有在这种情况之下,高惕式建筑才能保持住它的宏伟庄严的气象。正如宗教的虔诚须贯串到心灵的一切特殊方面以及个人的一切生活关系里去,而同时仍要把一般固定的原则铭刻在心里,简单朴素的建筑基本原型也要能使千变万化的划分,穿插和装饰永远回到上述基本线条轮廓里,而且消失在这些基本线条轮廓里。

c2) 装饰还有第二个方面,也是一般和浪漫型建筑艺术有密切联系的。浪漫型艺术一方面根据侧重内心世界的原则,亦即理想回到内心世界本身的原则,另一方面内在的须反映于外在的,然后又从外在的回到内在的本身。在建筑里最内在的东西本身所借以尽量表现出来的是处在空间关系中的感性物质材料体积。运用这种材料不可能有其它办法,只有不让这种堆成体积的物质材料不单凭它的物质性而发挥作用,要把它打得稀烂,破成碎片,然后从其中显出紧密的融贯性和独立性的外貌。在这方面,装饰,特别是不须显示单纯的围绕遮蔽这一职能的外部装饰,就获得了到处打得稀烂和平面织成网状这一特性。没有哪一种建筑能像高惕式建筑这样,一方面把巨大笨重的石堆牢固地结合在一起,而另一方面又完全保持住轻盈秀美的印象。

c3) 第三,关于雕饰的样式,可以只指出一点:除掉拱顶,方柱和圆形结构以外,雕饰都采取真正有机体的形式,雕孔和对整块体积的精雕细琢都可以显示出这一点,可以很明显地看出一些树叶和花蕾以及用真实的或幻想的人体和动物体构成的阿拉伯式花

纹。正是在建筑方面,浪漫型的想象力显示出它的创造发明和奇特组合的丰富性,尽管另一方面,至少是在浪漫型建筑达到最纯正的时代,就连在雕饰方面也常用一些简单形式的反复复现。

3. 浪漫型建筑的各种风格

最后,我还要就浪漫型建筑艺术在不同时期所发展出来的几种主要形式约略说几句话,尽管在这里不能提供建筑这一部门的艺术史。

a) 哥特期前的建筑艺术

上文所描述的高惕式建筑须与从罗马建筑发展出来的所谓哥特期前的建筑分别开来。基督教教堂最古老的形式是会议厅式的[①]。这类教堂起源于罗马帝国时代的公共建筑,一种巨大的长方形厅堂,屋顶架是用木料做的,君士坦丁大帝[②]分配给基督教徒集会用的教堂就是这样。在这种建筑里有一个讲台,在集会举行宗教仪式时,僧侣上台歌唱,宣讲或朗读。合唱队台的观念也许就是从这里来的。基督教建筑用同样的方式从过去借来一些其它形式,例如圆柱上架圆拱的运用,圆拱和它的全部装饰方式都是从古典型建筑,特别是西罗马帝国的建筑借来的,在东罗马帝国里直到

---

① 原文是 Basilika,罗马时代集会用的长方形建筑,早期基督的教堂也采取这种形式,所以一般也就用这个名称指教堂。

② 君士坦丁大帝在公元 324 年定基督教为国教。他迁都东部的拜占廷,以后东西罗马帝国分治,拜占廷(后改名君士坦丁堡)成为东罗马帝国的首都。

查士丁尼大帝以前①,教堂建筑好像都忠实地保持这种风格。就连东高惕族人和伦巴德人在意大利所建造的教堂也基本上保持罗马的风格。拜占廷帝国晚期的建筑才带来了很多的变化。建筑的中心是一个圆拱顶架在四大根方柱上,后来在这个基础上附加各种结构,以适应东部希腊人的特殊宗教仪式的需要,他们的仪式和罗马人的不同②。不过真正的拜占廷帝国建筑不应和在十二世纪末期流行于意、法、英、德等国的一般所谓拜占廷式建筑相混。

b) 真正的哥特式建筑

哥特式建筑艺术发展出它的独特形式是在十三世纪,这种形式的主要标志我在上文已详细描述了。近来人们否认哥特式建筑是哥特民族创造的,把它改称德国的或日耳曼的建筑。不过我们还沿用较流行的旧名称,因为在西班牙还找得到这种建筑的遗迹,这就与历史情境有关,因为高惕族的国王们在被赶回到奥地利亚和嘉里细亚③的山区以前,在西班牙维持过独立的统治。因此,哥特式建筑和阿拉伯建筑似可能有紧密的联系④。但是这两种建筑有本质的分别,因为中世纪阿拉伯建筑的特征不是尖拱形而是马蹄铁形。此外,阿拉伯建筑是为另一种宗教仪式用的,它把东方的富丽堂皇和植物之类形式的装饰跟罗马和中世纪的遗产勉强混杂起来。

---

① 查士丁尼大帝在公元 6 世纪初期又把东西罗马帝国统一起来,他领导了编定罗马法典的工作。

② 西罗马帝国的基督教即所谓天主教,东罗马帝国的基督教即所谓希腊正教。

③ 原在波兰。

④ 中世纪 10 世纪前后阿拉伯人曾统治过西班牙,所以西班牙受到阿拉伯文化的影响很深。

c）中世纪的民用建筑

民用建筑是和宗教建筑平行发展的，它沿用教堂建筑，但根据需要而加以改造。但是在市民建筑里艺术没有很大的用武之地，因为需要是多种多样的，每座建筑物的目的比较窄狭，所要求的满足也比较严格地限于某一用途，留给美的地位只是单纯的装饰。除掉形式与尺寸比例的一般的和谐以外，艺术就只能主要地在装饰建筑物正面，台阶、窗、门、山墙、楼塔之类发挥一些作用，但是还要以符合目的性为它的决定因素和始终不能离开的原则。在中世纪民用住宅的主要类型是筑有防御工事的，坐落在山坡上或山顶上，或是在城市里。在城市里每一座宫殿或私家住房都具有小堡垒或炮台的形状，例如在意大利就是如此。墙壁、门户、桥梁和楼塔之类都是适应需要而建造的，由艺术加以装饰和美化的。坚固，安全，加上富丽堂皇和具有生动个性的形式——这些就是中世纪民用建筑的基本特征，我们以后还要对此进行较详细的分析。

最后我们可以用补充的方式就园林艺术作一备简略的说明。园林艺术不仅替精神创造一种环境，一种第二自然，一开始就用完全新的方式来建造，而且把自然风景纳入建筑的构图设计里，作为建筑物的环境来加以建筑的处理。我在这里只举“无愁宫”①的宏伟的台阶前的花园这个人所熟知的例子。

讨论到真正的园林艺术，我们必须把其中绘画的因素和建筑的因素分别清楚。花园并不是一种正式的建筑，不是运用自由的

① “无愁宫”（Sanssouci）在柏林附近的波茨坦，是德皇威廉一世所建的行宫，仿效法国的芳藤伯罗宫。法德两国的这两个宫的花园都受到了中国园林艺术的影响。

自然事物而建造成的作品,而是一种绘画,让自然事物保持自然形状,力图摹仿自由的大自然。它把凡是自然风景中能令人心旷神怡的东西集中在一起,形成一个整体,例如岩石和它的生糙自然的体积,山谷、树林、草坪、蜿蜒的小溪,堤岸上气氛活跃的大河流,平静的湖边长着花木,一泻直下的瀑布之类。中国的园林艺术早就这样把整片自然风景包括湖、岛、河、假山、远景等等都纳到园子里。

在这样一座花园里,特别是在较近的时期,一方面要保存大自然本身的自由状态,而另一方面又要使一切经过艺术的加工改造,还要受当地地形的约制,这就产生一种无法得到完全解决的矛盾。从这个观念去看大多数情况,审美趣味最坏的莫过于无意图之中又有明显的意图,无勉强的约束之中又有勉强的约束。还不仅此,在这种情况下,花园的特性就丧失了,因为一座园子的使命在于供人任意闲游,随意交谈,而这地方却已不是本来的自然,而是人按自己对环境的需要所改造过的自然。但是现在一座大园子却不如此,特别是当它把中国的庙宇,土耳其的伊斯兰教寺,瑞士的木棚,以及桥梁,隐士的茅庐之类外来的货色杂凑在一起的时候,它单凭它本身就有要求游览的权利,它要成为一种独立的自有意义的东西。但是这种引诱力是一旦使人满足以后就立即消逝的,看过一遍的人就不想看第二遍;因为这种杂烩不能令人看到无限,它本身上没有灵魂,而且在漫步闲谈之中,每走一步,周围都有分散注意的东西,也使人感到厌倦。

一座单纯的园子应该只是一种爽朗愉快的环境,而且是一种本身并无独立意义,不致使人脱离人的生活和分散心思的单纯环

境。在这种园子里，建筑艺术和它的可诉诸知解力的线索，秩序安排，整齐一律和平衡对称，用建筑的方式来安排自然事物就可以发挥作用。万里长城外的蒙古人的园林艺术①，西藏人的园林艺术以及波斯人的极乐园都早已更多地采用这种类型。它们不是英国人所了解的公园，而是栽满花木的装置着喷泉、小溪、院落、宫殿的展览馆，供人在自然中游息；它们富丽堂皇，不惜浪费地建造出来，以满足人的需要和提供人的方便。但是最彻底地运用建筑原则于园林艺术的是法国的园子，它们照例接近高大的宫殿，树木是栽成有规律的行列，形成林荫大道，修剪得很整齐，围墙也是用修剪整齐的篱笆来造成的，这样就把大自然改造成为一座露天的广厦②。

① 似指元朝忽必烈在热河（现为承德）所建的行宫。由于马可波罗在《游记》里介绍过，西方人早就对此很注意，诗文中有时提起。承德公园现还存在，它的附近庙宇建筑多受西藏喇嘛教的影响。

② 凡尔赛宫的花园就是如此。黑格尔的园林趣味还是18世纪的。

第二部分

雕　　刻

序　论

通过建筑而获得艺术形象的那种精神的无机自然①是和精神本身相对立的，现阶段的艺术作品②却用精神为它所要表现的内容。我们在上文已经见到这种进展的必然性；这种必然性就是由精神的概念（本质）决定的，精神把自己分化为两个差异面，一个是精神主体的自为存在，另一个是主体的单纯的客观存在③。建筑的处理固然也使内在的（精神）显现于这种外在客观事物里，但是内在的还不能完全渗透到这外在客观事物里，还不能使客观事物成为精神的绝对完满的表现，即恰足以表现精神，不多也不少。因此，精神须从无机界抽身出来而回到内在方面④，这内在方面从此处在它的更高的真实中，不再与无机的东西夹杂在一起而独立地发挥作用——前此建筑艺术由于受重力规律的约束，还只能使无机的东西勉强接近于精神的表现。在雕刻里所看到的正是处在精神离开有体积的物质而回到精神本身的道路上。

但是在雕刻这个新领域的最初阶段里，精神也还没有回到它的真正的内在的主体性⑤，否则表现精神社会需要一种本身只是

① 建筑用木石土之类材料都是无机的，还不能表现精神的有机性，即生命。

② 即雕刻。

③ 指自然物质存在，即肉体。

④ 即回到精神本身。

⑤ 即没有成为自觉的精神，还没有精神个性，还不能像诗用语言那样的观念性的表现方式。

观念性的表现方式,而是精神在开始时还只能就自己所表现的肉体形式来认识自己,并且在这肉体形式里得到符合它自己本性的客观存在。所以用这种精神性的观点为内容的艺术就须把精神的个性表现为在物质中的显现,或者说,用直接的真正的物质的东西来表现精神个性。〔雕刻与语言不同〕语言也是精神在外界里的表现,但语言所用的客观因素不是作为直接的具体的物质的东西而生效,而只是作为声音、作为运动,或一个完整的物体和空气这一抽象元素的震颤,语言才成为传达精神的媒介。〔雕刻所用的〕直接的物体却是占空间的物质,例如石、木、金属、黏土,都是具备三度空间的;但是我们已经说过,适宜于表现精神形象的是精神自己所依附的肉体,通过肉体,雕刻才使精神实现于一种占空间的整体。

从这方面来看,雕刻还是和建筑艺术同处在一个阶段,因为雕刻也是就单纯的感性的物质的东西按照它的物质的占空间的形式来塑造形象。但是雕刻毕竟和建筑有所不同,雕刻不像建筑那样把与精神对立的无机物质改造成为由精神创造的符合目的的环境,而改造成的形式所要达到的目的却不是这些形式本身所固有的而是外在的;雕刻则把精神本身(这种自觉的目的性和独立自足性)表现于在本质上适宜于表现精神个性的肉体形象,而且使精神和肉体这两方面作为一个不可分割的整体而呈现于观照者的眼前。所以雕刻的形象摆脱了建筑所担负的作为一种单纯的外在自然和环境而服务于精神的任务,凭它自己而独立地站在那里。不过尽管有这种区别,雕像毕竟还是和它的环境有重要的关系。一座雕像或雕像群,特别是一块浮雕在创作时不能不考虑到它所要摆置的地点。艺术家不应该先把雕刻作品完全雕好，然后再考虑把它摆在什么地方，而是在构思时就要联系到一定的外在世界和它的空间形式和地方部位。在这一点上雕刻仍应经常联系到建筑的空间。因为雕像一般是摆在庙宇神龛里的，正如在基督教的教堂里绘画提供祭坛上的神像，在高惕式教堂里雕刻作品和所摆的地方也有类似的联系。不过神庙和教堂并不是摆雕像、雕像群和浮雕的唯一的地方，雕刻作品也可以用来点缀厅堂、台阶、花园、公共场所、门楼、个别的石柱、凯旋门之类建筑，使气氛显得更活跃些。雕刻作品纵然有时离开这类较宽广的环境而独立，也还要有一个基座来标志方位和基础。以上就是雕刻和建筑的联系和区别。

我们如果进一步拿雕刻和其它艺术对比，那就要考虑到诗和绘画。无论是个别的雕像还是雕像群都要用完整的肉体来显出精神的形象，也就是按照人的本来的样子把人描绘出来。所以雕刻好像掌握着最忠实于自然的表现精神的方式，而绘画和诗却显得不自然，因为绘画不表现人的形体和其它自然界事物实际所占的空间的感性整体，而只利用平面，至于语言则更少表现肉体的东西，而只能通过声音去传达关于肉体的东西的观念。

不过事实恰恰与此相反。尽管雕像好像特别善于保持自然真相，正是这种通过笨重物质来表现出的肉体的外在自然面貌不能表现精神之所以为精神的本质。反之，只有在语言、行动和事迹的表现里，精神才得到它所特有的实际存在，因为语言、行动和事迹是由内心生活发展出来的，所以能如实地显示出精神。

在这一点上雕刻特别比不上诗。造型艺术固然擅长于揭出鲜明的轮廓，使肉体的东西显得如在目前，但是诗也能描绘人的外形,例如头发、额头、腮、体格、服装、姿势之类,当然比不上雕刻那样精确完满,但是诗在这方面的损失却由想象弥补起来了。此外,想象使人对某一对象得到一个观念,并无须把这种固定的详细的定性都描绘出来,它所要带我们看的首先是在行动中的人以及他的动机命运与情境的纠纷,他的一切情感和言语,总之,凡是揭露他的内心生活和外在事迹的东西。这是雕刻所绝对做不到或是做得不很完善的事,因为它既不能描绘主体的内在精神所处的特殊内心状态和情欲,也不能像诗那样叙述一系列的事物,而只能塑造出从肉体上见得出的个性的一般和无先后承续的东西处在某一顷刻中的状态,而这些却是静止的,不能成为生动活泼的向前进展的动作。

在这方面雕刻也还比不上绘画。因为绘画通过面貌的颜色以及光线和阴影能把精神表现得更完满,而这种完满还不仅是就物质的自然意义来了解的,而且特别能把面貌方面和病理方面的现象描绘得精确而生动。人们也许因此就认为要使雕刻更完善,就只消把雕刻原有的能表现空间整体(立体)的优点和绘画的优点结合在一起,并且认为雕刻排斥绘画方面的着色是出于主观任意性,而且雕刻局限于现实的一个方面,即物质的形式方面,把其它方面都抽掉,颇类似侧面剪影和版画那样临时应急方便行事的样子,这也只能归咎于创作技巧方面的贫乏和无能。但是真正的艺术却不应受"主观任意性"的指责。雕刻所塑造的形象事实上只是具体的人体的一个抽象的方面,个别具体化的颜色和运动不能使这种形象的形式显得丰富多彩。这却不是一种偶然的缺陷,而是艺术概念所决定的媒介和表现方式方面的限制。艺术本是精神的一种产品，这种作品要有一种界定过的具体内容，因而也要有一种和其它艺术不同的即专门的艺术表现方式。这种情况是艺术和各门科学所共同的，例如几何学专以空间为对象，法学专以法律为对象，哲学专以说明永恒理念及其在事物的实际存在和自为存在为对象，这些对象中每一种都是根据它的特点以独特的方式发展出来的，上述各种科学中没有哪一种能把一般人所了解的具体实际存在完完全全地展示出来，让人有全面的认识①。

艺术作为出自精神的造型活动在逐步前进，把在概念上即在事物本质上可分割的，但是在实际存在中是不可分割的东西分割开来②，所以艺术把这种阶段或步骤当作独立固定的，以便按照它的既定的特性去完成它的发展。因此在造型艺术用作媒介的占空间的物质材料之中有两个阶段须在概念上辨别清楚和分割开来，一个是肉体作为空间的整体（具备三度空间）以及它的抽象的形式③，即单纯的人体形状，另一个是肉体在颜色的多样性方面所现出的生动鲜明的个别特殊细节。雕刻在处理人的形象方面属于前一个阶段，它把人的形象当作一种立体的物体，只按照它在三度空间中所现的形式来处理它。艺术作品既然要靠感性因素，就须有一种为他存在④，特殊具体化就从此开始；但是最初用人体形式来表现精神的艺术在这种“为他人的存在”中还只能走到

① 这节说明每门艺术都有特殊的内容和表现方式，排除其它内容和表现方式，在这个意义上都具有抽象性。这里所谈的就是莱辛所提的艺术界限问题。

② 各门艺术各以一种独特的方式处理某一方面的内容。

③ 因为抽去肉体形状以外的东西如行动语言情感之类，所以叫做“抽象的”。

④ 原文是 ein sein für anders，意指艺术作品有为观众而存在的一方面，须易为人所了解。

最初阶段,还不能越出自然事物的一般状态,这就是说,还只限于单纯的显而易见性以及一般在光线中存在的事物,还不能联系到阴暗,而通过光和阴暗的结合,显而易见的事物才能特殊具体化,才成为颜色。按照艺术发展的必然过程,雕刻所占的地位就是如此。因为雕刻不能像诗那样用观念这一种因素[①]把现象界整体都统摄进来,它必须把现象界整体拆散开来。

因此,我们所得到的一方面是客观存在,就它还不是精神所特有的形象来说,它是作为无机的自然而与精神相对立的,建筑把这种客观存在的东西转化为一种只起暗示作用的象征(符号),这象征本身并没有它所暗示的那种精神的意义。与客观存在相对立的另一极端是主体性,其中包括心境,即各种情感活动,心情和情欲,内心和外表的激动和行动。在这两方面之中我们还碰到一种精神个性,这种精神个性固然有明确定性,但是还没有沉浸到主体的深刻的内心生活里去,其中占优势的还不是主体的个别特征而是具有实体性和普遍性的精神方面的目的和特征。由于处在这种普遍性里,精神个性还没有成为一个纯然精神性的个性,绝对地退回到它本身,因为它处在主客两极的中途,还接近客观事物和无机自然,而且本身还不能离开单纯的肉体性,肉体还被看作精神的实际存在,既适合于精神,也能显示出精神。就是在这种不再和内在方面处于单纯对立的外在方面里,精神个性应该表现出来,但是还不能表现为活的个性,即还不能表现为经常回到受主体精神灌注生气而达到统一,而只能表现为一种形式,这种形式虽然受到精神的渗透,而这种精神还不能离开肉体而回到精神本身,作为纯然内在

① 因为诗用语言,而语言代表观念,也引起观念。

的东西而显现出来[①]。

上文已提到的两点就是从这里产生出来的：雕刻不用象征的表现方式去暗示精神的意义，而用人体形象去表现精神，而人体形象就是精神的实际存在。但是同时雕刻由于它所表现的主体是不动情感的，它所表现的心灵还是未经特殊具体化的，它就满足单纯的形象，亦即见不出统一的主体性的形象。也就是由于这个缘故，雕刻一方面不用动作或一系列要达到某种目的的运动，即不用动作和事迹去表现精神，实际上正是这些因素才能突出地显出一个人物性格，它仿佛处在客观的地位把精神表现为静止的形象，在这种形象上只能从运动和组合中约略见出动作的最初开端，见不出主体的内部与外部的各种冲突斗争，或是牵涉到和外界的各种纠纷中。因此，雕刻的形象只显示出沉埋到肉体中的精神，而这种精神是要从整个形象上显示出来的，所以雕刻的形象缺乏显现主体性的焦点，灵魂作为灵魂的集中表现，也就是目光的闪动。关于这一点，以后还要详谈。从另一方面看，雕刻的对象既然还是未向多方面分化和特殊具体化的个性，它就不能把绘画的着色魔术用到它的表现方式里——这种着色魔术通过它的浓淡深浅的细微差别和多样性，可以把人物性格特征的全部丰富性烘托出来，而且通过眼神，可以传达出精神焕发与精神凝聚的状态。雕刻不能采用从本质来看是不必要的材料或媒介，所以它只用人的形体的空间形式而不用绘画的着色。雕像在大体上是单色的，是用纯白色而不是

① 这段原文很艰晦，大意是雕刻还不像浪漫型艺术阶段那样沉浸于个人内心生活里，它既要表现精神个性，更要表现精神的有实体性的共性，特别是还离不开肉体形状或有机的自然。

杂色的石头雕成的;有时它也用各种金属物——这种原始物质也是整体一致,见不出差异,可以说是一种“凝聚的光”,见不出各种颜色的反衬与和谐。

希腊人的伟大智慧就在于抓住了而且坚持了这个观点。我们要研究的主要是希腊雕刻。希腊雕刻之中固然也有些雕像是用多种颜色的,但是在这一点上我们须把这门艺术的初期和晚期跟它的极盛时期区别开来。同时我们也要区别开通过宗教传统勉强纳入艺术而不是真正属于艺术的东西。我们前已说过,古典型艺术并不是一霎时就一成不变地把它固定下来,而是先要经过剔除对它不适合的异己因素的过程,这也正是雕刻的情况。雕刻也要经过许多准备阶段,然后才达到完善,它的开端和顶峰是迥不相同的。最古的雕刻作品是用画上彩色的木料雕的,例如埃及的偶像,希腊人也用过这种方法。我们应把这类作品排除到真正的雕刻之外,因为我所要做的事是确定雕刻的基本概念。我们并不是要否认过去有许多着色雕刻的实例,但是随着艺术趣味日益提高,“雕刻也就日益抛弃本来对它不适合的色彩的华丽;出于明智的考虑,它只用光与阴影,以求使观众得到更高的温润、静穆、明晰和愉快的印象”。[①] 可以引来和白石的单色相对比的当然还不仅有许多青铜的雕像,而且还有一些最伟大、最优美的作品也是用多种颜色,斐底阿斯所雕的宙斯就是一个例子[②]。但是这里所说的不是绝对不

---

① 引迈约的《希腊造型艺术史》卷一,119 页。迈约(H. Meyer,1760—1832),德国画家和艺术史家。

② 斐底阿斯(Pheidias)公元前五世纪希腊雕刻鼎盛时期最大的雕刻家。他的《天神》雕像是为奥林普斯天神庙雕的,据说材料中用了象牙和黄金。他的雅典娜女神像也是如此。

用颜色那种极端抽象的办法；象牙和黄金也不是画家用的颜料。一般说来，某一门艺术的作品实际上并不是每一次都那么以抽象的独立方式坚持那门艺术的基本概念；因为它们与多种多样的目的发生活的联系，它们摆在不同的地点，因而要配合外在环境而对真正的类型有所更动。所以有一些雕像是用黄金和象牙之类珍贵材料雕成的；它们坐在华丽的宝座上或是站在雕得很精美，装饰得很豪奢的基座上，使全国人民看到这种富丽堂皇的作品就为自己民族的富强而自豪。特别是雕刻，本来就是一种较抽象的艺术，并不永远坚持这种抽象性，而是一方面从它起源时就接受一些传统的、保守的和地方的影响，另一方面又要迎合民族的生活需要；因为活泼的人要求赏心悦目的多样性，要求从多方面去发挥观照和想象的能力。这种情况与朗诵希腊悲剧颇相似，朗诵对艺术作品也只能提供一种较抽象的形象。在较宽广的场合里表演，就要加上活的角色、服装、布景、舞蹈和音乐。雕刻也是如此，在它的外在现实里它也不能离开一些配搭的东西。不过我们在这里要研究的只是真正道地的雕刻作品，就不应让上述那些外在因素妨碍我们认识事物的最内在的概念（本质），而就应从它的定性和抽象性来认识它。

划　　分

现在要转到本段落的题材的划分。雕刻是古典型艺术的中心，因此我们在这里不能像前此在讨论建筑时那样，把象征型、古典型和浪漫型看作贯串全部发展过程的分别和划分题材的根据。雕刻是古典理想中的真正的艺术。它固然也有由象征型艺术去运用的阶段,例如在埃及就是如此。但是这只能算是史前阶段,并不是在本质上能影响雕刻的真正概念的一种不同流派,因为这类作品在设立地位和用途上更多地属于建筑而不适合雕刻的目的。同理,当浪漫型艺术也借雕刻来表现自己时,雕刻已越出它本身的界限,只有在摹仿希腊雕刻时才恢复到真正造型艺术的类型。因此,我们须另找划分题材的根据。

根据上文所说的道理,古典理想通过雕刻而达到最适合于它的实际存在时所采取的方式才是目前所讨论的问题的关键。不过在着手研究理想的雕刻形象的这种发展之前,我们首先要指出哪种内容和形式对于作为专门艺术的雕刻才是特有的,才能使雕刻用由精神渗透的人体形象以及它的抽象的空间形式去表现古典理想。从另一方面来看,古典理想要依靠既具有实体性[①]而又经过特殊具体化的个性,这就使雕刻用作内容的不只是一般的人体形象的理想而是受到界定的理想,因而用不同的表现方式去处理不同的对象。这种不同有一部分只涉及构思和表现本身,也有一部分涉及表现所用的材料或媒介,材料的不同性质也对艺术本身带来了新的特点或差异。在这些差异之外又加上最后一个差异,即雕刻的历史发展过程中的不同阶段。

根据这些考虑,我们将依下列程序来讨论。

第一,我们只讨论由雕刻概念本身决定的内容和形式的本质有哪些一般的定性。

其次,我们要进一步分析古典理想,单就它如何通过雕刻而得到符合艺术的实际存在来看。

① 即代表普遍理想。

第三，我们要讨论雕刻如何开始运用不同的表现方式和材料，扩张成为一个无数不同作品的领域，其中按照某一方面来看，它也可以用在浪漫型艺术里，不过真正道地的造型艺术的中心是古典型的[①]。

① 在这序论部分黑格尔指出雕刻与前此的建筑以及后此的诗歌和绘画的异同，概括各门艺术递承和演变的痕迹。黑格尔最推崇古典型艺术，而在古典型艺术之中又特别推崇希腊雕刻以及史诗和悲剧。他在这方面有比较充分的研究，他的美学观点也大部分从这方面的研究得出来的，所以值得特别注意。

第一章　正式雕刻的原则

一般说来，雕刻所抓住的是一种惊奇感，这就是精神把自己灌注到完全物质性的材料里去，就这种外在材料塑造成一种形状，使自己从这种形状里看出自己就摆在面前，认出这种形状就是符合自己内在生活的形象时所感受到的那种惊奇感。在这方面所要讨论的有下列几点。

第一，要追问是哪种精神性才能用这种材料把自己表现为纯然感性的占空间的形象。

其次，要追问应如何塑造一些空间性的形式，才能使人从美的肉体形象中认出精神性的东西。

我们一般要研究的是“在空间中伸延的事物的秩序”和“观念性的事物的秩序”这二者的统一，亦即灵魂和肉体的最初的美的结合，因为在雕刻里精神的内在的东西只能表现于它的肉体的实际存在。

第三，这种统一或结合就符合古典型艺术的理想，因此雕刻就成为古典理想中的真正道地的艺术。

1. 雕刻的本质性的内容

我们已经说过，雕刻用来塑造形象的元素是占空间的物质，这物质还处在原始的一般性的实际存在，其中可以运用到艺术里的特殊具体的因素还只有它的一般性的空间体积以及就这些体积尽量塑造出美的形象时所能达到的一些较具体的空间形式。与感性材料的这些较抽象的因素相对应的内容在大多数情况下就是精神的由它自己决定的客观存在，因为精神在这阶段既还没有和它的普遍性的实体区别开来，也还没有和它在肉体里的实际存在区别开来，因而还没有达到自为的存在，还没有回到它所特有的主体性①。这里就包含着两个因素。

a）客观的精神性

精神作为精神固然永远就是主体性，它本身或它的自我的内在本质。但是这个我可以和凡是在知识、意志、思想、情感、行动和事业中形成精神方面的普遍永恒的内容意义还没有分割开来而坚持他的特殊的自性和偶然性。在这种情况下，单纯的主体性就突出地显现出来，因为这种主体性把精神的客观真实内容全都抛弃掉和精神只有形式上的联系，而实际上是一种无内容意义的精神，就这样孤立自足地存在着。例如在自足自满的情况中，我一方面固然可以完全客观地对待自己，由于做了一件合乎道德的事，对我自己感到满意。不过由于这种自我就已把自我从我的行动的内容分裂出来，把我作为一个个别的人，作为这个自我和精神的普遍性分割开来，以便拿我和这种精神普遍性进行比较。在这种比

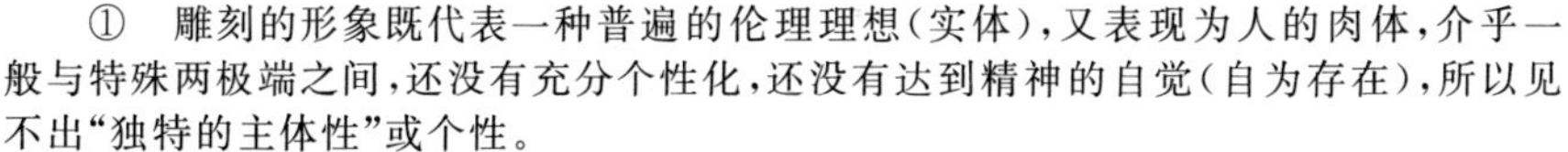

① 雕刻的形象既代表一种普遍的伦理理想（实体），又表现为人的肉体，介乎一般与特殊两极端之间，还没有充分个性化，还没有达到精神的自觉（自为存在），所以见不出“独特的主体性”或个性。

较中我对我自己的赞许就形成自满,在自满里这个受到定性的我,正是作为这一个人,对我自己感到欣喜。这个自我在凡是一般人所认识的,所愿望的和所做成的事迹之中固然都要参预进去,但是参预到这种一般认识和行动里去的还是这个特殊的自我,还是意识中主要内容;或则说,这个人有两种可能,一种是使他的自我难解难分地完全沉浸到这种内容里去,另一种是永远自禁于主体的人格(个人)的小天地里过活,这二者之间却有极大的分别。①

1) 这样脱离实体性的单纯的主体性,就会陷落到欲望的抽象特殊性和情感与冲动的任意性和偶然性里,因此举动轻浮,受特定环境及其变化的摆布,一般不能自己做主而要依靠自身以外的东西。这样的主体只代表纯粹有限的主体性,与真正的精神性是相对立的。如果这种主体在他的认识和意志中意识到这种对立而仍坚持这种对立,他就会不仅陶醉于空洞的幻想和妄自高大的想法,而且还会堕落成为丑恶的性格,受制于丑恶的情欲,做尽奸盗邪淫的坏事、刁猾、凶残、妒忌、骄横以及一切其它违反人性的恶劣品质都无所不有,他就代表人的无内容意义的有限性。

2) 这种单纯的主体性的全部范围都应该立即排除到雕刻的内容之外,因为雕刻只宜于表现精神的客观性。所谓客观性在这里是指具有实体性的、真正的、不可磨灭的东西,也就是精神的本质,受不到只靠自己的那种主体所遭受的偶然的暂时性的东西的影响。

① 依黑格尔的看法,人的"自我"有两个因素,一是代表普遍理想或客观精神的我,或则说,社会性的人的我;一是"单纯的主体性",抽去一切精神内容意义的我,或则说,动物性的人的我。他要借此说明他所理解的"客观的精神性"与单纯的没有实体内容的主体性是对立的。

3）不过客观的精神性，作为精神，也不能离开自为的存在（自觉性）而达到实际存在。因为精神就只能作为主体而存在。但是这种主体性在雕刻的精神内容中不是独立地得到表现，而是完全为实体所渗透，不能离开这实体而只在形式上反映出自己。所以上述客观性虽有一种自为的存在，但是这种以自己为对象的认识和意志却不能离开所涉及的内容意义，而是和这种内容意义形成一个不可分割的统一体。

这种包含实体与真理的独立自足的精神性，精神的这种无拘无碍的尚未向特殊分化的存在，就是我们所说的神性，这和有限性是对立的，有限性才分化为偶然的实际存在，显出差异和变动。从这个观点来看，雕刻所要表现的就是单纯的神性，要把它表现为无限静穆和崇高，不受时间影响，没有运动，不能显出狭义的主体的人格，也没有动作或情境的矛盾对立。如果雕刻在形象和性格的刻画方面也要较明确地显示出人的定性，它也只应抓住这种定性中的不可磨灭的常住的实体，作为它的内容，而不应挑选偶然的容易消逝的东西；因为它所应表现的客观的精神性还没有转化为只有把自己了解为孤立的个体的主体性才有的那种变动不居的特殊个别的性相。例如在描述一个人的杂多的遭遇，事迹和行动的传记里，许多纠纷和偶然事变的错综曲折的过程照例是为着要描绘出一种性格的，这种性格描绘总是把广泛的细节总结为某一普遍的特性，例如善良、正直、勇敢、明智之类。这些特性就是一个人的经久不变的性格，至于其它一些特殊细节却只是他的偶然表现。雕刻所要表现的也正是这种常住不变的东西，因为这些常住不变的东西才是唯一能代表个性中潜在和实在的东西。但是雕刻并不根

据这类普遍的品质创造出一些寓意体的作品,而是要刻画出一些具体的个别人物,他们在客观的精神性方面是完满自足的,显出独立自由的静穆,不受外在事物的搅扰。在雕刻里每一种个性都以实体为基础,占优势的既不是主体对自己的认识和情感,也不是浮面的容易变动的特殊细节,而是神和人身上的永恒的东西,脱净了主观任意性和偶然的自私的偏见,雕刻就应把这一永恒的方面表现得通体透明。

b) 在肉体中自为存在的精神性

我们应该提到的另一点是雕刻的内容,由于它的材料要求它的外在表现须取完整的三度空间的形式,也不能是单纯的精神性,即不能是只和自身发生联系,只满足于内省自己的内心生活。只有在自己的另一体,即在肉体中自为存在的那种精神性才能表现于雕刻里。对外在事物的否定只属于单纯内在的主体性,所以在雕刻里不能发生,因为雕刻把神或人用作内容要根据他的客观性。只有这种不带单纯主体性而沉浸到内心生活里去的那种客观因素才能用三度空间的外在形体自由表现出来和这种空间整体结合在一起。因此,雕刻从精神的客观内容意义中只能选取可以完全用外在肉体表现出来的那一部分作为对象,否则它所选的内容就不适合它的材料或媒介,就不能达到恰当的表现方式。

2. 美的雕刻形象

其次,我们要追问肉体形象中的哪些形式才宜于表现上面所说的内容。

正如在古典型建筑里住房仿佛形成解剖学的现成骨架，建筑艺术要就这个基础进一步塑造形状，雕刻也以人的形象作为它的造型的基本类型。不过住房本身已是一种人工造作的东西，尽管还不是由艺术加工的东西，人的形体结构却不然，它是一种不假人力的自然产品。所以雕刻的基本类型是天生成的而不是由雕刻设计的。不过人的形象是自然的这句话还很不明确，还有待于进一步的分析。

在自然界，理念获得它的最初的直接的客观存在（我们在讨论自然美时已经说过①），而且在动物的生命及其完整的有机体里，理念获得适合它的自然存在。所以动物躯体构造是本身完整的概念（本质）的一种产品，概念在这种躯体里是作为灵魂而存在的，不过作为单纯的动物生命，它使动物躯体受到改变，成为极多种多样的特殊种属，尽管每一种属仍受概念的统辖。不过要研究和确定概念和肉体形状（或者说得更确切一点，灵魂和肉体）这二者之间的互相符合却是自然哲学的事。自然哲学要说明动物躯体的各种不同的体系，它们的内部构造和形状以及它们彼此之间的联系，乃至躯体所分化成的各种器官，都和概念中的一些因素协调一致；从此也就可以看得很清楚，在多大程度上在这里实现的就只是灵魂所必有的一些特殊方面。不过说明这种协调一致并不是我们在这里的任务。

但是人的形体却不像动物的形象那样只是灵魂的肉体，而是

① 理念体现于具体事物才算得客观存在，直接的或自然的存在还不是自觉的存在。

精神的肉体[1]。这就是说,精神和灵魂在本质上是应区别开来的。因为灵魂只是躯体只就躯体来看的单纯的观念性的自为存在,而精神却是有意识和自意识生活的自为存在,以及其中的一切情感、思想和目的。单纯的动物生命和精神的有意识的存在这二者之间虽然有这样大的分别,精神的肉体,即人体和动物的肉体却显得很相近,这就仿佛有些奇怪了。人们对这种类似常感惊异,我们可以这样加以澄清:我们须记起精神按照它的独特的概念,有自决定的定性,它可以自决定成为有生命的东西,自决定同时既是灵魂,又是自然存在。根据动物灵魂所固有的概念,精神性既然就是活的灵魂,就可以使自己有一个躯体,在基本特色上一般类似活的动物的有机体。所以无论精神多么高于仅仅有生命的东西,它毕竟还要替自己造一个躯体,而这个躯体是和动物的躯体是根据同一概念来分成各部分和受到生命灌注的。但是还有一点,精神既然不仅是实际存在的理念,不仅是具有自然性和动物生命的理念,而且是具有独立自由的内在生活的理念,所以精神性就要在单纯感性的有生命的存在之外,替自己造成它所特有的客观领域——这就是科学知识,只有思维本身的实际存在才是这种科学的实际存在。除掉思维和它的哲学系统活动以外,精神还过着情感、愿望、观念、想象等等方面的丰富生活,这种生活也与精神的灵魂加肉体的实际存在有不同程度的密切联系,因而也要在人的躯体上实现出来(获得实际存在)。精神在这种适合它的实际存在才显得是活的,使自己照耀到或渗透到这种实际存在里,并且通过这种实际存在把自己揭露给旁人看。所以人的躯体不是一种单纯的自然存

① 灵魂这里只涉及生命,精神则涉及思想意识。

在，而是在形状和构造上既表示它是精神的感性的自然存在，又表现出一种更高的内在生活，因此就不同于动物的躯体，尽管它和动物的躯体大体上很一致。但是精神本身既然就是灵魂和生命，它的动物的躯体就只能是一种变种，其中的变化是由活的躯体所固有的精神所决定的。因此，人的形体作为精神的显现，在这些变化方面显得不同于动物的形体，尽管人的有机体和动物的有机体之间的区别还是精神的无意识活动的结果，正如动物的灵魂也凭无意识的活动造成它的肉体①。

我们就应从这里出发。人的形体，作为精神的表现，对于艺术家来说是现成的。艺术家不仅在一般意义上发见人的形体是现成的，而且在个别特殊细节方面，在躯体的形状、特点、姿势和习惯等方面，艺术家也发见到人的体形是精神的内在生活的反映。

关于精神和肉体在各种情感、情欲以及其它精神状态方面的较确切的联系，我们还很难把它归纳成为牢实可靠的原则。人们固然试图在情绪心理学和面相学里对这种联系进行科学的描述，但是到目前为止还没有得到正确的结果。依我们看，只有面相学才能有些重要性，因为情绪心理学所研究的只是某种情感和情绪由某种身体器官发生，例如说愤怒的位置在胆汁，勇敢的位置在血液。趁便地说，这种说法是不正确的。因为尽管某种情绪与某种器官相对应，也不能说愤怒的位置在胆汁，而只能说就愤怒要表现在身体上而言，主要是表现在胆汁上。像我们已经说过的，这种情绪心理学的现象与本题无关，因为与雕刻有关的只是凡是由精神

① 黑格尔还来不及掌握达尔文的“物种起源”的进化学说，他对人与动物的联系和区别的认识是不科学的。

的内在的东西转化为外在的形状,而在这形状使精神变为肉体的,可以眼见的。身体内部器官和动情感的心灵之间的协调并不是雕刻的对象,雕刻对于许多表现在外在形状上的东西都不能用作题材,例如盛怒中的手和全身的颤抖以及嘴唇的震颤之类。

关于面相学我只提这一点:雕刻既以人的形体为基础,如果它要显示肉体就在它的形式上不仅要表现出精神方面一般人性和神性中实体性的东西,而且还要表现出具有这种神性的某一个人的特殊性格,那么,我们对于身体某些部分,特点和形体结构是否完全符合某一种人的个性问题就应进行理性的探讨。古代雕刻作品就会促使我们进行这种研究,因为我们事实上不得不承认古代雕刻作品既表现出普遍的神性的东西,又表现出神们的特殊性格,但我们无法断定这里精神的表现和感性的形式之间的协调究竟是必然的还是偶然的、任意的。在这个问题上每一个器官都应该从两个观点来看,一个是单从身体方面来看,一个是从精神表现方面来看。我们当然不能跟着噶尔①走错误的道路,他把精神看成一种单纯的人脑的产物②。

a) 排除现象中的个别特殊细节

就它所要表现的内容来看雕刻,进一步的研究就要追问这种既具有普遍性的实体而又具有个性的精神性如何体现在肉体里,

① 噶尔(F. G. Gall,1758—1828),奥国医生和神经系统研究的先驱,著有《脑生理学》,《神经系统研究》等书。

② 德文原文用 Schädelstätte,原义是骷髅场即刑场(耶稣被钉死的场所),英译即用“刑场”,说不通,原字照字面也可译为“脑盖骨的地方”,噶尔主张精神在脑盖骨里,所以译为“人脑的产物”,取其易懂。

从而获得实际存在和形象。这就是说，一方面雕刻既要有充分适合的内容，它就要在精神和肉体两方面排除外在现象中的偶然的特殊细节。雕刻作品所要表现的只是人体形式中常住不变的，带有普遍性的，符合规律的东西，尽管同时又要求对普遍的东西加以个性化，使得摆在我们面前的不只是抽象的规律，而是和规律融成一片的具有个性的形状。

b）排除面相表情①

另一方面雕刻还应该排除偶然的主体性和自觉的内心生活的表现（像前文已经说过的）。因此，雕刻家在面貌方面不应该走向面相表情。因为面相表情只是主体的内心特点以及特殊个别的情感思想和意志在面部的流露。在面相表情上一个人只表现出他这个偶然的主体在某一场合心里偶然感触到的，这或许只涉及他私人的事，或许是接触到旁人旁物时自己心中所起的反映。例如我们在街道上，特别是在小城市里，看到大多数人在仪表和面相上都只在操心自己的事，自己的装饰和衣服，一般说来，他们私人的花花絮絮，或是眼前经过的一些新奇的容易引起注意的事。骄傲、妒忌、自满、轻视之类情绪的面相表情就是在这种场合出现的。此外，就实体性的存在和我个人的特殊情况进行对比时所产生的情感也可以流露于面相，例如自卑、傲慢、恫吓和恐惧之类情感就属于这一种。这种对比已把单纯的主体和普遍性的实体分割开来，而对实体的思索往往倾向于反躬自问，以至占优势的内容不是实体而是主体自己。但是无论是主体与实体的分割还是主体比实体

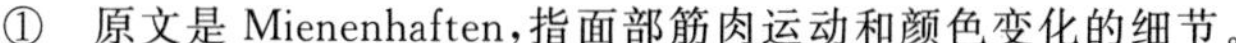

① 原文是 Mienenhaften，指面部筋肉运动和颜色变化的细节。

占优势,都不能表现为严格遵守雕刻原则的形象。

最后,除掉真正的面相表情之外,还有很多一霎时的面部变化和身体姿态的表情,例如一瞬间的微笑,刚出现就被压下去的愤怒的眼色,很快就消掉的嘲弄的神情之类。特别是眼睛和嘴在这方面有极敏捷的运动和本领,能表现出心情变化的每一细微分别。这类变化是绘画的好材料,但不能用在雕刻里。雕刻却须牢牢把握住精神表现中的一些常住不变的特点,把它们反映在面孔神色和身体姿态上。

c) 具有实体性的个性

由此可见,雕刻形象的基本任务在于把还未发展成为主体的特殊个性的那种精神实体灌注到一个人体形象里,使精神实体与人体形象协调一致,突出地表现出与精神相契合的身体形状中一般的常住不变的东西,排除偶然的变动不居的东西,而同时又使形象并不缺乏个性。

内在的与外在的二者之间的这种完全的协调一致就是雕刻所要达到的目的,这就导向还待讨论的第三点。

3. 雕刻作为古典型理想的艺术

从上文的讨论可以直接得出这样的结论:比起任何其它艺术,雕刻在特性上更符合理想。从一方面看,雕刻在两点上超出了象征型艺术,一点是它把作为精神来掌握的内容很明晰,另一点是它的表现方式和这种内容意义完全吻合。从另一方面看,雕刻还没有走到专注意主体的内心生活而对外在形象漠不关心的境地①。所以雕刻成为古典型艺术的中心。象征型艺术的建筑和浪漫型艺术的绘画当然也可以用来显示古典的理想性,但是理想就它的独特的领域来说,毕竟不是上述两种类型和两门艺术的最高准则,因为它们不像雕刻,并不以自在自为的个性,完全客观的性格,既自由而又必然的美为它们的对象。雕刻的形象却必须出自思维的想象力,须凭这种想象力把精神的主体性和肉体的形状之中一切偶然的因素都抽掉,不带主体的对于某些癖性的偏爱,不带情感、私欲以及各种各样的激动和灵机一动中的巧智。我们已经说过,艺术家为着创作他的最好的作品,所能运用的只是精神所灌注的肉体,亦即人的形体结构中本身带有普遍性的一些形式;而他的创造发明部分地局限于使内在因素与外在因素之间达到普遍性的协调一致,部分地局限于使所显现的个性灵活地依附到具有实体性的理想上去而与它交织在一起。雕刻塑造形象,应该像神们一样,神们在各自领域里都按照永恒的理念去进行创造,但是听任所创造的人物在现实生活中仍各有自由和私人的独特性。神学家们把神的行动和人凭私意抉择所做的事区别开来;但是造型艺术的理想却已提高到无须考虑这类问题,因为这种理想正处在这种沐神福和自由的必然这两种状态的中间,在这里普通事物的抽象性和特殊事物的任意性都没有意义,都不发生效力。

对神和人的这种完美造型的敏感是希腊人的天生的特长。如果我们不用对雕刻理想的深刻认识作为理解的钥匙,不从这种造型艺术的观点去观察史诗和悲剧中英雄人物形象乃至实际生活中

① 这指浪漫型艺术。

政治家们和哲学家们的形象,我们就无法从关键上去理解希腊的诗人、辞章家、历史家和哲学家们,因为在希腊鼎盛时期无论是诗人和思想家还是实际行动中的人物,都具有既显出普遍性的造型艺术风格又显出个性的这种内外协调一致的性格。他们伟大而自由,在本身体现实体的个性基础上独立地成长起来,自己培育自己,成为自己所愿做的那样的人。特别是伯里克勒斯[①]时代具有这种性格的人最多:伯里克勒斯自己、斐底阿斯、柏拉图,尤其是梭福克勒斯,此外还有图什底德斯、克塞纳芬和苏格拉底,他们之中每个人各成一类型,不因和另一个人相比而有所减色,他们都具有高度的艺术家的性格,其实他们自己就是些理想的艺术家,仿佛都是从一个熔炉中熔炼出来的不同的艺术作品,像一些不朽的神巍然挺立,时光和死亡对他们都毫无影响。奥林匹克竞赛中的胜利者们在身体方面也具有同样的造型艺术作品形象,甚至弗里涅[②]的形象也是如此,这个最美的女人裸体跳出水来,面对着希腊全境的人们。

① 伯里克勒斯(Perikles,公元前499—429)雅典极盛时期的政治家。

② 弗里涅(Phryne),公元前4世纪希腊的名妓。在一次节日盛典中她从海里赤裸裸地跳出来。希腊人替她在德尔斐立了一座金像。

第二章　雕刻的理想

在转到对雕刻的真正理想风格进行研究时，我们还应再一次回想一个事实：完善的艺术必然要从不完善的艺术发展出来，这不仅从本题所不涉及的技巧方面看是如此，就是从普遍的理念、构思以及按照理想来表现这种理念的方式看也是如此。我们曾把还在摸索中的艺术一般叫做象征型艺术，所以纯粹的雕刻也要有一个象征型的阶段作为它的先行条件，这并不是指一般所指的由建筑代表的象征型艺术的某一阶段，而是指还带有象征性质的一种雕刻。将来我们在第三章还有机会看到埃及雕刻的情况就是如此。

从理想的观点来看，我们可以很抽象地形式地把一门艺术的象征阶段看作该门艺术的不完善阶段，例如小孩子们用蜡或黏土来捏一个代表人的形象时所作的尝试。他们所捏出来的东西只是一个象征（符号），只能暗示所要表现的有生命的东西，但是对于对象和它的意义却完全不忠实。艺术在开始时也就像这样，是象形文字性的，不是偶然的任意画出的符号，而是一种约略近似对象的素描，以便唤起想象。为着达到这样的目的，一个画得不好的图形就已够用，只要它能引起人想到它所要指的那个对象就行了。同理，虔诚的教徒满足于很坏的造像，他们所崇拜的最拙劣的造像仍代表基督、圣母和其他圣徒，尽管这类形象还要借一种特别标志如一盏灯、一个烤肉架和一块磨石之类,才能使人认出某人就是某人。因为虔诚的教徒所要求的一般只是只以引起他们想到崇拜对象的东西,不管图像多么不忠实,心灵还可以凭它把那对象想象出来。所要求的并不是摆在面前的活灵活现的表现,并不是要对象本身如在眼前才能引起崇拜者的热情,只要所提供的艺术作品能引起对于对象的一般概念,尽管形象不忠实,它就已圆满地完成任务了。但是观念总要由抽象得来的。我对一些熟悉的东西,例如一座房子、一棵树或一个人,在心里很容易形成观念,但是这种观念尽管在大体上是很明确的,却仍停留在大概面貌上,而且一个观念要成为真正的**观念**,它就必须把个别事物的直接形状从具体观照中涂抹掉,对它进行简化。如果艺术作品所要唤起的是关于神性的对象的观念,而且应该是一切人或一整个民族都易于认识的观念,那么,达到这种目的的最好的办法就是不让表现方式有任何**更改**。因此,艺术就变成沿袭陈规的和保守的,不仅古埃及的艺术,就是古希腊和基督教的艺术,也都有这种情况。艺术家们都在保持某些固定的形式,复制这些形式的定型。

只有到了艺术家能够按照他的理念自由创造,能用天才的闪光射到作品里去,使所表现的形象新鲜而生动的时候,我们才算看到美的艺术的醒觉这一巨大的转变。只有到了这个时候,精神的调质才浸润到整个作品里,作品才不局限于只在意识中唤起一个观念,不是只令观众想起他心中原来就有的一种深刻的意义,而是进一步把这种观念体现于一个具有个性的生动的形象,栩栩如在目前,因此,艺术家既不停留在形式的单纯的肤浅的一般性上,而在细节特点的描绘上也不拘泥于抄写现成的平凡的现实。

攀登到这一阶段，这就是产生理想的雕刻所必不可缺少的先行条件。

关于理想的雕刻的产生，在这里要确立以下几个观点。

第一，我们要拿所说的前后阶段进行对比，来确定理想的形象的一般的性格以及它的形式。

其次，我们要研究一些具有重要性的特殊因素，例如面部结构、服装和姿势之类。

第三，我们要说明理想的形象不只是美的一般形式，而是根据真正的活的理想所必具有的个性原则，在本质上也要把握住个别特殊方面和它的定性（或特征），因此，雕刻的范围就扩充成为神和英雄等等形象的一种体系。

1. 理想的雕刻形象的一般性格

古典理想的一般原则是什么，我们前已详加讨论了。所以现在的问题只在于这个原则以什么方式通过雕刻体现于人体形象。在这方面可以从人所表现的精神面貌和仪表和动物的面貌和仪表之间差别中找到一个较好的比较标准。动物的面貌和仪表逃不出有生命的自然状态，它们总是和自然需要以及满足这些需要的动物躯体的符合目的的结构有联系。不过这个标准也还是不明确的，因为人的形象单就它本身来看，无论在肉体形式还是在精神表现上，也并不是本来就已经是理想的。相反地，我们从希腊雕刻中优美的杰作才可以更好地认识到雕刻的理想在它所塑造的形象中所要表达的那种优美的精神表现究竟是什么。谈到对这方面的知识,热烈的爱好和卓越的见解,我们首先要提到文克尔曼[①],凭他在临摹和研究古典雕刻作品方面的热情和审慎的理解,他才把过去关于希腊美的理想的暧昧的论调一扫而清。他就雕刻的每部分的形式特征分别地明确地加以界定,这是唯一的富于启发性的办法。对于他所获得的结果,当然在许多个别问题上还值得批评或提出异议,但是人们切不要因为他所犯的个别细节上的错误就抹煞了他的主要成就。不管希腊艺术方面的知识推广到多么远,文克尔曼的成就都必须定作重要的出发点。尽管如此,当然也不可否认自从文克尔曼去世之后,我们对于古代雕刻作品的知识不但在数量上增加了,而且也把这些作品的风格和美的价值摆在更精确的标准上来衡量了。文克尔曼固然着眼到很大范围的埃及和希腊的雕像,现在人们无论是对伊吉那[②]雕刻还是对过去人们说是斐底阿斯所作的那些杰作(其中有些是属于斐底阿斯时代的,有些是在他指导之下塑造的)都有比过去较精确的认识。总之,我们现在对于一些雕刻作品,雕像或浮雕有较确定的把握,而这些作品在理想风格的谨严上是属于希腊艺术极盛时期的。为着保存希腊雕刻中这些值得惊赞的杰作,大家都知道,我们要归功于上议院议员艾尔金[③]的努力。他是英国驻土耳其的大使,他把雅典神宫里和其它希腊城市的一批极美的雕像和浮雕运到英国。人们责备

---

① 参看卷一,24 页注②和 78 页对文克尔曼的颂扬。文克尔曼的主要著作是《古代艺术史》(1755)。在古典型雕刻方面,黑格尔受文克尔曼的影响很大。

② 伊吉那(Aegina),希腊的一个商业城市,有天帝庙,其中一些雕刻作品的遗迹还存在。

③ 艾尔金(Elgin,1766—1841)在 1812 年把雅典神宫里一些著名的雕刻盗运到英国,现藏伦敦大英博物馆。这是历史上一次著名的文物劫掠,黑格尔的辩护是错误的。

他这是盗庙，事实上他替欧洲抢救下了这些艺术作品，免于全部毁灭。这种行为是值得认可的。此外，这一来，所有的艺术鉴赏者和爱好者都对在风格谨严上代表着古典理想的真正伟大和崇高的希腊雕刻表现方式的产生时期开始发生兴趣。舆论一致赞赏这个时期的作品，并不是因为所雕的形式和姿态秀美动人，也不是因为表现的美妙，自从斐底阿斯以后，表现就已侧重外部表情，目的在于取悦观众，也不是因为创作手腕显得既恰到好处而又大胆；它们之所以获得普遍的称赞，原因并不在此，而在它们在自由生动方面达到了最高峰，艺术家把灵魂灌注到石头里去，使它柔润起来，活起来了，这样灵魂就完全渗透到自然的物质材料里去，使它服从自己的驾御。特别令人惊赞不已的是躺着的河神雕像[①]，这是古代留传给我们的最美的作品之一。

a）这些作品之所以生动，是由于它们是从艺术家的心灵自由地产生出来的。这个阶段的艺术家既不满足于用一些普泛的偶然的轮廓和表达方式去暗示他所要表现的同样普泛的观念（印象），而对于个别特殊部分，也不采取从外在界偶然碰到的一些形式。因此，他也不按照原来偶然的样子把这些形式临摹出来。他知道怎样凭他的独特的自由的创造力，把经验界个别特殊偶然发生的事件和人物形体的一般形式纳在仍能见出个性的和谐的统一体里，既透彻地显出他所要表现的那种精神内容，又显出艺术家自己的生气，构思并把自己的灵魂灌注到作品里去的作用。内容里一

① 奥林庇亚的天帝庙的人字墙上塞满了一系列神像，东西两侧都是躺着的河神雕像，西侧是克拉丢斯（Cladeus）河神像，东侧是阿尔浮斯（Alpheus）河神像，都已损坏，现代所看到的是近代修补的。

般性的东西并不是由艺术家创造的，而是由神话和传说提供给他的，正如人的形体中的一般与特殊对于艺术家也是现成的。但是贯串作品各部分的那种自由生动的个性化却是他自己的体会和创作的功劳。

b) 这种生动自由所产生的效果和魔力只能来自一切部分的塑造方面的妥帖和忠实，而要达到这一点，就需要对这些部分在运动中和在静止中的情况有极明确的认识和看法。身体的每个部分在每一种运动或静止的姿势中是站着还是躺着，是圆的还是扁的，如此等类的样子都要最妥帖地表现出来。我们在所有古代作品中都看得出这种对一切部分的精工细作和轻重分明，只有靠这种无穷的意匠经营和真实，作品才显得有生气。我们在看这类作品时并不能一眼就把各部分的差别看得很清楚，只有靠光与阴影的强烈对比所产生的一种照明作用，或是通过触摸，才能把这些差别分辨出来。但是尽管这些微细的差别不能一眼就看得清楚，它们所产生的总的印象却并不因此而丧失。有时观者如果从另一个角度去看，它们就显得很清楚；有时它们使人感觉到所有的部分和它们的形式都仿佛处于有机的流动状态。这种气韵生动，这种物质形式所表现的灵魂完全在于每一部分既以它的个别特殊的身份而独立存在，又通过最丰富的逐渐转变，不仅与此相邻的部分，而且与整体都有紧密的呼应。因此，所造的形象在每一点上都见出生命；最个别的细节也是符合目的的，一切部分都各有自己的差异，独特性和优点，但是仍处在不息的流动中，只有靠整体才有生命、才有价值，所以使人从残骸断片中可以见出整体，这样被割裂开来的某一部分仍然可以保证对尚未破坏时的整体的观照和欣赏。雕

像的皮肤尽管受到风雨剥蚀，却仍显得柔润，例如一块马头的残雕在石头上仍焕发着蓬勃生气的光辉。这种有机轮廓中各部分之间的互相流注，结合到最细心的精工细作，不至形成整齐一律的表面或是只形成圆形或凸面形，才产生那种气韵生动，那种各部分的柔润和理想美，那种协调一致，就像整体到处都受到精神所灌注的生气。

c）但是无论所塑造的形状在个别细节和在一般轮廓上都多么忠实，这种忠实却不是自然本色的抄写。因为雕刻所要做的事永远是形式的抽象化，所以一方面要抛弃掉凡是在身体上纯属自然的东西，即只关自然（生理）功能的东西，而另一方面又要避免极端的特殊细节，例如在处理头发时只要把握住大概形式，把它表现出来。只有这样办，雕刻中人体形象才不是单纯的自然形式，而是精神的形象和表现。与此密切相关的还有一点，精神的内容意蕴固然通过雕刻表现于肉体，而按照真正的理想，它却也不应该过分地显现在外在的肉体上面，使这外在的肉体单凭它本身的美妙就足以引起观众的喜悦，或是占压倒一切的优势。与此相反，按照真正谨严的理想，精神性固然要体现于肉体，通过形象和它的表情才变成活灵活现，如在眼前，但是这形象却只应由它所表现的精神内容来融成一体，来撑持住和渗透到它里面去。生命的洋溢，肉体方面的柔润、韶秀或打动感官的丰满和美丽都不应独立地成为表现的对象，正如精神性的个别方面在表现中也不应变成只图迎合观众自己的主观特点和接受能力。

2. 理想的雕刻形象中的一些个别特殊因素

如果现在转到进一步研究理想的雕刻形象中的一些主要方面,我们在基本上要追随文克尔曼。他以最大的敏感和幸福,描述了一些特殊形式以及希腊艺术家们为着使这些形式显出雕刻理想所采取的处理和塑造的方式。艺术的生动性固然是容易消融的,不是凭知解力所能下定义的,知解力在雕刻这方面不像在建筑里那样能把特殊的东西透彻地和牢固地掌握住,不过即使在雕刻里也还有可能把自由的精神和肉体的一些形式之间的联系揭示一个大概。

在这方面我们可以指出的一般重要的差别涉及雕刻作品要用人的形象来表现精神性这个一般性的使命。精神的表现尽管要贯串到整个身体,却大半集中在面部构造上,身体的其余部分只通过姿势来表现精神,因为姿势是由本身自由的精神发出,所以能反映精神性的东西。

研究理想的形式,我们要从头部开始,其次要谈身体姿势,第三以讨论服装原则来结束。

a) 希腊人的面部轮廓

谈到人的头部的理想的构造,我们首先要谈一般人所说的希腊人的面部轮廓。

1) 希腊人面部轮廓的特征在于额和鼻的特殊配合:额和鼻之间的线条是鼻直的或微曲的,因此,额和鼻联结起来,中间不断,这条垂直线与连接鼻根和耳孔的横平线相交成直角。在理想的美的雕刻里，额与鼻在线条上总是形成这种关系。问题在于这种结构是否只是一种民族的和艺术的偶然现象，还是一种生理上的必需。

著名的荷兰生理学家坎泡①特别把这个线条称为面孔上美的线条。他认为人的面部构造和动物的面部轮廓的主要差别就在这个线条上。他研究了这线条在各民族中的变异。布鲁门巴哈②在他的《各民族的差异》(第60节)里固然提出过与他不同的看法，但是大体说来，这个线条确实是人和动物在外貌上的一个很能见出特征的差异。动物的嘴部和鼻软骨之间的线条固然也有几分直，但是为着较便于接近食物，动物的嘴部所形成的特殊的凸出形状主要是由嘴部和头盖骨的关系所决定的，连上头盖骨的还有耳部，比头盖骨稍高或稍低，因此动物的从鼻根或上唇牙齿所在的地方那条直线就和头盖骨形成一个锐角③而不是像在人头上那样形成一个直角。每个人都可以在大体上感觉到这个差别，这个差别当然可以引起较明确的思考。

1a) 在动物头部结构里突出的部分是用来吃食物的嘴，连同上下唇，牙齿和用来咀嚼的筋肉。其它器官都只是辅助这个主要器官的附属品，为这个主要器官服务。首先是用来嗅食物的鼻，其次是伺探食物的眼睛。这种专为自然需要和满足自然需要的部分显著突出的结构就使动物头部显得只有行使自然功能的目的性，而见不出任何精神的理想性。所以我们可以从咀嚼食物的工具出

① 坎泡(P. Camper，1722—1789)，荷兰解剖学家。

② 布鲁门巴哈(J. F. Blumenbach，1752—1840)，德国哥丁根大学生理学教授。

③ 人额高，所以从额到上唇的垂直线和鼻根到耳孔的横平线相交成直角，成⊥形，动物额低，所以这两条线相交成锐角，成∠形。

发,来理解动物的全体构造。某种食物要求有某种嘴部结构,某种牙齿和这些密切相联系的还有上下唇结构,用来咀嚼的筋肉,乃至脊椎骨、腿骨、蹄爪等等,都因食物不同而有不同的形状。动物身体只是满足自然需要的工具,正是这种对营养这个自然需要的依存使得动物给人一种印象:没有精神性。如果人的面貌在肉体形状上就应该有一种精神的烙印,在动物身上特别突出的那些器官在人身上就不应突出,人的器官就不应只有实践的功用,还要有认识的或观念性的功用。

1b) 因此,人的面孔还有一个第二中心,它显出人对事物的活跃的精神态度。这个中心在面孔上部,即在流露深思神情的额头和它下面的灵魂焕发的眼睛以及它的周围部分。这就是说,额头能表现出思维、感想和精神的沉思反省。精神的内在生活很清楚地集中表现在眼睛上。由于额头的凸出和口部与腮骨的退后,人的面容才获得它的精神的性格。额头的凸出就必然要对头盖骨的整个结构起决定作用,头盖骨因额头凸出,就不再〔像动物那样〕往后低垂,形成上文所说的锐角的一边,作为这一边的另一极的终点,嘴部显著地凸出来,而是从额头经过鼻子到下唇可以画一条垂直线,这条线和从后脑勺画到额顶的那条横线相交成直角或近于直角。

1c) 第三,鼻子形成面孔上下部的桥梁,亦即认识性和精神性的额和管吸收营养的工具即口之间的桥梁。鼻子从自然功能上看是嗅觉器官,它处在对外在世界的实践的关系和认识的关系的中间。处在这种中间地位,鼻子一方面固然还适应动物性的需要,因为嗅觉和味觉有密切的联系,动物的鼻子总是服务于口,帮助吸收营养，但是嗅觉器官还不像口齿和味觉器官那样在实践上直接吞噬食物，而只是去感觉食物在空气中分解那种看不见的秘奥过程的结果。假定额头到鼻子的过渡构成这样一种形状：额头形成向前凸出的弧形，比起鼻子却是向后退缩的，而鼻子比起额头先凹下去一点，然后又耸高一点，这时面孔的上下两部分，即认识性部分、额头和实践性部分，鼻和口，就形成一种明显的对立，由于这种对立，同时属于认识体系和实践体系的鼻子就像从额头往下拉，拉到口部。这样，额头在它的孤立的地位就显出精神凝聚，深思反省时那种严峻的神情，和原来只管营养的那口的爱用语言传达思想的神情恰成对比，而鼻子则为刺激食欲的工具，用嗅来为口服务，也还是适应物质的需要。额头和鼻子的有千变万化的不易界定的偶然形状，就和这个道理有密切的联系。额头成弧形、凸出和后缩的方式是不能精确界定的，鼻子也可平可尖，可下垂也可上耸，下陷或向上卷起。

但是在希腊人的面部轮廓里，流露精神的额头是用轻微的逐渐不停的转变过渡到鼻子，并且和鼻子连成一气的，这就使面孔的上下部之间显出一种柔化和平衡，一种美妙的和谐，而鼻子由于和额头有这种联系，仿佛更多地属于额头，因而被提到精神体系，本身也获得了一种精神的表现和性格。嗅觉仿佛成为一种侧重认识功能的嗅觉，一种用来嗅精神事物的更精细的鼻子。事实上鼻子通过皱缩之类看来虽不重要的运动，却极灵活地表现出精神方面的判断和情感。例如我们说一个骄傲的人鼻子耸得多高，看到一个年轻姑娘把小鼻子往上一掀①，就认为她表示轻蔑。

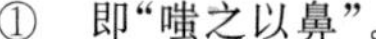

①　即“嗤之以鼻”。

嘴也有类似的情况。嘴一方面固然是用来解饥解渴的工具,另一方面却也能表现思想情感之类精神状态。在动物身上嘴已用来鸣叫,在人身上嘴还用来说话、笑、哀叹等等,在这些情况中嘴的运动纹路本身就已和运用语言来传达思想时的精神状态有密切的联系,能显出哀乐等等。

人们当然提出过反对的意见,说只有希腊人才认为上述面孔结构真正美,中国人、犹太人和埃及人却认为完全另样,乃至相反的面孔结构才美乃至更美,所以正面的和反面的例子互相抵消,就无法证明希腊人的面部轮廓才是真正美的典型。不过这种异议是很肤浅的。希腊人的面部轮廓不应视为只是外在的偶然的形式,而是本身特有一些符合美的理想的理由:第一,在这种面孔结构上精神的表现把纯是自然的东西完全推到后面;其次,它尽量地排除形式方面的偶然性,但并不因此就墨守规律,排除个性。

2) 关于各种个别形式的细节,我只从大量材料中挑出一些主要的东西来谈。在这方面我们首先谈额头、眼和耳这些较多地涉及认识和精神的面孔部分;其次谈鼻、口和唇这些较多地涉及实践的部分;第三谈发,这是头部的外围,有了发,头才现出美的椭圆形。

2a) 按照古典型雕刻形象的理想,额头既不宜太向前凸出,一般也不宜太高,因为尽管精神应该表现在面孔结构上,但是这里所说的还不是雕刻所要表现的那种单纯的精神性,还不是完全表现于肉体形状的个性。例如赫库勒斯的额头就宁可雕低些,因为赫库勒斯以膂力见长,要和外界事物打交道,并不是在深思默索上显出精神力量。此外,额头有多种多样的变化,年轻女人的韶秀,额头要低些，经常从事思考这种精神活动的庄严人头额却要高些。额头不宜和太阳穴成锐角，也不宜低落到和太阳穴一般高，而是微微的弯曲成卵形，上边长着头发。因为只有老年人才额头上无发，太阳穴成锐角以及洼陷到太阳穴，永远处在青春的理想的神和英雄们却不如此。

谈到眼睛，我们首先就应确定一个事实：理想的雕刻形象除掉不用绘画所特用的形色之外，也不表现目光。人们固然可以用历史事实来证明古代人在雕刻明诺娃和其他供在庙里的神像时在眼睛上曾涂了颜色，在某些雕像上现在还可以看出着色的痕迹。不过艺术家在雕宗教用的雕像时，不免因尽量保持传统而牺牲好的审美趣味。也有些雕像在眼睛里嵌了宝石。这是由于想尽量把神像装饰得很富丽。一般说来，这种着色不是标志着艺术还处在萌芽阶段，就是由于宗教传统，只是一些例外。此外，着色也不能使眼睛显出精神凝聚的目光，只有这种目光才能提供完满的表现。所以我们可以把这一点看作确凿的事实：古代流传下来的真正古典的自由的① 全身和半身雕像都没有瞳孔和目光的精神表现。尽管眼珠里也往往嵌进瞳孔或是用一个圆锥形洼陷部分标志瞳孔，因而也表现出一种目光，但是这种目光毕竟只见于眼的外形，而不是表现内在灵魂的那种真正的活跃的目光。

可以想到，牺牲眼睛这种全神贯注的器官，对于艺术家是一个很大的损失。如果我们看一个人，首先就看他的眼睛，就可以找出了解他的全部表现的根据，因为全部表现都可以用最简单的方式从目光这个统一点上体会出来。目光是最能充分流露灵魂的器

① 不是用于宗教的。

官,是内心生活和情感的主体性的集中点。一个人和另一个人一握手就达成契合,眼光的交接还能更快地做到这一点。而这种最能充分流露灵魂的器官却是雕刻所不得不舍弃的。在绘画里却不然,它能用颜色的深浅浓淡的细微差别,把主体方面的全部内心生活,他同外界事物的多种多样的接触以及这种接触在他心里所引起的特殊兴趣,情感和情欲都渲染出来。但是雕刻艺术家的领域既不在把整个的人都集中在单纯的"我"上面的那种灵魂的内在生活(这种内在生活才以目光为它显现的焦点),也不在和外在世界纠缠在一起的那种分散不集中的主体性。雕刻所要达到的目的是外在形象的完整,它须把灵魂分布到这整体的各部分,通过这许多部分把灵魂表现出来,所以雕刻不能把灵魂集中到一个简单的点上,即瞬间的目光上来表现。雕刻作品并没有一种特别需要表现在这理想的目光上,而不表现于身体的其它部分的单纯的内心生活,否则就会使眼睛和全身处于对立地位,而这正是雕刻所应避免的。在雕刻里个人身上内在的精神性的东西都熔化在形象的整体里,让观照的精神,即观众,从这整体里体会出那些内在的精神性的东西。

其次,目光是朝外在世界看的,它主要是为看事物而设的,因而显示出人对外界事物的各种各样的关系以及人对周围世界在发生的事物的感触。但是雕刻形象正要分离人与外界事物的这种联系,而沉浸到它的精神内容中实体性的东西里去,维持独立自在的地位,避免任何分散和纠纷。第三,目光要通过形象整体中其它部分的表现,例如一般仪表和语言,才获得它的充分发展出来的意义,尽管它本身和这充分的发展是分割开来的,作为主体性的形式上的焦点，集中了人物形象和它的环境的复杂的因素。但是这样的广度是不符合造型艺术本质的。所以目光的特殊表现，如果不从它和形象整体的呼应中获得进一步的发展，就会成为一种个别特殊的现象，而个别特殊的现象却正是雕刻所要抛弃的。

由于上述那些缘故，雕刻不仅不因为它所造的形象没有目光而有损失，而且按照雕刻的全部基本原则，它就必然要排斥这种表现灵魂的方式。所以古希腊人的伟大智慧正在于他们承认雕刻的这种局限和界限，严格遵守雕刻的这种抽象化。这正显出他们能把高超的知解力跟丰满的理性和完整的观照结合在一起。古代雕刻中当然也出现过眼睛朝某一固定目标看的事例，例如在林神的雕像里，林神的目光就注视着年轻的酒神，注视时所带的微笑是表现得很生动的；但是就连在这个例子里，眼睛也不是真正在看；而一般真正的神像都处在简单的情境中，并不表现出眼睛的转动和目光这类特殊细节。

关于理想的雕刻作品中眼睛形状的详细情况，眼睛在形式上大而椭圆，睁开的，在位置上和由额头到鼻子那条线成直角，深洼下去。文克尔曼（全集，卷四，198 页）早就把大眼睛看作美的，说这正如大光比小光美。接着他说，“眼睛的大小要和眼骨或眼眶成恰当的比例，要在眼皮张开时的样式上表现出来，如果眼里角一边上眼皮所形成的弧形比起下眼皮的弧形较圆，眼睛就算得上美。”在手艺较高超的侧面像的头上，眼球本身也现出侧面，通过这种睁开时的剪影，获得一种庄严气象和一种开朗的目光，根据文克尔曼的观察，在一些钱币上的雕像里这种目光的光线是在眼球上部稍突出的一个点上表现出来的。不过不是一切大眼睛都美,眼睛美,一方面要靠眼皮的活跃,另一方面要靠眼球洼下去很深。这就是说,眼睛不宜向外鼓出来,仿佛要被抛进外在世界,因为这种牵引到外在世界是不符合理想的,它会妨碍主体个人深思反省,沉浸于实体性的内心生活。但是眼睛的凸出还使人想到眼球时而向前伸,时而向后缩,特别是在呆视的时候,只显出当事人精神失常,或是心不在焉,傻头傻脑地瞪着大眼,或是没精打采地注视某一个感性对象。在古代雕刻的理想里,眼睛比在实际中还洼下去更深(文克尔曼的《艺术史》,卷一,第二十一章)。文克尔曼说明了理由:在体积较大的雕像里,由于离观众的视线较远,如果眼睛洼下不深,如果眼球大部分又是平板的,它就显得没有意义,没有生气,除非眼骨高耸,增加光与阴影的作用,才能使眼睛显得活跃。眼睛的深陷还另有一个意义。如果它使额头比在实际中更凸出,它就能压住面孔的感性部分①,使精神的表现更突出。此外,深眼眶里较浓的阴影也使人感到一种精神方面的深刻和凝聚,一种对外界事物的忽视和对个性本质的聚精会神,感到这个性本质的深刻意蕴溶解在形象整体里。在极盛时代的钱币雕像上眼睛总是洼下很深,眼眶上的骨头则昂然高耸。反之,古代雕刻表现眉,却不用细毛形成的高弧形,而只用眼骨梁部的高耸来暗示眉,这就不至像用有颜色的长得较长的眉毛那样会破坏额部赓续不断的形状,暗示眉的眼骨梁围绕着眼睛,形成一种半月形的花环。眉部如果过高,形成一个独立的拱顶,那就不会美。

关于耳,文克尔曼说(《艺术史》,卷一,第二十九章),古代人在雕耳上煞费苦心,耳朵雕得草率的石刻就一定是伪制品。特别

① 即口鼻等满足自然需要的部分。

是人物肖像上耳朵往往还表现出个人所特有的形状。所以雕的如果是人所熟知的人，从雕像的耳朵就可以认出那人是谁，例如从一只耳孔特别大的耳朵就可以认出马可·奥理琉斯①。古代人对畸形的耳朵也还是照样雕出。理想的头像上也还是找到畸形的耳朵，文克尔曼曾举某些赫库勒斯的头像为例，这些头像的耳朵很平板，软骨耳翼却像肿胀了。这种耳朵一般标志出格斗士和角力士的身份，事实上赫库勒斯也是以角力士的身份在厄理斯城邦的帕洛普斯运动会上夺得锦标的。②

2b）其次，关于在自然功能上更多地涉及感官的实践方面的一些面孔部分，我们要谈的是鼻、口和颚的比较明确的形式。

鼻子形状的差异使面孔现出千变万化的形象和表情。例如我们经常把形状很端正笔直，两侧皮很薄的鼻子看作聪明的标志，宽扁低垂的或像动物鼻向上卷起的鼻子则一般标志情欲旺盛，愚笨和残暴。但是雕刻在形式和表情上都要摆脱这些极端的毛病以及它们的各种变相，因此不但要避免上文谈希腊人的面部轮廓时所已提到的鼻与额之间的割裂，而且也要避免鼻子向上或向下弯曲，尖锐的鼻端、臃肿、中部隆起、向额头或口部方向洼下，总之，要避免尖锐的棱角和粗厚的形状。雕刻不用这些多种多样的改变常态的鼻子，它所雕出的形式差不多是平平常常的，尽管仍微微显出生动的个性。

口仅次于眼，是面孔中最美的部分，如果雕刻所表现出的不是

① 马可·奥理琉斯（Marcus Aurelius，公元121—180），罗马皇帝，斯多噶派哲学家。

② 帕洛普斯（Pelops），天神宙斯的孙子，厄理斯国王。希腊举行运动竞赛常在祭神的季节。

它的作为吃喝工具,服务于自然需要的一方面,而是它的流露精神状态的一方面。口的表情变化多方,丰富仅次于眼睛。口通过极轻微的运动和活动可以生动地表达出毫厘之差的讥讽、鄙夷和妒忌以及各种不同程度的悲喜;就连在静止状态中口也可以表现出爱情的温柔、严肃、淫荡、拘谨和牺牲精神等等。但是这种精神表现中的浓淡,深浅上的特殊的细微差别在雕刻里却用得极少,雕刻首先要避免嘴唇的形状和线条上带有纯属感性的自然需要方面的意味。所以雕刻一般不把口雕得太丰满或太消瘦,嘴唇太薄也表示情感的淡薄。雕刻一般把下唇雕得比上唇较丰满,席勒雕像的嘴唇就是如此,人们从席勒口部构造上曾经体会出他的心灵蕴藏着各种深刻而丰富的意蕴。这种较理想的嘴唇形式与动物的嘴部对比起来,显得不受自然需要的束缚,至于动物嘴部上唇的突出却令人想起急忙攫噬食物的状态。人的口就精神关系来说,主要是语言的座位,有意识的内心生活的自由传达的工具,正如眼睛是情感方面灵魂的表现。按照雕刻的理想,嘴唇还不应紧闭,在艺术鼎盛时期的雕刻作品里,口是微张的,但不露牙齿,因为牙齿与精神的表现无关。口之所以要微张而不紧闭,因为感官在活动时,特别在凝视某一对象时,口总是闭着的,而在不看事物想心事时,口总是微张,口角总是稍微下垂的。

第三是颚。颚在理想的形状里可以补充或完成口部的表情,如果不像动物那样完全没有颚或是不像在埃及雕像里那样瘦削而后缩的额。理想的颚要比通常实际的颚下垂得较长,它的弦形要显得圆而丰满,特别是在下颚较短时,要把它雕得比较大些。颚的丰满可以产生满足和安静的印象。易激动的老太婆们往往摆动干皱的颚和瘦削的筋肉，歌德曾把这种颚骨比作两股要夹起东西的钳子。如果颚长得丰满，就见不出这种骚动。人们现在把酒窝（笑靨）看成美，不过它只是一种柔媚，在本质上算不得美。古代头像的一个准确的标志不是酒窝而是一张丰满的大颚。麦底契爱神雕像的颚很小，人们公认这是由于遭到损坏。

2c）在结束时我们还要谈一谈头发。一般说来，发在形状上靠近植物而不靠近动物，它并不表示有机体的坚强，而更多的是软弱的标志。野蛮人让头发平铺地垂着，或是剪得很短，不卷也不束。古希腊人在理想的雕刻作品里对于头发的雕凿却煞费苦心，近代人在这方面不那么下功夫，在技巧上也不那么擅长。当然，古希腊人碰到石头太硬时，也不雕出起波浪纹的下垂的发鬈，只雕成剪得很短梳得很齐整的形状（文克尔曼的《艺术史》，卷一，第三十七章，218 页）。但是在风格好的时代里，用的材料如果是大理石，男子的头发总是雕成厚密的发鬈，女子的头发总是雕成向上耸，在头顶上束成髻，据文克尔曼说，发蜿蜒起伏，有些地方故意洼下，使发鬈的复杂样式在光和阴影的配合下可以显现出来，如果沟槽较浅，就产生不出这样的效果。此外，不同的神还有不同的头发样式和安排。这种情形颇类似基督教的绘画使人可以从头顶和头发的样式认出基督，现在有许多人根据这种蓝本来摹仿基督的仪表。

3）以上所描述的那些个别部分合在一起在形式上就组成头的整体。美的头形是由一条最近似卵圆形的线所界定的，一切棱角都因此融化在一种和谐的，各部分有逐渐过渡的联系的形状里，却见不出呆板的整齐一律和抽象的对称，也不像身体其余部分那样 有许多样式，许多转折，向许多方向走的线条。构成这种回转到原来起点的卵圆线形主要靠两个线条,一条是面孔正面由下颚部到耳部的那条优美的自由动荡的曲线,一条是上文已提到的由额头垂直画到眼眶的那条线。此外还可以加上侧面像上由额到鼻端再到下颚部的那条弧线,以及由后脑壳到头顶的那个优美的圆顶形。

理想的头部形状大致如此,细节不再详谈。

b) 身体的姿势和运动

关于身体的其它部分,如颈、胸、背、腹、臂、手、腿和足,它们是属于另一类的。它们在形式上固然也可以美,但只是感性的生命方面的美,不像面孔那样单凭形状就可以表现精神。古希腊人对于这些部分的形状和对它们的塑造,也显出最高度的美感,但是在真正的雕刻里,这些形状不应只显出生命方面的美;作为**人的**形象的部分,它们同时也应尽肉体所能做到的表达出精神的面貌。否则内心生活就只能集中在面孔上表现,而按雕刻的原则,精神却应显得渗透到全身形状里,而不应成为本身孤立的东西和肉体相对立。

如果要问通过什么手段,胸、腹、背和手足这些部分才能有助于精神的表现,因而除掉生命方面的美以外,还可以嗅到精神生活的气息,那么,我们就可以指出以下几种手段。

第一是姿势,如果姿势是从精神的内在方面出发而且由它决定,身体各部分配合在一起就现出一定的姿势;

其次是运动或静止在形式上达到完美和自由;

第三,这种运动和静止在它们的具体的仪表和表现里更能显出理想所由体现的那种特殊情境，理想永远不能是抽象的或悬空的理想。

关于这几点，我还要提出一些一般的看法。

1）关于姿势，头一点是上文已经约略提到的是人的直立姿势。动物的身体在移动时是与地平面平行的，它们的嘴和眼都沿着脊椎骨的方向伸延出去的，它们不能凭自己来消除地心吸力牵引身躯匍匐的情况。人的情况却与此相反，他的向前直视的眼睛在自然方位中的视线与地心引力和身躯的那条直线成直角。人固然也可以像动物一样同时用手足在地上爬行，实际上婴儿就是如此；但是等到意识开了窍，人就挣脱了地面对动物的束缚，自由地站了起来。站立要凭一种意志，如果不起站立的意志，身体就会倒到地上。所以直立的姿势就已经是一种精神的表现，因为把自己从地面上提起来，这要涉及意志因而也就涉及精神的内在方面。就是因为这个道理，一个自由独立的人在意见、观点、原则和目的等方面都不依赖旁人，我们说他是“站在自己的脚跟上”的。

但是直立的姿势也不是单凭它本身就美，而是要凭形式的自由才美。如果一个人只是呆呆地直立着，两只手紧贴在身旁，两条腿也并在一起，那就会产生不愉快的僵硬印象，尽管没有什么勉强的痕迹。这种僵硬一方面是由于各部分彼此处在同样姿态所现出的那种抽象的仿佛像建筑式的整齐一律，另一方面是由于这种姿势显不出任何来自内心的精神决定作用，因为手足胸腹等部分都挂在那里，好像从一出世就是这样长着，不曾经过精神的意志和情感的支配，来把它们的情况改变一下。这番话也适用于坐相。与此相反，趴在地上的姿势仿佛丧失了自由，因为它令人想到隶属，依赖和奴隶的地位。自由的姿势却不然,它一方面避免抽象的整齐一律和棱角突出,要使身体各部分的姿势现出接近有机体(有生命的东西)的线条,另一方面也要使精神的决定作用从姿势中现出,使人从姿势就可以认出内心生活的情况和情绪。只有这样,姿势才是精神的表情。

但是利用姿势来表情,雕刻也要极端小心,在这方面要克服很多困难。一方面身体各部分的互相关系固然要由精神的内在因素来决定,另一方面这种决定也不能采用勉强的姿势,既违反身体结构及其规律,又违反艺术家用来表达他的构思的那种重而硬的材料。第三,姿势要显得完全不勉强,要使人得到一种印象,是身体凭它本身采取了这种姿势,否则精神和肉体就显得区别开来,彼此可以分割开来,二者的关系只是精神在发号施令而肉体则在被动地服从,而实际上在雕刻里精神和肉体理应形成一个紧密协调的整体。从这方面看,不勉强是一个首要的要求。精神作为内在方面必须渗透到全体各部分,而全体各部分也必须把精神及其决定作用当作它自己灵魂的内容来接受进来。最后,关于理想雕刻中姿势所能有的表情方式,根据我们在前文已经作过的说明,可以推出这样的结论:这种表情不应只是可改变的或暂时性的。雕刻塑造人物不应使他们仿佛凭胡安的魔号角[①]调动,在运动和行动之中被化成僵石,结成冰冻了。与此相反,姿势表情尽管可以暗示某一显出特征的动作,却只应表现出那个动作的开始或准备,或则说,一种意图,否则就是表现出动作停顿回到静止的状态。一种蕴藏着一整个世界的一切可能性在内的精神处在静止和独立自足的

① 胡安(Hüon),13世纪法国民族史诗中的人物。

状态，对于雕刻的形象是最理想的。

2）其次，关于姿势的道理也适用于运动。真正的运动在纯粹的雕刻里很少有地位，除非雕刻已离开自己的领域而采取另一艺术的表现方式。雕刻的主要任务就在于表现神的福慧的圆满自足无斗争的静穆状态中的形象。这就要排除复杂的运动。表现出来的最好是一种沉浸于自己内心生活的站相或卧相。这种站或卧的活动并不发展成为具体的动作，因而不须把全副力量集中到某一动机上，使这一动机成为主要因素，这种活动只处在一种静穆的无分别的持续状态。人们可以设想，神的形象是永远保持这同一姿势而不改变的。离开本身而卷入某一具体的充满冲突的动作漩涡中，卷入不能持久的一瞬间的紧张状态中，这种情况是违反雕刻的静穆理想的，它只出现在雕像群和浮雕里，这时雕刻已开始投合绘画的原则，把某一动作的某一特殊细节表现出来。强烈情感及其暂来即去的迸发所产生的效果固然暂时使人感动，但也是立即消逝的，人们看后就不愿再看。因为所表现出来的引人注目的东西只是一瞬间的东西，人们也就在那一瞬间把它看清楚，而人们可以长久玩味不舍的那种内在的丰满和自由，那种永恒无限的东西，却被排挤到后面去了。

3）但是这也并非说，雕刻在坚持严格原则和达到高峰的时候，就一定要完全排除运动的姿势；如果是这样，雕刻表现神性的东西，就会只能表现出它的未得定性，浑整无别的状态。雕刻既然要把实体性的东西理解为个性，表现为肉体的形象，它在内容和形式上所反映出的内在的和外在的情况也就必须是具有个性的。这种某一具体情境中的个性正是雕刻要通过身体的姿势和运动来表现的。不过因为在雕刻里首要的因素还是具有实体性的东西，而个性还没有挣脱这实体性的东西而成为一个特殊独立的东西，所以情境的个别特殊性还不应大到足以损害或破坏实体性东西的纯真性，把实体性东西化成片面性的东西，卷入冲突斗争里去，或是让它受制于个别特殊事物的压倒的优势；情境单就它本身来看，应该更多地只有一种不很重要的定性，或是只在个性浮面上起一种爽朗的无害的生活活泼的作用，而个性的实体性却并不因此在深刻、独立自足和静穆等方面受到损害。关于这一点，我在讨论理想达到具体表现时所应处的情境以及雕刻的理想时[①]已经接触到，所以这里不再详谈。

c) 服装

我们还要讨论的一个重要点就是雕刻里的服装问题。乍看起来，仿佛最符合雕刻理想的是裸体的形象以及它在姿势和运动中所现出的由精神渗透的感性的肉体美，而服装只是一种不利条件。就是按照这种想法，特别在今天人们还在抱怨近代雕刻往往被迫要在人物形象上安上服装，而实际上服装并不能显出人的有机体形式的美。与此相关的还有另一种抱怨，说我们近代的艺术家们没有机会研究裸体，而古代希腊人却经常有裸体摆在眼前。关于这一点，我们在这里只能一般地说，单从感性美方面看，裸体当然有它的优点，但是单纯的感性美并不是雕刻的最终目的，所以古希腊人尽管让大多数男子的雕像裸体，却让更大多数的女子的雕像穿上服装，这并不算辟出一条错误的路径。

① 见卷一，251—275 页论“情境”节。

1）除掉艺术的目的以外，服装的存在理由一方面在于防风御雨的需要，大自然给予动物以皮革羽毛而没有以之给予人，另一方面是羞耻感迫使人用服装把身体遮盖起来。很概括地说，这种羞耻感是对于不合式的事物的厌恶的萌芽。人有成为精神的较高使命，具有意识，就应该把只是动物性的东西看作一种不合式的东西，特别是要把腹胸背腿这些肉体部分看作不合式的东西，力求使它们屈从较高的内在生活，因为它们只服务于纯然动物性的功能，或是只涉及外在事物，没有直接的精神的使命，也没有精神的表现。所以凡是开始能反思的民族都有强弱不同的羞耻感和穿衣的需要。早在《创世记》的故事里就已意味深长地谈到这种转变。亚当和夏娃在从知识树上摘食禁果之前，都赤裸裸地在乐园里到处游逛，但是一旦他们有了精神的意识，意识到自己的裸体，就感到羞耻。这种羞耻感在其他亚洲民族中也统治着。希罗多德（《历史》卷一，第十章）叙述基格斯①登基的情况时曾谈到里底亚人和几乎所有的野蛮民族都以被人看到自己裸体为耻，他还引了康道尔王后的故事来证明这一点。康道尔王让他所宠幸的警卫基格斯偷看王后的裸体，以证实她是最美的女子。她事先受瞒，等到她发见基格斯躲在自己的寝室门后看她时，深以为耻。在盛怒之下，她第二天召见了基格斯，告诉他说，既然国王做出了这样的事，让基格斯看到他所不应该看见的，他现在就只有两条路可走，把国王杀掉，作为惩罚，事后就继承王位，并且和她结婚，否则他就该立刻就死。基格斯选了第一条路，杀了国王，夺取了王位，娶了王后。埃及人却往往把雕像雕成裸体的，男像只系上一条短围裙，而伊什斯女

① 基格斯（Gyges），公元前7世纪小亚细亚里底亚国的国王。

神的像上的服装则只是两腿之间一条几乎看不出来的薄薄的细花边。这并不是由于埃及人缺乏羞耻感,也不是由于他们怀有对有机体形式的美感。因为从他们的象征观点看,可以说,他们所关心的不是要形象成为精神的恰当的表现,而是形象所要带到意识里来的意义,亦即形象背后的本质和观念,所以他们让人像保持它的自然形式,而不考虑到这形式在多大程度上能符合精神,本来他们在其它方面也极忠实地临摹自然形式。

2) 最后,希腊雕像有裸体的,也有穿衣的。希腊人在实际生活里总是穿着衣服,但是在运动会里竞赛时,却把裸体看作最体面的事。特别是斯巴达人开了不穿衣上场搏斗的风气。这也并不是由于他们富于美感,而是由于他们对于羞耻感的优美品质和精神意义漠不关心。希腊民族性格的特点在于他们对直接呈现的而又受到精神渗透的人身的个性具有高度发达的敏感,对于自由的美的形式也是如此,这就使得他们必然要把直接呈现的人,即人所特有的受到精神渗透的躯体,作为一种独立的对象来雕塑,并且把人的形象看作高于一切其它形象的最自由的最美的形象来欣赏。所以希腊人抛开不让人看到人的自然身体的那种羞耻感,并不是由于他们对精神事物漠不关心,而是由于他们要求美,就对涉及欲念的纯然感性事物漠不关心。所以他们有意地把许多雕像都雕成裸体。

但是这种不穿任何服装的办法也不能到处都行得通。我在上文已指出头部与身体其余各部分的差别,事实上无法否认形体上的精神表现局限于面孔以及全身的姿势和运动,局限于由手足和两腿的站相所流露出来的举止动静。因为这些器官是向外活动的，所以最能通过它们的姿势和运动表现出精神状态。至于身体的其余部分却始终只能显出纯然感性的美，在它们上面可以见出的差别只是体力大小，筋肉发达的程度或是柔嫩的程度以及性别和年龄等方面的差别。所以就美的观点来说，这些部分的裸露对于形象的精神表现也不起什么重要的作用。如果所要表现的主要是人的精神方面，把这些部分遮盖起来就是符合端庄观念的。理想的艺术对身体上每一个别部分一般都要完成的任务是把动物生活需要方面的细节安排如细血脉、皱纹、皮肤上的毛之类抛弃掉，而单把形状的生动的轮廓所含的精神意义突出地表现出来，这正是服装所做的事。服装把各器官的多余部分遮盖起来，这些部分对于维持身体健康和消化之类功能固然是必要的，对于表现精神却是多余的。所以不能毫无区别地说，雕刻形象的裸体毫无例外地都显出较高的美感和较大的道德的自由和纯洁。在这方面希腊人也听从一种较正确、较明智的敏感的指导。

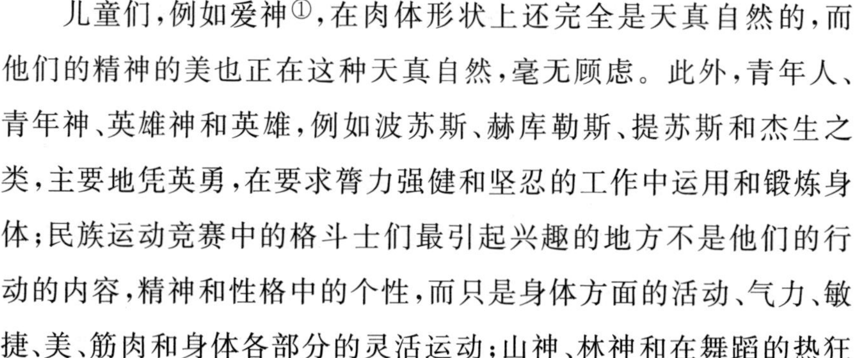

儿童们，例如爱神①，在肉体形状上还完全是天真自然的，而他们的精神的美也正在这种天真自然，毫无顾虑。此外，青年人、青年神、英雄神和英雄，例如波苏斯、赫库勒斯、提苏斯和杰生之类，主要地凭英勇，在要求膂力强健和坚忍的工作中运用和锻炼身体；民族运动竞赛中的格斗士们最引起兴趣的地方不是他们的行动的内容，精神和性格中的个性，而只是身体方面的活动、气力、敏捷、美、筋肉和身体各部分的灵活运动；山神、林神和在舞蹈的热狂

① 女爱神爱弗若底特的儿子，即库匹德（Cupid），希腊雕刻一般把他表现为顽皮的裸体的男孩。

中的酒神崇拜者们也是如此,再有女爱神爱弗若底特在单着重她的肉体方面的女性美时也要归在这一类,所以古希腊人把这一类形象都雕成裸体的。但是如果他们要突出一种显出思索力的较高的意蕴,一种内心生活的严肃时,一般就不应让自然的东西占上风,他们总是雕出服装。例如文克尔曼早就指出,女像只有十分之一不穿服装。在女神之中,穿衣服的特别是雅典娜、天后、女灶神、女月神、女谷神和女诗神们;在男神之中,穿衣服的主要是天神、长着胡须的印度酒神等。

3) 最后,关于服装的原则,过去人谈了很多,而且很琐碎,现在只约略提出以下几点看法。

大体说来,我们无须抱怨近代人的道德感不让雕像完全裸体。因为如果服装不仅不遮盖住姿势,而且还可以把姿势充分显示出来,我们就毫无损失,而且服装还可以把姿势正确地突出地表现出来,就应看作一个优点,因为它把纯然感性的没有意义的东西遮盖起,只显示出由姿势和运动表现出来的情境中有关的东西。

3a) 如果接受这个原则,那就似乎可以说,服装如果能把身体各部分以及姿势遮盖得尽量得少,那就是最好的艺术处理,**近代**紧贴身躯的服装正是如此。我们的衣袖和裤筒紧贴着胳膊和大腿,使这些部分的轮廓形状可以看得很清楚,而且丝毫不妨碍它们的举止动静。反之,东方人的宽袍大袖和大裤筒对于我们西方人好活动而事务又多的生活似极不相宜,而只适合像土耳其人那样终日盘腿静坐,行动起来也是古板正经,慢条斯理的人们。但是同时我们也知道,而且对近代雕刻和绘画只消好好地看一眼也可以证明,我们现在穿的衣服是最没有艺术性的。我们在近代服装上所看得出的（我在另一个地方早已提到过）不是身体处在柔和的流转自如的发达状态中的那种生动，自由而优美的轮廓，而是一种带着僵硬褶纹的绷得很紧的布袋。因为尽管极通套的形式还在，而有机体的优美的源泉滚滚的浪纹却消失了。我们所看到的只是一种由外在实用目的来决定的、裁剪拼凑成的东西，这里很松垮，那里又绷得很紧，到处都是些不自由的形式，还加上到处都是缝口，纽扣和纽扣孔的衣面和衣褶。事实上这种服装只是一种遮盖物，完全没有自己的独特形式，另一方面它在大体上虽然按照身体各部分的有机构造来剪裁的，却把身体的感性美，生动的圆形和波浪似的曲线都遮盖住，而只使人看到一种用机械方式加过工的衣料。这就是近代服装毫无艺术性的地方。

3b）具有艺术性的服装有一个原则：那就是它也要像一种建筑作品那样来处理。建筑作品只是一种环绕遮蔽，人在其中却仍能自由走动；离开它所环绕遮蔽的对象来说，它自己还要有而且要显出它自己的独特的表现方式。此外，建筑方面的支撑与被支撑的关系还要按照力学规律独立地表现出来。这个原则正是古代理想的雕刻运用到服装方面的。特别是大衣就像一座人在其中能自由走动的房子。大衣固然是穿在身上的，但是只系在身体上的一处即肩膀上①；大衣其余部分却按照它本身的重量形成一种特殊的形式，独立自由地悬挂着、垂着，形成一些褶纹，这种自由的形状构造只通过姿势而取得一些特殊的变化。古代服装的其余项目也

① 古希腊服装极简单，用六七尺宽八九尺长的长方形衣料，围在身上，在两肩用带子或纽扣系起，腰间用腰带束起，所以一般用不着裁缝。

在不同程度上现出与此类似的褶纹的自由,它的艺术性也就在此;因为只有这样,我们才看不出勉强造作,单凭外在压力和必需而决定形式的痕迹,这种服装仿佛是凭它本身而形成它的形式的,同时又通过身体的姿势,以精神为它的出发点。因此,古代的服装只是由于有防止脱落的必要,才由身体把它支持住,通过身体的姿势而获得一定的形状,此外它自由地悬挂着,就连在随身体的运动而摆动的时候,也还是遵守这个自由原则。这是完全必要的,因为身体是一回事,服装是另一回事,它有独立的权利,应该显出它的自由。近代服装却正与此相反,它逃不出两种情况:或是完全由身体撑持住,听身体的指使,因而过分突出地表现出身体的姿势而又歪曲身体各部分的形式;或是在褶纹等方面获得一种独立的形状,而这种形状却毕竟只是由裁缝追随偶然的时髦风尚来决定的。衣料一方面被身体和它的运动,另一方面又被自己的缝口,弄得东拉西扯。根据这些理由,古代服装对于雕刻作品是理想的标准,而近代服装则差得很远。关于古代服装样式和细节,人们凭渊博的考古知识谈得太多了,而且还在谈个不休,因为人们通常尽管没有权利来闲聊服装样式、衣料、衣边、剪裁之类细节,从考古学的观点来看,却找到借口把这类琐屑的事当作大事来谈,而且比妇女们在她们的这个专门领域里还谈得更详细。

3c) 但是如果问题涉及近代雕刻是否在一切情况下都毫无例外地只用古代服装而不用其它任何服装,我们就应采取一个完全不同的观点。这个问题对于真实人物的造像是特别重要的,因为这个问题的主要兴趣涉及现代艺术的一个原则,我们想在这里谈得比较详细些。

如果在现代要替一个当代人物造像，就有必要根据这个人物的现实生活来确定他的服装和外在环境，因为他既然以一个现实的人的身份来提供艺术作品的题材，他的外表方面，其中主要包括服装，就绝对必要按照现实生活中真实的样子去塑造。这个要求特别要服从，如果雕刻所要按照个性来表现的人物在某一特殊领域里是个伟大的有声势的人物。这种人物无论是在绘画里还是在雕刻里都是让人直接看到身体的。这也就说，他要受到外界条件的约制，如果造像要越出这种约制，那就会不仅使他违反自己的真实性格，而且还现出更大的矛盾，因为现实界的人的功绩和优异处正在于他在一定职业领域里实际生活中的活动。如果要表现这种个人的活动，就不应把他摆在和他不相称乃至有害的环境里。例如一位名将，就他的职业环境来说，是直接生活在枪炮火药中间的，如果我们要把他的活动表现出来，我们就会想到他下命令，摆阵势，向敌人进攻之类。此外，这位名将不是一位万能的将军，而是在某一兵种方面例如步兵或骑兵之类特别擅长。每一兵种各有与自己地位相称的特殊制服。还不仅此，一位名将只是一位名将，他不是一位立法者或诗人，也许从来不是一个宗教家，也没有掌握过行政权，总而言之，他不是一个整体（或全面发展的人才），而只有整体才是理想的、神性的。因为理想雕刻形象中的神性正在于它们所表现的人物个性超然于特殊的关系和活动目的之上，见不出这种职业的划分，纵使把这种特殊关系表现出来，也要表现得使人相信这种人物有能力做一切领域里的事。

因此，如果认为当代的或最近过去的英雄人物在英雄品质上只局限于某一方面，在塑造他们的形象时也应要求用理想的服装，

这就是很肤浅的想法。这种要求固然显出一种对艺术美的热情，却不是出于理智的；并且由于爱好古代艺术风格，就忽视了古代人的伟大处正在于他们对自己所做的一切都有高深的理解：他们固然表现本身是理想的东西，但是对本身并非理想的东西，他们并不把理想的形式强加上去。如果人物性格的内容并不是理想的，那就无须让他穿上理想的服装。如果一位勇猛果断的将军在面貌上本来就不像一个战神，而是让他穿上希腊战神的服装，这就成了伪装，其可笑正不亚于把一个胡须满腮的男人塞进一套小姑娘穿的衣裙里。

此外，近代服装用在雕刻里确实产生了许多困难，因为它受时髦样式的摆布，变得快。时髦样式的存在理由就在于它对有时间性的东西有权利把它不断地革旧翻新。一件按照现成样式剪裁的上衣很快就变成不时髦了，要讨人欢喜，就得使它赶上时髦。一旦过时了，人们对它就不习惯，几年前还讨人喜欢的东西一霎时就变成滑稽可笑了。因此，适合于雕刻用的服装样式应该既具有一个时代的特色，又要有一种比较持久的典型。一般说来，最好是找出一种中间道路，像现代艺术家们所常采取的那样。不过人物造像的体积如果不太小，或是不打算作为家常随便的表现方式来看待的，用近代服装总是不合式的。如果太小或是要表现得家常随便，最好是用半身像，只用头颈和胸部，这样要维持理想就比较容易些，因为在半身像里头部和面相成为主要的东西，其余部分都成为一种不重要的附属品。但是如果雕像的体积很大，特别是在很安静地站着的时候，我们一眼就会看到雕像身上穿的什么，如果穿的是近代服装，就连在画像里也很难把一个大丈夫的形象不显得平凡无味。例如惕希霸因①所画的赫尔德和魏兰的全身坐像(后来由很高明的艺术家刻成铜版画),就使人感到很呆板、沉闷、肤浅,看到他们的短裤和鞋袜以及他们坐在椅子上双手叉在肚皮上那副安逸自满的样子。

但是要造像的人物活动的时代如果离我们很远,或是他们本身如果具有理想的伟大,情况就和上文所说的不同。因为古代人仿佛已变成没有时间性的,已归到一种渺茫的一般观念里去了,他们已摆脱了他们的那种特殊的现实,所以在服装方面可以用理想的表现方式。如果要造像的人物凭他们的独立自足性和内心生活的丰满,脱离了某一职业和某一时代影响的局限性,本身已成为一种自由的整体,一个无数关系和事业的中心,因此,他们在服装方面也要显得摆脱了当时日常生活中的那种家常随便的情况。古希腊人替阿喀琉斯和亚历山大造像就已把个性特征雕得非常美好,使人们看到这种形象就相信所雕的是年轻的神而不是人。对于胸襟宏大的青年亚历山大,这种处理是完全正当的。拿破仑所占的地位也很崇高,他的精神也涵盖一切,就没有理由在他的造像中不用理想的服装。理想的服装对于弗里德里希大帝也不算不合式,如果造像的目的在纪念他的全部伟大性格。雕像的体积在这里当然也要考虑到。如果体积小,就宜于显得家常随便些,例如雕拿破仑就不妨让他戴上他的三角小帽,穿上他的著名的制服,把两只手叉在胸前,如果要雕出弗里德里希大帝的日常生活中的样子,我们就不妨让他戴着便帽,提着手杖,像在烟盒上所看到的他的画像

① 惕希霸因(F. Tischbein,1750—1812),德国画家。赫尔德是德国启蒙运动的先驱,魏兰是德国诗人。

那样。

3. 理想的雕刻形象的个性

我们在上文既已讨论到雕像的一般性格,也已讨论了雕刻在各种形式上所表现的特殊差别。现在剩下要提出的第三点就是:雕刻的理想既然在内容上应表现出本身具有实体性的个性,在形象上应采取人体的形式,它就必须显出现象中可以区别开来的各种不同的特殊因素,因此就要塑造出一系列的特殊的个别人物,就像我们从古典型艺术里已看到的一系列的希腊神那样。人们固然可以设想最高的美和完善应该只有一种,而这一种又应该完满地集中表现在唯一的一座雕像上。但是这种唯一理想的设想简直是荒谬的。因为美的理想正在于它不是一种纯然一般性的规范,而是具有本质上的个性,亦即具有特殊的性格。只有这样,雕刻作品才能有生气,把唯一的抽象的美展现为一整个系列的本身明确具体的形象。不过大体说来,这个系列在内容意蕴上项目并不很多,因为有许多范畴,例如我们近代要表现人和神的特性时所惯用的基督教观点中那些范畴都是真正的雕刻理想所不包括的。例如中世纪和近代世界所综合成为一套职责信条(每个时期又加以变化)的那些道德伦理思想对于雕刻中的理想的神们是不存在的,没有意义的。所以在这里我们不应指望看到关于自我牺牲,克制自私自利,对肉感的搏斗,贞洁的胜利之类观念的表现,也不应指望看到热烈的爱情,始终不渝的忠贞,男人和女人的荣誉感以及宗教的谦卑,顺从和神福之类观念的表现。因为所有这些道德品质,特

性和情况有时要靠精神和肉体的割裂，有时脱离了肉体而回到单纯的内心生活，或是表示出个别的主体性已和它的绝对实体分裂开来而又努力重新和它达到和解。此外，雕刻中真正的神的体系固然形成一个整体，却也不是从概念上可以把各成员严格区别开来的整体，像我们在讨论古典型艺术时所已谈到的。不过每一个神的形象是一个完满自足的得到定性的个体，与其他神的形象毕竟有分别，尽管他们彼此之间的区分不是按照抽象的烙印鲜明的性格特征，而是在他们的理想性和神性方面仍保持很多的共同点。

较重要的分别[①]可以按照下列观点来看。

第一，要研究的是纯然外在的标志，附加的符号、服装、兵器之类。对于这类符号的细节文克尔曼有很详尽的描述。

其次，主要的分别却不仅在外在的标志和特征而在整个形象的见出个性的构造和仪表。这方面最主要的是年龄和男女性的差别以及提供内容和形式给雕刻作品的那些领域的差别，因为雕刻所表现的可以从大神和英雄到山神，林神乃至真实人物的造像，最后到了塑造动物形象，雕刻就达到没落了。

第三，我们还要看一下雕刻怎样运用这些一般性的差别去塑造成为具有个性的个别形象。这方面特别有极其广阔的细节资料，我们在这里只能略举一些例证来作一些经验性的说明。

a) 符号、兵器、装饰等

第一，关于符号和其它外在的附属品例如装饰、兵器、工具、器皿以及一般标志周围情况的东西，它们在第一流的雕刻作品里都

① 每一神的形象不同于其他神的形象的特点。

处理得很简单,有分寸有节制的,它们的作用只限于暗示和帮助理解。因为能揭示精神意义和对精神意义的看法的是形象本身及其表现,而不是由外在的附属品。但是为着辨识出所雕的神,这类标志却也是必要的。不同的个别的神都从普遍的神性中获得他们的形象所表现出的具有实体性的东西;由于有这种共同的基础,他们在表现和形象上显出彼此有密切的亲属关系或类似,这就取消了每个神的特殊性,使他可以出现在不是他原来所特有的其它情境和表现方式里。因此,他们身上一般并不易看出有严格的性格特征,要辨认出他们,只有靠这类外在的附属的标志。在这类标志之中我提出下列几种。

1) 在讨论古典型艺术和它的神的体系时,我已经谈到真正的符号。在雕刻里这类符号还比其它艺术里更多地失去了独立的象征性格,它们的作用只在把一种有持久性的外在标志附加到某一神的形象上,这个标志和这个神的某一方面性格是有些联系的。这类标志往往是从动物界借来的,例如天神宙斯身边往往雕着鹰,天后纠纳身边往往雕着孔雀,酒神有时被雕成坐在由虎豹拖着的车上,据文克尔曼说(《艺术史》,卷二,503 页)这是因为豹经常觉得渴,性爱酒;女爱神维弩斯不是伴着兔子,就是伴着鸽子。其它的符号有器皿或工具,这是联系到每个神按照他的个别职能所要用来活动和动作的。例如酒神手持缠绕葡萄叶和花圈的神杖,或是头戴桂冠,用来标志他远征印度的胜利①,或是手持火炬替谷神色列斯照明。

这类的联系(我在这里只举一些最著名的例子)特别向考古学

① 亚历山大东征印度后,酒神的崇拜流行渐广,在性质上也渐趋淫荡。

家们提供了展示敏感和博学的机会，使他们穿凿附会，小题大做，把本来没有深文奥义的东西看作具有深文奥义。例如他们硬说梵蒂冈宫和麦底契别墅所藏的两座著名卧像代表克利俄帕屈娜，唯一的理由就是她戴着蝮蛇形的手镯。考古学家们一看到毒蛇就想到克利俄帕屈娜的死，正如一个虔诚的神父会想到乐园里引诱夏娃的那第一条毒蛇①。但是事实是希腊妇女一般有戴蛇形手镯的风气，以至手镯就叫做“蛇”。所以文克尔曼早就凭他的准确的识力否定了那两座雕像代表克利俄帕屈娜，而维斯康提②最后认出了它们代表阿里阿德涅在离开提苏斯感到痛苦之后终于昏沉入睡的情况③。不过尽管许多人在这类问题上走入迷途，尽管浪费精力于这类琐屑细节的敏感是微不足道的，这种研究和批判却毕竟是必不可少的，因为只有通过这种途径才可以断定一个形象究竟代表什么神。不过这方面也有困难，因为符号正和形象一样，都不是永远专属于某一个神的，而是通用于几个神的。例如杯是天帝朱匹特的符号，也是日神阿波罗，交通神麦库里，医神埃斯库拉普，乃至女谷神色列斯和健康女神哈伊儿亚等神的符号。有几个女神都手持谷穗，天后、女爱神和希望女神都手持百合花，就连电光也不是天帝的专利品，雅典娜也有份。也不是雅典娜一个神才手持神盾，天帝、天后和阿波罗也都有神盾。个别的神们都起源于一个共同的、尚未得到定性的普遍意义，因而就保持了这个普遍的因而是

① 埃及皇后克利俄帕屈娜用毒蛇咬自己的胸部自杀，在《创世记》里毒蛇代表恶魔，引诱夏娃偷食禁果。

② 维斯康提（Visconti，1751—1818），意大利艺术史家。

③ 提苏斯（Theseus），雅典王子，被派遣到克里特岛国执行使命，与当地公主阿里阿德涅（Ariadne）一见钟情，带她回雅典，但在中途遗弃了她。

共同的神性原来所用的老符号。

2) 其它一些附属品如兵器、器皿、马之类更多地出现在不是表现神们的简单的静态而是表现他们的行动的作品里,例如雕像群或一系列的形象里,像在浮雕里就应有成群的行动的形象,因此,可以较广泛地利用多种多样的外在的标志和暗示。在各种艺术作品里特别在雕像里常出现的供神的礼品上,在奥林匹克运动会上奖给胜利者的雕像上,特别是在钱币和宝石的雕像上,希腊人的丰富的创造才能获得广大的用武之地,发明了许多象征的暗示方式,例如暗示某一城市的所在地的符号之类。

3) 还有些意义较深刻的标志和某一既定形象本身打成一片,形成它的一个不可分割的组成部分,这类标志就已由单纯的外在因素转化到神的个性的表现。属于这类的有服装、兵器、头发装饰之类特殊样式。在这方面我只想从文克尔曼所举的例子之中挑选几个来作进一步的说明,文克尔曼对这类标志的差异的见解是很锐敏的。在个别的神们之中,特别是天帝宙斯可以凭头发的样式辨认出来,据文克尔曼说(第四册,第五卷,第一章,第29节),一个头像是否属于天帝,单凭额上面的发式胡子就可以断定,尽管其它部分都不存在了。"天帝的发在额头上部耸起,然后分成若干不同的发鬈,蜷曲成紧密的弧形,向后脑勺垂下。"这种表现头发样式的方法很彻底,就连天帝的儿孙也还保持这种样式。例如在头发样式上天帝的头和医神埃斯库拉普① 的头就很难分辨,不过医神的胡须不同,特别上唇上的更明显地形成弧形,而天帝的胡须则"在口的两角上转一个弯,然后和腮帮上的胡子联起"。文克尔曼还认

① 阿波罗的儿子,天帝的孙子。

出先藏在麦底契别墅，后藏在佛罗棱斯的一座美丽的头像是属于海神内普透恩的而不是天帝的，根据胡须比较蜷曲，在上唇部分比较浓，而发鬈的曲度也较大。雅典娜和女猎神第阿娜正相反，头发留得很长，垂到后脑勺用带子束起，然后又分成许多发鬈垂下；而第阿娜的头发则全梳到头顶上束成髻。女谷神色列斯的后脑勺是用头巾盖起来的，除掉插着谷穗以外，还像天后一样戴着一顶冠，据文克尔曼说，"冠前露出向上耸起的美丽而蓬松的头发，这也许表示她对她女儿普洛索庇娜[①]被劫掠，感到伤心。"与此类似的个性还可以通过其它外在细节表现出来，例如雅典娜可以从她的头盔样式和服装样式之类特征辨认出来。

b）年龄，男女性和形象体系的差别

但是真正有生气的个性在雕刻里既然要通过自由的美的身体形状表现出来，它就不应仅由符号、发型、兵器以及其它工具如棍棒、三叉戟、斗等等附属品来表明，而是要使个性渗透到形象本身和它的表情里去。在这种个性化方面，所塑造的神们的形象愈具有基本一致的共同实体性的基础，希腊艺术家们也就愈显出他们的微妙的创造的才能；见出特征的个性必须从这个共同实体性的基础上脱胎出来，而不是和它分裂开，这样就使这个共同实体性的基础凭这个见出特征的个性而显得活灵活现，如在眼前。最好的古代雕刻作品特别引人惊赞处就在艺术家们在使形象和表情中每一件最微细的特点都和整体和谐一致时所费的那种精细的意匠经营，只有通过这种意匠经营才能产生出整体的和谐。

① 见第二卷第二章3。

如果进一步追问有哪些一般的基本差别可以作为最重要的基础,便于使身体形状及其表情现出明确的个别特色,我们可以举出下列几种。

1) 第一个是幼年少年和中老年在形态上的差别。我前已说过,根据理想,形象的每一部分和每一特征都应表现出来,应该避免伸延得很长的直线,抽象的呆板的平面以及按照几何定律的圆形,应使用各种各样的生动的线条和形式,彼此之间的过渡只显出极其微妙的毫厘之差。在童年和青年的形象上各种形式的区别不很分明,一种形式很柔和的流转为另一形式,像文克尔曼所说的,人们可以把这种皮面比作没有风的海,尽管还在运动,却显得是静谧的。在老年的形象上形状之间的差别却比较突出地显露出来,较明确地表现出性格特征。所以完善的成年男子形象容易使人乍看到就感到喜爱,因为一切都较富于表情,我们也就比较容易欣赏艺术家的知识,智慧和熟练技巧。至于画青年的形象仿佛显得比较不费力,因为它柔和,差别较少。不过实际情况却恰恰相反。因为"在发育和成熟之间的各部分的构造都还不很确定"(文克尔曼,卷七,第80页),关节、骨骼、脉络和筋肉正因为比较柔和,就应把它们显示出来。古代艺术就在这里显出它的胜利:就连在最柔和的形象上各部分和它们的组织情况是用几乎看不出的极其轻微的凹凸起伏表现成为可以辨认的,在这方面观察者要有极精细的注意力才能体会到艺术家的才智。例如像青年阿波罗这样一种男像如果不是由艺术家凭周密的(尽管半隐藏起来的)深思熟虑把它表现于基本上是实际人体的形状,各部分也许会显得很完满圆润,但是也就会没有我们所看到的那种变化多端的表现力,也就不会使

人那样喜爱它。青年形体和老年形体的差别可以举拉奥孔雕像群的父与子作为最突出的例子①。

一般说来，希腊人在塑造理想的神像时宁愿用较年轻的形象，就连塑造天帝宙斯和海神内普透恩，也很少用白发老人的像。

2）第二个分别在男女性，这是更重要的分别。上文关于青年和老年所约略说过的话大体上也适用于男女性的分别。女子的形状比较柔和，脉络和筋肉虽然也不应看不出，却不那么突出，各种形状之间的转变应该比较委婉轻微些，不过表情上的差异，从静穆严肃，刚强严峻到温柔秀媚之间，仍有多种多样的毫厘之差的变化。男子的形状同样有丰富多彩的形式，在表情上不仅见出发达的膂力，还要见出英勇。但是无论男女形象都要见出一种爽朗喜悦的神情，一种徜徉自得，对尘俗特殊事物漫不经心的神情，往往同时微露一丝静默的愁容，一种涕泪中的微笑，其中既不只是涕泪，也不只是微笑。

不过在雕刻里男子性格和女子性格之间的界限也不能严格地划分。像酒神和阿波罗那样较年轻的神们的形象往往塑得很细腻，显出女性的柔和，乃至具有女子身体结构的个别特征。有一些赫库勒斯的像塑造得极像年轻姑娘，以至人们有时把他误认为伊俄勒，他所爱的女郎。此外，希腊人还有意地把半雌半雄的人（“阴阳人”）雕成男女两种形状的结合，还不仅是男子形状到女子形状的过渡。

3）最后，第三个问题涉及雕刻形象由于从不同体系或领域采取理想内容，即适合于雕刻的世界观，而现出的一些主要

① 详本卷下第三章注。

差别。

雕刻在塑造中一般所能利用的有机体形状一方面是人的形状,另一方面是动物的形状。关于动物的形状,我们前已说过,在较谨严的艺术处在高峰时期,动物形状只是摆在神像旁边作为一种符号,例如女猎神第阿娜身边有一只牝鹿,天帝宙斯身边有一只鹰。属于这一类的动物形状还有豹和狮身鹰翼的怪兽之类。除掉作为符号之外,动物形状有时和人的形状夹杂在一起,有时是完全独立的,不过这种表现范围毕竟是有限的。除掉牡山羊以外,在造型艺术中获得地位的主要是马,因为马很美而且活泼雄壮。马一般很接近人的勇猛敏捷之类英雄品质和英雄品质的美。至于其它动物,例如赫库勒斯所战胜的狮子和麦利格所杀死的野猪,则由于成为英雄行动的对象,也有权利在刻画较生动的情境和动作的雕像群和浮雕中获得表现。

人的形状,如果把它在形式和表情上都理解为纯粹的理想,是用来表现神性的适合形象,但是由于这神性的东西还是和感性的肉体结合在一起,就不能集中地表现于一个单纯的统一体即唯一的一个神身上,而是要由一系列的神的形象才表现得出来。但是另一方面,人的形状无论在内容意义上还是在表现形式上,都还离不开人的个性的领域,尽管人的个性时而与神性,时而又与动物性相联系或结合在一起。

因此,雕刻可以取材于下列几个领域来作为它所表现的内容。我已屡次提到,这方面基本中心是各种特殊神的体系。神和人的主要差别在于神们在表情上超脱了尘世有限可朽事物的焦虑和情欲,把沐神福的静穆和永恒的青春结合在一起,而在身体形状上也不仅把人的形体的有限特殊因素清洗干净，而且也把涉及感性生活需要的因素摆脱掉，却又不因此丧失生气。例如母亲设法使婴儿安静下来，就是一个有趣的题材；但是希腊女神们在雕刻中从来都没有儿女。根据神话，天后朱纳曾把幼年的赫库勒斯从怀里抛开，因此就产生了天上的银河。从古希腊的观点来看，天后这样一个庄严的女神如果带孩子，就会有损尊严。就连女爱神爱弗若底特也从来没有以母亲的身份出现在雕刻里。小男爱神库匹德固然在她附近，但是不易看出他就是她的儿子。根据同样的道理，天帝的奶妈是山羊，而罗茂路斯和列茂斯①是吃狼奶长大的。在埃及和印度的雕刻里有许多神吃母奶的例子。在希腊的女神雕像里，少女的形象占绝对优势，很少女神以妻子的身份出现。

在这一点上可以见出古典型艺术和浪漫型艺术的一个重要的对比；在浪漫型艺术里母爱是一个重要的主题。在大神之后，雕刻的题材就是英雄以及半人半兽如半马半人的怪物，林神和山神之类形象。

英雄们和神们只有极细微的差别，比实际生活中的平常人也只稍微提高了一点。文克尔曼谈到非洲希腊城市赛锐涅的钱币上一个名叫巴吐斯的雕像说：“如果添上一副温柔喜悦的眼色，他就会变成酒神，如果添上一点神的伟大气象，他就会变成阿波罗。”但是如果要显出意志的和膂力的强大，人的形状在体积上就要放大，特别是在某些部分；艺术家就要使筋肉现出迅速的活动和激动，把

① 罗茂路斯(Romulus)和列茂斯(Remus)是罗马神话中的孪生兄弟，罗马城的建立者。据说他们的父亲是战神，母亲是凡人，他们出生之后就被投到河里，被一只狼救起养大成人。

所有的人身上自然发条都开动起来。不过因为同一个英雄可以碰到一系列的不同的乃至互相对立的情境,男子的形状有时也接近女子的形状,例如阿喀琉斯初次出现在莱柯麦德的少女们中间的形象就是如此[①]。在这里阿喀琉斯没有展示出在特洛伊战场上所显示的威武的英雄气概,而是穿着女衣,长得俊俏,几乎使人识不出他的性别。赫库勒斯也不是永远被塑造成为魁梧奇伟,令人想到他所完成的许多艰辛的工作,而是有时塑造成像他侍候奥姆法勒[②]时的样子,或是像他成神后的安静的样子,总之,他出现在最多种多样的情境里,形象当然随情境改变。在其它情况中英雄们的形象极接近神们本身,例如阿喀琉斯颇似战神玛斯。所以要经过极深入的研究,我们才能不借助于符号而单凭性格描绘就断定某一雕像究竟代表谁。真正内行的鉴定家可以从零星碎片来推测出整座雕像的性格和形状,把散失的部分修补起来。从这方面我们可以学会欣赏希腊艺术在刻画个性方面所表现的精锐的敏感和整体与各部分融贯一致,希腊大师们懂得怎样使极细微的部分都和整体配合呼应,而且在施工中把所构思的东西完全实现出来。

关于山神和林神,凡是被排斥于神们的崇高理想之外的东西,例如人类的需要、生活的欢乐、感官的快感、欲念的满足等等都纳到山神和林神的领域里来了。不过古希腊人把年轻的山神和林神的形象塑造得很美,用文克尔曼的话来说,“这类形象之中每一个,

---

① 阿喀琉斯的母亲为着使他逃避参加特洛伊战争,把他乔装成女郎,遣送到伊琴海里一个岛国的国王莱柯麦德的宫中,和他的女儿们住在一起,其中之一后来和阿喀琉斯结了婚。

② 赫库勒斯曾当过三年里第亚女王奥姆法勒(Omphalé)的奴仆,替她纺羊毛线,有时穿女衣。

除头部以外，都活像阿波罗，特别是叫做“杀蜥蜴者”的阿波罗雕像，在这里他两腿的站相和林神的一样”（第四册，第 78 页）。林神和山神可以从他们头部的竖起来的尖耳朵，立起来的硬发和两个小角辨认出来。

第二个形象体系就是人类的形象。这里特别包括人的形象美，例如在运动竞赛中所显出的高度发达的气力和灵活敏捷。所以格斗士和掷铁饼者之类人物成为主要的题材。在这类作品中雕刻已接近真实人物的造像，不过在造像方面古希腊人尽管表现的是真实人物，却仍坚持我们所认识到的雕刻原则[①]。

最后由雕刻掌握的一个领域是单纯的动物形象的塑造，特别是狮子和狗之类。在这方面古希腊人仍然能坚持雕刻原则，要掌握住形象中具有实体性的因素，使它具有个别具体事物的生气，从而发生效力。他们在塑造动物形象方面也达到高度的完美，例如米雍[②]所雕的母牛比他的其余作品还更驰名。歌德在他的《艺术与古代》（卷二，第一部分）里用优美的文笔描绘了这件作品，特别指出像喂奶这样的动物功能在古代雕刻中只在动物界里才出现，我们在上文也曾提到这一点。歌德抛开了古希腊箴铭中的一切诗意[③]，很有见识地只讨论了构思的素朴，这才是这件最为人所熟知的作品的来源。

① 即不排除理想化。

② 米雍（Myron），公元前 5 世纪的希腊雕刻家，他的著名作品有“掷铁饼者”。

③ 箴铭之类短诗在希腊出现较晚，以奇思隽语为其特征，是高度教养的产物，与下文“构思的素朴”对立。

c) 各种个别的神的塑造

在结束本章之前,我们还要较详细地谈一下运用上述那些差别如何塑造出一些个别具体形象,使它们显出性格和生气,主要是谈个别神们的塑造。

1) 雕刻中精神性的神们,像一般雕刻中的形象一样,都符合这样一个正确意见:精神性实在就是个性的解放,所以理想愈是真实,愈崇高,理想作为个体也就愈不彼此显出差别。但是古希腊人解决雕刻难题的方式令人惊赞的地方却正在尽管神们所体现的是普遍性和理想性,他们却仍保持个性,使彼此之间见出差别,——尽管在某些领域里希腊人力求消除严格固定的界限,也表现出各种特殊形式以及由这一形式到另一形式的转变或过渡。此外,如果把个性理解为某些神具有某些个性特征就像真实人物造像所显出的个性特征那样,那么,结果就会产生一种固定的类型而不是有生气的作品,使艺术受到损失。但是这却不是古希腊雕刻的情况。与此相反,在古希腊雕刻里,在个性化和生动化方面所显出的创造力愈精妙,它也就愈有一种具有实体性的典型做基础①。

2) 此外,关于个别的神们本身,他们使人有这样一种印象:在这一切理想的神的形象之上,有一个个别的神的形象处在统治的地位。斐底阿斯在塑造天帝宙斯时,总要使他的形象和表情显出这种尊严和崇高地位,不过他也把这位同时是凡人的父亲的神表现为一个壮年人,眼中流露出慈祥和心旷神怡的神色,既没有青年人的那种丰满红润的脸庞,也没有老年人的那种瘦骨嶙峋,龙钟衰

① 这一节说明希腊雕刻把一般与特殊的统一问题解决得很理想。

朽的样子。在形象和表情上最接近天帝的是他的两位弟兄，海神和阴间皇帝，例如竺来希敦博物馆所藏的这两神的令人发生兴趣的雕像就足以见出他们虽都很像天帝，却仍各具个性特征，可以区别开来：天帝显得崇高和慈祥，海神较粗野，而阴间皇帝相当于埃及的色拉庇斯神，比较阴暗愁惨。

和天帝差别较大的是酒神和阿波罗，战神和交通神，头两个神较年轻俊美，后两个神较健壮，尽管都没有胡须，交通神较瘦较灵活，面貌特别细腻，战神在筋肉的力量以及其它形状上比不上赫库勒斯，但较年轻俊美，身体结构较合于理想。

关于女神们我想只谈天后朱纳①，雅典娜，女猎神狄安娜和女爱神爱弗若底特。

正像宙斯在男神中那样，朱纳在女神中在形象和表情上显得最庄严。她的圆弧形的大眼睛显出高傲的指挥一切的神色，她的嘴也是如此，特别在侧面像上人们一看到她的嘴就可以认出她。在大体上她给人的印象是“一位要统治一切的受人敬爱的皇后”（文克尔曼，卷四，116 页）。

雅典娜却显出一位未婚少女的严峻贞洁风度，凡是一般女子的温柔恩爱之类弱点在她是一尘不染；她的眼睛不像天后的张得那么大，弧形也不那么突出，略垂视，仿佛在沉思；她的头也不像天后那样昂然高举，尽管戴着头盔。

狄安娜在形象上也是一个未婚少女，但是比较俊美动人，比较清瘦，尽管她仿佛意识不到自己的美，不因为美自鸣得意。她不是站在那里静观，而是像在急忙地向前走动，眼睛直朝远处看。

① 这是罗马的天后的名称(Juno)，就是希腊的天后赫娜(Hera)。

最后是爱弗若底特,体现纯美的女神。除掉秀美女神三姊妹和季节女神之外,只有她在希腊雕刻中才以裸体出现,尽管也有些艺术家不把她雕成裸体。把她雕成裸体是有正当理由的:因为她所要表现的主要是由精神加以节制和提高的感性美及其胜利,一般是秀雅,温柔和爱的魔力。她的眼睛即使在应显得严肃崇高的时候,也比雅典娜和天后的眼睛小,这不是指较短,而是指眼孔张得较窄,由于下眼皮略微向上扬起,这就使得爱的思慕心情表现得极美。不过她在表情上有很多变化,时而严肃,威风凛凛,时而温柔妩媚,时而当壮年,时而是少女。文克尔曼把麦底契的女爱神像比作一朵玫瑰对着朝阳放蕊吐艳。天国的女爱神却戴着像天后所戴的冠作为她的标志,《胜利者维弩斯》雕像就戴了这样的冠。

3) 发明了这种造型艺术的个性,单凭形式方面的抽象[①]就把它完全表现出来,而且达到难与匹敌的完美,这只有希腊人才能做到,根源在于希腊宗教本身。一种精神性较强的宗教就会满足于收心内视和虔诚默祷,把雕刻作品只看成奢侈和多余的事。但是像希腊人所崇奉的那种陶醉于感性观照的宗教就必然要不断地进行创造,因为对于这种宗教来说,艺术的创造和发明本身就是一种宗教的活动和宗教的满足;而对于希腊人民来说,观看这类艺术作品并不只是看看而已,而是他们的宗教和生活的一个组成部分。希腊人凡有所作为,都是为公众的,对这种所作所为,每个公民都感到欣喜、骄傲和光荣。由于具有这种公众性,希腊人的艺术并不只是一种装饰,而是生命攸关的必须满足的一种急需,正如绘画对于鼎盛时代的威尼斯人那样。只有从这里我们才能体会到尽管雕刻

① 指就形式加以概括化和理想化。

有许多困难要克服，何以在希腊随便哪一个城邦里却有成千上万的成林的各种各样的雕像，在厄里斯，在雅典，在柯林斯，乃至在每一个微不足道的城邦，乃至在大希腊[①]以及在许多海岛里都有数不尽的雕刻作品。

① “大希腊”指希腊本土以外由希腊人统治的领域，如意大利。

第三章 各种表现方式和材料与雕刻的历史发展

我们在上文首先研究了一些一般的定性，从这些定性我们可以推演出适合于雕刻的内容以及适合于这内容的形式。我们发见到这内容就是古典理想。于是我们第二步就确定在各门艺术之中最便于体现这种理想的雕刻所采取的方式。我们发见到这种理想在本质上应理解为个性，所以不仅艺术家的内在观点发展为一个理想形象的体系，而且实际艺术作品的表现方式和创作过程也划分为一些特殊种类的雕刻。关于这方面我们现在还要谈一谈以下几个观点：

第一是表现方式。这要涉及实际的创作过程，所塑造的或是单独的雕像，或是雕像群，最后发展到浮雕，就已开始过渡到绘画的原则；

其次是外在的材料或媒介，上述那些差别要在媒介里实现；

第三是历史发展阶段，亦即用不同方式和材料来完成的艺术作品的发展过程。

1. 雕刻的表现方式

我们讨论建筑时曾指出独立的建筑和应用的建筑这一重要分

别，现在我们对于雕刻也可以指出类似的分别：有些雕刻作品是本身独立的，有些雕刻作品是为点缀建筑空间服务的。前一种的环境只是由雕刻艺术本身所设置的一个地点，而后一种之中最重要的是雕刻和它所点缀的建筑物的关系，这个关系不仅决定着雕刻作品的形式，而且在绝大多数情况下还要决定它们的内容。大体说来，单独的雕像是本身独立的，雕像群，特别是浮雕，却开始丧失这种独立性而服务于建筑，要适应建筑的目的。

a）单独的雕像

关于单独的雕像，它们的原始任务就是一般真正雕刻的任务，也就是制造神像去摆在神庙里，神庙的整个环境都是要适应神像的。

1）在单独的雕像里，雕刻还保持着最符合它的本质的纯洁，因为它把神的形象表现为不依存于情境的，表现出单纯的无行动的静穆美的，或则说，自由的，不受干扰的，不牵涉到具体行动和纠纷的，处在无拘无碍的纯朴的情境中，像我前已屡次描述过的。

2）等到形象开始离开这种严峻的崇高或沐神福的沉思状态时，它的整个姿势就暗示出某一动作的开始或终结，但还不因此就破坏了神的静穆或是表现出冲突和斗争。著名的麦底契别墅的维弩斯雕像和梵蒂冈好景亭的阿波罗雕像[①]都属于这一种。在莱辛和文克尔曼的时代，这些雕像曾被尊为艺术的最高理想，博得无限

① 麦底契别墅的维弩斯原藏佛罗林斯博物馆，好景亭的阿波罗据近代考古家鉴定，是按照一座较早的青铜雕像的仿制品。

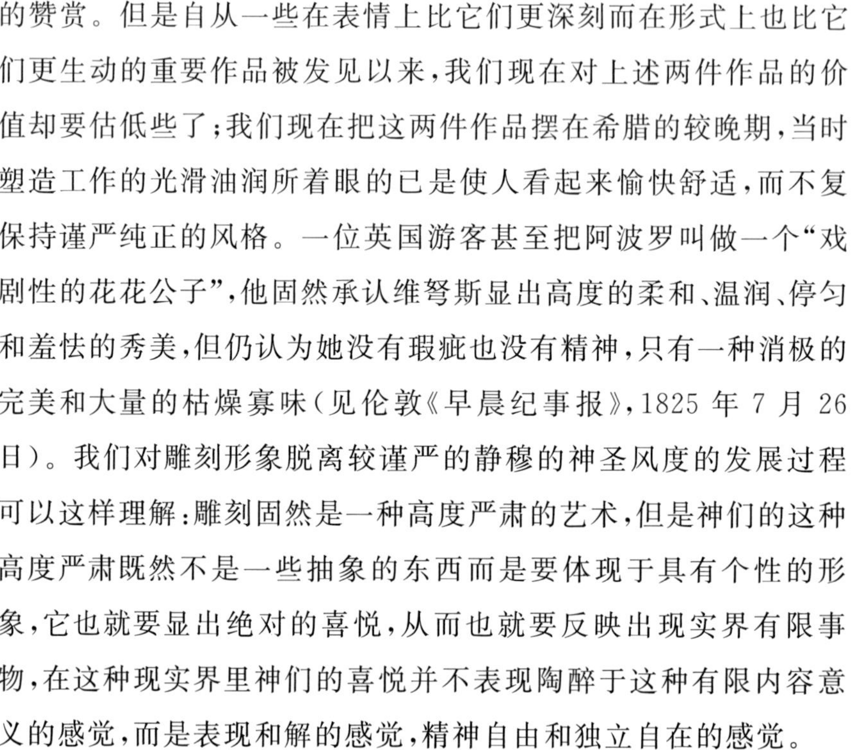

的赞赏。但是自从一些在表情上比它们更深刻而在形式上也比它们更生动的重要作品被发见以来,我们现在对上述两件作品的价值却要估低些了;我们现在把这两件作品摆在希腊的较晚期,当时塑造工作的光滑油润所着眼的已是使人看起来愉快舒适,而不复保持谨严纯正的风格。一位英国游客甚至把阿波罗叫做一个“戏剧性的花花公子”,他固然承认维aware斯显出高度的柔和、温润、停匀和羞怯的秀美,但仍认为她没有瑕疵也没有精神,只有一种消极的完美和大量的枯燥寡味(见伦敦《早晨纪事报》,1825 年 7 月 26 日)。我们对雕刻形象脱离较谨严的静穆的神圣风度的发展过程可以这样理解:雕刻固然是一种高度严肃的艺术,但是神们的这种高度严肃既然不是一些抽象的东西而是要体现于具有个性的形象,它也就要显出绝对的喜悦,从而也就要反映出现实界有限事物,在这种现实界里神们的喜悦并不表现陶醉于这种有限内容意义的感觉,而是表现和解的感觉,精神自由和独立自在的感觉。

3) 因此,希腊艺术流露出希腊精神的全副喜悦气象,在无数极可喜的情境中寻找幸福,欢乐和活动的场所。因为等到希腊艺术一旦摆脱了呆板抽象的表现方式,而转到重视统摄一切的生动的个性,它就开始显出生动活泼和爽朗舒畅的东西是可爱的,而艺术家们也就有无限广阔的题材,把痛苦的、恐怖的、歪曲的和可厌恶的东西抛开,只表现纯朴无害的人性。古希腊人在这方面创造出很多极卓越的雕刻作品。在许多虽带有诙谐游戏意味而却纯洁爽朗的神话题材之中,我想单举小男爱神库匹德的各种嬉戏为例。它们已很接近日常的人类生活。还有其它事例,其中主要兴趣在于描绘的生动,单是抓住和运用这类题材足以见出喜悦和纯朴的心情。在这个领域里，举例来说，洵里克勒特[①]的《掷骰者》和《警卫》之受人珍视，并不亚于他的《天后》，米雍的《掷铁饼者》和《赛跑者》也享到同样的声名。还有《男孩坐着拔去脚上的刺》是多么可爱！此外还有许多表现类似的内容的作品，其中有一些只留下了名称。这类题材都是自然界偶然瞥见的一纵即逝的东西，但是由雕刻家把它们凝定下来了。

b）雕像群

自从这样开始转向外在现实界以后，雕刻就发展到表现比较动荡的情境，冲突和动作，因而就产生了**雕像群**。因为既有较明确的动作，生动具体的生活就会出现，就会发展出矛盾和反应动作，因此就要使几个人物密切联系起来，让他们交织在一起。

1）首先还只有几个人物很安静地摆在一起，例如摆在罗马卡法罗山上的那两座庞大的《驯养马的马夫》像，据说是代表卡斯陀和洵鲁克斯[②]的。人们认为这两座雕像中一座是斐底阿斯的作品，另一座是普拉克什特[③]的作品，但是没有确凿的凭据，尽管从构思的卓越，创作加工的精妙看，说它们是这两位大名家的手笔是有理由的。它们还只是一种自由独立的雕像群，还不表现真正的动作或动作的结果，但完全适合于雅典娜神宫面前的雕像陈列和公开展览，它们原来显然是摆在这个地方的。

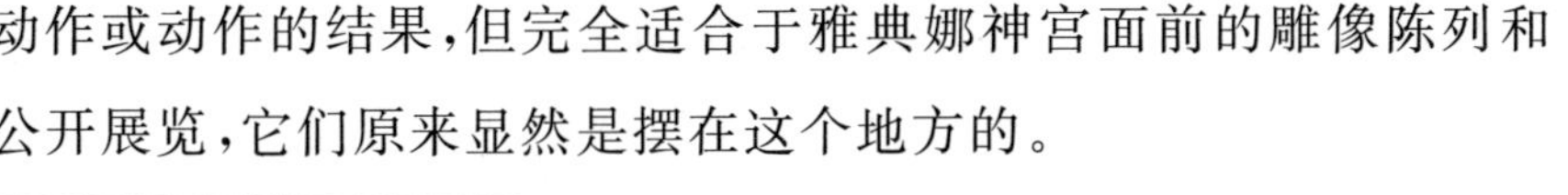

① 洵里克勒特（Polyklet），公元 5 世纪希腊大雕刻家，与斐底阿斯齐名，斐底阿斯擅长雕神像，他却擅长雕人像，多取材于现实生活。

② 卡斯陀（Castor）和洵鲁克斯（Pollux）是希腊神话中的两弟兄，兄擅长驯马，弟擅长拳术，是运动家和武术家的护神，在雕刻中他们常以骑士的形象出现。

③ 普拉克什特（Praxiteles），公元前 4 世纪雅典名雕刻家，他的最著名的杰作是女爱神维弩斯的雕像。

2) 其次,雕刻发展到雕像群,同时也就要发展到表现导致冲突,涉及纠纷的行动以及痛苦之类内容的情境。在这方面我们还是要钦佩古希腊人的精审的艺术敏感,他们不把这类雕像群雕成独立自足的,而是使它们和建筑密切联系起来,因为雕刻到此已开始越出它的独特的独立自足的界限而为点缀建筑空间服务了。庙里的神像作为单独的雕像是带着无斗争的静穆和神明的气象站在正殿里层神龛里的,神龛就是为雕像而设的。但是正殿外层山墙的凹面上却用雕像群来点缀,这些雕像群就描绘神的具体动作,因而就要刻画出动态较多的生动的场面来。著名的《尼俄伯和她的子女们》①雕像群就属于这一类。人物安排的一般形式要取决于雕像群所摆的地点。主要人物站在中心地位,在体积上极大,显得特别突出,其余的人物摆在山墙的锐角部分,就得取另样的姿势,有的甚至躺着。

关于其它著名的作品,我在这里只提《拉奥孔》雕像群。近四五十年来这件作品一直是大量研究工作和广泛争论的对象。人们认为特别重要的是维吉尔对拉奥孔的情节的描绘是根据这件雕刻作品呢,还是雕刻家根据维吉尔的描绘来作成这件雕刻作品?此外,拉奥孔是否真正在哀号?在雕刻里表现这种哀号是否适当?以及其它这类的问题。过去人们在这些重要的心理学的问题上纠缠不清,因为他们还没有受到文克尔曼的启发,也没有真正的艺术敏感。关在书斋里的学者们往往既没有机会去看实在的作品,纵使

---

① 尼俄伯(Niobe)有七子七女,自以为比仅有一子(阿波罗)一女(阿特米斯)的勒陀(Leto)还强,阿波罗和阿特米斯听到大怒,把尼俄伯的子女杀光,只剩下一个,把她本人转化为一块顽石。在雕刻中尼俄伯往往以哭子女的形象出现。

他有机会看到，也没有能力去理解这些作品，所以他们就只能为这类问题操心。对于研究这个雕像群，最重要的事实在于尽管它表现出极端痛苦，高度的真实，身体的抽搐，全身筋肉的跳动，它却仍保持美的高贵品质，而丝毫没有流于现丑相，关节脱臼和扭曲。从题材的精神，组织安排的技巧，姿势的逻辑性以及创作加工的方式这些方面看，这整个作品无疑属于一个较晚时期，当时雕刻家已不满足于单纯的美与生动，设法显示关于人体结构和筋肉组织的科学知识，而且着意雕凿精美，来博得观众的喜爱。人们在从纯朴自然的伟大的艺术到弄姿作态的艺术的转变过程中已迈进了一步①。

3）雕刻作品可以摆在各种不同的地点，例如柱廊的入口，建筑物前面的广场、台阶栏杆、神龛等等。雕刻作品的内容和题材也可以随多种多样的地点和建筑的性质而有无穷的变化。地点与建筑性质和人类情况和关系有千丝万缕的联系，这就使得艺术作品的内容和题材有无穷的变化；而雕像群的内容和题材又可以更接近人类情况和关系。这种雕像群纵不表现冲突，它们的形象和运动毕竟比较复杂，把它们摆在建筑物的顶上，除着天空以外别无背景，效果总是不好的。因为天空时而阴暗，时而阳光眩目，使观众不能把人物的轮廓看得很清楚；而这种轮廓或剪影正是最重要的东西，观众看到的主要的就是轮廓，凭它才能了解其余部分。因为

① 拉奥孔是特洛埃国阿波罗神庙的司祭，因劝阻特洛伊人把希腊人暗藏精兵的木马移到城内，激怒了袒护希腊人的海神，海神遣两条毒蛇把拉奥孔父子三人绞死。表现这个题材的雕像群在1506年才在罗马发掘出来。到了启蒙运动时期，这件作品成为广泛讨论的对象，文克尔曼、莱辛、笛得罗、赫尔德、歌德、许莱格尔等人都有评论。他们都误认为“拉奥孔”是早期希腊的作品，但据近代艺术史家们的研究，它是希腊晚期的。参看莱辛的《拉奥孔》（已由译者译出）和译者所编的《西方美学史》上卷第十章。

在雕像群里,形象许多部分总是前后参差,例如手臂比躯干突出,这条腿比那条腿突出。这就使得从远处看时这些不突出的部分看不清楚,不易了解,或是至少不如突出的部分那样清楚。人们只需设想一下把一群人物画在一张纸上,把某一人物的某些部分画得粗重清楚,其余部分则画得暗淡模糊些,就可以懂得这个道理。一座雕像所产生的效果正是如此,特别是雕像群在后面除着天空以外没有背景的时候:人们就会只望见一个粗线条的轮廓,轮廓里面的东西看起来就很模糊。

就是因为这个缘故,柏林的伯兰德堡城门楼上的那座胜利女神像产生很美的效果,这不仅由于它的单纯静穆,而且由于其中各个形象都容易认清楚。战马彼此之间有适当的距离,不至互相遮掩起来,而胜利女神的形象则比它们较高耸,足够突出。与此相反,我们的歌剧院顶上的阿波罗乘着半狮半鹫的怪物拖的车那座雕像群(梯克的作品)就不那么中看,尽管整个作品的构思和创作加工都是符合艺术规矩的。由于一个朋友的介绍,我曾经到雕刻家的工作室里看过这件作品,摆在工作室里,效果可以说是顶好的;但是一摆到屋顶上,前面形象的轮廓把背景中的形象轮廓遮掩得多,使它显得不够清楚,以至全部形象都不够单纯。拖车的怪物由于腿子短,站在那里没有马那么高,那么自由独立,而且还长着一对翅膀,阿波罗的头发也雕出来了,手上还提着竖琴。摆在屋顶上,这一切都太多了,结果只会使形象的轮廓模糊。

c) 浮雕

最后,在浮雕里雕刻的表现方式已向绘画的原则迈进了一大步，最初是深浮雕，然后是浅浮雕。浮雕以平面为条件，所以人物都站在同一平面上，这就使得雕刻的出发点，形象的立体性，逐渐消失掉了。不过古代的浮雕还不太近于绘画以至显出前景与背景的透视上的差别，而是坚持单纯的平面，不用缩小的技巧来显示不同对象站在远近不同的地位。所以在浮雕里最好是表现人物形体的侧影，把所有人物都并列在一个平面上。但是这种简单的表现方式不能用复杂的动作为它的内容，而是要用现实中就已是沿着一条线彼此相衔接的动作，例如游行行列，进香队以及奥林匹克运动会中胜利者的行列之类。

不过浮雕的花样最多，它不仅填塞和点缀神庙的柱顶线盘和墙壁，还可以用来装饰各种器皿、祭器、祭供、盘碟、杯、瓶、灯之类；椅座和鼎也用浮雕装饰。浮雕已很接近手工艺，它首先要求构思的巧妙，想出最多种多样的形象和组合，因此就不再能坚持独立的雕刻所特有的目的了。

2. 雕刻所用的材料

我们既已从雕刻的基本原则（即个性）出发，研究了它如何在塑造的题材方面分化为神，人和自然三个领域，在表现方式方面分化为单独的雕像，雕像群和浮雕，现在就要探索艺术家用来进行塑造的**材料**所显出同样多种多样的分化了。因为某种题材和某种表现方式往往要利用某种感性材料才较合式，这三者之间有一种秘奥的互相倾慕和互相契合的关系。

我在这里只想提出一个一般性的看法，这就是古希腊人不仅在创造力方面具有无比的优越性,而且他们在创作加工方面所表现的修养和熟练技巧也博得惊赞。这两方面在雕刻里都是难事,因为雕刻不能利用其它艺术所能利用的那样多面性的媒介。在这一点上建筑固然比雕刻还更差,但是建筑的任务却不在表现出精神的生动性或是用本身无机的(无生命的)物质把自然界有生命的东西表现得活灵活现。这种经过修养的熟练技巧对于彻底圆满地处理材料是必要的,它是理想这个概念本身所要求的,因为理想的原则就是要完全渗透到感性的东西里去,使内在精神和它的外在的实际存在融成一片。所以这个原则也适用于化理想为现实。因此如果听到有人说这样的话就不用大惊小怪:在艺术技巧达到成熟的时代,雕刻家们或是直接在大理石上雕刻,用不着先制石膏模型,或是纵使用模型,在施工时也很自由,不受模型的拘束,"不像在我们的这个时代,人们在石头上只是照抄原先已用石膏(或黏土)准备好的模型"(文克尔曼的全集,第五册,389 页附录)。因此,古代艺术家做到了气韵生动,这在照抄模型之中就多少要受到损失,尽管无可否认,著名的艺术作品中偶尔也在个别细节上露出瑕疵,例如两个眼睛不是一样大,一只耳朵比另一只耳朵低,两只脚长短不齐,如此等等。古代艺术家们并不在这些小节上计较锱铢,像一些没有其它本领只知妄自尊大的平庸的创作家和批评家们那样。

a) 木料

在雕刻家们用来塑造神像的各种材料之中,最古老的一种是木料。在一根树桩或一根木柱上面安一个头,这就是雕刻的开始。

最早的庙中神像很多是木雕的，不过一直到斐底阿斯时代，木料也还在应用。例如普拉提亚城中的由斐底阿斯雕刻的明诺娃女神的巨像大部分就是木料镶金的，手脚和头部才是大理石的（迈约：《希腊造型艺术史》，卷一，60 页）。米雍也用木料雕成一座赫卡特神像①，只有面孔和躯干部分，无疑是替伊琴那岛雕的，她在这个岛上特别受崇拜，每年有一次祭典，据伊琴那岛的居民自己说，首创这种祭典的是奥辅斯②。

一般说来，木料由于它的纤维和纹理，如果不镶金或涂上其它的东西，不适宜于雕制具有宏伟风格的作品，而只较适合于小型雕像。中世纪往往用木料来造小型雕像，就连在现代也还是如此。

b）象牙、黄金、青铜、大理石

其它主要的材料有象牙，与黄金相配合，铸过的青铜和大理石。

1）人们都知道，斐底阿斯用象牙和黄金去雕制他的一些杰作，例如奥林匹克的天帝像以及雅典城堡上的那座著名的雅典娜女神的巨像，雅典娜手里还捧着一座胜利女神像，单是这座像就不止一人高。雅典娜像的裸体部分是用象牙板，衣裳是用金板，可以卸下。用这种淡黄的象牙和黄金作为雕刻的材料是从雕像着色的时代就已开始，着色的表现方式后来逐渐限于单色，即青铜或大理石 的色调。象牙是一种纯洁精美的材料，很光润，不像大理石那样

---

① 赫卡特(Hekate)希腊神话中一位职能甚多的女神，掌体育、农业、巫术等等，特别与鬼魂有密切联系，常在夜里出现。

② 奥辅斯(Orpheus)希腊传说中的最古诗人和音乐家。

现出颗粒纹,所以很珍贵。雅典人造神像,很重视材料的珍贵。普拉提亚城的雅典娜雕像只是镶了一层金,而雅典的雅典娜像却用结实的纯金。雕像既要巨大,又要材料珍贵。喀特尔麦亚·德·昆塞①写过一部杰作论述这些作品和古希腊的镌刻术(Toreutik)。"镌刻术"这个词的本义是指在金属物上用刀刻阴文的人物图形,或是在宝石上刻。后来人们把这个词又推广到包括用铸模而不用镌刻的就金属物作浮雕或半浮雕的手艺,最后又推广到它按照本义所不应包括的陶器上的刻画乃至一般的青铜雕像。喀特尔麦亚特别深入地研究了镌刻术的施工技巧,并且测算了从象牙上能切出多大多厚的板,要用多少块象牙板才能造成一座巨大的雕像,如此等等。另一方面他还费心思根据古代资料把天帝的坐像画了一张图,特别是把天帝的刻满精美浮雕的宝座画了出来,这样他就在各方面使人可以想象到这件雕刻作品的富丽完美。

在中世纪,象牙应用到极多种多样的小型雕刻作品,例如基督在十字架上,圣玛利之类,此外还用在饮器上,雕出行猎之类场面,在这类作品中用象牙远胜于用木料,因为它既光润而又坚硬。

2)但是古代人最爱用而且用得也最广泛的材料是**青铜**,他们对于熔铸青铜的技术达到了极高的精巧。特别是在米雍和泡里克勒特的时代,神像和其它雕刻作品一般都用青铜。青铜的比较深暗的不明确的颜色和光泽一般还没有白大理石那么抽象,却仿佛比较温暖些。古代人所用的青铜一部分是用金银,另一部分是用黄铜,以各种不同的分量比例合成的。例如所谓科林特青铜就有

① 喀特尔麦亚·德·昆塞(Quatremère de Quincy,1775—1849),法国研究艺术的学者。

一种独特的合成方式，它是科林特这座城发生大火灾中全城丰富绝伦的青铜雕像和器皿熔化而成的。茂姆缪斯[①]把城中的许多雕像搬上船，他非常珍视这批宝物，费尽心思要把它安全地运到罗马，吩咐船夫们说万一有损失，就要罚他们照原样另造一套赔偿。

在熔铸青铜的技术方面，古代人达到了难以置信的精巧，因此能炼出既细而又坚固的青铜板。人们也许会把这种本领看作与艺术无关的一种单纯的技巧。但是每个艺术家都要运用一种材料来进行工作，而能完全驾御材料正是天才所特有的本领，所以技巧和手艺方面的熟练才能就是天才的一个组成因素。由于熔铸技术的熟练，青铜的雕刻作品比起大理石雕刻作品花费较少，施工也较快。古代人凭熔铸技术的熟练所能达到的第二个优点在于熔铸品的精纯，因此在制造青铜雕像时完全用不着打磨工作，所以不致使较精细的纹理受到损失，如果要打磨，这种损失就不可避免。如果我们看一看由技术上的这种轻巧熟练所产生的大量艺术作品，我们就会五体投地地佩服，并且承认雕刻方面的艺术敏感正是精神的一种动力和本能。这种精神只有一个时代和一个民族中才能达到这样的高度和广度。例如在整个普鲁士国家里，青铜雕像是屈指可数的，只有格尼孙[②]教堂的一副青铜门，除掉柏林和布列斯劳两城的布柳肖[③]的站像和威登堡的马丁·路德的像以外，就只有哥尼斯堡和杜塞尔多夫的少数几座青铜雕像（这是1829年写的）。

① 茂姆缪斯（Mumnius）公元前2世纪罗马执政，他征服了希腊，把它改为罗马的行省，柯林特这座名城就是他焚毁的。

② 格尼孙（Gnesen）德国北部城市。

③ 布柳肖（Blücher，1742—1819），普鲁士名将，参加过最后打败拿破仑的瓦特卢战役。

青铜这种材料具有变化多方的色调和无限的易塑性与灵活性，可以适应各种表现方式，因此使雕刻有可能尽量扩充它的领域，创造出极多种多样的作品。它是大量的幻想玩艺、乖巧玩艺、器皿、装饰和零星杂件的适宜的材料。大理石却只能用来表现某些对象和某种体积，范围是有限的。例如它可以用来在骨灰瓶和花瓶上作一定体积的浮雕，但是不能用在更小的东西上。青铜则不排除表现任何体积的东西，因为它不仅可以铸成一定的形状，还可以打磨镌刻。

我们可以举铸造钱币的技术为例。在这方面古代人也创造出很完美的杰作，尽管在铸造技巧方面比起机械工程发达的今天还显得很落后。严格地说，古代的钱币并不是铸造的，而是用略呈圆形金属片锤打出来的。这门技术到亚历山大时代才登峰造极，罗马帝国时代的钱币就已经退化了。在近代特别是拿破仑曾竭力在钱币和徽章方面恢复古代钱币和徽章的美，成绩相当卓越。在其他国家里在铸造钱币中所考虑的主要只是所用的金属物的价值和正确的重量。

3）最后一种特别适宜于雕刻的材料是石头。石头本身就已有坚固持久的客观性。埃及人就已进行极费力的工作用最坚硬的花岗石、黑花岗石、玄武石之类刻出巨大的雕像。但是最能紧密结合雕刻目的的是大理石[①]，因为它纯白无色，光泽温润，特别是由于它的颗粒状组织和温和的反光，比起白垩似的死气沉沉的白石膏岩石有很大的优越性，石膏岩石太光亮眩目，不能表现细微的浓

---

① 即白色花岗石，希腊人用的当然不出自大理，译“大理石”，因为一般人都很熟悉。

淡阴影。在古希腊,大理石的优先使用只有到较晚的时期才开始,就是在普拉克什特和斯柯巴斯[①]的时代,这两位大雕刻家都以大理石雕像获盛名。斐底阿斯固然也曾用大理石雕刻,但是绝大部分只是用来雕头部和手脚。米雍和泡里克勒特都主要用青铜。普拉克什特和斯柯巴斯设法使雕刻不着色,着色本来就不符合雕刻的抽象性。当然无可否认,雕刻理想的纯美在青铜作品里和在大理石作品里都同样可以表现得很完全。但是到了雕刻艺术开始走向形象的温润秀美时(这正是普拉克什特和斯柯巴斯的情况),大理石就变成更适合的材料。因为大理石"由于表面透明,利于产生柔和的轮廓,其中衔接曲折都很轻微委婉;此外,精妙圆润的艺术风格在石头的淡白色上比在最优质的青铜上也显得更清楚,青铜质愈美,色愈青,色泽和反光也就愈强烈,容易破坏静穆的风味"(迈约:《希腊造型艺术史》,卷一,279 页)。在我们所讨论的这个时期里人们在雕刻里已开始重视光与阴影的效果,光与阴影的细微的浓淡之分在大理石上比在青铜上较易显出,这也是当时雕刻宁可用石头而不用金属物的又一理由。

c) 宝石和玻璃

在上述那些最主要的材料之外,我们在结束本节之前,还应附带地谈一下**宝石**和**玻璃**。

古代的宝石,雕花玉石和宝石仿制品都是些无价之宝,因为它们在最小的体积上用高度的完美技巧复现了整个范围的雕刻艺术,从神们的简单造像到各种各样的雕像群,表现出一切可能想到

① 斯柯巴斯(Scopas),公元前 5 世纪左右希腊雕刻家,以浮雕著名。

的美妙意像。不过文克尔曼曾就斯妥希[①]的收藏说过这样的话:"我从这里首先窥见一个真理,后来对我解释最难懂的古代杰作有极大的用处,这就是无论在雕刻过的宝石上还是在大型雕像上,所雕的事迹很少有发生在特洛伊战争之后或是在俄底修斯回到他的故乡伊特卡之后,尽管人们把赫库勒斯的后裔的事迹看作例外,因为这类事迹的历史仍接近艺术家所用为正当题材的传说。我亲眼见到的关于赫库勒斯的这类的雕像只有一个。"(卷三,序论第 27 节)

第一关于宝石,这上面雕的真正精工细作的人物形体都具有极高度的美,简直比得上有机的自然作品,只有用放大镜才看得出,却仍丝毫不损失容貌细节的纯真。我提到这点,只是要说明这里所用的艺术技巧已变成一种凭触觉[②]的艺术,因为这里艺术家不能像大型雕像的作者凭眼睛去看和控制自己的工作,而是凭触觉来体会它。他把嵌在蜡里的宝石放在转动的细而锐的轮齿上磨,这样就刻成所需要的形状。通过这种方式,指使手精巧地刻出心中所构思的线条点划的正是触觉;使得人们把这类石雕放在阳光里去看时,就觉得看到的仿佛是一种浮雕。

其次,雕花玉石则与上述的情况相反,在这里形象是在玉石上浮雕出来的。用作材料的特别是条丝玛瑙,古代人运用这种材料特别善于把它的各种颜色(尤其是白色和棕黄色)的纹理很精妙地烘托出来。伊米琉斯·泡路斯[③]曾经把大量的这类雕花玉石和小

① 斯妥希(P. Stosch),18 世纪德国画家和收藏家。

② 原文是 Gefuhl,英译作"直觉",法译作"感觉",俄译作"触觉",作"触觉"似较妥。

③ 伊米琉斯·泡路斯(Emilius Paullus),公元前 3 世纪罗马执政,他和他的儿子(同名)先后举兵征服希腊北部马其顿。

器皿从希腊搬到罗马。

在运用这类简单的材料来进行雕刻之中，希腊艺术家所根据的并不是虚构的情境，而是神话和传说（只有关于酒神祭典和跳舞的题材是例外）。就连在骨灰瓶上表现死者生平事迹时，他们也一定要着眼到确与死者有关的某些特点，借此来纪念他。有心要用寓意的表现方式却不属于真正的理想，它只有在较晚的艺术里才出现①。

3. 雕刻的历史发展

以上我们把雕刻作为古典理想的最适合的表现来研究。但是理想并不只是在它本身上有一种向前的发展，通过这种发展，它凭本身的力量造成符合它的概念的东西，然后开始走向越出这种与它所特有的本质的协调一致；而且像我们在第二卷讨论各种艺术类型的过程中所已见到的，理想除此以外，还有象征的表现方式作为它的先行条件，它须越过这种象征的表现方式，才能成其为理想，而且也还有一种进一步的艺术，即浪漫型艺术，这种艺术就要越过理想本身。

象征型的和浪漫型的艺术也都同样采用人的形体为它们的表现题材，同样要保持人的形体的空间形式，因而也都要用雕刻的方式去表现。所以要谈到历史发展，我们就不仅要谈希腊罗马的雕刻，而且还要谈到东方的雕刻和基督教的雕刻。不过在用象征型作为他们的艺术创作的基本类型的各民族之中，只有埃及人才特

① 西方重雕不重塑，所以黑格尔不提泥土。

别开始运用刚在挣脱纯粹自然生活状态的人的形体去表现他们的神,所以我们主要在埃及人那里才碰到雕刻,因为他们一般总是凭纯然物质的东西来使他们的观点获得一种艺术的存在。至于基督教的雕刻却是一种更广阔更丰富的发展,无论是就中世纪它的独特的浪漫性格来看,还是就它在进一步发展中力求重新结合到古典理想的原则,因而恢复特别符合于雕刻的情况来看。

根据这个观点,我在这第二部分的结束时首先还要略谈一下埃及雕刻和希腊雕刻的差异以及埃及雕刻作为真正理想的准备阶段。

所以真正希腊雕刻的发展完成就形成第二阶段,这个阶段终结于罗马雕刻。不过在这方面我们只须主要地巡视一下直接出现在真正的理想的表现方式之前的那一阶段,因为在本卷第二章里我们已详细讨论了理想的雕刻本身。

第三,剩下来还要略加讨论的就是基督教雕刻的原则。在这方面我也只能涉及最一般性的东西。

a) 埃及雕刻

如果我们要从历史观点在希腊去追寻雕刻这门古典型艺术的概念,在达到这个目标之前,我们就要先遇到以雕刻形式出现的埃及艺术,这当然不仅就具有最高的创作技巧和独特的艺术风格的那些伟大作品来看,而且还要就埃及雕刻作为希腊造型艺术各种形式的出发点和源泉来看。关于这后一点,是否根据史实确曾有过希腊艺术接触到外来的影响,向埃及有所学习和借鉴(无论是就神话领域的所表现的神像的意义来说,还是就艺术的处理方式来说),这种问题的解决是艺术史的任务。关于希腊人的神的观念和埃及人的神的观念的一致,这是希罗多德所深信不疑而且加以证明的。至于希腊和埃及艺术处理方式的一致则是克洛伊佐的看法,他认为这种一致在钱币上是显而易见的,他特别看重古雅典的钱币。他曾让我看过他所藏的这样一枚钱币。上面的侧面像完全具有埃及雕像的轮廓(1821 年)。不过我们在这里不妨把这类史实暂置不谈,只追问除掉史实以外,是否还可以找出一种内在的必然联系。我在上文已谈到这种必然联系。要有理想,要有完善的艺术,先须有不完善的艺术,只有通过对这种不完善的艺术的否定,即消除它的缺点,然后理想才成其为理想。在这一点上古典型艺术当然有一个形成过程,这种形成过程在古典型艺术本身之外须有一种独立的存在,因为古典型艺术既是古典型的,就须把一切缺陷和一切形成过程都已抛在后面,而在本身上就是完满的。这种形成过程之所以是形成过程,就在于表现中的内容意义开始还与理想相对立,对不能按照理想来掌握,因为它属于象征型的观照方式,还不能使普遍的意义和个别的可观照的形象形成一体。我在这里所要约略讨论的一个论点就是埃及雕刻具有形成过程这样一种基本性格。

1)首先应该提到的就是埃及雕刻缺乏一种内心方面的创造的自由,不管它在技巧上多么完善。希腊雕刻作品都凭自由和活跃的想象把当前的宗教观念体现在个别具体形象里,通过这种创作的个性化,使它的独特的理想的观点和古典形式的完满变成为客观的东西。埃及的神像却不然,它们都有一种一成不变的类型,像柏拉图早就说过的:“这些表现方式自古以来就由僧侣们规定了

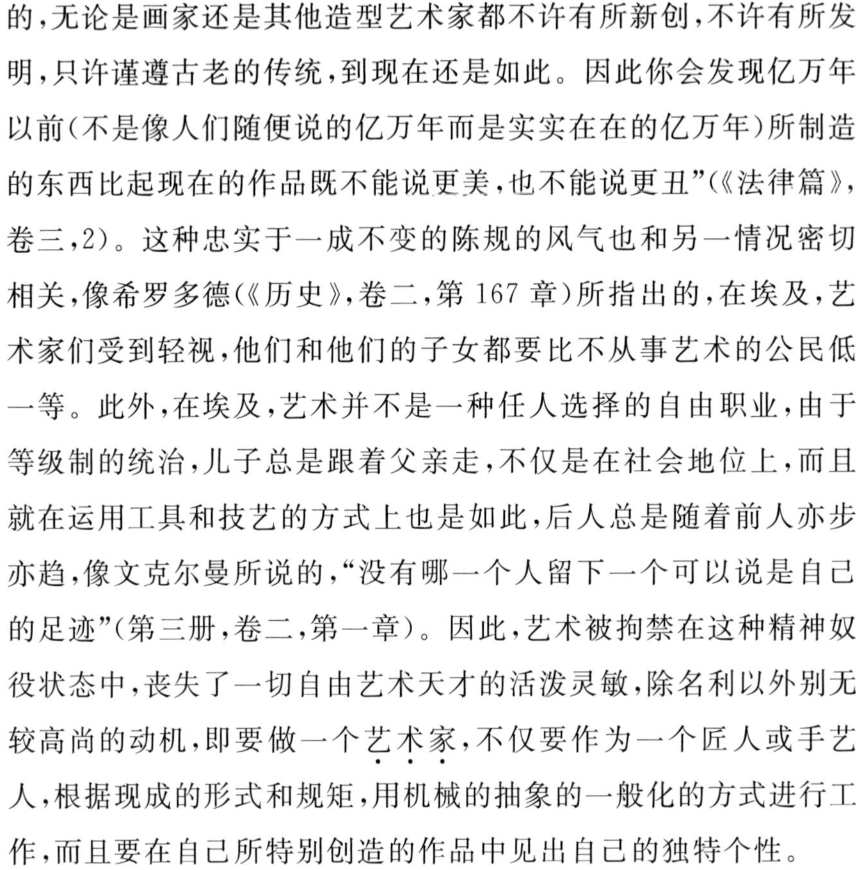

的,无论是画家还是其他造型艺术家都不许有所新创,不许有所发明,只许谨遵古老的传统,到现在还是如此。因此你会发现亿万年以前(不是像人们随便说的亿万年而是实实在在的亿万年)所制造的东西比起现在的作品既不能说更美,也不能说更丑”(《法律篇》,卷三,2)。这种忠实于一成不变的陈规的风气也和另一情况密切相关,像希罗多德(《历史》,卷二,第 167 章)所指出的,在埃及,艺术家们受到轻视,他们和他们的子女都要比不从事艺术的公民低一等。此外,在埃及,艺术并不是一种任人选择的自由职业,由于等级制的统治,儿子总是跟着父亲走,不仅是在社会地位上,而且就在运用工具和技艺的方式上也是如此,后人总是随着前人亦步亦趋,像文克尔曼所说的,“没有哪一个人留下一个可以说是自己的足迹”(第三册,卷二,第一章)。因此,艺术被拘禁在这种精神奴役状态中,丧失了一切自由艺术天才的活泼灵敏,除名利以外别无较高尚的动机,即要做一个**艺术家**,不仅要作为一个匠人或手艺人,根据现成的形式和规矩,用机械的抽象的一般化的方式进行工作,而且要在自己所特别创造的作品中见出自己的独特个性。

2) **其次**,关于作品本身文克尔曼对于埃及雕刻的性格曾指出以下几个要点,他在这方面的描述仍然显出观察和区分的高度精细(第三册,卷二,第二章)。

一般地说,埃及雕刻中形象整体及其形式都缺乏由线条的真正有机的动荡所产生的那种秀美和生动。轮廓是由僵直的很少曲折的线条所构成的;姿势显得勉强和生硬,两条腿挤在一起,如果在站立的姿势中虽然一条腿在前,一条腿在后,却都朝着一个方向,而不是分成八字形;在男像上两只胳膊也笔直地垂下,紧贴在身旁。文克尔曼还指出，两只手好像本来长得并不坏，却遭到损坏或是没有得到细心照顾；而两只脚则太平板而且过分放大了，脚趾都一样长，小趾既不弯，也不向里面微曲；此外，手、手指和脚趾虽都表现出来，而关节却见不出。裸体的其它部分大致也是如此，很少见出筋肉和骨骼，完全见不出神经和血脉。总之，在细节方面，尽管创作手艺上显出辛劳和熟练，而使形象真正显得灵活和生动的那种画龙点睛的工夫却见不出。反之，膝盖、节骨和肘关节却像在自然中那样突出地伸出来。男像的臀部上的胸腹部分特别窄小，背部却看不见，因为靠着石柱而且和石柱是用一块石头雕成的。

这种不活动的情况并不是由于艺术家缺乏熟练技巧，而是由于他们对神像及其奥秘的宁静所持的原始观点。与这种不活动的情况有直接联系的是没有情境，没有任何种类的动作，而情境和动作在雕刻中是要通过手的姿势和运动以及仪表和面貌表情才能见出的。在埃及的方尖柱上和墙壁上我们固然也看到许多人物动态的描绘，但是只是用浮雕形式而且大半是着色的。

再举几种较重要的细节。眼睛在埃及雕像上并不像希腊理想所要求的那样深陷下去，而是几乎和额头一样平，不但平板，而且是斜着的。眉毛、眼皮和唇边大半是用刻的阴线纹来标志的，眉毛有时也用阳线纹来标志，这条线纹一直伸到太阳穴，才很别扭地截断。这里所缺乏的主要是额部的突出，此外，由于耳朵特别高耸，鼻梁曲成弧形，像在平凡的自然中照例如此，颊骨就缩到后面，显得格外突出，腮帮总是扯向后面而且很小，口是紧闭着的，而口角不是向下而是向上，上下唇仿佛只是凭一条割缝分开来的。所以这种形象不仅在整体上缺乏自由和生动，而且特别在头部缺乏精神的表现,因为动物性的东西占上风,不容许精神独立地显现出来。

按照文克尔曼所提供的资料,动物在埃及雕刻中却雕得较好,显出很高明的知解力,具有悦目的复杂变化,轮廓的曲折很柔和,而各部的起伏衔接也显得“天衣无缝”。纵然在人的形象中,精神还没有从动物类型中解放出来,还不能以新的自由的方式把理想和感性的自然的东西融合在一起,而在上述那些也是由雕刻表现出来的作品里,无论是人的形象还是动物的形象却都显出明显的特殊的象征意义,人的形状和动物的形状仿佛很神秘地结合在一起。

3) 所以凡是带有上述性格的艺术作品,就还停留在意义和形象的分裂没有得到克服的阶段,因为对于这种艺术作品,意义还是最主要的,它们更多地表现出意义的普遍性,而还不能使它在一个具有个性的形象里获得生命,还不能成为艺术观照和欣赏的对象。

这个阶段的雕刻还导源于一整个民族的精神。关于这个民族,我们一方面可以说,他们初次迫切感到表象的需要,只要把观念中原有的意思在艺术作品中暗示出来,就感到满足了,这里说的观念当然就是宗教的观念。所以我们可以说,埃及人在雕刻方面还没有教养,尽管他们用功很勤,而且在创作技巧上也很完善,因为他们对于所创造的形象还不要求真实,生动和完美,而自由的艺术作品正是要通过这些品质才获得生命或灵魂。但是从另一方面看,埃及人当然也并非只停留在表象和表象的需要上,而是向前迈进一步去观照人和动物的形象,而且用图形来阐明他们的观照;他们甚至还知道怎样去用正确的比例关系,很清楚地把它们所复造的形状构思出而且表达出，没有什么歪曲。不过他们的缺陷在于既不能使那些形状现出它们在自然中原来就有的生命，更不能使它们获得更高的生命，通过这种更高的生命，精神的作用和活动才能在适合的形式中获得表现。埃及人的作品却只显出一种无生气的严肃，一种未经揭露的秘密，以至他们所创造的形象不能表现出它自己所特有的具有个性的内在意义，只能让人揣测到与它不相干的另一种意义。举一个例子来说，女月神伊什斯把她的儿子浩鲁斯抱在膝上的形象是经常复现的。单就外表看，这里所用的题材正和基督教艺术中圣母抱婴儿是一样的。但是从埃及雕像的对称的直线形的姿势里，像近来有人说过的，所显示出的"既不是一个母亲，又不是一个婴儿；没有丝毫慈爱，微笑或亲昵的痕迹，总之，没有一点表情。这位给圣婴喂奶的圣母是安安静静，寂然不动的。这里所表现的不是女神也不是母亲，不是儿子也不是神，这只是一种思想的感性符号，而这种思想不可能带有任何恩爱和热情；这不是一种实际动作的真实描绘，更不是一种自然情感的正确表现。"（劳尔·罗歇特①：《考古学讲义》，第一至第二课，巴黎，1828）

正是这种情况造成了埃及人的意义和实际存在的割裂以及他们的艺术观照的缺乏教养。他们的内心方面的精神感觉还是很朦胧的，所以还感觉不到艺术表现的真实，生动和明确的必要，但是只有具有这些品质的作品才能使观赏者不须有所增加，只须把艺术家所已给出的一切接受过来和再现出来就行了。一个人须等到自己心中有比埃及人更高的对自己的个性的感觉，才会不再满足于艺术中不明确的和浮在表面的东西，才会要求知解力，理性、动

① 劳尔·罗歇特（Raoul Rochette，1789—1854），法国考古学家。

态、表情、灵魂和美在艺术作品中发生效力。

b) 希腊和罗马的雕刻

我们看到这种对自己的个性的感觉只有在希腊人当中在雕刻里才初次完全活跃起来，因此他们消除了前一阶段埃及雕刻的一切缺陷。但是在这种向前的发展里，也并不是由还属象征型的那种雕刻的不完善一跃而就攀登上古典理想的完善。像我前已屡次说过的，理想在它自己的领域里，如果要提升到一个较高的阶段，就先须扫除阻碍它达到完善的那种缺陷。

1) 我在这里要约略提到伊琴岛和古代艾屈鲁里亚[①]的艺术作品，作为古典雕刻本身的起源。

这两个阶段或风格一方面已超越了埃及人所抱的那种观点，即不再满足于按照传统陈规，抄袭一些虽非违反自然，却毫无生气的形式，并且不再满足于只提供一种形象，使想象从中可以抽绎出或回想起一种宗教的内容，但是这种形象并不能使观赏者见出作品确已表现了艺术家自己的思想和活力。

但是另一方面理想艺术的这个准备阶段却也还没有达到真正的古典阶段，因为它一方面还受定型的因而也是无生气的东西的束缚，另一方面它尽管已在走向生气和运动，而在开始时却只限于自然事物的生气和运动，还不能达到由精神灌注生命的那种美，只有这种美才能表现出精神的生命和它的自然形象的不可分割的统

① 伊琴岛在伊琴海的莎洛里克海湾里，距雅典不远，它是繁荣的商业中心，公元前 6 世纪至 5 世纪以艺术特别是雕刻著称。它本来独立，公元前 429 年为雅典征服。艾屈鲁里亚(Etruria)在意大利中部，即后来的塔斯康省，在罗马时代它有很高的文化。

一，而这种完满的统一所取的一些个别形式可以来自对现成事物的观照，也可以来自艺术天才的自由创造。

关于伊琴岛的艺术作品是否属于希腊艺术范围的问题过去曾引起争论，只有到最近，人们对这类艺术作品才有较精确的认识。在艺术处理方面，头部和身体的其余部分在这类作品中有本质上的差别。头部以外，整个身体都显出对自然的最真实的了解和摹仿。就连皮肤上的一些偶然形态也摹仿出来了，在雕刻加工上所显出的对处理大理石的卓越本领是值得惊赞的。筋肉雕得很突出，身体的骨骼也标志出来了，形象雕得很谨严厚实，但是显出对人体的精确知识，使得人物产生逼真的幻觉，用瓦格纳①的话来说，看到这类作品，人们就感到一种恐惧，不敢动手触摸它们。(《论伊琴岛的雕刻作品，附谢林②的艺术史方面的评注》，1817)

但是在头部的雕刻施工之中，忠实描绘自然的原则却被完全抛弃了。雕像中所有的头都是按照一个模样雕成的，不管动作，性格和情境方面有多么大的差别。鼻子都是尖的；额头仍然是向后缩的，并不是自由直立的；耳朵竖得很高；眼睛的缝切得很长，平板无起伏，斜立着；口总是闭着的，口角向外扯起而不是低垂；腮帮也是平板的，下颚却很厚实，现出棱角。头发的样式和衣服的褶纹也是千篇一律的，其中占统治地位的是对称原则(这在雕像的姿势和群像的组合中特别显著)，再加上一种特别美观的雕饰。人们有时把这种千篇一律归咎于民族性格中审美能力的欠缺，有时归咎于对一种还未发展完善的艺术的老传统的尊敬束缚了艺术家的手

① 瓦格纳(J. M. Wagner，1777—1858)，德国雕刻家。
② 谢林(E. W. J. Schelling，1775—1854)，德国哲学家和美学家。

腕。但是一个凭自己个性和自己作品活着的艺术家不会让自己的手腕这样受束缚，所以这种本来具有熟练技巧而却拘守定型的情况只能归咎于一种精神上的束缚，使艺术家不能在艺术创作中保持独立自由。

最后，雕像的姿势也还是千篇一律的，与其说是僵硬，不如说是粗鄙和冷漠无情，战士们的姿势有些像手艺人在干活，例如细木工匠在刨木料。

如果要从这里所描述的情况得出一般性的结论，我们可以说：这类作品显出遵守传统和摹仿自然的矛盾，对于艺术史虽是极有趣的现象，却缺乏由精神灌注的生气。像我在本卷第二章已说过的，精神只有在面貌和姿势上才能表现出来。身体的其余部分固然可以显示出精神的自然差异如年龄和性别之类，但是真正属于精神的东西只能通过姿势表现出来。但是在伊琴岛的雕像上面貌和姿势还是比较缺乏精神的。

艾屈鲁里亚的艺术品，就可以凭题字断定是真迹的那部分来说，显示出水平较高的摹仿自然的方式，在姿势和面貌特征上较自由，实际上有一部分很接近真实人物的造像。例如文克尔曼提到有一座男像，看来简直就是造像，显得是较晚期艺术的作品。这个男像和真人一般大，他代表一个演说家，一个做官的尊严人物，在表情和姿势上显得自然无拘束而又有明确的性格。这是一件值得注意的有特色的作品，可惜在罗马的土壤上起初就符合乡土习性的并不是理想而是实际的散文性的自然。

2）其次，雕刻的真正理想，如果要达到古典型艺术的最高峰，首先就必须摆脱定型和对传统的崇拜，使艺术创作的自由有发挥作用的余地。要达到这种自由的唯一路径一方面在于把意义的普遍性完全纳入形象的个性里，另一方面在于把感性的形式提到精神意义的正确表现的高度。只有这样，艺术才能摆脱掉古老艺术在起源时所现出的那种呆板和拘束以及内容意义溢出个别表现形式的情况，从而获得一种生动活泼的风格，其中人体形状既不再有传统定型的那种抽象的千篇一律，也不至再产生艺术所描绘的就是真正的自然那种错觉，从而迈进到古典理想的个性，这种个性既使形式的普遍性由于体现在个别具体的形象里而显得是活的，又使这具体形象的感性的实际存在成为精神灌注生命的完满表现。这种生动活泼不仅见于整个形象，而且也见于姿势，运动，服装，群众组合，总之，见于我在上文所谈到和加以区分的一切方面。

在这里结成统一体的是普遍性和个性，无论是在单纯的精神内容方面，还是在感性形式方面，普遍性和个性都必须处理得协调一致，然后彼此才能不可分割地结合起来，这才是真正古典型艺术。但是这种统一本身又有阶段之分。在一个极端，理想还偏向崇高和谨严，虽不反对表现个别人物情感和活动，却仍更严格地使个性受普遍性的统辖。在另一极端，普遍性却逐渐消失在个性里，因而丧失了它的深度，为着弥补这个损失，只会尽量发展个别的和感性的方面，因此就从崇高降落到愉快、俊俏、爽朗和媚人的秀美。在这两极端之中还有一个第二阶段，它把前一阶段的谨严推向较多的个性，却还没有达到把单纯的秀美当作主要的目的。

3）第三，在罗马艺术里，古典型雕刻就已开始瓦解。在罗马艺术里构思和创作的指导原则已不是真正的理想；精神灌注生命的诗意，完满表现的内在的芬芳和高贵，这些真正的希腊造型艺术的优美品质都已消失了,代之而起的在大体上是对真实人物造像的偏好。艺术里这种强调自然真实的倾向在各方面都表现出来了。不过罗马艺术在它自己的限度里毕竟维持住一种很高的水平,只是由于缺乏艺术作品的真正的完美,和真正意义的理想的诗意,它在本质上落后于希腊艺术。

c) 基督教的雕刻①

谈到基督教的雕刻,它一开始就有一种关于掌握方式和表现方式的原则,这个原则并不像希腊的想象和艺术的理想那样紧密符合雕刻的材料和形式。因为像我们在第二卷已经说过的,浪漫型艺术所要处理的是脱离外在世界的内心世界,是收心内视的精神的主体性,这内心世界固然也显现于外在事物,但让这外在事物独立地按照它的特殊性出现,不需要和内在的精神的东西融成一体,像雕刻的理想所要求的。哀伤,肉体的和精神的苦痛,殉道和忏悔,死和复活,精神主体的人格,内心生活,爱情,情绪和心情——这些才是浪漫型的宗教幻想的独特内容,对于这种题材,作为一种空间整体的抽象的外在形象以及还未经理想化的只作为感性物质而存在的材料②既不能提供一种恰当的形式,又不能提供一种适合的材料。因此雕刻在浪漫型艺术里并不像在希腊那样向一切其它艺术及其整个客观存在提供基本特色。雕刻在浪漫型艺术里比不上绘画和音乐,这两门艺术才较适合于表现内心生活和由精神渗透的外界特殊事物。在基督教时代我们当然也遇到许多运

① 即浪漫型雕刻,主要鼎盛于中世纪基督教流行时期。
② “外在形象”指人体形象,“感性材料”指花岗石和青铜之类。

用木料、大理石、青铜以及镶金镶银的雕刻作品，显出雕刻师的卓越的才能，但是基督教雕刻毕竟不像希腊雕刻那样成为能造出真正合式的神像的艺术。宗教的浪漫型雕刻比起希腊雕刻却更是建筑的一种装饰。圣徒们大半摆在小楼阁和斜撑柱的神龛里或是门的入口。基督的诞生，受洗，临刑和复活以及基督生平中许多其它事件乃至最后审判之类宏伟图景，由于它们本身的丰富多彩，适宜于制成浮雕，安置在教堂的门上，墙壁上，合唱队的座位台上，受洗池上，这些浮雕很容易降落到成为阿拉伯式的花纹。由于主要是表现内在精神生活的，这整套浮雕都带有绘画的原则，往往超过理想的雕刻原则所能允许的程度。从另一方面来看，这类雕刻在题材上采取了较平常的生活，因而更接近真实人物的造像。这种造像式的雕刻像绘画一样，也不避免采用宗教的艺术表现方式。例如摆在德国纽伦堡市场里的一座卖鹅人的雕像曾得到歌德和迈约的高度赞赏，这是一个用青铜雕得（用大理石就不适宜）极为生动的乡下佬，他的左右胳膊下都夹着一只鹅，拿到市场去卖。此外，在圣赛巴尔都斯教堂以及许多其它教堂和建筑里，也有许多作品，特别是在彼得·费肖尔[①]时期以前的，表现基督临刑之类宗教题材，也使人清楚地认识到这种描绘形象，表情，仪容姿势等方面侧重特殊细节的雕刻方式，特别是在表现不同程度的苦痛方面。

浪漫型雕刻往往走上最错误的迷途，只有在一种情况下它才最忠实于真正的雕刻原则，那就是在它又更紧张地追随希腊雕刻，无论是用古代的方式处理古代的题材，还是在用符合雕刻原则的方式处理英雄和国王的站像和真实人物的造像时都力求接近古代

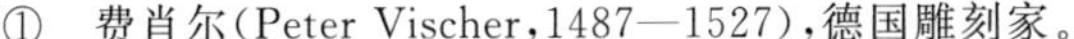

① 费肖尔(Peter Vischer，1487—1527)，德国雕刻家。

风格。近代的情况特别如此。就连在宗教题材的范围里,雕刻也还会做出卓越的成绩。在这里我只需提起米琪尔·安杰罗[①]。他的《死了的基督》[②](柏林皇家博物馆里有复制品)是令人赞赏不置的。比利时布鲁基圣母教堂里的圣母像也是一件卓越的作品,有些人不认为这是真迹。我个人特别喜爱立在布列达的拿骚伯爵[③]墓上的纪念坊(参看黑格尔的《杂文集》,第二卷,561页)。伯爵和他的夫人的像是按生前身体体积用雪花石膏岩雕成的,躺在一块黑大理石上。这块石头的四角站着越顾路斯,汉尼伯尔,恺撒和一位取鞠躬姿势的罗马战士,这四人头上顶着另一块黑大理石,和脚下踩的那块一样。如果看到像恺撒这样的一个人物由米琪尔·安杰罗造成雕像,这就会更有趣了。但是在处理宗教题材上,需要有像米琪尔·安杰罗这样的大师的智力和想象力,气魄,彻底性,勇气和艺术本领,才能把古代的雕刻原则和浪漫型艺术中的内心生活结合在一起,显出独特的创造性。因为像我前已说过的,基督教心情以宗教的观照和想象为其顶点,它的整个倾向并不是朝着古典形式的理想性的,只有这种古典形式的理想性才构成雕刻艺术的最重要的也是最高的原则。

从此我们可以离开雕刻,转到艺术构思和表现的另一个原则,实现这个原则也需要另一种感性材料。在古典型雕刻里,中心是人的客观的具有实体性的个性,它把人的形象提高到一个地位,以

① 米琪尔·安杰罗(1475—1564)文艺复兴时代意大利的最大的雕刻家,《摩西》是他的杰作之一。他也擅长绘画和建筑。罗马圣彼得大教堂及其壁画和雕刻就是他的杰作。

② 英译注:也许指罗马圣彼得大教堂的圣玛利抱基督尸体的像(La Pietà)。

③ 布列达是荷兰的一个城市,拿骚原是德国一个小郡,拿骚伯爵威廉一世父子都献身于反抗西班牙解放荷兰的斗争。

至抽象地把它定作单纯的形象的美，用它来表现神。所以人，就他表现在古典型雕刻的内容和形式来看，还不是完整具体的人；艺术的拟人主义在古代雕刻里还没有尽量实现，因为他不仅缺乏客观的、直接的绝对特殊性和普遍性处于同一体的那种人性，而且也缺乏一般人通常叫做“凡人的”那一方面，即主体的个性，例如人的弱点、个别性、偶然性、任意性、直接自然性、情欲等等①，这一方面也要纳入上述普遍性里，才能使全部个性，即就他的整个生活范围或现实生活无限广阔的天地来看的主体显现为在内容和表现方式中起决定作用的原则。

在古典型雕刻里，上述两方面之一，即凡人的直接自然方面，只出现在动物、半动物、林神之类身上，并不反映到人的主体性里或是作为否定面放在人的主体性里。有时这种雕刻只有在愉快的风格里，才顺本身的倾向转到特殊具体的外在方面，这种风格表现为无数样式的谐趣和奇思幻想，这些在古代雕刻里是要避免的。这种雕刻却缺乏主体方面的深度和无限性的原则，即精神与绝对的内在的和解，人和人性与神的理想的统一。基督教的雕刻固然把符合这种的内容表现出来了，但是它的艺术表现方式正足以显示出雕刻并不适宜于表现这种内容；所以还要其它艺术来做雕刻所不能做的事。由于这些新的艺术②是最符合浪漫艺术类型的，我们可以把它们总称为“浪漫型艺术”。

① 即作为动物生来就有的一切。

② 即绘画和音乐。

第三部分

浪 漫 型 艺 术

序论

我们在上文已经说过，雕刻过渡到其它几门浪漫型艺术的一般转变是由于主体性原则既侵入了内容，又侵入了表现方式。主体性这个概念所指的是精神从外在世界退回到自己的内心世界所获得的观念上的自为（自觉）存在，从此精神就不再和它的肉体结合成为不可分割的统一体了。

这个转变所以就使得雕刻原有的那种实体性的客观的统一，那种各部分契合无间和融贯一致的静穆和完满自足的状态，遭到瓦解和分裂了。这种分裂可以从两方面来看：一方面，就内容意义来说，雕刻把精神的实体性因素和还不自觉为个别主体的个性直接结合成为统一体，从而造成了一种客观的统一体，这里“客观”因素指一般永恒的，不可变动的，真实的，不带任意性和个别特殊性的那种实体性因素。另一方面，雕刻却仍把精神的内容意蕴完全融化到肉体里去，把肉体当作能从精神内容方面获得生气灌注和意义的方面，从而造成一种新的客观的统一，这里“客观的”是指和主体的内心生活相对立的外在的实际存在的外在世界①。

这种初次由雕刻协调起来的两方面既然分裂了，精神于是退回到它本身，就和一般外在自然相对立，也和它本身的肉体相对

① 前一种客观的统一体指普遍性与个性的结合为雕刻的内容意义，后一种新的客观的统一指雕刻作品完成了有实体性的个性与人体形状的统一。

立,而且就连在精神领域本身,精神的客观实体性,和有生命的主体的个别情况也分裂了,前此融成一体的两方面(在浪漫型艺术里)就互相对立,各自独立自由了,因此它们也就以这种各自独立的状况受到艺术的加工而表现出来了。

1. 因此从内容方面来看,我们看到的一方面是精神的实体性,即真实和永恒的世界,亦即神性的东西,但是按照浪漫型艺术的主体性原则,这种神性的东西是作为主体或人格,作为自觉的绝对所具有的无限精神性,作为代表精神和真实的神,而由艺术去掌握和表现出来的。和这方面相对立的是尘世凡人的主体性,这种凡人的主体性既然不再和精神的实体性紧密结成一体(直接统一),就要按照它的全部凡人的特殊性展现出来;凡人的整个心境和丰富的表现也可以由艺术去处理。[①]

主体性原则是神和人这两方面所共同的,也就是说,它成了这两方面重新统一的结合点。因此,绝对既显现为活的实际的主体,即凡人的有限的主体性,也显现为实在的活的绝对实体和真实的神的精神所具有的精神的主体性。但是这样重新获得的统一不再具有原来雕刻所表现的那种直接性,现在只是一种结合和调解,基本上是两个不同方面的妥协;按照它的概念,它只有在内心里或在观念里可以充分显现出来。[②]

在本书的总序论里(卷一,103—104 页)我已经说过,当雕刻理想既已把神的本身真纯的个性表现于完全符合这种个性的肉体,

① 主体性有两种,一是和精神的实体性或神性亦即和普遍理想相结合的主体性,一是脱离神性的凡人的主体性,两种都可以表现于艺术。

② 浪漫型艺术所表现的主体性的统一只能从观念上来了解,不能直接由具体的外在形象充分显现于感官。

就成为可凭感官察觉，如在目前的对象了，神的信士群众面对着这个对象就把它作为精神的反映了。但是退回到本身的精神只能把精神本身的实体体会为精神，即体会为主体，从此就符合个别主体性与神在精神上相和解的原则。不过作为个别的主体，人也还有他的偶然的自然存在，以及范围大小不等的有限的兴趣，需要，目的和情欲，在这方面结合到上述神的观念和与神的和解上去。

2. 其次，就表现外在方面来看，它的特殊细节不但成为独立自主的，而且有权利显出它们的独立自主性，因为主体性原则不容许内在方面和外在方面在各部分和各种关系里都达到彻底的互相渗透。事实上这里主体性是自为存在或自觉的主体性，离开了它实际存在而退回到观念世界，即回到情感，情绪，心境和观感等等内心生活方面去了。这些观念性的东西固然也显现出它们的外在形象，但是在这种显现方式里这外在形象所显出的只是一种原来自为存在或是独立的内在主体的外在方面。所以古典型雕刻中那种肉体和精神的紧密联系虽没有消失，以至于毫无联系，却也联系得很松散，使得两方面虽互相依存，却仍在这种联系中保持各自的特殊的独立性；或是纵使达到一种较深刻的结合，精神性因素毕竟越出它们和客观外在事物的融合，而成为发出光辉来照耀全体的中心。由于客观实在方面这样相对地增加了独立性①，这里的重点固然大半移到对外在自然及其最特殊的孤立的对象上，不过尽管认识多么忠实于自然，这些对象在这种情况之下，却仍须显出它们上面有一种精神因素的反映，它们在实现于艺术之中，仍须显出就连在极端的外在事物上毕竟还有精神的参预，理解的活跃以及

① 由于精神和肉体（客观的实在的方面）的联系变得松散了。

心灵的体验,也就是说,还表现出一个内在的观念性的方面①。

所以大体说来,主体性原则带有双重的必然性,一方面它必然要抛弃精神和肉体的紧密的统一,或多或少地对肉体持否定的态度,以便把内在的(精神)从外在的(肉体)中单提出来;另一方面它也必然要替精神的和感性的(物质的)两方面的变化,分裂和运动的特殊细节开辟自由发挥作用的场所。

3. 第三,这个新的原则②也适用于艺术完成新的表现方式所用的感性材料或媒介。

3a) 前此各门艺术的材料都是单纯的物质,即有重量有体积的物质,具有空间存在的整体③,在单纯的抽象的形象里也还是用这样的材料。一旦把主体方面本身经过特殊具体化的内在的东西④纳入这种材料里,为着要使内在的东西显现得很清楚,就要一方面把这种材料的空间整体消除掉,使它由直接存在的自然状态转化为一种由精神造成的外貌⑤;另一方面却要使形象和形象外表在感性的可见性上见出新内容所要求的全部特殊具体的显现⑥。艺术在浪漫型艺术里首先仍应在感性和可见性的领域里活动⑦,因为由于前此的发展过程的结果,内在的东西固应理解为意识在意识本身里的反映⑧,却也显现为它由外在界和肉体返回到

① 偏重描绘外在自然的艺术作品毕竟还须反映出主体精神。

② 即主体性原则。

③ 指占三度空间的立体。

④ 即精神因素,或观念性的东西,如观念感想之类。

⑤ 指绘画转化雕刻材料的立体为平面,平面材料观念性较强,因为由平面想象到立体,要通过观念活动。“外貌”与“整体”对立。

⑥ 绘画比雕刻要求更详尽的形象和更具体的细节。

⑦ 说明绘画还不能完全是观念性的,感性方面还是主要的。

⑧ 观念性的东西是由主体自觉的。

内心世界的过程，亦即自认识的过程。从浪漫型艺术第一阶段（绘画）的观点来看，这个过程还只有在自然的客观存在和精神的肉体存在上才能表达出来。①

在几种浪漫型艺术之中最初的一种所以还须按照上述方式把它的内容表现于外在的人体和一般自然事物形状的形式，使它成为可以眼见的，但已不是停留在雕刻的那种感性和抽象性里。解决这个课题就是绘画的任务。

3b）绘画既然不是像雕刻那样以精神与肉体的绝对完全地融成一体为它的基本特征，而是表现凝聚在本身上面（或收视返听）的内心世界，所以占空间的外在形象对于精神主体性并不是一种真正适合的表现媒介。因此，艺术就抛弃了以前各阶段的形象化方式，不用占空间事物的结构而用在时间上起伏回旋的声音结构；因为声音只有通过否定占空间的物质，才获得观念性较强的时间上的存在，符合根据主体的亲切体会把自己当作情感来掌握的那种内心生活，因而能够把心灵的内在运动中的每一种内容意蕴都恰如其分地表达于声音的运动。遵照这种表现原则的是第二种艺术，即音乐。

3c）因此，音乐无论在内容上，在感性材料上，还是在表现方式上，都和造型艺术相对立，紧紧地把握着内心生活的无形象性。但是艺术，按照它的完整的概念来说，所要表现出来供人观照的不仅是内心生活，而且还要包括内心生活的外在现实中的显现和实

① 在领会外在事物形象（起观念）时，主体已由外在事物本身回到自己的内心世界，但这一活动毕竟还要凭外在事物的感性方面才表达得出，还不能脱离客观事物的可以眼见的因素，至少在浪漫型艺术中最早的一种即绘画里是如此。

际情况。如果艺术抛弃这种在实在界的实际显现,因而也就要抛弃客观现实的可以眼见的形状,而只顾到内心生活的因素,其结果就会使它终须回到的客观现实不再是真实的客观现实而只是一种观念中的客观现实,一种为内心观照,想象和情感而塑造出来的外在形象,而这种外在形象的表现,作为进行创造的精神[①]在自己的独特的领域里向其他精神的传达,只把描述所用的感性材料作为传达手段(媒介)来用,因而把这种感性材料降低成为一种本身无意义的符号。采取这种立场的就是诗,即语言的艺术。正如精神原已通过所习用的语言使其它精神了解自己,现在诗就用这种语言作为体现它的艺术作品的艺术工具[②]。诗同时也是一种普遍性的艺术,通用于一切艺术形式或一切类型的艺术[③],因为诗能把精神的整体按它所含的因素完全展示出来;只有在精神对自己的最高的内容意义还没有清楚地意识到,而只能在对它是外在的和另样的事物的形式和形象里才意识到自己的朦胧预感时,诗才没有用武之地。[④]

---

① 指艺术家,下文"其他精神"指听众。

② 这段说明诗不像绘画直接运用外界事物的感性形象,而只运用代表观念或意象的语言。语言的文字本身无意义,只是意义的符号,所以在各种艺术中诗是观念性(与直接感性对立)最强的。

③ 诗的原则通于一切艺术,一切艺术里都有诗。

④ 诗须假定精神主体的自觉,所以在精神发展的最初阶段,即象征型艺术的初级阶段,自我意识还很朦胧,诗还不能出现。这并不符合历史事实,在各民族中诗歌出现都很早。

第一章　绘画

雕刻的最适合的题材是静穆的具有实体性的沉思的人物性格，他的精神个性完全渗透到肉体存在里而流露出来，而精神的这种体现所用的感性材料单从形象本身上看就是适合于表现精神的。雕刻中眼光不露的形象既没有把内在主体性的焦点，或心情的生动活泼和最亲切的情感灵魂，凝聚为内心生活的集中状态，也没有使它们分散成为精神的运动，显出精神与外在界的差异以及精神本身内部的差异。就是因为这个缘故，古代雕刻作品有时使我们感到冷淡枯燥。我们对它们并不流连不舍，如果流连不舍，也只是为着要对它进行科学的研究，研究形象及其个别部分形式之间的微妙差别。我们不能责怪人们对本应引起浓厚兴趣的高明的雕刻作品感觉不到浓厚兴趣。因为我们先须学习，然后才能欣赏这类作品。我们或是不能马上就感觉到它们的吸引力，或是不久就认出整体的一般性格，如果要认识比较透彻些，就还要先研究其中是否还有什么更远的旨趣。但是要通过研究、思索、渊博的知识和频繁的观察才能引起的欣赏并不是艺术的直接目的。此外，如果要通过这样兜圈子才能达到欣赏，那就要求一个人物性格要有发展，要表现于向外的活动和动作以及内心生活的特殊具体化和浪漫化，而这个要求却是古代雕刻作品永远不能满足的。所以，我们对绘画感到比较亲切。因为绘画才第一次开辟路径，让有限

的和本身无限的两方面主体性原则,亦即我们自己的存在和生活的原则,能发挥作用;在绘画的作品中我们看到在我们自己身上起作用和活动的东西。

雕刻所表现的神对于观照者是一个纯粹与观照者自己对立的对象,在绘画里神本身却显现为一个活的精神主体,降临到他的信士群众当中,使其中每一个人都有可能使自己和神建立精神上的契合与和解。因此,绘画里实体性的东西不是一个离世独立的僵化的个体,像在雕刻里那样,而是参加到群众团体里去,就在群众团体里显出自己的特殊性。

这同一个原则既把主体和他自己的肉体以及一般外在环境区别开来,也把内心生活和这些外在因素联系起来。经过这种主体的特殊具体化,一方面显出人离开神、自然,以及旁人的内在的和外在的存在而独立,另一方面也显出神和他的信士群众之间以及个人和神,自然环境和人类存在中无限复杂的需要、目的、情欲、动作和活动之间的最亲密的关系和牢固的联系;这种特殊具体化的范围包括全部运动和生活情况,这些题材无论在内容上还是在表现手段上都不是雕刻所能处理的,但是这些绘画以前的艺术所没有的无限丰富的题材和多种多样的广阔的表现方式在绘画里都作为新的因素而进入艺术领域里了。所以主体性原则一方面是特殊具体化的根据,另一方面也起和解和结合的作用,绘画就是把前此属于两门不同的艺术的东西统一在同一作品里:一方面是由建筑加以艺术处理的外在环境,另一方面是由雕刻去表现的精神的内容意蕴。绘画把它的人物摆在也是由它自己的创造的外在自然或建筑周围里,同时却也能通过构思中的心情和灵魂,把这些外在因素转化为一种主体内心的反映，因为它能在主体和画中形象的精神之间建立一种协调一致的关系。

这个原则就是绘画对前此的表现方式所带来的新的贡献。

关于较详尽的讨论所应采取的程序，我们拟划分如下：

第一，我们要再研究一下绘画按照概念所具有的一般性质，这要从三方面去看，即绘画所专用的内容，与这内容协调一致的材料以及由这种内容和材料所约制的艺术处理方式。

其次就要阐明由这种内容和表现方式所决定的一些特殊定性，并且界定适合于绘画的题材以及构思、布局和着色。

第三，通过这些特殊定性，绘画分化成各种不同的学派，这些学派像在其它各门艺术里一样，也有它们的历史发展阶段。

1. 绘画的一般性质

我在上文已经说过，绘画的基本原则在于内在的主体性，其中包括天上和地面的情感，思想和动作的生活活泼的情况，多种多样的情境以及它们在肉体方面的各种外表显现的方式，因此，我把绘画的中心摆在基督教的浪漫型艺术里。这种看法可能马上引起这样的非难：不仅在古代也可以找到卓越的画家，他们在绘画里也达到了像雕刻那样最高的成就，而且还有些其他民族，例如中国人、印度人和埃及人等等在绘画方面也很驰名。绘画所采用的题材和表现这些题材的方式既是多种多样的，它当然就不会局限于某一民族，而会在各民族之中广泛流行。但是问题的关键并不在此。如果我们单从经验来看，这样或那样的作品，以这种或那种方式，曾由这个民族或那个民族在极不同的时期创造出来过,这确是事实,但是更深刻的问题在于绘画的原则,在于研究绘画的表现手段以及确定在本质上正和绘画的形式和表现方式协调一致的那种内容,只有这种形式才适合这种内容。

古代绘画只流传下很少的遗迹,其中一些作品既不是古代最优秀的作品,也不出于当时名画家之手。至少就从古代私人住宅中所发掘出来的绘画作品来看,情况确实如此。但是在审美趣味的精致上,选题的合式上,组合布局的清楚上以及在创作施工的轻巧和着色的鲜明上,这些作品毕竟引起我们惊赞。例如庞培[①]城中发掘出的所谓悲剧诗人住宅中的壁画就有这些优点,这些壁画所根据的蓝本当然还具有更高的优点。可惜的是古代名画家的作品都没有流传下来。不管这些原始的绘画作品多么优异,我们还要说,古代人在雕刻方面虽然达到无与伦比的美,在绘画方面却没有达到绘画在中世纪基督教时代特别是在十六七世纪所达到的那种高度发展。在古代这种绘画落后于雕刻的情况是理所当然的,因为希腊世界观的真正核心最符合雕刻的原则,其它艺术在这方面都比不上雕刻。在艺术里精神内容和表现形式是不可分割的。如果我们要问绘画为什么只有通过浪漫型艺术的内容才能达到它的独特的高峰,那么,回答就是:为绘画的高度完美开辟道路而且使这种高度完美成为必然的正是亲切的情感和深心的苦乐所构成的较深刻的由精神灌注生命的内容意蕴。

① 庞培原是意大利南部由罗马人建筑的一个供游玩的城市,公元1世纪因火山爆发和地震把它淹没在地下,18世纪中叶才被人发现,发掘出一些建筑和艺术品,有些壁画很引人注意。

关于这一点我姑且再引前章已引过的劳尔·罗歇特所举的埃及女月神伊什斯把她的儿子浩鲁斯抱在膝上那座雕像的处理方式的例子。这个题材和基督教艺术中的圣母抱圣婴在大体上是相同的。但是这两种作品在构思和表现的方式上却大不相同。埃及的伊什斯，照她在浮雕中所表现的情况来看，看不出是一个母亲，没有一点慈爱，没有一点灵魂和情感的表现，就连生硬的巴赞庭的圣母像也还不至如此。试想一想圣母抱圣婴这个题材在拉斐尔和任何其他意大利的大画家的手里曾经产生过的结果！每一笔一画表现出多么深挚的情感，多么亲切和丰富的精神生活，多么崇高而美妙，多么和谐地熔化人情和神性于一炉的心灵！再试想一想这同一题材由同一画家，特别是由许多不同的画家表现于变化无穷的形式和情境！那位母亲，那纯洁的少女，那肉体的和精神的美，那崇高而又秀美的神态，这一切还有更多的东西都轮流地突出地表现成为表现中的主要特点。但是显示出大画师本领的而且产生这本领的首先不是形式的感性美而是由精神灌注的生气。

希腊艺术当然已远远超过了埃及艺术，而且也已把人的内在精神的表现用作题材，但是它还没有达到基督教艺术所表现的那种亲切而深刻的情感，而按照它的整个性格，它也并不追求这种情感的振奋。例如我已屡次提到的林神抱着年幼的酒神雕像就具有最高度的优美可爱的性质。照料酒神的那些女林神们也是如此，整个情境表现出最美的布局，像一颗小宝石。在这座雕像里也看到无拘无碍无忧无虑的对婴儿的母爱，但是除开母爱以外，这里的表情却丝毫见不出基督教绘画里的那种内在的灵魂和深刻的心情。古代人固然也曾作出一些很优异的人物造像，但是他们对自然事物的理解以及他们对人和神的情况的看法都使他们不能在绘画方面表现出基督教绘画里的那种亲切的激情和灵感。

但是绘画之所以必须要求这种主体方面的灵魂贯注,其原因还在它所用的材料。因为让绘画施展手段的感性因素是伸延开来的平面以及由着色加以特别具体化的形状,通过这些因素,提供观照的客观事物的形式已由原来实际存在的形状转化成为一种由精神改造出来的艺术表现。就是根据这个关于材料的原则,外在的事物就不再凭它的实际存在而独立地发生效力,尽管它也是由精神灌注生命的,而是应在这种实际存在中转化为一种单纯的内在精神的表现,作为精神性的东西而独立地呈现于观照。正是这种内在精神要用外在事物的反映来把自己作为内在的东西而表现出来。其次,绘画使它的题材现在平面上,这平面就已可以独立地造成环境背景以及各种牵连和关系,而颜色作为使显现的形状特殊具体化的手段,也要求内在因素特殊具体,这内在因素只在通过明确的表现,情境和动作才能变得很清楚,因而就要求要有变化,运动以及特殊具体的内在的外在的生活。但是我们已把这种单纯的内心生活原则(这种内心生活在实际显现中既和多样化的外在事物的形象结合在一起,而又离开这种具体存在而退回到它本身,成为收心内视的自为存在)看作浪漫型艺术的原则,所以只有在浪漫型艺术的内容意蕴和表现方式里绘画才能找到它的唯一的完全适合的对象。我们也可以反过来说,浪漫型艺术如果要实现于作品,必须寻找一种和它的内容相适合的材料,而它首先找到这种材料的地方是在绘画里,所以绘画在采用浪漫型艺术以外的题材和处理 方式时,总不免或多或少是拘泥形式的。因此,在基督教绘画之

外尽管还有东方的、希腊的和罗马的绘画，绘画在浪漫型艺术范围之内所达到的高度发展毕竟是绘画的真正的中心或最高峰。我们谈到“东方绘画”和“希腊绘画”时，只能像我们尽管认为雕刻植根于古典理想，只有在表现古典理想时它才达到真正的高峰，而仍谈到一种“基督教雕刻”那样，这就是说，我们终须承认，绘画只有在浪漫型艺术的题材里才能找到它的内容，浪漫型艺术的题材才完全适合绘画的手段（媒介）和形式，所以也只有在处理这种题材时，绘画才能充分利用它的手段（媒介）。

既已确立了这些要点，从此就可以约略讨论绘画的内容，材料和艺术处理方式了。

a）绘画内容的基本定性

我们已经见过，绘画的内容的基本定性是自为存在的主体性。

1）因此，从内在的方面来看，个性不能完全纳入实体性里，而是要显出作为主体，这种个性本身就已含有它所表现的内容意蕴，包括它的全部内心生活，即它所特有的那种生动的思想和情感；另一方面外在的形象也不能显得像在雕刻里那样，完全受内在个性的统治。因为主体性尽管把外在形象作为适合于自己的客观存在而渗透到它里面去，同时它却又在这种统一体中从客观事物缩回到它本身，由于这种凝神状态，对外在事物就漠不关心，听其自由。所以正如在内容的精神性因素，主体性中的个别特殊因素和普遍性的实体并不直接结合成为一体，而是主体要反躬内省，以便达到自为存在的顶点那样，在形象的外在方面，特殊性和普遍性也不像在雕刻里那样融成一体，而是由个别特殊的，因而也是偶然的无足轻重的东西占优势,在经验的现实生活里,一切现象本来就已如此[①]。

2) 第二个要点涉及绘画原则所决定的题材范围的推广。

自由独立的主体性一方面让全部自然事物以及一切领域的人类现实生活保持它们的独立的实际存在,另一方面却又能渗到一切个别特殊的东西里去,把它们变成内在方面的内容[②];只有在这种和具体现实生活的融合中,主体性才显得是具体的有生命的,所以画家有可能把无限丰富的题材运用到它的表现领域里,这是雕刻所做不到的。整个的宗教范围,天堂和地狱的观念,基督和他的门徒和圣徒等等的历史,外在的自然,人类的事情,乃至情境和性格中最流转无常的东西,这一切在绘画里都可找到位置。因为个别特殊的、偶然的、任意性的兴趣和需要也属于主体性,所以也要由艺术来处理。

3) 与此相联系的还有第三方面,这就是绘画以心灵为它所表现的内容。凡是在心灵里生活着的东西都以主体的形式存在着,尽管心灵在内容意蕴上也是客观的和绝对的。心灵中所起的情感固然也有普遍性的东西作为内容,不过作为情感,这普遍性的东西却不保持普遍性的形式,而是显现为我这一确定的主体,在这情感里意识到和感觉到我自己。为着把客观的内容意蕴按照它的客观性表现出来,我就要忘去我自己。因此,绘画固然通过外在事物的形式把内在的东西变成可观照的,它所表现的真正的内容却是发

① 这段大意:绘画不同雕刻,它已破坏了主客体的统一以及普遍性与特殊性的统一,以主体的特殊性为主,在内容和形式两方面都要运用实际生活中的一些琐屑事态和偶然因素。

② 因为外在事物可以反映内在精神。

生情感的主体性;因此,绘画就连在形式方面,也不能像雕刻那样提供很明确的观照对象,例如神像,而只能提供情感中发生的一些不很明确的观念。有一种情况好像和这个看法互相矛盾。我们也看到一些有名的画家往往选用人类的外在环境中例如山、谷、草地、溪流、树木、船、海、云、天、建筑物、房屋及其内部等等作为绘画的题材,而且用得卓著成效。但是在这类艺术作品中形成内容核心的毕竟不是这些题材本身,而是艺术家主体方面的构思和创作加工所灌注的生气和灵魂,是反映在作品里的艺术家的心灵,这个心灵所提供的不仅是外在事物的复写,而是它自己和它的内心生活。正是因为这个缘故,题材在绘画中显得无足轻重,而开始突出地显现为主要因素的是题材所体现的主体性。由于这种转向心灵(心灵在面对外在的自然界事物时往往只起一般的同情共鸣),绘画最不同于雕刻和建筑,而较近于音乐,形成了由造型艺术到音调艺术的过渡。

b) 绘画的感性材料(媒介)

其次,关于绘画在感性材料上不同于雕刻的地方,我已屡次谈到一些最一般性的基本特点,所以现在只要讨论这种材料和它较便于表现的精神内容之间的较密切的关系。

1) 在这方面首先应该讨论的就是这一情况:绘画压缩了三度空间的整体[①]。彻底的集中就会造成取消一般彼此并列关系的点以及这种取消过程所带来的不安定状态,像时间上的点那样。但

① 保留长度和宽度,取消了高度,成了平面。

是只有在音乐里才有这种彻底的否定[①]。绘画却仍保留空间关系,只取消三度空间中的一度,使面成为它的表现因素。这种把三度空间缩为平面的办法是由内在化或转向内心生活这个原则决定的,由于这种内在化,外在事物只有通过压缩它们处在空间整体中的那种形状,才能呈现于内心观念。

人们一般倾向于把这种压缩看作绘画中的一种任意的行为,因而是一种缺点。依他们看,绘画表现自然事物,应完全按照它们在实际中的样子,表现精神方面的思想和情感,也应借助于人体及其姿态;要达到这个目的,平面就很不够,不免落后于自然,因为自然是以完全另样的形式,即以完整的形状出现的。

1a) 绘画在物质空间方面,当然比雕刻更加抽象。但是这种抽象性远远不是由于纯粹任意性的压缩或是人的技能够不上描绘自然及其产品,而是由雕刻向前发展所必然要迈进的一步。雕刻就已经不是对自然的肉体存在所作的一种单纯的摹仿,而是一种来自精神的再造,因而把凡是不适合于待表现的内容的那些平凡自然生活中的方面都删除掉了。在雕刻中这样被删除掉的特殊因素之中有颜色,所以剩下来的只是感性形象的抽象品。在绘画里情形却相反,因为它的内容是精神方面内在的东西,只有在脱离外在事物而回到精神本身之中才能通过外在事物,作为精神的反映,而把精神表现出来。所以绘画虽然也是为观照而进行它的工作,在它的工作方式中却使它所表现的客观事物不再保存实际的完整的占空间的自然存在的状态,而变成精神的一种反映,在这种反映

① “否定”即取消空间上并列的关系,转化空间上的面为时间上的点。音波不形成面,它只是时间点的持续运动。

中精神只有在消除了实际存在，把实际存在改造成为一种供精神去领会的单纯的精神的显现，才能显示出那种客观事物的精神性。

1b）因此，绘画必然要打破空间整体性。这种抛弃自然事物的完整形状的办法并不能归咎于人类才能的局限性。绘画的题材，按照它的空间存在来看，只是内在精神的一种显现，艺术把它表现出来是供精神领会的，它在空间实际存在中的那种独立性已消失了，和观众建立了一种比在雕刻中紧密的联系。雕像是孑然独立的对观赏者漫不经心的，观赏者可以随意站在哪一个方面去看；他的立足点，他的走动和环行，对于雕刻作品来说，是无关宏旨的。如果要保持这种独立性，雕像就应使观赏者无论站在哪里都可以得到同一种印象。在雕刻里作品一定要保持这种独立存在，因为它的内容是内外都镇静自持、完满自足的，而且是客观的。在绘画里却不然，它的内容是主体性，同时也是本身经过特殊具体化的内心生活。绘画里固然也有观赏者和对象（作品）的分离，这种分离却立即消失，由于作品既是表现主体的，按照它的整个表现方式，就改变了目的方向，基本上只是为主体，为观赏者而存在，不是为作品本身而独立存在。观赏者仿佛自始至终就在作品里，在作品里就被考虑到的，作品就只是为这个主体的固定点而存在的①。为着保证作品对观赏的这种联系及其精神反映，实际事物的单纯外貌就已经够了，实际的空间整体性反而会起破坏作用，

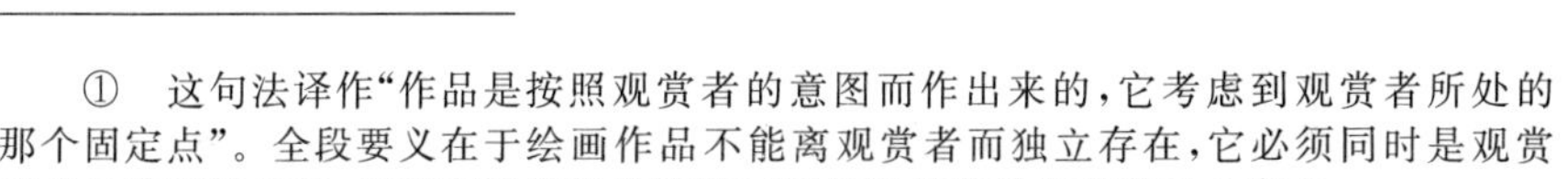

①　这句法译作“作品是按照观赏者的意图而作出来的，它考虑到观赏者所处的那个固定点”。全段要义在于绘画作品不能离观赏者而独立存在，它必须同时是观赏者自己的精神反映，所以不能保持实物的三度空间的那种完整的独立存在。

因为如果按照实际空间整体性来表现,所观照的对象就会保持一种本身独立的存在,而不是只由精神来表现出,而且供精神自己观照的。自然不能把它的产品压缩成为一个平面,因为自然界事物本来有而且也应该有一种实际的独立存在;绘画所给人的满足并不是来自实际存在,而是来自对内心世界的外界反映所抱的纯然认识性的兴趣,因此绘画毫不需要按照实际空间整体性和构造把事物描绘出来。

1c) 与这种压缩成平面的办法联系在一起的还有第三种情况:绘画比起雕刻和建筑的关系更远。因为雕刻作品纵使本身独立地摆在公共场所或花园里,总要有一个用建筑方式来处理的基座;如果摆在房间,厅堂或庭院等等地方,那就有两种可能,不是建筑艺术只是为雕像提供环境,就是雕像用来作建筑物的装饰,所以雕刻和建筑之间有一种较紧密的联系。绘画却不然,它的作品无论是摆在遮蔽起来的房间里,敞开的厅堂里还是摆在露天里,都只须靠在一面墙壁上就行。绘画在起源时只有一个使命,就是填塞墙壁的平面。对于古代人,这个任务就够了,他们都用绘画来装饰神庙的墙壁,后来还用它来装饰私人住宅。哥特式建筑艺术的主要任务在于建造出一种规模宏伟的起遮盖屏障作用的教堂,所以墙壁提供更大的,可以说最大的平面,但是只有在较早的镶嵌画[①]里绘画才用来装饰建筑物内部和外部的空白的平面。较晚的十四世纪建筑却用建筑本身的方式来填塞巨大的墙壁,最宏伟的例子是斯塔市堡大教寺的正面主要部分。这部分除掉正门入口以

① 较早的高惕式教堂里用不同颜色的碎石或玻璃碎片镶嵌成花纹图案或神像,叫做 Mosaik。在拜占廷(君士坦丁)东正教的教堂里这种镶嵌画更流行。

及玫瑰窗和其它窗户之外,空白的平面都用墙上的窗形花纹和其他人物形体装饰得很精美富丽,所以不再需要绘画。只有到建筑开始要求接近古代风格时,绘画才出现在宗教建筑里。不过总的说来,基督教绘画也是和建筑分开的、独立的,例如摆在祈祷室里和大祭坛上的大幅画。这种画当然也要接合它所陈列的地方的性质,但是此外它不只是用来填塞墙壁,而是像雕刻作品,独立地摆在那里。最后,绘画才被用来装饰公共建筑物的厅堂和房间,市政厅,宫殿乃至私人住宅,因此,它又和建筑较紧密地结合在一起,但是作为一种自由艺术,绘画毕竟不应由于这种结合而失去它的独特性。

2. 绘画有必要把立体化成平面,还另有一个原因:绘画的任务在于表现丰富的内心生活中经过特殊具体化的多种多样的细节。雕刻可以满足于纯粹局限在形象的空间形式里,绘画作为较丰富的艺术却不能如此,因为在自然界里空间形式是最抽象的,而现在绘画却要掌握住空间形式中特殊具体的细微差异,这就需要运用比较丰富多彩的材料,也就是按照空间形式来表现的原则要运用在物理上界定得较细致具体的物质。这物质方面的各种差异如果要显出对艺术作品的重要性,空间整体就不能再是最后的表现手段(媒介),就必须破坏三度空间的完整性,以便把物理方面的差异现象突出地表现出来。因为在绘画里体积(三度空间的)不是为它本身,按照它的实际的样子,而存在那里的,它只有通过上述物理方面的差异现象才能成为明显的,可以眼见的。①

① 大意是绘画为着突出表现事物的具体特殊的细节,就不得不把立体缩成平面,着重光和影以及颜色的处理,所谓“物理方面的差异现象”就是指光、阴影和颜色的差别。

2a) 如果要问绘画所用的究竟是哪一种物理的因素,回答就是光,一般事物要变成可以眼见的,都要靠光。

前此建筑所用的具体感性材料是有抵抗力和重量的物质,物质在建筑艺术里特别表现为施压力,支撑和被支撑之类的力量。有重量的物质向下施压力,支撑和被支撑之类的力量,这种用途在雕刻里也还没有完全废掉。有重量的物质向下施压力,因为它的物质的统一点①不在它本身而在另一物体上,它要找出这个点,力求达到这个点,以便站得稳,这就是要通过其它物体的抵抗来支持住它,使它停在它的位置上。光的原则和还未发见自己的统一点的有重量的物质原则正相反。不管人们对于光还可以说出什么其它性质,有一点却无可否认,光是极轻的,没有重量和抵抗力,它总是纯粹自身与自身统一,因而也只是和自身发生关系,它代表最初的观念性,是自然的最初的自我。在光里自然才初次走向主体性,从此光就是一般物理界(自然界)的"我",这个"我"固然还没有进展到成为特殊的个体,没有达到严格的完满自足,反躬内省的自我,却已消除了重物质的单纯的客体性和外在性,对重物质的感性的空间整体性加以抽象化。由于光具有较多的观念性,它就成为绘画的物理元素。②

2b) 但是单纯的光只是作为主体性原则中的一个方面而存在,即作为上述观念性的统一而存在。从这个观点看,光只是起显

① 英译作"物质统一的中心",疑指重心,或地心引力的集中点。

② 这段关于光的理论颇玄奥。原来唯心哲学家们把精神和物质绝对对立起来,认为光不是物质(这当然不符合近代物理学),所以接近于精神,具有精神的内在主体性和观念性,取消了物质的主体性、外在性和客体性。其实光对绘画的重要,只是因为有光才能显出事物的形状。

现作用的，在自然界它一般只使事物成为可以眼见的，至于光所显现的那个特殊内容则是在光本身之外的客观事物，不是光而是光的反面，是暗。光使这个客观事物显现形状、距离等方面的差异，使它所照到的东西成为可以认识的，这就是说，使它的暗和不可见性或多或少地消失掉，使其中个别部分成为更是可以眼见的，例如观赏者站得愈近，看得就愈明；站得愈远，看得就愈暗。离开对象的具体的颜色来说，明与暗一般取决于光所照到的对象在不同的光的强度中距离我们观众的远近。在这样和对象发生关系之中，光显示出来的不再是单纯的光，而是本身已经特殊具体化的明与暗，光与影。明与暗的多种多样的配合就使对象的形象，对象与对象的距离以及对象与观众的距离成为可以识别出来的。这就是绘画所利用的原则，因为绘画的概念里本来就包含特殊具体化。如果从这个观点拿绘画跟雕刻和建筑比较，我们就会看到雕刻和建筑都按原来实际的情况去表现占空间的形状中的实际差异，让自然光的照明和观众所占的地位来产生光和影，所以在雕刻和建筑中对象的形状原来就已是饱满或圆整的，显现这些形状的光和影只是原来实际就已存在的东西的结果，并不依存于这种显现的过程。在绘画里却不然，光与影以及它们所有的不同程度的细微分别和最微妙的转化却属于艺术材料的要素，它们把雕刻和建筑按原来实际情况表现出来的东西只表现为适合意图的外貌。光与影，对象在照明中显现为饱满圆整的东西的过程，都是通过艺术而不是通过自然光来产生的，所以自然光只是使绘画所已造成的光与影以及照明过程本身成为可以眼见的。正是艺术材料本身所提供的这个充实理由才能说明绘画里是由光和影造成的，单纯的实

际形状就成了多余的[①]。

2c) 第三,明与暗,光与影以及它们之间的交互作用都只是一种抽象品,作为抽象品,它们在自然中就不存在,所以就不能用作感性材料。

这就是说,光,像上文已经说过的,是和它的反面,暗,相联系的。不过在这种联系中光与影不是各自独立而是形成统一体起交互作用的。这样光就受到暗的侵入而变暗,而暗也受到光的渗透和照明,颜色这个元素就是这样产生的,颜色就是绘画所特有的材料,单纯的光是无色的,处在它和自身同一的那种纯然不确定的状态。颜色比光就较暗,所以它和光不同,是一种昏暗化,其中光与暗混成一体。因此,把光看成是由不同的颜色,即不同程度的昏暗化所合成的那种看法是错误的[②]。

形状、距离、界限、圆整,总之,占空间的现象所有的一切空间关系和差异在绘画里都只有通过颜色才能表现出来;颜色的观念性较强,所以宜于表现观念性较强的内容;通过较深刻的反衬,通过无限多样化的过渡和转变以及极细微的浓淡之差,颜色在表现所选对象的全部个别特殊细节方面,有着最广阔的发挥作用的场所。在绘画里单凭着色就可以做出很大的成就,这是人们所料想不到的。例如有两个完全不同的人,每个人在他的自我意识和身体构造方面各是一个独立的完满自足的精神和肉体的整体,而这

① 这段从光来看绘画与雕刻和建筑的差异。它们都用光与影,但是在雕刻和建筑里,对象原是立体(例如圆柱),光与影是由自然光对对象的照明所产生的;在绘画里对象却是平面,画家须凭艺术造成光和影,才可以使平面的东西显现为圆整的。

② 据英译注:这直接指牛顿的理论。黑格尔的这番话虽富于启发性,但是显然受到歌德关于光的错误的学说的影响。

两人的全部差异在一幅画里只能简化成颜色的差异。在这里某一个色调终止而另一个色调又开始，于是每个人的形状、距离、姿态、表情，最富于感性的以及最富于精神性的东西就都在这种色调变化中完全表现出来了。上文已经说过，我们不应把这种简化看作一种应急的方便或是缺点。事实与此恰相反，绘画抛弃第三度空间并不是随便而是有意的，目的就是要用较高较丰富的颜色原则去代替单纯空间性实际情况。

3）颜色这种丰富的手段使绘画在作品中能描绘出全部现象。雕刻或多或少地局限于完满自足，遗世孤立的个性；但是在绘画里个人不是处在这种把自己禁闭在自我圈子里的状态，而是要跳出这个圈子和自身以外的事物发生最多种多样的关系。从一方面来看，像上文已经说过的，绘画使所描绘的对象和观众有远较密切的关系；从另一方面看，画中的每个人和其他个人以及外在的自然环境都有很复杂的联系。由于绘画只需使对象呈现外貌，这就使它有可能把最广阔的距离和空间以及其中所包罗的万象都纳在同一件作品之中，而这件作品还是一个本身完满的整体，在这种自成完整体系之中却没有纯粹偶然的间断和分界，而显得是一个在主题上互相依存的各特殊部分的整体。

c）绘画中艺术处理的原则

第三，在对绘画的内容和感性材料进行了一般性的讨论之后，现在我们还要简赅地谈一下艺术处理方式的一般原则。

比起雕刻和建筑，绘画更可以有两个极端：一个极端把重点放在题材的深刻，构思方面的宗教和道德思想的严肃以及表现方面

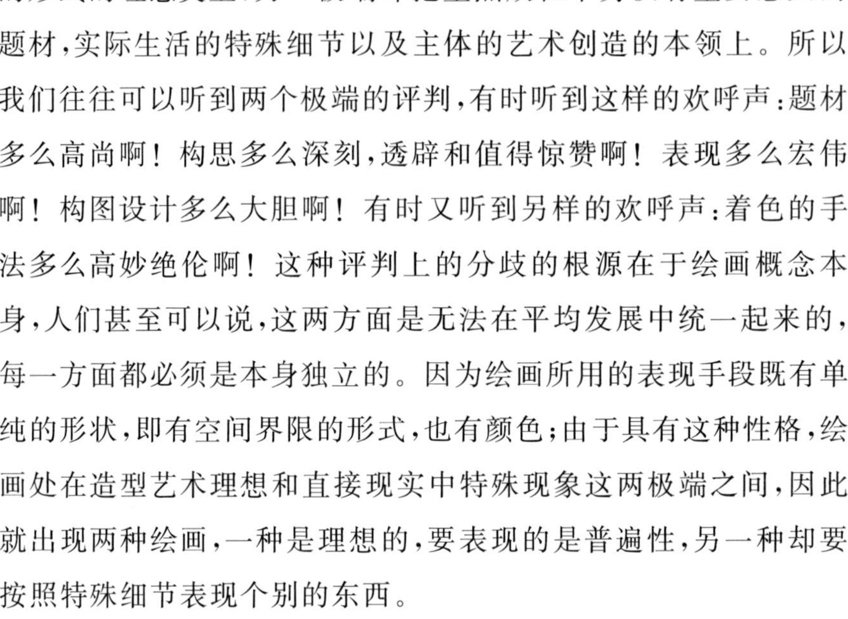

的形式的理想美上，另一极端却把重点放在本身没有重要意义的题材，实际生活的特殊细节以及主体的艺术创造的本领上。所以我们往往可以听到两个极端的评判，有时听到这样的欢呼声：题材多么高尚啊！构思多么深刻，透辟和值得惊赞啊！表现多么宏伟啊！构图设计多么大胆啊！有时又听到另样的欢呼声：着色的手法多么高妙绝伦啊！这种评判上的分歧的根源在于绘画概念本身，人们甚至可以说，这两方面是无法在平均发展中统一起来的，每一方面都必须是本身独立的。因为绘画所用的表现手段既有单纯的形状，即有空间界限的形式，也有颜色；由于具有这种性格，绘画处在造型艺术理想和直接现实中特殊现象这两极端之间，因此就出现两种绘画，一种是理想的，要表现的是普遍性，另一种却要按照特殊细节表现个别的东西。

1）**第一**，从这个观点来看，绘画也像雕刻一样，首先采用具有实体性的题材，例如宗教信仰，伟大的历史事迹和杰出的个别人物，不过绘画把这种具有实体性的题材表现于内在主体性的形式。这里的重点摆在宏伟风格，所描述的动作情节的严肃以及其中所表现的心情的深刻，所以绘画所特有的一切丰富的艺术手段的锤炼和运用，以及运用这种手段所要求的熟练技巧，就不能充分发挥它们的作用。在这里内容意蕴的重要性以及对内容中实体性和本质性的东西的全神贯注就要把上述单纯的绘画艺术的本领作为较次要的因素而挤到后面去。例如拉斐尔的一些卡通画在这方面就具有无可估计的价值，显出了构思方面的全部优越性，尽管拉斐尔在他的一些脱稿的作品①里，在素描，既是理想的而又是生动的人

① 或完成的画，有别于上文的卡通画或大轮廓的不着色的画稿。

物形象的纯洁性，布局和着色等方面也达到大画师的水平，但是在着色和描绘自然风景等方面毕竟赶不上荷兰的大画师们。他更赶不上较早期的意大利画师们，比起他们，拉斐尔在表现的深刻，雄强和亲切方面就稍逊一筹，尽管在绘画技巧，布局的生动优美以及素描等方面，他却超过了他的前辈①。

2）但是另一方面，像上文已经说过的，绘画却不能停留在这种对主体性的丰富内容及其无限性的全神贯注上面，它还要使本来像只构成附属品，环境和背景的个别特殊事物保持它们的独立自由。在这种由最深刻的严肃性的题材转到外在界特殊具体的现象的前进过程中，绘画必然要走到专注意单纯外在现象的极端，以至内容变成无足轻重的，而表现事物外貌的艺术手腕却成为兴趣的中心。这里我们就看到天空，时节和树林光彩的瞬息万变的景象，云霞、波涛、江湖等的光和反光，杯中酒所放出的闪烁的光影，眼光的流动以及一瞬间的神色和笑容之类用最高的艺术手腕凝定下来了。绘画在这里从理想性向前跨到生动的现实，用精工细作的方式把其中现象所产生的效果丝毫不走样地描绘出来。这里所需要的不是单纯的施工方面的勤勉而是精神方面的努力，只有精神方面的努力才能把每一个别细节都画成本身完美的，同时又使整体融贯和谐，这就需要最高明的艺术。在这种作品里，在表现现实事物外表中所获得到的生动性显得变成一种比理想更高的目的或使命，所以没有哪一种艺术比绘画这门艺术引起更多的关于理

① 黑格尔举拉斐尔为例说明在绘画中内容的深刻比技巧的娴熟更为重要，所以他的脱稿的作品，不如他的卡通画或素描，而他的全部作品比不上荷兰的和早期意大利的大师们。

想和自然的争论,前此我已有机会较详细地谈到这一点。人们当然可以指责这样把一切艺术手段运用于微细的题材是一种浪费;不过绘画也不应排除这种题材,只有这种题材才宜于受到这种艺术的处理,从而提供事物外貌方面的无限微妙精致的东西。

3)但是艺术处理方式并不停留在这种比较一般性的矛盾对立上,而是要走到进一步的特殊具体化和个别化,因为绘画本来要依据主体性和特殊性的原则。建筑和雕刻固然也显出民族的差异,特别在雕刻方面可以看出某些派别和某些个别雕刻家所具有的较明确的个性,但是在绘画的表现方式方面,这种多样性和主体性伸展到广阔不可测量的程度,因为绘画所能采用的题材是不能事先加以限制的。特别是在这方面各民族、各地区、各时代乃至各个人的特殊精神都能发挥作用,不但影响到题材的选择和构思的精神,而且也影响到素描,组合,着色,用笔,某些颜色的处理,乃至主体的特殊风格和创作习惯。

因为绘画的目的方向本来就不受限制地深入内心方面和特殊细节,所以很难就它的一般性的原则说出很确定的话。不过我们也不能满足于我在上文就内容、材料和艺术处理的原则所作的阐明,还要就一些有深刻意义的特殊方面进行较详尽的研究,尽管我们要把大量复杂的经验资料抛开不谈。

2. 绘画的一些特殊的定性

根据上述观点,我们还须较上文更明确地指出绘画的特点,所涉及的有内容和材料及其表现方式三方面。

第一，关于**内容**，我们固然已把浪漫型艺术的内容意蕴看作绘画的适合题材，不过我们还要进一步追问在浪漫型艺术的丰富宝藏里究竟哪一部分才最适宜于绘画式的表现。

其次，我们已认识到感性材料的**原则**了，现在就要进一步确定哪些形式才便于用颜色来表现在平面上，因为人类形状以及其它自然事物应该由绘画表现出来，目的在于显出精神方面内在的东西。

第三，我们也同样要追问绘画的艺术的构思和表现有什么特性，才使得它能以不同的方式去适应不同的内容，从而产生一些特殊**种类**的绘画。

a）浪漫型的内容

我在前文已经提到古代人中间也有过卓越的画家，同时也说过绘画只有通过在浪漫型艺术中显得活跃的那种观照和感受的方式，才能实现它的使命。从内容方面来看，这种看法似乎和这样一个情况发生矛盾：正是当基督教绘画的鼎盛时期，正是在拉斐尔、考列基俄和吕邦斯这些大画师的时代，神话题材也常被利用于绘画，有时用作本身独立的题材，有时用来装饰，或以寓意的方式描述伟大事迹，胜利和王室婚礼之类。在近代也有类似的情况。例如歌德就曾借用斐罗特屈拉图斯[①]对泡立格诺特的一些画的描述，用诗的构思方式使这些题材旧样翻新，便于画家去采用。但是在这

① 斐罗斯屈拉图斯（Philostratus），公元3世纪希腊学者，他的《阿波罗琉斯的传记》描绘了一些古代名画。泡立格诺特（Polygnot）是公元前5世纪雅典名画家，常取材于荷马史诗。

种借用古代题材的建议中，如果还要求按照古代人的那种特殊的意义和精神去理解和表现希腊神话和传说中的题材，乃至罗马世界的一些场面(法国人在他们的某一时代的绘画里曾显得对罗马场面有很深的偏好)，我们就不得不这样概括地反驳说：过去的事物是无法使其复活的，古代的精神特点并不完全符合绘画的原则。所以画家在运用这类题材时必须把它们改造为另样的东西，放进去和古代人自己所放进去的完全不同的精神，情感和观照事物的方式，这样才可以使这种题材内容和当前绘画的真正的任务和目的协调一致①。正因为这个缘故，古代题材和情境的体系在大体上并不是绘画在连贯的发展中所形成的体系，毋宁说，这个体系对绘画是一种性不相近的因素，在本质上就须先加以改造或抛弃。因为像我已屡次提到的，绘画所应采用的题材主要是可以通过外在形状来表现的东西，在这一点上它与雕刻、音乐和诗都迥不相同。这种题材是沉浸在自己的内心生活中的精神，这是雕刻所无法表现的，至于音乐也不能用外在形象来表现内心世界的现象，而诗对肉体方面所提供的外在形象也只能是不完全的。绘画却能把这两方面结合在一起，可以用外在的东西把内在的东西完全表现出来；因此绘画所应采用的基本内容既要有丰富的深刻情感，又要有对人物性格和性格特征方面刻画很深的个别特殊因素；既要有对一般内容的亲切情感，又要有对个别特殊因素的亲切情感，而用来表现这两种亲切情感的具体事迹，情况和情境必须显得不只是说明个别人物性格，而是应使个别特殊因素显得是深深地铭刻到，

① 黑格尔在这里用绘画来说明各时代有各时代的特殊精神和思想情感，艺术不能生吞活剥地借用古代题材，必须按今时的精神加以改造。

或则说，植根到，灵魂和面貌表情里，而且完全是从外界事物形状里吸收过来的。

一般地说，为着表现这种亲切情感并不要求古典型艺术中的那种理想的独立性和宏伟性，即不要求个性与精神生活中实体性因素以及肉体现象中的感性因素都紧密地协调一致。同时，为着表现心灵，单是自然本性的爽朗舒畅和希腊人的那种沉思中的欣喜也还不够，要见出精神生活的真正的深刻和亲切，灵魂就还必须把它的精神作用渗透到各种情感、力量和全部内心生活里去；它须克服过很多的困难，尝过痛苦，忍受过心灵方面的焦虑和哀伤，但是在这种分裂状态中须仍能镇定自持，从分裂中回到心灵与自身的统一。古代人在关于赫库勒斯的神话里固然也曾使我们看到一个英雄，他经历过许多艰难险阻之后，被提升到神的行列，享受沐神福的安静。但是他所完成的劳动只是一种体力劳动，而酬劳他的那种幸福也只是一种静止和休息；有一个古老的预言，说赫库勒斯作为希腊的最大英雄，将要消灭天神宙斯的统治，他却并没有实现这个预言。只有当人不仅征服了自然界的龙蛇，而且也克服了他自己胸中的龙蛇，克服了主体性中的内在的顽固性和脆弱性的时候，那些独立的神们的统治才会开始终止。只有这样，自然本性的爽朗舒畅才会变成较高的精神性的爽朗舒畅，这种精神先要经过完成一分为二[①]的否定过程，通过这种劳动，才挣得永无止境的满足。舒畅和幸福的情感须光荣化和明朗化[②]为神福。因为舒畅

① 即上文的“分裂”，指苦与乐对立后，乐更提高。下文“劳动”指否定过程。

② 据《新约》，基督临死前曾变形为神，“光荣化”和“明朗化”在宗教术语中即变形为神。

和幸福只见出主体与外在情况的一种带有偶然性的自然的协调;而在神福中,直接自然存在的那种幸福就已抛在后面,一切都来自沐神福的内在的东西。神福这种满足感是经过挣扎得来的,所以只有它才有存在的理由:它是一种胜利的欢乐,是灵魂在否定了感性的和有限的事物,因而也就否定了经常在埋伏着的忧虑之后所感到的欣慰;享神福的灵魂经历过斗争和苦难,但是它却战胜了苦难①。

1) 如果我们现在追问在这种内容中究竟什么才是真正的理想,答案就是:理想就是主体心灵和神的和解,神在显现为人时,他自己就已经历过这条苦痛的道路②。具有实体性的亲切情感只能是宗教的,亦即主体自己所感觉到的和平,但是主体如果感到真正的满足,他就必须聚精会神于它自身,打破了它的尘世的心,把自己提高到超然于自然的有限的存在之上,而且在这种提高之中,获得了一种带有普遍性的亲切情感,亦即自己与神一体的亲切情感,灵魂起意志要实现它自己,但是要凭一个具有特殊性的另一体:从此它就向神舍弃了自己,以便在神身上重新找到自己而感到喜悦。这就是爱的本质,就是真正的亲切情感,就是不带欲念的给精神带来和解,和平和神福的宗教性。这不是实际的生物性的爱所产生的那种享受和欢乐,而是不带情欲私念的,或则说,它是灵魂的一种向往。在这种爱里,从自然方面来看,爱就是一种死亡,一种毁灭,以至现实情况,即人与人之间的结合和关系,都变成一种容易

① 这一节借赫库勒斯的神话故事说明真正的幸福是斗争后的胜利感,征服龙蛇的譬喻含义颇深。

② 这里神指基督。

消逝的过眼云烟，按照它们实际存在的样子，在本质上就达不到完满或成熟，带有占时间的有限事物的缺陷；因而就有一种到彼岸的向上的希冀，这种向上的希冀就是对无希冀无欲念的爱。

就是这种爱的本质形成了一种充满灵魂的、内在的较高一层的理想，在绘画里代替了古代艺术的那种静穆的伟大和独立自足。古典理想的神们固然也不缺乏一点忧伤意味或一种宿命论的消极面，仿佛有一种冷酷的必然[①]在这些爽朗怡悦的形象上投上一层阴影，不过这些形象仍保持住对自己的独立的神性和自由，以及单纯的伟大雄强气魄的信心。但是古典神们的这种自由毕竟不是上文所说的来自灵魂对灵魂，精神对精神的关系。这种亲切情感点燃了当前出现在心灵中的神福的火焰，或一种爱，这种爱在苦难中和在最惨重的损失中不是仅仅有恃无恐或无动于衷，而是苦难愈深，它就从中获得愈深的爱的情感和对爱的信心；它在苦痛中显示出单凭自己的力量而且就在自己身上就得到了克服。与此相反，在古代理想的人物身上，我们固然看到除掉上文所说的那一点静默的忧伤意味以外，还有高尚的性格也露出痛苦的表情，例如尼俄伯和拉奥孔的雕像并没有沉没到哀怨和绝望里而是保持住他们的伟大雄强的精神气魄，但是这种保持毕竟是空洞的，灾难和痛苦仿佛是最后的[②]，表现的不是和解与欣慰而是一种冷静的忍让，在这种忍让中，当事人虽没有完全垮掉，却放弃了他原来所坚持的东西。没有什么低劣的东西遭到了粉碎；没有表现出忿怒、鄙夷或烦恼的心情；但是这种个性的崇高还只是一种顽强的镇静自持，一种

① “必然”指命运。
② 法译作：“他们没有越过灾难和痛苦。”

无所实现的听天由命，灵魂的高尚和苦痛显得还没有达到平衡或协调。只有浪漫型的宗教的爱才有神福和自由的表现。

爱这种协调和满足在性质上是精神性的、具体的，因为它是精神自觉到自己与另一体融为一体的感觉，所以所表现的内容如果须是完满的，就要求有两个方面，因为爱必然要有精神人格的双重化；它涉及两个独立的人身，而这两个人却都须自觉到彼此的统一。不过这种统一总是要和否定因素联在一起的。这就是说，爱是属于主体性的，而主体就是一颗独立自持的心，为着爱，就须抛开这颗独立自持的心，要舍弃自己，牺牲个人的独特性，就是这种牺牲形成爱里的感动人的因素，爱只有在抛舍或牺牲里才能活着，才能感觉到自己。所以一个人如果既抛弃自我而仍取回自我，在否定他的自为存在中终于肯定了他的自为存在，那么，在这种协调和最高幸福的感觉中毕竟还是一个否定的因素，即所感到的情绪不是对牺牲的感觉而更多地是侥幸得来的幸福感，因为他毕竟感到自己是独立的，只是自己与自己统一的。这种情绪就是对辩证矛盾的感觉，这个矛盾就在于既否定了个人人格而又维持住独立存在，这种矛盾在爱里出现，也永远只在爱里才得到解决。

关于这种亲切情感中的特殊的人的主体性，使人在其中享到天国幸福的那种爱就要超越出时间性的东西以及人物性格的特殊个性，使它们变成无足轻重的。我们前已说过，雕刻中各种神的理想就已互相转化；但是仍不脱离原始的直接的个性① 的内容和范围，所以这种个性仍然是艺术表现的基本形式。在神福的那种纯洁光辉里，个别特殊的东西却被否定或消除了，在神的面前凡人一

① 各种神未分化以前的那种原始神的个性。

律平等，或是毋宁说，虔敬使凡人实际上平等，所以要表现的就是上述那种爱的集中，那种爱并不需要幸福，也不需要这个或那个特殊对象。宗教的爱固然也需要一定的个别对象才能存在，而这些个别对象在爱这种情感之外还各有其它范围的生活，但是这里充满灵魂的亲切情感既然提供真正的理想的内容，它就不能在人物性格的特殊差异以及才能，情况和命运里找到它的外在表现和实际存在，而是要超越出这些特殊因素才可找到。如果现代人认为在教育中和在人对自己的要求中主要的事是重视各个人在性格上的差异，从此就得出这种结论：每个人应如何对待自己和受旁人的对待都各不相同，各有各的特点。这种看法就是和宗教的爱完全对立的，在宗教的爱里这类差异是要抛到后面去的。与此相反，在绘画里这种个性特征，正因为它是非本质的，不和爱的精神天国完全融合在一起的却获得了较明确的定性。按照浪漫型艺术的原则，这种个性特征变成自由的，它就更要显出特征的烙印，因此浪漫型绘画不把古典型的美，即由精神的宗教的内容意蕴完全渗透到直接的、生动的、有限的、个别特殊事物中去的那种表现方式，作为它的最高的法则。尽管如此，这种个性特征却并不因此就会干扰爱的亲切情感，而这种亲切情感也不会受到这种个性特征的束缚，而是已变成自由的，本身独立地形成了真正独立的精神理想。

所以在宗教领域里形成理想中心和基本内容的，像我们在讨论浪漫型艺术时已经分析过的，是在本身上就已得和解和满足的爱，这爱的对象在绘画里不能是一种单纯的精神的彼岸而必须是实际存在的人，因为绘画的任务就在于用实际的人体形式来表现

精神的内容意蕴。所以我们可以把神圣家族的爱,特别是圣母对圣婴的爱,看作绘画范围里的最适合理想的内容。但是这个中心的两边还有较广泛的题材,尽管从某些观点来看,对绘画并不完全适合。这些题材可以有如下的分类。

1a) 第一种题材是爱的对象本身处在单纯的普遍性和未经干扰的自己和自己的统一,即神处在他还未显现于现象的本身,亦即神作为父亲[①]。不过绘画如果要按照基督教观念来理解的作为父亲的神把他表现出来,却须克服一些很大的困难。神和人的父亲作为特殊的个体在艺术中已由宙斯尽量表现出来了。相形之下,基督教的作为父亲的神所缺乏的就是人的个性,而绘画只能在人的个性里再现出精神性的东西。因为单就他本身来看,作为父亲的神固然是具有最高威力、智慧等等的精神性的人格,但是他是无形象的,只是思想的一种抽象品。绘画却不能避免用拟人或人格化的办法,必然要让作为父亲的神具有人的形象。不管那人的形象多么带有普遍性,多么崇高,内心多么深刻,多么有威力,它毕竟不过是一个具有人的面貌,或多或少显得严肃的个体,这和作为父亲的神的观念毕竟不完全相称。在早期荷兰画家之中梵·爱克[②]为根特教堂祭坛所画的天父在这种题材的领域里可算是登峰造极了,可以和奥林普斯的天神像比美;但是不管它把永恒的静穆、崇高、雄强、尊严之类品质表现得多么完美(在构思和创作施工两方面都尽量做到深刻与宏伟了),它对于我们的观念来说毕竟还有不

① 即基督教的最高神或上帝。旧译“天父”,基督是上帝的儿子,圣灵凭依圣玛利而生基督,所以基督教神学有天父、圣灵和基督三位一体之说。

② 梵·爱克(Van Eyck),侯巴特和约翰兄弟二人,都是14世纪至15世纪荷兰名画家,根特教堂祭坛上的画共十二幅,由兄弟二人合作,一般称作《羔羊的顶礼》。

圆满之处。因为所表现出来的作为父亲的神同时是一个具有凡人面貌的个体，还只是作为儿子的基督，只有在他身上我们才看到这个凡人的个性具有一种神性，不像希腊的神们那样是由自由幻想所产生的形象，而是本质性的启示①，是主题和主要意义。

1b）所以爱的本质性的对象在绘画的表现里应是**基督**。在用基督为题材之中，绘画就走进人类领域，在基督之外还扩充到一个更广阔的范围，还要描绘玛利（圣母）、约瑟（玛利的丈夫）、约翰受洗者、门徒等等，乃至普通的人民，其中有皈依基督教的，也有呼吁要把基督钉死在十字架上，嘲笑他临刑时痛苦的。

上文所提到的困难在这里又出现了，这就是如何按照基督的**普遍性**来理解他和表现他，在半身像和肖像似的作品里就发生这个难题。我不得不供认，至少就我所见到的基督的头像来说，例如卡拉契②的作品，特别是原属梭勒收藏现归柏林博物馆的梵·爱克所画的那幅基督的头像③以及海姆林④的作品（藏在慕尼黑），对我都没有产生我所期待的那种满足。梵·爱克的作品在形式，额头，颜色和全局构思等方面固然很宏伟，但是口和眼两部分所表现的并不是什么超凡人的神情。它所产生的印象是僵硬的严肃，形式的定型和分发式之类又加深了这种印象。反之，如果这种头像在形状和表情上更近于个别的凡人，就会显得比较慈祥温和些，但在深刻和强烈效果方面就容易有所损失；至少是像我已经说过

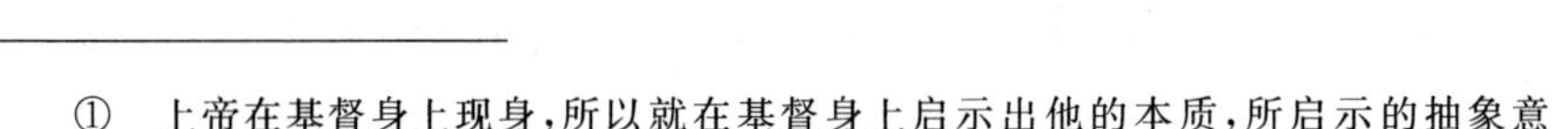

① 上帝在基督身上现身，所以就在基督身上启示出他的本质，所启示的抽象意义还没有真正体现于具体的形象。

② 卡拉契（Carracci，1560—1609），意大利画家。

③ 即上文提到的根特教堂祭坛上的那幅画。

④ 海姆林（Hemling），15 世纪比利时画家。

的,这类作品极不适宜于表现出希腊式的美。

因此,处在实际生活情境的基督较适宜于用作绘画的题材。但是在这方面也不要忽视一个本质性的差别。在基督的传记里一方面神所显出的人的主体性当然是一个主要因素:基督成为神们中的一员,但同时也是一个实际的人,是处在人群中的一个人,所以在人的显现方式或生活方式中的基督也可以描绘出来,就采用这种显现方式来表现精神的内在方面所能达到的程度来说。但是另一方面,基督并不只是一个个别的人,他完全就是神。在这种应从人的主体性中透露出神性的情况下,绘画就碰上了一种新的困难。内容意蕴的深度就开始占压倒优势了。因为在大多数情况下,例如在基督宣教的情况下,艺术所能做到的就只限于把基督表现为一个最高尚、最尊严、最有智慧的人,就像毕达哥拉斯或其他哲人被拉斐尔在《雅典的学校》那幅画里所描绘的那样。绘画克服这种困难的一个最好的办法就是拿基督的神性和他周围的人进行对比,显出他和一些有罪的、忏悔的、卑鄙恶劣的人之间的鲜明的对照;或则与此相反,通过描绘基督的崇拜者,这批人作为和基督平等的人,凭他们的崇拜,就把显现在面前的基督移到直接存在以外,因此,我们看到他被提升到精神的天国,同时获得一种印象,他不只作为神而且作为普通的、自然的,并非理想的形象而显现出来;而且作为精神,在本质上就在人类当中,在他的信士群众当中获得他的实际存在,在这批人的反映之中就表现出他的神性。但是我们不应把这种反映看作仿佛神在人类当中存在只是纯粹偶然的事件,或是只取外在的形态和表现方式,而是应把人的意识中的精神存在看作神的本质性的精神存在。在要把基督表现为人,为宣

教者，为复活者或是受到神化而上升到天国者的时候，上述表现方式就会特别合式。在这类情况中单凭绘画所用的手段如人的形状、颜色、面貌和眼神之类，是不能把基督的内容意蕴完全表现出来的。但是在这里最不适用的是古代的那些形式的美。特别是复活，神化和升天以及基督生平中一切有关他在受刑和死亡之后，放弃了个人的直接存在而回到他父亲（上帝）那里去的场面，就需要基督身上有一种较高的神性表现，而这是绘画所不能完全做到的，因为在这种情形之下绘画就须抛开它在表现中所必采用那个独特的手段，即表现于外在形象的人的主体性，就要用一种更纯洁的光辉来使这种主体性现形为神。

因此，基督生平中较适宜于绘画，较符合绘画目的的情境就是基督在他本身上还没有达到精神方面的成熟，或是当他的神性还显得在否定过程中受到阻挠和贬屈的那种情境，也就是基督处在童年时代以及受刑时的情境。

基督是婴儿这一事实一方面就已明确地表现出他在宗教中的意义：他是神变成了人，所以就要经历人的发展所应有的一些阶段；但是另一方面他被表现为婴儿这一事实也说明他在这时如果要能把他的全部本质都显示出来，这就是一件在物质上不可能的事。在这里绘画有一种不可估计的大便利：它能使婴儿的天真纯洁吐露出一种精神方面的崇高和伟大，这种崇高和伟大时而通过这种对比就已获得一种威力，时而正因为这些品质属于一个婴儿，就不能要求像基督作为成年人、宣教者和世界审判者时所表现的那样深刻，那样庄严。拉斐尔所画的一些婴儿基督作品，特别是竺来希敦博物馆所藏的他替罗马什斯图斯小礼拜堂所画的那幅圣母像①,就是婴儿性格的最美的表现,但是这里也显示出一种越出单纯的婴儿天真的倾向,即使人从这个年幼的躯壳里见出神性的东西,又使人揣测到这种神性走向无限中所启示的日益深广的发展,而同时又想到他既然还是婴儿,这种启示还不完全,也是理所当然的。至于梵·爱克所画的一些圣母像却不然,在每幅里圣婴像都是最不成功的,大部分很呆板,露出新出世的婴儿在形体上的缺陷。有人在这些像里见出寓意的意图:有意不把这些像画得美,因为值得崇拜的不是婴儿基督的美而是作为基督(救世主)的基督。但是这种看法并不符合艺术原则,在这方面拉斐尔的圣婴像,作为艺术作品,就远远胜过梵·爱克所画的。

对基督临刑故事的描绘也同样很合式,例如基督受嘲笑,戴荆棘冠,“瞧,这是什么人!”②背十字架,钉死在十字架上,尸体从十字架上取下,埋葬之类情节。因为这里提供内容的正是神性,这神性不是处在胜利而是处在它的无限威力和智慧受到屈辱的场合里。这种内容不仅是艺术一般所能描绘的,而且构思的独创性在这种内容里也有广阔的发挥作用的场所,不至流于离奇的幻想。是神作为人而处在人的局限里在受苦难;所以他所受的痛苦显得不仅是人类命运所引起的人类痛苦,而是一种大得无比的痛苦,一种对无限否定的情感,尽管作为主体的情感而体现于人的形象,不过因为受苦难的是神,他的痛苦终于和缓下去,不至流于绝望,歪

① 什斯图斯小教堂的圣母像,画的是圣母抱圣婴,右边跪着圣巴巴拉(女圣徒,在罗马皇帝迫害基督教中殉难),左边站着教皇什斯图斯二世(也在公元3世纪中叶殉难),都在祈祷。此外还有一些天使。

② 基督受审和临刑经过,详见《新约》各《福音》(例如《马太福音》第二十七章)。这句话拉丁原文是Ecce Homo,是基督戴荆棘冠时审判官彼拉多向犹太群众说的一句话。

曲形象和恐怖。这种灵魂痛苦的表现是一种完全新的独创,特别在一些意大利画师的作品中是如此。这种痛苦只在面孔下部表现为一种严肃的神情,不像在拉奥孔雕像身上表现为筋肉的抽搐,可以使人想到他在痛苦哀号;只是在眼睛和前额上才仿佛见出灵魂痛苦的波涛在翻腾起伏,表现深心隐痛的汗珠流出来了,但是汗珠只出现在前额上,额上的基本特征是固定不动的额骨,在这里鼻、眼和额都会合在一起,正是内心活动和精神性集中流露的地方,在这里只有皮肤和筋肉的几条皱纹(额上的皮肤和筋肉本来不可能有很大的抽搐或歪曲),就把这种痛苦表现出来了。这里我特别想起来斯汉姆画馆里所藏的一幅头像,作者(我想是癸多·冉尼[①],当然还有其他的画家也用过同样的方法)发见了一种完全独特的彩色,不是凡人的肤色。这些画家们想把精神黑夜的罩幕揭开,造出一种彩色,正足以最恰当地表达出这种精神上的狂风暴雨和乌云,而这种风暴和乌云又只严格地局限于神的青铜般的额部。

但是我在上文已把在本身上获得满足的爱看到绘画的最完善的题材,这种爱的对象不只是一种精神上的彼岸,而是实际存在的,所以我们可以从摆在目前的爱的对象里看出爱本身。这种爱的最高也最独特的形式是玛利对基督的母爱,这位产生了救世主,把他抱在怀里的唯一的母亲的爱。这是最美的内容,够得上表现这种内容的是一般的基督教的艺术,特别是宗教范围里的绘画。

对神的爱,说得更精确些,对坐在上帝右边的基督的爱,纯粹是精神的爱;它的对象只有灵魂的眼睛才可以看见,所以这里不发

---

① Guido Rheni(1575—1642),意大利画家,他的耶稣头像是杰作之一,他特别擅长着色。

生通常爱所有的那种成双成对的现象,也没有一种自然本能的纽带一开始就把相爱的双方系在一起。与此相反,每种其它形式的爱有时是偶然互相倾心,有时相爱的双方,例如兄弟与姊妹或父与子,除爱的关系以外,还有其它应关心的事务。父兄还要关心世界、国家、职业、战争之类一般性的目的,而姊妹还要做妻子、做母亲等等。但是母爱却既不是偶然的,也不是一个纯然孤立的因素,而是母亲的最高的世俗使命,其中自然本能的倾向和最神圣的职责紧密地结合在一起。但是在通常的母爱里母亲在儿子身上同时见到丈夫,感到对丈夫的衷心契合,在玛利对婴儿基督的关系中却没有这种情况。因为她的爱和一般女人对丈夫的爱毫无共同之处;反之,她对丈夫约瑟的关系更多的是兄妹的关系,而约瑟那方面则对神和玛利所生的圣婴感到一种神秘的崇敬。所以宗教的爱在采取最完满最热烈的人与人之间爱的形式时,不是表现于蒙难的、复活的或滞留在朋友们中间的基督,而是表现于女人的情感方面的本性,表现于玛利。她的全部心灵和全部生活都集中在对圣婴的人类爱上(她把他叫做她的儿子),同时集中在对神(她感到自己和神是一体)的崇敬和爱上。在神的面前她感到卑微,但同时也感到自己在一切少女之中是唯一的沐神福者的无限幸福;她不是本身独立的,而是只有在她的婴儿身上、在神身上,她才达到完满,但是无论是在婴儿的摇篮旁,还是作为天后,她在圣婴或神身上,她都只感到满足和幸福而不带情欲和希冀,除掉享受和保持她已有的东西之外,别无需要和目的。

这种爱的表现从宗教内容方面得到广阔的发展,例如天使预告基督降生、圣母访问、基督降生、逃向埃及之类就属于这个范围。

此外还加上追随基督的那些门徒和妇女的生平经历，这批人的对神的爱多少是他们与神之间的一种私人关系，他们爱这位现在目前的活的救世主，这位救世主是在他们中间走动的一个实实在在的人。天使们的爱也属于这一类，这些天使们在基督降生以及许多其它场合围绕着基督飞舞，表现出严肃的虔敬或是单纯的欢乐。在处理这一切题材时，绘画特别能表现出宗教爱中的心境和平与完全的心满意足。

但是这种心境和平也会转到最深沉的哀痛，玛利亲眼看到基督背十字架，看到他在十字架上受苦和死亡，看到他被从十字架上取下，埋到坟墓里，没有哪一种痛苦比她的痛苦还更深了。但是她的这种哀伤的真正内容既不是这种痛苦的强烈，损失的沉重，也不是对必然灾难的忍受或对不公正的命运的怨恨，所以拿她的痛苦和尼俄伯的痛苦来进行对比，就可以见出她的这种痛苦的特点。尼俄伯也丧失了她所有的儿女，却仍保持着纯粹的崇高和未经亏损的美。在她的痛苦里她还保持住的是这位不幸者的自然存在方面，也就是构成她的全部实际存在的那种已变成自然的美；这种实际的个性还保持着它原有的美。但是她的内心世界，她的心，既然丧失了她的爱，也就是她的灵魂的全部意义，她的个性和美就只能变成顽石了。[①] 玛利的痛苦却完全不同。她感觉到一直刺透她的灵魂中心的那把剑，她的心碎了，但是她却没有化成顽石。她不只是**怀着**爱，她的全部内心生活**就是**爱，就是那自由而具体的热情，

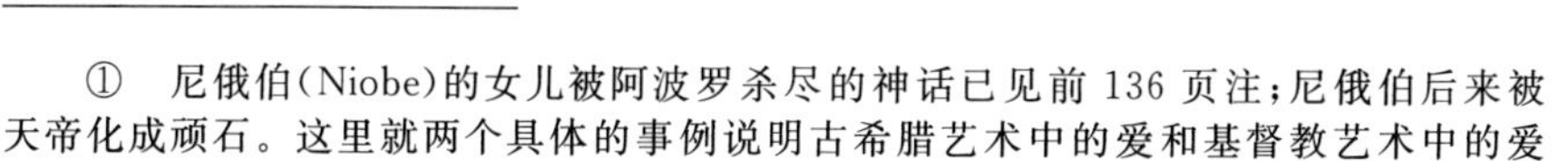

① 尼俄伯(Niobe)的女儿被阿波罗杀尽的神话已见前136页注；尼俄伯后来被天帝化成顽石。这里就两个具体的事例说明古希腊艺术中的爱和基督教艺术中的爱之间的差别。

这爱虽丧失了它的对象,却仍保持住它的绝对内容,就在爱的对象的丧失本身之中,她仍处在爱的心境和平中。她的心碎了;但是她心里那具有实体性的东西,即她的心灵的内容,亦即透过她的灵魂苦痛而仍放出不朽生命的光辉的那种东西,却是一种无比崇高的东西,是灵魂的活生生的美——这与抽象的实体是相反的,抽象实体的肉体方面的观念性的存在,在灵魂的美丧失之后还没有腐朽,却要化成顽石。

最后,有关玛利的还有一个题材,就是她的死和她的升天。玛利临死时恢复了她的青春美,把这个题材画得很美的要推斯柯越尔①。这位画师把玛利画成在外表上表现出患睡行症,断了气,僵硬了,眼睛瞎了的样子,但同时又表现出她的精神仍透过这些外表现象而显得很透明,仿佛安居在另一个地方,享着神福。

1c) 第三,属于神在他自己和他的亲信们的生活,苦难和光荣化中的实际存在这个题材范围的还有人类,即把神或神的历史中某一特殊行动作为自己的爱的对象的那种主体的意识,这种主体意识所保持的不是任何时间性的有限内容,而是绝对内容。这里须指出的有三要素,即清静的虔敬、忏悔和皈依(或改邪归正)(这二者无论在外表方面还是在内心方面都是神的蒙难史在人身上的复演)以及第三要素即净化中的光荣化(神化)和神福。

第一,就单纯的虔敬来说,它主要地替祈祷提供内容。这种情境一方面是卑微感,自我牺牲,在另一体上寻求心境和平;另一方面不是祈求而是祈祷。祈求和祈祷当然是密切相联的,因为祈祷

① 斯柯越尔(Scorel),16世纪荷兰画家,担任过梵蒂冈好景亭艺术馆的馆长,最早一个受到意大利影响的荷兰宗教画家。

也可以是一种祈求。不过真正的祈求是我为我自己而想要一种东西，旁人拥有对我很重要的东西，我向他央求，想他喜欢我，想软化他的心，引起他对我的爱，唤醒他和我同一的情感；但是我在祈求中所感到的却是想要得到某种东西，旁人要把它丧失掉，我才能得到；旁人应该爱我，我爱自己的私心才得到满足，我的福利才得到进展。我在这场交易中自己却不给出什么，只许下一个愿，让旁人将来对我有所祈求。祈祷并不是这样；它是心向绝对的一种提高，而这绝对本身在本质上就是爱并不单独为它自己而拥有什么；虔敬本身就是应允，祈求本身就是神福。[①] 因为尽管祈祷也可以包含对某种特殊的东西的祈求，这种特殊的东西却不是真正要表现的东西，是表现的本质性的东西是一种信念，相信有求必应，所谓“应”不是“应”在这件特殊的东西上，而是“应”在一般事物上，这是绝对的信念，相信神会分配给我对我最有益的东西。在这个意义上祈祷本身就是满足，就是享受，就是对永恒的爱的明确的感情和意识，这永恒的爱不仅作为起光荣化作用的光辉，把形象和情境照得透亮，而且它本身就构成情境，构成待表现的和实际存在的事物。例如在已经提到的拉斐尔的那幅画里，教皇什斯图斯所表现的就是这种祈祷的情境，圣巴巴拉也是如此；此外还有许多绘画，描绘使徒和圣徒，例如圣佛朗什斯克，在十字架下祈祷，这里选作虔诚祈祷内容的不是基督的痛苦，也不是门徒们的灰心丧气，怀疑和绝望，而是对神的爱和崇敬。这种情况特别表现在早期最古的画里一些人物身上，他们的面孔显出他们生平曾饱经患难（在画中

① 法译作：“虔教本身变成对这种绝对的皈依，而祈求本身则表现这种皈依所带来的神福”，不很符合原文。

是以真实人物造像的方式来处理的),而他们的灵魂却显得是虔敬的,使人感觉到他们的祈祷不只是暂时的任务,而是像圣徒们一样,他们毕生中的生活、思想、希冀和意志都是虔敬的表现,这种表现尽管是用真实人物造像的方式描绘出来的,中心内容却只是上述那种信念和爱的心境和平。但是在较早期的德意志和荷兰的画家的作品里,情况却不如此。例如德国哥隆大教寺[①]里的那幅画的题材是国王们和哥隆地方施主们在祈祷,这种题材也常被梵·爱克派画家们采用。在这类作品里,祈祷者往往是些名公贵人,例如布瓦索越所收藏的,据说是出于梵·爱克的手笔的那幅名画里有两个国王已经有人断定为勃艮第公爵斐利普和查理"鲁莽汉"。从这些人物身上可以看出他们除掉祈祷以外还有其它事务,只是在礼拜日或举行弥撒礼的早晨才上大教寺来,此外就要照管其它世俗事务。特别是在荷兰和德意志的绘画里,施主们都是些虔诚的骑士和敬畏上帝的主妇带着他们的儿女。他们就像玛大走来走去,也关心到一些外界世俗琐事,而不像玛利那样选择最好的事来做[②]。他们的虔诚固然也不缺乏内心的热情,但不是爱的歌声,不是专心致志,而爱的歌声却不是一种单纯的振奋,一种祈求,或是对所得恩惠的感谢,而应该是唯一的生活,就像夜莺不歌唱就没有生活那样。

一般说来,在这类绘画中圣徒们和专心祷告者们与教会中一

① 哥隆在普鲁士莱茵河畔,它的大教寺是中世纪哥特式建筑的代表作之一。勃艮第在法国东部,斐利普公爵是15世纪人物。查理是他的儿子。

② 见《新约》《路加福音》第十章:基督走进一个村庄,玛大把他接到家里,她的妹子玛利在听他讲道,玛大请求基督让玛利帮她照料家务。基督说,"玛大,你操心的事太多了。但是应做的事只有一件,玛利选择了最好的事做,不能让她离开。"最好的事指专心听布道。

般虔诚的信士们之间在实际生活中的差别在于专心祈祷者们，特别是在意大利画里，在他们的虔敬中表现出内在方面与外在方面的完全一致。热烈的心情主要地显现在面孔形状上，面孔形状不表现任何与心情相反或不同的东西。这种协调一致在实际生活中并不是毫无例外的。例如一个啼哭的婴儿，特别是在刚啼哭的时候，面孔上往往现出一副怪相，引起我们发笑，这并非因为我们知道他的痛苦值不得流泪。老年人在要笑的时候，也会现出歪曲的面孔，因为他们的面孔本来太僵硬、干枯和铁板，不便于发出自然不勉强的笑或是友好的微笑。心情和感性形状之间这种不协调如果出现在虔敬的祈祷之中，就是绘画所应避免的，绘画必须显示内在方面与外在方面的和谐。在这方面最擅长的是意大利画家们，德意志和荷兰的画家们就较为逊色，因为他们用的是真实人物造像的方式。

我还要补充一点看法。这种出自灵魂的虔敬也不应表现为处在外在的或内心的烦恼之际所发出的绝望的呼吁，像在《旧约》《诗篇》和路德新教用的多数颂歌里那样，例如"像鹿号叫着找清水，我的灵魂也号叫着找您"，而是应像一种逐渐熔化（尽管不像尼姑们所表现的那么温柔），一种灵魂的抛舍以及对这种抛舍的享受，一种欣慰和功德圆满的感觉。因为信仰中的烦恼，心情的颓唐，永远处在挣扎和分裂的疑虑和绝望，永远不能断定自己是否有罪，忏悔是否真诚，恩赦是否无保留的那种患忧郁症的虔诚，这种还不能忘去主体自己的抛舍（他的烦恼就是证明）和浪漫型理想美是不相容的。虔敬毋宁表现于向天渴望着的眼光，不过艺术性较强，引起较高美感的是让眼光凝视一个目前存在此岸的祈祷对象，例如玛利、基督和圣徒之类。要让主要人物举眼看天看彼岸的办法来提高一幅画的精神意味,这是一件轻巧的事,太轻巧了,就像目前有些人引圣经来证明上帝和宗教是社会的基础或是证明随便哪一个论点,而不根据现实情况的道理那样。例如在癸多·冉尼的作品里,举眼望天已成为一种习套。再如慕尼黑所藏的那幅圣母升天图曾博得许多爱好者和艺术鉴赏家的最高的评价,其中神化过程的灿烂的光圈,灵魂沉浸和溶解在天国里的情况,以及升天中整个身体姿势,乃至颜色的鲜明美丽确实都能产生最好的效果;不过在我看来,如果圣母的眼光被描绘成充满着实际存在的爱和热情,凝视着怀里的圣婴,那就会和她的性格较相称。至于渴求,热望以及上述那种向天渴望着的眼光却更近于近代的感伤情调。

第二,出现在爱的精神性虔敬中也有消极方面。门徒、圣徒和殉道者们在外在(身体)方面和内心方面都不免要经历基督在临刑中所曾经历的那种痛苦的道路。

这种痛苦有时落在艺术领域的边缘上,绘画很容易越过这个边缘,如果它用肉体痛苦方面的阴森恐惧的情况例如活剥皮,活烧死,钉上十字架的苦刑作为它的内容。如果绘画不能放弃精神的理想,它就不应采用这类题材。这不只是因为把这类酷刑摆在眼前,对感官是不美的,也不是因为我们近代人神经脆弱,而是根据一个更高的理由,这就是绘画的要务不在描绘这种感性方面的东西。在绘画里应该感觉到的而且表现出的真正内容是精神的历史,是处在爱的苦痛中的灵魂,而不是某一主体所受到的直接的肉体的痛苦,对旁人苦难的痛心,或是对自己罪过的痛心。殉道者的在恐怖的酷刑之下的坚忍只是一种忍受肉体痛苦的坚忍,但是在精神性的理想里首要的是灵魂，灵魂的痛苦、爱的创伤、内心的忏悔、哀悼和悔恨。

就连在这种内心苦痛里也不能没有积极的方面。灵魂应确信人凭自己而且就自己身上实现的人与神的客观的和解，它所引以为苦恼的只是这种永恒的幸福[①]还要在它自己身上成为主体的。所以我们往往看到一些忏悔者，殉道者和僧侣尽管确信客观的和解，有时却为要抛弃一颗心而哀悼，有时既已抛弃了这颗心，还需要不断地重新完成上述和解，因而要不断地重新忏悔。

这里可以采取双重的出发点。第一，如果画家一开始就用一种会很轻易地应付生活和现实联系的生活爽朗、愉快、自由而坚决果断的人物性格作为基础，那么，随之而来的就会有形式[②]方面的自然高尚、秀雅、愉快、自由和优美。反之，如果他从一种倔强、傲慢、粗野、胸襟狭窄的人物性格出发，那么，就要用暴力来勉强加以克服，才能把精神从世俗感性事物的控制中拔出来，获得导致宗教的幸福[③]。随着这种倔强的人物性格就会出现较生硬的粗犷和强悍的形式，就会现出这种倔强性格所必然遭受的创伤的痕迹，形式方面的美就会消失。

第三，上述和解的积极方面，既来自痛苦的光荣化（神化）和来自忏悔的神福，也可以本身独立地用作绘画的内容，不过这种题材当然很容易产生偏差。

以上所说的就是浪漫型绘画用来作为基本内容的绝对精神理

① 即人与神的和解（统一）。
② 黑格尔用“形式”有时指“形状”。
③ 即上文人与神的和解。

想的一些主要方面。绘画中最成功最享盛誉的作品都要用这些材料,这类作品之所以不朽,就因为它们具有深刻的思想,如果在深刻思想之外再加上真实的表现,这类作品就会成为任何艺术家所能达到的最高成就,显出灵魂攀登到最高的神福,最热情最富于亲切的内心生活的境界。

在讨论过宗教范围的绘画以后,我们接着就要讨论一些其它领域的绘画。

2)与宗教范围相对立的是单就它本身来看,既无亲切情感又无神性的东西,这就是自然,特别就绘画来说,就是自然风景。我们前已界定了宗教题材的性质,说这类题材表现出灵魂的具有实体性的亲切情感,即爱在绝对中的自在[①]。但是亲切情感也可以还有另一种内容意蕴。它也可以在对它完全外在的东西里发见一种心情的共鸣(或回声),可以在客观事物里认出某些与精神有亲属关系的特点。山岳、树林、原谷、河流、草地、日光、月光以及群星灿烂的天空,如果单就它们直接呈现的样子来看,都不过作为山岳、溪流、日光等等而为人所认识,——但是第一,这些对象本身已有一种独立的旨趣,因为在它们上面显现出的是自然的自由生命,这就在也具有生命的主体心里产生一种契合感;其次,客观事物的某些特殊情境可以在心灵中唤起一种情调,而这种情调与自然的情调是对应的。人可以体会自然的生命以及自然对灵魂和心情所发出的声音,所以人也可以在自然里感到很亲切。阿卡第亚人[②]

---

① 人与神的统一所产生的幸福,绝对即指神。

② 希腊中北部山区的土著户,原先从事畜牧,林神潘恩(Pan)是他们特别崇拜的神。

曾提到一种叫潘恩的林神在黑暗的森林里使人起恐怖之感，与此相类似，自然风景中许多不同的境界，例如自然的温和爽朗，芬芳的寂静，明媚的春光，冬天的严寒，早晨的苏醒，夜晚的宁静之类，也契合人的某些心境。平静而深不可测的大海可能蕴藏着无穷的翻天覆地的威力，人的灵魂也有这种情况；反过来说，大海的咆哮翻腾，涌起狂风巨浪也可以引起灵魂的同情共鸣。这种亲切情感也可以用作绘画的题材。因此，构成绘画的真正内容的不是单按照它们的外在形状和并列关系来看的单纯的自然事物，如果是这样，绘画就会成为单纯的临摹；而是渗透到一切事物里去的自然界活泼的生命，正是这种生命的某些特殊情况与心灵中某些情调的同情共鸣才是绘画在描绘自然风景时所应生动鲜明地表现出来的。只有这种亲切的渗入①才是精神和心灵活跃的时机，才使自然在绘画里不只是用作背景而且也可以用作独立的内容。

3. 最后还有第三种亲切情感，它有时见于离开完整自然风景的生命，完全无意义的零散的对象上，也有时见于在我们看来仿佛不但是完全偶然的而且是卑微平凡的人类生活场面上。我在另一场合（卷一，203 页，209—213 页）已试图辩护这类题材是适合于艺术的。现在我只就绘画的观点就前已提出的看法作以下的一些补充。

绘画不仅要涉及内在的主体性，而且还要涉及本身经过特殊具体化的内心生活。这种内心生活，正因为它是特殊具体化的，就

① 原文是 innige Eingehn，意即把主体方面的内心活动渗透到自然事物里，体会到自然事物生活情况和姿态与主体的心情有契合之处。这个看法经过黑格尔的门徒费肖尔父子的发挥，就成为“移情说”。

不仅停留在宗教的绝对对象上,也不是从外在界只取自然条件以及它的一定的山水风景的性质作为内容,而是要贯串到人作为个别的主体所能感到兴趣的而且能从其中获得满足的一切事物里去。就连在表现宗教范围的题材时,艺术愈提高,它也就愈要把它的内容纳入尘世现实事物里去,使这内容具有尘世现实生活的完满性,因而使感性存在方面通过艺术成为主要的方面,而宗教虔敬方面的兴趣却成为次要的。因为在这里艺术也要担负一个任务,把理想充分体现在现实里,把原来脱离感官的东西变成可以用感性方式来表现的,并且把过去较远的场面中的对象转移到现在来,对这些对象加以人化。

总之,在这一阶段,成为绘画内容的是直接现实事物和日常环境中平凡琐屑的事物所表现的亲切情感。

3a) 如果要问这种原来贫乏或无足轻重的题材之中究竟有什么足以提供真正符合艺术的内容意蕴,回答就是:在这些题材里存在的和发挥效力的实体性因素,一般就是独立事物在极其繁复的各自特有的目的和旨趣中所见出的欣欣向荣的生气。人总是永远在直接现实中活着;他在每一瞬间的所作所为都是一件特殊个别的事,这件事之所以有辩护理由,因为每件事都是用全副精神来做的,尽管它是极其渺小的。这样,人就和这种个别特殊的事形成一体,他仿佛就只是为它而存在,因为他投进去了他的个性的全副力量。这种结合[①]就造成人与他在他的最切近的情境中的一切特殊活动之间的和谐,这种和谐也是一种亲切情感,在这里就使这种本

① 原文是 Verwachsensein,本义为伤口缝合,法译作"同一过程",指上文所说的人和他所做的每一件事同一。

身完满自足的存在具有独立性的美。所以在这类题材描绘中使人感到兴趣的不在对象本身，而在这种显出生气的灵魂，这种有生气的灵魂单凭它本身，不管它出现什么事物身上，就足以适合每一个心灵健康而自由的人的口味，对他成为一个同情和喜悦的对象。所以我们却不应使一种说法败坏我们的乐趣：这种说法要求我们应从所谓"妙肖自然"和"产生幻觉的摹仿自然"的角度来赞美这类艺术作品。这种要求表面上像是支持这类作品，而实际上它本身就只是一种幻觉，没有抓住要点。因为按照这种要求的欣赏只是根据一件艺术品和一件自然产品的比较，只求艺术描绘和原已存在的事物之间的一致，而其实这里的真正内容和艺术性却在于艺术家掌握住而且表现出所描绘的内容或事物和它本身的一致[①]，它是一种由灵魂渗透的现实事物。如果按照幻觉原则，丹涅[②]的人物画像（举例来说）就应该受到赞赏。这些画像固说得上是摹仿自然，但是其中绝大部分却缺乏至关重要的生气，只在描拟头发、皱纹之类小节上下功夫，所画出来的虽不是一具死尸，却也不是一个活人的面貌。

此外，如果我们认为这类平凡的题材值不得我们费高明的心思，因而让这种理解方面的成见降低我们对这类作品的欣赏，我们对内容所采取的态度就不符合艺术的实际情况所要求的。这就是说，照这样看，我们就只按照我们的需要、喜好、原来的教养以及其它方面的目的跟这类对象所发生的关系，来看待这类对象，换句话说，我们就按照这类对象的外在的目的性来看待它们，因而把我们

① 即事物本身的融贯完整。

② 丹涅（B. Denner，1685—1749），德国自然主义画家。

自己的生活目的方面的需要看作首要的东西,而对象本身的生气却被消除掉了,因为它的基本使命仿佛就是单纯的服务的工具,只要我们不利用它,它对我们就成为不关疼痒的。例如一线阳光透过开着的门射进我们走进去的那间房子,我们所游览的一个地区,一个缝衣的女子,一个在很勤快地做工作的侍女,我们看到时都可以漠不关心,因为我们的心思和兴趣不在这些对象的活动上面,因此在自言自语中或是跟旁人闲谈中,我们所面对的这些情境就没有什么可以引起我们思考和谈论的东西,或是我们偶然瞧它们一眼,也不过说句心不在焉的话,如“很有趣! 美! 丑!”之类。例如我们就抱这种态度去欣赏农民舞蹈的热闹,只是随随便便地瞧它一眼,或是瞧不起它就走开,因为我们是“一切粗野玩意儿的敌人”。我们对待日常相往来的或偶然碰到的人们的面相也是如此。我们的主体性和交际活动在这些场合总是在起作用。我们被迫要向这个人或那个人说这样或那样的话,要有事务跟他办,要对他采取一定的观点,想到他的这方面或那方面,从这种或那种情况去看他。按照我们对他的认识来和他谈话,有些话不说,怕得罪了他,有些事不提,怕他发生误会,总之,我们总是要想到他的历史经历,他的身份和地位以及我们对他的态度或和他要办的事务,我们不是和他处在一种完全实用的关系,就是对他漠不关心,毫不在意。

但是艺术在描绘这种生动的现实之中却要完全改变我们对对象的态度或观点,因为艺术须割断原来把我们和对象联系在一起的一切实用方面的牵涉,让我们完全从认识方面去对待这些对象;同时艺术也要消除漠不关心的情况,把我们的原来分散到其它事务的注意完全转移到所描绘的情境上去,因为我们须专心致志,才能欣赏这种情境，特别是雕刻，由于它侧重理想的创作方式，压根儿就打破我们和对象的实用方面的联系，雕刻作品显得根本不属于实用方面的现实。至于绘画却一方面把我们引到一个较接近我们的日常世界的现实情况里去，而另一方面却又割断把我们联系到这种现实情况的一切实用方面的线索，如牵挂，愿望和厌恶之类，以便引我们更接近对象，把它看作自有目的自有生命的事物。这种情况与许莱格尔先生关于匹格麦林的神话①所说的话恰恰相反，他认为这个故事说明由完美的艺术作品转向平凡生活，转向主体的欲望及其实际满足的过程，这种转向过程和艺术作品在我们和对象之间所设立的距离②恰恰相反，艺术作品通过这种距离才能把对象作为一种独立的生命和现象摆在我们眼前。

3b）艺术在这个领域里不仅使我们原来不认为本身具有独特性的内容重新获得它的被剥夺去的独立性，而且还能把这种原来在现实中不能长久留存，使我们惯于不单就它们本身来看的对象固定下来。自然在它的构造和流动的表现方面愈向高级发展，它也就愈类似一个只适应眼前片刻需要的戏剧演员③。关于这一点，我在前文已经提到艺术对现实的胜利在于艺术能把现实中最流动不居的东西凝定下来。在绘画里，这种使瞬间事物具有持久性的能力不仅见于把某些情境中暂时性的集中的生气表现凝定下来，而且见于抓住这种生气表现中瞬息万变的色调，使这种生气表

① 匹格麦林(Pygmalion)，希腊神话中的塞浦路斯国王，用象牙雕成一个美女，就爱上了这个雕像中的女人，因向女爱神祷告，请她把雕像转化成为活人。女爱神照办了，他就和这位美女结了婚，生了儿子。这个例子说明由艺术的欣赏态度转到实用的态度。

② 黑格尔的这个看法多少是后来德国美学界所流行的“距离说”的萌芽。

③ 随机应变，变化无常。

显现出魔术般的效果。

例如有一队骑马的人,其中全队的组合次第以及每个人的位置和情况在每一瞬里都可以有所改变。如果我们自己就是这队里的成员,我们就不会注意到这种改变所表现的生气而要经心完全另外的事:我们要上马、下马、打背包、吃、喝、休息、照顾马、喂马料、让马喝水。反之,如果我们只是寻常实际生活中的旁观者,我们就带着完全不同的兴趣看这个场面:我们就会想要知道这批人在干什么,他们是哪地方的人,他们的目的地是哪里以及如此等类的问题。至于画家却窥伺这个物态中流动不居,瞬息万变的人物活动,面孔表情和颜色现象,单是因为对它们所表现的生气感到兴趣,就把他们描绘给我们看,如果不用绘画凝定下来,这种生气就一去无踪。他的描绘之所以妙肖自然,主要是由颜色现象所引起的作用,这不是指颜色本身,而是指颜色的明暗之差和对象的显隐远近之差的幻变,对这方面我们在看艺术作品时通常不肯给以应得的注意,只有艺术才能使我们认识到这方面。此外,在这方面艺术家还利用自然事物的优点,深入到极个别特殊的细节,要求具体、明确和个性鲜明,要使所画的对象保持它们在最短暂的瞬间所现出的那种生动鲜明的个性,而且还不是单对知觉提供一些严格直接从自然临摹来的一些个别特殊细节,而是要对想象揭示一种明确的定性,其中同时还有普遍性在起作用。

3c) 这一阶段的绘画用作内容的题材在和宗教的题材相形之下愈是微不足道的,艺术创作的本领、观察、构思、创作施工、艺术家对他所要画的那个个别范围中的事物的深切体会,他在创作过程本身中所表现的灵魂和生气蓬勃的爱,也就愈成为兴趣的中心

而且也就是内容的一个组成部分。但是对象经过艺术家的手也不能变成和它在现实中本来有的或可能有的样子毫不相同。我们认为所看到的只是完全不同的或新的东西，这是因为我们在现实中从来不像画家那样仔细注意到这类情境和它们的色调变化的细节。不过画家在这些平凡的对象之上也确实增加了新的因素，这就是艺术家在把握和处理这些对象之中所表现的爱，聪明智慧和灵魂，因此他把他自己所特有的创作灵感灌注到他的作品里去，这就是一种新的生命。

以上就是关于绘画内容方面所应注意的一些基本观点。

b）感性材料的一些较明确的定性

接着要讨论的第二方面涉及感性材料为着适应既定的内容就必须具有的一些较明确的定性。

1. 这里第一个重要的因素是线形透视。这个因素是必要的，因为绘画只可利用平面，不像古代雕刻中浮雕那样把人物并列地铺在同一透视水平上，而是不得不采用另一种表现方式，使画中各对象之间的距离在一切空间尺寸上都成为可以眼见的。因为绘画须把它所选的内容平铺开来使其中复杂的动态都展现在眼前，使人物与自然风景，建筑，房间的环境等等之间都现出雕刻在浮雕中所不能现出的那样高度复杂的关系。绘画既不能像雕刻那样表现出实际的距离，它就只得凭形似（外貌）来代表实在。在这方面首先要注意的是绘画要把它所能利用的一个平面划分为几个不同的，看得出彼此有距离的透视水平，因此画中各对象都获得一个靠近的前景和一个隔远的背景，这两个部分又通过中间部分而连接成一片。绘画把它的各种对象分布在这些不同的透视水平上。对象距离眼睛愈远，按照比例关系它们也就愈缩小，在自然本身中这种逐渐缩小的情况是服从可以用数学来测定的光学规律的。绘画也要服从这种规律，不过由于各种对象分布在一个平面上，运用这个规律的方式又有所不同。绘画有必要运用所谓线形的或数学的透视，道理就在此。不过详谈透视不是这里所应做的事。

2. **其次**，画中各对象不仅彼此前后有一定距离，而且具有不同的**形状**。这种显示出每一对象的特殊形状的特殊的界定空间的方式是**构图设计**方面的事。只有构图设计才能既界定对象彼此之间的距离，又界定各个对象的形状。构图设计的最重要的规律是形状和距离的**准确**，这当然还与精神的表现无关，而只涉及外表现象，因此也只构成外表方面的基础，不过在处理有机物的形状以及它们的复杂的动态时，表现因动态而产生的按照透视的缩小对绘画却是很难的事。就透视和构图设计这两方面都只涉及**形状**和形状的空间整体性来说，它们形成了绘画中的造型或雕刻的因素。由于绘画要用外在形状来表现最内在的精神，它对这种雕刻的因素既不能抛弃不用，而从另外的观点来看，又不能为它所限制住。因为绘画的真正的要务在于着色，所以真正的绘画中的形状和距离只有通过颜色的差异才能获得真正的充分表现。

3. 所以使画家成为画家的是色彩，是**着色**。我们固然也很乐意玩索素描，特别是速写，把它们看作是天才的主要标志，但是尽管素描和速写多么能富于创造和想象地在寥寥数笔中使内在的精神从仿佛是透明晶亮的形体包裹中吐露出来，绘画毕竟要**绘**，如果它不肯从所描绘对象抽去见出生动的个性和特殊性的感性因素。

这样说，并不是要否认像拉斐尔和阿尔伯列希特·杜勒[①]之类大画师的素描，特别是信手的素描，具有很大的价值。相反地我们承认，从某一方面看，正是这类信手的素描具有最高的兴趣，因为它们使我们看出一种奇迹，这就是全副精神仿佛直接贯注到手的灵巧上，使手极轻而易举地，不假探索尝试地在一霎时间的创作中就把艺术家的心灵中所含蓄的一切都揭示出来。例如杜勒在闵兴市图书馆所藏的《祈祷书》的书边上所作的素描就显出一种难以言传的精神性和自由；构思和表达仿佛就是一回事；至于面对着一幅绘成的作品，人们就不免有一种印象，觉得它是经过多次加工，尝试和修改才达到完善的。

尽管如此，绘画毕竟要通过颜色的运用，才能使丰富的心灵内容获得它的真正的生动表现。不过并不是一切画派对着色技艺的掌握都达到同样的高度，有一个很特别的现象，就是几乎只有威尼斯人，尤其是荷兰人，才特别擅长于着色。他们都住在海边低洼的陆地上，到处有沼泽，溪流和运河。就荷兰人来说，我们可以说他们之所以擅长着色，是由于他们经常面对着一种多云的地平线，所以心中老是想着一种灰色的背景，这种阴暗天气就使得他们对色调在光度、反光、深浅配合等方面的效果和复杂情况进行研究和把它们显示出来，并且把这种工作看作画艺的首要任务。同威尼斯和荷兰的绘画对比之下，意大利绘画，除掉几个人的作品之外，就显得枯燥冷淡，无润泽，无生气。

关于着色，应该特别提出的有下列最重要的几点。

① Albrect Dürer(1474—1528)文艺复兴时代德国最大的画家，素描家和版刻画家。

3a) 第一,一切颜色的抽象基础是明和暗。如果单是明暗的对立和配合在起作用而还没有加上颜色的差异,所显现出来的就还只是白色作为光而黑色作为阴影之间的对立以及二者的过渡转变和浓淡深浅之差,这些是素描的必不可少的组成因素,因为它们属于形体的真正的造形因素,靠它们才可以显示出对象的隆起,下陷和圆整以及所处的距离。我们在此可以趁便提到铜板雕镌的技术,这也是只涉及明暗之分的。除掉它所要求的精工细作之外,这种技术还有可珍贵的地方,那就是当它达到高度完善时,它可以把表达心智和印刷术的大量复印的效益结合在一起。不过铜板雕镌术并不像单纯的素描那样满足于只显出光和阴影,而是简直要和绘画竞赛,特别是在现代雕镌术发达的情况下,除掉借光度深浅去表示明暗之分以外,还要表现出起于局部色调的各种不同的明暗程度,例如铜板雕镌用这种光度可以显出白发与黑发之分。

但是在绘画里,像上文已经说过的,明暗只提供基础。不过这个基础也是极重要的,因为只有明暗之分才可以明确表现出形体作为感性的形体在向前与退后,圆整,以及它一般所特有的现象,这就是一般所谓塑形术。在这方面长于着色的大师们把最明的光和最暗的阴影的对比推到极端强烈的程度,专靠这一点来产生宏伟的效果。但是他们也不许这种对比显得生硬,要使各种深浅程度的转化和配合起丰富多彩的作用,要使一切既和谐一致,委婉流动,而又显出毫厘之差。如果没有这样的对比,整体就会呆板,因为只有某些部分较大程度的明暗才被突出,而其余却都被忽略了。特别是在内容丰富的布局里,所表现的各种对象彼此距离很远,尤其有必要用最暗的阴影,才能使光与阴影有较多的深浅程度之分。

光与阴影的进一步的明确化首先要靠画家所采用的**照明**方式。白天的光、晨光、午光和夜光、日光或月光，晴天或阴天的光，暴风雨中的光，烛光，室内的，从外面投进来的或是平均分布的光，总之，千变万化的照明方式在这里都会产生千变万化的差异。如果所描绘的动作是明显而又丰富的，而情境又是清醒意识所能清楚地辨认出来的，外在的光就处于较次要的地位；画家最好就用普通的白天的日光。假如他没有必要要产生戏剧性的生动效果，有意要突出某些人物和人物组合与另一些人物和人物组合之间的主次，他就无须运用适宜于分清这种主次的照明方式。所以古代的大画师们很少运用对比，特别很少运用特殊情况下的特殊的照明方式。他们这样做是正确的，因为他们所专心致志的是表现精神而不是追求感性显现方式的效果，在内在精神和内容意蕴占较大的比重时，他们就可以不管这类多少是外在的因素。但是如果画的是山水风景和日常生活中不重要的事物，照明就有完全不同的重要性。在这里就用得着追求人为的，往往也是艺术性的巨大的神奇的效果。例如在山水风景画里，一大片光亮部分和很浓的阴影部分的大胆的对比可以产生最好的效果，不过也容易流于矫揉造作的习套。与上述情况相反，在山水画的领域里，正是光的反射、放光和反光，这种奇妙的光的呼应，造成一种特别生动的明和暗的自由闪动，无论是画家还是观众对此都应该进行彻底的继续不断的研究。这种照明，无论是由艺术家从外界观察得来的还是由他自己心里想出来的可以只是一种变动不居，一纵即逝的闪现。但是所采用的照明不管变得多么快，多么不寻常，艺术家即使在处理最激烈的动作中也必须当心，要使整体在这种复杂情况中不至

显得动荡不宁,纷乱迷惘,而是既清楚而又和谐。

3b) 按照我们已经说过的道理,绘画却不能满足于纯然抽象的明和暗,而是要通过颜色的差别去表现明和暗。光和阴影必须是有颜色的。所以其次我们就要谈颜色本身。

第一点要谈的就是各种颜色互相对比时所显出的明和暗,因为各种颜色在它们相互的关系中可以起光和暗的作用,彼此可以互相衬托,减弱或损害。例如红色,尤其是黄色,处在同等深度时,就比蓝色较明亮。这种情况是由各种颜色本身的性质决定的,这一点近来曾由歌德加以正确的解释①。这就是说,在蓝色里主要因素是暗,暗通过一种较明亮的但不是完全透明的中介物,才显得是蓝的。例如天空本来是暗的,在最高的山顶上去看,就显得更暗;通过地面大气这种既透明而有些昏暗的中介物去看,天空才显得蓝,大气透明的程度愈低,天空也就显得愈明亮。黄色的情况却与此相反,这里是由本身独立的明通过一种让明仍可现出的昏暗而起作用,才现出黄色。例如烟就是这种昏暗的中介物;透过烟去看一件光亮的东西,它就微带黄色和红色。纯真的红色是一种活跃的基本的具体的颜色,其中互相对立的蓝色和黄色互相渗透在一起。青色也可以看作这样的结合,但是还没有结合成为具体的统一,只结合成为单纯的消除掉的差异,成为饱和的宁静的中和色。上述这几种颜色组成最纯粹,最简单的原始的基本颜色。所以我们从古代大画师们运用这些颜色的方式中可以找到一种象征

① 英译注:“这里几乎没有必要去指出,这段讨论由于根据歌德的错误的颜色学说,和牛顿的根据三棱镜的分析相反,并没有科学的价值,尽管具有历史的兴趣。天色蓝,是由于蓝色光线受到扣留。”

的意义，蓝色和红色的运用特别如此。蓝色符合较温和的、意味深长的、较宁静的东西和富于情感的体物入微，因为蓝色以暗为基本，而暗并不发出抵抗，而明却较多地起抵抗和生产的作用，它是生动爽朗的。红色则符合带有丈夫气，统治地位和帝王威风的东西；青色则符合带有冷漠态度的中性的东西。例如圣母玛利就往往按照这种象征方式，在被描绘为天后登上宝座时就穿上红袍，在被描绘为母亲时就穿上蓝袍。

一切其它无限复杂的颜色都应看作上述几种颜色的变种，其中都可以认出上述那些基本颜色中的某种色调。在这个意义上，举例来说，就没有画家把紫色叫做一种颜色。这一切颜色在它们的相互对比中都可以显得较明或较暗，这是画家所必须仔细考虑的一种情况，如果他想抓住为对象塑型和布置距离时所必用的正确色调。这里就有一种特殊的困难。例如就面孔来说，嘴唇是红的，眉毛是暗的、黑的、棕色的或是尽管是金黄色的，比起嘴唇来，毕竟还要暗些；红色的腮也比主要是黄、棕或青的鼻子在颜色上较为明亮。这些部分可以按照它们的局部色调画得比塑型所要求的较明亮和较浓些。在雕刻里，甚至在素描里，这些部分却完全单凭形体的关系和照明去现出明和暗。画家却须按局部色调来画这些部分，局部色调就会破坏这种形体的关系。如果所画的对象彼此相距较远，这种情况就更明显。对于通常的视觉对象来说，判定事物形状和距离的是知解力，这种判定并不单根据颜色现象，还要根据许多其它情况。在绘画里却不然，摆在我们面前的只有颜色，而颜色单就它本身来说，会妨害单明和暗所要求的东西。这里画家的艺术本领就在于解决这种矛盾，要把各种颜色调配很恰当，使它

们无论在塑型的局部色调方面还是在其它关系方面都彼此不相妨害。只有同时考虑到这两点,对象的形状和颜色才能完满地表达出来。举例来说,试看荷兰画家用多么高明的艺术手腕把绸缎衣服的光彩以及衣褶等方面的复杂的反光和阴影的层次,乃至把银、金、铜、玻璃器皿和天鹅绒的闪光都描绘出来了;就连梵·艾克就已描绘过宝石,金线花边,珍宝首饰之类东西的色泽。用来显出金光的那些颜色本身并不是金属的,仔细一看,就只看出简单的黄色,本身并不那么光亮;整个的效果一方面来自突出形状,另一方面来自每一点色调上的细微差异都与相邻的色调相近似,转变得和缓。

其次,颜色的谐和是应研究的另一方面。

我在上文已经说过,各种颜色形成一种由事物本性划分开来的整体。在绘画里它们也应显现为这种整体,不应缺乏哪一种基本颜色,如果缺乏,就会失去整体感。在这种颜色体系方面特别令人感到很圆满的是较早的意大利和荷兰的画师们:在他们的绘画里我们看到蓝黄红青这四种颜色。这样的完整性就形成颜色谐和的基础。此外,各种颜色还必须配合得当,既现出它们在绘画上的对立,又现出这种对立的和解与消除,使眼睛看到,就感觉到一种平静与和解。造成这种对立面的对比以及和解的平静感的有时是配合的方式,有时是每种颜色的浓度。在较早期的绘画里特别是荷兰人才按照它们的纯洁状态和单纯的光彩去运用基本颜色,这样做的结果就是由于既有尖锐的对立,谐和就不易达到,但是如果达到,就很能悦目。不过在这样运用鲜明而有力的颜色之中,对象的性质以及表情的力量也就应该是鲜明而单纯的。色彩与内容的更高的谐和就在这里见出。例如画中主要人物就要用最显眼的颜色来画，他们在性格上，在全部仪表和表情方式上，都要显得比次要的人物较为宏伟，次要的人物只宜用复合的颜色去画。在自然风景里，纯粹的基本颜色的这种鲜明的对立就用得较少。但是在人物占主位，特别是在服装占住绝大部分地位的场面里，用上述那些较单纯的颜色也还是恰当的。在这种情况下，场面是由精神世界里取来的，其中无机物或自然环境应该显得比较抽象，不应照原状和盘托出，不应显出它在孤立时所起的作用，所以自然风景的复杂的色调以及它的富于细微差异的驳杂性用在这里就不很适宜。一般说来，用作人类活动的场面，自然风景比不上一间房子或一般建筑物那样完全适合，因为在露天里发生的情境在大体上照例不适合使全部内心生活作为本质的东西而显现出来的那些行动。但是如果把人表现在自然界里，那自然界也应只作为单纯的环境而发生效力。在这种表现里，如上文所说的，鲜明的颜色是特别用得着的，不过用起来要有胆量和魄力。甜美的，性格模糊的，柔媚悦人的面孔并不宜于用鲜明的颜色。面相方面的这种软弱的表情和苍白化（从画家孟斯[①]以来，人们把这看作理想的）如果用鲜明的颜色去表现，就会显得颓唐委靡。最近在我们德国人中间，已成为时髦的是平板无味的软弱的面孔装模作样，现出特别秀美悦人的、简朴的或宏伟的姿态。这种内在精神性格方面的漫无意义就导致颜色和色调方面的漫无意义，因此，一切颜色都变得模糊不清，苍白无力，一切细节都摆出，没有什么东西得到正当的突出。这当然也是一种颜色的谐和，往往很甜美，很能讨人宠爱，但是漫无意义。

① 孟斯（Mengs，1728—1779），德国画家。

在与此类似的意义下,歌德在翻译狄德罗的《画论》后所加的评论说过这一段话:"没有人承认一种软弱的着色比起一种强烈的着色较易调配得谐和;但是如果着色是强烈的,如果各种颜色都显得生动鲜明,眼睛当然就会更生动地感觉到谐和与不谐和的效果。反之,如果使各种颜色软化,在绘画里某些地方用明亮的色调,某些地方用混合的色调,另外一些地方又用浑浊的色调,人们就当然看不出这幅画究竟是谐和的还是不谐和的;无论如何,人们都会说,它是无力的,无意义的。"

但是达到的颜色的谐和,在着色方面并不算是达到了一切;要达到完满的效果,我们还要考虑到第三点,即一些其它因素。在这里我只准备提到所谓空气透视[1],肉色以及选用色彩的魔术这三个因素。

线形透视首先只涉及物体的线条和人眼的远近距离所产生的差异。不过形体的这种改变和缩小并不是绘画所要摹仿的唯一因素。在现实界里一切事物都由于空气(对象与对象之间的空气,乃至同一对象的不同部分之间的空气)而产生着色方面的差异。正是这种仿佛随距离渐远而渐蒸发掉的色调形成了空气透视,因为通过空气透视,所描绘的各对象部分地在它们的轮廓形态上,部分地在它们的明暗和着色上,受到了改变。人们通常以为凡是处在前景的离眼睛最近的东西就总是最明亮的,而处在背景的东西却总是较昏暗的,但是事实却正与此相反。前景既是最昏暗的,又是最明亮的,这就是说,光与阴影的对比在近的地方显得最强烈,而

---

① 用大小差别表示远近距离,叫做"线形透视",用浓淡差别表示远近距离,叫做"空气透视"。

轮廓也显得最明确；反之，对象离眼睛愈远，它们在形体上也就变得愈无颜色，愈不明确，因为光与阴影的对比就逐渐消失，直到整体消失在一种明亮的灰色里。不过在这方面不同的照明方式导致最变化多方的冲淡方式。特别在自然风景画里空气透视最为重要，在一切描绘广阔空间的其它种类的绘画里也是如此。在这方面长于着色的大画师们也产生出魔术似的效果。

其次，着色方面最大的困难，色彩的理想和高峰，却在于**肉色**，即人类的皮肉的色调。它把一切其它颜色都奇妙地结合在一起，却不使哪一种颜色独立地突出。青年人的健康的腮帮上的红色当然是纯洁的红，不搀杂一丝蓝色、紫色或黄色；但是这种红色毕竟只是一种飘忽的红晕，或则毋宁说，一霎时的闪光，它是从内心里流露出来的，随后就不知不觉地消失在肉的其它色调里。但是肉色是一切基本颜色的理想的互相渗透。透过皮肤的透明的黄色，动脉的红色和静脉的蓝色就显现出来。在光和暗之外，在其它复杂的发光和反光之外，还要加上灰色、棕色乃至于青色的色调，这一切乍看起来像顶不自然，但是仍然可以有它们的正确性和真正的效果。这些色调的互相渗透完全没有闪光，也就是说，它们不受本身以外事物的反光的影响，而是从本身内部得到灵魂和生气的。对于艺术表现来说，正是这种从内心澈照出来的东西特别是最大的难题。我们可以拿它来比夕照下的海，我们从这种海里既可以看出它所反映出来的各种形体，又可以看出水的晶莹的深渊和本有特性。反之，金属物的闪光固然既放光而又反光，宝石固然既透明而又闪烁，但是二者都不像肉色那样由各种颜色互相渗透而成的，绸缎之类的光泽也是如此。动物的皮肤和羽毛之类的颜

色也是最多种多样的,但是在一些特定的部分各有直接的独立的颜色,所以它们的复杂性更多地是不同的表面和平面所造成的,而不是像肉色那样由不同的色调的点和线互相交织在一起的。和肉色最相近的莫过于透明的葡萄所现出各种颜色的互映增辉,以及玫瑰花的奇妙的透明的各种色调的浓淡关系。但是这二者都见不出肉色所必有的那种由内心灌注生气的光彩。肉色的这种没有闪光的灵魂的芳香正是绘画所遇到的最大难题。因为这种来自主体内心的气韵生动不是可以作为物质性的颜色或是作为颜色的点和线之类运移到皮面上去的,而是要本身显现为气韵生动的整体:要像天空的碧蓝,既深远而又透明,对于眼睛不应是一种引起抵抗的表面,而是让我们可以沉浸进去的。在歌德所译的《画论》里,狄德罗关于这一点就已说过这样的话:“一个画家如果获得了肉的感觉,他就算已经走得很远,其余一切就微不足道。成千的画家死去了,都不曾感觉到肉;还会有成千的画家没有感觉到肉就要死去。”

至于能使这种透明肉色的气韵生动表达出来的材料或媒介,简单说来,最适合于达到这种效果的首先是油画、最不适合于产生这种互映增辉效果的是使用镶嵌玻璃的处理方式。这种方式虽有耐久的长处,但是由于它只能用一些有色的玻璃或宝石的细块嵌合在一起,来表现各种颜色深浅分寸,从来不能描绘出各种颜色的一种理想的互相融合和互相转化的妙处。壁画方式和用胶或蛋白调颜料的方式在这方面算是进了一大步。不过就壁画方式来说,颜料涂在湿膏泥面上须涂得很快,所以一方面须有最高度娴熟而稳实的画笔挥扫,另一方面须用大笔头一笔接着一笔地画,由于膏泥干得太快,不容许精修细补。用胶调颜料的方式情况也是如此。

这种方式固然可以画出较好的内部明晰和较美的浓淡配合，不过由于干得太快，也不易融合各色和精修细补，也须用明确的笔触绘成一种轮廓较鲜明的画面。油画方式却没有这些缺点，它不仅可以使各种颜色互相融合和渗透得很微妙，而且可以精修细补，使人不易察觉出由某一色调转化到另一色调的痕迹，或是说出某一种颜色从哪里出现，到哪里消失。我们看到的是各组成因素融合得很微妙，也处理得恰到好处，画面本身就像宝石那样放出光辉，而且通过透明的和不透明的色泽的微妙浓淡分寸，远比用膏调颜料的画法更能产生各种颜色层次的互映增辉的效果。

最后第三点要讨论的涉及色彩效果的芳香或魔术。这种色彩的魔术主要出现在这种情况下：对象的实体性和精神性仿佛已经渗透到着色方面的构思和处理中去而蒸发掉了。一般可以这样说，这种魔术在于把各种颜色处理得当，从而产生一种色彩现象方面的本身无目的的游戏，这是色彩的一种飘忽荡漾的顶峰；这也是各种色调的互相渗透，一种许多反光的照耀，这些反光在许多其它发光体中照耀着[①]，变得很精微，瞬息万变，生动热烈，以至开始越界到音乐的领域。从塑型的观点来看，这就需要处理明暗方面的高明本领，在这方面最擅长的在意大利人之中是里阿那多·达·芬奇[②]，尤其是考列基俄。他们用最浓的阴影，而这阴影却又透明，通过不知不觉的逐渐转变，升到最明亮的光。这样就显出最高度的圆整，没有什么地方见出生硬或界限，到处都是逐渐转变；光和阴

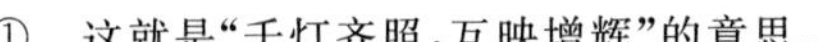

① 这就是“千灯齐照，互映增辉”的意思。

② 达·芬奇(Leonardo da Vinci，1452—1519)，文艺复兴时期意大利大画师之一，由壁画转到油画的试探者，也是一位有名的科学家和建筑工程师。

影不是直接作为光和阴影而起作用,而是互映增辉,就像是一种内在力量通过一种外在的东西在活动。颜色的处理就要有这样的本领才行,在这方面荷兰画家们也最擅长。由于这种理想性,这种互相渗透,这种返光和色泽的往复回旋,由于这种逐渐过渡的流动不居,于是在整体上,在明亮、闪光、浓度以及颜色的柔润的光辉各方面上,遍布着一种生气(或灵魂)灌注的光辉,这才是色彩的魔术,这属于艺术家所特有的精神,艺术家本人就是魔术师。

3c) 这就涉及我还要略加讨论的最后一点。

我们从线形透视出发,随后转到素描,最后讨论颜色;关于颜色,第一步是从塑型的观点去看光和阴影,第二步是讨论颜色本身,或则说得较确切一点,先讨论各种颜色的相对的明暗所现出的关系,接着就讨论颜色的谐和、空气透视、肉色及其魔术。现在第三步就要谈到的就是艺术家在着色方面所表现的创造的主体性。

一般人通常以为绘画在颜色方面按照一些很明确的规则去办事就行。但是这种想法只适用于线形透视,因为线形透视完全是一种几何学的科学;即使在线形透视方面,也绝不应拘守抽象的规则,否则就会破坏绘画性的效果。其次,连素描在透视方面就已经不应该拘守一般性的规则,着色更不宜如此。颜色感应该是艺术家所特有的一种品质,是他们所特有的掌握色调和就色调构思的一种能力,所以也是再现的想象力和创造力的一个基本因素。艺术家凭色调的这种主体性① 去看他的世界,而同时这种主体性仍不失其为创造性的;正是由于具有这种主体性,画家所绘出的色彩的千变万化并不是出于单纯的任意性和对某一种不符合自然规律

① 即上文的“颜色感”。

的着色方式的癖好，而是出于事物的本质。歌德在《诗与真》里曾举过与此有关的事例。有一次他参观过竺列希敦展览馆之后说过这样一段说："当我回到我的鞋匠家里（他由于心血来潮，曾在一个鞋匠家里住过）吃午饭的时候，我几乎不相信我自己的眼睛，因为我眼前所见的仿佛正是梵·奥斯塔德[①]所作的一幅画，那么完全相像，简直应该把它挂在展览馆里。人物的布置，光和阴影乃至整个场面的棕色的色调，一切在梵·奥斯塔德的作品里受人赞赏的东西，我在这里在现实界里亲眼看到了。这是第一次我认识到这样高度的一种才能，从此我就着意要锻炼这种才能，想获得我特别注意其作品的这位或那位艺术家看自然的视力。这种能力使我获得很多的乐趣，却也增加了我的愿望，不断地勤学苦练自然不曾给我的一种绘画才能。"[②]色彩的差异特别在描绘人的皮肉时显得突出，纵使不把年龄、性别、境况、国籍、情欲之类外在因素所产生的变化计算在内。此外，色彩的差异也表现于日常生活的描绘，露天的日常生活或是在酒馆、教堂等等室内的日常生活；它也表现于自然风景，其中事物和颜色的丰富引导每一个画家多少凭他自己的探索，去掌握和再现在自然风景中出现的千变万化的光和色的活动，并且凭他自己的观察、经验和想象力去创造它们。

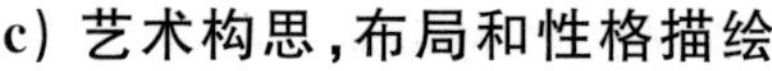

c）艺术构思，布局和性格描绘

以上我们讨论了适用于绘画的一些特别观点，首先讨论了内

① 梵·奥斯塔德（Adriaen Van Ostade，1610—1685），荷兰画家，喜画乡村日常景物。

② 歌德也能画，但不擅长于此。

容，其次讨论了可以用来表现这种内容的感性材料(媒介)。最后剩下要确定的第三点就是艺术家按照这种特定的感性材料，以绘画的方式去就他的内容进行构思和创作的情况。我们的讨论所涉及的广泛的资料可以分类如下。

第一，是构思方式的比较一般性的差异，我们要把这些差异区别开来，并且顺它们发展的程序，看出它们日渐变得丰富生动。

其次，我们要研究在这种构思方式范围之内，更密切地涉及绘画所特有的布局，关于所采取的情境及其组合的艺术动机中较明确的因素。

第三，我们要看一看性格描绘的方式，这种方式既取决于对象的差异，也取决于构思方式的差异。

1) 关于绘画构思的最一般的方式，它们部分地取决于所要表现的内容本身，部分地取决于这门艺术的发展过程，这门艺术并不是一开始就能表达出对象所含的全部丰富内容，而是要经过许多阶段和转变，才达到完满的生动性。

1a) 绘画最初所能采取的立足点还显示出它发源于雕刻和建筑，因为它在整个构思方式的一般性质上，还依附这两门艺术。当艺术家只限于画个别人物，不把他的人物在本身复杂的情境中的生动具体的表现显示出来，而只把他们描绘为独立自足的人物时，依附于雕刻建筑的情况就最为明显。在我所指出的适合于绘画的各种内容体系之中，特别适宜于现阶段的是基督和个别的使徒和圣徒之类宗教题材。因为这类人物必须在他们的孤立的地位就有足够的意义，本身就是一个整体，对于人们的意识才成为一种具有实体性的敬爱的对象。特别是在早期绘画里，我们看到基督或圣徒被描绘为这样孤立的人物,身外没有什么明确的情境和自然环境。如果有环境,那也主要是建筑的装饰,尤其是高惕风格的,例如早期荷兰画和德国南部的画就往往如此。在这种结合到建筑的绘画之中,往往是十二使徒之类人物并排地站在方柱和拱顶之间,这种绘画还没有达到后期艺术的生动性,而形象本身有时也还保留着雕刻造像式的僵硬性,有时还停留在某种雕像的定型上,例如巴赞庭的绘画就带有这种性格。这种完全不用环境背景的或是只用建筑物来关起的人物就宜于用一种较简单严肃的颜色,色调也应鲜明显眼。所以最早的画师们不用丰富多彩的环境背景,而用一种单色的即金色的底子,和服装的颜色相衬托,因而显得更鲜明显眼,像我们在绘画发展到最完美的时代里所看到的。此外野蛮人一般所爱好的也是红蓝之类简单而鲜明的颜色。

大部分用奇迹为题材的绘画也是运用这种早期构思方式的。人们把这种绘画看作一种令人惊骇的东西,抱着目瞪口呆的态度,对它们的艺术方面却漠然无动于衷,所以这类绘画不能凭人生经历的反映和美来使人感觉可亲可喜;事实上在宗教方面最受崇拜的绘画,从艺术观点来看,却正是最低劣的。

但是这类孤立的人物如果不是本身独立的完备的整体,不是由于他们的整个的人格而成为一种崇拜或关心的对象,这样按照雕刻构思方式的原则来创作出来的形象就没有什么意义。例如某些真实人物的画像由于描绘出他们的容颜和个性,可以使他们的熟人感到兴趣;如果把人们不熟悉的或是被人遗忘了的对人物描绘为处在一种可以显出性格的动作或情境中,那么,这种描绘所引起的兴趣或同情就完全不同于上述那种简单的构思方式所引起的。凡是用尽一切艺术手段把人物表现得尽量生动的伟大的画像作品单凭这种丰满的生命就足以使所画的人物仿佛越出像框的局限，昂首阔步地走出来。例如在看梵·达伊克[①]的画像作品时，特别是当画中人物不是和观众正面相对而略微采取侧身姿势时，我感觉到相框仿佛是一道通向世界的门，而画中人物正从这门里迈步出来，走进世界。所以这种个别人物不像圣徒天使们那样本身完满自足，而是单凭某一具体情境，某一个别情况和某一特殊动作就足使人感到兴趣，这样，他们就不宜于被描绘为独立自足的形象。例如陈列在竺列希敦的库格尔根[②]的最后作品，一幅基督、约翰受洗者、约翰使徒和浪子四个人的半身像。就基督和约翰使徒来看，我觉得构思方式是很妥帖的。但是我认为约翰受洗者，特别是浪子，就丝毫没有这种独立自足性，足以使我可以从这种半身像里看出来。与此相反，这里一定要把人物的活动和动作画出来，至少要画出他们所处的情境，通过这种情境，他们才和他们的外在环境生动具体地结合在一起，才能显出一种完满自足，自成整体的显出特征的个性。库格尔根所画的浪子的头固然很好地表现出深刻忏悔的苦痛，但是仅仅靠背景中一群画得很小的猪才暗示出这里的忏悔就是浪子的忏悔。[③]我们应该看到的不是这种象征式的暗示，而是浪子处在他的猪群中间或是其它具体生活的场面里。因为浪子如果不能变成一个纯然寓意性的人物，就得通过圣经故事中所描述的那一系列的人所熟知的情境，才能显出他的完满的带有一般

① 梵·达伊克(Van Dyck，1599—1641)，荷兰名画家和刻画家，最擅长于画像。

② 库格尔根(Kügelgen，1772—1820)，德国画家。

③ 浪子离开家乡，流落在外，一度成为牧猪奴。见《新约·路加福音》第十五章。

性的人格，对于我们才是实际存在的人物。应该把他怎样离开他父亲的家，怎样落到穷困，怎样忏悔和回头之类具体实在的事描绘给我们看。至于背景中的猪群却不过是写上“浪子”这名字的标签。

1b）绘画既然要用主体的内心生活的全部特殊情况为它的内容，它就更不能像雕刻那样满足于人物性格脱离情境的独立自足性和对人物性格只揭示实体性方面的构思方式，而是应该放弃这种独立自足性，描绘出具体情境中的内容，描绘出人物性格和形象由于彼此之间的联系以及对外在环境的联系而产生的复杂性和差异。正是由于这样抛弃了单凭传统的雕像式的定型，建筑所用的安排和遮掩人物的方式以及雕刻的构思方式，正是由于这样追求人的生动活泼的表情和显出特征的个性，这样把每一种内容纳入主体的特殊情况以及对外界的复杂的关系中，绘画才算向前迈进了一步，才达到它所特有的立足点。比起其它种类的造型艺术，绘画更有必要（不只是可允许）走到戏剧的生动性，使所组合的人物都在一种具体情境中显出他们的活动。①

1c）和这种深入到客观存在的充分生动性以及情况和人物性格的戏剧性运动联系在一起的还有第三点，这就是在构思上和创作施工上都要日渐把重点摆在使一切事物的个性和色彩现象的丰满生动上，因为在绘画里气韵生动的最高峰只有通过颜色才可以表现出来。这种色彩的魔术最后还可以变成占很大的优势，以至比起它来，内容变成无足轻重的，从而使绘画变成只是一种芬芳的

① 黑格尔的这种看法和莱辛在《拉奥孔》里所提出的绘画不宜写动作的理论正相反。

气息，一种色调的魔术，它的互相对立，互相辉映以及游戏性的谐和就开始越界转到音乐，正像雕刻在浮雕的高度发展中就开始接近绘画一样。

2）我们现在要研究的第三点涉及绘画布局所须遵守的一些规定，所谓“布局”就是通过把不同的人物形象和自然界事物配合在一起，形成一种完满自足的整体，以便把一个具体的情境和它的较重要的动机描绘出来。

2a）可以摆在尖端的最主要的要求就是很妥当地选择一个适合绘画的情境。

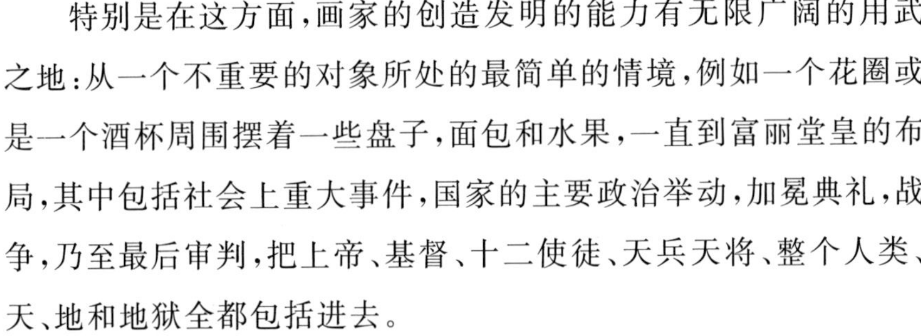

特别是在这方面，画家的创造发明的能力有无限广阔的用武之地：从一个不重要的对象所处的最简单的情境，例如一个花圈或是一个酒杯周围摆着一些盘子，面包和水果，一直到富丽堂皇的布局，其中包括社会上重大事件，国家的主要政治举动，加冕典礼，战争，乃至最后审判，把上帝、基督、十二使徒、天兵天将、整个人类、天、地和地狱全都包括进去。

在这方面最重要的事是要明定界限，把真正绘画性的情境一方面和雕刻性的情境区别清楚，另一方面和诗的情境（即只有通过诗艺才能表现出来的情境）区别清楚。

一个绘画性的情境和一个雕刻性的情境的基本区别，像上文已经提到的，在于雕刻的主要使命在表现本身独立自足的，无冲突的，没有始终一贯定性的平板（无害）情况，只有在浮雕中才开始主要运用一群人物的组合，使人物形象向史诗方面伸展，以及描绘以一种冲突为基础的动荡性较大的动作；至于绘画则不然，它要完成它所特有的任务，就得跳出人物和外界无联系的独立自足性以及缺乏明确定性的情况，才能走进人和外在环境不断发生关系的情况、情欲、冲突和动作之类生动活泼的运动中，即使在描绘自然风景的构思中也坚持要有一种具体情境的定性以及它的最生动鲜明的个性。所以我们一开始就向绘画提出一个要求，要它描绘人物性格、灵魂和内心世界，不是要从外在形象就可以直接认出内心世界，而是要通过动作去展现出这内心世界的本来面貌。

主要就是这一点使绘画和诗发生较密切的联系。在这种联系中这两种艺术各有优点。绘画不能像诗或音乐那样把一种情境、事件或动作表现为先后承续的变化，而是只能抓住某一顷刻。从此就可以见出一个简单的道理：情境或动作的整体或精华必须通过这一顷刻表现出来，所以画家就须找到这样的一瞬间，其中正要过去的和正要到来的东西都凝聚在这一点上。例如战争中这样一顷刻就是胜利的一顷刻：战斗还在进行，但是结局却已经很明显了。因此，画家有能力使过去的残余一方面在消逝，一方面却在现时仍发生作用，而且同时也把未来表现为当前情境所必然产生的直接后果。① 不过在这里我不能就这一点详细讨论。

在这一点上画家虽不如诗人，他比诗人也有一个优点：他能描绘出一个具体情境的最充分的个别特殊细节，因为他能把现实事物的形状摆在目前，使人一眼就把一切都看清楚。“诗如此，画亦然”② 诚然是一句人所喜爱的格言，特别在理论上多次被人强调提出，而且由描绘体诗在描写季节、时辰、花卉和山水风景中加以运用。但是用文字来描写这类事物和情境，一方面很枯燥无味，如

① 这就是莱辛所说的“最富于孕育性的顷刻”或顶点前的一顷刻。在这一点上黑格尔的看法和莱辛的看法却相同。

② 见贺拉斯的《论诗艺》，这是诗画一致说的经典根据。

果逐一胪列,那就永远胪列不完;另一方面这种描绘也不免歪曲,因为它要把在绘画中一眼就看遍的东西作为一系列的先后承续的观念表达出来,以至我们总是听到下句话,就忘去上句话,而这上句话却必须和下句话连在一起,因为两句话所说的事物在空间中本是同时并列的,只有在这同时并列的关系中才有价值。此外在另一点上绘画也落后于诗和音乐:那就是在抒情方面。诗艺不仅能表达一般情感和思想,而且还可以展示出它们的转变,进展和上升。就集中了的内心生活而言,这种情况尤其适用于音乐,因为音乐所要表达的正是灵魂的运动。至于绘画却只能表现面容和姿势,如果要专门抒情,就会误用它所特有的媒介或手段。因为尽管绘画也能把内心的情绪和情感表现于肉体的姿态和运动,这种表现却不能直接触及情感本身,而只能触及情感的某一种外在表现,事件或动作。所以如果说绘画也用外在事物来表现,这并不是抽象地认为它通过面容和形象使内心世界成为可以眼见的;而是说,它用来表达内心世界的那种外在因素正是某一动作的个别情境,或某一具体行动中的情绪,通过这种行动,那种情感才展现出来,才可以让人认识到。所以我们如果把绘画中的诗的因素假定为具有这样的意思,即绘画应该用面部特征和姿势去直接表现内心的情感而无须用较重要的动机和动作,这就无异于把绘画推回到抽象,而这却正是绘画所应避免的,而且这也就无异于要求绘画去做诗的特殊领域中的事,如果它照办,结果只能是枯燥无味。

我特别强调这一点,因为在去年德国艺术展览(1828 年)里,所谓杜塞尔多夫① 派的很多作品博得了称赞,这派画家们显示了

① 德国莱茵区的一个城市。

很好的知解力和技巧的本领，采取了这种专写内心生活的方向，亦即运用只有诗才能表达的材料。他们的内容大部分是从歌德以及莎士比亚、阿里奥斯陁和塔梭等诗人的作品中借来的，主要是关于爱情的内心情感。这派的一些最好的作品照例描绘一对情人，例如罗密欧和朱丽叶、芮那尔多和阿密达，此外就没有什么具体的情境，所以这些成对的情人就没有什么旁的可做或表现，只有互相恋爱，互相倾慕，一而再、再而三地眼漾情波，互相凝视。在这种情况之下，主要的表情自然要集中在口和眼上，特别是男人芮那尔多伸着一双长腿，看来好像不知道怎样摆布这双长腿才好。所以它们伸在那里，毫无意义。雕刻像我们在上文已经说过，雕不出眼睛和流露灵魂的目光，绘画却掌握着丰富的表情手段，但是也不应把一切都集中在这一点上，不应把眼睛所流露炽热的情感或是没精打采，忧伤眷恋的神色以及口的亲密姿态弄成表情的主要目标，丝毫不写出动机，户伯纳[①]所画的"渔夫"也是如此，题材是从歌德的名诗[②]借来的。歌德的诗本来以令人惊赞的深度和优美的情感描绘出一种缥缈不定渴求安静生活的心情以及水的清凉和洁净，但是在"渔夫"这幅画中那位捕鱼的男孩裸着腿投到水里，正像其它作品中男子形象一样，挂着一副很枯燥无味的面容，人们从这副安静的面孔看不出他能感受到深刻而优美的情感。一般说来，这派画中的男女形象都不能说显出了健康的美，恰恰相反，他们只露出爱情和一般情感中的神经兴奋、憔悴和病态，这些表现都是人们不经

① 户伯纳(J. Hübner 1806—1882)，德国画家。

② 歌德的小诗《渔夫》写一青年垂钓，水中涌现一仙子，唱歌召唤他，他就情不自禁地跳到水里，长辞人世。

过再现也可以看得到的,无论在实际生活中还是在艺术中,人们见着它们只好宽容一点。

这派的大师夏多[①]用歌德的《密娘》[②]诗意所画的作品在表现方式上也属于这一类。密娘的性格极富于诗意。她之所以引人入胜,是由于她的过去经历,外在的和内心生活的艰苦命运,她的热烈动荡的意大利人的激情中的矛盾,而她的心灵对这种激情还不完全自觉,还没有什么目的和抉择,沉浸在这种蒙眬状态,对自己束手无策;我们对她所感到的兴趣正在于这种既沉浸在自己内心世界而又完全呈现分裂状态的自我表现,这种自我表现也只有零碎的前后不协调的情绪迸发中才可以见出。这样一种复杂的心理状态我们固然可以想象到,但是画不出来的。而夏多偏要不用明确具体的情境和动作而单凭密娘的形状和面相把它描绘出来。所以就大体来看,可以说上面提到的一些形象是没有通过对情境,动机和表情的想象来体会的。绘画的真正的艺术表现就要求用想象去掌握整个对象,把它表现为形象以供观照,这些形象通过一系列的情感,即通过一种动作,把它们的内心生活表现到外面来,而这种动作要很能显示出情感,使得艺术作品的全体和每个部分都显得由想象运用来把所选择的内容充分表达出来。特别是早期意大利画家们也像这些近代画家们一样,描绘过爱情的场面,有时也从诗中借取题材,但是他们却懂得怎样去凭想象和健康的爽朗心情去表现这类题材。例如男爱神库匹德和灵魂女神,库匹德和女爱神

① 夏多(Schadow-Godenhaus,1789—1862),德国画家。

② 《密娘》(*Mignon*)是歌德的一首著名的小诗,密娘险遭暴徒凌辱,被威廉·迈斯忒营救,在这首短歌里她召邀他的恩人同她回到她的意大利故乡,去过优美宁静的生活。贝多芬曾用此诗大意谱成乐曲。

维努斯，阴曹地府大王普鲁陈劫掠普洛索聘娜，赛拜尼族妇女们被劫掠，赫库勒斯在奥姆法利家摇纺车、奥姆法利披着狮皮等等，都是早期画师们所习用的题材，他们把这类题材表现于生动具体的情境，画出场面和动机，而不是把它们表现为不由想象通过动作来掌握的单纯的情感。他们还从《旧约》借取一些爱情场面。例如竺列希敦美术馆里就挂着乔治俄涅[①]的一幅画，画的是雅各从远方来，招呼拉结，握她的手，吻了她；背景远处有两个年轻人在泉水旁汲水饮牲口，这些牲口成群地在山谷里吃草。另一幅画的是以撒和利伯加[②]。利伯加拿水给亚伯拉罕的仆人喝，因而就被认出来了。也有从阿里奥斯陀的诗里取材的，例如麦道尔在井栏上写安杰里卡的名字。

近代人大谈画中的诗，这不能指别的，只能指题材是凭想象来掌握的，情感是通过动作揭示出来的，而不是作为抽象的情感来把握住和表现出来的。诗本来可以按内在状态来表达情感，就连诗也要借助于许多表象、观照和审察。例如诗在表现爱情时如果只停留在“我爱你”这句话上，永远只复述这句话，这也许是高谈“诗中之诗”的老爷们所爱听的，但毕竟是最抽象的散文。因为涉及感情，艺术的本领在于通过想象去把握和玩味感情，而这想象在诗里把情绪转化为明朗的表象，通过这些表象的表现使我们获得满足，无论表现的方式是抒情的，还是叙述史诗事件或戏剧动作的。为着要表现内心生活本身，在绘画中单凭口、眼和姿势是不够的；还

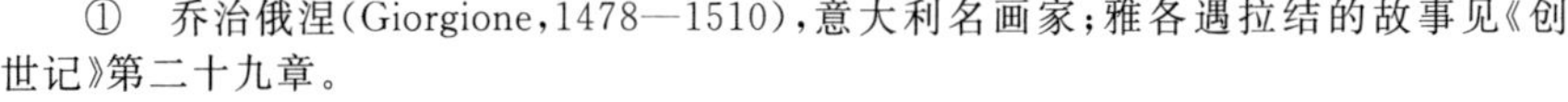

① 乔治俄涅（Giorgione，1478—1510），意大利名画家；雅各遇拉结的故事见《创世记》第二十九章。

② 见《创世记》第二十四章。

必须有一种完整的具体的客观情境,才可以把内心生活显示为客观存在。

所以一幅画的主要任务是要描绘出一个情境,一个动作的场面。这里第一条规律就是可理解性。在这一点上宗教题材具有很大的便利,因为它们一般是人所熟知的。例如天使预报基督的诞生,牧羊人或三王朝拜基督,基督逃往埃及而获得平静,基督钉上十字架,埋葬和复活以及关于圣徒们的传说之类题材都是看画的群众所熟知的,尽管我们现代人对殉道者们的故事比较疏远了。例如在一座教堂里画的大半是施主或本城市护神的故事。所以画家们选题往往不是出于自愿,而是适应某某祭坛,礼拜堂和修道院等等的需要,所以画所陈列的地方就可以帮助人理解画的意义。这种对理解的帮助有时是必要的,因为画不像诗,不能借助于语言,文字和题名以及其它多种多样的标志。再如在一座王宫里,市议会厅和国会大厅里,本国本市或本建筑物的历史中重大事件或重要阶段的场面都适宜于用作画题,在画所挂的地方,这些题材是家喻户晓的。人们不会轻易地从英国史、中国史或米特里达特王的生平中替一座德国王宫选画题。在绘画陈列馆里情况却不如此,这里人们把所收藏和搜购的好的艺术品都陈列在一起,因此一幅画就失去它和某一地方的个别联系以及它通过地点而获得的可理解性。私人收藏的情况也是如此。收藏家把他所能搜到的作品都摆在一起,凑成一个展览馆或是满足其它的嗜好和好奇怪的念头。

有一个时代很风行的所谓寓意画在可理解性这一点上远不如运用历史题材的画,而且由于寓意画的人物形象必然缺乏内在的

生气和特殊具体的东西，它们总不免含糊而枯燥。反之，自然风景和人类日常现实生活中的情境在意义上既清楚，而又具有个性，戏剧的错综复杂和实际存在的运动和丰满性，倒替绘画的构思和创作提供了最适宜的发挥作用的场所。

2b）但是要使一个具体情境成为可以辨认出来的（就画家的任务是要使它成为可理解的这一点来说），单靠陈列的地点和一般人对题材的熟悉就还不够。因为这些在大体上都只是外在的联系，与艺术作品本身却很少关联。真正涉及问题本质的关键却在于艺术家要有足够的才智和精神，去把具体情境所含的画意揭示出来，并且凭丰富的创造发明的能力把这些画意表现于形象。在每一个动作中，内心生活都外现为客观存在，每一个动作都有它的直接的表现，感性的后果和各种联系，这些既然实际上都是内心生活所发生的作用，就要泄露出和反映出情感，因此都可以最妥帖地利用来一方面作为帮助理解的手段，另一方面也作为进行个性化的手段。例如人们对拉斐尔的《基督变形》画提出过一个众所周知和屡经讨论的指责，说这幅画分裂成为两个毫不相关的情节。如果单从外表来看，它确实有这种情况，上部画的是基督在山顶上变形，下部画的是中魔的婴儿。但是从精神方面来看，这幅画却并不缺乏最高度的紧密联系。因为一方面基督的感性（肉体）方面的变形正是他脱离尘世的实际超升以及和他的青年门徒们的别离，这种分割和别离是应该表现成为可以眼见的；另一方面基督的崇高在这里是通过一个具体的实际事例来阐明的，那就是门徒没有基督的帮助就不能医治那中魔的婴儿。所以这里的双重情节都是完全事出有因的，而它们的内在的和外在的联系也通过一位门徒有

意地用手指着离开他们的基督这件事揭示出来了,这就暗示出上帝之子的真正的使命是要同时处在尘世,证实了他说过的一句话:"如果有两个人以我的名义聚会在一起,我就在他们中间。"还可以举另一个例。歌德有一次悬奖征画,出的画题是阿喀琉斯在俄狄普来到家门时穿上女装①。应征的稿件中有一幅素描画着阿喀琉斯一瞅见这位全副武装的英雄的头盔,心里就激发起热情,这一阵激动使得他头上戴的珍珠项圈都裂开来了,一个小孩把落下的珍珠从地上拣起来搜在一起。这些画意是想得很巧妙的。

此外,艺术家要把不同程度的大幅空间填塞起来,就得有自然风景作为背景,就得有照明,建筑环境,次要的人物和器具之类。他必须尽可能地运用这类完全感性的材料来表达情境中所含的画意,使这类外在的东西和画意发生关联,而不再是本身独立的漫无意义的东西。例如两个国王或长老伸手相握:如果这是一种和好的表示,是表示要签订一个盟约,周围应宜于有战士和武器之类以及歃血为盟时所用的牺牲的准备;但是如果他二人是旅途邂逅相遇,就要用一些完全不同的画意。要构思出这类画意,来把发生的事件交代清楚,而又使全部描绘得到个性化,这就是艺术家在这方面所应施展心智的地方。有些画家在这方面还利用环境和动作的象征意义。例如在一些描绘三王朝拜基督的作品里,基督往往躺在破屋顶下的一张摇篮里,周围是一座古建筑的在倒塌中的墙壁,而在背景里却有一座开始建筑的教寺。这些碎石颓垣和正在升起的教寺就是暗示基督教会将导致异教的毁灭。在梵·艾克派画家以

① 阿喀琉斯原想逃避参加特洛伊战争,所以乔装妇女,想骗前来劝他参军的俄狄普。

天使向圣母致敬为题的作品里，圣母身旁往往摆着一些没有粉囊的百合花朵，暗示圣母还是贞洁的处女。

2c）**第三**，绘画既然要按照内在和外在两方面的复杂变化去揭示出情境、事故、冲突和动作的定性，它就不得不深入到题材中的无数差异和对立，不管它是关于自然界事物还是关于人的形体的，同时也就接受到一个任务，既要把这互相差异的因素区别开来，又要把它们配合成为一个协调一致的整体，因此就必然带来一个最重要的要求，即人物形象的安排和组合须见出艺术性。这里要涉及很多个别的定性和规则，关于这方面可以说的最一般性的话只能完全是关于形式的，我在这里只约略地指出几个要点。

头一种安排仍然完全是建筑式的，它把人物平衡地并列起来，或是无论在形状上还是在姿势和运动上都见出整齐的对立和对称的配合。在这阶段特别受欢迎的是金字塔形的组合。例如基督钉上十字架的构图自然而然地形成金字塔形，基督悬在十字架上部，两边站着门徒们、玛利和圣徒们。圣母画像也是如此，玛利和婴儿坐在一张高座上，下面两边是门徒，殉道者之类祈祷者。就连什斯图斯小教堂的圣母像①也还完全谨遵这种组合方式。这种方式一般是使眼睛感到平静舒适的，因为金字塔通过它的顶点把本来分散的并列的形象连成一气，使像群获得一种外表方面的整一性。

在这种大体上比较抽象的对称的安排之中还可以在特殊部分和个别细节方面显出姿势，表情和运动的高度的生动性和个性。画家由于尽量利用画艺所能利用的手段，可以画出几个平面或层次，使主要人物比其余人物显得较突出，此外他还可以利用光线和

① 拉斐尔的名画，上文已提到。

颜色来达到这个效果。他怎样从这个观点去安排群像,是不难理解的,他不把主要人物摆在两旁,也不把次要的东西摆在注意力最集中的地方;同理,他把最明亮的光线投到形成主题的人物上去而不把他们放在阴影里,他也不用最鲜明的颜色和最明亮的光线去画次要的人物。

在采用不太对称因而比较生动的组合方式时,艺术家须特别注意不要把人物摆得太挤,以免造成有时在绘画里看到的那种混乱,使观众要费力才认清肢体,断定哪双腿属于哪个头,辨出哪些是手是脚而不是衣服和武器之类。在较大幅的构图里,最好的办法是把整体划分为若干容易认出的部分,而同时又不使它们显得零散;特别是在按性质本来就已分散的场面和情境里(例如在荒野里拾天粮①,周年集市之类题材),尤其要注意这点。

在这里我只能提供这些关于形式的梗概。

3)我们既已首先讨论了绘画构思的一般方式,其次又就情境的选择,画旨的搜寻以及群像的组合讨论了安排或布局,我现在还须略加说明的第三点就是**性格特征的描绘**方式了,这就是绘画之所以区别于雕刻和造型艺术理想的地方。

3a)前文已经说过,在绘画里主体的内在和外在的**特殊性**须得到自由的表现,因此这种特殊性无须是纳入理想本身的那种个性的美,而是唯一能显出近代意义的**性格特征**的特殊具体细节。人们一般把这种意义的性格特征看作近代艺术区别于古代艺术的标志,就我们在这里对这一词所了解的意义来说,这种看法当然有它的正确性。如果用近代的尺度来衡量,宙斯、阿波罗、第安娜之

① 见《旧约·出埃及记》第十六章。

类神，严格地说，并不是人物性格，尽管我们对这些永恒的、崇高的、造型艺术的、理想的个性仍不禁惊赞。但是荷马所写的阿迦琉斯，埃斯库洛斯所写的阿迦麦农和克利特姆涅斯屈娜以及梭福克勒斯通过言行去展示其内心生活的俄狄普、安蒂贡和伊斯闵，都已显出较明确的个性特征，足以见出这些人物的本质，所以如果把这些叫做人物性格，我们就当然可以在古代作品中找到人物性格的描绘。不过在阿伽麦农、阿雅斯、俄狄普等人身上，个性特征毕竟仍是一般性的，仍是一位君主的性格，愚勇或奸诈的性格，还只有抽象的定性，个别的和一般的仍紧密地结合在一起，使性格沉浸在理想的个性里。绘画却不然，它不把个性特征限制在理想性里，要把偶然的个别具体细节的全部丰富多彩性展示出来，所以我们眼前所见到的不再是上述神和人的造型的理想，而是按照特殊事物的偶然性揭示出来的**特殊具体的人物**。因此，人物形象的肉体方面的完整，精神方面与它的健康自由的实际生活的彻底适应，一句话，凡是我们在雕刻中称之为理想美的东西，在绘画里既不应按同等的尺度去要求，一般也不应形成主要的因素，因为现在成为中心的是灵魂的内在生活以及它的生动的主体性。那种自然领域并不那样深刻地侵入这种较理想的境界，心地的虔诚和性情的宗教倾向可以处在一个丑陋的肉体里（如果单就外形去孤立地看），正如道德方面的意志和活动可以处在苏格拉底的林神似的面相里①。在表现精神美之中，艺术家当然要避免绝对丑的外在形状，或是会通过灵魂的无坚不破的力量去克服和转化绝对丑的外在形状，但是他毕竟不能完全取消丑。因为像上文所已描绘的那种绘

① 林神奇丑，苏格拉底也奇丑。

画内容就包括正是要借人的形体和面相的奇形变态才能真正表现出来的一方面。这就是坏人和恶人的阶层,在宗教画里出现的主要是在基督临刑时参加凌辱活动的士兵,打到地狱中去的罪人以及恶魔之类。特别长于画恶魔的是米琪尔·安杰罗,他所画的恶魔在奇形怪状上越过了人形的标准,同时却仍然有些像人。

但是绘画所展示的个别人物尽管本身须见出特殊人物性格的整体,这也并非说他们身上就不能现出一种和在雕刻或造型艺术中的理想相类似的东西。在宗教画里最重要的主题当然是纯洁的爱,特别是在圣母身上的,她的全部生命就在于这种纯洁的爱,此外伴随基督的那些妇女们[①]以及使徒中的圣约翰(爱的使徒)也是如此。这种纯爱的表情也可以和形状的感性美结合在一起,例如在拉斐尔的作品里就是如此。但是这种形状的感性美并不能单靠它本身而有价值,必须由表情后面的最恳挚的灵魂从精神方面来给它灌注生气,使它获得光荣化,而且这种精神方面的恳挚必须显得是真正的题旨和内容。此外,美在婴儿基督和约翰受洗者的故事里也有发挥作用的场所。至于在其他人物如使徒、圣徒、门徒和古代哲人之类身上,这种提高的亲切情感的表现仿佛只是某些暂时情境中的事,在这些暂时情境之外,他们就显得是现实世界中的一些各自独立的人物,具有勇敢、信仰、行动的力量和坚忍精神,所以不管他们的性格多么互相差异,却显出一种基本特征,即严肃的高尚的人性。他们所代表的不是神的理想而是完全个别的人的理想,不只是些应该如此的人,而是些实际本来如此的人的理想,既

① 指基督临刑时跟着到刑场的一些妇女,其中最著名的是抹大拉的玛利,参看《新约·马太福音》第廿七和廿八章。

不缺乏性格方面的特殊性，也不缺乏这种特殊和一般的联系，这一般就充实了个体。米琪尔·安杰罗，拉斐尔和列奥纳多·达·芬奇（在他的著名的《最后的晚餐》里）所创造的人物形象就属于这一类，在其他画家的人物身上不易见到这种尊严，雄伟和高尚。正是在这一点上绘画和古代艺术走到一起，同时却不放弃绘画领域本身的特性。

3b）在造型艺术之中，绘画最能让特殊具体的人物形象享有单独发挥作用的权利，所以特别在绘画里可以见出到真实人物造像的过渡。所以人们如果斥责造像一类绘画不符合艺术的崇高目的，就会大错特错。谁愿意失去大画师们的许多卓越的人物造像呢？姑且不谈这类作品的艺术价值，谁不想对著名的人物，除掉对他们的精神和事业有些概念之外，还可以看到体现这些概念的形象生动具体地摆在眼前呢？因为最伟大，地位最高的人物总是实际生活中的一个个体，而他的这种个体，他的精神的最实在的生动具体的面貌，正是我们想要亲眼看到的。姑且不谈这种落在艺术范围之外的目的，我们可以有把握地说，绘画的向前进展，从它的初步的不完善的尝试开始，就是向真实人物造像进行准备工作。起初是宗教的虔诚心情造成了内心方面的生动活泼，然后较高的艺术用表情的真实和描绘特殊实际事物的真实，使这种虔诚心情成为有生气的东西，外在表现逐渐达到深化，它所要表达的内心方面的生气也就跟着深化。

但是要使真实人物造像成为一种真正的艺术作品，就应该使它显出精神个性的统一，使精神的性格成为主导的和突出的方面。面貌的每一部分都特别有助于达到这样的效果，而画家描绘面貌

的敏感要把个别人物的特性表现出来,就得把能用最清楚,含蓄最深广的生动的方式把这种精神特性表达出来的那些特征和部分掌握住,并且把它们突出地表现出来。就这一点来看,一幅真实人物造像尽管忠实于自然,下过很精细的工夫,却可以毫无生气,而出于名家之手的寥寥数笔的素描却远较生动和真实,因为这寥寥数笔抓住了真正有意义的起标志作用的特征,形成了人物性格的简单而却基本的全部形象,这就使得那种工夫细,忠实于自然而却毫无生气的作品在相形之下黯然无光。最好的办法是在这种素描与忠实于自然的摹仿之间走一种恰到好处的中间道路。惕香[①]的画像杰作就属于这一种。这些画像使我们感到个性鲜明,认识到面对真实人物时所不能认识到的那种精神方面的生动活泼气象。这颇类似具有真正艺术才能的历史家对伟大事迹的描述所产生的那种效果:他所绘出的图景比我们亲眼看到这些事迹时的印象还远较崇高和真实。现实生活都担负着单纯现象,次要事物和偶然事件的重载,这就使得我们往往辨不清树木和森林,让最重大的东西在我们眼前溜过去,仿佛只是些日常发生的平凡事件。只有内在的意义和精神才能使一件事迹成其为伟大事迹,一篇真正的历史描述就能显出这种内在的意义和精神,因为它抛开纯然外在的(不相干的)东西,只把那些足以生动地阐明内在精神的东西突出地揭示出来。画家也是如此,他必须通过他的艺术把人物形象的精神意义和性格揭示给我们。如果他完全做到这一点,人们就可以说,这样一幅画像比起所画的真实人物本身仿佛还要抓住要害,还更逼真。阿尔伯列希特·杜勒就画过一些这类的画像:他用很少的媒

① 惕香(Tizian,1476—1576),意大利名画家,长于画像。

介，很简单地、明确地、雄伟地把面貌特征突出表现出来，使我们相信自己在亲眼看到一个人的精神生活；对这种画像看得愈久，体会就愈深刻，就会见到愈深广的意蕴。它就像一幅锐利的意味隽永的素描，把显出性格特性的东西完全表现出，至于其余部分所用的色和形的渲染只是为着衬托出特征，使它们有更大程度的可理解性和鲜明性以及达到艺术加工方面的圆满，无须跟着自然去计较贫乏生活中的细节。举例来说，自然本身在自然风景中对每一枝一叶，每一株草之类的形状和颜色都一一画出，自然风景画却不应追随自然这样巨细无遗，它突出某些细节，只是因为它们契合整体所表现的那种调质，即使在这里，它如果要坚持只用足以显出个性特征的东西，也不应按照自然，依样画葫芦地把这些细节全部画出。——在人类面孔上自然所作的素描是坚硬部分的骨骼，骨骼上面黏附着一些较柔软的皮肉，展现为多种多样的偶然细节；但是对于人物造像来说，这些坚硬的部分尽管也重要，性格的标志却在于其它稳定的特征，即由精神灌注生气的面貌。在这个意义上我们可以说，真实人物造像不但可以谄谀，而且必须谄谀①，因为它抛开自然中纯属偶然的东西，只采用有助于显出个性特征的东西，即人物生活中最特别最内在的东西。目前人物造像的风尚是不管什么人的面孔，都画上一个笑容，以便显得和蔼可亲，这种办法很危险，因为很难掌握适当的界限。这种笑容当然很悦人，但是社交中单纯的礼貌的和蔼不能形成任何人物性格的主要特征，在许多画家手里，它很容易成为最无聊的令人感到腻味的甜蜜。

3c）尽管绘画在一切作品里都可以采用人物造像的处理方

① 即美化所画的人物。

式，它却必须使个别的面孔特征、形状、姿势、人物组合以及各种着色的方式永远符合既定的情境。绘画把一些人物和自然事物摆在这种情境里，目的在于要表现出某一内容，因为要表现的正是处在这种情境中的这种内容。

在涉及这方面的无数细节之中，我只约略谈一个主要点。所说的情境在本质上可以是暂时的，而它所表现的情感也只是暂时的，所以同一主体还可能表现出许多其它类似的乃至相反的情感；但是情境和情感也可以是由一个人物的整个灵魂所掌握住的，因而这个人物可以在这种情境和情感里完全揭示他的最内在的本质。这后一种情境和情感对于性格特征才是真正绝对必要的因素。在上文谈到圣母时已经提到的那些情境里，没有任何一个细节不是适合圣母以及她的全部灵魂和性格的，尽管在各个个别情况中她可以被了解为一个本身完整的个别人物。在这里她也必须被塑造成这样一种人物，显得她不是什么别的人物而恰恰是表现在这个具体情况中的人物。高明的画师们正是采用这种永恒的母亲情境和母亲性情把圣母描绘出来的。其他画师们在圣母的人物性格中还加上其它尘世现实生活中的表情。这种表情可以很美、很生动，但是这种形象、面貌和表情也适合于夫妻之爱之类旨趣和关系，所以我们很容易从其它观点而不是从圣母观点去看所画的人物，但是在最高明的作品里，我们除掉情境所应引起的思想之外，不应想到其它。由于这个缘故，我认为竺列希敦陈列馆里所藏的考列基俄作品《抹大拉的玛利亚》是值得赞赏而且会永远受到赞赏的。她是一个犯过罪而忏悔的女人，但是我们从画里可以看出，她的罪孽方面并没有被看得很严重，她是一个彻头彻尾的高尚的人，

不可能有坏情欲或是做出坏事来。她处在深刻的但是镇定的凝神状态中，显得只是回到她本身，这并不是一种暂时的情境，而是代表了她的全部本质。在整幅描绘中，无论是从形状、面貌特征、服装、姿势还是从周围环境去看，画家都丝毫没有暗示出犯罪做坏事的情况，她把过去的时代抛到脑后，只一心一意地沉思现在，这种信仰，这种沉思默索仿佛就是她所特有的完整的性格。

这种内心和外表的契合以及人物性格和情境的明确性，特别在意大利画家们手里达到了最美的境界。反之，在前已提到的库格尔根所作的回头的浪子的半身像里，忏悔和痛苦的心情固然表现得生动，但是画家并没有能把浪子在所绘情境以外的整个性格和描绘出的他现在所处的情况统一起来。如果我们安安静静地细看浪子的面貌特征，就会看出它们只标志出在竺列希敦桥上或是在任何一个其它地方所碰到的任何一个人的面相。在人物性格和某一具体情境的表情真正协调时，这种情况就绝不会发生，就像在正确的风俗画里，就连写的是最流动不停的顷刻，它也会生动活泼到不能使人想到这些人物形象在任何时候有可能采取另一种姿势另一种面貌特征或是现出另样的表情。

以上所说的就是关于内容以及对绘画的感性因素（平面和颜色）的艺术处理方面的一些要点。

3. 绘画的历史发展

关于这第三部分，我们不能像前此所采用的办法，满足于对绘画所用的内容以及由绘画原则产生出来的塑型方式，只进行一般性的陈述和讨论，因为绘画这门艺术始终离不掉人物性格及其情境的特殊性，形状及其姿势乃至颜色等等，所以我们必须把绘画的特殊具体的作品的实在情况摆在眼前，就它们来进行讨论。如果要把绘画研究得透彻，唯一的办法是对用来证实既定观点的那些绘画作品本身知道很清楚而且懂得怎样欣赏和评判它们。这番话当然适用于一切艺术，不过在此前已经研究过的几门艺术之中，它特别适用于绘画。就建筑和雕刻来说，因为题材内容的范围较窄，表现的媒介和形式并不那样丰富多彩，也没有那么多的差异，而它们的特殊用途也比较单纯，我们可以求助于复制品，描述的文章以及浇铸的模型。绘画却不然，它要求我们亲眼看到一件一件的作品本身，单纯的描述并不够解决问题，尽管人们往往不得不满足于此。绘画既然分化为无穷无尽的杂多样式，这些样式中的许多因素又分散在各个特殊的作品里，使得这些个别作品乍看起来只像一盘杂烩，对于研究提供不出系统性的分类和安排，所以很难使人见出这类个别作品的特性。多数绘画陈列馆就显得有这种情况，如果人们对每一幅画所属的国家、时代、流派和作者都先已有了一些知识，整个陈列馆就显得是一种无意义的杂乱的迷径，令人找不到出路。所以适合研究和欣赏的陈列是顺历史次第的陈列。这样一种按历史安排的绘画结集我们不久将有机会在建立在本地的皇家博物馆的绘画廊里①欣赏到。这是一种独特的无比珍贵的绘画结集，不仅可以使人清楚地认识到技巧发展的外表历史，还可以使人清楚地认识到内在历史的本质性的发展，包括各流派之间的差异，题材及其构思和处理的方式。只有通过这样生动的巡视，才可

① 指柏林博物馆的绘画廊。

以使我们认识到绘画从起源于传统的固定的类型，倒显得有生气，设法寻求个性特征的表现，从静止不动的人物形象中获得解放，以及向戏剧性的活跃的动作，向群像组合，向着色的魔术等方面的发展，也认识到各流派之间的差异，这些差异有时见于对同样题材的各有特色的处理，有时起于内容的差异。

绘画的历史发展具有重大的意义，无论是对于研究还是对于科学的探讨和叙述。我所指出的内容，材料的琢磨，构思的各种主要阶段，这一切只有在绘画的历史发展里才在符合事实的先后承续的系列和差异之中获得具体的存在。所以我还要巡视一下这种历史发展，把其中最突出的东西揭示出来。

概括地说，这种发展大体是这样：在起源时绘画用的是宗教题材，这题材还是按照类型来构思或理解的，在安排上采用简单的建筑样式，色彩的运用还很粗糙。接着就在宗教的情境里逐渐出现人物形象的现实性、个性和生动的美，内心生活的恳挚和深刻以及色彩的魔术和吸引力，直到后来画艺就转向世俗方面，如自然，日常生活中的事物或是过去和现在的民族生活中的重大历史事件，真实人物造像之类，乃至最琐屑最不重要的题材也用和对待宗教题材的那种笃爱心情来处理，特别是在这种题材范围里不仅达到绘画技艺的极端完善，而且还显出最生动活泼的构思方式和最有个性的创作施工方式。这样的发展在拜占廷、意大利、荷兰和德意志这几派绘画的演变梗概里可以看得极明显。我们将约略地说明这几派画艺的特征，然后转到向音乐的过渡。

a) 拜占廷[①]绘画

关于拜占廷绘画,首先要指出它一直在保持着一定程度的古希腊艺术技巧;此外,古代模范作品在姿势服装等方面也有助于促进技巧的成熟。但是另一方面,拜占廷艺术完全不讲求自然和具体生动,在面孔形式上它还墨守传统成规,在人物形象和表现方式上还停止在通套类型上,很呆板,在布局上多少还是建筑式的;它不用自然环境和山水背景,通过光与影和明与暗以及二者的融合的塑形术和透视学以及生动的人物组合的技艺都还没有发达或是发达得极少。在这种拘守早已定下来的同一类型的情况之下,独立的艺术创作就很少有发挥作用的余地。画艺和镶嵌术往往堕落成为单纯的手艺,因而变成无生命、无精神的东西,尽管当时手艺人和古代制造花瓶的手艺人一样,拥有古代艺术作品的优异典范,在姿势和衣褶方面足供摹仿。——类似这种拘守类型的绘画也伸出一片艺术的乌云去掩盖分崩离析的西欧,特别是蔓延到意大利。不过在西欧,很早就已显出一种倾向,尽管还是一种微弱的开始,要摆脱已往一成不变的人物形象和表现方式,要朝一种较高的发展方向前进,尽管开始时还很粗疏,至于拜占廷绘画作品,则像吕慕尔在谈到希腊人所画的圣母像和基督像时所说的[②],"就连在最好的例子里也可以看出它们直接起源于镶嵌术,一开始就排

① 拜占廷是东罗马帝国的首都,即君士坦丁堡。这里流行的是与天主教有别的正教,在文化上受希腊传统的影响较大。

② 这里的希腊人指拜占廷区域的希腊人。拜占廷绘画多出于晚期希腊画家之手。

原注:见《意大利研究》,第一卷,279 页。

斥了艺术的加工处理。”意大利人也远在达到了画艺独立发展以前，就已和拜占廷人相反，企图对基督教题材获得一种较侧重精神方面的理解。吕慕尔也曾举过一个值得注意的例证，说明晚期希腊人和意大利人在描绘基督钉在十字架上这一题材时所用的方式不同。他说：“对于希腊人，看到可怕的肉体痛苦是件寻常事，所以他们设想基督的全身重量都悬在十字架上，下身肿胀，挨打过的双膝弯向左方，头下垂，在和死亡的痛苦进行挣扎。所以他们的题材就是肉体痛苦本身。意大利人却不然，在他们的较古老的纪念坊上有一点不可忽视，那就是圣母抱圣婴和在十字架上被钉死的人都极少出现，但是他们却经常把救世主的形象画成在十字架上挺直地挂着，看起来像是要表现精神胜利的意思，不像希腊画家们所表现的是肉体的死亡。这种构思方式较高尚，这是无可否认的，它很早就出现在西方条件较有利的绘画体系里。”①

我在这里就只说这一点。

b）意大利绘画

其次，在意大利绘画的自由发展里，我们却要找出艺术的另一种性格。除掉从《旧约》、《新约》以及殉道者和圣徒们的传记中所采用的宗教内容之外，意大利绘画大部分都取材于希腊神话，却很少取材于民族史中的事迹，除掉真实人物造像之外，也很少取材于当前现实生活；自然风景也用得很少，只有在晚期一些孤立的例子里才出现。但是在对宗教题材的构思和艺术施工方面，意大利绘画却特别运用精神和肉体的生活中的生动的现实性，一切人物形象

① 原注：《意大利研究》，第一卷，280页。

都从此获得具体化和生动化。就这种生动性的精神方面来说,基本原则是天然的爽朗和悦;就肉体方面来说,基本原则是和精神相适应的感性形式美,这种美单作为美的形式来看,就已表现出天真纯洁、欢乐、处女的童贞,心情的天然优美、品格的高贵、想象力和一种充满着爱的灵魂。如果在这样一种纯朴自然的基础上,再加上由宗教的亲切情感和精神方面较深刻的虔敬(这种虔敬以炽热的情感灌注生气于这种宗教领域中本来就已比较稳实完好的生活)所带来的内心生活的提高和美化,我们就会看到人物形象及其表情之间的一种原始的协调,这种协调如果达到完全彻底,就会令人从这个基督教的浪漫型艺术领域里,生动具体地认识到艺术的纯理想。在这样一种新的协调里占优势的固然是心情的亲切,不过这种内心状态是灵魂的一个更幸福、更纯洁的天国。达到这个天国的道路,亦即从感性有限事物回转到神的道路,尽管也要经历过忏悔和死亡的深重痛苦,毕竟是较不吃苦费力的,因为所经受的痛苦只集中在心灵的领域,即观念和信仰的领域,而不降落到暴戾的情欲,倔强的野蛮性,顽固的自私和罪孽的领域,无须对神福的这些死敌进行搏斗去获得艰苦的胜利。这是一种始终在观念界进行的转变,一种哀而不伤的痛苦,一种较抽象的较富于心灵性的苦恼,只在内心世界里发生,很少外现为肉体的痛苦,很少在体形和面貌上显出顽强、粗鲁、骨节嶙峋的形状或猥琐庸俗的形状,以至需要经过一番顽强的斗争,才能使这类形状在大体上成为宗教热忱和虔敬心情的表现。意大利绘画中真正优美的作品所提供的那种动人的爽朗鲜明和不受干扰的美感享受正是来自这种平静无挣扎的灵魂的亲切情感以及来自外在形状和这种内心状态之间原始的(天然的)协调。

正像人们谈到器乐时所说的,器乐里应该有旋律和歌声,这种绘画就是出自灵魂的纯粹的歌声,一曲和谐的一气呵成的旋律,在它的整个形象及其形式上荡漾着;也正像在意大利音乐在它的旋律和歌声里,纯粹的声音天然流转合拍,丝毫没有生硬勉强的痕迹时,在每一个抑扬顿挫里仿佛就只有声音对它本身的欣赏在发生声响,意大利绘画的基调也正是这种满怀着爱的灵魂对它本身的欣赏。我们在意大利伟大诗人作品里再度发见到的也正是这种亲切情感,爽朗鲜明和自由。在三联韵、抒情小曲、十四行诗和四行诗章里以艺术方式安排的那种回旋往复的韵,那种不仅以重复一次的方式而还要以重复三次的方式来满足平衡对称需要的声调就是一种自由怡悦的声调,所迸发的就是声调为着要欣赏它本身的那种声响。同样的自由在内容意蕴上也可以见出。在帕屈拉克的十四行诗、六行诗章和四行诗章的作品里,心灵所辗转反侧以追求的并不是对有关对象的实际占领,需要表现出来的并不是涉及实际内容和主题本身的思想和情感;而是表现本身就是满足,这是爱情对它本身的欣赏,这种爱情要在它的哀怨呻吟里,在它的描述、追忆和幻想里去追寻它的幸福;这种追求在追求本身上就已获得满足,就已满足于所爱对象的形象和精神,就已完全占领了自己想和它契合成为一体的那个灵魂。由于同样的道理,但丁在由他的导师维吉尔引着走过地狱和净界时,看到了一些最凶恶的恐怖场面,感到惊骇,往往泪流满面,但是仍平心静气地迈步前进,没有恐惧和忧愁,没有想到"这一切不应该如此"的那种烦恼和抱怨的心情。就连他所描写的打到地狱里去的那些人物也还是享到永恒生

命的幸福(本来地狱大门上就写着“我永恒地持续下去”),他们就是他们那样的人,没有悔恨和希冀,不诉说他们的痛苦——这些痛苦对我们和对他们自己一样虚无缥缈,因为他们都要永恒地持续下去——他们所念念不忘的只是他们的主张和事迹,顽强地抱着和原先一样的旨趣不放,没有什么痛惜和渴望。

如果我们体会了灵魂在爱中这种幸福独立自由的特征,我们就会懂得最伟大的意大利画家们的性格。正是凭这种自由,他们对表情和情境的特征才能驾驭自如,凭这种内心平静的翅膀,他们才能随意支配形状、美和颜色;在对现实生活和人物性格的最具体的描绘里,他们尽管完全停留在尘世里,往往只画出或是像只画出真实人物的造像,但是他们所画出的却是另一种太阳下的另一种春天的图景;是在天国里含苞吐艳的一些玫瑰。他对美本身所关心的不仅是形象的美,也不仅是在肉体形状上所表现的灵魂和它的爱融成一体的感性美,而是人物性格的每一形状,形式和个性所表现出的这种爱与和解的特点;这像是蝴蝶,像是心灵女神①,在她的那个天国的灿烂阳光里,甚至围绕着枯萎的花而翩跹飞舞。只有凭这种丰富自由而完满的美,意大利画家们才能在近代体现出古代理想。

意大利绘画并不是一开始就达到这样完美的水平,而是经历过漫长的道路才达到的。不过在早期意大利画师的作品里最突出的特色却往往正是天真纯洁的虔诚,全部构思的宏伟意味,形式上的天然美以及亲切情感,尽管技巧的修养还很不完善。十八世纪人们对这些较古老的画家不很重视,并且指责他们笨拙、枯燥,生

① 据希腊神话,心灵女神(Psyche)长着蝴蝶的翅膀。

硬。只是到了较近的时期，他们才被一些学者们和艺术家们从遗忘中救出来，但是在赞赏和摹仿中对他们却表现出过分的偏嗜，势必走向否定构思方式和表现方式的向前发展，不免把人们引向相反的歧途。

关于意大利绘画直到成熟阶段以前的几个主要的历史发展阶段，我在这里只约略指出以下几点，以便界定意大利绘画基本要素和表现方式的特征。

1）在早期流行过一阵粗野风格之后，意大利画家们抛开了过去拜占廷人所奠定的带有匠气的类型，掀起了一种新的跃进。他们所表现的题材范围还不很广，主要的风格特点还是严峻、肃穆和宗教的崇高。但是西厄那派画家杜契阿和佛罗棱斯派画家契玛布伊[①]（像对这个绘画早期研究有素的权威学者吕慕尔所指出的）就已企图学习根据透视学和解剖学的少量古代素描作品遗迹（由于早期基督教艺术特别是晚期希腊绘画的机械式摹仿，这种古代素描方式获得了保存），并且尽量按照他们自己所特有的精神对它们加以革新。他们“感觉到这类素描的价值，但是力求减轻它们的呆板僵硬，拿其中原来没有理解得透彻的面貌特征和实际生活来对照。从他们所得到的结果我们应该可以看出这一点”。[②]这些还只是艺术摆脱传统定型而走向生动活泼和富于个性的表现方式的初步努力。

2）向前进展的**第二步**在于摆脱上述希腊的蓝本，在全部构思

① 杜契阿（Duccio，1260—1320左右），意大利西厄那画派的始祖；契玛布伊（Cimabue），13世纪佛罗棱斯画家，首先抛弃了拜占廷传统，使绘画逐渐接近自然。

② 原注：见《意大利研究》，第二卷，4页。

和艺术施工上走进凡人的和个性的领域,使人的性格和形状与所要表现的宗教内容意蕴之间的契合更完善更深刻。

2a) 首先应该提到的是觉陀[①]和他的流派所产生的影响。觉陀既变更了已往的调制颜色的方法,又革新了描绘方式的理解和方向。从化学分析的结果来看,晚期希腊画像是用蜡作为凝固颜色的材料和画面的光泽,因而产生了一种"黯淡的青黄色调",这种色调是不能完全说是由于灯光效果的。[②]觉陀完全抛弃了希腊画家们所用的这种胶状的凝固颜色的材料,他在调制颜色时用的是嫩芽和未成熟的无花果的滤净的汁水以及中世纪早期意大利画家们在拘谨地摹仿拜占廷绘画以前也许就已采用的一些含油质较少的胶料[③]。这些凝固颜色的材料不至使颜色变暗,能使颜色保持原有的鲜明。不过觉陀在意大利绘画中所做的更重要的革新还在于题材的选择和表现方式方面。基伯尔蒂[④]就已赞扬觉陀抛弃了希腊画家的粗疏风格,并且在运用自然本色和秀美方面做得也不过分[⑤]。薄迦丘谈到觉陀时说过自然没有造出觉陀所不能摹拟得惟妙惟肖的东西[⑥]。从拜占廷绘画里看不出观察自然的痕迹;觉陀才把绘画指引到现实生活,拿自己所描绘的人物形象和情感和自己周围的实际生活相对照。和这个方向密切相关的还有一个情

① 觉陀(Giotto,1267—1337),意大利名画家,契玛布伊的徒弟,在画艺技巧上做出很多的革新,他是第一个人使意大利画抛开拜占廷传统,转向现实主义,尽管他的一些最著名的壁画仍用宗教的题材。

② 原注:见吕慕尔的《意大利研究》,卷一,312 页。

③ 原注:见吕慕尔的《意大利研究》,卷二,43 页;卷一,312 页。

④ 基伯尔蒂(Ghiberti,1378—1455),意大利名雕刻家,特别长于青铜建筑物的铸造。

⑤ 原注:见《意大利研究》,卷二,42 页。

⑥ 原注:见薄迦丘的《十日谈》,第六日,11 月 5 日。

况,这就是在觉陀时代,人情风俗一般变得比以前较自由,生活变得较热闹欢乐,而且新近开始崇拜的许多基督教徒和画家们在时代上很接近。觉陀在走向现实之中特别爱选这些新圣徒作为绘画的题材,因此内容本身就带来一种要求,要画出肉体现象的自然本色以及明确具体的人物性格、动作、情欲、情境、姿势和运动。不过在觉陀的这种企图中,作为前一阶段艺术基调的那种宏伟的宗教严肃风格已相对地受到损失了。世俗性的材料获得了地位和推广的机会,因为觉陀在当时风气影响之下,让诙谐滑稽的因素和激情的因素并列在一起。吕慕尔先生说得很对:"在这种情况下,我真不理解何以有些人竟竭力宣扬觉陀的方向和作品成就标志着近代艺术的最崇高的方面。"① 对觉陀的评价提出了正确的观点,这是吕慕尔这位重要的学者的一个伟大的贡献,他同时还指出,就连在走向凡人化和接近自然这一方面,觉陀也还只停留在一种很低的水平上。

2b) 在觉陀所激发的这种趣味的影响之下,绘画向前发展着。《新约》里《福音书》所叙述的基督,使徒们和一些重要的事迹的典型描绘已逐渐被挤到后台,因此,"题材的范围转向另一方面扩充","所有的画家们都忙于描绘一些近代圣徒生平中的转变,从他们早期的世俗生活,宗教意识的突然醒觉,虔诚和苦行生活的开始,以及他们生平中所现的奇迹,特别是他们死后的奇迹,在对这方面的描绘中,活人的表情比起无形可见的创造奇迹的力量要占较大的比重,这是符合当时艺术外在条件的。"② 此外,基督生平和

① 原注:见《意大利研究》,卷二,73 页。

② 原注:见《意大利研究》,卷二,213 页。

临刑的事迹也并没有被忽视。基督的诞生和教育过程以及圣母抱圣婴都是特别受欢迎的题材，放在这类描绘中较多的是宗教方面骨肉的亲密、温柔和恳挚，是凡人的富于情感的特点；至于“在基督临刑的课题中，着重点不再是崇高的人格和精神的胜利，而是动人情感的方面——这是当时流行的对救世主尘世苦痛的同情热潮的直接后果，对这种同情热潮，圣佛兰西斯曾用身教和言教增添了一种新的前所未闻的鼓舞力量”。[①]

进一步发展到十五世纪中叶，应该特别提出的两个人名是玛煞契阿和安杰里柯·达·斐厄棱勒[②]。在绘画把宗教的意蕴体现于人的形象和面貌中的热烈表情的生动形式这一发展过程中，按照吕慕尔的意见，有两方面特别重要，一方面是一切形状都逐渐画得丰满，另一方面是“对人的面貌以及其各部分的分布和协调中的秀美以及意义的最多种多样的深浅层次所进行的日益深入的研究”。[③]要使这种艺术难题得到彻底的解决在当时不是某一个艺术家的力量所能胜任的，玛煞契阿和安杰里柯两人就分担了这个任务。“玛煞契阿所着手研究的是明暗关系，把形状画得圆滚的技巧以及群像的分布和协调；安杰里柯所探索的则是内心世界的联系以及人的面貌特征的内在意义，他是第一个掘开这个宝藏的人。”玛煞契阿所关心的不是追求秀美，而是宏伟的构思，大丈夫气概以及贯串一切的统一；安杰里柯所关心的则是宗教的热忱，远离尘俗

---

① 引文仍摘自《意大利研究》。

② 玛煞契阿(Masaccio，1401—1428)，佛罗棱斯派画家；安杰里柯·达·斐厄棱勒(Angelico da Fiesole，1387—1455)，一般称为安杰里柯修道士，意大利宗教画家。

③ 原注：见《意大利研究》，卷二，243页。

的爱,思想方面的僧院式的纯洁以及灵魂的崇高和虔敬,华沙里[①]曾谈到安杰里柯从来没有事先不做热忱的祷告就着手绘画,每逢描绘基督临刑时没有不伤心流泪的[②]。总之,绘画在这一阶段的进展一方面表现于提高了生动性和自然性(现实性),另一方面也表现于宗教情绪的深刻,灵魂的纯洁恳挚不仅不缺乏,而且还压倒了布局、姿势、服装和着色等方面的自由、精工、忠实于自然和美。尽管后来的发展使得精神的内在生活获得远较崇高完满的表现,目前这个阶段就宗教心情的纯贞和艺术构思的严肃深刻来看,却还没有被其它时代超过。这个时代的许多绘画作品,从颜色、组合和素描来看,当然不免引起我们的反感,而且用来表现内心的宗教热忱的那些生动的形式好像并不完全适宜于这种表现;但是从艺术作品所自出的精神意旨方面来看,我们毕竟不应忽视这个时代,它比起以后的时代,特别以素朴的纯洁,对真正宗教内容的最内在的深刻处的亲切掌握,对虔诚的爱所抱的坚定信心(纵使在患难和痛苦中也始终不渝)乃至天真和幸福中的优美这些特长,以后的时代尽管在艺术技巧完善的方面向前迈进了,却没有在这些优点既已丧失之后把它们恢复过来。

2c) 在进一步的发展中,除掉上述两点之外又新添上第三点,这就是用来表现革新了的精神意旨的题材在范围上日渐扩大了。正如意大利绘画一开始就由于被尊为圣徒的那些人和画家们在时代上很接近,不得不接近现实,现在艺术也把宗教以外的现实生活

① 华沙里(Vasari,1511—1574),意大利画家和建筑师,以《最卓越的画家,建筑师和雕刻家的传记》著名。

② 原注:见《意大利研究》,卷二,252 页。

纳入自己的领域了。这就是说,从只图表现宗教热忱的那个侧重恳挚和虔敬的时代,绘画逐渐发展到把外界世俗生活拿来和宗教题材结合在一起了。一般市民在他们的职业活动中或工商业事务中所抱的欢乐的强有力的自己依靠自己的精神,他们的自由,男子汉的勇气,爱国心,他们在欢乐的现实生活中所感到的幸福,这种对自己的道德风尚和生活谐趣的新醒觉的喜悦,这种在内在精神和外在形状两方面都达到的跟现实的和解,现在都要进入艺术构思和表现的领域,在其中发生效能了。在这种精神意旨的影响之下,我们看到爱好山水背景,城市景致乃至庙宇和宫殿的环境的风气也活跃起来了;著名的学者、朋友、艺术家以及其他凭才智和爽朗精神博得当时宠爱的人们的真实画像也在宗教情境中赢得一席地位了;家庭生活和城市生活中一些特点也以不同程度的自由被利用在绘画里了;纵使宗教的精神内容仍然是基础,宗教虔诚的表现却不再是孑然孤立的,而是和现实世俗各部门的较丰满的生活结合在一起了。[①] 采取了这个方向之后,宗教的聚精会神以及恳挚虔敬的表现当然受到削弱,但是艺术也需要这种世俗的因素,才可以达到高峰。

3. 较丰满生动的现实生活和内心的宗教热忱的融合就产生了一个意义深远的新课题,只有十六世纪的大画师们才使这个新课题获得圆满的解决。因为现时的当务之急是在充满灵魂的亲切情感和宗教热忱的严肃崇高与对人物性格和形状在肉体和精神两方面的生动具体的实在情况的敏感这二者之间建立协调,从而使表现在姿势,运动和色彩等方面的肉体形状不再是一种单纯外在

① 原注:参看《意大利研究》,卷二,282 页。

的支架，而是本身就足以显出生气和灵魂，并且凭全体各部分的完满表现使内在和外在两方面都显得美。

在悬此为目标的一些最卓越的画师之中，特别要提里阿那多·达·芬奇。他凭坚决探索深微的理解力和感受力，不仅比任何一个前辈都更深入地探讨了人体形状及其所表现的灵魂，而且凭他对绘画技巧所奠定的同样深厚的基础，在运用他从研究中得来的手段或媒介上获得了极工稳的把握。此外，他还能保持一种充满敬畏的严肃态度去对宗教画题进行构思，所以他所塑造的人物形象，尽管显得有现实生活的完整、圆满，尽管他们在面孔上和秀美的运动上都表现出一种和蔼可亲的微笑，却从来不抛开宗教的尊严和真实所要求的那种庄严气象。

但是在这个领域里达到十足完美的只有拉斐尔。吕慕尔特别指出十五世纪中叶以后的乌姆布里亚画派①具有一种人人都会感觉到的神秘的吸引力，并且企图说明这种吸引力是由于情感的深挚和温柔，也由于这派画家既有对最早期的基督教艺术探讨和经验的朦胧记忆，又有对当时艺术界一些较温和的观念，把这二者所结合成的奇妙的统一，在这一点上他们胜过了和他们同时代的塔斯康，伦巴第和威尼斯各派画家。②拉斐尔的老师帕鲁基诺③也曾学会表现这种"灵魂的纯洁无瑕以及对忧思柔情的沉湎忘返"，再加上外在形状的客观性和生动性以及特别由佛罗棱斯画派所发展出来的对现实界个别具体事物的深入钻研。拉斐尔在早年作品中

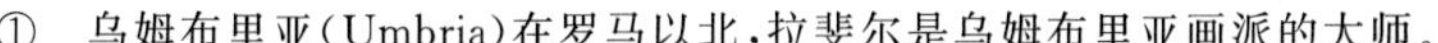

① 乌姆布里亚(Umbria)在罗马以北，拉斐尔是乌姆布里亚画派的大师。

② 原注：见《意大利研究》，卷二，310页。

③ 帕鲁基诺(Pietro Perugino，1446—1524)，乌姆布里亚画派的代表之一。

似仍受帕鲁基诺的趣味和风格的束缚,后来从帕鲁基诺向前进展,便完全实现了上述要求。这就是说,他把对宗教艺术课题的宗教情感,对自然现象的生动鲜明的色彩和形状的透彻认识和喜爱,和对古代艺术美的同样深湛的敏感结合在一起了。对古代艺术理想美的高度赞赏却没有使他摹仿和采用希腊雕刻所发展出来的那些完美形式,而是只在大体上掌握住古代希腊艺术的自由美的原则,并且把绘画所要求的个别具体事物的生动性,表情后面的深刻灵魂,以及拉斐尔以前意大利画家们从来还没有认识到的那种表现方面的爽朗鲜明和深刻周密,完全渗透到这种自由美的原则里去。在对这些因素的锤炼,熔合和调配之中,拉斐尔达到了艺术完美顶峰。

不过在运用明暗方面的神奇魔力上以及在心情、形状、运动和组合方面的精妙秀美上,他还赶不上考列基俄,在自然生动以及色彩的和谐、灿烂、温暖和强烈等方面,他还赶不上惕香。没有什么能比考列基俄所表现的纯朴优美的精神(非自然的而是宗教的)更为美妙可爱,也没有什么能比他所画出的那种微笑的、天真纯朴的美更可爱了。

这些大画师在绘画方面所达到的完美是艺术的一个高峰,是一个民族在历史发展过程中只有一次才能攀登到的高峰①。

c) 荷兰和德意志的绘画②

第三,关于德意志绘画,我们可以把它和荷兰绘画摆在一起

① 请注意,黑格尔在意大利大画师中不提米琪尔·安杰罗。

② 荷兰和德意志在民族传统和语言方面有血缘关系,所以黑格尔把这两派绘画摆在一起来谈。

来谈。这两派绘画和意大利绘画的一般差异在于德意志和荷兰画家们都不肯而且也不能凭自己的力量去达到意大利绘画的那种自由的理想的形式和表现方式，从而达到由精神渗透而显得光辉焕发的美。他们所发展的一方面是深刻情感和主体方面独立自足的精神表现，另一方面是在信仰的亲切情感里加上个别人物性格中的较广泛的特殊细节，这种个别人物性格不仅表现于关心宗教信仰和灵魂解救，而且还关心世俗生活，纠缠在生活的忧虑里，而且在艰苦的工作里培养成一些世俗性的道德品质，例如忠诚，持恒，爽直，骑士的坚定和市民的精干之类。由于这种较狭隘的性情，我们在这两派绘画里，特别是在德意志绘画里，所看到的不是意大利绘画从开始就有的那种较纯粹的形式和性格，而是一些倔强人物性格的倔强表现，这些人物或是以桀骜不驯，固执己见的态度和神相对抗，或是勉强克制自己，通过艰苦的工作，去挣脱自己的狭隘和粗野，然后才赢得宗教的和解；所以他们必然要使内心遭受到的深刻创伤流露在他们的宗教虔诚的表情上。

关于较详细的陈述，我在这里只提出几个主要点，它们对于区别早期荷兰绘画和德意志南部绘画以及十七世纪的一些较晚的荷兰绘画是具有重要意义的。

1）在早期荷兰画家之中，杰出的人物是十五世纪初期的侯伯尔特·梵·爱克和约翰·梵·爱克弟兄，他们的画艺本领只有到近来才重新被人重视。像人们所熟知的，他们被尊为油画的发明者，至少是在油画中最早达到完善的画师。从他们对画艺所促成的巨大进展来看，我们可以想到从较早期的开始到后来的成熟之间一定可以找到有一种循序渐进的阶段，但是我们却不能从保存下来的作品中见出这种逐渐进展的次第。现在开始期和成熟期的作品都混在一起,很难分先后。因为几乎很难找到其他画家画得比他们两弟兄更好。此外,从他们所流传下来的作品可以看出,他们已经抛弃和战胜了画艺中的定型陈规,不仅在素描、姿势、人物组合,内心的和外表的特征,色彩的生动,鲜明、和谐和精妙,布局的宏伟和完整等方面显出高超的本领,而且在自然环境,建筑配备,背景,地平线(远景),材料,服装的富丽多彩,武器和装饰的式样等方面,也处理得很真实,显出高度的绘画敏感和熟练技巧,以至在后来的几个世纪里,没有人能比他们达到更完善的地步,至少是在深刻和真实这两点上是如此。不过我们如果把荷兰绘画和意大利绘画中的杰作对比来看,意大利绘画就显出更大的吸引力,因为意大利画家们在宗教的亲切情感和想象的隽永,自由和优美这些方面要领先。荷兰画中的人物固然也凭他们天真纯朴和宗教虔诚博到欣赏,甚至在心灵的深刻方面有时还超过最好的意大利画中的人物,但是在形式的完美和灵魂的自由方面他们却不能提升到同样的高度;特别是他们的圣婴形象塑造得很坏,至于其他人物,无论是男的还是女的,尽管在宗教的表情之内同时还显出一种由深刻信仰所赞许的对世俗旨趣的才干,毕竟显得无论是在越出这种虔敬生活之上的时候还是在落到这种虔敬生活之下的时候,都显得平庸,仿佛不能凭本身成为自由的,富于想象和才智的。

2)值得研究的第二方面是从较平静的充满敬畏的虔忱转到殉道事迹(一般说来,转到现实生活中不美的事物)的过渡阶段。在这方面特别擅长的是德意志南部的画师们。他们在基督临刑故事中选用兵士们对基督的横蛮和恶毒讥嘲,以及在基督垂死的过程中人们对他所表现的野蛮的仇恨之类场面时，很有力地、突出地刻画出与内心的邪恶相对应的外形的丑恶。较平静而恳挚的宗教虔忱的静穆美被推到后面去了，上述那些情境所决定的激动展现为可怕的奇形怪状，野蛮的姿势和漫无约束的放情纵欲。这类绘画既然塞满了纷纷扰攘中的互相追逐推挤的人物，而在这些人物性格中野蛮性又占了上风，在构图和着色两方面就当然都缺乏内在的和谐，所以到了德意志早期绘画重新博得爱好的初期，人们看到其中技巧一般很不完善，就不免在断定作品的年代中作出错误的推测，把它们看作比梵·爱克时代的较为完美的作品还要早一些，而实际上它们大部分却是较晚期的作品。不过德意志南部画师们也并非绝对死守这类作品的表现方式，他们也处理过多种多样的宗教题材，而在处理基督临刑的情境时，知道怎样成功地避免极端野蛮的场面，例如阿尔伯列希特·杜勒就是如此；他们对于这类课题总是当心要保住内心的高尚和外表的独立自由。

3）德意志和荷兰的艺术所达到的最后一点在于对世俗性的日常生活的透彻认识以及与此相联系的绘画分化为样式最多的表现方式的过程，这些表现方式无论在内容上还是在处理方法上，都彼此区别开来而各自向某一方面发展。在谈到意大利绘画时我们就已看出当时发展的方向是由单纯而庄严的虔敬转到日渐上升的世俗生活。不过这种世俗生活在意大利绘画里（拉斐尔是例证）时而有宗教热忱渗透进去，时而受到古代艺术美的原则的节制，保持住统一的整体，至于这派意大利绘画后来的发展与其说是在于以色彩为引路线，分化成为对一切种类题材的多种多样的表现方式，毋宁说是在于肤浅的分散或是对各种形式和画法的东拼西凑的摹仿。德意志和荷兰的画艺却不然,它以最明确最触目的方式运用了一整系列的题材内容和处理方式:从完全传统式的教堂画像,个别人物的像和半身像,转到对深思默索的虔敬的宗教热忱的描绘,一直到在较宏伟的布局和场面里对这类描绘的生动化和扩大化;但是在这种布局和场面里,对人物性格的自由刻画以及凭描绘列队游行,随从队伍,群众中偶然出现的个别人物,服装和器皿的装饰,大量的真实人物造像,建筑物,自然环境以及教堂、城市、街道,河流、森林和山峰等等所造成的高度活跃气氛,却是由宗教的基础支撑起和联系成为整体的。这个中心①现在离开绘画了,所以以前由它联系成为整体的那一系列的对象就拆散了,这些零星个别的事物,就各按它的特殊的孤立状态和偶然的变化,听命于多种多样的构思方式和绘画创作方式了。

为着在这里对最后一个领域作出完满的评价,像前此已经谈到过②,我们就得再度仔细考察一下它的起源所自出的民族情况。谈到这一点,我们要用以下的方式来说明荷兰绘画的转变的理由,即从教堂和宗教虔诚的观点和形象塑造的方式,转变到单纯的世俗生活以及自然界的事物和一些特殊具体的现象,例如正当的欢乐的安静的但是狭窄的家庭生活,乃至民族的喜庆,宴会和列队游行,农村舞蹈,教堂节日的娱乐和游戏之类。宗教改革运动已经渗透到荷兰全国,荷兰人已变成新教徒而且推翻了西班牙教会和国王的专制统治。从政治情况来看,我们在荷兰既找不到一个曾驱逐暴君或强迫他们接受法律的声势煊赫的贵族阶级,也找不到一

① “中心”指上文的“宗教基础”。

② 参看第一卷210—213页;第二卷第三章3a。

个像瑞士人那样受过压迫挣脱枷锁获得自由的农民阶级，荷兰人民的绝大部分，即除掉少数勇敢的耕田人和更少数的英勇的海上英雄之外，都是些城市居户，做生意的殷实市民，这些人安居乐业，没有什么很高尚的理想，但是等到紧急关头，须保卫他们的正当得来的权利以及他们的地区、城市和公会的特殊利益时，他们却挺立起来起义，毅然信任上帝和他们自己的勇气和智力，不怕那统治着半个世界的西班牙主子的可怕的意旨，敢冒一切危险，英勇地流血奋斗，凭这种正义的勇敢坚忍，终于胜利地争得了宗教的和政治的独立。如果我们可以把某一种特殊的性情气质叫做"德意志"① 的性情气质，自尊而却不骄傲，在宗教虔诚中不只是热情默祷而是结合到具体的世俗生活，在富裕中能简朴知足，在住宅和环境方面显得简单、幽美、清洁，在一切情况下都小心翼翼，能应付一切情境，即爱护他们的独立和日益扩大的自由，又知道怎样保持他们祖先的旧道德习俗和优良品质。

这个聪明的具有艺术资禀的民族也要在绘画中欣赏这种强旺而正直的安逸的殷实生活，要在一切可能的情境里从图画中再度享受他们的城市、房屋和家庭器皿的清洁，家庭生活的安康，妻子和儿女的漂亮装饰，城市政治宴会的富丽辉煌的排场，海员的英勇以及他们对本国的商业在全球各海洋上行驶的船舰的声誉所感到的欣慰。荷兰画师们也正是把这种对正当的愉快生活的审美感带到对自然题材的描绘里去，他们在一切绘画作品里，都能把构思的自由和真实，对看来似是微不足道的只在瞬间出现的事物的爱好，

① 黑格尔用的是德意志(Deutsch)，指的是日耳曼，因为荷兰人与德国人同属北欧日耳曼民族。

敞开眼界的新鲜感以及对最孤立绝缘和最有局限性的事物的聚精会神这些特点和艺术布局方面的最高度的自由,对次要因素的最精微的敏感以及创作施工方面的周密审慎结合在一起。这派绘画在描绘战争生活和战士生活,酒店中的热闹场面,婚礼和其它农村宴会,家庭生活关系,真实人物,自然风景,动物,花卉之类题材时,一方面尽量显出光影和一般色彩的奇妙效果,另一方面也用最高度的艺术真实最卓越地刻画出生动鲜明的人物性格。尽管这派绘画取材于村俗、粗野和平凡的自然中不重要的偶然的事物,这些景象却显得渗透着一种毫无拘束的快活热闹的气氛,以至形成真正的题材内容的不是那些平凡村俗的东西而是这种毫无拘束快活气氛。所以我们所看到的不是平凡的情感和情欲,而只是下层生活中的朴质的接近自然本色的东西,也就是快活的谑浪笑傲的喜剧性的东西。在这种自由自在的放荡之中就有一个理想因素:这就是生活中的礼拜天,它使一切平等无差别,扫除了一切邪恶;这样整个心都充满着欢乐的人就不可能是彻底邪恶或卑鄙的人。暂时表现出的邪恶和形成人物性格基本特征的邪恶并不是一回事。在荷兰人那里,喜剧性就把情境中的邪恶消除掉了,我们观众心里很明白,这些人物本来的性格可以和在这一瞬间让我们看到的面貌大不相同。这种爽朗气氛和喜剧因素就是荷兰画的无比价值所在。如果现代画家们往往想使作品里也有这种动人的风趣,他们往往只能表现出在内在本质上就平凡村俗丑恶的东西而拿不出起和解作用的喜剧因素。例如一个恶劣的妇人在一家小酒馆里痛骂她的酒鬼丈夫,当然也很泼辣:但是这种场面像我已经说过的那样,只能显出他是一个二流子而她是一个老泼妇。

如果我们拿这副眼光去看荷兰画家们，我们就不会再认为绘画应该排斥这类题材，而只应去描绘那些古老的神、神话和寓言或是圣母，基督钉上十字架，殉道者、教皇、男圣徒和女圣徒之类题材。凡是适合于每一种艺术作品的题材也就适合于绘画：包括凡是对于人、人的精神和性格的认识，对于人究竟是什么以及这个人究竟是什么的认识。在这里形成诗的基本特征的东西就是大多数荷兰画家所表现的这种对人的内在本质和人的生动具体的外在形状和表现方式的认识，这种毫无拘束的快活心情和艺术性的自由，这种想象方面的新鲜爽朗和这种艺术施工方面的既稳妥而又大胆的手腕。从荷兰画家的作品里我们可以研究和认识到人和人的本质。但是近来画家们让我们看到的老是那些人物画像和历史画，我们一眼就可以看到，尽管这些画中人物很像人，很像实际存在的人，但是画家既不知道人和人的色泽，也不知道能表现出人之所以为人的那些形状。①

① 论荷兰画这一节是值得特别注意的。过去艺术史家和批评家们都特别推尊意大利画，意大利画艺术造诣固然很高，但在题材方面局限在宗教领域，在创作风格方面仍没有摆脱古典理想的束缚；荷兰画开始侧重现实生活，真正反映了资本主义时代新兴市民的精神，可以说是在绘画中开创了现实主义风气。黑格尔在《美学》中再三给荷兰画以很高的评价，在这方面他是开风气之先的。尽管他的艺术理想是希腊古典雕刻、史诗和戏剧，在绘画方面却推尊荷兰画，这说明了他坚持了历史发展的观点，不是一味厚古薄今的。

第二章　音乐

回顾一下前此各门艺术的发展过程，我们是从建筑开始的。建筑是一门最不完善的艺术，因为我们发现它只掌握住有重量的物质，作为它的感性因素，而且要按照重力规律去处理它，所以不能把精神性的东西表现于适合它的可以目睹的形象，只能局限于从精神出发，替有生命的实际存在的精神准备一种艺术性的外在的围绕物。

其次是雕刻。雕刻固然用精神性的东西作为对象，但是还不把它当作具体特殊的人物性格，也不把它当作心灵主体的内在生活，而是把它当作既不能离开实体性的内容意蕴，又不能离开精神的肉体现象而独立的一种自由的个体；作为个体，精神性的东西在表现（雕刻作品）里应出现多少，就要取决于把一种本身重要的内容体现于个别的有生命的形象中所需要的多少；也就是说，精神的内在因素究竟要在多大程度上渗透到肉体形状里去，就要看哪样才能显出精神和与它相应的自然形状之间的不可分割的统一。雕刻所必有的这种统一只是绝对精神与它的肉体机构的统一，而不是精神与它自己的内在生活的统一，这种情况就向雕刻这门艺术提出了一个课题：仍要用有重量的物质为它的材料（或媒介），但不能像建筑那样按照支撑重力的规律去把这种材料的形状塑造成为一种纯然无机的围绕物，而是要把它转化成为适合精神及其理想的造型艺术式的具有古典美的形象。

从这个观点来看，如果雕刻特别适宜于在作品中运用古典型艺术的内容和表现方式，使作品显得有生气，而建筑则无论利用什么内容，在表现方式上却不能越出它的基本类型，即专靠暗示的象征型，那么，走到绘画，我们就走到第三种类型，即浪漫型艺术的领域了。因为在绘画里用来表现内在精神的尽管还是外在形状，但是这种内在精神却是观念性的个别具体的主体性，即由肉体存在退回转到精神本身的内心生活，亦即人物性格和心境中的主体的情欲和情感，这种情欲和情感不再能像在雕刻里那样，完全流露于外在形状，而是要借这外在形状来反映出内心的自为存在和精神在它所特有的领域之中的活动，例如情境、目的和行动。由于内容的这种内在性，绘画一方面就不能满足于按照有重量的物质来塑造形状，而另一方面又不能满足于只就形状去理解的未经特殊具体化的材料；它只能选择这种材料的外形和色彩作为感性的表现手段。但是颜色的作用只在于使占空间的形式和形状显得仿佛和在生动的现实世界里一样鲜明。到了着色的技艺发展成为一种色彩的魔术时，客观的物质仿佛开始在消失，它的效果几乎不再是通过物质的东西来产生的。绘画在发展过程中终于达到了外形的解放，外形不再黏附到自然的单纯的形体上，而是可以在自己的活动范围里自由独立地发挥作用，显示出外形反复照映的游戏和明暗色调的幻变。但是尽管如此，这种色彩的魔术毕竟永远还是空间性的，永远还是一种在空间中并列的，因而是持久存在着[①]的

① 原文是 bestehender schein，意指画出的外形尽管仿佛脱离了物体，但毕竟仍占空间，所以仍继续存在下去，并未完全消失，针对上文“客观的物质仿佛开始就在消失”而言。在绘画里形离了体（“外形的解放”）而独立地显出形和色光和影的幻变，但仍占空间。

外形。

1. 但是如果内在因素须显现为主体的内心生活,像绘画原则所已要求的那样,真正适合这种内心生活的材料(媒介)就不能仍然有持久的独立存在。因此,我们就得到另一种表现方式和传达方式,其中客观形象并不作为占空间的形式而持久存在,我们所需要的一种材料,就它的为他的存在[①]而言,是不稳定的,它在刚出现或获得客观存在那一顷刻里就消失了。这种不仅要消除一度空间[②]而且要完全消除空间性,这种无论在内心生活还是在表现方面都完全退回到的主体性[③]的情况,就构成了第二种浪漫型艺术,即音乐。就这个意义来说,音乐形成了一种表现方式,其中心内容是主体性的,表现形式也是主体性的,因为作为艺术,音乐固然也要把内在的东西表达出去,但是即使在这种客观存在中[④]却仍然是主体性的,这就是说,音乐不能像造型艺术那样让所表现出来的外形变成独立自由而且持久存在的,而是要把这外形的客观性否定掉,不许外在的东西作为外在的东西来和我们对立着,显得是一种固定的客观存在。

不过否定占空间的客观事物作为表现手段,既然就是抛弃原来从造型艺术所依据的感性空间[⑤],这种否定也就必然要同时否定前此静止地独立存在着的物质性,就像绘画在它的领域里已把

---

① "为他的存在"(Sein für anders)与"自为的存在"对立。这里说的是音乐所用的声音对于听者是一出现就消失,不是持久的。

② 绘画消除了一度空间,只保存两度空间,即平面。

③ 音乐不用客观事物的形象,只表现内心生活,也只诉诸内心生活。

④ 内心生活一经表现(有声可闻)即成为客观的东西。

⑤ 即抛弃雕刻的三度空间和绘画的两度空间。

雕刻的主体化为平面那样①。所以对空间的否定在这里所指的就是：一种确定的感性材料放弃了它的静止的并列状态而转入运动，开始震颤起来，以至本来凝聚在一起的物体中每一部分不仅更换了位置，而且还力求移回到原来的情况②。这种回旋震颤的结果就是声音，也就是音乐的材料。

由于运用声音，音乐就放弃了外在形状这个因素以及它的明显的可以眼见的性质，因此，要领会音乐的作品，就需要用另一种主体方面的器官，即听觉。听觉像视觉一样是一种认识性的而不是实践性的感觉，并且比视觉更是观念性的。因为对艺术作品的平静的不带欲念的观照固然让所观照的对象静止地如其本然地存在着，无意要把它消灭掉，但是视觉所领会到的并不就是本身对象观念性的，而是仍保持着它的感性存在③。听觉却不然，它无须取实践的方式去应付对象，就可以听到物体的内部震颤的结果，所听到的不再是静止的物质的形状，而是观念性的心情活动。还有一层，往复回旋的材料（声音）所达到的否定一方面否定了空间状态，而另一方面这否定本身又被物体的反作用否定了，所以这双重否定的表现，即声音，就是一种随生随灭，而且自生自灭的外在现象④。通过这外在现象的双重否定（这是声音的基本原则），声音和内在的主体性（主体的内心生活）相对应，因为声音本身本来就

① 绘画否定了雕刻的三度空间，音乐要完全否定空间性，因而也就要否定物质性。它比绘画又进了一步。

② 声音由空间上的并列转化为时间上的运动或往复回旋。

③ 视觉对象在观者心中是观念性的，但它本身还是离开观者的心理活动而独立存在的，还是感性的而不是观念性的。

④ 声音是双重否定的结果：一重是对物体占空间状态的否定，另一重是音波震动中后一浪否定前一浪，是否定的否定，是随生随灭，是随灭随生，对持久存在的否定。

已比实际独立存在的物体较富于观念性,又把这种较富于观念性的存在否定掉,因而就成为一种符合内心生活的表现方式①。

2. 如果从另一方面来看,追问哪一种内心生活才显得宜于用声音来表达,我们在上文就已说过,声音作为实际的客观现象来看,就不同于造型艺术所用的媒介,是完全抽象的。石头和颜料可以适应无数种类事物的形式,并且按照它们的实际存在的状况把它们描绘出来;声音却办不到这一点。所以适宜于音乐表现的只有完全无对象的(无形的)内心生活,即单纯的抽象的主体性。这就是我们的完全空洞的"我",没有内容的自我。所以音乐的基本任务不在于反映出客观事物而在于反映出最内在的自我,按照它的最深刻的主体性和观念性的灵魂进行自运动的性质和方式。

3. 这番道理也适用于音乐的效果。通过音乐来打动的就是最深刻的主体内心生活;音乐是心情的艺术,它直接针对着心情。拿绘画来说,我们已经说过,固然也可以借面貌表情和形状来表现内心生活,心境的情调和情欲,灵魂的处境、冲突和命运,但是我们从画中所看到的这些客观现象,和观照的"我",作为内心方面的自我,却仍然是两回事。尽管我们可以把自己沉浸到一座雕像或一幅画中的对象,情境,人物性格和形状里去,欣赏这件艺术作品达到完全为它所占领以至于忘我的程度,这毕竟不能改变这样的事实:这类艺术作品始终是本身存在的对象,我们逃不脱对它们处在观照地位的关系。在音乐里这种主客的差别却消失了。音乐的内容是在本身上就是主体性的,表现也不是把这主体的内容变成一种在空间中持久存在的客观事物,而是通过它的不固定的自由动

① 因为内心生活也是流转不停,后一浪否定前一浪的。

荡，显示出它这种传达本身并不能独立持久存在，而只能寄托在主体的内心生活上，而且也只能为主体的内心生活而存在。所以声音固然是一种表现和外在现象，但是它这种表现正因为它是外在现象而随生随灭。耳朵一听到它，它就消失了；所产生的印象就马上刻在心上了；声音的余韵只在灵魂最深处荡漾，灵魂在它的观念性的主体地位被乐声掌握住，也转入运动的状态。

内容和表现方式两方面所用的都是无对象的内心活动，这是音乐的形式方面的情况。音乐固然也有内容，但不是用在造型艺术和诗里的那种意义的内容；因为音乐所办不到的正是自展现为客体①，无论是这个客体是各种实际外在现象，还是精神观照和观念界的意象②。

进一步的讨论可分为下列三部分：

第一，我们要更明确地界定音乐的一般性质和它的效果，它和其它各门艺术的差别，不仅从材料方面来看，而且还从精神内容所采用的形式来看。

其次，我们要讨论音乐与音乐所组成的曲调在时间长短上或是在实际响声调质上开展和配合之中所产生的一些特殊差异。

第三，音乐和它所表现的内容还有一种关系，它或是结合到本来已由歌词表现出来的情感，观念和观感，或是只在它所特有的领域里独立自由地发展，不受什么拘束③。

既已泛论了音乐的原则和题材划分，我们进一步来分析音乐

① 原文是 das objektive sichausgestalten，意指把自己展现成为有形可见的对象。

② 心中想到的意象还是一种对象。

③ 即伴歌词的与不伴歌词的两种乐曲的分别。

的一些特殊具体方面，就碰上一个由本题性质带来的巨大困难。这就是因为声音和用作内容的内心生活这两种音乐组成因素都是很抽象的、偏于形式的，要讨论它的一些特殊具体方面，就不得不涉及一些专门技术方面的问题，例如声音的长短高低轻重的关系以及不同的乐器、音质、音阶等等之间的差别。但是我对这方面不大熟悉，所以须预先道歉，我只能提出一些一般性的观点和个别的看法。

1. 音乐的一般性质

在音乐通论中重要的观点可以按照下列次序来讨论：

第一，我们要拿音乐一方面和造型艺术，另一方面和诗进行比较。

其次，从此我们就可以较深入地研究音乐所掌握的一种内容和表现这种内容的方式。

第三，我们可以从这种处理方式出发，较确切地说明音乐所特有的对于心情的效果，在这方面它不同于其它各门艺术。

a) 音乐与造型艺术和诗的比较

1. 音乐尽管和建筑是对立的，却也有一种亲属关系。

1a) 这就是说，如果建筑要用建筑形式来表现的内容并不像在雕刻和绘画作品里那样把全部内容纳入形象里，而是作为一种和形象有别的外在围绕物，音乐作为道地的浪漫型艺术，也像建筑一样，缺乏古典型艺术所特有的那种内在意义与外在存在的统一。

因为[①]精神的内在生活是离开心灵的单纯的凝聚状态而达到观照和观念以及想象根据观照和理念所造成的各种形式，而音乐则始终只能表现情感，并且用情感的乐曲声响来环绕精神中原已自觉地表达出来的一些观念，也就像建筑在它的领域里用石柱、墙壁和梁架所构成的一些凭知解力去认识的形式去围绕神像一样，不过建筑所用的方式当然比较呆板。

1b）因此，声音和它所组合成的曲调是一种由艺术和艺术表现所造成的因素，和绘画雕刻利用人体及其姿势和面貌的方式完全不同。从这一点来看，音乐也较近于建筑，因为建筑所采用的一些形状不是来自现成事物而是来自精神创造的，它塑造这些形状一部分是按照重力规律，一部分是按照对称与和谐的规则。音乐在它的领域里所做的事也是如此，它一方面遵照以量的比例关系为准而与情感表现无关的和声规律，另一方面在拍子和节奏的回旋上以及在对声音本身的进一步发展上，也要大量运用整齐对称的形式。所以在音乐里灵魂最深刻的亲切情感和最谨严的知解力都一样重要，这样，音乐就把对立的情感和思想两个极端结合在一起了，不过这种对立是很容易变成各自独立的。特别是在这种独立化的情况中，音乐脱离了表现心情的功用，就获得了一种建筑的性格，专门在建造符合音乐规律的声音大厦上大显创造发明的才能。

1c）尽管有上述的类似，声音的艺术毕竟仍在和建筑完全相

① 法译本在这里加了“在建筑和雕刻里”似较清楚。分别在于建筑和雕刻所表现的是观照和观念以及想象根据这种观照和观念所塑造成的各种形式，而音乐则只表现情感。

对立的领域里进行活动。在这两种艺术里提供基础的固然都是量的比例关系,即大小长短高低的比例关系,但是二者按照这种比例关系来造型的材料却是直接相对立的。建筑就静止的并列关系和占空间的外在形状来掌握或运用有重量有体积的感性材料,而音乐则运用脱离空间物质的声响及其音质的差异和只占时间的流转运动作为材料。所以这两种艺术作品属于两种完全不同的精神领域,建筑用持久的象征形式来建立它的巨大的结构,以供外在器官的观照,而迅速消逝的声音世界却通过耳朵直接渗透到心灵的深处,引起灵魂的同情共鸣。

2. **其次**,关于音乐和两种造型艺术的较密切的关系,所可指出的类似和差异在上文已经说过的道理中可以找到部分的根据。

2a) 无论是从材料和就材料塑形的方式来看,还是从雕刻所能达到的内在因素和外在因素的紧密融合来看,音乐和雕刻都距离得很远。音乐和绘画却有较密切的亲属关系,部分地由于在这两门艺术里内心生活的表现都占较大的比重,部分地也由于对材料的处理相类似,我们已经说过,在材料处理方面,绘画可以越境转到音乐的领域。但是绘画和雕刻却有一点相同,它们都永远以描绘占空间的客体形状为目标,因而受到约束,只能运用这种形状在艺术之外原已存在于现实界的现成形式。无论是画家还是雕刻家,在采用人的面貌,身体姿势,山峰的线条或树的枝叶为题材时,当然都不能恰恰按照在某一时一地在自然中直接看到的那个外在现象的原样子,而是都有一个任务,要对所见到的东西加以调整,使它适应既定的情境以及由内容决定的那种表现方式。所以这里一方面是一种本身独立的既已完成的内容,须用艺术的方式加以个别具体化，另一方面是也是原已独立存在的现成的自然形式；如果艺术家的任务是要把这种内容和形式紧密地融合成为一体，他在构思和创作施工上就要以这两方面为立足点。从这种既定的任务出发，艺术家有时须把观念中的一般加以具体化，有时须把在零星状态可供他用作蓝本的人的形体或其它自然事物的形状加以一般化和精神化。音乐家却不然，他固然也不是要抽掉一切内容，而是有时要根据歌词中现成的内容去制曲，有时以较独立自由的方式把某一种情调纳入一种音乐主题的形式里，然后进一步加以发展；但是他的乐曲的真正活动范围却仍是偏于形式或较抽象的内心生活和纯粹的声音，而他对内容的深化并不是使它外现为一种图景，而是一种返回到他自己内心世界的自由中的过程，一种反躬内省的过程，而在音乐的许多领域里也是一种信念的确立，即确信他作为艺术家有离开内容而独立的自由。如果我们一般可以把美的领域中的活动看作一种灵魂的解放，而摆脱一切压抑和限制的过程，因为艺术通过供观照的形象可以缓和最酷烈的悲剧命运，使它成为欣赏的对象，那么，把这种自由推向最高峰的就是音乐了。这就是说，凡是造型艺术凭客观造型美（这种美把人的整体，单纯的人性，一般的和理想的东西，表现在个别特殊事物里而不丧失它本身的和谐）所达到的效果，音乐却须以完全另样的方式去达到它。造型艺术家只需把原已蕴藏在思想里的东西，本来就在那里的东西，揭露或展示出来，所以每一个别细节在基本定性上只是对整体的一个较详细的展现，而这整体原已通过所要表现的内容浮现于心眼前。例如在一件造型艺术作品里一个人物形象在这种或那种情境里需要现出一个身体、手、脚、胸腹和头，以及某一种表

情,某一种姿势,还要有某些其他人物以及其它有关的东西,这些项目中每一个项目都要求有其它项目在一起,才能形成一个本身融贯的整体。在这里对音乐主题的发展只是把主题本身原已包含的东西较周密地分析出来,由此展示出来的形象雕琢得愈精细,统一体也就显得愈集中(凝练),而各部分的协调也就愈加强。如果艺术作品是名副其实的,个别细节的最周密的表现同时也就是最高度统一的实现。至于一件音乐作品当然也要有各部分的内在协调,融贯成为整体,其中每一部分都依存于其它部分,都是不可缺少的,但是在音乐作品里有时艺术施工采取完全另样的方式,有时对"整体"这个词要就较窄狭的意义来理解。

2b)一个音乐主题本身所要表达的意义原已表达无余了;如果这意义经过复现,旁生枝节,变调,或其它音乐表现手法,对于知解力来说,都很容易显得是多余的,它们只属于纯粹的音乐方面的精工刻画以及要精通和声学中多种多样的互相差异的因素的要求,而这些因素既不是内容本身所要求的,也不是能在内容里找到根据的。至于在造型艺术里情况却不如此,对个别细节的精工刻画只是对内容本身的一种更充分的突出和生动具体的分析。不过当然也不能否认,就连在音乐作品里,一个主题在展现过程中,也可以派生另一主题,接着这两个主题在互相交替和交叉出现,就互相促进、互相改变,在这里消失了,在那里又涌现出来,现在像是挫败了,等一会儿又胜利地走出来,通过这种展现方式,内容在它的较明确的关系,矛盾,冲突,转化,错综复杂化以至于解决之中也可以得到阐明。但是即使在这种情况中,统一体并不像在雕刻和绘画里那样通过这种精工刻画而得到更高度的深刻化和集中化,所得到的毋宁是一种扩大和推广，一种拆散，一种往复回旋，所要表达的内容当然仍是这一切的中心点，但是这中心点却不像在造型艺术的形象里那样能把作品联系成很紧凑的整体，特别是在题材限于人体机构的时候。

2c）从这方面来看，音乐不同于其它艺术，它和内心生活中形式的自由关系太密切了，所以多少可以越出现成的内容之外。艺术家回想到他所选的主题仿佛也就是他察觉到自己，认识到**他自己**是艺术家，可以来去自如，纵横驰骋。但是这种信任自由幻想的作品显然不同于本身独立的旋律，后者应该形成一个由各部分融贯一致的整体。不过在信任自由幻想的作品里，放纵不羁本身就是目的，所以艺术家在他的临时即兴的作品里可以自由任意把人所熟知的一些乐调片段交织在一起，使它们获得一种新的面貌，现出多样的微细差别，或是从此旁生枝节，乃至跨到性质相差极远的领域里去。

但是就大体来说，一个旋律在两种方式中有选择的自由，一种是较有节制地创作出来的，要遵守一种可以说是造型艺术的统一性，另一种是取主体的生动活泼的方式，任意从一点出发纵横驰骋，在不同程度上节外生枝，对这个或那个音调或放或收，都全凭一时心血来潮，然后又像长江大河，急泻直下。所以如果画家和雕刻家要研究自然事物的形式，音乐却根本没有必要去遵守这种在它本身之外的现成的形式。音乐方面的关于形式的规律性和必然性全都限于声音本身的范围里，而声音与它所含蓄的内容并不那么紧密地联系在一起，所以在声音的运用上，音乐家主体创作自由有尽量发挥作用的余地。

音乐不同于较客观的造型艺术的地方主要如上所述。

3. 第三,从另一方面看,音乐和诗有最密切的联系,因为它们都用同一种感性材料,即声音。不过这两种艺术的声音的处理方式上以及在表现方式上却仍有极大的差别。

3a) 我们在讨论各门艺术的一般分类时已经看到,在诗里声音本身并不那么复杂,并不是由人造的乐器发出来的,也不是用丰富的艺术形式组合成的,它只是把人类语言器官所发出的语音降低成为单纯的符号,这符号本身并无意义,只因为标志出某些观念,才获得价值。因此,声音在诗里一般是一种独立的感性客观存在物,作为情感思想和观念的单纯符号,正因为它只是这种符号,它就具有本身固有的外在性和客观性。因为内心生活作为内心生活而具有的真正的客观性并不在于语音和文字,而在于我意识到一个思想或一种情感之类,我把这个思想或情感变成了对象,可以把它摆在心眼前来看,或是把它里面所含的意蕴阐发出来,把思想内容的内在的和外在的联系分析出来。我们固然经常用文字(词)来思想,不过并不因此就要运用实际说出来的话。由于语音作为感性材料对它所传达的观念思想之类的精神内容并无必然的联系①,声音在诗里就恢复了独立性。在绘画里颜色及其组合,如果单作为颜色来看,固然也是本来没有意义的,是一种独立于精神内容之外的感性因素,但是单靠颜色也还不能形成绘画,还必须加上形状及其表现。形式(形状)由精神赋予生命之后,颜色才和这种形式发生一种联系,比起语音和词组与观念之间的联系远较密切。

① 一个观念可用这个音做符号,也可用那个音做符号,例如同一思想各民族用不同的语言来标志。

如果我们就诗和音乐在运用声音的方式的差别来看，音乐并不用声音来组成语言的词，而是任声音独立地成为音乐的因素，正因为它是声音，就把它作为目的来处理。因此，声音系统，由于不是用作单纯的符号，就获得了独立自由而变成一种表现（塑形）方式，可以把它的独特的形式（即富于艺术性的声音构图）看作音乐的基本目的。特别是在近代，音乐已经摆脱了本身独立的原已清楚的内容意义，而退回它自所特有的因素①里，因此就不免日益丧失掉音乐对整个内心世界的大部分威力，因为它所提供的乐趣只有艺术一个来源，所满足的只是对单纯的音乐创作的熟练技巧一方面的兴趣，这只是音乐行家所注意的一方面，和一般人类的艺术兴趣没有多大关系。

3b）在艺术所能允许的范围之内，诗可以抛开它的感性因素②，但是它因此而在外在的客观性方面所遭受的损失，却在诗的语言提供给精神意识的那些观感和观念的内在的客观性方面得到补偿③。因为这些观感，情感和思想须由想象塑造成为一个本身完整的世界，其中包含事件，动作，心情和情欲的迸发，这样就造成了作品，把完整的现实，无论在外在现象上还是在内在意蕴上，都转化成为为我们的④精神性的情感、观感和观念，这种客观性正是音乐所必须放弃的，如果音乐要在自己的领域里维持独立的地位。

① 即本身作为目的，不作为符号的声音，亦即不顾声音所标志的意义。

② 诗不像音乐，不是把声音（感性因素）作为本身有价值的因素，而只用它作为思想情感的符号。下文“外在的客观性”即指声音本身所现出的客观性。

③ 诗的语言有意义，在意识中唤起思想和情感，意识到的情感和思想即具有“内在的客观性”，因为已成为对象。

④ “为我们的”即成为我们的认识的对象。这句话解释上句所说的诗的“内在的客观性”。

这就是像上文已经说过的,声音系统固然和心情有联系而且和心情的精神运动相协调一致,但是它所引起的只不过是一种蒙眬的同情共鸣,尽管一部音乐作品如果来自深心,渗透着丰富的灵魂和情感,可以在听众心里引起很深广的反响。此外,一般说来,我们听众的情感可以很容易越出这种内容意蕴中不明确的(蒙眬的)内心因素,把我们主体内心情况摆进去,达到一种物我同一状态,从而对这种内容有较具体的观感和较一般的观念[①]。这种情形在一部音乐作品里也可以发生,如果这部作品凭它的特性和艺术家所灌注的生气在我们心中所引起的情感,在我们心中发展成为更明确的观感和观念,因而把这些较确定的观感和较一般的观念较具体的心情烙印也带到意识里来。但是这只是我们的观念和观感,尽管是由音乐作品所激发起来的,却不是直接由它对声音的音乐处理所造成的[②]。诗却不然,它所表现的是情感、观感和观念本身,使我们也能对外在对象画出(想象出)一幅图形来,尽管诗既达不到雕刻和绘画的造型艺术的鲜明性,也达不到音乐的心灵的亲切情感,因而不得不求助于我们平常用的感性观照和无言的心领神会[③],来弥补它的不足。

3c) 第三,音乐却不停留在这种一方面与诗艺对立另一方面和意识中的精神内容对立的独立性上,而要结合到一种已由诗尽量发挥的明确表现为情感、观点、事件和动作之类过程的内容。如

① 读者因文生情,文以有限之言寓无穷之意,所以有些朦胧;读者的体会不免凭个人主体经验,所以比较具体;同时也把作者的原意推广到自己,所以比较一般。

② 音乐可以引起具体的情感和感想,但并不直接表现具体的情感和感想。

③ “感性观照”指想象,诗凭想象去求造型艺术的鲜明性;“无言的心领神会”指对言外之意的玩索,诗凭此去体会音乐对心灵的亲切情感。

果在由此形成的艺术作品之中音乐的因素还占主导的突出的地位，诗（歌词）无论是取普通诗或戏剧体诗之类的形式，就不应在其中要求独立地发生效用，一般地说，在音乐与诗的结合体之中，任何一方占优势都对另一方不利。所以歌词如果成为具有完全独立价值的诗作品，它所期待于音乐的就只能是一般微末的支援；例如古代戏剧中合唱就只是一种处于从属地位的陪衬。反之，如果音乐保持一种自有特性的独立地位，歌词在诗的创作上也就只能是肤浅的，只能限于表现一般性的情感和观念。对于深刻的思想进行诗的刻画，正如对外在自然事物的描绘或一般描写体诗一样，不适宜于歌词。所以歌词，歌剧词以及颂神乐章之类，如果从精细的诗的创作方面来看，总是单薄的，多少是平庸的；如果要让音乐家能自由发挥作用，诗人就不应让人把自己作为诗人来赞赏。在这方面特别是意大利人，例如麦塔斯塔西阿[①]等，显出了很大的才能，而席勒的诗歌本来不是为配乐而写的，谱成乐曲就显得很笨重不适合。如果音乐获得了适当的艺术演奏，听众们对歌词就不大理会乃至简直不理会，对于德国语言和语调特别是如此。所以如果把重点放在歌词上，就不是走正确的音乐方向。举例来说，意大利观众在看到歌剧的不重要的场面时，就闲聊天、吃东西，或是玩牌，但是一听到一个突出的调子或重要的乐章开始演奏，每个人就又聚精会神地去听。我们德国人却不然，我们最感兴趣的是歌剧中王子和公主们的命运以及他们和随从，亲信和仆婢之类人物的谈话，甚至在今天也许还有许多人一听到歌声开始，就感到败兴，

① 麦塔斯塔西阿（Metastasio，1698—1782），意大利诗人，长于替歌唱家写歌词，也写过一些歌剧。

马上就闲聊起来了。

在宗教音乐里,歌词大半是一种家喻户晓的教义或是从《诗篇》中选来的,所以歌词只应看作替阐明性的乐曲提供一种机缘,而这种乐曲其实是独立创作出来的,并不仅是为阐明歌词,而是只从歌词内容中采取一般性的意义,大致类似绘画取材于宗教故事的方式。

b) 对内容的音乐掌握

其次,如果我们要追问音乐不同于其它艺术的掌握方式,亦即音乐无论在伴乐词还是不伴乐词时怎样理解和表达某一具体内容,我们在上文已经回答了这个问题,那就是在一切艺术之中,音乐有最大的独立自足的可能,不仅可以自由脱离实际存在的歌词,而且还可以自由脱离具体内容的表现方式,从而可以满足于声音的纯音乐领域以内的配合,变化,矛盾与和解的独立自足的过程。不过在这种情况之下,音乐就变成空洞无意义的,缺乏一切艺术所必有的基本要素,即精神的内容及其表现,因而就不能算是真正的艺术。只有在用恰当的方式把精神内容表现于声音及其复杂组合这种感性因素时,音乐才能把自己提升为真正的艺术,不管这种精神内容是否已由乐词提供详明的表现,还是用比较不明确的方式,即单从声音及其和谐的关系与生动美妙的曲调中体会出来。

1) 从这方面来看,音乐的独特任务就在于它把任何内容提供心灵体会,并不是按照这个内容作为一般概念而存在于意识里的样子,也不是按照它作为具体外在形象而原已进入知觉的样子或是已由艺术恰当地表现出来的样子,而是按照它在主体内心世界

里的那种活生生的样子。分配给音乐的艰巨任务就是要使这种隐藏起来的生命和活动单在声音里获得反响,或是配合到乐词及其所表达的观念,使这些观念沉浸到上述感性因素[①]里,以便重新引起情感和同情共鸣。

1a) 所以单纯的内心生活就是音乐用来掌握内容的形式,并且凭此来吸取凡是可以纳入内心生活的尤其是可以披上情感形式的东西。但是这里就包含一个条款:音乐不应希求诉诸知觉,而应局限于把内心生活诉诸内心的体会,或是把一种内容中具有实体性的内在的深刻的东西印刻到心灵的深处,或是宁愿把一种内容中的生命和活动表现为某一个别主体的内心生活,从而使这种主体的亲切情感成为音乐所特有的对象(题材)。

1b) 这种抽象的内心生活以情感为它和音乐发生关系的最主要因素,情感就是自我的自伸展的主体性,它当然要结合到一种内容上去,但是让这内容保持这种直接的封闭在自我中的状态,无外在性,只与自我发生关系。因此,情感永远只是内容的包衣,这正是音乐所要据为己有的领域。

1c) 在这个领域里音乐扩充到能表现一切各不相同的特殊情感,灵魂中一切深浅程度不同的欢乐、喜悦、谐趣、轻浮任性和兴高采烈,一切深浅程度不同的焦躁、烦恼、忧愁、哀伤、痛苦和怅惘等等,乃至敬畏崇拜和爱之类情绪都属于音乐表现所特有的领域。

2) 处在艺术范围之外时,声音作为感叹,痛苦的呼号、叹息和嬉笑,原来就已是心灵状态和情感的最生动的直接表现,或则说,灵魂的“哎呀”和“呵呵”。在这种表现里已可见出灵魂作为灵魂的

① 声音及其组合。

一种自我生产和对象化,这种表现处在心不在焉的沉思和回到内在的明确思维这两种状态的中间,它是一种非实践性的而是认识性的创造,就像鸟儿在它的歌唱里也有这种欣赏和这种自生产。

不过感叹这种单纯的自然表现还不是音乐。因为这类表现当然不像语音那样是代表思想的发音分明的人为符号,所以不能把一种心里想到的内容按照它的普遍意义表现为观念,而是只通过声音把一种心情和情感流露于声音本身,这种心情和情感通过这种心声的迸发,就得到了宣泄或解放。与此相反,音乐却须把情感纳入一定的声音关系里,把自然表现的粗野性和放荡不羁性清除掉,使它合拍中节。

3)总之,感叹虽然是音乐的出发点,却只有成为有节律的感叹,才成其为艺术。就这一点来说,比起绘画和诗来,音乐须对它的感性材料进行更高度的艺术调配,然后才能以符合艺术的方式把精神的内容表现出来。关于音乐怎样把声音调配得妥帖,我们要待将来详谈;现在我只复述已说过的话:声音本身是一种许多差异面的整体,可以分散和结合成为样式最多的紧密协调,本质性的对立与和解。这种对立和统一,以及声音在运动和转变,出现,进展,斗争,自解决和消失中所显出的各种差异和这种或那种内容以及心情和神智用来把握这内容的情感这两方面的内在本质,有远近程度不同的相对应的关系,所以掌握和处理得很妥帖的声音关系(乐调)就给在精神中原已存在的确定的内容提供生动的表现。

声音这种媒介比起前此讨论过的那种感性材料更接近一种内容的单纯的**内在**本质,因为声音并不凝定成为占空间的形状,保持各部分并列和互相外在的关系,而是落在**时间的**观念性的领域里,所以不至发生单纯的内心因素与具体的肉体形状和现象这两方面之间的差异。主要靠音乐来表现的那种内容的情感形式也是如此。这就是说，在知觉和观念里，正如在自觉的思维里，就已有发生知觉，观念和思维的自我与被知觉，观念和思维的对象之间的区别；但是在情感里，这种区别已消失了，或则毋宁说，还没有出现，内容和单纯的内心生活还不可分割地交织在一起。所以在音乐作为陪伴的艺术而与诗结合在一起，或是诗作为讲解员而与音乐结合在一起的情况之下，音乐就还不能按照观念和思想为自意识所掌握到的样子把那些观念和思想表现为可以观照的外在形状，或是着意要把它们再现出来，而是像上文所说的，只有两种办法：一种是把单纯的内容表现于与它密切联系的那种情感相适合的声音关系；一种是通过伴随着诗而且使诗深化的声音去直接表现知觉和观念的内容在既起同情共鸣而又发生观念的心灵中所能引起的那种情感。①

c）音乐的效果

第三，从上文所说的话就可以转到音乐主要对单纯的心情所发挥的威力。这种心情既不走到凭知解力的思索，也不把自意识分解为一些零散的知觉，而是在情感的未经开放的深处活动的那种心理状态。音乐所掌握的正是这个领域，正是这种内心的敏感，这种抽象的自我认识；由于掌管了这个领域，音乐就促使内心世界

① 以上一节要义在于音乐以情感为内容，也是以情感为形式，内容尚未成为明确的观念，所以也只能诉诸观众的情感。这一节值得特别注意，因为它阐明了内容决定形式的基本观点，是无标题音乐或纯音乐之类形式主义的最深刻的批判，另一方面也说明了音乐在内容和形式上都不同于其它艺术。

变化的发源地,即心情和神智,亦即整个人的单纯的精神凝聚的中心,处于运动状态。

1. 特别是雕刻能使它的作品具有一种完全独立的持续存在,一种在内容上和在外在艺术表现上都是独立自足的客观存在。雕刻的内容是精神方面的实体性,虽然体现在个别的人身上才有生气,却是独立的,本身融贯一致的。雕刻的形式是占空间的完整的形象。所以一件雕刻作品作为观照的对象也有最充分的独立性。至于绘画,我们在讨论绘画时已经见到,它已和观众发生了一种较紧密的联系,部分地由于它所表现的内容在本身上较富于主体性,部分地由于它所描绘的是现实事物的单纯的外貌,因而显出它不是自为的、独立的,而是为旁人的,即为起知觉和情感的主体(观众)的。不过纵使面对着一幅画,我们观众也还有一种独立自由,因为我们要应付的总是一种外在的现成的对象,只有通过观照才能使我们认识到,因而只能对情感和想象发生作用。所以观众看一幅画,可以来回走动,时而看它的这一点,时而看它的那一点,可以分析立在面前不动的整体,进行多方面的思索,这样就保持充分的自由去进行独立的考察。

1a) 音乐的艺术作品却不然,作为艺术作品,它一般当然也显出欣赏的主体和作品客体之间的初步区别,因为作品在它的实际的响声中维持着一种不同于内心生活的对立,却不像在造型艺术里那样,不是上升到使声音成为在空间中保持一种外在的持久的存在和可以观照的自在的客体,而是使声音的实际存在蒸发掉,马上就成为时间上的过去。另一方面,音乐也不像诗那样,不是把外在材料和精神割裂开来,使观念离开语言的声音而独立,成为各种

艺术中最使观念与外在材料割裂开来的一种艺术[1]，创造出诗所特有的一整串精神性的想象的形象。这里当然还要指出，音乐像上文所说的，也可以使声音丧失内容而变成独立的，但是这种脱离内容的独立却不符合真正的艺术，艺术却要求音乐运用和声和乐曲运动去表现原已选定的内容以及这内容所能引起的情感。音乐所表现的内容既然是内心生活本身，即主题和情感的内在意义，而它所用的声音又是在艺术中最不便于造成空间形象的，在感性存在中是随生随灭的，所以音乐凭声音的运动直接渗透到一切心灵运动的内在的发源地。所以音乐占领住意识，使意识不再和一种对象对立着，意识既然这样丧失了自由，就被卷到声音的急流里去，让它卷着走。不过这里也还有另一种情况，由于音乐可以朝不同的方向分散地发展，它就可以产生不同的效果。这就是说，如果音乐缺乏深刻的内容或灵魂深处的表现，结果我们可以一方面只欣赏纯然感性方面的悦耳的声响，而丝毫没有内心的感动，另一方面也可以单凭知解力去注意音调的和谐的转变过程所显出的技巧，内心也还是没有受到感动，在音乐方面特别存在着这样凭知解力的分析，在艺术作品里看不到别的，只看到一种人工制造品的熟练技巧。如果我们抛开这种凭知解力的分析，无拘无碍地沉浸到音乐里去，我们就会完全被它吸引住，被它卷着走，还不消算上艺术作为艺术一般所能显示的威力。音乐所特有的威力是一种天然的基本元素的[2]力量：这就是说，音乐的力量就在于音乐艺术用来

① 诗用语言为感性材料，语言的声音只是意义（观念）的符号，本身并没有意义，而在音乐里声音本身自有价值，与所表达的内容有直接的联系。

② 原文是 elementarische，有“天然的”、“原始的”、“基本元素的”等义。古代人把地水火风称为四大基本元素，作者把声音叫做“基本元素”也取这个意义。

进行活动的声音这种基本元素里。

1b) 声音这种基本元素占领住主体,不仅凭这个或那个特殊方面,即不仅凭某一确定的内容,而是凭主体的单纯的自我,凭他的精神存在的中心,把他吸引到作品里来,使他自己也动起来。例如听到重点分明的轻快的节奏时就马上想要跟着打拍子,跟着音乐去歌唱,如果是舞蹈的音乐,腿子马上就想动起来。一般说来,主体是作为这个人而受到音乐的感动。反之,单就声音的一种单纯的有规则的运动来说,这运动既然占时间,既然有规则,就要现出节拍,此外就没有什么内容,碰到这种情况,我们一方面要求这种单纯的规则运动的表现适应主体的内心活动,因而变成是主体的;另一方面又要求这种客体与主体的等同得到较明确的实现。音乐的伴奏就满足了这两个要求。例如军队的进行用音乐来伴奏,音乐就引起内心和正在进行的有规则的步伐合拍,使主体专心致志于他的动作,使动作和谐地实现出来。因为同样的道理,挤了很多人的餐厅中的不规则的骚动以及它所引起的闹哄哄的情况是使人厌烦的;这种来来往往的奔跑,这种噼噼啪啪和唧唧喳喳的声音应该受到规则化才行,因为人们在吃喝时有许多空余的时间要消磨。在这种场合像在许多其它场合一样,音乐就很合时宜,除掉消磨时间之外,还可以使人不想到一些旁的分心的事。

1c) 由此可以见出主体的内心生活和单纯的时间之间的关系,时间就是音乐的一般因素。这就是说,内心生活作为主体的统一,是对等值的空间并存现象的彻底否定,所以它是否定性的统一。但是原先这种主体与自身的同一还是完全抽象的、空洞的,它之所以为同一，只在于它使自己成为对象（客体），但是接着就要把这种本身只是观念性的，与主体实是一回事的客体地位（客体性）否定掉，以便显出自己是主体的统一。这种观念性的否定的活动，就它的外在状态来说，就是时间。因为第一，它消除掉等值的空间并存现象，把这种并存现象的持续性凝缩（集中）到时间点上，即凝缩到“此时”（现在）上。其次，时间点却同时显出它对自己的否定，因为这个“此时”一出现就把自己否定掉，让位给另一个“此时”，从而显出它的否定的活动。第三，由于时间在其中运动的外在界，这固然还不算达到第一个时间点和由否定“此时”而出现的第二个时间点之间的真正的主体的统一，但是“此时”在它的变动中毕竟还是同一个“此时”；因为每一个时间点都是一个“此时”，与另一个“此时”（作为单纯的时间点来看）并没有什么差别，正如抽象的“我”与它的由否定自己而转化成的对象之间没有什么差异一样，因为这个对象还只是空洞的“我”本身。

说得更确切一点，如果我们把意识和自意识中的具体内容抽掉，实际的“我”本身就是“我”与之同一的时间；因为这种“我”只是一种空洞的运动，就是把自己变成另一体（对象），而又把这个变动否定掉的运动，也就是说，保持下来的还是那个单纯的抽象的“我”。“我”是在时间里存在的，时间就是主体本身的一种存在状态，既然是时间而不是单纯的空间形成了基本因素，使声音凭它的音乐的价值而获得存在，而声音的时间既然也就是主体的时间，所以声音就凭这个基础，渗透到自我里去，按照自我的最单纯的存在把自我掌握住，通过时间上的运动和它的节奏，使自我进入运动状态；而声音的其它组合，作为情感的表现，又替主体带来一种更明

确的充实,这也使主体受到感动和牵引①。

音乐的力量之所以是天然的基本元素的力量,理由大致如上所述。

2)但是要使音乐充分发挥它的作用,单凭抽象的声音在时间里的运动还不够,还要加上第二个因素,那就是内容,即诉诸心灵的精神洋溢的情感以及声音所显出的这种内容精华的表现。

所以我们不应对音乐本身万能的威力抱着一种荒谬的看法,像古代宗教的和世俗的著作里所说的那许多荒诞的故事那样。在关于奥辅斯②的文化奇迹的传说里,声音及其运动对于野兽就已有足够的力量,野兽们听到他的音乐,就很驯服地躺在他的周围。但是这对于人类却还不够,人类还要求一种寓有较高教义的内容。例如有些流传到我们手里的,据说是奥辅斯所作的,尽管不是保存原状的,颂神诗歌都寓有神话性的和其它性质的观念。与此类似的图尔特的战歌也是很著名的,据说斯巴达人久战不胜,听到图尔特的战歌,就鼓起势不可挡的勇气,终于战胜了麦色尼亚人③。在

① “论音乐的效果”第一大段,特别是 1c 节,比较艰晦,须结合下文“时间的尺度、拍子和节奏”一节来看,才较易捉摸。基本要点是外在的声音运动和内在的主体情感运动须合拍,才能发挥音乐的效力。这两方面的联结纽带是时间。时间在音乐里须有一定的尺度(长短高低等),亦即在每一时间单位里,声音须有定性,不能前后无别;其次,这种定性在各时间单位里须有规律地往复复现,也就是音乐要有节奏。声音的节奏运动和主体情感运动之所以能一致,就因为音乐所表现和打动的是情感,是一种单纯的内心活动,而不是观念和思想。这种单纯的自我(主体)就只以时间为它的存在状态(因为心中没有观念和思想),主体在聚精会神之中,音乐的以时间为基础的运动就渗透到主体的心灵里把主体卷着走,引起他的同情共鸣。这就是音乐的效果。

② 奥辅斯是传说中希腊最大的音乐家。

③ 图尔特是公元前 7 世纪雅典诗人。据希腊传说,斯巴达攻麦色尼亚屡战不胜,遵照神谕,往雅典求派一个将官,雅典不愿斯巴达战胜,派了跛腿的教书先生图尔特。他写了一些战歌,教斯巴达人歌唱,鼓舞起他们的勇气,使他们得到胜利。

这里悲歌所唤起的思想内容也是主要的因素，尽管在野蛮民族中间，特别在热情奋发的时节，音乐的因素也无可否认地要发挥它的作用和显出它的价值。苏格兰北方人的风笛对鼓舞人民的勇气也起重要的作用，在法国大革命中《马赛曲》和《这些将会过去》[①]之类歌曲所发挥的威力也是无可否认的。但是真正的精神鼓舞的根源在于充塞于一个民族间的某种明确的思想和精神的旨趣，而这种思想和旨趣可以通过音乐暂时提升成为一种活跃的情感，于是乐调就把专心倾听的主体卷着走。但是在现代，我们已不大相信单凭音乐本身就可以这样激起勇气和不怕死的精神。今天几乎所有的军队都有很好的军乐，去提供消遣，催促行军和鼓舞斗志。但是没有人相信凭音乐就可以杀敌；单凭号角和军鼓还不足以鼓舞起勇气，如果要叫一座壁垒像耶利哥城墙那样让号角声吹倒[②]，那就不知道要用多少大喇叭了。现在起重要作用的却不是音乐而是思想动员，枪炮和将帅的才能，音乐只能在已经把心灵振奋起的那些力量之外加一把助力。

3）关于声音对主体（包括听众）的效果，最后还有一个方面，那就是音乐的艺术作品打动我们的方式和其它艺术作品的方式不同。声音不像建筑、雕刻和绘画那样独立地具有一种持久的客观存在，而是在迅速流转中随生随灭，音乐的艺术作品由于仅是暂时的存在而需要不断的重复的再造（复演）。不过重新获得生命的需要也还有一种更深刻的意义。因为音乐用作内容的是主体的内心

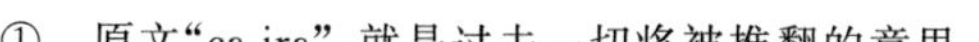

① 原文“ça ira”，就是过去一切将被推翻的意思。

② 见《旧约·约书亚记》第六章，约书亚围攻以色列人固守的耶利哥，听上帝的吩咐，派人绕城吹号角达七天，后来这座城的墙就应声倒了。

生活本身,目的不在于把它外化为外在形象和客观存在的作品,而在于把它作为主体的内心生活而显现出来,所以这种表现必须直接为表达一个活的主体服务,这个主体把他自己的全部内心生活摆到作品里去。人声的歌唱尤其要如此;器乐也多少是如此,它只能凭熟练的艺术家以及他的精神方面和技巧方面的本领,才演奏得出来。

通过音乐的艺术作品在实践或演奏方面所涉及的主体性,主体因素在音乐中的意义才能充分体现出来。但是主体因素也可以沿这个方向,逐渐孤立化,以至片面地发展到一种极端,使演奏中纯然主体的熟练技巧成为音乐欣赏的唯一的中心和内容。

关于音乐的一般性质,我就只说以上的这些话。

2. 音乐的表现手段的特殊定性

在上文我们已研究过音乐如何赋予形状和生气于声音,使它成为表现主体内心生活的声音,现在我们就要追问通过什么方法才有可能与必要,使声音不只是发泄情感的自然呼声,而是情感的艺术表现。情感本身就有一种内容,而单纯的声音却没有内容,所以必须通过艺术的处理,才能表现一种内心生活。就大体来说,关于这一点可以作出以下的说明。

每一个声音是一种独立的本身完成的存在,但是它既不像人或动物的形体那样分成各部分而由主体统摄成为一种有生命的统一体,又不像有生命的有机体的某一个别部分以精神方式或物质方式受到生气灌注的肉体的某一特点那样本身就足以显出。这种分别部分和特点只有在和其余部分和特点形成有生气的结合体才能存在,才能获得它的意义、重要性和表现。一幅画如果单从它的外在材料来看,固然是由个别的线条和颜色组成而这些线条和颜色也可以是原已独立存在的,但是使这些线条和颜色成为艺术作品的真正的材料,即形象的线和面之类,却只有作为具体的整体才具有意义。个别的声音却不然,它本身就是独立的,在一定程度上可以从情感受到生气灌注,得到一种明确的表现。

但是另一方面,声音既然不只是不明确的嘈杂的声响而是通过它的定性和纯洁性而获得音乐的价值,它就由于这种定性而在它的实际响声上以及在它的时间长短上直接和其它声音发生关系,而且正是这种关系才使它具有它的独特的实在的定性,使它和其它声音见出差异和矛盾,或是和其它声音融成统一体。

由于声音的这种相对的独立性,上述关系对于所涉及的各种声音还是外在的,所以替这些声音所安排成的关系并不是依据它们的本质,不是它们本身所固有的关系,不像人或动物的身体的各部乃至于自然风景中各种形状之间的关系那样。所以把不同的声音安排成为有定性的关系,尽管并不违反声音的本质,所造成的关系毕竟只是人为的而不是在自然中原已存在的。就这个意义来说,这种关系来自第三方,而且也是为这第三方而存在的,这就是说,为领会出这种声音关系的那个人而存在的。

由于这种关系外在于孤立的声音,各种乐音的定性和彼此的配合要以量或数的关系为基础,这种数量关系固然植根于声音本身的性质,但是要由音乐按照艺术去发明而且分出无数细微差异的方式去运用。

从这方面来看,音乐的基础不在于有机的统一所显出的生动性,而在于平衡与不平衡(类似和差异)之类由知解力来掌握的形式,在数量的领域里占统治地位的本来就是这种由知解力来掌握的形式。所以如果要把乐音说得很明确,就要采取对数量关系的说明以及运用我们经常用来表示声音数量关系的那些人为的字母或音符。

在可归原到数量及其凭知解力去认识的外在定性这一点上,音乐和建筑最相近,因为像建筑一样,音乐把它的创造放在比例的牢固基础和结构上。但是这些比例还不能自在自为地成为一种有机的自由的部分的整体,其中每一定性都依存于其余的定性互相因依,结成为一种有生命的统一体;而是只有在进一步的准备工作中,使统一体从上述比例关系中涌现出来,然后才开始成为自由的艺术。如果建筑在这种解放中只不过达到一种形式上的和谐和一种神秘的匀称所产生的生气,音乐却由于所用的内容是灵魂的最内在的主体方面的自由的生活和活动,就要碰上这种自由的内心生活和上述数量的基本关系之间的最深刻的矛盾。音乐却不能停留在这种矛盾里,而是要接受一个困难的任务,要抓住这个矛盾而且把它克服掉。因为音乐通过上述那些必要的比例关系给它所表现的心灵的自由运动提供了一种较稳实的基础和土壤,在这种基础和土壤上,内心生活就只有通过上述必要的比例关系才达到的内容丰富的自由的活动和发展。

从这个观点来看,首先要区别声音在按照艺术来运用时所涉及的两个方面:一方面是抽象的基础,即还未以物理的方式经过特殊具体化的一般因素,那就是时间,声音就落在时间领域里;另一

方面就是声响本身，即各种音质之间的实际差异，即发音体的差异以及声音本身无论作为个体还是作为整体时彼此之间的差异。此外还要加上第三个因素，即灵魂，灵魂灌注生气于声音，使它成为一种完满的自由的整体，在它的时间上的运动和实际的声响里提供一种精神的表现。根据这些方面，我们可以依下列的次序来进行较明确的题材划分。

第一，我们要研究单纯的时间长短和运动，艺术不应让这些因素听命于偶然，而是要根据固定的尺度去确定它们，通过差异使它们多样化，而且还要使这些差异重归于统一。这就是时间尺度，拍子和节奏的必要性。

其次，音乐要处理的不仅有抽象的时间，长短的比例，顿挫和强调之类，而且还有各种音质不同的声音的具体的时间。音质不同的声音并不是单凭时间长短来区别的，这方面的差异一方面要靠因震动而发音的那些感性材料的特性，另一方面要靠各种发音体在同一时间尺度中震动的次数不同。另外还有第三方面，音质的差异包括各种声音互相协调、对立与和解的关系也是重要的因素。我们可以给这部分定一个概括的名称，把它叫做和声学。

最后，第三个因素是旋律。通过旋律，声音的领域，在上述有节奏的生动的拍子以及和声方面的差异和运动的两种基础上，结成一种在精神上是自由的表现。这就把我们带到最后的一个主要部分，这部分要研究的是音乐与精神内容的具体结合，而这精神内容要在拍子、和声和旋律中才表现出来的情况。

a) 时间的尺度,拍子和节奏①

首先关于音乐的纯粹的时间因素,我们第一要讨论时间在音乐里占统治地位的必要性,其次要讨论拍子,即单凭知解力来调节的时间尺度,第三要讨论节奏,节奏开始使这种抽象规律受到生气灌注,因为它强化拍子的某些部分,弱化某些其它部分。

1. 雕刻和绘画中的人物形象是在空间中并列的,它们把这种伸延②表现为实在的或貌似的整体。音乐却只能通过使一种占空间的物体的震动和往复运动来产生声音。这种往复运动只有在先后承续这一方面才属于艺术,所以感性材料出现在音乐里一般只凭它的运动的时间长度而不凭它的占空间的形式。一个物体的每一运动固然也总要在空间中出现,因此绘画和雕刻尽管所表现的人物形象在实际上是静止的,却仍有权去表现运动的外貌,而音乐却不利用这种空间性去表现运动,所以剩下来让它表现的就只有物体往复运动所占的时间。

1a) 根据上文已经说过的道理,时间不像空间那样是肯定的并列关系,而是否定的外在关系:作为已被否定的互相外在的关系,时间是微点③,作为否定的活动,时间是否定这一时间点而进入另一时间点,接着又否定这另一时间点而进入那另一时间点,如此循环不断的过程,在这些时间点先后承续之中,每一个别的声音可以有时独立地作为一个单元而固定下来,有时也可以与其它声

① 原文是 Zeitmass,Takt,Rhythmus。
② "伸延"(Ausbreitung)法译作"并列"。
③ "互相外在"仍是空间性,时间否定了这种空间性,变成无数微点的先后承续。

音发生数量上的联系，因此时间变成可以数计的。但是从另一方面来看，时间既然是这种时间点的随生随灭的不断过程，这种时间点如果就这种未经特殊具体化的抽象状态来看，彼此之间就没有什么差异，因此就使时间也就像一条滚得很匀称的河流，本身无差异地持续下去。

1b）但是音乐不能让时间处在这种无定性[①]的状态，而是必须对它加以确定，给它一种尺度，按照这种尺度的规律调整它的流转。通过这种有规律的处理，于是就出现声音的时间尺度。这里就产生了音乐为什么一般需要这种时间尺度的问题。一定时间量的必要性可以用这样的事实来说明：时间和单纯的自我（这种自我须从声音里认识自己的内心生活）处在最紧密的联系中，因为时间作为外在的现象来看，本身所依据的原则也就是在作为一切内在精神活动的抽象基础的那个自我中发挥作用的那个原则。所以如果在音乐里要由内在因素而变成对象的就是单纯的自我，这种对象性（客观性）中的一般因素也就必须按照内心生活的原则来处理。可是自我并不是无定性（无差异），无停顿的持续存在，而是只有作为一种聚精会神于本身和反省到本身的主体，才成其为自我。自我经受了否定，从而使自己变成对象，才获得自为（自觉）存在，只有凭这种对自己的关系，主体才有自我的感觉和自我意识等等。这种聚精会神于本身的活动在本质上就须使原来无定性的一泻直下的时间之流中发生一种间断或停顿。时间点的生灭和更新本来不过是从这一“此时”到另一同样的“此时”的纯然形式的转变，因而只是一种毫不间断的持续进展。和这种空洞的持续前进相反，

① “无定性”即上文的“无差异”或“未经特殊具体化的抽象状态”。

自我是一种镇静自持的存在①,它的聚精会神于本身的活动就打断了时间点的毫无定性的承续系列,在抽象的持续性中割出一道裂痕,现出一种停顿,自我在这种回思反省本身中就想到自己,找回了自己,因而从单纯的外在于自己而经受变动之中解放出来。

1c) 按照这个原则,一个声音的时间长短就不是毫无定性地拖延下去,它有起点有终点,这起点和终点就是受到定性的,这就否定了一系列的时间点先后承续的无差异状态。如果许多声音先后承续,而其中各个声音在时间长短上各有差别,结果就不再是空洞的无定性状态,而是许多特殊音量所形成的任意性的因而还是无定性的嘈杂的复合体了。这种不规则的随意流转,也还是和抽象的自运动一样,与自我的统一发生矛盾,自我就不能在这种定性不同的时间点先后承续的情况里重新发见自己,使自己获得满足,除非是把许多个别的音量变成一个统一体。这种统一体由于统辖着那些个别特殊的音量,本身就必须是一种受到定性的统一体,不过最初还只是外在的音量的统一体,它的性质就只能还是外在的。②

2. 这就把我们引到进一步的调节作用,这是由拍子产生的。

2a) 这里要研究的第一点就是像上文已经说过的,在这统一体里自我要独立地实现和它自己的同一。自我在这里既然本来只

---

① 原文是Beisichselbstseinde,英译作“与自己一阵持续下去的”(that which persists along with itself),简直不知所云。实际上Beisich原有“镇静自持”的意思,这里着重指出人的“自我”与“声音”毕竟不同,人能反观自己,认识自己,所以有自觉性的存在。

② 还没有结合到内心生活,即还没有内容,这一节说明音乐的声音既不能是无停顿,无定性的单纯的持续,也不能是许多杂音的拼凑;它既要有时间段落,又要有规律的抑扬顿挫。

作为抽象的自我而提供基础，所以这和它自己的等同[①]，联系到时间及其声音的持续进展来看，也就只能是一种本身抽象的等同，这就是说，只是同一时间单位的形式等同（一律）的复演。根据这个原则，拍子的单纯的使命就只在于确立一个确定的时间单位作为尺度和标准，既用来使本来无差异（无定性）的时间承续序列中出现分明的间断，又用来使各个别声音的任意性的时间长短，变成一种受到定性的统一体；此外，拍子还使这种时间尺度以抽象的一律方式不断地更新。从这个观点看，拍子在音乐里的任务和整齐一律在建筑里的任务是相同的，例如建筑把高度和厚度相等的柱子按照等距离的原则排成一行，或是用等同或均衡原则去安排一定大小的窗户。这里所看到的也是先有一个固定的定性[②]，然后完全一律地重复这个定性。在这种一律性里自我意识重新发见到自己是一个统一体，一半是因为它认识到它自己的等同在任意性的错综复杂之中奠定了秩序，一半也因为在这种统一或声音的时间单位每一次往而复返时就回想到这个单位原已存在过，正是通过它的复现，显出它是起统治作用的规律。但是自我在通过拍子而重新发见自己的过程之中所获得的满足比单从统一和一律性本身所获得的就更大，因为这种统一和一律性并不是时间和声音本身所固有的，而是只属于自我，是由自我为自己的满足才把它们纳入时间里的。自然事物里本来并没有这种抽象的同一[③]，就连诸天体在它们的运动中也没有整齐一律的拍子，而是或快或慢，所以它

① 原文是 Gleichheit，法译作“同一”。
② 例如一定的长短高低。
③ 即以某一定性为标准所作的有规律的安排。

们在相等的时间里所走过的空间却不相等。下坠的物体以及抛掷的运动之类也是如此,至于动物更少有按照某一固定的时间尺度往而复返的原则去调节它们的奔走,跳跃和伸手攫物之类活动。在这些事例里,拍子比起建筑中的整齐一律的体积在较大的程度上是由精神决定的,而雕刻还是比较能在自然界找到类似点的。

2b) 所以如果自我通过拍子而在复杂的声音及其时间长短里重新发见到自己或回到自己,经常觉察到自己与自己的同一就是声音的同一,而且就是自己产生了声音的同一,如果要感觉到某一有定性的统一[①]就是规律,当前也就要有不规则的和不整齐一律的方面才行。因为只有通过尺度的定性把任意性的不整齐一律的方面克服了,安排就绪了,上述有定性的统一才显出它是偶然的错综复杂现象中的统一和规律。所以有定性的统一须把这种错综复杂的现象纳入自己的范围,让整齐一律在不整齐一律的东西里显现出来。就是这个情况才使拍子具有它的独特的定性,无论是单就它本身来说,还是就它对其它可以按拍子复现的时间尺度的关系来说,都是如此。[②]

2c) 因此,联结成一个拍子的杂多声音就有了确定的标准,根据这个标准就可以把它们区分开来,安排出秩序来;从此就产生第三个因素,即各种不同的拍子。在这方面应注意的第一点就是按照被重复的相等部分是双数还是单数来对拍子本身进行分类。例如属于双数的有四分之二和四分之四的拍子,在这类拍子里双数

① 有定性的统一与抽象的统一对立,例如五线谱中所标志的就是各种音在长短高低上的定性。

② 这一节说明寓整齐于变化的道理。这节里的同一或统一原文是 Einheit,就音乐方面说,译"单位"较妥,一个拍子就是一个单位。

是起主导作用的。属于单数的有四分之三的拍子，在这类拍子里，各部分当然还是彼此相等，却在单数里形成一种统一。这两种拍子有时结合在一起，例如八分之六的拍子，如果单从数来看，这种拍子好像和四分之三的拍子相等，但是事实上却不是分成三部分而是分成两部分，其中每一部分在再细分时却以单数三为原则。

这样的特殊具体化形成了每种拍子的经常复现的规律。但是一定的拍子尽管要很好地把复杂的时间长度和较长或较短的段落统辖起来，它的统辖毕竟有一个限度，它不能使它们呆板一律地服从它，例如在四分之一的音，在四分之三的拍子里只许有三个完全相等四分之一的音等等。规律性所指的只限于例如在四分之四的拍子里各个单音的总和只能等于四个相等的四分之一的音，这个音量不仅可以再分为八分之一乃至十六分之一，而且还可以反过来缩回原，乃至参用许多其它变化。

3. 不过变化愈丰富多彩，也就愈有必要使拍子的基本划分在这些变化里发挥效力，要在实际运用中显出它是主导的规律。这就要通过节奏才能办到。只有节奏才能使时间尺度和拍子具有真正的生气。关于这种生气灌注，可以指出以下几个不同的方面。

3a) 首先是强音。强音落在拍子的某一定部位，多少可以听出，拍子的其余部分却不带强音而平平地流转下去。通过这种本身再可细分的扬和抑，每种拍子就各有独特的节奏，节奏和拍子的划分方式是紧密相联系的。例如以双数为主导原则的四分之四的拍子就有两个强音部位，第一个落在第一个四分之一上，第二个稍弱，落在第三个四分之一上。因此人们把前者叫做拍子的优强音(第一强音)部分，后者叫做劣强音(次强音)部分。在四分之三的拍子里强音只落在第一个四分之一上,在八分之六的拍子里强音却先落在第一个八分之一上,后来又落在第二个八分之一上,这双重强音就把依双数划分的拍子分成两半。

3b) 如果音乐成为伴奏的,它的节奏就和诗(乐词)发生重要的关系。在这里我只想极概括地说,音乐拍子的强音部位不应和诗律中的强音部位发生直接的冲突。例如按照诗律不是强音所落的音节如果摆在音乐拍子里的强音部位,而诗律中的强音或顿反而落在乐拍中次强音部位,就会产生诗与乐的节奏之间不应有而应避免的矛盾。这番话也适用于诗的长音节和短音节,这些一般也应和乐音的时间长短协调一致,长配长,短配短,不过这种协调一致也不宜过分彻底,因为音乐往往需要有较大的伸缩余地去处理音节的长度和对音调的较丰富多彩的划分方式。

3c) 第三,这里须预先指出,拍子节奏的抽象性(呆板的一律性)和严格的整齐一律的复现和较生动的乐曲节奏是应区别开来的。音乐在这一点上比诗有类似的但是更大的自由。在诗里字或词的起点和终点不一定要和音步的起点和终点完全一致,这是众所周知的;如果二者完全一致,诗的音节就会呆板没有顿挫,此外,诗的一句或一个词义组的起点和终点也不应完全就是一行诗的起点和终点:与此相反,一个词义组止于一行诗的开头,中间乃至靠近最后一个音步的地位,反而较好;这样,一句或一个词义组就可以跨上下两个诗行①。在音乐里,就拍子和节奏来说,也有与诗类

① 西文诗按音节分行,上行诗的话在意义上如果还未完足,就可以跨到下行去完足,这和中文诗里意义终点与音律终点一般是一致的情况大不相同。但中文诗在一句之内意义的划分也有时不一致,例如“这双燕何曾会人言语”,依词义应顿于“燕”字,依音律应顿于“曾”字。

似的情况。一个乐曲及其不同的段落无须严格地在一个拍子开始的部位开始，在它停顿的部位停顿，而是一般可以不受这种约束，一个乐曲的主要强音可以落在拍子的按照习惯的节奏并非强音的部位，反之，一个依乐曲的自然流转不应显著地加强的声音，却可以落在拍子需要强音的部位，所以这样一个声音在拍子节奏中所起的作用并不同于它在乐曲中所应起的作用。拍子节奏和乐曲节奏之间的冲突在所谓"约调"或"切分法"中显得最为尖锐。

另一方面，如果乐曲在节奏和音节划分上严格遵守拍子的节奏，它就容易显得拖沓，枯燥无味，没有创造性。这里所要求的，如果说得干脆一点，就是既不要音律的花腔和也不做节奏整齐一律的粗野风格的奴隶。缺乏较自由的运动以及拖沓和绵软就容易导致愁惨和颓唐，所以我们德国的许多民间乐曲都有些凄凉、拖沓，容易惹人疲倦，因为用来表现心情的只有一种比较单调的直笼统地向前发展的乐调，这种媒介就必然迫使人们把伤心人的愁苦情绪放在这种乐调里。南欧各国的语言，特别是意大利语言，却提供一种丰饶的土壤，让一种复杂的较活跃的节奏和流利的乐曲得到发展。就在这一点上可以见出德国音乐和意大利音乐之间的差别。在许多德国歌里经常反复出现的那种呆板一律的抑扬格的音律扼杀了乐曲的自由欢乐的痛快淋漓的意味，阻碍了一切昂扬高举和大开大合的局面。在近代，我觉得腊伊夏特[①]和其他音乐家们在制歌谱之中都想通过放弃抑扬格的老调（尽管在他们的某些歌里，抑扬格还是占统治地位），来向节奏灌注一种新生命。不过抑扬格的影响不仅在歌调里还存在，而且还波及到我们德国的许

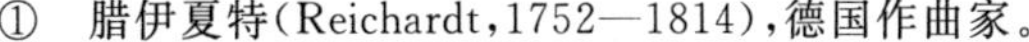

① 腊伊夏特（Reichardt，1752—1814），德国作曲家。

多最伟大的音乐作品。就连在韩德尔的《救世主》[1]里也还有许多歌调和合唱调不仅跟随歌词意义而显出朗诵式的真实,而且还运用抑扬格的节奏,有时在只用长短相间的音节上可以见出,有时是因为抑扬格中的长音比短音在音调上提得较高。这种特征正是许多因素之一,使我们德国人听起韩德尔的旋律特别感到亲切,尽管韩德尔的旋律还有许多其它优点,例如雄伟的回旋,一泻直下的气势,丰满的深刻的宗教情感以及牧歌式的单纯的情感之类。旋律中的节奏因素对于我们德国人的耳朵比起对于意大利人的耳朵,听起来较为舒畅,意大利人却感到这种节奏因素有些不自由,奇怪,不顺耳。

b) 和声[2]

另外还有一个因素,通过它,拍子和节奏的抽象基础才得到充实,因而有可能变成真正具体的音乐,变成单就声音本身来看的声音领域。这个重要的领域是由和声的规律来支配的。这就涉及一个新的因素,这就是一个物体通过它的震动,不仅使艺术从用空间形状的表现方式中跳出来,转到刻画一种可以说是占时间的形象;而且还通过具体乐器的特性,不同的长短以及它在一定时间内的震动数,发出各种各样的声响,来供艺术掌握和处理。

关于这第二个因素,我们提出三个要点来谈得明确些。

第一点要讨论的是各种乐器的差别。乐器的发明和调配对于

---

① 韩德尔(Handel,1685—1759),德国著名作曲家,毕生在英国工作,《救世主》是一种宗教乐曲。

② 和声原文是 Die Harmonie。

音乐之所以必要，是因为要利用乐器来造成一系列不同质的声音的整体，这些音质单就它们实际的感性的响声来看，不涉及高与低的差别和互相关系。

其次就是乐音本身，离开各种乐器和人的口音的差异来看，就是各种不同的音、音组和音质所构成的整体，这些不同的音、音组和音质本来是凭量的关系来定的，各种声音就依这种量的关系而得到定性，每种乐器和人的口音所接受的任务就是按照各自的特殊声响，在不同的完美程度上把这些声音召唤出来。

第三，音乐既不是由个别孤立的音程，也不是由一系列纯然抽象的声音或互不相关的不同的声音来形成的，而是各种声音的一种具体的齐鸣、冲突与和解，这些声音因此就势必形成一种发展过程和一种互相转变的过程。这种组合和变化不能听命于偶然，随意任性，而是要受一定的规律制约，这些规律就是一切真正的音乐作品所必有的基础。

如果我们要就这几个观点进行较详明的讨论，我就只能局限于一些最概括的说明，像上文已经说过的。

1. 雕刻和绘画所用的感性材料如木石、金属以及颜色之类，都多少是现成的或是很少有必要去加工改造才适合于艺术运用的。

1a) 音乐却不然，它是通过一些由艺术制造来为艺术服务的因素来活动的，它先要进行一种重要而困难的准备工作，然后才能使它们产生音乐。雕刻和绘画除掉各种金属物的混合和熔炼以及用植物汁调制颜色，把颜色配成不同程度的浓淡之类工作以外，就无须有什么内容丰富的创造发明。音乐却不然，除掉人的口音是由自然直接提供的以外,音乐对它的其余的工具都要自行彻底加工调配,使它们能发生实际需要的声音,否则它们就根本不能存在。

1b) 单就这些工具本身来看,我们在上文已就它们的声响理解成这样:这种声响来自在空间中存在的一种物体的震动,它是最初的从内心方面获得生气灌注的东西,和纯然感性的空间并列关系相对立,通过对实际空间性的否定,于是作为观念性的统一体而出现,一切物质的属性如某种重量,一个物体的内部融贯性之类都包括在这统一体里。如果我们进一步追问这种用来发响声的材料在质的方面究竟有哪些特性,回答就是:无论从这种材料的物理的性质还是就它的艺术构造来看,它的特性都是极复杂的:有时是一种直线形或回旋形的空气柱,用一个坚固的木管或金属管把它围住;有时是一根皮制或金属制的绷紧的直弦,有时是一张绷紧的皮或是一个玻璃或金属制的铃子。这方面可以指出下列几个主要的区别。

第一,占统治地位而且真正便于音乐利用的乐器的是发音沿着直线的方向①,无论是像在管乐器里那样,以一种无内聚力的空气柱为基本原则,还是在弦乐器里那样,用一根可以绷紧而又有足够的弹性以便于震动的弦柱。

其次是平面的材料,这只能产生次要的乐器,例如鼓、铃和口琴。说它是次要的,因为在自觉的内心生活和沿直线走的声音之间有一种秘密的同情共鸣。因此,本身单纯的主体性所要求的就是一种单纯的长形体的震响而不是一种宽的或圆的平面体的震

① 法译作“发出的声音的直线方向”。

响。这就是说，内心生活作为主体就是一种精神点，声音就是这种精神点的外化，所以精神点在声音里察觉到自己。但是点的最切近的自否定和外化不是朝平面的方向铺开，而是朝单纯的直线方向前进。从这个观点来看，宽的或圆的平面不符合听觉力的需要。

鼓是在一个锅状体上扪上一张皮，敲到上面的一点，就使整个平面震动起来，产生一种重浊的响声。这种响声固然也协调，但是作为发音的乐器，既没有明确的定性，也不能有多大的变化。与鼓相反的是口琴和嵌在它里面的小玻璃铃。口琴的声音凝聚而不易发散，容易使人疲劳，不少的人一听到它，就感到神经疼。此外，口琴尽管有特殊的效力，却不能产生持久的快感，而且不易和其它的乐器配合。铃像鼓一样，音调缺乏变化，也是要一阵阵地敲，不过铃声不像鼓声那样重浊，而是很清脆的，不过它的持续的嗡嗡声很像只是一次敲击声的余韵。

第三，最自由的而且响声最完美的乐器是人的声音，它兼有管乐和弦乐的特性，因为人的声音一方面是一个震动的空气柱，另一方面由于筋肉的关系，人的发音器官也像一根绷紧了的弦子。正像我们谈到人的肤色时说过它是理想的统一体，把其余一切颜色都包括在内，因此它本身就是最完美的颜色，人的声音也是如此，它是分散在各种器乐里的响声的理想的整体。因此，人的声音是完美的，可以与任何乐器配合得顶合式、顶美。此外，人的声音可以听得出来就是灵魂本身的声音，它在本质上就是内心生活的表现，而且它直接地控制着这种表现。在一切其它乐器里，只是一个与灵魂和情感漠不相关的，在性质上相差很远的物体在震动，但是在人的歌声里，灵魂却通过它自己的肉体而发出声响来。所以人的声音，正像主体的心灵和情感本身一样，展现出大量的个别特殊情况的变化，这种变化就它的较普遍的差异来说，是以民族情况和其它自然情况为基础的。例如意大利人是一个歌唱的民族，在他们中间最美的声音是最常见的。这种美的主要特点首先在于发音体就像纯金，发出的声音既不太尖锐刺耳，也不嫌重浊空洞，不发展到震颤声，而是显得玉润珠圆，仿佛是内心生活在回旋动荡，发出声响。所以声音的纯洁是首要的条件，所谓“纯洁”，就是在本身完整的声音之外不应有别的噪音在起作用。

1c) 音乐对这整个体系的乐器可以单用某一种，也可以全都配合在一起，使它们互相协调。特别在后一种用法上，音乐在近代才得到很大的发展。按艺术来把各种乐器配合在一起，当然有很大的困难，因为每一种乐器都有它的特性，不易适应另一种乐器的特性。所以无论是在许多种类不同的乐器齐奏的情况下，还是在有力地突出某一种乐器，例如管乐、弦乐，突然迸发的喇叭声的情况下，乃至在全队合唱时轮流突出某些响声的次序中，都需要巨大的学问、审慎、经验和创造才能，才不至于在这些差异、变化、矛盾对立，进展与和解(中介)之中失去内在的意义、灵魂和情感。举莫扎特为例来说，他在器乐处理这一方面是一位大师，能显示出器乐的既生动而又明晰的意味深长的丰富多彩性。他的一些交响乐曲使我感觉到各种乐器的轮流演奏往往像一种戏剧式的音乐会演，像一种各种乐器的对话，其中有时这一种乐器角色发展到一个地步，仿佛它已为另一种乐器角色埋伏了线索或作了准备；有时这一种乐器像是回答另一种乐器，或是补充前一种乐器的未尽之意，结果是一种美妙的谈话，其中响声和反响声，开始、进展和完成都互

相呼应。

2. 还应该提到的第二个因素并不再涉及响声的物理的性质，而只涉及声音本身的定性以及它和其它声音的关系。通过这种客观的关系，响声才伸延成为一个声音领域，无论就单个的固定的声音本身来说，还是就它和其它互相连续的声音处在重要的关系中来说。就是这种客观的关系形成了音乐的真正的和声的因素；就它的原有的物理的方面来看，它所依据的基础是量的差异和数的比例。说得更详细一点，在现阶段，这种和声体系的要点如下：

第一，单个的声音，就它自己的一定的量来看，以及就这种量对其它声音的关系来看。这就是单个音程(Interval)的学理。

其次，多个声音摆在一起所形成的系列，就一个声音直接联系另一个声音的那种先后承续的次序来看，这就是音阶(Tonleiter)。

第三，这些音阶之间的差别，由于每个音阶都以不同的基音为起点，这些音阶就分化成为一些互不相同的音调(Tonarte)，也就形成这些音调的整个体系。

2a) 单个的声音不仅有各自的响声，而且这响声还由于震动的物体而各有精确的独特的定性。要能达到这种定性，那震动就不能是偶然的、任性的，而是本身也要界定很明确。这就是说，发声响的空气柱或是绷紧了的弦子和平面乐器之类一般都有一定的长度和伸延度①，例如把一根弦子的两头系住，然后使这两头之间绷紧了的部分震动起来，这里至关重要的就是粗度和紧张度。如果两根弦子在粗度和紧张度上完全相等，那就要先看它们的长度，按照毕达哥拉斯首先观察到的事实，如果两根弦子完全相同只是

① 伸延度指粗细之分，即下文的“粗度”。

长短不同,在同一时间里所发出的震动数就不同。这两种震动数的差异和比例关系就是各种声音在高低上的差异和比例关系的基础。

如果我们去听这些声音,所得到的感觉当然完全不同于这样枯燥的数的比例关系。我们无须知道这种震动数和算学比例,即使看到弦子在震动,等到震动过去了,我们也无从知道它的震动数究竟是多少,而且我们往往根本用不着去看发音体,就可以对声音得到印象。所以说声音和数的比例关系有联系,乍听起来不但很难置信,而且还会产生一种印象,仿佛把对和声曲调的倾听和体会归原到纯然数量的比例关系,就是降低倾听和体会的能力。但是无论如何,同一时间内的震动数的比例关系毕竟是界定声音定性的基础,说听觉印象本身很简单,并不足以反驳这一点。一个单纯的印象本身,无论在概念上还是在实际情况上,可以包含很复杂的东西,而且与其它的东西有重要的联系。例如我们看到纯洁的颜色、绿色或黄色、青色或红色,所得到的印象也是它只有一种很简单的定性。尽管如此,纯洁的绿色也并不那么简单,而是还有一种确定的明暗交织的关系。宗教的情绪,对这一事例或那一事例的正确与否的感觉,也都像是很简单的,但是一切有关宗教的事情和一切是非感都包含复杂的特殊定性,这些定性的统一才产生这种简单的感觉。声音也是如此,我们听起来,感觉到它很简单,它也是要靠一种复杂比例关系的基础;由于声音来自物体的震动,既有震动,即落在时间范畴里,这些复杂比例关系就要归原到这种占时间的震动的定性,也就是要归原到在一定时间里的震动的一定的数量。如果要把这种归原过程说详细一点,我只提出以下几点

看法。

紧密协调的一些声音在震响时就听不出彼此的差异是一种对立，它们的震动的数的比例关系就是最简单的，反之，那些本来就不协调的声音却包含比较复杂的比例关系，例如八度音程（Oktave）中的声音就属于前一种。这就是说，如果我们调一根弦子，它的一定的震动数提供了基调，于是把它加以二等分，分成两半，在相等的时间里，后一半的震动数和前一半的震动数就相等①。同理，在第五度音程里每个音的震动数与某调的震动数是三与二之比，在第三度音程里，每个音的震动数与基调的震动数是五与四之比。第二度音程和第七度音程就和前几种音程不同，其中每个音的震动数与基调的震动数，前者是九与八之比，后者是十五与八之比。

2b）这些比例关系既然如上文所述，不应是偶然选定的，而是无论就个别的音还是就整体来说，都有一种内在的必然性，所以按照这种数的比例关系来确定的各音程彼此相对的关系也不是任意随便的，而是要配合成为一个整体。但是这样产生的最初的声音整体还不是各种不同的声音的具体的协调，而是一种完全抽象的一系列声音的先后承续的次序，这种次序是按照它们彼此之间的最简单的比例关系和在整体中的地位来定的。声音的这种简单的序列就是音阶。音阶的基本决定因素是基音，基音在它的第八度音里复现，而其余的六个音则散布在这两个基音之间；这样，基音在第八度音里就返回到它本身，直接和它本身协调。音阶中其它的音或是直接与基音协调，例如第三度音和第五度音，或是与基音

① 照原文如此，英法俄三种译本都作“与全弦的震动数相等”。

在响声上有本质的差异,例如第二度音和第七度音,这类音安排成为一种特殊的序列,我在这里不能详谈。

2c) 第三,各种不同的音调就是由这种音阶产生的。这就是说,音阶中每一个音又可以形成一个新的特殊的声音系列的基音,这个新系列和前一个系列是按照同一规律来安排的。随着音阶发展到包括更丰富繁复的声音,音调的数目也就相应地增加;例如近代音乐比古代音乐就有较复杂的音调。此外,由于音阶中的不同声音一般是像上文所说的,或是彼此紧密协调,或是彼此有本质的乖离或差异,所以由用这些声音为基音所产生的声音系列也不外有两种情况,或是有比较密切的关联,因而使一个音容易转化到另一个音,或是由于彼此异质而不能互相转化。此外,各音调彼此之间还有硬与软之分,也就是长调与短调之分,随着它们所自出的基音不同而各有一种确定的性格,这种性格又和一种特殊的情绪如哀怨、欢乐、愁惨之类相对应。在这方面古代人早已就音调的差异讨论得很多,并且在实践中多方利用这种音调的差异。

3. 第三个要点,即我们可以用来结束对于和声学的简短说明的一点,涉及各种声音本身的协调,即和音的体系(Das System der Akkorde)。

3a) 前此我们固然已经说过,各音程形成一个整体,而这个整体最初展开成为各种音阶和音调,只是把它们安排成为一些单纯的相联在一起的系列,在这些系列的先后承续中,每一个音只作为个别的音而独立出现。这些音还是抽象的,因为总是只有某一个特殊定性出现。但是这些声音既然凭它们彼此的关系才成其为它们那样的声音,所以整个的音调就要作为这些具体的声音而获得存在，这就是说，这些不同的声音就要结合成为同一个音调。这种不同声音的共鸣就形成和音的概念，在共鸣中参加的声音的数目多少是无关重要的，两个声音就足以形成这样一种统一体。如果个别的声音得到定性，就已不应听命于偶然性和任意性，而是应由一种内在的规律性去支配，去安排先后承续的次序，那么，在和音里同样的规律性也就应发挥作用，才便于确定哪一种配合才宜于用在音乐里，哪一种配合就应该去掉。这些规律才形成名副其实的和声学，也就是根据和声学，一系列的和音配合成为一个有内在必然性的系统。

3b）各种和音在这个系统里展现出各自的特殊性和彼此的差异，因为共鸣的总是一些受到定性的声音。因此我们所要研究的是一个由一些特殊的和音所形成的整体。关于这些和音的最概括的分类，我在讨论音程、音阶和音调时已约略谈到的那些原则还是适用的。

在第一种和音里参加进来的声音是彼此紧密协调的。因此这种调子里没有对立和矛盾，它是没有受到干扰的最完全的协调。这种情况发生在所谓协调的和音里，这种和音的基础是三和音(Dreiklang)。大家都知道，三和音是由基音，第三度音或中音以及第五度音或主音所组成的。在三和音里可以见出和音概念的最简单的形式，和音概念的一般性质也在这里表现出来了。因为这就是几个互相差异的声音的整体，把这些差异显示为不受干扰的统一体；这是一种直接（紧密）的同一，却又不缺乏个别特殊化与和解（中介），这种和解却并不应停留在互相差异的那些声音的各自独立上，不应满足于某一种相对关系的单纯的往复回旋，而是要真正地实现结合或统一,从而直接返回到自身。

其次,我对三和音的不同种类不能在这里详谈,它们实际还没有现出一种较深刻的对立。但是我们在上文已见过,音程除掉无冲突的互相协调的声音之外,还包含其它消除这种协调的声音,例如长调和短调的第七度音。既然这后一类声音也属于声音的整体,它们也就应该纳入三和音里。但是如果它们进入三和音,上述紧密的统一和协调就要受到破坏,因为一个声响根本不同的声音参加进来了,因而才真正现出一种确定的差异,这就形成了对立。这种对立才形成音调的真正的深刻性:它尽管发展到根本的对立,却不畏避这种对立的尖锐性和破坏性。因为真正的概念虽然本身就是一个统一体,而这种统一体却不仅是直接的,而是本身就已遭到分裂,陷入矛盾对立的。例如我在《逻辑学》里固然曾把概念作为主体性来阐明,但是这种主体性,作为观念性的透明的统一体,却也否定它自己,转到它的对立面,即客体性;主体性作为纯然观念性的东西只是一种片面性和特殊性,它本身就包含一个与自己对立的一面,即客体性,主体性只有在进入了这种矛盾对立,克服了它,解除了它,它才成为真正的主体性①。所以在实在的世界里,只有较高级的自然物才获得一种能力,可以忍受和克服矛盾对立的痛苦。所以如果音乐要用艺术方式去表达最深刻的内容的内在意义和主体情感,特别是以痛苦的深渊为主要因素的基督教的宗教

① 黑格尔在这里简略地提到了他的辩证逻辑,绝对概念是具体的,既是主体思想中的,又是客观世界中的道理,是对立面的统一。只看到对立面中的某一面就是片面的,抽象的,不完全真实的。这种主客体的统一就是"存在与思维"的统一或历史与哲学的统一。这个道理也适用于音乐。

情感，它就必须在声音领域里找到一种手段，可以描绘这种对立面的斗争。所谓第七度与第九度两种不协调的和音就向音乐提供了这种手段。关于这方面我在这里不能详谈。

第三，关于这种和音的一般性质，还有一点很重要，就是这种和音是些互相对立的因素，就以互相对立的形式处在同一个统一体里。但是说对立面就以对立面的形式而处在统一体里简直是自相矛盾，站不住脚的。一般说来，按照对立面的内在概念，两对立面中无论哪一面都没有支撑柱，处在对立状态的两对立面就要因对立而归于消灭。所以上述那种和音不可能产生和谐，对耳朵只产生一种矛盾印象，这种矛盾要求解决，解决了才使耳朵和心灵感到满意，所以对立面必然要导致失调的音达到和解，回到和音。只有这种运动，这种与自身同一的运动，才是真实的。在音乐里只有一个办法才能达到完全的同一，就是把所用的声音在时间上分散开来，成为先后承续的序列，至于它们的融贯一致则见于它们显得是自生自发，不断变化，带有必然性的前进运动。

3c）这就把我们引到还应当注意的第三点。这就是说，如果音阶开始还只是一种本身固定的尽管还是抽象的声音系列，现在各种和音也就不能停留在孤立的和独立的状态，而是彼此要具有内在联系，并且显出转变与进展的需要。和音的这种进展尽管比起音阶的变化更重要和更广泛，却也不能只是听命于随意任性。一个和音本身的性质，部分地依靠这些和音所产生的不同音调。音乐理论在这方面定出了许多清规戒律，我们在这里不能详加分析和解释，只能提出以上这些最一般的看法。

c) 旋律[①]

现在回顾一下我们关于一些特殊的音乐表现手段所已讨论过的项目。我们首先就时间尺度,拍子和节奏讨论了声音以时间上的长短如何表现的方式。从此我们就进入到实际的乐音:第一,研究了乐器的声音和人的口音,其次,研究了音程的固定的有定性的尺度以及音程在音阶和不同音调中的抽象的先后承续的序列;第三,研究了各种和音和它们的承续进展的规律。现在要研究最后一个领域就是旋律,在旋律里以上所说的各种因素形成了统一体,并且在这种统一体中才初次产生声音的真正自由的生展和配合协调。

这就是说,和音只包括形成声音领域里的必然规律的那些基本的比例关系,它本身正和拍子与节奏一样,还不是真正的音乐,而只是任自由灵魂遨游的实体性的基础,或符合规律的基础和土壤。音乐的诗的方面就是灵魂的语言,它把内心深处的哀乐情绪流露于声音,在这种流露里它对情感的自然烈性加以缓和,因此使自己超出了情感的自然烈性,因为它使灵魂认识到当前自己受情感激动的情况[②],使它成为自由流连欣赏的对象,因此就使人心摆脱了哀乐情绪的压力——总之,在音乐领域里,灵魂的自由的音响才是旋律。我们现在要谈的首要地就是最后的一个领域,因为旋律是音乐的最高的一个方面,即诗的方面,亦即运用上述那些因素来进行真正的艺术创造的领域。不过我们在这里正遇到上文所说过

① “旋律”原文是 Die Melodie。

② 即使主体的哀乐情绪转化为观照的对象。

的困难。就一方面来说，要对这方面进行详尽的和有科学根据的讨论，就要有对制谱规则的充分知识和对最完美的音乐艺术作品的专门学问，而这是超过我所掌握的和旁人所能给我的知识学问，因为我们无论是从真正的鉴赏专家还是从有实践经验的音乐家那里都很少听到关于这方面的明确而周详的阐述，尤其从音乐家那里听到的最少，因为他们往往是最缺乏理解力的。就另一方面来说，音乐的本质就决定了音乐比起其它艺术更不易让我们以较一般的方式来把明确的和特殊个别的东西掌握住和说清楚。因为音乐尽管要采用一种精神性的内容，并且以这种题材的内在实质或情感的内在运动作为它所表达的对象，这种内容毕竟是比较不明确的，朦胧的，正因为它是从内在方面（或精神方面）来掌握的，或是作为情感而反映于声音的，——而且音乐的变化并不是每一次都恰恰代表某一情感、观念、思想或个别形象的变化，而只是一种音乐的向前运动，这种运动在和自己游戏，虽然其中还是运用着方法①。因此，我只谈我感到兴趣的和注意到的下面一些一般性的看法。

1. 旋律在它的声音的自由展现之中，一方面固然独立地浮游于拍子、节奏与和声之上，而另一方面除掉声音按照本身的内在本质和必然关系的合拍的运动之外，它也没其它表现手段。所以旋律的运动离不开要获得客观存在就必须运用的手段，如果违反这些手段的必然规律，它就不可能获得客观存在。在这样和单纯的和音密切结合在一起之中，旋律并不因此就丧失了它的自由，而只是摆脱了凭偶然的幻想而进展得反复无常地和变化得离奇的那种

① 游戏式的运动之中有条理规则。

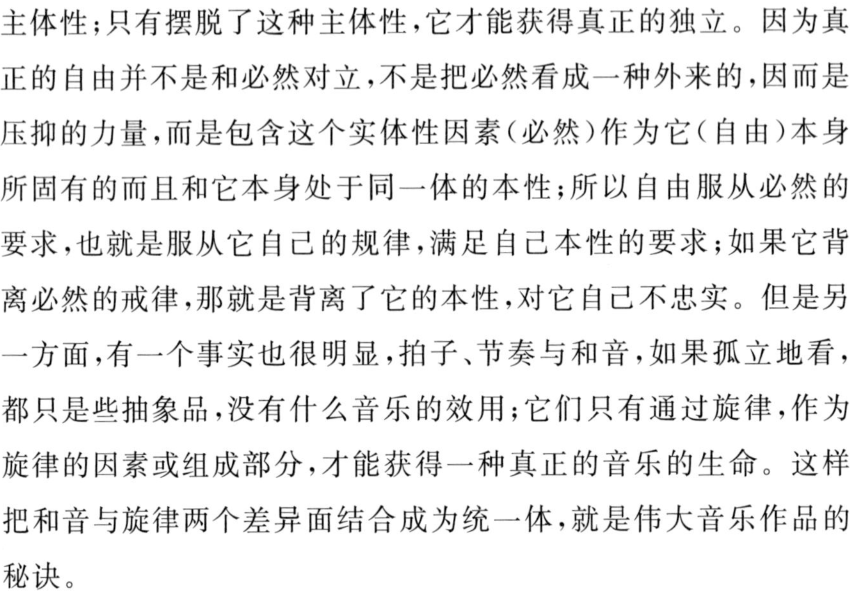

主体性；只有摆脱了这种主体性，它才能获得真正的独立。因为真正的自由并不是和必然对立，不是把必然看成一种外来的，因而是压抑的力量，而是包含这个实体性因素（必然）作为它（自由）本身所固有的而且和它本身处于同一体的本性；所以自由服从必然的要求，也就是服从它自己的规律，满足自己本性的要求；如果它背离必然的戒律，那就是背离了它的本性，对它自己不忠实。但是另一方面，有一个事实也很明显，拍子、节奏与和音，如果孤立地看，都只是些抽象品，没有什么音乐的效用；它们只有通过旋律，作为旋律的因素或组成部分，才能获得一种真正的音乐的生命。这样把和音与旋律两个差异面结合成为统一体，就是伟大音乐作品的秘诀。

2. 其次，关于旋律的特殊性格这一方面，我认为下列一些差别是重要的。

2a）第一，就它在和音方面的发展来看，旋律可以局限于一个范围很简单的和音和音调，可以在一些无冲突的彼此协调的声音关系中开展，把这些声音关系只当作基础来处理，以便在这个基础上只替它的较细致的图案和运动找出一些较一般性的支撑点。例如替短歌谱成的旋律一般只按照最简单的和音关系往复回旋，却并不因此而变成肤浅的，它可以是灵魂最深处的表现。和音和音调的较困难的错综复杂化对伴歌的旋律仿佛不成问题，因为伴歌调的旋律所需要的进展和起伏变化，如果要达到协调，并不要经过尖锐的矛盾对立和复杂的和解就可以达到圆满的统一。这种处理方式当然也可以导致肤浅，例如在许多意大利和法国的旋律里和音的承续次序就很肤浅，作曲家在这方面只追求节奏的娓娓动听或加进其它类似的香料。但是就大体来说，旋律的空洞无味并不是和音基础简单的必然结果。

2b）其次，另一个差别是这样：旋律不再像上述伴歌的情况里那样只用一些个别的声音，只按照一种相对独立的基础而向前进展的和音次序发展下去；而是供旋律中每一个别的声音自成一个具体的整体，充实成为一个和音，因而有时音调显得很丰富，有时与和音的进程紧密地交织在一起，以至令人很难把一个独立伸展的旋律跟一个只提供支撑点和牢固基础的和音分辨开来。这样，和音与旋律就形成一个完满的整体，其中一方面的变化必然同时是另一方面的变化。例如在四声合唱的歌调里就特别有这种情况。甚至同一旋律里也可以有多声交织在一起，使这种交织就形成一种和音的进展，此外也可以由各种不同的旋律以和音的方式结合在一起，使这些旋律中的各种音调的齐奏就形成一个和音，例如巴赫[①]的乐谱就往往有这种情况，其中全曲的进展分化为许多彼此分道扬镳的像是各自独立而并列的进程，但是彼此之间仍然保持着一种基本的和声关系，从而造成一种带有必然性的融贯一致的整体。

2c）在这种处理方式中，较深刻的音乐应该不仅要把它的运动推到直接协调的极限，甚至先破坏这种协调，然后再回到这种协调；与此相反，它必须把第一个单纯的协调就破坏掉，使它转化为不协调。因为只有从这种矛盾对立里才能见出和音中的较深刻的关系和秘密，其中寓有一种独立的必然性，所以旋律的产生深刻印

---

① 巴赫（Sebastian Bach，1685—1750），德国音乐家，以风格简单而深刻的赋格曲（Füge）著名，尝用宗教题材。

象的运动只有以这种较深刻的和音关系为基础。因此,音乐作品的大胆风格要放弃纯然协调的进展,走向对立,唤起最强烈的矛盾和不协调,这样它在发掘和音的全部力量之中就能显出它自己的力量,能缓和各和音之间的冲突,从而有信心去庆祝乐曲的平静气氛所显示的令人快慰的胜利。这是一场自由和必然的斗争,一场创造想象的自由与和音关系的必然之间的斗争。前者(旋律)必须运用和音为表现手段,并且把它的独特的意义放在和音里。但是如果和音及其一切手段的运用,以及在运用中与这种手段作斗争的勇气成为基本的因素,作品也就容易流于沉重和卖弄学问,因为这样实际上就会妨害运动的自由,或是至少不让自由运动达到完全的胜利。

3. 第三,这就是说,在每一个旋律里,真正的乐曲性的可歌唱的因素,不管在哪一种音乐里,都应显得是主导的独立的因素,在乐曲的丰富表现里就不能被遗忘或丧失掉。从这方面来看,旋律在声音的进展运动中固然可有无限的定性和可能性,但是运用这些无限的定性和可能性仍须有节制,使我们听起来仍是一种本身完满自足的整体。这种整体固然包括错综复杂的因素而且本身是一种进展;但是作为整体,它就必须稳实地根据它的本质,而且要有明确的起点和终点,使中部成为承上启下的环节。只有作为这样不越界乱窜,而按照本质来构成各部分而且终于回到起点的运动,旋律才适应它所要表现的自由的镇静自持的主体性。只有这样,音乐才能通过它所特有的内心生活活动因素里,使内在的东西表现为外在的,而这外在的对象又成为直接内在的东西,获得观念性和解放。这种运动过程既要服从和音的必然规律,又要把灵魂移置到一种较高的领会境界①。

3. 音乐的表现手段和内容的关系

我们先已说明了音乐的一般性质，其次讨论了声音及其时间长短在音乐表现里所必根据的一些特殊方面。接着我们转到旋律，亦即自由艺术创造和实际音乐创作的领域，因此我们就涉及一种内容，这种内容要在节奏、和音与旋律里获得一种艺术性的表现。对这种表现所通用的一般形式加以确定，这就提供一个最后的出发点，让我们再巡视一下音乐的各个领域。在这方面首先应提出的有以下一点差别。

像上文已经说过的，在一种情况之下，音乐可以是伴奏的，这时音乐的精神内容不是就它的抽象的内在的意义或是作为主体的情感来掌握的，而是按照它已想象成形并且用文字表达出来的样子，才配合到音乐运动。在另一种情况之下，情形却相反，音乐摆脱了这种已经完成的内容，在它自己的领域里维持独立的地位，所以当它不得不表现某一既定内容时，它就把那内容直接溶化到旋律及其和声结构里，否则它就满足于运用完全独立的单纯的音调及其和音的和旋律的形式结构。与此类似的差别在另一艺术领域里也可以见到，例如建筑就可以是独立的艺术，也可以是服务的艺术。不过伴奏的音乐比起服务的建筑在本质上较为自由，它和内

① 这一节说明旋律比起和音有远较广阔的范围和自由，但本身应形成完满自足的整体，不能违反和音的规律。在旋律里内心生活表现于和音运动，使情感化成观念性的东西，从而获得解放，使灵魂上升到较高的艺术领会境界。

容的结合也较为紧密。

这种差别在实际艺术作品里表现为声乐和器乐的差别。但是我们也不应单从外表来看这种差别,认为声乐只是运用人声,而器乐则运用各种乐器的不同声响。人声在歌唱之中也说出话来,话就表达一定内容里的思想,所以这种音乐,作为唱出来的话来看,就只能有一个任务,就是要使这个内容得到音乐的表现,而这内容,作为内容来看,就凭它的较明确的定性被音乐在它的可能范围里带进观念领域里而不再是一种模糊的情感。不过尽管有这种结合,被表现了的内容作为歌词,是可以独立地让人听到或阅读到的,所以就通过观念去领会来说,歌词毕竟和它的音乐表现有差别,因此,配合到歌词上的音乐是伴奏的,比起雕刻和绘画就不同,在这两门艺术里,被表现了的内容并不是先已在艺术形象之外独立地为群众所领会的。不过另一方面我们也不应把伴奏的概念理解为只有为歌词服务的单纯目的,事实却与此正相反,歌词是为音乐服务的,除掉使听众对艺术家所选的题材有一种较确切的观念之外,别无其它效用。音乐保持住这种自由,主要是因为音乐对于内容的掌握不就是歌词所说明的,而是运用一种不是知觉和观念所能掌握的因素。关于这一点,我在上文谈音乐的一般性质时已提到过:音乐必须表现的是单纯的内心活动。但是内心活动有两种。按照内心活动去掌握一个对象,这句话一方面可以指不按照它的外表现象而是按照它的观念性的意义来掌握它,另一方面也可以指按照内容活在主体情感中的样子来表现它。音乐可能有这两种掌握方式。我现在设法把这一点说得更清楚些。

在古代教堂音乐里,例如以基督临刑为主题的乐曲,这一主题

中基督的苦痛，死亡和埋葬之类情节所含的深刻意义往往不是理解成为表达某一主体对这件事的感动，同情或某一种人类苦痛之类情感，而是仿佛这主题本身，亦即这段事迹的深刻意义，通过和声及其在旋律中的发展过程而表达出来了。在这种情况之下，音乐当然也还要打动听众的情感：但是却不应使听众只想到临刑和埋葬的痛苦，或是对这种痛苦形成一个一般的观念，而是要他们在自己的心灵最深处体验到神的这种死和痛苦的最内在的意蕴，聚精会神地把自己沉浸到这种意蕴里去，仿佛使它变为自己的一部分，忘去其余一切，使这种意蕴完全笼罩住自己。作曲家的心情也应如此，如果要使作品有感人的力量，他也要心领神会到这主题的深刻意蕴，而不只对这主题感到个人主体方面的情感，只有主题的深刻意蕴吐露到声音里，对于内心的感觉才成为生动的东西。

另一方面，我在谈到叙述一件事，描绘一个动作或是把情感表达于语言的一本书或一章歌词时，也可以受到极深的感动，乃至于流泪。这种主体情感可以伴随着一切人类的事迹和动作以及每一种内心生活的表现，可以由对每一事件的观感和对每一动作的观照激发起来。这种情感也可以由音乐来加以组织，柔化，安静化和观念化，然后通过它的力量在观众心中引起同情共鸣。在这种情况之下，内容都是对主体的内心深处发出声响，由于音乐能引导主体进入单纯的凝神内省状态，就可以对思想观念和观照的漫无约束的自由划定界限，不让它们越出一定的内容意蕴之外，这样，它就把心灵集中到一个特殊内容上，情感也就只能在这个范围里活动和伸展。

我们在这里所谈的关于伴奏音乐的话大意就是如此，它以上述方式,把已由歌词呈现于观念的那种内容的内在方面阐发出来。但是由于音乐可以用来完成这种任务的主要靠声乐,而此外人声还要和器乐配合,所以人们照例把器乐叫做伴奏的音乐。器乐当然是伴随声乐的,所以不应有绝对的独立,也不应成为主导的方面;不过在这种配合中,声乐仍应直接属于上述伴奏调子的范畴,因为用音节分明的语音所说出来的话是让观念(思想)去掌握的,而歌唱则只是对这种话语的内容进行一种新的进一步的改变或阐发,以便让内在的心灵去感受;至于在单纯的器乐里,却没有向观念或思想说的话,音乐就完全靠它所特有的手段,即纯粹的音乐表现方式。

最后,这些差别之外,还有一个不宜忽视的第三方面。我在上文已提到过:一部音乐作品的有生命的实际存在要靠每一次的重新演奏。从这一方面看,雕刻和绘画之类造型艺术就处在较便利的地位。雕刻家和画家打了草稿,然后就把全部作品创作出来;全部艺术活动都集中在创作家一个人身上,因此构思和创作施工之间就容易有密切的对应①。建筑师所处的地位就要差些,他须把一座建筑的千头万绪的手工操作委托旁人去做。作曲家也是如此,他也要把作品交给旁人去演奏或歌唱,不过他和建筑师的情况有一点不同,音乐的演奏或歌唱本身也是一种艺术的而不是手工匠的活动,无论是从技巧方面来看,还是从灌注生气的内在精神来看。趁便可以指出音乐在近代(像在古意大利歌剧时代那样)朝着作曲构思和演奏的熟练才能两个方向发展,创造了奇迹,这种情况是其它艺术所没有的。因此,对于较伟大的音乐鉴赏家来说,音乐

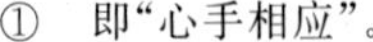

① 即"心手相应"。

是什么和能做出什么的概念也逐渐扩大起来了。

现在我们可以把这最后一方面的研究划分为下列三个要点：

第一，我们先研究伴奏的音乐，并且追问它这种表现方式一般宜于表现哪一种内容。

其次，我们进一步探索这个问题，联系到本身独立的音乐具有哪种特性的问题。

第三，我们将就艺术的演奏提出一些看法，并就此结束。

a）伴奏的音乐

根据上文关于音乐与歌词的关系所已说过的话，就可以直接导致这样一个要求：在伴奏音乐的领域里，音乐的表现应该比单凭和音运动和灵感的独立的音乐，较密切地结合到一个远较明确的内容。因为歌词本来就从明确的观念出发，因而从意识里剔除不带观念的朦胧情感，这种情感因素如果不受干扰，就会任自己东奔西窜，我们可以有自由随便从乐调里得到这种或那种体会，受到这种或那种感动。但是在这种乐调与歌词的交织里，乐调却不应降低到从属的地位，以至为着要再现歌词的全部特性，就放弃音乐运动的自由流转，因而不能构成一种独立自足的艺术作品，而只是运用凭知解力的人工造作，把音乐的表现手段用来表现一种没有乐调也就已表现出来的内容。在这方面如果有一点容易觉察到的勉强，或一点对自由创作的干扰，就会破坏音乐的印象。另一方面乐调也不应像在最近的意大利作曲家中所形成的风尚那样，几乎完全不管歌词的内容，把明确的内容看成一种桎梏，想尽量接近独立的音乐。伴奏的音乐艺术却与此相反，它要完全渗透到已由歌词

说出的意义,情境和动作等等里去,然后从这种内在的灵感出发,去寻求一种意味深永的表现,用音乐的方式把它刻画出来。一切伟大的作曲家都是这样办的。他们既不给出不符合歌词的东西,又不妨害曲谱中声音的自由融合以及不受干扰的发展进程,因此乐调自有独立的价值,不只是为歌词而存在。

在这种真正的自由中可以分辨出三种不同的表现方式。

1. 我想从一般人所称呼的表现中真正的旋律性的方面开始。在这方面是情感,是发声响的心灵在要求为它自己而存在,而在它的外现中使它自己获得享受。

1a) 作曲家的活动范围就是人类的心胸,或心灵的情调,而乐曲作为出自内心的纯粹声响,就是音乐所特有的最深的灵魂。因为声音只有通过把一种情感纳入它里面去而又由它鸣出来,才成其为真正的意味深永的表现。从这一点来看,情感的自然呼声,例如惊恐的叫号,哀伤的呻吟或狂喜极乐的欢呼就已极富于表现力,我在上文已把这种外现方式称为音乐的出发点,但是同时已加上一句补充:音乐却也不能停留在这种单纯的自然状态上面。特别是在这一点上可以见出音乐和绘画的差别。绘画如果深刻地体会到一个人在某种情境和环境中所现出形状,颜色和内心的表情,并且完全按照它们在实际中活生生的样子把它们描绘出来,它往往就可以产生最美的艺术效果。在这里适用的原则是忠实于自然,如果它能和艺术真实结合在一起。音乐却不然,它不能按照情绪的自然迸发方式去表现情感,而是要凭丰富的敏感把灵魂形成一定声音比例关系的响声里,这就是说,要把表现纳入一种由艺术专门为这种表现而创造出的媒介里,使单纯的自然呼声变成一系列

的乐音，形成一个运动过程，而这过程的曲折变化和进展是由和声来节制，按照旋律的方式去达到尽善尽美的。

1b）这个旋律性因素要联系到人的精神整体才获得一种较精确的意义和使命。雕刻和绘画这类美的艺术使内在的精神性的东西外化为客观存在，而同时又使精神摆脱观照中的这种客观存在，因为精神一方面在这种外在对象里再见到它自己，见到它是一种内在精神的产品，反映出内在精神；另一方面主体方面的特殊性，主观任性的观念，见解和感想都抛弃无余，因为内容是按照它的完全确定的个性而揭示出来的。音乐却不然，像我们已屡次说过的，它要外现为客观存在的只有主体因素本身，通过这主体因素，内在的东西只是和它本身融合，而在它的外现中，在情感把自己唱出来的声音中，内在的东西实际上是回返到它本身，音乐就是精神，就是灵魂，直接为自己而发出声响，在听到自己的声响中感到满足。但是作为美的艺术，音乐须满足精神方面的要求，要节制情感本身以及它们的表现，以免流于直接发泄情欲的酒神式的狂哮和喧嚷，或是停留于绝望中的分裂，而是无论在狂欢还是在极端痛苦中都保持住自由，在这些情感的流露中感到幸福。这才是真正的理想的音乐，也是巴勒斯丁那，杜朗特，洛蒂，波哥勒斯，海登，莫扎特①诸人的乐曲的特征。这些大师在作品里永远保持住灵魂的安静，愁苦之音固然也往往出现，但总是终于达到和解；显而易见的比例

① 巴勒斯丁那（Palestina，1524—1594），意大利作曲家，主要为罗马教皇作教堂用的乐曲；杜朗特（Durante，1684—1755），意大利作曲家；洛蒂（Lotti，1665—1740），奥地利作曲家；波哥勒斯（Pergolese，1710—1730），意大利作曲家；格鲁克（Gluck，1714—1787），德国著名作曲家，近代欧洲歌剧奠基人之一；海登（Haydon），18 世纪奥国作曲家，擅长交响曲；莫扎特（Mozart，1756—1791），德国大作曲家，以交响乐著名。

匀称的乐调顺流下去,从来不走到极端;一切都很紧凑,欢乐从来不流于粗犷的狂哮,就连哀怨之声也产生最幸福的安静。在谈到意大利绘画时,我已经说过,就连在最深沉的痛苦和极端的心情分裂冲突中也不能没有和解,使涕泪和哀伤之中仍保持一点宁静和乐观的信心。在一个深刻的灵魂里痛苦总不失其为美,就连在丑角身上也还是统治着隽妙和秀雅。与此类似,自然也特别分配给意大利人乐曲方面的才能,我们在早期意大利的教堂音乐里发见到最热烈的宗教虔诚之中仍寓有和解的纯粹感觉,尽管灵魂陷入最深沉的痛苦,却仍现出美与幸福,单纯的伟大,以及想象所塑造的能从多方面供自己欣赏的形象。这种美在表面上像是感性的,所以人们往往把这种由乐曲产生的满足感称作一种单纯的感官享受,但是艺术正是要在感性因素中活动,把精神引导到一个领域,其中像在自然界一样,基调是徜徉自得的幸福感。

1c) 所以旋律尽管不应缺乏情感的特殊性,音乐在使情绪和想象流露于音调之中却仍应使沉浸在这种情感中的灵魂超出这种情感之上,即不受内容的约束而回翔自如,这样就替灵魂辟出一个境界,使它可以从沉浸于情感的状态恢复过来,不受干扰地单纯地感觉到它自己。正是这种情况构成了一个乐调的真正的可歌唱性。这里的主要因素并不只是某一具体的情感如爱,希求,欢乐之类发展过程,而是超然于这类情感之上的,无论在愁苦还是在欢乐中都在伸展自己和欣赏自己的内心生活。人的歌唱和旋律表现正像鸟儿在树枝上,云雀在天空中,唱出欢畅动人的歌调,是为歌唱而歌唱,是纯粹的"天籁",没有其它目的,也没有明确的内容。意大利音乐也是如此,上述原则在这里起着统治的作用。它像诗一样,往往转到单纯的美妙的声调上去流连恣肆，仿佛忘记而且有时的确忘记了情感及其具体的表现，而只是在为艺术而欣赏艺术，灵魂在欣赏自己的幸福的歌声。意大利音乐之外，一般真正的旋律也多少具有这种性格。它们固然也表现单纯的特殊具体细节，但是同时也把它们否定掉，由于听者的心不是沉浸在自身以外的某一具体内容里，而是沉浸在自己的听闻或印象里。只有这样，只有像纯洁的光照耀它自己那样，才能产生幸福的亲切情感与和解的最高表现。

2. 在雕刻里占统治地位的必须是理想美，或镇静自持，而绘画却已进一步走向特殊个别的人物刻画，它所表现的主要任务是要在具体表现方面显出魄力。与绘画类似，音乐也不能满足于上文所描绘的那种乐曲的方式。灵魂对它自己的单纯感觉以及这种自觉所流露的声音运动，作为单纯的情调来看，毕竟还是太一般化，太抽象，不免要导致一种危险，这就是不仅要脱离歌词明白表达出的内容中的较确切的意义，而且一般不免流于空洞和平庸。如果要把苦痛、喜悦和希求之类情调体现在旋律里，实在的具体的灵魂在严肃的实际生活里只有处在一个具体内容的范围里，即处在某些特定环境和特殊情境里发生某些事件，发生某些动作之类情况下，才会有这种情调。例如一首歌曲表现出对一种损失感到哀伤或哀悼的情感，我们不免马上就要问：损失的究竟是什么？是生命及其全部丰富的利益呢？是青春，幸福，妻子，爱人，儿女，父母还是朋友呢？因此，音乐就接受到进一步的任务，在涉及具体的内容和特殊个别的关系和情境（这些正是心灵所体验到的，而且要通过这些才能把它的内心生活反映于音调）时，就必须使音乐表现本

身也获得类似的特殊具体化。因为音乐所要处理的不是单纯的抽象的内心生活,而是由具体内容充实起来的内心生活,这种具体内容是和具体的情感密切结合在一起的,所以根据不同内容的标准,表现在本质上也必然现出一些差异。心灵也是如此,它愈以全力去对付某种个别特殊的事物,它的运动和情绪也就愈紧张,因此就与上文所说的灵魂欣赏自己那种幸福状态相反,要转入各种情欲之间的分裂,冲突和斗争,一般说来,要转入深刻的特殊具体化,对这种情况前此所讨论的那种表现方式就不再适应了。内容的细节正是由歌词提供的。真正的旋律并不深入到这些明确的细节,所以在乐曲里,歌词中的特殊细节大半只处在次要的地位。例如一首歌尽管作为诗或歌词来看可以是包括无数细微差别的情调,见解和观念的整体,但是歌调中却从头到尾都大半只用其中某一情感的同一基调,所以主要也只打动某一种情调。把这种情调掌握住,然后使它体现在声音里,这就是这种伴歌的旋律的基本功用。所以全诗中各章可以都用同一个旋律,尽管各章在内容上互不相同,这同一旋律的反复复现不仅对效果无害,而且正足以提高歌的感动力。这正如在一片自然风景里,有许多不同的事物摆在眼前,但是总有某同一基本情调和情境灌注生气于整体。在歌里也应有某一个占统治地位的音调,尽管这个音调只适合于歌中某一两句而不适合其余各句,因为歌词的明确意义不应占优势,而单纯的乐曲应该独立地回翔于不同的内容意义之上。有许多伴歌的音乐作品却不是这样,每一节新词都用一个新曲调,前后往往在拍子,节奏乃至于音调上各不相同,我们从这里简直看不出这种变化有什么必要,既然歌词或诗本身并不是从头到尾在音节、节奏和韵脚上变化不停。

2a）但是凡是适合于歌调（这是灵魂的一种真正旋律式的歌唱）的并不都适合于任何一种音乐表现方式。所以在单纯的乐曲式之外，我们还应提到一种同样重要而和它对立的第二个方面，只有通过这个方面，歌调才真正成其为伴奏的音乐。在朗诵调占优势的表现方式里就有这种情况。在这种表现方式里并没有一种独立自足的旋律，其中仿佛只掌握住一种内容的基调，而在展现这种内容基调之中，灵魂仿佛听闻到（或觉察到）它自己的主体性；这里所说的表现方式却不是这样，而是由歌词的内容按照它的全部特殊细节去决定声音，所决定的不只是声音的进程，而且还有声音的高低抑扬的尺度。因此，这种音乐就不同于旋律的表现方式，变成了一种高声宣讲，在意义上和在组合安排上都紧密地跟着歌词走。这种表现方式只带来了一个新的因素，即显得较激昂的情感，所以它的地位介乎单纯的旋律与诗的语言之间。适应这种地位，这种表现方式就用一种紧密跟着歌词字义的较自由的抑扬顿挫。歌词本身不必严格遵守固定音节格律，而歌调也无须像旋律那样严格按照拍子和节奏向前发展下去，而是在抑扬顿挫和快慢等方面都适应歌词内容所激发的情感。音调的曲折变化也不像在旋律里那样首尾完整：开始，进展，停顿，中断，再开始，休止，一切都有毫无限制的自由，只需服从歌词的需要；突如其来的强调，不大有准备的转折，突然的变调和终结都是可允许的。和旋律的一气呵成不同，这种表现方式也可适应内容的要求，分裂成为一些零星的片段，甚至听命于强烈的情感，显得破碎零乱。

2b）具有这种性格，朗诵和宣讲的表现方式也适用于对事件

的平静的考察和叙述,正不亚于适用于富于敏感的心情描绘,也可以显出心灵在某一种情境下的分裂,以激动的灵魂的呼声唤醒听众的心灵,使它对所描绘的一切活动起同情共鸣。这种朗诵的表现方式主要用在颂神乐章里,故事的朗诵里,或是在叙述某一短暂事件的生动的穿插里;另一方面是在戏剧的歌唱里,可以表达流动的交谈中的一切色调以及每一种情感,无论这种情感的转变是迅速,短暂,零碎,还是犀利而暴躁,像闪电似的交锋还是像长江大河一泻千里。此外,在史诗和戏剧的两个领域里还可以加上器乐,以便很简单地指出和声运动中的停顿点,或是用插曲来使歌唱中断,以音乐的语言来描绘当时情境的其它方面和进展。①

2c) 但是这种朗诵宣讲的方式所缺乏的正是单纯旋律的优点,即明确的段落划分和圆满的整体,亦即上述心灵的亲切情感和统一的表现,这种亲切情感和统一固然要结合到一个特殊具体的内容,而这个内容里却仍显出灵魂与自己的协调一致,由于它不让自己被特殊个别细节弄得支离破碎,东奔西窜,而是在这些细节中仍使主体方面的综合发挥效用。因此,音乐即使涉及已由歌词表达出的内容中的这种较明确的特性,也是既不满足于朗诵宣讲,又不能停留在旋律式和朗诵式的单纯差别上,前者相对地超然回翔于歌词中的特殊个别细节之上,而后者却尽力和这些细节保持最紧密的联系。与此相反,音乐须寻求达到这两个方式的和解。我们可以拿这种新的统一和上文谈到和音和乐曲的差别时所出现的那种统一进行比较。旋律采用和音作为它的基础,不只是一般的基础,而是本身受到定性和经过特殊具体化的基础,旋律并不因此而

① 所谓“朗诵”和“宣讲”的表现方式颇类似我们曲艺中的说书弹词。

丧失掉它的运动自由，而且这样才使它的运动自由获得一种类似人类躯体通过牢固骨骼所得来的力量和确定性，有了骨骼，就可以防止不合式的姿势和运动，保证稳定和安全。这一点就把我们引导到关于伴奏音乐研究中的最后一个观点。

3. 第三个表现方式就是伴歌词的旋律歌调也要转向个别具体的特征，因而对在朗诵式乐调中占优势的原则不能毫不关心，而是要把这种原则变成它自己的原则，以便使自己获得原来缺乏的明确性，也使描绘特征的宣讲式乐调获得一种有机的结构和见出圆满自足的统一。因为像我们在上文已经讨论过的，旋律就已不能是空洞的，没有定性的。所以当时我主要只强调这一点：旋律在一切内容里都只表现心灵本身及其亲切情感，而心灵在这种和本身的统一中是处在一种享受幸福的心情，这种心情表现出来，就适应单纯的旋律，因为从音乐观点来看，这种单纯的旋律也表现出类似的统一和圆满地返回到本身的情况；我当时强调这一点，只是因为这一点涉及纯粹的旋律和朗诵宣讲式乐调的差别。但是现在却要把旋律的进一步的任务确定为这样：它要使本来像是须在它的范围之外活动的东西也变成它自己的财产，只有通过这种充实，变成既是旋律式的，也是宣讲式的，它才达到一种真正具体的表现。从另一方面来说，宣讲式的乐调也因而不再是独立和孤立的；而是通过被采用到旋律式表现里弥补了它自己的片面性。这种具体的统一之所以必要，理由就在于此。

为着把这种表现方式说得更详细一点，我们在这里须区分以下几个方面：

第一，我们要检阅一下适应旋律的歌词的性质，因为前已证明歌词的明确内容对于音乐及其表现具有根本的重要性。

其次,我们要考虑到乐谱中出现的一个新的因素,即刻画性格特征的宣讲方式,我们研究这种宣讲方式,须看它和我们原已在乐曲中发见到的那个原则的关系。

第三,我们要研究在哪些种类音乐里,这种音乐表现方式才占最主要的地位。

3a) 在我们现在要研究的这个阶段,音乐不只是泛泛地伴随内容,而是要深入到内容的详细的具体特征,像我们在上文已经说过的。所以如果认为歌词的性格特征对旋律无足轻重,那就是一种有害的成见。与此相反,凡是风格宏伟的音乐作品总有一种由作曲家审慎选出,或亲手写出的优秀的歌词做基础。没有一个艺术家应该把它所处理的材料视为无足轻重,音乐家尤其不应如此,特别是在诗先已把内容的较确切的形式,史诗的,抒情的或戏剧的,替音乐家刻画好和写定了的情况下。

对于一种好的歌词所应提出首要的要求就是:歌词的内容本身要真正是纯洁坚牢的。如果内容本身就呆板,平庸,枯燥和荒谬,就不可能根据它作出优秀的深刻的音乐作品。作曲家尽管用调味剂和香料,也不能用烧焦的猫来做成兔肉饼。在单纯的旋律里,歌词在大体上固然不能起很大的决定作用,但是也要本身就有真正的内容意义。另一方面,这种内容也不应有太重的思考气味和哲学的深度,例如席勒的抒情诗所表现的激情的广度就不是音乐的抒情方式所能充分表达的。埃斯库洛斯和梭福克勒斯的悲剧中的合唱也有这种情况,这类合唱在见解深刻之中却有丰富的想象和敏感,把个别细节刻画得淋漓尽致,作为诗来看,本身就已尽善尽美了，就没有剩下什么让音乐来加工了，心灵仿佛不再有在这种内容上发挥作用使它表现于一些新的音乐运动的余地。所谓浪漫派诗的新的内容和处理方式却与此正相反。它们大部分本应具有素朴的民间风味，但是往往只是一种弄姿作态的，人为的，勉强装配的素朴，带来的不是真纯的情感，而只是勉强的通过思索费力造作的情感，低劣的眷恋情绪和卖弄风骚的伎俩，过分地以枯燥，愚蠢和庸俗自豪，陶醉于毫无内容意义的情欲，妒忌，魔鬼的邪恶之类，对自己的优点和对这种淫荡卑鄙都一样沾沾自喜。①这种诗里丝毫没有原始的单纯的真实的深刻的情感，如果音乐要在自己的领域里也采用这种办法，就会受到不能更大的损害。无论是深刻的思想还是毫无价值而沾沾自喜的情感都不能向音乐提供一种正确的内容。最适合于音乐的是一种中等诗。我们德国人不肯把这种诗看作诗，意大利人和法国人对于这种诗却有很好的敏感和才能。这种诗用来抒情时是极简单而真实的，用寥寥数语就写出一个情境和情感；用在戏剧里它就很生动鲜明，不用过多的错综复杂的情节，对个别细节也不精雕细刻，一般只勾出粗线条的轮廓，用意不在写出一部详尽完备的诗作品。这种诗必然只对作曲家提供一般基础，在这个基础上他可以按照自己的创造和对一切题旨的尽量发掘，来建成他的大厦，而且可以向许多方面自由活动。乐调既然应吻合歌词，歌词就不应尽量描绘出内容的个别细节，否则就会使音乐的宣讲流于琐碎零乱，弄出许多节外生枝，这样就会破坏统一和削弱整体效果。从这个观点看，人们对一首歌词是优秀的还是不合式的判断往往是错误的。例如我们往往听到人责备《魔

① 黑格尔对当时消极浪漫派的诗极端厌恶。

笛》[①]歌词太平凡,实际上这是值得称赞的歌剧脚本之一。席侃尼德写过许多粗犷、离奇和呆板的作品,但是这个脚本却射中了目标。其中所写的夜的王国、王后,日的王国,宗教秘密仪式,入教典礼、智慧、爱情,各种考验都具有一种平凡的而在大体上却很优秀的道德品质——这一切加上乐调所表现的深刻而美妙的灵魂都是激发想象和感动人心的。

再举一些其它的例,在宗教音乐方面,大弥撒典礼的乐调所伴的拉丁歌词是很卓越的。它们用最简单的语言,时而表达出最普通的宗教信仰的内容,时而表达出信士群众的情感和意识发展中的重要阶段,这样就使音乐家有最宽广的加工的余地。伟大的《挽歌》[②]和《颂圣诗》中的一些段落也是很可利用的。韩德尔也曾运用一些宗教的教义,特别是运用圣经中一些带有象征意义的段落和情境,来作为他的乐调的歌词,把这类材料刻画成为一个完满的整体。——至于抒情诗,特别宜于用来谱曲的是些情感真挚的小诗,尤其是形式简朴,语言简单而情感深刻,渗透到某一种情调和情感境界里去而又美妙地表达出来的作品,或是一些轻松愉快的作品。这类诗几乎每个民族都有。在戏剧领域里,我只想提到麦塔斯塔骚[③]以及玛蒙特尔[④]。后者是一个富于敏感,有教养,很可爱的法国人,教过皮契尼[⑤]的法语,他在戏剧作品中善于把发

① 莫扎特临死前(1791)所作的歌剧,歌词是由席侃尼德(Schikaneder)作的。

② 指基督教会弥撒典礼中替死人唱的安魂歌。

③ 麦塔斯塔骚(Metastasio,1698—1782),意大利诗人,写过一些悲剧。

④ 玛蒙特尔(Marmontel,1723—1799),法国百科全书派作家,写过一些悲剧和歌剧。

⑤ 皮契尼(Piccini,1728—1800),意大利作曲家。

展情节的熟练技巧和情节本身的兴趣跟美妙而爽朗的风格结合在一起。但是在一切这类作品之中首先应提到格鲁克[①]的一些著名的歌剧脚本，它们的题旨都很简单，范围只包括情感方面的最纯真的内容，例如母爱、夫妻爱、兄弟姊妹的爱、友谊、荣誉之类，他让这些简单的题旨和重要的冲突平平静静地展现出来。因此，所写的情绪始终是纯洁的、伟大的、高尚的，而且具有造型艺术的简朴。

3b）这种内容就适合表现于既重性格特征而又不失其为旋律式的音乐。要达到这个目的，歌词就不仅要表现出严肃的心胸，喜剧性和悲剧性的伟大情绪，深刻的宗教的思想情感以及人类心胸的力量和命运，而且作曲家还要全神贯注，对这种内容意义透彻地心领神会过才行。

此外，表现性格特征的音乐和旋律式的音乐这两方面的关系也很重要。我认为这里的主要的要求在于在这两方面之中，优先地位应永远属于旋律方面，因为只有它才能达到融贯和统一，而不应属于性格特征方面，因为它依靠一些互相脱节的个别细节。例如现代戏剧性的音乐往往追求强烈对比的效果，所用的办法是凭艺术技巧把互相对立的情绪挤压到同一个音乐发展过程里，使它们互相斗争。例如它一方面表现出欢乐，结婚典礼和庆祝宴会，另一方面又把仇恨、复仇和敌视之类情绪夹杂进去，结果是热闹，欢喜，跳舞的音乐跟激烈的争吵和最恶劣的分裂混作一团的大喧嚷。这种分裂破碎状态的对比，没有统一，时而把我们推向这一方面，时而又把我们推向另一方面，是与美的和谐背道而驰的，对立双方的性格特征的对比愈尖锐，它离开美的和谐也就愈远，于是旋律所应

① 格鲁克，已见前注。他和皮契尼同时，代表当时对立的两派。

有的心灵欣赏它自己和返回到它自己的情况就不可能出现了。一般说来,旋律方面与性格特征方面的配合总不免冒着一种危险,就是比较具体的特征描绘易于越出划得很细微的音乐美的界限,特别在要表现的是暴力、自私、罪恶及暴躁之类极端褊急的情绪时,这种危险就很大。如果音乐在这种情况下把明确的性格特征纳入抽象化的形式里,它就不可避免地走到歧途,变成尖锐生硬,简直没有旋律的音乐性质,甚至只是乱用些不和谐的噪音。

与此类似的情况在描绘个别特殊的性格特征中也可以发生。如果这些特征被视为各自独立的而过分突出地描绘出来,它们就很容易互相脱节,变成仿佛是静止孤立的,而在音乐的展现中却应有一个基本的进展运动,而这种运动应有一个始终不离的线索,上述的孤立化就会破坏音乐的流泻过程和统一。

伴奏乐的真正的音乐美在于单纯的旋律虽然发展成为性格特征的描绘,而在这种特殊具体化之中,旋律却仍保持着灵魂的支撑和统一的作用,正像拉斐尔的绘画作品中的描绘性格特征的方面始终保持着美的调质。这样,旋律方面就充满着意义,尽管描绘了明确的个别特征,它起着渗透到一切和统摄一切的灌注生气的作用,具有性格特征的个别特殊的因素显得只是某些受到定性的方面从这旋律中脱颖而出,这些方面总是经常要返回到上述的统一和生气灌注。不过在音乐里想找到正确的标准,要比在其它各门艺术里较为困难,因为音乐比较容易把上述两种对立的表现方式拆散开来。所以几乎在某个时代里对于音乐作品的评判总是有分歧的。一派人只重视旋律方面,而另一派人却偏袒性格特征较强的作品。例如韩德尔在他的歌剧里对于某些个别的抒情片段也要求表情严格，而在当时就往往和演奏他的作品的意大利歌手们发生冲突，后来由于听众都站到意大利人一边去了，被迫完全转到只谱颂圣乐章，在这方面他的创造才能算是用得其所。在格鲁克派和皮契尼派之间长久而热烈的争执也是很著名的。卢骚也反对早期法国缺乏乐曲式的音乐，袒护富于乐曲意味的意大利音乐。最后，在目前也有拥护和反对罗西尼①和意大利新派的两派人之间的争执，反对派责备罗西尼的音乐只产生一种空洞的耳痒的感觉，但是如果我们更深入地体会他的旋律，就会觉得他的音乐是最富于感情和才智的，有力量深入人心的，尽管他不从事于描绘性格特征，而我们德国人凭较生硬的音乐知解力，就特别爱好这种描绘。无可讳言，罗西尼对他的歌词往往不忠实，让他的乐曲随意自由驰骋，使得听众只有一种选择：或是拘守题材，对和题材不一致的旋律感到不满；或是放弃内容，无拘无碍地全神贯注地，享受作曲家的自由的信任灵感的旋律以及其中的灵魂。

3c）最后，关于伴奏音乐的最主要的种类，我想谈得简略些。

作为第一个主要种类，我们可以举教堂音乐。由于这种音乐所处理的不是个人的主体情感而是一切情感的实体性的内容意蕴，或则说，信士群众作为集体的普遍情感，它绝大部分具有史诗的纯真坚实，尽管它并不为叙事而叙事。艺术的构思在不假道于叙事之中如何仍能成为史诗的，我们将来在详细讨论史诗时还要就这个问题加以分析。这种基本的宗教音乐，在音乐一般所能创

① 罗西尼（Rossini，1792—1868），意大利作曲家，当时旋律派和性格特征派的争执实际上是音乐方面形式与内容的争执，旋律派着重音乐形式的融贯完整，性格特征派着重描写内容与特殊细节。黑格尔是偏袒旋律派的。

作出的作品之中,是最深刻和最富于感动力的。因为这种音乐代表僧侣替信士群众祈祷,它在**天主教**范围里才有真正的地位,例如弥撒典礼中的乐曲,一般作为教堂中各种活动和庆祝中的主要点缀。耶稣教或新教也有教堂音乐的作品,它们在宗教意义上最深刻,而且从音乐的构思和创作方面看,也很结实,具有丰富的内容。巴赫在这方面是杰出的大师,只有到现代,人们才开始学会珍视他的伟大的才能,他表现出真正的新教精神,很强健,仿佛学问也很渊博。但是新教在教堂音乐方面不同于天主教旧方向的新发展,主要差别在于它使起源于基督临刑庆祝典礼的颂圣乐章达到完备的形式。在我们的时代里,在新教中音乐当然已不再和教堂礼拜紧密结合在一起了,不再用在宗教典礼中了,于是它就变成一种学者们的练习,而不再是有生气的作品了。

其次是**抒情的**音乐。它以旋律的形式表现个人的心情,须尽量避免只是描绘性格特征式和宣讲式的调子,尽管也可以把歌词的具体内容(无论是宗教的还是其它性质的)纳入它的表现里。但是不能回到平静和达到终结的激烈情绪,没有达到和解的心情分裂以及单纯的内心的深刻的痛苦都不大适宜于抒情的音乐,放在戏剧的音乐中作为某些个别的部分就比较适宜。

第三是**戏剧的**音乐。古代悲剧里就已有音乐,但是音乐在古代悲剧中并不占优势,因为在真正的诗作品里应居首位的是语言的表现以及诗人对思想情感的刻画,至于音乐则由于和声与旋律在古代都还没有发展到基督教时代的高度,只能为语言的表现服务,其作用在于通过音乐节奏来提高诗中语文的音乐性,使诗更能深入人心。但是在它用在教堂音乐和抒情音乐里都已达到很完善的程度之后，戏剧的音乐就获得了一种独立的地位，这就是在近代歌剧和小乐剧之类作品里。不过从歌唱方面来看，小乐剧是一种较不重要的中间品种，它只把说话和歌唱，音乐和非音乐的因素，散文语言和旋律式的歌调机械地杂糅在一起，人们通常说，戏剧中的歌唱一般都很不自然，但是这种责备未免太苛，倒是更可以用来反对歌剧，其中从头到尾，每一种思想，情感、情欲和决断都是由歌伴随着和表现出来的。反之，小乐剧倒有理由可辩护，如果它碰到情感和情欲比较活跃或一般适宜于音乐描绘的地方才让音乐介入。但是它把对话部分的散文式的闲谈和经过艺术处理的歌唱部分夹杂在一起，这总是一个缺点。这就是说，通过艺术而得到的解放还不完全。在正式的歌剧里却不然，一个完整的情节从头到尾都是用音乐方式来处理的。如果音乐所采用的主要内容是情感的内在方面，处在各种不同情境中的个别的和一般的情调以及情欲的冲突和斗争，通过最完满的表情，把这类内容突出地表现出来，我们就会永远从散文世界搬到一种较高的艺术世界，整部作品都会保持住这种艺术世界的性格。①滑稽的闹剧②与歌剧不同，它用家喻户晓的大家都喜爱的老调子来歌唱一些零星的押韵的俏皮话，歌唱仿佛是对它自己的嘲讽。被歌唱的东西应带有开玩笑的摹拟意味，主要的风趣在于对歌词及其中笑话的理解；歌唱一完毕，想到这种话竟要用歌唱的方式说出来，我们马上就要笑起来。③

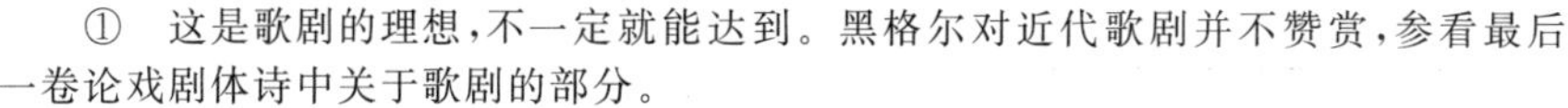

① 这是歌剧的理想，不一定就能达到。黑格尔对近代歌剧并不赞赏，参看最后一卷论戏剧体诗中关于歌剧的部分。

② 原文是 Vaudeville，一种轻松愉快的带有滑稽意味的小歌舞剧。

③ 在西方和在我国一样，诗歌音乐和舞蹈是同源的。黑格尔着重地谈了音乐和诗歌的关系，至于对音乐舞蹈的关系却只字未提，似是一个漏洞。

b) 独立的音乐

我们在上文已把旋律式的音乐和造型的雕刻的那种独立自足,本身融贯一致的情况相比,至于宣讲式的音乐则使我们再度看到近似绘画的那种描绘个别细节的艺术类型。这种较明确的性格描绘之中有一系列的分散开来的特征,就不易由较简单的人类口音的运动过程表达其全部丰富内容的,所以就要加上器乐伴奏。音乐愈要展现多方面的生活,也就愈需要器乐伴奏。

其次,除掉伴歌词的采用描绘性格特征的文字表现方式的旋律之外,还另有一种旋律,在运用音乐之外,还有自己特有的采取明确观念形式而被传达出来的内容,把这种内容纳入音乐运动的自由演变①。本来音乐的本原就是主体内心生活,但是具体自我的最深刻的内心生活是单纯的主体性,还没有结合到固定的内容而受到定性,所以还没有被迫朝这一方面或那一方面活动,而是一种不受拘束的自由运动,只需要本身融贯一致。如果这种单纯的主体性也要享受表现于音乐的权利,它就得脱离一种既定的歌词,由它本身决定它的内容和表现的过程和性质,作品的统一和发展,一个贯串始终的基本思想以及旁迁他涉,节外生枝之类②,由于这里整体的意义不是能用文字来表现的,它就只能用纯粹的音乐的手段来表现。这就是上文已提到的"独立的音乐"这一领域中的情况。伴奏的音乐要在本身以外取得它所要表现的内

① 原文是 Freiwerden,法译作"完全的自由",俄译作"声音的自由游戏,内容的自由发展。"

② 即按自己的本质规律决定自己的发展,"无待外求",这就是声音的自由运动。

容，因而在它的表现中须涉及不是它作为音乐所特有的而是属于另一门艺术即诗的东西。但是音乐如果要成为纯粹的，它就必须摆脱上述不是它所特有的因素，即完全抛弃文字的明确性，从而获得完全的自由。我们现在所要详细讨论的就是这一点。

我们在伴奏的音乐里就已看到这种走向自由运动的开始。因为有时固然是诗词在把音乐推向后面，迫使音乐处于服从地位，也有时是音乐在安静地回翔于文字的特殊具体的定性之上，或是完全摆脱文字所已表达出来的思想意义而凭自己的意愿去自由回旋，无论采取的是欢乐的还是哀伤的情调。这种现象在听众中也可以看到，特别是在涉及戏剧音乐的时候。这就是说，歌剧包括许多因素，例如山水风景和其它地方色彩，情节的发展过程，偶然事件、仪仗和服装之类；另一方面还有情绪及其表现。所以在歌剧里内容是双重的，即外在的情节和内在的情感。单就情节来说，尽管它是一切个别部分的综合体，它的发展过程毕竟不大适宜于音乐的表现，大部分要靠用文字去叙述。观众很容易倾向于不爱听这一方面的内容，特别是不爱听人物交谈和台词朗诵，而集中注意于真正是旋律性的和音乐的方面。前文已经说过，在意大利人中间特别有这种情况，最近的意大利歌剧每逢插入无聊的对话部分或其它琐屑细节时，听众就不爱听，互相间谈起来或用其它方式来消遣，等到演奏到真正的音乐部分，听众才又聚精会神地静听和欣赏。从此可见，作曲家和听众都倾向于完全摆脱歌词的内容而把音乐作为一种独立的艺术来处理和欣赏。

1. 但是这种真正独立自由的领域不能是受歌词约束的伴奏的音乐，而只能是器乐。因为人的口音像上文已经指出的，是整个主

体内心生活所特有的声响，这种主体内心生活也可以表现于观念和文字，但是只有自己的口音和歌声才是适合的工具，才能把它所观照到的内心世界(这是处在情感的聚精会神状态的)表现出来使人听到。但是对于器乐来说，就没有这种要有陪伴的歌词的理由，所以在器乐里专守音乐所特有的范围的音乐才开始占统治地位。

2. 这种器乐的独奏或合奏可以取四重奏、五重奏、六重奏和交响曲之类形式，无须用歌词和人的口音，并不根据一种本身就很明白的思想过程，所以一般只用来表现抽象的情感，而这种抽象的情感也只能以一般(抽象)的方式表现在这种音乐里。这种音乐的主要旨趣在于和声与旋律的运动的往复和起伏，进展方面的快慢，轻重段落分明和轻妙流利，凭音乐所能掌握的一切手段对旋律的精心刻画，即各种乐器在合奏中承续转变低回往复之类所表现的艺术性的协调。因此，主要是在器乐领域里，一般音乐爱好者和音乐内行之间开始显出重要的差别。音乐外行在音乐中所喜爱的主要是可以凭知解力来了解的情感和思想的表现，是题材和内容，所以特别爱听伴奏的音乐；音乐内行却不然，他熟悉各种乐音和乐器的内在的音乐关系，他爱器乐只取其中对和声与旋律的错综曲折的形式的艺术的运用，他完全沉浸在这种音乐里，要靠他所听到的引起兴趣的细节和他所熟悉的法则和规律进行比较，以便对演奏的成就能更好地评判和欣赏，尽管他碰到某一种他所不习惯的进展和转变的技巧时，艺术的新的创造才能也往往使他这位内行感到迷惑。这种完全沉浸到音乐里的状态在单纯的音乐爱好者之中却是罕见的。一般音乐爱好者只想沉浸在声音的这种迷离恍惚的荡漾中，去找一种精神的立足点以便掌握进展的线索，特别是掌

握在他自己灵魂里引起共鸣的东西，也就是要找出较明确的思想和较确切的内容。由于这个缘故，音乐对于这种听众总是象征性的，但是等到他试图探索这种象征的意义时，他就会继续不断地碰到无法解决的谜语似的难题，它们一般是既可以这样解释，又可以那样解释的。

就作曲家方面来说，他固然在作品中摆进一个确定的意义，一种思想和情感的内容以及这种内容的段落分明的完满自足的发展过程，但是他也可以与此相反，不受这种内容的拘束，只在作品的纯粹音乐结构以及这种结构的巧妙上下工夫。不过这样做出来的作品很容易成为无思想无情感的，也无须有教养和心灵两方面的深刻意识。由于可以有这种内容空洞的音乐，所以我们不仅看到作曲家的才能往往在幼年时期就已很发达，而且也有一些有才能的作曲家从少到老都是些最不自觉、最缺乏内容的人。所以比较深刻的作曲家即使在器乐里也要同时注意到两方面，一方面是内容的表现，尽管还不很确定，另一方面是音乐结构，因而他可以自由任意，时而侧重旋律，时而侧重和声方面的深度，时而侧重个性特征，或是把内容和表现形式这两种因素融化在一起。

3. 我们一开始就已把无拘无碍地运用音乐创作方式的主体性定为这一阶段的音乐的一般原则了。这种不受某一现成内容束缚的独立性多少不免要使主观任意性在一种难以严格界定的范围里发挥作用的余地，因为这种音乐创作方式尽管也有一定的规则形式，主观幻想也要受这些规则和形式的节制，这类规则毕竟是通套的，至于在具体细节方面，主体仍有无限广阔的天地可以任意自由回旋，只要他不越出声音关系的性质所定的界限。此外，随着这一类型的音乐仍继续发展,主观任意性终于变成毫无约束的主子,和旋律表现的稳定进展并且紧随歌词内容的伴奏音乐不同,可以自由驰骋奇思幻想,运用突然的中断,俏皮的玩笑,使人迷惑的紧张,匆促的转变,跳跃和闪电式的运动以及出人意料的效果等等。

c) 艺术的演奏

在雕刻和绘画里,摆在我们眼前的艺术作品是独立的客观存在的艺术家活动的结果,而不是这种活动本身,不是实际的活生生的创作过程。如果要使音乐的艺术作品呈现到我们耳里,情形却与此相反,我们已经说过,演奏的艺术家却像戏剧诗的演员一样在活动,要作为一个活生生的人站出来,使他自己变成一种受到生气灌注的艺术作品。

我们在上文已经见到,音乐是向两个方面发展的,或是适应一个确定的内容,或是独立自由地走自己的道路,我们现在也可以把音乐演奏的艺术分为两个主要的品种。一种是演奏者完全沉浸在既定的艺术作品(乐谱)里,谨守现成的作品原已包含的东西,不越雷池一步;另一种是演奏者不只是在复演,而是在创造表现方式或演奏方式,总之,他的真正的灌注生气的作用不仅来自摆在面前的乐谱,而主要地是来自他自己所特有的手段。

1. 在史诗里,诗人把一个发生事迹和情节的客观世界展现给我们看,所以诵史诗的人只能隐藏起来,完全不介入他所演述的事迹和情节。他愈不介入,效果也就愈好;他甚至可以用单调的毫无生气的音调去演述。产生效果的关键是诗人的刻画和叙述而不是诵诗者的实际叙述中所用的音调。从此我们也可以得出头一种音乐演奏方式的规律，这就是：如果作品（曲谱）也具有与史诗类似的客观完美，作曲家本人原来只把主题和贯串在主题里的情感谱到乐调里，演奏也就应该取客观的方式。演奏的艺术家不仅无须凭自己的意思添油加醋，而且绝对要避免这样办，以免使效果遭到破坏。他须完全服从作品的性格，使自己只成为一个敬听指使的器官。不过在服从之中，他也不应该降低到只是一个手艺人的地位，实际上就往往有这种情形，只有在街上演奏手风琴的卖艺人才许这样演奏。如果演奏是艺术性的，艺术家就要当心不要产生他只是一架音乐的留声机的印象（这种留声机只是机械地复述一段指定的曲谱），而是要把作曲家的全副心神灌注到作品里去，使它具有生气。不过这种灌注生气的熟练手腕也只应限于用来正确地解决作品（曲谱）中技巧方面的难课题，同时却不仅丝毫不露辛苦克服困难的挣扎痕迹，而且还要显出在这种困难情况中能充分自由地活动。所以从精神方面来看，演奏的天才在于在实际演奏中能达到作曲家的精神高度，使作品现出生气。

2. 如果作曲家本人在作品中原来就已让主体方面的自由和任意性占上风，一般不大追求表现方式都尽善尽美，情况和上文所说的就不同了。在这里有时来自熟练技巧的大胆是用得其所的，有时演奏的天才不能局限在复演现成的曲谱上，而是要扩充到一个程度，以至艺术家本人在演奏中同时在作曲，弥补缺陷，使肤浅的东西深刻化，使本无生气的东西获得生气，这样他就显得简直在独立地创作。例如在意大利歌剧里就有这种情况，歌唱家总有广阔的自由发挥作用的余地，特别是在“花招”方面；因为意大利歌剧里宣讲部分本来就已离开歌词的内容，所以这种独立的演奏也就成为灵魂的一种自由的旋律的流转运动,灵魂在独立地发出歌声和凭自己的回翔和腾空高举之中来自得其乐。人们说,罗西尼①使得歌唱家们的任务变得太容易了,这种责备也只有一部分是正确的。他实际上使得歌唱家的任务变得很难,因为他把很多的东西移交给具有天才的独立的演奏家去自行处理了。如果演奏家果真有天才,他所产生的艺术作品就会有完全独特的美妙风味。我们就不仅看到一件艺术作品,而且还看到艺术家的创作活动本身。在作品和创作活动都这样活生生地出现在面前时,我们就把地点,时机,在宗教典礼中的确定的地位,戏剧情境的内容和意义之类外在的条件都忘去了,我们无须有,也不愿意有一种歌词。剩下来的只有情感的一般调质,在这种情感调质的氛围中,艺术家的镇静自持的灵魂尽情地流露自己,显出他的创造才能,他的深刻的心情以及他对技巧的熟练掌握。只要这种情况发生时可以看出才智和值得喜爱的品质,演奏家还可以在旋律中穿插一些带有谐趣,幻想和巧妙手法的"花招",让自己听命于暂时的兴致和影响。

3. 第三,如果所用的工具不是人的口音而是某一种乐器,上文所说的生动性还会显得更奇妙。这就是说,乐器所发的声响离灵魂的表现较远,一般是一种外在的死的东西,而音乐却是内心的运动和活动。如果乐器的外在性完全消失,如果内心的音乐透过外在的现实而涌现出来,这种异于人声的乐器在熟练的演奏之中就会成为艺术家灵魂的一种最适合的构造完善的工具。例如我回想起青年时代听过的一位弹吉他琴的神手。他替这种卑微的乐器

① 罗西尼,流行的曲谱有《奥赛罗》、《摩西》、《威廉·退尔》等等。

作了一些缺乏艺术趣味的军乐曲。如果我记得不错,他原是一个纺织工人,同他谈起话来,他显得很迟钝,沉默寡言。但是一旦他弹起琴来,人们马上就忘掉他的作品(乐谱)缺乏艺术趣味,正像他忘掉他自己那样。他把他的整个灵魂都放在吉他琴里,仿佛不知道世间还有什么演奏比他自己在声音中倾吐心灵的演奏还更高明,因此他产生了奇妙的效果。

这样一种熟练的演奏在登峰造极时不仅显出值得惊赞的对外在事物[①]的驾驭,而且也显出内心方面的毫无约束的自由,因为演奏者以游戏的态度克服了像是不可克服的困难,巧妙地要出一些花招,加一些穿插,突然开一个俏皮的玩笑,在他的独到的发明创造中,连离奇古怪的东西也变成值得欣赏的。一个贫乏的头脑当然不能创造出独出心裁的艺术作品,但是天才的艺术家却在这种作品中显出他对乐器的神奇的掌握,他的熟练手腕知道怎样去克服乐器的局限性,往往可以在这种乐器上奏出和其它乐器完全不同的声响,大胆地证实他在克服乐器的局限性方面所取得的胜利。听到这种演奏,我们就欣赏到最高度的音乐生动性以及其中神奇的秘密,这就是一个外在的工具居然能变成一种完全活的工具;这时我们就看到艺术家内心的构思以及凭天才想象的演奏手腕在瞬息间的神思焕发中和一纵即逝的生活中,像闪电似地突然涌现在我们眼前。

这就是我从音乐里所听到和感觉到的一些最基本的方面。我把我所抽绎出来的一些一般性的看法综合起来,作为本篇对音乐的研究。

① 指吉他琴。